מְסִלַּת יְשָׁרִים

סֵדֶר וִכּוּחַ וְסֵדֶר פְּרָקִים

THE COMPLETE
MESILLAT YESHARIM

Dialogue and Thematic Versions

מְסִלַּת יְשָׁרִים

סֵדֶר וִכּוּחַ וְסֵדֶר פְּרָקִים

Rabbi Moshe Hayyim Luzzatto

THE COMPLETE
MESILLAT YESHARIM

Dialogue and Thematic Versions

based on
MS Guenzburg 1206, Russian State Library, Moscow
First edition, Amsterdam 1740

Newly edited Hebrew texts, new English translation
with notes, references, and indices

by

Avraham Shoshana
and associates

Ofeq Institute
Cleveland 5770

ISBN 978-1-881255-45-1
Library of Congress Control Number 2006940229

Layout & Cover design: David Yehoshua, Jerusalem
Printed in China

לעילוי נשמת

שמחה אליעזר דוד ז"ל

נקטף בעלומיו

ביום שבת קודש א' דר"ח תמוז תשס"ד

ת.נ.צ.ב.ה.

הוקדש ע"י הוריו

ר' יוסף חיים ומרת איטא דייוויס הע"י לאויוש"ט

משיקאגו

CONTENTS

INTRODUCTION

Mesillat Yesharim, by Rabbi Moshe Hayyim Luzzatto (Ramchal), was first printed in 5500/1740 in Amsterdam, where Ramchal then lived. Ever since, it has enjoyed wide dissemination. It has been published more often and in more places than any other Hebrew ethical tract, translated into several languages (four times in English), and has been the subject of countless essays and commentaries. Upon publication, it was lauded with unparalleled praise by the leading rabbis of the generation, some of whom suggested its adoption as a basic text for ethical study. The highest praise came, somewhat later, from the Gaon, Rabbi Eliyahu of Vilna and his circle, and this undoubtedly played a major role in establishing its centrality in *musar* literature. When the Gaon first saw *Mesillat Yesharim* he reportedly said, "I saw a great light appear on earth," and paid three rubles for it, a considerable sum in those days. The Gaon is said to have reviewed *Mesillat Yesharim* often.[1] His disciple, Rabbi Hayyim of Volozhin, instructed *his* disciple, Rabbi Yosef Zundel of Salant (who sought his advice on what ethical work to study): "All ethical tracts are worthy of study, but *Mesillat Yesharim* must be your guide."[2]

This classic is of benefit whether it is studied analytically or simply read for inspiration. It is unique in that it offers every

---

1. See Rabbi Yitzhak Malzan's preface to *Derekh Hashem*, Jerusalem 5674/1914. In the author's introduction to *Mesillat Yesharim*, Ramchal stated that little benefit could be derived from a single reading of the book, "the benefit will rather derive from persistent review" (p. 361).

2. Rabbi Naftali Amsterdam, *Or Yisra'el*, Vilna 5660/1900, p. 62d. In the same vein, Rabbi Yisrael of Salant declared: "All ethical works admonish a person to fear God, the book *Mesillat Yesharim* shows the way *how* to fear God." (See *Tenu'at haMusar*, pt. 1, Tel-Aviv 5706/1946, p. 275.)

individual a well-marked path by which to discipline himself in a life of piety, improve his character and intensify his devotion to the service of God, ascending from rank to rank until he reaches the highest level of all, which is sanctity. It is also remarkable in its ability to speak to people of different levels and present profound ideas in a clear and accessible style.

Mesillat Yesharim derives its name from Mishlei 16:17: "The path of the upright is to depart from evil; he that guards his path preserves his soul" and "The path of the upright is level" (ibid. 15:19). For Ramchal, this is the path outlined in the baraita of Rabbi Pinhas ben Yair, one by which a person can gradually master one level and then the next, until he reaches the highest rung.

Ramchal's understanding of the phrase *mesillat yesharim* is clarified by R. Yonah Gerondi's *Commentary to Mishlei* (16:17). R. Yonah interprets the *mesillah* not as the way one lives, but as the way one gets from where he *is* to where he *wants to be* – the route he follows on his spiritual journey. He even alludes, in this connection, to the first two rungs in the baraita of R. Pinchas ben Yair. It is worth examining the plan and composition of *Mesillat Yesharim* in light of R. Yonah's entire exposition to Mishlei 16:17, which greatly illuminates Ramchal's intent.

This book, whose every word was carefully chosen, unfortunately fell prey to many printing errors as early as the first edition. Subsequent editions succeeded in correcting some of the errors, but more often than not new mistakes and incorrect readings were introduced.

A breakthrough in the restoration of *Mesillat Yesharim* was made possible by the discovery of an original manuscript of an earlier version of *Mesillat Yesharim* (MS Guenzburg 1206, Russian State Library, Moscow). The manuscript, written in the author's own hand (henceforth: SV), does differ from the printed version of *Mesillat Yesharim* (henceforth: SP) in that it is composed as a dialogue, rather than as a straightforward development of themes. For the most part, however, the two works are quite similar, both in style and in sentence structure. Thus the manuscript version,

aside from its importance as an independent work, is also beneficial in providing us with a precise reading of *Mesillat Yesharim* SP. We therefore based our Hebrew edition of the standard *Mesillat Yesharim* on the Amsterdam first print – the closest to the author's original despite its errors – and carefully emended it on the basis of the manuscript. This is what makes Ofeq Institute's Hebrew version of the standard *Mesillat Yesharim* accepted by all as the most authoritative text of the work.

Immediately upon the publication of the manuscript, its unique qualities and benefits became apparent to all. Since then, SV has become the subject of study in institutions of higher learning and study groups, and it has enhanced the understanding of *Mesillat Yesharim* as a whole. Arranged as it is, in dialogue form between a *hakham* and a *hasid*, the manuscript is understandably formulated in a more expansive style, and thus sheds light on the profound nature of the work, to the extent that, at times, it constitutes a commentary to it. Of special consideration are the three additional chapters at the beginning of the manuscript that brilliantly reveal the work's plan and objective. The questions and statements of the *hakham* in the manuscript enhance our understanding of the main themes in SP, which are presented therein in the form of crystallized conclusions. Some of the *hakham's* ideas, of importance in themselves, did not make their way altogether into SP or were merely integrated in very concise form.

One may say that, as a result of the publication of the dialogue version, *Mesillat Yesharim* as a whole is enjoying a rejuvenation unparalleled in the history of its publication. Our newly edited Hebrew texts of the two versions of *Mesillat Yesharim* with a new English translation and comprehensive commentary, published in 5767/2007, helped bring Ramchal's masterpiece to a wider audience. We hope that this portable, lightly-annotated edition of the *Mesillat Yesharim* will grant easier access to this timeless classic and afford an even greater public the opportunity to be inspired and uplifted by its spiritual teachings.

The manuscript of *Mesillat Yesharim*, Dialogue Version, is part of the Guenzburg Collection housed in the Russian State Library in Moscow. The manuscript was the property of Eliakim Carmoly and was later acquired by Baron David Guenzburg. The manuscript, 20x15 cm., contains 45 double pages, each page consisting of 27-29 lines of 14 words on the average. The work is written in Italian-Hebrew script in Ramchal's own hand, known from autographs of his letters and poems. The work was completed in 5498/1738, as noted by the author at the end of the manuscript (p. 42 [44] b): "Completed on Wednesday, the twenty-fifth of Elul, in the year 5498 to the creation of the world. 'Blessed be the Lord for evermore. Amen, and Amen' (Tehillim 89:53). 'For the Lord most high is awesome; He is a great king over all the earth. He subdues peoples under us, and nations under our feet. He chooses our heritage for us, the pride of Yaakov whom He loves. Sela'" (Tehillim 47:3-5).

Ramchal was thirty-one years old at that time and living in Amsterdam. He completed the book in the last week of the month of Elul, and concluded with the verses recited on Rosh Hashanah prior to the blowing of the *shofar*. These verses give expression to the awesomeness of the impending Days of Judgment, and it is the same sense of awe that hovers over the entire work.

An early owner of the manuscript noticed the close relationship between the two versions and inscribed the following on the first page of the manuscript: "I have labored and found that the author is the Sage Rabbi Moshe Luzzatto, of blessed memory, and it is written in the form of a dialogue, and the book *Mesillat Yesharim* was generated from it. That is to say, it is an abridged version of the debates between the *hakham* and the *hasid*." Facing this, he wrote again at the edge of the page: "The book *Mesillat Yesharim* is an abridgement of this book." Two telling remarks are made here: The standard *Mesillat Yesharim* **was generated** from the manuscript version, and it is an **abridgement** of it.

Ramchal did not divide SV into chapters or themes. To facilitate the reader's use of the work, we have divided it into chapters that correspond to the chapters found in SP. The new material at the

beginning of the manuscript was also divided into three chapters and assigned titles taken from the language of the author. The language of the titles of the other chapters is borrowed from SP.

In the introduction to the 5767/2007 edition, we presented our view that SV was composed prior to SP, and the latter is based on the former. Having reached this conclusion, we emphasized that the second version does not supersede the first. For by no means should the manuscript be regarded merely as a draft of the second version, nor does it diminish the importance of SP merely because it is an expanded version of *Mesillat Yesharim*. Although the two compositions discuss the same subject matters and are generally closely related, each includes material not found in the other. The details, taken as a whole, are offshoots of the principles of the "service of God" that Ramchal wished to impart. Indeed, it has become common practice to study the two versions together; each one is instructive in itself and illuminating about the other.

The Hebrew versions of SV and SP, presented here adjacent to the English translation, are based on our newest Hebrew edition of 5769/2009, which embraces all the corrections and revisions amassed over the course of the years. (For this reason alone, we can reasonably say that our English translation of *Mesillat Yesharim* SP is the most reliable, not to speak of our translation of *Mesillat Yesharim* SV, translated here for the first time.)

The two versions of *Mesillat Yesharim* are presented with a new English translation, created to satisfy the following, seemingly mutually exclusive goals: to produce an accurate translation that faithfully represents the Hebrew text, both in substance and style, while at the same time, one to which the English reader can relate with or without the assistance of the Hebrew text. We were well aware of the formidable difficulty facing anyone who attempts to translate a classic of Hebrew literature into English, especially one such as *Mesillat Yesharim*, whose author is known to be a creative genius and a master of the Hebrew language in all of its subtle nuances. It was clear to us from the onset that the translation of *Mesillat Yesharim*, especially that of the dialogue version, characterized by its literary bent and replete with philosophical terms, is a task

whose fulfillment requires enormous responsibility. It is with that mindset and attitude that we approached this task. We are pleased that our efforts have been met with praise and appreciation.

Ramchal's language draws upon the entire body of Hebrew writings that preceded him – Scripture, Talmud, Midrash, halakhic, philosophical, Kabbalistic and poetic literature. This certainly is true of *Mesillat Yesharim*, whose language is that of all generations and that of the author himself. It has also been noted that *Mesillat Yesharim* contains no linguistic embellishments for embellishment's sake; every word is written with absolute precision. The Hebrew footnotes serve to identify the sources of his language in Scripture, among other things.

Both the Hebrew and English texts are accompanied by source notes incorporated into the text. Ramchal does not always divulge the sources he made use of; at times several sources may be the basis of his themes. In our comprehensive bi-lingual edition, we often suggested a variety of sources, however, in this edition, we only include the most probable source.

In the Hebrew text, as in the adjacent English translation, we have completed the verses and rabbinic dicta cited by the author in abridged form. When the author appended the word "etc." to the abbreviated citation, we enclosed the supplements in braces (={ }). As per the author's intent, this supplementary material should be viewed as part of the text itself. When the abbreviated quotations appear without "etc.," and we deemed it necessary to complete them, we enclosed the supplements in brackets. These supplements are to be viewed as editorial in nature. When we felt there was no need to supplement a quotation, we left it as is. Since these supplements are intended to lend coherence to the text, they tend to be lengthier in the accompanying English translation.

There are many passages in the *Mesillat Yesharim* whose precise sense is difficult to determine, even for *talmidei chachamim* and seasoned scholars. Our translation doubles as commentary that attempts to convey the author's intent with maximal accuracy and clarity. It should, therefore, be of interest to advanced *talmidei chachamim* and scholars as well as less-experienced readers.

An "Index of key themes treated in *Mesillat Yesharim* and Rabbinic dicta cited therein" was printed at the end of the first edition of *Mesillat Yesharim* SP and of all subsequent editions. As this is not an index in the usual sense, we felt that it will be more beneficial if we prefaced every chapter with the relevant sections, thus guiding the reader in his study of that particular chapter.

In our previous editions of *Mesillat Yesharim*, Hebrew and bilingual, I expressed my appreciation and thanks to the exceptional scholars who contributed to the perfection of these editions; my gratitude towards them all continues. I am especially indebted to my wife, Devorah, who toiled over this new edition as she has over the previous ones. Thanks to Rabbi Yosef Epstein for coordinating the printing of this volume.

The publication of this portable, lightly-annotated edition was made possible by the generous support of my dear brother-in-law, Yosef Chaim Davis, and his *aishet chayil*, Edie, in memory of their beloved son, Simcha Eliezer Dovid z"l, who was tragically taken from them in the prime of life on the first day of Rosh Chodesh Tammuz, 5764. May the merit of disseminating Torah and *musar* be a perpetual monument to his memory.

● ● ●

Mesillat Yesharim is one of the Jewish people's greatest spiritual creations, hewn from its very soul, and as such, reflects the mystery of our longing to conjoin with the living God, to sanctify His name in this world, and thereby to sanctify the world and everything contained therein. It is therefore with a deep sense of awe and privilege that we offer this lightly-annotated edition to a public wishing to focus mainly on the texts of the two versions of *Mesillat Yesharim*.

AVRAHAM SHOSHANA

3 Elul 5770

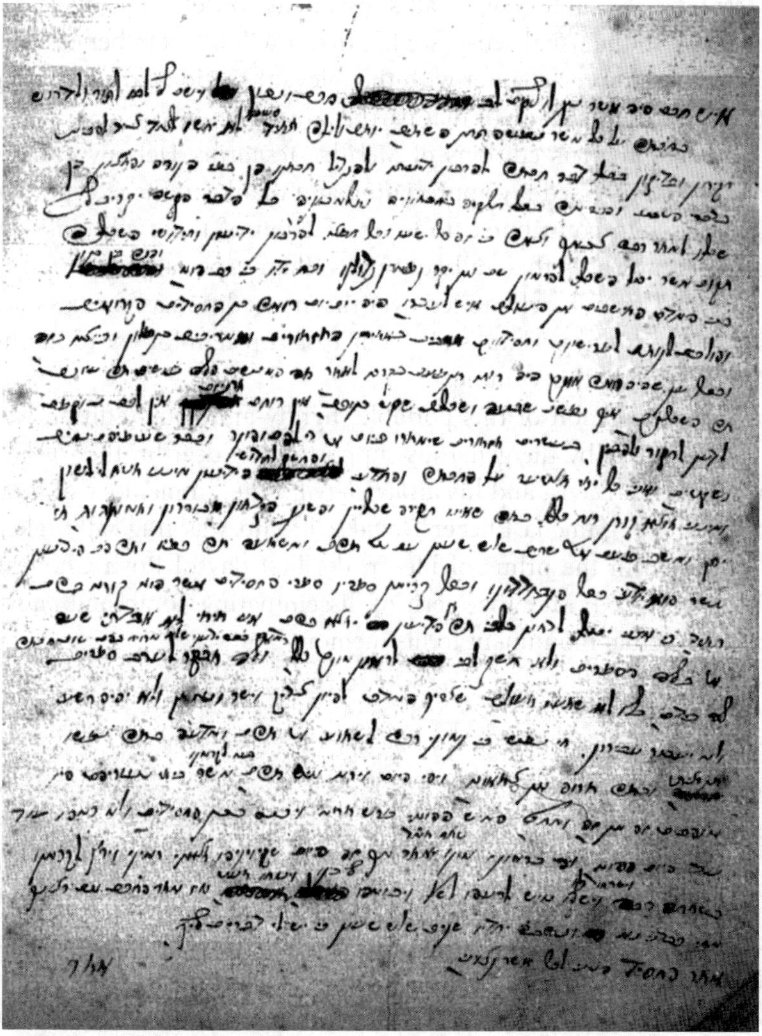

There was once a certain wise man
Mesillat Yesharim, MS Guenzburg 1206, Russian State Library, Moscow, p. 2b

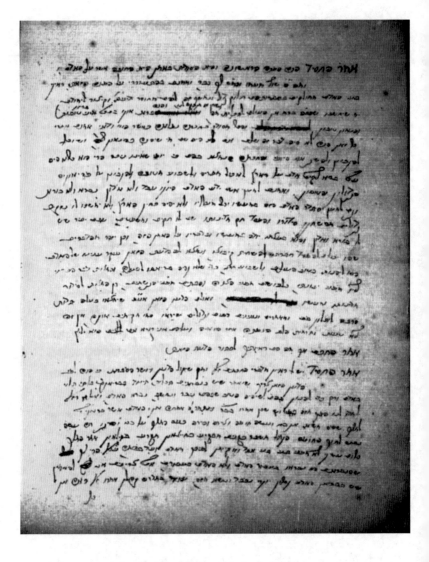

Man's duty to his Creator
Mesillat Yesharim, MS Guenzburg 1206, Russian State Library, Moscow, p. 7b

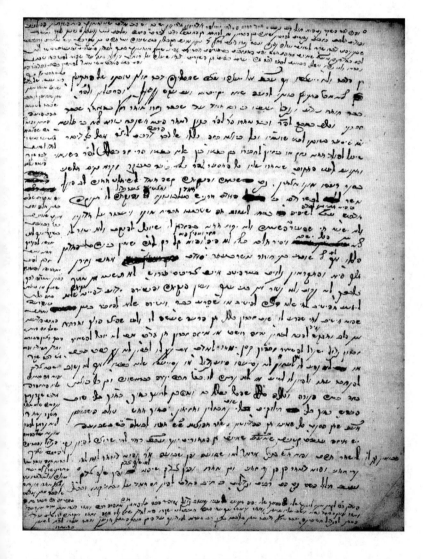

Mesillat Yesharim, MS Guenzburg 1206, Russian State Library, Moscow, p. 22b
Pages 164-172 in this edition

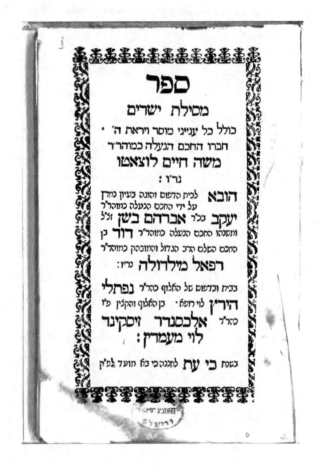

Mesillat Yesharim, First print, Amsterdam 1740
Title page

מְסִלַּת יְשָׁרִים

סֵדֶר וִכּוּחַ

MESILLAT YESHARIM

Dialogue Version

פֶּרֶק א:

אִישׁ חָכָם הָיָה

אִישׁ חָכָם הָיָה אֲשֶׁר נָתַן לוֹ אֱלֹקִים לֵב חָכָם וְנָבוֹן, וַיָּשֶׂם אֶל לְבָבוֹ לָתוּר וְלִדְרֹשׁ בְּחָכְמָה עַל כָּל אֲשֶׁר נַעֲשָׂה תַּחַת הַשָּׁמָיִם.[א] יוֹמָם וָלַיְלָה תָּמִיד סְעִפָּיו לֹא יֶחֱשׁוּ, לָצוּד צַיִד לְהָבִיא[ב] חֲקִירוֹת וּבְדִיקוֹת בְּכָל דְּבַר חָכְמָה, לְהַרְבּוֹת יְדִיעָתוֹ וּלְהַגְדִּיל חָכְמָתוֹ, הֵן בְּפֵרוּשׁ הַתּוֹרָה וְהַמִּצְוֹת, הֵן בְּדִבְרֵי הַטֶּבַע וְהַבְּרִיאָה בְּכָל חֲלָקֶיהָ, בְּחָכְמוֹתֶיהָ וּמְלַאֲכוֹתֶיהָ. כָּל הַדָּבָר הַקָּשֶׁה יַקְרִיב אֶל שִׂכְלוֹ לֵאמֹר, רַבֵּה צְבָאֲךָ וָצֵאָה.[ג] כִּי זֶה כָּל יִשְׁעוֹ וְכָל חֶפְצוֹ[ד] לְהַרְבּוֹת יְדִיעוֹת וְחִדּוּשֵׁי הַשְׂכָּלָה, מָקוֹם אֲשֶׁר יָכוֹל הַשֵּׂכֶל לְהֵרָאוֹת שָׁם אֶת יְקָר תִּפְאֶרֶת גְּדֻלָּתוֹ[ה] וְכֹחַ יָדוֹ כִּי רַב הוּא.[ו]

וְהִנֵּה בֵּין כִּתּוֹת בְּנֵי הָאָדָם הַמְיַשְּׁבִים אֶת הָעוֹלָם אִישׁ לְעֶבְרוֹ, הָיָה יוֹם יוֹם רוֹאֶה כַּת הַחֲסִידִים הַקְּרוּאִים וְהוֹלְכִים לְתֻמָּם[ז] לִפְרִישׁוּתָם וַחֲסִידוּתָם, מַרְבִּים בַּאֲמִירַת הַמִּזְמוֹרִים וּמַאֲרִיכִים בִּתְפִלּוֹת וְכַיּוֹצֵא בָּזֶה. וּבְכָל עֵת שֶׁהָיָה רוֹאֶה אוֹתָם הָיָה רוּחוֹ מִתְפָּעֵם בְּקִרְבּוֹ לֵאמֹר: מָה הָאֲנָשִׁים הָאֵלֶּה עוֹשִׂים, מָה עִיּוּנָם, מַה הַשְׂכָּלָתָם, אֵיךְ נַפְשָׁם שְׂבֵעָה וְשִׂכְלָם שָׁקֵט בְּתוֹכָם, אֵין רוּחָם מַרְגִּיזָם, אֵין לִבָּם נוֹקְפָם לָדַעַת, לַחֲקֹר וּלְהָבִין. בְּעֶשְׂרִים מִזְמוֹרִים שֶׁיֹּאמְרוּ בְּיוֹם אֶחָד דַּי לָהֶם וְהוֹתֵר וּכְבָר שִׂפְתֵיהֶם נָחִים וּשְׁקֵטִים. וַאֲנִי כָּל יָמַי מִצְטַעֵר עַל הַחָכְמָה וְהַמַּדָּע, וְהַחֵשֶׁק לְחִדּוּשֵׁי הַיְדִיעוֹת אֵינֶנּוּ מַנִּיחַ לִי לִישֹׁן,[ח] וְאֵינֶנִּי מוֹצֵא קֹרַת רוּחַ כְּלָל בְּמַה שֶׁאֵינוֹ חֲקִירָה שִׂכְלִית וְהַשָּׂגַת הַקְדָּמוֹת מְבֹרָרוֹת וּמְאֻמָּתוֹת. מִי יִתֵּן וְאֵשֵׁב פַּעַם אַחַת שְׁתַּיִם שָׁלֹשׁ שָׁעוֹת עִם אֶחָד מֵהֶם וְאֶשְׁמְעָה מַה בְּפִיו, וּמָה הֵם הַיְדִיעוֹת אֲשֶׁר הוּא יוֹדֵעַ

[א] ע"פ קהלת א, יב. [ב] ע"פ בראשית כז, ה. [ג] ע"פ שופטים ט, כט. [ד] ע"פ שמואל ב כג, ה. [ה] ע"פ אסתר א, ד. [ו] ע"פ תהלים כה, יא, ועוד. [ז] ע"פ שמואל ב טו, יא. [ח] ע"פ קהלת ה, יא.

One:

There Was Once a Certain Wise Man

There was once a certain wise man to whom God had given a wise and understanding heart. He set his mind to search and investigate by means of wisdom everything that happens under the heavens. His thoughts never ceased, day or night, [he was] always hunting for things to investigate and examine in every domain, so as to expand his knowledge and augment his wisdom, both in the meaning of the Torah and its commandments and in the realm of nature and creation in all its facets, sciences and arts. He would challenge his mind with every difficulty, saying, "Muster your forces and go forth." For it was his sole desire and aspiration to multiply knowledge and original insight, wherever the mind could demonstrate the glory and brilliance of its majesty and power, great as it is.

Now among the various classes of people who, each in their own way, constitute civil society, the wise man would take daily notice of a circle of pietists who would follow their calling in simplicity, separateness, and piety. They would recite many psalms and draw out their prayers, and other similar practices. Whenever he would see them, the spirit within him would become agitated and he would ask himself: What are these people doing? What do they ponder? What insights do they have? How is it that their souls are satisfied and their intellect tranquil within them? How is it that they are not impelled by disquiet or moved by discontent to seek to know, to search for understanding? The twenty psalms they recite each day seem more than enough to set their thoughts calmly at rest. I, however, am always troubled concerning wisdom and knowledge, and my passion for new knowledge allows me no sleep. I find no satisfaction whatsoever in anything but intellectual investigation and comprehension of premises that are substantiated and verified. O that I could sit down with one of them, just once, for two or three hours, to hear what he has to say, to find out what knowledge he has

בְּכָל הִתְבּוֹדְדוּתוֹ וּבְכָל קְרִיאַת סְפָרָיו, סִפְרֵי הַחֲסִידִים אֲשֶׁר הוּא קוֹרֵא בָּהֶם תָּמִיד. כִּי אֵינֶנִּי יָכוֹל לִדְמוֹת בְּלִבִּי מַה מִּן הַיְדִיעוֹת יִמְצָא בָּהֶם. אֲנִי מִיָּמַי לֹא אִבַּדְתִּי שָׁעָה אַחַת בְּאֵלֶּה הַסְּפָרִים וְלֹא חָשַׁק לִבִּי לִרְאוֹת אוֹתָם כְּלָל, שֶׁאֲנִי כְּבָר יָדַעְתִּי שֶׁלֹּא אַרְוִיחַ בָּהֶם שׁוּם חָכְמָה. וְאֵלֶּה מְבַקֵּר לְעָרֵב סְפָרִים אֵלֶּה בְּיָדָם, כְּאִלּוּ לֹא שָׁמְעוּ מֵעוֹלָם שֶׁצָּרִיךְ הָאָדָם לִהְיוֹת צַדִּיק וְיָשָׁר וְנֶאֱמָן וְלֹא יִהְיֶה רָשָׁע וְלֹא יַעֲבֹר עֲבֵרוֹת. חֵי נַפְשִׁי, כִּי תַּאֲוָתִי רַבָּה לִשְׁמֹעַ אֶחָד מֵהֶם, וְאֵדְעָה בַּמֶּה נַפְשׁוֹ מִתְרַצֵּית וּבַמֶּה מַרְוֶה אֶת צִמְאוֹנוֹ.

וַיְהִי הַיּוֹם וַיַּרְא אִישׁ מֵהֶם בָּא לִקְרָאתוֹ, אֲשֶׁר בִּימֵי נְעוּרֵיהֶם הָיוּ אוֹהֲבִים זֶה אֶת זֶה, וְאַחַר כָּךְ הָאִישׁ הַהוּא פָּרַשׁ מִמֶּנּוּ וַיִּכָּנֵס בְּכַת הַחֲסִידִים, וְלֹא רָאָהוּ עוֹד עַד הַיּוֹם הַהוּא. וַיְהִי כִּרְאוֹתוֹ אוֹתוֹ שָׂמַח מְאֹד וְאָמַר, אַךְ זֶה הַיּוֹם שֶׁקִּוִּיתִיהוּ מָצָאתִי רָאִיתִי.[ט] וַיָּרָץ לִקְרָאתוֹ בְּשִׂמְחָה רַבָּה, וַיִּשְׁתַּחוּ לוֹ וַיִּשְׁאֲלוּ אִישׁ לְרֵעֵהוּ לְשָׁלוֹם, וַיְבִיאֵהוּ אֶל בֵּיתוֹ וַיָּנוּחוּ מְעַט.

אָז אָמַר הֶחָכָם: אִם רְצוֹנְךָ אָחִי, כַּבְּדֵנִי נָא וְנֵשְׁבָה יַחְדָּו שְׁתַּיִם שָׁלֹשׁ שָׁעוֹת, כִּי יֵשׁ לִי דְּבָרִים אֵלֶיךָ.

אָמַר הֶחָסִיד:
הִנְנִי לְכָל אֲשֶׁר תְּצַוֵּנִי.

אָמַר הֶחָכָם:
כַּמָּה לִי זְמַן רַב אֲשֶׁר נִכְסְפָה וְגַם כָּלְתָה נַפְשִׁי לְהַמְתִּיק סוֹד[י] עִמְּךָ, וּנְדַבֵּר דָּבָר עַל עֲסָקֵינוּ אֲשֶׁר אֲנַחְנוּ עוֹסְקִים דְּבַר יוֹם בְּיוֹמוֹ, אִישׁ אִישׁ מִמְּלַאכְתּוֹ אֲשֶׁר אֲנַחְנוּ עוֹשִׂים.

אָמַר הֶחָסִיד:
הִנְנִי אָחִי, כִּי לֹא נוֹפֵל אָנֹכִי מִמְּךָ מֵהִשְׁתּוֹקֵק עָלֶיךָ כַּאֲשֶׁר תְּשׁוּקָתְךָ עָלָי.

[ט] ע"פ איכה ב, טז. [י] ע"פ תהלים נה, טו.

acquired from all his seclusion and from all the books of the pietists that he is always reading. For I cannot imagine what knowledge he discovers in them. In all my days I never wasted a single hour over those books, nor did I ever desire in the least to see them. For I knew that I would gain no wisdom from them. Yet these people have these books in their hands from morning to night, as if they had never before heard that a person should be righteous, upright, and faithful, that he should not be evil or commit transgressions. By my life, I have a great desire to listen to [what] one of them [has to say], so that I may know what satisfies his soul and quenches his thirst.

It happened one day that the wise man saw one of them approaching him. As youths they had been close friends, but later this person drew apart from him and joined the circle of pietists, so that he never saw him again until that very day. And it came to pass that when he saw the pietist he rejoiced greatly and said, "This is the day that I have hoped for, I have found it, I have seen it." He ran toward him with great joy and bowed, and they inquired of each other's welfare. He brought him to his house and they rested a little.

Then the wise man said, "If you would be willing, my brother, please grant me the honor and let us sit down together for two or three hours, for there are matters I would like to discuss with you."

The Hasid [the pietist] said:
I am ready to do whatever you ask of me.

The Hakham [the wise man] said:
For so very long my soul has yearned and longed to take sweet counsel with you, so that we might discuss the respective vocations in which we are daily engaged.

The Hasid said:
I am ready, my brother, for I am no less eager to converse with you than you are to converse with me.

אָמַר הֶחָכָם:

סַפְּרָה נָא לִי מַה מַּעֲשֶׂיךָ כָּל הַיָּמִים תָּמִיד, וּמַה הִשַּׂגְתָּ בְּכָל הִשְׁתַּדְּלוּתְךָ.

אָמַר הֶחָסִיד:

אֲנִי מָה אֲסַפֵּר, הִנֵּה כָּל עִיּוּנִי הֲלֹא הוּא רַק עַל דָּבָר אֶחָד לְבַד, וּמְלַאכְתִּי מְלָאכָה אַחַת שֶׁהִיא מְלֶאכֶת הַפְּרִישׁוּת. סַפֵּר אַתָּה אֶת אֲשֶׁר קִבַּצְתָּ לְךָ מִן הַיְדִיעוֹת בְּרֹב עִיּוּנְךָ. כִּי אַתָּה הִרְבֵּיתָ הַיְדִיעוֹת יוֹתֵר מִמֶּנִּי וַדַּאי, וְעֵין שִׂכְלְךָ חָקַר וְחִפֵּשׂ בְּכָל אוֹצְרוֹת הַחָכְמָה וּמַטְמוֹנֵי הַמַּדָּע. וְעַתָּה הַרְאֵנִי נָא מִפְּרִי עֲמָלְךָ הַטּוֹב, וּמִיֵּין רֶקַח[יא] חָכְמוֹתֶיךָ הַשְׁקֵנִי נָא גַּם אָנִי.

אָמַר הֶחָכָם:

אָחִי, לֹא תוּכַל לִטְעֹם פְּרִי הַחָכְמוֹת, כִּי אַתָּה לִמַּדְתָּ אֶת עַצְמְךָ רַק בִּפְרִישׁוּת וְהִתְבּוֹדְדוּת, אֲמִירַת הַמִּזְמוֹרִים אוֹ בַּקָּשַׁת הַתַּחֲנוּנִים, וְלֹא הִרְגַּלְתָּ עַצְמְךָ בְּעִיּוּנִים וּבְפִלְפּוּל הַתַּלְמִידִים. וְהִנֵּה לְךָ עַתָּה דִּבְרֵי הַחָכְמוֹת כְּדִבְרֵי סֵפֶר הֶחָתוּם,[יב] אֲשֶׁר הוּא כָּתוּב וְלֹא יוּכַל אִישׁ לִקְרוֹת בּוֹ, כֵּן לֹא תוּכַל אַתָּה לְהָבִין עֹמֶק הָעִיּוּנִים אֲשֶׁר לֹא נִסִּיתָ בָּהֶם וְדַרְכָּם נִסְתָּרָה מִמְּךָ. כִּי הַשֵּׂכֶל הִנֵּה הוּא עוֹשֶׂה בַּיְדִיעוֹת מַה שֶּׁהוּא עוֹשֶׂה בַּלְּשׁוֹנוֹת. מִי שֶׁלֹּא שָׁמַע לְדַבֵּר כִּי אִם אַשְׁדּוֹדִית[יג] לֹא יִשְׁמַע לְשׁוֹן הַיְּוָנִים כְּלָל, וּמִי שֶׁלֹּא הֻרְגַּל אֶלָּא בְּיְוָנִי לֹא יֵדַע אֶלָּא הַיְּוָנִי. כֵּן הָעִנְיָן בַּיְדִיעוֹת, מִי שֶׁאֵינוֹ מֻרְגָּל בְּדֶרֶךְ הַחָכְמָה לֹא יָכוֹל לְהָבִין עִנְיָנֶיהָ, מִי שֶׁלֹּא הֻרְגַּל בְּפִלְפּוּל הַשַּׁ"ס לֹא יוּכַל לְהָבִין סֻגְיוֹתֶיהָ. עַל כֵּן לֹא אוּכַל לְהָפִיק רְצוֹנְךָ וּלְהַרְאוֹתְךָ אֶת אֲשֶׁר קִבַּצְתִּי מֵעִיּוּנִי, כֵּיוָן שֶׁאַתָּה רָחוֹק מִן הַדֶּרֶךְ הַזֶּה הַיּוֹם.

[יא] ע"פ שיר השירים ח, ב. [יב] ע"פ ישעיה כט, יא. [יג] ע"פ נחמיה יג, כד.

The Hakham said:
Tell me, please, what is your regular, daily activity and what have you achieved through all your efforts?

The Hasid said:
What is there for me to tell? All my thinking has but one focus. I have a single vocation, namely that of separateness. You should tell of the knowledge that you have garnered from your many studies. For you have undoubtedly acquired more knowledge than I have, your mind's eye having investigated and searched in all the treasure houses of wisdom and hidden chambers of knowledge. Now then, please show me some of the good fruit of your toil and give me also to drink of the spiced wine of your wisdom.

The Hakham said:
My brother, you cannot taste the fruit of wisdom, for you have accustomed yourself only to the practice of separateness and seclusion, reciting psalms or offering supplications. But you have not trained yourself in conceptual analysis and dialectical thrust and parry with students. Words of wisdom are now for you like the words of a sealed book, one that is written yet no one can read. So too you cannot understand profound speculations with which you have had no experience and whose ways are hidden from you. For the mind functions with regard to knowledge as it does with regard to languages. He who only learned to speak the language of Ashdod will have no understanding whatsoever of the language of the Greeks; and he who is trained only in Greek will know no language but Greek. The same applies to knowledge. He who is not trained in the method of science cannot understand its subjects; he who is not trained in the argumentation of the Talmud cannot understand its discussions. Therefore, I cannot fulfill your wish and show you what I have gathered from my studies, for you are, at present, far from this [intellectual] path.

אָמַר הֶחָסִיד:

לֹא תֹאמַר לִי מַה שֶׁיָּדַעְתָּ אִם אֵינִי יָכוֹל לַהֲבִינוֹ, אַךְ תֹּאמַר לִי נוֹשְׂאֵי הַיְדִיעוֹת אֲשֶׁר לְךָ.

אָמַר הֶחָכָם:

כֵּן זֹאת אֶעֱשֶׂה.

הִנֵּה עִיּוּנַי הֵם מִשְּׁנֵי מִינִים, הָרִאשׁוֹן קֹדֶשׁ וְהַשֵּׁנִי חֹל. הָרִאשׁוֹן הוּא הָעִיּוּן בַּתּוֹרָה, הַשֵּׁנִי בַּחָכְמוֹת הַחִיצוֹנִיּוֹת. הָרִאשׁוֹן יְסוֹבֵב עַל מִצְווֹת הַתּוֹרָה וְדִינֶיהָ, הוּא הָעִיּוּן בַּשַּׁ"ס וּבַפּוֹסְקִים, וְזֶה עַצְמוֹ מִתְחַלֵּק עוֹד לִשְׁנַיִם. כִּי הִנֵּה יֵשׁ הָעִיּוּן הַפִּלְפּוּלִי וְיֵשׁ הַפִּסְקִי, הַפִּלְפּוּלִי הוּא הָעִיּוּן בְּפִלְפּוּלֵי הַשַּׁ"ס לְהָבִין הַשַּׁקְלָא וְטַרְיָא בְּחִדּוּד הַשֵּׂכֶל וְעֹמֶק הָעִיּוּן, וְיֵשׁ הָעִיּוּן לְעִנְיַן דִּינָא לְפִסְק הַהֲלָכָה לָדַעַת מַה יַּעֲשֶׂה יִשְׂרָאֵל.[יד]

וְהִנֵּה שְׁנֵי הָעִיּוּנִים הָאֵלֶּה כָּל אֶחָד מֵהֶם לְבַדּוֹ מְבַקֵּשׁ כָּל יְמֵי חַיֵּי הָאָדָם לָבוֹא עַד תְּכוּנָתוֹ, כִּי כָּל אֶחָד מֵהֶם מַרְחִיב וְהוֹלֵךְ עַד אֶפֶס שִׁעוּר. וּכְבָר נֶאֱמַר: אֲרֻכָּה מֵאֶרֶץ מִדָּהּ וּרְחָבָה מִנִּי יָם (איוב יא, ט). אַךְ לְפִי שֶׁהַשָּׁעָה צְרִיכָה לִהְיוֹת הָאָדָם אוֹחֵז בָּזֶה וְגַם מִזֶּה אַל תַּנַּח יָדוֹ,[טו] כִּי זֶה וָזֶה צְרִיכִים כְּאֶחָד לְכָל עֲדַת בְּנֵי יִשְׂרָאֵל לָדַעַת הַדֶּרֶךְ אֲשֶׁר נֵלֵךְ בָּהּ וְאֶת הַמַּעֲשֶׂה אֲשֶׁר נַעֲשֶׂה, עַל כֵּן נַעֲסֹק בִּשְׁנֵיהֶם עַד מָקוֹם שֶׁיָּדֵנוּ מַגַּעַת, לְלַקֵּט מֵהֶם הַפְּרִי הַהֶכְרֵחִי בְּקִיּוּמָהּ שֶׁל תּוֹרָה מַה שֶּׁאִי אֶפְשָׁר זוּלָתוֹ.

וּבִכְלַל הַפִּלְפּוּלִי יֵשׁ גַּם כֵּן הָעִיּוּן בַּמִּדְרָשִׁים הַזָּרִים וּתְמוּהִים, לְבָאֲרָם בְּכֹחַ הַפִּלְפּוּל הֶחָזָק, עוֹקֵר הָרִים וְטוֹחֲנָן, לִקְשֹׁר חֶבֶל בְּחֶבֶל וּמְשִׁיחָה בִּמְשִׁיחָה,[טז] לִדְלוֹת בֵּאוּר דִּבְרֵי חֲכָמִים וְחִידוֹתָם עַל פִּי שַׁקְלָא וְטַרְיָא וְחִדּוּשׁ הַמְצָאַת סְבָרוֹת בָּאוֹת מִמֶּרְחָק, אֲשֶׁר יִשְׂמַח עֲלֵיהֶן הַשֵּׂכֶל בְּאָמְרוֹ: רְאֵה זֶה חָדָשׁ הוּא,[יז] לֹא שְׂעָרוּהוּ מְזִמּוֹתָיו מִתְּחִלָּה.

[יד] ע"פ דברי הימים א יב, לג. [טו] ע"פ קהלת ז, יח. [טז] המליצה ע"פ בראשית רבה צג, ד. [יז] ע"פ קהלת א, י.

The Hasid said:
Do not tell me what you have learned if I cannot understand it, but tell me the subjects of your knowledge.

The Hakham said:
Indeed, that I will do.

My studies are of two kinds, the first sacred and the second secular. The first is the study of the Torah; the second is the study of secular sciences. The first revolves around the Torah's precepts and laws, that is, the study of the Talmud and the halakhic codes. This itself further divides into two, as there is study that is dialectical and there is [study] oriented to legal decisions. The former pertains to the study of talmudic dialectics aimed at understanding its argumentation, employing sharp reasoning and profound analysis. The latter relates to normative law aimed at reaching halakhic decisions in order to know what Israel ought to do.

Now to achieve mastery, even in only one of these two fields of study, requires an entire lifetime, for each of them branches out immeasurably. As the verse states, "Its measure is longer than the earth and broader than the sea" (Iyov 11:9). Yet, since the call of the hour is that a person should take hold of the one while not letting go of the other – as both together are needed by the entire community of Israel in order that we may know the way we should take and the deed we should do – we therefore engage in both fields to the limit of our capacity, in order to gather from them the fruit that is essential and indispensable for the fulfillment of the Torah.

Dialectical study also includes the investigation of strange, perplexing midrashim, explaining them by means of a powerful dialectic that exhibits intellectual virtuosity, creating a chain of [unexpected conceptual] links, which elicits explanation of the enigmatic words of the Sages through argument and the invention of novel ideas from afield in which the mind finds joy, exclaiming, "Look at this, it is new," something it had never conceived.

הֵן כָּל אֵלֶּה דַּרְכֵי נֹעַם[יח] וְנֹפֶת מָתוֹק[יט] אֲשֶׁר בְּתוֹרָתֵנוּ הַקְּדוֹשָׁה, אֲשֶׁר יִתְעַנְּגוּ בּוֹ כָּל הַקָּרֵב הַקָּרֵב אֶל הַמְּלָאכָה הַזֹּאת לַעֲשׂוֹת אוֹתָהּ. וְאָמְנָם יֵשׁ מִן הַחֲכָמִים שֶׁיִּטּוּ יוֹתֵר אֶל חֵלֶק אֶחָד מִן הָעִיּוּן מֵחֲבֵרוֹ, יֵשׁ שֶׁחֶפְצָם בְּפִלְפּוּל הַשַּׁ"ס, יֵשׁ שֶׁחֶשְׁקָם בְּפִסְקֵי הַדִּינִים, יֵשׁ בְּמִדְרָשִׁים, אִישׁ אִישׁ מְקוֹם שֶׁלִּבּוֹ חָפֵץ.

אַךְ חָכְמוֹת הַחֹל הֵם כְּלַל הַיְדִיעוֹת בְּמַה שֶּׁהוּא חוּץ מִן הַתּוֹרָה. וְהַיְנוּ: יֵשׁ בַּבְּרִיאָה בַּטֶּבַע בְּכָל חֲלָקָיו, דְּהַיְנוּ בִּמְצִיאוּת הַנִּמְצָאִים בְּכָל תְּכוּנוֹתֵיהֶם, בְּתִקּוּן עִנְיְנֵיהֶם וְהַרְחָקַת הֶפְסֵדֵיהֶם; יֵשׁ בְּתַשְׁמִישֵׁי הָאָדָם וּבְסִדּוּרֵיהֶם, שֶׁזֶּה כְּלַל כָּל הַמְּלָאכוֹת הָעֲשׂוּיוֹת לְתוֹעַלְתּוֹ בְּיִפּוּי עִנְיָנָיו שֶׁל הָאָדָם וְסִדּוּר מְדִינוּתוֹ; יֵשׁ בִּמְדִידַת הַשִּׁעוּרִים הַמְּתָאֲרִים כָּל הַצּוּרוֹת, בַּגְּרָמִים הַשְּׁמֵימִיִּים בַּהֲלִיכוֹתֵיהֶם וְהַשְׁפָּעָתָם, בִּסְגֻלּוֹת הַנִּבְרָאִים וּבְכָל תּוֹעֲלִיּוֹתֵיהֶם.

אֵלֶּה הֵם כְּלַל הַנּוֹשְׂאִים אֲשֶׁר עֲלֵיהֶם מַקִּיפִים הַחָכְמוֹת וְהַיְדִיעוֹת אֲשֶׁר יַעֲמֹל הָאָדָם לִמְצֹא לְקַבֵּץ עַל יַד מֵהֶם כָּל אֲשֶׁר יוּכַל, וְכָל הַמַּרְבֶּה הֲרֵי זֶה מְשֻׁבָּח.[כ]

אָמַר הֶחָסִיד:

אָחִי, יָדַעְתָּ הַרְבֵּה, אַךְ מַה שֶּׁצָּרִיךְ לִשְׁלֵמוּת עַצְמְךָ הֲיָדַעְתָּ? וּמַה שֶּׁשַּׁיָּךְ בֵּינְךָ לְבֵין קוֹנְךָ?

אָמַר הֶחָכָם:

מַה הוּא הַשְּׁלֵמוּת שֶׁל הָאָדָם, כִּי אִם לִשְׁמֹעַ בְּקוֹל ה' וְלִשְׁמֹר כָּל מִצְוֹתָיו, מִצְוָה מִצְוָה בְּשַׁעְתָּהּ.[כא] כְּשֶׁיָּדַעְתִּי הִלְכוֹת הַשַּׁ"ס וְסִפְרֵי הַפּוֹסְקִים, הִנֵּה יָדַעְתִּי מַה שֶּׁמִּצְטָרֵךְ לִשְׁלֵמוּתִי וּמַה שֶּׁשַּׁיָּךְ בֵּינִי לְבֵין קוֹנִי.

[יח] ע"פ משלי ג, יז. [יט] ע"פ משלי כד, יז. [כ] ע"פ הגדה של פסח. [כא] ע"פ פסחים קה, ב.

All of these are the ways of pleasantness and sweet honey that are found in our holy Torah. Everyone who draws at all near to undertake this task delights in it. There are, however, some scholars who incline more to one area of study than to another. Some have a preference for talmudic dialectics, others a predilection for practical halakhic rulings, and still others for the midrashim – each man in the field of his heart's desire.

The secular sciences comprise the totality of knowledge concerning what is outside the Torah. Some pertain to the cosmos – nature in all its realms – that is, to the essence of existent beings and all their qualities, to what achieves their perfection and prevents their corruption. Some pertain to the things that serve man's needs and their proper ordering, namely, all the arts practiced for man's benefit, enhancing his state and ordering his political life. And some pertain to surveying the [geometric and trigonometric] features of all configurations, to [understanding] the courses and influences of the celestial bodies, and to [understanding] the special properties of created beings and all of their uses.

These are all of the subjects encompassed by the sciences and [branches of] knowledge that a man must labor to acquire, gathering little by little, as much as he is able. The more one does so, the more he is praiseworthy.

The Hasid said:
My brother, you have learned a great deal, but do you know what is necessary for your own perfection and what pertains to the relationship between you and your Maker?

The Hakham said:
What is man's perfection but to obey the voice of God and observe all His commandments, each commandment at its appointed time? When I have learned the laws of the Talmud and the halakhic codes, I know what is necessary for my own perfection and what pertains to the relationship between me and my Maker.

אָמַר הֶחָסִיד:

אֱמֶת הַדָּבָר, כְּשֶׁיָּדַעְתָּ כָּל זֶה, יָדַעְתָּ מַה שֶּׁמִּצְטָרֵךְ לִשְׁלֵמוּתְךָ מִצַּד מַעֲשֶׂיךָ, אַךְ מַה שֶּׁמִּצְטָרֵךְ לְךָ לְעִנְיָן זֶה מִצַּד לִבְּךָ וּמַחְשְׁבוֹתֶיךָ הֲיָדַעְתָּ?

אָמַר הֶחָכָם:

כְּבָר חֲכָמִים הִגִּידוּ וּכְלָל גָּדוֹל כָּלְלוּ: וְכָל מַעֲשֶׂיךָ יִהְיוּ לְשֵׁם שָׁמַיִם (אבות ב, יב).

אָמַר הֶחָסִיד:

אִם כֵּן שְׁנֵינוּ מַסְכִּימִים עַל דָּבָר אֶחָד, שֶׁאֵין דַּי הַמַּעֲשֶׂה לִהְיוֹת עוֹבֵד אֱלֹקִים, אַךְ שֶׁצָּרִיךְ כַּוָּנַת הַלֵּב וְיֹשֶׁר הַמַּחֲשָׁבָה.

אָמַר הֶחָכָם:

וּמִי הָאִישׁ הֶחָכָם וְיַכְחִישׁ אֶת זֹאת?[כב] אַדְּרַבָּא, עִקַּר הָעֲבוֹדָה הוּא כַּוָּנַת הַלֵּב. וּכְבָר אָמְרוּ רַבּוֹתֵינוּ זִכְרוֹנָם לִבְרָכָה (ברכות יז, א): שֵׂכֶל טוֹב לְכָל עֹשֵׂיהֶם (תהלים קיא, י), לָעוֹשִׂים לִשְׁמָהּ וְלֹא לָעוֹשִׂים שֶׁלֹּא לִשְׁמָהּ, וְכָל הָעוֹשֶׂה שֶׁלֹּא לִשְׁמָהּ {נוֹחַ לוֹ שֶׁלֹּא נִבְרָא}, וּקְרָא כְּתִיב: וַיְפַתּוּהוּ בְּפִיהֶם {וּבִלְשׁוֹנָם יְכַזְּבוּ לוֹ וְלִבָּם לֹא נָכוֹן עִמּוֹ} (תהלים עח, לו-לז). וְרַבִּי אֶלְעָזָר בֶּן עֲרָךְ אָמַר: לֵב טוֹב (אבות ב, ט), וְהִכְרִיעַ רַבָּן יוֹחָנָן בֶּן זַכַּאי רַבּוֹ כְּמוֹתוֹ. וְזֶה פָּשׁוּט וַדַּאי, כִּי מִי שֶׁעוֹשֶׂה מַעֲשִׂים טוֹבִים בְּכַוָּנָה לֹא טוֹבָה, נִמְצָא שֶׁמִּשְׁתַּמֵּשׁ מִכֵּלָיו שֶׁל מֶלֶךְ עַצְמוֹ לִמְרֹד בּוֹ וְלִפְגֹּם בִּכְבוֹדוֹ, וְאֵין לְךָ רָעָה גְּדוֹלָה מִזּוֹ.

וְהִנֵּה הַמַּעֲשִׂים הֵם הַקַּנְקַן, וְהַכַּוָּנָה הַיַּיִן שֶׁבּוֹ, וּכְבָר לִמְּדוּנוּ זִכְרוֹנָם לִבְרָכָה: אַל תִּסְתַּכֵּל בַּקַּנְקַן אֶלָּא בְּמַה שֶּׁיֵּשׁ בּוֹ (אבות ד, כ).

[כב] ע"פ ירמיה ט, יא.

The Hasid said:

It is true that when you have learned all this, you know what is necessary for your perfection from the standpoint of your actions. But do you know what you need for this purpose from the standpoint of your heart and thoughts?

The Hakham said:

The Sages have already spoken and formulated an important principle, "Let all your deeds be done for the sake of Heaven" (*Avot* 2:12).

The Hasid said:

If so, we both agree on one thing. Deeds [alone] do not suffice for the service of God; surely [proper] intention of the heart and correct thought are [also] necessary.

The Hakham said:

Who is the wise man that would deny this? On the contrary, the essence of serving God is [proper] intention of the heart. Our Rabbis, may their memory be blessed, already said, "'All who do them have sound understanding' (Tehillim 111:10) – those who do them for their own sake, and not those who do them not for their own sake. And anyone who does them not for their own sake, {it would have been better for him had he not been created}" (*Berakhot* 17a). And the verse states, "They flattered Him with their mouths, {and lied to Him with their tongues. And their hearts were not directed toward Him}" (Tehillim 78:36-37). And Rabbi Elazar ben Arakh [addressing the question, "To which virtue should man closely adhere]?" said, "A good heart" (*Avot* 2:9). And his master, Rabbi Yohanan ben Zakkai, decided [the matter] in his favor (ibid.). Surely this is obvious, that he who performs good deeds with improper intention uses instruments belonging to the king to rebel against him and affront his majesty. There is no greater evil than this.

Now deeds may be likened to a flask, and intent to the wine contained within it. Our Rabbis, may their memory be blessed, already taught us, "Look not at the flask, but at what it contains"

וּמִי שֶׁלִּבּוֹ יִקְבֹּץ אָוֶן לוֹ,[כג] אֲפִלּוּ יַעֲשֶׂה כָּל הַמִּצְוֹת שֶׁבָּעוֹלָם כְּאַחַת לֹא יַעֲשֶׂה נַחַת רוּחַ לְיוֹצְרוֹ. הָא לְמָה זֶה דּוֹמֶה? לְמַקְרִיב מִנְחָה בִּכְלִי טָמֵא, שֶׁהַמִּנְחָה מִטַּמְּאָה בַּעֲבוּר הַכְּלִי, כִּי לֹא לְרָצוֹן תִּהְיֶה לוֹ,[כד] אֶלָּא: כַּאֲשֶׁר יָבִיאוּ אֶת הַמִּנְחָה בִּכְלִי טָהוֹר בֵּית ה׳ (ראה ישעיה סו, כ) כְּתִיב. וּכְתִיב: אִם אַתָּה הֲכִינוֹתָ לִבֶּךָ וּפָרַשְׂתָּ אֵלָיו כַּפֶּיךָ (איוב יא, יג).

אָמַר הֶחָסִיד:
אָחִי, אָמַרְתָּ הַרְבֵּה, וּמַה שֶּׁהָיִיתִי צָרִיךְ אֲנִי לוֹמַר לְךָ, הִקְדַּמְתַּנִי אַתָּה.

אָמַר הֶחָכָם:
דָּבָר זֶה אֵינוֹ מְסֻפָּק אֶצְלִי שֶׁאֶצְטָרֵךְ שֶׁתְּפַיְּסֵנִי בּוֹ, אָכֵן יָתֵד תָּקוּעַ[כה] הוּא אֵצֶל כָּל חֲכַם לֵב וַדַּאי.

אָמַר הֶחָסִיד:
אַךְ שְׁאֵלָה אַחַת אֶשְׁאַל מִמְּךָ. הִנֵּה כָּל הַמִּצְטָרֵךְ לִשְׁלֵמוּת הָאָדָם, כְּבָר אָמַרְתָּ שֶׁהוּא רַק כְּלַל הַתַּרְיַ״ג מִצְוֹת אֲשֶׁר נִצְטַוֵּינוּ בָּהֶן, אָמְנָם הַתַּרְיַ״ג מִצְוֹת הִנֵּה קְצָרִים הֵן, וְכָל הָעִיּוּן הָרַב שֶׁעָשִׂיתָ כָּל כָּךְ שָׁנִים, אִם כֵּן אֵפוֹא מֶה הָיָה?

אָמַר הֶחָכָם:
הַמִּצְוֹת אֵינָם יוֹתֵר מִתַּרְיַ״ג, אַךְ עַל כָּל אַחַת מֵהֶן נֶאֱמַר: אֲרֻכָּה מֵאֶרֶץ מִדָּהּ וּרְחָבָה מִנִּי יָם (איוב יא, ט). כִּי הַכְּלָלִים הֵם קְצָרִים וּמְעַטִּים, אַךְ הַפְּרָטִים וּפְרָטֵי הַפְּרָטִים מִתְרַבִּים וְהוֹלְכִים, עַד שֶׁאֵין לָהֶם גְּבוּל כְּלָל. עַל כֵּן, לוּלֵי סְפָרִים כִּפְלַיִם מִמָּה שֶׁחֻבְּרוּ כְּבָר עֲלֵיהֶם הָיוּ מְחֻבָּרִים, הִנֵּה עֲדַיִן לֹא יַסְפִּיקוּ לְכָל הַמִּצְטָרֵךְ לְהָקִים כָּל דָּבָר עַל בֻּרְיוֹ.

[כג] ע״פ תהלים מא, ז. [כד] ע״פ ויקרא כב, כ. [כה] ע״פ ישעיה כב, כה.

(*Avot* 4:20). One whose heart stores up iniquity, even if he were to perform every last commandment that exists, would still not please his Creator. This may be likened to bringing a meal-offering in an impure vessel, in which case the meal-offering is defiled because of the vessel. [Such an offering] will not be accepted in his behalf. Rather, Scripture says, "As [the children of Israel] bring a meal-offering in a pure vessel to the House of the Lord" (Yeshayahu 66:20). And it is written, "If you have directed your heart rightly, you may spread forth your hands to Him" (Iyov 11:13).

The Hasid said:
My brother, you have said much. What I should have told you, you've told me already.

The Hakham said:
With regard to that, I have no doubt that would put me in need of your persuasion. Indeed, it is [like] a firmly fastened peg to anyone truly wise of heart.

The Hasid said:

I do, however, have one question for you. You have already said all that is necessary for man's perfection is the sum of the six hundred and thirteen *mitzvot* that we were commanded. Yet, the six hundred and thirteen *mitzvot* are brief. What, then, was the focus of all the extensive study in which you were engaged for so many years?

The Hakham said:
There are no more than six hundred and thirteen *mitzvot*, but regarding each one of them it is stated, "Its measure is longer than the earth, and broader than the sea" (Iyov 11:9). For the general principles are short and few, but the details and full particulars multiply and branch out limitlessly. Hence, even if the amount of books already composed about them were doubled, it would still not suffice for everything needed to fully clarify each matter.

אָמַר הֶחָסִיד:

וְלֹא יִשְׁמְעוּ אָזְנֶיךָ מַה שֶּׁפִּיךָ מְדַבֵּר? מִצְוָה לֵישֵׁב בַּסֻּכָּה זֶה כְּלָל שֶׁיֵּשׁ לוֹ כָּל כָּךְ פְּרָטִים, שֶׁצְּרִיכִים לָהֶם כָּל כָּךְ הֲלָכוֹת וְכָל כָּךְ שְׁאֵלוֹת וּתְשׁוּבוֹת וַעֲדַיִן אֵין דַּי; מִצְוָה לְהָנִיחַ תְּפִלִּין כְּמוֹ כֵן צָרִיךְ לְבֵאוּרוֹ כָּל כָּךְ הֲלָכוֹת וְכָל כָּךְ פִּסְקֵי דִינִים, מִצְוָה לְקַדֵּשׁ חֳדָשִׁים, מִצְוָה לְהָנִיחַ מְזוּזָה, כָּל אֵלֶּה אֶלֶף שְׁאֵלוֹת וּתְשׁוּבוֹת אֵין דַּי לְבָאֲרָם. מִצְוָה שֶׁכָּל מַעֲשֶׂיךָ יִהְיוּ לְשֵׁם שָׁמַיִם הוּא כְּלָל שֶׁאֵין לוֹ פְּרָטִים, כְּלָל שֶׁאֵין צָרִיךְ בֵּאוּר, כְּלָל שֶׁהַכֹּל יוֹרְדִים לְעָמְקוֹ מִיַּד בְּלִי עִיּוּן וּבְלִי לִמּוּד כְּלָל וְעִקָּר? וְהַיִּרְאָה וְהָאַהֲבָה כָּל כָּךְ פְּשׁוּטִים וּמְבֹאָרִים, אֵין שַׁיָּךְ בָּהֶם עִיּוּן וְתַלְמוּד?

אָמַר הֶחָכָם:

אֲבָל דְּבָרִים אֵלֶּה הֵם דְּבָרִים פְּשׁוּטִים, כִּי אֵין צָרִיךְ כָּל כָּךְ הֲבָנָה לְהָבִין שֶׁצָּרִיךְ לִירְאָה יִרְאָה רַבָּה מִלְּפָנָיו יִתְבָּרַךְ[כו] מִפְּנֵי גֹּדֶל רוֹמְמוּתוֹ, וּלְאַהֲבָה אוֹתוֹ יוֹתֵר מִכָּל דָּבָר נֶאֱהָב שֶׁבָּעוֹלָם, וּלְהִתְכַּוֵּן בְּכָל הַמַּעֲשִׂים לַעֲבוֹדָתוֹ יִתְבָּרַךְ.

אָמַר הֶחָסִיד:

אֵינִי יָכוֹל לְהָבִין אֵיךְ אֶפְשָׁר שֶׁאַתָּה אֲשֶׁר אִישׁ חָכָם אַתָּה, אֲשֶׁר דַּרְכְּךָ לְדַקְדֵּק בְּכָל דָּבָר כְּחֻדָּהּ שֶׁל מַחַט, וּבַדָּבָר הַזֶּה אַתָּה מִתְרַצֶּה בְּשֶׁטַח הָעִנְיָנִים וּמוֹצִיא דָּבָר עָמֹק כָּזֶה כָּל כָּךְ עַל נְקַלָּה. אָמְנָם אֱמֹר נָא בְּתֹם לְבָבְךָ, כְּמוֹ שֶׁהוֹצֵאתָ כָּל כָּךְ זְמַן וְהֶעֱמַקְתָּ כָּל כָּךְ לַחֲקֹר בַּדִּינִים אֲשֶׁר חָקַרְתָּ וּבַחָכְמוֹת אֲשֶׁר חִפַּשְׂתָּ, הוֹצֵאתָ עֲשִׂירִית הַזְּמַן הַהוּא, אוֹ אֶחָד מֵעֶשֶׂר מִמַּה שֶּׁחָקַרְתָּ בַּחָכְמוֹת הָהֵם, בַּחֲקִירוֹת הַיִּרְאָה וְהָאַהֲבָה וּבִידִיעַת טָהֳרַת הַכַּוָּנָה וְנִקְיוֹן הַלֵּבָב? אוֹ בִּכְלַל אַלְפֵי הַשְּׁאֵלוֹת וּתְשׁוּבוֹת אֲשֶׁר קָרִיתָ וְשָׁנִיתָ נִמְצְאוּ שְׁאֵלוֹת וּתְשׁוּבוֹת עַל הָעִנְיָנִים הָאֵלֶּה?

[כו] בכתה"י בכל הספר מקוצר: "ית" (= יתברך, או: יתעלה). השלמנו תמיד: יתברך.

The Hasid said:

Do your ears not hear what your mouth is saying? The *mitzvah* of dwelling in a *sukkah* is a general requirement with so many particulars, that with all the rulings and responsa they have necessitated there are still not enough. So too the *mitzvah* of donning *tefillin*; its explanation requires so very many rulings and legal decisions. Likewise, the *mitzvah* to sanctify the New Moon, the *mitzvah* to affix a *mezuzah* – a thousand responsa will not suffice to explain them. Is [then] the *mitzvah* that all your deeds be done for the sake of Heaven a principle that has no details, a principle that requires no explanation, a principle that all immediately understand in its full depth without any investigation or study whatsoever? And are fear and love [of God] so clear and simple that investigation and study do not pertain to them?

The Hakham said:

But these matters are obvious. It does not take very much understanding to comprehend that one must greatly fear Him, blessed be He, on account of His great exaltedness; and love Him more than any object of love that exists; and aim all that one does at His service, blessed be He.

The Hasid said:

I cannot understand how it is possible that a wise man such as yourself, a man accustomed to be exacting to a pinpoint regarding all matters, is satisfied in this matter with the surface of things, thus dismissing a matter as profound as this so easily. But tell me honestly please. Just as you spent so much time and delved so deeply investigating the laws you examined and the sciences you sought out, did you spend a tenth of that time, or a tenth of what you investigated in those sciences, on investigating fear and love, and on learning purity of intent and cleanness of heart? Among the thousands of responsa that you read and studied, were there any concerning these matters?

אָמַר הֶחָכָם:

אֲנִי אֹמֵר הָאֱמֶת, וַדַּאי שֶׁלֹּא הוֹצֵאתִי בְּעִיּוּן הַזֶּה חֵלֶק אֶחָד מִן הַמָּאתַיִם אוֹ אֶחָד מִנִּי אֶלֶף מִמַּה שֶּׁהוֹצֵאתִי בִּשְׁאָר הָעִיּוּנִים. אַךְ אֲנִי הִנְנִי מַאֲמִין בְּוַדַּאי שֶׁאֵין מָקוֹם לַחֲקִירוֹת וְהַבְחָנוֹת רַבּוֹת בָּעִנְיָנִים הָאֵלֶּה, אַחַר שֶׁהֵם עִנְיָנִים פְּשׁוּטִים וּמְבֹרָרִים.

אָמַר הֶחָסִיד:

אֵין אוֹמְרִים לְמִי שֶׁלֹּא רָאָה אֶת הַחֹדֶשׁ שֶׁיָּבוֹא וְיָעִיד.[כז] אִלְמָלֵא קָבַעְתָּ עִיּוּנְךָ עַל הַדָּבָר הַזֶּה וְאַחַר הָעִיּוּן מְצָאתוֹ פָּשׁוּט וּמְבֹרָר, הָיָה אֶפְשָׁר שֶׁאוֹדֶה לְךָ, אַךְ אִם לֹא שַׂמְתָּ לִבְּךָ עָלָיו וְלֹא בְּחַנְתָּ אוֹתוֹ, אֵיךְ תּוּכַל לִגְזֹר אִם הוּא קַל אוֹ כָּבֵד, הַקָּטָן הוּא אוֹ גָּדוֹל? אֵין זוֹ אֶלָּא סְבָרָא שֶׁאַתָּה חוֹשֵׁב כָּךְ וּמְדַמֶּה לִבְּךָ, לֹא אֱמֶת שֶׁתּוּכַל לִגְזֹר אוֹתוֹ אַחֲרֵי הַלִּמּוּד וְהַהִתְבּוֹנֵן.

וַאֲנִי רוֹאֶה דִּבְרֵי הַפָּסוּק מוֹרִים מַמָּשׁ הֵפֶךְ סְבָרָתְךָ זֹאת, שֶׁכֵּן הוּא אוֹמֵר: הֵן יִרְאַת ה׳ הִיא חָכְמָה (איוב כח, כח), וְרַבּוֹתֵינוּ זִכְרוֹנָם לִבְרָכָה פֵּרְשׁוּ הֵן מִלְּשׁוֹן אַחַת (שבת לא, ב), וְאָמְרוּ, שֶׁכֵּן בִּלְשׁוֹן יְוָנִי קוֹרִין לְאַחַת הֵן. וְהִנֵּה הַפָּסוּק מְלַמְּדֵנוּ שְׁנֵי דְּבָרִים, הָרִאשׁוֹן שֶׁהַיִּרְאָה הִיא חָכְמָה, וְהַשֵּׁנִי שֶׁהִיא מְיֻחֶדֶת שֶׁבַּחָכְמוֹת. וְאוּלָם אִלְמָלֵא הָיָה בָּהּ מִן הַהִתְבּוֹנֵן וְהַהִתְחַכֵּם, לֹא הָיָה רָאוּי שֶׁיִּקְרָאֶהָ הַכָּתוּב חָכְמָה אֶלָּא יֹשֶׁר אוֹ מוּסָר, אַךְ לֹא חָכְמָה, כָּל שֶׁכֵּן שֶׁיֹּאמַר עָלֶיהָ שֶׁלָּהּ לְבַדָּהּ רָאוּי שֵׁם זֶה.

אַךְ אֱמֹר נָא לִי, וְכִי אֵין עֲנָפִים לַיִּרְאָה וְלָאַהֲבָה וּלְטָהֳרַת הַלֵּב, וְאֵין לָנוּ לָדַעַת עַד הֵיכָן מְשַׁלְּחִים פֹּארוֹתֵיהֶם?[כח] אִם יֵשׁ מִלִּים, הֲשִׁיבֵנִי. מְטֻבָּעוֹת הֵן הַמִּדּוֹת הָאֵלֶּה בָּאָדָם שֶׁיִּהְיוּ כָּל בְּנֵי הָאָדָם מוֹצְאִים אוֹתָם בְּנַפְשׁוֹתָם, כְּמוֹ שֶׁיִּמְצְאוּ כָּל הַתְּנוּעוֹת הַטִּבְעִיּוֹת, כְּמַאֲכָל וְהַמִּשְׁתֶּה, הַשֵּׁנָה וְהַיְּקִיצָה וּשְׁאָר כָּל הַתְּנוּעוֹת הַחֲקוּקוֹת בְּטִבְעֵנוּ, עַד שֶׁלֹּא יִצְטָרֵךְ לְבַקֵּשׁ אֶמְצָעִים לִקְנוֹתָם. אוֹ אֵין אֶמְצָעִים לָאֵלֶּה, אֵין לָהֶם מַפְסִידִים

[כז] ע״פ נדה ז, ב. [כח] הביטוי ע״פ יחזקאל יז, ו.

The Hakham said:

I speak the truth. There is no question that I did not spend on such study one two-hundredth or [even] one thousandth of what I spent on the other studies. But I believe with certainty that there is no room for much investigation or discernment in these matters, for they are clear and simple.

The Hasid said:

We do not seek testimony regarding the new moon from someone who did not see it. Had you focused your study on this matter, and after study found it clear and simple, I might possibly have agreed with you. But if you have not applied your heart to it or examined it, how can you assert that it is insubstantial or weighty, small or great? It is merely an opinion that you suppose and imagine to be the case, not a truth you are able to assert after study and consideration.

Moreover, I see the words of the verse teaching the very opposite of this opinion of yours. For it is stated, "The fear of the Lord alone [*hen*] is wisdom" (Iyov 28:28). And our Rabbis, may their memory be blessed, took *hen* to mean "one," and they said [by way of explanation] "for in Greek *hen* means 'one'" (*Shabbat* 31b). Thus, the verse teaches us two things. First, that fear [of God] is wisdom, and second, that it is the most significant branch of wisdom. Now if [fearing God] did not entail reflection and intellection, Scripture would not have called it wisdom, but rather uprightness or moral rectitude. It should not, however, have called it wisdom, and certainly not claimed that it alone deserves that designation.

But tell me, please, have fear, love [of God] and purity of heart no ramifications? Do we not need to know how far their branches extend? If you have words, answer me. Are these traits so innate in man that all human beings find them in their souls, as is the case with all the natural activities – like eating, drinking, sleeping, waking, and all the other activities that are impressed in our nature – so that it is unnecessary to seek means to acquire them? Or are there no such means? Are there no impediments to them

שֶׁנִּצְטָרֵךְ לְהַרְחִיקָם וְלִישָּׁמֵר מֵהֶם, אוֹ אֵין דֶּרֶךְ לְהַרְחִיק מַפְסִידֵיהֶם? לָמָּה אֵפוֹא לֹא יִצְטָרֵךְ בָּהֶם עִיּוּן וְהִסְתַּכְּלוּת עַד שֶׁלֹּא תָשִׂים אֲלֵיהֶם לִבְּךָ וַחֲקִירוֹתֶיךָ הִנַּחְתָּ מֵהֶם,[כט] אַחֲרֵי שֶׁבְּפִיךָ הוֹדֵיתָ שֶׁלֹּא עִיַּנְתָּ עֲלֵיהֶם עִיּוּן לִמּוּדִי, וְאֵין בְּיָדֶיךָ אֶלָּא מַה שֶּׁהוֹרוּךָ הוֹרֶיךָ בְּהַדְרִיכָם אוֹתְךָ עַל הַדָּת הַיְּהוּדִית, וּמַה שֶּׁסּוֹבֵב הוֹלֵךְ[ל] בְּפִי כָּל יִשְׂרָאֵל מִצַּד הֱיוֹתָם בְּנֵי יִשְׂרָאֵל וְתוּ לֹא, כְּלָלוֹ שֶׁל דָּבָר, מִצְוַת אֲנָשִׁים מְלֻמָּדָה (ישעיה כט, יג)?

אָמַר הֶחָכָם:

לֹא עָלָה עַל דַּעְתִּי שֶׁיִּצְטָרֵךְ עִיּוּן גָּדוֹל עַל הַפִּנָּה הַזֹּאת.

אָמַר הֶחָסִיד:

עַל זֶה אֲנִי דָן. הִנְנִי רוֹאֶה מֹשֶׁה רַבֵּנוּ עָלָיו הַשָּׁלוֹם, בְּלַמְּדֵנוּ דַּעַת בֶּאֱמֶת מַה חוֹבָתֵנוּ וּמַה יָּפֶה לָנוּ, אָמַר: וְעַתָּה יִשְׂרָאֵל מָה ה' אֱלֹקֶיךָ שֹׁאֵל מֵעִמָּךְ {כִּי אִם לְיִרְאָה אֶת ה' אֱלֹהֶיךָ} לָלֶכֶת בְּכָל {דְּרָכָיו וּלְאַהֲבָה אֹתוֹ וְלַעֲבֹד אֶת ה' אֱלֹהֶיךָ בְּכָל לְבָבְךָ וּבְכָל נַפְשֶׁךָ} לִשְׁמֹר אֶת {מִצְוֹת ה' וְאֶת חֻקֹּתָיו אֲשֶׁר אָנֹכִי מְצַוְּךָ הַיּוֹם לְטוֹב לָךְ} (דברים י, יב-יג). הִנֵּה כְּלַל שְׁמִירַת כָּל הַמִּצְוֹת, שֶׁהוּא כְּלַל הַדִּינִים וּפִסְקֵי הַהֲלָכוֹת אֲשֶׁר עָסַקְתָּ בָּם, הוּא רַק אֶחָד מִן הָעִנְיָנִים הַמֻּזְכָּרִים בַּפָּסוּק הַזֶּה, אַךְ עוֹד אַרְבָּעָה עִנְיָנִים אֲחֵרִים נִזְכְּרוּ בּוֹ, וְהֵם: הַיִּרְאָה, הַהֲלִיכָה בִּדְרָכָיו, הָאַהֲבָה וְהָעֲבוֹדָה בַּלֵּב.

וְאוּלָם רָאָה תִרְאֶה שֶׁהַפָּסוּק הַזֶּה צָרִיךְ בֵּאוּר, כִּי לִכְאוֹרָה נִרְאֶה הַלָּשׁוֹן נִכְפָּל בּוֹ הַרְבֵּה, מִלְּבַד שֶׁהַיִּרְאָה וְהָאַהֲבָה הֲלֹא גַּם הֵנָּה מִכְּלַל הַתַּרְיַ"ג מִצְוֹת, וְאִם כֵּן בְּאָמְרוֹ לִשְׁמֹר אֶת כָּל מִצְוֹת ה' נִכְלְלוּ שָׁם גַּם הֵנָּה, וְלָמָּה זֶה הֻזְכְּרוּ בִּפְנֵי עַצְמָן.

[כט] היינו: עזבת אותם. [ל] ע"פ קהלת א, ו.

that we must keep at bay and guard against? Or is there no way to keep these impediments at bay? Why, then, do [you assume that] they do not require study or reflection, so that you pay no attention to them, and disregard them [in] your investigations? This after conceding that you have not considered them conceptually, and know only what your parents taught you when they instructed you in the Jewish religion and what is current among all Israelites, qua Israelites, and nothing more – in sum: "a commandment learned from men by rote" (Yeshayahu 29:13).

The Hakham said:
It never occurred to me that this principle should require great study.

The Hasid said:
But this is precisely the point at issue. I see that our master, Moshe, peace be on him, when he taught what is truly obligatory and fitting for us, said, "And now, Israel, what does the Lord your God require of you {but to fear the Lord your God}, to walk in all {His ways, and to love Him, and to serve the Lord your God with all your heart and with all your soul}, to keep {the commandments of the Lord, and His statutes, which I command you this day for your good}" (Devarim 10:12-13). You see that the observance of all the commandments as a whole, which is the aggregate of the laws and halakhic rulings you have studied, is just one of the matters mentioned in this verse. But four more elements are mentioned there; namely, fear [of God], walking in His ways, love [of God], and service of the heart.

But you can surely see that this verse requires explication. For, on the surface, it seems very wordy. Not to mention that fear and love [of God, which it lists as separate items], are themselves among the six hundred and thirteen commandments. So in saying, "to keep all the commandments of the Lord," they too are included.Why, then, do they receive separate mention?

אַךְ כְּשֶׁנְּדַקְדֵּק עַל הָעִנְיָן נִמְצָא כִּי כְּלַל מִצְווֹת הַמַּעֲשֶׂה הֵם סוּג אֶחָד, וּכְלַל מִצְווֹת הַלֵּב וְהַמַּחֲשָׁבָה הֵם סוּג אַחֵר, עַל כֵּן חִלְּקָם הַכָּתוּב וְהִקְדִּים מִצְווֹת הַלֵּב לְמִצְווֹת הָאֵיבָרִים, כִּי כֵן יָאוּת לְפִי הַחֲשִׁיבוּת מִצַּד הַפּוֹעֵל וּמִצַּד הַפְּעֻלָּה. מִצַּד הַפּוֹעֵל, שֶׁהַפּוֹעֵל בְּאֵלֶּה הוּא הַלֵּב שֶׁהוּא הַמֶּלֶךְ בַּגּוּף, וְהַפּוֹעֵל בָּאֲחֵרִים הוּא הַגּוּף בְּכָל אֵיבְרֵי תַּשְׁמִישָׁיו שֶׁהֵם מְשָׁרְתֵי הַלֵּב. וּמִצַּד הַפְּעֻלָּה, כִּי כְּבָר הִקְדַּמְנוּ, שֶׁעִקַּר הָעֲבוֹדָה הִיא[לא] תִּקּוּן הַמַּחֲשָׁבָה בַּמַּעֲשִׂים.

וְאָמְנָם הִנֵּה פֵּרֵט מִכְּלַל חִיּוּבֵי הַלֵּב הַיִּרְאָה וְהָאַהֲבָה, לִהְיוֹתָם שְׁנֵי הָעַמּוּדִים הַגְּדוֹלִים אֲשֶׁר הָעֲבוֹדָה נִשְׁעֶנֶת עֲלֵיהֶם, וּשְׁאָר כָּל הַתָּלוּי בַּמִּדּוֹת וּבַלֵּב כָּלַל אוֹתָם בְּאָמְרוֹ וְלָלֶכֶת בְּכָל דְּרָכָיו, שֶׁבָּא בּוֹ הַפֵּרוּשׁ לְרַבּוֹתֵינוּ זִכְרוֹנָם לִבְרָכָה: מַה הוּא רַחוּם[לב] אַף אַתָּה רַחוּם וְכוּ׳ (ראה שבת קלג, ב; ספרי דברים מט), שֶׁכֻּלָּם מִדּוֹת הַצְּרִיכוֹת לִיקָּבַע בַּנֶּפֶשׁ לִהְיוֹתָם דַּרְכֵי ה׳ מַמָּשׁ, פֵּרוּשׁ: הַדְּרָכִים שֶׁהוּא מִתְנַהֵג בָּם עִם בְּרִיּוֹתָיו, וְכֵן סִיֵּם הָעִנְיָן וְלַעֲבֹד {אֶת ה׳ אֱלֹהֶיךָ} בְּכָל לְבָבְךָ וּבְכָל נַפְשֶׁךָ. הָא לָמַדְתָּ, שֶׁעַל עִנְיְנֵי הַמַּחֲשָׁבָה וּמְזִמּוֹת הַלֵּב הַכָּתוּב מְדַבֵּר, וְאַחַר כָּךְ הִזְכִּיר כָּל מִצְווֹת הַמַּעֲשֶׂה כְּאַחַת, וְהַיְנוּ לִשְׁמֹר אֶת מִצְוֹת ה׳ {וְאֶת חֻקֹּתָיו אֲשֶׁר אָנֹכִי מְצַוְּךָ הַיּוֹם לְטוֹב לָךְ}.

נִמְצָא, שֶׁמִּלְּבַד יְדִיעַת הַמִּצְווֹת לַעֲשׂוֹתָם, צָרִיךְ עוֹד אַרְבָּעָה דְּבָרִים אֲחֵרִים שֶׁמִּתְלַוִּים אֶל הָעֲשִׂיָּה לְהַשְׁלִימָהּ, כְּדֵי שֶׁתֵּרָצֶה לְפָנָיו יִתְבָּרַךְ. וְאוּלָם אַתָּה, לְפִי דְּבָרֶיךָ, בְּאֶחָד נִתְעַסַּקְתָּ וְאַרְבָּעָה הִנַּחְתָּ.

[לא] כך בכתה״י, וצ״ל: ׳הוא׳. [לב] בשבת שם: ׳מה הוא חנון ורחום, אף אתה היה חנון ורחום׳.

When we examine the matter closely, however, we find that the totality of the *mitzvot* involving actions comprise one category, while the totality of the *mitzvot* of the heart and mind comprise another category. Scripture, therefore, distinguishes between them. And it puts the *mitzvot* of the heart before the *mitzvot* of the limbs, as befits their [relative] importance – both from the perspective of the agent and the act. [It is appropriate] from the perspective of the agent, because the agent of the former is the heart, the body's king, while the agent of the latter is the body with all its functional limbs, which are the heart's servants. And [it is appropriate] from the perspective of the act [itself], because we have already indicated that the essence of serving God is perfecting the thought that accompanies one's actions.

Scripture, however, specifies fear and love, [though they belong to] the general category of duties of the heart, because they are the two great pillars upon which the service of God rests. And everything else that relates to character traits and the heart Scripture included by saying, "to walk in all His ways," to which our Rabbis (may their memory be blessed) attached the explanation: "Just as He is [gracious and] merciful, so too you must be [gracious and] merciful" and so on (*Shabbat* 133b; *Sifrei Devarim* 49). For these are all traits that must be firmly fixed in the soul because they are God's actual ways. That is to say, the ways in which He conducts Himself toward His creatures. And so [Scripture] concludes the matter: "and to serve {the Lord your God} with all your heart and with all your soul." You thus see that it is of thought and the heart's intentions that Scripture speaks. Then it mentions all the *mitzvot* involving actions as a single category. That is, "to keep the commandments of the Lord, {and His statutes, which I command you this day for your good}."

It thus follows that besides knowledge of how to perform the *mitzvot*, four additional elements must accompany the performance to complete the deed, so that it is pleasing to Him, blessed be He. You, however, by your own admission, have occupied yourself with one while ignoring four.

אָמַר הֶחָכָם:

אֲבָל יְדִיעַת הַמִּצְוֹות מֻכְרַחַת וְאִי אֶפְשָׁר בִּלְאו הָכִי, וּמִפְּנֵי רִבּוּי הָעִנְיָנִים הַמִּתְחַדְּשִׁים בַּחֵלֶק הַזֶּה לֹא נִשְׁאַר מָקוֹם לְעִיּוּן בַּחֲלָקִים הָאֲחֵרִים.

אָמַר הֶחָסִיד:

שְׁתַּיִם אֹמַר לְךָ: רִאשׁוֹנָה, שֶׁהֲרֵי אֵין תְּשׁוּבָתְךָ זֹאת מַסְפֶּקֶת אֶלָּא לַזְּמַן אֲשֶׁר תּוֹצִיא אוֹתוֹ בְּעִיּוּן הַהֲלָכוֹת וְחִבּוּרֵי הַפּוֹסְקִים, אַךְ לַזְּמַן אֲשֶׁר תּוֹצִיא בְּעֹמֶק הַפִּלְפּוּל וּבְחִדּוּד הַדְּרָשׁוֹת מַה תַּעֲנֶה? הֲלֹא טוֹב לְךָ לַחְדֹּל מֵאֵלֶּה שֶׁאֵינָם מְבִיאִים אוֹתְךָ לַשְּׁלֵמוּת שֶׁאַתָּה צָרִיךְ לוֹ, וְתוֹצִיא זְמַנְּךָ בְּבַקָּשַׁת מַה שֶּׁמֻּטָּל עָלֶיךָ לָדַעַת אוֹתוֹ וְשֶׁצָּרִיךְ לְךָ לִשְׁלֵמוּתְךָ.

וְהַשֵּׁנִית, לוּ יְהִי כִּדְבָרְךָ שֶׁאֹרֶךְ הָעִיּוּן בִּידִיעַת הַמִּצְוֹות לֹא הִשְׁאִיר לְךָ מָקוֹם לַעֲסֹק בִּשְׁאָר הַחֲלָקִים הָאֵלֶּה, אַךְ מַאי חֲזֵית לָשׂוּם כָּל הָעֵסֶק בַּחֵלֶק הַהוּא וְלֹא בַּחֲלָקִים הָאֵלֶּה, וְכִי אֵין אֵלֶּה מִצְוֹות כִּשְׁאָר כָּל הַמִּצְוֹות, וְאַדְּרַבָּא אֵלֶּה הֵם מִצְוֹות שֶׁצְּרִיכוֹת לִישָּׁמֵר בְּכָל עֵת וּבְכָל שָׁעָה וְעִם כָּל אַחַת מִשְּׁאָר הַמִּצְוֹות, מַה שֶּׁאֵין כֵּן שְׁאָר הַמִּצְוֹות שֶׁעִיַּנְתָּ בָּם.

וּמֵעַתָּה אִלּוּלֵי הָיִיתָ יָכוֹל לַעֲסֹק בִּשְׁנֵיהֶם כְּכָל הַצֹּרֶךְ, הִנֵּה מַה טּוֹב, אַךְ אִם אֵינְךָ יָכוֹל לַעֲשׂוֹת זֹאת, הֲלֹא הַשֵּׂכֶל נוֹתֵן הֱיוֹת הַצַּד הַיּוֹתֵר טוֹב שֶׁתְּקַצֵּר קְצָת בְּחֵלֶק אֶחָד עַד שֶׁיִּשָּׁאֵר מָקוֹם גַּם לַחֵלֶק הָאַחֵר, וְלֹא שֶׁתַּאֲרִיךְ בַּחֵלֶק הָאֶחָד שֶׁכְּבָר אֵין אַתָּה מַגִּיעַ לְסוֹפוֹ, וְתַאֲרִיךְ בּוֹ אֹרֶךְ כָּל כָּךְ שֶׁיִּדָּחֶה הַחֵלֶק הָאַחֵר מִפָּנָיו; וְכָל שֶׁכֵּן הַחֵלֶק הָעִקָּרִי, וּכְמוֹ שֶׁאָמַרְנוּ, שֶׁאֲפִלּוּ הַחֵלֶק הָרִאשׁוֹן לֹא הִשְׁלַמְתָּ מִבַּלְעֲדֵי הַחֵלֶק הַשֵּׁנִי הַזֶּה.

אָמַר הֶחָכָם:

אֹמַר לְךָ הָאֱמֶת. פְּעָמִים רַבּוֹת הָיָה נִרְאֶה לִי שֶׁאֵין הָעִיּוּן הַזֶּה דָּבָר צָרִיךְ וְהֶכְרֵחִי, לִהְיוֹת הַדְּבָרִים פְּשׁוּטִים בְּעֵינַי. וּפְעָמִים אֲחֵרוֹת הָיָה מִתְפָּעֵם רוּחִי וְלִבִּי נוֹקְפִי, כִּי הָיוּ נִרְאִים לִי הַדְּבָרִים הֱיוֹת חוֹבָה עַל

The Hakham said:

Knowing the *mitzvot*, however, is obligatory and indispensable. And due to the abundance of issues that continue to arise in this area, no time remains for study in the other areas.

The Hasid said:

I have two things to say to you. First, this answer of yours will suffice only in regard to the time you spend on the study of the laws and the halakhic codes. But how will you answer for the time you spend on arcane dialectics and clever homiletics [*derashot*]? Surely, it would be better for you to desist from these [studies] which do not bring you to the perfection that you [truly] need, and spend your time seeking what you are obligated to know and need for your perfection.

Second, even granting your contention that your lengthy study devoted to mastering the knowledge of *mitzvot* leaves you no room to engage in those other elements, on what grounds do you engage only in that area to the exclusion of the others? Are these not *mitzvot* like all other *mitzvot*? On the contrary, these are *mitzvot* that must be observed at all times, without exception, and in conjunction with every one of the other *mitzvot*, which is not the case regarding the other *mitzvot* that you have studied.

Therefore, if you were able to give both of them the necessary attention, that would be ideal. But if you cannot do so, reason surely dictates that the best option is to cut back a bit in one part so room is left for the other; and not draw out the one (whose end you will, in any case, never reach) to so great a degree, that the other one is wholly preempted – how much the more so, the one that (as we have noted) is the essential one. For without this second component, you haven't even completed the first.

The Hakham said:

I will tell you the truth. Many times, it seemed to me that such study was not needed or necessary, these matters appearing obvious in my eyes. Yet, at other times, my spirit would be troubled and my heart would smite me; for it would occur to me that man

הָאָדָם לְבַקֵּשׁ שְׁלֵמוּת נַפְשׁוֹ וְתִקּוּן מִדּוֹתָיו לִמְצֹא חֵן בְּעֵינֵי בּוֹרְאוֹ. אָמְנָם הִרְהוּרֵי דְּבָרִים אֵלֶּה כֹּל עֻמַּת שֶׁבָּאוּ כֵּן הָלְכוּ,[לג] אוֹ מִפְּנֵי עִיּוּן אַחֵר שֶׁטְּרָדַנִי, אוֹ אֵיזֶה סִבָּה עוֹלָמִית אוֹ הִתְרַשְּׁלוּת וְרִפְיוֹן, עַד שֶׁמֵּעוֹלָם לֹא אָחַזְתִּי בּוֹ. אָכֵן הִנְנִי רוֹאֶה בֶּאֱמֶת אֶת עַצְמִי כְּאָשֵׁם בַּדָּבָר הַזֶּה, כִּי אֵין לִי תְּשׁוּבָה נִצַּחַת לְפָטְרֵנִי בָּהּ.

אָמַר הֶחָסִיד:

רְאֵה זֶה מָצָאתִי בְּכָל עִיּוּנִי וּמְלֶאכֶת פְּרִישׁוּתִי, שֶׁאֵין דָּבָר קָשֶׁה בָּעוֹלָם כַּטּוֹב הָאֲמִתִּי וְהַשְּׁלֵמוּת. כִּי עִכּוּבִים עַל עִכּוּבִים נִמְצְאוּ לוֹ, כֻּלָּם חֲזָקִים, כֻּלָּם קָשִׁים מְאֹד, חוֹמָה גְּבוֹהָה דְּלָתַיִם וּבְרִיחַ,[לד] אֲשֶׁר אַחֲרֵי שֶׁיַּעֲמֹל הָאָדָם לְהָסִיר הַרְבֵּה מֵהֶם, עוֹד יִשָּׁאֲרוּ לוֹ הַרְבֵּה יוֹתֵר עַד שֶׁיַּגִּיעַ לְהַשִּׂיגוֹ עַל נָכוֹן.

הֲלֹא תִרְאֶה כִּי רֹב הָאֲנָשִׁים אֲשֶׁר בָּעוֹלָם הֵם הָאֱוִילִים וְחַסְרֵי הַמַּדָּע, וְהַמִּעוּט אַנְשֵׁי הַשֵּׂכֶל וְחָכְמָה בַּטֶּבַע. וּבֵין אַנְשֵׁי הַשֵּׂכֶל הַטִּבְעִי עַצְמָם, הָרֹב הֵם אֲשֶׁר לֹא לָמְדוּ עַצְמָם בְּחָכְמוֹת וְעִיּוּנִים, כָּל שֶׁכֵּן בִּפְרִישׁוּת, אֶלָּא שֶׁעָסְקוּ בִּסְחוֹרָה וּבִשְׁאָר הַמְּלָאכוֹת, אוֹ שֶׁבָּחֲרוּ לָהֶם יְשִׁיבַת הַקְּרָנוֹת וְהַבַּטָּלָה, וְהַמִּעוּט הֵם שֶׁבִּקְּשׁוּ הַיְדִיעוֹת וְהַלִּמּוּדִים. וּבֵין תּוֹפְשֵׂי הַחָכְמוֹת עַצְמָם, הָרֹב הֵם אֲשֶׁר לֹא יִיגְּעוּ עַצְמָם וּמִשְׁמַנָּם לֹא רָזָה[לה] בְּתֹקֶף הַחֲקִירָה הַחֲזָקָה וְהָעִיּוּן הֶעָצוּם לָרֶדֶת לְעָמְקָם שֶׁל דְּבָרִים, אֶלָּא שָׂבְעוּ בִּשְׁטְחִיּוּת הַדְּבָרִים לְשֶׁיּוּכְלוּ לְדַבֵּר בְּתוֹךְ הָאֲסֵפוֹת וּמַקְהֵלוֹת הַנִּכְבָּדִים וְלֹא יִצְטָרְכוּ לְהַחֲרִישׁ כֶּאֱוִיל. וְהַמִּעוּט הֵם שֶׁמַּרְבִּים בִּישִׁיבָה לְבָרֵר וּלְלַבֵּן דָּבָר, לִהְיוֹת מִן הַיּוֹדְעִים בְּפֹעַל וְלֹא בְּשֵׁם. וּבֵין מַרְבֵּי הַיְשִׁיבָה גַּם הֵם, הָרֹב הֵם אֲשֶׁר אֵין חָכְמָתָם וִישִׁיבָתָם לְתַכְלִית הַשְּׁלֵמוּת וְלַעֲשׂוֹת נַחַת רוּחַ לִפְנֵי מִי שֶׁצִּוָּם בָּזֶה, אֶלָּא מִפְּנֵי

[לג] ע"פ קהלת ה, טו. [לד] ע"פ דברים ג, ה. [לה] ע"פ ישעיה יז, ד.

is obligated to seek the perfection of his soul and the rectification of his traits, so that he may find favor in the eyes of his Creator. But these pangs of conscience would vanish as sure as they came, either on account of another reflection that preoccupied me, some mundane cause, or negligence or slackness, so that I never held on to them. Indeed, I truly see myself as guilty in this matter, for I have no convincing argument that would excuse me.

The Hasid said:

Look, this is what I have found through all my study and labor to master the art of separateness. There is nothing in this world as difficult [to attain] as true good and perfection. For there are endless obstacles, all of them strong, all of them very hard, high walls, gates and bars. Even after a person labors to remove many of them, many more still remain for him before he can properly reach [his goal].

Surely you see that most people in the world are fools or void of knowledge, and [only] a minority are by nature men of intellect and wisdom. Among the men of natural intellect, most have not trained themselves in the sciences or branches of knowledge, and certainly not in separateness. Rather, they engage in business and other crafts, or choose for themselves idleness and indolence. [Only] a minority seeks knowledge and the sciences. Among those who do study the sciences, most do not exert themselves or grow lean through rigorous investigation and intensive study in order to plumb their depths. They are rather satisfied with superficialities that will let them speak at the meetings and assemblies of notables, and not be constrained to keep silent like fools. It is [only] a minority who engage in extensive study to clarify and elucidate matters, so that they may be included among those who have gained knowledge in actual fact and not merely in name. Even among those who engage in extensive study, the majority is such that their wisdom and study are not directed toward the goal of perfection or pleasing Him who commanded them about this. Rather, [they are motivated] by their

אַהֲבָתָם הַחָכְמָה וּמְצָאָם בָּהּ טַעַם, כַּאֲשֶׁר יִמְצָא אִישׁ בַּמַּאֲכָלִים הָעֲרֵבִים הַמְּתוּקִים וְהַמְּטֻעָמִים הַנְּעִימִים.

אַךְ אֲשֶׁר יִקְבְּעוּ כָּל עִיּוּנָם לַעֲשׂוֹת אֶת הַמִּצְוָה עֲלֵיהֶם, וְלָדַעַת, לְפִי שֶׁהַיְדִיעָה הִיא הַשְּׁלֵמוּת הַנַּפְשִׁי וְהַנִּרְצֶה מִמֶּנּוּ יִתְבָּרַךְ, הִנֵּה הֵם מְעַט מִן הַמְּעַט. עַל כֵּן חָדְלוּ מִדֶּרֶךְ הַפְּרִישׁוּת; כִּי כֵּיוָן שֶׁאֵין הַמְּבִיאָם לְעִיּוּן הַחָכְמָה אֶלָּא הַנֹּעַם שֶׁבַּחָכְמָה, כַּאֲשֶׁר לֹא יִמְצְאוּ זֶה בַּפְּרִישׁוּת לֹא יוּבְאוּ אֵלָיו. אֲבָל הַחֲסִידִים מָצְאוּ בָּאֱמֶת, שֶׁכֵּיוָן שֶׁהַתַּכְלִית בְּכָל הַמַּעֲשִׂים רָאוּי שֶׁיִּהְיֶה רַק הַנִּרְצֶה מִמֶּנּוּ יִתְבָּרַךְ, עַל כֵּן זֶה צָרִיךְ שֶׁיְּבֻקַּשׁ בְּכָל הַהִשְׁתַּדְּלוּת עַד שֶׁיִּמָּצֵא, וְלֹא יִתְּנוּ מָנוֹחַ לְנַפְשָׁם עַד שֶׁיִּמְצָאוּהוּ.

עַל כֵּן לֹא אֶתְמַהּ עָלֶיךָ כִּי יָבוֹאוּ הַהִרְהוּרִים הָאֵלֶּה בְּלִבְּךָ וְאַחַר יֵלְכוּ. כִּי בִּהְיוֹת טֶבַע הַחָמְרִיּוּת אֲשֶׁר לָנוּ בָּעוֹלָם הַזֶּה לְהַרְחִיקֵנוּ מִן הַשְּׁלֵמוּת, הִנֵּה לוּ יִתְעוֹרֵר רוּחֲךָ פַּעַם אַחַת לְבַקֵּשׁ אוֹתוֹ וּלְהִתְקָרֵב אֵלָיו, יִתְגַּבֵּר הַחָמְרִיּוּת הֶחָשׁוּךְ לְהַרְחִיקְךָ מִמֶּנּוּ כְּבַתְּחִלָּה, בְּכָל הַתַּחְבּוּלוֹת אֲשֶׁר לָאוֹיֵב הַכְּלָלִי אֲשֶׁר לָנוּ, הוּא שָׂטָן, הוּא יֵצֶר רָע, הוּא מַלְאַךְ הַמָּוֶת (בבא בתרא טז, א); הֵם הֵם הַטְּרָדוֹת וְהָעִכּוּבִים הַמִּתְיַלְּדִים בְּכָל שָׁעָה וּבְכָל רֶגַע.

וּתְרְאֶה זֶה מָצָאתִי, שֶׁאִם לֹא יִקְבַּע הָאָדָם זְמַן חֶשְׁבּוֹן לְנַפְשׁוֹ אֲשֶׁר יִפַּקַּח בּוֹ עַל עִנְיָנֶיהָ וִידַקְדֵּק בָּהֶם כְּכָל הַדִּקְדּוּקִים אֲשֶׁר יְדַקְדֵּק אִישׁ רַב הַסְּחוֹרָה עַל עֲסָקָיו, לֹא יוּכַל לְהִמָּלֵט מֵרִשְׁתּוֹת הַיֵּצֶר בְּשׁוּם פָּנִים, וְהִנֵּה הוּא נוֹפֵל לִבְאֵר שַׁחַת מִבְּלִי דַּעַת, כִּי אֵינֶנּוּ רוֹאֶה הָרָעָה הַבָּאָה אֵלָיו אֶלָּא אַחֲרֵי הֱיוֹתוֹ אָבוּד, חַס וְשָׁלוֹם. וְזֶה כְּלָל גָּדוֹל לַחֲכָמִים וְלַטִּפְּשִׁים, אֵין הֶבְדֵּל בֵּינֵיהֶם.

אָמַר הֶחָכָם:

בֶּאֱמֶת דְּבָרֶיךָ נִכְנָסִים בְּאָזְנַי וְנוֹקְבִים וְיוֹרְדִים עַד פְּנִימִיּוּת לְבָבִי. וְהִנְנִי מְחַלֶּה פָּנֶיךָ עַתָּה שֶׁתַּדְרִיכֵנִי בִּדְרָכֶיךָ וְתוֹדִיעֵנִי נְתִיבוֹתֶיךָ וְאֵלְכָה בָּם.

love of wisdom and the flavor they discover therein, much as a person may find in sweet, tasty foods and delectable dainties.

But those who engage in all their study in order to fulfill what they have been commanded, and in order to acquire knowledge, because knowledge is the soul's completion and what God (blessed be He) wishes [of us], are [only] a tiny minority. This is why [most scholars] have avoided the path of separateness. Since what moves them to intellectual activity is only the pleasantness in wisdom, when they do not find this in separateness, they are not moved to engage in it. But the pietists truly discovered that since the exclusive end of all action should be what He (blessed be He) wishes, it must be sought out with the utmost effort until found. And they allow their souls no rest until they find it.

So I am not surprised that these thoughts enter your heart only to leave. Because our material state in this world keeps us, by its nature, from perfection, even if your spirit is once moved to seek Him and come close to Him, [that] dark materiality will strive to get you as far back from Him as you were before, using all the tactics at the disposal of our universal enemy – "Satan, the evil inclination and the angel of death (who are but one)" (*Baba Batra* 16a) – namely, the [many] cares and hindrances that come about every hour and every moment.

I have found that if a person does not fix a time of reckoning for his soul, during which he can inspect its concerns and scrutinize them with all the scrutiny that a great merchant uses with regard to his affairs, he will by no means be able to escape the snares of the *Yetzer.* He will fall unknowingly into a pit of destruction, for he will not see the evil coming upon him until he is already lost, God forbid. This is an important principle for [both] the wise and foolish alike. There is no difference between them.

The Hakham said:
Your words have truly been heard and have penetrated my heart to its very core. I beg you now to instruct me in your ways and show me your paths that I may walk in them.

כִּי רוֹאֶה אֲנִי שֶׁיֵּשׁ לְךָ יִתְרוֹן עָלַי כִּיתְרוֹן הָאוֹר מִן הַחֹשֶׁךְ.[לו] וְקוֹרֵא אֲנִי עָלַי מַה שֶּׁאָמַר הַנָּבִיא עַל כָּל פּוֹקֵחַ עֵינָיו וְרוֹאֶה אֶת נִגְעוֹ: כִּי אַחֲרֵי שׁוּבִי נִחַמְתִּי וְאַחֲרֵי הִוָּדְעִי סָפַקְתִּי עַל יָרֵךְ (ירמיה לא, יח). וְעַתָּה אִם מָצָאתִי חֵן בְּעֵינֶיךָ הוֹדִיעֵנִי נָא אֶת דְּרָכֶיךָ,[לז] אֶת הַחֲקִירוֹת אֲשֶׁר חָקַרְתָּ וְאֶת הַיְדִיעוֹת אֲשֶׁר מָצָאתָ בְּכָל עִיּוּנֶיךָ, וּלְךָ תִּהְיֶה צְדָקָה.[לח]

[לו] ע"פ קהלת ב, יג. [לז] ע"פ שמות לג, יג. [לח] ע"פ דברים כד, יג.

For I see that you are superior to me, as light is superior to darkness. I apply to myself what the Prophet said regarding anyone who opens his eyes and sees his blemish, "Now that I have returned, I am regretful; having understood, I strike my thigh" (Yirmiyahu 31:18). Now then, if I have found favor in your eyes, please show me your ways, the investigations that you have conducted and the knowledge that you have discovered through all your studies. And it will be to your merit.

פֶּרֶק ב:

חוֹבַת הָאָדָם אֶל בּוֹרְאוֹ

אָמַר הֶחָסִיד:

הִנֵּה הָעִיּוּן הַמִּצְטָרֵךְ לַחֲסִידוּת וְלִפְרִישׁוּת הוּא, רִאשׁוֹנָה, לָדַעַת מַה הִיא בֶּאֱמֶת חוֹבַת הָאָדָם אֶל בּוֹרְאוֹ, מָה ה׳ אֱלֹקֵינוּ שׁוֹאֵל מֵעִמָּנוּ[א] וּבַמֶּה נִתְרַצֶּה אֵלָיו יִתְבָּרַךְ. וְאַחַר שֶׁנֵּדַע זֶה, הִנֵּה נְבַקֵּשׁ הַדְּרָכִים אֲשֶׁר בָּם נַגִּיעַ לַעֲשׂוֹת חוֹבוֹתֵינוּ אֵלֶּה, וְלִקְבֹּעַ בְּנַפְשׁוֹתֵינוּ הַמִּדּוֹת הָרְאוּיוֹת לָהּ לְפִי הַכַּוָּנָה הַזֹּאת, וְכֵן נִשְׁתַּדֵּל לְהַכִּיר מָה הֵן הַסִּבּוֹת שֶׁיְּכוֹלוֹת לִהְיוֹת מוֹנְעוֹת אוֹתָנוּ מֵעֲשׂוֹת זֹאת, אוֹ שֶׁיַּרְחִיקוּ מִנַּפְשֵׁנוּ הַמִּדּוֹת הַטּוֹבוֹת וְיִקְבְּעוּ בָּם אֵלּוּ הַהֲפָכִיּוֹת.

אָמַר הֶחָכָם:

הִנֵּה זֶה וַדַּאי סֵדֶר עִיּוּנִי נָכוֹן עַד מְאֹד, אִי אֶפְשָׁר לַחֲלֹק עָלָיו. וּכְבָר רוֹאֶה אֲנִי שֶׁלֹּא יִהְיֶה הָעִיּוּן הַזֶּה קָצָר כַּאֲשֶׁר חֲשַׁבְתִּיו מִתְּחִלָּה, וְכַאֲשֶׁר יַחְשְׁבוּהוּ כָּל שְׁאָר בְּנֵי הָעוֹלָם חוּץ מִן הַחֲסִידִים וְהַפְּרוּשִׁים, אֲבָל אִי אֶפְשָׁר שֶׁלֹּא יִהְיֶה רָחָב וְעָמֹק כְּכָל הַחֲקִירוֹת הַיּוֹתֵר עֲמֻקּוֹת שֶׁבַּלִּמּוּדִים. עַתָּה הִנְנִי מְצַפֶּה לִשְׁמֹעַ מִמְּךָ פְּרָטֵי הַכְּלָלִים וְאֶשְׂמַח בָּם.

אָמַר הֶחָסִיד:

הִנֵּה הַפִּנָּה הָרִאשׁוֹנָה, וְהִיא הַיְסוֹדִית בֶּאֱמֶת, הִיא הַחוֹבָה אֲשֶׁר עַל הָאָדָם וּמָה ה׳ שׁוֹאֵל מֵעִמּוֹ, וּכְמוֹ שֶׁאָמַרְתִּי לְךָ כְּבָר. וְאָמְנָם בְּהִתְעוֹרְרִי עַל הַפִּנָּה הַזֹּאת רָאִיתִי בְּנֵי הָאָדָם מְחֻלָּקִים בִּסְבָרוֹתֵיהֶם חִלּוּק גָּדוֹל, וְנִמְשַׁךְ זֶה לָהֶם מֵחֹסֶר יְדִיעָתָם וְקִצּוּר לִמּוּדָם.

יֵשׁ שֶׁיַּחְשְׁבוּ שֶׁהַקָּדוֹשׁ בָּרוּךְ הוּא בָּרָא אֶת הָעוֹלָם לְתַכְלִית מָה, שֶׁאֵין זֶה מִתְבַּקֵּשׁ לָנוּ. וְהִנֵּה בָּרָא אוֹתוֹ בְּכָל כָּךְ מִינֵי בְּרִיּוֹת טוֹבוֹת וַהֲנָאוֹת טוֹבוֹת וְהַכֹּל מְסֻדָּר בְּחָכְמָה נִפְלָאָה, כַּאֲשֶׁר הוּא וַדַּאי. אָמְנָם אַחֲרֵי כָּל זֹאת הִנֵּה לֹא הָיָה דָּבָר זֶה שָׁלֵם אִם לֹא הָיָה שָׁם מִי

[א] ע״פ דברים י, יב.

Two:
Man's Duty to his Creator

The Hasid said:
The study one must undertake to achieve piety and separateness seeks to know, first of all, what man's duty to his Creator truly is, what the Lord our God requires of us, and how we may gain His favor, blessed be He. Once we know this, we can look for the ways that will enable us to fulfill these duties of ours, and to fix in [each of] our souls those qualities that it ought to have so as to achieve this aim. So too we can strive to recognize the factors that may prevent us from accomplishing this, or that remove the good traits from our souls and establish their opposites in them.

The Hakham said:
This is certainly a very sound regimen of study; it is indisputable. I already see that this study will not be as short as I had previously imagined, and as imagined by everyone in the world except those who practice piety and separateness. It is impossible for it not to be as broad and profound as any of the most profound investigations in the sciences. Now I hope to hear from you the details of these general ideas, and I will rejoice in them.

The Hasid said:
The first principle, truly the most fundamental, is man's duty and that which God requires of him, as I have already told you. But when I sought to understand this principle, I saw that people vary widely in their views [of it]. This resulted from their ignorance and deficient study.

Some think the Holy One, blessed be He, created the world for some [unspecified] purpose that does not concern us. He created it with so many kinds of goodly creatures and fine pleasures, everything ordered with marvelous wisdom, as is manifest. After all that, however, the world would not have been complete had there been no one to

שֶׁיֵּהָנֶה בַּהֲנָאוֹת אֵלֶּה, וְשֶׁיּוּכַל לְהִתְבּוֹנֵן וּלְהַשִּׂיג אֶת הַיֹּפִי וְהַחָכְמָה שֶׁנִּמְצָא בָּהֶם, כִּי יֹפִי שֶׁאֵינוֹ נִכָּר הֲרֵי הוּא כְּלֹא הָיָה, עַל כֵּן בָּרָא אֱלֹקִים אָדָם עַל הָאָרֶץ לֶאֱכֹל מִפִּרְיָהּ וְלִשְׂבֹּעַ מִטּוּבָהּ, וּלְהִתְבּוֹנֵן עַל בְּרִיאוֹתֶיהָ הַגְּדוֹלוֹת וְהַטּוֹבוֹת.

וְאָמְנָם לְמַעַן אֲשֶׁר יֵדַע הָאָדָם הֱיוֹתוֹ עֶבֶד וְלֹא אָדוֹן, נִבְרָא וְלֹא בּוֹרֵא, וְגַם לְמַעַן יִסְתַּדֵּר הָאָדָם הַזֶּה בְּמַעֲשָׂיו וְכָל מַעֲלָלָיו, וְלֹא יִהְיֶה כְּחַיַּת הָאָרֶץ, וְלֹא יִמָּשְׁכוּ לוֹ נְזָקִים גְּדוֹלִים מֵהַשְׁחָתַת סִדּוּרוֹ וְהֶפְסֵד חֹק מְדִינוּתוֹ, שָׂם לוֹ חֻקִּים וּמִשְׁפָּטִים, שֶׁבָּם יַכִּיר שֶׁיֵּשׁ לוֹ בּוֹרֵא וְאָדוֹן, וְהוּא בְּעַצְמוֹ יוֹדֶה בְּמַעֲשָׂיו וּבִדְבָרָיו עַל הָאֱמֶת הַזֶּה, וְכֵן יִזָּהֵר מֵהַדְּבָרִים שֶׁהָיוּ יְכוֹלִים לְהַפְסִיד חֶבְרָתוֹ וּלְהַשְׁחִית קִבּוּצָיו.

וְנִמְצָא לְפִי הַדַּעַת הַזֹּאת, עִקַּר עִנְיָנוֹ שֶׁל הָאָדָם הוּא לֵהָנוֹת בְּטוּב הָעוֹלָם וְלִשְׂבֹּעַ מִמֶּנּוּ כְּדֵי שֶׁלֹּא תִּהְיֶה בְּרִיאָתוֹ לְבַטָּלָה, וְהַמִּצְווֹת דָּבָר הֶכְרֵחִי אֵלָיו מִפְּנֵי תְּכוּנָתוֹ; כַּלְּבוּשִׁים מִפְּנֵי הַצִּנָּה וְהַבָּתִּים מִפְּנֵי הַגְּשָׁמִים, כֵּן הַמִּצְווֹת לְסִדּוּר מְדִינוּתוֹ וּמַעֲשָׂיו.

וְאוּלָם הַדַּעַת הַזֹּאת, אַף עַל פִּי שֶׁיִּמָּצְאוּ בְּעָלֶיהָ יְתֵדוֹת הַרְבֵּה לִיתָּלוֹת בָּם, וּמַאֲמָרִים וְעִנְיָנִים רַבִּים וּגְדוֹלִים שֶׁיֵּרָאוּ כְּמוֹ מְקַיְּמִים אוֹתָהּ,[ב] אֵין זֶה אֶלָּא טָעוּת וְתַרְמִית הַלֵּב הַנִּפְתֶּה אַחַר הַתַּאֲוָה. וַעֲלֵיהֶם אֲנִי קוֹרֵא: אִם לַלֵּצִים הוּא יָלִיץ (משלי ג, לד).

אָמַר הֶחָכָם:
אַךְ מָה הֵם רְאָיוֹתֶיךָ לִסְתֹּר הַדַּעַת הַזֹּאת?

אָמַר הֶחָסִיד:
יֵשׁ לִי רְאָיוֹת מִדִּבְרֵי הַחֲכָמִים זִכְרוֹנָם לִבְרָכָה וּמִן שִׁקּוּל הַדַּעַת וְיֹשֶׁר הַסְּבָרָא. כִּי הִנֵּה לְפִי הַדַּעַת הַזֹּאת צָרִיךְ שֶׁנֹּאמַר שֶׁיֵּשׁ בַּנִּבְרָאִים תַּכְלִית מְיֻחָד בִּבְרִיאָתָם בִּלְתִּי תָּלוּי בָּאָדָם, וְרַק כְּדֵי לֵהָנוֹת בָּהֶם לְשֶׁיִּהְיֶה הַטּוֹב

[ב] כגון: בבלי סנהדרין לח, א; תוספתא סנהדרין פ"ח ה"ג; בראשית רבה ח, ו, ועוד.

enjoy these pleasures, to contemplate and comprehend the beauty and wisdom found in them. For beauty that goes unrecognized is as if it never existed. God, therefore, created man on this earth to eat of its fruit, be sated with its goodness, and contemplate its great and goodly creations.

But in order that man understand he is a servant not master, a creature not creator, and that he also be well-ordered in his acts and all his conduct, not like a wild beast, so he doesn't suffer serious harm because of the corruption of his [social] order and the debasement of his political arrangements – [God] established statutes and ordinances for him. Through them he can recognize that he has a Creator and Master, acknowledge this truth himself in deed and in word, and can also avoid whatever might debase his society and corrupt his communities.

It follows, in this view, that man's primary purpose is to enjoy and sate himself with the good things of the world, so that its creation is not for naught; the *mitzvot* are only imperative for him because of his nature. Just as clothing [is necessary] due to cold, and houses due to rain, so [are] the *mitzvot* [necessary] to order man's social arrangements and deeds.

Though the proponents of this view find many a peg to hang on to, and many great dicta and themes that seem to support it (e.g., *Sanhedrin* 38a, et al.), this is none other than error and the deception of a heart seduced by desire. To them I apply the verse, "With scorners He deals scornfully" (Mishlei 3:34).

The Hakham said:
But what are your proofs to refute this opinion?

The Hasid said:
I have proofs from the words of our Sages, may their memory be blessed, as well as from sound judgment and correct reasoning. For according to this opinion, we must say that [all] beings were created for a particular purpose independent of man. And man was created only in order to derive pleasure from them so that the

שֶׁבָּהֶם נִכָּר וְנֶחְשָׁב נִבְרָא הָאָדָם. וְאוּלָם רַבּוֹתֵינוּ זִכְרוֹנָם לִבְרָכָה לִמְּדוּ לָנוּ הֵפֶךְ מִזֶּה בְּפֵרוּשׁ, שֶׁכֵּן אָמְרוּ בִּבְרֵאשִׁית רַבָּה (כח, ו): וַיֹּאמֶר ה׳ אֶמְחֶה אֶת הָאָדָם אֲשֶׁר בָּרָאתִי {מֵעַל פְּנֵי הָאֲדָמָה מֵאָדָם עַד בְּהֵמָה עַד רֶמֶשׂ וְעַד עוֹף הַשָּׁמָיִם} (בראשית ו, ז), לְמֶלֶךְ שֶׁהָיָה מַשִּׂיא אֶת בְּנוֹ וְעָשָׂה חֻפָּה וְצִיְּרָהּ וְכִיְּרָהּ, כָּעַס הַמֶּלֶךְ עַל בְּנוֹ וַהֲרָגוֹ. מֶה עָשָׂה? נִכְנַס לְתוֹךְ הַחֻפָּה, הִתְחִיל מְשַׁבֵּר בַּקָּנִים, מְבַקִּיעַ בַּחֲיָצָאוֹת, מְקָרֵעַ בַּוִּילָאוֹת. אָמַר הַמֶּלֶךְ: כְּלוּם עָשִׂיתִי אֶלָּא מִפְּנֵי בְּנִי, בְּנִי אָבַד וְזוֹ קַיֶּמֶת? לְפִיכָךְ מֵאָדָם וְעַד בְּהֵמָה. עַד כָּאן לְשׁוֹנָם. הֲרֵי לְךָ שֶׁהַנִּבְרָאִים הֵם נִבְרְאוּ בַּעֲבוּר הָאָדָם וְלֹא הָאָדָם בַּעֲבוּרָם. אִם כֵּן צְרִיכִים אָנוּ לְהַאֲמִין שֶׁיֵּשׁ בִּבְרִיאַת הָאָדָם תַּכְלִית יוֹתֵר נִכְבָּד וְנִשָּׂא מִזֶּה.

עוֹד בְּמִדְרַשׁ קֹהֶלֶת (קהלת רבה ז, יג) אָמְרוּ זִכְרוֹנָם לִבְרָכָה: רְאֵה אֶת כָּל[ג] מַעֲשֵׂה הָאֱלֹקִים {כִּי מִי יוּכַל לְתַקֵּן אֵת אֲשֶׁר עִוְּתוֹ} (קהלת ז, יג), בְּשָׁעָה שֶׁבָּרָא הַקָּדוֹשׁ בָּרוּךְ הוּא אֶת אָדָם הָרִאשׁוֹן נְטָלוֹ וְהֶחֱזִירוֹ עַל כָּל אִילָנֵי גַּן עֵדֶן, אָמַר לוֹ: רְאֵה מַעֲשַׂי כַּמָּה נָאִים וּמְשֻׁבָּחִים הֵן, וְכָל מַה שֶּׁבָּרָאתִי בִּשְׁבִילְךָ בָּרָאתִי, תֵּן דַּעְתְּךָ שֶׁלֹּא תְּקַלְקֵל וְתַחֲרִיב אֶת עוֹלָמִי, עַד כָּאן לְשׁוֹנָם. הֲרֵי בְּבֵרוּר שֶׁכָּל הַבְּרִיאָה בַּעֲבוּר הָאָדָם הָיְתָה, וּבוֹ וּבְמַעֲשָׂיו הִיא תְּלוּיָה וְעוֹמֶדֶת.

וְעַל פָּסוּק וַיְהִי עֶרֶב וַיְהִי בֹקֶר יוֹם הַשִּׁשִּׁי (בראשית א, לא), אָמְרוּ זִכְרוֹנָם לִבְרָכָה: תְּנַאי הִתְנָה הַקָּדוֹשׁ בָּרוּךְ הוּא עִם מַעֲשֵׂה שָׁמַיִם וָאָרֶץ, אִם מְקַבְּלִים יִשְׂרָאֵל אֶת הַתּוֹרָה – מוּטָב, וְאִם לֹא – אֲנִי מַחֲזִיר אֶתְכֶם לְתֹהוּ וָבֹהוּ (ראה שבת פח, א).[ד] אִם כֵּן אִם לֹא הָיוּ יִשְׂרָאֵל מְקַבְּלִים אֶת הַתּוֹרָה, לֹא הָיוּ מֵתִים הֵם וְיִבָּרְאוּ אֲנָשִׁים אֲחֵרִים תַּחְתֵּיהֶם, אוֹ יִשָּׁאֵר הָעוֹלָם בִּלְתָּם, אֶלָּא כָּל מַעֲשֵׂה בְּרֵאשִׁית הָיָה נֶחֱרָב.

[ג] מלת ׳כל׳ אינה במקרא. [ד] ראה עוד עבודה זרה ג, א; ה, א; תנחומא, בראשית א, עם שינויים.

goodness in them is recognized and appreciated. Our Rabbis, may their memory be blessed, however, explicitly taught us the opposite. For they said in *Bereishit Rabba* [regarding the verse], "And the Lord said, I will destroy man whom I have created {from the face of the earth: both man, and beast, and creeping things, and the birds of the sky}" (Bereishit 6:7): "[This may be compared to] a king who was preparing to give his son in marriage. He built a bridal chamber, painted it, and carved out designs in it. [Then] the king became angry with his son, and killed him. What did he do? He entered the bridal chamber, and began to break the poles, smash the screens, and tear the curtains. The king said: 'Have I made these for anyone but my son? Now that my son is gone, should these remain?' Therefore, [the verse states]: '[I will destroy ...] both man, and beast'" (*Bereishit Rabba* 28:6). So there you have it, that [all] beings were created for the sake of man and not man for their sake. If so, we must believe that the creation of man has a more noble and lofty purpose.

Furthermore, [our Rabbis], may their memory be blessed, said in *Midrash Kohelet*: "'Consider the work of God; {for who can make straight what he has made crooked}' (Kohelet 7:13). When the Holy One, blessed be He, created the first man, He took him around to all the trees in the Garden of Eden. He said to him, 'See my works, how beautiful and excellent they are. And all that I have created, I have created for your sake. Take heed that you not sin and destroy My world'" (*Kohelet Rabba* 7:13). Clearly, all of creation was for the sake of man, and its continued existence depends upon him and his actions.

And regarding the verse, "And there was evening, and there was morning, *the* sixth day" (Bereishit 1:31), [our Rabbis], may their memory be blessed, said, "The Holy One, blessed be He, stipulated with [His] work, celestial and terrestrial: 'If Israel accepts the Torah, well and good; but if not, I will return you to an empty void.'" (*Shabbat* 88a). This being the case, had Israel not accepted the Torah, the result would have been not that they alone would perish and other people created in their stead, or that the world would continue to exist without them, but that all the work of creation would be destroyed.

עוֹד אָמְרוּ בִּבְרֵאשִׁית רַבָּה (יב, ט): בְּהִבָּרְאָם (בראשית ב, ד), בְּאַבְרָהָם, הֲדָא הוּא דִכְתִיב: אַתָּה עָשִׂיתָ אֶת הַשָּׁמַיִם וְאֶת הָאָרֶץ וְכוּ׳,[ה] כָּל הָאוֹנְקוֹס הַזֶּה בִּשְׁבִיל מָה? אֶלָּא בִּשְׁבִיל אַתָּה הוּא ה׳ הָאֱלֹקִים אֲשֶׁר בָּחַרְתָּ בְּאַבְרָם. עַד כָּאן לְשׁוֹנָם.

וְעוֹד בְּפִרְקֵי רַבִּי אֱלִיעֶזֶר אָמְרוּ: מִכְרָה כַיּוֹם אֶת בְּכֹרָתְךָ לִי (בראשית כה, לא), אָמְרוּ: כְּשֶׁהָיוּ יַעֲקֹב וְעֵשָׂו בִּמְעֵי אִמָּן, אָמַר לוֹ יַעֲקֹב לְעֵשָׂו: אָחִי, שְׁנֵי עוֹלָמוֹת לְפָנֵינוּ הָעוֹלָם הַזֶּה וְהָעוֹלָם הַבָּא. הָעוֹלָם הַזֶּה יֵשׁ בּוֹ אֲכִילָה וּשְׁתִיָּה וּמַשָּׂא וּמַתָּן לִישָּׂא אִשָּׁה וּלְהוֹלִיד בָּנִים, אֲבָל הָעוֹלָם הַבָּא אֵין בּוֹ כָּל הַמִּדּוֹת הַלָּלוּ. רְצוֹנְךָ טֹל אַתָּה הָעוֹלָם הַזֶּה וַאֲנִי אֶטֹּל הָעוֹלָם הַבָּא וְכוּ׳. אוֹתָהּ שָׁעָה נָטַל עֵשָׂו חֶלְקוֹ – הָעוֹלָם הַזֶּה; וְיַעֲקֹב נָטַל חֶלְקוֹ – הָעוֹלָם הַבָּא. עַד כָּאן לְשׁוֹנָם לְעִנְיָנֵנוּ (ראה אליהו זוטא פי״ט; ילקוט שמעוני, בראשית רמז קיא). מֵעַתָּה, אֲנַחְנוּ בְּנֵי יַעֲקֹב, וַדַּאי לֹא נִבְרֵאנוּ לָעוֹלָם הַזֶּה, כִּי הֲרֵי אֵינֶנּוּ חֶלְקֵנוּ, אֶלָּא וַדַּאי תַּכְלִית אַחֵר יֵשׁ בִּבְרִיאָתֵנוּ, לֹא נִתְבָּאֵר לְפִי הַדַּעַת הַזֹּאת.

וְהִנֵּה עַד הֵנָּה הֵבֵאתִי לְךָ הָרְאָיוֹת מִדִּבְרֵי הַחֲכָמִים זִכְרוֹנָם לִבְרָכָה, וְנָבוֹא עַתָּה לִשְׁקוֹל הַדַּעַת וְלַסְּבָרָא, וְתִרְאֶה שֶׁאִי אֶפְשָׁר לְקַבֵּל הַדַּעַת הַזֹּאת בְּשׁוּם פָּנִים. כִּי הִנֵּה אִלּוּלֵי הָיְתָה הַכַּוָּנָה בִּבְרִיאַת הָאָדָם לְשֶׁיִּהְיֶה נֶהֱנֶה בְּטוֹבוֹת הָעוֹלָם, וְהַמִּצְווֹת גְּדֵרִים בְּפָנָיו בִּלְבַד שֶׁלֹּא יִתְקַלְקֵל, כְּמוֹ שֶׁיֹּאמְרוּ בַּעֲלֵי הַדַּעַת הַזֹּאת וּכְמוֹ שֶׁזָּכַרְתִּי, הִנֵּה לְפִי מַה שֶּׁנִּהְיָה וְהֹוֶה בָּעוֹלָם נִמְצֵאת הַכַּוָּנָה הָעֶלְיוֹנָה מְבֻטֶּלֶת, חַס וְשָׁלוֹם, וְלֹא נַעֲשֵׂית כְּלָל. כִּי הִנֵּה עַתָּה יְמֵי שְׁנֵי הָאָדָם אֲשֶׁר חַי הֵם שִׁבְעִים שָׁנָה וְאִם בִּגְבוּרוֹת שְׁמוֹנִים, וְרָהְבָּם עָמָל וָאָוֶן[ו] בְּכַמָּה מִינֵי צַעַר וְחֳלָאִים וּמַכְאוֹבִים וּטְרָדוֹת, וְאַחַר כָּל זֹאת הַמָּוֶת. אִם כֵּן אֵפוֹא אַיֵּה הַהֲנָאָה שֶׁהָאָדָם נֶהֱנֶה מִן הָעוֹלָם, אוֹ הִתְקַיֵּם זֹאת הַכַּוָּנָה בְּאֶחָד מִנִּי אֶלֶף שֶׁיַּגִּיעוּ לֵהָנוֹת קְצָת מִמֶּנּוּ, וְגַם הֵם אִם יַגִּיעוּ לְמֵאָה שָׁנָה כְּבָר עָבַר הוּא וּבָטֵל מִן הָעוֹלָם;[ז]

[ה] כתוב בנחמיה ט, ו: 'אתה הוא ה' לבדך אתה עשית את השמים שמי השמים וכל צבאם הארץ וכל אשר עליה' וכו'. [ו] ע"פ תהלים צ, י. [ז] ע"פ אבות ה, כא.

Furthermore, it is said in *Bereishit Rabba* (12:9), "'When they were created' (Bereishit 2:4) – for the sake of Avraham. This is the meaning of the verse: '[You are Lord alone]; You have made heaven, [the heaven of heavens, with all their host], the earth, [and all things that are in it]' (Nehemyah 9:6). What was all this exertion for? Only for 'You are the Lord the God, who chose Avram' (Nehemyah 9:7)."

Moreover, it is said in *Pirkei R. Eliezer*: "'Sell me this day your birthright' (Bereishit 25:31). When Yaakov and Esav were in their mother's womb, Yaakov said to Esav: 'My brother, two worlds await us – this world and the world-to-come. This world has eating, drinking, business dealings, marriage and having children. But the world-to-come has none of these functions. Would you like to take this world while I take the world-to-come?' At that time, Esav took this world as his portion and Yaakov took the world-to-come as his" (see also *Yalkut Shimoni*, Bereishit 111). This ends the portion that is relevant to our discussion. As descendants of Yaakov, then, we were certainly not created for the sake of this world, for it is not our portion. Rather, we were undoubtedly created for some other purpose, one that remains unexplained according to that opinion.

Thus far I have brought you proofs from the words of the Sages, may their memory be blessed. We turn now to judgment and reason, and you will see that it is by no means possible to accept that opinion. For if man was created in order to enjoy the good things of the world, and the *mitzvot* serve merely as limits to prevent his corruption as the proponents of that opinion argue, as I have mentioned, then in light of what has occurred in this world and continues to occur, the Divine intention has been, God forbid, frustrated and completely unrealized. For seventy is the sum of a man's years, eighty if he is strong, and at their best they are but toil and sorrow with all sorts of distress and sickness, pain and troubles, and after all that, death. Where then is the pleasure that man derives from the world? Or is this purpose fulfilled in the one out of a thousand who manages to derive a bit of pleasure from it? And even he, if he reaches the age of a hundred, [is as one who] has already passed away and departed the world.

הֲיִתָּכֵן שֶׁיִּהְיֶה הַפּוֹעֵל עֶלְיוֹן פּוֹעֵל דָּבָר לְתַכְלִית אֶחָד שֶׁיַּעֲלֶה בְּיָדוֹ הֵפֶךְ הַתַּכְלִית הַהוּא מַמָּשׁ? אִם יֵשׁ מִלִּים הֲשִׁיבֵנִי.

אָמַר הֶחָכָם:

הִנֵּה מִן הַקֻּשְׁיָא הַזֹּאת לֹא נָנוּס, כִּי עַל כָּל פָּנִים הַקָּדוֹשׁ בָּרוּךְ הוּא בָּרָא אָדָם הָרִאשׁוֹן לְשֶׁיִּזְכֶּה וְיִתְעַנֵּג בַּטּוֹב הָאֲמִתִּי, וְהוּא קִלְקֵל מַעֲשָׂיו, וְנִהְיָה לְהֶפֶךְ; הַקָּדוֹשׁ בָּרוּךְ הוּא גָּאַל יִשְׂרָאֵל וֶהֱבִיאָם לָאָרֶץ לְשֶׁיִּזְכּוּ, וְהָיָה לְהֶפֶךְ.

אָמַר הֶחָסִיד:

כְּשֶׁאֲנִי אֹמַר דַּעְתִּי בִּבְרִיאַת הָאָדָם אָז תִּרְאֶה שֶׁמֻּצָּל אֲנִי מִן הַקֻּשְׁיָא הַזֹּאת. וְאַף גַּם זֹאת לְהַשְׁקִיט רַעְיוֹנֶיךָ אֲשִׁיבְךָ בְּקִצּוּר מִלִּין, מַה שֶּׁיְּיַשֶּׁבְךָ עַתָּה עַד שֶׁאַשְׁלִים דְּבָרַי בִּסְתִירַת הַדַּעַת הַזֹּאת, וְאָז אֲחַוֶּה דֵעִי אַף אָנִי.[ח]

הִנֵּה אִם תַּכְלִית הַבְּרִיאָה הוּא לְמַה שֶּׁיִּהְיֶה לֶעָתִיד לָבוֹא, הִנֵּה אַף עַל פִּי שֶׁיִּתְאָרֵךְ זְמַן הַגָּעַת הַתַּכְלִית הַהוּא, לֹא נֹאמַר שֶׁנִּהְיָה לְהֶפֶךְ, כֵּיוָן שֶׁסּוֹף סוֹף יַגִּיעַ. אַךְ אִם נָשִׂים תַּכְלִית הַבְּרִיאָה לְמַה שֶּׁיֵּשׁ בָּעוֹלָם הַזֶּה, וּבָעוֹלָם הַזֶּה אֵין הַתַּכְלִית הַזֶּה מִתְקַיֵּם, הִנֵּה הַכַּוָּנָה מִתְבַּטֶּלֶת. וְלֹא יוֹעִיל לָהּ מַה שֶּׁיִּהְיֶה בָּעוֹלָם הַבָּא, כִּי הֲרֵי אֵין שָׁם עִנְיְנֵי הָעוֹלָם הַזֶּה שֶׁיּוּכַל לִהְיוֹת הַזְּמַן הַמְאֻחָר תַּשְׁלוּמֵי הַקּוֹדֵם. וּלְפָנִים עוֹד תַּבְחִין, בְּסִיַּעְתָּא דִשְׁמַיָּא, בֵּין דֵּעָה לְדֵעָה. אַךְ הַכְּלָל הָעוֹלֶה הוּא שֶׁלַּדַּעַת הַזֹּאת שֶׁהִקְדַּמְנוּ אֵין מָקוֹם, כֵּיוָן שֶׁאָנוּ רוֹאִים שֶׁהַתַּכְלִית שֶׁשָּׂמִים בַּבְּרִיאָה אֵינוֹ מִתְקַיֵּם, וְזֶה אִי אֶפְשָׁר לִהְיוֹת.

וְעוֹד וַדַּאי שֶׁיִּקְשֶׁה לְךָ לְפִי הַדַּעַת הַזֹּאת. וְכִי כָּל כָּךְ חֲשִׁיבוּת הָיָה רָאוּי שֶׁיִּנָּתֵן לָאָדָם אִם לֹא הָיָה עִנְיָנוֹ אֶלָּא לֵהָנוֹת בַּבְּרוּאִים הַתַּחְתּוֹנִים מִמֶּנּוּ? הֲמִפְּנֵי זֶה יִהְיֶה יוֹתֵר מִמַּלְאֲכֵי הַשָּׁרֵת, כַּאֲשֶׁר הוֹרוּנוּ זִכְרוֹנָם

[ח] ע"פ איוב לב, י, יז.

Can the Divine Maker have possibly done something for one end, only to realize its diametric opposite? If you have anything to say, answer me.

The Hakham said:
Look, there is no escaping this difficulty. For [your explanation] notwithstanding the Holy One, blessed be He, created Primeval Adam to attain to enjoyment of the true good, yet he acted corruptly and the opposite occurred. [Similarly], the Holy One, blessed be He, redeemed Israel and brought them into the Land [of Israel] to attain to [the good], yet the opposite transpired.

The Hasid said:
When I state my position regarding man's creation, you will see that I am spared this difficulty. Yet even so, to set your mind at rest, I will answer you in brief with what should satisfy you temporarily until I have completed my refutation of this opinion; then I will state my own position.

Look, if the purpose of [man's] creation is to be fulfilled in the future world, then even if the time it takes to reach that end is extended, we do not say that the opposite has transpired, for ultimately [that end] will be reached. But if we take the end of [man's] creation to consist of this-worldly things, and that end is not fulfilled in this world, then the [original] intent is negated. Whatever happens in the world-to-come will be of no avail; for there nothing this-worldly exists that could allow the later period to compensate for the earlier one. Later, with God's help, you will be able to distinguish between the two opinions. We may, however, conclude that the aforementioned opinion is not valid. For we see that the purpose [its proponents] have assigned to [man's] creation is not realized, and that cannot be.

There is something else that you will undoubtedly find difficult according to that opinion. Should so much importance have been attached to man if his sole purpose was to derive pleasure from creatures inferior to him? Does this explain why he is considered greater than the ministering angels, as [our Rabbis], may their

לִבְרָכָה: גְּדוֹלִים צַדִּיקִים יוֹתֵר מִמַּלְאֲכֵי הַשָּׁרֵת (סנהדרין צג, א)? מִפְּנֵי זֶה יִהְיֶה הַקָּדוֹשׁ בָּרוּךְ הוּא גּוֹזֵר גְּזֵרָה וְצַדִּיק מְבַטְּלָהּ (ראה מועד קטן טז, ב)? אוֹ מִפְּנֵי זֶה הָיוּ צְרִיכִים כָּל כָּךְ דִּקְדּוּקֵי מִצְוֹת וּתְנָאֵי עֲבוֹדָה כְּמוֹ שֶׁשָּׂם הַקָּדוֹשׁ בָּרוּךְ הוּא לָאָדָם? הֲלֹא כְּשֶׁיִּהְיוּ לוֹ קְצָת דְּבָרִים שֶׁיִּתְנַהֵג בָּם לְסִדּוּר מְדִינוּתוֹ, וְעוֹד קְצָת שֶׁיִּתְנַהֵג בָּם כְּעֶבֶד לִפְנֵי רַבּוֹ לְשֶׁיִּזְכֹּר אוֹתוֹ וְלֹא יִשְׁכָּחֵהוּ וְלֹא יִתְגָּאֶה, הָיָה דַּי, אַךְ לֹא כָּל כָּךְ מִינֵי מִצְוֹת וְדַרְכֵי עֲבוֹדָה בְּכָל כָּךְ פְּרָטוּת וְיִחוּד כַּאֲשֶׁר הִיא תּוֹרָתֵנוּ הַקְּדוֹשָׁה. וְהוּא מַה שֶּׁהָיָה אִיּוֹב מִתְרָעֵם בְּסָכְלוֹ אֶת אֲמִתַּת הַדָּבָר: הֶעָלֶה נִדָּף תַּעֲרוֹץ וְכוּ' וְתָשֵׂם בַּסַּד רַגְלַי וְתִשְׁמוֹר כָּל אָרְחֹתָי עַל שָׁרְשֵׁי רַגְלַי תִּתְחַקֶּה (איוב יג, כה–כז).

וְלֹא הָיָה צָרִיךְ לְתַכְלִית זֶה שֶׁתִּהְיֶה הַנְּשָׁמָה כָּל כָּךְ עֶלְיוֹנָה וְכָל כָּךְ אֱלֹקִית, חֲצוּבָה מִתַּחַת כִּסֵּא הַכָּבוֹד, כְּמַאֲמָרָם זִכְרוֹנָם לִבְרָכָה (ראה שבת קנב, ב), כָּל שֶׁכֵּן שֶׁהִיא אֵינָהּ מוֹצְאָה נַחַת וְעֹנֶג כְּלָל בְּכָל הֲנָאוֹת הָעוֹלָם הַזֶּה. וְהוּא מַה שֶּׁלִּמְּדוּנוּ זִכְרוֹנָם לִבְרָכָה בְּמִדְרַשׁ קֹהֶלֶת (קהלת רבה ו, ו) עַל פָּסוּק [כָּל עֲמַל הָאָדָם לְפִיהוּ] וְגַם הַנֶּפֶשׁ לֹא תִמָּלֵא (קהלת ו, ז): מָשָׁל לְמָה הַדָּבָר דּוֹמֶה? לְעִירוֹנִי שֶׁנָּשָׂא בַּת מְלָכִים, אִם יָבִיא לָהּ כָּל מַה שֶּׁבָּעוֹלָם אֵינָם חֲשׁוּבִים לָהּ כְּלוּם, לָמָּה? שֶׁהִיא בַּת מֶלֶךְ. כָּךְ הַנֶּפֶשׁ, אִלּוּ הֵבֵאתָ לָהּ כָּל מַעֲדַנֵּי עוֹלָם אֵינָם כְּלוּם לָהּ, לָמָּה? שֶׁהִיא מִן הָעֶלְיוֹנִים. עַד כָּאן לְשׁוֹנָם. וְכֵן אָמְרוּ זִכְרוֹנָם לִבְרָכָה: עַל כָּרְחֲךָ אַתָּה נוֹצָר וְעַל כָּרְחֲךָ אַתָּה נוֹלָד (אבות ד, כב). כִּי אֵין הַנְּשָׁמָה אוֹהֶבֶת הָעוֹלָם הַזֶּה, אֶלָּא אַדְּרַבָּא מוֹאֶסֶת בּוֹ. אִם כֵּן וַדַּאי שֶׁלֹּא הָיָה מֵבִיא אוֹתָהּ הַקָּדוֹשׁ בָּרוּךְ הוּא בְּעוֹלָם שֶׁהִיא מוֹאֶסֶת בּוֹ, אִם הָיְתָה הַכַּוָּנָה וְהַתַּכְלִית לֵהָנוֹת מִמֶּנּוּ וְלִשְׂמֹחַ בּוֹ.

memory be blessed, taught us, "The righteous are greater than the ministering angels" (*Sanhedrin* 93a)?Does this explain why [although] the Holy One, blessed be He, issues a decree, a righteous man can nullify it (see *Mo'ed Katan* 16b)? Does this explain the need for so many minute details relating to the *mitzvot* and [so many] conditions attached to God's service as the Holy One, blessed be He, placed upon man? Surely it would have sufficed for man to have a few rules of conduct to order his polity, and a few more by which he would conduct himself like a servant before his Master, so that he should remember Him, not forget Him, and not grow arrogant. [There would have been] no need for so many different *mitzvot* or modes of [Divine] service in such great detail and specification as we find in our holy Torah. This is what Iyov complained about in his ignorance of this truth: "Will You harass a driven leaf … You put my feet in the stocks, and watched all my paths; You trace out all my footsteps" (Iyov 13:25-27).

To realize this purpose it would not have been necessary for the soul to be so exalted and Divine, hewn from under the Throne of Glory, as the dictum of [the Sages], may their memory be blessed, has it (see *Shabbat* 152b). All the more so since [the soul] finds no satisfaction or delight in any of the pleasures of this world. This is what [our Sages], may their memory be blessed, taught us in *Midrash Kohelet* (*Kohelet Rabba* 6:6) regarding the verse, "[All man's toil is for his mouth], but the soul is not fulfilled" (Kohelet 6:7): "To what can this be compared? To a provincial who marries a princess. [Even] if he gives her everything in the world, it will mean nothing to her. Why? Because she is a princess. So too the soul, [even] if you give it all the delicacies in the world, they will mean nothing to it. Why? Because it derives from the heavenly realm." Similarly [the Sages], may their memory be blessed, said, "Perforce you are formed, and perforce you are born" (*Avot* 4:22). For the soul does not love this world; to the contrary, it despises it. Surely then, the Holy One, blessed be He, would not have brought it into a world it despises, if [His] intention and object were [that it] take pleasure and rejoice in it.

אָמַר הֶחָכָם:

עַד כָּאן סָתַרְתָּ הַדַּעַת אֲשֶׁר הִזְכַּרְתָּ, עַתָּה אֱמֹר נָא דַּעְתְּךָ עַל זֶה וְקַיֵּם אוֹתָהּ בִּרְאָיוֹתֶיךָ.

אָמַר הֶחָסִיד:

דַּעְתִּי בָּזֶה הוּא שֶׁהָאָדָם לֹא נִבְרָא אֶלָּא לְהִתְעַנֵּג עַל ה׳[ט] וְלֵהָנוֹת מִזִּיו הַשְּׁכִינָה,[י] שֶׁזֶּהוּ הַתַּעֲנוּג הָאֲמִתִּי וְהָעִדּוּן הַגָּדוֹל מִכָּל הָעִדּוּנִים שֶׁיְּכוֹלִים לִימָּצֵא. וּמְקוֹם הָעִדּוּן הַזֶּה הוּא הָעוֹלָם הַבָּא, אַךְ הַדֶּרֶךְ כְּדֵי לְהַגִּיעַ אֶל מְחוֹז חֶפְצֵנוּ זֶה הוּא זֶה הָעוֹלָם, וְהוּא מַה שֶּׁאָמְרוּ זִכְרוֹנָם לִבְרָכָה: הָעוֹלָם הַזֶּה דּוֹמֶה לִפְרוֹזְדוֹר בִּפְנֵי הָעוֹלָם הַבָּא (אבות ד, טז). וְהָאֶמְצָעִים הַמְּבִיאִים אֶל הַתַּכְלִית הַזֶּה הֵם הַמִּצְווֹת אֲשֶׁר צִוָּנוּ הָאֵל יִתְבָּרַךְ בָּהֶם, וּמְקוֹם עֲשִׂיַּת הַמִּצְווֹת הוּא רַק הָעוֹלָם הַזֶּה. עַל כֵּן הוּשַׂם הָאָדָם בָּזֶה הָעוֹלָם בַּתְּחִלָּה, כְּדֵי שֶׁעַל יְדֵי הָאֶמְצָעִים הָאֵלֶּה הַמִּזְדַּמְּנִים לוֹ כָּאן, יוּכַל לְהַגִּיעַ אֶל הַמָּקוֹם אֲשֶׁר הוּכַן לוֹ שֶׁהוּא הָעוֹלָם הַבָּא, לִרְווֹת שָׁם בַּטּוּב אֲשֶׁר קָנָה לוֹ עַל יְדֵי אֶמְצָעִים אֵלֶּה. וְהוּא מַה שֶּׁאָמְרוּ זִכְרוֹנָם לִבְרָכָה: הַיּוֹם לַעֲשׂוֹתָם (דברים ז, יא) וּמָחָר לְקַבֵּל שְׂכָרָם (עירובין כב, א).

וּכְשֶׁתִּסְתַּכֵּל עוֹד בַּדָּבָר תִּרְאֶה כִּי הַשְּׁלֵמוּת הָאֲמִתִּי הוּא רַק הַדְּבֵקוּת בּוֹ יִתְבָּרַךְ. וְהוּא מַה שֶּׁהָיָה דָּוִד הַמֶּלֶךְ אוֹמֵר: וַאֲנִי קִרְבַת אֱלֹקִים לִי טוֹב (תהלים עג, כח), וְאוֹמֵר: אַחַת שָׁאַלְתִּי מֵאֵת ה׳ אוֹתָהּ אֲבַקֵּשׁ שִׁבְתִּי {בְּבֵית ה׳ כָּל יְמֵי חַיַּי לַחֲזוֹת בְּנֹעַם ה׳ וּלְבַקֵּר בְּהֵיכָלוֹ} (שם כז, ד). כִּי רַק זֶה הוּא הַטּוֹב, וְכָל הַשְּׁאָר אֲשֶׁר יַחְשְׁבוּהוּ בְּנֵי הָאָדָם לְטוֹב, אֵינוֹ אֶלָּא הֶבֶל וְשָׁוְא נִתְעֶה.[יא] אָמְנָם לְשֶׁיִּזְכֶּה הָאָדָם לַטּוֹבָה הַזֹּאת, צָרִיךְ שֶׁיַּעֲמֹל רִאשׁוֹנָה וְיִשְׁתַּדֵּל בִּיגִיעוֹ לִקְנוֹתָהּ; וְהַיְנוּ, שֶׁיִּשְׁתַּדֵּל לְהִדָּבֵק בּוֹ בְּכֹחַ מַעֲשִׂים שֶׁיֵּשׁ לָהֶם כֹּחַ לָזֶה, וְהֵם הֵם הַמִּצְווֹת.

וְהִנֵּה שָׂמוֹ הַקָּדוֹשׁ בָּרוּךְ הוּא לָאָדָם בְּמָקוֹם שֶׁרַבִּים בּוֹ הַמַּרְחִיקִים אוֹתוֹ מִמֶּנּוּ יִתְבָּרַךְ, וְהֵם הֵם הַתַּאֲווֹת הַחָמְרִיּוֹת, אֲשֶׁר אִם יִמָּשֵׁךְ

[ט] ע״פ תהלים לז, ד. [י] עיין זוהר בראשית, ח״א, מז, א. [יא] ע״פ איוב טו, לא.

The Hakham said:

So far you have refuted the aforementioned view. Now please present your own view on this issue and support it with proofs.

The Hasid said:

My view on this [issue] is that man was created solely to delight in God and take pleasure in the splendor of the *Shekhinah*. For that is the true delight and the greatest delectation that can possibly be. The place for this delectation is the world-to-come, but the path that leads to that haven of ours runs through this world. This is what [our Sages], may their memory be blessed, meant when they said, "This world is like an antechamber before the world-to-come" (*Avot* 4:16). The means that lead [us] to this end are the *mitzvot* that God, blessed be He, commanded us, and only in this world can those *mitzvot* be performed. Man was, therefore, placed in this world first, so that through the means available to him here, he could reach the place prepared for him, namely the world-to-come, there to feast on the good he has acquired through these means. This is what [the Sages], may their memory be blessed, meant when they said: "'Today to do them' (Devarim 7:11) and tomorrow to receive their reward" (*Eruvin* 22a).

If you examine the matter further, you will see that true perfection lies only in cleaving to Him, blessed be He. And this is what King David says, "As for me, nearness to God is my good" (Tehillim 73:28). And further, "One thing I ask of the Lord, only that do I seek; that I dwell {in the house of the Lord all the days of my life, to gaze upon the splendor of the Lord to frequent His temple}" (Tehillim 27:4). For that alone is [true] good, while everything else that people deem to be good is but vanity and a deceptive lie. But for a person to attain to this good, he must first work and endeavor to acquire it by his [own] exertion; that is, he must strive to cleave to Him by way of deeds that have the power to bring this about, namely, the *mitzvot*.

Now the Holy One, blessed be He, has put man in a place with many things that can draw him away from Him, blessed be He. Those are the material desires. If one allows himself to be drawn

אַחֲרֵיהֶם, הִנֵּה הוּא מִתְרַחֵק וְהוֹלֵךְ מִן הַטּוֹב הָאֲמִתִּי. וְנִמְצָא שֶׁהוּא מוּשָׂם בְּתוֹךְ הַמִּלְחָמָה הַחֲזָקָה. כִּי כָּל עִנְיְנֵי הָעוֹלָם, בֵּין לְטוֹב בֵּין לְמוּטָב, הִנֵּה הֵם נִסְיוֹנוֹת לוֹ לָאָדָם. הָעֹנִי מִצַּד אֶחָד וְהָעֹשֶׁר מִצַּד אֶחָד,[יב] כְּעִנְיַן שֶׁאָמַר שְׁלֹמֹה: פֶּן אֶשְׂבַּע וְכִחַשְׁתִּי {וְאָמַרְתִּי מִי ה'} וּפֶן אִוָּרֵשׁ וְגָנַבְתִּי [וְתָפַשְׂתִּי שֵׁם אֱלֹהָי] (משלי ל, ט). הַשַּׁלְוָה מִצַּד אֶחָד וְהַיִּסּוּרִין מִצַּד אֶחָד,יב עַד שֶׁנִּמְצֵאת בְּאֱמֶת הַמִּלְחָמָה אֵלָיו פָּנִים וְאָחוֹר. וְאִם יִהְיֶה לְבֶן חַיִל וִינַצַּח הַמִּלְחָמָה מִכָּל הַצְּדָדִין, הוּא יִהְיֶה הָאָדָם הַשָּׁלֵם אֲשֶׁר יִזְכֶּה לִידָּבֵק בְּבוֹרְאוֹ, וְיֵצֵא מִן הַפְּרוֹזְדוֹר הַזֶּה וְיִכָּנֵס בַּטְּרַקְלִין לֵיאוֹר בְּאוֹר הַחַיִּים.[יג] וּכְפִי הַשִּׁעוּר אֲשֶׁר כָּבַשׁ אֶת יִצְרוֹ וְתַאֲווֹתָיו, וְנִתְרַחֵק מִן הַמַּרְחִיקִים אוֹתוֹ מֵהַטּוֹב, וְהִשְׁתַּדֵּל לִידָּבֵק בּוֹ, כֵּן יַשִּׂיגֵהוּ וְיִשְׂמַח בּוֹ.

וְאִם תַּעֲמִיק עוֹד בָּעִנְיָן, תִּרְאֶה כִּי הָעוֹלָם נִבְרָא לְשִׁמּוּשׁ הָאָדָם. אָמְנָם הִנֵּה הוּא עוֹמֵד בְּשִׁקּוּל גָּדוֹל. כִּי אִם הוּא נִמְשָׁךְ אַחַר הָעוֹלָם וּמִתְרַחֵק מִבּוֹרְאוֹ, הִנֵּה הוּא מִתְקַלְקֵל וּמְקַלְקֵל הָעוֹלָם עִמּוֹ. וְאִם הוּא שׁוֹלֵט בְּעַצְמוֹ וְנִדְבָּק בְּבוֹרְאוֹ וּמִשְׁתַּמֵּשׁ מִן הָעוֹלָם רַק לִהְיוֹת לוֹ לְסִיּוּעַ לַעֲבֹד בּוֹרְאוֹ, הוּא מִתְעַלֶּה וְהָעוֹלָם עַצְמוֹ מִתְעַלֶּה עִמּוֹ. כִּי הִנֵּה עִלּוּי גָּדוֹל לַבְּרִיּוֹת כֻּלָּם בִּהְיוֹתָם מְשַׁמְּשֵׁי הָאָדָם הַשָּׁלֵם הַמְקֻדָּשׁ בִּקְדֻשַּׁת בּוֹרְאוֹ. וְהוּא כְּעִנְיַן מַה שֶּׁאָמְרוּ זִכְרוֹנָם לִבְרָכָה בְּעִנְיַן הָאוֹר שֶׁגְּנָזוֹ הַקָּדוֹשׁ בָּרוּךְ הוּא לַצַּדִּיקִים, זֶה לְשׁוֹנָם (חגיגה יב, א): וְכֵיוָן שֶׁרָאָה אוֹר שֶׁגְּנָזוֹ הַקָּדוֹשׁ בָּרוּךְ הוּא לַצַּדִּיקִים שָׂמַח, שֶׁנֶּאֱמַר: אוֹר צַדִּיקִים יִשְׂמָח (משלי יג, ט).

זֶה דַּעְתִּי בָּעִנְיָן הַזֶּה, וְהָרְאָיוֹת עַל זֶה רַבּוֹת הֵן, מִן הַסְּבָרָא וּמִמַּאַמְרֵי רַבּוֹתֵינוּ זִכְרוֹנָם לִבְרָכָה. מִן הַסְּבָרָא, כִּי הִנֵּה כָּל הַקֻּשְׁיוֹת אֲשֶׁר הִקְשֵׁינוּ אֶל סְבָרַת מִנַּגְדֵּנוּ, הֵן הֵן מוֹפְתִים וּרְאָיוֹת לִסְבָרוֹתֵינוּ. וּמִן הַמַּאֲמָרִים, מַה שֶּׁהִזְכַּרְתִּי כְּבָר בְּתוֹךְ דִּבּוּרִי מַה שֶּׁאָמְרוּ בַּמִּשְׁנָה: הָעוֹלָם הַזֶּה דּוֹמֶה לִפְרוֹזְדוֹר {בִּפְנֵי הָעוֹלָם הַבָּא; הַתְקֵן עַצְמְךָ בִּפְרוֹזְדוֹר כְּדֵי שֶׁתִּכָּנֵס

[יב] או: אַחֵר. בכתה"י: 'א'. [יג] ע"פ איוב לג, ל.

after them, he will move ever further from the true good. He is thus placed in the midst of a fierce battle. For all worldly affairs, fortunate or unfortunate, are trials for man. There is poverty on the one hand and wealth on the other. As Shelomo put it, "Lest, being full, I deny {saying, Who is the Lord?} Or, being in want, I steal, [and profane the name of my God]" (Mishlei 30:9). There is tranquility on the one hand and suffering on the other. So he is truly beset by battle on all fronts. If he is valiant and victorious on all fronts, he will be that complete person who attains to communion with his Creator. He will leave this vestibule and enter the banquet hall to bask in the light of life. To the degree that he has conquered his inclination and desires, avoided impediments to the good, and has striven to cling to it, he will attain [that good] and rejoice in it.

If you delve more deeply into the matter, you will see that this world was created for man's use. [Man], however confronts a crucial test. For if he allows himself to be allured by this world and drawn away from his Creator, he will be debased and debase the world along with himself. But if he masters himself, cleaves to his Creator and uses the [material] world only as an aid to serve Him, he will be elevated and the world itself will be elevated along with him. For it confers great nobility on all creatures to serve the complete man, one who has been sanctified with the sanctity of his Creator. This is similar to what [our Sages], may their memory be blessed, said regarding the light that the Holy One, blessed be He, stored away for the righteous, "When the light saw that the Holy One, blessed be He, had stored it away for the righteous, it rejoiced. As the verse states (Mishlei 13:9): 'The light [that is designated for] the righteous rejoices'" (Hagigah 12a).

Such is my position regarding this issue. It is confirmed by many proofs, from both reason and the dicta of our Rabbis, may their memory be blessed. As to reason, the very objections we have put forward to our opponent's view are all decisive proofs to our own. [The proofs] from rabbinic dicta are [from] those I have already mentioned in the course of my discussion: the mishnah's statement, "This world is like an antechamber {before the world-to-come. Prepare yourself in the antechamber, so you may enter the banquet

לַטְּרַקְלִין} (אבות ד, טז), וּבַגְּמָרָא: הַיּוֹם לַעֲשׂוֹתָם {וּמָחָר לְקַבֵּל שְׂכָרָם} (עירובין כב, א), מִי שֶׁטָּרַח בְּעֶרֶב שַׁבָּת יֹאכַל בְּשַׁבָּת (עבודה זרה ג, א). וּשְׁאָר מַאֲמָרִים וּמִדְרָשִׁים רַבִּים, כֻּלָּם בְּסִגְנוֹן אֶחָד, מְדַמִּים הָעוֹלָם הַזֶּה תָּמִיד לִמְקוֹם וּזְמַן הַהֲכָנָה, וְהָעוֹלָם הַבָּא לִמְקוֹם הַמְּנוּחָה וַאֲכִילַת הַמּוּכָן כְּבָר.

וְאָמְנָם הִנְּךָ רוֹאֶה וַדַּאי הַהֶפְרֵשׁ שֶׁבֵּין סְבָרַת מְנַגְּדֵנוּ לִסְבָרָתֵנוּ, רְצוֹנִי לוֹמַר בַּתּוֹלָדוֹת הַיּוֹצְאוֹת מִשְּׁתֵּי הַסְּבָרוֹת. לְפִי סְבָרַת מְנַגְּדֵנוּ, עִקַּר מְצִיאוּת הָאָדָם בָּעוֹלָם הוּא לִשְׂבֹּעַ מִטּוּבוֹ, וְהַמִּצְווֹת דָּבָר הֶכְרֵחִי לוֹ מִפְּנֵי מְצִיאוּת עִנְיָנוֹ וְקִבּוּצוֹ. וְהִנֵּה לְפִי הַסְּבָרָא הַזֹּאת אֵין רָאוּי שֶׁיִּהְיֶה הַדִּין עַל מַעֲשָׂיו בְּדִקְדּוּק כָּל כָּךְ גָּדוֹל, אַדְּרַבָּא יוֹתֵר לוֹ עַל דְּבָרִים רַבִּים וְיֵעָבֵר עֲלֵיהֶם, בֵּין בְּבִטּוּל הָעֲשִׂיִּין בֵּין בַּעֲבֵרַת הַלָּאוִין. כִּי הִנֵּה כָּל אֲשֶׁר אֵינֶנּוּ תַּכְלִיתִי בַּנּוֹשֵׂא, אֵינֶנּוּ כָּל כָּךְ עִקָּרִי וּמֻכְרָח, אֶלָּא אִם לֹא יִתְרַחֵק הָאָדָם מִשּׁוּרַת הַחוֹבָה הַזֹּאת הֶרְחֵק גָּדוֹל, אֵין רָאוּי שֶׁיְּעַיֵּן עָלָיו וִידַקְדֵּק בּוֹ. הָא לְמָה זֶה דּוֹמֶה? לְמוֹכְרֵי הָעוֹפֶרֶת וְהַבְּדִיל אֲשֶׁר לֹא יַבִּיטוּ בְּמִשְׁקָלָם עַל לִיטְרָא אוֹ עַל חֶצְיָהּ, כָּל שֶׁכֵּן עַל גַּרְעִינִים אוֹ רְבִיעֵיהֶם, אֲשֶׁר יְדַקְדְּקוּ בָּהֶם שׁוֹקְלֵי הַזָּהָב וְהַפְּנִינִים.

אַךְ לְפִי סְבָרָתֵנוּ, הִנֵּה עִקַּר מְצִיאוּת הָאָדָם בָּעוֹלָם הַזֶּה הוּא רַק לְקַיֵּם מִצְווֹת וְלַעֲבֹד וְלַעֲמֹד בְּנִסָּיוֹן, וַהֲנָאוֹת הָעוֹלָם הֵם לוֹ לְעֵזֶר וּלְסִיּוּעַ בִּלְבַד, לְשֶׁיִּהְיֶה לוֹ נַחַת רוּחַ וְיִשּׁוּב לְמַעַן יוּכַל לִפְנוֹת לִבּוֹ אֶל הָעֲבוֹדָה הַזֹּאת הַמֻּטֶּלֶת עָלָיו. וְהִנֵּה לְפִי זֶה רָאוּי שֶׁלֹּא יִהְיֶה הַמִּשְׁקָל בַּמַּעֲשִׂים אֶלָּא כְּמִשְׁקַל הַזָּהָב וְיוֹתֵר מְדֻקְדָּק. כִּי כֵּיוָן שֶׁעִנְיָנָם תַּכְלִיתִי בָּאָדָם, וַדַּאי שֶׁהֶכְרֵחוֹ הֶכְרֵחַ גָּדוֹל וְעִנְיָנָיו עִקָּרִיִּים כְּכָל דָּבָר תַּכְלִיתִי; שֶׁהֲרֵי כָּל הֶפְרֵשׁ קָטָן יוֹלִיד תּוֹלָדָה רַבָּה בְּהַגִּיעַ הַזְּמַן שֶׁיֻּשְׁלַם הַתַּכְלִית. וְזֶה דָּבָר בָּרוּר. כִּי אֵין הַתַּכְלִית מַגִּיעַ אֶלָּא מִכֹּחַ קִבּוּץ כָּל הָאֶמְצָעִים אֲשֶׁר נִמְצְאוּ וַאֲשֶׁר שִׁמְּשׁוּ לְהַגִּיעוֹ, וּכְפִי כֹּחַ הָאֶמְצָעִים וְשִׁמּוּשָׁם כֵּן יִהְיֶה

hall}" (*Avot* 4:16); and [that of] the Talmud: "'Today to do them' (Devarim 7:11) {and tomorrow to receive their reward}" (*Eruvin* 22a). [Additionally], "He who toils on the eve of the Sabbath will feast on the Sabbath" (*Avodah Zarah* 3a). [These] and many other dicta and midrashim all employ the same mode of expression. They compare this world to a place and time of preparation, and the world-to-come to a place of tranquility and partaking of the already-prepared.

You can surely see the difference between our opponent's view and ours; I mean to say, [the difference] in implication. In our opponent's view, the primary purpose of man's existence in this world is to be sated of its good; whereas the *mitzvot* are necessary for him [only to order] his own state and that of his society. Now in this view, his deeds ought not to be judged so exactingly. To the contrary, much should be waived and overlooked, both in regard to his delinquency in positive commandments and his violation of negative commandments. For whatever does not pertain to a thing's ultimate end, is not too essential and necessary. So long as one does not deviate too much from these obligatory norms, he ought not to be scrutinized and treated exactingly. This may be compared to lead and tin dealers who, when weighing, will ignore a *litra* or half [a *litra*], and will certainly ignore grains and quarter-grains that people weighing gold and pearls pay close attention to.

But in our view, the fundamental purpose of man's existence in this world is solely to keep the *mitzvot*, serve [God], and withstand trial. The pleasures of this world serve only to aid and assist him in being tranquil and composed, so that he may turn his heart to that service for which he is responsible. In this view, it is fitting that his deeds be weighed according to the standard used for gold, and even more exactingly. For because they affect man's ultimate end, they are most necessary and basic. [They are, in this regard] like any factor that affects an end: any slight deviation [in such a factor] can have significant ramifications when it comes time for the end to be realized. This is clear. For an end results only from the confluence of all the available means that brought it about. And the end engendered by these means will vary with their potency

הַתַּכְלִית הַנּוֹלָד מֵהֶם. וְזֶה פָּשׁוּט. זֶה דַּעְתִּי, הִגַּדְתִּיהָ לְךָ. אִם יֵשׁ לְךָ לַחֲלֹק עַל זֶה, דַּבֵּר, כִּי שׁוֹמֵעַ אָנֹכִי.

אָמַר הֶחָכָם:

אֵין לִי לַחֲלֹק עַל זֶה, כִּי הִיא בְּעֵינַי יְשָׁרָה וּנְכוֹנָה, וְרַבִּים מֵעִנְיְנֵי הַתּוֹרָה מְעִידִים עָלֶיהָ.

אָמַר הֶחָסִיד:

זָכִינוּ לַדִּין, כִּי עִקַּר חוֹבַת הָאָדָם הוּא לִהְיוֹת כָּל פְּנִיָּתוֹ רַק לַבּוֹרֵא יִתְבָּרַךְ שְׁמוֹ, וְשֶׁלֹּא יִהְיֶה לוֹ שׁוּם תַּכְלִית אַחֵר בְּכָל מַעֲשֶׂה שֶׁיַּעֲשֶׂה, אִם קָטָן וְאִם גָּדוֹל, אֶלָּא לְהִתְקָרֵב אֵלָיו יִתְבָּרַךְ, וְלִשְׁבֹּר כָּל הַמְּחִצּוֹת הַמַּפְסִיקוֹת בֵּינוֹ לְבֵין קוֹנוֹ, הֵן הֵמָּה כָּל עִנְיְנֵי הַחָמְרִיּוּת וְהַתָּלוּי בָּהֶם, עַד שֶׁיִּמָּשֵׁךְ אַחֲרָיו יִתְבָּרַךְ מַמָּשׁ כְּבַרְזֶל אַחַר הָאֶבֶן הַשּׁוֹאֶבֶת. וְכָל מַה שֶּׁיּוּכַל לַחְשֹׁב שֶׁהוּא אֶמְצָעִי לַקִּרְבָה הַזֹּאת, יִרְדֹּף אַחֲרָיו וְיֹאחַז בּוֹ וְלֹא יַרְפֵּהוּ. וּמַה שֶּׁיּוּכַל לַחְשֹׁב שֶׁהוּא מְנִיעָה לָזֶה, יִבְרַח מִמֶּנּוּ כִּבְרֹחַ מִן הָאֵשׁ. וְכָעִנְיָן שֶׁנֶּאֱמַר: דָּבְקָה נַפְשִׁי אַחֲרֶיךָ בִּי תָּמְכָה יְמִינֶךָ (תהלים סג, ט). כֵּיוָן שֶׁכָּל בִּיאָתוֹ לָעוֹלָם אֵינָהּ אֶלָּא לַתַּכְלִית הַזֶּה, דְּהַיְנוּ לְהַשִּׂיג אֶת הַקִּרְבָה הַזֹּאת בְּמַלְּטוֹ נַפְשׁוֹ מִכָּל מוֹנְעֶיהָ וּמַפְסִידֶיהָ.

וְהִנֵּה כַּאֲשֶׁר חָקַרְנוּ עַל הַכְּלָל הַזֶּה לָדַעַת פְּרָטָיו, מָצָאנוּ רָאשֵׁיהֶם חֲמִשָּׁה, הֵם הַחֲמִשָּׁה שֶׁכְּבָר עוֹרַרְתִּיךָ עֲלֵיהֶם בִּתְחִלַּת דְּבָרַי, הֵם הַמֻּזְכָּרִים בְּדִבְרֵי מֹשֶׁה רַבֵּינוּ עָלָיו הַשָּׁלוֹם: וְעַתָּה יִשְׂרָאֵל מָה ה׳ אֱלֹקֶיךָ שֹׁאֵל מֵעִמָּךְ כִּי אִם לְיִרְאָה {אֶת ה׳ אֱלֹהֶיךָ לָלֶכֶת בְּכָל דְּרָכָיו וּלְאַהֲבָה אֹתוֹ וְלַעֲבֹד אֶת ה׳ אֱלֹהֶיךָ בְּכָל לְבָבְךָ וּבְכָל נַפְשֶׁךָ לִשְׁמֹר אֶת מִצְוֹת ה׳ וְאֶת חֻקֹּתָיו אֲשֶׁר אָנֹכִי מְצַוְּךָ הַיּוֹם לְטוֹב לָךְ} (דברים י, יב–יג), וְהֵם:

הָרִאשׁוֹן, הַיִּרְאָה, דְּהַיְנוּ שֶׁיִּהְיֶה הָאָדָם יָרֵא מֵרוֹמְמוּתוֹ יִתְבָּרַךְ כְּמִי שֶׁיּוֹשֵׁב לִפְנֵי מֶלֶךְ גָּדוֹל. וְהִנֵּה סוֹף הַיִּרְאָה הַזֹּאת הוּא שֶׁיִּהְיֶה הָאָדָם יָרֵא יִרְאָה זֹאת בְּכָל עֵת וּבְכָל שָׁעָה, בְּכָל מַעֲשֶׂה וּבְכָל דִּבּוּר אוֹ מַחֲשָׁבָה,

and the way they were employed. This is obvious. Such is my view; I have propounded it to you. If you can take issue with it, speak, for I am listening.

The Hakham said:
I cannot take issue with it. For I consider it sound and correct, and many aspects of the Torah attest to it.

The Hasid said:
We have succeeded in demonstrating that man's essential duty is that his every inclination be directed solely toward the Creator, blessed be He, and to do everything he does, great or small, for but one purpose: to draw near to Him, blessed be He, and break down all the barriers that separate him from his Maker – namely all matters material or attendant upon the material – till he is literally drawn after Him, like iron after a magnet. Whatever might conceivably serve as a means to such nearness, he should pursue, grasp and not let go. And whatever might conceivably impede it, he should flee from as he would from fire. As is it said, "My soul is attached to You, Your right hand upholds me" (Tehillim 63:9). For he has come into being for this purpose alone: to achieve that nearness by saving his soul from whatever might impede it or impair it.

Upon examination of this overarching goal with a view to learning its particulars, we find them subsumed under five principles, the five to which I called your attention in my opening remarks, which are those mentioned in the words of Moshe our master, peace be on him, "And now, Israel, what does the Lord your God require of you but to fear {the Lord your God, to walk in all His ways, and to love Him, and to serve the Lord your God with all your heart and with all your soul, to keep the commandments of the Lord, and His statutes, which I command you this day for your good}" (Devarim 10:12-13).

They are as follows: The first is "fear [of God]." Namely, that a person be in awe of His majesty, blessed be He, like someone who sits before a great king. In its ultimate form, this fear is experienced at all times, whatever one is doing, saying or thinking.

וְיֵבוֹשׁ מִגְּדֻלָּתוֹ יִתְבָּרַךְ עַל כָּל תְּנוּעָה שֶׁהוּא בָּא לְהִתְנוֹעֵעַ לְפָנָיו, עַד שֶׁיִּהְיֶה תָּמִיד חָרֵד וּמִזְדַּעְזֵעַ בְּלִי הֶפְסֵק כְּלָל. אָמְנָם הִנֵּה לַסּוֹף הַזֶּה קָשֶׁה הָאָדָם לְהַגִּיעַ, כִּי חָמְרִיּוּתוֹ מוֹנֵעַ לוֹ, וּכְמוֹ שֶׁאֶזְכֹּר עוֹד בְּסִיַּעְתָּא דִשְׁמַיָּא, אֲבָל מַדְרֵגוֹת מַדְרֵגוֹת יֵשׁ, כָּל הַקָּרֵב הַקָּרֵב אֶל הַנְּקֻדָּה הָעִקָּרִית הַזֹּאת הֲרֵי זֶה מְשֻׁבָּח יוֹתֵר.

הַשֵּׁנִי, הוּא הַהֲלִיכָה בִּדְרָכָיו. וּבְכָאן נִכְלָלוֹת כָּל הַמִּדּוֹת אֲשֶׁר לָאָדָם שֶׁרָאוּי שֶׁיִּנְהַג אוֹתָן עַל פִּי הַיֹּשֶׁר וְהַמּוּסָר הַנָּכוֹן, וְיִקְנֶה בְּעַצְמוֹ הַטּוֹבוֹת כְּגוֹן הָעֲנָוָה, הָרַחֲמָנוּת, הַנְּדִיבוּת וְכַיּוֹצֵא בָּהֶן, וְיַרְחִיק מֵעַצְמוֹ הָרָעוֹת כְּגוֹן הַגַּאֲוָה, הָאַכְזָרִיּוּת, הַכִּילוּת וְדוֹמֵיהֶן. וּכְבָר כָּלְלוּ חֲכָמִים כְּלָל גָּדוֹל לְהַבְחִין בּוֹ הַמִּדּוֹת, הֲטוֹבוֹת הֵן אִם רָעוֹת: כָּל שֶׁהִיא תִּפְאֶרֶת לְעוֹשֶׂיהָ וְתִפְאֶרֶת לוֹ מִן הָאָדָם (אבות ב, א). כִּי לֵב הָאָדָם צָרִיךְ שֶׁיִּהְיֶה נָטוּי תָּמִיד אֶל הַהֲטָבָה הָאֲמִתִּית, וְהִיא מַה שֶּׁתּוֹלְדוֹתֶיהָ חִזּוּק הַתּוֹרָה וְתִקּוּן אַחֲוַת הַמְּדִינוֹת. וְעוֹד נְדַבֵּר גַּם מִן הַפְּרָטִים הָאֵלֶּה בִּמְקוֹמוֹ, בְּסִיַּעְתָּא דִשְׁמַיָּא.

הַשְּׁלִישִׁי, הוּא הָאַהֲבָה, שֶׁיִּהְיֶה נִקְבָּע בְּלֵב הָאָדָם אַהֲבָה אֵלָיו יִתְבָּרַךְ, שֶׁתִּתְעוֹרֵר נַפְשׁוֹ לַעֲשׂוֹת נַחַת רוּחַ לְפָנָיו, כְּמוֹ שֶׁלִּבּוֹ מִתְעוֹרֵר לַעֲשׂוֹת נַחַת רוּחַ לְאָבִיו וּלְאִמּוֹ, וְיִהְיֶה מִצְטַעֵר מַמָּשׁ וְיֵצַר לוֹ צָרַת לֵב אִם לֹא נַעֲשָׂה הַנַּחַת רוּחַ הַזֶּה מִמֶּנּוּ אוֹ מֵאֲחֵרִים. עַל כֵּן יְקַנֵּא עַל זֶה וְיִשְׂמַח מְאֹד בַּעֲשׂוֹתוֹ דָּבָר מִזֶּה.

הָרְבִיעִי, הוּא שְׁלֵמוּת הַמַּחֲשָׁבָה, שֶׁתִּהְיֶה הָעֲבוֹדָה לְפָנָיו בְּטֹהַר הַכַּוָּנָה, לַעֲבֹד עֲבוֹדָתוֹ יִתְבָּרַךְ לְבַד וְלֹא לִפְנִיָּה אוֹ כַּוָּנָה אַחֶרֶת. וְנִכְלָל בָּזֶה שֶׁיִּהְיֶה לִבּוֹ שָׁלֵם בַּעֲבוֹדָה וְלֹא כְּפוֹסֵחַ עַל שְׁתֵּי סְעִפִּים,[יד] אוֹ כְּעוֹשֶׂה מִצְוַת אֲנָשִׁים מְלֻמָּדָה,[טו] אֶלָּא שֶׁכָּל רַעְיוֹנֵי לְבָבוֹ יִהְיוּ נְתוּנִים לָזֶה.

הַחֲמִישִׁי, שְׁמִירַת כָּל הַמִּצְוֹת בְּכָל דִּקְדּוּקֵיהֶם וּתְנָאֵיהֶם בְּמַה שֶּׁנּוֹגֵעַ אֶל הַמַּעֲשֶׂה.

[יד] ע"פ מלכים א יח, כא. [טו] ע"פ ישעיה כט, יג.

Whenever he wishes to move before Him, he is so humbled by His greatness that he experiences constant and continual fear and trembling. True, this ultimate form is hard for a human to achieve, for his corporeality impedes him, as I will indicate [below], with Heaven's help. But fear [of God] admits of many ranks; the more closely one approximates this ideal, the more praiseworthy he is.

The second [principle] is "walking in His ways." It subsumes all of one's character traits, which he should direct with rectitude and virtue. He should acquire good [traits] within himself such as humility, mercy, generosity and the like, and drive away from [within] himself the evil [traits] such as haughtiness, cruelty, miserliness and the like. The Sages have formulated a fundamental rule by which to test whether traits are good or bad: [The good is] "whatever brings honor to its Creator, and brings one honor from his fellow men" (*Avot* 2:1). For a man's mind must always be set on true benefaction, namely, that which engenders strengthening of the Torah and the perfection of civic fraternity. With the help of Heaven, we will give these details further treatment, [each] in its [proper] place.

The third [principle] is the "love [of God]:" that love of [God] (blessed be He) be firmly established in a person's heart, so that his soul is moved to do what pleases Him, the way he is moved to please his father and mother, and is quite literally pained and genuinely distressed if he or others fail to please Him. He is, therefore, zealous in this, and rejoices greatly in contributing to it.

The fourth [principle] is "perfection of thought:" that [God] be served out of pure motivation, solely to perform His service, blessed be He, and not for any ulterior motive or intent. Included under this [principle] is that one be wholehearted in [God's] service, not like someone who wavers between two opinions or performs the commandments by rote. Rather, his every thought should be devoted to this [service].

The fifth [principle] is the "observance of all the *mitzvot*" in all their details and with all their conditions, in whatever relates to practice.

וְאָמְנָם מָצָאתִי לַחֲכָמֵינוּ זִכְרוֹנָם לִבְרָכָה שֶׁכָּלְלוּ הַכְּלָלִים הָאֵלֶּה בְּסֵדֶר וחלוק אַחֵר, וְהָעִנְיָן אֶחָד. כִּי הֵם כָּלְלוּ הָעֲבוֹדָה הַתְּמִימָה בְּתֵשַׁע מַדְרֵגוֹת, וְהֵם: הַזְּהִירוּת, הַזְּרִיזוּת, הַנְּקִיּוּת, הַפְּרִישׁוּת, הַטָּהֳרָה, הַחֲסִידוּת, הָעֲנָוָה, יִרְאַת הַחֵטְא וְהַקְּדֻשָּׁה. וְהִנֵּה אֵלֶּה הֵם הָעִנְיָנִים עַצְמָם שֶׁזָּכַר משֶׁה רַבֵּינוּ עָלָיו הַשָּׁלוֹם בַּפָּסוּק שֶׁהֵבֵאנוּ, אֶלָּא שֶׁמּשֶׁה סִדְּרָם לְפִי סוּגֵי הַחוֹבָה אֲשֶׁר עָלֵינוּ כְּמוֹ שֶׁזָּכַרְתִּי, וְהַחֲכָמִים זִכְרוֹנָם לִבְרָכָה סִדְּרוּם לְפִי סֵדֶר קְנִיָּתֵנוּ אוֹתָם. כִּי וַדַּאי מְלָאכָה גְּדוֹלָה הִיא לִקְבֹּעַ הַדְּרָכִים בְּנַפְשֵׁנוּ וּלְהַרְגִּיל עַצְמֵנוּ בָּם, וְאִי אֶפְשָׁר לְהַגִּיעַ אֶל סוֹפָם פַּעַם אַחַת, כִּי כָּבֵד מִמֶּנּוּ הַדָּבָר מִפְּנֵי עִכּוּבֵי הַחָמְרִיּוּת שֶׁרַבִּים הֵם, אֲבָל צְרִיכִים אָנוּ לִקְנוֹת אוֹתָם מְעַט מְעַט, כְּלוֹכֵד עִיר בְּצוּרָה שֶׁהוֹרֵס חוֹמוֹת וְהוֹלֵךְ עַד שֶׁנִּמְצֵאת כָּל הָעִיר בְּיָדוֹ.

אָמַר הֶחָכָם:

עַד הֵנָּה כָּל אֵלֶּה רָאשֵׁי פְּרָקִים הֵם. מַה שֶּׁאֲבַקֵּשׁ מִמְּךָ הוּא לְפָרֵט הַדְּבָרִים כְּכָל אֲשֶׁר הַשָּׂגַתְ בִּפְרָטֵיהֶם וּבְכָל עִנְיְנֵיהֶם.

אָמַר הֶחָסִיד:

כֵּן אֶעֱשֶׂה. אוּלָם הִנֵּה אָנוּ יְכוֹלִים לָקַחַת סֵדֶר הַפָּסוּק אִם תִּרְצֶה אוֹ סֵדֶר הַחֲכָמִים אִם תִּרְצֶה, בְּחַר לְךָ אַתָּה אֵיזֶה סֵדֶר תַּחְפֹּץ בּוֹ יוֹתֵר וְאֶעֱשֶׂה כִּדְבָרְךָ.

אָמַר הֶחָכָם:

אַף עַל פִּי שֶׁעִנְיַן שְׁנֵיהֶם אֶחָד, בְּחִירָתִי הִיא שֶׁתִּקַּח סֵדֶר הַחֲכָמִים. יַעַן בּוֹ נִלְמַד שְׁנֵי דְבָרִים כְּאֶחָד, פְּרָטֵי תְּמִימוּת הָעֲבוֹדָה, וְהַסֵּדֶר לִקְנוֹתָם בְּהַדְרָגָה כְּמוֹ שֶׁמִּצְטָרֵךְ לָנוּ לְהַצְלִיחַ בָּהֶם.

I have found, however, that our Sages, may their memory be blessed, formulated these principles in a different order and division, [though] in essence they are one and the same. For they encapsulated the perfect service in nine [successive] ranks. They are: vigilance, alacrity, blamelessness, separateness, purity, piety, humility, fear of sin, and sanctity. Now these are the very notions that our master, Moshe, peace be on him, mentioned in the passage that we cited. But whereas Moshe arranged them in accordance with the kinds of duties we have, as I mentioned, the Sages, may their memory be blessed, arranged them in the order in which we acquire them. For it is certainly a great task to establish these ways in our souls, and to habituate ourselves to them. They cannot be fully realized all at once; for that task would be too heavy for us due to the many impediments thrown in our way by our materiality. We must rather acquire them bit by bit, the way one captures a fortified city by steadily breaching its walls till the whole city is in his hands.

The Hakham said:
So far, all [you have offered] are chapter headings. What I would ask of you now is a complete exposition of all you have come to know, with full detail and scope.

The Hasid said:
So I will do. We can follow the order of the verse or the order of the Sages, whichever you wish. Choose the order you prefer and I will do as you say.

The Hakham said:
Though both are essentially the same, I prefer that you adopt the order of the Sages. For in that way we will learn two things at once – the details of perfect service and the order in which to acquire them by degrees, as we must if we are to succeed in them.

אָמַר הֶחָסִיד:

כֵּן אֶעֱשֶׂה כַּאֲשֶׁר דִּבַּרְתָּ. הִנֵּה הַמַּחֲלֹקֶת הַזֹּאת אֲשֶׁר זָכַרְתִּי, בְּעָלֶיהָ הוּא רַבִּי פִּנְחָס בֶּן יָאִיר, בְּבָרַיְתָא אַחַת הוּבְאָה בַּשַּׁ"ס מַסֶּכֶת עֲבוֹדָה זָרָה (כ, ב), זֶה לְשׁוֹנָהּ: מִכָּאן אָמַר רַבִּי פִּנְחָס בֶּן יָאִיר, תּוֹרָה מְבִיאָה לִידֵי זְהִירוּת, זְהִירוּת מֵבִיא לִידֵי זְרִיזוּת, {זְרִיזוּת מְבִיאָה לִידֵי נְקִיּוּת, נְקִיּוּת מְבִיאָה לִידֵי פְּרִישׁוּת, פְּרִישׁוּת מְבִיאָה לִידֵי טָהֳרָה, טָהֳרָה מְבִיאָה לִידֵי חֲסִידוּת, חֲסִידוּת מְבִיאָה לִידֵי עֲנָוָה, עֲנָוָה מְבִיאָה לִידֵי יִרְאַת חֵטְא, יִרְאַת חֵטְא מְבִיאָה לִידֵי קְדֻשָּׁה, קְדֻשָּׁה מְבִיאָה לִידֵי רוּחַ הַקֹּדֶשׁ, רוּחַ הַקֹּדֶשׁ מְבִיאָה לִידֵי תְּחִיַּת הַמֵּתִים}. וְהוּא שֶׁהִתְבּוֹנֵן כְּבָר עַל כַּמָּה מַדְרֵגוֹת מִתְחַלֶּקֶת מְלֶאכֶת הָעֲבוֹדָה הַתַּמָּה וְהַסֵּדֶר הַמִּצְטָרֵךְ בָּהֶם כְּמוֹ שֶׁזָּכַרְתִּי. הִנֵּה עַל הַסֵּדֶר הַזֶּה אֶהְיֶה גַּם אֲנִי הוֹלֵךְ וּמְפָרֵשׁ כָּל מַדְרֵגָה וּמַדְרֵגָה בִּפְנֵי עַצְמָהּ, מַה הִיא וּמַה תּוֹלְדוֹתֶיהָ, עַל אֵיזֶה דֶּרֶךְ נִקְנֶה אוֹתָהּ, אוֹ מָה הֵם מַפְסִידֶיהָ וְאֵיךְ נִרְחַק מֵהֶם.

The Hasid said:

I will do as you say. Now the author of the division that I have mentioned was Rabbi Pinhas ben Yair, [who is cited] in a baraita, formulated in the Talmud, Tractate *Avodah Zarah*, as follows: "From here Rabbi Pinhas ben Yair said: Torah leads to vigilance; vigilance leads to alacrity; {alacrity leads to blamelessness, blamelessness leads to separateness [from the worldly]; separateness leads to purity; purity leads to piety; piety leads to humility; humility leads to fear of sin; fear of sin leads to sanctity; sanctity leads to the holy spirit; and the holy spirit leads to resurrection}" (*Avodah Zarah* 20b). He had already reflected on the number of stages into which the process of [achieving] perfect service divides, and the order in which they must come, as I stated. I too will follow this order explaining each stage separately: what each one is, what its ramifications are, how is it acquired, what things are detrimental to it and how to keep away from them.

פֶּרֶק ג:

לימוד הַתּוֹרָה

הִנֵּה הַיְסוֹד הָרִאשׁוֹן הוּא לִמּוּד הַתּוֹרָה, שֶׁזּוּלָתָהּ אִי אֶפְשָׁר וַדַּאי לְהַגִּיעַ אֶל שׁוּם מַעֲלָה טוֹבָה, וְהוּא מַה שֶּׁאָמַר רַבִּי פִּנְחָס בַּבָּרַיְתָא (עבודה זרה כ, ב): תּוֹרָה מְבִיאָה לִידֵי זְהִירוּת, וּכְבָר אָמְרוּ זִכְרוֹנָם לִבְרָכָה: לֹא עַם הָאָרֶץ חָסִיד (אבות ב, ה).

וְהָעִנְיָן, כִּי הַקָּדוֹשׁ בָּרוּךְ הוּא שֶׁבָּרָא אֶת הָאָדָם וְשָׂם בּוֹ הַיֵּצֶר רָע, הוּא יִתְבָּרַךְ שְׁמוֹ הִתְחַכֵּם גַּם כֵּן לִבְרֹא לוֹ רְפוּאָה לְמַכָּה זוֹ, וְהָרְפוּאָה הִיא הַתּוֹרָה לְבַד, שֶׁכֵּן אָמְרוּ זִכְרוֹנָם לִבְרָכָה: בָּרָאתִי יֵצֶר רָע בָּרָאתִי לוֹ תּוֹרָה תַּבְלִין (קדושין ל, ב; בבא בתרא טז, א). וְאָמְנָם פָּשׁוּט הוּא, שֶׁאִם הַבּוֹרֵא יִתְבָּרַךְ שְׁמוֹ לֹא בָּרָא לְמַכָּה זוֹ אֶלָּא זֹאת הָרְפוּאָה, אִי אֶפְשָׁר בְּשׁוּם פָּנִים שֶׁיִּנָּצֵל הָאָדָם וְיֵרָפֵא מִן הַחֹלִי הַזֶּה זוּלָתָהּ.

הָא לְמָה זֶה דּוֹמֶה? לְחוֹלֶה שֶׁדָּרַשׁ בָּרוֹפְאִים תְּרוּפָה לְחָלְיוֹ, וְהֵם שֶׁהִכִּירוּ אֶת חָלְיוֹ וְיָדְעוּ מַה מִּצְטָרֵךְ לוֹ בֶּאֱמֶת, לִמְּדוּ לוֹ סַם שֶׁיִּשְׁתֶּה אוֹתוֹ וְיִתְרַפֵּא; אִם יִרְצֶה הַחוֹלֶה לָקַחַת תַּחַת הַסַּם הַהוּא סַם אַחֵר, כַּאֲשֶׁר דִּמָּה הוּא בְּמַחֲשַׁבְתּוֹ מִבְּלִי שֶׁתִּקְדַּם לוֹ יְדִיעָה בִּמְלֶאכֶת הָרְפוּאָה, הֲלֹא פָּשׁוּט הוּא שֶׁלֹּא יוֹעִיל לוֹ כְּלָל, וְהִנֵּה הוּא אוֹבֵד הָרְפוּאָה שֶׁהָיְתָה בָּאָה לוֹ אִם הָיָה עוֹשֶׂה כְּדִבְרֵי הָרוֹפֵא, וְנִמְצָא חָלְיוֹ מַכְבִּיד עָלָיו וּמֵת בּוֹ.

כֵּן הַדָּבָר הַזֶּה, אַחֲרֵי שֶׁהַבּוֹרֵא יִתְבָּרַךְ שְׁמוֹ, שֶׁהוּא לְבַדּוֹ יוֹדֵעַ תְּכוּנוֹת הָאָדָם וְטִבְעוֹ וְכֹחַ הַיֵּצֶר רָע אֲשֶׁר הִטְבִּיעַ בּוֹ, הוּא הוֹדִיעָנוּ שֶׁרַק הַתּוֹרָה הִיא הָרְפוּאָה הַבְּרוּאָה לַחֹלִי הַזֶּה, אֵיךְ יוּכַל הָאָדָם לְהִתְפַּתּוֹת שֶׁיַּעֲזֹב הַתְּרוּפָה הַזֹּאת וִיחִי מֵחָלְיוֹ. וְהִנֵּה זֶה הֶקֵּשׁ שֶׁאֵין עָלָיו תְּשׁוּבָה.

Three:
Torah Study

Now the first foundation is Torah study; for without it, it is surely impossible to reach any of the virtues. That is the import of Rabbi Pinhas' [opening] statement in the baraita: "Torah leads to vigilance" (*Avodah Zarah* 20b). [Our Sages], may their memory be blessed, have already said [so explicitly], "The ignorant cannot be saintly" (*Avot* 2:5).

The basic idea is that the Holy One, blessed be He, who created man and placed the Evil *Yetzer* in him, is Himself the one who wisely created a remedy for man against that affliction as well. That remedy is the Torah and nothing else. Thus have [our Sages], may their memory be blessed, said, "[God told Israel: 'My sons], I have created the Evil *Yetzer*, [and] I have created the Torah with which to temper it'" (*Kiddushin* 30b; *Baba Batra* 16a). Now it is clear that if this remedy is the only remedy fashioned by the Creator (blessed be His name) for that affliction, then it is impossible for a person to escape and be cured of that illness by any other means.

This may be likened to a sick person who consults physicians for medication for his illness. They, who diagnose his illness and know what he truly needs, prescribe a drug for him to drink and be cured. If the patient wants to take a different drug instead, following his own fancy without the prerequisite medical knowledge, it is clear that it will do him no good at all. Indeed, he will forfeit the cure he would have had, if he had followed the physician's prescription. As a result, his illness will grow worse and he will die from it.

The same is true of the matter under discussion. Since the Creator, blessed be His name – who alone knows man's characteristics and nature as well as the power of the Evil *Yetzer* that He imprinted in him – has informed us that the Torah is the [only] cure created for this illness, how can a person be enticed into thinking he can ignore this medicine and survive his illness? This reasoning is irrefutable.

אָמְנָם עוֹד אַשְׁמִיעֲךָ דְּבָרַי לְהַרְאוֹתְךָ הָאֱמֶת הַזֹּאת בְּבֵרוּר. וְהוּא כִּי דַּרְכֵי ה' הֵם גְּבוֹהִים מִדַּרְכֵי הַשֵּׂכֶל הָאֱנוֹשִׁי הַרְבֵּה, וְכֵן כָּתוּב: כִּי לֹא מַחְשְׁבוֹתַי מַחְשְׁבוֹתֵיכֶם {וְלֹא דַרְכֵיכֶם דְּרָכָי נְאֻם ה'} (ישעיה נה, ח). אַךְ[א] הַדְּרָכִים שֶׁיִּקְנֶה בָּהֶם הָאָדָם הַשְּׁלֵמוּת הָאֲמִתִּי וְהָאֹשֶׁר הַנַּפְשִׁי אִי אֶפְשָׁר שֶׁיִּהְיוּ דְּרָכִים אֱנוֹשִׁיִּים,[ב] כִּי כֵּיוָן שֶׁהַשְּׁלֵמוּת הוּא לְמַעְלָה מִן הַחֹק הָאֱנוֹשִׁי, גַּם הַדְּרָכִים לִקְנוֹתוֹ צָרִיךְ שֶׁיִּהְיוּ לְמַעְלָה מִזֶּה. עַל כֵּן אִי אֶפְשָׁר לָאָדָם לְהַגִּיעַ אֶל הַשְּׁלֵמוּת אֶלָּא עַל יְדֵי דַּרְכֵי הַתּוֹרָה בִּלְבַד, לְפִי שֶׁהֵם דְּרָכִים לְמַעְלָה מִשִּׂכְלֵנוּ, שֶׁרַק הַבּוֹרֵא יִתְבָּרַךְ שְׁמוֹ הָיָה יָכוֹל לְסַדְּרָם וּלְחָקְקָם אוֹתָם כַּאֲשֶׁר עָשָׂה. הוּא מַה שֶּׁמֹּשֶׁה רַבֵּינוּ עָלָיו הַשָּׁלוֹם מַזְכִּירֵנוּ: מִי[ג] גּוֹי גָּדוֹל אֲשֶׁר לוֹ חֻקִּים וּמִשְׁפָּטִים צַדִּיקִים כְּכֹל הַתּוֹרָה הַזֹּאת {אֲשֶׁר אָנֹכִי נֹתֵן לִפְנֵיכֶם הַיּוֹם} (דברים ד, ח).

יָצָא לָנוּ מִזֶּה, שֶׁאֵין דַּי לָאָדָם, כְּדֵי לְהִנָּצֵל מִן הַיֵּצֶר רָע וּלְהַשִּׂיג הַשְּׁלֵמוּת, שֶׁיֵּדַע הַמּוּסָר וּתְכוּנַת הַמִּדּוֹת הַיְשָׁרוֹת כַּאֲשֶׁר יָדְעוּ וְלִמְּדוּ חַכְמֵי הָאֻמּוֹת, אֲבָל צְרִיכִים אָנוּ לִפְרָטִיּוּת דַּרְכֵי הַתּוֹרָה הָאֱלֹקִית, שֶׁעַל כֵּן נִתְּנָה מִן הַשָּׁמַיִם, לְפִי שֶׁלֹּא הָיָה יָכוֹל לְהִמָּצֵא אָדָם בָּאָרֶץ, אַף שֶׁיִּהְיֶה חָכָם גָּדוֹל מְאֹד, שֶׁיָּכוֹל לְסַדֵּר אוֹתָהּ בַּדֶּרֶךְ שֶׁהִיא סְדוּרָה מִן הַבּוֹרֵא יִתְבָּרַךְ.

וְהִנֵּה רַבִּי פִּנְחָס עַצְמוֹ דִּקְדֵּק זֶה מִמַּה שֶּׁאָמְרוּ זִכְרוֹנָם לִבְרָכָה: וְנִשְׁמַרְתָּ מִכֹּל דָּבָר רָע (דברים כג, י), שֶׁלֹּא יְהַרְהֵר בַּיּוֹם וְיָבוֹא לִידֵי טֻמְאָה בַּלַּיְלָה, וּמִכָּאן לָמַד שֶׁתּוֹרָה מְבִיאָה לִידֵי זְהִירוּת וְכוּ' (עבודה זרה כ, ב). וְהַיְנוּ, כִּי לוּלֵי הַתּוֹרָה מַזְהֶרֶת אוֹתָנוּ עַל זֶה, הִנֵּה לְפִי הַמּוּסָר הָאֱנוֹשִׁי לֹא הָיָה רָאוּי שֶׁיֵּחָשֵׁב זֶה לְעָוֹן גָּדוֹל, כִּי סוֹף סוֹף הִרְהוּר אֵינוֹ דָּבָר מַמָּשִׁי, לֹא דִּבּוּר וְלֹא מַעֲשֶׂה, וְאִם כֵּן מַה בָּזֶה אִם יְהַרְהֵר אָדָם עַל אִשָּׁה. וְכֵן אִם יִטַּמֵּא בַּלַּיְלָה מַה פִּשְׁעוֹ וּמַה חַטָּאתוֹ,[ד] הֲלֹא יָשֵׁן הוּא, וּבָא הַחֲלוֹם בְּרֹב עִנְיָן (ראה קהלת ה, ב, ומפרשים)? אַךְ הַתּוֹרָה מוֹדִיעַתְנוּ חֹמֶר הָעִנְיָן וְעַד הֵיכָן צָרִיךְ הָאָדָם לִפְרֹשׁ מִן הַזְּנוּת וּמִכָּל עֲנָפָיו, כִּי אֲפִלּוּ

[א] 'אך' בהוראת 'אין ספק בדבר', 'רק זה בלבד ולא עוד'. [ב] בכת"י: 'אנושים'. [ג] כתוב: 'ומי'. [ד] ע"פ בראשית לא, לו.

But I will go further and demonstrate this truth to you quite plainly. [The argument] is as follows: God's ways transcend those of the human intellect. Thus it is written, "For My thoughts are not your thoughts, {nor are your ways My ways, says the Lord}" (Yeshayahu 55:8). Now the ways one acquires true perfection and spiritual flourishing cannot be [merely] human ways. For since [spiritual] perfection transcends what is properly human, so too must the ways it is to be acquired. Therefore, it is only through the Torah's ways that a person can achieve perfection. For these are ways that transcend our intellect, that only the Creator (blessed be His name) could have framed and legislated them as He did. It is what Moshe, our master, peace be on him, reminds us: "And what great nation has statutes and laws as righteous as the entirety of this Torah, {which I set before you this day}" (Devarim 4:8)?

We may conclude from this that to be saved from the Evil *Yetzer* and achieve perfection, it is not enough to know ethics and the character of virtues as understood and taught by the wise men of the nations. Rather, we need the specifics of the Divine Torah, which was given as a heavenly revelation precisely because no man on earth, wise as he might be, could have framed it as it has been framed by the Creator, blessed be He.

Now Rabbi Pinhas himself deduced this [principle] from the [following] comment of [our Sages], may their memory be blessed: "'Guard yourself against any impropriety' (Devarim 23:10) – [this teaches] that one should not harbor impure thoughts by day, which may lead to impurity at night" (*Avodah Zarah* 20b). It was from this that he learned that "Torah leads to vigilance, etc." [He reasoned] as follows: had the Torah not prohibited this to us, a human ethic ought not to have deemed it a serious offense. For thinking, after all, is insubstantial, [it entails] neither speech nor action. So what of it, then, if a man thinks about a woman? And if he becomes impure at night – what offense, what sin is his? Wasn't he asleep then, and visited by a dream with [its] abundance of vain images? But the Torah lets us know that this is a serious matter, and how far one needs to keep from unchasteness and all its ramifications. For a person is

עַל מַה שֶּׁיִּקְרֶה לוֹ בַּחֲלוֹם יֵעָנֵשׁ אִם הָיָה הוּא סִבָּה אֵלָיו, אַף שֶׁאֵינוֹ סִבָּה קְרוֹבָה מַמָּשׁ. מִכָּאן נִלְמַד שֶׁתּוֹרָה מְבִיאָה לִידֵי זְהִירוּת, כִּי בְלֹא תוֹרָה לֹא יִכָּנֵס אָדָם לַזְּהִירוּת הָאֲמִתִּי, כִּי לֹא יַעֲלֶה עַל לְבָבוֹ לִיזָּהֵר בִּדְבָרִים הַרְבֵּה שֶׁיִּזָּהֵר בָּהֶם אִם יַעֲסֹק בַּתּוֹרָה וְיַעֲמִיק בְּעִנְיָנֶיהָ וּדְרָכֶיהָ.

וּכְבָר הִרְבּוּ הַחֲכָמִים זִכְרוֹנָם לִבְרָכָה לְהַפְלִיא בְּשֶׁבַח הַתּוֹרָה וּלְהַפְלִיג בְּעֹנֶשׁ בִּטּוּלָהּ, בְּהַרְאוֹת לָנוּ הַחֲשִׁיבוּת שֶׁיֵּשׁ לָהּ מִכָּל הַמִּצְוֹת. כִּי בֶּאֱמֶת אֵין לָנוּ שְׁלֵמוּת וְלֹא שׁוּם טוֹבָה זוּלָתָהּ. וּמִי שֶׁלֹּא יַעֲסֹק בַּתּוֹרָה הִנֵּה חֹשֶׁךְ הַחָמְרִיּוּת יֵלֵךְ וְיִתְגַּבֵּר עָלָיו מַדְרֵגָה אַחַר מַדְרֵגָה, עַד שֶׁיִּמָּצֵא רָחוֹק מִן הָאֱמֶת הֶרְחֵק גָּדוֹל מְאֹד וְהוּא לֹא יֵדַע, אֲשֶׁר עַל כֵּן אֲפִלּוּ הִרְהוּרֵי דְּבָרִים לֹא יַעֲלוּ עַל לִבּוֹ לְבַקֵּשׁ הָאֱמֶת בִּהְיוֹתוֹ רָחוֹק מִמֶּנּוּ. וְאִם הוּא עוֹסֵק בַּתּוֹרָה, הִנֵּה סוֹף סוֹף מִמֵּילָא יִתְחַדֵּשׁ בּוֹ הַהִתְעוֹרְרוּת שֶׁיְּבִיאֵהוּ אֶל הַדֶּרֶךְ הַטּוֹב. וְהוּא מַה שֶּׁאָמְרוּ זִכְרוֹנָם לִבְרָכָה: הַלְוַאי אוֹתִי עָזָבוּ וְתוֹרָתִי שָׁמָרוּ, שֶׁהַמָּאוֹר שֶׁבָּהּ יִהְיֶה מַחֲזִירוֹ לְמוּטָב (ראה איכה רבה פתיחתא ב).

אָמַר הֶחָכָם:

זֶה דָּבָר אֲמִתִּי וַדַּאי, וְעַם הָאָרֶץ לֹא עָמְדוּ עָלָיו, עַל כֵּן הֵם נִמְצָאִים רֵיקִים מִכָּל טוּב נַפְשִׁי, מְלֵאֵי חֶסְרוֹנוֹת וְתַעְתּוּעִים, וְאֵין מַרְפֵּא לָהֶם, לְפִי שֶׁהַמַּרְפֵּא הָרָאוּי לָזֶה מוֹאֲסִים בּוֹ. וְהִנֵּה הָעֲבֵרוֹת הֵם כְּשַׁלְשֶׁלֶת, בָּאוֹת זוֹ אַחַר זוֹ, אֲשֶׁר אִם יֹאמַר אָדָם לְתַקֵּן מְעֻוָּתֵי הַדּוֹר לֹא יוּכַל לִמְצֹא הַפֶּתַח,[ה] כִּי הַקִּלְקוּלִים נָעוּץ סוֹפָן בִּתְחִלָּתָם,[ו] וְאִישׁ אֶת רֵעֵהוּ יַעֲזוֹרוּ.[ז] אָמְנָם הָאֱמֶת הִיא שֶׁהַכֹּל נוֹלָד מִן הַשֹּׁרֶשׁ הָרִאשׁוֹן הָרַע, שֶׁהוּא עֲזִיבַת הַתּוֹרָה, כִּי נִשְׁאָרִים בַּחֹשֶׁךְ וְאֵין לָהֶם אוֹר, מַה יַּעֲשׂוּ הָעִוְרִים וְלֹא יִכָּשְׁלוּ. וּמִקְרָא צוֹוֵחַ וְאוֹמֵר: נֵר לְרַגְלִי דְבָרֶךָ וְאוֹר לִנְתִיבָתִי (תהלים קיט, קה).

[ה] ע"פ בראשית יט, יא. [ו] הביטוי ע"פ ספר יצירה א, ז; תיקוני זוהר סא, ב, ועוד.
[ז] ע"פ ישעיה מא, ו.

punished even for what happens to him while he is dreaming, if he was its [ultimate] cause, even though he was not actually its proximate cause. From this we may learn that "Torah leads to vigilance." For without Torah, a person cannot attain to true vigilance; for it would never occur to him to be mindful of the many things which someone who studies Torah and delves into its ideas and ways is mindful of.

Our Sages, may their memory be blessed, have heaped wondrous praise on Torah [study] and greatly magnified the punishment for its neglect, by demonstrating to us its preeminence over all [other] *mitzvot*. For in truth, we can have no perfection or good without it. If a person fails to study Torah, the darkness of materiality will prevail over him by degrees until he is at great remove from the truth and does not realize it. For that reason, it will not even occur to him to seek the truth, [so] distant is he from it. But if he studies Torah, an awakening will ultimately spring up within him, and lead him to the good path. That is what is implied in the statement of [our Sages], may their memory be blessed: "Would that they should forsake Me, but preserve My Torah, for its inner light will restore them to the good" (see *Eikhah Rabba, Petihta* 2).

The Hakham said:
This is undoubtedly true, but the ignorant have not grasped it. Thus they are devoid of all spiritual good, [and] full of vice and delusion. They are incurable, since they despise the proper cure. Now transgressions are like a [closed] chain, each one linked to the next. So anyone who thinks about setting the perversities of the generation straight, is unable to find an opening since the defects are interconnected and mutually reinforcing. But the truth of the matter is that all of the defects stem from the [very] first evil root, namely, abandonment of the Torah. For left in darkness without light, how can the blind avoid stumbling? And Scripture cries out, "Your word is a lamp for my feet and a light on my path" (Tehillim 119:105).

פֶּרֶק ד:

בְּבֵאוּר מִדַּת הַזְּהִירוּת

אָמַר הֶחָסִיד:

אַחַר הֱיוֹת הָאָדָם עוֹסֵק בַּתּוֹרָה וּמְדַקְדֵּק בָּהּ בְּעִנְיָנֶיהָ וּלְמוּדֶיהָ, הִנֵּה מַה שֶּׁיּוּלָד בְּנַפְשׁוֹ בְּהֶמְשֵׁךְ[א] הוּא הַזְּהִירוּת. וְהוּא מַה שֶּׁאָמַר: תּוֹרָה מְבִיאָה לִידֵי זְהִירוּת (עבודה זרה כ, ב). כִּי אַחֲרֵי אֲשֶׁר תַּטְבִּיעַ בּוֹ דַּרְכֵי ה׳ בֶּאֱמֶת וְתִפְקַח עֵינָיו לִרְאוֹת מַה שֶּׁלֹּא הָיָה רוֹאֶה מִתְּחִלָּה, מֵחֹמֶר הָעֲבוֹדָה וְעָקְרָהּ מַה שֶּׁהָיָה קַל בְּעֵינָיו זוּלָתָהּ, הִנֵּה יְחַיֵּב הַשֵּׂכֶל שֶׁיִּהְיֶה הוּא מְפַקֵּחַ עַל עִנְיְנֵי נִשְׁמָתוֹ וְלֹא יַעֲזֹב עַצְמוֹ לְסַכָּנָה. כִּי הִנֵּה אַחֲרֵי שֶׁיֵּשׁ לוֹ דֵּעָה וְהַשֵּׂכֶל לְהַצִּיל אֶת נַפְשׁוֹ וְלִבְרֹחַ מִן הָאֲבַדּוֹן, אֵיךְ יִתָּכֵן שֶׁיִּרְצֶה לְהַעֲלִים עֵינָיו מֵהַצָּלַת עַצְמוֹ? אֵין לְךָ פְּחִיתוּת וְהוֹלֵלוּת רַע מִזֶּה וַדַּאי.

וְהִנֵּה הוּא פָּחוּת מֵהַבְּהֵמוֹת וְהַחַיּוֹת אֲשֶׁר בְּטִבְעָם לִשְׁמֹר אֶת עַצְמָם, עַל כֵּן יִבְרְחוּ וְיָנוּסוּ מִכֹּל מַה שֶּׁיֵּרָאֶה לָהֶם הֱיוֹתוֹ מַזִּיק לָהֶם. וְהַהוֹלֵךְ בְּעוֹלָמוֹ בְּלִי הִתְבּוֹנְנוּת זֶה, הִנֵּה הוּא כְּעִוֵּר הַהוֹלֵךְ עַל שְׂפַת הַנָּהָר אֲשֶׁר סַכָּנָתוֹ עֲצוּמָה וְרָעָתוֹ קְרוֹבָה מֵהַצָּלָתוֹ. כִּי חֶסְרוֹן הַשְּׁמִירָה מִפְּנֵי הָעִוָּרוֹן הַטִּבְעִי אוֹ מִפְּנֵי הָעִוָּרוֹן הָרְצוֹנִי, שֶׁהוּא סְתִימַת הָעֵינַיִם בִּבְחִירָה וְחֵפֶץ, אֶחָד הוּא.

וְהִנֵּה יִרְמְיָה הָיָה מִתְאוֹנֵן עַל רֹעַ בְּנֵי דוֹרוֹ מִפְּנֵי הֱיוֹתָם נְגוּעִים בְּנֶגַע הַמִּדָּה הַזֹּאת, שֶׁהָיוּ מַעֲלִימִים עֵינֵיהֶם מִמַּעֲשֵׂיהֶם בְּלִי שֶׁיָּשִׂימוּ לֵב מַה מַּעֲשֵׂיהֶם אִם טוֹבִים הֵם אוֹ לֹא. וְאָמַר עֲלֵיהֶם: אֵין אִישׁ נִחָם עַל רָעָתוֹ {לֵאמֹר מֶה עָשִׂיתִי}, כֻּלֹּה שָׁב בִּמְרוּצָתָם כְּסוּס שׁוֹטֵף בַּמִּלְחָמָה (ירמיה ח, ו). וְהַיְנוּ, שֶׁהֵם רוֹדְפִים וְהוֹלְכִים מַמָּשׁ בִּמְרוּצַת הֶרְגֵּלָם וְדַרְכֵיהֶם מִבְּלִי שֶׁיַּנִּיחוּ זְמַן לְעַצְמָם לְדַקְדֵּק עַל הַמַּעֲשִׂים וְהַדְּרָכִים, וְנִמְצָא שֶׁהֵם נוֹפְלִים בָּרָעָה בְּלִי רְאוֹת אוֹתָהּ.

[א] המונח ׳בהמשך׳ נתבאר ב׳חוקר ומקובל׳ במשמעות תולדה והשתלשלות דבר מתוך דבר.

Four:

The Trait of Vigilance

The Hasid said:

Once a person is engaged in the study of Torah, carefully examining its ideas and teachings, what will be engendered in his soul in consequence, is the trait of vigilance. This is what [Rabbi Pinhas meant when] he said, "Torah leads to vigilance" (*Avodah Zarah* 20b). For once the Torah has truly implanted the ways of God in a man's nature, opening his eyes to see what he did not see previously – the gravity of God's service and its essential character which, without Torah, he would take lightly – reason will then demand that he attend to the affairs of his soul and not abandon himself to danger. Since he now has the knowledge and understanding to save his soul and escape perdition, how can he possibly wish to ignore saving himself? There is surely no greater baseness and folly.

He would then be lower than the beasts and wild animals that by nature protect themselves, and therefore flee to escape anything that appears harmful to them. One who goes through life without reflection of this sort is like a blind man walking along a riverbank, who is in enormous danger and for whom disaster is more likely than deliverance. For the lack of caution due to natural blindness or willful blindness, namely, the closing of one's eyes through free choice and volition, are one and the same.

Yirmiyah would bemoan the evil state of the people of his generation because of their affliction with this vice. [That is], they were oblivious to their deeds, paying no regard to their nature – whether they were good or not. He said of these people, "No one regrets his wrongdoing, [saying, What have I done]; they all return to their course like a horse plunging headlong into battle" (Yirmiyahu 8:6). That is to say, they pursue their very course by force of habit and conduct, without leaving themselves the time to examine their actions and ways. As a result, they fall into evil without seeing it coming.

וְאוּלָם, הִנֵּה זֹאת בֶּאֱמֶת מִתַּחְבּוּלוֹת הַיֵּצֶר רָע וְעָרְמָתוֹ, לְהַכְבִּיד עֲבוֹדָתוֹ בִּתְמִידוּת עַל לִבּוֹת בְּנֵי הָאָדָם עַד שֶׁלֹּא יִשָּׁאֵר לָהֶם רֶוַח לְהִתְבּוֹנֵן וּלְהִסְתַּכֵּל בְּאֵיזֶה דֶּרֶךְ הֵם הוֹלְכִים. כִּי יוֹדֵעַ הוּא שֶׁלּוּלֵי הָיוּ שָׂמִים לִבָּם כִּמְעַט קָט עַל דַּרְכֵיהֶם, וַדַּאי שֶׁמִּיָּד הָיוּ מַתְחִילִים לִינָּחֵם מִמַּעֲשֵׂיהֶם, וְהָיְתָה הַחֲרָטָה הוֹלֶכֶת וּמִתְגַּבֶּרֶת בָּהֶם עַד שֶׁהָיוּ עוֹזְבִים הַחֵטְא לְגַמְרֵי. וַהֲרֵי זֶה מֵעֵין עֲצַת פַּרְעֹה הָרָשָׁע שֶׁאָמַר: תִּכְבַּד הָעֲבֹדָה עַל הָאֲנָשִׁים [וְיַעֲשׂוּ בָהּ וְאַל יִשְׁעוּ בְּדִבְרֵי שָׁקֶר] (שמות ה, ט). שֶׁהָיָה מִתְכַּוֵּן שֶׁלֹּא לְהַנִּיחַ לָהֶם רֶוַח כְּלָל לְבִלְתִּי יִתְּנוּ לֵב אוֹ יָשִׂימוּ עֵצָה נֶגְדּוֹ, אֶלָּא הָיָה מִשְׁתַּדֵּל לְהַפְרִיעַ לִבָּם מִכָּל הִתְבּוֹנְנוּת בְּכֹחַ הַתְמָדַת הָעֲבוֹדָה הַבִּלְתִּי מַפְסֶקֶת. כֵּן הִיא עֲצַת הַיֵּצֶר רָע מַמָּשׁ עַל בְּנֵי הָאָדָם, כִּי אִישׁ מִלְחָמָה הוּא וּמְלֻמָּד בְּעַרְמִימוּת, וּבָא הָרֶמֶז עָלָיו בַּכְּתוּבִים: וְהַנָּחָשׁ הָיָה עָרוּם (בראשית ג, א), וְאִי אֶפְשָׁר לְהִמָּלֵט מִמֶּנּוּ אֶלָּא בְּחָכְמָה רַבָּה וְהַשְׁקָפָה גְּדוֹלָה.

הוּא מַה שֶּׁהַנָּבִיא צוֹוֵחַ וְאוֹמֵר: שִׂימוּ לְבַבְכֶם עַל דַּרְכֵיכֶם (חגי א, ה). וּשְׁלֹמֹה אָמַר בְּחָכְמָתוֹ: אַל תִּתֵּן שֵׁנָה לְעֵינֶיךָ וּתְנוּמָה לְעַפְעַפֶּיךָ,[ב] הִנָּצֵל כִּצְבִי מִיָּד {וּכְצִפּוֹר מִיַּד יָקוּשׁ} (משלי ו, ד-ה).

וַחֲכָמֵינוּ זִכְרוֹנָם לִבְרָכָה אָמְרוּ: כָּל הַשָּׂם אָרְחוֹתָיו בָּעוֹלָם הַזֶּה זוֹכֶה וְרוֹאֶה בִּישׁוּעָתוֹ שֶׁל הַקָּדוֹשׁ בָּרוּךְ הוּא (מועד קטן ה, א; סוטה ה, ב). כִּי הִנֵּה הָאָדָם אֲפִלּוּ שֶׁפִּקֵּחַ עַל עַצְמוֹ, אֵין בְּכֹחוֹ לִינָּצֵל אִלּוּלֵי הַקָּדוֹשׁ בָּרוּךְ הוּא עוֹזְרוֹ (ראה קידושין ל, ב). כִּי הַיֵּצֶר תַּקִּיף מְאֹד, וּכְמַאֲמַר הַכָּתוּב: צוֹפֶה רָשָׁע לַצַּדִּיק וּמְבַקֵּשׁ {לַהֲמִיתוֹ, ה' לֹא יַעַזְבֶנּוּ בְיָדוֹ} (תהלים לז, לב-לג). אַךְ אִם הָאָדָם מְפַקֵּחַ עַל עַצְמוֹ, אָז הַקָּדוֹשׁ בָּרוּךְ הוּא עוֹזְרוֹ וְנִצּוֹל מִן הַיֵּצֶר, אֲבָל אִם אֵינוֹ מְפַקֵּחַ הוּא עַל עַצְמוֹ, וַדַּאי שֶׁהַקָּדוֹשׁ בָּרוּךְ הוּא לֹא יְפַקֵּחַ עָלָיו. כִּי אִם הוּא אֵינוֹ חָס עַל עַצְמוֹ מִי יָחוּס עָלָיו. וְהוּא

[ב] בכתה"י: 'לעפעפיך תנומה'. התיקון ע"פ הכתוב.

This is truly [one] of the stratagems of the Evil *Yetzer* and [an instance of] his cunning: to constantly weigh down the hearts of men so that they have no time left to reflect upon or consider the path they are following. For the *Yetzer* well knows that if people were to pay attention to their behavior for just a brief moment, they would surely begin to regret their deeds at once, and that this regret would gather strength within them until they abandon sin entirely. This is similar to the scheme of the wicked Pharaoh when he proclaimed, "Intensify the men's labor [and see they do it and let them not pay attention to false words]" (Shemot 5:9). His intent was to give them no respite whatever, so they neither deliberate nor take counsel against him. He attempted to distract them from any reflection by means of oppressive and unending labor. This is precisely the ploy used by the *Yetzer* against man, for he is a skillful warrior and a wily tactician. This is alluded to in what Scripture says: "And the serpent was crafty" (Bereishit 3:1). One cannot escape [the *Yetzer*] without employing a good deal of wisdom and great attentiveness.

This is what the Prophet meant when he cried out, "Give heed to your ways" (Haggai 1:5). And Shelomo in his wisdom said, "Give neither sleep to your eyes nor slumber to your eyelids. Rescue yourself like a gazelle from the hand of {the hunter, and like a bird from the hand of the fowler}" (Mishlei 6:4-5).

And our Sages, may their memory be blessed, said, "Whoever appraises his ways in this world merits seeing the salvation of the Holy One, blessed be He" (*Mo'ed Katan* 5a; *Sotah* 5b). For even if man keeps watch over himself, he is incapable of being saved without the help of the Holy One, blessed be He (see *Kiddushin* 30b). For the *Yetzer* is extremely resolute. As Scripture states, "The wicked one watches out for the just, and seeks {to slay him, but God will not forsake him to his hand}" (Tehillim 37:32-33). If a person carefully watches himself, however, God will then assist him and he will be saved from the *Yetzer*. But if he does not keep watch over himself, God will certainly not watch over him. For if he does not have consideration for himself, who will have consideration for him? This

כְּעִנְיַן מַה שֶּׁאָמְרוּ זִכְרוֹנָם לִבְרָכָה: כָּל מִי שֶׁאֵין בּוֹ דֵּעָה אָסוּר לְרַחֵם עָלָיו (ברכות לג, א). וְהוּא מַה שֶּׁאָמְרוּ בַּמִּשְׁנָה: אִם אֵין אֲנִי לִי מִי לִי (אבות א, יד).

אָמַר הֶחָכָם:

וַדַּאי דְּבָרֶיךָ נְכוֹחִים וְטוֹבִים. כִּי מִי שֶׁהַקָּדוֹשׁ בָּרוּךְ הוּא עָשָׂה אוֹתוֹ פִּקֵּחַ, יִרְצֶה לְהֵעָשׂוֹת עִוֵּר בִּרְצוֹנוֹ, לְהַנִּיחַ עַצְמוֹ בְּסַכָּנָה שֶׁהָיָה יָכוֹל לִרְאוֹת אוֹתָהּ וְלִימָּלֵט מִמֶּנָּה, אֵין הַדַּעַת סוֹבַלְתּוֹ. אָמְנָם עַתָּה צָרִיךְ לְבָאֵר אֵיךְ תִּהְיֶה הַהַשְׁקָפָה עַל הַמַּעֲשִׂים וְהַהַשְׁגָּחָה בַּדְּרָכִים.

is similar to what our Sages, may their memory be blessed, said, "Anyone who is not mindful, it is forbidden to pity him" (*Berakhot* 33a). And this is [the sense of] what they said in the mishnah, "If I am not for myself, who will be for me" (*Avot* 1:14)?

The Hakham said:

Surely your words are correct and good. That an individual to whom the Holy One, blessed be He, granted sight, should willfully blind himself, putting himself in a state of danger that he could have seen and avoided, this the mind cannot tolerate. Now, however, you must explain how a person should properly attend to his deeds and watch over his ways.

פֶּרֶק ה:

בְּחֶלְקֵי הַזְּהִירוּת

אָמַר הֶחָסִיד:

הִנֵּה הָרוֹצֶה לְפַקֵּחַ עַל עַצְמוֹ, שְׁתַּיִם הֵנָּה הַהַשְׁקָפוֹת הַצְּרִיכוֹת לוֹ: הָאַחַת מַהוּ הַטּוֹב הָאֲמִתִּי שֶׁיִּבְחַר בּוֹ הָאָדָם וְהָרַע הָאֲמִתִּי שֶׁיָּנוּס מִמֶּנּוּ, וְהַשֵּׁנִית עַל הַמַּעֲשִׂים אֲשֶׁר הוּא הוֹלֵךְ וְעוֹשֶׂה דְּבַר יוֹם בְּיוֹמוֹ.[א] וְזֶה בִּשְׁעַת מַעֲשֶׂה וְשֶׁלֹּא בִּשְׁעַת מַעֲשֶׂה. בִּשְׁעַת מַעֲשֶׂה, שֶׁלֹּא יַעֲשֶׂה שׁוּם מַעֲשֶׂה מִבְּלִי שֶׁיִּשְׁקֹל אוֹתוֹ בְּמֹאזְנֵי הַיְדִיעָה הַזֹּאת, וְיִרְאֶה וְיָבִין אִם טוֹב הוּא וְיַעֲשֵׂהוּ וְאִם רַע הוּא וְיַעַזְבֵהוּ. וְשֶׁלֹּא בִּשְׁעַת מַעֲשֶׂה, הוּא שֶׁיַּעֲלֶה לְפָנָיו זִכְרוֹן כְּלַל מַעֲשָׂיו וְיִשְׁקֹל אוֹתָם כְּמוֹ כֵן בְּמִשְׁקָל הַזֶּה, לִרְאוֹת מַה יֵּשׁ בָּהֶם מֵהָרַע לְמַעַן יִדְחֶה אוֹתוֹ, וּמַה יֵּשׁ בָּהֶם מִן הַטּוֹב לְהַתְמִיד בּוֹ וּלְהִתְחַזֵּק בּוֹ. וְאִם יִמְצָא בָּהֶם מִן הָרַע, יִתְבּוֹנֵן וְיַחְקֹר בְּשִׂכְלוֹ אֵיזֶה תַּחְבּוּלָה יַעֲשֶׂה לָסוּר מִן הָרַע הַהוּא וּלְהִטָּהֵר מִמֶּנּוּ.

וְדָבָר זֶה הוֹדִיעוּנוּ זִכְרוֹנָם לִבְרָכָה בְּאָמְרָם: נוֹחַ לוֹ לָאָדָם שֶׁלֹּא נִבְרָא, וְעַכְשָׁו שֶׁנִּבְרָא יְפַשְׁפֵּשׁ בְּמַעֲשָׂיו, וְאִכָּא דְּאָמְרֵי יְמַשְׁמֵשׁ בְּמַעֲשָׂיו (עירובין יג, ב). וְתִרְאֶה שֶׁשְּׁתֵּי הַלְּשׁוֹנוֹת שְׁתֵּי אַזְהָרוֹת טוֹבוֹת וּמוֹעִילוֹת מְאֹד. כִּי הִנֵּה הַפִּשְׁפּוּשׁ בַּמַּעֲשִׂים הוּא לַחְקֹר עַל כְּלַל הַמַּעֲשִׂים וּלְהִתְבּוֹנֵן בּוֹ, הֲנִמְצָא בָּהֶם מַעֲשִׂים אֲשֶׁר לֹא יֵעָשׂוּ, אֲשֶׁר אֵינָם הוֹלְכִים עַל פִּי מִצְוֹת ה׳ וְחֻקָּיו, כִּי כָּל אֲשֶׁר יִמְצָא מֵאֵלֶּה יְבַעֲרֵם מִן הָעוֹלָם. אַךְ הַמִּשְׁמוּשׁ הוּא הַחֲקִירָה אֲפִלּוּ בַּמַּעֲשִׂים הַטּוֹבִים עַצְמָם, לַחְקֹר וְלִרְאוֹת הֲיֵשׁ בְּעִנְיָנָם פְּנִיָּה אֲשֶׁר לֹא טוֹבָה אוֹ אֵיזֶה חֵלֶק רַע שֶׁיִּצְטָרֵךְ לַהֲסִירוֹ וּלְבַעֲרוֹ. וַהֲרֵי זֶה כִּמְמַשְׁמֵשׁ בְּבֶגֶד לִבְחֹן הֲטוֹב

[א] ע״פ שמות ה, יג.

Five:

The Elements of Vigilance

The Hasid said:

Now if someone wants to oversee himself, there are two things he needs to consider. First: what the true good is that one should choose, and the true evil one should eschew. Second: [he must consider] the things he is wont to do day after day. [He should consider them] both when active and when at leisure. When active, he should do nothing without judging it by the standard of the aforementioned knowledge and making his determination: if [the act] is good, he should do it; if it is evil he should desist. [The kind of consideration needed] when he is at leisure is to call to mind the totality of his deeds and to judge them by that very standard, in order to determine what evil they include so as to eliminate it, and what good they include so as to persevere and fortify himself in it. Should he find any evil in [his deeds], he must search rationally for the appropriate stratagem by which to abandon that evil and be purified of it.

Our Sages, may their memory be blessed, informed us of this matter when they said, "It would have been better for man had he not been created. Now that he has been created, let him examine [*yefashpesh*] his actions. And some say: Let him scrutinize [*yemashmesh*] his actions" (*Eruvin* 13b). You will observe that both formulations are very sound and beneficial exhortations. For examining one's actions involves investigating the totality of these actions and considering whether they include deeds that should not be done, deeds which are not in accordance with God's commandments and statutes. If any such deeds are found, he must eliminate them completely. Scrutinizing one's actions, however, involves investigating even one's good deeds, examining and determining whether they contain an undesirable motive or bad component that needs to be discarded and eliminated. This is similar to feeling a garment to determine whether it is sound and

וְחָזָק הוּא אוֹ חַלָּשׁ וּבָלוּי, כֵּן יְמַשְׁמֵשׁ בְּמַעֲשָׂיו לִבְחֹן טִבְעָם בְּתַכְלִית הַהַבְחָנָה עַד שֶׁיִּשָּׁאֵר זַךְ וְנָקִי.

נִמְצָא כְּלַל הַמִּדָּה הַזֹּאת, לִהְיוֹת הָאָדָם מְעַיֵּן עַל מַעֲשָׂיו וּמְפַקֵּחַ עַל דְּרָכָיו שֶׁלֹּא לְהַנִּיחַ לְעַצְמוֹ הֶרְגֵּל רַע וּמִדָּה רָעָה, כָּל שֶׁכֵּן עֲבֵרָה וָפֶשַׁע.

וּכְבָר זָכַרְתִּי לְךָ זֶה בִּתְחִלַּת דְּבָרַי שֶׁאֲנִי רוֹאֶה צֹרֶךְ לָאָדָם שֶׁיִּהְיֶה מְדַקְדֵּק וְשׁוֹקֵל דְּרָכָיו דְּבַר יוֹם בְּיוֹמוֹ, כַּסּוֹחֲרִים הַגְּדוֹלִים אֲשֶׁר יְפַלְּסוּ תָּמִיד כָּל עִסְקֵיהֶם לְמַעַן לֹא יִתְקַלְקְלוּ. וְהִנֵּה חֲכָמֵינוּ זִכְרוֹנָם לִבְרָכָה הוֹרוּנוּ בְּפֵרוּשׁ צֹרֶךְ הַחֶשְׁבּוֹן הַזֶּה, וְהוּא מַה שֶּׁאָמְרוּ: עַל כֵּן יֹאמְרוּ הַמֹּשְׁלִים בְּיִצְרָם, בֹּאוּ חֶשְׁבּוֹן (ראה במדבר כא, כז), בֹּאוּ וּנְחַשֵּׁב חֶשְׁבּוֹנוֹ שֶׁל עוֹלָם, {הֶפְסֵד מִצְוָה כְּנֶגֶד שְׂכָרָהּ, וּשְׂכַר עֲבֵירָה כְּנֶגֶד הֶפְסֵדָהּ} (בבא בתרא עח, ב). וְזֶה כִּי זֹאת הָעֵצָה הָאֲמִתִּית לֹא יוּכְלוּ לָתֵת אוֹתָהּ וְלֹא לִרְאוֹת אֲמִתָּתָהּ אֶלָּא אוֹתָם שֶׁכְּבָר יָצְאוּ מִתַּחַת יַד יִצְרָם וּמָשְׁלוּ בּוֹ. כִּי מִי שֶׁהוּא עֲדַיִן חָבוּשׁ בְּמַאֲסַר יִצְרוֹ, אֵין עֵינָיו רוֹאוֹת הָאֱמֶת הַזֹּאת[ב] וְאֵינֶנּוּ יָכוֹל לְהַכִּירָהּ, כִּי הַיֵּצֶר מְסַמֵּא אֶת עֵינָיו מַמָּשׁ, וְהִנֵּה הוּא כְּהוֹלֵךְ בַּחֹשֶׁךְ שֶׁיֵּשׁ לְפָנָיו מִכְשׁוֹלוֹת וְאֵין עֵינוֹ רוֹאָה אוֹתָם.

וְהוּא מַה שֶּׁאָמְרוּ זִכְרוֹנָם לִבְרָכָה: תָּשֶׁת חֹשֶׁךְ וִיהִי לָיְלָה (תהלים קד, כ), זֶה הָעוֹלָם הַזֶּה שֶׁדּוֹמֶה לְלַיְלָה (בבא מציעא פג, ב). וְהָבֵן כַּמָּה נִפְלָא הַמַּאֲמָר הָאֲמִתִּי הַזֶּה לְמִי שֶׁמַּעֲמִיק לְהָבִין בּוֹ. כִּי הִנֵּה חֹשֶׁךְ הַלַּיְלָה שְׁנֵי מִינֵי טָעֻיוֹת אֶפְשָׁר לוֹ שֶׁיִּגְרֹם לְעֵין הָאָדָם: אוֹ יְכַסֶּה אֶת הָעַיִן עַד שֶׁלֹּא יִרְאֶה מַה שֶּׁלְּפָנָיו כְּלָל, אוֹ שֶׁיַּטְעֶה אוֹתוֹ עַד שֶׁיֵּרָאֶה לוֹ עַמּוּד כְּאִלּוּ הוּא אָדָם וְאָדָם כְּאִלּוּ הוּא עַמּוּד. כֵּן חָמְרִיּוּת וְגַשְׁמִיּוּת הָעוֹלָם הַזֶּה, הִנֵּה הוּא חֹשֶׁךְ הַלַּיְלָה לְעֵין הַשֵּׂכֶל, וְגוֹרֵם לוֹ שְׁתֵּי טָעֻיוֹת. אֵינוֹ מַנִּיחַ לוֹ שֶׁיִּרְאֶה הַמִּכְשׁוֹלוֹת שֶׁבְּדַרְכֵי הָעוֹלָם, וְנִמְצָאִים הַפְּתָאִים הוֹלְכִים לָבֶטַח וְנוֹפְלִים וְאוֹבְדִים בְּלִי

[ב] בכתה״י: ׳הזה׳. בס״פ ד״ר: ׳הזאת׳.

strong or weak and worn. So shall a person scrutinize his actions as thoroughly as possible to discern their nature until he remains [absolutely] pure and clean.

Thus the sum and substance of this trait is to monitor all one's deeds and supervise all one's ways, so as not to retain a bad habit or trait, much less a transgression or sin.

At the outset of our conversation, *(see above, p. 29: "I have found etc.")* I already mentioned to you that I consider it necessary for a person to carefully evaluate his ways every day, much as great merchants constantly assess all their affairs so [the latter] suffer no damage. The Sages, may their memory be blessed, taught us explicitly about the need for such a reckoning. They did so by saying, "Therefore those who rule [*moshelim*] their *Yetzer* say, come to Heshbon (see Bamidbar 21:27) – come let us make the world's most vital reckoning, [weighing] the loss suffered by performing a *mitzvah* against its reward and the reward of transgression against the loss it brings about" (*Baba Batra* 78b). This is because only those who have already escaped the grip of their *Yetzer*, and have come to dominate it, are able to offer this true advice or even see its truth. For if a person is still imprisoned in the jail of his *Yetzer*, his eyes cannot see this truth and he is unable to recognize it. The *Yetzer*, quite literally, blinds his eyes so that he is like someone walking in the darkness with obstacles in his path that he cannot see.

This is what [our Sages], may their memory be blessed, meant when they said: "'You make darkness, and it is night' (Tehillim 104:20) – this refers to this world which is similar to night" (*Baba Metzia* 83b). Understand how splendid this true dictum is to one who delves deeply to comprehend it. For the darkness of night can cause a man's eye to make two types of errors. It may either cover his eyes so that he sees nothing before him at all, or it may deceive him so that a pillar appears as a man, and a man as a pillar. Similarly, the materiality and corporeality of this world constitute the darkness of night to the mind's eye, causing a person to err in two ways. It prevents him from seeing the pitfalls in worldly matters. Hence, fools walk securely, then fall and perish without

שֶׁהִגִּיעָם פַּחַד תְּהִלָּה. וְהוּא מַה שֶּׁאָמַר הֶחָכָם: דֶּרֶךְ רְשָׁעִים כָּאֲפֵלָה לֹא יָדְעוּ {בַּמֶּה יִכָּשֵׁלוּ} (משלי ד, יט); וְאָמַר: עָרוּם רָאָה רָעָה וְנִסְתָּר וּפְתָיִים עָבְרוּ וְנֶעֱנָשׁוּ (שם כב, ג); וְאוֹמֵר: [חָכָם יָרֵא וְסָר מֵרָע] וּכְסִיל מִתְעַבֵּר וּבוֹטֵחַ (שם יד, טז). כִּי לִבָּם בָּרִיא לָהֶם כְּאוּלָם,[ג] וְנוֹפְלִים טֶרֶם שֶׁיֵּדְעוּ מֵהַמִּכְשׁוֹל כְּלָל.

וְהַטָּעוּת הַשְּׁנִיָּה, וְהוּא קָשֶׁה מִן הָרִאשׁוֹן, הוּא שֶׁמַּטְעָה רְאִיָּתָם עַד שֶׁרוֹאִים מַמָּשׁ הָרַע כְּאִלּוּ הוּא טוֹב וְהַטּוֹב כְּאִלּוּ הוּא רַע, וּמִתּוֹךְ כָּךְ מִתְחַזְּקִים וּמַחֲזִיקִים מַעֲשֵׂיהֶם הָרָעִים, כִּי אֵין דַּי שֶׁחֲסֵרָה מֵהֶם רְאִיַּת הָאֱמֶת לִרְאוֹת הָרָעָה אֲשֶׁר נֶגֶד פְּנֵיהֶם,[ד] אֶלָּא שֶׁנִּרְאֶה לָהֶם לִמְצֹא רְאָיוֹת גְּדוֹלוֹת וְנִסְיוֹנוֹת מוֹכִיחִים לִסְבָרוֹתֵיהֶם הָרָעוֹת וּלְדֵעוֹתֵיהֶם הַכּוֹזְבוֹת. וְזֹאת הִיא הָרָעָה הַגְּדוֹלָה הַמְלַפַּפְתָּם וּמְבִיאָתָם אֶל בְּאֵר שַׁחַת. וְהוּא מַה שֶּׁאָמַר הַכָּתוּב: הַשְׁמֵן לֵב הָעָם הַזֶּה {וְאָזְנָיו הַכְבֵּד וְעֵינָיו הָשַׁע פֶּן יִרְאֶה בְעֵינָיו וּבְאָזְנָיו יִשְׁמָע וּלְבָבוֹ יָבִין וָשָׁב וְרָפָא לוֹ} (ישעיה ו, י). וְכָל זֶה הוּא מִפְּנֵי הֱיוֹתָם תַּחַת הַחֹשֶׁךְ וּכְבוּשִׁים תַּחַת מֶמְשֶׁלֶת יִצְרָם. אַךְ אוֹתָם שֶׁכְּבָר יָצְאוּ מִן הַמַּאֲסָר הַזֶּה, הֵם רוֹאִים הָאֱמֶת וְהֵם יְכוֹלִים לְיָעֵץ בְּנֵי הָאָדָם עָלָיו.

הָא לְמָה זֶה דּוֹמֶה? לְגַן הַמְּבוּכָה, הוּא הַגַּן הַנָּטוּעַ לְצְחוֹק הַיָּדוּעַ אֵצֶל הַשָּׂרִים, שֶׁהַנְּטִיעוֹת עֲשׂוּיוֹת כְּתָלִים כְּתָלִים וּבֵינֵיהֶם שְׁבִילִים רַבִּים נְבוֹכִים וּמְעֹרָבִים, כֻּלָּם דּוֹמִים זֶה לָזֶה, וְהַתַּכְלִית בָּם לְהַגִּיעַ אֶל אַכְסַדְרָה אַחַת שֶׁבְּאֶמְצָעָם. וְאָמְנָם הַשְּׁבִילִים הָאֵלֶּה מֵהֶם יְשָׁרִים וּמַגִּיעִים בֶּאֱמֶת אֶל הָאַכְסַדְרָה, וּמֵהֶם מַשְׁגִּים אֶת הָאָדָם וּמַרְחִיקִים אוֹתוֹ מִמֶּנָּה. וְאָמְנָם הַהוֹלֵךְ בֵּין הַשְּׁבִילִים הוּא לֹא יוּכַל לִרְאוֹת וְלָדַעַת כְּלָל אִם הוּא בַּשְּׁבִיל הָאֲמִתִּי אוֹ בַּכּוֹזֵב, כִּי כֻּלָּם שָׁוִים וְאֵין הֶפְרֵשׁ בֵּינֵיהֶם לְעַיִן הָרוֹאָה[ה] אוֹתָם, אִם לֹא שֶׁיֵּדַע הַדֶּרֶךְ בִּבְקִיאוּת וּטְבִיעוּת עַיִן שֶׁכְּבָר נִכְנַס בָּם וְהִגִּיעַ אֶל הַתַּכְלִית שֶׁהִיא הָאַכְסַדְרָה.

[ג] המליצה ע״פ שבת לא, ב. [ד] ע״פ שמות י, י. [ה] או יש לקרוא: לְעֵין הָרוֹאֶה.

ever being overcome by fear. This is the sense of what the wisest of men said: "The way of the wicked is like deep darkness; they know not {at what they stumble}" (Mishlei 4:19); and "The crafty man saw trouble and took cover; the fools pass on, and are punished" (Mishlei 22:3); and "[A wise man fears and shuns evil]; the dullard is insolent and confident" (Mishlei 14:16).For their hearts are as sound as the Temple hall, and they fall before they are even aware of any pitfall.

The second error, more severe than the first, is that it distorts their vision, so much so that evil appears to them as good, and good as evil. Subsequently, they fortify themselves in their evil doings, holding fast to them. For not only do they lack the ability to see the truth, to see the evil opposite their faces, but they also imagine that they have found substantial proofs and corroborating evidence in support of their evil opinions and false ideas. This is the great evil that envelops them and leads them to the grave. This is what the verse states: "Make the heart of this people fat, {and make their ears heavy, and smear over their eyes; lest they see with their eyes, and hear with their ears, and understand with their heart, and return, and be healed}" (Yeshayahu 6:10). All this is because they dwell in the hold of darkness and are subject to the dominion of their *Yetzer*. But those who have already escaped this imprisonment recognize the truth and are able to counsel others concerning it.

To what may this be compared? To a labyrinth, a garden planted for amusement, as is commonly known among the nobility. The plants are arranged as hedges. Between them are many confusing and interlacing paths all resembling one another, the goal being to reach a colonnade in the center. Some of these paths are straight and do in fact reach the colonnade, while others mislead a person and take him further away from it. Someone who is walking along one of the paths, however, cannot possibly see or know whether he is on the right path or a misleading one. For they are all alike, indistinguishable to the eye of the observer, unless he knows the way by virtue of the familiarity and recognition that come from having already passed through them and reached the goal of the colonnade.

וְהִנֵּה הָעוֹמֵד עַל הָאַכְסַדְרָה הוּא רוֹאֶה כָּל הַדְּרָכִים לְפָנָיו וּמַבְחִין בֵּין הָאֲמִתִּיִּים וְהַכּוֹזְבִים, וְהוּא יָכוֹל לְהַזְהִיר אֶת הַהוֹלְכִים בָּם, לוֹמַר: זֶה הַדֶּרֶךְ לְכוּ בוֹ! וְהִנֵּה מִי שֶׁיִּרְצֶה לְהַאֲמִין לוֹ הִנֵּה יַגִּיעַ אֶל הַמָּקוֹם הַמְּיֻעָד, וּמִי שֶׁלֹּא יִרְצֶה לְהַאֲמִין וְיִרְצֶה לָלֶכֶת אַחַר עֵינָיו, וַדַּאי שֶׁיִּשָּׁאֵר אוֹבֵד וְלֹא יַגִּיעַ אֵלָיו.

כֵּן הַדָּבָר הַזֶּה. מִי שֶׁעֲדַיִן לֹא מָשַׁל בְּיִצְרוֹ הוּא בְּתוֹךְ הַשְּׁבִילִים, לֹא יוּכַל לְהַבְחִין בֵּינֵיהֶם. אַךְ הַמּוֹשְׁלִים בְּיִצְרָם, שֶׁכְּבָר הִגִּיעוּ אֶל הָאַכְסַדְרָה, שֶׁכְּבָר יָצְאוּ מִן הַשְּׁבִילִים וְרוֹאִים כָּל הַדְּרָכִים לְעֵינֵיהֶם בְּבֵרוּר, הֵם יְכוֹלִים לְיָעֵץ לְמִי שֶׁיִּרְצֶה לִשְׁמֹעַ, וַאֲלֵיהֶם צְרִיכִים אָנוּ לְהַאֲמִין. וְהִנֵּה מַה הִיא הָעֵצָה שֶׁהֵם נוֹתְנִים? בּוֹאוּ חֶשְׁבּוֹן, בּוֹאוּ וּנְחַשֵּׁב חֶשְׁבּוֹנוֹ שֶׁל עוֹלָם. כִּי כְּבָר הֵם נִסּוּ וְרָאוּ וְיָדְעוּ שֶׁרַק זֶה הוּא הַדֶּרֶךְ הָאֲמִתִּי לְהַגִּיעַ הָאָדָם אֶל הַטּוֹבָה אֲשֶׁר הוּא מְבַקֵּשׁ וְלֹא זוּלַת זֶה.

כְּלָלוֹ שֶׁל דָּבָר: צָרִיךְ הָאָדָם לִהְיוֹת מִתְבּוֹנֵן בְּשִׂכְלוֹ תָּמִיד, בְּכָל זְמַן וּבִזְמַן קָבוּעַ לוֹ בְּהִתְבּוֹדְדוֹ, מַהוּ הַדֶּרֶךְ הָאֲמִתִּי לְפִי חֹק הַתּוֹרָה שֶׁהָאָדָם צָרִיךְ לֵילֵךְ בּוֹ. וְאַחַר כָּךְ יָבוֹא לְהִתְבּוֹנֵן עַל מַעֲשָׂיו, אִם הֵם עַל הַדֶּרֶךְ הַזֶּה אִם לֹא. כִּי עַל יְדֵי זֶה וַדַּאי שֶׁיִּהְיֶה לוֹ נָקֵל לְהִטָּהֵר מִכָּל רַע וּלְיַשֵּׁר כָּל דְּרָכָיו. וְכֵן הוּא אוֹמֵר: פַּלֵּס מַעְגַּל רַגְלֶךָ וְכָל דְּרָכֶיךָ יִכֹּנוּ (משלי ד, כו). וְאוֹמֵר: נַחְפְּשָׂה דְרָכֵינוּ וְנַחְקֹרָה וְנָשׁוּבָה עַד׳ ה׳ (איכה ג, מ).

אָמַר הֶחָכָם:

הִנְנִי מְנַסֶּה בְּעַצְמִי אֲמִתַּת הַמַּאֲמָר אֲשֶׁר לַחֲכָמֵינוּ זִכְרוֹנָם לִבְרָכָה, מִלְּתָא דְּלָא רַמְיָא עֲלֵיהּ דְּאִינִישׁ לָאו אַדַּעְתֵּיהּ (שבועות מא, ב). כִּי הִנֵּה כָּל דְּבָרֶיךָ אֵלֶּה הֵם יְשָׁרִים וּנְכוֹחִים, אֲשֶׁר לֹא דַי שֶׁאֵין לִי לַחֲלֹק עֲלֵיהֶם, אֶלָּא שֶׁנִּרְאֶה לִי שֶׁכְּבָר עִנְיָנָם קָבוּעַ בְּלִבִּי מֵאֵלָיו עַד שֶׁהָיִיתִי יָכוֹל לְאָמְרָם

[ו] ע"פ ישעיה ל, כא. [ז] בכתה"י: 'אל'. התיקון ע"פ הכתוב.

Someone standing on the colonnade can see all the pathways before him and distinguish between the true ones and those that are false. He is in a position to warn those who walk in them saying, "This is the way, walk in it." Now he who is willing to believe him will reach the designated spot; whereas he who is unwilling to believe him, preferring to follow his own eyes, will surely remain lost and never reach the center.

This is also true regarding our matter. He who has not yet subjugated his *Yetzer* is in the midst of the paths, unable to distinguish between them. But those who rule over their *Yetzer*, who have already reached the colonnade and left the paths and see all of them clearly before their eyes, are able to counsel him who is willing to listen; and it is in them that we must put our trust. And what counsel do they offer? Come, let us enter into a reckoning, let us make the world's most vital reckoning. For they have already tried, they have already seen, and they have come to realize that this alone is the right path by which man may reach the good that he seeks; there is none other.

In summary then, a person should constantly – at all times and during periods set aside for meditation – ponder the true course that man must follow according to the demands of the Torah. Afterwards, he should reflect upon whether or not his actions have followed this course. For by doing so, it will surely become easier to cleanse himself of all evil and straighten all his ways. As the verse states, "Survey the course of your feet, and let all your ways be steadfast" (Mishlei 4:26). And another verse states, "Let us search and examine our ways, and turn back to the Lord" (Eikhah 3:40).

The Hakham said:
I myself have experienced the truth of the dictum of our Sages, may their memory be blessed, "What someone feels no responsibility to do, is not on his mind" (*Shevu'ot* 41b). For all of your words are true and correct. Hence, not only do I not take issue with them, but it also seems to me that they were already firmly established in my heart to the extent that I myself could have expressed them

אֲנִי, כְּמוֹ שֶׁאָמַרְתָּ אוֹתָם אַתָּה. אַךְ וַדַּאי הוּא שֶׁלֹּא קִיַּמְתִּי הַדְּבָרִים עַד הֵנָּה. לֹא הֶעֱמַדְתִּי עַצְמִי עַל הַחֶשְׁבּוֹן הַזֶּה, וְלֹא חָשַׁשְׁתִּי לְמִשְׁקָל, וְלֹא הִקְדַּמְתִּי הַהִתְבּוֹנְנוּת לַמַּעֲשֶׂה. וְלֹא מֵחֶסְרוֹן יְדִיעָה, אֶלָּא מֵחֶסְרוֹן הַהִסְתַּכְּלוּת. כִּי כֵּיוָן שֶׁעִיּוּנִי לֹא הָיָה עַל זֶה הַצַּד, הִנֵּה הָיִיתִי עוֹבֵר עַל הַמְּבֹאָר אֶצְלִי מִבִּלְתִּי יָדְעִי שֶׁאֲנִי עוֹבֵר עָלָיו. עַתָּה הַשְׁלֵם נָא דְּבָרֶיךָ, וּפָרֵשׁ דֶּרֶךְ קְנִיַּת הַמִּדָּה הַזֹּאת כַּאֲשֶׁר יָעַדְתָּ.

just as you did. Clearly to this day, however, I have not fulfilled these words. I did not make myself aware of [the need for] such a reckoning. I paid no attention to scrutinizing [my deeds], nor did I engage in reflection before acting. This was not due to any lack of knowledge, but the result of a lack of introspection. Since my studies were not so oriented, I would transgress that which was clear to me without noticing that I was committing a transgression. Now please finish what you have to say and explain the means of acquiring this trait as you have set out to do.

פֶּרֶק ו:

בְּדֶרֶךְ קְנִיַּת הַזְּהִירוּת

אָמַר הֶחָסִיד:

הִנֵּה הַמֵּבִיא אֶת הָאָדָם לִידֵי מִדָּה זוֹ בִּכְלָל הוּא הַתּוֹרָה, וּכְמוֹ שֶׁאָמַרְתִּי לְךָ כְּבָר, וּבִפְרָט הוּא הַהִתְבּוֹנְנוּת עַל חֹמֶר הָעֲבוֹדָה אֲשֶׁר חַיָּב בָּהּ הָאָדָם וְעֹמֶק הַדִּין עָלֶיהָ. וְיֵצֵא זֶה מִן הָעִיּוּן בְּמַעֲשִׂים הַכְּתוּבִים בְּסִפְרֵי הַקֹּדֶשׁ וּמִן הַלִּמּוּד בְּמַאַמְרֵי הַחֲכָמִים זִכְרוֹנָם לִבְרָכָה הַמְעוֹרְרִים עַל זֶה.

וְיֵשׁ יֵשׁ[א] בְּהִתְבּוֹנְנוּת הַזֶּה הֶעָרוֹת בְּהַדְרָגָה, לִשְׁלֵמֵי הַדַּעַת וְלַפְּחוּתִים מֵהֶם וּלְכָל הֶהָמוֹן כֻּלּוֹ.

לִשְׁלֵמֵי הַדַּעַת, תִּהְיֶה לָהֶם הַהֶעָרָה בְּמַה שֶּׁיִּתְבָּרֵר לָהֶם כִּי רַק הַשְּׁלֵמוּת הוּא הַדָּבָר אֲשֶׁר רָאוּי שֶׁיַּחְמֹד מֵהֶם וְלֹא זוּלַת זֶה, וְשֶׁאֵין רַע גָּדוֹל מֵחֶסְרוֹן הַשְּׁלֵמוּת וְהַהַרְחֵק מִמֶּנּוּ. כִּי הִנֵּה אַחַר שֶׁיִּתְבָּאֵר זֶה אֶצְלָם, וְיִתְבָּאֵר לָהֶם כְּמוֹ כֵן הֱיוֹת הָאֶמְצָעִים אֵלָיו הַמַּעֲשִׂים הַטּוֹבִים וְהַמִּדּוֹת הַטּוֹבוֹת, וַדַּאי הוּא שֶׁלֹּא יִתְרַצּוּ מֵעוֹלָם לְהַמְעִיט בְּאֵלֶּה הָאֶמְצָעִים אוֹ לְהָקֵל בָּהֶם. כִּי כְּבָר נִתְבָּאֵר אֶצְלָם שֶׁאִם אֶמְצָעִים אֵלֶּה יִמְעֲטוּ לָהֶם, אוֹ אִם הָאֶמְצָעִים יִהְיוּ חַלָּשִׁים וְלֹא בְּכָל הַחֹזֶק הַמִּצְטָרֵךְ בָּהֶם, הִנֵּה לֹא יַשִּׂיגוּ בָּהֶם שְׁלֵמוּת אֲמִתִּי, אֶלָּא יִגָּרַע מֵהֶם כְּפִי מַה שֶּׁגָּרְעוּ הֵם בְּהִשְׁתַּדְּלוּתָם, וְנִמְצָאִים חַסְרֵי הַשְּׁלֵמוּת, מַה שֶּׁהוּא לָהֶם צָרָה רַבָּה וְרָעָה גְּדוֹלָה. עַל כֵּן לֹא יִבְחֲרוּ אֶלָּא לְהַרְבּוֹת בָּהֶם וּלְהַחְמִיר בְּכָל תְּנָאֵיהֶם, וְלֹא יָנוּחוּ וְלֹא יִשְׁקְטוּ פֶּן יֶחְסַר מֵהֶם מַה שֶּׁיַּגִּיעַ אוֹתָם אֶל הַשְּׁלֵמוּת אֲשֶׁר הֵם חֲפֵצִים. וְהוּא מַה שֶּׁאָמַר שְׁלֹמֹה הַמֶּלֶךְ עָלָיו הַשָּׁלוֹם: אַשְׁרֵי אָדָם מְפַחֵד תָּמִיד (משלי כח, יד), וּפֵרְשׁוּ זִכְרוֹנָם לִבְרָכָה: הַהוּא בְּדִבְרֵי תוֹרָה כְּתִיב (ברכות ס, א).

[א] כך בכתה"י. בס"פ ד"ר: 'והנה יש'.

Six:

How to Acquire Vigilance

The Hasid said:
The thing that leads a person to this trait is [study of] the Torah in general, as I have noted, *(see below, p. 87, par. 1)* and, in particular, reflecting on the gravity of the [Divine] service man is obligated to perform and on how probingly it is judged. This [sort of reflection] results from a consideration of the narratives in Sacred Scripture, and from a study of the dicta of the Sages (of blessed memory) that call attention to this theme.

Reflection of this sort can produce different kinds of motivation that differ in rank: [one] for those of perfect knowledge, [another] for those below them, and [yet another] for the entire commonality.

The perfect of knowledge will be stirred [to vigilance] by their realization that perfection, and nothing else, should be their only object of desire, and that nothing is worse than its absence or being removed from it. For once they understand this, and understand as well, that the means to [perfection] are good deeds and virtue, they will certainly never consent to curtailing those means or treating them lightly. For it is clear to them that if these means were to be curtailed, or if they were to be weakened so that they are below the necessary strength, they would not attain true perfection through them. They will be deficient in them to the extent that they are deficient in their effort. They would thus be left lacking in perfection, which, in their view, would be a grievous calamity and a great evil. So they will most certainly choose to augment [those means] and be stringent in [satisfying] their every stipulation. They will neither rest nor relax, lest they lack what could lead them to the perfection they so desire. This is the sense of what King Shelomo, peace be on him, said, "Happy is the man who is never without fear" (Mishlei 28:14), of which our Sages, of blessed memory, said in explanation: "This refers to the words of the Torah" (*Berakhot* 60a).

וְזֹאת הַמַּדְרֵגָה הַמְשֻׁבַּחַת הִיא הַנִּקְרֵאת יִרְאַת חֵטְא, וְהִיא שֶׁהָאָדָם יְרָא תָּמִיד וְדוֹאֵג פֶּן יִמָּצֵא בְּיָדוֹ אֵיזֶה שֶׁמֶץ חֵטְא שֶׁיְּעַכְּבֵהוּ מִן הַשְּׁלֵמוּת אֲשֶׁר הוּא חַיָּב לְהִשְׁתַּדֵּל בַּעֲבוּרוֹ. וְעַל זֶה אָמְרוּ עַל דֶּרֶךְ הַמָּשָׁל חֲכָמֵינוּ זִכְרוֹנָם לִבְרָכָה: מְלַמֵּד שֶׁכָּל אֶחָד נִכְוֶה מֵחֻפָּתוֹ שֶׁל חֲבֵרוֹ (בבא בתרא עה, א). כִּי אֵין זֶה מִפְּנֵי טַעַם הַקִּנְאָה אֲשֶׁר תִּפֹּל רַק בַּאֲשֶׁר אֵינָם שְׁלֵמֵי הַדַּעַת, כְּמוֹ שֶׁאֻזְכַּר עוֹד בְּסִיַּעְתָּא דִשְׁמַיָּא, אֶלָּא מִפְּנֵי רְאוֹתוֹ עַצְמוֹ חָסֵר מִן הַשְּׁלֵמוּת מַדְרֵגָה שֶׁהָיָה יָכוֹל לְהַשִּׂיג אוֹתָהּ כְּמוֹ שֶׁהִשִּׂיגָהּ חֲבֵרוֹ.

אַךְ לַפְּחוּתִים מֵאֵלֶּה תִּהְיֶה הַהֶעָרָה לְפִי עֵרֶךְ הַבְחָנָתָם, וְהוּא לְפִי עִנְיַן הַכָּבוֹד אֲשֶׁר הֵם מִתְאַוִּים לוֹ. כִּי הִנֵּה זֶה פָּשׁוּט אֵצֶל כָּל בַּעֲלֵי הַדָּת, שֶׁאֵין הַמַּדְרֵגוֹת מִתְחַלְּקוֹת בָּעוֹלָם הָאֲמִתִּי, הוּא הָעוֹלָם הַבָּא, אֶלָּא לְפִי הַמַּעֲשִׂים, וְשֶׁלֹּא יִתְרוֹמֵם שָׁם אֶלָּא מִי שֶׁהוּא רַב הַמַּעֲשִׂים מֵחֲבֵרוֹ, וַאֲשֶׁר הוּא מְעַט הַמַּעֲשִׂים הוּא יִהְיֶה הַשָּׁפָל. אִם כֵּן, אֵיךְ יוּכַל הָאָדָם לְהַעֲלִים עֵינָיו מִמַּעֲשָׂיו אוֹ לְמַעֵט הִשְׁתַּדְּלוּתוֹ בָּזֶה, אִם אַחֲרֵי כֵן יֵצַר לוֹ בִּזְמַן שֶׁלֹּא יוּכַל לְתַקֵּן אֶת אֲשֶׁר עִוְּתוֹ.

וְהִנֵּה שָׁמַעְתִּי כְּבָר מֵהַפְּתָאִים הָאֵלֶּה הַמְבַקְּשִׁים רַק הַקַּל מֵעֲלֵיהֶם, יֹאמְרוּ, לָמָּה נִיגַע עַצְמֵנוּ בְּכָל כָּךְ חֲסִידוּת וּפְרִישׁוּת, הֲלֹא דַּי לָנוּ שֶׁלֹּא נִהְיֶה מֵהָרְשָׁעִים הַנִּדּוֹנִים בְּגֵיהִנֹּם. אֲנַחְנוּ לֹא נִדְחֹק עַצְמֵנוּ לְהִכָּנֵס בְּגַן עֵדֶן לִפְנַי וְלִפְנִים. אִם לֹא יִהְיֶה לָנוּ חֵלֶק גָּדוֹל, יִהְיֶה לָנוּ חֵלֶק קָטָן, אָנוּ דַּי לָנוּ בָּזֶה וְלֹא נַכְבִּיד עַל מַשָּׂאֵנוּ בַּעֲבוּר זֹאת.

אָמְנָם שְׁאֵלָה אַחַת אֶשְׁאַל מֵהֶם: הֲיוּכְלוּ כָּל כָּךְ עַל נְקַלָּה לִסְבֹּל בָּעוֹלָם הַזֶּה הַחוֹלֵף לִרְאוֹת אֶחָד מֵחַבְרֵיהֶם מְכֻבָּד וּמְנֻשָּׂא יוֹתֵר מֵהֶם וּמוֹשֵׁל עֲלֵיהֶם, כָּל שֶׁכֵּן אֶחָד מֵעַבְדֵיהֶם אוֹ מִן הָעֲנִיִּים הַנִּבְזִים וּשְׁפָלִים בְּעֵינֵיהֶם, וְלֹא יִצְטַעֲרוּ וְלֹא יִהְיֶה דָּמָם רוֹתֵחַ בְּקִרְבָּם? לֹא, וַדַּאי! כִּי הִנֵּה עֵינֵינוּ הָרוֹאוֹת כָּל עֲמַל הָאָדָם לְהִתְנַשֵּׂא עַל כָּל מִי שֶׁיּוּכַל וְלָשִׂים מְקוֹמוֹ בֵּין הָרָמִים יוֹתֵר, כִּי הִיא קִנְאַת אִישׁ

It is this praiseworthy rank that is called fear of sin. It consists of a person being constantly fearful and concerned lest he have some trace of a sin that will keep him from the perfection for which he is obligated to strive. Of this, our Sages, may their memory be blessed, said, speaking figuratively: "This teaches that each [denizen of the world-to-come] is singed by his fellow's canopy" (*Baba Batra* 75a). This results not from envy, which occurs only in the imperfect of intellect, as I will explain with Heaven's help *(see below, pp. 515, 517)*, but from seeing oneself lack the level of perfection he could have attained, as his fellow did.

But for those lower in rank, the motivation will be commensurate with what they can appreciate, namely, the honor that they crave. For it is commonly accepted among all men of religion that the various ranks allotted in the *true* world – namely, the world to come – accord only with one's [good] deeds; and only someone whose deeds exceed those of his fellow will rank above [him] there, while someone whose deeds are fewer will rank below [him]. How then can a person possibly be heedless of his deeds, or slack in his efforts in this realm, if [by so doing] he will suffer distress later – when he can no longer straighten out what he has made crooked?

Now I have heard some of those fools, who seek only to lighten their burden, saying: "Why should we weary ourselves with so much piety and abstinence? Isn't it enough for us not to be among the wicked who suffer in Gehinom? We're not going to push ourselves to enter into the inner recesses of *Gan Eden*. If we don't get a big share, then we'll have a little one. That's enough for us; we're not going to assume a heavier burden for [more]."

But I would put just one question to them: Could they so easily suffer seeing one of their fellows honored and exalted above them and ruling them, [even] in this transient world? Or worse still: one of their servants or the paupers whom they deem lowly and despicable? [Could they see this] without being pained, without their blood boiling? Certainly not! For we see with our own eyes that [the aim of] all man's toil is to raise himself above anyone he can, and to take his place among the more exlated; for all this springs from one

מֵרֵעֵהוּ,[ב] וְאִם יַעֲמֹד וְיִרְאֶה חֲבֵרוֹ מִתְרוֹמֵם וְהוּא נִשְׁאָר שָׁפָל, מַה שֶּׁיִּסְבֹּל הוּא מַה שֶּׁיִּהְיֶה בְּעַל כָּרְחוֹ, כִּי לֹא יוּכַל לִמְנֹעַ, וּלְבָבוֹ יִתְעַשֵּׁשׁ בְּקִרְבּוֹ.

מֵעַתָּה, אִם כָּךְ קָשֶׁה עֲלֵיהֶם לִהְיוֹת שְׁפָלִים מִזּוּלָתָם בְּמַעֲלוֹת הַמְּדֻמּוֹת וְהַכּוֹזְבוֹת, שֶׁאֵין הַשִּׁפְלוּת בָּם אֶלָּא לְפָנִים וְלֹא הַהִנָּשְׂאָא אֶלָּא שָׁוְא וָשֶׁקֶר, אֵיךְ יוּכְלוּ לִסְבֹּל שֶׁיִּרְאוּ עַצְמָם בִּמְקוֹם הַמַּעֲלָה הָאֲמִתִּית וּבִיקָר הַנִּצְחִי (שֶׁאַף עַל פִּי שֶׁעַכְשָׁו אֵין מַכִּירִים אוֹתוֹ, הִנֵּה בִּזְמַנּוֹ וַדַּאי שֶׁיַּכִּירוּהוּ לַאֲמִתּוֹ)[ג] שְׁפָלִים יוֹתֵר מֵאוֹתָם הָאֲנָשִׁים עַצְמָם אֲשֶׁר הָיוּ פֹּה שְׁפָלִים מֵהֶם? וַדַּאי שֶׁלֹּא יִהְיֶה זֶה לָהֶם אֶלָּא צַעַר גָּדוֹל וְנִצְחִי.

הֲרֵי לְךָ שֶׁאֵין הַסַּבְלָנוּת הַזֶּה, אֲשֶׁר הֵם דּוֹרְשִׁים לְעַצְמָם לְהָקֵל מֵהֶם חֹמֶר הָעֲבוֹדָה, אֶלָּא פִּתּוּי כּוֹזֵב שֶׁמְּפַתֶּה יִצְרָם אוֹתָם, וְלֹא דָּבָר אֲמִתִּי כְּלָל. וּכְבָר לֹא הָיָה מָקוֹם לַפִּתּוּי הַזֶּה לָהֶם לוּלֵי הָיוּ רוֹאִים אֲמִתַּת הָעִנְיָן. אֲבָל לְפִי שֶׁאֵין מְבַקְּשִׁים אוֹתוֹ וְהוֹלְכִים וְשׁוֹגִים לִרְצוֹנָם, הִנֵּה לֹא יוּסַר מֵהֶם פִּתּוּיָם עַד הַזְּמַן שֶׁלֹּא יוֹעִיל לָהֶם, כִּי לֹא יִהְיֶה עוֹד בְּיָדָם לְתַקֵּן אֶת אֲשֶׁר שִׁחֲתוּ. וְהוּא מַה שֶּׁאָמַר שְׁלֹמֹה הַמֶּלֶךְ עָלָיו הַשָּׁלוֹם: כֹּל אֲשֶׁר תִּמְצָא יָדְךָ לַעֲשׂוֹת בְּכֹחֲךָ עֲשֵׂה, כִּי אֵין מַעֲשֶׂה {וְחֶשְׁבּוֹן וְדַעַת וְחָכְמָה בִּשְׁאוֹל אֲשֶׁר אַתָּה הֹלֵךְ שָׁמָּה} (קהלת ט, י). וְהַיְנוּ, כִּי מַה שֶּׁאֵין הָאָדָם עוֹשֶׂה עַד שֶׁהַכֹּחַ מָסוּר בְּיָדוֹ מִבּוֹרְאוֹ, הוּא הַכֹּחַ הַבְּחִירִי הַמָּסוּר לוֹ כָּל יְמֵי חַיָּיו שֶׁהוּא בָּהֶם בְּחִירִי וּמְצֻוֶּה לַעֲשׂוֹת, הִנֵּה לֹא יוּכַל לַעֲשׂוֹתוֹ עוֹד בַּקֶּבֶר וּבִשְׁאוֹל, שֶׁאֵין הַכֹּחַ הַזֶּה עוֹד בְּיָדוֹ. כִּי מִי שֶׁלֹּא הִרְבָּה מַעֲשִׂים טוֹבִים בְּחַיָּיו, אִי אֶפְשָׁר לוֹ לַעֲשׂוֹתָם אַחֲרֵי כֵן; וּמִי שֶׁלֹּא חִשֵּׁב חֶשְׁבּוֹן מַעֲשָׂיו, לֹא יִהְיֶה זְמַן לְחַשְּׁבוֹ אָז; וּמִי שֶׁלֹּא הִתְחַכֵּם בָּעוֹלָם הַזֶּה, לֹא יִתְחַכֵּם בַּקֶּבֶר. וְזֶה שֶׁאָמַר: כִּי אֵין מַעֲשֶׂה וְחֶשְׁבּוֹן וְדַעַת [וְחָכְמָה] בִּשְׁאוֹל אֲשֶׁר אַתָּה הֹלֵךְ שָׁמָּה (שם).

[ב] ע"פ קהלת ד, ד. [ג] הסוגריים בכתה"י.

person's envy of another. Should he stop and notice that his fellow is rising while he remains low, he will tolerate only as much as he is compelled to, because it is beyond his power to prevent; but his heart will be consumed within him.

Now, if they find it so hard to rank below others when those ranks are imaginary and deceptive – in which lowliness is but illusory, and exaltedness but vanity and falsehood – how will they tolerate seeing themselves in the place of true rank and eternal honor (which they will surely recognize in its time for what it truly is, even if they don't now) below the very people who were their inferiors in this world? This will undoubtedly be a source of great and everlasting grief.

You may thus conclude that the tolerance [of a lower eschatological rank] that they propound, in order to relieve themselves of the burden of [Divine] service, is but a deceptive seduction by which their *Yetzer* entices them, and by no means something valid. This seduction would have no opportunity to prevail if they could see things as they truly are. But because they do not seek [the truth], but go astray after their desires, they will not be disabused of their seductive delusion till [the truth] can no longer help them, for they will no longer be able to repair what they have ruined. This is the sense of King Shelomo's saying (peace be on him): "Whatever you are able to do, do while you still have the power; for there is no action, {no reckoning, no knowledge, no wisdom in She'ol, where you are going}" (Kohelet 9:10). That is to say, whatever a person fails to do while he still has the power granted him by his Creator – which is the power of choice granted him throughout his lifetime, when he can exercise free choice, and is commanded to act [well] – he will no longer be able to do in the grave and in She'ol when he no longer has that power. For someone who has failed to amass good deeds during his lifetime cannot do them afterwards; someone who did not make a reckoning of his deeds will not have time to do so then; someone who did not acquire wisdom in this world will not grow wise in the grave. That is what Shelomo meant when he said [in the sequel]: "For there is no action, no reckoning, [no knowledge], no wisdom in She'ol, where you are going" (ibid.).

אַךְ הַהֶעָרָה לְכָל הֶהָמוֹן הִנֵּה הִיא בְּעִנְיַן הַשָּׂכָר וְעֹנֶשׁ עַצְמָם, בִּרְאוֹת עֹמֶק הַדִּין עַד הֵיכָן מַגִּיעַ, אֲשֶׁר בֶּאֱמֶת רָאוּי לְהִזְדַּעְזֵעַ וּלְהִתְחָרֵד תָּמִיד. כִּי מִי יַעֲמֹד בְּיוֹם ה' וּמִי יִצְדַּק לִפְנֵי בּוֹרְאוֹ, כַּאֲשֶׁר הַשְׁקָפָתוֹ מְדַקְדֶּקֶת עַל כָּל דָּבָר קָטָן וְגָדוֹל. וְכֵן אָמְרוּ רַבּוֹתֵינוּ זִכְרוֹנָם לִבְרָכָה: וּמַגִּיד לְאָדָם מַה שֵּׂחוֹ (עמוס ד, יג), אֲפִלּוּ שִׂיחָה קַלָּה שֶׁבֵּין אִישׁ לְאִשְׁתּוֹ מַגִּידִים לוֹ לְאָדָם בִּשְׁעַת הַדִּין (חגיגה ה, ב). עוֹד אָמְרוּ: וּסְבִיבָיו נִשְׂעֲרָה מְאֹד (תהלים נ, ג), מְלַמֵּד שֶׁהַקָּדוֹשׁ בָּרוּךְ הוּא מְדַקְדֵּק עִם חֲסִידָיו כְּחוּט הַשַּׂעֲרָה (יבמות קכא, ב).

אַבְרָהָם, הוּא אַבְרָהָם הָאָהוּב לְקוֹנוֹ עַד שֶׁהִכְתִּיב עָלָיו: אַבְרָהָם אֹהֲבִי (ישעיה מא, ח), לֹא פָּלַט מִן הַדִּין מִפְּנֵי דְּבָרִים קַלִּים שֶׁלֹּא דִקְדֵּק בָּהֶם. עַל שֶׁאָמַר, בַּמָּה אֵדַע [כִּי אִירָשֶׁנָּה] (בראשית טו, ח), אָמַר לוֹ הַקָּדוֹשׁ בָּרוּךְ הוּא, חַיֶּיךָ, יָדֹעַ תֵּדַע כִּי גֵר יִהְיֶה זַרְעֲךָ [בְּאֶרֶץ לֹא לָהֶם] (שם פסוק יג, פרקי דרבי אליעזר פרק מח); הֲלֹא כַּמָּה יִצְטַעֵר הַזָּקֵן הַהוּא וְיִתְאַבֵּל עַל בָּנָיו בִּרְאוֹתוֹ אֶת עָנְיָם וְאַכְזְרִיּוּת הַחֵמָה הָעֲתִידִים לֵיעָשׂוֹת בָּהֶם בְּמִצְרַיִם. עַל שֶׁכָּרַת בְּרִית עִם אֲבִימֶלֶךְ בְּלֹא צִוּוּיוֹ שֶׁל מָקוֹם, אָמַר לוֹ הַקָּדוֹשׁ בָּרוּךְ הוּא, חַיֶּיךָ, שֶׁאֲנִי מַשְׁהֶא בְּשִׂמְחַת בָּנֶיךָ שִׁבְעָה דוֹרוֹת (בראשית רבה נד, ד).

יַעֲקֹב, עַל שֶׁחָרָה אַפּוֹ בְּרָחֵל שֶׁאָמְרָה לוֹ, הָבָה לִי בָנִים (בראשית ל, א), אָמְרוּ בַּמִּדְרָשׁ: אָמַר לוֹ הַקָּדוֹשׁ בָּרוּךְ הוּא, כָּךְ עוֹנִים אֶת הַמְּעוּקוֹת? חַיֶּיךָ, שֶׁבָּנֶיךָ עוֹמְדִים לִפְנֵי בְּנָהּ (בראשית רבה עא, ז). וּלְפִי שֶׁנָּתַן אֶת דִּינָה בְּתֵבָה כְּדֵי שֶׁלֹּא יִקָּחֶהָ עֵשָׂו, אַף עַל פִּי שֶׁכַּוָּנָתוֹ וַדַּאי הָיְתָה לְטוֹבָה, אַךְ לְפִי שֶׁמָּנַע חֶסֶד מֵאָחִיו, אָמְרוּ בַּמִּדְרָשׁ: אָמַר לוֹ הַקָּדוֹשׁ בָּרוּךְ הוּא, לַמָּס מֵרֵעֵהוּ חָסֶד (איוב ו, יד), לֹא בִקַּשְׁתָּ לְהַשִּׂיאָהּ

But for the whole commonality, the motivation [to vigilance] will be the rewards and punishments themselves. [For] on seeing how probing Divine judgment is, one truly ought to be in constant fear and trembling. For who can stand firm on the day of the Lord and who will be found righteous before his Creator, since He pays precise attention to all things, great and small? Thus did our Sages, may their memory be blessed, say: "'He declares to a person what he whispered' (Amos 4:13)– even the frivolous conversation between a man and his wife is recounted to him at the moment of judgment" (Hagigah 5b). They also said: "'And it is very tempestuous [nis'arah] around Him' (Tehillim 50:3) – this teaches that the Holy One (blessed be He) is exacting with His pious ones to a hair's breadth [sa'arah]" (Yebamot 121b).

Avraham, the very Avraham who was so beloved of his Maker that He had [the prophet] write of him, "Avraham, My beloved" (Yeshayahu 41:8), did not escape judgment for a few words carelessly uttered. Because he asked, "How shall I *know* [that I will inherit it]" (Bereishit 15:8), the Holy One, blessed be He, said to him: "Upon your life,'*know* well that your seed will be a stranger [in a land that is not theirs]'" (Bereishit 15:13; *Pirkei de R. Eliezer* 48). How much did that old man sorrow and grieve over his descendants on seeing the affliction and cruel wrath that was to be unleashed against them in Egypt. [And] because he entered into a covenant with Avimelekh without God's command, the Holy One, blessed be He, said to him: "Upon your life, I will delay the joy of your descendants for seven generations" (Bereishit Rabba 54:4).

Yaakov [was punished] because he became angry with Rachel when she said to him, "Give me children" (Bereishit 30:1). It is said in the midrash: "The Holy One, blessed be He, said to him: 'Is this how one responds to those in distress? Upon your life, your sons will [have to] rise in the presence of her son [yet unborn]'" (*Bereishit Rabba* 71:7). [He was] also [punished] because he hid Dinah in a chest so Esav would not take her in marriage. Although his intent was undoubtedly noble, because he withheld kindness from his brother, the midrash says: "The Holy One, blessed be He, said to him: 'One who withholds kindness from his neighbor' (Iyov 6:14) – you were unwilling to give her in marriage to someone

לְמָהוּל, הֲרֵי הִיא נִשֵּׂאת לְעָרֵל; לֹא בִקַּשְׁתְּ לְהַשִּׂיאָהּ דֶּרֶךְ הֶתֵּר, הֲרֵי נִשֵּׂאת דֶּרֶךְ אִסּוּר (בראשית רבה עו, ט).

יוֹסֵף, לְפִי שֶׁאָמַר לְשַׂר הַמַּשְׁקִים: כִּי אִם זְכַרְתַּנִי אִתְּךָ (בראשית מ, יד), נִתּוֹסְפוּ לוֹ שְׁתֵּי שָׁנִים, כְּמַאֲמָרָם זִכְרוֹנָם לִבְרָכָה (בראשית רבה פט, ג). יוֹסֵף, עַל יְדֵי שֶׁחָנַט אֶת אָבִיו בְּלִי רְשׁוּתוֹ שֶׁל מָקוֹם, אוֹ לְפִי שֶׁשָּׁמַע עַבְדְּךָ אָבִינוּ (בראשית מד, לא) וְשָׁתַק, לְמַר כִּדְאִית לֵיהּ וּלְמַר כִּדְאִית לֵיהּ, מֵת לִפְנֵי אֶחָיו (ראה סוטה יג, ב; בראשית רבה ק, ג, ועוד).

דָּוִד, לְפִי שֶׁקָּרָא לְדִבְרֵי תוֹרָה זְמִירוֹת (תהלים קיט, נד), נֶעֱנַשׁ שֶׁנִּכְשַׁל בִּדְבַר עֻזָּא (ראה שמואל ב ו, ו-ח) וְנִתְעַרְבְּבָה שִׂמְחָתוֹ (סוטה לה, א). מִיכַל, לְפִי שֶׁהוֹכִיחָה אֶת דָּוִד בְּמַה שֶּׁרָקַד בַּחוּץ לִפְנֵי הָאָרוֹן (ראה שמואל ב ו, כ),[ד] נֶעֶנְשָׁה שֶׁלֹּא הָיָה לָהּ וָלָד אֶלָּא בְּמוֹתָהּ (שם פסוק כג).[ה] חִזְקִיָּהוּ, לְפִי שֶׁהֶרְאָה לְשָׂרֵי מֶלֶךְ בָּבֶל אֶת בֵּית נְכֹתֹה (ראה מלכים ב כ, יג-יח), נִגְזַר עַל בָּנָיו לִהְיוֹת סָרִיסִים בְּהֵיכַל מֶלֶךְ בָּבֶל.[ו] וְרַבִּים כָּאֵלֶּה מְאֹד.

וּבְפֶרֶק אֵין דּוֹרְשִׁין[ז] אָמְרוּ: רַבִּי [יוֹחָנָן] כַּד הֲוָה מָטֵי לְהַאי קְרָא הֲוָה בָּכֵי: וְקָרַבְתִּי אֲלֵיכֶם לַמִּשְׁפָּט {וְהָיִיתִי עֵד מְמַהֵר בַּמְכַשְּׁפִים וּבַמְנָאֲפִים וּבַנִּשְׁבָּעִים לַשָּׁקֶר וּבְעֹשְׁקֵי שְׂכַר שָׂכִיר אַלְמָנָה וְיָתוֹם וּמַטֵּי גֵר} (מלאכי ג, ה), עֶבֶד שֶׁשּׁוֹקְלִים עָלָיו קַלּוֹת כַּחֲמוּרוֹת תַּקָּנָה יֵשׁ לוֹ?

אָמַר הֶחָכָם:

הַמַּאֲמָר הַזֶּה שֶׁהֵבֵאתָ עַתָּה הִנֵּה קָשֶׁה הוּא לִכְאוֹרָה, כִּי אֵיךְ אֶפְשָׁר שֶׁיַּעֲנִישׁ הַקָּדוֹשׁ בָּרוּךְ הוּא עֹנֶשׁ אֶחָד

[ד] ודוד נהג כראוי כפי שענה למיכל. [ה] כדברי רב חסדא בסנהדרין כא, א. מסקנת הגמרא אינה כן, אבל בבמדבר רבה ד, כא מסתיים המדרש בדברי רב חסדא. [ו] ראה רד"ק שם שנענש על שנתגאה בהצלחתו, וכן אומר בדברי הימים ב לב, כה: 'כי גבה לבו'. וראה גם רלב"ג שם. [ז] צ"ל: 'ובפרק הכל חייבין'. חגיגה ה, א. עיין שם הנוסח.

circumcised, she will be married to someone uncircumcised; you were unwilling to give her in marriage licitly, she will be married illicitly" (*Bereishit Rabba* 76:9).

Because Yosef said to Pharaoh's chief butler: "But be sure to remember me [when things go well with you]" (Bereishit 40:14),two years were added to his imprisonment, according to the dictum of our Sages, may their memory be blessed (*Bereishit Rabba* 89:3). And because Yosef embalmed his father without God's permission, according to one view, or because he heard his brothers say, "Your servant, our father (Bereishit 44:31)," and remained silent, according to another view, he died before his brothers (see *Sotah* 13b, *Bereishit Rabba* 100:3, et al.).

Because David called the words of the Torah "songs" (Tehillim 119:54), he was punished in that he stumbled in the matter of Uzza (see II Shemuel 6:6-8), and his joy [at retrieving the ark] was mixed [with sadness] (*Sotah* 35a). Because Michal rebuked David for dancing outdoors before the ark (see II Shemuel 6:20), she was punished by having a child only as she died (see II Shemuel 6:23, *Sanhedrin* 21a). Because Hizkiyahu showed his treasure house to the officers of the Babylonian king, it was decreed that his sons be eunuchs in the king's palace (see II Melakhim 20:13-18). And there are very many similar examples.

It is said in chapter *Hakol Hayavim* (*Hagigah* 5a): "Whenever Rabbi [Yohanan] came to this verse: 'And I will come near to you to judgment, {and I will be a swift witness against the sorcerers, and against the adulterers, and against those who swear falsely, and against those who oppress the hired worker in his wages, and those who subvert the cause of the widow, orphan, and stranger}' (Malakhi 3:5) – he wept [and said]: 'Can there be any remedy for a servant whose light offenses are given the same weight as his grave ones?'"

The Hakham said:
On the face of it, the dictum you have just cited is problematic. For how can the Holy One, blessed be He, give a single punishment

עַל הַקַּלּוֹת וְעַל הַחֲמוּרוֹת? זֶה דָּבָר נֶגֶד הַשֵּׂכֶל וְנֶגֶד מַה שֶּׁלִּמְּדוּנוּ הַחֲכָמִים זִכְרוֹנָם לִבְרָכָה עַצְמָם: בְּמִדָּה שֶׁאָדָם מוֹדֵד בָּהּ מוֹדְדִין לוֹ (סוטה א, ז; ח, ב). אֶחְפֹּץ לִשְׁמֹעַ אֵיךְ תְּפָרְשֵׁהוּ.

אָמַר הֶחָסִיד:

וַדַּאי שֶׁאֵין כַּוָּנַת הַמַּאֲמָר שֶׁיִּהְיֶה הָעֹנֶשׁ עַל שְׁתֵּיהֶן אֶחָד. אַךְ הָעִנְיָן, שֶׁלְּעִנְיַן מִשְׁקַל הַמַּעֲשִׂים כָּךְ עוֹלוֹת בְּכַף הַקַּלּוֹת כְּמוֹ הַחֲמוּרוֹת. כִּי לֹא יַשְׁכִּיחוּ הַחֲמוּרוֹת אֶת הַקַּלּוֹת, וְלֹא יַעְלִים הַדַּיָּן עֵינָיו מֵהֶם כְּלָל כַּאֲשֶׁר לֹא יַעְלִים מֵהַחֲמוּרוֹת. אֶלָּא עַל כֻּלָּם יַשְׁגִּיחַ וִיפַקֵּחַ בְּהַשְׁוָאָה אַחַת, לָדוּן כָּל אֶחָד מֵהֶם וּלְהַעֲנִישׁ אַחַר כָּךְ עַל כָּל אֶחָד כְּפִי מַה שֶּׁהוּא. וְהוּא מַה שֶּׁשְּׁלֹמֹה הַמֶּלֶךְ עָלָיו הַשָּׁלוֹם אוֹמֵר: כִּי אֶת כָּל מַעֲשֶׂה הָאֱלֹהִים יָבִא בְמִשְׁפָּט {עַל כָּל נֶעְלָם אִם טוֹב וְאִם רָע} (קהלת יב, יד). כִּי כַּאֲשֶׁר אֵין הַקָּדוֹשׁ בָּרוּךְ הוּא מַנִּיחַ מִלְּשַׁכֵּר כָּל מַעֲשֶׂה טוֹב, קָטָן כְּמוֹת שֶׁהוּא, כֵּן לֹא יַנִּיחַ מִלִּשְׁפֹּט וּלְהוֹכִיחַ כָּל מַעֲשֶׂה רַע, קָטָן כְּמוֹת שֶׁהוּא. וּלְהוֹצִיא מִלֵּב הָרוֹצִים לְהִתְפַּתּוֹת וְלַחְשֹׁב שֶׁלֹּא יַעֲלֶה הָאָדוֹן בָּרוּךְ הוּא בְּדִינָיו הַדְּבָרִים הַקַּלִּים וְלֹא יִקַּח חֶשְׁבּוֹן עֲלֵיהֶם. אֶלָּא כְּלָלָא הוּא: כָּל הָאוֹמֵר הַקָּדוֹשׁ בָּרוּךְ הוּא וַתְּרָן הוּא, יְוַתְּרוּן מֵיעוֹהִי (בראשית רבה סז, ד).[ח] וְכֵן אָמְרוּ: אִם אוֹמֵר לְךָ יֵצֶר רָע חֲטָא וְהַקָּדוֹשׁ בָּרוּךְ הוּא מוֹחֵל לְךָ, אַל תִּשְׁמַע לוֹ (חגיגה טז, א).

וְזֶה דָּבָר פָּשׁוּט וּמְבֹרָר. כִּי הִנֵּה אֵל אֱמֶת ה',[ט] וְהוּא מַה שֶּׁאָמַר מֹשֶׁה רַבֵּינוּ עָלָיו הַשָּׁלוֹם: הַצּוּר תָּמִים פָּעֳלוֹ כִּי כָל דְּרָכָיו מִשְׁפָּט {אֵל אֱמוּנָה וְאֵין עָוֶל צַדִּיק וְיָשָׁר הוּא} (דברים לב, ד), כִּי כֵּיוָן שֶׁהַקָּדוֹשׁ בָּרוּךְ הוּא רוֹצֶה בְּמִשְׁפָּט, הִנֵּה כָּךְ הוּא עֹבֵר עַל הַמִּשְׁפָּט הַעְלֵם אֶת הָעַיִן מִן הַזְּכוּת כְּמוֹ מִן הַחוֹבָה. עַל כֵּן אִם מִשְׁפָּט הוּא רוֹצֶה, צָרִיךְ שֶׁיִּתֵּן לְכָל אִישׁ כִּדְרָכָיו

[ח] כמו כן הנוסח בבראשית רבה שם; בירושלמי ביצה פ"ג ה"ט (סב, ב); בירושלמי שקלים פ"ה ה"ב (מח, ד). במקורות אלו: 'יתוותרון בני מעוי' (או: 'מיעוהי'). ולפנינו בבבא קמא נ, א הנוסח הוא: יתוותורן חייו', ובערוך ע' וותר העתיק מב"ק 'יתוותרון מעיו וחייו', ועיין דק"ס ב"ק שם הערה צ. ובס"פ (עמ' 412) הנוסח: 'יותרו מיעוהי'.

[ט] ע"פ תהלים לא, ו.

for both light and grave offenses? This goes against reason and the teaching of the Sages themselves: "[Retribution] is meted out to a man with the very same measure he used [in *his* deeds]" (*mSotah* 1:7, 8b). I would like to hear how you explain that.

The Hasid said:

The dictum clearly doesn't mean that the punishment for both [light and severe offenses] is the same. The idea is rather that when one's deeds are weighed, his light offenses go onto the scales just as his weighty ones do. For the weighty sins do not eclipse the light ones; the Judge will by no means ignore them, just as He will not ignore the weighty ones. Rather, he will pay equal attention and regard to all of them, judging each, and then punishing each according to its nature. This is what King Shelomo, peace be on him, means by saying: "Because God will bring *every* deed into judgment, {including every hidden thing, whether it is good or evil}" (Kohelet 12:14). For just as the Holy One (blessed be He) does not refrain from rewarding every good deed, no matter how small, so He does not refrain from judging and meting out punishment for every bad deed, no matter how small. [The aim of the verse is] to disabuse those who would like to be seduced into thinking that the Master (blessed be He) does not reckon the lighter offenses in His judgments, or keep account of them. Rather, the principle is: "Whoever says the Holy One, blessed be He, is lax [in the execution of justice], let his entrails come loose" (*Bereishit Rabba* 67:4). Our Sages also said: "If the Evil *Yetzer* says to you, 'Sin, and the Holy One, blessed be He, will forgive you,' do not listen to it" (*Hagigah* 16a).

This is straightforward and clear; for the Lord is a God of truth, which is the sense of what Moshe our master, peace be on him, said: "The Rock! His work is perfect, for all His ways are justice; {a God of truth and without iniquity, just and right is He}" (Devarim 32:4). Since the Holy One, blessed be He, desires justice, overlooking merit is as much a trangression of justice as is overlooking liability. Therefore if it is justice that He desires, He must repay every man

וְכִפְרֵי מַעֲלָלָיו' בְּתַכְלִית הַדִּקְדּוּק, בֵּין לְטוֹב בֵּין לְמוּטָב. וְהַיְנוּ: אֵל אֱמוּנָה וְאֵין עָוֶל צַדִּיק וְיָשָׁר הוּא (דברים שם), שֶׁפֵּרְשׁוּ זִכְרוֹנָם לִבְרָכָה: לַצַּדִּיקִים וְלָרְשָׁעִים (תענית יא, א). כִּי כָּךְ הִיא הַמִּדָּה וַדַּאי, וְעַל הַכֹּל הוּא דָּן, וְעַל כָּל חֵטְא הוּא מַעֲנִישׁ, וְאֵין לְהִמָּלֵט.

אָמַר הֶחָכָם:

תְּשׁוּבָתְךָ טוֹבָה. אָמְנָם עֲדַיִן יִקְשֶׁה, מִדַּת הָרַחֲמִים לָמָּה"א הִיא עוֹמֶדֶת וּמַה הַתּוֹעֶלֶת בָּהּ, אִם עַל כָּל פָּנִים צָרִיךְ לְדַקְדֵּק בַּדִּין עַל כָּל דָּבָר?

אָמַר הֶחָסִיד:

מִדַּת הָרַחֲמִים הִיא וַדַּאי קִיּוּמוֹ שֶׁל עוֹלָם, שֶׁלֹּא הָיָה מִתְקַיֵּם כְּלָל זוּלָתָהּ,"ב וְאַף עַל פִּי כֵן אֵין מִדַּת הַדִּין לוֹקָה. וְהַיְנוּ, כִּי יָכוֹל הַדִּין עַצְמוֹ לְהֵעָשׂוֹת בְּרַחֲמִים וְשֶׁלֹּא בְּרַחֲמִים. כִּי הִנֵּה לְפִי שׁוּרַת הַדִּין מַמָּשׁ הָיָה רָאוּי שֶׁהַחוֹטֵא יֵעָנֵשׁ מִיָּד תֵּכֶף לְחֶטְאוֹ בְּלִי הַמְתָּנָה כְּלָל, וְשֶׁהָעֹנֶשׁ עַצְמוֹ יִהְיֶה בַּחֲרוֹן אַף כָּרָאוּי לְמִי שֶׁמַּמְרֶה פִּי הַבּוֹרֵא יִתְבָּרַךְ שְׁמוֹ, וְשֶׁלֹּא יִהְיֶה תִּקּוּן לַחֵטְא כְּלָל. כִּי הִנֵּה בֶּאֱמֶת אֵיךְ יְתַקֵּן הָאָדָם אֶת אֲשֶׁר עִוֵּת וְהַחֵטְא כְּבָר נַעֲשָׂה? הֲרֵי שֶׁרָצַח אָדָם אֶת חֲבֵרוֹ, הֲרֵי שֶׁנָּאַף, אֵיךְ יוּכַל לְתַקֵּן הַדָּבָר הַזֶּה? הֲיוּכַל לְהָסִיר הַמַּעֲשֶׂה הֶעָשׂוּי מִן הַמְּצִיאוּת?

אָמְנָם מִדַּת הָרַחֲמִים הִיא הַנּוֹתֶנֶת שֶׁיִּתֵּן זְמַן לַחוֹטֵא וְלֹא יִכָּחֵד מִן הָאָרֶץ מִיָּד כְּשֶׁחָטָא, וְשֶׁהָעֹנֶשׁ עַצְמוֹ לֹא יִהְיֶה עַד לְכַלְיָה, וְשֶׁתְּשׁוּבָה תִּנָּתֵן לַחוֹטְאִים בְּחֶסֶד גָּמוּר, שֶׁתֵּחָשֵׁב עֲקִירַת הָרָצוֹן כַּעֲקִירַת הַמַּעֲשֶׂה. דְּהַיְנוּ, שֶׁבִּהְיוֹת הַשָּׁב מַכִּיר אֶת חֶטְאוֹ וּמוֹדֶה בּוֹ וּמִתְבּוֹנֵן עַל רָעָתוֹ, וְשָׁב וּמִתְחָרֵט עָלָיו חֲרָטָה גְּמוּרָה דְּמֵעִקָּרָא, כַּחֲרָטַת הַנֶּדֶר מַמָּשׁ, שֶׁהוּא מִתְנַחֵם לְגַמְרֵי, וְהָיָה חָפֵץ וּמִשְׁתּוֹקֵק שֶׁמֵּעוֹלָם לֹא נַעֲשָׂה הַדָּבָר הַהוּא, וּמִצְטַעֵר בְּלִבּוֹ צַעַר חָזָק עַל שֶׁכְּבָר נַעֲשָׂה הַדָּבָר,

[י] ע"פ ירמיה יז, י; שם לב, יט. [יא] אפשר לנקד גם: לְמַה. [יב] בראשית רבה יב, טו.

according to his ways and the fruit of his deeds with the utmost exactitude, whether for good or for bad. This is the sense of, "A God of truth without iniquity, just and right is He" (ibid.). Our Sages, may their memory be blessed, took this [doubling] to mean: "To the righteous as well as to the wicked" (*Ta'anit* 11a). For such is surely the right measure. He judges all things, punishes every sin; there is no escape.

The Hakham said:

Your answer is good, but the following objection remains. What is the attribute of mercy for, of what use is it if justice must be exacted for everything with precision, no matter what?

The3 Hasid said:

The attribute of mercy is certainly what preserves the world; for by no means could it endure without it. Still, the attribute of justice is not compromised, because justice itself can be done with or without mercy. For according to the strict application of the law, a sinner should be immediately punished, as soon as he sins, without any delay whatever and with the wrath that befits one who rebels against the word of the Creator, blessed be His name. Moreover, the sin should be utterly irreparable; for in truth, how can a person rectify what he has made crooked once the sin has already been committed? Suppose someone murders his fellow or commits adultery, how can he possibly rectify this? Can he undo a deed once done?

However, the attribute of mercy would have it that time be given to the sinner and that he not be wiped off the earth immediately upon sinning; and that the punishment itself not be annihilation; and that [the opportunity for] repentance be extended with pure [Divine] grace to the sinner, whereby the uprooting of the will [which prompted his sin] be considered tantamount to the uprooting of the [sinful] act. That is to say, when the penitent recognizes his sin, confesses it, reflects on the wrong, and absolutely regrets having committed the offense in the first place, just as one who regrets taking a vow regrets it completely; when he wishes fervently that the thing had never been done and is heartsick that it *has* been done;

וְעוֹזֵב אוֹתוֹ לְהַבָּא וּבוֹרֵחַ מִמֶּנּוּ, הִנֵּה עֲקִירַת הַדָּבָר מֵרְצוֹנוֹ יֵחָשֵׁב לוֹ כַּעֲקִירַת הַפֹּעַל, שֶׁיֵּעָקֵר הַחֵטְא מֵעִקָּרוֹ כַּעֲקִירַת הַנֶּדֶר וּמִתְכַּפֵּר לוֹ. וְהוּא מַה שֶּׁאָמַר הַכָּתוּב: וְסָר עֲוֹנֶךָ וְחַטָּאתְךָ תְּכֻפָּר (ישעיה ו, ז), שֶׁהֶעָוֹן סָר מַמָּשׁ מֵהַמְּצִיאוּת וְנֶעֱקָר בְּמַה שֶּׁעַכְשָׁו מִצְטַעֵר וּמִתְנַחֵם עַל מַה שֶּׁהָיָה לְמַפְרֵעַ.

וְזֶה חֶסֶד גָּדוֹל שֶׁאֵינוֹ מִשּׁוּרַת הַדִּין, אַךְ עַל כָּל פָּנִים הִנֵּה הוּא חֶסֶד שֶׁאֵינוֹ מַכְחִישׁ מִדַּת הַדִּין, שֶׁהֲרֵי יֵשׁ צַד לִיתָּלוֹת בּוֹ, שֶׁתַּחַת הָרָצוֹן שֶׁנִּתְרַצָּה בַּחֵטְא וְהַהֲנָאָה שֶׁנֶּהֱנָה מִמֶּנּוּ, בָּא עַתָּה הַנֶּחָמָה וְהַצַּעַר. וְכֵן אֲרִיכוּת הַזְּמַן אֵינֶנּוּ וִתּוּרוֹן עַל הַחֵטְא, אֶלָּא סַבְלָנוּת קְצָת לִפְתֹּחַ לוֹ פֶּתַח תִּקּוּן. וְכֵן כָּל שְׁאָר דַּרְכֵי חֶסֶד, כְּעִנְיַן בְּרָא מְזַכֶּה אַבָּא (סנהדרין קד, א), אוֹ מִקְצָת נֶפֶשׁ כְּכָל הַנֶּפֶשׁ (קהלת רבה ז, כז), הַמֻּזְכָּרִים בְּמַאַמְרֵי הַחֲכָמִים, דַּרְכֵי חֶסֶד הֵם לְקַבֵּל אֶת הַמּוּעָט כְּמַרְבֶּה, אַךְ לֹא מִתְנַגְּדִים וּמַכְחִישִׁים מַמָּשׁ אֶת מִדַּת הַדִּין, כִּי כְּבָר יֵשׁ טַעַם בָּהֶם הָגוּן לְהַחְשִׁיב אוֹתָם.

אַךְ שֶׁיְּוַתְּרוּ עֲבֵרוֹת בְּלֹא כְּלוּם, אוֹ שֶׁלֹּא יַשְׁגִּיחַ עֲלֵיהֶם, זֶה הָיָה נֶגֶד הַדִּין לְגַמְרֵי, כִּי כְּבָר לֹא הָיָה מִשְׁפָּט וְדִין אֲמִתִּי בִּדְבָרִים, עַל כֵּן זֶה אִי אֶפְשָׁר לְהִמָּצֵא כְּלָל. וְאִם בְּאַחַת מִן הַדְּרָכִים אֲשֶׁר זָכַרְנוּ לֹא יִמָּצֵא לַחוֹטֵא לְהִמָּלֵט, וַדַּאי שֶׁמִּדַּת הַדִּין לֹא תָּשׁוּב רֵיקָם. וְכֵן אָמְרוּ זִכְרוֹנָם לִבְרָכָה: מַאֲרִיךְ אַפֵּיהּ וְגָבֵי דִּילֵיהּ (בראשית רבה סז, ד; ירושלמי תענית ב, א).

נִמְצָא שֶׁאֵין לָאָדָם הָרוֹצֶה לִפְקֹחַ עֵינָיו פִּתּוּי שֶׁיּוּכַל לְהִתְפַּתּוֹת בּוֹ לְבִלְתִּי הִזָּהֵר בְּמַעֲשָׂיו תַּכְלִית הַזְּהִירוּת וְדַקְדֵּק בָּם תַּכְלִית הַדִּקְדּוּק. הֵן כָּל אֵלֶּה הַשְׁקָפוֹת שֶׁיַּשְׁקִיף עֲלֵיהֶן הָאָדָם וְיִקְנֶה בָּם מִדַּת הַזְּהִירוּת וַדַּאי, אִם בַּעַל נֶפֶשׁ הוּא.

אָמַר הֶחָכָם:

טוֹב מְאֹד כָּל אֲשֶׁר דִּבַּרְתָּ. עַתָּה תְּפָרֵשׁ מַה הֵם מַפְסִידֵי הַמִּדָּה הַזֹּאת וּמַרְחִיקֶיהָ לְמַעַן הַרְחִיק מֵהֶם.

when he forsakes it in the future and flees from it, then uprooting the thing from his will is accounted for him as an uprooting of the deed, so that the sin is uprooted retroactively like a vow and he finds atonement. This is the sense of that which Scripture says, "Your iniquity is gone, and your sin is atoned for" (Yeshayahu 6:7). The iniquity literally goes out of existence, and is uprooted by the pain and regret one feels in the present for what happened in the past.

Now this is a great kindness that is not commensurate with the strict application of the law. But it is, nonetheless, a kindness that does not contravene the attribute of justice. For there is a case to be made that his will to sin and the pleasure he derived from it have been offset by regret and suffering. Moreover, to grant temporary reprieve is not to let the sin pass, but to show a bit of patience, in order to make for him an opening for restoration. Likewise with all [God's] other merciful ways mentioned in the dicta of the Sages, such as, "A son helps acquit his father" (Sanhedrin 104a), or "Part of a life is like a whole life" (Kohelet Rabba 7:27). These practices are gracious in accounting the small as large. But they do not directly negate or contravene the attribute of justice; for there is a legitimate argument to be made for accounting them [as such].

But to simply let sins pass without liability, or to ignore them, would be to negate justice completely. For then [the whole order of] things would lack true justice and judgment, and this can by no means be. And if none of the previously mentioned paths [of grace] are found to save the sinner, the attribute of justice will by no means be cheated. Thus did [our Sages], may their memory be blessed, say: "He is long-suffering, but [ultimately] collects His due" (Bereishit Rabba 67:4; Yerushalmi Ta'anit 2:1, 65b).

Thus anyone who wishes to be open-eyed can have no rationalization capable of enticing him to be anything but supremely vigilant and exacting in his deeds. These are all things upon which one should reflect, and by which he will acquire the trait of vigilance if he has a wise soul.

The Hakham said:
All you have said is quite good. Now explain the factors that are detrimental to this trait and impede it, so we can stay away from them.

פֶּרֶק ז:

בְּבֵאוּר מַפְסִידֵי הַזְּהִירוּת וְהַהַרְחָקָה מֵהֶם

אָמַר הֶחָסִיד:

מַפְסִידֵי הַמִּדָּה הַזֹּאת וּמַרְחִיקֶיהָ שְׁלֹשָׁה: הָרִאשׁוֹן הוּא הַטִּפּוּל וְהַטִּרְדָּה הָעוֹלָמִית, הַשֵּׁנִי הַשְּׂחוֹק וְהַלָּצוֹן, הַשְּׁלִישִׁי הַחֶבְרָה הָרָעָה. וּנְדַבֵּר בָּהֶם אֶחָד לְאֶחָד.

הִנֵּה הַטִּפּוּל וְהַטִּרְדָּה כְּבָר דִּבַּרְנוּ מִמֶּנּוּ לְמַעְלָה, כִּי בִּהְיוֹת הָאָדָם טָרוּד בְּעִנְיְנֵי עוֹלָמוֹ הִנֵּה מַחְשְׁבוֹתָיו אֲסוּרִים בְּזִקֵּי הַמַּשָּׂא אֲשֶׁר עֲלֵיהֶם, וְאִי אֶפְשָׁר לָהֶם לָתֵת לֵב אֶל הַמַּעֲשֶׂה. וְהַחֲכָמִים עֲלֵיהֶם הַשָּׁלוֹם בִּרְאוֹתָם זֶה אָמְרוּ: הֱוֵי מְמַעֵט בְּעֵסֶק וַעֲסֹק בַּתּוֹרָה (אבות ד, י). כִּי אַף עַל פִּי שֶׁהָעֵסֶק מֻכְרָח לָאָדָם מִפְּנֵי הַפַּרְנָסָה, אַךְ רִבּוּי הָעֵסֶק אֵינוֹ מֻכְרָח שֶׁיִּהְיֶה כָּל כָּךְ גָּדוֹל עַד שֶׁלֹּא יַנִּיחַ לוֹ מָקוֹם לִפְנוֹת אֶל עֲבוֹדָתוֹ. עַל כֵּן נִצְטַוִּינוּ לִקְבֹּעַ עִתִּים לַתּוֹרָה,[א] וּבִכְלַל זֶה לִקְבֹּעַ עִתִּים אֶל תִּקּוּן הַמַּעֲשֶׂה כַּאֲשֶׁר זָכַרְנוּ. וּמִלְּבַד זֶה כָּל עֵת שֶׁיִּשָּׁאֵר לוֹ פְּנַאי מֵעֲסָקָיו, אִם חָכָם הוּא וַדַּאי שֶׁלֹּא יְאַבְּדֵהוּ, אֶלָּא יֹאחֵז בּוֹ מִיָּד וְלֹא יַרְפֵּהוּ, לַעֲסֹק בּוֹ בְּעֵסֶק נַפְשׁוֹ וְתִקּוּן עֲבוֹדָתוֹ.

וְזֶה הַמַּפְסִיד, אַף עַל פִּי שֶׁהוּא הַיּוֹתֵר כְּלָלִי, הִנֵּה הוּא הַיּוֹתֵר קַל לְמִי שֶׁרוֹצֶה לְהִמָּלֵט שֶׁיִּמָּלֵט מִמֶּנּוּ, וּכְמוֹ שֶׁזָּכַרְתִּי. אַךְ הַשֵּׁנִי הִנֵּה הוּא קָשֶׁה מְאֹד, וְהוּא הַשְּׂחוֹק וְהַלָּצוֹן, כִּי מִי שֶׁטּוֹבֵעַ בָּהֶם הוּא כְּמִי שֶׁטּוֹבֵעַ בְּיָם גָּדוֹל שֶׁקָּשֶׁה מְאֹד הַהִמָּלֵט מִמֶּנּוּ. כִּי הִנֵּה הַשְּׂחוֹק הוּא מְאַבֵּד אֶת לֵב הָאָדָם, עַד שֶׁכְּבָר אֵין הַטַּעַם וְהַדֵּעָה מוֹשְׁלוֹת בּוֹ, וַהֲרֵי הוּא כְּשִׁכּוֹר אוֹ שׁוֹטֶה אֲשֶׁר אִי אֶפְשָׁר לָתֵת לָהֶם עָרְמָה אוֹ לְהַנְהִיגָם, כִּי אֵין מְקַבְּלִים הֵם הַנְהָגָה.

[א] ראה שבת לא, א, ורמב"ם הל' תלמוד תורה פ"א ה"ה.

Seven:

The Factors Detrimental to Vigilance and How to Avoid Them

The Hasid said:

Three factors are detrimental to this trait and impede it. The first is worldly preoccupation and cares; the second is jesting and mockery; and the third is evil company. We will discuss them one by one.

As to preoccupation and cares, we have already remarked above (*p. 67, par. 1*) that when a person is troubled by his worldly concerns, his thoughts are fettered by the chains of this burden weighing upon them and he cannot focus on his deeds. Considering this, the Sages, peace be on them, said, "Minimize your worldly occupation and engage in Torah study" (*Avot* 4:10). For although economic activity is necessary for a person to support himself, excessive economic activity – so extensive that it leaves no room for one to turn to service [of God] – is not necessary. We were, therefore, commanded to designate times for Torah study (see *Shabbat* 31a). As we have mentioned (*above, p. 77, par. 3*), this includes designating times for correcting one's deeds. In addition, if a person is wise, he will certainly not waste any spare time that remains after completing his affairs. Rather, he will immediately seize [the moment] and not let go, utilizing it to engage in the affairs of his soul and the improvement of his service to God.

This detriment, although the most inclusive, is, as I have remarked, the easiest to escape from for one who wishes to do so. The second factor, however, namely jesting and mockery, is very difficult to abandon. Someone deeply involved in them is like a person drowning in a great ocean from which it is exceedingly difficult to escape. For jesting destroys a man's heart to the extent that reason and understanding no longer sway him. He becomes like a drunkard or a fool, to whom it is impossible to impart sound judgment or guidance because they do not accept direction.

וְהוּא מַה שֶּׁאָמַר שְׁלֹמֹה עָלָיו הַשָּׁלוֹם: לִשְׂחוֹק אָמַרְתִּי מְהוֹלָל וּלְשִׂמְחָה מה זה עֹשָׂה (קהלת ב, ב). וַחֲכָמִים זִכְרוֹנָם לִבְרָכָה אָמְרוּ: שְׂחוֹק וְקַלּוּת רֹאשׁ מַרְגִּילִים אֶת הָאָדָם לְעֶרְוָה (אבות ג, יג). כִּי אַף עַל פִּי שֶׁחֲמוּרָה הִיא הָעֶרְוָה אֵצֶל כָּל בֶּן דָּת וְלִבּוֹ יָרֵא בְּטִבְעוֹ מִקְּרֹב אֵלֶיהָ, מִן הַצִּיּוּר שֶׁכְּבָר נִצְטַיֵּר בַּשֵּׂכֶל מִגֹּדֶל פִּשְׁעָהּ וְרֹב עָנְשָׁהּ, הִנֵּה הַשְּׂחוֹק וְהַקַּלּוּת רֹאשׁ מַמְשִׁיכִים אוֹתוֹ מְעַט מְעַט וּמַקְרִיבִים אוֹתוֹ הָלוֹךְ וְקָרֵב, שֶׁתִּהְיֶה הַיִּרְאָה סָרָה מֵעָלָיו מְעַט מְעַט מַדְרֵגָה אַחַר מַדְרֵגָה, עַד שֶׁיַּגִּיעַ אֶל הֶעָוֹן עַצְמוֹ וְיַעֲשֵׂהוּ. וְכָל כָּךְ לָמָּה? לְפִי שֶׁכְּמוֹ שֶׁכָּל מְצִיאוּת הַזְּהִירוּת תָּלוּי בְּשִׂימַת הַלֵּב עַל הַדָּבָר, כֵּן כָּל עַצְמוֹ שֶׁל הַשְּׂחוֹק אֵינוֹ אֶלָּא מֵסִיר הַלֵּב מִן הַמַּחֲשָׁבוֹת הַיְשָׁרוֹת וְהָעִיּוּנִיּוֹת, וְנִמְצָא שֶׁלֹּא יָבוֹאוּ הִרְהוּרֵי הַיִּרְאָה בְּלִבּוֹ כְּלָל.

וְתִרְאֶה קֹשִׁי הַלָּצוֹן וְהַשְׁחָתָתוֹ הַרְבֵּה, כִּי כְּמוֹ הַמָּגֵן הַמָּשׁוּחַ בְּשֶׁמֶן אֲשֶׁר יַפִּיל מֵעָלָיו הַחִצִּים וּמַשְׁלִיכָם לָאָרֶץ וְלֹא יַנִּיחַ אוֹתָם לְהַגִּיעַ אֶל גּוּף הָאָדָם, כֵּן הַלָּצוֹן בִּפְנֵי הַתּוֹכָחָה וְהַמַּרְדּוּת. כִּי בְּלֵיצָנוּת אַחַת וּבִשְׂחוֹק קָטָן יַפִּיל הָאָדָם מֵעָלָיו רִבּוּי גָּדוֹל מִן הַהִתְעוֹרְרוּת וְהַהִתְפַּעֲלוּת, מַה שֶּׁהַלֵּב מִתְעוֹרֵר וּמִתְפַּעֵל בְּעַצְמוֹ מִדֵּי רְאוֹתוֹ אוֹ שָׁמְעוֹ עִנְיָנִים שֶׁיְּעִירוּהוּ אֶל הַחֶשְׁבּוֹן וְהַפִּשְׁפּוּשׁ בַּמַּעֲשִׂים, וּבְכֹחַ הַלֵּיצָנוּת יַפִּיל הַכֹּל לָאָרֶץ וְלֹא יַעֲשֶׂה בּוֹ רֹשֶׁם כְּלָל. וְלֹא מִפְּנֵי חֻלְשַׁת הָעִנְיָנִים וְלֹא מִפְּנֵי חֶסְרוֹן הֲבָנַת הַלֵּב, אֶלָּא מִפְּנֵי כֹּחַ הַלָּצוֹן הַהוֹרֵס כָּל בִּנְיְנֵי הַמּוּסָר וְהַיִּרְאָה.

וְהִנֵּה הַנָּבִיא יְשַׁעְיָה הָיָה צוֹוֵחַ עַל זֶה כִּכְרוֹכְיָא, כִּי הָיָה רוֹאֶה שֶׁזֶּה הָיָה מַה שֶּׁלֹּא הָיָה מַנִּיחַ מָקוֹם לְתוֹכְחוֹתָיו שֶׁיַּעֲשׂוּ רֹשֶׁם, וְהָיָה מְאַבֵּד תִּקְוָתָם שֶׁל הַחוֹטְאִים, וְהוּא מַה שֶּׁאָמַר: וְעַתָּה אַל תִּתְלוֹצָצוּ פֶּן יֶחְזְקוּ מוֹסְרֵיכֶם (ישעיה כח, כב).

וּכְבָר גָּזְרוּ אָמַר חֲכָמֵינוּ זִכְרוֹנָם לִבְרָכָה, שֶׁהַלֵּץ מֵבִיא הַיִּסּוּרִין עָלָיו (עבודה זרה יח, ב), וְהוּא מַה שֶּׁהַכָּתוּב עַצְמוֹ מְבָאֵר בְּפֵרוּשׁ: נָכוֹנוּ

This is what Shelomo, peace be on him, meant when he said, "Of laughter I said, It is mad; and of merriment, What does it achieve" (Kohelet 2:2). And our Sages, may their memory be blessed, said, "Jesting and frivolity accustom a person to lewdness" (Avot 3:13). For though every man of religion regards lewdness as a grave sin, and his heart by its very nature fears coming near it – because the image of the enormity of the offense and the severity of its punishment are vividly painted in his mind – nevertheless, jesting and frivolity draw him on little by little bringing him closer and closer to a state where fear departs from him bit by bit, step by step, until he reaches the sin itself and commits it. Why [does jest do] so much? Because vigilance can be present only if one puts one's mind to the object of his vigilance, while jest, by its very nature, diverts the mind from straight, rational thinking. So the result [of jest] is that reverent thoughts cannot enter his mind at all.

Consider the severity of mockery and its great corruptive power. Scoffing in the face of rebuke and chastisement is likened to a shield smeared with oil that wards off arrows and causes them to fall to the ground, thus preventing them from reaching the bearer's body. For with a single act of mockery and a small jest, a person casts off a great deal of the motivation and enthusiasm to which his mind awakens and stirs of its own accord when he sees or hears things that move him to a reckoning and scrutiny of his deeds. By virtue of mockery, he casts it all to the ground; thus it makes no impression on him whatever. This is due neither to the ineffectiveness of these matters, nor to any deficiency on the part of the heart's understanding, but to the power of mockery that destroys all edifices of ethics and fear of God.

And so the prophet Yeshayahu shouted about mockery at the top of his voice. For he saw it left no room for his chastisements to have an effect, thus destroying all hope for the sinners. This is the sense of what he said, "Therefore, refrain from mockery, lest your afflictions be strengthened" (Yeshayahu 28:22).

And so our Sages, may their memory be blessed, proclaimed that a scoffer brings affliction upon himself (Avodah Zarah 18b). This is what the biblical verse itself explicitly states, "Judgments are

לַלֵּצִים שְׁפָטִים (משלי יט, כט). כִּי זֶהוּ דָּבָר שֶׁהַדִּין נוֹתֵן אוֹתוֹ. כִּי הִנֵּה מִי שֶׁמִּתְפַּעֵל מִן הַהִתְבּוֹנְנוּת וּמִן הַלִּמּוּדִים אֵין צָרִיךְ שֶׁיִּתְיַסֵּר בְּגוּפוֹ, כִּי כְּבָר יָשׁוּב מֵחַטֹּאתָיו בְּלִי זֶה מִכֹּחַ הִרְהוּרֵי תְּשׁוּבָה שֶׁיִּוָּלְדוּ בִּלְבָבוֹ עַל יְדֵי מַה שֶּׁקּוֹרֵא אוֹ שׁוֹמֵעַ מִן הַמּוּסָרִים וְהַתּוֹכָחוֹת. אַךְ הַלֵּצִים, שֶׁאֵינָם מִתְפַּעֲלִים מִן הַתּוֹכָחוֹת מִפְּנֵי כֹּחַ לֵיצָנוּתָם, אֵין לָהֶם תִּקּוּן אֶלָּא הַשְּׁפָטִים, שֶׁהֲרֵי אֵלֶּה לֹא יִהְיֶה כֹּחַ בְּלֵיצָנוּתָם לִדְחוֹתָם מֵעֲלֵיהֶם כַּאֲשֶׁר יִדְחוּ הַמּוּסָרִים.

וְהִנֵּה כְּפִי חֹמֶר הַחֵטְא וְתוֹלְדוֹתָיו כָּךְ הֶחְמִיר הַשּׁוֹפֵט הָאֲמִתִּי בְּעָנְשׁוֹ, וְהוּא מַה שֶּׁלִּמְּדוּנוּ זִכְרוֹנָם לִבְרָכָה: קָשָׁה הַלֵּיצָנוּת שֶׁתְּחִלָּתוֹ יִסּוּרִין וְסוֹפוֹ כְּלָיָה (עבודה זרה שם), שֶׁנֶּאֱמַר: [וְעַתָּה אַל תִּתְלוֹצָצוּ] פֶּן יֶחְזְקוּ מוֹסְרֵיכֶם כִּי כָלָה וְנֶחֱרָצָה {שָׁמַעְתִּי מֵאֵת אֲדֹנָי ה' צְבָאוֹת עַל כָּל הָאָרֶץ} (ישעיה כח, כב).

וְהַמַּפְסִיד הַשְּׁלִישִׁי הוּא הַחֶבְרָה, חֶבְרַת הַטִּפְּשִׁים וְהַחוֹטְאִים, וְהוּא מַה שֶּׁהַכָּתוּב אוֹמֵר: וְרֹעֶה כְסִילִים יֵרוֹעַ (משלי יג, כ). כִּי הִנֵּה אֲנַחְנוּ רוֹאִים פְּעָמִים רַבּוֹת, אֲפִלּוּ אַחַר שֶׁכְּבָר נִתְאַמֵּת אֵצֶל הָאָדָם חוֹבַת הָעֲבוֹדָה וְהַזְּהִירוּת בָּהּ, יִתְרַפֶּה מִמֶּנָּה אוֹ יַעֲבֹר עַל אֵיזֶה דְּבָרִים מִמֶּנָּה, כְּדֵי שֶׁלֹּא יִלְעֲגוּ עָלָיו חֲבֵרָיו אוֹ כְּדֵי לְהִתְעָרֵב עִמָּהֶם. וְהוּא מַה שֶּׁהָיָה שְׁלֹמֹה עָלָיו הַשָּׁלוֹם מַזְהִיר: עִם[ב] שׁוֹנִים אַל תִּתְעָרָב (משלי כד, כא). כִּי אִם יֹאמַר לְךָ אָדָם, לְעוֹלָם יְהֵא דַּעְתּוֹ שֶׁל אָדָם מְעֹרֶבֶת עִם הַבְּרִיּוֹת (כתובות יז, א), אַף אַתָּה אֱמֹר לוֹ, בַּמֶּה דְּבָרִים אֲמוּרִים, בִּבְנֵי אָדָם שֶׁעוֹשִׂים מַעֲשֵׂה[ג] אָדָם, אַךְ לֹא בִּבְנֵי אָדָם שֶׁמַּעֲשֵׂיהֶם מַעֲשֵׂי בְהֵמָה. וּשְׁלֹמֹה מַזְהִיר עוֹד: לֵךְ מִנֶּגֶד לְאִישׁ כְּסִיל (משלי יד, ז). וְדָוִד הַמֶּלֶךְ אָמַר: אַשְׁרֵי הָאִישׁ אֲשֶׁר לֹא הָלַךְ בַּעֲצַת רְשָׁעִים {וּבְדֶרֶךְ חַטָּאִים לֹא עָמָד וּבְמוֹשַׁב לֵצִים לֹא יָשָׁב} (תהלים א, א), וּכְבָר פֵּרְשׁוּ עָלָיו זִכְרוֹנָם לִבְרָכָה: אִם הָלַךְ סוֹפוֹ לַעֲמֹד,

[ב] בכתה"י ובס"פ ד"ר: 'ועם'. [ג] בס"פ ד"ר: 'מעשי'.

prepared for scoffers" (Mishlei 19:29). This is a matter dictated by reason. For one who is stirred to action by reflection and study does not require physical punishment. He will abandon his sins without punishment by means of thoughts of repentance that engender in his heart as a result of reading or hearing reproof and admonition. But the scoffers, upon whom admonitions have no effect due to the force of their mockery, have no other remedy but punitive judgment. This they will not be able to dismiss with their mockery as easily as they ward off reproof.

The gravity of the punishment meted out by the true Judge is in accordance with the severity of the sin and its consequences. This is what our Sages, may their memory be blessed, taught us (*Avodah Zarah* 18b), "The punishment for mockery is severe, for it begins with suffering and ends with perdition. As the verse states, '[Therefore, refrain from mockery], lest your afflictions be strengthened; {for I have heard from the Lord God of hosts} that destruction is decreed {upon the whole land}'" (Yeshayahu 28:22).

The third factor detrimental [to vigilance] is [evil] company, the company of fools and sinners. As the verse states, "But he who consorts with dullards comes to grief" (Mishlei 13:20). Now we often see that even after a person has truly understood his obligation to Divine service and the need for vigilance, he may become lax or violate some aspect of it in order to avoid being mocked by his companions, or so that he may associate freely with them. This is what Shelomo, may his memory be blessed, warned about when he said, "Do not mingle with them who are different" (Mishlei 24:21). For if someone says to you, "A person's disposition towards people should always be congenial" (*Ketubot* 17a), you can reply that this applies to people who act like people, but not to those who act like animals. Shelomo further warned, "Go from the presence of a foolish man" (Mishlei 14:7). And King David said, "Happy is the man who did not walk in the counsel of the wicked, {or stand in the way of sinners, or sit in the seat of scorners}" (Tehillim 1:1). And our Sages, may their memory be blessed, commented on this, "If he walked, he will eventually stand,

וְאִם עָמַד סוֹפוֹ לֵישֵׁב (עבודה זרה יח, ב). וְאוֹמֵר: לֹא יָשַׁבְתִּי עִם מְתֵי שָׁוְא {וְעִם נַעֲלָמִים לֹא אָבוֹא}, שָׂנֵאתִי קְהַל מְרֵעִים {וְעִם רְשָׁעִים לֹא אֵשֵׁב} (תהלים כו, ד-ה). אֵין לוֹ לָאָדָם אֶלָּא לִיטָּהֵר וְלִינָּקוֹת בְּעַצְמוֹ, וְלִמְנֹעַ רַגְלָיו מִדַּרְכֵי הֶהָמוֹן הַשְּׁקוּעִים בְּהַבְלֵי הַזְּמַן, וְיָשִׁיב רַגְלָיו אֶל חַצְרוֹת ה' וְאֶל מִשְׁכְּנוֹתָיו. הוּא מַה שֶּׁדָּוִד עַצְמוֹ מְסַיֵּם וְאוֹמֵר: אֶרְחַץ בְּנִקָּיוֹן כַּפָּי וַאֲסֹבְבָה אֶת מִזְבַּחֲךָ ה' (שם פסוק ו).

וְאִם יֶאֱרַע לוֹ לִימָּצֵא בְּחֶבְרַת מִי שֶׁיַּלְעִיג עָלָיו, לֹא יָשִׁית לִבּוֹ אֶל הַלַּעַג הַהוּא, אַדְּרַבָּא, יִלְעַג עַל מַלְעִיגָיו וִיבַזֵּם, וְיַחְשֹׁב בְּדַעְתּוֹ כִּי לוּלֵי הָיָה לוֹ לְהַרְוִיחַ מָמוֹן, הֶהָיָה מַנִּיחַ אוֹתוֹ מִפְּנֵי חֲבֵרָיו שֶׁלֹּא יַלְעִיגוּ, כָּל שֶׁכֵּן שֶׁלֹּא יִרְצֶה לְאַבֵּד נִשְׁמָתוֹ. וְעַל דָּבָר זֶה הִזְהִירוּ זִכְרוֹנָם לִבְרָכָה: הֱוֵי עַז כַּנָּמֵר לַעֲשׂוֹת רְצוֹן אָבִיךָ שֶׁבַּשָּׁמַיִם (אבות ה, כ). וְדָוִד אָמַר: וַאֲדַבְּרָה בְעֵדֹתֶיךָ נֶגֶד מְלָכִים וְלֹא אֵבוֹשׁ (תהלים קיט, מו). שֶׁאַף עַל פִּי שֶׁרֹב הַמְּלָכִים עִסְקָם וְדִבּוּרָם בְּדִבְרֵי גְּדֻלּוֹת וַהֲנָאוֹת, וְדָוִד שֶׁהָיָה גַּם כֵּן מֶלֶךְ, לִכְאוֹרָה תִּהְיֶה לוֹ לְחֶרְפָּה אִם בִּהְיוֹתוֹ בְּחֶבְרָתָם יִהְיֶה הוּא מְדַבֵּר בְּדִבְרֵי מוּסָר וְתוֹרָה תַּחַת סַפְּרוֹ מִן הַגְּדֻלּוֹת וּמִתַּעֲנוּגוֹת בְּנֵי הָאָדָם כְּמוֹהֶם, הִנֵּה לֹא הָיָה חָשׁ לָזֶה כְּלָל, וְלֹא הָיָה לִבּוֹ נִפְתֶּה בַּהֲבָלִים הָאֵלֶּה אַחֲרֵי שֶׁכְּבָר הִשִּׂיג הָאֱמֶת, אֶלָּא מְפָרֵשׁ וְאוֹמֵר: וַאֲדַבְּרָה בְעֵדֹתֶיךָ נֶגֶד מְלָכִים וְלֹא אֵבוֹשׁ. וִישַׁעְיָה הַנָּבִיא כְּמוֹ כֵן אָמַר: עַל כֵּן שַׂמְתִּי פָנַי כַּחַלָּמִישׁ וָאֵדַע כִּי לֹא אֵבוֹשׁ (ישעיה נ, ז).

וַהֲרֵי כְּבָר דִּבַּרְתִּי מִן הַמַּדְרֵגָה הָרִאשׁוֹנָה שֶׁבִּתְמִימוּת הָעֲבוֹדָה מַה שֶּׁאֶחְשֹׁב הֱיוֹת דַּי בּוֹ עַתָּה. וְנָבוֹא עַכְשָׁיו אֶל הַמַּדְרֵגָה הַשְּׁנִיָּה הַנִּמְשֶׁכֶת מִמֶּנָּה.

and if he stood, he will eventually sit" (*Avodah Zarah* 18b). And Scripture states, "I have not sat with vain persons, {neither do I enter the company of dissemblers}. I detest the company of evil men, {and I do not sit with the wicked}" (Tehillim 26:4-5). A man has but to purify and cleanse himself and keep his feet from the paths of the multitude who are immersed in temporal vanities, turning to God's courts and dwellings. This is the sense of what David himself says in conclusion, "I wash my hands in innocence; and I compass Your altar, O Lord" (Tehillim 26:6).

If a person happens to find himself in the company of those who mock him, he should not pay attention to the ridicule. On the contrary, he should ridicule his mockers and put them to shame. He should consider the following: If he had the opportunity to make a monetary profit [in an enterprise his fellows mocked], would he abandon it [merely] to avoid their mockery? How much more should he be unwilling to lose his soul [to avoid their misguided mockery]! Our Sages, may their memory be blessed, exhorted [us] about this, "Be fierce as a leopard to do the will of your Father who is in heaven" (*Avot* 5:20).And David said, "I will speak of Your testimonies before kings, and will not be ashamed" (Tehillim 119:46).Most kings are preoccupied with and speak of their grand exploits and delights; and it might, at first glance, have seemed an embarrassment for David, a fellow king, to speak in their company of ethics and Torah instead of telling of great feats and human pleasures as they did. But David was not in the least concerned about that. Having already arrived at the truth, his heart was not seduced by such vanities. Rather, he stated explicitly, "I will speak of Your testimonies before kings, and will not be ashamed." And the prophet Yeshayahu also said, "Therefore I have set my face like a flint, and I knew I shall not be ashamed" (Yeshayahu 50:7).

With regard to the first level of complete [Divine] service, I have now said what I consider sufficient. We come now to the second level that follows from it.

אָמַר הֶחָכָם:

כְּבָר הִטְעַמְתָּנִי בִּדְבָרֶיךָ דְּבַשׁ וְחָלָב, מַה שֶּׁלֹּא חָשַׁבְתִּי וְלֹא עָלָה עַל לִבִּי. מֵעַתָּה הִנְנִי מִתְאַוֶּה וּמִשְׁתּוֹקֵק שֶׁתָּעִיר אוֹתִי בְּלִמּוּדֶיךָ כְּאַיָּל תַּעֲרֹג עַל אֲפִיקֵי מַיִם.[ד]

ד] ע"פ תהלים מב, ב.

The Hakham said:

With your words you have already given me a taste of "honey and milk" that I had never thought about or [even] conceived. Now I yearn and long for you to awaken [my mind] with what you have learned, "as a hart pants after the water brooks."

פֶּרֶק ח:

בְּבֵאוּר מִדַּת הַזְּרִיזוּת

אָמַר הֶחָסִיד:

אַחַר הַזְּהִירוּת יָבוֹא הַזְּרִיזוּת, כִּי הַזְּהִירוּת סוֹבֵב עַל הַלֹּא תַעֲשֶׂה הוּא כְּלַל הַסּוּר מֵרָע, וְהַזְּרִיזוּת עַל הָעֲשֵׂה טוֹב.[א] וְעִנְיָנוֹ מְבֹאָר, שֶׁהוּא הַהַקְדָּמָה לַמִּצְווֹת וּלְהַשְׁלָמַת עִנְיָנָם.

וְכַלָּשׁוֹן הַזֶּה אָמְרוּ זִכְרוֹנָם לִבְרָכָה: זְרִיזִים מַקְדִּימִים לַמִּצְווֹת (פסחים ד, א). וְזֶה, כִּי כְּמוֹ שֶׁצָּרִיךְ פִּקְחוּת גָּדוֹל וְהַשְׁקָפָה רַבָּה לִינָּצֵל מִמּוֹקְשֵׁי הַיֵּצֶר וּלְהִמָּלֵט מִן הָרָע שֶׁלֹּא יִשְׁלֹט בָּנוּ לְהִתְעָרֵב בְּמַעֲשֵׂינוּ, כֵּן צָרִיךְ פִּקְחוּת וְהַשְׁקָפָה לֶאֱחֹז בַּמִּצְווֹת וְלִזְכּוֹת בָּהֶם וְלֹא יֹאבְדוּ[ב] מִמֶּנּוּ. כִּי הִנֵּה כְּמוֹ שֶׁמְּסַבֵּב וּמִשְׁתַּדֵּל הַיֵּצֶר רָע בְּתַחְבּוּלוֹתָיו לְהַפִּיל אֶת הָאָדָם בְּמַהֲמוֹרוֹת הַחֵטְא, כֵּן מִשְׁתַּדֵּל לִמְנֹעַ מִמֶּנּוּ עֲשִׂיַּת הַמִּצְווֹת וּלְאַבְּדָם מִמֶּנּוּ. וְאִם יִתְרַפֶּה וְיִתְעַצֵּל וְלֹא יִתְחַזֵּק לִרְדֹּף אַחֲרֵיהֶם וְלִתְמֹךְ בָּם, יִשָּׁאֵר נָעוּר וָרֵיק[ג] מֵהֶם בְּוַדַּאי.

וְתִרְאֶה, כִּי טֶבַע הָאָדָם כָּבֵד עָלָיו, כִּי עַפְרִיּוּת הַחָמְרִיּוּת גַּס, עַל כֵּן לֹא יַחְפֹּץ הָאָדָם בְּטֹרַח וּמְלָאכָה. וּמִי שֶׁרוֹצֶה לִזְכּוֹת בַּעֲבוֹדַת הַבּוֹרֵא יִתְבָּרַךְ צָרִיךְ שֶׁיִּתְגַּבֵּר נֶגֶד הַטֶּבַע עַצְמוֹ, וְיִתְגַּבֵּר וְיִזְדָּרֵז, שֶׁאִם הוּא מַנִּיחַ עַצְמוֹ בְּיַד כְּבֵדוּתוֹ וַדַּאי הוּא שֶׁלֹּא יַצְלִיחַ. וְהוּא מַה שֶּׁאָמַר הַתַּנָּא: הֱוֵי עַז כַּנָּמֵר וְקַל כַּנֶּשֶׁר וְרָץ כַּצְּבִי וְגִבּוֹר כָּאֲרִי לַעֲשׂוֹת רְצוֹן אָבִיךְ שֶׁבַּשָּׁמַיִם (אבות ה, כ). וְכֵן מָנוּ זִכְרוֹנָם לִבְרָכָה בַּדְּבָרִים הַצְּרִיכִים חִזּוּק, תּוֹרָה וּמַעֲשִׂים טוֹבִים (ברכות לב, ב). וּמִקְרָא מָלֵא הוּא: חֲזַק וֶאֱמָץ {מְאֹד

[א] ע״פ תהלים לד, טו: ׳סור מרע ועשה טוב׳. [ב] בכת״י מנוקד: יֵאבדו. בס״פ ד״ר: ׳תאבדנה׳. [ג] ע״פ נחמיה ה, יג.

Eight:

The Trait of Alacrity

The Hasid said:

After vigilance comes alacrity. This is because vigilance pertains to the negative commandments, the totality of "depart from evil," whereas alacrity pertains to "doing good." Its significance is clear. It refers to promptness in the performance of the *mitzvot* as well as seeing them through to completion.

[The Sages], may their memory be blessed, said as follows: "The zealous perform *mitzvot* at the earliest possible opportunity" (*Pesahim* 4a). That is, just as it requires great astuteness and attentiveness to avoid the snares of the *Yetzer* and escape evil in order that it has no hold over us to intrude upon our deeds, so does it require astuteness and attentiveness to take hold of the *mitzvot* and make them ours so they are not lost to us. For just as the *Yetzer* contrives and strives with stratagem to cast man into a pit of sin, so does it attempt to prevent him from performing *mitzvot*, thus leaving him devoid of them. If one is lazy and listless and does not muster the strength to pursue and hold on to the *mitzvot*, he will certainly remain shaken out and empty of them.

You will observe that man's nature weighs heavily upon him; for the element earth [that predominates in his] matter is dense. Therefore, he seeks to avoid exertion and labor. One who wishes to attain to the service of the Creator, may He be blessed, must prevail against nature itself, summoning strength and acting with alacrity. For if he remains in the grip of his inertia, he will surely not succeed. Thus the Tanna says: "Be fierce as a leopard, light as an eagle, swift as a deer and strong as a lion to do the will of your Father in heaven" (*Avot* 5:20). And so [our Sages], may their memory be blessed, counted Torah and good deeds among those things that require reinforcement (Cf. *Berakhot* 32b). In fact, it is explicitly stated in Scripture: "Be very strong and resolute {to observe, to act

לִשְׁמֹר לַעֲשׂוֹת כְּכָל הַתּוֹרָה} (יהושע א, ז). כִּי חֹזֶק גָּדוֹל צָרִיךְ לְמִי שֶׁרוֹצֶה לִכְפּוֹת הַטֶּבַע אֶל הֶפְכּוֹ.

וְהִנֵּה שְׁלֹמֹה שָׁנָה מְאֹד בְּאַזְהָרָתוֹ עַל זֶה, בְּהַרְאוֹתוֹ אֶת רֹעַ הָעַצְלָה וְהַהֶפְסֵד הַגָּדוֹל הַנִּמְשָׁךְ מִמֶּנָּה, וְאָמַר: מְעַט שֵׁנוֹת מְעַט תְּנוּמוֹת {מְעַט חִבֻּק יָדַיִם לִשְׁכָּב}, וּבָא כִמְהַלֵּךְ רֹאשֶׁךָ[ד] {וּמַחְסֹרְךָ כְּאִישׁ מָגֵן} (משלי ו, י-יא). כִּי הִנֵּה הֶעָצֵל, אַף עַל פִּי שֶׁאֵינוֹ עוֹשֶׂה רַע בְּקוּם עֲשֵׂה, אַךְ הוּא מֵבִיא עָלָיו אֶת הָרָעָה בְּשֵׁב וְאַל תַּעֲשֶׂה שֶׁלּוֹ. וְאָמַר: גַּם מִתְרַפֶּה בִמְלַאכְתּוֹ אָח הוּא לְבַעַל מַשְׁחִית (שם יח, ט). כִּי אַף עַל פִּי שֶׁאֵינֶנּוּ הַמַּשְׁחִית הָעוֹשֶׂה הָרָעָה בְּיָדָיו, לֹא תַּחְשֹׁב שֶׁהוּא רָחוֹק מִמֶּנּוּ, אֶלָּא אָחִיו הוּא וּבֶן גִּילוֹ הוּא.

וְאָמַר עוֹד לְבָאֵר רָעַת הֶעָצֵל בְּאוּר צִיּוּרִי, מַה שֶּׁיִּקְרֶה וְיִוָּלֵד לְעֵינֵינוּ יוֹם יוֹם: עַל שְׂדֵה אִישׁ עָצֵל עָבַרְתִּי וְעַל כֶּרֶם אָדָם חֲסַר לֵב, וְהִנֵּה עָלָה כֻלּוֹ קִמְּשֹׂנִים כָּסּוּ פָנָיו חֲרֻלִּים {וְגֶדֶר אֲבָנָיו נֶהֱרָסָה}. וָאֶחֱזֶה אָנֹכִי, אָשִׁית לִבִּי, רָאִיתִי לָקַחְתִּי מוּסָר; מְעַט שֵׁנוֹת מְעַט תְּנוּמוֹת {מְעַט חִבֻּק יָדַיִם לִשְׁכָּב}, וּבָא מִתְהַלֵּךְ רֵישֶׁךָ {וּמַחְסֹרֶיךָ כְּאִישׁ מָגֵן} (שם כד, ל-לד).

וְהִנֵּה מִלְּבַד פְּשׁוּטוֹ אֲשֶׁר הוּא אֲמִתִּי כְּמַשְׁמָעוֹ, שֶׁהוּא מַה שֶּׁקּוֹרֶה[ה] אֶל שְׂדֵה הֶעָצֵל מַמָּשׁ, הִנֵּה דָּרְשׁוּ בוֹ חֲכָמֵינוּ זִכְרוֹנָם לִבְרָכָה מִדְרָשׁ נָאֶה (ילקוט שמעוני, משלי תתקסא, ע"פ ספרי דברים מח), זֶה לְשׁוֹנָם: וְהִנֵּה עָלָה כֻלּוֹ קִמְּשֹׂנִים, שֶׁמְּבַקֵּשׁ פֵּרוּשׁ שֶׁל פָּרָשָׁה וְאֵינוֹ מוֹצֵא, כָּסּוּ פָנָיו {חֲרֻלִּים}, מִתּוֹךְ שֶׁלֹּא עָמַל בָּהֶם הוּא יוֹשֵׁב וּמְטַמֵּא אֶת הַטָּהוֹר וּמְטַהֵר אֶת הַטָּמֵא, וּפוֹרֵץ גְּדֵרָן שֶׁל תַּלְמִידֵי חֲכָמִים. מָה עָנְשׁוֹ שֶׁל זֶה? שְׁלֹמֹה פֵּרְשׁוֹ: וּפֹרֵץ גָּדֵר יִשְּׁכֶנּוּ נָחָשׁ (קהלת י, ח).

[ד] בכתה"י: 'רישך'. בס"פ ד"ר: 'רישיך'. [ה] בכתה"י: 'שקורא'.

according to the entire Torah that Moshe My servant commanded you}" (Yehoshua 1:7). For one who wishes to reverse nature needs great strength to do so.

Shelomo warned us repeatedly about the harmfulness of laziness and its ruinous effects. He said: "A little sleep, a little slumber, {a little folding of the arms to lie down}, then your poverty shall come as a runner {and your want as an armed man}" (Mishlei 6:10-11). For though the lazy person is not actively engaged in doing evil, he certainly brings evil upon himself through his very inactivity. Shelomo states further, "He who is slack in his work is also a brother to the destroyer" (Mishlei 18:9). For though this man is not a destroyer who commits evil directly, do not think that he is far removed from being one. On the contrary, he is the destroyer's brother and kindred spirit.

Drawing upon everyday occurrences, Shelomo gives a further explanation by way of illustration of the evil that befalls the lazy man: "I passed by the field of a lazy man and by the vineyard of a man with no sense; and behold it was all overgrown with thistles, its surface covered with nettles {and its stone wall broken down}. I gazed, I pondered, I saw and learned a lesson: A little sleep, a little slumber, {a little folding of the arms to lie down}, then your poverty shall come as a runner {and your want as an armed man}" (Mishlei 24:30-34).

Over and above the plain meaning of the text, which is true in the literal sense since this is precisely what happens to a lazy man's field, our Sages have given it a fine, midrashic interpretation (Yalkut Mishlei 961): "'It was all overgrown with thistles' refers to one who seeks the interpretation of a portion of the Torah and is unable to find it. 'Its surface covered {with nettles}' tells us that since he has not labored sufficiently to understand the laws of the Torah, he will declare unclean that which is clean and clean that which is unclean, thus breaching the 'fence' set up by the Sages. What is this man's punishment? Shelomo explained it: 'One who breaches a fence will be bitten by a snake' (Kohelet 10:8)."

וְהַיְנוּ, כִּי רָעַת הֶעָצֵל אֵינָהּ בָּאָה בְּבַת אַחַת, אֶלָּא מְעַט מְעַט בְּלֹא שֶׁיֵּדַע וְיַרְגִּישׁ בָּהּ, כִּי הִנֵּה הוּא נִמְשָׁךְ מֵרָעָה אֶל רָעָה עַד שֶׁיִּמָּצֵא טָבוּעַ בְּתַכְלִית הָרָעָה. הִנֵּה בַּתְּחִלָּה אֵינוֹ אֶלָּא מַחְסִיר הַטֹּרַח אֲשֶׁר הָיָה רָאוּי לוֹ, וּמִזֶּה נִמְשָׁךְ שֶׁלֹּא יִלְמַד בַּתּוֹרָה כָּל הַצֹּרֶךְ. וּמִפְּנֵי חֶסְרוֹן הַלִּמּוּד, כְּשֶׁיָּבוֹא אַחַר כָּךְ לִלְמֹד תֶּחְסַר לוֹ הַהֲבָנָה. וְהִנֵּה אִלּוּלֵי הָיְתָה גּוֹמֶרֶת רָעָתוֹ בָּזֶה כְּבָר הָיְתָה רָעָה רַבָּה, אַךְ עוֹד מִתְרַבָּה וְהוֹלֶכֶת בְּמַה שֶּׁבִּרְצוֹתוֹ עַל כָּל פָּנִים לְיַשֵּׁב הַפָּרָשָׁה וְהַפֶּרֶק הַהוּא, הִנֵּה יְגַלֶּה בָּהּ פָּנִים שֶׁלֹּא כַּהֲלָכָה, וְיַשְׁחִית הָאֱמֶת וְיַהַפְכֵהוּ, וְיַעֲבֹר עַל הַתַּקָּנוֹת וְיִפְרֹץ אֶת הַגְּדֵרִים, וְסוֹפוֹ כְּלָיָה כְּמִשְׁפַּט כָּל פּוֹרֵץ גָּדֵר. אָמַר שְׁלֹמֹה: וָאֶחֱזֶה אָנֹכִי, אָשִׁית לִבִּי, הִתְבּוֹנַנְתִּי עַל הַדָּבָר הַזֶּה וְרָאִיתִי גֹּדֶל הָרַע שֶׁבּוֹ, שֶׁהוּא כְּאֹרֶס הַהוֹלֵךְ וּמִתְפַּשֵּׁט מְעַט מְעַט, וְאֵין פְּעֻלָּתוֹ נִכֶּרֶת עַד הַמִּיתָה. וְזֶהוּ: מְעַט שֵׁנוֹת {מְעַט תְּנוּמוֹת מְעַט חִבֻּק יָדַיִם לִשְׁכָּב}, וּבָא מִתְהַלֵּךְ רֵישֶׁךָ {וּמַחְסֹרֶיךָ כְּאִישׁ מָגֵן} (משלי כד, לג-לד).

וְהִנֵּה אֲנַחְנוּ רוֹאִים בְּעֵינֵינוּ כַּמָּה וְכַמָּה פְּעָמִים, שֶׁכְּבָר לִבּוֹ שֶׁל הָאָדָם יוֹדֵעַ חוֹבָתוֹ, וְנִתְאַמֵּת אֶצְלוֹ מַה שֶּׁרָאוּי לוֹ לְהַצָּלַת נַפְשׁוֹ וּמַה שֶּׁחוֹבָה עָלָיו מִצַּד בּוֹרְאוֹ, וְאַף עַל פִּי כֵן יַנִּיחֵהוּ, לֹא מֵחֶסְרוֹן הַכָּרַת הַחוֹבָה הַהִיא וְלֹא לְשׁוּם טַעַם אַחֵר, אֶלָּא מִפְּנֵי שֶׁכְּבֵדוּת הָעַצְלָה מִתְגַּבֵּר עָלָיו. וַהֲרֵי הוּא אוֹמֵר, אִישַׁן קִמְעָא אוֹ אֹכַל קִמְעָא אוֹ קָשֶׁה עָלַי צֵאת מִבֵּיתִי, פָּשַׁטְתִּי אֶת כֻּתָּנְתִּי אֵיכָכָה אֶלְבָּשֶׁנָּה,[ו] חַמָּה עַזָּה בָּעוֹלָם, הַקָּרָה רַבָּה אוֹ הַגְּשָׁמִים, וְכָל שְׁאַר הָאֲמַתְלָאוֹת וְהַתּוֹאֲנוֹת אֲשֶׁר פִּי הָעֲצֵלִים מְלֵאָה מֵהֶם. וּבֵין כָּךְ וּבֵין כָּךְ הָעֲבוֹדָה מֻנַּחַת וְהַתּוֹרָה מְבֻטֶּלֶת וְהָאָדָם עוֹזֵב אֶת בּוֹרְאוֹ. הוּא מַה שֶּׁשְּׁלֹמֹה אוֹמֵר: בַּעֲצַלְתַּיִם יִמַּךְ הַמְּקָרֶה וּבְשִׁפְלוּת יָדַיִם יִדְלֹף הַבָּיִת (קהלת י, יח).

וְאוּלָם אִם תִּשְׁאַל אֶת פִּי הֶעָצֵל יָבוֹא לְךָ בְּמַאֲמָרִים רַבִּים מִמַּאַמְרֵי הַחֲכָמִים וּבְמִקְרָאוֹת מִן הַכְּתוּבִים וּבִטְעָנוֹת מִן הַשֵּׂכֶל, אֲשֶׁר כֻּלָּם יוֹרוּ לוֹ, לְפִי דַּעְתּוֹ הַמְשֻׁבֶּשֶׁת, לְהָקֵל עָלָיו וּלְהַנִּיחוֹ

[ו] ע"פ שיר השירים ה, ג.

That is, the evil of the lazy man does not come all at once. It arrives gradually without his knowledge or notice. He is drawn from evil to evil until he finds himself immersed in the ultimate evil. He begins merely by not exerting himself sufficiently. This causes him to study the Torah inadequately. Due to lack of study, he lacks the requisite understanding when he later does come to study. Now if the evil consequences were to end at this point, his calamity would be great indeed. But it grows even worse when, in his desire to nevertheless explain that portion or chapter, he distorts the meaning, corrupts and perverts the truth, violates ordinances, and breaches fences. His end is destruction, the punishment of all who breach fences. Shelomo said, "I gazed, I pondered," [meaning] I reflected on this matter and realized the great evil in it; for it is like a poison that spreads little by little, its effect unnoticed until [it brings about] death. This is the meaning of "A little sleep, {a little slumber, a little folding of the arms to lie down}, then your poverty shall come as a runner {and your want as an armed man}."

Many times, we see with our own eyes that a person has already come to know in his heart his obligation; he has ascertained what he should do to save his soul and what his obligation is in regard to his Creator. Nevertheless, he ignores this knowledge, not because he is unaware of his obligation, not for any other reason other than the weight of laziness that overcomes him. He says, "I will sleep a little," or "I will eat a little," or "It is difficult for me to leave my house," "I have taken off my shirt, how can I don it again," "The sun is scorching outside," "There is too much cold or rain." And all the rest of the rationalizations and excuses that fill the mouths of the indolent. In the meantime, Divine service is pushed aside, Torah is neglected, and man abandons his Creator. This is the sense of what Shelomo said, "Through sloth the ceiling sinks in and through indolence the house leaks" (Kohelet 10:18).

Yet if you ask the lazy man to explain his behavior, he will confront you with numerous dicta of the Sages, verses from Scripture, and rational arguments, all of which instruct him, according to his distorted understanding, to be lenient with himself and maintain

בִּמְנוּחַת עַצְלָתוֹ. וְהוּא אֵינֶנּוּ רוֹאֶה שֶׁאֵין הַטְּעָנוֹת הָהֵן וְהַטְּעָמִים הָהֵם נוֹלָדִים לוֹ מִפְּנֵי שִׁקּוּל דַּעְתּוֹ, אֶלָּא מִמְּקוֹר עַצְלָתוֹ הֵם נוֹבְעִים; אֲשֶׁר בִּהְיוֹתָהּ הִיא גּוֹבֶרֶת בּוֹ, מַטָּה דַּעְתּוֹ וְשִׂכְלוֹ אֶל הַטְּעָנוֹת הָאֵלֶּה, אֲשֶׁר לֹא יִשְׁמַע לְקוֹל כָּל הַחֲכָמִים וְאַנְשֵׁי הַדֵּעָה הַנְּכוֹנָה. הוּא מַה שֶּׁשְּׁלֹמֹה צוֹוֵחַ וְאוֹמֵר: חָכָם עָצֵל בְּעֵינָיו מִשִּׁבְעָה מְשִׁיבֵי טָעַם (משלי כו, טז). כִּי הָעַצְלָה אֵינֶנָּה מַנַּחַת לוֹ אֲפִלּוּ לָחוּשׁ קְצָת לְדִבְרֵי הַמּוֹכִיחִים אוֹתוֹ, אֶלָּא יַחְשֹׁב הַכֹּל לְשׁוֹטִים וְתוֹעִים וְהוּא לְבַדּוֹ חָכָם.

וְאַתָּה דַּע לְךָ אָחִי, כִּי בֶּאֱמֶת כְּלַל גָּדוֹל נִסִּיתִי בְּחָכְמַת הַפְּרִישׁוּת, כָּל קֻלָּא צְרִיכָה בְּדִיקָה. כִּי אַף עַל פִּי שֶׁיְּכוֹלָה לִהְיוֹת נְכוֹנָה וִישָׁרָה, אַךְ קָרוֹב הַדָּבָר שֶׁתִּהְיֶה מֵעֲצַת הַיֵּצֶר וּמִרְמוֹתָיו. עַל כֵּן צָרִיךְ לִבְדֹּק אַחֲרֶיהָ בַּחֲקִירוֹת וּדְרִישׁוֹת רַבּוֹת, וְאִם אַחַר כָּל אֵלֶּה תִּצְדַּק, אָז טוֹב לָנוּ.

כְּלָלוֹ שֶׁל דָּבָר: צָרִיךְ הָאָדָם לְהִתְחַזֵּק מְאֹד וּלְהִתְגַּבֵּר בִּזְרִיזוּת לַעֲשִׂיַּת הַמִּצְווֹת, בְּהַשְׁלִיכוֹ מֵעָלָיו כֹּבֶד הָעַצְלָה הַמְעַכֶּבֶת עַל יָדוֹ. וְתִרְאֶה שֶׁהַמַּלְאָכִים נִשְׁתַּבְּחוּ בַּמִּדָּה הַטּוֹבָה הַזֹּאת, שֶׁנֶּאֱמַר בָּהֶם: גִּבֹּרֵי כֹחַ עֹשֵׂי דְבָרוֹ לִשְׁמֹעַ בְּקוֹל דְּבָרוֹ (תהלים קג, כ). וְאוֹמֵר: וְהַחַיּוֹת רָצוֹא וָשׁוֹב כְּמַרְאֵה הַבָּזָק (יחזקאל א, יד). וְהִנֵּה הָאָדָם הוּא אָדָם וְלֹא מַלְאָךְ, עַל כֵּן אִי אֶפְשָׁר לוֹ שֶׁיַּגִּיעַ לִגְבוּרָתוֹ שֶׁל הַמַּלְאָךְ, אַךְ וַדַּאי שֶׁכָּל מַה שֶּׁיּוּכַל לְהִתְקָרֵב בְּמַדְרֵגָתוֹ אֲלֵיהֶם רָאוּי שֶׁיִּשְׁתַּדֵּל לְהִתְקָרֵב, וְזֶהוּ פָּשׁוּט. וְדָוִד הַמֶּלֶךְ עָלָיו הַשָּׁלוֹם הָיָה מְשַׁבֵּחַ עַל חֶלְקוֹ, כַּאֲשֶׁר כְּבָר קָנָה לוֹ הַמִּדָּה הַזֹּאת, וְאָמַר: חַשְׁתִּי וְלֹא הִתְמַהְמָהְתִּי לִשְׁמֹר מִצְוֹתֶיךָ (תהלים קיט, ס).

אָמַר הֶחָכָם:

הִנְּךָ מְשַׂמֵּחַ לִבִּי בִּדְבָרֶיךָ הַנְּעִימִים. בַּהֲגִיגְךָ תִּבְעַר אֵשׁ הַתַּאֲוָה בְּקִרְבִּי[ז] לְהִתְעוֹרֵר בִּתְמִימוּת הָעֲבוֹדָה הַשְּׁלֵמָה, וּלְזַכּוֹת אֶת אָרְחִי[ח] בְּיֹשֶׁר דַּרְכֵי ה'.

[ז] ע"פ תהלים לט, ד. [ח] ע"פ תהלים קיט, ט.

his indolent repose. He fails to see that all these arguments and reasons do not stem from balanced reasoning. Rather, they spring from the source of his laziness which, as it overpowers him, bends his mind and intellect toward those arguments. Hence, he fails to listen to the voice of the wise and those possessing sound judgment. This is the meaning of Shelomo's rebuke: "The lazy man thinks himself wiser than seven men that answer sensibly" (Mishlei 26:16). Indolence does not permit him to hearken in the slightest to the words of those who reprove him. Rather, he believes them all to be fools who have gone astray and that he alone is wise.

And you, my brother, know that I have truly learned from experience an important principle in the science of abstinence. Every leniency calls for examination. For although leniency may [at times] be correct and just, it is most likely one of the deceitful counsels of the *Yetzer*. Therefore, [every leniency] should be subjected to thorough and meticulous examination. If it still seems justified after such scrutiny, then it is valid.

In summation, man must summon a great deal of strength and fortify himself with alacrity in the performance of the *mitzvot* by casting off the weight of indolence that impedes him. You will notice that the angels were praised for possessing this good trait [of alacrity]. As it is said of them: "Mighty in strength who do His bidding, hearkening to the voice of His word" (Tehillim 103:20). And further: "And the *hayyot* dashed to and fro as the appearance of a flash of lightning" (Yehezkel 1:14). Now man is [simply] human and not an angel. It is, therefore, impossible for him to achieve the strength of an angel. However, he should certainly strive, as much as possible, to approach the rank of angels. This is clear. Thus King David, peace be on him, would praise [God] for his portion when he attained this trait [of alacrity], saying, "I hurry without delay to keep Your commandments" (Tehillim 119:60).

The Hakham said:
You gladden my heart with your pleasant words. Through your words, the fire of desire is aflame within me to awaken to the perfect service of God, and to keep my path pure with the righteousness of God's ways.

פֶּרֶק ט:

בְּבֵאוּר חֶלְקֵי הַזְּרִיזוּת

אָמַר הֶחָסִיד:

אחר שֶׁבֵּאַרְתִּי עִנְיַן הַזְּרִיזוּת וְהַצֹּרֶךְ בּוֹ, נְדַבֵּר עַתָּה בַּחֲלָקָיו. וְהִנֵּה מָצָאתִי חֶלְקֵי הַזְּרִיזוּת שְׁנַיִם: אֶחָד קֹדֶם הַתְחָלַת הַמַּעֲשֶׂה, וְהַשֵּׁנִי אַחֲרֵי כֵן.

קֹדֶם הַתְחָלַת הַמַּעֲשֶׂה הוּא שֶׁלֹּא יַחְמִיץ הָאָדָם אֶת הַמִּצְוָה, אֶלָּא בְּהַגִּיעַ זְמַנָּהּ אוֹ בְּהִזְדַּמְּנָהּ לְפָנָיו אוֹ בַּעֲלוֹתָהּ בְּמַחֲשַׁבְתּוֹ, יְמַהֵר יָחִישׁ מַעֲשֵׂהוּ[א] לֶאֱחֹז בָּהּ וְלַעֲשׂוֹת אוֹתָהּ, וְלֹא יַנִּיחַ זְמַן לִזְמַן שֶׁיִּתְרַבֶּה בֵּינְתַיִם. כִּי אֵין סַכָּנָה כְּסַכָּנָתוֹ, אֲשֶׁר הִנֵּה כָּל רֶגַע שֶׁמִּתְחַדֵּשׁ יוּכַל לְהִתְחַדֵּשׁ אֵיזֶה עִכּוּב אֶל הַמַּעֲשֶׂה הַטּוֹב.

וְעַל אֲמִתַּת הַדָּבָר הַזֶּה הֶעִירוּנוּ חֲכָמֵינוּ זִכְרוֹנָם לִבְרָכָה בְּעִנְיַן הַמְלָכַת שְׁלֹמֹה הַמֶּלֶךְ, שֶׁאָמַר דָּוִד לִבְנָיָהוּ: וְהוֹרַדְתֶּם אֹתוֹ אֶל גִּחוֹן (מלכים א א, לג), וְעָנָה בְּנָיָהוּ: אָמֵן כֵּן יֹאמַר ה' (שם פסוק לו). אָמְרוּ זִכְרוֹנָם לִבְרָכָה: רַבִּי פִּנְחָס בְּשֵׁם רַבִּי חָנָן דְּצִפּוֹרִי, וַהֲלֹא כְּבָר נֶאֱמַר, הִנֵּה בֵן נוֹלָד לָךְ וְהוּא[ב] יִהְיֶה אִישׁ מְנוּחָה (דברי הימים א כב, ט), אֶלָּא הַרְבֵּה קַטֵּגוֹרִין יַעַמְדוּ מִכָּאן וְעַד גִּיחוֹן (בראשית רבה עו, ב).

וְהִנֵּה עַל כֵּן הִזְהִירוּ זִכְרוֹנָם לִבְרָכָה: וּשְׁמַרְתֶּם אֶת הַמַּצּוֹת (שמות יב, יז), מִצְוָה הַבָּאָה לְיָדְךָ אַל תַּחְמִיצֶנָּה (מכילתא מסכתא דפסחא ט). וְאָמְרוּ: לְעוֹלָם יַקְדִּים אָדָם לִדְבַר מִצְוָה, שֶׁלְּפִי שֶׁהִקְדִּימָה בְּכִירָה לִצְעִירָה לַיְלָה אֶחָד {קָדְמָתָהּ אַרְבַּע דּוֹרוֹת לְיִשְׂרָאֵל} (ראה בבא קמא לח, ב; נזיר כג, ב). וְאָמְרוּ: זְרִיזִים מַקְדִּימִים לַמִּצְווֹת (פסחים ד, א). וְכֵן אָמְרוּ: לְעוֹלָם יָרוּץ אָדָם לִדְבַר מִצְוָה וַאֲפִלּוּ בְּשַׁבָּת (ברכות ו, ב).[ג]

[א] ע"פ ישעיה ה, יט. [ב] בכתוב ובס"פ: 'הוא'. [ג] שאסור לרוץ בשבת, אבל לדבר מצוה מותר. ראה רמב"ם הלכות שבת פרק כד הל' ד–ה.

Nine:

The Elements of Alacrity

The Hasid said:

Having explained both the idea of and the need for alacrity, we shall now discuss its elements. I have found that alacrity has two parts. One applies before the performance [of a *mitzvah*]; the other, after its performance has begun.

Regarding the former, alacrity means that a person should not delay performing a *mitzvah*. Rather, when its time arrives, or it chances before him, or the thought of performing it enters his mind, he should speedily hasten his activity to seize the *mitzvah* and perform it. He should not allow any time to accumulate in the interim. There would be no greater danger than this, for with every passing moment some new impediment to his good deed may emerge.

Our Sages, may their memory be blessed, alerted us to the truth of this matter in reference to the coronation of King Shelomo, when David said to Benayahu, "And bring him down to Gihon" (I Melakhim 1:33), and Benayahu answered, "Amen, may the Lord say so" (ibid. 36). Our Sages, may their memory be blessed, said, "Rabbi Pinhas in the name of Rabbi Hanan of Sepphoris: Was it not already stated, 'Behold, a son shall be born to you who shall be a man of tranquility' (I Divrei haYamim 22:9)? Only because many accusers may present themselves from here to the Gihon" (*Bereishit Rabba* 76:2).

Our Sages, may their memory be blessed, therefore warned us: "'Watch over the *matzot* [unleavened bread] (Shemot 12:17)' – when a *mitzvah* comes your way, do not allow it to turn sour through delay" (*Mekhilta Pisha* 9). And they said, "A person should always do a *mitzvah* as early as possible, for because Lot's older daughter preceded his younger daughter by one night, [she preceded her by four generations in joining the nation of Israel]" (see *Baba Kamma* 38b; *Nazir* 23b). The Sages also said, "The zealous perform *mitzvot* at the earliest possible opportunity" (*Pesahim* 4a). They further said, "A person should always run to perform a *mitzvah*, even on the Sabbath" (*Berakhot* 6b).

וּבַמִּדְרָשׁ אָמְרוּ: הוּא יְנַהֲגֵנוּ עַלְמוּת (תהלים מח, טו),[ד] בִּזְרִיזוּת, כְּאִלֵּין עוֹלְמָתָא, כְּמָה דְּאַתְּ אָמַר (שם סח, כו), בְּתוֹךְ עֲלָמוֹת תּוֹפֵפוֹת (ויקרא רבה יא, ט). כִּי זוֹ הִיא מִדָּה שֶׁל שְׁלֵמוּת גָּדוֹל אֲשֶׁר טִבְעוֹ שֶׁל הָאָדָם מוֹנֵעָה מִמֶּנּוּ כְּמוֹ שֶׁזָּכַרְתִּי. וּמִי שֶׁמִּתְגַּבֵּר וְתוֹפֵשׂ בָּהּ כָּל מַה שֶׁיּוּכַל, הִנֵּה לֶעָתִיד לָבוֹא יִזְכֶּה לָהּ בֶּאֱמֶת, כַּאֲשֶׁר הַבּוֹרֵא יִתְבָּרַךְ שְׁמוֹ יִתְּנֶה לוֹ[ה] בִּשְׂכָרוֹ חֵלֶף מַה שֶׁהִשְׁתַּדֵּל אַחֲרֶיהָ בִּזְמַן עֲבוֹדָתוֹ.

אַךְ הַזְּרִיזוּת אַחַר הַתְחָלַת הַמַּעֲשֶׂה הוּא, שֶׁכֵּיוָן שֶׁאָחַז בַּמִּצְוָה יְמַהֵר לְהַשְׁלִים אוֹתָהּ, וְלֹא לְהָקֵל מֵעָלָיו כְּמִי שֶׁמִּתְאַוֶּה לְהַשְׁלִיךְ מֵעָלָיו מַשָּׂאוֹ, אֶלָּא מִיִּרְאָתוֹ פֶּן לֹא יִזְכֶּה לִגְמֹר אוֹתָהּ.

וְעַל זֶה הִרְבּוּ לְהַזְהִיר זִכְרוֹנָם לִבְרָכָה, וְאָמְרוּ: כָּל הַמַּתְחִיל בְּמִצְוָה וְאֵינוֹ גוֹמֵר אוֹתָהּ קוֹבֵר אִשְׁתּוֹ וּבָנָיו (בראשית רבה פה, ג). וְאָמְרוּ: אֵין הַמִּצְוָה נִקְרֵאת אֶלָּא עַל שֵׁם גּוֹמְרָהּ (רש"י לדברים ח, א).[ו] וְאָמַר שְׁלֹמֹה הַמֶּלֶךְ עָלָיו הַשָּׁלוֹם: חָזִיתָ אִישׁ מָהִיר בִּמְלַאכְתּוֹ לִפְנֵי מְלָכִים יִתְיַצָּב, בַּל יִתְיַצֵּב לִפְנֵי חֲשֻׁכִּים (משלי כב, כט). וַחֲכָמֵינוּ זִכְרוֹנָם לִבְרָכָה יָחֲסוּ לוֹ עַצְמוֹ הַשֶּׁבַח הַזֶּה עַל שֶׁמִּהֵר בִּמְלֶאכֶת בִּנְיַן הַבַּיִת וְלֹא נִתְעַצֵּל בָּהּ לְאַחֵר אוֹתָהּ (שיר השירים רבה א, ה; סנהדרין קד, ב). וְכֵן דְּרָשׁוּהוּ עַל מֹשֶׁה עָלָיו הַשָּׁלוֹם עַל שֶׁמִּהֵר בִּמְלֶאכֶת הַמִּשְׁכָּן (שיר השירים רבה א, ב). וְכֵן תִּמְצָא כָּל מַעֲשֵׂיהֶם שֶׁל צַדִּיקִים תָּמִיד בִּמְהִירוּת (במדבר רבה י, ה).[ז] אַבְרָהָם כְּתִיב בּוֹ: וַיְמַהֵר אַבְרָהָם הָאֹהֱלָה אֶל שָׂרָה וַיֹּאמֶר מַהֲרִי {שְׁלשׁ סְאִים קֶמַח סֹלֶת} וְכוּ׳, וַיִּתֵּן אֶל הַנַּעַר וַיְמַהֵר לַעֲשׂוֹת אֹתוֹ (בראשית יח, ו-ז). רִבְקָה, וַתְּמַהֵר וַתְּעַר כַּדָּהּ אֶל הַשֹּׁקֶת וַתָּרָץ עוֹד {אֶל הַבְּאֵר לִשְׁאֹב וַתִּשְׁאַב לְכָל גְּמַלָּיו} (שם כד, כ). אֲשֶׁר לֹא יִתְּנוּ הֶפְסֵק זְמַן, לֹא אֶל הַתְחָלַת הַמִּצְוָה וְלֹא אֶל הַשְׁלָמָתָהּ.

[ד] בספר תהלים נכתב כך: ׳עַל־מוּת׳.   [ה] בכתה"י: ׳לֹה׳, בס"פ ד"ר: ׳לוֹ׳. [ו] ע״פ תנחומא עקב סימן ו. וראה עוד בראשית רבה שם.   [ז] ראה עוד מדרש אגדה (בובר) בראשית יח, ו. שם מביא הראיה מאברהם.

And the midrash states (*Vayikra Rabba* 11:9): "'He will lead us back to our youthful vigor [*almut*]' (Tehillim 48:15) – so that we be filled with zeal, as young maidens, as it says: 'Among them are maidens [*alamot*] beating tambourines'" (Tehillim 68:26). For alacrity is a trait of great perfection which man's nature prevents him from attaining, as I have explained (*see above, p. 107*). One who musters strength and holds fast to it as best he can, will truly attain it in the future world, when the Creator (blessed be His name) bestows it upon him as a reward for having striven for it during the days of his service.

Alacrity, after the performance [of a *mitzvah*] has begun, means that once a person has taken hold of a *mitzvah*, he should hasten to complete it. Not as if seeking relief like someone who wishes to be rid of a burden, but for fear lest he not merit to complete it.

Our Sages, may their memory be blessed, exhorted us about this many times. They said, "Whoever begins a *mitzvah*, but fails to complete it, buries his wife and children" (*Bereishit Rabba* 85:3). They also said, "A *mitzvah* is attributed only to the one who completes it" (*Rashi* to Devarim 8:1). And King Shelomo, peace be on him, said, "See a man diligent in his business – he will stand before kings; he will not stand before obscure men" (Mishlei 22:29). Our Sages, may their memory be blessed, attributed this praise to Shelomo himself for making haste in the building of the Temple and not idling or delaying it (*Shir haShirim Rabba* 1:5). In similar fashion, they interpreted the verse in reference to Moshe, peace be on him, for hastening the construction of the Tabernacle (ibid. 1:2). So you will find that whatever the righteous do, they always execute with haste (*Bamidbar Rabba* 10:5). It is written regarding Avraham: "And Avraham hastened into the tent to Sarah and said, 'Hurry, knead [three *seahs* of choice flour]!'... And he gave [the calf] to the lad, and he hurried to prepare it" (Bereishit 18:6-7). Regarding Rivka: "And she hastened, and emptied her jug into the trough, and ran again {to the well to draw water, and she drew water for all his camels}" (Bereishit 24:20). They allow no time to elapse before undertaking a *mitzvah* or in seeing it through to completion.

אָמַר הֶחָכָם:
וַדַּאי הַסְּבָרָא מְחַיֶּבֶת הָאֱמֶת הַזֶּה, כִּי הַהַמְתָּנָה הַיְתֵרָה אֵינָהּ אֶלָּא חֻלְשַׁת הַסִּבָּה הַפּוֹעֶלֶת, וְאִם הַסִּבָּה תִּפְעַל בְּכֹחַ וְלֹא יִהְיֶה לָהּ מוֹנֵעַ, וַדַּאי שֶׁתַּשְׁלִים פְּעֻלָּהּ בִּמְהֵרָה.

אָמַר הֶחָסִיד:
כֵּן הוּא שֶׁהָאָדָם אֲשֶׁר תִּלָּהֵט נַפְשׁוֹ בַּעֲבוֹדַת בּוֹרְאוֹ, וַדַּאי שֶׁלֹּא יִתְעַצֵּל בַּעֲשִׂיַּת מִצְוֹתָיו, אֶלָּא תִּהְיֶה תְּנוּעָתוֹ כִּתְנוּעַת הָאֵשׁ הַמְּהִירָה, כִּי לֹא יָנוּחַ וְלֹא יִשְׁקֹט עַד אִם כִּלָּה הַדָּבָר לְהַשְׁלִימוֹ.

וְאָמְנָם הִתְבּוֹנֵן עוֹד, שֶׁכְּמוֹ שֶׁהַזְּרִיזוּת הוּא תּוֹלֶדֶת הַהִתְלַהֲטוּת הַפְּנִימִי, כֵּן מִן הַזְּרִיזוּת יִוָּלֵד הַהִתְלַהֲטוּת. וְהַיְנוּ, כִּי מִי שֶׁמַּרְגִּישׁ[ח] עַצְמוֹ בְּמַעֲשֵׂה הַמִּצְוָה, כְּמוֹ שֶׁהוּא מְמַהֵר תְּנוּעָתוֹ הַחִיצוֹנָה, כֵּן הִנֵּה הוּא גּוֹרֵם שֶׁתִּבְעַר בּוֹ תְּנוּעָתוֹ הַפְּנִימִית כְּמוֹ כֵן, וְהַחֵשֶׁק וְהַחֵפֶץ יִתְגַּבֵּר בּוֹ וְיֵלֵךְ. אַךְ אִם יִתְנַהֵג בִּכְבֵדוּת בִּתְנוּעַת אֵבָרָיו, גַּם תְּנוּעַת רוּחוֹ תִּשְׁקַע וְתִכְבֶּה. וְזֶה דָּבָר שֶׁהַנִּסָּיוֹן יְעִידֵהוּ.

וְאָמְנָם כְּבָר יָדַעְתָּ שֶׁהַנִּרְצֶה יוֹתֵר בַּעֲבוֹדַת הַבּוֹרֵא יִתְבָּרַךְ שְׁמוֹ הוּא חֵפֶץ הַלֵּב וּתְשׁוּקַת הַנְּשָׁמָה. הוּא מַה שֶּׁדָּוִד הַמֶּלֶךְ עָלָיו הַשָּׁלוֹם הָיָה מִתְהַלֵּל בְּחֶלְקוֹ הַטּוֹב וְאוֹמֵר: כְּאַיָּל תַּעֲרֹג עַל אֲפִיקֵי מָיִם {כֵּן נַפְשִׁי תַעֲרֹג אֵלֶיךָ אֱלֹהִים}, צָמְאָה נַפְשִׁי לֵאלֹהִים {לְאֵל חָי, מָתַי אָבוֹא וְאֵרָאֶה פְּנֵי אֱלֹהִים} (תהלים מב, ב-ג), נִכְסְפָה וְגַם כָּלְתָה נַפְשִׁי {לְחַצְרוֹת ה', לִבִּי וּבְשָׂרִי יְרַנְּנוּ אֶל אֵל חָי} (שם פד, ג), צָמְאָה לְךָ נַפְשִׁי כָּמַהּ לְךָ בְשָׂרִי {בְּאֶרֶץ צִיָּה וְעָיֵף בְּלִי מָיִם} (שם סג, ב).

וְאוּלָם הָאָדָם אֲשֶׁר אֵין הַחֶמְדָּה הַזֹּאת לוֹהֶטֶת בּוֹ כָּרָאוּי, עֵצָה טוֹבָה הִיא לוֹ שֶׁיִּזְדָּרֵז בִּרְצוֹנוֹ, כְּדֵי שֶׁיִּמָּשֵׁךְ מִמֶּנּוּ שֶׁתִּוָּלֵד הַחֶמְדָּה בַּטֶּבַע; כִּי הַתְּנוּעָה הַחִיצוֹנָה מְעוֹרֶרֶת הַפְּנִימִית כְּמוֹ שֶׁזָּכַרְתִּי, וּבְוַדַּאי שֶׁיּוֹתֵר מְסוּרָה בְּיָדוֹ הִיא הַחִיצוֹנִית מֵהַפְּנִימִית. אֲבָל אִם יִשְׁתַּמֵּשׁ מִמַּה שֶּׁבְּיָדוֹ,

[ח] כלומר שֶׁמְּרַגֵּשׁ, היינו מביא עצמו להתרגש במעשה המצוה.

The Hakham said:
Surely reason dictates this truth. For excessive delay is nothing but a deficiency of the efficient cause. If the agent acts with force and there is no deterrent, it will certainly complete the activity quickly.

The Hasid said:
It is true that a person whose soul burns in the service of his Creator will surely not be lazy in the performance of His *mitzvot*. Rather, his movement will be like that of a quick-spreading fire, for he will neither rest nor pause till he brings his deed to full completion.

Consider also that just as alacrity is born of an inner ardor, so too does it engender ardor. That is, just as a person who rouses himself to the performance of *mitzvot* quickens his outer motion, so too does he fire his inner emotion, causing his passion and purpose to continually gain strength. But if he is lethargic in the movement of his limbs, the movement of his spirit will also die down and be extinguished. To this, experience will attest.

Indeed, you already know that the aspect of the service of the Creator (blessed be His name) that is most desired is the heart's desire and the soul's longing [for Him]. This is what King David, peace be on him, meant when he gloried in his good portion, saying: "As the hart yearns for the water brooks, {so my soul yearns for You, O God}. My soul thirsts for God, {for the living God; when shall I come and appear before God}" (Tehillim 42:2-3); "My soul longs and pines {for the courts of the Lord; my heart and my flesh cry out for the living God}" (Tehillim 84:3); "My soul thirsts for You, my flesh longs for You {in a dry and thirsty land where there is no water}" (Tehillim 63:2).

Therefore, the man in whom this longing does not burn as it should would be well-advised to bestir himself by force of will, so that as a result, such longing will become part of his nature. For as I have remarked (*above*), outward movements arouse inner emotions, and surely the former is more given to his control than the latter. But if he utilizes that which is within his control, he will,

יִקְנֶה גַּם מַה שֶּׁאֵינוֹ בְּיָדוֹ בְּהֶמְשֵׁךְ, כִּי תִּוָּלֵד בּוֹ הַשִּׂמְחָה הַפְּנִימִית וְהַחֵפֶץ וְהַחֶמְדָּה מִכֹּחַ מַה שֶּׁהוּא מִתְלַהֵט בִּתְנוּעָתוֹ בִּרְצוֹן. וְהוּא מַה שֶּׁהָיָה הַנָּבִיא אוֹמֵר: וְנֵדְעָה נִרְדְּפָה לָדַעַת אֶת ה׳ וְכוּ׳ (הושע ו, ג).

וְכָתוּב: אַחֲרֵי ה׳ יֵלְכוּ כְּאַרְיֵה יִשְׁאָג וְכוּ׳ (שם יא, י).

וְעַתָּה נְפָרֵשׁ מַהוּ הַדֶּרֶךְ לִקְנוֹת בּוֹ הָאָדָם אֶת הַמִּדָּה הַזֹּאת.

אָמַר הֶחָכָם:

דַּבֵּר דְּבָרֶיךָ, כִּי עֲרֵבִים לִי מְאֹד.

as a result, acquire even that which is beyond his control. For inner joy, desire, and longing will be engendered in him by the fervor that his freely-willed movement has produced. This is what the Prophet meant when he said: "Let us know, let us run to know the Lord" (Hoshea 6:3). And it is written: "They shall go after the Lord, who shall roar like a lion" (Hoshea 11:10).

We shall now explain the way in which a person may acquire this trait [of alacrity].

The Hakham said:
Speak your words, for they are very pleasant to me.

פֶּרֶק י:

בְּדֶרֶךְ קְנִיַּת הַזְּרִיזוּת

אָמַר הֶחָסִיד:

הִנֵּה הָאֶמְצָעִים אֲשֶׁר בָּם נִקְנָה הַזְּרִיזוּת הֵם הֵם אוֹתָם אֲשֶׁר נִקְנָה בָּהֶם הַזְּהִירוּת, וּמַדְרֵגוֹתֵיהֶם כְּמַדְרֵגוֹתֵיהֶם, וּכְמוֹ שֶׁזָּכַרְתִּי לְמַעְלָה, כִּי עִנְיָנָם קָרוֹב זֶה לָזֶה מְאֹד, שֶׁאֵין הֶפְרֵשׁ בֵּינֵיהֶם אֶלָּא שֶׁזֶּה בַּעֲשִׂיִּין וְזֶה בְּלָאוִין. וְכַאֲשֶׁר יִתְאַמֵּת אֵצֶל הָאָדָם גֹּדֶל עֵרֶךְ הַמִּצְווֹת וְרֹב חוֹבָתוֹ בָּהֶם, וַדַּאי שֶׁיִּתְעוֹרֵר לִבּוֹ אֶל הָעֲבוֹדָה וְלֹא יִתְרַפֶּה מִמֶּנָּה.

וְאָמְנָם מַה שֶּׁיּוּכַל לְהַגְבִּיר הַהִתְעוֹרְרוּת הַזֶּה הוּא הַהִסְתַּכְּלוּת בְּרֹב הַטּוֹבוֹת שֶׁהַקָּדוֹשׁ בָּרוּךְ הוּא עוֹשֶׂה עִם הָאָדָם בְּכָל עֵת וּבְכָל שָׁעָה, וְהַנִּפְלָאוֹת הַגְּדוֹלוֹת שֶׁעוֹשֶׂה עִמּוֹ מֵעֵת הַלֵּידָה עַד הַיּוֹם הָאַחֲרוֹן. כִּי כָּל מַה שֶּׁיַּרְבֶּה לְהִסְתַּכֵּל וּלְהִתְבּוֹנֵן בִּדְבָרִים אֵלֶּה, הִנֵּה יַרְבֶּה לְהַכִּיר בְּעַצְמוֹ[א] חוֹבָה רַבָּה אֶל הָאֵל הַמֵּיטִיב לוֹ, וְיִהְיוּ אֵלֶּה אֶמְצָעִיִּים לְשֶׁלֹּא יִתְעַצֵּל וְיִתְרַפֶּה מֵעֲבוֹדָתוֹ. כִּי הֲרֵי הוֹאִיל וְאֵינֶנּוּ יָכוֹל לִגְמֹל לוֹ יִתְבָּרַךְ טוֹבָתוֹ, לְפָחוֹת יוֹדֶה לִשְׁמוֹ וִיקַיֵּם מִצְווֹתָיו.

וְהִנֵּה אֵין לְךָ אָדָם עַל אֵיזֶה מַצָּב שֶׁיִּהְיֶה, אִם עָנִי אִם עָשִׁיר, אִם בָּרִיא אִם חוֹלֶה, שֶׁלֹּא יִרְאֶה נִפְלָאוֹת וְטוֹבוֹת רַבּוֹת בְּמַצָּבוֹ. כִּי הֶעָשִׁיר וְהַבָּרִיא כְּבָר הוּא חַיָּב לוֹ יִתְבָּרַךְ עַל עָשְׁרוֹ וְעַל בְּרִיאוּתוֹ. הֶעָנִי חַיָּב לוֹ עַל שֶׁאֲפִלּוּ בְּעָנְיוֹ מַמְצִיא לוֹ פַּרְנָסָתוֹ דֶּרֶךְ נֵס וּפֶלֶא וְאֵינוֹ מַנִּיחַ אוֹתוֹ לָמוּת בָּרָעָב. הַחוֹלֶה עַל שֶׁמַּחֲזִיקוֹ בְּכֹבֶד חָלְיוֹ וּמַכּוֹתָיו וְאֵינוֹ מַנִּיחוֹ לָרֶדֶת שַׁחַת. וְכֵן כָּל כַּיּוֹצֵא בָּזֶה, עַד שֶׁאֵין לְךָ אָדָם שֶׁלֹּא יַכִּיר עַצְמוֹ חַיָּב לְבוֹרְאוֹ.

[א] כך בכתה"י, בס"פ ד"ר: 'לעצמו'.

Ten:

How to Acquire Alacrity

The Hasid said:

The means by which we acquire alacrity are precisely those by which we acquire vigilance. And the [various] ranks of [the means to] the one are like the ranks of [the means to the] other that I have mentioned above *(see p. 81 onward)*. The idea behind the one is very close to the idea behind the other, the only difference between them being that one pertains to the positive commandments, while the other pertains to the negative commandments. When a person is convinced of the great value of the *mitzvot* and the magnitude of his obligation to fulfill them, his heart will surely awaken to God's service and not slacken in it.

But something that can intensify this focus is contemplation upon the many benefits that the Holy One (blessed be He) grants man each and every moment, and the great marvels that He performs for him from time of birth until his final day. For the more a person contemplates and considers these things, the more he will recognize his great debt to God who bestows this goodness upon him. Contemplation of these things will then serve as a means to ensure that he does not grow lazy or lax in the service of God. For since he cannot repay the Blessed One for His goodness, he should at least acknowledge Him and fulfill His commandments.

For no man, whatever his condition – rich or poor, healthy or infirm – can fail to see the many wondrous benefits [he receives from God] under these conditions. The rich and the healthy are indebted to Him (blessed be He) for their wealth and their health. The poor are indebted to Him, for even in their poverty He wondrously and miraculously provides for them, and does not allow them to die of hunger. The sick are indebted to Him for sustaining them while under the weight of their sickness and afflictions, not allowing them to descend to the pit. The same is true of all similar situations, so that there is no man who cannot recognize that he is indebted to his Creator.

וּבְהִסְתַּכְּלוֹ בַּטּוֹבוֹת הָאֵלֶּה אֲשֶׁר הוּא מְקַבֵּל מִמֶּנּוּ, הִנֵּה וַדַּאי שֶׁיִּתְעוֹרֵר לְהִזָּדֵרז לַעֲבוֹדָתוֹ, וּכְמוֹ שֶׁזָּכַרְתִּי לְמַעְלָה. כָּל שֶׁכֵּן אִם יִסְתַּכֵּל הֱיוֹת כָּל טוּבוֹ תָּלוּי בְּיָדוֹ יִתְבָּרַךְ, וּמַה שֶּׁמִּצְטָרֵךְ לוֹ וּמַה שֶּׁמֻּכְרָח לוֹ מִמֶּנּוּ יִתְבָּרַךְ הוּא וְלֹא מֵאַחֵר, אֲשֶׁר עַל כֵּן וַדַּאי שֶׁלֹּא יִתְעַצֵּל מֵעֲבֹד עֲבוֹדָתוֹ יִתְבָּרַךְ וְלֹא יֶחְסַר לוֹ מַה שֶּׁהוּא מֻכְרָח אֵלָיו.

וְהִנְּךָ רוֹאֶה שֶׁכָּלַלְתִּי פֹּה בִּדְבָרַי שְׁלֹשֶׁת הַמַּדְרֵגוֹת אֲשֶׁר חִלַּקְתִּים בַּזְּהִירוּת, כִּי כְּבָר עִנְיָנָם אֶחָד, וְהַדָּבָר לָמֵד מֵעִנְיָנוֹ. שֶׁלִּשְׁלֵמֵי הַדַּעַת תִּהְיֶה הַהֶעָרָה מִצַּד הַחוֹבָה וּמִצַּד עֵרֶךְ הַמַּעֲשִׂים וַחֲשִׁיבוּתָם. וְלַפְּחוּתִים מֵהֶם מִצַּד הָעוֹלָם הַבָּא וּכְבוֹדוֹ שֶׁלֹּא תַּשִּׂיגֵהוּ בּוּשָׁה לְיוֹם הַגְּמוּל בִּרְאוֹתוֹ הַטּוֹבָה שֶׁהָיָה בְּיָדוֹ לְהַשִּׂיג וְאִבְּדָהּ. וְלֶהָמוֹן מִצַּד הָעוֹלָם הַזֶּה וּצְרָכָיו, כְּעִנְיַן שֶׁפֵּרַשְׁתִּי לְמַעְלָה.

אָמַר הֶחָכָם:

אֵין צָרִיךְ לְהַאֲרִיךְ בָּזֶה, כִּי כְּבָר פָּשׁוּט הוּא שֶׁאֵין בֵּין הַזְּהִירוּת לַזְּרִיזוּת אֶלָּא שֶׁהָרִאשׁוֹן מְאִיסַת הָרַע וְהַשֵּׁנִי בְּחִירַת הַטּוֹב, וְעִנְיָנָם שָׁקוּל וְשָׁוֶה. מַה שֶּׁצָּרִיךְ לְבָאֵר עַתָּה הֵם מַפְסִידֵי הַזְּרִיזוּת וְהַרְחָקָם.

Upon reflecting on these benefits which man receives from God, he will certainly be stirred to act with alacrity in His service, as I said before. All the more so, if he considers that any good he receives is dependent upon [God], blessed be He, and that all his essential needs are provided by Him, blessed be He, and none other. Then he will certainly not be slack in serving God, blessed be He, or remiss in anything he needs to do [to perform that service].

You will note that my discussion here comprises the three levels that I distinguished in relation to vigilance. For alacrity and vigilance are in essence the same, and this matter is to be deduced from its context. Thus, those of perfect knowledge will be roused by their sense of obligation and understanding of the value and importance of the good deeds themselves. Those of lesser understanding will be motivated by the world-to-come and its honors – to avoid shame on the day of recompense, on seeing the good that was within their grip, and then lost. And the commonality will be motivated by this world and its needs, as I have explained above.

The Hakham said:
There is no need to speak of this at length. For it is clear that the traits of vigilance and alacrity differ only in that the one involves rejecting evil, while the other involves choosing good. What they are concerned with is equivalent and alike. What requires explanation now are the factors detrimental to alacrity and how to avoid them.

פֶּרֶק יא:

בְּבֵאוּר מַפְסִידֵי הַזְּרִיזוּת וְהַהַרְחָקָה מֵהֶם

אָמַר הֶחָסִיד:

מַפְסִידֵי הַזְּרִיזוּת הֵם מַגְדִּילֵי הָעַצְלָה, וְהַגָּדוֹל שֶׁבְּכֻלָּם הוּא בַּקָּשַׁת הַמְּנוּחָה הַגּוּפִית וְשִׂנְאַת הַטֹּרַח וְאַהֲבַת הָעִדּוּנִים בְּתַשְׁלוּם כָּל תְּנָאֵיהֶם. כִּי הִנֵּה אָדָם אֲשֶׁר כָּזֶה וַדַּאי שֶׁתִּכְבַּד עָלָיו הָעֲבוֹדָה לִפְנֵי בּוֹרְאוֹ כֹּבֶד גָּדוֹל. כִּי מִי שֶׁיִּרְצֶה לֶאֱכֹל אֲכִילוֹתָיו בְּכָל הַיִּשּׁוּב וְהַמְּנוּחָה, וְלִישֹׁן שְׁנָתוֹ בְּלֹא טוֹרֵד, וִימָאֵן לָלֶכֶת אִם לֹא יִהְיֶה לְאִטּוֹ, וְכַיּוֹצֵא בִּדְבָרִים אֵלֶּה, הִנֵּה יִקְשֶׁה עָלָיו לְהַשְׁכִּים לְבָתֵּי כְּנֵסִיּוֹת, אוֹ לְקַצֵּר בִּסְעֻדָּתוֹ מִפְּנֵי תְּפִלַּת הַמִּנְחָה, אוֹ לָצֵאת לִדְבַר מִצְוָה אִם אֵין הָעֵת בָּרוּר,[א] כָּל שֶׁכֵּן לְמַהֵר עַצְמוֹ לְדִבְרֵי מִצְוָה אוֹ לְתַלְמוּד תּוֹרָה. וּמִי שֶׁמַּרְגִּיל עַצְמוֹ לַמִּנְהָגוֹת הָאֵלֶּה, אֵינֶנּוּ אָדוֹן בְּעַצְמוֹ לַעֲשׂוֹת הֵפֶךְ זֶה כְּשֶׁיִּרְצֶה, כִּי כְּבָר נֶאֱסַר רְצוֹנוֹ בְּמַאֲסַר הַהֶרְגֵּל הַנַּעֲשֶׂה טֶבַע שֵׁנִי.

וְאָמְנָם צָרִיךְ שֶׁיֵּדַע הָאָדָם כִּי לֹא לִמְנוּחָה הוּא בָּעוֹלָם הַזֶּה אֶלָּא לְעָמָל וְטֹרַח, וְלֹא יִנְהַג בְּעַצְמוֹ אֶלָּא מִנְהַג הַפּוֹעֲלִים הָעוֹשִׂים מְלָאכָה אֵצֶל מַשְׂכִּירֵיהֶם, וּכְעִנְיַן מַה שֶּׁהָיָה אוֹמֵר: אֲגִירֵי דְּיוֹמָא אֲנַן (עירובין סה, א), וּכְדֶרֶךְ יוֹצְאֵי הַצָּבָא בְּמַעַרְכוֹתֵיהֶם אֲשֶׁר אֲכִילָתָם בְּחִפָּזוֹן וּשְׁנָתָם עֲרַאי וְעוֹמְדִים תָּמִיד מוּכָנִים לְעֵת קְרָב. וְעַל זֶה נֶאֱמַר: כִּי אָדָם לְעָמָל יוּלָּד (איוב ה, ז). וּכְשֶׁיַּרְגִּיל עַצְמוֹ עַל זֶה הַדֶּרֶךְ, יִמְצָא הָעֲבוֹדָה קַלָּה עָלָיו וַדַּאי, כֵּיוָן שֶׁלֹּא יֶחְסַר בְּעַצְמוֹ הַהַזְמָנָה וְהַהֲכָנָה אֵלֶיהָ. וְעַל זֶה הַדֶּרֶךְ אָמְרוּ: כָּךְ הִיא דַּרְכָּהּ שֶׁל תּוֹרָה, פַּת בְּמֶלַח תֹּאכַל וּמַיִם בִּמְשׂוּרָה תִּשְׁתֶּה וְעַל הָאָרֶץ תִּישַׁן (אבות ו, ד), שֶׁהוּא כְּלַל הַהַרְחָקָה בְּתַכְלִית מִן הַמְּנוּחוֹת וְהָעִדּוּנִים.

[א] היינו, אין מזג האויר בהיר.

Eleven:

The Factors Detrimental to Alacrity and How to Avoid Them

The Hasid said:

The factors detrimental to the trait of alacrity are those that promote indolence. The most significant are the desire for bodily ease, an aversion to exertion, and the love of pleasure to its fullest. Someone [who suffers from these weaknesses] will undoubtedly find service of his Creator exceedingly onerous. For one who wishes to eat his meals in total tranquility and ease, to sleep without worry, to walk only at a gentle pace and the like, will find it extremely difficult to rise early in the morning for synagogue, or cut his meal short for the afternoon service, or go out to perform a *mitzvah* if the weather is inclement. How much more difficult will it be to rush to perform a *mitzvah* or study Torah. A person who accustoms himself to such practices is not his own master to do the opposite when he so desires; for his will is already locked in the prison of habit which has become second nature to him.

A person must understand, however, that he was not placed in this world for ease, but rather for toil and exertion. He must conduct himself in the manner of laborers who work for their employers, as has been said, "We are day laborers" (see *Eruvin* 65a); and in the manner of soldiers in a military campaign, who eat in haste, sleep irregularly, and are always ready for the moment of battle. Scripture said in this regard: "For man is born to toil" (Iyov 5:7). When one accustoms himself to behave in this way, he will certainly experience God's service easily, for he will not be lacking in preparation or readiness. Our Sages said along these lines: "This is the way of Torah: you should eat bread with salt, drink water in small measure, and sleep upon the ground" (*Avot* 6:4), which represents the ultimate shunning of comfort and pleasure as a general ideal.

עוֹד מִמַּפְסִידֵי הַזְּרִיזוּת הוּא רֹב הַפַּחַד וְגֹדֶל מוֹרָא הַזְּמַן וְתוֹלְדוֹתָיו. כִּי פַּעַם יִירָא מֵהַקֹּר אוֹ מֵהַחֹם, וּפַעַם מִן הַפְּגָעִים, וּפַעַם מִן הַבְּרִיאוּת, וּפַעַם מִן הָרוּחַ, וְכֵן כָּל כַּיּוֹצֵא בָּזֶה. הוּא הָעִנְיָן שֶׁאָמַר שְׁלֹמֹה עָלָיו: אָמַר עָצֵל שַׁחַל בַּדָּרֶךְ אֲרִי בֵּין הָרְחֹבוֹת (משלי כו, יג). וּכְבָר גִּנּוּ הַחֲכָמִים הַמִּדָּה הַזֹּאת וְיִחֲסוּהָ אֶל הַחַטָּאִים, וּמִקְרָא מְסַיְּעָם, דִּכְתִיב: פָּחֲדוּ בְצִיּוֹן חַטָּאִים אָחֲזָה רְעָדָה חֲנֵפִים (ישעיה לג, יד). עַד שֶׁאָמַר אֶחָד מִן הַגְּדוֹלִים אֶל תַּלְמִידוֹ בִּרְאוֹתוֹ אוֹתוֹ מִתְפַּחֵד: חַטָּאָה אַתְּ (ברכות ס, א). אֶלָּא עַל זֶה נֶאֱמַר: בְּטַח בַּה' וַעֲשֵׂה טוֹב שְׁכָן אֶרֶץ וּרְעֵה אֱמוּנָה (תהלים לז, ג).

כְּלָלוֹ שֶׁל דָּבָר: צָרִיךְ שֶׁיָּשִׂים הָאָדָם אֶת עַצְמוֹ עֲרַאי בָּעוֹלָם וְקָבוּעַ בָּעֲבוֹדָה, וְיִתְרַצֶּה וְיִסְתַּפֵּק בְּכָל עִנְיְנֵי הָעוֹלָם בְּמַה שֶּׁמִּזְדַּמֵּן לוֹ, וְיִקַּח מִן הַבָּא בְּיָדוֹ, וְיִהְיֶה רָחוֹק מִן הַמְּנוּחָה וְקָרוֹב לַמְּלָאכָה וְלֶעָמָל, וְיִהְיֶה נָכוֹן לִבּוֹ בָּטוּחַ בַּה'[ב] וְלֹא יִירָא מִתּוֹלְדוֹת הַזְּמַן וּפְגָעָיו.

אָמַר הֶחָכָם:

הִנֵּה אַתָּה גּוֹזֵר אֹמֶר שֶׁיִּבְטַח הָאָדָם בְּבוֹרְאוֹ וְיִשָּׁעֵן בֵּאלֹקָיו וְלֹא יִירָא מִפִּגְעֵי הַזְּמַן, אָמְנָם הִנֵּה מָצָאנוּ לַחֲכָמִים שֶׁיְּחַיְּבוּ אֶת הָאָדָם לִשְׁמֹר אֶת עַצְמוֹ שְׁמִירָה מְעֻלָּה וְלֹא יָשִׂים עַצְמוֹ בְּסַכָּנָה, אֲפִלּוּ הוּא צַדִּיק וּבַעַל מַעֲשִׂים. וּכְבָר אָמְרוּ: הַכֹּל בִּידֵי שָׁמַיִם חוּץ מִצִּנִּים פַּחִים (כתובות ל, א). וּקְרָא כְּתִיב: וְנִשְׁמַרְתֶּם מְאֹד לְנַפְשֹׁתֵיכֶם (דברים ד, טו).

אָמַר הֶחָסִיד:

יֵשׁ יִרְאָה רְאוּיָה וְיֵשׁ יִרְאָה שׁוֹטָה, וְיֵשׁ בִּטָּחוֹן וְיֵשׁ הוֹלֵלוּת. כִּי הָאָדוֹן בָּרוּךְ הוּא עָשָׂה אֶת הָאָדָם בַּעַל שֵׂכֶל נָכוֹן וּסְבָרָא נְכוֹחָה לְשֶׁיִּנְהַג עַצְמוֹ עַל דֶּרֶךְ טוֹב וְיִשָּׁמֵר מִן הַדְּבָרִים הַמַּזִּיקִים אֲשֶׁר נִבְרְאוּ לַעֲנֹשׁ אֶת הָרְשָׁעִים. וּמִי שֶׁיִּרְצֶה שֶׁלֹּא לִנְהֹג אֶת עַצְמוֹ בְּדֶרֶךְ הַחָכְמָה וְיַפְקִיר

[ב] ע"פ תהלים קיב, ז.

Another factor detrimental to alacrity is excessive fear and trepidation regarding what the future may bring. At one time a person may fear the cold or the heat, at another time mishaps, at another poor health, and at yet another [even] the wind, and so forth. It is about this that Shelomo said, "The lazy man says: There is a lion in the way; a lion is in the streets" (Mishlei 26:13). The Sages already condemned this trait, attributing it to sinners. And Scripture supports them, for the verse states: "The sinners in Zion are frightened; trembling has taken hold of the sinners" (Yeshayahu 33:14). To the point that one of the great men said to his disciple upon seeing him surrender to fright, "You must be a sinner" (*Berakhot* 60a). Regarding this the verse states, "Trust in the Lord and do good; dwell in the land and pursue faith" (Tehillim 37:3).

In summary, a person should regard himself as incidental in this world, but firmly established in Divine service. In all things worldly he should be content and satisfied with what comes his way, and make do with what he happens to have. He should steer clear of repose and draw close to labor and toil. His heart should be steadfast in trust of God, free of fear of the vicissitudes and mishaps of time.

The Hakham said:

You assert that a person should trust his Creator, rely upon his God, and not fear the mishaps of time. We find, however, that the Sages obligate a person to protect himself fully and not place himself in danger, even if he is righteous and possessed of good deeds. As they have said, "Everything is in the hands of Heaven except for colds and fevers" (*Ketubot* 30a). And Scripture states, "Be very vigilant of yourselves" (Devarim 4:15).

The Hasid said:

There is fear that is justified and fear that is foolish. There is faith and there is folly. For the Master, blessed be He, created man with sound intelligence and judgment in order that he might conduct himself in the right way, and protect himself from those harmful things that were created to punish the wicked. But if someone chooses not to conduct himself prudently, and exposes himself to

עַצְמוֹ לְסַכָּנוֹת, הִנֵּה אֵין זֶה בִּטָּחוֹן אֶלָּא הוֹלֵלוּת. וְכֵיוָן שֶׁאֵינוֹ רְצוֹן הַבּוֹרֵא יִתְבָּרַךְ שְׁמוֹ הִנֵּה הוּא מִתְחַיֵּב בְּנַפְשׁוֹ בְּמַעֲשֶׂה הַזֶּה עַצְמוֹ שֶׁהוּא חֵטְא מַמָּשׁ, כֵּיוָן שֶׁהוּא דָּבָר נֶגֶד רְצוֹנוֹ יִתְבָּרַךְ.

וְזֹאת הִיא הַיִּרְאָה הָרְאוּיָה, שֶׁעָלֶיהָ נֶאֱמַר: עָרוּם רָאָה רָעָה וְנִסְתָּר [וּפְתָיִים עָבְרוּ וְנֶעֱנָשׁוּ] (משלי כב, ג). אַךְ הַיִּרְאָה הַשּׁוֹטָה הִיא מַה שֶּׁהָאָדָם רוֹצֶה לְהוֹסִיף שְׁמִירוֹת עַל שְׁמִירוֹת וְיִרְאָה עַל יִרְאָה, וְעוֹשֶׂה מִשְׁמֶרֶת לְמִשְׁמַרְתּוֹ בְּאֹפֶן שֶׁיַּגִּיעַ מִזֶּה בִּטּוּל לַתּוֹרָה וְלָעֲבוֹדָה.

הִנֵּה יִרְאָה כָּזֹאת לֹא רְצוֹנוֹ שֶׁל מָקוֹם הִיא וְאֵין בָּהּ מַמָּשׁ, וְאֵינָהּ אֶלָּא מִפַּחֵי הַיֵּצֶר וּרְשָׁתוֹתָיו. כִּי בַּאֲשֶׁר לֹא יַפְקִיר הָאָדָם אֶת עַצְמוֹ לְהֶזֵּק הַמָּצוּי וְנִגְלֶה, רִיעוּתָא דְּלָא חָזִינַן לָא מַחְזְקִינַן (ע"פ חולין מח, ב ורש"י ד"ה ספפונא), וְאֵין לַחְשֹׁב יוֹתֵר מִמַּה שֶּׁהָעַיִן רוֹאָה. וְהוּא מַמָּשׁ עִנְיַן הַפָּסוּק שֶׁזָּכַרְנוּ לְמַעְלָה: אָמַר עָצֵל שַׁחַל בַּדָּרֶךְ {אֲרִי בֵּין הָרְחֹבוֹת} (משלי כו, יג).

וַחֲכָמִים[ג] זִכְרוֹנָם לִבְרָכָה פֵּרְשׁוּ הָעִנְיָן כְּמִין חֹמֶר, לְהַרְאוֹת עַד הֵיכָן מַגַּעַת יִרְאַת הַהֶבֶל לְהַפְרִישׁ הָאָדָם מִמַּעֲשֶׂה הַטּוֹב. אָמְרוּ זִכְרוֹנָם לִבְרָכָה: אָמַר עָצֵל שַׁחַל בַּדָּרֶךְ {אֲרִי בֵּין הָרְחֹבוֹת}, שִׁבְעָה דְּבָרִים אָמַר שְׁלֹמֹה בְּעָצֵל. כֵּיצַד? אָמְרוּ לְעָצֵל, הֲרֵי רַבְּךָ בָּעִיר לֵךְ וּלְמַד תּוֹרָה מִמֶּנּוּ, וְהוּא מֵשִׁיב אוֹתָם, מִתְיָרֵא אֲנִי מִן הָאֲרִי שֶׁבַּדֶּרֶךְ וְכוּ'. רַבְּךָ בְּתוֹךְ הַמְּדִינָה, אוֹמֵר לָהֶם, מִתְיָרֵא אֲנִי שֶׁלֹּא יְהֵא אֲרִי בֵּין הָרְחוֹבוֹת. אוֹמְרִים לוֹ, הֲרֵי הוּא בְּתוֹךְ בֵּיתְךָ, אוֹמֵר לָהֶם, אִם אֲנִי הוֹלֵךְ אֶצְלוֹ אֲנִי מוֹצֵא הַפֶּתַח נְעוּלָה וְכוּ', עַיֵּן שָׁם (ילקוט שמעוני, משלי רמז תתקסא, ע"פ דברים רבה ח, ו). הָא לָמַדְתָּ, שֶׁאֵין זוֹ יִרְאָה שֶׁגּוֹרֶמֶת לוֹ לִהְיוֹת מִתְעַצֵּל, אֶלָּא עַצְלָה גּוֹרֶמֶת לוֹ לִהְיוֹת יָרֵא.

וְכָל אֵלֶּה הַדְּבָרִים הַנִּסָּיוֹן יָעִיד עֲלֵיהֶם, מִמַּה שֶּׁכְּבָר הוּא רָגִיל וּפָשׁוּט בְּרֹב הֲמוֹן בְּנֵי הָאָדָם, אֲשֶׁר זֶה דַּרְכָּם כֵּסֶל לָמוֹ.[ד] וּמַשְׂכִּיל עַל דָּבָר יִמְצָא אֱמֶת לַאֲמִתּוֹ, וְדַעַת לְנָבוֹן נָקָל.[ה]

[ג] בכתה"י: 'וחז"ל'. בס"פ: 'וחכמים זכרונם לברכה'. [ד] ע"פ תהלים מט, יד.
[ה] ע"פ משלי יד, ו.

danger, he exhibits not faith but folly. Since this is not the will of the Creator, blessed be His name, he is liable for his life by this very act which is a sin in itself since it is contrary to God's will.

That is the right kind of fear, of which Scripture said, "The prudent man sees danger and takes refuge, [but the imprudent keep going and are punished]" (Mishlei 22:3). Foolish fear, however, is man's wish to add protection to protection and fear to fear, creating a safeguard to his safeguard in a manner that results in the neglect of Torah study and worship.

This type of fear is not God's will and has no basis. It is merely one of the *Yetzer's* traps and snares. For as long as a person does not expose himself to likely and apparent injury, "we do not presume that something is unsound unless we see it to be so;" and one should not consider more than what the eye sees. This is precisely what was meant by the verse cited earlier, "The lazy man says: There is a lion in the way; {a lion is in the streets}" (Mishlei 26:13).

The Sages, may their memory be blessed, interpreted this passage by way of a conceit, showing to what extent groundless fear can keep a man from a good deed. They said, "'The lazy man says: There is a lion in the way, {a lion is in the streets}.' Shelomo said seven things about a lazy man. How can this be illustrated? People say to a lazy man, 'Your teacher is in the city, go and learn Torah from him,' and he answers them, 'I am afraid of the lion on the road,' and so on. [They say to him], 'Your teacher is in the province;' he says to them, 'I am afraid there might be a lion in the streets.' They say to him, 'He is in your house;' he says to them, 'If I go to him, I might find the door locked'" (*Yalkut Shimoni*, *Mishlei* 961, following *Devarim Rabba* 8:6), and so on. See [the entire passage] there. Thus you see that it is not fear that causes one to be lazy, but rather laziness that causes one to fear.

All these things are attested to by experience, as such behavior is common and routine among most of the commonality of people whose way is folly. He who considers the matter, however, will discover the absolute truth, for knowledge comes easily to him who understands.

אָמַר הֶחָכָם:

אָמְנָם עֲדַיִן צָרִיךְ אַתָּה לְפָרֵשׁ, לָמָּה נִתְלָה הַזְּרִיזוּת בַּזְּהִירוּת לִימָּשֵׁךְ וּלְהִוָּלֵד מִמֶּנּוּ.

אָמַר הֶחָסִיד:

הִנֵּה כָּל הַמַּדְרֵגוֹת הָאֵלֶּה הַמֻּזְכָּרוֹת בַּבָּרַיְתָא נִתְלוֹת זוֹ בָּזוֹ מִצַּד מַה שֶּׁכָּל אַחַת מֵהֶן מוֹסִיפוֹת בִּשְׁלֵמוּת הָעֲבוֹדָה מִן הַקּוֹדֶמֶת לָהּ. וְהַיְנוּ, כִּי לְהַגִּיעַ אֶל קְצֵה הַשְּׁלֵמוּת הָאַחֲרוֹן בְּפַעַם אַחַת הוּא דָּבָר בִּלְתִּי אֶפְשָׁרִי לָאָדָם, כִּי הַמְּנִיעוֹת רַבּוֹת בְּטִבְעוֹ, אָמְנָם הִנֵּה הוּא צָרִיךְ לְהַתְחִיל וְלָלֶכֶת מְעַט מְעַט. כִּי בַּתְּחִלָּה יָסִיר מִמֶּנּוּ קְצָת עִכּוּבִים, וְיִקַּח לוֹ חֵלֶק מִן הַשְּׁלֵמוּת הַזֶּה; וְיַתְמִיד בּוֹ עַד שֶׁיִּהְיֶה כְּמוֹ מֻטְבָּע בּוֹ, וְאָז יִזְדַּמֵּן וְיוּכַן אֶל הַמַּדְרֵגָה הַגְּדוֹלָה מִזֶּה, וְאַחַר כָּךְ אֶל מַדְרֵגָה גְּדוֹלָה יוֹתֵר, וְכֵן עַל דֶּרֶךְ זֶה.

וְהִנֵּה רֵאשִׁית הַכֹּל הוּא עֵסֶק הַתּוֹרָה כְּמוֹ שֶׁזָּכַרְתִּי, כִּי בִּלְעָדָיו הִנֵּה הָאָדָם רָחוֹק מְאֹד מֵהַשְּׁלֵמוּת וְאֵינֶנּוּ מוּכָן אֵלָיו כְּלָל, וּכְשֶׁכְּבָר קָנָה לוֹ הַמַּדְרֵגָה הַזֹּאת הִנֵּה יִמְצָא עַצְמוֹ מוּכָן לַזְּהִירוּת. וְאָמְנָם עַד שֶׁלֹּא קָנָה אֶת הַזְּהִירוּת גַּם כֵּן בְּפֹעַל, הִנֵּה יִקְשֶׁה לוֹ מְאֹד לִהְיוֹת זָרִיז. כִּי עוֹדֶנּוּ טוֹבֵעַ בְּתַאֲווֹת וְהוֹלֵךְ חֲשֵׁכִים בִּמְרוּצַת הַיֵּצֶר רָע בְּלִי שֶׁיִּזָּהֵר בְּמַעֲשָׂיו, אֵיךְ יִזְדָּרֵז לְמִצְוֹת אֲשֶׁר אֵין לִבּוֹ פּוֹנֶה אֲלֵיהֶם, הֲלֹא דַּי לוֹ שֶׁלֹּא יִרְצֶה לַחֲטֹא מִפְּנֵי חֶשְׁכָּתוֹ.

עַל כֵּן בַּתְּחִלָּה צָרִיךְ שֶׁיִּהְיֶה שָׂם לִבּוֹ עַל דְּרָכָיו, וְיִתְרַגֵּל בָּזֶה הֶרְגֵּל גָּדוֹל. אַחַר כָּךְ, אַחַר שֶׁכְּבָר הֻרְגַּל שֶׁלֹּא לַעֲשׂוֹת דָּבָר אֶלָּא אַחֲרֵי שִׁקּוּל הַדַּעַת וְהַתְּבוּנְנוּת, אָז יִתְעַלֶּה[ו] הִתְבּוֹנְנוּתוֹ אֶל מַעֲלָה יְתֵרָה, וְהוּא הַהִתְבּוֹנֵן בַּחוֹבָה וּבַיֹּשֶׁר, כְּמוֹ שֶׁזָּכַרְתִּי לְמַעְלָה, לְשֶׁיִּתְלַבֵּשׁ בְּאַהֲבָה וְחֶמְדָּה אֶל בּוֹרְאוֹ וְיִזְדָּרֵז לְפָנָיו. וְכֵן עַל דֶּרֶךְ זֶה בְּכָל שְׁאָר הַמַּדְרֵגוֹת. כִּי הִנֵּה אַחַר שֶׁכְּבָר נַעֲשָׂה זָרִיז בַּעֲבוֹדָתוֹ, הִנֵּה יִתְעַלֶּה עוֹד בִּשְׁלֵמוּתוֹ וְיִקְנֶה לוֹ הַנְּקִיּוּת.

[ו] בס"פ ד"ר: 'תִּעֲלֶה'.

The Hakham said:
You must, however, still explain why alacrity depends upon vigilance, resulting and stemming from it.

The Hasid said:
All the levels mentioned in the baraita depend upon each other inasmuch as each one contributes, more than its predecessor, to a perfect service. This is because it is impossible for a person to reach the ultimate level of perfection all at once, as there are many impediments within his nature. Nevertheless, he must begin and proceed little by little. At first he should remove some of the hindrances, acquire a portion of this perfection, and he should persist in it until it is second nature to him. He will then be ready and prepared for the next higher rank, and afterwards for a further higher rank, and so forth.

As I have explained (*above, p. 59*), Torah study must come before anything else, for without it a person remains very far from perfection and entirely unprepared for it. After acquiring this level, he will find himself ready for vigilance. But until he actually acquires vigilance, it will be very difficult for him to act with alacrity. For as long as he is still mired in desire and walking in darkness in the sweep of the Evil *Yetzer* without being vigilant of his actions, how can he rush to perform *mitzvot* when his heart is not directed toward them? Surely it would suffice if he chose not to sin due to his state of spiritual darkness.

Therefore, he must first pay attention to his affairs, becoming well accustomed to do so. Later, when he has already trained himself not to do anything until exercising deliberation and reflection, his reflection will rise one level higher. That is, contemplating duty and righteousness, as I have explained above (*p. 73*), so that he may be clothed in love and desire for his Creator, thereby acting with alacrity before Him. The same applies to all the other ranks. For once he has become diligent in his service of God, he will proceed to a higher rank of perfection and acquire the trait of blamelessness.

וְעַתָּה נְבָאֵר הַנְּקִיּוּת וְעִנְיָנֶיהָ.

אָמַר הֶחָכָם:

הִנְנִי עוֹמֵד לְהַקְשִׁיב לְךָ, כִּי שִׂמַּחְתַּנִי בִּדְבָרֶיךָ.

We shall now explain the trait of blamelessness and its concerns.

The Hakham said:
I am ready to listen to you, for you have gladdened me with your words.

פֶּרֶק יב:

בְּבֵאוּר מִדַּת הַנְּקִיּוּת

אָמַר הֶחָסִיד:

אַחַר שֶׁכְּבָר הִרְגִּיל הָאָדָם אֶת עַצְמוֹ לִיזָּהֵר מֵעֶצֶם הָעֲבֵרוֹת וְגוּף הַחֲטָאִים עַצְמָם, וְכֵן לְהִזָּדֵרֵז בַּמִּצְוֹות עַד שֶׁתִּהְיֶה נַפְשׁוֹ מִתְגַּבֶּרֶת בּוֹ וְשׁוֹלֶטֶת וְלִבּוֹ הוֹלֵךְ וּמִתְדַּבֵּק בֵּאלֹקָיו, הִנֵּה בִּהְיוֹת שֶׁכְּבָר חָשַׁךְ הַחָמְרִיּוּת וּכְבָדוֹ הָלוֹךְ יֵלֵךְ וְנִכְבָּשׁ תַּחַת הַשֵּׂכֶל, יִמְצָא עַצְמוֹ מוּכָן אֶל מִדַּת הַנְּקִיּוּת, מַה שֶּׁלֹּא הָיָה אֶפְשָׁר לוֹ קֹדֶם לָכֵן. וְהִיא הֱיוֹת הָאָדָם נָקִי בְּדַעְתּוֹ שֶׁיּוּכַל לִשְׁקֹל הַדְּבָרִים עַל אֲמִתָּם, שֶׁלֹּא יֵטֶּה מִן הַתַּאֲוָה לְהוֹרוֹת הֶתֵּרִים לְעַצְמוֹ לִפְחֹת בִּתְנָאֵי הַחֲטָאִים וְעַנְפֵיהֶם, אֶלָּא יִנָּקֶה וְיִטָּהֵר מִכֹּל וָכֹל, שֶׁלֹּא יִשָּׁאֵר בְּיָדוֹ אֲפִלּוּ שֶׁמֶץ חֵטְא.

וְהִנְּךָ רוֹאֶה הַהֶפְרֵשׁ שֶׁבֵּין זֶה לִזְהִירוּת. כִּי הַזָּהִיר נִזְהָר הוּא מִן הָעֲבֵרָה עַצְמָהּ הַיְדוּעָה וּמְפֻרְסֶמֶת, אַךְ יָכוֹל לִהְיוֹת שֶׁבִּקְצָת עֲנָפֶיהָ הַקְּטַנִּים וְהַקַּלִּים יוֹרֶה הֶתֵּר לְעַצְמוֹ וְלֹא יַחְשְׁבֵם לַעֲבֵרָה וְיַעֲבֹר עֲלֵיהֶם; וְלֹא מִפְּנֵי שֶׁהוּא טוֹעֶה בְּמִשְׁפַּט הַדְּבָרִים הָהֵם וְדִינָם, אֶלָּא לְפִי שֶׁעֲדַיִן לֹא נִקָּה לְגַמְרֵי מִכֹּחַ הַתַּאֲוָה הַמִּתְגַּבֵּר בַּחֹמֶר וְנִמְצָא דַּעְתּוֹ נוֹטָה לְהֶתֵּר, וְעַל כֵּן הוּא טוֹעֶה. אַךְ הַנָּקִי [הוּא] שֶׁכְּבָר יָצָא לַחָפְשִׁי מִן הַתַּאֲוָה וְרוֹאֶה הַדְּבָרִים לַאֲמִתָּם, וְנִשְׁאָר טָהוֹר אֲפִלּוּ מִקַּלָּה שֶׁבַּקַּלּוֹת שֶׁבְּעַנְפֵי הַחֵטְא. וּמָצָאנוּ לַחֲכָמֵינוּ זִכְרוֹנָם לִבְרָכָה שֶׁקָּרְאוּ אֶת הַשְּׁלֵמִים הַמְטֹהָרִים בְּמַעֲשֵׂיהֶם שֶׁלֹּא יִהְיֶה בָּהֶם אֲפִלּוּ שׁוּם נִדְנוּד דָּבָר רַע, בְּשֵׁם נְקִיֵּי הַדַּעַת (סנהדרין כג, א).

וְהִנֵּה עַל מִדָּה זוֹ אָמַר דָּוִד: אֶרְחַץ בְּנִקָּיוֹן כַּפָּי וַאֲסֹבְבָה אֶת מִזְבַּחֲךָ ה׳ (תהלים כו, ו). כִּי רַק מִי שֶׁנִּקָּה לְגַמְרֵי מִכָּל נִדְנוּד חֵטְא וְעָוֹן רָאוּי לוֹ לֵירָאוֹת אֶת פְּנֵי הַמֶּלֶךְ ה׳, כִּי זוּלַת זֶה אֵין לוֹ אֶלָּא לֵיבוֹשׁ וְלִיכָּלֵם

Twelve:

The Trait of Blamelessness

The Hasid said:

Once a person has trained himself to eschew the transgressions proper and sins strictly defined, and be diligent in fulfilling the *mitzvot* so that his [rational] soul grows stronger and predominates within him and his heart is progressively conjoined to God, then – since the darkness and heaviness of his material nature are gradually coming under the sway of his intellect – he will find himself ready to acquire the trait of blamelessness, something that would have been impossible for him before. It consists in a person being of unsullied mind in order that he may weigh matters truthfully, so that he is not biased by lust to find leniencies for himself by diminishing the parameters of the various sins and their offshoots. Rather, he must become absolutely clean and pure in order not to harbor even a trace of sin.

You will note the difference between this and [the trait of] vigilance. A vigilant person refrains from a transgression proper that is well known and widely acknowledged. But regarding some of its minor or trivial offshoots, he might rule leniently for himself and not consider them a violation and transgress them. [He will do this] not because he errs in judgment regarding these issues and their [applicable] law, but because he is not yet entirely free from the grip of lust that is strong in the realm of matter; hence, his mind is inclined to concessions and therefore he errs. The blameless person, however, is one who has already freed himself from lust and can see things truthfully, thereby remaining pure of even the most minor offshoots of sin. We find that our Sages, may their memory be blessed, refer to the perfect ones who have purified themselves with respect to their deeds, those without even a tinge of evil, as "men of immaculate mind" (*Sanhedrin* 23a).

David said regarding this trait, "I will wash my hands in cleanliness, and then I will compass Your altar, O Lord" (Tehillim 26:6). For only one who is entirely clean of any tinge of sin or iniquity is fit to behold God the king. Otherwise he can only be ashamed and confounded

מִלְּפָנָיו, כְּמַאֲמַר עֶזְרָא הַסּוֹפֵר שֶׁאָמַר: אֱלֹקַי בֹּשְׁתִּי וְנִכְלַמְתִּי לְהָרִים אֱלֹקַי פָּנַי אֵלֶיךָ (עזרא ט, ו).

וְהִנֵּה תִּרְאֶה כִּי מְלָאכָה רַבָּה הִיא לָאָדָם עַד שֶׁיַּגִּיעַ לִשְׁלֵמוּת זֶה. כִּי הָעֲבֵרוֹת הַנִּכָּרוֹת וִידוּעוֹת קַלּוֹת הֵם לִישָּׁמֵר מֵהֶם, כֵּיוָן שֶׁרָעָתָם גְּלוּיָה. אַךְ הַדִּקְדּוּק הָאַחֲרוֹן הַזֶּה הוּא קָשֶׁה יוֹתֵר, כִּי הוֹרָאַת הַהֶתֵּר מְכַסָּה עָלָיו. וְהוּא כְּעִנְיָן שֶׁאָמְרוּ זִכְרוֹנָם לִבְרָכָה: עֲבֵרוֹת שֶׁאָדָם דָּשׁ בַּעֲקֵבָיו הֵמָּה סוֹבְבִים לוֹ בְּיוֹם הַדִּין (עבודה זרה יח, א). וְעַל דֶּרֶךְ זֶה אָמְרוּ זִכְרוֹנָם לִבְרָכָה: רֻבָּם בְּגָזֵל וּמִעוּטָם בַּעֲרָיוֹת וְכֻלָּם בַּאֲבַק לָשׁוֹן הָרָע (בבא בתרא קסה, א), כִּי כָּל בְּנֵי הָאָדָם נִכְשָׁלִים בּוֹ מִפְּנֵי רֹב דַּקּוּתוֹ.

וְאָמְרוּ זִכְרוֹנָם לִבְרָכָה (זוהר, ח"א, קצח, ב), שֶׁדָּוִד הָיָה נִזְהָר וּמְנַקֶּה עַצְמוֹ נִקָּיוֹן גָּמוּר מִכָּל אֵלֶּה, עַל כֵּן הָיָה הוֹלֵךְ לַמִּלְחָמָה בְּבִטָּחוֹן חָזָק וְהָיָה אוֹמֵר: אֶרְדּוֹף אוֹיְבַי וְאַשִּׂיגֵם וְלֹא אָשׁוּב עַד כַּלּוֹתָם (תהלים יח, לח), מַה שֶּׁלֹּא שָׁאֲלוּ יְהוֹשָׁפָט אָסָא וְחִזְקִיָּה, לְפִי שֶׁלֹּא הָיוּ מְנֻקִּים כָּל כָּךְ (ראה איכה רבה, פתיחתא ל). וְהוּא מַה שֶּׁאָמַר הוּא עַצְמוֹ בְּתוֹךְ דְּבָרָיו: יִגְמְלֵנִי ה' כְּצִדְקִי כְּבֹר יָדַי יָשִׁיב לִי (שם פסוק כא), וְאָמַר עוֹד: וַיָּשֶׁב ה' לִי כְצִדְקִי כְּבֹר יָדַי לְנֶגֶד עֵינָיו (שם פסוק כה), וְהוּא הַבֹּר וְהַנִּקָּיוֹן הַזֶּה שֶׁזָּכַרְנוּ. וְאָז חָזַר וְאָמַר: כִּי בְךָ אָרֻץ גְּדוּד {וּבֵאלֹהַי אֲדַלֶּג שׁוּר} (שם פסוק ל), אֶרְדּוֹף אוֹיְבַי וְאַשִּׂיגֵם {וְלֹא אָשׁוּב עַד כַּלּוֹתָם} (שם פסוק לח). וְכֵן אָמַר הוּא עַצְמוֹ: מִי יַעֲלֶה בְהַר ה' וּמִי יָקוּם בִּמְקוֹם קָדְשׁוֹ, נְקִי כַפַּיִם וּבַר לֵבָב (שם כד, ג-ד).

אָמַר הֶחָכָם:

וַדַּאי שֶׁהַמִּדָּה הַזֹּאת קָשָׁה מְאֹד, כִּי טֶבַע הָאָדָם חַלָּשׁ וְלִבּוֹ נִפְתֶּה עַל נְקַלָּה, וּמַתִּיר לְעַצְמוֹ הַדְּבָרִים שֶׁיָּכוֹל לִמְצֹא בָּהֶם כְּדֵי הַטְעָאָה.

before Him. As Ezra the Scribe said, "O my God, I am ashamed and confounded to lift up my face to You, O God" (Ezra 9:6).

To be sure, it is an arduous task for a person to attain perfection in this quality. For sins that are evident and well known are easy to avoid, their evil being apparent. But this latter scrutiny is the most difficult, because the tendency to leniency obstructs it. Along these lines, [the Sages], may their memory be blessed, said, "The sins that a person treads underfoot will surround him on the day of judgment" (*Avodah Zarah* 18a). And along the same lines, they (may their memory be blessed) said, "Most [people fall into the sin of] theft, a minority [falls into] unchaste relationships, and all [fall into] the 'trace of the evil tongue'" (*Baba Batra* 165a). For on account of its great subtlety, everyone stumbles with regard to [the latter].

[Our Sages], may their memory be blessed, said (*Zohar* I, 198b) that David was watchful and completely cleansed of all these. He would, therefore, go out to battle with unwavering confidence, saying, "I will pursue my enemies and overtake them, and not turn back until they are consumed" (Tehillim 18:38). Yehoshafat, Assa, and Hizkiyah would not make such requests, as they never attained such blamelessness (*Eikhah Rabba, petihta* 30). This is the sense of what he himself said in the same passage, "The Lord will reward me according to my righteousness, according to the cleanness of my hands He will recompense me" (Tehillim 18:21), and likewise, "The Lord recompensed me according to my righteousness, according to the cleanness of my hands in His sight" (ibid. 25). This is precisely the same purity and blamelessness we have mentioned. And then he said again, "For by You will I crush a troop, {and by my God will I leap over a wall}" (ibid. 30); "I will pursue my enemies and overtake them, {and not turn back until they are consumed}" (ibid. 38). And he himself stated [elsewhere], "Who shall ascend the mountain of the Lord, and who will stand in the place of His holiness? He that has clean hands and a pure heart" (ibid. 24:3-4).

The Hakham said:
This trait is undoubtedly very difficult [to attain], for man's nature is weak and his heart easily seduced. He permits himself those

וְהִנְנִי מַאֲמִין וַדַּאי שֶׁמִּי שֶׁמַּגִּיעַ לְמִדָּה זוֹ כְּבָר הִגִּיעַ לְמַדְרֵגָה רַבָּה, כִּי בִּפְנֵי מִלְחָמָה חֲזָקָה עָמַד וְנִצַּח.

נָבוֹא עַתָּה לִפְרָטֵי זֹאת הַמִּדָּה.

things that allow for self-deception. I believe that one who attains this trait has certainly reached a high level [of perfection], for he stood up in the face of a great battle and emerged victorious.

Let us come now to the particulars of this trait.

פֶּרֶק יג:

בִּפְרָטֵי מִדַּת הַנְּקִיּוּת

אָמַר הֶחָסִיד:

הִנֵּה פְּרָטֵי הַמִּדָּה הַזֹּאת הֵם כְּכָל הַפְּרָטִים שֶׁיֵּשׁ בְּכָל הַשַּׁסָ"ה מִצְוֹת לֹא תַעֲשֶׂה, כִּי אָמְנָם עִנְיַן הַמִּדָּה כְּבָר אָמַרְתִּי, הוּא לִהְיוֹת נָקִי מִכָּל עַנְפֵי הָעֲבֵרוֹת. וְאוּלָם אַף עַל פִּי שֶׁבְּכָל הָעֲבֵרוֹת מִשְׁתַּדֵּל הַיֵּצֶר רָע לְהַחֲטִיא אֶת הָאָדָם, כְּבָר יֵשׁ מֵהֶם שֶׁהַטֶּבַע מְחַמַּדְתָּן יוֹתֵר וּבָהֶן מַרְאֶה לוֹ הֶתֵּרִים יוֹתֵר, אֲשֶׁר עַל כֵּן בָּהֶן יִצְטָרֵךְ יוֹתֵר חִזּוּק לְנַצֵּחַ אֶת יִצְרוֹ וּלְהִנָּקוֹת מִן הַחֵטְא. וְכֵן אָמְרוּ זִכְרוֹנָם לִבְרָכָה: גָּזֵל וַעֲרָיוֹת נַפְשׁוֹ שֶׁל אָדָם מְחַמַּדְתָּן וּמִתְאַוָּה לָהֶם (חגיגה יא, ב; מכות כג, ב).

וְהִנְנוּ רוֹאִים, כִּי אַף עַל פִּי שֶׁלֹּא רֹב בְּנֵי הָאָדָם גַּנָּבִים הֵם, שֶׁיִּשְׁלְחוּ יָד מַמָּשׁ בְּמָמוֹן חַבְרֵיהֶם לָקַחַת וְלָשׂוּם בִּכְלֵיהֶם, אַף עַל פִּי כֵן רֻבָּם טוֹעֲמִים טַעַם גְּנֵבָה בְּמַשָּׂאָם וּבְמַתָּנָם, בְּמַה שֶּׁיּוֹרוּ הֶתֵּר לְעַצְמָם לְהִשְׂתַּכֵּר אִישׁ בְּהֶפְסֵד שֶׁל חֲבֵרוֹ וְיֹאמְרוּ לְהַרְוִיחַ שָׁאנֵי. וְאוּלָם לָאוִים הַרְבֵּה נֶאֶמְרוּ בְּגָזֵל: לֹא תִגְנֹב (שמות כ, יג), לֹא תִגְזֹל (ויקרא יט, יג), לֹא תַעֲשֹׁק (שם), לֹא תְכַחֲשׁוּ וְלֹא תְשַׁקְּרוּ אִישׁ בַּעֲמִיתוֹ (שם פסוק יא), לֹא[א] תוֹנוּ אִישׁ אֶת אָחִיו (שם כה, יד), לֹא תַסִּיג גְּבוּל רֵעֲךָ (דברים יט, יד). הֵן כָּל אֵלֶּה חִלּוּקֵי עִנְיָנִים שֶׁבְּגָזֵל כּוֹלְלִים מַעֲשִׂים רַבִּים מִן הַנַּעֲשִׂים[ב] בִּכְלַל הַמַּשָּׂא וְהַמַּתָּן הַמְּדִינִי, וּבְכֻלָּם אִסּוּרִים רַבִּים. כִּי הִנֵּה לֹא הַמַּעֲשֶׂה הַמְפֻרְסָם בְּעֹשֶׁק אוֹ בְּגָזֵל לְבַד הוּא הָאָסוּר, אֶלָּא כָּל מַה שֶּׁסּוֹף סוֹף יַגִּיעַ אֵלָיו וְיִגְרֹם לוֹ, כְּבָר הוּא בִּכְלַל הָאִסּוּר.

[א] כך בכתה"י ובד"ר. ובמקרא כתוב: 'אל'. ושם פסוק יז כתוב: 'ולא תונו איש את עמיתו'. [ב] בס"פ ד"ר: 'מן המעשים הנעשים'.

Thirteen:

The Elements of Blamelessness

The Hasid said:

The particulars of this trait correspond to all the particulars included under each of the three hundred and sixty five negative commandments; for as I have already said *(see above, p. 137)*, the idea of this trait is to be free of all the ramifications of the various sins. However, though the Evil *Yetzer* tries to beguile a person to commit all sins, there are some that his nature desires especially and for which, above all others, [the Evil *Yetzer*] provides him with rationalizations. For that reason, he requires further fortification when confronting them in order to vanquish his *Yetzer* and remain free of sin. As our Rabbis, may their memory be blessed, said, "Man has an inner desire and lust for theft and forbidden relations" (*Hagigah* 11b; *Makkot* 23b).

We see that the majority of people are not thieves – actually stealing from their neighbors, taking their money and putting it in their own purses. Most people, nonetheless, experience a taste of theft in their business dealings by allowing themselves to profit through their neighbor's loss, claiming "profitting is different." Many prohibitions, however, were stated regarding theft, "You shall not steal" (Shemot 20:13), "You shall not rob" (Vayikra 19:13), "You shall not oppress [your neighbor]" (ibid.), "You shall not deal falsely, nor lie one to another" (ibid. 19:11), "You shall not defraud one another" (ibid. 25:14), "You shall not push back your neighbor's boundary" (Devarim 19:14). Note that all these various laws directed against theft cover [i.e., prohibit] much of what goes on in the course of commercial transactions. They each comprise many prohibitions. For it is not only the well known act of oppression or theft that is forbidden, but anything that might eventually lead to or bring about such an act is also included in the prohibition.

וְעַל עִנְיָן זֶה אָמְרוּ זִכְרוֹנָם לִבְרָכָה: וְאֶת אֵשֶׁת רֵעֵהוּ לֹא טִמֵּא (יחזקאל יח, ו), שֶׁלֹּא יָרַד לְאֻמָּנוּת חֲבֵרוֹ (סנהדרין פא, א). וּכְבָר הָיָה אוֹסֵר רַבִּי יְהוּדָה לְחֶנְוָנִי שֶׁיְּחַלֵּק קְלָיוֹת וֶאֱגוֹזִים לְתִינוֹקוֹת כְּדֵי לְהַרְגִּילָן שֶׁיָּבוֹאוּ[ג] אֶצְלוֹ, וְלֹא הִתִּירוּ חֲכָמִים אֶלָּא מִפְּנֵי שֶׁגַּם חֲבֵרָיו יְכוֹלִים לַעֲשׂוֹת כֵּן (בבא מציעא ס, א). וְאָמְרוּ זִכְרוֹנָם לִבְרָכָה: קָשֶׁה גֶּזֶל הֶדְיוֹט מִגֶּזֶל גָּבוֹהַּ, שֶׁזֶּה הִקְדִּים חֵטְא לִמְעִילָה[ד] {וְזֶה הִקְדִּים מְעִילָה לְחֵטְא}[ה] (בבא בתרא פח, ב).

וּכְבָר פָּטְרוּ אֶת הַפּוֹעֲלִים הָעוֹשִׂים אֵצֶל בַּעַל הַבַּיִת מִבִּרְכַּת הַמּוֹצִיא וּמִבְּרָכוֹת אַחֲרוֹנוֹת דְּבִרְכַּת הַמָּזוֹן, וַאֲפִלּוּ בִּקְרִיאַת שְׁמַע לֹא חִיְּבוּם לִיבַּטֵּל מִמְּלַאכְתָּן אֶלָּא בְּפָרָשָׁה רִאשׁוֹנָה בִּלְבַד (ראה ברכות טז, א), קַל וָחֹמֶר בֶּן בְּנוֹ שֶׁל קַל וָחֹמֶר לְדִבְרֵי הָרְשׁוּת, שֶׁכָּל שְׂכִיר יוֹם אָסוּר בָּהֶן וַדַּאי שֶׁלֹּא לְבַטֵּל מְלַאכְתּוֹ שֶׁל בַּעַל הַבַּיִת, וְאִם עָבַר הֲרֵי זֶה גַּזְלָן. הִנֵּה אַבָּא חִלְקִיָּה אֲפִלּוּ שָׁלוֹם לֹא הֵשִׁיב לְתַלְמִידֵי חֲכָמִים שֶׁנָּתְנוּ לוֹ שָׁלוֹם, שֶׁלֹּא לִיבַּטֵּל מִמְּלֶאכֶת רֵעֵהוּ (תענית כג, ב). וְיַעֲקֹב אָבִינוּ עָלָיו הַשָּׁלוֹם מְבָאֵר בְּפִיו וְאוֹמֵר: הָיִיתִי בַיּוֹם אֲכָלַנִי חֹרֶב וְקֶרַח בַּלָּיְלָה וַתִּדַּד שְׁנָתִי מֵעֵינָי (בראשית לא, מ). מַה יַּעֲנוּ אֵפוֹא הָעוֹסְקִים בַּהֲנָאוֹתֵיהֶם בִּשְׁעַת מְלָאכָה וּבְטֵלִים מִמֶּנָּה, אוֹ כִּי יַעַסְקוּ בְּחֶפְצֵיהֶם אִישׁ לְבִצְעוֹ.

כְּלָלוֹ שֶׁל דָּבָר: הַשָּׂכוּר אֵצֶל חֲבֵרוֹ לְאֵיזוֹ מְלָאכָה שֶׁתִּהְיֶה, הִנֵּה כָּל שְׁעוֹתָיו מְכוּרוֹת הֵן לוֹ לְיוֹמוֹ, כָּעִנְיָן שֶׁאָמְרוּ זִכְרוֹנָם לִבְרָכָה: שְׂכִירוּת מְכִירָה לְיוֹמֵיהּ (בבא מציעא נו, ב). וְכָל מַה שֶּׁיִּקַּח מֵהֶן לַהֲנָאַת עַצְמוֹ בְּאֵיזֶה אֹפֶן שֶׁיִּהְיֶה אֵינוֹ אֶלָּא גָּזֵל גָּמוּר. וְאִם לֹא מְחָלוֹ אֵינוֹ מָחוּל, שֶׁכְּבָר אָמְרוּ רַבּוֹתֵינוּ זִכְרוֹנָם לִבְרָכָה: עֲבֵרוֹת שֶׁבֵּין אָדָם לַחֲבֵרוֹ אֵין יוֹם הַכִּפּוּרִים מְכַפֵּר עַד שֶׁיְּרַצֶּה אֶת חֲבֵרוֹ (יומא ח, ט; פה, ב).

[ג] בכתה"י: 'שלא יבואו', התיקון ע"פ ס"פ והמקור. [ד] ראה ויקרא ה, כא. [ה] ראה שם פסוק טו.

[Our Sages], may their memory be blessed, commented on this matter as follows, "'And he did not defile his neighbor's wife' (Yehezkel 18:6) – he did not encroach upon another person's trade" (Sanhedrin 81a). We thus find that Rabbi Yehudah prohibited a shopkeeper from distributing parched grain and nuts to children to accustom them to come to him. The Sages permitted it only because his competitors can do the same (Baba Metzia 60a). [The Sages], may their memory be blessed, also said, "Stealing from an ordinary person is more grave than stealing from God's estate, for regarding the former, Scripture mentioned 'sin' before 'trespass,' {whereas regarding the latter, it mentioned 'trespass' before 'sin'}" (Baba Batra 88b).

[The Sages] also exempted hired workers from the *hamotzi* blessing, as well as the last benedictions of the blessing after the meal. Even regarding the *Shema*, they only required them to interrupt their work [to recite] the first section (Berakhot 16a). How very much the more so then is a day laborer forbidden to interrupt the work he owes his employer to engage in optional activity; and if he does so he is considered a thief. Abba Hilkiyah did not even return the greetings of Torah scholars so as not to interrupt the work he was doing for another person (Ta'anit 23b). Yaakov, our father, peace be on him, spelled it out, "Thus I was; in the day the scorching heat ravaged me, and the frost by night; and my sleep departed from my eyes" (Bereishit 31:40). What can they say, then, those who interrupt their work to engage in their own pleasure while in someone's employ, or engage in their own affairs for personal advantage.

To sum up, if someone is hired by another person for any kind of work, all his hours are sold to his employer for the day. As [our Sages], may their memory be blessed, said, "Hiring out is [like] selling for the day" (Baba Metzia 56b). Whatever [time] he uses for his own benefit, in any manner, is absolute robbery. If [his employer] does not forgive him [for it], he is not forgiven. As our Rabbis, may their memory be blessed, have said, "For transgressions between man and his fellow the Day of Atonement does not procure any atonement, until he has pacified his fellow" (mYoma 8:9; 85b).

וְלֹא עוֹד אֶלָּא שֶׁאֲפִלּוּ אִם עָשָׂה מִצְוָה בִּזְמַן מְלַאכְתּוֹ, לֹא לִצְדָקָה תֵּחָשֵׁב לוֹ אֶלָּא עֲבֵרָה הִיא בְּיָדוֹ, שֶׁאֵין עֲבֵרָה מִצְוָה (ירושלמי חלה א, ה), וּקְרָא כְּתִיב: שֹׂנֵא גָזֵל בְּעוֹלָה (ישעיה סא, ח). וְכָךְ אָמְרוּ חֲכָמִים (בבא קמא צד, א): הֲרֵי שֶׁגָּזַל סְאָה חִטִּים וּטְחָנָהּ וַאֲפָאָהּ וּמְבָרֵךְ, אֵין זֶה מְבָרֵךְ אֶלָּא מְנָאֵץ, דִּכְתִיב: וּבֹצֵעַ בֵּרֵךְ נִאֵץ ה׳ (תהלים י, ג). וְעַל כַּיּוֹצֵא בָּזֶה נֶאֱמַר: אוֹי[ו] לָזֶה שֶׁנַּעֲשָׂה סָנֵגוֹרוֹ קָטֵגוֹרוֹ, וּכְמַאֲמָרָם זִכְרוֹנָם לִבְרָכָה בְּעִנְיַן לוּלָב הַגָּזוּל (ירושלמי סוכה ג, א; נג, ג). וְהַדִּין נוֹתֵן כִּי הֲרֵי גָּזֵל חֵפֶץ גָּזֵל, וְגָזֵל זְמַן גָּזֵל, מַה גּוֹזֵל אֶת הַחֵפֶץ וְעוֹשֶׂה בּוֹ מִצְוָה נַעֲשָׂה סָנֵגוֹרוֹ קָטֵגוֹרוֹ, אַף גּוֹזֵל אֶת הַזְּמַן וְעוֹשֶׂה בּוֹ מִצְוָה נַעֲשָׂה סָנֵגוֹרוֹ קָטֵגוֹרוֹ.

וְאֵין הַקָּדוֹשׁ בָּרוּךְ הוּא חָפֵץ אֶלָּא בָּאֱמוּנָה, וְכֵן הוּא אוֹמֵר: אֱמוּנִים נֹצֵר ה׳ (תהלים לא, כד). וְאוֹמֵר: פִּתְחוּ שְׁעָרִים וְיָבֹא גוֹי צַדִּיק שֹׁמֵר אֱמֻנִים (ישעיה כו, ב). וְאוֹמֵר: עֵינַי בְּנֶאֶמְנֵי אֶרֶץ לָשֶׁבֶת עִמָּדִי (תהלים קא, ו). וְאוֹמֵר: ה׳ עֵינֶיךָ הֲלוֹא לֶאֱמוּנָה (ירמיה ה, ג).

וְאַף אִיּוֹב הֵעִיד עַל עַצְמוֹ: אִם תִּטֶּה אַשֻּׁרִי מִנִּי הַדָּרֶךְ וְאַחַר עֵינַי הָלַךְ לִבִּי וּבְכַפַּי דָּבַק מְאוּם [אֶזְרְעָה וְאַחֵר יֹאכֵל וְכוּ׳] (איוב לא, ז-ח). דִּמָּה הַגָּזֵל הַבִּלְתִּי נִגְלֶה כְּדָבָר הַמִּתְדַּבֵּק בְּיַד הָאָדָם, שֶׁאַף עַל פִּי שֶׁאֵין הוֹלֵךְ לִיטֹּל אוֹתוֹ כְּמִי שֶׁנּוֹטֵל בְּכַוָּנָה וְנִשְׁאָר דָּבֵק מֵאֵלָיו, אַךְ סוֹף סוֹף הִנֵּה הוּא בְּיָדוֹ. כֵּן הַדָּבָר הַזֶּה, שֶׁאַף שֶׁלֹּא יִהְיֶה הָאָדָם הוֹלֵךְ וְגוֹזֵל מַמָּשׁ, קָשֶׁה הוּא שֶׁיִּהְיוּ יָדָיו רֵיקָנִיּוֹת מִמֶּנּוּ לְגַמְרֵי. אַךְ הָאֱמֶת הוּא שֶׁכָּל זֶה נִמְשָׁךְ מִפְּנֵי שֶׁתַּחַת הֱיוֹת הַלֵּב מוֹשֵׁל בָּעֵינַיִם שֶׁלֹּא יִנְעַם לָהֶם אֶת שֶׁל אֲחֵרִים, הָעֵינַיִם מוֹשְׁכִים אֶת הַלֵּב לְבַקֵּשׁ הֶתֵּרִים עַל מַה שֶּׁנִּרְאֶה לָהֶם יָפֶה וְנֶחְמָד. עַל כֵּן אָמַר, וְאַחַר עֵינַי הָלַךְ לִבִּי.

[ו] בס״פ ד״ר: ׳אוי לו׳.

Moreover, even if a person performs a *mitzvah* while in someone's employ, it will not be credited to him as an act of righteousness, but regarded as a transgression. For a transgression cannot be a *mitzvah* (*Yerushalmi Hallah* 1:5). As the verse states, "I hate robbery [even] in a burnt-offering" (Yeshayahu 61:8). The Sages said as follows (*Baba Kamma* 94a), "If one steals a *seah* of wheat, grinds it, bakes it, and recites a blessing, it is not a blessing but a blasphemy. As it is written, 'He who steals [and] recites a blessing blasphemes God' (Tehillim 10:3)." Regarding such cases, it is stated, "Woe to him whose advocate becomes his accuser" (*Yerushalmi Sukkah* 3:1, 53c), as [our Sages] said regarding a stolen *lulav*. This is dictated by reason, for stealing an object is theft and stealing time is theft. Just as when one steals an object and performs a *mitzvah* with it, his advocate becomes his accuser, so when one steals time and uses it for a *mitzvah*, his advocate also becomes his accuser.

The Holy One, blessed be He, only desires honesty. As it says, "The Lord protects the honest ones" (Tehillim 31:24), and "Open the gates, that the righteous nation that keeps trusts may enter in" (Yeshayahu 26:2), and "My eyes are upon the trustworthy of the land, that they may dwell with Me" (Tehillim 101:6), and "O Lord, are Your eyes not set upon honesty" (Yirmiyahu 5:3)?

Iyov too testified: "If my steps have wandered from the [right] path, if my mind has gone [astray] after my eyes, if any stain has stuck to my hands [then may another eat what I sow etc.]" (Iyov 31:7-8). He likens unseen theft to something that sticks to a person's hand. For though he didn't set out to take [that thing] like one who takes with intent and it simply remained stuck to him, it is, in the end, in his hand. So too in our case: though one doesn't actually steal, it is hard for his hands to be wholly free of [theft]. All this does indeed result from the fact that instead of a person's mind ruling his eyes – so it doesn't let them find what belongs to others alluring – his eyes lead his mind to seek justifications for what seems pleasing and desirable to them. Hence [Iyov] said, "if my mind has gone [astray] after my eyes."

הֲלֹא תִּרְאֶה בְּעִנְיַן הַהוֹנָאָה, כַּמָּה נָקֵל הוּא לָאָדָם לְהִתְפַּתּוֹת וְלִיכָּשֵׁל כַּאֲשֶׁר יֵרָאֶה לוֹ לִכְאוֹרָה שֶׁרָאוּי הוּא לְהִשְׁתַּדֵּל לְיַפּוֹת סְחוֹרָתוֹ בְּעֵינֵי חֲבֵרָיו וּלְהִשְׁתַּכֵּר בִּיגִיעַ כַּפָּיו, לְדַבֵּר עַל לֵב הַקּוֹנֶה לְמַעַן יִתְרַצֶּה לוֹ, וַיֹּאמְרוּ עַל כָּל זֶה: יֵשׁ זָרִיז וְנִשְׂכָּר (תוספתא יבמות ד, ז; פסחים נ, ב), וְיַד חָרוּצִים תַּעֲשִׁיר (משלי י, ד). אָמְנָם אִם לֹא יְדַקְדֵּק וְיִשְׁקֹל מַעֲשָׂיו הַרְבֵּה, הִנֵּה תַּחַת חִטָּה יֵצֵא חוֹחַ,[ז] כִּי יַעֲבֹר וְנִכְשַׁל בַּעֲוֹן הַהוֹנָאָה אֲשֶׁר הֻזְהַרְנוּ עָלֶיהָ: לֹא תוֹנוּ אִישׁ אֶת עֲמִיתוֹ (ויקרא כה, יז). וְאָמְרוּ זִכְרוֹנָם לִבְרָכָה: אֲפִלּוּ לְרַמּוֹת אֶת הַגּוֹי אָסוּר (ראה חולין צד, א). וּקְרָא כְּתִיב: שְׁאֵרִית יִשְׂרָאֵל לֹא יַעֲשׂוּ עַוְלָה וְלֹא יְדַבְּרוּ כָזָב {וְלֹא יִמָּצֵא בְּפִיהֶם לְשׁוֹן תַּרְמִית} (צפניה ג, יג). וְכֵן אָמְרוּ: אֵין מְפַרְכְּסִין אֶת הַכֵּלִים הַיְשָׁנִים שֶׁיֵּרָאוּ כַּחֲדָשִׁים (רמב"ם הלכות מכירה יח, ב, ע"פ בבא מציעא ס, ב). אֵין מְעָרְבִין פֵּרוֹת בְּפֵרוֹת (בבא מציעא ד, יא; ס, א). וּבְסִפְרֵי[ח] אָמְרוּ: מִכָּאן אָמְרוּ, אֵין מְעָרְבִין פֵּרוֹת בְּפֵרוֹת אֲפִלּוּ חֲדָשִׁים בַּחֲדָשִׁים, אֲפִלּוּ סְאָה בְּדִינָר, וַאֲפִלּוּ יָפֶה דִּינָר וְטַרְסִית לֹא יְעָרֵב וְיִמְכְּרֵם סְאָה בְּדִינָר. כָּל עֹשֵׂה אֵלֶּה כֹּל עֹשֵׂה עָוֶל (דברים כה, טז), קָרוּי חֲמִשָּׁה שֵׁמוֹת: עָוֶל, שָׂנוּאוּי, מְשֻׁקָּץ, מְתֹעָב,[ט] חֵרֶם, תּוֹעֵבָה (ספרי דברים רצה). אֵין נוֹפְחִין אֶת הַקְּרָבַיִם, אֵין שׁוֹרִין אֶת הַבָּשָׂר בְּמַיִם וְכוּ' (בבא מציעא ס, ב).

וְעוֹד אָמְרוּ זִכְרוֹנָם לִבְרָכָה: כָּל הַגּוֹזֵל אֶת חֲבֵרוֹ שָׁוֶה פְּרוּטָה כְּאִלּוּ נוֹטֵל אֶת נַפְשׁוֹ מִמֶּנּוּ (בבא קמא קיט, א). וְאָמְרוּ עוֹד: אֵין הַגְּשָׁמִים נֶעֱצָרִים אֶלָּא בַּעֲוֹן גָּזֵל (תענית ז, ב). וְאָמְרוּ עוֹד: קֻפָּה מְלֵאָה עֲווֹנוֹת, מִי מְקַטְרֵג בְּרֹאשׁ כֻּלָּם? גָּזֵל (ויקרא רבה לג, ג). וְדוֹר הַמַּבּוּל לֹא נֶחְתַּם גְּזַר דִּינָם אֶלָּא בִּשְׁבִיל הַגָּזֵל (ראה סנהדרין קח, א).

אָמְנָם כְּלַל הָעִנְיָן הוּא, כִּי כָּל מַה שֶּׁהוּא לְהַרְאוֹת אֶת הַקּוֹנִים אֲמִתַּת טוּב הַחֵפֶץ, הִנֵּה הַהִשְׁתַּדְּלוּת הַהוּא טוֹב וְיָשָׁר. אַךְ מַה שֶּׁהוּא לְכַסּוֹת מוּמֵי חֶפְצוֹ, אֵינוֹ אֶלָּא הוֹנָאָה וְאָסוּר.

[ז] הביטוי ע"פ איוב לא, מ. [ח] ספרי דברים רצה, נוסח דפוס ונציה. [ט] 'מתעב' יתר על חמשה וליתא באחד המקורות.

In the matter of fraud, you see how easy it is for man to be seduced and stumble, when he is apparently convinced that it is right to try and make his merchandise attractive to his fellows in order to profit by the toil of his hands or to cajole a prospective customer into agreeing [to make a purchase]. People will say about all this, "There is an industrious man who is rewarded" (*Pesahim* 50b); "the hand of the diligent man prospers" (Mishlei 10:4). But if he does not examine and weigh his actions carefully, thistles will grow instead of wheat. For he will transgress and fall prey to the sin of fraud, about which we have been warned, "You shall not defraud one another" (Vayikra 25:17). And [our Sages], may their memory be blessed, said that one is forbidden to deceive even a non-Jew (*Hullin* 94a). And Scripture states, "The remnant of Israel shall not do iniquity, nor speak lies, {neither shall a deceitful tongue be found in their mouth}" (Zefanyah 3:13). [Our Sages] also said, "One may not embellish old utensils to make them look new" (*Baba Metzia* 60b). "One may not mix produce with produce" (*mBaba Metzia* 4:11; 60a). And they said in *Sifrei*, "From here they said, One may not mix produce with produce, even fresh produce with fresh produce, even [if they both sell for] a *dinar* per *seah*. Even [if they are] worth a *dinar* and a *tresit* per *seah*, he may not mix [the two] and sell for a *dinar* per *seah*. 'Anyone who does all these things, who commits any fraud' (Devarim 25:16) − such a person is given five designations: unjust, hated, an abomination, of no use, abhorrent (*Sifrei Devarim* 295). [They also said], "One may not inflate [an animal's] entrails, and one may not soak meat in water," and so on (*Baba Metzia* 60b).

[Our Sages], may their memory be blessed, also said, "If one steals [even] the worth of a *perutah* from another person, it is as if he takes his life from him" (*Baba Kamma* 119a). They said further, "The rains are withheld only because of the sin of stealing" (*Ta'anit* 7b). And they also said, "In a basketful of sins, which provokes the most accusations? Theft" (*Vayikra Rabba* 33:3). And the decree against the generation of the flood was sealed only because of theft (*Sanhedrin* 108a).

However, the general rule is this: any effort made to show the prospective customer the true quality of the object is good and right. But anything designed to conceal its defects is fraud and is forbidden.

וְלֹא אֹמַר עַתָּה מֵעִנְיַן הַמִּדּוֹת, שֶׁהֲרֵי בְּהֶדְיָא כָּתוּב בָּהֶם תּוֹעֵבַת ה׳, שֶׁנֶּאֱמַר: כִּי תוֹעֲבַת ה׳ אֱלֹקֶיךָ כָּל עֹשֵׂה אֵלֶּה {כֹּל עֹשֵׂה עָוֶל} (דברים כה, טז). וְאָמְרוּ: קָשֶׁה עָנְשָׁן שֶׁל מִדּוֹת מֵעָנְשָׁם שֶׁל עֲרָיוֹת וְכוּ׳ (בבא בתרא פח, ב). וְאָמְרוּ זִכְרוֹנָם לִבְרָכָה: הַסִּיטוֹן מְקַנֵּחַ מִדּוֹתָיו {אַחַת לִשְׁלֹשִׁים יוֹם} (שם ה, י; פח, א), כְּדֵי שֶׁלֹּא יֶחְסְרוּ בְּלֹא דַעַת וְלֹא יֵעָנֵשׁ, חַס וְשָׁלוֹם.

כָּל שֶׁכֵּן מֵעִנְיַן הָרִבִּית שֶׁגָּדוֹל עֲוֹנוֹ כְּכוֹפֵר בֵּאלֹקֵי יִשְׂרָאֵל (ראה בבא מציעא עא, א), חַס וְשָׁלוֹם. וְאָמְרוּ זִכְרוֹנָם לִבְרָכָה: בַּנֶּשֶׁךְ נָתַן וְתַרְבִּית לָקַח וָחָי׳ לֹא יִחְיֶה (יחזקאל יח, יג), שֶׁאֵינוֹ חַי לִתְחִיַּת הַמֵּתִים (שמות רבה לא, ו),[יא] כִּי הוּא וְאָבָק שֶׁלּוֹ מְשֻׁקָּץ וּמְתֹעָב בְּעֵינֵי ה׳. וְאֵינִי רוֹאֶה צֹרֶךְ לְהַאֲרִיךְ בָּזֶה, כִּי כְּבָר אֵימָתוֹ מֻטֶּלֶת עַל כָּל אִישׁ יִשְׂרָאֵל.

אָמְנָם כְּלָלוֹ שֶׁל דָּבָר: כְּמוֹ שֶׁחֶמְדַּת הַמָּמוֹן רַבָּה, כֵּן מִכְשׁוֹלוֹתָיו רַבִּים. וּכְדֵי שֶׁיִּהְיֶה הָאָדָם נָקִי מֵהֶם בֶּאֱמֶת, עִיּוּן גָּדוֹל וְדִקְדּוּק רַב צָרִיךְ לוֹ. וְאִם נִקָּה מִמֶּנּוּ יֵדַע שֶׁהִגִּיעַ כְּבָר לְמַדְרֵגָה גְּדוֹלָה. כִּי רַבִּים יִתְחַסְּדוּ בַּעֲנָפִים רַבִּים מֵעַנְפֵי הַחֲסִידוּת, וּבְעִנְיַן שִׂנְאַת הַבֶּצַע לֹא יָכְלוּ לְהַגִּיעַ אֶל מְחוֹז הַשְּׁלֵמוּת. הוּא מַה שֶּׁאָמַר צֹפַר הַנַּעֲמָתִי לְאִיּוֹב: אִם אָוֶן בְּיָדְךָ הַרְחִיקֵהוּ וְאַל תַּשְׁכֵּן בְּאֹהָלֶיךָ עַוְלָה, כִּי אָז תִּשָּׂא פָנֶיךָ מִמּוּם וְהָיִיתָ מֻצָק וְלֹא תִירָא (איוב יא, יד-טו).

וְהִנֵּה דִּבַּרְתִּי עַד עַתָּה מִפְּרָטֵי מִצְוָה אַחַת, וְכִפְרָטֵי חִלּוּקִים אֵלֶּה וַדַּאי שֶׁנִּמְצָאִים בְּכָל מִצְוָה וּמִצְוָה. אָמְנָם אֵין אֲנִי מַזְכִּיר אֶלָּא אוֹתָם שֶׁרְגִילִים רֹב בְּנֵי הָאָדָם לִיכָּשֵׁל בָּם.

[י] בכתה״י ובס״פ ד״ר: ׳חיה׳. [יא] בשמות רבה שם הנוסח: ׳מי שחיה (דורש ׳וחי׳ מלשון מחיה ומזון) ברבית בעולם הזה לא יחיה לעולם הבא׳.

I need not discuss here the matter of [dishonesty regarding] measures, for it is explicitly said of them: "an abhorrence of the Lord." As the verse states, "For the abhorrence of the Lord your God is anyone who does all these things, {who commits any fraud}" (Devarim 25:16). And [our Sages] have said, "The punishment for [false] measures is more severe than for forbidden relations" etc. (Baba Batra 88b). [Our Sages], may their memory be blessed, also stated, "A wholesaler must wipe his measures clean {every thirty days}" (mBaba Batra 5:10; 88a), so they are not, unbeknown to him, diminished [by an accretion of residue], and he is not punished, on that account, God forbid.

Even less [need be said] about the prohibition of lending at interest, a sin that is as great as that of repudiating the God of Israel (Baba Metzia 71a), God forbid. And [our Sages], may their memory be blessed, have commented on the verse, "He has loaned at interest and collected with increase; shall he then live? He shall not live" (Yehezkel 18:13) – that he will not come back to life at the time of the resurrection (Shemot Rabba 31:6). For taking interest or even a shade of interest is abhorrent and detestable in the eyes of God. I see no need to expand on this [sin], as it already casts its dread on every man of Israel.

In summation, just as the desire for wealth is great, so are its pitfalls many. To be truly clear of them demands one's careful attention and scrutiny. If a person has cleansed himself of [this desire], he may be sure that he has already reached a high rank [of perfection]. For many are able to act piously in numerous areas of piety, but are unable to reach the goal of perfection in despising ill-gained profit. This is what Zophar the Naamathite meant when he said to Iyov, "If iniquity be in your hand, put it far away, and let not injustice dwell in your tents. Surely then you shall lift up your face without blemish, and you shall be steadfast, and shall not fear" (Iyov 11:14-15).

I have spoken thus far of the particulars of one mitzvah. Particulars of the same sort exist for each and every mitzvah. But I confine myself to those in which most people are accustomed to stumble.

וְנְדַבֵּר עַתָּה עַל הָעֲרָיוֹת שֶׁגַּם הֵם מִן הַחֲמוּדִים, וְהֵם שְׁנִיִּים בְּמַדְרֵגָה אֶל הַגָּזֵל, וְכַמַּאֲמָרָם זִכְרוֹנָם לִבְרָכָה שֶׁזָּכַרְתִּי לְמַעְלָה: רֻבָּם בְּגָזֵל וּמִעוּטָם בַּעֲרָיוֹת (בבא בתרא קסה, א).

וְהִנֵּה מִי שֶׁיִּרְצֶה לְהִנָּקוֹת מִן הַחֵטְא, גַּם לוֹ תִּצְטָרֵךְ מְלָאכָה לֹא מוּעֶטֶת. כִּי אֵין בִּכְלַל הָאִסּוּר גּוּפוֹ שֶׁל מַעֲשֶׂה בִּלְבַד, אֶלָּא כָּל הַקָּרֵב הַקָּרֵב אֵלָיו. וּמִקְרָא מָלֵא הוּא: לֹא תִקְרְבוּ לְגַלּוֹת עֶרְוָה (ויקרא יח, ו). וְאָמְרוּ רַבּוֹתֵינוּ זִכְרוֹנָם לִבְרָכָה: אָמַר הַקָּדוֹשׁ בָּרוּךְ הוּא, אַל תֹּאמַר הוֹאִיל וְאָסוּר לִי לְהִשְׁתַּמֵּשׁ בְּאִשָּׁה הֲרֵינִי תּוֹפְשָׂהּ וְאֵין לִי עָוֹן, הֲרֵינִי מְגַפְּפָהּ וְאֵין לִי עָוֹן, אוֹ שֶׁאֲנִי נוֹשְׁקָהּ וְאֵין לִי עָוֹן. אָמַר הַקָּדוֹשׁ בָּרוּךְ הוּא, כְּשֵׁם שֶׁאִם נָדַר נָזִיר שֶׁלֹּא לִשְׁתּוֹת יַיִן, אָסוּר לֶאֱכֹל עֲנָבִים לַחִים וִיבֵשִׁים וּמִשְׁרַת עֲנָבִים וְכָל הַיּוֹצֵא מִגֶּפֶן הַיַּיִן (ראה במדבר ו, ג), אַף אִשָּׁה שֶׁאֵינָהּ שֶׁלְּךָ אָסוּר לִיגַּע בָּהּ כָּל עִקָּר, וְכָל מִי שֶׁנּוֹגֵעַ בְּאִשָּׁה שֶׁאֵינָהּ שֶׁלּוֹ מֵבִיא מִיתָה לְעַצְמוֹ וְכוּ' (שמות רבה טז, ב).

וְהַבֵּט מַה נִּפְלְאוּ דִּבְרֵי הַמַּאֲמָר הַזֶּה, כִּי הִמְשִׁיל אֶת הָאִסּוּר הַזֶּה לְנָזִיר, אֲשֶׁר אַף עַל פִּי שֶׁעִקַּר הָאִסּוּר אֵינוֹ אֶלָּא שְׁתִיַּת יַיִן, הִנֵּה אָסְרָה לוֹ הַתּוֹרָה כָּל מַה שֶּׁיֵּשׁ לוֹ שַׁיָּכוּת עִם הַיַּיִן. וְהָיָה זֶה לִמּוּד שֶׁלִּמְּדָה תוֹרָה לַחֲכָמִים אֵיךְ יַעֲשׂוּ הֵם סְיָג לַתּוֹרָה בְּמַה שֶּׁנִּמְסַר בְּיָדָם לַעֲשׂוֹת מִשְׁמֶרֶת לְמִשְׁמַרְתָּהּ (ראה מועד קטן ה, א), כִּי יִלְמְדוּ מִן הַנָּזִיר לֶאֱסֹר בַּעֲבוּר הָעִקָּר כָּל דְּדָמֵי לֵיהּ. וְנִמְצָא שֶׁעָשְׂתָה הַתּוֹרָה בְּמִצְוָה זֹאת שֶׁל נָזִיר מַה שֶּׁמָּסְרָה לַחֲכָמִים לַעֲשׂוֹתוֹ בִּשְׁאָר הַמִּצְוֹת, לְמַעַן דַּעַת שֶׁזֶּה רְצוֹנוֹ שֶׁל מָקוֹם, וּכְשֶׁאוֹסֵר לָנוּ אֶחָד מִן הָאִסּוּרִין נִלְמַד סָתוּם מִן הַמְפֹרָשׁ לֶאֱסֹר כָּל הַקָּרוֹב לוֹ.

וְעַל זֶה הַדֶּרֶךְ אָסְרוּ בְּעִנְיָן זֶה שֶׁל הָעֲרָיוֹת כָּל מַה שֶּׁהוּא מִמִּינוֹ שֶׁל הַזְּנוּת אוֹ הַקָּרוֹב אֵלָיו, יִהְיֶה בְּאֵיזֶה חוּשׁ אוֹ אֵיבָר שֶׁיִּהְיֶה, דְּהַיְנוּ, בֵּין

We shall now discuss the sin of forbidden relations. This is also among the sins which people crave the most and ranks second to theft, as we find in the dictum of our Sages mentioned above (*see p. 139*), "Most [people fall into the sin of] theft, a minority [falls into] forbidden relations" (*Baba Batra* 165a).

Now one who wishes to be untarnished by this sin will also have to exert no small effort. For the prohibition includes not only the [forbidden] act itself, but whatever approaches it [in character] as well. Indeed, it is explicitly stated in Scripture, "You shall not practice intimacy that can lead to forbidden relations" (*Vayikra* 18:6). And our Rabbis, may their memory be blessed, said, "The Holy One, blessed be He, said, Do not say, 'Since I am forbidden to have intercourse with a woman, I will hold her, and be guiltless; I will embrace her, and be guiltless; or I will kiss her, and be guiltless.' The Holy One, blessed be He, said, Just as a Nazirite who vows not to drink wine is forbidden to eat moist or dried grapes, or any grape liquor, or anything derived from the grapevine (see *Bamidbar* 6:3), so too are you forbidden to touch in any manner a woman who is not your wife. Anyone who touches a woman other than his wife brings death upon himself," and so on (*Shemot Rabba* 16:2).

Notice how wondrous are the words of this dictum. For it likens this prohibition to the case of a Nazirite, where even though the primary prohibition is limited to the drinking of wine, the Torah forbids him anything bearing any connection to wine. This was a lesson by which the Torah taught the Sages how they should erect a "fence" around the Torah regarding the authority granted them to add protective measures to its prohibitions (*Mo'ed Katan* 5a). For they would learn from [the laws of] the Nazirite to forbid, because of a basic prohibition, anything that is similar in nature. Thus the Torah did with respect to the *mitzvah* of the Nazirite what it authorized the Sages to do with respect to all other *mitzvot*. [By this the Torah intended] to teach that this is God's will, and that when He issues a prohibition, we should deduce what was left unstated from what was stated and forbid anything resembling it.

Applying this principle in the area of forbidden relations, [the Sages] prohibited anything akin to unchastity and similar to it, whatever bodily sense or part is involved. That is, whether it entails

בְּמַעֲשֶׂה: בִּנְגִיעָה, בְּחִבּוּק וְנִשּׁוּק וְכַיּוֹצֵא בוֹ, בֵּין בְּהִסְתַּכְּלוּת וּרְאִיָּה, בֵּין בְּדִבּוּר, בֵּין בִּשְׁמִיעָה, וַאֲפִלּוּ בְּמַחֲשָׁבָה.

וְאָבִיא לְךָ הָרְאָיוֹת עַל כָּל אֵלֶּה מִדִּבְרֵיהֶם זִכְרוֹנָם לִבְרָכָה.

בְּעִנְיַן הַנְּגִיעָה אוֹ הַחִבּוּק, כְּבָר שָׁמַעְתָּ הַמַּאֲמָר שֶׁזָּכַרְתִּי לְמַעְלָה.

בְּעִנְיַן הַהִסְתַּכְּלוּת, אָמְרוּ: יָד לְיָד לֹא יִנָּקֶה רָע (משלי יא, כא), כָּל הַמַּרְצֶה מָעוֹת מִיָּדוֹ לְיָדָהּ כְּדֵי לְהִסְתַּכֵּל בָּהּ לֹא יִנָּקֶה מִדִּינָהּ שֶׁל גֵּיהִנֹּם (ברכות סא, א). וְאָמְרוּ עוֹד: אָמַר רַב, מִפְּנֵי מָה מָנָה הַכָּתוּב (ראה במדבר לא, נ) תַּכְשִׁיטִין שֶׁבִּפְנִים עִם תַּכְשִׁיטִין שֶׁבַּחוּץ? לוֹמַר לְךָ שֶׁכָּל הַמִּסְתַּכֵּל בְּאֶצְבַּע קְטַנָּה שֶׁל אִשָּׁה כְּאִלּוּ מִסְתַּכֵּל בִּמְקוֹם הַתֹּרֶף (ברכות כד, א; שבת סד, ב). וְאָמְרוּ עוֹד: מִפְּנֵי מָה הֻצְרְכוּ יִשְׂרָאֵל שֶׁבְּאוֹתוֹ הַדּוֹר כַּפָּרָה? מִפְּנֵי שֶׁזָּנוּ עֵינֵיהֶם מִן הָעֶרְוָה (שבת סד, א). וְאָמְרוּ עוֹד: וְנִשְׁמַרְתָּ מִכֹּל דָּבָר רָע (דברים כג, י), שֶׁלֹּא יִסְתַּכֵּל אָדָם בְּאִשָּׁה נָאָה אֲפִלּוּ הִיא פְּנוּיָה, בְּאֵשֶׁת אִישׁ אֲפִלּוּ מְכֹעֶרֶת (עבודה זרה כ, א).

בְּעִנְיַן הַדִּבּוּר עִם הָאִשָּׁה, בְּהֶדְיָא שָׁנִינוּ: כָּל הַמַּרְבֶּה שִׂיחָה עִם הָאִשָּׁה גּוֹרֵם רָעָה לְעַצְמוֹ (אבות א, ה).

וּבְעִנְיַן הַשְּׁמִיעָה אָמְרוּ: קוֹל בְּאִשָּׁה עֶרְוָה (ברכות כד, א; קדושין ע, א).

עוֹד בְּעִנְיַן זְנוּת הַפֶּה, דְּהַיְנוּ הַדִּבּוּר בְּדִבְרֵי הַזְּנוּת, כְּבָר צָוְחוּ כִּכְרוּכְיָא: וְלֹא יִרְאֶה בְךָ עֶרְוַת דָּבָר (דברים כג, טו), עֶרְוַת דִּבּוּר, זֶה נִבּוּל פֶּה (ויקרא רבה כד, ז). וְאָמְרוּ: בַּעֲוֹן נַבְלוּת פֶּה צָרוֹת מִתְחַדְּשׁוֹת, וּבַחוּרֵי שׂוֹנְאֵיהֶם שֶׁל יִשְׂרָאֵל מֵתִים (שבת לג, א). וְאָמְרוּ עוֹד: כָּל הַמְנַבֵּל פִּיו מַעֲמִיקִים לוֹ גֵּיהִנֹּם (שבת שם). וְאָמְרוּ עוֹד: הַכֹּל יוֹדְעִים כַּלָּה לָמָּה נִכְנֶסֶת לַחֻפָּה, אֶלָּא כָּל הַמְנַבֵּל פִּיו וְאוֹמְרוֹ, אֲפִלּוּ גְּזַר דִּין שֶׁל שִׁבְעִים שָׁנָה לְטוֹבָה הוֹפְכִים לוֹ לְרָעָה (שבת שם). וְאָמְרוּ עוֹד: אֲפִלּוּ שִׂיחָה קַלָּה שֶׁבֵּין אִישׁ לְאִשְׁתּוֹ מַגִּידִים לוֹ לְאָדָם בִּשְׁעַת הַדִּין (חגיגה ה, ב).

an act, such as touching, embracing, kissing and the like, or looking and gazing, speech, hearing, or even thought.

I will now bring you proofs regarding all of these from the words of [the Sages], may their memory be blessed.

Regarding touching and embracing, you have already heard the statement I cited earlier (see above, p. 153).

Regarding gazing, [the Sages] said, "'Hand to hand, evil will not be cleansed' (Mishlei 11:21) – whoever counts out money from his hand to the hand of a woman in order to gaze at her will not be untouched by the punishment of Gehinom" (Berakhot 61a). They also said (see Berakhot 24a and Shabbat 64b), "Rav said, Why did Scripture enumerate ornaments that are worn internally together with those that are worn externally (see Bamidbar 31:50)? To teach you that [even] if one gazes [only] at a woman's little finger, it is as if he looked at her indecent part." They also said, "Why did the Israelites of that generation need atonement (see ibid.)? Because their eyes fed on lewdness" (Shabbat 64a). They also said, "'You shall keep yourself from every evil thing' (Devarim 23:10) – a person should not gaze at a beautiful woman even if she is unmarried, or at a married woman even if she is ugly" (Avodah Zarah 20a).

As for talking to a woman, it was explicitly taught, "Whoever engages in extended conversation with a woman brings evil upon himself" (Avot 1:5).

Regarding hearing, they said, "[Hearing] a woman's voice is an indecency" (Berakhot 24a; Kiddushin 70a).

Furthermore, regarding verbal licentiousness, namely, indecent speech, [our Sages] already shouted passionately, "'And let Him see no unclean thing [davar] in you' (Devarim 23:15) – unclean speech [dibbur], namely, obscenities" (Vayikra Rabba 24:7). And they said, "Because of the sin of obscene speech, new troubles arise and the young men of the enemies of Israel die" (Shabbat 33a). They also said, "If one utters obscenities, Gehinom is deepened for him" (ibid.). Moreover they said, "Everyone knows to what end a bride enters the bridal chamber, but if anyone sullies his mouth and speaks of it, even a decree of seventy good years is turned to calamity" (ibid.). They also said, "Even the frivolous conversation between a man and his wife is related to him at the time of judgment" (Hagigah 5b).

וּבְעִנְיַן הַשְּׁמִיעָה הָרָעָה הַזֹּאת גַּם כֵּן אָמְרוּ (שבת לג, א): אַף שׁוֹמֵעַ וְשׁוֹתֵק, שֶׁנֶּאֱמַר: [שׁוּחָה עֲמֻקָּה פִּי זָרוֹת] וְזָעוּם ה' יִפָּל שָׁם (משלי כב, יד). הֲרֵי לְךָ שֶׁכָּל הַחוּשִׁים צְרִיכִים לִהְיוֹת נְקִיִּים מִן הַזְּנוּת וּמֵעִנְיָנוֹ.

וְאִם לְחָשְׁךָ אָדָם לוֹמַר, שֶׁמַּה שֶּׁאָמְרוּ עַל הַנִּבּוּל פֶּה אֵינוֹ אֶלָּא כְּדֵי לְאַיֵּם וּלְהַרְחִיק אָדָם מִן הָעֲבֵרָה, וּבְמִי שֶׁדָּמוֹ רוֹתֵחַ הַדְּבָרִים אֲמוּרִים, שֶׁמִּדֵּי דַבְּרוֹ בָּא לִידֵי תַאֲוָה, אֲבָל מִי שֶׁאוֹמְרוֹ דֶּרֶךְ שְׂחוֹק בְּעָלְמָא, לָאו מִלְּתָא הוּא וְאֵין לָחוּשׁ עָלָיו. אַף אַתָּה אֱמֹר לוֹ: עַד כָּאן דִּבְרֵי יֵצֶר רָע. כִּי מִקְרָא מָלֵא הוּא שֶׁהֱבִיאוּ זִכְרוֹנָם לִבְרָכָה (שבת שם) לִרְאָיָתָם: עַל כֵּן עַל בַּחוּרָיו לֹא יִשְׂמַח ה' {וְאֶת יְתֹמָיו וְאֶת אַלְמְנֹתָיו לֹא יְרַחֵם} כִּי כֻלּוֹ חָנֵף וּמֵרַע וְכָל פֶּה דֹּבֵר נְבָלָה (ישעיה ט, טז). הִנֵּה לֹא הִזְכִּיר בַּכָּתוּב הַזֶּה לֹא עֲבוֹדַת אֱלִילִים וְלֹא גִלּוּי עֲרָיוֹת וְלֹא שְׁפִיכוּת דָּמִים, אֶלָּא חֲנֻפָּה וְלָשׁוֹן הָרַע וְנִבּוּל פֶּה, כֻּלָּם דִּבּוּר בְּלֹא מַעֲשֶׂה, וַעֲלֵיהֶם יָצְאָה הַגְּזֵרָה: עַל כֵּן עַל בַּחוּרָיו לֹא יִשְׂמַח וְאֶת יְתֹמָיו וְאֶת אַלְמְנֹתָיו לֹא יְרַחֵם [כִּי כֻלּוֹ חָנֵף וּמֵרַע וְכָל פֶּה דֹּבֵר נְבָלָה] בְּכָל זֹאת לֹא שָׁב אַפּוֹ וְעוֹד יָדוֹ נְטוּיָה. וְעוֹד שֶׁאִם כֵּן לֹא טֻמְאַת שְׂפָתַיִם שֶׁהִזְכִּיר יְשַׁעְיָה: כִּי אִישׁ טְמֵא שְׂפָתַיִם אָנֹכִי וּבְתוֹךְ עַם טְמֵא שְׂפָתַיִם אָנֹכִי יוֹשֵׁב (שם ו, ה), בַּמַּאי מוֹקִים לָהּ. אֶלָּא הָאֱמֶת הוּא כְּדִבְרֵי רַבּוֹתֵינוּ זִכְרוֹנָם לִבְרָכָה, שֶׁנִּבּוּל פֶּה הוּא עֶרְוָתוֹ שֶׁל הַדִּבּוּר מַמָּשׁ, וּמִשָּׁם זְנוּת הוּא שֶׁנֶּאֱסַר כְּכָל שְׁאָר עִנְיְנֵי הַזְּנוּת, חוּץ מִגּוּפוֹ שֶׁל מַעֲשֶׂה, שֶׁאַף עַל פִּי שֶׁאֵין בָּהֶם כָּרֵת אוֹ מִיתַת בֵּית דִּין, אֲסוּרִים הֵם אִסּוּר עַצְמָם. מִלְּבַד הֱיוֹתָם גּוֹרְמִים וּמְבִיאִים אֶל הָאִסּוּר הָרָאשִׁי עַצְמוֹ, וּכְעִנְיַן הַנָּזִיר שֶׁזָּכְרוּ בַּמִּדְרָשׁ שֶׁהֵבֵאנוּ לְמַעְלָה.

With regard to listening to obscenities, they also said (*Shabbat* 33a), "Even one who listens and remains silent [is liable], as it says, '[The wayward mouth is a deep pit]; he who incurs the Lord's wrath falls into it'" (Mishlei 22:14). It is apparent that all one's faculties must be innocent of unchastity and anything related to it.

Someone may whisper to you that what [the Sages] said of lewd talk was merely a threat to keep one far from sin, and applies [only] to the hot-blooded who are aroused to lust whenever they speak of it; but for someone who speaks of it in jest, it is insignificant and of no concern. Your retort should be: "The Evil *Yetzer* has just spoken." For [the Sages], may their memory be blessed, brought this explicit verse as their proof (*Shabbat* ibid.), "Therefore the Lord shall have no joy in their young men, {neither shall He have mercy on their orphans and widows}; for everyone is a hypocrite and slanderer, and every mouth speaks obscenity" (Yeshayahu 9:16). Note that this verse does not mention idolatry, unchaste relationships or murder, but rather hypocrisy, slander, and obscenity. These are all forms of speech without [accompanying] action. And because of these [sins], there went forth the decree, "Therefore the Lord shall have no joy in their young men, neither shall He have mercy on their orphans and widows [for everyone is a hypocrite and slanderer, and every mouth speaks obscenity], for all this His anger is not turned away, but His hand is still outstretched" (ibid.). Furthermore, if this is not true, how then are we to understand the impurity of lips mentioned by Yeshayahu, "Because I am a man of unclean lips, and I dwell in the midst of a people of unclean lips" (Yeshayahu 6:5)? Rather, the truth is as our Rabbis, may their memory be blessed, have said, that lascivious talk is in fact lewdness of speech. [Such talk] comes under the same rubric as harlotry, forbidden like all other forms of unchastity other than the act of illicit relations itself; that although these forms are not subject to the punishment of excision or judicial execution, they are, nonetheless, forbidden in themselves. This is aside from the fact that they lead to and bring about the principally proscribed act itself, as in the case of the Nazirite mentioned in the midrash referred to above (*p. 153*).

בְּעִנְיַן הַמַּחֲשָׁבָה, כְּבָר אָמְרוּ בִּתְחִלַּת הַבָּרַיְתָא שֶׁלָּנוּ: וְנִשְׁמַרְתָּ מִכֹּל דָּבָר רָע (דברים כג, י), שֶׁלֹּא יְהַרְהֵר בַּיּוֹם {וְיָבֹא לִידֵי טוּמְאָה בַּלַּיְלָה} (עבודה זרה כ, ב). וְאָמְרוּ עוֹד: הִרְהוּרֵי עֲבֵרָה קָשִׁים מֵעֲבֵרָה (יומא כט, א). וּמִקְרָא מָלֵא הוּא: תּוֹעֲבַת ה' מַחְשְׁבוֹת רָע (משלי טו, כו).

וְעַד הֵנָּה דִּבַּרְנוּ מִשְּׁנֵי גּוּפֵי עֲבֵרוֹת חֲמוּרוֹת שֶׁבְּנֵי הָאָדָם קְרוֹבִים לִיכָּשֵׁל בְּעַנְפֵיהֶם, מִפְּנֵי רֻבָּם שֶׁל הָעֲנָפִים וּנְטִיַּת לִבּוֹ שֶׁל הָאָדָם בְּתַאֲוָתוֹ אֲלֵיהֶם.

וְהַמַּדְרֵגָה הַשְּׁלִישִׁית אַחַר הַגָּזֵל וְהָעֲרָיוֹת לְעִנְיַן הַחֶמְדָּה, הִנֵּה הוּא אִסּוּר הַמַּאֲכָלוֹת, בֵּין בְּעִנְיַן הַטְּרֵפוֹת עַצְמָם, בֵּין בְּעִנְיַן תַּעֲרוּבוֹתֵיהֶן, בֵּין בְּעִנְיַן בָּשָׂר בְּחָלָב אוֹ חֵלֶב וָדָם, וְעִנְיַן בִּשּׁוּלֵי גוֹיִים וְעִנְיַן גִּעוּלֵי גוֹיִים, יֵין נִסְכָּם וּסְתָם יֵינָם. כָּל אֵלֶּה הַנְּקִיּוּת בָּהֶם צָרִיךְ דִּקְדּוּק גָּדוֹל וְצָרִיךְ חִזּוּק, כִּי יֵשׁ שָׁם תַּאֲוַת הַלֵּב הַמִּתְאַוֶּה בְּמַאֲכָלִים הַטּוֹבִים, וְחֶסְרוֹן הַכִּיס בְּאִסּוּרֵי הַתַּעֲרוֹבוֹת, וְכַיּוֹצֵא בָּזֶה. וּפְרָטֵיהֶם רַבִּים כְּכָל דִּינֵיהֶם הַיְדוּעִים וּמְבֹאָרִים בְּסִפְרֵי הַפּוֹסְקִים, וְהַמֵּקֵל בָּהֶם בְּמָקוֹם שֶׁאָמְרוּ לְהַחְמִיר אֵינוֹ אֶלָּא מַשְׁחִית לְנַפְשׁוֹ.

וְכָךְ אָמְרוּ בְּסִפְרֵי: וְלֹא תִטַּמְּאוּ בָּהֶם וְנִטְמֵתֶם בָּם (ויקרא יא, מג), אִם מְטַמְּאִים אַתֶּם בָּם סוֹפְכֶם לִיטַּמֵּא בָּם (ספרא שמיני פרק יב הלכה ג). וְהַיְנוּ, כִּי הַמַּאֲכָלוֹת הָאֲסוּרוֹת מַכְנִיסִים טֻמְאָה מַמָּשׁ בְּלִבּוֹ וּבְנִשְׁמָתוֹ שֶׁל אָדָם, עַד שֶׁקְּדֻשָּׁתוֹ שֶׁל מָקוֹם בָּרוּךְ הוּא מִסְתַּלֶּקֶת וּמִתְרַחֶקֶת מִמֶּנּוּ. וְהוּא מַה שֶּׁאָמְרוּ בַּשַּׁ"ס גַּם כֵּן: וְנִטְמֵאתֶם בָּם (ויקרא יא, מג), אַל תִּקְרֵי וְנִטְמֵאתֶם אֶלָּא וְנִטַּמְתֶּם, שֶׁהָעֲבֵרָה מְטַמְטֶמֶת לִבּוֹ שֶׁל אָדָם (יומא לט, א). כִּי מְסַלֶּקֶת מִמֶּנּוּ הַדֵּעָה הָאֲמִתִּית וְרוּחַ הַשֵּׂכֶל שֶׁהַקָּדוֹשׁ בָּרוּךְ הוּא נוֹתֵן לַחֲסִידִים, כְּמוֹ

As for thought, our Sages have already said at the beginning of our baraita: "'You shall keep yourself from every evil thing' (Devarim 23:10) – one should not entertain impure thoughts during the day, {so as not to come to impurity at night}" (Avodah Zarah 20b). They also said, "Sinful thoughts are more injurious than the sin itself" (Yoma 29a). And Scripture explicitly states, "Evil thoughts are an abhorrence of the Lord" (Mishlei 15:26).

We have discussed thus far two grave root-sins, over whose branches people are prone to stumble because of their abundance and the mind's inclination to [rationalize] them in one's desire to commit them.

The sin that ranks third in its appeal, after theft and unchaste relationships, is that of food prohibitions. This applies equally to *terefot* themselves, mixtures that contain them, meat mixed with milk, forbidden fat or blood, food cooked by gentiles or in gentile utensils, wine used in their libations, or their indeterminate wine. Blamelessness in these various areas requires great scrutiny and effort because the heart lusts after delicious foods, and because the prohibitions regarding forbidden mixtures and the like may lead to monetary loss. The particulars [of these prohibitions] are many, all being well known laws that are explained in the works of the decisors. One who adopts a lenient position in these matters, when [the decisors] have told [us] to be stringent, only corrupts his soul.

This is what they said in *Sifrei*, "'You shall not make yourselves unclean with them, that you should be defiled by them' (Vayikra 11:43) – if you make yourselves unclean with them, you will, in the end, become defiled by them" (Sifra, Shemini, perek 12:3). This is because forbidden foods actually bring real defilement into a person's heart and soul, to the point that the holiness of God, blessed be He, departs and withdraws from him. The same thing was also stated in the Talmud, "'You will be defiled [*venitmetem*] by them' (Vayikra 11:43) – read not *venitmetem*, 'you will be defiled,' but *venitamtem*, 'you will become dull-hearted,' for sin dulls a man's heart" (Yoma 39a). For it removes from him the true knowledge and the spirit of reason that the Holy One, blessed be He, gives to the pious. As it is

שֶׁאָמַר: כִּי ה' יִתֵּן חָכְמָה (משלי ב, ו), וְהִנֵּה הוּא נִשְׁאָר בְּהֶמִּי וְחָמְרִי, מְשֻׁקָּע בְּגַסִּיּוּת הָעוֹלָם הַזֶּה. וְהַמַּאֲכָלוֹת הָאֲסוּרוֹת יְתֵרוֹת בָּזֶה עַל שְׁאָר הָאִסּוּרִים, כֵּיוָן שֶׁהֵם נִכְנָסִים בְּגוּפוֹ שֶׁל אָדָם מַמָּשׁ וְנַעֲשִׂים בָּשָׂר מִבְּשָׂרוֹ.[יב]

וּכְדֵי לְהוֹדִיעֵנוּ שֶׁלֹּא הַבְּהֵמוֹת הַטְּמֵאוֹת אוֹ הַשְּׁקָצִים לְבַד הֵם הַטְּמֵאִים, אֶלָּא גַּם הַטְּרֵפוֹת שֶׁבְּמִין הַכָּשֵׁר עַצְמוֹ הֵם בִּכְלַל טֻמְאָה, אָמַר הַכָּתוּב: לְהַבְדִּיל בֵּין הַטָּמֵא וּבֵין הַטָּהֹר (ויקרא יא, מז), וּבָא הַפֵּרוּשׁ לְרַבּוֹתֵינוּ זִכְרוֹנָם לִבְרָכָה, זֶה לְשׁוֹנָם: אֵין צָרִיךְ לוֹמַר בֵּין חֲמוֹר לְפָרָה, לָמָּה נֶאֱמַר בֵּין הַטָּמֵא וּבֵין הַטָּהוֹר? בֵּין טְמֵאָה לְךָ וּבֵין טְהוֹרָה לְךָ, בֵּין נִשְׁחַט רֻבּוֹ שֶׁל קָנֶה לְנִשְׁחַט חֶצְיוֹ, וְכַמָּה הוּא בֵּין רֻבּוֹ לְחֶצְיוֹ? מְלֹא הַשַּׂעֲרָה (ספרא שמיני שם הלכה ז). וְאָמְרוּ זֶה הַלָּשׁוֹן שֶׁבְּסוֹף הַמַּאֲמָר: וְכַמָּה {בֵּין רֻבּוֹ לְחֶצְיוֹ מְלֹא הַשַּׂעֲרָה}, לְהַרְאוֹת כַּמָּה נִפְלָא כֹּחַ הַמִּצְוָה, שֶׁחוּט הַשַּׂעֲרָה מַבְדִּיל בֵּין טְמֵאָה לִטְהֹרָה מַמָּשׁ.

וְהִנֵּה מִי שֶׁיֵּשׁ לוֹ מֹחַ בְּקָדְקֳדוֹ יַחְשֹׁב אִסּוּרֵי הַמַּאֲכָל כְּמַאֲכָלִים הָאַרְסִיִּים אוֹ כְּמַאֲכָל שֶׁנִּתְעָרֵב בּוֹ דָּבָר אַרְסִי. כִּי הִנֵּה לוּ יֶאֱרַע דָּבָר זֶה, הֲיָקֵל אָדָם עַל עַצְמוֹ לֶאֱכֹל מִמֶּנּוּ אִם יִשָּׁאֵר לוֹ בּוֹ אֵיזֶה בֵּית מֵחוּשׁ אֲפִלּוּ חֲשָׁשָׁא קְטַנָּה? וַדַּאי שֶׁלֹּא יָקֵל, וְאִם יָקֵל לֹא יִהְיֶה נֶחְשָׁב אֶלָּא לְשׁוֹטֶה גָּמוּר. אַךְ[יג] אִסּוּר הַמַּאֲכָל כְּבָר בֵּאַרְנוּ שֶׁהוּא אֶרֶס מַמָּשׁ לַלֵּב וְלַנֶּפֶשׁ, אִם כֵּן מִי אֵפוֹא יִהְיֶה הַמֵּקֵל בִּמְקוֹם חֲשָׁשָׁא שֶׁל אִסּוּר אִם בַּעַל שֵׂכֶל הוּא. וְעַל זֶה נֶאֱמַר: וְשַׂמְתָּ שַׂכִּין בְּלֹעֶךָ אִם בַּעַל נֶפֶשׁ אָתָּה (משלי כג, ב).[יד]

וּנְדַבֵּר עַתָּה עַל הַחֲטָאִים הַמְּדִינִיִּים הַנּוֹלָדִים מֵחֶבְרַת בְּנֵי הָאָדָם וְקִבּוּצָם, כְּגוֹן: הוֹנָאַת דְּבָרִים, הַלְבָּנַת הַפָּנִים, הַכְשָׁלַת הָעִוֵּר בְּעֵצָה, רְכִילוּת, שִׂנְאָה וּנְקִימָה, שְׁבוּעוֹת, דְּבַר שֶׁקֶר וְחִלּוּל הַשֵּׁם, וְכָל כַּיּוֹצֵא בָּזֶה. מִי יֹאמַר נִקֵּיתִי מֵהֶם, טָהַרְתִּי מֵאַשְׁמָה בָּם.

[יב] ע"פ בראשית ב, כג. [יג] 'אך' במובן 'אכן'. או שמא צ"ל: 'כך'. [יד] ראה חולין ו, א.

stated, "For the Lord gives wisdom" (Mishlei 2:6). Hence, he remains beastly and coarse, immersed in the grossness of this world. The forbidden foods are worse in this regard than all the other prohibitions because they quite literally enter a person's body and become part of his very flesh.

In order to teach us that the "unclean" category embraces not only unclean beasts and reptiles, but also animals of a kosher species that are *terefot*, the verse states, "To distinguish between the unclean and the clean" (Vayikra 11:47). Our Rabbis, may their memory be blessed, explained this as follows: "It is not necessary to say that one should understand [the distinction] between an ass and a cow. Then what is the meaning of: 'Between the unclean and the clean?' Between what is unclean to you and what is clean to you; between an animal, the greater part of whose windpipe has been severed, and one where only half of its windpipe has been severed. And what is the difference between 'the greater part' and 'half?' A hair's breadth" (*Sifra, Shemini, perek* 12:7). They concluded the passage with the words, "And what is the difference {between 'the greater part' and 'half?' A hair's breadth}," in order to show how marvelous the power of the *mitzvah* is, that a mere hair's breadth differentiates between the unclean and the clean.

Anyone with sense will regard forbidden food as if it were poison or had some poison mixed in it. Were that actually the case, would a person be lax and allow himself to eat of [such food] if there were any room for concern or even the least apprehension? Surely he would not. And if he did, he would be regarded as an absolute fool. Regarding forbidden food, we have already explained that it is quite literally poison for the heart and soul. If so, what intelligent person would be lenient when there is a suspicion of a prohibition? It is said with regard to this, "Put a knife to your throat, if you are the master of your soul (Mishlei 23:2 ; *Hullin* 6a).

We shall now discuss the societal sins, born of human association and community, such as: verbal oppression, shaming, offering misleading advice, tale-bearing, hating and taking revenge, taking oaths, lying, desecrating God's name, and so forth. Who can say, "I am innocent of them; I am clear of incurring guilt in respect to them?"

הִנֵּה בִּכְלַל הוֹנָאַת הַדְּבָרִים הוּא לְדַבֵּר בִּפְנֵי חֲבֵרוֹ דָּבָר שֶׁיֵּבוֹשׁ מִמֶּנּוּ, כָּל שֶׁכֵּן שֶׁיֹּאמְרֵהוּ לוֹ בְּפֵרוּשׁ אוֹ לַעֲשׂוֹת לוֹ דָּבָר שֶׁיִּגְרֹם לוֹ שֶׁיֵּבוֹשׁ (ע״פ רמב״ם הלכות דעות ו, ח). וְהוּא מַה שֶּׁאָמְרוּ בְּפֶרֶק הַזָּהָב: אִם הָיָה בַּעַל תְּשׁוּבָה, לֹא יֹאמַר לוֹ זְכֹר מַעֲשֶׂיךָ הָרִאשׁוֹנִים וְכוּ׳ (בבא מציעא ד, י; נח, ב); אִם הָיוּ חֳלָאִים בָּאִים עָלָיו, לֹא יֹאמַר לוֹ כְּדֶרֶךְ שֶׁאָמְרוּ חֲבֵרָיו לְאִיּוֹב: זְכָר נָא מִי הוּא נָקִי אָבָד {וְאֵיפֹה יְשָׁרִים נִכְחָדוּ} (איוב ד, ז); אִם הָיוּ חַמָּרִים מְבַקְּשִׁים הֵימֶנּוּ תְּבוּאָה, לֹא יֹאמַר לָהֶם לְכוּ אֵצֶל פְּלוֹנִי שֶׁהוּא מוֹכֵר תְּבוּאָה, וְיוֹדֵעַ בּוֹ שֶׁלֹּא מָכַר לְעוֹלָם (בבא מציעא נח, ב).

וּכְבָר אָמְרוּ (בבא מציעא שם): גָּדוֹל אוֹנָאַת דְּבָרִים מֵאוֹנָאַת מָמוֹן {שֶׁזֶּה נֶאֱמַר בּוֹ (ויקרא כה, יז): וְיָרֵאתָ מֵאֱלֹהֶיךָ וְזֶה לֹא נֶאֱמַר בּוֹ: וְיָרֵאתָ מֵאֱלֹהֶיךָ}. וְכָל שֶׁכֵּן אִם הוּא בָּרַבִּים, שֶׁבְּהֶדְיָא שָׁנִינוּ: הַמַּלְבִּין פְּנֵי חֲבֵרוֹ בָּרַבִּים אֵין לוֹ חֵלֶק לָעוֹלָם הַבָּא (אבות ג, יא). וְאָמַר רַב חִסְדָּא: כָּל הַשְּׁעָרִים נִנְעֲלוּ חוּץ מִשַּׁעֲרֵי אוֹנָאָה (בבא מציעא נט, א). וְאָמַר רַבִּי אֶלְעָזָר: הַכֹּל הַקָּדוֹשׁ בָּרוּךְ הוּא נִפְרָע עַל יְדֵי שָׁלִיחַ חוּץ מֵאוֹנָאָה (שם). וְאָמְרוּ: שְׁלֹשָׁה אֵין הַפַּרְגּוֹד נִנְעָל בִּפְנֵיהֶם, וְאֶחָד מֵהֶם אוֹנָאָה (שם). וַאֲפִלּוּ לְדָבָר מִצְוָה אָמַר הַכָּתוּב: הוֹכֵחַ תּוֹכִיחַ אֶת עֲמִיתֶךָ וְלֹא תִשָּׂא עָלָיו חֵטְא (ויקרא יט, יז), וְאָמְרוּ זִכְרוֹנָם לִבְרָכָה: יָכוֹל אֲפִלּוּ פָּנָיו מִשְׁתַּנּוֹת? תַּלְמוּד לוֹמַר, וְלֹא תִשָּׂא עָלָיו חֵטְא (ערכין טז, ב).[טו]

וּבְעִנְיַן נְתִינַת הָעֵצָה, שָׁנִינוּ בְּתוֹרַת כֹּהֲנִים (קדושים פרשה ב הלכה יד): וְלִפְנֵי עִוֵּר לֹא תִתֵּן מִכְשֹׁל (ויקרא יט, יד), לִפְנֵי סוּמָא בַּדָּבָר. אָמַר לְךָ, בַּת פְּלוֹנִי מַהוּ[טז] לִכְהֻנָּה, אַל תֹּאמַר לוֹ כְּשֵׁרָה, וְהִיא אֵינָהּ אֶלָּא פְּסוּלָה.

[טו] ראה גם תו״כ קדושים פרק ד הלכה ח. [טז] היינו: מהו דינה לכהונה. בתו״כ: ׳מהי לכהונה׳.

The sin of verbal oppression includes saying something in the presence of another person that might cause him shame (MT *De'ot* 6:8). All the more so is one forbidden to say something directly or do anything to him that may cause him shame. This is what is stated in chapter *Hazahav*, "If a man was a penitent, one may not say to him: 'Remember your former deeds,'" and so on (*mBaba Metzia* 4:10; 58a). "If ailments afflicted someone, one should not say to him in the way that Iyov's friends said to him: 'Remember, I pray you, what innocent man ever perished? {Or where were the upright cut off}'" (Iyov 4:7)? If ass-drivers were seeking grain from someone, he may not say to them: 'Go to so-and-so who is selling grain,' when he knows that he has never sold grain" (*Baba Metzia* 58b).

[Our Sages] also said (ibid.), "Verbal oppression is a greater [sin] than monetary oppression {for concerning the one it was said (Vayikra 25:17), 'And you shall fear your God,' but concerning the other it was not said, 'And you shall fear your God'}." This is especially true with regard to shaming a person in public. As we have learned explicitly, "One who puts another person to shame in public has no share in the world-to-come" (*Avot* 3:11). And Rav Hisda said, "All the [heavenly] gates are locked except for the gates [through which pass the cries of victims] of verbal oppression" (*Baba Metzia* 59a). And Rabbi Elazar said, "All sins are punished by the Holy One, blessed be He, through a messenger, with the exception of verbal oppression" (ibid.). They also said, "There are three sins before which the [heavenly] curtain is never closed," and one of them is verbal oppression (ibid.). Even for the sake of observing *mitzvot*, regarding which Scripture states, "You shall surely rebuke your fellow, and not bear sin on account of him" (Vayikra 19:17), [our Sages], may their memory be blessed, said, "Might one suppose that that is the case if his countenance changes color? Scripture states, '[And be sure] not to bear sin on account of him [in the process]'" (*Arakhin* 16b).

As for giving misleading advice, we learned in *Torat Kohanim* (*Kedoshim, parashah* 2:14), "'You shall not put a stumbling block before the blind' (Vayikra 19:14) – before one who cannot see in a particular context. If someone asks you: 'As to the daughter of so-and-so, what is her status [as to marrying] into the priesthood,' do not tell him that she is suitable if she is unsuitable.

הָיָה נוֹטֵל בְּךָ עֵצָה, אַל תִּתֵּן לוֹ עֵצָה שֶׁאֵינָהּ הוֹגֶנֶת לוֹ וְכוּ׳, וְאַל תֹּאמַר לוֹ מְכֹר שָׂדְךָ וְקַח לְךָ חֲמוֹר, וְאַתָּה עוֹקֵף עָלָיו וְנוֹטְלָהּ מִמֶּנּוּ. שֶׁמָּא תֹאמַר, עֵצָה יָפָה אֲנִי נוֹתֵן לְךָ,[יז] וַהֲרֵי הַדָּבָר מָסוּר בַּלֵּב, שֶׁנֶּאֱמַר: וְיָרֵאתָ מֵּאֱלֹקֶיךָ {אֲנִי ה׳} (ויקרא שם).

וְהִנֵּה תִּרְאֶה שֶׁעָמְדָה תּוֹרָה עַל דַּעְתָּן שֶׁל רַמָּאִים, דְּלָאו בְּשׁוֹפְטָנֵי עֲסִיקִינַן שֶׁיִּיעֲצוּ עֵצָה שֶׁרָעָתָהּ מְפֻרְסֶמֶת, אֶלָּא בַּחֲכָמִים לְהָרַע אֲשֶׁר יִתְּנוּ עֵצָה לְחַבְרֵיהֶם שֶׁלְּפִי הַנִּגְלֶה בָּהּ יֵשׁ בָּהּ מִן הָרֶוַח אֶל חֲבֵרוֹ בֶּאֱמֶת, אַךְ סוֹף הָעִנְיָן אֵינוֹ לְטוֹבָתוֹ שֶׁל חֲבֵרוֹ אֶלָּא לְרָעָתוֹ וְלַהֲנָאָתוֹ שֶׁל הַמְּיָעֵץ. עַל כֵּן אָמְרוּ: שֶׁמָּא תֹאמַר עֵצָה יָפָה אֲנִי נוֹתֵן לְךָ {וַהֲרֵי הַדָּבָר מָסוּר לַלֵּב}. וְכַמָּה נִכְשָׁלִים בְּנֵי הָאָדָם בְּאֵלֶּה הַחֲטָאִים יוֹם יוֹם, בִּהְיוֹתָם קְרוּאִים וְהוֹלְכִים לְתֹקֶף חֶמְדַּת הַבֶּצַע. וּכְבָר הִתְבָּאֵר חֹמֶר עָנְשָׁם בַּכָּתוּב: אָרוּר מַשְׁגֶּה עִוֵּר בַּדָּרֶךְ (דברים כז, יח).

אַךְ זֹאת הִיא חוֹבַת הָאָדָם הַיָּשָׁר, אֲשֶׁר יָבוֹא אִישׁ אֵלָיו לִשְׁאֹל מִמֶּנּוּ עֵצָה, יִיעָצֵהוּ הָעֵצָה שֶׁהָיָה הוּא נוֹטֵל לְעַצְמוֹ מַמָּשׁ, מִבְּלִי שֶׁיַּשְׁקִיף בָּהּ אֶלָּא לְטוֹבָתוֹ שֶׁל הַמִּתְיָעֵץ, וְלֹא לְשׁוּם תַּכְלִית אַחֵר קָרוֹב אוֹ רָחוֹק שֶׁיִּהְיֶה. וְאִם רוֹאֶה הוּא הֶזֵּק לְעַצְמוֹ בְּעֵצָה הַהִיא, אִם יָכוֹל לְהוֹכִיחַ אוֹתוֹ[יח] עַל פָּנָיו שֶׁל הַמִּתְיָעֵץ יוֹכִיחֵהוּ, וְאִם לָאו יִסְתַּלֵּק מִן הַדָּבָר וְלֹא יִיעָצֵהוּ. אַךְ עַל כָּל פָּנִים, אַל יִיעָצֵהוּ עֵצָה שֶׁתַּכְלִיתָהּ דָּבָר זוּלַת טוֹבָתוֹ שֶׁל הַמִּתְיָעֵץ, אֶלָּא אִם כֵּן הַמִּתְיָעֵץ כַּוָּנָתוֹ לְרָעָה, שֶׁאָז יְקֻיַּם בּוֹ: וְעִם עִקֵּשׁ תִּתְפַּתָּל (תהלים יח, כז).

וְהָרְכִילוּת וְלָשׁוֹן הָרָע, כְּבָר חָמְרוֹ נוֹדָע וְגֹדֶל עֲנָפָיו כִּי רַבּוּ מְאֹד, עַד שֶׁכְּבָר גָּזְרוּ אָמַר רַבּוֹתֵינוּ זִכְרוֹנָם לִבְרָכָה בַּמַּאֲמָר שֶׁכְּבָר זָכַרְתִּי: וְכֻלָּם בַּאֲבַק לָשׁוֹן הָרָע (בבא בתרא קסה, א). וּכְבָר אָמְרוּ: הֵיכִי דָּמֵי לָשׁוֹן

[יז] בתו״כ ובס״פ ד״ר הנוסח: ׳אני נותן לו׳. וכן נכון. [יח] אותו. כך בכתה״י. בס״פ ד״ר: ׳להוכיח אותה׳.

If someone comes to you for advice, do not give him inappropriate counsel. {Do not say to him, 'Go early in the morning,' so that robbers will assault him; 'Go at noon,' so that he will faint from the heat.} And do not say to him, 'Sell your field and buy an ass,' when you yourself are trying to circumvent him and take [the field] from him. You might say, 'I am giving you good advice,' while surely the matter is given over to the heart. As it says, 'And you shall fear your God; {I am the Lord}' (Vayikra 19:14)."

You will observe that the Torah had a complete grasp of the thinking of the deceitful. For we are not dealing with idiots who offer counsel where evil intent is obvious, but with those who are cleverly evil. They offer advice, which on the surface appears to be truly in their friend's interest, but the outcome is not for his good; rather, it is detrimental to him, benefitting only those who offered it. It is for this reason that [the Sages] stated, "You might say, 'I am giving you good advice,' {while surely the matter is given over to the heart}." O, to what degree do men stumble daily in these sins, following the powerful call of greed! Scripture clearly spells out the severity of their punishment: "Cursed be he that makes the blind go astray on his way" (Devarim 27:18).

This is the duty of an honest man. When someone approaches him for advice, he should offer the very counsel that he would adopt for himself, mindful only of the good of the person being advised. He should have no ulterior end, immediate or remote. Suppose he sees that by giving such advice he may cause himself damage. If he then can openly admonish his advisee about this, he should; if not, he should withdraw and give no advice. But under no circumstance should he give advice where the aim is anything other than the good of the advisee, unless the latter intends evil. In that case, he should implement with regard to him, "With the perverse be devious" (Tehillim 18:27).

The severity of talebearing and slander is well-known, as well as the great number of their ramifications. They are so numerous that our Rabbis, may their memory be blessed, have asserted in a dictum I previously cited: "But all [fall into] the 'trace of the evil tongue'" (Baba Batra 165a). They also said, "How so slander?

הָרָע?[יט] כְּגוֹן דְּאָמַר: הֵיכָא מִשְׁתְּכַח נוּרָא? אֶלָּא בֵּי פְלָנְיָא (ערכין טו, ב), אוֹ שֶׁיְּסַפֵּר בְּטוֹבָתוֹ לִפְנֵי שׂוֹנְאָיו (ראה שם טז, א), וְכָל כַּיּוֹצֵא בָּזֶה.

כְּלָלוֹ שֶׁל דָּבָר: הַרְבֵּה דְּרָכִים לַיֵּצֶר רָע, אֲבָל כָּל דִּבּוּר שֶׁיּוּכַל לְהִוָּלֵד מִמֶּנּוּ נֶזֶק אוֹ בִּזָּיוֹן לַחֲבֵרוֹ, בֵּין בְּפָנָיו בֵּין שֶׁלֹּא בְּפָנָיו, הֲרֵי זֶה בִּכְלַל לְשׁוֹן הָרָע הַשָּׂנוּאוּי וּמְתֹעָב לִפְנֵי הַמָּקוֹם, שֶׁאָמְרוּ עָלָיו: כָּל הַמְסַפֵּר לְשׁוֹן הָרָע כְּאִלּוּ כּוֹפֵר בָּעִקָּר (ערכין טו, ב). וּקְרָא כְּתִיב: מְלָשְׁנִי בַסֵּתֶר רֵעֵהוּ אוֹתוֹ אַצְמִית (תהלים קא, ה).

גַּם הַשִּׂנְאָה וְהַנְּקִימָה קָשֶׁה מְאֹד לְשֶׁיִּמָּלֵט מִמֶּנָּה לֵב הוֹתֵל[כ] אֲשֶׁר לְבָשָׂר וָדָם. כִּי הָאָדָם מַרְגִּישׁ מְאֹד בְּעֶלְבּוֹנוֹתָיו וּמִצְטַעֵר צַעַר גָּדוֹל, וְהַנְּקָמָה לוֹ מְתוּקָה מִדְּבַשׁ, כִּי הִיא מְנוּחָתוֹ לְבַדָּהּ. עַל כֵּן לְשֶׁיִּהְיֶה בְּכֹחוֹ לַעֲזֹב מַה שֶּׁטִּבְעוֹ מַכְרִיחַ אוֹתוֹ, וְיַעֲבֹר עַל מִדּוֹתָיו וְלֹא יִשְׂנָא מִי שֶׁהֵעִיר בּוֹ הַשִּׂנְאָה, וְלֹא יִקֹּם מִמֶּנּוּ בְּהִזְדַּמֵּן לוֹ שֶׁיּוּכַל לְהִנָּקֵם, וְלֹא יִטֹּר לוֹ, אֶלָּא אֶת הַכֹּל יִשְׁכַּח[כא] וְיָסִיר מִלִּבּוֹ כְּאִלּוּ לֹא הָיָה, חָזָק וְאַמִּיץ הוּא. וְהוּא קַל רַק לְמַלְאֲכֵי הַשָּׁרֵת שֶׁאֵין בֵּינֵיהֶם הַמִּדּוֹת הַלָּלוּ, אַךְ לֹא אֶל שׁוֹכְנֵי בָּתֵּי חֹמֶר אֲשֶׁר בֶּעָפָר יְסוֹדָם.[כב] אָמְנָם גְּזֵרַת מֶלֶךְ הִיא, וְהַמִּקְרָאוֹת גְּלוּיִים בָּאֵר הֵיטֵב, אֵינָם צְרִיכִים פֵּרוּשׁ: לֹא תִשְׂנָא אֶת אָחִיךָ בִּלְבָבֶךָ, לֹא תִקֹּם וְלֹא תִטֹּר אֶת בְּנֵי עַמֶּךָ (ויקרא יט, יז–יח).

וְעִנְיַן הַנְּקִימָה וְהַנְּטִירָה יָדוּעַ, דְּהַיְנוּ: נְקִימָה, שֶׁלֹּא לִימָּנַע מֵהֵיטִיב לְמִי שֶׁלֹּא רָצָה לְהֵיטִיב אוֹ שֶׁהֵרַע כְּבָר, וּנְטִירָה שֶׁלֹּא לְהַזְכִּיר בְּעֵת שֶׁהוּא מֵטִיב לְמִי שֶׁהֵרַע לוֹ שׁוּם זִכָּרוֹן כְּלָל מִן הָרָעָה שֶׁעָשָׂה לוֹ.[כג] וּלְפִי שֶׁהַיֵּצֶר הוֹלֵךְ וּמַרְתִּיחַ אֶת הַלֵּב, וּמְבַקֵּשׁ תָּמִיד לְהַנִּיחַ לְפָחוֹת אֵיזֶה רֹשֶׁם אוֹ אֵיזֶה זִכָּרוֹן מִן הַדָּבָר, אִם לֹא יוּכַל לְהַשְׁאִיר זִכָּרוֹן

[יט] אבל בס"פ הנוסח: 'היכי דמי אבק לשון הרע' וכו'. שתי הנוסחאות תלויות במחלוקת ראשונים אם אמירת 'נורא בי פלניא' הוא לשון הרע גמור או רק אבק לשון הרע. עיין חפץ חיים, כלל ט סעיף ג, בהגה. [כ] ע"פ ישעיה מד, כ. [כא] או: יְשַׁכַּח. [כב] ע"פ איוב ד, יט. [כג] ראה יומא כג, א.

For example, where he says: 'Where is there a fire? Only at the house of so-and-so'" (*Arakhin* 15b). Or where he speaks in praise of another person in the presence of the latter's enemies (ibid. 16a), or the like.

The long and short of it is that the Evil *Yetzer* works in many ways. Any statement that might cause another person injury or shame, whether spoken in his presence or absence, comes under the hateful, repugnant "evil tongue," of which [our Sages] said, "Whoever relates slander is considered as if he denies the very principle [of God's existence]" (*Arakhin* 15b). And Scripture states, "One who secretly slanders another, him will I destroy" (Tehillim 101:5).

It is also very difficult for the mocked heart of man to escape [the sins of] hating and taking revenge. For a person is extremely sensitive to insult and suffers great pain [as a result]. Revenge is sweeter to him than honey; it is the only thing that will allow him rest. If, therefore, he has the power to free himself from what his nature imposes upon him and act with forbearance; if he will not hate the person who aroused his hatred, or take revenge upon him when the opportunity arises, or bear a grudge against him; if he can forget the entire matter, removing it from his heart as if it had never happened, then he is [indeed] strong and courageous. This is only easy for ministering angels who are devoid of such traits, not for [human beings] "who dwell in houses of clay, founded in dust.' But it is the King's decree; and the Scriptural passages are clear and manifest, requiring no explanation: "You shall not hate your brother in your heart," "You shall not avenge, nor bear a grudge against the members of your people" (Vayikra 19:17-18).

The meaning of [the terms] "taking revenge" and "bearing a grudge" is well known. [That is, the prohibition against] taking revenge forbids a person from withholding good from someone who kept good [from him] or caused [him] harm; [the prohibition against] bearing a grudge forbids a person, while acting kindly to someone who had wronged him, from making any mention of that wrongdoing (see *Yoma* 23a). Because the *Yetzer* is always agitating one's heart, constantly seeking to leave in place at least some impression or memory of the [offense], if it cannot preserve a powerful memory

גָדוֹל יִשְׁתַּדֵּל לְהַשְׁאִיר זִכָּרוֹן קָטָן: יֹאמַר לָאָדָם, אִם תִּתֵּן לוֹ, לְפָחוֹת לֹא תִתֵּן בְּסֵבֶר פָּנִים; אוֹ לֹא תָרַע לוֹ, אַךְ לְפָחוֹת לֹא תְסַיְּעֵהוּ סִיּוּעַ גָּדוֹל; אוֹ תְסַיְּעֵהוּ שֶׁלֹּא בְּפָנָיו, אַךְ לֹא תָשׁוּב לְהִתְחַבֵּר עִמּוֹ וְלִהְיוֹת לוֹ לְרֵעַ; אוֹ לֹא תֵרָאֶה לוֹ כָּל כָּךְ חִבָּה יְתֵרָה כְּבָרִאשׁוֹנָה, וְכֵן כָּל כַּיּוֹצֵא בָּזֶה. בָּאָה הַתּוֹרָה וְכָלְלָה כְּלָל שֶׁהַכֹּל נִכְלָל בּוֹ: וְאָהַבְתָּ לְרֵעֲךָ כָּמוֹךָ (ויקרא יט, יח), כָּמוֹךָ בְּלִי שׁוּם הֶפְרֵשׁ, כָּמוֹךָ בְּלִי חִלּוּקִים, בְּלִי שׁוּם תַּחְבּוּלוֹת וּמְזִמּוֹת, כָּמוֹךָ מַמָּשׁ.

אוּלָם הַשְּׁבוּעוֹת, אַף עַל פִּי שֶׁמִּן הַסְּתָם כָּל שֶׁאֵינוֹ מִן הַהֶדְיוֹטוֹת נִשְׁמָר מֵהוֹצִיא שֵׁם שָׁמַיִם מִפִּיו לְבַטָּלָה, כָּל שֶׁכֵּן בִּשְׁבוּעָה, יֵשׁ אֵיזֶה עֲנָפִים קְטַנִּים, שֶׁאַף עַל פִּי שֶׁאֵינָם מִן הַחֲמוּרִים יוֹתֵר, עַל כָּל פָּנִים רָאוּי לְמִי שֶׁרוֹצֶה לִהְיוֹת נָקִי לִישָּׁמֵר מֵהֶם. וְהוּא מַה שֶּׁאָמְרוּ בַּגְּמָרָא: אָמַר רַבִּי אֶלְעָזָר, לָאו שְׁבוּעָה וְהֵן שְׁבוּעָה. אָמַר רָבָא, וְהוּא דְּאָמַר לָאו לָאו תְּרֵי זִמְנֵי, וְהוּא דְּאָמַר הֵן הֵן תְּרֵי זִמְנֵי (שבועות לו, א). וְכֵן אָמְרוּ: וְהִין צֶדֶק (ויקרא יט, לו), שֶׁיְּהֵא לָאו שֶׁלְּךָ צֶדֶק וְהֵן שֶׁלְּךָ צֶדֶק (בבא מציעא מט, א).[כד]

וְהִנֵּה דְּבַר הַשֶּׁקֶר גַּם הוּא חֹלִי רַע, נִתְפַּשֵּׁט מְאֹד בִּבְנֵי הָאָדָם, וְאוּלָם מַדְרֵגוֹת מַדְרֵגוֹת יֵשׁ בּוֹ. יֵשׁ בְּנֵי אָדָם שֶׁאֻמָּנוּתָם הִיא הַשַּׁקְרָנוּת. הַהוֹלְכִים וּבוֹדִים מִלִּבָּם כְּזָבִים גְּמוּרִים לְהַרְבּוֹת שִׂיחָה בֵּין הַבְּרִיּוֹת אוֹ לְהֵחָשֵׁב מִן הַחֲכָמִים וְיוֹדְעֵי דְּבָרִים הַרְבֵּה, וַעֲלֵיהֶם נֶאֱמַר: תּוֹעֲבַת ה שִׂפְתֵי שָׁקֶר (משלי יב, כב). וְאוֹמֵר: שִׂפְתוֹתֵיכֶם דִּבְּרוּ שֶׁקֶר לְשׁוֹנְכֶם עַוְלָה תֶהְגֶּה (ישעיה נט, ג). וּכְבָר גָּזְרוּ דִּינָם חֲכָמֵינוּ זִכְרוֹנָם לִבְרָכָה: אַרְבַּע כִּתּוֹת אֵינָם מְקַבְּלוֹת פְּנֵי שְׁכִינָה, וְאַחַת מֵהֶם כַּת שַׁקְרָנִים (סוטה מב, א).

וְיֵשׁ אֲחֵרִים קְרוֹבִים לָהֶם בְּמַדְרֵגָה, אַף עַל פִּי שֶׁאֵינָם כְּמוֹהֶם מַמָּשׁ וְהֵם הַמְכַזְּבִים בְּסִפּוּרֵיהֶם וְדִבְרֵיהֶם. וְהַיְנוּ, שֶׁאֵין אֻמָּנוּתָם בְּכָךְ לִבְדּוֹת סִפּוּרִים וּמַעֲשִׂים אֲשֶׁר לֹא נִבְרְאוּ וְלֹא נִהְיוּ, אֲבָל בְּבוֹאָם לְסַפֵּר דָּבָר

[כד] 'הן שלך צדק' נידון שם לגבי החוזר בו מהבטחתו, ורבינו נתנו ענין גם לעסק שבועה.

[of it], it will strive to preserve a weaker one. It will tell a person, "If you wish to grant him [the favor that he had refused you], at least do it ungraciously." Or, "Spare him injury, but at least avoid offering him abundant assistance." Or, "Help him behind his back, but do not resume your association and friendship with him." Or, "Do not show him as much fondness as before," and the like. The Torah, however, came and formulated an all-embracing principle: "And you shall love your neighbor as yourself" (Vayikra 19:18) – "as yourself," with no difference whatsoever; "as yourself," with no distinctions, no devices or schemes; literally, "as yourself."

As for oaths, while it may be presumed that anyone but the vulgar avoids uttering God's name in vain, especially by way of an oath, there are, however, certain minor offshoots [of the sin] which, though not terribly grave, should be avoided by anyone who wishes to be blameless. As it is stated in the Gemara, "Rabbi Elazar said, 'No' constitutes an oath, and 'yes' constitutes an oath. Rava said, This only applies where he said 'no' twice, or where he said 'yes' twice" (*Shevu'ot* 36a). And they also said, "'A just *hin*' (Vayikra 19:36) – your 'no' should be just, and your 'yes' (*hen*) should be just" (*Baba Metzia* 49a).

Lying is another terrible sickness that is very prevalent. There are, however, various gradations of this sin. There are people whose occupation is lying. They go about inventing gross falsehoods in order to have more material for conversation or to be considered one of the wise and highly knowledgeable. About them it says, "Lying lips are an abomination to the Lord" (Mishlei 12:22). And it says, "Your lips have spoken lies, your tongue mutters wickedness" (Yeshayahu 59:3). Our Sages, may their memory be blessed, have already pronounced their judgment: "Four classes of men do not receive the *Shekhinah*," one of them being the class of liars (*Sotah* 42a).

There are other liars, closer to the first kind in degree, but not exactly like them. I refer to those who introduce untruths into what they report and say. That is, they are not wont to invent reports and incidents out of whole cloth, but when they come to recount

מָה יִעָרְבוּ בָּהֶם מִן הַשְּׁקָרִים כְּמוֹ שֶׁיַּעֲלֶה עַל רוּחָם, וְיִתְרַגְּלוּ בָּזֶה עַד שֶׁהוּא לָהֶם כְּמוֹ טֶבַע. וְהֵם בְּנֵי הָאָדָם אֲשֶׁר אִי אֶפְשָׁר לְהַאֲמִין בָּהֶם וּבְדִבְרֵיהֶם. כְּמַאֲמָרָם זִכְרוֹנָם לִבְרָכָה: כָּךְ הוּא עָנְשׁוֹ שֶׁל בַּדַּאי, שֶׁאֲפִלּוּ אוֹמֵר אֱמֶת אֵין שׁוֹמְעִין לוֹ (סנהדרין פט, ב), מִפְּנֵי שֶׁכְּבָר הִטְבִּיעוּ בָּהֶם הָרָעָה הַזֹּאת. וְהוּא מַה שֶּׁהַנָּבִיא מִצְטַעֵר וְאוֹמֵר: לִמְּדוּ לְשׁוֹנָם דַּבֶּר שֶׁקֶר הַעֲוֵה נִלְאוּ (ירמיה ט, ד).

וְיֵשׁ אֲחֵרִים שֶׁחָלְיָם פָּחוֹת מֵאֵלֶּה. וְהֵן אוֹתָם שֶׁאֵינָם כָּל כָּךְ קְבוּעִים בַּשֶּׁקֶר, אַךְ לֹא יָחוּשׁוּ לְהִתְרַחֵק מִמֶּנּוּ, וְאִם יִזְדַּמֵּן לָהֶם יֹאמְרוּהוּ, וּפְעָמִים רַבּוֹת יֹאמְרוּהוּ דֶּרֶךְ שְׂחוֹק אוֹ כַּיּוֹצֵא בָּזֶה בְּלֹא כַּוָּנָה רָעָה. וְאָמְנָם הֶחָכָם הוֹדִיעָנוּ, שֶׁכָּל זֶה הוּא הֵפֶךְ רְצוֹן הַבּוֹרֵא וּמִדַּת חֲסִידָיו, וְהוּא מַה שֶּׁאָמַר: דְּבַר שֶׁקֶר יִשְׂנָא צַדִּיק (משלי יג, ה), וְהוּא מַה שֶּׁבָּאָה עָלָיו הָאַזְהָרָה: מִדְּבַר שֶׁקֶר תִּרְחָק (שמות כג, ז). וְתִרְאֶה שֶׁלֹּא אָמַר מִשֶּׁקֶר תִּשָּׁמֵר, אֶלָּא תִּרְחָק, לְהָעִיר אוֹתָנוּ עַל הַהֶרְחֵק הַגָּדוֹל וְהַבְּרִיחָה הַרְבֵּה שֶׁצָּרִיךְ לִבְרֹחַ מִזֶּה. וּכְבָר נֶאֱמַר: שְׁאֵרִית יִשְׂרָאֵל לֹא יַעֲשׂוּ עַוְלָה וְלֹא יְדַבְּרוּ כָזָב [וְלֹא יִמָּצֵא בְּפִיהֶם לְשׁוֹן תַּרְמִית][כה] (צפניה ג, יג). וַחֲכָמֵינוּ זִכְרוֹנָם לִבְרָכָה אָמְרוּ: חוֹתָמוֹ שֶׁל הַקָּדוֹשׁ בָּרוּךְ הוּא אֱמֶת (שבת נה, א). וּבְוַדַּאי שֶׁאִם זֶה מַה שֶּׁבָּחַר בּוֹ הָאָדוֹן בָּרוּךְ הוּא כְּדֵי לָקַחַת אוֹתוֹ לְחוֹתָם שֶׁלּוֹ, הַהֵפֶךְ שֶׁלּוֹ יִהְיֶה מְתֹעָב לְפָנָיו תִּעוּב גָּדוֹל. וְהִזְהִיר הַקָּדוֹשׁ בָּרוּךְ הוּא עַל הָאֱמֶת אַזְהָרָה רַבָּה וְאָמַר: דַּבְּרוּ אֱמֶת אִישׁ אֶת רֵעֵהוּ (זכריה ח, טז). וְאָמַר: וְהוּכַן בַּחֶסֶד כִּסֵּא וְיָשַׁב עָלָיו בֶּאֱמֶת (ישעיה טז, ה). וְאָמַר: וַיֹּאמֶר אַךְ עַמִּי הֵמָּה בָּנִים לֹא יְשַׁקֵּרוּ (שם סג, ח), הָא לָמַדְתָּ שֶׁזֶּה תָּלוּי בָּזֶה. וְאָמַר: וְנִקְרְאָה יְרוּשָׁלַיִם עִיר הָאֱמֶת (זכריה ח, ג), לְהַגְדִּיל חֲשִׁיבוּתָהּ.

[כה] נוסף ע"פ ס"פ.

something [real], they embellish it with lies. They habituate themselves to this practice until it becomes part of their nature. These are the people whom it is impossible to trust and whose words cannot be believed. As in the dictum of [our Sages], may their memory be blessed: "It is the penalty of a liar, that even when he tells the truth, he is not listened to" (*Sanhedrin* 89b). For they have already stamped this vice on their nature. It is about this that the Prophet grieved, "They have taught their tongue to speak lies and weary themselves to commit iniquity" (Yirmiyahu 9:4).

There are other liars whose sickness is less severe than that of the first two types, namely those who are not so settled in [the practice of] lying, but do not rush to distance themselves from it. They tell lies when the opportunity presents itself, very often in jest or the like, without evil intent.

The wisest [of men], however, has taught us that all of this is contrary to the will of the Creator and the character of His pious ones. As it says, "The righteous hate lying" (Mishlei 13:5). And this is what comes under the prohibition: "Keep far from a false matter" (Shemot 23:7). You will note that it does not say "guard against falsehood," but rather "keep far" [from it]. [This formulation is designed] to alert us to how far one must keep from falsehood and how forcefully one must flee from it. As it has been said, "The remnant of Israel will not do wrong and will not speak lies, [and a deceitful tongue will not be found in their mouth]" (Zefanyah 3:13). And our Sages, may their memory be blessed, said, "The seal of the Holy One, blessed be He, is truth" (*Shabbat* 55a). If this is what the Master, blessed be He, chose as His seal, its opposite must surely be utterly abominable to Him. The Holy One, blessed be He, has admonished us strongly concerning speaking the truth, saying, "Speak every man the truth to his neighbor" (Zekharyah 8:16); and [the Prophet speaking in the name of God] said, "And a throne will be established in lovingkindness, and he will sit upon it in truthfulness" (Yeshayahu 16:5). He also said, "For He said, Surely, they are My people, children that will not lie" (Yeshayahu 63:8), from which you learn that the one depends upon the other; and "And Jerusalem will be called 'the city of truth'" (Zekharyah 8:3), [this said] to extol its importance.

וּכְבָר אָמְרוּ זִכְרוֹנָם לִבְרָכָה: וְדֹבֵר אֱמֶת בִּלְבָבוֹ (תהלים טו, ב), כְּגוֹן רַב סַפְרָא[כו] (מכות כד, א), לְהוֹדִיעֲךָ עַד הֵיכָן חוֹבַת הָאֱמֶת מַגַּעַת. וּכְבָר אָמְרוּ לְתַלְמִיד חָכָם לְשַׁנּוֹת בְּדִבּוּרוֹ חוּץ מִשְּׁלֹשָׁה דְּבָרִים (ראה בבא מציעא כג, ב). וְאֶחָד מִן הָעַמּוּדִים שֶׁהָעוֹלָם עוֹמֵד עָלָיו הוּא אֱמֶת (אבות א, יח). וּמִי שֶׁדּוֹבֵר שֶׁקֶר כְּאִלּוּ נוֹטֵל יְסוֹד שֶׁל עוֹלָם, וְהַהֵפֶךְ מִזֶּה מִי שֶׁזָּהִיר בָּאֱמֶת כְּאִלּוּ מְקַיֵּם יְסוֹדוֹ שֶׁל עוֹלָם. וּכְבָר סִפְּרוּ חֲכָמֵינוּ זִכְרוֹנָם לִבְרָכָה (סנהדרין צז, א) מֵאוֹתוֹ הַמָּקוֹם שֶׁהָיוּ זְהִירִים בָּאֱמֶת, שֶׁלֹּא הָיָה מַלְאַךְ הַמָּוֶת שׁוֹלֵט שָׁם. וּלְפִי שֶׁאִשְׁתּוֹ שֶׁל רַבִּי [פְּלוֹנִי][כז] שִׁנְּתָה,[כח] אַף עַל פִּי שֶׁהָיָה לְכַוָּנָה טוֹבָה. גֵּרָה[כט] בָּהֶם מַלְאַךְ הַמָּוֶת עַד שֶׁהוֹצִיאוּהָ מִשָּׁם בַּעֲבוּר זֶה וְחָזְרוּ לְשַׁלְוָתָם. וְאֵין צוֹרֶךְ לְהַאֲרִיךְ בְּדָבָר זֶה, שֶׁהַשֵּׂכֶל מְחַיְּבוֹ וְהַדַּעַת מַכְרִיחוֹ.

עַנְפֵי חִלּוּל הַשֵּׁם גַּם הֵם רַבִּים וּגְדוֹלִים. כִּי חַיָּב הָאָדָם לִהְיוֹת חָס מְאֹד עַל כְּבוֹד קוֹנוֹ,[ל] וּבְכָל מַה שֶּׁיַּעֲשֶׂה צָרִיךְ שֶׁיִּסְתַּכֵּל וְיִתְבּוֹנֵן מְאֹד שֶׁלֹּא יֵצֵא מִשָּׁם מַה שֶּׁיּוּכַל לִהְיוֹת חִלּוּל לִכְבוֹד שָׁמַיִם, חַס וְשָׁלוֹם. וּכְבָר שָׁנִינוּ אֶחָד שׁוֹגֵג וְאֶחָד מֵזִיד בְּחִלּוּל הַשֵּׁם (אבות ד, ד). וְאָמְרוּ זִכְרוֹנָם לִבְרָכָה (יומא פו, א): הֵיכִי דָּמֵי חִלּוּל הַשֵּׁם? אָמַר רַב: כְּגוֹן אֲנָא דְּשָׁקֵילְנָא בִּשְׂרָא וְלָא יָהִיבְנָא דְּמֵי. וְרַבִּי יוֹחָנָן, כְּגוֹן אֲנָא דְּסַגֵּינָא בְּלָא תּוֹרָה וּבְלָא תְּפִלִּין.

וְהָעִנְיָן, שֶׁכָּל אָדָם לְפִי מַדְרֵגָתוֹ וּלְפִי מַה שֶּׁהוּא נֶחְשָׁב בְּעֵינֵי הַדּוֹר צָרִיךְ שֶׁיִּתְבּוֹנֵן לְבִלְתִּי עֲשׂוֹת דָּבָר בִּלְתִּי הָגוּן לְאִישׁ כָּמוֹהוּ. כִּי כְּפִי רִבּוּי חֲשִׁיבוּתוֹ וְחָכְמָתוֹ, כֵּן רָאוּי שֶׁיִּרְבֶּה זְהִירוּתוֹ בְּדִבְרֵי הָעֲבוֹדָה וְדִקְדּוּקוֹ בָּהֶם, וְאִם אֵינֶנּוּ עוֹשֶׂה כֵּן הֲרֵי שֵׁם שָׁמַיִם מִתְחַלֵּל בּוֹ, חַס וְשָׁלוֹם. כִּ

[כו] הסיפור מובא לפנינו (ואינו לא בדפוס ראשון של התלמוד ולא בדפוס ראשון ש עין יעקב) בפירוש המיוחס לרש"י למכות שם בשם השאילתות, וז"ל: 'וְהָכֵי הֲוָה עֻבְדָּא דְּרַב סַפְרָא הָיָה לוֹ חֵפֶץ אֶחָד לִמְכֹּר, וּבָא אָדָם אֶחָד לְפָנָיו בְּשָׁעָה שֶׁהָיָה קוֹרֵא קְרִיאַת שְׁמַע, וְאָמַר לוֹ, תֵּן לִי הַחֵפֶץ בְּכָךְ וְכָךְ דָּמִים, וְלֹא עֲנָהוּ מִפְּנֵי שֶׁהָיָה קוֹרֵא קְרִיאַת שְׁמַע כִּסְבוּר זֶה שֶׁלֹּא הָיָה רוֹצֶה לִיתְּנוֹ בַּדָּמִים הַלָּלוּ, וְהוֹסִיף. אָמַר, תְּנֵהוּ לִי בְּכָךְ יוֹתֵר. לְאַחַר שֶׁסִּיֵּם קְרִיאַת שְׁמַע אָמַר לוֹ, טֹל הַחֵפֶץ בַּדָּמִים שֶׁאָמַרְתָּ בָּרִאשׁוֹנָה, שֶׁבְּאוֹתָן דָּמִים הָיָה דַּעְתִּי לִיתְּנָם לְךָ'. [כז] בכתה"י נותר מקום ריק כדי מלה אחת; ההשלמה ע"פ ס"פ [כח] בגמרא האיש שינה ולא האשה, האיש הוא שגירה בהם מלאך המות והוציאוה משם. [כט] בס"פ ד"ר: 'גֵּרַתְ' (האשה). [ל] ע"פ קידושין מ, א.

Our Rabbis, may their memory be blessed, also said, "'And he speaks the truth in his heart' (Tehillim 15:2) – like Rav Safra" (*Makkot* 24a). [His example] teaches you how far-reaching is the obligation to speak the truth. They have forbidden a Torah scholar to depart from the truth except in three matters (*Baba Metzia* 23b). Truth is one of the pillars on which the world stands (*Avot* 1:18). If someone speaks falsely, it is as though he removes a foundation of the world. If, conversely, he is scrupulous with the truth, it is as though he upholds a foundation of the world. Our Sages, may their memory be blessed, tell a story of a certain place whose inhabitants were so mindful about speaking the truth that the Angel of Death had no dominion there (*Sanhedrin* 97a). But because the wife of a [certain] Rabbi departed from the truth, even though her intentions were good, the Angel of Death was incited against them. Because of this, the inhabitants expelled her and they were restored to their happy state. There is no further need to expand upon this because one's intellect dictates it and reason necessitates it.

The ramifications of the sin of "the profanation of the Name" are also numerous and intricate. For a person must be extremely mindful of his Maker's honor and subject everything he does to careful examination and consideration so that it should not lead to what might possibly be a profanation of Heaven's honor, God forbid. We have learned: "Regarding the profanation of the Name, it is one and the same whether it is willful or unintentional" (*Avot* 4:4). Our Sages, may their memory be blessed, also said (*Yoma* 86a), "What constitutes the profanation of the Name? Rav said: For example, if I were to take meat without paying for it. Rabbi Yohanan said: For example, if I were to go about without Torah and *tefillin*."

The underlying idea is that each person, according to his rank and reputation, must be mindful not to do anything unbefitting someone of his stature. The greater his importance and wisdom, the more he should increase his vigilance and exactitude in matters pertaining to Divine service. If he fails to do so, the name of Heaven is profaned on his account, God forbid. For it is an

כְּבוֹד הַתּוֹרָה הוּא שֶׁמִּי שֶׁמַּרְבֶּה הַלִּמּוּד בָּהּ יַרְבֶּה כְּמוֹ כֵן בְּיֹשֶׁר וּבְתִקּוּן הַמִּדּוֹת, וְכָל מַה שֶּׁיֶּחְסַר מִזֶּה לְמִי שֶׁמַּרְבֶּה בְּלִמּוּד, גּוֹרֵם בִּזָּיוֹן לַלִּמּוּד עַצְמוֹ, וְזֶה חִלּוּל לַשֵּׁם יִתְבָּרַךְ שֶׁנָּתַן לָנוּ אֶת תּוֹרָתוֹ וְצִוָּנוּ לַעֲסֹק בָּהּ לְהַשִּׂיג עַל יָדָהּ שְׁלֵמוּתֵנוּ.

וְהִנֵּה גַּם שְׁמִירַת הַשַּׁבָּתוֹת וְיָמִים טוֹבִים רַבָּה הִיא, כִּי הַמִּשְׁפָּטִים רַבִּים, וְכֵן אָמְרוּ: הִלְכְתָא רַבָּתִי לְשַׁבָּת (שבת יב, א). וַאֲפִלּוּ דִּבְרֵי הַשְּׁבוּת, אַף עַל פִּי שֶׁמִּדִּבְרֵי חֲכָמִים הֵם, עִקָּרִיִּים הֵם. וְכֵן אָמְרוּ: לְעוֹלָם אַל תְּהִי שְׁבוּת קַלָּה בְּעֵינֶיךָ, שֶׁהֲרֵי סְמִיכָה שְׁבוּת הִיא וְנֶחְלְקוּ בָהּ גְּדוֹלֵי הַדּוֹר (חגיגה טז, ב). וְאוּלָם פְּרָטֵי הַדִּינִים לְמַחְלְקוֹתָם מְבֹאָרִים הֵם אֵצֶל הַפּוֹסְקִים בְּסִפְרֵיהֶם, וְכֻלָּם שָׁוִים לְחוֹבָתֵנוּ בָּם וְלַזְּהִירוּת הַמִּצְטָרֵךְ. וּמִמַּה שֶּׁקָּשֶׁה עַל הֶהָמוֹן בִּשְׁמִירָתוֹ הוּא הַשְּׁבִיתָה מִן הָעֵסֶק וּמִדַּבֵּר בְּמַשָּׂא וּמַתָּן, וְאוּלָם הָאִסּוּר בָּזֶה מְבֹאָר בְּדִבְרֵי הַנָּבִיא: וְכִבַּדְתּוֹ[לא] מֵעֲשׂוֹת דְּרָכֶיךָ מִמְּצוֹא חֶפְצְךָ וְדַבֵּר דָּבָר (ישעיה נח, יג). וְהַכְּלָל הוּא, שֶׁכָּל מַה שֶּׁאָסוּר בְּשַׁבָּת לַעֲשׂוֹתוֹ אָסוּר לְהִשְׁתַּדֵּל בַּעֲבוּרוֹ אוֹ לְהַזְכִּירוֹ בְּפִיו. וְלָכֵן אָסְרוּ לָעַיֵּן בִּנְכָסָיו לִרְאוֹת מַה צָּרִיךְ לְמָחָר, אוֹ לֵילֵךְ לְפֶתַח הַמְּדִינָה לָצֵאת בַּלַּיְלָה מְהֵרָה לַמֶּרְחָץ (טור או"ח סי' שו).[לב] וְאָסְרוּ לוֹמַר דָּבָר פְּלוֹנִי אֶעֱשֶׂה לְמָחָר אוֹ סְחוֹרָה פְּלוֹנִית אֶקְנֶה לְמָחָר (שם סי' שז),[לג] וְכֵן כָּל כַּיּוֹצֵא בָּזֶה.

וְהִנֵּה עַד הֵנָּה דִּבַּרְתִּי מִן קְצָת הַמִּצְווֹת, מַה שֶּׁאֲנִי רוֹאֶה שֶׁבְּנֵי הָאָדָם נִכְשָׁלִים בָּהֶם עַל הָרֹב, וּמֵאֵלֶּה נִלְמַד לְכָל שְׁאָר הַלָּאוִין. שֶׁאֵין לְךָ אִסּוּר שֶׁאֵין לוֹ עֲנָפִים וּפְרָטִים, מֵהֶם חֲמוּרִים וּמֵהֶם קַלִּים, וּמִי שֶׁרוֹצֶה לִהְיוֹת נָקִי צָרִיךְ שֶׁיִּהְיֶה נָקִי מִכֻּלָּם וְטָהוֹר מִכֻּלָּם. וּכְבָר אָמְרוּ

[לא] בכתה"י: 'וקדשתו'. [לב] ראה עירובין לח, ב. [לג] ראה שבת קיג, א-ב; קנ, ב.

honor to the Torah that one who is greatly involved in its study should also be greatly involved in [the practice of] righteousness and refinement of his character traits. Any deficiency in this regard on the part of one who studies much, dishonors the study itself. This is a profanation of the Name of the blessed One, who gave us His Torah and commanded us to occupy ourselves with it and thereby achieve our perfection.

Sabbath and Festival observance is also a great [sphere], because [its] rules are many. Thus did our Sages say, "There are numerous laws pertaining to the Sabbath" (*Shabbat* 12a). Even the *shevut* restrictions, though instituted by the Sages, are fundamental. Thus it has been said: "Do not take *shevut* restrictions lightly. For [though not] laying hands on a sacrifice is such a restriction, it occasioned dispute among the greatest authorities of the generation" (*Hagigah* 16b). But the details of the various categories of [Sabbath and Festival] laws are explained in the works of the codifiers. All are equal with regard to their binding character and the vigilance they require. What the commonality find the most difficult about [Sabbath] observance is desisting from commercial transaction and talk of business. Its prohibition, however, is spelled out in the words of the Prophet: "[If] you honor it by not walking about in your worldly ways, pursuing your [commercial] interests or speaking a word about them. [Then you shall delight in the Lord, etc.]" (Yeshayahu 58:13). The rule is that anything that a person may not do on the Sabbath, he may not strive after or mention. [Our Sages], therefore, forbade a person to inspect his property to see what it may require the next day, or go to the city gates in order to leave quickly at nightfall for the bathhouse (*Eruvin* 38b). Similarly, they forbade a person to say, "I will do such-and-such tomorrow," or "I will buy such-and-such merchandise tomorrow," and the like.

I have thus far spoken about some of the *mitzvot* that I see people are most likely to fail at. What has been said about these may be applied to all other negative precepts. For there is no prohibition without ramifications and particulars, some more stringent, some less. One who aspires to blamelessness must be clear and pure with regard to all of them. Our Sages

זִכְרוֹנָם לִבְרָכָה: שִׁנַּיִךְ כְּעֵדֶר הָרְחֵלִים (שיר השירים ו, ו), מָה רָחֵל זוֹ צְנוּעָה, {כָּךְ הָיוּ יִשְׂרָאֵל צְנוּעִים וּכְשֵׁרִים} בְּמִלְחֶמֶת מִדְיָן. רַב הוּנָא בְּשֵׁם רַב אַחָא אָמַר, שֶׁלֹּא הִקְדִּים אֶחָד מֵהֶם תְּפִלִּין שֶׁל רֹאשׁ לִתְפִלִּין שֶׁל יָד, שֶׁאִלּוּ הִקְדִּים {אֶחָד מֵהֶם תְּפִלִּין שֶׁל רֹאשׁ לִתְפִלִּין שֶׁל יָד}, לֹא הָיָה מֹשֶׁה מְשַׁבְּחָן וְלֹא הָיוּ יוֹצְאִים מִשָּׁם בְּשָׁלוֹם (שיר השירים רבה ו, ו).

וְכֵן אָמְרוּ: הַמְסַפֵּר בֵּין יִשְׁתַּבַּח לְיוֹצֵר, עֲבֵרָה הִיא בְּיָדוֹ וְחוֹזֵר עָלֶיהָ מֵעוֹרְכֵי הַמִּלְחָמָה (הגהות מיימוניות הלכות תפלה פ״ז הי״ב). הֲרֵי לְךָ עַד הֵיכָן צָרִיךְ לְהַגִּיעַ הַדִּקְדּוּק וְהַנְּקִיּוּת הָאֲמִתִּי בְּמַעֲשִׂים.

וְהִנֵּה כְּמוֹ שֶׁצָּרִיךְ נְקִיּוּת בְּמַעֲשִׂים, כֵּן צָרִיךְ נְקִיּוּת בְּמִדּוֹת. וְכִמְעַט שֶׁיּוֹתֵר קָשֶׁה הוּא הַנְּקִיּוּת בָּם מִמַּה שֶּׁהוּא בְּמַעֲשִׂים. כִּי הַטֶּבַע פּוֹעֵל בַּמִּדּוֹת יוֹתֵר מִמַּה שֶּׁהוּא פּוֹעֵל בְּמַעֲשִׂים, יַעַן הַמֶּזֶג וְהַתְּכוּנָה הֵם אוֹ מְסַיְּעִים אוֹ מִתְנַגְּדִים גְּדוֹלִים לָהֶן, וְכָל מִלְחָמָה שֶׁהִיא נֶגֶד נְטִיַּת הַטֶּבַע מִלְחָמָה חֲזָקָה הִיא. וְהוּא מַה שֶּׁפֵּרְשׁוּ בְּמַאֲמָרָם זִכְרוֹנָם לִבְרָכָה: אֵיזֶהוּ גִּבּוֹר? הַכּוֹבֵשׁ אֶת יִצְרוֹ (אבות ד, א).

וְהִנֵּה הַמִּדּוֹת הֵן רַבּוֹת, כִּי כְּפִי כָּל מִינֵי פְּעֻלּוֹת שֶׁשַּׁיָּכִים לָאָדָם בָּעוֹלָם, כְּמוֹ כֵן מִדּוֹת הֵם שֶׁאַחֲרֵיהֶן הוּא נִמְשָׁךְ בִּפְעֻלּוֹתָיו. אָמְנָם כְּמוֹ שֶׁדִּבַּרְנוּ בַּמִּצְווֹת שֶׁהָיָה הַצֹּרֶךְ בָּם יוֹתֵר, דְּהַיְנוּ מִמַּה שֶּׁרְגִילוּת בְּנֵי הָאָדָם לִיכָּשֵׁל בּוֹ, כֵּן נְדַבֵּר בַּמִּדּוֹת בְּרָאשִׁיּוֹת הַצְּרִיכוֹת עִיּוּן יוֹתֵר מִפְּנֵי רְגִילוּתֵנוּ בָּם, וְהֵם הַגַּאֲוָה, הַכַּעַס, הַקִּנְאָה וְהַתַּאֲוָה. הֵן כָּל אֵלֶּה מִדּוֹת רָעוֹת אֲשֶׁר רָעָתָם נִכֶּרֶת וּמְפֻרְסֶמֶת, אֵין צָרִיךְ רְאָיוֹת לָהּ. כִּי הִנֵּה הִנָּם רָעוֹת בְּעַצְמָן וְרָעוֹת בְּתוֹלְדוֹתֵיהֶן, כִּי כֻּלָּן חוּץ מִשּׁוּרַת הַשֵּׂכֶל וְהַחָכְמָה, וְכָל אַחַת מֵהֶן כְּדַאי לְעַצְמָהּ לְהָבִיא אֶת הָאָדָם אֶל עֲבֵרוֹת חֲמוּרוֹת.

עַל הַגַּאֲוָה מִקְרָא מָלֵא מַזְהִיר וְאוֹמֵר: וְרָם לְבָבֶךָ וְשָׁכַחְתָּ אֶת ה׳ אֱלֹקֶיךָ (דברים ח, יד). עַל הַכַּעַס אָמְרוּ זִכְרוֹנָם לִבְרָכָה: כָּל הַכּוֹעֵס

may their memory be blessed, said: "'Your teeth are like a flock of sheep' (Shir haShirim 6:6). Just as a sheep is modest, [so were the Israelites modest and proper] in the war with Midian. Rav Huna said in the name of Rav Aha: Not one of them put on the head *tefillah* before the hand *tefillah*, for had one of them done so, Moshe would not have praised them, and they would not have come out of there in peace" (*Shir haShirim Rabba* 6:6). They also said, "One who speaks between *Yishtabah* and *Yotzer* bears a sin and must return home from the battlefield on that account." So you see just how meticulous and blameless one must be in his deeds.

Now just as blamelessness is necessary in one's deeds, so too is it necessary in one's characters traits. One might even say that blamelessness [in character traits] is more difficult than blamelessness in deeds. This is because nature exerts a greater influence upon character traits than upon deeds, in that one's temperament and disposition can either greatly assist or profoundly obstruct [the development of] one's traits. Any battle waged against one's natural inclination is a fierce one. This is what [our Sages], may their memory be blessed, meant when they said, "Who is mighty? He who subdues his inclinations" (*Avot* 4:1).

Character traits are very numerous. For inasmuch as there are varied human actions in the world, so are there [varied] traits from which man's actions stem. But just as we discussed [only] those *mitzvot* which require the most [precaution], namely, those that people habitually fail at, so too shall we discuss the principal traits that require greater scrutiny because we have become habituated to them. They are pride, anger, envy, and lust. These are all evil traits whose evil is evident and generally acknowledged; hence, there is no need for proof. They are evil both in themselves and in their consequences. For they are outside the realm of intelligence and wisdom, and each one by itself suffices to lead a person to severe transgressions.

Regarding pride, Scripture issued an explicit warning, saying, "And your heart will become haughty, and you will forget the Lord, your God" (Devarim 8:14). Regarding anger, [our Sages], may their memory be blessed, said, "Whoever becomes angry, is as if

יִהְיֶה בְּעֵינֶיךָ כְּאִלּוּ עוֹבֵד עֲבוֹדָה זָרָה (רמב"ם הלכות דעות ב, ג; זוהר, ח"א, כז, ב). עַל הַקִּנְאָה וְהַתַּאֲוָה שָׁנִינוּ בְּהֶדְיָא: הַקִּנְאָה וְהַתַּאֲוָה וְהַכָּבוֹד מוֹצִיאִים אֶת הָאָדָם מִן הָעוֹלָם (אבות ד, כא). אָמְנָם הָעִיּוּן הַמִּצְטָרֵךְ בָּם הוּא לְהִמָּלֵט מֵהֶם וּמִכָּל עַנְפֵיהֶם, כִּי כֻּלָּם, כְּמוֹ שֶׁכָּתוּב,[לד] סוּרֵי הַגֶּפֶן נָכְרִיָּה (ירמיה ב, כא). וְנַתְחִיל לְדַבֵּר בָּם רִאשׁוֹן רִאשׁוֹן.

הִנֵּה כְּלַל עִנְיַן הַגַּאֲוָה הוּא מַה שֶּׁהָאָדָם מַחֲשִׁיב עַצְמוֹ בְּעַצְמוֹ, וּבִלְבָבוֹ יְדַמֶּה כִּי לוֹ נָאוָה תְהִלָּה. וְזֶה יָכוֹל לִימָּשֵׁךְ מִסִּבּוֹת מִתְחַלְּפוֹת וְרַבּוֹת. כִּי יֵשׁ מִי שֶׁיַּחֲשִׁיב עַצְמוֹ בַּעַל שֵׂכֶל, וְיֵשׁ מִי שֶׁיַּחֲשִׁיב עַצְמוֹ נָאֶה, וְיֵשׁ מִי שֶׁיַּחֲשִׁיב עַצְמוֹ נִכְבָּד, וְיֵשׁ מִי שֶׁיַּחֲשִׁיב עַצְמוֹ גִּבּוֹר, וּמִי שֶׁיַּחֲשִׁיב עַצְמוֹ חָכָם. כְּלָלוֹ שֶׁל דָּבָר: כָּל הַדְּבָרִים הַטּוֹבִים שֶׁבָּעוֹלָם אִם יַחְשֹׁב הָאָדָם שֶׁיֶּשְׁנָם בּוֹ, הֲרֵי הוּא מְסֻכָּן מִיָּד לִיפֹּל בְּשַׁחַת זֶה שֶׁל הַגַּאֲוָה. אַךְ אַחֲרֵי שֶׁקָּבַע הָאָדָם בְּלִבּוֹ הֱיוֹתוֹ חָשׁוּב וְרָאוּי לִתְהִלָּה, הִנֵּה הַתּוֹלָדוֹת אֲשֶׁר תֵּצֶאנָה מִן הַמַּחֲשָׁבָה הַזֹּאת הֵם רַבּוֹת מְאֹד וּמְשֻׁנּוֹת זוֹ מִזּוֹ, וַאֲפִלּוּ הֲפָכִיּוֹת מַמָּשׁ נִמְצָא בָּהֶן, וְכֻלָּם יוֹצְאִים וְנוֹלָדִים מִסִּבָּה אַחַת.

הִנֵּה יַחְשֹׁב גֵּאֶה אֶחָד שֶׁכֵּיוָן שֶׁהוּא רָאוּי בְּעֵינָיו לִתְהִלָּה, וְהוּא מְיֻחָד וְרָשׁוּם בְּמַעֲלָתוֹ, רָאוּי לוֹ גַּם כֵּן שֶׁיִּתְנַהֵג בְּדֶרֶךְ מְיֻחָד וְרָשׁוּם, בֵּין בְּלֶכְתּוֹ, בֵּין בְּשִׁבְתּוֹ, בֵּין בְּקוּמוֹ, בְּדִבּוּרוֹ וּבְכָל מַעֲשָׂיו. לֹא יֵלֵךְ אֶלָּא בְּנַחַת גָּדוֹל, עֲקֵבוֹ בְּצַד גּוּדָלוֹ, לֹא יֵשֵׁב אֶלָּא אַפַּרְקְדָן, לֹא יָקוּם אֶלָּא מְעַט מְעַט כְּנָחָשׁ, לֹא יְדַבֵּר עִם הַכֹּל אֶלָּא עִם נִכְבַּדֵּי הָעָם, וְגַם בֵּינֵיהֶם לֹא יְדַבֵּר אֶלָּא מַאֲמָרִים קְצָרִים כְּמַאַמְרֵי הַתְּרָפִים; וְכָל שְׁאָר מַעֲשָׂיו, בִּתְנוּעוֹתָיו, בִּפְעֻלּוֹתָיו, בְּמַאֲכָלוֹ וּבְמַשְׁתָּיו, בְּמַלְבּוּשָׁיו וּבְכָל דְּרָכָיו, יִתְנַהֵג בִּכְבֵדוּת גָּדוֹל כְּאִלּוּ כָּל בְּשָׂרוֹ עוֹפֶרֶת וְכָל עֲצָמָיו אֶבֶן אוֹ חוֹל.

[לד] בכתה"י: 'כמ"ש'. ניתן גם לפתור: 'כמו שזכרתי', אבל אינו מתקבל. בס"פ ד"ר: 'כא" = כאמור, ולא כפי שפותרים: 'כאחד'.

engaged in alien worship" (MT *De'ot* 2:3). As for envy and desire, we explicitly learned, "Envy, lust, and honor drive a man out of the world" (*Avot* 4:21). Indeed, scrutiny is required to escape these evils and all their ramifications, for they are all, as it says in the verse, "deviant seedlings of a strange vine" (Yirmiyahu 2:21). We shall begin to discuss them one by one.

Pride as a whole consists of a person attaching importance to himself and imagining that he is fit to be praised. This may result from many diverse suppositions. One person may deem himself intelligent, another handsome, another distinguished, another mighty, and yet another wise. In sum, if a person thinks he possesses a good quality, whatever it may be, he is in immediate danger of falling into the pit of pride. Once a person convinces himself that he is distinguished and deserving of praise, the consequences that will ensue from this belief will be many and varied, some of them even contradictory, but all stemming from a single cause.

There is one sort of haughty person who thinks that because he is, in his own view, admirable and of uniquely distinguished rank, he should also conduct himself in a uniquely distinguished manner, whether in his walking, sitting, rising, speaking, or anything [else] he does. He walks at a gentle gait, heel touching toe; he sits with his back to the chair; he rises slowly like a snake; he does not speak with everyone, but only with men of distinction, and even in their midst he utters only short statements like an oracle. And in all his other actions, such as movements, activities, eating, drinking, dressing, and all his ways, he conducts himself with great gravity, as though all his flesh were lead and all his bones, stone or sand.

Another proud man thinks that since he is praiseworthy and in possession of many virtues, mere mortals should neither break through to speak with him nor ask anything of him. And should they presume to "ascend the heights" to [approach] him, he confounds them with his voice and terrifies them with the breath of his lips by answering them harshly. His mien, without fail, is cross.

וַיַחְשֹׁב גֵּאֶה אַחֵר שֶׁלְּפִי שֶׁהוּא רָאוּי לִתְהִלָּה וְהוּא רַב הַמַּעֲלוֹת לֹא יָאוּת שֶׁיֶּהֶרְסוּ[לה] בְּנֵי הָאָדָם לְדַבֵּר עִמּוֹ וּלְבַקֵּשׁ מִמֶּנּוּ שׁוּם דָּבָר, וְאִם יַעְפִּילוּ לַעֲלוֹת אֵלָיו,[לו] בְּקוֹלוֹ יְבַהֲלֵם וּבְרוּחַ שְׂפָתָיו יְהֻמֵּם,[לז] בַּעֲנוֹת אֲלֵיהֶם עַזּוֹת,[לח] וּפָנָיו זוֹעֲפוֹת בְּכָל עֵת וּבְכָל שָׁעָה.

וְיִהְיֶה גֵּאֶה אַחֵר שֶׁיִּתְגָּאֶה בַּעֲנָוָה וְיַפְרִיז עַל מִדּוֹתָיו לְהֵרָאוֹת שִׁפְלוּת גָּדוֹל וַעֲנָוָה עַד אֵין חֵקֶר, וְאֵינָהּ אֶלָּא גַּאֲוָה סְרוּחָה, אֲשֶׁר הוּא חוֹשֵׁב בְּעַצְמוֹ שֶׁכְּבָר הִגִּיעַ אֶל מַדְרֵגָה כָּל כָּךְ רָמָה שֶׁאֵינֶנּוּ צָרִיךְ לְכָבוֹד כְּלָל, אֶלָּא כְּבָר יָכוֹל הוּא לְוַתֵּר עַל כָּל כָּבוֹד, שֶׁכְּבָר הַכָּבוֹד אֵינוֹ מִתְפָּרֵשׁ מִמֶּנּוּ.

וְיֵשׁ גֵּאֶה אַחֵר שֶׁמִּתְגָּאֶה לִהְיוֹת נֶחְשָׁב לְעָנָו גָּדוֹל, וְיִתְנַהֵג בַּעֲנָוָה רַבָּה, וְלִבּוֹ אוֹמֵר לוֹ שֶׁאֵין אִישׁ בָּאָרֶץ רָאוּי לִתְהִלָּה רַבָּה כָּמוֹהוּ מִפְּנֵי רֹב עַנְוְתָנוּתוֹ. וְתִרְאֶה שֶׁמַּעֲשֵׂי זֶה כְּמַעֲשֵׂי אוֹתוֹ שֶׁזְּכַרְנוּ כְּבָר, אַךְ הֶפְרֵשׁ הוּא בַּסְּבָרָא. כִּי סְבָרָתוֹ שֶׁל הָרִאשׁוֹן הוּא, שֶׁגְּדֻלָּה רַבָּה הִיא לוֹ הֱיוֹתוֹ מַשְׁפִּיל עַצְמוֹ וּמְכַבֵּד בְּנֵי הָאָדָם, שֶׁזֶּה מוֹרֶה עַל הֱיוֹתוֹ נִכְבָּד בְּתַכְלִית עַד שֶׁאֵינוֹ צָרִיךְ לְכָבוֹד כְּלָל, אֶלָּא אַדְּרַבָּא הוּא מְקוֹר הַכָּבוֹד לַחֲלֹק כָּבוֹד אֶל כָּל זוּלָתוֹ. וּסְבָרָתוֹ שֶׁל הַשֵּׁנִי שֶׁזָּכַרְתִּי הוּא לְהֵרָשֵׁם בְּמַעֲלוֹתָיו וּלְהִתְיַחֵד בִּדְרָכָיו עַד שֶׁכָּל הָעוֹלָם יִתְחַיְּבוּ לְהוֹדוֹת לוֹ וּלְהַלְּלוֹ מִפְּנֵי רֹב עַנְוָתוֹ.

וְיֵשׁ עוֹד מִין שְׁלִישִׁי שֶׁל גֵּאֶה עָנָו אֲשֶׁר לֹא יַחְפֹּץ בְּכָבוֹד וְיָשִׂים עַצְמוֹ תַּחַת קְטַנִּים מִמֶּנּוּ אוֹ נִבְזִים, לֹא יִרְצֶה בְּתָאֳרֵי גְדֻלָּה וְכַיּוֹצֵא בָּזֶה, לֹא מִפְּנֵי הֵחָשְׁבוֹ בְּעֵינָיו בִּלְתִּי רָאוּי לָזֶה, אֶלָּא בְּחָשְׁבוֹ כָּל זֶה בִּלְתִּי כְּדַאי לוֹ וְשֶׁאֵין שֶׁבַח שֶׁיַּסְפִּיק לְשַׁבְּחוֹ, אֲשֶׁר עַל כֵּן יִבְחַר כְּשֶׁיִּשְׁתְּקוּ מִמֶּנּוּ, כִּי תַּחַת הַשְּׁתִיקָה יִהְיֶה נִכְלָל מַה שֶּׁהַדִּבּוּר לֹא הָיָה יָכוֹל לְהַשְׁלִים. וְהִנֵּה הַגֵּאֶה הֶעָנָו שֶׁזְּכַרְנוּ לֹא יוּכַל לְהִתְאַפֵּק מֵהֵרָאוֹת בְּאֵיזֶה עֵת אוֹ בְּאֵיזֶה דֶּרֶךְ רֹעַ לְבָבוֹ. כִּי אִם דֶּרֶךְ מָשָׁל יִמְחֹק סִדְרֵי שְׁבָחָיו הַכְּתוּבִים עַל סֵפֶר, לֹא יַעֲבִירֵם מִן הָעוֹלָם, הֵם וְרוֹשְׁמָם, אֲבָל יַנִּיחַ שִׁטָּה פְּנוּיָה שֶׁיֵּרָאֶה לְעֵין כֹּל שֶׁהָיוּ שָׁם שְׁבָחִים וְהוּסְרוּ, אוֹ יֹאמַר עַל יָדוֹ אוֹ עַל יְדֵי

[לה] ע"פ שמות יט, כא. [לו] ע"פ במדבר יד, מד. [לז] ע"פ ישעיה יא, ד. [לח] ע"פ משלי יח, כג.

There is another proud man who demonstrates his pride through humility. He exceeds the measure [of modesty] that befits him, by showing profound lowliness and unfathomable humility. This is nothing but corrupt pride, in that he thinks he has already arrived at such an exalted station that he no longer needs [to be shown] honor, but rather he can renounce all honors, for honor is already inextricable from him.

Yet another proud man takes pride in being considered exceedingly humble. He acts with great humility, his heart telling him that no other person on earth deserves such great praise, this because of his excessive humbleness. You will observe that this type of person acts in the same manner as the previous type; they only differ in their attitude. The first one thinks that it is a mark of great distinction to demean himself and honor other people. This demonstrates that he is invested with so much honor that he has no need to be honored at all. On the contrary, he is the source of honor that is to be apportioned to everybody else. The second person that I have mentioned wishes to be distinguished for his virtues and singled out for his ways, so much so that the entire world must extol him and praise his great humility.

There is yet a third type of "humble" person who is [in fact] proud; one who wants no honor, and puts himself beneath his inferiors, or even the despised. He wants no honorifics or the like, not because he deems himself unworthy of them, but because he deems all of them unfit for him, there being no praise that praises him enough. He prefers, therefore, that people say nothing about him. For among the things about which one should keep silent are those that speech cannot fully express. This "humble" man who is [in fact] proud, mentioned here, cannot control himself from revealing the evil in his heart at some point or in some way. If, for example, he erases the praises inscribed to him in a book, he will not eradicate them and all traces of them completely, but rather he will leave a blank line for all to see that praises had been there and were removed. Or else he will declare, personally or through an

שְׁלוּחוֹ שֶׁאֵינוֹ רוֹצֶה בִּשְׁבָחִים מִפְּנֵי עַנְוְתוֹ, וְכֵן כָּל כַּיּוֹצֵא בָּזֶה מִן הַדְּרָכִים שֶׁעֵינֵינוּ רוֹאוֹת דְּבַר יוֹם בְּיוֹמוֹ מִתַּחְבּוּלוֹת הַחֵטְא וּשְׁקָרָיו.

וְאֻמְנָם יֵשׁ גֵּאִים אֲחֵרִים שֶׁתִּשָּׁאֵר גַּאֲוָתָם קְבוּרָה בְּלִבָּם וְלֹא תַגִּיעַ לֵירָאוֹת עַל יְדֵי מַעֲשֶׂה, אֲבָל יַחְשְׁבוּ בִלְבָבָם שֶׁכְּמוֹהֶם לֹא רַבִּים יֶחְכְּמוּ, וְאֶל דִּבְרֵי זוּלָתָם לֹא יָשִׁיתוּ לֵב כְּלָל, בַּאֲשֶׁר כְּבָר אֶת אֲשֶׁר בְּעֵינֵיהֶם הִקְשָׁה, לַאֲחֵרִים לֹא יִהְיֶה נָקֵל. וְאֵת אֲשֶׁר יֵרָאֶה לָהֶם שִׂכְלָם, כָּל כָּךְ בָּרוּר הוּא לָהֶם וּפָשׁוּט בְּעֵינֵיהֶם עַד אֲשֶׁר אֲפִלּוּ לָחוּשׁ לֹא יַחְפְּצוּ לְדִבְרֵי הַחֲלוּקִים עֲלֵיהֶם, אִם רִאשׁוֹנִים וְאִם אַחֲרוֹנִים, וְאֵין אֶצְלָם סָפֵק עַל סְבָרָתָם.

כָּל אֵלֶּה תּוֹלְדוֹת הַגַּאֲוָה הַמְּשִׁיבָה חֲכָמִים אָחוֹר וְדַעְתָּם מְסַכֶּלֶת,[לט] מְסִירָה לְבַב רָאשֵׁי הַחָכְמָה,[לט*] אַף כִּי תַּלְמִידִים שֶׁלֹּא שִׁמְּשׁוּ כָּל צָרְכָּם. וְעַל כֻּלָּם נֶאֱמַר: תּוֹעֲבַת ה׳ כָּל גְּבַהּ לֵב (משלי טז, ה). וּמִכֻּלָּם צָרִיךְ שֶׁיִּנָּקֶה הָרוֹצֶה בְּמִדַּת הַנְּקִיּוּת, וְלָדַעַת וּלְהָבִין כִּי אֵין הַגַּאֲוָה אֶלָּא עִוָּרוֹן מַמָּשׁ, אֲשֶׁר אֵין שֵׂכֶל הָאָדָם רוֹאֶה חֶסְרוֹנוֹתָיו וּמַכִּיר פְּחִיתוּתוֹ; שֶׁאִלּוּ הָיָה יָכוֹל לִרְאוֹת וְהָיָה מַכִּיר הָאֱמֶת, הָיָה סָר וּמִתְרַחֵק מִכָּל הַדְּרָכִים הָרָעִים וְהַמְקֻלְקָלִים הָאֵלֶּה הַרְחֵק גָּדוֹל. וְעוֹד נְדַבֵּר מִזֶּה בְּסִיַּעְתָּא דִשְׁמַיָּא בְּבוֹאֵנוּ אֶל מִדַּת הָעֲנָוָה, אֲשֶׁר מִפְּנֵי הַקֹּשִׁי הַגָּדוֹל שֶׁיֵּשׁ בְּהַשָּׂגָתָהּ, הוּשְׂמָה בְּדִבְרֵי רַבִּי פִּנְחָס עָלָיו הַשָּׁלוֹם מִן הָאַחֲרוֹנוֹת.

וּנְדַבֵּר עַתָּה מִן הַכַּעַס.

הִנֵּה יֵשׁ הָרַגְזָן שֶׁאָמְרוּ עָלָיו: כָּל הַכּוֹעֵס כְּאִלּוּ עוֹבֵד עֲבוֹדָה זָרָה (רמב״ם הלכות דעות ב, ג; זוהר, ח״א, כז, ב). וְהוּא הַנִּזְעָם עַל כָּל דְּבַר פֶּשַׁע שֶׁיִּפְשְׁעוּ כְּנֶגְדּוֹ, וּמִתְמַלֵּא חֵמָה עַד שֶׁכְּבָר לִבּוֹ בַּל עִמּוֹ וַעֲצָתוֹ נִבְעָרָה.[מ] וְהִנֵּה אִישׁ כָּזֶה כְּדַאי לְהַחֲרִיב עוֹלָם מָלֵא אִם יִהְיֶה יְכֹלֶת בְּיָדוֹ, כִּי אֵין הַשֵּׂכֶל שׁוֹלֵט בּוֹ כְּלָל, וְהוּא סַר טַעַם מַמָּשׁ כְּכָל הַחַיּוֹת הַטּוֹרְפוֹת, וְעָלָיו נֶאֱמַר: טֹרֵף נַפְשׁוֹ בְּאַפּוֹ הַלְמַעַנְךָ תֵּעָזַב אָרֶץ (איוב יח, ד). וְהוּא קַל וַדַּאי לַעֲבֹר כָּל מִינֵי

[לט] ע״פ ישעיה מד, כה. [לט*] ע״פ איוב יב, כד. [מ] ע״פ ישעיה יט, יא.

intermediary, that he does not wish praise due to his humility. And the same is true with all the comparable ploys and deceits of sin which we see with our own eyes every day.

There are others whose pride remains buried in their hearts, so that it does not express itself in deed. But they think there are few people as wise as they, and they pay little attention to what others have to say, thinking that whatever is difficult for them will not be easy for others. Whatever their minds show them seems so clear and plain to them that they do not even want to consider the views of those who disagree, be they ancient or recent. They entertain no doubt whatsoever about their reasoning.

All these are consequences of haughtiness, which confounds the wise and makes their knowledge foolish. It strips leading scholars of their judgment; how much more so the students who are insufficiently trained. Concerning all [aspects of pride] it is said "Everyone that is proud of heart is an abomination to the Lord" (Mishlei 16:5). One who aspires to blamelessness must clear himself of all forms of pride. He must know and understand that pride is blindness itself, preventing man's reason from seeing his own deficiencies and recognizing his own baseness. Were he able to see and recognize the truth, he would turn away and greatly distance himself from all these evil and corrupt ways. With the help of Heaven, we shall speak further of this when we come to the trait of humility, which, because of the great difficulty involved in attaining it, was placed among the last [in the scale of virtues formulated] by Rabbi Pinhas, peace be on him.

We shall now discuss anger.

There is the bad-tempered person about whom it was said, "Anyone who becomes angry, is as if engaged in alien worship" (MT De'ot 2:3). He is the sort who is angered by anything done against his wishes, and is so filled with rage as to be senseless and dim-witted. One such person would suffice to destroy the entire world, were he capable of doing so. For reason has no hold over him whatsoever and, like a beast of prey, he is absolutely bereft of sense. About him it was said, "You who tear yourself in your anger, shall the earth be forsaken because of you" (Iyov 18:4)? He is certainly prone to

עֲבֵרוֹת שֶׁבָּעוֹלָם אִם חֲמָתוֹ תְּבִיאֵהוּ לָהֶם, כִּי כְּבָר אֵין לוֹ מֵנִיעַ אַחֵר אֶלָּא כַּעֲסוֹ, וְאֶל אֲשֶׁר יְבִיאֵהוּ יֵלֵךְ.

וְיֵשׁ כַּעְסָן פָּחוּת מִזֶּה, וְהוּא שֶׁלֹּא עַל כָּל דָּבָר אֲשֶׁר יְבוֹאֵהוּ, אִם קָטָן וְאִם גָּדוֹל, תִּבְעַר אַפּוֹ, אַךְ בְּהַגִּיעוֹ לְהַרְגִּישׁ יִרְגַּז וְיִכְעַס כַּעַס גָּדוֹל, וְהוּא שֶׁקְּרָאוּהוּ זִכְרוֹנָם לִבְרָכָה: קָשֶׁה לִכְעֹס וְקָשֶׁה לִרְצוֹת (אבות ה, יא). וְגַם זֶה רַע, כִּי כְּבָר יְכוֹלָה לָצֵאת תַּקָּלָה רַבָּה מִתַּחַת יָדוֹ, וְלֹא יוּכַל לְתַקֵּן אֶת אֲשֶׁר עִוְּתוֹ.[מא]

וְיֵשׁ כַּעְסָן פָּחוּת מִזֶּה שֶׁלֹּא יִכְעַס עַל נְקַלָּה, וַאֲפִלּוּ אִם יִכְעַס יִהְיֶה כַּעֲסוֹ קָטָן וְלֹא יָסוּר מִדַּרְכֵי הַשֵּׂכֶל, אַךְ עוֹדֶנּוּ יִשְׁמֹר עֶבְרָתוֹ. וְהִנֵּה זֶה רָחוֹק מִן הַהֶפְסֵד יוֹתֵר מִן הָרִאשׁוֹנִים שֶׁזָּכַרְנוּ, וְאַף גַּם זֹאת וַדַּאי שֶׁלֹּא הִגִּיעַ לִהְיוֹת נָקִי, כִּי אֲפִלּוּ זָהִיר אֵינֶנּוּ עֲדַיִן, כִּי עַד שֶׁהַכַּעַס עוֹשֶׂה בּוֹ רֹשֶׁם לֹא יָצָא מִכְּלַל כַּעְסָן.

וְיֵשׁ עוֹד פָּחוּת מִזֶּה, וְהוּא שֶׁקָּשֶׁה הוּא לִכְעֹס וְכַעֲסוֹ לֹא לְהַשְׁחִית וְלֹא לְכַלֵּה; וְכַמָּה זַעְמוֹ? רֶגַע,[מב] וְהוּא מַה שֶּׁקְּרָאוּהוּ זִכְרוֹנָם לִבְרָכָה: קָשֶׁה לִכְעֹס וְנוֹחַ לִרְצוֹת (אבות שם). הִנֵּה זֶה חֵלֶק טוֹב, כִּי טֶבַע הָאָדָם מִתְעוֹרֵר לְכַעַס וַדַּאי, וְאִם הוּא מִתְגַּבֵּר עָלָיו, שֶׁאֲפִלּוּ בִּשְׁעַת הַכַּעַס לֹא יִבְעַר הַרְבֵּה, וַאֲפִלּוּ אוֹתוֹ הַכַּעַס הַקַּל יַעֲבֹר מִיָּד, וַדַּאי שֶׁרָאוּי לוֹ לְשַׁבְּחוֹ. וְאָמְרוּ רַבּוֹתֵינוּ זִכְרוֹנָם לִבְרָכָה: תֹּלֶה אֶרֶץ עַל בְּלִימָה (איוב כו, ז), עַל מִי שֶׁבּוֹלֵם פִּיו בִּשְׁעַת מְרִיבָה (חולין פט, א).

אָמְנָם אִם יַגִּיעַ לְמַדְרֵגָה שֶׁלֹּא יִהְיֶה מַקְפִּיד כְּלָל עַל שׁוּם דָּבָר, וַאֲפִלּוּ הִתְעוֹרְרוּת כַּעַס לֹא יִהְיֶה בּוֹ, אָז יִקָּרֵא שָׁלֵם בְּמִדָּה זוֹ וְנָקִי מִמֶּנָּה לְגַמְרֵי.

וְהִנֵּה כְּבָר הִזְהִירוּנוּ זִכְרוֹנָם לִבְרָכָה (ראה שבת קה, ב) שֶׁאֲפִלּוּ לִדְבַר מִצְוָה צָרִיךְ הָאָדָם שֶׁלֹּא לִכְעֹס, וַאֲפִלּוּ הָרַב עִם תַּלְמִידוֹ אוֹ הָאָב עַל

[מא] ע"פ קהלת א, טו. [מב] ע"פ ברכות ז, א.

commit any conceivable transgression if his rage leads him to it; for nothing else moves him except his anger, and he goes wherever it takes him.

There is another irascible type that is less grievous than the first. He does not become enraged at anything that happens to him, whether small or great. But when he reaches his point of anger, he explodes in great fury. It is he whom [our Sages], may their memory be blessed, described as "hard to provoke and hard to mollify" (*Avot* 5:11). This too is bad, because he may cause great damage and be unable to rectify what he has ruined.

There is another bad-tempered person, even less severe than the previous one. He is not easily angered, and even when he does become angry his anger is controlled. He does not veer from the ways of reason, but he still nurses his wrath. This type is less likely to do harm than the others we have mentioned, but he has nevertheless certainly not reached blamelessness. He has not yet even attained [the trait of] vigilance, for as long as anger influences him, he has not yet left the category of the irascible.

There is yet another type, even less severe than this one. He is hard to provoke, his anger does not destroy or devastate. And how long does his anger last? A moment, no more. It is he whom our Sages, may their memory be blessed, described as "hard to provoke and easy to mollify" (*Avot* 5:11). This is a good disposition. For it is certainly human nature to be provoked to anger; and if one can overcome it, so that even when angry he does not become infuriated, and even that small amount of anger passes immediately, he is certainly worthy of praise. Our Rabbis, may their memory be blessed, said, "'He hangs the earth on nothingness [*belimah*]' (Iyov 26:7) – on one who keeps silent [*bolem*] during a quarrel" (*Hullin* 89a).

If, however, he reaches a level where nothing at all annoys him and he feels not even a stirring of anger, then he may be called perfect as regards to this trait, and wholly free of it.

[Our Sages] (*Shabbat* 105b), may their memory be blessed, have already admonished us that even for the sake of a *mitzvah* a person should not become angry, not even a teacher with his student or a

בְּנוֹ. וְלֹא שֶׁלֹּא יְיַסְּרֵם, אֶלָּא אַדְּרַבָּא יְיַסְּרֵם [אַךְ] מִבְּלִי כַּעַס, אֶלָּא לְהַדְרִיךְ אוֹתָם בַּדֶּרֶךְ הַיְשָׁרָה, וְהַכַּעַס שֶׁיֵּרָאֶה לָהֶם יִהְיֶה כַּעַס הַפָּנִים לֹא כַּעַס הַלֵּב.[מג] וְאָמַר שְׁלֹמֹה: אַל תְּבַהֵל בְּרוּחֲךָ לִכְעוֹס {כִּי כַעַס בְּחֵיק כְּסִילִים יָנוּחַ} (קהלת ז, ט). וְאוֹמֵר: כִּי לֶאֱוִיל יַהֲרָג כָּעַשׂ וּפֹתֶה תָּמִית קִנְאָה (איוב ה, ב). וְאָמְרוּ רַבּוֹתֵינוּ זִכְרוֹנָם לִבְרָכָה: בִּשְׁלֹשָׁה דְּבָרִים הָאָדָם נִכָּר, בְּכוֹסוֹ, בְּכִיסוֹ, בְּכַעֲסוֹ (עירובין סה, ב).

הַקִּנְאָה גַּם הִיא אֵינָהּ אֶלָּא חֶסְרוֹן יְדִיעָה וְסִכְלוּת, כִּי כְּבָר אֵין הַמְקַנֵּא מַרְוִיחַ כְּלוּם לְעַצְמוֹ וְלֹא מַפְסִיד לְמִי שֶׁהוּא מִתְקַנֵּא בּוֹ, אֵינוֹ אֶלָּא מַפְסִיד לְעַצְמוֹ, וּכְמַאֲמַר הַכָּתוּב שֶׁכְּבָר זָכַרְתִּי: וּפֹתֶה תָּמִית קִנְאָה (איוב ה, ב).

וְאָמְנָם יֵשׁ מִי שֶׁסִּכְלוּתוֹ רַבָּה כָּל כָּךְ, עַד שֶׁאִם יִרְאֶה לַחֲבֵרוֹ אֵיזוֹ טוֹבָה יִתְעַשֵּׁשׁ בְּעַצְמוֹ וְיִדְאַג וְיִצְטַעֵר, עַד שֶׁאֲפִלּוּ הַטּוֹבוֹת שֶׁבְּיָדוֹ לֹא יְהַנּוּהוּ מִצַּעַר מַה שֶּׁהוּא רוֹאֶה בְּיַד חֲבֵרוֹ. וְהוּא מַה שֶּׁאָמַר הֶחָכָם עָלָיו: וּרְקַב עֲצָמוֹת קִנְאָה (משלי יד, ל).

אָמְנָם יֵשׁ אֲחֵרִים שֶׁאֵינָם מִצְטַעֲרִים וְכוֹאֲבִים כָּל כָּךְ, אַף עַל פִּי כֵן יַרְגִּישׁוּ בְּעַצְמָם אֵיזֶה צַעַר, וּלְפָחוֹת יִתְקָרֵר רוּחָם בִּרְאוֹתָם אֶחָד עוֹלֶה אֵיזוֹ מַעֲלָה יְתֵרָה, אִם לֹא יִהְיֶה מֵאוֹהֲבָיו אֲשֶׁר כְּנַפְשׁוֹ, כָּל שֶׁכֵּן אִם מֵאוֹתָם אֲשֶׁר אֵין לוֹ אַהֲבָה רַבָּה עִמּוֹ הוּא, כָּל שֶׁכֵּן אִם גֵּר הוּא מֵאֶרֶץ אַחֶרֶת. וְאַף עַל פִּי שֶׁבְּפִיהֶם יֹאמְרוּ דְּבָרִים כִּשְׂמֵחִים אוֹ מוֹדִים עַל טוֹבָתוֹ, הִנֵּה לִבָּם רָפֶה בְּקִרְבָּם. וְהוּא דָּבָר יֶאֱרַע עַל הָרַב בְּרֹב בְּנֵי הָאָדָם, כָּל שֶׁכֵּן אִם בַּעַל אֻמָּנוּתוֹ מַצְלִיחַ בָּהּ, וְכָל שֶׁכֵּן אִם מַצְלִיחַ בָּהּ יוֹתֵר מִמֶּנּוּ, הוּא מַה שֶּׁאָמְרוּ זִכְרוֹנָם לִבְרָכָה: כָּל אֻמָּן שׂוֹנֵא בְּנֵי אֻמָּנוּתוֹ (מדרש תהלים יא, ו. וראה בראשית רבה לב, ב; יט, ד).

וְאוּלָם לוּ יָדְעוּ וְיָבִינוּ כִּי אֵין אָדָם נוֹגֵעַ בַּמּוּכָן לַחֲבֵרוֹ אֲפִלּוּ כִּמְלֹא נִימָא (יומא לח, ב), וְהַכֹּל כַּאֲשֶׁר לַכֹּל מֵה' הוּא, כְּפִי עֲצָתוֹ הַנִּפְלָאָה

[מג] השווה רמב"ם הלכות דעות פ"ב ה"ג.

father with his son. This is not to say that one should not chastise them; to the contrary, he should chastise them [only] not out of anger, but in order to guide them along the path of righteousness, and the anger simulated in their presence should be anger of the face and not of the heart. Shelomo said, "Be not hasty in your spirit to be angry, {for anger rests in the bosom of fools}" (Kohelet 7:9). And it says, "For anger kills the fool and envy slays the simpleton" (Iyov 5:2). And our Rabbis, may their memory be blessed, said, "A man is recognized through three things – his cup, his purse, and his anger" (Eruvin 65b).

Envy too is nothing but ignorance and folly. For one who envies gains nothing for himself and causes the object of his envy no loss. He alone loses, as is stated in the verse I already mentioned, "Envy slays the simpleton" (Iyov 5:2).

There is the [envious] person whose folly is so great that when he sees his neighbor enjoying good fortune, he will be consumed. He worries and suffers so much that even his own good fortune brings him no pleasure because of the distress he experiences over what the other possesses. The wisest [of men] said about him, "Envy is the rottenness of the bones" (Mishlei 14:30).

There are others who do not suffer so much sorrow and pain [from envy], but nevertheless experience a certain distress, or at least experience some dampening of spirit, when they see someone who is not one of their friends whom they love as themselves, rising to a higher rank; especially if he is an individual for whom they have no great fondness, and even more so if he is a stranger from a foreign land. Even though they mouth words of joy or gratitude over his good fortune, their hearts are distraught within them. This is something that occurs very often in most people, especially when someone in their own trade prospers; all the more so when that person is more successful than they are. As [our Sages], may their memory be blessed, said, "Every craftsman hates his fellow craftsman" (Midrash Tehillim 11:6).

If they but knew and understood that no man can touch what is prepared for his fellow even to the extent of one hair's breadth (see Yoma 38b), and that all things alike come from God, according

וְחָכְמָתוֹ הַבִּלְתִּי נוֹדַעַת, הִנֵּה לֹא הָיָה לָהֶם טַעַם לְהִצְטַעֵר בְּטוֹבַת רֵעֵיהֶם כְּלָל. וְהוּא מַה שֶּׁיִּעֵד לָנוּ הַנָּבִיא עַל הַזְּמַן הֶעָתִיד, שֶׁלְּמַעַן תִּהְיֶה טוֹבַת יִשְׂרָאֵל טוֹבָה אֲמִתִּית יַקְדִּים לְהָסִיר מִלְּבָבֵנוּ הַמִּדָּה הַמְגֻנָּה הַזֹּאת, וְאָז לֹא יִהְיֶה צַעַר לְאֶחָד בְּטוֹבַת הָאַחֵר, וְגַם לֹא יִצְטָרֵךְ הַמַּצְלִיחַ לְהַסְתִּיר עַצְמוֹ וּדְבָרָיו מִפְּנֵי רַע הַקִּנְאָה. וְהוּא מַה שֶּׁאָמַר: וְסָרָה קִנְאַת אֶפְרַיִם וְצֹרְרֵי יְהוּדָה יִכָּרֵתוּ, אֶפְרַיִם לֹא יְקַנֵּא אֶת יְהוּדָה {וִיהוּדָה לֹא יָצֹר אֶת אֶפְרָיִם} (ישעיה יא, יג). הוּא הַשָּׁלוֹם וְהַשַּׁלְוָה אֲשֶׁר לְמַלְאֲכֵי הַשָּׁרֵת, אֲשֶׁר כֻּלָּם שְׂמֵחִים בַּעֲבוֹדָתָם, אִישׁ אִישׁ עַל מְקוֹמוֹ, וְאֵין אֶחָד מִתְקַנֵּא בַּחֲבֵרוֹ כְּלָל, כִּי כֻּלָּם יוֹדְעִים הָאֱמֶת לַאֲמִתּוֹ וַעֲלֵזִים עַל הַטּוֹב אֲשֶׁר בְּיָדָם וּשְׂמֵחִים בְּחֶלְקָם.

וְתִרְאֶה כִּי אֲחוֹת הַקִּנְאָה הִיא הַחֶמְדָּה וְהַתַּאֲוָה. הֲלֹא הִיא הַמְיַגַּעַת לֵב הָאָדָם עַד יוֹם מוֹתוֹ, וּכְמַאֲמָרָם זִכְרוֹנָם לִבְרָכָה: אֵין אָדָם מֵת וַחֲצִי תַּאֲוָתוֹ בְּיָדוֹ (קהלת רבה א, יג). וְאָמְנָם עִקַּר הַתַּאֲוָה פּוֹנֶה לִשְׁנֵי רָאשִׁים: הָרִאשׁוֹן הוּא הַמָּמוֹן, וְהַשֵּׁנִי הוּא הַכָּבוֹד, וּשְׁנֵיהֶם כְּאֶחָד רָעִים מְאֹד וְגוֹרְמִים לָאָדָם רָעוֹת רַבּוֹת.

הִנֵּה חֶמְדַּת הַמָּמוֹן הִיא הָאוֹסֶרֶת אוֹתוֹ בְּמַאֲסַר הָעוֹלָם וְנוֹתֶנֶת עֲבוֹתוֹת הֶעָמָל וְהָעֵסֶק עַל זְרוֹעוֹתָיו, כְּעִנְיַן הַכָּתוּב: אֹהֵב כֶּסֶף לֹא יִשְׂבַּע כֶּסֶף (קהלת ה, ט). הִיא הַמְּסִירָה אוֹתוֹ מִן הָעֲבוֹדָה. כִּי כַּמָּה תְּפִלּוֹת נֶאֱבָדוֹת וְכַמָּה מִצְווֹת נִשְׁכָּחוֹת מִפְּנֵי רֹב הָעֵסֶק וִיגִיעַת הָמוֹן הַסְּחוֹרָה, כָּל שֶׁכֵּן תַּלְמוּד תּוֹרָה. וּכְבָר אָמְרוּ זִכְרוֹנָם לִבְרָכָה: לֹא מֵעֵבֶר לַיָּם הִיא (דברים ל, יג), בְּאוֹתָם שֶׁהוֹלְכִים מֵעֵבֶר לַיָּם לִסְחוֹרָה (ראה עירובין נה, א). וְכֵן שָׁנִינוּ: לֹא כָּל הַמַּרְבֶּה בִּסְחוֹרָה מַחְכִּים (אבות ב, ה). הִיא הַמּוֹסֶרֶת אוֹתוֹ לְסַכָּנוֹת רַבּוֹת, וּמַתֶּשֶׁת אֶת כֹּחוֹ בְּרֹב הַדְּאָגָה אֲפִלּוּ אַחֲרֵי הַשִּׂיגוֹ הַרְבֵּה. וְכֵן שָׁנִינוּ: מַרְבֶּה נְכָסִים מַרְבֶּה דְאָגָה (שם משנה ז). הִיא הַמַּעֲבֶרֶת פְּעָמִים רַבּוֹת עַל מִצְווֹת הַתּוֹרָה, וַאֲפִלּוּ עַל חֻקּוֹת הַשֵּׂכֶל הַטִּבְעִיִּים.

to His covert counsel and unfathomable wisdom, they would have no reason whatever to feel pained by their fellow's good fortune. This is what the Prophet promised us in the future epoch. In order that Israel's good fortune be truly good, God will first remove this odious trait from our hearts. Then no one will suffer pain because of another's good fortune. Nor would the successful person have to conceal his true state and his affairs on account of the evil of envy. Thus the Prophet said: "The envy of Efrayim shall depart, and the adversaries of Yehudah shall be cut off. Efrayim shall not envy Yehudah, {and Yehudah shall not harrass Efrayim}" (Yeshayahu 11:13). This is the peace and tranquility enjoyed by the ministering angels, because they are glad in their tasks, each one in his place, no one envying the other at all. For they all understand the absolute truth, rejoice over their good fortune, and are happy with their lot.

You will observe that the sisters of envy are desire and lust. For surely they tire a man's heart until his dying day. As [our Sages], may their memory be blessed, said, "No man dies with half of his desire fulfilled" (*Kohelet Rabba* 1:13). Desire has two main objects, the first being wealth and the second honor. Both are exceedingly evil and bring about many evil consequences.

The desire for wealth binds a person with worldly bonds, placing cuffs of labor and preoccupation upon his arms. As the verse says, "He who loves silver never has his fill of silver" (Kohelet 5:9). It is what takes a person away from Divine service. For many prayers are lost and many *mitzvot* forgotten because a person engages in a great deal of business activity and toils at a massive amount of commerce. How much the more so does study of the Torah [suffer on their account]. [Our Sages], may their memory be blessed, have said (*Eruvin* 55a): "[It is written of the Torah], 'And it is not across the sea' (Devarim 30:13) – [that is, it is not found among] those who cross the sea in commerce." We have likewise learned: "Whoever engages much in commerce, will not attain to wisdom (*Avot* 2:5). It is [greed] that exposes a man to many dangers, and enfeebles him with a host of worries, even after he has accrued much. As we have learned: "The more property, the more anxiety" (*Avot* 2:7). It oftentimes will cause him to violate the Torah's commandments and even the natural laws of reason.

יְתֵרָה עַל כָּל אֵלֶּה חֶמְדַּת הַכָּבוֹד. כִּי כְּבָר הָיָה אֶפְשָׁר שֶׁיִּכְבֹּשׁ הָאָדָם אֶת יִצְרוֹ עַל הַמָּמוֹן וְעַל שְׁאָר הַהֲנָאוֹת, אַךְ הַכָּבוֹד הוּא הַדּוֹחֵק אוֹתוֹ, כִּי אִי אֶפְשָׁר לוֹ לִסְבֹּל וְלִרְאוֹת אֶת עַצְמוֹ פָּחוּת מֵחֲבֵרָיו. וְעַל דָּבָר זֶה נִכְשְׁלוּ רַבִּים וְנֶאֱבְדוּ.

הִנֵּה יָרָבְעָם בֶּן נְבָט לֹא נִטְרַד מֵהָעוֹלָם הַבָּא אֶלָּא בַּעֲבוּר הַכָּבוֹד. הוּא מַה שֶּׁאָמְרוּ זִכְרוֹנָם לִבְרָכָה: תְּפָסוֹ הַקָּדוֹשׁ בָּרוּךְ הוּא בְּבִגְדוֹ, אָמַר לוֹ, חֲזֹר בְּךָ וַאֲנִי וְאַתָּה וּבֶן יִשַׁי נְטַיֵּל בְּגַן עֵדֶן. אָמַר לוֹ, מִי בָּרֹאשׁ? בֶּן יִשַׁי בָּרֹאשׁ. אָמַר לוֹ, אִי הָכִי לָא בָּעֵינָא (סנהדרין קב, א).

מִי גָּרַם לְקֹרַח שֶׁיֹּאבַד הוּא וְכָל עֲדָתוֹ עִמּוֹ אֶלָּא מִפְּנֵי הַכָּבוֹד? וּמִקְרָא מָלֵא הוּא: וּבִקַּשְׁתֶּם גַּם כְּהֻנָּה (במדבר טז, י). וַחֲכָמֵינוּ זִכְרוֹנָם לִבְרָכָה הִגִּידוּ לָנוּ כִּי כָּל זֶה נִמְשַׁךְ מִפְּנֵי שֶׁרָאָה אֱלִיצָפָן בֶּן עֻזִּיאֵל נָשִׂיא וְהָיָה רוֹצֶה הוּא לִהְיוֹת נָשִׂיא בִּמְקוֹמוֹ (ראה במדבר רבה יח, ב).

וְהוּא שֶׁגָּרַם לְפִי דַּעַת חֲכָמֵינוּ זִכְרוֹנָם לִבְרָכָה אֶל הַמְרַגְּלִים שֶׁיּוֹצִיאוּ דִּבָּה עַל הָאָרֶץ וְגָרְמוּ מִיתָה לָהֶם וּלְכָל דּוֹרָם, מִיִּרְאָתָם פֶּן יִמְעַט כְּבוֹדָם בִּכְנִיסַת הָאָרֶץ, שֶׁלֹּא יִהְיוּ הֵם נְשִׂיאִים עֲלֵיהֶם וְיַעַמְדוּ אֲחֵרִים בִּמְקוֹמָם (ראה זוהר, ח״ג, קנח, א).

עַל מָה הִתְחִיל שָׁאוּל לֶאֱרֹב אֶל דָּוִד אֶלָּא מִפְּנֵי הַכָּבוֹד? שֶׁנֶּאֱמַר: וַתַּעֲנֶינָה הַנָּשִׁים הַמְשַׂחֲקוֹת וַתֹּאמַרְןָ[מד] הִכָּה שָׁאוּל {בַּאֲלָפָיו וְדָוִד בְּרִבְבֹתָיו}, וַיִּחַר לְשָׁאוּל מְאֹד {וַיֵּרַע בְּעֵינָיו הַדָּבָר הַזֶּה, וַיֹּאמֶר} נָתְנוּ לְדָוִד רְבָבוֹת וְלִי נָתְנוּ הָאֲלָפִים {וְעוֹד לוֹ אַךְ הַמְּלוּכָה}, וַיְהִי שָׁאוּל עוֹיֵן אֶת דָּוִד מֵהַיּוֹם הַהוּא וָהָלְאָה (שמואל א יח, ז-ט).

מִי גָּרַם לוֹ לְיוֹאָב שֶׁיָּמִית אֶת עֲמָשָׂא (ראה שמואל ב כ, י) אֶלָּא הַכָּבוֹד? יַעַן שְׁלָחוֹ דָּוִד לְהַזְעִיק אֶת אִישׁ יְהוּדָה (ראה שם פסוק ד), וּכְבָר אָמַר לוֹ: אִם לֹא שַׂר צָבָא תִּהְיֶה לְפָנַי כָּל הַיָּמִים [תַּחַת יוֹאָב] (שם יט, יד).

[מד] בכתה״י: ׳ותאמרנה׳.

Greater than all these desires is the desire for honor. For a man might succeed to suppress his *Yetzer* regarding wealth and other pleasures, but [his craving for] honor will always pressure him because he cannot tolerate seeing himself inferior to his fellows. Many have stumbled and perished on account of this desire.

Yerov'am ben Nevat was banished from the world-to-come only because of [his desire for] honor. This is the sense of what [our Sages], may their memory be blessed, said: "The Holy One, blessed be He, seized [Yerov'am] by his garment and urged him, 'Repent, and then you and I and [David] the son of Yishai will stroll together in the Garden of Eden.' [Yerov'am] inquired, 'Who will be at the head?' [And God answered], 'The son of Yishai will lead.' [Yerov'am] declared, 'If so, I am not willing'" (*Sanhedrin* 102a).

What caused Korah along with his entire assembly to be destroyed if not [the desire] for honor? Scripture explicitly states, "Do you seek also the priesthood" (Bamidbar 16:10)? And our Sages, may their memory be blessed, tell us that all this transpired because [Korah] saw Elitzafan ben Uziel appointed prince and he had wanted to be prince instead (*Bamidbar Rabba* 18:2).

According to our Sages, may their memory be blessed, it is this [desire for honor] that caused the spies to speak ill of the land, bringing about their death and the death of an entire generation. They feared that their honor would diminish after entering the land, since they would no longer serve as chiefs over them and others would replace them (*Zohar* III, 158a).

Why did Shaul begin to hunt down David if not for his honor? As it says, "And the women answered one another as they danced, and said, Shaul has slain {his thousands, and David his ten thousands}. And Shaul was very angry {and greatly vexed about the matter; and he said}, They have given David tens of thousands, and to me they have given the thousands; {all he lacks is the kingdom}. And Shaul eyed David with jealousy from that day and on" (I Shemuel 18:7-9).

What caused Yoav to put Amasa to death if not [his desire for] honor? For David had sent [Amasa] to muster the men of Yehudah (II *Shemuel* 20:4,10), after having already said to him, "You shall be my army commander permanently [in place of Yoav]" (ibid. 19:14).

כְּלָלוֹ שֶׁל דָּבָר: הַכָּבוֹד הוּא הַדּוֹחֵק לֵב הָאָדָם יוֹתֵר מִכָּל הַתְּשׁוּקוֹת וְהַחֲמָדוֹת שֶׁבָּעוֹלָם. הִנֵּה אִלּוּלֵי זֶה, כְּבָר הָיָה הָאָדָם מִתְרַצֶּה לֶאֱכֹל מַה שֶּׁיָּכוֹל, וְלִלְבֹּשׁ מַה שֶּׁיְּכַסֶּה עֶרְוָתוֹ, וְלָשֶׁבֶת בְּבַיִת שֶׁתַּסְתִּירֵהוּ מִן הַפְּגָעִים, וְהָיְתָה פַּרְנָסָתוֹ קַלָּה עָלָיו וְלֹא הָיָה צָרִיךְ לְהִתְיַגֵּעַ לְהַעֲשִׁיר כְּלָל, אֶלָּא שֶׁלְּבִלְתִּי רְאוֹת עַצְמוֹ שָׁפָל וּפָחוּת מֵרֵעָיו מַכְנִיס עַצְמוֹ בַּעֲבִי הַקּוֹרָה הַזֹּאת, וְאֵין קֵץ לְכָל עֲמָלוֹ.

עַל כֵּן אָמְרוּ רַבּוֹתֵינוּ זִכְרוֹנָם לִבְרָכָה: הַקִּנְאָה וְהַתַּאֲוָה וְהַכָּבוֹד מוֹצִיאִין אֶת הָאָדָם מִן הָעוֹלָם (אבות ד, כא). וְהִזְהִירוּנוּ: אַל תְּבַקֵּשׁ גְּדֻלָּה וְאַל תַּחְמֹד כָּבוֹד (שם ו, ד).

כַּמָּה הֵם שֶׁמִּתְעַנִּים בָּרָעָב וְיַשְׁפִּילוּ עַצְמָם לְהִתְפַּרְנֵס מִן הַצְּדָקָה וְלֹא יִתְעַסְּקוּ בִּמְלָאכָה שֶׁלֹּא תִּהְיֶה מְכֻבֶּדֶת בְּעֵינֵיהֶם, מִיִּרְאָתָם פֶּן יִמְעַט כְּבוֹדָם! הֲיֵשׁ לְךָ הוֹלֵלוּת גָּדוֹל מִזֶּה? וְיוֹתֵר יִרְצוּ בְּבַטָּלָה הַמְּבִיאָה לִידֵי שִׁעֲמוּם וְלִידֵי זִמָּה (כתובות ה, ה; נט, ב) וְלִידֵי גָּזֵל וְלִידֵי כָּל גּוּפֵי עֲבֵרוֹת, שֶׁלֹּא לְהַשְׁפִּיל מַעֲלָתָם וּלְבַזּוֹת כְּבוֹדָם הַמְדֻמֶּה.

וְאָמְנָם חֲכָמֵינוּ זִכְרוֹנָם לִבְרָכָה, אֲשֶׁר הִדְרִיכוּנוּ תָּמִיד בְּדַרְכֵי הָאֱמֶת, אָמְרוּ: אֱהֹב אֶת הַמְּלָאכָה וּשְׂנָא אֶת הָרַבָּנוּת (אבות א, י). וְאָמְרוּ עוֹד: פְּשֹׁט נְבֵילְתָא בְּשׁוּקָא וְלָא תֵּימַר, גַּבְרָא רַבָּא אֲנָא (בבא בתרא קי, א).[מה] וְאָמְרוּ עוֹד: לְעוֹלָם יַעֲבֹד אָדָם עֲבוֹדָה שֶׁהִיא זָרָה לוֹ וְאַל יִצְטָרֵךְ לַבְּרִיּוֹת (שם).

כְּלָלוֹ שֶׁל דָּבָר: הַכָּבוֹד הוּא מִן הַמִּכְשׁוֹלוֹת הַגְּדוֹלִים אֲשֶׁר לָאָדָם. וְאִי אֶפְשָׁר לוֹ לִהְיוֹת עֶבֶד נֶאֱמָן לְקוֹנוֹ כָּל זְמַן שֶׁהוּא חָשׁ עַל כְּבוֹדוֹ, כִּי עַל כָּל פָּנִים יִצְטָרֵךְ לְמַעֵט בִּכְבוֹד שָׁמַיִם מִפְּנֵי סִכְלוּתוֹ זֶה. וְזֶהוּ מַה שֶּׁאָמַר דָּוִד עָלָיו הַשָּׁלוֹם: וּנְקַלֹּתִי עוֹד מִזֹּאת וְהָיִיתִי שָׁפָל בְּעֵינָי (שמואל ב ו, כב). וְאָמְרוּ זִכְרוֹנָם לִבְרָכָה: אֵין כָּבוֹד אֶלָּא תּוֹרָה, שֶׁנֶּאֱמַר (משלי ג, לה): כָּבוֹד חֲכָמִים יִנְחָלוּ (אבות ו, ג), כִּי הִיא לְבַדָּהּ הַכָּבוֹד הָאֲמִתִּי וְהַשְּׁאָר אֵינוֹ אֶלָּא

[מה] בס"פ: 'ולא תימר גברא רבא אנא, כהנא אנא'. ולפנינו: 'ולא תימא כהנא אנא וגברא רבא אנא'. ועיין תוס' פסחים מט, ב ד"ה אמר רב כהנא.

In summary, [the desire] for honor presses against a man's heart more than any other lust and desire in the world. Were this not so, man would be satisfied to eat what he could, wear whatever covers his nakedness, and dwell in a house that could protect him from mishaps. It would be easy for him to secure a livelihood, and he would feel no need whatsoever to exert himself in seeking wealth. But in order not to see himself as lower than or beneath his friends, he takes on this heavy burden and there is no end to all his toil.

Our Rabbis, may their memory be blessed, have therefore said, "Envy, lust, and honor drive a man out of the world" (*Avot* 4:21). And they warned us, "Seek not greatness and crave not honor" (*Avot* 6:4).

How many are there who would rather go hungry or demean themselves by living off charity than engage in work that is not respectable in their eyes, fearing that [otherwise] their honor would be diminished! Is there any greater folly? They prefer idleness, which leads to stupefaction, lasciviousness (*mKetubot* 5:5, 59b), theft, and all the principal transgressions, so as not to lower their stature or shame their imaginary honor.

But our Sages, may their memory be blessed, who have always guided us on the paths of truth, said, "Love work, and hate high position" (*Avot* 1:10). They also said, "Flay an animal in the marketplace, and say not, 'I am an important person'" (*Baba Batra* 110a). They further said, "A person should rather do work that is strange to him than be dependent upon other people" (ibid.).

In summary, [the desire for] honor is one of man's greatest stumbling blocks. It is impossible for him to be a faithful servant to his Maker as long as he cares for his own honor, for he will have to detract from Heaven's honor in some way on account of his folly. This is what David, peace be on him, meant when he said, "And I will yet be more lightly esteemed than this, holding myself lowly" (II Shemuel 6:22). And [our Sages], may their memory be blessed, said, "There is no honor but Torah, as it says (Mishlei 3:35), 'The wise shall inherit honor'" (*Avot* 6:3). For [the honor of Torah] alone is true honor, and all else

מְדֻמֶּה וְכוֹזֵב, הֶבֶל וְאֵין בּוֹ מוֹעִיל.[מו] וְרָאוּי הַנָּקִי לְהִנָּקוֹת וּלְהִטָּהֵר מִמֶּנּוּ טָהֳרָה גְמוּרָה, אָז יַצְלִיחַ.

וְהִנֵּה כָּלַלְתִּי עַד הֵנָּה רַבִּים מִפְּרָטֵי הַנְּקִיּוּת, וְזֶה בִּנְיַן אָב לְכָל שְׁאָר הַמִּצְווֹת וְהַמִּדּוֹת כֻּלָּם. יִשְׁמַע חָכָם וְיוֹסֶף לֶקַח וְנָבוֹן תַּחְבֻּלוֹת יִקְנֶה (משלי א, ה).

אָמַר הֶחָכָם:

כָּל מַה שֶּׁאָמַרְתָּ אֱמֶת פְּשׁוּטָה וְאִי אֶפְשָׁר לַחֲלֹק עָלָיו, אַךְ הַמְּלָאכָה מְרֻבָּה וַדַּאי, וְיֵשׁ לוֹ לָאָדָם מַה שֶּׁיִּטְרַח בּוֹ טֹרַח גָּדוֹל לְהַשְׁלִים מַה שֶּׁמֻּטָּל עָלָיו בֶּאֱמֶת.

אָמַר הֶחָסִיד:

אֵינֶנִּי יָכוֹל לְהַכְחִישׁ שֶׁיֵּשׁ טֹרַח לָאָדָם בַּדָּבָר הַזֶּה, אָמְנָם לֹא כְּמוֹ שֶׁנִּרְאֶה לִכְאוֹרָה, כִּי הַמַּחֲשָׁבָה בּוֹ קָשָׁה מֵהַמַּעֲשֶׂה. בַּאֲשֶׁר אִם יָשִׂים הָאָדָם בְּלִבּוֹ וְיִקְבַּע בִּרְצוֹנוֹ לִהְיוֹת מִבַּעֲלֵי הַמִּדָּה הַטּוֹבָה הַזֹּאת, בִּמְעַט הֶרְגֵּל שֶׁיַּרְגִּיל עַצְמוֹ בָּזֶה, תָּשׁוּב לוֹ קַלָּה יוֹתֵר מִמַּה שֶּׁהָיָה יָכוֹל לַחְשֹׁב.

[מו] ע"פ ירמיה טז, יט.

is only imaginary and false, vanity of no avail. One aspiring to blamelessness should cleanse himself of [the desire for honor], totally purifying himself of it, and then he will succeed.

Until now I have discussed many of the particulars of blamelessness. These provide a paradigm that is applicable to all the other *mitzvot* and traits. "A wise man will hear and will increase learning; and a man of understanding shall attain to wise counsels" (Mishlei 1:5).

The Hakham said:
Everything that you have said is the plain truth and cannot be disputed. The work, however, is certainly great and a person must make a strenuous effort to complete what is truly imposed upon him.

The Hasid said:
I cannot deny that this matter is burdensome for man, but not as much as it would seem superficially. It is more difficult in thought than in the actual doing. For when someone regularly sets his mind and fixes his will on attaining this virtuous trait, then, with a little practice, it will come to him more easily than he could have ever imagined.

פֶּרֶק יד:

בְּדֶרֶךְ קְנִיַּת הַנְּקִיּוּת וְהַהַרְחָקָה מִמַּפְסִידֶיהָ

וּנְדַבֵּר עַתָּה מִדַּרְכֵי קְנִיַּת הַמִּדָּה הַזֹּאת.

הִנֵּה הָאֶמְצָעִי הָאֲמִתִּי לָזֶה הוּא הַתְמָדַת הַקְּרִיאָה בְּדִבְרֵי הַחֲכָמִים זִכְרוֹנָם לִבְרָכָה, אִם בְּעִנְיְנֵי הַהֲלָכוֹת וְאִם בְּעִנְיְנֵי הַמּוּסָרִים. כִּי הִנֵּה אַחַר שֶׁכְּבָר הִתְאַמֵּת אֵצֶל הָאָדָם חוֹבַת הַנְּקִיּוּת וְהַצֹּרֶךְ בּוֹ, וּכְבָר הִשִּׂיג מִדַּת הַזְּהִירוּת וְהַזְּרִיזוּת שֶׁזָּכַרְנוּ לְמַעְלָה, בְּמַה שֶּׁנִּתְעַסֵּק בְּדַרְכֵי קְנִיָּתָם וְהִתְרַחֵק מִמַּפְסִידֵיהֶם, הִנֵּה לֹא יִשָּׁאֵר לוֹ עַתָּה אֶלָּא יְדִיעַת הַדִּקְדּוּקִים. עַל כֵּן צָרִיךְ לוֹ בְּהֶכְרֵחַ יְדִיעַת הַהֲלָכוֹת עַל בֻּרְיָם לָדַעַת עַנְפֵי הַמִּצְווֹת עַד הֵיכָן הֵן מַגִּיעוֹת. וְגַם לְפִי שֶׁהַשִּׁכְחָה בַּדְּבָרִים הַדַּקִּים הָאֵלֶּה מְצוּיָה מְאֹד, הִנֵּה תִּצְטָרֵךְ לוֹ הַקְּרִיאָה בַּסְּפָרִים הַמְבָאֲרִים אֵלֶּה הַדִּקְדּוּקִים לְחַדֵּשׁ בְּשִׂכְלוֹ זְכִירָתָם, וְאָז וַדַּאי שֶׁיִּתְעוֹרֵר לְקִיְּמָם.[א]

וְכֵן בְּעִנְיְנֵי הַמִּדּוֹת מֻכְרַחַת לוֹ קְרִיאַת מַאַמְרֵי הַמּוּסָר לַקַּדְמוֹנִים אוֹ לָאַחֲרוֹנִים. כִּי פְּעָמִים רַבּוֹת אֲפִלּוּ אַחַר שֶׁיִּקְבַּע הָאָדָם בְּעַצְמוֹ לִהְיוֹת מִן הַמְדַקְדְּקִים וְהַנְּקִיִּים, אֶפְשָׁר לוֹ שֶׁיֶּאְשַׁם בִּפְרָטִים מִפְּנֵי שֶׁלֹּא הִגִּיעָה יְדִיעָתוֹ בָּהֶם, כִּי אֵין הָאָדָם נוֹלָד חָכָם וְאִי אֶפְשָׁר לוֹ לָדַעַת אֶת הַכֹּל. אַךְ בִּקְרִיאַת הַדְּבָרִים יִתְעוֹרֵר בְּמַה שֶּׁלֹּא יָדַע, וְיִתְבּוֹנֵן בְּמַה שֶּׁלֹּא הִשְׂכִּיל מִתְּחִלָּה, וַאֲפִלּוּ בְּמַה שֶּׁלֹּא יִמְצָא בַּסְּפָרִים, כִּי בִּהְיוֹת שִׂכְלוֹ נֵעוֹר עַל הַדָּבָר, הוֹלֵךְ וּמַשְׁגִּיחַ הוּא עַל כָּל הַצְּדָדִין וּמַמְצִיא עִנְיָנִים חֲדָשִׁים מִמְּקוֹר הָאֱמֶת.

וְאָמְנָם מַפְסִידֵי הַמִּדָּה הַזֹּאת הִנֵּה הֵם כָּל מַפְסִידֵי הַזְּהִירוּת, וְנוֹסָף עֲלֵיהֶם חֶסְרוֹן הַבְּקִיאוּת בִּידִיעַת הַדִּינִים אוֹ הַמּוּסָרִים, כְּמוֹ שֶׁזָּכַרְתִּי. וּכְבָר אָמְרוּ זִכְרוֹנָם לִבְרָכָה: וְלֹא עַם הָאָרֶץ חָסִיד (אבות ב, ה), כִּי מִי

[א] ראה ספרי דברים פיסקא קסא.

Fourteen:

How to Acquire Blamelessness and Avoid What is Detrimental to it

We shall now discuss the means of acquiring the trait [of blamelessness].

The real means to the acquisition of blamelessness is perseverance in reading the words of the Sages, may their memory be blessed, both on the subject of law and that of ethics. For once a person has truly understood his obligation to blamelessness and the need for it, having already attained the previously mentioned traits of vigilance and alacrity by occupying himself with the means of acquiring them and keeping away from what is detrimental to them, the only thing now remaining is to learn the particulars. Of necessity, therefore, he must acquire a comprehensive knowledge of the laws in order to know how far the branches of the *mitzvot* extend. And because it is very common to forget these small points, he must also read the books that explain these details in order to keep them fresh in his memory. In doing so, he will certainly be inspired to observe them.

Similarly, regarding character traits, a person must read the ethical teachings of the ancient or more recent authorities. For often, even after resolving to be one of the exacting who are blameless, he can incur guilt as a result of details he never came to know; for man is not born wise and cannot know everything [of his own accord]. When reading these treatises, however, he will awaken to that which he has not known and will understand that which he has not yet comprehended, even matters not found in the books [themselves]. For once his mind is awakened to this matter, he will constantly examine all its aspects and conceive of new ideas from the source of truth.

The factors that are detrimental to the trait [of blamelessness] are the same as those that are detrimental to [the trait of] vigilance, and, in addition, the lack of thorough knowledge of the laws or ethical teachings, as I have mentioned. As [our Sages], may their memory be blessed, have said: "An ignorant person cannot be pious" (*Avot*

שֶׁלֹּא יָדַע אִי אֶפְשָׁר לַעֲשׂוֹת. וְכֵן אָמְרוּ: תַּלְמוּד גָּדוֹל שֶׁמֵּבִיא לִידֵי מַעֲשֶׂה (קידושין מ, ב).

אָמַר הֶחָכָם:

אֵין לִי לְהוֹסִיף עַל דְּבָרֶיךָ וְלֹא לִגְרֹעַ מֵהֶם.

2:5), for whoever does not know, cannot perform. They also said: "Study is great, for it leads to action" (*Kiddushin* 40b).

The Hakham said:

I have nothing to add or detract from your words.

פֶּרֶק טו:

בְּבֵאוּר מִדַּת הַפְּרִישׁוּת

אָמַר הֶחָסִיד:

הִנֵּה עַד כֹּה פֵּרַשְׁתִּי מַה שֶּׁמִּצְטָרֵךְ לָאָדָם לִהְיוֹת צַדִּיק, מִכָּאן וּלְהַלְאָה הוּא מַה שֶּׁיִּצְטָרֵךְ לוֹ לִהְיוֹת חָסִיד, וְהוּא מַה שֶּׁשָּׁנִינוּ בְּמִשְׁנָתֵנוּ: נְקִיּוּת מְבִיאָה לִידֵי פְּרִישׁוּת (עבודה זרה כ, ב). וְתִרְאֶה שֶׁהַפְּרִישׁוּת הוּא תְּחִלַּת הַחֲסִידוּת, וְהוּא כְּעִנְיַן הַזְּהִירוּת וְהַזְּרִיזוּת, שֶׁזֶּה בְּסוּר מֵרָע וְזֶה בַּעֲשֵׂה טוֹב. וּנְבָאֵר בָּרִאשׁוֹנָה מַהוּ הַפְּרִישׁוּת הַזֶּה וּמָה עִנְיָנוֹ.

הִנֵּה כְּלָלוֹ שֶׁל הַפְּרִישׁוּת הוּא מַה שֶּׁאָמְרוּ זִכְרוֹנָם לִבְרָכָה בְּמָקוֹם אַחֵר: קַדֵּשׁ עַצְמְךָ בַּמֻּתָּר לָךְ (יבמות כ, א). וְזֹאת הִיא הוֹרָאָתָהּ שֶׁל הַמִּלָּה לִהְיוֹת פּוֹרֵשׁ וּמַרְחִיק עַצְמוֹ מִן הָאִסּוּר, וְהַרְחָקָה זוֹ אֵינָהּ אֶלָּא אִסּוּר הַהֶתֵּר עָלָיו כְּדֵי שֶׁלֹּא יִפְגַּע בָּאִסּוּר. וּבַלָּשׁוֹן הַזֶּה נִשְׁתַּמְּשׁוּ זִכְרוֹנָם לִבְרָכָה וְאָמְרוּ: אֲפִלּוּ מִצְוַת פְּרוּשׁ אֵין בּוֹ (כריתות כא, ב), שֶׁהוּא מַמָּשׁ חֻמְרָא שֶׁאָדָם מַחְמִיר עַל עַצְמוֹ לִפְנִים מִשּׁוּרַת הַדִּין. וְהַכַּוָּנָה הִיא שֶׁכָּל דָּבָר שֶׁיּוּכַל לְהִוָּלֵד מִמֶּנּוּ גְּרֶמֶת רָע, אַף עַל פִּי שֶׁעַכְשָׁיו אֵינוֹ גּוֹרֵם לוֹ, וְכָל שֶׁכֵּן שֶׁאֵינֶנּוּ רָע, יִרְחַק מִמֶּנּוּ.

נִמְצֵאתָ לָמֵד, שֶׁיֵּשׁ הָאִסּוּרִים עַצְמָם, וְיֵשׁ סְיָגוֹתֵיהֶם, וְהֵם הַגְּזֵרוֹת וְהַמִּשְׁמָרוֹת שֶׁגָּזְרוּ חֲכָמֵינוּ זִכְרוֹנָם לִבְרָכָה עַל כָּל יִשְׂרָאֵל, וְיֵשׁ הַהַרְחָקִים שֶׁמֻּטָּל עַל כָּל אֶחָד וְאֶחָד לִהְיוֹת כּוֹנֵס בְּתוֹךְ שֶׁלּוֹ וּבוֹנֶה גְּדָרִים לְעַצְמוֹ, דְּהַיְנוּ לְהַנִּיחַ מִן הַהֶתֵּרִים עַצְמָם הַמֻּתָּרִים לְכָל יִשְׂרָאֵל, כְּדֵי שֶׁיִּהְיֶה מֻרְחָק מִן הָרַע הֶרְחֵק גָּדוֹל.

Fifteen:

The Trait of Separateness [From the Worldly]

The Hasid said:

Thus far I have explained what is required of a person to be *zaddik* (righteous). From this point on [I shall discuss] what is required of him to be *hasid* (supererogatory or pious). This is what we learned in our mishnah: "Blamelessness leads to separateness (*perishut*)" (*Avodah Zarah* 20b). You will observe that separateness is the beginning of *hasidut* (supererogation or piety); [the relationship between the two] is the same as that between [the traits of] vigilance and alacrity in that the one pertains to departing from evil, whereas the other relates to doing good. We shall first explain what separateness is and what are its concerns.

The long and short of separateness is what [our Sages], may their memory be blessed, said elsewhere: "Sanctify yourself [by abstaining] from what is permitted to you" (*Yebamot* 20a). This is what the word [*perishut*] means: to withdraw and keep one's distance from the prohibited. And this separation, precisely defined, consists of forbidding oneself [some] permitted things in order to avoid encroaching upon the forbidden. [Our Sages], may their memory be blessed, used the term in this sense when they said: "Even the *mitzvah* of desisting [*perosh*] does not apply here" (*Keritut* 21b) with regard to something that is truly a stringency, which a person imposes upon himself beyond the letter of the law. The intent is that a person should move away from anything that could give rise to something that will eventually cause evil, even though it does not presently cause evil and is certainly not evil.

You may derive from this that there are the prohibitions proper and there are the fences around them, namely, the decrees and safeguards that our Sages, may their memory be blessed, enacted for all of Israel. Then there are the precautionary measures that fall upon each and every individual [to adopt] in that he must withdraw to his own ground and erect fences for himself. That is, he must abstain from those very allowances permitted to all of Israel in order to remain very distant from evil.

אָמַר הֶחָכָם:

דָּבָר זֶה צָרִיךְ תַּלְמוּד, כִּי מִנַּיִן לָנוּ לִהְיוֹת מוֹסִיפִים וְהוֹלְכִים בְּאִסּוּרִים? וּכְבָר אָמְרוּ זִכְרוֹנָם לִבְרָכָה: לֹא דַּיֶּךָ מַה שֶּׁאָסְרָה תּוֹרָה שֶׁאַתָּה בָּא לֶאֱסֹר עָלֶיךָ אִסּוּרִים אֲחֵרִים (ירושלמי נדרים ט, א; מא, ב)? וַהֲרֵי מַה שֶּׁרָאוּ הַחֲכָמִים בְּחָכְמָתָם שֶׁצָּרִיךְ לֶאֱסֹר וְלַעֲשׂוֹת מִשְׁמֶרֶת כְּבָר עֲשׂוּהוּ, וּמַה שֶּׁהִנִּיחוּ לְהֶתֵּר הוּא מַה שֶּׁרָאוּ הֱיוֹתוֹ רָאוּי לְכָךְ, וְלָמָּה עַתָּה נְחַדֵּשׁ גְּזֵרוֹת אֲשֶׁר לֹא רָאוּ הֵם לִגְזֹר אוֹתָם? וְעוֹד שֶׁאֵין גְּבוּל לַדָּבָר הַזֶּה, וְנִמְצָא אִם כֵּן הָאָדָם שׁוֹמֵם וּמְעֻנֶּה וְלֹא נֶהֱנֶה מִן הָעוֹלָם כְּלָל, וּמָצָאנוּ לַחֲכָמֵינוּ זִכְרוֹנָם לִבְרָכָה שֶׁאָמְרוּ, שֶׁהָאָדָם עָתִיד לִיתֵּן דִּין לִפְנֵי הַמָּקוֹם עַל כָּל מַה שֶּׁרָאוּ עֵינָיו וְלֹא רָצָה לֶאֱכֹל מִמֶּנּוּ (ע״פ ירושלמי קידושין ד, יב; סו, ב), וְאַסְמְכוּהָ אַקְּרָא: וְכֹל אֲשֶׁר שָׁאֲלוּ עֵינַי לֹא אָצַלְתִּי מֵהֶם (קהלת ב, י).

אָמַר הֶחָסִיד:

אַתָּה מַקְשֶׁה לִי מִן הַמַּאֲמָרִים אֲשֶׁר לַחֲכָמֵינוּ זִכְרוֹנָם לִבְרָכָה, וְכֵן אֲנִי אַקְשֶׁה לְךָ מִן הַמַּאֲמָרִים. הִנֵּה אָמְרוּ רַבּוֹתֵינוּ זִכְרוֹנָם לִבְרָכָה: קְדֹשִׁים תִּהְיוּ (ויקרא יט, ב), פְּרוּשִׁים תִּהְיוּ (ספרא קדושים פרשה א ה״א). עוֹד אָמְרוּ: כָּל הַיּוֹשֵׁב בְּתַעֲנִית נִקְרָא קָדוֹשׁ, קַל וָחֹמֶר מִנָּזִיר (תענית יא, א). עוֹד אָמְרוּ: צַדִּיק אֹכֵל לְשֹׂבַע נַפְשׁוֹ (משלי יג, כה), זֶה חִזְקִיָּהוּ מֶלֶךְ יְהוּדָה, שֶׁהָיוּ מַעֲלִים לוֹ עַל שֻׁלְחָנוֹת[א] שְׁתֵּי לִטְרִין שֶׁל יָרָק וְכוּ׳.[ב] עוֹד אָמְרוּ בְּרַבֵּנוּ הַקָּדוֹשׁ, שֶׁבִּשְׁעַת מִיתָתוֹ זָקַף עֶשֶׂר אֶצְבְּעוֹתָיו וְאָמַר, גָּלוּי וְיָדוּעַ לְפָנֶיךָ שֶׁלֹּא נֶהֱנֵיתִי מִן הָעוֹלָם הַזֶּה אֲפִלּוּ בְּאֶצְבַּע קְטַנָּה שֶׁלִּי (כתובות קד, א). עוֹד אָמְרוּ: עַד שֶׁאָדָם מִתְפַּלֵּל עַל דִּבְרֵי תוֹרָה שֶׁיִּכָּנְסוּ לְתוֹךְ מֵעָיו, יִתְפַּלֵּל עַל אֲכִילָה וּשְׁתִיָּה שֶׁלֹּא יִכָּנְסוּ לְתוֹךְ מֵעָיו (ראה תנא דבי אליהו

[א] בס״פ ד״ר: ׳שלחנו׳. [ב] ראה פסיקתא דרב כהנא, פסקא ו, נט, ב ופסיקתא רבתי טז, ו. ושם הנוסח: ׳שתי אגודות של ירק׳. ולפיהם יש להשלים: ׳וליטרא אחת של בשר כל יום, והיו ישראל מליזים אחריו ואומרים זה מלך׳?

The Hakham said:

This matter requires [further] study. On what grounds should we continue adding one prohibition after another? Haven't [our Sages], may their memory be blessed, already said: "Are not the Torah's prohibitions enough for you that you come to add other prohibitions" (*Yerushalmi Nedarim* 9:1, 41b)? Surely whatever the Sages in their wisdom judged necessary to forbid as a safeguard, they have already forbidden. And whatever they left permitted [was left that way] because, in their judgment, it ought to be [permitted]. Why, then, should we now adopt new decrees that they did not see fit to enact? Moreover, there is no end [to what may be done] in this regard. A person would soon find himself desolate and afflicted, deriving no pleasure whatsoever from this world. Yet we find that our Sages, may their memory be blessed, said that in the future a person will have to give God an accounting for everything that his eyes beheld and he did not want to eat (cf. *Yerushalmi Kiddushin* 4:12, 66b). And they adduced support for this from the verse: "And whatever my eyes asked for I did not withhold from them" (Kohelet 2:10).

The Hasid said:

You have raised objections against me from the dicta of our Sages, may their memory be blessed. I can, similarly, raise objections against you from other dicta. Our Rabbis, may their memory be blessed, said, "'You shall be holy' (Vayikra 19:2) – you shall separate yourselves" (*Sifra, Kedoshim, parashah* 1:1). They also said, "Whoever engages in fasting is called holy, as may be deduced from the case of a Nazirite" (*Ta'anit* 11a). They also said, "'The righteous man eats [no more than] what satisfies his soul' (Mishlei 13:25) – this refers to Hizkiyahu, King of Judea, on whose table would be served two litras of vegetables," and so on. They also said about our holy Rabbi [Yehudah HaNasi]: "On his deathbed he held up his ten fingers and said: 'It is revealed and known to You that I derived no [material] pleasure from this world, even with my little finger'"(*Ketubot* 104a). They also said, "Before a person prays that words of Torah should enter his entrails, he should pray that food and drink not enter them" (*Tanna deBei Eliyahu Rabba* 24)

רבא כד).[ג] הֵן כָּל אֵלֶּה בְּבֵאוּר מַרְאִים הֱיוֹת הַפְּרִישׁוּת רָאוּי וְהָגוּן וְחוֹבָה לַחֲסִידִים.

אָמַר הֶחָכָם:

לְפִיכָךְ אָמַרְתִּי שֶׁהַדָּבָר צָרִיךְ תַּלְמוּד, כִּי לֹא הֶחְלַטְתִּי הֱיוֹת הַפְּרִישׁוּת בִּלְתִּי הָגוּן, שֶׁכְּבָר אֲנִי רוֹאֶה שֶׁיֵּשׁ פָּנִים רַבִּים לְהֶכְרֵחַ בּוֹ, אַךְ מִצַּד אַחֵר נִרְאֶה לְהֵפֶךְ, וּבְוַדַּאי שֶׁחִלּוּקֵי דְּבָרִים יִהְיוּ כָּאן וְהַמַּאֲמָרִים וְהַסְּבָרוֹת צָרִיךְ שֶׁיִּתְפַּשְּׁרוּ וְיִצְדְּקוּ יַחְדָּו.[ד] וְאַתָּה עַתָּה הַעֲמֵד נָא דָּבָר עַל בֻּרְיוֹ, כִּי זֶה מִן הַנּוֹגֵעַ לְךָ הַרְבֵּה.

אָמַר הֶחָסִיד:

עַתָּה כֵּן דִּבַּרְתָּ, כִּי וַדַּאי חִלּוּקִים רַבִּים וְעִקָּרִים[ה] יֵשׁ בַּדָּבָר, וּמַדְרֵגוֹת מַדְרֵגוֹת יֵשׁ. יֵשׁ פְּרִישׁוּת שֶׁנִּצְטַוִּינוּ בּוֹ, וְיֵשׁ פְּרִישׁוּת שֶׁהֻזְהַרְנוּ עָלָיו לְבִלְתִּי הִכָּשֵׁל בּוֹ, וְהוּא מַה שֶּׁאָמַר שְׁלֹמֹה עָלָיו הַשָּׁלוֹם: אַל תְּהִי צַדִּיק הַרְבֵּה (קהלת ז, טז).

וּנְבָאֵר עַתָּה הַפְּרִישׁוּת הַטּוֹב, וְנֹאמַר כִּי הִנֵּה אַחַר שֶׁנִּתְבָּאֵר לָנוּ הֱיוֹת כָּל עִנְיְנֵי הָעוֹלָם נִסְיוֹנוֹת לָאָדָם, וּכְמוֹ שֶׁזָּכַרְתִּי כְּבָר לְמַעְלָה וְהוֹכַחְנוּהוּ בִּרְאָיוֹת, וְהִתְאַמֵּת לָנוּ גַּם כֵּן רֹב חֻלְשַׁת הָאָדָם וְקִרְבַת חָמְרוֹ אֶל כָּל הָרָעוֹת, יִתְבָּרֵר בְּהֶכְרֵחַ שֶׁכָּל מַה שֶּׁיּוּכַל הָאָדָם לְהִמָּלֵט מִן הָעִנְיָנִים הָאֵלֶּה רָאוּי שֶׁיַּעֲשֵׂהוּ, כְּדֵי שֶׁיִּהְיֶה נִשְׁמָר יוֹתֵר מִן הָרָעָה אֲשֶׁר בְּרַגְלֵיהֶם. כִּי הִנֵּה אֵין לְךָ תַּעֲנוּג עוֹלָמִי אֲשֶׁר לֹא יִמְשֹׁךְ אַחֲרָיו אֵיזֶה חֵטְא בְּעָקֵב.

הַמַּאֲכָל וְהַמִּשְׁתֶּה מֻתָּרִים הֵם כְּשֶׁנִּקּוּ מִכָּל אִסּוּרֵי הָאֲכִילָה. אָמְנָם הִנֵּה מִלּוּי הַכֶּרֶס מוֹשֵׁךְ אַחֲרָיו פְּרִיקַת הָעֹל,[ו] וּמִשְׁתֵּה הַיַּיִן מוֹשֵׁךְ אַחֲרָיו הַזְּנוּת וּשְׁאָר מִינִים רָעִים. כָּל שֶׁכֵּן שֶׁבִּהְיוֹת הָאָדָם מַרְגִּיל עַצְמוֹ לִשְׂבֹּעַ מֵהֶם, הִנֵּה אִם פַּעַם אַחַת יֶחְסַר לוֹ רְגִילוּתוֹ יִכְאַב לוֹ וְיַרְגִּישׁ מְאֹד.

[ג] נוסח רבינו הוא זה של תוספות כתובות קד, א ד"ה לא נהניתי. [ד] ע"פ תהלים יט, י. [ה] היינו: ועיקריים. [ו] ראה ברכות לב, א: 'היינו דאמרי אינשי מלי כריסיה זני בישי'.

All these [dicta] clearly show that separateness is fitting, proper, and obligatory for those who aspire to piety.

The Hakham said:
This is why I said that the matter requires [further] study. For I did not conclude that separateness is improper. I can see that from many perspectives it is necessary, and yet from another standpoint the opposite is the case. There is no question that distinctions are required here, that [conflicting] statements and opinions must allow for a middle course so that they may be judged righteous altogether. Now please explain the matter thoroughly because it goes to the core of your argument.

The Hasid said:
Now you have spoken well, for the matter certainly involves many fundamental distinctions and various gradations. There is a form of separateness that we are commanded [to practice], and a form we were warned against so that it not cause us to stumble. This is what Shelomo, peace be on him, meant when he said, "Be not overly righteous" (Kohelet 7:16).

We shall now explain the good sort of separateness, as follows: Once we have understood that all worldly matters are a trial for man, as I earlier stated and proved, and have also apprehended how frail man is, and how prone his material nature is to all kinds of evil, it will perforce be clear that one should do whatever he can to avoid these matters to better protect himself from the evil that comes on their account. For there is no worldly pleasure that does not bring some sin in its wake.

We shall now explain the right form of separateness.

Food and drink are permitted when they are free of all dietary prohibitions. Filling one's belly, however, results in the casting off of [Heaven's] yoke, and drinking wine leads to licentiousness and other evils. All the more so, once a person accustoms himself to eating and drinking to satiety, should he but once lack his wont, he will be greatly distressed and disturbed.

וּמִפְּנֵי זֶה נִמְצָא הוּא מַכְנִיס עַצְמוֹ בְּתֹקֶף עֲמַל הַסְּחוֹרָה וִיגִיעַ הַקִּנְיָן לְשֶׁתִּהְיֶה שֻׁלְחָנוֹ עֲרוּכָה כִּרְצוֹנוֹ. וּמִשָּׁם נִמְשָׁךְ אֶל הָעָוֶל וְהַגָּזֵל, וּמִשָּׁם אֶל הַשְּׁבוּעוֹת (ראה ספרא קדושים פרשה ב ה״ה) וְכָל שְׁאָר הַחֲטָאִים הַבָּאִים אַחַר זֶה, וּמֵסִיר עַצְמוֹ מִן הָעֲבוֹדָה וּמִן הַתּוֹרָה וּמִן הַתְּפִלָּה, מַה שֶּׁהָיָה נִפְטָר מִכָּל זֶה אִלּוּ מִתְּחִלָּתוֹ לֹא מָשַׁךְ עַצְמוֹ בַּהֲנָאוֹת אֵלֶּה. וּכְעִנְיָן זֶה אָמְרוּ בְּעִנְיַן בֵּן סוֹרֵר וּמוֹרֶה: עָמְדָה תּוֹרָה עַל סוֹף דַּעְתּוֹ {שֶׁל בֵּן סוֹרֵר וּמוֹרֶה שֶׁסּוֹף מְגַמֵּר נִכְסֵי אָבִיו וּמְבַקֵּשׁ לְמוּדוֹ וְאֵינוֹ מוֹצֵא וְיוֹצֵא לְפָרָשַׁת דְּרָכִים וּמְלַסְטֵם אֶת הַבְּרִיּוֹת} (סנהדרין עב, א). וְכֵן עַל עִנְיַן הַזְּנוּת אָמְרוּ: כָּל הָרוֹאֶה סוֹטָה בְּקִלְקוּלָהּ יַזִּיר עַצְמוֹ מִן הַיַּיִן (סוטה ב, א).

כִּי זֹאת הִיא תַּחְבּוּלָה גְּדוֹלָה לָאָדָם לְהִנָּצֵל מִיִּצְרוֹ. כֵּיוָן שֶׁבִּהְיוֹתוֹ בְּפֶרֶק הָעֲבֵרָה קָשֶׁה עָלָיו לְנַצְּחוֹ[ז] עַל כֵּן צָרִיךְ שֶׁעוֹדֶנּוּ רָחוֹק מִמֶּנָּה יַשְׁאִיר עַצְמוֹ רָחוֹק, כִּי אָז יִקְשֶׁה עַל הַיֵּצֶר לְקָרְבוֹ אֵלֶיהָ.

הִנֵּה הַבְּעִילָה עִם אִשְׁתּוֹ מֻתֶּרֶת הִיא הֶתֵּר גָּמוּר. אָמְנָם כְּבָר תִּקְּנוּ חֲכָמִים טְבִילָה לְבַעֲלֵי קְרָיִין (בבא קמא פב, א), שֶׁלֹּא יִהְיוּ תַּלְמִידֵי חֲכָמִים מְצוּיִים אֵצֶל נְשׁוֹתֵיהֶם כְּתַרְנְגוֹלִים,[ח] לְפִי שֶׁאַף עַל פִּי שֶׁהַמַּעֲשֶׂה מֻתָּר בְּעַצְמוֹ, אָמְנָם כְּבָר הוּא מַטְבִּיעַ בְּעַצְמוֹ הַתַּאֲוָה הַזֹּאת, וּמִשָּׁם יָכוֹל לִימָּשֵׁךְ אֶל הָאִסּוּר. וּכְמַאֲמָרָם זִכְרוֹנָם לִבְרָכָה: אֵבֶר קָטָן יֵשׁ בָּאָדָם, מַשְׂבִּיעוֹ רָעֵב, מַרְעִיבוֹ שָׂבֵעַ (סנהדרין קז, א). וְלֹא עוֹד אֶלָּא שֶׁאֲפִלּוּ בַּשָּׁעָה הָרְאוּיָה וְהָעֵת הֶהָגוּן, אָמְרוּ עַל רַבִּי אֱלִיעֶזֶר שֶׁהָיָה מְגַלֶּה טֶפַח וּמְכַסֶּה טְפָחַיִם, וְדוֹמֶה לְמִי שֶׁכְּפָאוֹ שֵׁד (נדרים כ, ב), כְּדֵי שֶׁלֹּא לֵהָנוֹת מִן הַמַּעֲשֶׂה. הֲרֵי זֶה פְּרִישׁוּת גָּדוֹל עַד הַתַּכְלִית שֶׁלֹּא לֵהָנוֹת אֲפִלּוּ בִּשְׁעַת הֲנָאָתוֹ.

[ז] ראה נדרים לב, ב: 'ואדם לא זכר את האיש המסכן ההוא, דבשעת יצר הרע לית דמדכר ליה ליצר טוב'. [ח] ראה רמב״ם הל' תפילה פ״ד הל' ד–ה, ושו״ע או״ח סי' פח ס״א, ע״פ בבלי ברכות כב, א–ב וירושלמי שם פ״ג ה״ד (דפוס וניציה ו ע״ג).

He will then vigorously throw himself into the toil of commerce and the travail of acquisition so that his table will be set as he wishes. From there he will be led to wrongdoing and theft, then to [false] oaths (*Sifra, Kedoshim, parashah* 2:5) and all other sins that follow. He will remove himself from Divine service, from Torah study and from prayer. He would have been free of all this from the very outset, had he not made it his practice to indulge in these pleasures. As [our Sages] said regarding a rebellious son: "The Torah fully understood the ultimate intention {of the rebellious son, that he will eventually squander his father's assets, yet still seek [the enjoyments] he is used to, fail to find them and then go out to the crossroads and rob people}" (*Sanhedrin* 72a). Similarly, [our Sages] said regarding licentiousness: "Whoever sees an adulterous woman in her disgrace should abandon wine" (*Sotah* 2a).

For this is a potent stratagem by which man may save himself from his *Yetzer*. Since it is difficult for a person to defeat his *Yetzer* at the time of sin, he must, therefore, remain at a distance while still far [from sin]. For then it will be difficult for his *Yetzer* to draw him close to it.

Coupling with one's wife is absolutely permitted. The Sages, however, required that one who experiences seminal emission must undergo ritual immersion (*Baba Kamma* 82a) in order that Torah scholars should not frequent their wives like roosters. For even though the conjugal act itself is permitted, it imbues a person with lust, a desire that may draw him to the forbidden. As [our Sages], may their memory be blessed, said, "There is a small organ in man; when he satisfies it, it is hungry, and when he starves it, it is satisfied" (*Sanhedrin* 107a). Furthermore, they said about Rabbi Eliezer, that even at the fitting hour and the proper time, he would expose one handbreadth and conceal two, and he acted as though possessed by a demon (*Nedarim* 20b) so as not to derive pleasure from the conjugal act. This is the ultimate form of separateness, to deny oneself pleasure even at the moment of pleasure.

הַמַּלְבּוּשִׁים וְהַקִּשּׁוּטִים, לֹא הִזְהִירָה הַתּוֹרָה עַל יָפְיָם אוֹ תַּבְנִיתָם, אֶלָּא שֶׁלֹּא יִהְיוּ כִּלְאַיִם וְשֶׁיִּהְיֶה בָּהֶם צִיצִית, וְאָז כֻּלָּם מֻתָּרִים. אָמְנָם מִן לְבִישַׁת בִּגְדֵי הַפְּאֵר וְהָרִקְמָה תִּמָּשֵׁךְ הַגַּאֲוָה, וְגַם הַזְּנוּת יְגֻבַּל בָּהּ, מִלְּבַד הַקִּנְאָה וְהַתַּאֲוָה וְהָעֹשֶׁק הַנִּמְשֶׁכֶת[ט] מִכָּל מַה שֶּׁהוּא יָקָר עַל הָאָדָם לְהַשִּׂיגוֹ. וּכְבָר אָמְרוּ זִכְרוֹנָם לִבְרָכָה: כֵּיוָן שֶׁרוֹאֶה יֵצֶר רָע אָדָם שֶׁתּוֹלֶה בַּעֲקֵבוֹ, מְמַשְׁמֵשׁ בִּבְגָדָיו וּמְסַלְסֵל בִּשְׂעָרוֹ, אָמַר זֶה שֶׁלִּי (ראה בראשית רבה כב, ו).

הַטִּיּוּל וְהַדִּבּוּר, אִם אֵינוֹ בִּדְבַר אִסּוּר, מֻתָּר הוּא. אָמְנָם כַּמָּה בִּטּוּל תּוֹרָה נִמְשָׁךְ מִמֶּנּוּ, כַּמָּה מִן הַלָּשׁוֹן הָרָע, כַּמָּה מִן הַשְּׁקָרִים, כַּמָּה מִן הַלֵּיצָנוּת. וְאוֹמֵר: בְּרֹב דְּבָרִים לֹא יֶחְדַּל פָּשַׁע (משלי י, יט).

כְּלַל הַדָּבָר: כֵּיוָן שֶׁכָּל עִנְיְנֵי הָעוֹלָם אֵינָם אֶלָּא סַכָּנוֹת עֲצוּמוֹת, אֵיךְ לֹא יְשֻׁבַּח מִי שֶׁיַּרְבֶּה לְהִמָּלֵט מֵהֶם וּמִי שֶׁיַּרְבֶּה לְהַרְחִיק מֵהֶם. זֶה עִנְיַן הַפְּרִישׁוּת הַטּוֹב, שֶׁלֹּא יִקַּח מִן הָעוֹלָם בְּשׁוּם שִׁמּוּשׁ שֶׁהוּא מִשְׁתַּמֵּשׁ מִמֶּנּוּ אֶלָּא מַה שֶּׁהוּא מֻכְרָח בּוֹ, וְגַם זֶה לֹא מִצַּד הַהֲנָאָה שֶׁבּוֹ אֶלָּא מִצַּד הַצֹּרֶךְ אֲשֶׁר לוֹ בְּטִבְעוֹ אֵלָיו.

הוּא מַה שֶּׁהִשְׁתַּבַּח רַבִּי בְּמַאֲמָר שֶׁזָּכַרְתִּי, שֶׁלֹּא נֶהֱנָה מִן הָעוֹלָם הַזֶּה אֲפִלּוּ בְּאֶצְבַּע קְטַנָּה, עִם הֱיוֹתוֹ נְשִׂיא יִשְׂרָאֵל וְשֻׁלְחָנוֹ שֻׁלְחַן מְלָכִים בְּהֶכְרֵחַ לִיקַר נְשִׂיאוּתוֹ, וּכְמַאֲמָרָם זִכְרוֹנָם לִבְרָכָה: שְׁנֵי גוֹיִם בְּבִטְנֵךְ (בראשית כה, כג), זֶה רַבִּי וְאַנְטוֹנִינוּס שֶׁלֹּא פָּסַק מֵעַל שֻׁלְחָנָם {לֹא צְנוֹן וְלֹא חֲזֶרֶת וְלֹא קִשּׁוּאִין, לֹא בִּימוֹת הַחַמָּה וְלֹא בִּימוֹת הַגְּשָׁמִים} (ברכות נז, ב). וְחִזְקִיָּהוּ מֶלֶךְ יְהוּדָה כְּמוֹ כֵן, וּשְׁאָר הַמַּאֲמָרִים שֶׁזָּכַרְתִּי, כֻּלָּם מְקַיְּמִים וּמוֹרִים שֶׁיֵּשׁ לָאָדָם לִפְרֹשׁ מִכָּל מַה שֶּׁהוּא תַּעֲנוּג עוֹלָמִי לְמַעַן לֹא יִפֹּל בְּסַכָּנָתוֹ.

[ט] בס"פ ד"ר: 'הנמשכים'.

As for clothing and ornamentation, the Torah did not issue any warnings regarding their beauty or style, only that they should not be made of a mixture of wool and linen and that they should be fitted with ritual fringes. Thereafter, everything is permitted. But wearing luxurious and embroidered apparel will lead a person to pride; it also borders on licentiousness, aside from [giving rise to] envy, desire, and fraud generated by anything precious for man to attain. [Our Sages], may their memory be blessed, already said: "When the Evil *Yetzer* sees a person raising his heels, smoothing his clothing, and curling his locks, he says: 'This one is mine'" (see *Bereishit Rabba* 22:6).

Promenading and talking, which do not involve the forbidden, are permitted. But how much neglect of Torah results from them! How much slanderous speech, how many lies, how much mockery! As the verse says: "When there is much talking, there is no lack of transgressing" (Mishlei 10:19).

In summary, since all things worldly are but grave dangers, how can someone who wants to escape them, and keeps well away from them, not be praised? This is the meaning of separateness of the right sort – to take from the [material] world, however one uses it, only what he must, and even that not for the pleasure it provides, but because it is necessary for him due to his nature.

This is what Rabbi Yehudah HaNasi took pride in, as in the statement earlier cited, that he derived no pleasure from this world, not even with his little finger. This he said even though he was prince of Israel and, of necessity, his table was a table of kings in keeping with the dignity of his princedom. As [our Sages], may their memory be blessed, said: "'Two nations are in your womb' (Bereishit 25:23), this refers to Rabbi [Yehudah HaNasi] and Antoninus whose tables were never missing {radishes, lettuce or cucumbers, neither in the summer nor in the winter}" (*Berakhot* 57b). Similarly [the statement regarding] Hizkiyahu, King of Judea, as well as other dicta mentioned, all confirm and demonstrate [the principle] that a person should separate himself from all worldly pleasures in order to avoid the danger they represent.

וְהִנֵּה לֹא תִּשְׁאַל, אִם זֶה דָּבָר מִצְטָרֵךְ וּמֻכְרָח, לָמָּה לֹא גָּזְרוּ עָלָיו הַחֲכָמִים זִכְרוֹנָם לִבְרָכָה, כְּמוֹ שֶׁגָּזְרוּ עַל הַסְּיָגוֹת וְתַקָּנוֹת שֶׁגָּזְרוּ? כִּי הִנֵּה הַתְּשׁוּבָה מְבֹאֶרֶת וּפְשׁוּטָה, כִּי לֹא גָּזְרוּ חֲכָמִים שׁוּם גְּזֵרָה אֶלָּא אִם כֵּן רֹב הַצִּבּוּר יְכוֹלִים לַעֲמֹד בָּהּ (עבודה זרה לו, א); וְאֵין רֹב הַצִּבּוּר יְכוֹלִים לִהְיוֹת חֲסִידִים, אֲבָל דַּי לָהֶם שֶׁיִּהְיוּ צַדִּיקִים. אַךְ הַשְּׂרִידִים אֲשֶׁר בָּעָם, הַחֲפֵצִים לִזְכּוֹת לְקִרְבָתוֹ יִתְבָּרַךְ וּלְזַכּוֹת בִּזְכוּתָם לְכָל שְׁאָר הֶהָמוֹן הַנִּתְלֶה בָּם, לָהֶם מַגִּיעַ לְקַיֵּם מִשְׁנַת חֲסִידִים אֲשֶׁר לֹא יָכְלוּ לְקַיֵּם הָאֲחֵרִים, הֵם הֵם סִדְרֵי הַפְּרִישׁוּת הָאֵלֶּה. כִּי בָּזֶה בָּחַר ה׳, שֶׁכֵּיוָן שֶׁאִי אֶפְשָׁר לָאֻמָּה כֻּלָּהּ לִהְיוֹת שָׁוָה בְּמַעֲלָה אַחַת – כִּי יֵשׁ בָּעָם מַדְרֵגוֹת מַדְרֵגוֹת, אִישׁ לְפִי שִׂכְלוֹ – הִנֵּה לְפָחוֹת יְחִידֵי סְגֻלָּה יִמָּצְאוּ אֲשֶׁר יָכִינוּ אֶת עַצְמָם הֲכָנָה גְּמוּרָה, וְעַל יְדֵי הַמּוּכָנִים יִזְכּוּ גַּם הַבִּלְתִּי מוּכָנִים אֶל אַהֲבָתוֹ יִתְבָּרַךְ וְהַשְׁרָאַת שְׁכִינָתוֹ. וְכָעִנְיָן שֶׁדָּרְשׁוּ זִכְרוֹנָם לִבְרָכָה בְּאַרְבָּעָה מִינִים שֶׁבַּלּוּלָב: יָבוֹאוּ אֵלֶּה וִיכַפְּרוּ עַל אֵלֶּה (ויקרא רבה ל, יב).

וּכְבָר מָצָאנוּ לְאֵלִיָּהוּ זָכוּר לַטּוֹב שֶׁאָמַר לְרַבִּי יְהוֹשֻׁעַ בֶּן לֵוִי בְּמַעֲשֵׂה עוּלָּא בַּר קוֹשֵׁב, כְּשֶׁהֱשִׁיבוֹ: וְלֹא מִשְׁנָה הִיא? אַף הוּא אָמַר לוֹ: וְכִי מִשְׁנַת חֲסִידִים הִיא? (ראה ירושלמי תרומות ח, י).

אַךְ הַפְּרִישׁוּת הָרַע הוּא כְּדֶרֶךְ הַגּוֹיִים הַסְּכָלִים, אֲשֶׁר לֹא דַּי שֶׁאֵינָם לוֹקְחִים מִן הָעוֹלָם מַה שֶּׁאֵין לָהֶם הֶכְרֵחַ בּוֹ, אֶלָּא שֶׁכְּבָר יִמְנְעוּ מֵעַצְמָם גַּם אֶת הַמֻּכְרָח, וְיִיסְּרוּ עַצְמָם בְּיִסּוּרִין וּדְבָרִים זָרִים אֲשֶׁר לֹא חָפֵץ בָּהֶם ה׳ כְּלָל, אֶלָּא אַדְּרַבָּא אָמְרוּ חֲכָמִים: אָסוּר לְאָדָם שֶׁיְּסַגֵּף אֶת עַצְמוֹ, שֶׁמָּא יִצְטָרֵךְ לַבְּרִיּוֹת וְאֵין הַבְּרִיּוֹת מְרַחֲמִין עָלָיו (ראה תענית כב, ב). וּבְעִנְיַן הַצְּדָקָה אָמְרוּ: כָּל מִי שֶׁצָּרִיךְ לִיטֹּל וְאֵינוֹ נוֹטֵל, הֲרֵי זֶה שׁוֹפֵךְ דָּמִים (ירושלמי פאה ח, ט; כא, ב). וְכֵן אָמְרוּ: וָחַי בָּהֶם (ויקרא יח, ה),[י] נְשָׁמָה שֶׁנָּתַתִּי בְּךָ הַחֲיֵה אוֹתָהּ (תענית כב, ב). וְאָמְרוּ: כָּל הַיּוֹשֵׁב בְּתַעֲנִית נִקְרָא חוֹטֵא,

[י] בגמרא נלמדת דרשה זו מן הפסוק: 'ויהי האדם לנפש חיה' (בראשית ב, ז), וכן הוא בס"פ.

Now do not object by asking: If separateness is necessary and essential, why did our Sages, may their memory be blessed, not legislate it as they did with their precautionary decrees and ordinances? For the answer is clear and simple. The Sages do not legislate any decree unless the majority of the community can abide by it (*Avodah Zarah* 36a); whereas the majority of the community cannot be pious, it will suffice for them to be righteous. It is rather for the spiritually elite – who aspire to be near to God, blessed be He, and, by their merit, benefit the commonality who are dependent upon them – to fulfill "the code of the pious" that the others cannot, [a code] which consists of the very rules of separateness under discussion. God's wish is this: Since it is impossible for the entire nation to be of the same standing – because individuals differ in rank according to their differing degrees of understanding – there should at least be exceptional individuals who complete their [spiritual] preparation; and through them, even the unprepared can receive His love (blessed be He), and the indwelling of His *Shekhinah*. As [our Sages], may their memory be blessed, said regarding the four species of the *lulav*: "Let these come and atone for the others" (*Vayikra Rabba* 30:12).

We find that Eliyahu (remembered for his good) said [this] to Rabbi Yehoshua ben Levi. When the latter, in the incident involving Ulla bar Kushav, argued in his own defense: "Am I not in conformity with the mishnah?" Eliyahu then reproached him: "But is it a mishnah for the pious" (*Yerushalmi Terumot* 8:10)?

The wrong type of separateness, however, is that of foolish gentiles who abstain not only from the unessential, but also from that which is essential to them. They punish themselves with afflictions and strange practices that God does not desire at all. On the contrary, the Sages have said, "A person is forbidden to undergo privations lest he come to need other people, but they will have no compassion for him" (see *Ta'anit* 22b). And they said regarding charity, "Anyone who needs to take [charity], but refuses to do so, it is as though he shed blood" (*Yerushalmi Pe'ah* 8:9, 21b). They also interpreted the verse: "'He shall live by them' (Vayikra 18:5) – the Holy One, blessed be He, said: 'Sustain the soul I gave you'" (*Ta'anit* 22b). And they said, "He that fasts is called a sinner" (*Ta'anit* 11a),

וְהֶעֱמִידוּהָ בִּדְלָא מָצֵי מְצַעֵר נַפְשֵׁיהּ (שם יא, א-ב). וְהִלֵּל הָיָה אוֹמֵר: גֹּמֵל נַפְשׁוֹ אִישׁ חָסֶד (משלי יא, יז), עַל אֲכִילַת הַבֹּקֶר, וְהָיָה רוֹחֵץ פָּנָיו וְיָדָיו לִכְבוֹד קוֹנוֹ, קַל וָחֹמֶר מִדְּיוֹקְנָאוֹת שֶׁל הַמְּלָכִים (ראה ויקרא רבה לד, ג).

הֲרֵי לְךָ הַכְּלָל הָאֲמִתִּי: כָּל מַה שֶּׁאֵינוֹ מֻכְרָח לָאָדָם בְּעִנְיְנֵי הָעוֹלָם הַזֶּה רָאוּי לוֹ שֶׁיִּפְרֹשׁ מֵהֶם. וְכָל מַה שֶּׁהוּא מֻכְרָח לוֹ, יִהְיֶה לְאֵיזֶה טַעַם שֶׁיִּהְיֶה, אִם פּוֹרֵשׁ מִמֶּנּוּ אֵינוֹ אֶלָּא חוֹטֵא. הִנֵּה זֶה כְּלָל נֶאֱמָן, אַךְ מִשְׁפַּט הַפְּרָטִים עַל פִּי הַכְּלָל הַזֶּה מָסוּר אֶל שִׁקּוּל הַדַּעַת; וּלְפִי שִׂכְלוֹ יְהֻלַּל אִישׁ (ע"פ משלי יב, ח), כִּי אִי אֶפְשָׁר לְקַבֵּץ כָּל הַפְּרָטִים כִּי רַבִּים הֵם, וְאֵין שֵׂכֶל הָאָדָם יָכוֹל לְהַקִּיף עַל כֻּלָּם, אֶלָּא דָּבָר בְּעִתּוֹ.

אָמַר הֶחָכָם:

שְׂפָתַיִם יִשָּׁק מֵשִׁיב דְּבָרִים נְכוֹחִים (משלי כד, כו).

applying this statement to one who is unable to withstand such distress (ibid. 11b). And Hillel would apply the verse, "A kindly man benefits himself" (Mishlei 11:17), to the eating of breakfast. He would also wash his hands and face in honor of his Maker, [justifying his behavior] by logical extension from [the practice of washing] the statues of kings (cf. *Vayikra Rabba* 34:3).

Here then is the true criterion. One ought to abstain from all worldly things that are not essential for him. But should he abstain from anything that, for any reason, is essential for him, he is a sinner. The principle is consistent, though applying it to a particular situation is left to one's discretion; each man shall be commended according to his own intelligence. For it is impossible to assemble all the particulars, as they are too numerous for the human mind to contain. Rather, each matter must be dealt with in its proper time.

The Hakham said:
The lips of one who responds with proper words should be kissed (Mishlei 24:26).

פֶּרֶק טז:

בְּחֶלְקֵי הַפְּרִישׁוּת

אָמַר הֶחָסִיד:

אַחַר שֶׁבֵּאַרְנוּ עִנְיַן הַפְּרִישׁוּת בִּכְלָל, נְבָאֵר עַתָּה חֲלָקָיו הָרָאשִׁיִּים. יֵשׁ הַפְּרִישׁוּת בַּהֲנָאוֹת, יֵשׁ הַפְּרִישׁוּת בְּדִינִים, וְיֵשׁ הַפְּרִישׁוּת בְּמִנְהָגִים.

הַפְּרִישׁוּת בַּהֲנָאוֹת הוּא מַה שֶּׁזָּכַרְתִּי לְךָ כְּבָר, שֶׁהוּא שֶׁלֹּא לָקַחַת מִדִּבְרֵי הָעוֹלָם אֶלָּא מַה שֶּׁהַצֹּרֶךְ יַכְרִיחַ. וְהִנֵּה דָּבָר זֶה יַקִּיף כָּל מַה שֶּׁהוּא תַּעֲנוּג לְאֶחָד מִן הַחוּשִׁים, וְהַיְנוּ: בְּמַאֲכָלוֹת, בִּבְעִילוֹת, בְּמַלְבּוּשִׁים, בְּטִיּוּלִים, בִּשְׁמוּעוֹת, וּבְכָל כַּיּוֹצֵא בָּזֶה, רַק בַּיָּמִים שֶׁהָעֹנֶג בָּהֶם מִצְוָה יִתְעַנֵּג וְיִשְׁתַּעֲשַׁע, שֶׁהֲרֵי עִנּוּגוֹ מִצְוָה.

הַפְּרִישׁוּת בְּדִינִים הוּא לְהַחְמִיר בָּהֶם תָּמִיד, לָחוּשׁ אֲפִלּוּ לְדִבְרֵי יָחִיד בְּמַחֲלוֹקוֹת אַף עַל פִּי שֶׁאֵין הֲלָכָה כְּמוֹתוֹ, וּלְהַחְמִיר בְּכָל הַסְּפֵקוֹת וְאַף עַל פִּי שֶׁהָיָה אֶפְשָׁר לְהָקֵל בָּהֶם. וּכְבָר בֵּאֲרוּ לָנוּ הַחֲכָמִים זִכְרוֹנָם לִבְרָכָה מַאֲמַר יְחֶזְקֵאל: הִנֵּה נַפְשִׁי לֹא מְטֻמָּאָה [וּנְבֵלָה וּטְרֵפָה לֹא אָכַלְתִּי מִנְּעוּרַי וְעַד עַתָּה וְלֹא בָא בְּפִי בְּשַׂר פִּגּוּל] (יחזקאל ד, יד), שֶׁלֹּא אָכַלְתִּי מִבְּהֵמָה שֶׁהוֹרָה בָּהּ חָכָם, וְלֹא אָכַלְתִּי מִבְּשַׂר כֹּס כֹּס (חולין לז, ב). וְכָל כַּיּוֹצֵא בָּזֶה.

וְהַפְּרִישׁוּת בְּמִנְהָגִים הוּא הַהִתְבּוֹדְדוּת וְהַהִבָּדֵל מִן הַחֶבְרָה הַמְּדִינִית, לְפַנּוֹת לִבּוֹ אֶל הָעֲבוֹדָה וְהַהִתְבּוֹנְנוּת בָּהּ כָּרָאוּי, וּבִתְנַאי שֶׁלֹּא יַטֶּה עַצְמוֹ גַּם בָּזֶה אֶל הַקָּצֶה הָאַחֲרוֹן. שֶׁכְּבָר אָמְרוּ רַבּוֹתֵינוּ זִכְרוֹנָם לִבְרָכָה: לְעוֹלָם יְהֵיֶה דַּעְתּוֹ שֶׁל אָדָם מְעֹרֶבֶת עִם הַבְּרִיּוֹת (כתובות יז, א). וְכֵן אָמְרוּ: חֶרֶב אֶל הַבַּדִּים וְנֹאָלוּ (ירמיה נ, לו),

Sixteen:

The Elements of Separateness

The Hasid said:

Having explained the trait of separateness in general, we shall now discuss its principal elements. There is separateness relating to pleasure, separateness relating to ritual law, and separateness relating to [social] conduct.

Separateness relating to pleasure is what I have previously mentioned to you (*see above, p. 213*), namely, taking from the world no more than what necessity requires. This encompasses anything that affords pleasure to one of the senses through food, coupling, clothing, strolling, conversation, and the like. Only on days in which deriving pleasure is a *mitzvah* may one indulge in and enjoy pleasure, because such pleasure is a *mitzvah*.

Separateness in the realm of the laws consists of being unfailingly stringent in their observance, taking into consideration even a lone dissenting view even though it has not been accepted as authoritative; and being stringent in case of doubt even where it is possible to be lenient. Our Sages, may their memory be blessed, explained the words of Yehezkel, "Behold my soul has never been defiled; [I have never eaten that which dies of itself or is torn by beasts from my youth until now; nor did loathsome meat ever come into my mouth]" (Yehezkel 4:14), as follows, "I never ate of an animal about which a Sage had to render a ruling, nor did I eat meat [from an animal about which one says], 'Slaughter it, slaughter it'" (see *Hullin* 37b)! And [the same principle applies to] all similar cases.

Separateness in [social] conduct consists in seclusion and separation from civil society in order to direct one's heart to Divine service and the proper understanding of same; provided that one does not carry this matter to the utmost extreme. For as our Rabbis, may their memory be blessed, said, "A person's disposition towards people should always be congenial" (*Ketubot* 17a). They also said, "'A sword upon the liars [*baddim*], and they shall become fools'

חֶרֶב אֶל שׂוֹנְאֵיהֶם שֶׁל תַּלְמִידֵי חֲכָמִים שֶׁיּוֹשְׁבִים בַּד בְּבַד וְעוֹסְקִים בַּתּוֹרָה (ברכות סג, ב). אֶלָּא יִתְחַבֵּר עִם הַטּוֹבִים זְמַן מַה שֶּׁמִּצְטָרֵךְ לוֹ לְפַרְנָסָתוֹ אוֹ לְלִמּוּדוֹ, וְיִתְבּוֹדֵד אַחֲרֵי כֵן לְהִדָּבֵק בֵּאלֹקָיו וּלְהַשִּׂיג דַּרְכֵי הַיֹּשֶׁר וְהָעֲבוֹדָה הָאֲמִתִּית.

וּבִכְלַל זֶה, לְמַעֵט בְּדִבּוּרוֹ וְלִיזָּהֵר מִן הַשִּׂיחָה בְּטֵלָה, וְשֶׁלֹּא לְהִסְתַּכֵּל חוּץ מֵאַרְבַּע אַמּוֹתָיו,[א] וְכָל כַּיּוֹצֵא בָּזֶה מִן הָעִנְיָנִים שֶׁאָדָם מַרְגִּיל אֶת עַצְמוֹ בָּהֶם עַד שֶׁנִּשְׁאָרִים לוֹ בְּטֶבַע אֶל תְּנוּעוֹתָיו.

וְהִנֵּה שְׁלֹשֶׁת הַחֲלָקִים, אַף עַל פִּי שֶׁאֲמַרְתִּים לְךָ בִּכְלָלִים קְצָרִים, הִנְּךָ רוֹאֶה שֶׁהֵם כּוֹלְלִים פְּעֻלּוֹת רַבּוֹת מִפְּעֻלּוֹת הָאָדָם, וּכְבָר אָמַרְתִּי לְךָ שֶׁהַפְּרָטִים אִי אֶפְשָׁר לִימָּסֵר כִּי אִם לְשִׁקּוּל הַדַּעַת לְהַיְשִׁיר אוֹתָם עַל יֹשֶׁר הַכְּלָל וַאֲמִתּוֹ.

[א] ראה תשובות הגאונים, שערי תשובה, סי' קעה.

(Yirmiyahu 50:36) – a sword upon the enemies of Torah scholars who sit separately [*bad bevad*] and study Torah" (*Berakhot* 63b). Rather, one should associate with the worthy for whatever time is necessary for his livelihood or studies. Afterwards, he should seclude himself in order to conjoin with God and attain the ways of righteousness and true service.

Included under this rubric are: being sparing in one's speech, avoiding idle talk, not gazing outside one's "four cubits," and any similar practices to which one can habituate himself so that they become second nature to him.

You will observe that even though I have formulated these three divisions in brief, general statements, they embrace many human activities. As I have already told you (*see above, p. 213*), the particular applications must be left to one's discretion, so that they may be brought into conformity with the righteousness and truth of the general principles.

פֶּרֶק יז:

בְּדֶרֶךְ קְנִיַּת הַפְּרִישׁוּת

וּנְבָאֵר עַתָּה דַּרְכֵי קְנִיַּת הַמִּדָּה הַזֹּאת כָּרָאוּי.

הִנֵּה הַדֶּרֶךְ הַיּוֹתֵר טוֹב לִקְנוֹת אֶת הַמִּדָּה הַזֹּאת הוּא הַהִסְתַּכְּלוּת בִּגְרִיעוּת תַּעֲנוּגוֹת הָעוֹלָם הַזֶּה וּפְחִיתוּתָם מִצַּד עַצְמָם, וְהָרָעוֹת הַגְּדוֹלוֹת הַקְּרוֹבוֹת לְהִוָּלֵד מֵהֶם.

כִּי הִנֵּה כָּל מַה שֶּׁמַּטֶּה הַטֶּבַע אֶל הַתַּעֲנוּגוֹת הָאֵלֶּה, עַד שֶׁיִּצְטָרֵךְ כָּל כָּךְ כֹּחַ וְתַחְבּוּלוֹת לְהַפְרִישׁוֹ מֵהֶם, הוּא פִּתּוּי הָעֵינַיִם הַנִּפְתִּים בְּמַרְאֵה הַדְּבָרִים אֲשֶׁר הוּא טוֹב וְעָרֵב לִכְאוֹרָה. הוּא הַפִּתּוּי שֶׁגָּרַם לְחֵטְא הָרִאשׁוֹן שֶׁיֵּעָשֶׂה, כְּעֵדוּת הַכָּתוּב: וַתֵּרֶא הָאִשָּׁה כִּי טוֹב הָעֵץ לְמַאֲכָל וְכִי תַאֲוָה הוּא לָעֵינַיִם[א] {וְנֶחְמָד הָעֵץ לְהַשְׂכִּיל} וַתִּקַּח מִפִּרְיוֹ וַתֹּאכַל (בראשית ג, ו). אֲבָל כַּאֲשֶׁר יִתְבָּרֵר [אֶל][ב] הָאָדָם הֱיוֹת הַטּוֹב הַהוּא כּוֹזֵב לְגַמְרֵי, מְדֻמֶּה וּבְלִי שׁוּם הַעֲמָדָה נְכוֹנָה, וְהָרַע בּוֹ אֲמִתִּי אוֹ קָרוֹב לְהִוָּלֵד מִמֶּנּוּ בֶּאֱמֶת, וַדַּאי שֶׁיִּמְאַס בּוֹ וְלֹא יַחְפְּצֵהוּ כְּלָל. עַל כֵּן זֶהוּ כָּל הַלִּמּוּד שֶׁצָּרִיךְ שֶׁיְּלַמֵּד הָאָדָם אֶת שִׂכְלוֹ, לְהַכִּיר בְּחֻלְשַׁת הַתַּעֲנוּגִים הָאֵלֶּה וְשִׁקְרָם, עַד שֶׁמֵּאֵלָיו יִמְאַס בָּם וְלֹא יִקְשֶׁה בְּעֵינָיו לְשַׁלְּחָם מֵאִתּוֹ.

הִנֵּה תַּעֲנוּג הַמַּאֲכָל הוּא הַיּוֹתֵר מוּחָשׁ וּמֻרְגָּשׁ, הֲיֵשׁ דָּבָר אָבֵד וְנִפְסָד יוֹתֵר מִמֶּנּוּ? שֶׁהֲרֵי אֵין שִׁעוּרוֹ אֶלָּא כְּשִׁעוּר בֵּית הַבְּלִיעָה, כֵּיוָן שֶׁיָּצָא מִמֶּנָּה וְיָרַד בִּבְנֵי הַמֵּעַיִם אָבַד זִכְרוֹ וְנִשְׁכַּח כְּאִלּוּ לֹא הָיָה. וְכָךְ יִהְיֶה שָׂבֵעַ אִם אָכַל בַּרְבּוּרִים אֲבוּסִים כְּמוֹ אִם אָכַל פַּת לֶחֶם קִבָּר לוּ אָכַל מִמֶּנָּה כְּדֵי שְׂבִיעָה. כָּל שֶׁכֵּן אִם יָשִׁיב אֶל לִבּוֹ הֶחֳלָאִים הָרַבִּים שֶׁיְּכוֹלִים לָבוֹא עָלָיו מֵחֲמַת אֲכִילָתוֹ, וּלְפָחוֹת הַכֹּבֶד שֶׁמַּגִּיעֵהוּ

[א] בכתה"י: 'הוא תאוה לעינים'. [ב] הוספה על פי ס"פ.

Seventeen:

How to Acquire Separateness

We will now properly explain the means of acquiring the trait [of separateness].

The best way to acquire this trait is by contemplating the baseness and insignificance of the pleasures of this world, in and of themselves, and the great evils that are likely to be engendered by them.

What inclines [man's] nature to these pleasures, so that much strength and scheming are needed to separate from them, is the propensity of the eyes to suffer seduction by the superficial appearance of these good and pleasing things. It is this seduction that led to the commission of the first sin. As Scripture testifies, "And when the woman saw that the tree was good for food, and that it was a delight to the eyes, {and a tree to be desired to make one wise}, she took of its fruit, and ate" (Bereishit 3:6). But when it becomes clear to a person that this [apparent] good is entirely false, illusory, and lacking any firm basis, that it contains real evil or will likely engender it, he will surely come to despise this good and have no desire for it whatsoever. Therefore, the main lesson that a person must impress upon his mind is to recognize the insignificance and falsity of these delights, so that he may come to despise them of his own accord and have no difficulty casting them away.

The pleasure derived from food is the most coarsely sensual. Yet is there anything more perishable and corrupt? For its enjoyment lasts only as long as it takes to pass through the throat; once it passes [the throat] and descends to the intestines, its memory is lost and forgotten, as if it had never existed. A person will be equally satiated whether he eats fattened swans or a piece of black bread, as long as he eats a quantity that satisfies him. All the more so if he considers the many illnesses that may be contracted through eating, not the least of which are the heaviness that overcomes him

אַחַר הָאֲכִילָה וְהָעֲשָׁנִים הַמַּכְהִים אֶת שִׂכְלוֹ. הִנֵּה עַל כָּל אֵלֶּה רָאוּי וַדַּאי שֶׁלֹּא יַחְפֹּץ אָדָם בַּדָּבָר הַזֶּה, כֵּיוָן שֶׁטּוֹבָתוֹ אֵינָהּ טוֹבָה וְרָעָתוֹ רָעָה.

וּשְׁאָר כָּל הַהֲנָאוֹת שֶׁבָּעוֹלָם כְּמוֹ כֵן, אִלּוּ יִתְבּוֹנֵן בָּהֶם יִרְאֶה שֶׁאֲפִלּוּ הַטּוֹב הַמְדֻמֶּה שֶׁבָּהֶם אֵינֶנּוּ אֶלָּא לִזְמַן מוּעָט, וְהָרַע שֶׁיָּכוֹל לְהִוָּלֵד מֵהֶם קָשֶׁה וְאָרֹךְ, עַד שֶׁלֹּא יָאוּת לְשׁוּם בַּעַל שֵׂכֶל לָשִׂים עַצְמוֹ בְּסַכָּנוֹת הָרָעוֹת הָהֵן עַל רֶוַח הַטּוֹב הַמּוּעָט הַהוּא. וְזֶה פָּשׁוּט.

וּכְשֶׁיַּרְגִּיל אֶת עַצְמוֹ וְיַתְמִיד בְּעִיּוּנוֹ עַל הָאֱמֶת הַזֹּאת, הִנֵּה מְעַט מְעַט יֵצֵא חָפְשִׁי מִמַּאֲסַר הַסִּכְלוּת אֲשֶׁר חֹשֶׁךְ הַחֹמֶר אוֹסֵר אוֹתוֹ בּוֹ, וְלֹא יִתְפַּתֶּה מִפִּתּוּיֵי הַהֲנָאוֹת הַכּוֹזְבוֹת כְּלָל. אָז יִמְאַס בָּהֶן, וְיֵדַע שֶׁאֵין לוֹ לָקַחַת מִן הָעוֹלָם אֶלָּא הַהֶכְרֵחִי, וּכְמוֹ שֶׁזָּכַרְתִּי.[ג]

וְהִנֵּה כְּמוֹ שֶׁהַהִתְבּוֹנֵן עַל זֶה הַדָּבָר הוּא גּוֹרֵם קְנִיַּת הַפְּרִישׁוּת, כָּךְ סִכְלוּתוֹ מַפְסִיד אוֹתוֹ. וְהַהִתְמַדָּה בֵּין הַשָּׂרִים וְאַנְשֵׁי הַגְּדֻלּוֹת הָרוֹדְפִים אַחַר הַכָּבוֹד, מַרְבִּים אֶת הַהֶבֶל. כִּי בִּרְאוֹתוֹ אֶת הַיְקָר הַהוּא וְאֶת הַגְּדֻלָּה הַהִיא, אִי אֶפְשָׁר שֶׁלֹּא תִּתְעוֹרֵר תַּאֲוָתוֹ בּוֹ לַחְמֹד אוֹתָם. וַאֲפִלּוּ לֹא יַנִּיחַ לְיִצְרוֹ שֶׁיְּנַצַּח אוֹתוֹ, עַל כָּל פָּנִים מִידֵי מִלְחָמָה לֹא יִמָּלֵט, וְהִנֵּה הוּא בְּסַכָּנָה. וּכְעִנְיָן זֶה אָמַר שְׁלֹמֹה: טוֹב לָלֶכֶת אֶל בֵּית אֵבֶל מִלֶּכֶת אֶל בֵּית מִשְׁתֶּה (קהלת ז, ב).

וְיָקָר מִן הַכֹּל הִיא הַהִתְבּוֹדְדוּת, שֶׁכְּמוֹ שֶׁמֵּסִיר מֵעֵינָיו עִנְיְנֵי הָעוֹלָם, כֵּן מַעֲבִיר חֶמְדָּתָם מִלִּבּוֹ. וּכְבָר הִזְכִּיר דָּוִד הַמֶּלֶךְ עָלָיו הַשָּׁלוֹם בְּשֶׁבַח הַהִתְבּוֹדְדוּת וְאָמַר: מִי יִתֶּן לִי אֵבֶר כַּיּוֹנָה {אָעוּפָה וְאֶשְׁכֹּנָה, הִנֵּה אַרְחִיק נְדֹד אָלִין בַּמִּדְבָּר סֶלָה} (תהלים נה, ז-ח). וְהַנְּבִיאִים אֵלִיָּהוּ וֶאֱלִישָׁע מָצָאנוּ הֱיוֹתָם מְיַחֲדִים מָקוֹם עַל הֶהָרִים מִפְּנֵי הִתְבּוֹדְדוּתָם. וְהַחֲכָמִים הַחֲסִידִים הָרִאשׁוֹנִים זִכְרוֹנָם לִבְרָכָה הָלְכוּ בְּעִקְּבוֹתֵיהֶם, כִּי מָצְאוּ לָהֶם זֶה הָאֶמְצָעִי הַיּוֹתֵר מוּכָן לִקְנוֹת שְׁלֵמוּת הַפְּרִישׁוּת, לְמַעַן אֲשֶׁר הַבְלֵי חַבְרֵיהֶם לֹא יְבִיאוּם לְהַהְבִּיל גַּם הֵם כְּמוֹהֶם.

[ג] ראה לעיל עמ' 212, 214.

after a meal and the vapors that dim his mind. There is no question that for all these [reasons] a person should have no desire for this [pleasure], as its good is not [true] good and its evil is [true] evil.

Similarly, when a person reflects upon all other worldly pleasures, he will see that even the illusory good [offered] is short-lived, while the evil they may engender is severe and protracted. It is not seemly for a man of intellect to expose himself to these evil dangers for the sake of a small amount of good that may be gained. This is readily apparent. As a person habituates himself to constant reflection upon this truth, he will gradually free himself from the bonds of folly with which the darkness of his material state binds him. Hence, he will never be deceived by these false pleasures. He will then come to despise them, understanding that he must only take from the world what is essential, as I have explained (*above, pp. 213, 215*).

Just as reflecting upon this matter leads to the acquisition of [the trait of] separateness, so does ignoring it impede its [acquisition]. Permanent association with aristocrats and men of great wealth who pursue honor [also] multiplies vanity. For when one sees their splendor and wealth, it will be impossible for lust not to rise within him to covet these things. And even if he does not allow his *Yetzer* to defeat him, he will, nevertheless, not escape the battle; he is therefore in danger. In a similar vein, Shelomo advised, "It is better to go to a house of mourning than to go to a house of feasting" (Kohelet 7:2).

Dearer than all else is seclusion. For when a person removes worldly matters from before his eyes, he also removes the desire for them from his heart. King David, peace be on him, had already spoken in praise of seclusion when he said, "O that I had the wings of a dove! {I would fly away, and find rest. Surely, I would wander far off, and lodge in the wilderness}" (Tehillim 55:7-8). And we find that the Prophets Eliyahu and Elisha designated a place for themselves in the mountains because of their [practice of] seclusion. And the ancient, pious Sages, may their memory be blessed, followed in their footsteps. For they found seclusion to be the most effective means of acquiring the perfect form of separateness, so that the vanities of their fellow men would not lure them into the same vain pursuits.

וּמִמַּה שֶּׁצָּרִיךְ לְהִזָּהֵר בִּקְנִיַּת הַפְּרִישׁוּת הוּא, שֶׁלֹּא יִרְצֶה הָאָדָם לְדַלֵּג וְלִקְפֹּץ אֶל הַקָּצֶה הָאַחֲרוֹן שֶׁבּוֹ רֶגַע אֶחָד, כִּי זֶה וַדַּאי שֶׁלֹּא יַעֲלֶה בְּיָדוֹ; אֶלָּא יִהְיֶה הוֹלֵךְ וּפוֹרֵשׁ מְעַט מְעַט, הַיּוֹם יִקְנֶה קְצָת מִמֶּנּוּ וּמָחָר מְעַט יוֹתֵר, עַד שֶׁיִּתְרַגֵּל בּוֹ לְגַמְרֵי, כִּי יָשׁוּב לוֹ כְּמוֹ טֶבַע מַמָּשׁ.

While in the process of acquiring [the trait of] separateness, a person must be heedful not to leap and jump to the far extreme all at once, for he will certainly not succeed. Rather, he should gradually proceed in separateness, acquiring a small amount today and a bit more tomorrow, until he is so completely accustomed to it that it becomes second nature to him.

פֶּרֶק יח:

בְּבֵאוּר מִדַּת הַטָּהֳרָה

וְהִנֵּה עַד הֵנָּה בֵּאַרְתִּי הַפְּרִישׁוּת וּדְרָכָיו וְהוּא תָּלוּי כֻּלּוֹ בְּמַעֲשֶׂה, וְאַחֲרָיו בַּמַּדְרֵגָה הַטָּהֳרָה, אֲשֶׁר עִנְיָנָהּ כְּעִנְיָנוֹ שֶׁל הַפְּרִישׁוּת אַךְ בְּמַחֲשָׁבָה וְכַוָּנַת הַלֵּב. וְעַתָּה נְבָאֵר דַּרְכָּהּ עַל הַסֵּדֶר.

אָמַר הֶחָכָם:

אֲבָל לְפִי דַעְתְּךָ, אֵין[א] הַטָּהֳרָה הַזֹּאת אֲשֶׁר שָׁנָה לָנוּ רַבִּי פִּנְחָס אֵינָהּ טָהֳרָה גּוּפָנִית, אֶלָּא הַטָּהֳרָה מִן הַכַּוָּנוֹת הָרָעוֹת וְהַמַּחֲשָׁבוֹת הַבִּלְתִּי טוֹבוֹת.

אָמַר הֶחָסִיד:

כֵּן הוּא וַדַּאי. וְהוּא דָּבָר הַלָּמֵד מֵעִנְיָנוֹ, הֵם הֵם שְׁאָר חֶלְקֵי הָעֲבוֹדָה שֶׁזָּכַרְתִּי, שֶׁכֻּלָּם מַקִּיפִים עַל תִּקּוּן מַעֲשֵׂי הָאָדָם וּמִדּוֹתָיו, כֵּן זֶה סֵדֶר תִּקּוּן הַמַּחֲשָׁבוֹת וְכַוָּנַת הַלֵּב, וְהוּא הַלָּשׁוֹן עַצְמוֹ שֶׁאָמַר דָּוִד הַמֶּלֶךְ עָלָיו הַשָּׁלוֹם: לֵב טָהוֹר בְּרָא לִי אֱלֹקִים (תהלים נא, יב).

וְעִנְיַן הַטָּהֳרָה הַזֹּאת הוּא שֶׁלֹּא יַנִּיחַ הָאָדָם מָקוֹם לַיֵּצֶר רָע כְּלָל בְּמַעֲשָׂיו, שֶׁאֲפִלּוּ הַגּוּפָנִיִּים וְחָמְרִיִּים אֲשֶׁר הוּא עוֹשֶׂה מִפְּנֵי הַהֶכְרֵחַ (כְּמוֹ שֶׁקָּדַם בְּדַרְכֵי הַפְּרִישׁוּת), אֲפִלּוּ הֵם לֹא יִהְיוּ אֶלָּא עַל צַד מַה שֶּׁיֵּשׁ בָּהֶם מִן הָעֲבוֹדָה לְפָנָיו יִתְבָּרַךְ וְלֹא לְצַד תַּאֲוַת הַיֵּצֶר שֶׁבָּהֶם. וְעַל דָּבָר זֶה אָמַר שְׁלֹמֹה: בְּכָל דְּרָכֶיךָ דָעֵהוּ וְהוּא יְיַשֵּׁר אֹרְחֹתֶיךָ (משלי ג, ו). וְתִרְאֶה שֶׁהַפְּרִישׁוּת הוּא שֶׁלֹּא לָקַחַת מִן הָעוֹלָם אֶלָּא הַהֶכְרֵחִי, אַךְ הַטָּהֳרָה הוּא שֶׁאַף אוֹתוֹ הַמְּעַט שֶׁיִּקַּח לֹא יִהְיֶה לוֹ בּוֹ תַּכְלִית אֶלָּא מִפְּנֵי הֱיוֹת כָּךְ רְצוֹנוֹ שֶׁל מָקוֹם, וְלֹא לְהַשְׂבִּיעַ אֶת הַיֵּצֶר כְּלָל. וְהוּא הָעִנְיָן שֶׁזָּכַרְנוּ לְמַעְלָה מֵרַבִּי אֱלִיעֶזֶר, שֶׁהָיָה מְגַלֶּה טֶפַח וּמְכַסֶּה טְפָחַיִם, וְדוֹמֶה לְמִי שֶׁכְּפָאוֹ שֵׁד (נדרים כ, ב).

[א] כך בכתה"י 'אין', ואחרי כן כותב 'אינה', ויש איפוא למחוק אחת מהן.

Eighteen:

The Trait of Purity

Thus far I have explained separateness and its ways, [a trait] that pertains solely to one's deeds. Next in rank comes purity, whose sense is the same as that of separateness, except that it pertains to thought and inner intent. We shall now spell out the path to purity step by step.

The Hakham said:
Is it really your opinion that this purity taught to us by Rabbi Pinhas refers not to bodily purity, but to purity from evil motivations and improper thoughts?

The Hasid said:
That is certainly the case, and it emerges from the context, the very components of the Divine service I have [already] discussed. For [just as] they, taken together, encompass the perfection of man's deeds and traits, so is this [component about] the way to achieve perfection of thought and inner intent. This is precisely the same term used by King David, peace be on him, who said: "Create in me a pure heart, O God" (Tehillim 51:12).

The meaning of this purity is that a person leave no place whatever for the Evil *Yetzer* in his deeds, not even the bodily and material deeds he does of necessity (as explained above on separateness). They too should be [motivated] solely by the aspect of Divine service in them, not the pleasure they afford the *Yetzer*. Shelomo said about this: "In all your ways know Him, and He will straighten your paths" (Mishlei 3:6). You will observe that separateness means taking from this world only that which is necessary. Purity, however, requires that even in the small amount that a person takes, his sole motivation should be the fulfillment of the will of God, and not the gratification of the *Yetzer* at all. We mentioned this earlier (see above, p. 207) regarding Rabbi Eliezer, who would expose one handbreadth and conceal two, and act as though compelled by a demon (*Nedarim* 20b).

וְאָמְנָם כְּמוֹ שֶׁשַּׁיָּךְ טָהֳרַת הַמַּחֲשָׁבָה בְּמַעֲשִׂים הַגּוּפָנִיִּים הַקְּרוֹבִים לַיֵּצֶר, לְשֶׁיִּתְרַחֲקוּ מִמֶּנּוּ וְלֹא יִהְיוּ מִשֶּׁלּוֹ, כֵּן שַׁיָּךְ טָהֳרָה בְּמַעֲשִׂים הַטּוֹבִים וּבַמִּצְווֹת הַקְּרוֹבִים לַבּוֹרֵא יִתְבָּרַךְ, לְשֶׁלֹּא יִתְרַחֲקוּ מִמֶּנּוּ וְלֹא יִהְיוּ מִשֶּׁל הַיֵּצֶר רָע. וְהוּא עִנְיַן שֶׁלֹּא לִשְׁמָהּ הַמֻּזְכָּר בְּדִבְרֵי רַבּוֹתֵינוּ זִכְרוֹנָם לִבְרָכָה פְּעָמִים רַבּוֹת (פסחים נ, ב; סוכה מט, ב, ועוד).

וְאוּלָם כְּבָר נִתְבָּאֲרוּ דִּבְרֵי הַחֲכָמִים שֶׁיֵּשׁ מִינִים שׁוֹנִים שֶׁל שֶׁלֹּא לִשְׁמָהּ. כִּי הָרַע מִכֻּלָּם הוּא שֶׁאֵינֶנּוּ עוֹבֵד לְשֵׁם עֲבוֹדָה כְּלָל, אֶלָּא לְרַמּוֹת בְּנֵי הָאָדָם וּלְהַרְוִיחַ הוּא כָּבוֹד אוֹ מָמוֹן. וְזֶהוּ שֶׁנֶּאֱמַר בּוֹ: נוֹחַ לוֹ שֶׁנֶּהֶפְכָה שִׁלְיָתוֹ עַל פָּנָיו (ירושלמי ברכות א, ב; ג, ב). אָמַר בּוֹ: וַנְּהִי כַטָּמֵא כֻּלָּנוּ וּכְבֶגֶד עִדִּים כָּל צִדְקֹתֵינוּ (ישעיה סד, ה).

וְיֵשׁ מִין שֶׁלֹּא לִשְׁמָהּ אַחֵר, שֶׁהוּא עַל מְנָת לְקַבֵּל פְּרָס, שֶׁעָלָיו אָמְרוּ: לְעוֹלָם יַעֲסֹק אָדָם בַּתּוֹרָה וּבַמִּצְוֹת שֶׁלֹּא לִשְׁמָהּ, שֶׁעַל יְדֵי שֶׁלֹּא לִשְׁמָהּ בָּא לִשְׁמָהּ (פסחים נ, ב). אַךְ עַל כָּל פָּנִים מִי שֶׁלֹּא הִגִּיעַ עֲדַיִן מִתּוֹךְ שֶׁלֹּא לִשְׁמָהּ אֶל לִשְׁמָהּ, הֲרֵי רָחוֹק הוּא מִשְּׁלֵמוּתוֹ.

אַךְ מַה שֶּׁצָּרִיךְ לוֹ עִיּוּן יוֹתֵר וּמְלָאכָה רַבָּה הוּא תַּעֲרֹבֶת הָאִסּוּר. דְּהַיְנוּ, שֶׁלִּפְעָמִים הָאָדָם הוֹלֵךְ וְעוֹשֶׂה מִצְוָה לִשְׁמָהּ מַמָּשׁ, שֶׁכָּךְ גָּזַר אָבִינוּ שֶׁבַּשָּׁמַיִם, אָמְנָם לֹא יֶחְדַּל מִלְּשַׁתֵּף עִמָּהּ אֵיזֶה פְּנִיָּה אַחֶרֶת, אוֹ שֶׁיְּשַׁבְּחוּהוּ בְּנֵי הָאָדָם אוֹ שֶׁיְּקַבֵּל שָׂכָר בְּמַעֲשֵׂהוּ. וְלִפְעָמִים אֲפִלּוּ אִם לֹא יִהְיֶה מִתְכַּוֵּן מַמָּשׁ לְשֶׁיְּשַׁבְּחוּהוּ, בִּשְׂמוֹחַ לִבּוֹ עַל הַשֶּׁבַח יַרְבֶּה לְדַקְדֵּק יוֹתֵר, כְּעִין מַעֲשֶׂה שֶׁל בִּתּוֹ שֶׁל רַבִּי חֲנִינָא בֶּן תְּרַדְיוֹן שֶׁהָיְתָה פּוֹסַעַת פְּסִיעוֹת יָפוֹת, וְכֵיוָן שֶׁשָּׁמְעָה:[ב]

[ב] בס"פ ד"ר: 'וכיון ששמעה שאומרים'.

But just as purity of thought pertains to bodily deeds (which are [by nature] close to the Yetzer) to ensure that they are removed from the Yetzer and do not belong to it – so too does purity pertain to good deeds and mitzvot (which are [by nature] close to the Creator, blessed be He) to ensure that they are *not* removed from Him and do *not* belong to the Yetzer. This is the meaning of "not for the sake of the mitzvah itself," often mentioned in the statements of our Rabbis, may their memory be blessed (*Pesahim* 50b, et al.).

However, the words of the Sages have already been explained to the effect that there are various types of "not for the sake of the mitzvah itself." The worst one is the type where one serves not for the sake of Divine service at all, but in order to deceive people so as to gain honor or money. About such a person it is stated: "It would have been better for him had the afterbirth [in which he lay] been turned over his face" (*Yerushalmi Berakhot* 1:2, 3b). And about him the verse states: "And we are all as one that is unclean, and all our righteous acts as filthy rags" (Yeshayahu 64:5).

There is also another type of "not for the sake of the mitzvah itself," namely, serving for the sake of receiving a reward. With regard to this it is said: "A person should always occupy himself with Torah and mitzvot, even if not for their own sake; for through [service that is] not for its own sake, one comes to [service that is] for its own sake" (*Pesahim* 50b). Yet he who has not yet achieved "[service that is] for its own sake" through "[service that is] not for its own sake," is still far from perfection.

However, that which requires deeper examination and greater effort [to discern] is the commingling of the "forbidden" [in one's motivations]. That is, oftentimes a person performs a mitzvah entirely for its own sake, our Father in heaven having decreed it. Yet he incorporates some other motive into his action, such as the hope of winning the praise of his fellow man or of receiving a reward for his deed. And oftentimes, though he may not actually intend to win praise, yet inasmuch as his heart rejoices in the praise received, he is moved to even greater care [in how he acts]. This is similar to the incident regarding the daughter of Rabbi Hanina ben Teradyon who was once walking with graceful strides. When she overheard people remarking,

כַּמָּה נָאִים פְּסִיעוֹתֶיהָ שֶׁל רִיבָה זוֹ, מִיָּד דִּקְדְּקָה יוֹתֵר (עבודה זרה יח, א), הֲרֵי הַתּוֹסֶפֶת הַזֹּאת בָּאָה מִכֹּחַ הַשֶּׁבַח שֶׁשִּׁבְּחוּהוּ.[ג]

וְהִנֵּה אַף עַל פִּי שֶׁאִסּוּר הַזֶּה בָּטֵל בְּמִעוּטוֹ, הִנֵּה עַל כָּל פָּנִים אֵינֶנּוּ טָהוֹר. כִּי הִנֵּה כְּשֵׁם שֶׁאֵין עוֹלָה עַל גַּבֵּי הַמִּזְבֵּחַ שֶׁלְּמַטָּה אֶלָּא סֹלֶת נְקִיָּה מְנֻפָּה בִּשְׁלֹשׁ עֶשְׂרֵה נָפָה,[ד] שֶׁכְּבָר טָהַר לְגַמְרֵי מִכָּל מִינֵי סִיג, כָּךְ אִי אֶפְשָׁר לַעֲלוֹת עַל רְצוֹן מִזְבְּחוֹ הָעֶלְיוֹן לִהְיוֹת מֵעֲבוֹדַת הָאֵל בָּרוּךְ הוּא הַשְּׁלֵמָה, אֶלָּא הַמֻּבְחָר שֶׁבַּמַּעֲשִׂים, הַטָּהוֹר מִכָּל מִינֵי סִיג.

וְאוּלָם לֹא אַחְלִיט שֶׁכָּל מַה שֶּׁהוּא זוּלַת זֶה יִהְיֶה נִדְחֶה לְגַמְרֵי, כִּי אֵין הַקָּדוֹשׁ בָּרוּךְ הוּא מְקַפֵּחַ שְׂכַר כָּל בְּרִיָּה[ה] וּמְשַׁלֵּם שְׂכַר הַמַּעֲשִׂים לְפִי מַה שֶּׁהֵם. אָמְנָם עַל הָעֲבוֹדָה הַתְּמִימָה אֲנִי מְדַבֵּר, הָרְאוּיָה לְכָל אוֹהֲבֵי הַשֵּׁם בָּרוּךְ הוּא, וְזֶה וַדַּאי שֶׁאֵין הָעֲבוֹדָה תְּמִימָה אֶלָּא הַטְּהוֹרָה לְגַמְרֵי, אֲשֶׁר אֵין הַפְּנִיָּה בָּהּ אֶלָּא לוֹ יִתְבָּרַךְ וְלֹא לְזוּלָתוֹ. וְכָל מַה שֶּׁיִּתְרַחֵק מִן הַמַּדְרֵגָה הַזֹּאת, כְּפִי הַרְבּוֹת רִחוּקוֹ כֵּן יִרְבֶּה הַחִסָּרוֹן בָּהּ.

הוּא מַה שֶּׁדָּוִד הַמֶּלֶךְ אוֹמֵר: מִי לִי בַשָּׁמָיִם וְעִמְּךָ לֹא חָפַצְתִּי בָאָרֶץ (תהלים עג, כה). וְאָמַר כְּמוֹ כֵן: צְרוּפָה אִמְרָתְךָ מְאֹד וְעַבְדְּךָ אֲהֵבָהּ (שם קיט, קמ). כִּי בֶּאֱמֶת הָעֲבוֹדָה הָאֲמִתִּית צְרִיכָה לִהְיוֹת צְרוּפָה יוֹתֵר הַרְבֵּה מִן הַזָּהָב וְהַכֶּסֶף. וְהוּא מַה שֶּׁנֶּאֱמַר בַּתּוֹרָה: אִמֲרוֹת ה׳ אֲמָרוֹת טְהֹרוֹת כֶּסֶף צָרוּף בַּעֲלִיל לָאָרֶץ מְזֻקָּק שִׁבְעָתָיִם (שם יב, ז). וּמִי שֶׁהוּא עֶבֶד ה׳ בֶּאֱמֶת לֹא יִסְתַּפֵּק בְּמוּעָט, וְלֹא יִתְרַצֶּה לָקַחַת כֶּסֶף מְעֹרָב בְּסִיגִים וּבְדִילִים, דְּהַיְנוּ עֲבוֹדָה מְעֹרֶבֶת בִּפְנִיּוֹת לֹא טוֹבוֹת, אֶלָּא הַזַּךְ וְהַטָּהוֹר כָּרָאוּי. וְאָז יִקָּרֵא עוֹשֶׂה מִצְוָה כְּמַאֲמָרָהּ, שֶׁעָלָיו אָמְרוּ זִכְרוֹנָם לִבְרָכָה: כָּל הָעוֹשֶׂה מִצְוָה

[ג] כלומר, ששיבחו את המעשה. [ד] ראה מנחות עו, ב. [ה] ראה בבא קמא לח, ב, ועוד.

"How beautifully that maiden walks," she immediately became even more meticulous [in her graceful manner] (*Avodah Zarah* 18a). So you see that this additional [care] was motivated by the praise she received.

Even if the forbidden element in one's motivation is of minute proportions, [the deed performed] is not yet entirely pure. For just as it is not permitted to offer up on the earthly altar anything but the finest flour, sifted through thirteen sieves (see *Menahot* 76b) and absolutely clean of any type of impurity, so too is it impossible to offer up on His heavenly altar anything but the choicest of deeds, clean of any type of impurity, in order that it be accepted as part of the perfect service of God, blessed be He.

Yet I would not insist that anything other than that would be completely rejected. For the Holy One, blessed be He, does not "shortchange" the reward of any creature (*Baba Kamma* 38b, et al.), but rewards actions for what they are. However, I speak here of the perfect service that befits all those who love God, may He be blessed. And certainly the perfect service is that which is absolutely pure, that which is directed to the blessed One alone and nothing else. And should any [act of worship] fall short of this level, the more it falls short, the more deficient it is.

This is what King David meant when he said: "Whom have I in heaven but You? And having You, I need no one on earth" (Tehillim 73:25). Similarly he said: "Your word is very pure; therefore Your servant loves it" (Tehillim 119:140). For in fact the true service of God must be much more refined than gold and silver. As it is stated regarding the Torah: "The words of the Lord are pure words; as purified silver, clear to the world, refined seven times" (Tehillim 12:7). One who is truly a servant of God will not content himself with imperfect [worship]. He will not agree to accept silver mixed with dross and lead – that is, Divine service mixed with impure motivations – but only that which is clean and pure as it should be. Then he will be called "one who performs a *mitzvah* as it is stated;" about whom our Sages, may their memory be blessed, said: "Anyone who performs a *mitzvah*

כְּמַאֲמָרָהּ אֵין מְבַשְּׂרִין אוֹתוֹ בְּשׂוֹרוֹת רָעוֹת (שבת סג, א). וְכֵן אָמְרוּ זִכְרוֹנָם לִבְרָכָה: עֲשֵׂה דְּבָרִים לְשֵׁם פּוֹעֲלָן וְדַבֵּר בָּהֶם לִשְׁמָן (נדרים סב, א).

וְהוּא מַה שֶּׁבּוֹחֲרִים עוֹבְדֵי ה׳ בֶּאֱמֶת. כִּי מִי שֶׁלֹּא נִתְדַּבֵּק עִמּוֹ יִתְבָּרַךְ בְּאַהֲבָה אֲמִתִּית, צֵרוּף הָעֲבוֹדָה הַזֹּאת תִּהְיֶה לוֹ לְטֹרַח וּלְמַשָּׂא גָּדוֹל. כִּי יֹאמַר: מִי יוּכַל לַעֲמֹד בָּהּ, וַאֲנַחְנוּ בְּנֵי חֹמֶר יְלוּדֵי אִשָּׁה, אִי אֶפְשָׁר לְהַגִּיעַ אֶל הַזִּקּוּק וְהַצֵּרוּף הַזֶּה. אָמְנָם אוֹהֲבֵי הַשֵּׁם וַחֲפֵצִים בַּעֲבוֹדָתוֹ, הִנֵּה שָׂמֵחַ לִבָּם לְהַרְאוֹת אֲמִתַּת אַהֲבָתָם לְפָנָיו יִתְבָּרַךְ וּלְהִתְעַצֵּם בִּצְרוּפָהּ וְטָהֳרָתָהּ. הוּא מַה שֶּׁסִּיֵּם דָּוִד עַצְמוֹ מַאֲמָרוֹ: וְעַבְדְּךָ אֲהֵבָהּ (תהלים קיט, קמ).

וְהִנֵּה, בֶּאֱמֶת שֶׁבָּזֶה נִבְחָנִים וְנִבְדָּלִים עוֹבְדֵי ה׳ עַצְמָם בְּמַדְרֵגָתָם. כִּי מִי שֶׁיּוֹדֵעַ לְטַהֵר עַצְמוֹ יוֹתֵר הוּא הַמִּתְקָרֵב יוֹתֵר וְהָאָהוּב יוֹתֵר אֶצְלוֹ יִתְבָּרַךְ. הֵם הֵמָּה הָרִאשׁוֹנִים, קְדוֹשִׁים אֲשֶׁר בָּאָרֶץ הֵמָּה,[ו] אֲשֶׁר גָּבְרוּ וְנִצְּחוּ בַּדָּבָר הַזֶּה, הָאָבוֹת וּשְׁאָר הָרוֹעִים אֲשֶׁר טִהֲרוּ לִבָּם לְפָנָיו. וְהוּא מַה שֶּׁדָּוִד מְצַוֶּה אֶל שְׁלֹמֹה בְנוֹ: כִּי כָל לְבָבוֹת דּוֹרֵשׁ ה׳ וְכָל יֵצֶר מַחֲשָׁבוֹת הוּא[ז] מֵבִין (דברי הימים א כח, ט). וְכֵן אָמְרוּ זִכְרוֹנָם לִבְרָכָה: רַחֲמָנָא לִבָּא בָּעֵי (סנהדרין קו, ב). כִּי אֵין דַּי לָאָדוֹן בָּרוּךְ הוּא בְּמַעֲשִׂים לְבַדָּם שֶׁיִּהְיוּ מַעֲשֵׂי מִצְוָה, אֶלָּא הָעִקָּר הוּא שֶׁהַלֵּב יִהְיֶה טָהוֹר לְכַוֵּן בָּהּ לַעֲבוֹדָה אֲמִתִּית. וְזֶה פָּשׁוּט.

אָמַר הֶחָכָם:

דְּבָרֶיךָ נְכוֹחִים וְטוֹבִים, כִּי הַלֵּב הוּא הַמֶּלֶךְ בְּכָל הַגּוּף וְנוֹהֵג בּוֹ, וְאִם הוּא אֵינוֹ מֵבִיא עַצְמוֹ אֶל עֲבוֹדָתוֹ יִתְבָּרַךְ, אֵין עֲבוֹדַת שְׁאָר הָאֵיבָרִים כְּלוּם, כִּי אֶל אֲשֶׁר יִהְיֶה שָׁם רוּחַ הַלֵּב לָלֶכֶת יֵלֵכוּ.[ח] וּמִקְרָא כָּתוּב בְּפֵרוּשׁ: תְּנָה בְנִי לִבְּךָ לִי (משלי כג, כו).

[ו] ע״פ תהלים טז, ג. [ז] מלת ׳הוא׳ אינה מן המקרא. [ח] ע״פ יחזקאל א, יב.

as it is stated will receive no evil tidings" (*Shabbat* 63a). Our Sages, may their memory be blessed, also said: "Do things for the sake of their Maker, and speak of them for their own sake" (*Nedarim* 62a).

This is what those who truly serve God choose [to do]. For he who does not conjoin with the Blessed One in true love will find this refinement of service tedious and extremely burdensome. He will say: "Who can withstand this? We are creatures of clay, born of woman. It is impossible to attain to [this level of] refinement and purification." But those who love God and delight in His service are happy to demonstrate their sincere love for Him, blessed be He, and intensify their efforts to refine and purify it. This is what David himself meant in his concluding words: "Therefore Your servant loves it" (Tehillim 119:140).

In truth, this is the criterion by which those who serve God are tested and distinguished according to their rank. For one who knows best how to purify himself is closer to God and more beloved by Him, blessed be He. Such were the ancients, the holy ones on the earth, those who grew in strength and emerged victorious in this matter, the Patriarchs and the other shepherds who purified their hearts before Him. This is what David forewarned his son Shelomo: "For the Lord searches all hearts, and understands all plans and thoughts"(I Divrei haYamim 28:9). And [our Sages], may their memory be blessed, said: "The Merciful one desires the heart" (*Sanhedrin* 106b). For the Master (blessed be He) is not satisfied with actions alone in that they are merely deeds of *mitzvah*. Rather, the most important thing is that one's heart be pure so that it is directed to true [Divine] service. This is self-evident.

The Hakham said:
Your words are correct and good. For the heart is king over the entire body and leads it. If the heart does not dedicate itself to God's service, blessed be He, then the service of the other organs is worthless. For wherever the spirit of the heart will go, the organs will follow. As it is explicitly stated in Scripture: "My son, give me your heart" (Mishlei 23:26).

בְּדֶרֶךְ קְנִיַּת הַטָּהֳרָה וְהַהַרְחָקָה מִמַּפְסִידֶיהָ

אָמַר הֶחָסִיד:

אָמְנָם הַדֶּרֶךְ לְהַשִּׂיג הַמִּדָּה הַזֹּאת קַל הוּא לְמִי שֶׁכְּבָר הִשְׁתַּדֵּל וְהִשִּׂיג הַמִּדּוֹת הָרִאשׁוֹנוֹת הַשְּׁנוּיוֹת עַד הֵנָּה. כִּי הִנֵּה כְּשֶׁיַּחְשֹׁב וְיִתְבּוֹנֵן עַל פְּחִיתוּת תַּעֲנוּגֵי הָעוֹלָם וְטוֹבוֹתָיו, כְּמוֹ שֶׁזָּכַרְתִּי לְמַעְלָה, יִמְאַס בָּהֶם וְלֹא יַחְשְׁבֵם אֶלָּא לְרָעוֹת וּלְחֶסְרוֹנוֹת הַטֶּבַע הַחָמְרִי הֶחָשׁוּךְ וְהַגַּס. וּבְהִתְאַמֵּת אֶצְלוֹ הֱיוֹתָם מַמָּשׁ חֶסְרוֹנוֹת וְרָעוֹת, וַדַּאי שֶׁיֵּקַל לוֹ לְהִבָּדֵל מֵהֶם וְלַהֲסִירָם מִלִּבּוֹ. עַל כֵּן כָּל מַה שֶּׁיַּעֲמִיק וְיַתְמִיד לְהַכִּיר פְּחִיתוּת הַחָמְרִיּוּת וְתַעֲנוּגָיו, יוֹתֵר יִהְיֶה נָקֵל לוֹ לְטַהֵר מַחְשְׁבוֹתָיו וְלִבּוֹ, שֶׁלֹּא לִפְנוֹת אֶל הַיֵּצֶר כְּלָל בְּשׁוּם מַעֲשֶׂה מִן הַמַּעֲשִׂים, אֶלָּא יִהְיֶה בַּמַּעֲשִׂים הַחָמְרִיִּים[א] כְּאָנוּס וּמֻכְרָח, לֹא זוּלַת.

וְאָמְנָם כְּמוֹ שֶׁטָּהֳרַת הַמַּחֲשָׁבָה חִלַּקְנוּהָ לִשְׁנֵי חֲלָקִים, הָרִאשׁוֹן בַּמַּעֲשִׂים הַגּוּפָנִיִּים וְהַשֵּׁנִי בָּעֲבוֹדָה, כֵּן הָעִיּוּן הַמִּצְטָרֵךְ כְּדֵי לִקְנוֹתָהּ יִתְחַלֵּק לִשְׁנַיִם. כִּי הִנֵּה לְטַהֵר מַחֲשַׁבְתּוֹ בְּמַעֲשֵׂי גּוּפָנִיּוּתוֹ, הַדֶּרֶךְ הוּא לְהַתְמִיד הִסְתַּכְּלוּתוֹ עַל פְּחִיתוּת הָעוֹלָם וְתַעֲנוּגָיו, כְּמוֹ שֶׁזָּכַרְתִּי. וּלְטַהֵר מַחֲשַׁבְתּוֹ בְּמַעֲשֵׂי עֲבוֹדָתוֹ, יַרְבֶּה הִתְבּוֹנְנוּתוֹ עַל תַּרְמִית הַכָּבוֹד וּכְזָבָיו, וְיַרְגִּיל עַצְמוֹ לִבְרֹחַ מִמֶּנּוּ, אָז יִנָּקֶה בְּעֵת עֲבוֹדָתוֹ מִפְּנוֹת אֶל הַשֶּׁבַח וְאֶל הַתְּהִלָּה אֲשֶׁר יְהַלְלוּהוּ בְּנֵי הָאָדָם, וְתִהְיֶה מַחֲשַׁבְתּוֹ פּוֹנָה בְּיִחוּד אֶל אֲדוֹנֶיהָ, אֲשֶׁר הוּא תְּהִלָּתֵנוּ וְהוּא כָּל טוּבֵנוּ וּשְׁלֵמוּתֵנוּ וְאֶפֶס זוּלָתוֹ. וְכֵן הוּא אוֹמֵר: הוּא תְהִלָּתְךָ וְהוּא אֱלֹקֶיךָ (דברים י, כא).

Nineteen:

How to Acquire Purity and Avoid
What is Detrimental to it

The Hasid said:

The way to attain the trait [of purity] is indeed easy for a person
who has already exerted himself and acquired the former traits thus
far taught. For when he considers and contemplates the baseness of
worldly pleasures and goods, as I have stated earlier (*above, pp. 219,
221*), he will spurn them and regard them solely as evils and defects
of the nature of [his] matter that is dark and dense. And once he
is convinced that they are real defects and evils, he will surely find
it easier to separate himself from them and remove them from his
heart. Therefore, the more deeply and constantly he delves into
the matter, in order to recognize the baseness of materiality and
its pleasures, the easier it will be to purify his thoughts and heart,
so that he never turn to the *Yetzer* in anything he does. Rather,
he will engage in material deeds as if compelled and coerced, not
otherwise.

But just as we have divided purity of thought into two parts – the
first relating to bodily functions and the second to Divine service – so
too the reflection necessary to acquire purity is divided into two.
For the way a person purifies his thought with respect to his bodily
functions is, as I have stated, by constantly contemplating the base
nature of the world and its pleasures. In order to purify his thought
regarding the deeds he performs in the service of God, he must
greatly ponder the false and illusory nature of glory, habituating
himself to flee from it. He will then be free from turning to the
praise and approbation of men while serving God. His thought will
be directed exclusively to the Master [of praise], who is our praise
as well as all our good and perfection, and aside from whom there
is nothing. And so it is said: "He is your praise and He is your God"
(Devarim 10:21).

וּמִן הַמַּעֲשִׂים הַמַּדְרִיכִים אֶת הָאָדָם לָבוֹא לִידֵי מִדָּה זוֹ הוּא הַהִזְדַּמְּנָה לְדִבְרֵי הָעֲבוֹדָה וְהַמִּצְווֹת. וְהַיְנוּ, שֶׁלֹּא יִכָּנֵס בְּקִיּוּם הַמִּצְוָה בְּפֶתַע פִּתְאֹם, שֶׁאֵין דַּעְתּוֹ עֲדַיִן מְיֻשֶּׁבֶת עָלָיו וִיכוֹלָה לְהִתְבּוֹנֵן בְּמַה שֶׁהוּא עוֹשֶׂה, אֶלָּא יַזְמִין עַצְמוֹ לַדָּבָר וְיָכִין לִבּוֹ בְּמָתוּן עַד שֶׁיִּכָּנֵס בְּהִתְבּוֹנְנוּת, וְאָז יִתְבּוֹנֵן מַה הוּא הוֹלֵךְ לַעֲשׂוֹת וְלִפְנֵי מִי הוּא הוֹלֵךְ לַעֲשׂוֹת. שֶׁהֲרֵי בְּהִכָּנְסוֹ בָּעִיּוּן הַזֶּה קַל הוּא שֶׁיַּשְׁלִיךְ מֵעָלָיו הַפְּנִיּוֹת הַחִיצוֹנוֹת, וְיִקְבַּע בְּלִבּוֹ הַכַּוָּנָה הָאֲמִתִּית הָרְצוּיָה.

וְתִרְאֶה שֶׁהַחֲסִידִים הָרִאשׁוֹנִים הָיוּ שׁוֹהִים שָׁעָה אַחַת קֹדֶם תְּפִלָּתָם וְאַחַר כָּךְ מִתְפַּלְּלִים, כְּדֵי שֶׁיְּכַוְּנוּ לִבָּם לַמָּקוֹם (ברכות ה, א; ל, א). וּבְוַדַּאי שֶׁלֹּא הָיוּ פּוֹנִים לְבַטָּלָה שָׁעָה אַחַת, אֶלָּא הָיוּ מִתְכַּוְּנִים וּמְכִינִים לִבָּם לַתְּפִלָּה שֶׁהָיָה לָהֶם לְהִתְפַּלֵּל, וְדוֹחִים מֵעֲלֵיהֶם הַמַּחֲשָׁבוֹת הַזָּרוֹת, וּמִתְמַלְּאִים בְּיִרְאָה וּבְאַהֲבָה הַצְּרִיכָה. וְאוֹמֵר: אִם אַתָּה הֲכִינוֹתָ לִבֶּךָ וּפָרַשְׂתָּ אֵלָיו כַּפֶּיךָ (איוב יא, יג).

וְהִנֵּה מַפְסִידֵי הַמִּדָּה הֵם חֶסְרוֹן הַהִתְבּוֹנְנוּת עַל הָעִנְיָנִים שֶׁזָּכַרְנוּ, דְּהַיְנוּ: סִכְלוּת פְּחִיתוּת הַתַּעֲנוּגִים, רְדִיפַת הַכָּבוֹד, וּמִעוּט הַהֲכָנָה לָעֲבוֹדָה. כִּי הַשְּׁנַיִם הָרִאשׁוֹנִים הֵם מְפַתִּים אֶת הַמַּחֲשָׁבָה וּמַמְשִׁיכִים אוֹתָהּ אֶל הַפְּנִיּוֹת, כְּאִשָּׁה הַמְנָאֶפֶת אֲשֶׁר תַּחַת אִישָׁהּ תִּקַּח הַזָּרִים (ע"פ יחזקאל טז, לב). וּכְבָר נִקְרְאוּ הַמַּחֲשָׁבוֹת הַחִיצוֹנוֹת זְנוּת הַלֵּב, דִּכְתִיב: וְלֹא תָתוּרוּ אַחֲרֵי לְבַבְכֶם וְאַחֲרֵי עֵינֵיכֶם אֲשֶׁר אַתֶּם זֹנִים אַחֲרֵיהֶם (במדבר טו, לט). כִּי נִמְצָא הַלֵּב פּוֹנֶה מִן הַמַּבָּט הַשָּׁלֵם, אֲשֶׁר הָיָה לוֹ לְיִקָּשֵׁר בּוֹ, אֶל הֲבָלִים וְדִמְיוֹנוֹת כּוֹזְבִים. וּמִעוּט הַהֲכָנָה גּוֹרֵם לַסִּכְלוּת הַטִּבְעִי הַבָּא מִצַּד הַחֹמֶר שֶׁלֹּא יְגֹרַשׁ מִתּוֹכוֹ, וַהֲרֵי הוּא מַבְאִישׁ אֶת הָעֲבוֹדָה בְּסִרְחוֹנוֹ.

וּכְבָר דִּבַּרְנוּ מִן הַטָּהֳרָה מַה שֶּׁאֶחְשֹׁב הֱיוֹתוֹ דַּי, נָבוֹא עַתָּה אֶל הַחֲסִידוּת.

Among the measures that lead one to acquire this trait is to ready oneself [before engaging in] Divine service and *mitzvot*. That is, one should not begin to perform a *mitzvah* abruptly, since his mind is not yet composed and able to consider what he is doing. Rather, he should prepare himself for [such service] and slowly ready his heart until he enters into a state of contemplation. He should then reflect upon what he is going to do and before whom he is going to do it. For when he enters this state of reflection, it will be easy to cast away external motives, implanting in his heart a true and desirable intention.

You may observe that the pious men of early times would wait an hour prior to their prayer, and thereafter they would pray, [the better] to direct their hearts towards the Omnipresent (*mBerakhot* 5:1, 30a). Certainly they did not remain idle for an hour. Rather they would direct and prepare their hearts for the prayers about to be offered, pushing away alien thoughts and imbuing themselves with the requisite fear and love [of God]. And Scripture says: "If you have directed your heart rightly, you may spread forth your hands to Him" (Iyov 11:13).

The factors detrimental to this trait involve a lack of reflection upon the aforementioned matters. That is, ignorance regarding the baseness of pleasure, pursuit of honor, and insufficient preparedness for God's service. The first two seduce the mind, drawing it to [impure] motives like an adulterous wife who takes in strangers while still married to her husband. Indeed, such extrinsic thoughts have been referred to as strayings of the heart. As it is written: "And that you seek not after your own heart and your own eyes, after which you follow promiscuously" (Bamidbar 15:39). For the heart turns from a perfect outlook, with which it should have bonded, towards vanities and deceitful illusions. And insufficient preparedness [for God's service] contributes to the natural ignorance that stems from man's material element that cannot be expunged; thus it makes Divine service odious with its stench.

We have already discussed purity in sufficient fashion. Let us now proceed to piety.

פֶּרֶק כ:

בְּבֵאוּר מִדַּת הַחֲסִידוּת

אָמַר הֶחָכָם:

כָּל דְּבָרֶיךָ שָׁמַעְתִּי אוֹתָם בְּחֵשֶׁק נִמְרָץ וְהִקְשַׁבְתִּי לְךָ בְּתַאֲוָה רַבָּה, יַעַן בֶּאֱמֶת הַגִּיעוּנִי חֲדָשִׁים מַמָּשׁ אֲשֶׁר לֹא דִמִּיתִי וְלֹא עָלְתָה עַל לִבִּי.[א] אַךְ תַּאֲוָתִי עַתָּה לִשְׁמֹעַ דְּבָרֶיךָ עַל מִדַּת הַחֲסִידוּת הִנֵּה עוֹלָה עַל הַכֹּל עַד בְּלִי שִׁעוּר, וְהִנְנִי מְיַחֵל לְךָ כְּמָטָר וּכְמַלְקוֹשׁ לָדַעַת עַל מָה נוֹסְדוּ אַדְנֵי הַמִּדָּה הַזֹּאת לְפִי דַעְתְּךָ.

כִּי אֲנִי חָשַׁבְתִּי עַל הַחֲסִידִים מַחֲשָׁבוֹת אֲשֶׁר לֹא כֵן, וְדִמִּיתִי חֲסִידוּתָם שִׁטְחִיִּי וּכְמְעַט הַבְלִיִּי, כֻּלּוֹ עוֹמֵד עַל רִבּוּי הַבַּקָּשׁוֹת, וַאֲמִירַת הַוִּדּוּיִים וְהַמִּזְמוֹרִים, וַהֲרִיגַת עַצְמָם בְּסִגּוּפִים וּבִטְבִילוֹת הַקֶּרַח וְהַשֶּׁלֶג, דְּבָרִים אֲשֶׁר לֹא יֵאוֹתוּ לָהֶם חַכְמֵי הַלֵּב וְאַנְשֵׁי הַדֵּעָה הַיְשָׁרָה. אָמְנָם כְּבָר רָאִיתִי אוֹתְךָ רָחוֹק מִזֶּה הָרְחֵק גָּדוֹל, וּמְצָאתִיךָ מַעֲמִיק בְּיֹשֶׁר הַדְּרָכִים וְתִקּוּן הַמִּדּוֹת, מַה שֶּׁרָאוּי לְכָל בַּעַל שֵׂכֶל לְהוֹדוֹת עָלָיו, וְאִי אֶפְשָׁר לְשׁוּם חָכָם שֶׁיַּחֲלֹק עָלָיו כְּלָל. עַתָּה הִנְנִי עוֹרֵג כְּאַיָּל עַל אֲפִיקֵי מַיִם, אֵיךְ יִתְפָּרֵשׁ הַחֲסִידוּת לְפִי דַעְתְּךָ הַנְּכוֹנָה, וּמָה עִנְיָנוֹ בֶּאֱמֶת.

אָמַר הֶחָסִיד:

הִנֵּה לֹא אֲכַחֵד הֱיוֹת דְּבָרִים וּדְרָכִים רַבִּים עוֹבְרִים בֵּין רַבִּים בְּשֵׁם חֲסִידוּת, וְאֵינָם אֶלָּא גָּלְמֵי חֲסִידוּת, בְּלִי תֹאַר וּבְלִי צוּרָה וּבְלִי תִּקּוּן כְּלָל. וְיִמָּשֵׁךְ זֶה מֵחֶסְרוֹן הָעִיּוּן וְהַהַשְׂכָּלָה הָאֲמִתִּית אֲשֶׁר לְבַעֲלֵי הַמִּדּוֹת הָהֵם, כִּי לֹא טָרְחוּ וְלֹא נִתְיַגְּעוּ לָדַעַת אֶת דֶּרֶךְ ה׳ בִּידִיעָה בְּרוּרָה וִישָׁרָה, אֶלָּא הִתְחַסְּדוּ וְהָלְכוּ בְּמָה שֶׁנִּזְדַּמֵּן לָהֶם לְפִי הַסְּבָרָא הָרִאשׁוֹנָה, וְלֹא הֶעֱמִיקוּ בַּדְּבָרִים וְלֹא שָׁקְלוּ אוֹתָם בְּמֹאזְנֵי הַחָכְמָה.

[א] ע״פ ירמיהו ז, לא.

Twenty:

The Trait of Piety

The Hakham said:

I have heard all your words with intense desire and listened to you with great longing; for in truth, new things came to me that I had never imagined, nor had they ever entered my mind. But now my desire to hear what you have to say about the trait of piety is infinitely greater than any other. I wait for you[r teaching] as for rain and spring showers, so that I may know on what, in your opinion, the principles of this trait are based.

For my perception of the pietists was incorrect. I had imagined their piety as superficial and almost vain, based entirely on an abundance of supplications, reciting confessionals and psalms, and mortifying themselves with afflictions and ablutions in ice and snow; practices that are not agreeable to the wise of heart and those possessing correct sense. I have already seen, however, that you are very far from this. I have found you to possess a profound conception of what constitutes right conduct and the perfection of character, that which is deserving of every rational person's assent and no wise person can, in any way, controvert. Now I yearn like a hart after the water brooks [to hear] how piety will be explained according to your sound opinion and what truly are its concerns.

The Hasid said:

I will not conceal that many things and techniques circulate widely under the name of piety, but, in reality, they are nothing more than inchoate piety with neither shape nor form, without any refinement whatsoever. This results from a lack of reflection and true rational thought on the part of those who use those methods; for they did not strive or exert themselves to attain a clear and correct knowledge of the way of God. Rather, they had pretensions to piety following the first notion that occurs to them. They did not delve deeply into these matters or weigh them on the scales of wisdom

וְאִם עֲלֵיהֶם תְּלוּנוֹתֶיךָ הַדִּין עִמְּךָ. אַךְ מַה שֶּׁתְּלוּנוֹתַי עָלֶיךָ הוּא, כִּי בִּרְאוֹתְךָ שְׁנַיִם שְׁלֹשָׁה מֵהַפְּתָאִים הַמִּתְאַרִים עַצְמָם בְּשֵׁם חֲסִידִים, וְאֵינָם אֶלָּא חֲסֵרִים, חַסְרֵי הַלֵּב וְהַדֵּעָה הַנְּכוֹנָה, עַל כֵּן תִּגְזֹר אֹמֶר שֶׁכָּךְ הוּא כָּל כַּת הַחֲסִידִים הָאֲמִתִּיִּים, וְשֶׁהַפְּתַיּוּת הַהוּא אֲשֶׁר רָאִיתָ הוּא לְבַדּוֹ הַחֲסִידוּת. הֲיֵשׁ לְךָ חָכְמָה אוֹ מְלָאכָה בָּעוֹלָם שֶׁאֵין שׁוּעָלִים קְטַנִּים מְחַבְּלִים כְּרָמִים,[ב] בִּהְיוֹתָם הֶדְיוֹטִים וְקוֹפְצִים בָּרֹאשׁ כְּאִלּוּ הֵם מֵרָאשֵׁי תּוֹפְשֵׂי הַחָכְמָה אוֹ הַמְּלָאכָה הַהִיא, וְהֵם לֹא שִׁמְּשׁוּ אֲפִלּוּ חֲצִי צָרְכָּם. הַאִם מִפְּנֵי זֹאת תֹּאמַר שֶׁאֵין הַחָכְמָה הַהִיא אוֹ הַמְּלָאכָה שָׁוָה כְּלוּם, הֲלֹא כְּבוֹד הַחָכְמָה וְהַמְּלָאכָה בִּמְקוֹמוֹ עוֹמֵד, וְהַשּׁוֹטִים הָהֵמָּה בְּשְׁטוּתָם יִתְהוֹלָלוּ. כֵּן הַדָּבָר הַזֶּה בִּמְלֶאכֶת הַחֲסִידוּת.

וְיָדַעְתָּ הַיּוֹם כִּי הַחֲסִידוּת דָּבָר עָמֹק מְאֹד לְהַשִּׂיג אוֹתוֹ אֶל נָכוֹן, וְהוּא מְיֻסָּד עַל יְסוֹדוֹת חָכְמָה רַבָּה וְתִקּוּן הַמַּעֲשֶׂה בְּתַכְלִית, אֲשֶׁר רָאוּי לְכָל חֲכַם לֵב לִרְדֹּף אַחֲרָיו, כִּי רַק לַחֲכָמִים לְהַשִּׂיגוֹ בֶּאֱמֶת. וְכֵן אָמְרוּ זִכְרוֹנָם לִבְרָכָה: וְלֹא עַם הָאָרֶץ חָסִיד (אבות ב, ה).

וְעַתָּה אָחֵל לְבָאֵר הָעִנְיָן הַזֶּה עַל הַסֵּדֶר.

שֹׁרֶשׁ הַחֲסִידוּת הוּא מַה שֶּׁאָמְרוּ זִכְרוֹנָם לִבְרָכָה: אַשְׁרֵי אָדָם שֶׁעֲמָלוֹ בַּתּוֹרָה וְעוֹשֶׂה נַחַת רוּחַ לְיוֹצְרוֹ (ברכות יז, א). וְהָעִנְיָן הוּא, כִּי הִנֵּה הַמִּצְווֹת הַמֻּטָּלוֹת עַל כָּל יִשְׂרָאֵל כְּבָר יְדוּעוֹת הֵן וְחוֹבָתָן יְדוּעָה עַד הֵיכָן הִיא מַגַּעַת. אָמְנָם מִי שֶׁאוֹהֵב אֶת הַבּוֹרֵא יִתְבָּרַךְ שְׁמוֹ אַהֲבָה אֲמִתִּית, לֹא יִשְׁתַּדֵּל וִיכַוֵּן לִפְטֹר עַצְמוֹ בְּמַה שֶּׁכְּבָר מְפֻרְסָם מִן הַחוֹבָה אֲשֶׁר עַל כָּל יִשְׂרָאֵל בִּכְלָל; אֶלָּא יִקְרֶה לוֹ כְּמוֹ שֶׁיִּקְרֶה אֶל בֵּן אוֹהֵב אָבִיו, שֶׁאִלּוּ יְגַלֶּה אָבִיו אֶת דַּעְתּוֹ גִּלּוּי מְעַט שֶׁהוּא חָפֵץ בְּדָבָר מִן הַדְּבָרִים, כְּבָר יַרְבֶּה הַבֵּן בַּדָּבָר הַהוּא וּבַמַּעֲשֶׂה הַהוּא כָּל מַה שֶּׁיּוּכַל. וְאַף עַל פִּי שֶׁלֹּא אֲמָרוֹ אָבִיו אֶלָּא פַּעַם אַחַת וּבַחֲצִי דִּבּוּר, הִנֵּה דַּי לְאוֹתוֹ הַבֵּן לְהָבִין הֵיכָן דַּעְתּוֹ שֶׁל אָבִיו נוֹטָה, לַעֲשׂוֹת לוֹ גַּם אֶת אֲשֶׁר

[ב] ע"פ שיר השירים ב, טו. לשון הקטע שאובה מרמב"ם הל' תלמוד תורה פ"ה ה"ד.

If you wish to complain against them, you are right. But my complaint against you is that when you saw two or three fools portraying themselves as pietists – when in reality they are nothing but deficient both in heart and correct knowledge – you therefore decided that they represented the entire class of true pietists and that piety is nothing but the folly you witnessed. Is there a science or craft in the world that has no small foxes spoiling the vineyard? The fools who leap to the fore as if they were among the leaders of those skilled in that science or craft, when in fact they have not even served half of their apprenticeship? Would you say that because of this that science or craft is worthless? Surely the dignity of that science or craft retains its standing and those fools mock themselves in their folly. So too with regard to the practice of piety.

Know now that piety is a very profound matter to achieve properly. It is based on the foundations of great wisdom and the utmost perfection of action, which befits every man wise of heart to pursue, for only the wise can truly attain it. As [our Sages], may their memory be blessed, said: "An ignorant person cannot be pious" (*Avot* 2:5).

I will now begin to explain this matter in an orderly manner.

The fundamental principle of piety was typified by [our Sages], may their memory be blessed, in the dictum, "Happy is the man who toils in the Torah and gives pleasure to his Creator" (*Berakhot* 17a). The meaning is this. The *mitzvot* that are binding upon all of Israel and the extent to which their obligation reaches are well known. However, one who truly loves the Creator (blessed be His name) will not strive and aim to discharge his obligations merely with what is acknowledged as binding upon all of Israel as a whole. Rather, the same thing will happen to him that happens to a son who loves his father. Even if the father gives only a slight indication that he desires a certain thing, the son will provide him with that object or that service in as generous a manner as he can. Although the father may mention the matter only once, and then only by intimation, that is enough for the son to understand the direction of his father's thinking in order to do even that which his father did

לֹא אָמַר לוֹ בְּפֵרוּשׁ, כֵּיוָן שֶׁיּוּכַל לָדוּן בְּעַצְמוֹ שֶׁיִּהְיֶה הַדָּבָר הַהוּא נַחַת רוּחַ לְפָנָיו, וְלֹא יַמְתִּין שֶׁיְּצַוֵּהוּ יוֹתֵר בְּפֵרוּשׁ אוֹ שֶׁיֹּאמַר לוֹ פַּעַם אַחֶרֶת. וְהִנֵּה דָּבָר זֶה אֲנַחְנוּ רוֹאִים אוֹתוֹ בְּעֵינֵינוּ שֶׁיִּוָּלֵד בְּכָל עֵת וּבְכָל שָׁעָה בֵּין כָּל אוֹהֵב וָרֵעַ, בֵּין אִישׁ לְאִשְׁתּוֹ, בֵּין אָב וּבְנוֹ; כְּלָלוֹ שֶׁל דָּבָר: בֵּין כָּל מִי שֶׁהָאַהֲבָה בֵּינֵיהֶם עַזָּה בֶּאֱמֶת.

אָמְנָם כְּמִקְרֶה הַזֶּה יִקְרֶה לְמִי שֶׁאוֹהֵב אֶת בּוֹרְאוֹ גַּם כֵּן אַהֲבָה נֶאֱמֶנֶת, כִּי גַּם הוּא מִסּוּג הָאוֹהֲבִים, וְתִהְיֶינָה לוֹ הַמִּצְוֹות אֲשֶׁר צִוּוּיָם גָּלוּי וּמְפֻרְסָם לְגִלּוּי דַּעַת לְבַד לָדַעַת שֶׁאֶל הָעִנְיָן הַהוּא נוֹטֶה רְצוֹנוֹ וְחֶפְצוֹ יִתְבָּרַךְ שְׁמוֹ. וְאָז לֹא יֹאמַר דַּי לִי בְּמָה שֶׁאָמוּר בְּפֵרוּשׁ, אוֹ אֶפְטֹר אֶת עַצְמִי בְּמַה שֶּׁמֻּטָּל עָלַי עַל כָּל פָּנִים, אֶלָּא אַדְּרַבָּא, כֵּיוָן שֶׁכְּבָר מָצָאתִי רָאִיתִי שֶׁחֶפְצוֹ יִתְבָּרַךְ שְׁמוֹ נוֹטֶה לָזֶה, יִהְיֶה זֶה לִי לְעֵינַיִם לְהַרְבּוֹת בָּעִנְיָן הַזֶּה וּלְהַרְחִיב אוֹתוֹ בְּכָל הַצְּדָדִין שֶׁאוּכַל לָדוּן שֶׁרְצוֹנוֹ יִתְבָּרַךְ חָפֵץ בּוֹ. וְזֶהוּ הַנִּקְרָא עוֹשֶׂה נַחַת רוּחַ לְיוֹצְרוֹ.

נִמְצָא כְּלַל הַחֲסִידוּת הַרְחָבַת קִיּוּם כָּל הַמִּצְוֹות בְּכָל הַצְּדָדִין וְהַתְּנָאִים שֶׁרָאוּי וְשֶׁאֶפְשָׁר.

וְהִנְּךָ רוֹאֶה שֶׁהַחֲסִידוּת מִמִּין הַפְּרִישׁוּת הוּא, אֶלָּא שֶׁהַפְּרִישׁוּת בְּלָאוִין וְהַחֲסִידוּת בַּעֲשִׂין. וּשְׁנֵיהֶם עִנְיָן אֶחָד, שֶׁהוּא לְהוֹסִיף עַל הַמְפֹרָשׁ מַה שֶּׁנּוּכַל לָדוּן לְפִי הַמִּצְוָה שֶׁיִּהְיֶה נַחַת רוּחַ לְפָנָיו יִתְבָּרַךְ. זֶהוּ גֶּדֶר הַחֲסִידוּת הָאֲמִתִּי.

וְעַתָּה נְבָאֵר חֲלָקָיו הָרָאשִׁיִּים.

אָמַר הֶחָכָם:

כְּבָר רוֹאֶה אֲנִי אֶת דַּרְכְּךָ רָחוֹק מֵאֲשֶׁר שִׁעַרְתִּיו. עַתָּה הַשְׁלֵם אֶת דְּבָרֶיךָ.

not explicitly tell him. For the son can conclude on his own that the matter will bring his father pleasure, and he will not wait for his father to give him more explicit instructions or tell him a second time. We see with our own eyes that this happens quite regularly between all loving friends, between man and wife, between father and son. The long and short of it: between all those whose love for each other is truly powerful.

Indeed, the same thing occurs to a person who faithfully loves his Creator, as he too is in this class of those who love. To him, the *mitzvot*, which were expressly commanded and made known, will be but an indication that [God's] will and desire (blessed be His name) incline toward the principle [underlying that commandment]. He will not say then, "What is stated explicitly is enough for me," or "I will discharge my duty with what I must unavoidably do." On the contrary, [he will say], "Since I have discovered and seen that the will of God (blessed be His name) inclines towards this, that will be my guide in doing more of it and extending it in every direction that I can infer God (blessed be He) wills." Such a person is called "one who gives pleasure to his Creator."

So the long and short of piety is to expand the way one fulfills all of the *mitzvot* however and whenever it is fitting and possible to do so.

You will observe that piety is of the same species as separateness, except that separateness pertains to the negative precepts, whereas piety pertains to the positive commandments. But both embody the same principle, namely, to add to that which has been made explicit, whatever [else] the [explicit] command allows us to infer will be pleasing to [God], blessed be He. This is the definition of true piety.

Now we shall explain its main divisions.

The Hakham said:
I already see that your way is far from what I had imagined. Now complete what you have to say.

פֶּרֶק כא:

בְּחֶלְקֵי הַחֲסִידוּת

אָמַר הֶחָסִיד:

חֶלְקֵי הַחֲסִידוּת הָרִאשׁוֹנִים שְׁלֹשָׁה: הָרִאשׁוֹן בְּמַעֲשֶׂה, הַשֵּׁנִי בְּאֹפֶן הָעֲשִׂיָּה וְהַשְּׁלִישִׁי בַּכַּוָּנָה.

הַחֵלֶק הָרִאשׁוֹן הוּא הַמַּעֲשֶׂה, אַף הוּא יִתְחַלֵּק לִשְׁנֵי חֲלָקִים: בְּמַה שֶּׁבֵּין אָדָם לַמָּקוֹם וּבְמַה שֶּׁבֵּין אָדָם לַחֲבֵרוֹ (וּכְלָל זֶה יִהְיֶה בְּיָדֶיךָ, שֶׁכָּל מַה שֶּׁהוּא בֵּין אָדָם לַחֲבֵרוֹ קָשֶׁה לְיַשְּׁרוֹ יוֹתֵר מְאֹד מִמַּה שֶּׁבֵּין אָדָם לַמָּקוֹם).

הַחֲסִידוּת בְּמַעֲשֶׂה שֶׁבֵּין אָדָם לַמָּקוֹם הוּא קִיּוּם כָּל הַמִּצְווֹת שֶׁאֶפְשָׁר בְּכָל דִּקְדּוּקֵיהֶם וּפְרָטֵי תְּנָאֵיהֶם, וְלָחוּשׁ אֲפִלּוּ לְדִבְרֵי יָחִיד הַמְחַיֵּב בְּאֵיזֶה תְּנַאי יוֹתֵר.

אָמַר הֶחָכָם:

אַתָּה אוֹמֵר כֵּן, וְיֵשׁ לָנוּ מִשְׁנָה פְּשׁוּטָה הֵפֶךְ זֶה, שֶׁאָמְרוּ לְרַבִּי טַרְפוֹן, כְּדַאי הָיִיתָ לָחוּב בְּעַצְמְךָ עַל שֶׁעָבַרְתָּ עַל דִּבְרֵי בֵּית הִלֵּל (ברכות א, ג; י, ב), וְהוּא לֹא הֵקֵל אֶלָּא הֶחְמִיר.

אָמַר הֶחָסִיד:

עַל הַקֻּשְׁיָא הַזֹּאת אֲשִׁיבְךָ אַחַר כָּךְ תְּשׁוּבָה אֲמִתִּית, בְּבוֹאִי לְפָרֵשׁ מִשְׁקַל הַחֲסִידוּת בְּסִיַּעְתָּא דִשְׁמַיָּא, שֶׁהוּא תְּנַאי עִקָּרִי מְאֹד לִשְׁלֵמוּת הַמִּדָּה הַזֹּאת. עַתָּה הַנִּיחָה לִי וְאֶגְמֹר דְּבָרַי אֵלֶּה, אַחֲרֵי כֵן אֲיַשֵּׁב תְּמִיהָתְךָ.

אָמַר הֶחָכָם:

כְּחֶפְצְךָ עֲשֵׂה.

Twenty-One:

The Elements of Piety

The Hasid said:

There are three principal divisions of piety. The first relates to action, the second to manner of performance, and the third to motive.

The first division, which relates to action, further divides into two subdivisions, [one] pertains to the relationship between man and God, [the other] to the relationship between man and his fellow. (Keep this rule in mind: Whatever applies to the relationship between man and his fellow is much more difficult to set right than that pertaining to the relationship between man and God.)

Piety in acts that are between man and God consists in the fulfillment of all the *mitzvot* in accordance with all their niceties and particular conditions, and the concern of not transgressing even an isolated opinion that imposes some further condition.

The Hakham said:

You say this, but we have a straightforward mishnah that states the opposite. For [the Sages] said to Rabbi Tarfon, "You deserved to be answerable for your death, for you violated the view of the school of Hillel" (*mBerakhot* 1:3, 10b), and [Rabbi Tarfon] did not adopt the lenient position, but rather he acted stringently.

The Hasid said:

Later I will give you the true answer to this objection (*see below, p. 293*) when, with God's help, I explain "the exercise of judgment in piety," which is a very essential condition for the perfection of this trait. Now allow me to finish what I have to say. Then I will resolve [the contradiction] which you object to in astonishment.

The Hakham said:

Do as you please.

אָמַר הֶחָסִיד:

נַחֲזֹר לְעִנְיַן הַחֲסִידוּת בְּמַעֲשֶׂה שֶׁבֵּין הָאָדָם לַמָּקוֹם, הוּא קִיּוּם הַמִּצְווֹת בְּכָל הַדִּקְדּוּקִים שֶׁבָּהֶם עַד מָקוֹם שֶׁיַּד הָאָדָם מַגַּעַת. וְאֵלֶּה הֵם שְׁיָרֵי מִצְוָה, שֶׁאָמְרוּ זִכְרוֹנָם לִבְרָכָה: שְׁיָרֵי מִצְוָה מְעַכְּבִים אֶת הַפֻּרְעָנוּת (סוכה לח, א). כִּי אַף עַל פִּי שֶׁגּוּף הַמִּצְוָה נַעֲשָׂה זוּלָתָם וּכְבָר יָצָא בָּזֶה הָאָדָם יְדֵי חוֹבָתוֹ, הִנֵּה זֶה לְכָל הֲמוֹן יִשְׂרָאֵל, אַךְ הַחֲסִידִים אֵין לָהֶם אֶלָּא לְהַרְבּוֹת בְּהַשְׁלָמָתָם וְלֹא לְמַעֵט בָּהֶם כְּלָל.

אַךְ הַחֲסִידוּת בְּמַה שֶּׁבֵּין הָאָדָם לַחֲבֵרוֹ הוּא גֹּדֶל הַהֲטָבָה, שֶׁיִּהְיֶה הָאָדָם לְעוֹלָם מֵיטִיב לַבְּרִיּוֹת וְלֹא מֵרַע לָהֶם, וְזֶה בֵּין בְּגוּף, בֵּין בְּמָמוֹן, בֵּין בְּנֶפֶשׁ. וְהַיְנוּ שֶׁיִּהְיֶה מִשְׁתַּדֵּל לַעֲזֹר לְכָל אָדָם בְּכָל מַה שֶּׁיּוּכַל וְיָקֵל מַשָּׂאָם מֵעֲלֵיהֶם, וְהוּא מַה שֶּׁשָּׁנִינוּ: וְנוֹשֵׂא בְּעֹל עִם חֲבֵרוֹ (אבות ו, ו). וְאִם מַגִּיעַ לַחֲבֵרוֹ אֵיזֶה נֶזֶק בְּגוּפוֹ וְהוּא יָכוֹל לִמְנֹעַ אוֹתוֹ אוֹ לַהֲסִירוֹ, יִטְרַח כְּדֵי לַעֲשׂוֹתוֹ.

בְּמָמוֹן, לְסַיְּעוֹ בַּאֲשֶׁר תַּשִּׂיג יָדוֹ וְלִמְנֹעַ מִמֶּנּוּ הַנְּזָקִים בְּמַה שֶּׁיּוּכַל, כָּל שֶׁכֵּן שֶׁיַּרְחִיק הוּא כָּל מִינֵי נְזָקִים שֶׁיְּכוֹלִים לָבוֹא מֵחֲמָתוֹ בֵּין לְיָחִיד בֵּין לָרַבִּים, וַאֲפִלּוּ שֶׁעַתָּה מִיָּד אֵין הַנֶּזֶק מָצוּי, כֵּיוָן שֶׁיָּכוֹל לָבוֹא לִידֵי כָּךְ, כְּבָר יְסִירֵם וְיַעֲבִירֵם. וְאָמְרוּ זִכְרוֹנָם לִבְרָכָה: יְהִי מָמוֹן חֲבֵרְךָ חָבִיב עָלֶיךָ כְּשֶׁלָּךְ (שם ב, יב).

בְּנֶפֶשׁ, שֶׁיִּשְׁתַּדֵּל לַעֲשׂוֹת לַחֲבֵרוֹ כָּל קֹרַת רוּחַ שֶׁיֵּשׁ בְּיָדוֹ, בֵּין בְּעִנְיְנֵי הַכָּבוֹד בֵּין בְּכָל שְׁאָר הָעִנְיָנִים; כָּל מַה שֶּׁהוּא יוֹדֵעַ שֶׁאִם יַעֲשֵׂהוּ לַחֲבֵרוֹ הוּא מְקַבֵּל נַחַת רוּחַ מִמֶּנּוּ, מִצְוַת חֲסִידוּת הִיא לַעֲשׂוֹתוֹ. כָּל שֶׁכֵּן שֶׁלֹּא יְצַעֲרֶנּוּ בְּשׁוּם מִינֵי צַעַר כְּלָל, יִהְיֶה בְּאֵיזֶה אֹפֶן שֶׁיִּהְיֶה. וּכְלַל כָּל זֶה הוּא גְּמִילוּת חֲסָדִים, אֲשֶׁר הִפְלִיגוּ חֲכָמֵינוּ זִכְרוֹנָם לִבְרָכָה בְּשִׁבְחָהּ וּבְחוֹבָתֵנוּ בָּהּ.[א]

[א] ראה מאמרים רבים בסוכה מט, ב, ובמקומות רבים בתלמוד ובמדרשים.

The Hasid said:

Let us go back to the matter of piety in actions concerning man's relationship with God which is comprised of the observance of the *mitzvot*, with all their minute details, to the limit of one's capability. These are "the nonessential components of a *mitzvah*" mentioned by [our Sages], may their memory be blessed, [in their statement], "The nonessential components of a *mitzvah* prevent Divine punishment" (*Sukkah* 38a). Even though the *mitzvah* proper can be performed without these components and a person can discharge his obligation without them, this applies to the commonality of Israel; but the pious must perform the *mitzvot* with all their particulars, leaving out nothing whatsoever.

Piety in regard to the relationship between man and his fellow, however, consists of bountiful benevolence: that one should always be good to others and never harm them. This applies to [his fellow's] body, property, and spirit. That is, a person should strive to help all men in any way he can, thus lightening the burden that weighs upon them. As we have learned, "Bearing the yoke with one's fellow" (*Avot* 6:6). If another person is liable to suffer bodily injury and he can prevent or remove it, he should spare no effort to do so.

As for property, a person should help his neighbor with whatever his means allow and save him from damages however he can. Needless to say, he must eliminate any possibility of causing damage himself, whether to other individuals or to the community. Even when the damage is not immediately apparent, since such a threat may arise in time, he must remove or eliminate it at once. [Our Sages], may their memory be blessed, said, "Let your neighbor's property be as dear to you as your own" (*Avot* 2:12).

As for the spirit, one should strive to bring his fellow whatever satisfaction he can, whether in the area of [enhancing his] honor or any other area; if he knows he can do something for his fellow that will give him pleasure, the precept of piety calls him to do it. He must certainly not cause him pain of any kind, in any manner whatsoever. The aggregate of all this comprises the precept of lovingkindness; our Sages, may their memory be blessed, praised this precept exceedingly and enlarged upon its obligatory quality

וּבִכְלַל זֶה רְדִיפַת הַשָּׁלוֹם, שֶׁהוּא הַהֲטָבָה הַכְּלָלִית בֵּין כָּל אָדָם לַחֲבֵרוֹ.

וְעַתָּה אָבִיא לְךָ רְאָיוֹת עַל כָּל הַדְּבָרִים הָאֵלֶּה מִן הַחֲכָמִים זִכְרוֹנָם לִבְרָכָה, אַף עַל פִּי שֶׁהַדְּבָרִים פְּשׁוּטִים וְאֵין צְרִיכִים לְחִזּוּק רְאָיָה.

בְּפֶרֶק בְּנֵי הָעִיר אָמְרוּ: שָׁאֲלוּ תַּלְמִידָיו אֶת רַבִּי זַכַּאי, בַּמֶּה הֶאֱרַכְתָּ יָמִים? אָמַר לָהֶם, מִיָּמַי לֹא הִשְׁתַּנְתִּי בְּתוֹךְ אַרְבַּע אַמּוֹת שֶׁל תְּפִלָּה, וְלֹא כִּנִּיתִי שֵׁם לַחֲבֵרִי, וְלֹא בִּטַּלְתִּי קִדּוּשׁ הַיּוֹם. אִמָּא זְקֵנָה הָיְתָה לִי, פַּעַם אַחַת מָכְרָה כִּפָּה שֶׁבְּרֹאשָׁהּ וְהֵבִיאָה לִי קִדּוּשׁ הַיּוֹם (מגילה כז, ב). הֲרֵי לְךָ פֹּה מִן הַחֲסִידוּת בְּמַה שֶּׁנּוֹגֵעַ אֶל דִּקְדּוּקֵי הַמִּצְוֹת. כִּי כְּבָר פָּטוּר הָיָה מִן הַדִּין מֵהֲבָאַת יַיִן לְקִדּוּשׁ כֵּיוָן שֶׁלֹּא הָיָה לוֹ, וְהָיְתָה צְרִיכָה אִמּוֹ לִמְכֹּר כִּפָּה שֶׁבְּרֹאשָׁהּ, אָמְנָם מִמִּדַּת חֲסִידוּת הָיָה עוֹשֶׂה כֵּן. וּבְמַה שֶּׁנּוֹגֵעַ לִכְבוֹד חֲבֵרוֹ, שֶׁלֹּא כִּנָּהוּ בְּשֵׁם אֲפִלּוּ כִּנּוּי שֶׁאֵינוֹ שֶׁל גְּנַאי, וּכְדְפֵרְשׁוּ הַתּוֹסָפוֹת שָׁם (ד"ה ולא כניתי שם). וְרַב הוּנָא כְּמוֹ כֵן קָשַׁר עַל לְבוּשׁוֹ גֶּמִי, לְפִי שֶׁמָּכַר הֶמְיָנוֹ לִקְנוֹת יַיִן לְקִדּוּשׁ (מגילה שם).

עוֹד שָׁם: שָׁאֲלוּ תַּלְמִידָיו אֶת רַבִּי אֶלְעָזָר בֶּן שַׁמּוּעַ, בַּמֶּה הֶאֱרַכְתָּ יָמִים? אָמַר לָהֶם, מִיָּמַי לֹא עָשִׂיתִי קַפֶּנְדַּרְיָא לְבֵית הַכְּנֶסֶת, וְלֹא פָּסַעְתִּי עַל רָאשֵׁי עַם קֹדֶשׁ. הִנֵּה זֶה הַחֲסִידוּת בְּעִנְיַן כְּבוֹד הַבְּרִיּוֹת, שֶׁלֹּא לִפְסֹעַ עַל גַּבֵּי מְסִבָּתָן שֶׁל הַתַּלְמִידִים שֶׁלֹּא לֵירָאוֹת כִּמְבַזֶּה אוֹתָן.

עוֹד שָׁם (מגילה כז, ב – כח, א): שָׁאֲלוּ תַּלְמִידָיו אֶת רַבִּי פְּרִידָא, בַּמֶּה הֶאֱרַכְתָּ יָמִים? אָמַר לָהֶם, מִיָּמַי לֹא קְדָמַנִי אָדָם לְבֵית הַמִּדְרָשׁ, וְלֹא בֵּרַכְתִּי לִפְנֵי כֹּהֵן, וְלֹא אָכַלְתִּי מִבְּהֵמָה שֶׁלֹּא הוּרְמוּ מַתְּנוֹתֶיהָ. הִנֵּה לְךָ גַּם כֵּן כָּאן גֹּדֶל הַזְּהִירוּת בַּמִּצְוָה, וֶהֱיוֹתוֹ חוֹשֵׁשׁ אֶל דִּבְרֵי יָחִיד בְּעִנְיַן בְּהֵמָה שֶׁלֹּא הוּרְמוּ מַתְּנוֹתֶיהָ.

(see *Sukkah* 49b, et al.). Included under this rubric is the pursuit of peace, which is benevolence, on a societal level, between every man and his fellow.

Now I will bring you proofs to all these matters from [the words of] the Sages, may their memory be blessed, even though they are self-evident and need not be reinforced with proofs.

[The Sages] said in chapter *Benei Ha'ir*: "Rabbi Zakkai was asked by his disciples: 'By what virtue have you merited longevity?' He said to them: 'All my life I never passed water within four cubits of [a place that had been used for] prayer, nor have I called another person by a nickname, and I never omitted the Sabbath *kiddush*. I had an aged mother who once sold her head covering and brought me [wine for] *kiddush*'" (*Megillah* 27b). Here you have a case of piety that relates to the niceties of the commandments. For he was legally exempt from acquiring wine for *kiddush* – since he was destitute [and could only acquire it] because his mother sold her head covering – but did so [because he possessed] the quality of piety. As for [piety] relating to his neighbor's honor, he did not call another person by a nickname even if it did not carry any disgrace, as Tosafot explain therein. Similarly, Rav Huna tied reed rope around his clothing because he had sold his belt in order to buy wine for *kiddush* (ibid.).

It is further stated therein: "Rabbi Elazar ben Shamu'a was asked by his disciples: 'By what virtue have you merited longevity?' He said to them: 'Never in my life have I used a synagogue as a short cut, nor did I ever stride over the heads of the holy people'" (ibid.). This is piety as it relates to showing respect for other people, not stepping over seated students so as not to appear scornful of them.

It is also stated there: "Rabbi Perida was asked by his disciples: 'By what virtue have you merited longevity?' He said to them: 'Never in my life has any person preceded me in the house of study, I never said grace in the presence of a *kohen*, nor did I ever eat of an animal whose [priestly] portions had not been set aside'" (*Megillah* 27b-28a). Here too you have extreme watchfulness with respect to a *mitzvah*, and a concern not to transgress an isolated opinion concerning an animal whose [priestly] portions had not been set aside.

וְאָמְרוּ עוֹד: שָׁאֲלוּ תַלְמִידָיו אֶת רַבִּי נְחוּנְיָא, בַּמֶּה הֶאֱרַכְתָּ יָמִים? אָמַר לָהֶם, מִיָּמַי לֹא נִתְכַּבַּדְתִּי בִּקְלוֹן חֲבֵרִי, וְלֹא עָלְתָה עַל מִטָּתִי קִלְלַת חֲבֵרִי (מגילה כח, א). וּמְפָרֵשׁ הָתָם: כִּי הָא דְּרַב הוּנָא דָּרֵי מָרָא אַכַּתְפֵּיהּ, אֲתָא רַב חָנָא בַּר חֲנִילַאי וְקָא דָּרֵי מִנֵּיהּ. אֲמַר לֵיהּ: אִי רְגִילַת דְּדָרֵית בְּמָאתָיךְ – דְּרֵי, וְאִי לָא – אִתְיַקּוֹרֵי אֲנָא בְּזִילוּתָא דִּידָךְ לָא נִיחָא לִי. הֲרֵי לָנוּ, שֶׁאַף עַל פִּי שֶׁהַמִּתְכַּבֵּד בִּקְלוֹן חֲבֵרוֹ הוּא הַמִּשְׁתַּדֵּל לְבַזּוֹת חֲבֵרוֹ כְּדֵי שֶׁעַל יְדֵי זֶה יִרְבֶּה כְּבוֹדוֹ, הִנֵּה לַחֲסִידִים לֹא יָאוּת לְקַבֵּל כָּבוֹד, אֲפִלּוּ אִם חֲבֵרוֹ הוּא הַבָּא וּמִתְרַצֶּה בָּזֶה, אִם יִהְיֶה זֶה בִּזָּיוֹן לַחֲבֵרוֹ.

וּכְעִנְיָן זֶה אָמַר רַבִּי זֵירָא (מגילה שם): מִיָּמַי לֹא הִקְפַּדְתִּי בְּתוֹךְ בֵּיתִי, וְלֹא צָעַדְתִּי בִּפְנֵי מִי שֶׁגָּדוֹל מִמֶּנִּי, וְלֹא הִרְהַרְתִּי בְּמְבוֹאוֹת הַמְטֻנָּפוֹת, וְלֹא הָלַכְתִּי אַרְבַּע אַמּוֹת בְּלֹא תּוֹרָה וּבְלֹא תְּפִלִּין, וְלֹא יָשַׁנְתִּי בְּבֵית הַמִּדְרָשׁ לֹא שֵׁינַת קֶבַע וְלֹא שֵׁינַת עֲרַאי, וְלֹא שַׂשְׂתִּי בְּתַקָּלַת חֲבֵרִי, וְלֹא קָרָאתִי לַחֲבֵרִי בַּחֲכִינָתוֹ. הֲרֵי לְךָ מַעֲשֵׂי חֲסִידוּת מִכָּל הַדְּרָכִים שֶׁזְּכַרְנוּ לְמַעְלָה.

וְאָמְרוּ עוֹד זִכְרוֹנָם לִבְרָכָה (ראה בבא קמא ל, א; הנוסח שלפנינו שונה): אָמַר רַב יְהוּדָה, מַאן דְּבָעֵי לְמֶהֱוֵי חֲסִידָא לִיקַיֵּם מִילֵּי דִּבְרָכוֹת. וְזֶה בְּמַה שֶּׁבֵּינוֹ לְבֵין קוֹנוֹ. וְאָמְרֵי לַהּ, לִיקַיֵּם מִילֵּי דִּנְזִיקִין, וְזֶה בְּמַה שֶּׁבֵּינוֹ לְבֵין חֲבֵרוֹ. וְאָמְרֵי לַהּ, לִיקַיֵּם מִילֵּי דְּאָבוֹת, שֶׁשָּׁם נִכְלָלִים עִנְיָנִים מִכָּל הַחֲלָקִים.

וְהִנֵּה גְּמִילוּת הַחֲסָדִים הוּא עִקָּר גָּדוֹל לֶחָסִיד, כִּי חֲסִידוּת כִּשְׁמוֹ נִגְזַר מֵחֶסֶד. וְאָמְרוּ זִכְרוֹנָם לִבְרָכָה (אבות א, ב): עַל שְׁלֹשָׁה דְבָרִים הָעוֹלָם עוֹמֵד, וְאֶחָד מֵהֶם גְּמִילוּת חֲסָדִים. וְכֵן מְנוּהוּ זִכְרוֹנָם לִבְרָכָה עִם הַדְּבָרִים שֶׁאוֹכֵל פֵּרוֹתֵיהֶן בָּעוֹלָם הַזֶּה וְהַקֶּרֶן קַיֶּמֶת לוֹ

[The Sages] also said: "Rabbi Nehunya was asked by his disciples: 'By what virtue have you merited longevity?' He said to them: 'Never in my life have I attained veneration at the expense of another person's degradation, nor did another person's curse ever go up with me upon my bed'" (*Megillah* 28a). It is explained there: "As in the case of Rav Huna who was carrying a hoe over his shoulders, [and] Rav Hana bar Hanilai came to take it from him to carry. [Rav Huna] said to him: 'If you are accustomed to carry [such objects] in your city, carry it. But if not, I do not want to be paid respect at the expense of your degradation.'" We may thus conclude that although the person [guilty of] seeking honor at another's expense is one who tries to dishonor his fellow so that his own honor is enhanced, it is not fitting for the pious to accept honor that would dishonor his fellow, even if the latter willingly offers it.

In similar fashion, "Rabbi Zera said: 'Never in my life have I lost my temper in my home, I never walked ahead of my superior, I never meditated [upon Torah] in filthy alleyways, I never walked four cubits without Torah or *tefillin*, I never slept in the study hall, neither a nap nor regular sleep, I never rejoiced when a colleague stumbled, and I never called another person by his nickname" (ibid.). You thus have [examples of] acts of piety of all the above-mentioned types.

[Our Sages], may their memory be blessed, also said (cf. *Baba Kamma* 30a): "Rav Yehudah said: One who wishes to be a pious man should fulfill matters involving blessings." This refers to the relationship between man and his Maker. "And some say: He should fulfill matters relating to damages." This refers to the relationship between man and his fellow. "Yet others say: He should fulfill the teachings of [tractate] *Avot*," which comprise matters of every type.

The practice of lovingkindness is a vital principle for the *hasid*. For the term *hasidut* [piety], as the word implies, is derived from the term *hesed* [lovingkindness]. [Our Sages], may their memory be blessed, said, "The world is based upon three things" (*Avot* 1:2), one of which is the practice of lovingkindness. They also included it among the precepts whose fruits one enjoys in this world, while the principal remains intact for him

לָעוֹלָם הַבָּא (פאה א, א). וְאָמְרוּ עוֹד: דָּרַשׁ רַבִּי שִׂמְלַאי, תּוֹרָה תְּחִלָּתָהּ גְּמִילוּת חֲסָדִים וְסוֹפָהּ גְּמִילוּת חֲסָדִים (סוטה יד, א). וְאָמְרוּ עוֹד: דָּרַשׁ רָבָא, כָּל מִי שֶׁיֵּשׁ בּוֹ שָׁלֹשׁ מִדּוֹת הַלָּלוּ, בְּיָדוּעַ שֶׁהוּא מִזַּרְעוֹ שֶׁל אַבְרָהָם אָבִינוּ, רַחְמָן וּבַיְשָׁן וְגוֹמֵל חֲסָדִים (כלה רבתי י). וְאָמְרוּ (סוכה מט, ב): אָמַר רַבִּי אֶלְעָזָר, גְּדוֹלָה גְּמִילוּת חֲסָדִים יוֹתֵר מִן הַצְּדָקָה, שֶׁנֶּאֱמַר, זִרְעוּ לָכֶם לִצְדָקָה {קִצְרוּ לְפִי חֶסֶד} (הושע י, יב). וְאָמְרוּ עוֹד: בִּשְׁלֹשָׁה דְּבָרִים גְּדוֹלָה גְּמִילוּת חֲסָדִים מִן הַצְּדָקָה, שֶׁהַצְּדָקָה בְּמָמוֹנוֹ, וּגְמִילוּת חֲסָדִים בְּגוּפוֹ; צְדָקָה לַעֲנִיִּים, גְּמִילוּת חֲסָדִים לָעֲנִיִּים וְלָעֲשִׁירִים; צְדָקָה לַחַיִּים, גְּמִילוּת חֲסָדִים בֵּין לַחַיִּים בֵּין לַמֵּתִים (סוכה שם).

וְאָמְרוּ עוֹד: וְנָתַן לְךָ רַחֲמִים וְרִחַמְךָ (דברים יג, יח), כָּל הַמְרַחֵם עַל הַבְּרִיּוֹת מְרַחֲמִים עָלָיו מִן הַשָּׁמַיִם (שבת קנא, ב). כִּי הִנֵּה הַקָּדוֹשׁ בָּרוּךְ הוּא מוֹדֵד תָּמִיד מִדָּה כְּנֶגֶד מִדָּה (ראה סנהדרין צ, א), מִי שֶׁהוּא מְרַחֵם וְעוֹשֶׂה חֶסֶד עִם הַבְּרִיּוֹת, גַּם הוּא בְּדִינוֹ יְרַחֲמוּהוּ וְיִמְחֲלוּ לוֹ עֲווֹנוֹתָיו בְּחֶסֶד, שֶׁהֲרֵי מְחִילָה זוֹ דִּין הִיא, כֵּיוָן שֶׁהִיא מִדָּה כְּנֶגֶד מִדָּתוֹ. וְהוּא מַה שֶּׁאָמְרוּ זִכְרוֹנָם לִבְרָכָה: לְמִי נוֹשֵׂא[ב] עָוֹן? לְמִי שֶׁעוֹבֵר עַל פֶּשַׁע (ראש השנה יז, א).

וּמִי שֶׁאֵינוֹ רוֹצֶה לְהַעֲבִיר עַל מִדּוֹתָיו אוֹ אֵינוֹ רוֹצֶה לִגְמֹל חֶסֶד, הִנֵּה הַדִּין נוֹתֵן שֶׁגַּם עִמּוֹ לֹא יַעֲשׂוּ אֶלָּא שׁוּרַת הַדִּין. רְאֵה עַתָּה, מִי הוּא זֶה וְאֵיזֶה הוּא שֶׁיּוּכַל לַעֲמֹד אִם הַקָּדוֹשׁ בָּרוּךְ הוּא עוֹשֶׂה עִמּוֹ שׁוּרַת הַדִּין? וְדָוִד הַמֶּלֶךְ מִתְפַּלֵּל וְאוֹמֵר: וְאַל תָּבוֹא בְמִשְׁפָּט אֶת עַבְדֶּךָ כִּי לֹא יִצְדַּק לְפָנֶיךָ כָל חָי (תהלים קמג, ב).

אָמְנָם הָעוֹשֶׂה חֶסֶד יְקַבֵּל חֶסֶד, וּכְכָל מַה שֶּׁיַּרְבֶּה לַעֲשׂוֹת כָּךְ יַרְבֶּה לְקַבֵּל. וְדָוִד הָיָה מִתְהַלֵּל בְּמִדָּתוֹ זֹאת הַטּוֹבָה, שֶׁאֲפִלּוּ לְשׂוֹנְאָיו הָיָה מִשְׁתַּדֵּל לְהֵיטִיב. וְהוּא מַה שֶּׁאָמַר: וַאֲנִי בַּחֲלוֹתָם לְבוּשִׁי שָׂק {עִנֵּיתִי

[ב] בכתה"י: 'שנושא'.

for the world-to-come (*mPe'ah* 1:1). [The Sages] also said, "Rav Simlai expounded: The Torah begins and ends with acts of lovingkindness" (*Sotah* 14a). They also said, "Rava expounded: Whoever possesses these three traits is surely a descendant of the Patriarch Avraham: compassion, sense of shame, and the practice of lovingkindness" (*Kallah Rabbati* 10). They further said (*Sukkah* 49b), "Rabbi Elazar said: Acts of lovingkindness are greater than charity, as it says: 'Sow for yourselves by charity, {reap by the scale of lovingkindness}'" (Hoshea 10:12). They also said, "Acts of lovingkindness are greater than charity in three ways: Charity is [performed] with one's money, whereas acts of lovingkindness are [performed] with one's body; charity is for the poor, whereas acts of lovingkindness are for the poor and the wealthy; charity is for the living, whereas acts of lovingkindness are for both the living and the dead" (*Sukkah* ibid.).

[The Sages] also said, "'He will give you mercy and He will have mercy upon you' (Devarim 13:18) – anyone who is merciful to his fellow man will be shown mercy by Heaven" (*Shabbat* 151b). For the Holy One, blessed be He, always repays measure for measure (*Sanhedrin* 90a). One who is merciful and acts with lovingkindness towards others will also be shown mercy when he is judged, and his transgressions will be pardoned with lovingkindness. Such pardon is justice, a measure commensurate with his behavior. As [our Sages], may their memory be blessed, said, "Whose sins does He forgive? The sins of one who overlooks transgressions [committed against him]" (*Rosh Hashanah* 17a).

He who is unwilling to forebear retaliation or act with lovingkindness by right should also be dealt with in accordance with strict justice. Take heed, "who is he and where is he" who shall endure if the Holy One, blessed be He, deals with him in accordance with strict justice? And King David offered a prayer, saying, "And enter not into judgment with Your servant, for no man living shall be justified in your sight" (Tehillim 143:2).

One who engages in lovingkindness, however, will receive lovingkindness, and the more lovingkindness he engages in, the more he will receive. David would glory in this good trait of his, striving to be good even to those who hated him. As he said, "But as for me, when they were sick, my clothing was sackcloth; {I afflicted

בַּצּוֹם נַפְשִׁי} (שם לה, יג). וְאוֹמֵר: אִם גָּמַלְתִּי שׁוֹלְמִי רָע {וָאֲחַלְּצָה צוֹרְרִי רֵיקָם} (שם ז, ה).

וּבִכְלַל הָעִנְיָן הַזֶּה שֶׁלֹּא לְצַעֵר שׁוּם בְּרִיָּה, אֲפִלּוּ מֵהַבַּעֲלֵי חַיִּים, וּלְרַחֵם וְלָחוּס עֲלֵיהֶם.[ב*] וְכֵן נֶאֱמַר: יוֹדֵעַ צַדִּיק נֶפֶשׁ בְּהֶמְתּוֹ (משלי יב, י). וּכְבָר יֵשׁ שֶׁסּוֹבְרִים צַעַר בַּעֲלֵי חַיִּים דְּאוֹרַיְתָא,[ג] וְעַל כָּל פָּנִים מִדְּרַבָּנָן.[ד]

כְּלָלוֹ שֶׁל דָּבָר: הָרַחֲמָנוּת וְהַהֲטָבָה צָרִיךְ שֶׁתִּהְיֶה תְּקוּעָה בְּלֵב הֶחָסִיד לְעוֹלָם, וְתִהְיֶה מְגַמָּתוֹ תָּמִיד לַעֲשׂוֹת קֹרַת רוּחַ לַבְּרִיּוֹת וְלֹא לִגְרֹם לָהֶם שׁוּם צַעַר.

וּכְבָר בֵּאַרְתִּי מַה שֶּׁבַּחֵלֶק הָרִאשׁוֹן שֶׁהוּא חֵלֶק הַמַּעֲשֶׂה. נְבָאֵר עַתָּה הַחֵלֶק הַשֵּׁנִי, וְהוּא אֹפֶן הָעֲשִׂיָּה. וְהִנֵּה דָּבָר זֶה נִכְלָל בִּשְׁנֵי עִנְיָנִים, אָמְנָם תַּחְתֵּיהֶם נִכְלָלִים פְּרָטִים רַבִּים. וּשְׁנֵי הָרָאשִׁיִּים הֵם הַיִּרְאָה וְהָאַהֲבָה, אֲשֶׁר הֵם שְׁנֵי עַמּוּדֵי עֲבוֹדָה הָאֲמִתִּית שֶׁזּוּלָתָם לֹא תִּכּוֹן כְּלָל.

וְהִנֵּה בִּכְלַל הַיִּרְאָה יֵשׁ הַהַכְנָעָה מִלְּפָנָיו יִתְבָּרַךְ, הַבֹּשֶׁת בְּקֶרֶב אֶל עֲבוֹדָתוֹ, וְהַכָּבוֹד הַנַּעֲשֶׂה אֶל מִצְווֹתָיו, אֶל שְׁמוֹ יִתְבָּרַךְ וְאֶל תּוֹרָתוֹ. וּבִכְלַל הָאַהֲבָה יֵשׁ הַשִּׂמְחָה, הַדְּבֵקוּת וְהַקִּנְאָה. וְעַתָּה נְבָאֲרֵם בִּפְרָט.

הִנֵּה עִקַּר הַיִּרְאָה הִיא יִרְאַת הָרוֹמְמוּת, שֶׁצָּרִיךְ הָאָדָם לַחְשֹׁב בְּעוֹדוֹ מִתְפַּלֵּל אוֹ עוֹשֶׂה מִצְוָה, כִּי לִפְנֵי מֶלֶךְ מַלְכֵי הַמְּלָכִים הוּא מִתְפַּלֵּל אוֹ הוּא עוֹשֶׂה הַמַּעֲשֶׂה הַהוּא. וְהוּא מַה שֶּׁהִזְהִיר הַתַּנָּא: וּכְשֶׁאַתָּה מִתְפַּלֵּל, דַּע לִפְנֵי מִי אַתָּה מִתְפַּלֵּל (ראה ברכות כח, ב).

וְהִנֵּה שְׁלֹשָׁה דְּבָרִים צָרִיךְ שֶׁיִּסְתַּכֵּל הָאָדָם וְיִתְבּוֹנֵן הֵיטֵב כְּדֵי שֶׁיַּגִּיעַ אֶל זֹאת הַיִּרְאָה. הָרִאשׁוֹן, שֶׁהוּא עוֹמֵד מַמָּשׁ לִפְנֵי הַבּוֹרֵא יִתְבָּרַךְ שְׁמוֹ וְנוֹשֵׂא וְנוֹתֵן עִמּוֹ,[ה] אַף עַל פִּי שֶׁאֵין עֵינוֹ שֶׁל אָדָם רוֹאֵהוּ. וְתִרְאֶה כִּי זֶה הוּא הַיּוֹתֵר קָשֶׁה שֶׁיִּצְטַיֵּר בְּלֵב הָאָדָם צִיּוּר אֲמִתִּי, יַעַן

[ב*] ראה בבא מציעא פה, א. [ג] ראה שבת קכח, א; בבא מציעא לג, א. [ד] ראה שבת קנד, ב. [ה] ראה סנהדרין כב, א.

my soul with fasting}" (Tehillim 35:13); and "If I have paid back him that did evil to me; {indeed, I have rescued him who hated me without cause}" (Tehillim 7:5).

Included in this concept is not causing pain to any creature, even animals, and showing mercy and compassion towards them (see *Baba Metzia* 85a). As it is said, "A righteous man regards the life of his beast" (Mishlei 12:10). There are those who maintain that Torah law forbids causing pain to animals (see *Shabbat* 128b); but in any event, it is forbidden by rabbinic decree (ibid. 154b).

In summary, mercy and benevolence must be fixed forever in the heart of the pious. He must constantly aim to bring contentment to all creatures and avoid causing them any pain.

I have already explained all that the first part, the one relating to action, comprises. We shall now explain the second division that relates to the manner of performance. This is comprised of two general categories which, however, include many particulars. The two principal categories are fear and love [of God], which are the two pillars of true Divine service; without them such service cannot be established at all.

Fear [of God] includes submission to Him, blessed be He, the [feeling of] shame when approaching His service, and the honor given to His *mitzvot*, to His blessed name, and to His Torah. Love [of God] includes joy, conjoining [with God], and zeal [for His honor]. We shall now explain them in detail.

The chief aspect of the fear [of God] is fear of His majesty, in that while a person is engaged in prayer or the performance of a *mitzvah*, he must keep in mind that he is praying or performing that deed before the supreme King of kings. This is what the Tanna means when he admonishes, "When you pray, know before Whom you are praying" (see *Berakhot* 28b).

There are three things that a person must reflect upon and contemplate well in order to reach this level of fear. First, that he is quite literally standing before the Creator (see *Sanhedrin* 22a), blessed be His name, and communicating with Him, even though no human eye sees Him. You will observe that it is most difficult for a person to form a true conception of this in his mind, for the

אֵין הַחוּשׁ עוֹזֵר לָזֶה כְּלָל. אָמְנָם מִי שֶׁהוּא בַּעַל שֵׂכֶל נָכוֹן, בִּמְעַט הִתְבּוֹנְנוּת וְשִׂימַת לֵב יוּכַל לִקְבֹּעַ בְּלִבּוֹ אֲמִתַּת הַדָּבָר; אֵיךְ הוּא בָּא וְנוֹשֵׂא וְנוֹתֵן מַמָּשׁ עִמּוֹ יִתְבָּרַךְ, וּלְפָנָיו הוּא מִתְחַנֵּן וּמֵאִתּוֹ הוּא מְבַקֵּשׁ; וְהוּא יִתְבָּרַךְ שְׁמוֹ מַאֲזִין לוֹ וּמַקְשִׁיב לִדְבָרָיו, כַּאֲשֶׁר יְדַבֵּר אִישׁ אֶל רֵעֵהוּ וְרֵעֵהוּ מַקְשִׁיב וְשׁוֹמֵעַ אֵלָיו.

וְאַחַר שֶׁיִּקְבַּע זֶה בְּדַעְתּוֹ, צָרִיךְ שֶׁיִּתְבּוֹנֵן עַל רוֹמְמוּתוֹ יִתְבָּרַךְ, אֲשֶׁר הוּא מְרוֹמָם וְנִשְׂגָּב עַל כָּל בְּרָכָה וּתְהִלָּה,[ו] עַל כָּל מִינֵי שְׁלֵמוּת שֶׁתּוּכַל מַחֲשַׁבְתֵּנוּ לְדַמּוֹת וּלְהָבִין.

וְעוֹד צָרִיךְ שֶׁיִּתְבּוֹנֵן עַל שִׁפְלוּת הָאָדָם וּפְחִיתוּתוֹ לְפִי חָמְרִיּוּתוֹ וְגַסּוּתוֹ, כָּל שֶׁכֵּן לְפִי הַחֲטָאִים אֲשֶׁר חָטָא מֵעוֹדוֹ, כִּי עַל כָּל אֵלֶּה אִי אֶפְשָׁר שֶׁלֹּא יֶחֱרַד לִבּוֹ וְלֹא יִרְעַשׁ בְּעוֹדוֹ מְדַבֵּר דְּבָרָיו לְפָנָיו יִתְבָּרַךְ וּמַזְכִּיר בִּשְׁמוֹ וּמִשְׁתַּדֵּל לְהֵרָצוֹת לוֹ. הוּא מַה שֶּׁאָמַר הַכָּתוּב: עִבְדוּ אֶת ה' בְּיִרְאָה וְגִילוּ בִּרְעָדָה (תהלים ב, יא). וּכְתִיב: אֵל נַעֲרָץ בְּסוֹד קְדֹשִׁים רַבָּה וְנוֹרָא עַל כָּל סְבִיבָיו (שם פט, ח). כִּי הַמַּלְאָכִים, לִהְיוֹתָם יוֹתֵר קְרוֹבִים אֵלָיו יִתְבָּרַךְ מִבְּנֵי הַגּוּף הֶחָמְרִי, קַל לָהֶם יוֹתֵר לְדַמּוֹת שֶׁבַח גְּדֻלָּתוֹ, עַל כֵּן מוֹרָאוֹ עֲלֵיהֶם יוֹתֵר מִמַּה שֶּׁהוּא עַל בְּנֵי הָאָדָם. וְאָמְנָם דָּוִד הַמֶּלֶךְ הָיָה מְשַׁבֵּחַ וְאוֹמֵר: אֶשְׁתַּחֲוֶה אֶל הֵיכַל קָדְשְׁךָ בְּיִרְאָתֶךָ (שם ה, ח). וּכְתִיב: וּמִפְּנֵי שְׁמִי נִחַת הוּא (מלאכי ב, ה). וְאוֹמֵר: אֱלֹקַי בֹּשְׁתִּי וְנִכְלַמְתִּי לְהָרִים אֱלֹקַי פָּנַי אֵלֶיךָ (עזרא ט, ו).

וְאָמְנָם הַיִּרְאָה הַזֹּאת צָרִיךְ שֶׁתִּגָּבֵר בַּלֵּב בַּתְּחִלָּה, וְאַחַר כָּךְ תֵּרָאֶה פְּעֻלּוֹתֶיהָ גַּם בְּאֵיבְרֵי הַגּוּף, הֲלֹא הֵמָּה הַכֹּבֶד רֹאשׁ וְהַהִשְׁתַּחֲוָאָה, שִׁפְלוּת הָעֵינַיִם וּכְפִיפַת הַיָּדַיִם כְּעֶבֶד קָטָן לִפְנֵי מֶלֶךְ רַב. וְכֵן אָמְרוּ בַּגְּמָרָא: רָבָא פָּכַר יְדֵיהּ וּמְצַלֵּי, אָמַר, כְּעַבְדָּא קַמֵּי מָרֵיהּ (שבת י, א).

[ו] ע"פ נחמיה ט, ה.

senses cannot provide any help at all in this respect. However, a man of sound intelligence, with a small amount of reflection and attention, can establish the truth of the matter in his mind; how he comes to actually communicate with Him, blessed be His name, supplicating before Him and beseeching Him; and how He (blessed be His name) heeds him and listens to what he has to say as one man speaks to another, and the other listens and hears him.

After a person establishes this in his mind, he must contemplate His exaltedness, blessed be He, that He is exalted and elevated above all blessing and praise, above all manner of perfection that our minds may imagine and comprehend.

He must also contemplate man's lowliness and insignificance due to his materiality and density, and especially by reason of the sins he has committed all his life. For all such things, it will be impossible for his heart not to tremble and quake while he utters his words before Him, blessed be He, mentioning His name and trying to win His favor. As it is said, "Serve the Lord with fear, and rejoice with trembling" (Tehillim 2:11); and "A God, awesome in the great council of the holy ones, and revered by all who surround Him" (Tehillim 89:8). For the angels, because they are closer to [God] (blessed be He) than those with material bodies, can more easily conceive the glory of His greatness; His fear, therefore, weighs more heavily upon them than upon human beings. Indeed, King David said in his praises, "I will bow down towards Your holy temple in fear of You" (Tehillim 5:8). And Scripture states, "And he was afraid of My name" (Malakhi 2:5), and, "O my God, I am ashamed and mortified to lift up my face to You, my God" (Ezra 9:6).

However, this fear must first grow strong in the heart and [only] then will its effects be manifest in one's bodily limbs, in the form of bowed head, prostration, lowered eyes, and folded hands, much like a lowly servant before a great king. As it is stated in the Gemara, "Rava would clasp his hands and pray, saying, 'I am like a servant before his master'" (Shabbat 10a).

אַךְ כְּבוֹד הַמִּצְוָה וִיקָרָהּ כְּבָר הוֹדִיעוּנוּ זִכְרוֹנָם לִבְרָכָה: זֶה אֵלִי וְאַנְוֵהוּ (שמות טו, ב), אֶתְנָאֶה לְפָנָיו בְּמִצְווֹת: צִיצִית נָאָה, תְּפִלִּין נָאִין, סֵפֶר תּוֹרָה נָאָה, לוּלָב נָאֶה וְכוּ'.[ז] וְכֵן אָמְרוּ: הִדּוּר מִצְוָה עַד שְׁלִישׁ, עַד כָּאן מִשֶּׁלּוֹ, מִכָּאן וְאֵילָךְ מִשֶּׁל הַקָּדוֹשׁ בָּרוּךְ הוּא (ראה בבא קמא ט, ב). הֲרֵי דַּעַת שִׂפְתוֹתֵיהֶם זִכְרוֹנָם לִבְרָכָה בָּרוּר מִלֵּלוּ, שֶׁאֵין דַּי בַּעֲשׂוֹת הַמִּצְוָה לְבַד, אֶלָּא שֶׁצָּרִיךְ לְכַבְּדָהּ וּלְהַדְּרָהּ.

וּלְאַפּוּקֵי מִמִּי שֶׁלְּהָקֵל עַל עַצְמוֹ יֹאמַר, אֵין הַכָּבוֹד אֶלָּא לִבְנֵי הָאָדָם הַמִּתְפַּתִּים בַּהֲבָלִים אֵלֶּה, אַךְ הַקָּדוֹשׁ בָּרוּךְ הוּא אֵינוֹ חוֹשֵׁשׁ לָזֶה כִּי הוּא מְרוֹמָם מִדְּבָרִים הָאֵלֶּה וְנִשְׂגָּב מֵהֶם, וְכֵיוָן שֶׁהַמִּצְוָה נַעֲשֵׂית לַאֲמִתָּהּ דַּי בָּזֶה.

אָמְנָם הָאֱמֶת הוּא שֶׁהָאָדוֹן בָּרוּךְ הוּא נִקְרָא אֵל הַכָּבוֹד (תהלים כט, ג), וְאָנוּ חַיָּבִין לְכַבְּדוֹ אַף עַל פִּי שֶׁאֵינוֹ צָרִיךְ לִכְבוֹדֵנוּ וְלֹא כְּבוֹדֵנוּ חָשׁוּב וְסָפוּן לְפָנָיו. אָמְנָם מִמִּבְחַר מַה שֶּׁיֵּשׁ לָנוּ צְרִיכִים אָנוּ לָתֵת לְפָנָיו יִתְבָּרַךְ, וּמִי שֶׁמְּמַעֵט בָּזֶה בְּמָקוֹם שֶׁהָיָה יָכוֹל לְהַרְבּוֹת אֵינוֹ אֶלָּא חוֹטֵא. הוּא מַה שֶּׁהַנָּבִיא מַלְאָכִי מִתְרַעֵם עַל יִשְׂרָאֵל בִּדְבַר ה': [וְ]כִי תַגִּשׁוּן [עִוֵּר] לִזְבֹּחַ, [אֵין רָע, וְכִי תַגִּישׁוּ פִּסֵּחַ וְ]חֹלֶה, אֵין רָע, הַקְרִיבֵהוּ נָא לְפֶחָתֶךָ הֲיִרְצְךָ אוֹ הֲיִשָּׂא פָנֶיךָ (מלאכי א, ח).

וְאוּלָם חֲכָמֵינוּ זִכְרוֹנָם לִבְרָכָה הִזְהִירוּנוּ לְהִתְנַהֵג הֵפֶךְ זֶה בָּעֲבוֹדָה, וְאָמְרוּ בְּעִנְיַן מַיִם שֶׁנִּתְגַּלּוּ שֶׁלֹּא יְסַנְּנֵם בִּמְסַנֶּנֶת, מִטַּעַם אֱמוֹר דְּאָמְרֵי לְהֶדְיוֹט, לְגָבוֹהַּ מִי קָאָמְרִינַן, לֵית לֵהּ הַקְרִיבֵהוּ נָא לְפֶחָתֶךָ [הֲיִרְצְךָ אוֹ הֲיִשָּׂא פָנֶיךָ] (סוכה נ, א)? וְאָמְרוּ עוֹד בְּסִפְרֵי: וְכֹל מִבְחַר נִדְרֵיכֶם (דברים יב, יא), מִבְחַר נִדְרֵיכֶם, דְּהַיְנוּ, שֶׁלֹּא יָבִיא אֶלָּא מִן הַמֻּבְחָר

[ז] ראה שבת קלג, ב; נזיר ב, ב; ירושלמי פאה א, א (טו, ב); מכילתא, בשלח מסכתא דשירה ג.

Regarding the dignity and reverence of a *mitzvah*, [our Sages], may their memory be blessed, informed us: "'This is my God, and I will beautify Him' (Shemot 15:2) – I will adorn myself before Him with *mitzvot* – with handsome *tzitzit*, handsome *tefillin*, a handsome Torah scroll, a handsome *lulav*," and so on (see *Shabbat* 133b). They also said, "[For the sake of] enhancing a *mitzvah*, one must spend up to a third [above its ordinary cost]. That much is his own [duty]. Anything beyond that [is supererogation that] will be requited by the Holy One, blessed be He" (see *Baba Kamma* 9b). Thus the lips of [our Sages], may their memory be blessed, clearly uttered the notion that the performance of a *mitzvah* by itself is not enough. Rather, the *mitzvah* must be honored and dignified.

This rules out the contention of someone who, seeking to lighten his burden, argues that honor pertains only to humans who are seduced by such vanities, but is irrelevant to the Holy One, blessed be He, who transcends such things; and as long as the *mitzvah* itself is adequately performed, that should suffice.

The truth, however, is that the Lord, blessed be He, is called "the God of glory" (Tehillim 29:3). And we are thus obligated to glorify Him even though He does not need our honor, our honor being neither important nor significant to Him. Yet we must offer [God], blessed be He, of the choicest that we have. He who is sparing instead of being lavish in this regard is a sinner. With regard to this, the Prophet Malakhi reproached Israel with the word of God, "And if you offer [the blind] for sacrifice, [is it not evil? And if you offer a lame or] sick animal, is that not evil? Just offer it to your governor; will he be pleased with you, or will he show you favor" (Malakhi 1:8)?

Indeed, our Sages, may their memory be blessed, admonished us to conduct ourselves in the opposite manner when serving God. They ruled regarding water that had become uncovered, that it cannot be strained through a filter [in order to be used as a libation on the altar], the reason being: "Even if such water is permitted for secular use, would the same be said regarding ritual uses? Do we not say: 'Offer it now to your governor, [will he be pleased with you, or will he show you favor]'" (*Sukkah* 50a)? They also said in *Sifrei* (*Devarim* 68): "'And all your choice vows' (Devarim 12:11) – the very best of your vows, meaning, one should only bring of the very

(ראה ספרי דברים סח). וּכְבָר מָצָאנוּ קַיִן וְהֶבֶל, הֶבֶל הֵבִיא מִבְּכוֹרוֹת צֹאנוֹ וּמֵחֶלְבֵיהֶן (ראה בראשית ד, ד), וְקַיִן מִן הַפְּסֹלֶת מִפְּרִי הָאֲדָמָה, כְּפֵרוּשָׁם זִכְרוֹנָם לִבְרָכָה (בראשית רבה כב, ה), וּמָה עָלָה בָּהֶם? וַיִּשַׁע ה' אֶל הֶבֶל וְאֶל מִנְחָתוֹ, וְאֶל קַיִן וְאֶל מִנְחָתוֹ לֹא שָׁעָה (בראשית ד, ד-ה). וְאוֹמֵר: וְאָרוּר נוֹכֵל וְיֵשׁ בְּעֶדְרוֹ זָכָר וְנֹדֵר וְזֹבֵחַ מָשְׁחָת לַה' כִּי מֶלֶךְ גָּדוֹל אָנִי (מלאכי א, יד).

וְכַמָּה דְּבָרִים הִזְהִירוּנוּ זִכְרוֹנָם לִבְרָכָה שֶׁלֹּא יִהְיוּ מִצְוֹת בְּזוּיוֹת עָלֵינוּ (ראה שבת כב, א). וּכְבָר אָמְרוּ: כָּל הָאוֹחֵז סֵפֶר תּוֹרָה עָרֹם נִקְבָּר עָרֹם (שבת יד, א), מִפְּנֵי בִּזּוּי הַמִּצְוָה.

וְסֵדֶר הַעֲלָאַת בִּכּוּרִים יִהְיֶה לָנוּ לְעֵינַיִם לִרְאוֹת מַהוּ הַדּוֹרֶן שֶׁל מִצְוֹת. שֶׁכָּךְ שָׁנִינוּ: הַשּׁוֹר הוֹלֵךְ לִפְנֵיהֶם וְקַרְנָיו מְצֻפּוֹת זָהָב וַעֲטֶרֶת שֶׁל זַיִת בְּרֹאשׁוֹ וְכוּ' (בכורים ג, ג). עוֹד שָׁם: הָעֲשִׁירִים מְבִיאִים בִּכּוּרֵיהֶם בְּקַלְתּוֹת שֶׁל זָהָב וְהָעֲנִיִּים בְּסַלֵּי נְצָרִים וְכוּ' (שם משנה ח). עוֹד שָׁם: שָׁלֹשׁ מִדּוֹת בְּבִכּוּרִים: בִּכּוּרִים, תּוֹסֶפֶת בִּכּוּרִים וְעִטּוּר בִּכּוּרִים וְכוּ' (שם משנה י). הֲרֵי לָנוּ בְּהֶדְיָא כַּמָּה רָאוּי לְהוֹסִיף עַל גּוּפָהּ שֶׁל מִצְוָה כְּדֵי לְהַדְּרָהּ, וּמִכָּאן נִלְמַד לְכָל שְׁאָר מִצְוֹת שֶׁבַּתּוֹרָה.

וְאָמְרוּ (שבת י, א): רָבָא רָמֵי פֻּזְמְקֵי וּמְצַלֵּי, אָמַר: הִכּוֹן לִקְרַאת אֱלֹקֶיךָ יִשְׂרָאֵל (עמוס ד, יב). עוֹד אָמְרוּ רַבּוֹתֵינוּ זִכְרוֹנָם לִבְרָכָה עַל פָּסוּק בִּגְדֵי עֵשָׂו בְּנָהּ [הַגָּדֹל] הַחֲמֻדֹת (בראשית כז, טו): אָמַר רַבָּן שִׁמְעוֹן בֶּן גַּמְלִיאֵל, אֲנִי שִׁמַּשְׁתִּי {אֶת אַבָּא בִּבְגָדִים מְלֻכְלָכִין}, אֲבָל עֵשָׂו כְּשֶׁהָיָה מְשַׁמֵּשׁ אֶת אָבִיו לֹא הָיָה מְשַׁמֵּשׁ אֶלָּא בְּבִגְדֵי מַלְכוּת (בראשית רבה סה, טז). אִם כָּךְ לְבָשָׂר וָדָם, קַל וָחֹמֶר לְמֶלֶךְ מַלְכֵי הַמְּלָכִים, שֶׁהָעוֹמֵד לְהִתְפַּלֵּל לְפָנָיו רָאוּי הוּא שֶׁיִּלְבַּשׁ בִּגְדֵי כָּבוֹד,[ח] וְיֵשֵׁב לְפָנָיו כְּמִי שֶׁיּוֹשֵׁב לִפְנֵי מֶלֶךְ גָּדוֹל.

[ח] ראה ברכות ל, ב.

best." We find in the case of Cayin and Hevel, that Hevel brought of the first-born of his flock and of their fats (Bereishit 4:4), while Cayin brought of the worst of the fruit of the land, as our Sages, may their memory be blessed, have explained (*Bereishit Rabba* 22:5). What happened to them? "And the Lord paid heed to Hevel and to his offering; but to Cayin and to his offering He paid no heed" (Bereishit 4:4-5). And it says, "A curse on the cheat who has an [unblemished] male in his flock, but for his vow sacrifices a blemished animal to the Lord! For I am a great king" (Malakhi 1:14).

There are many things which [our Sages], may their memory be blessed, prohibited to us so that we not regard *mitzvot* irreverently (see *Shabbat* 22a). They said: "One who takes hold of a Torah scroll nakedwill be buried naked" (*Shabbat* 14a), because of the degradation of the *mitzvah*.

The procedure of carrying up the first fruits [to Jerusalem] may guide us to perceive what is meant by the enhancement of the *mitzvot*. For we have learned, "The ox walks before them, his horns overlaid with gold, and an olive wreath upon his head," and so on (*mBikkurim* 3:3). We also read there, "The wealthy bring their first fruits in baskets of gold, while the poor bring them in baskets of wicker," and so on (*mBikkurim* 3:8). We also read there, "There are three aspects [of the *mitzvah*] of first fruits: the first fruits [proper], the additions to first fruits, and the decorations of first fruits" and so on (*mBikkurim* 3:10). We clearly see how important it is to add to the *mitzvah* itself in order to enhance it. What is stated here should be applied to all the other *mitzvot* of the Torah.

[The Sages] also said (*Shabbat* 10a): "Rava would put on fine stockings and pray, saying: 'Prepare yourself to meet your God, O Israel'" (Amos 4:12). Our Rabbis, may their memory be blessed, also commented on the verse, "The finest clothes of her [older] son Esav" (Bereishit 27:15): "Rabban Shimon ben Gamliel said: I served {my father wearing soiled clothing}, but when Esav served his father he wore only clothes fit for a king" (*Bereishit Rabba* 65:16). If this is done for a man of flesh and blood, how much more so should a person don respectable clothing (see *Berakhot* 30b) when he is about to pray to the supreme King of kings and sit before Him as one sits before a great king.

וְהִנֵּה בִּכְלַל זֶה כְּבוֹד הַשַּׁבָּתוֹת וְיָמִים טוֹבִים, שֶׁכָּל הַמַּרְבֶּה לְכַבְּדָם וַדַּאי עוֹשֶׂה נַחַת רוּחַ לְיוֹצְרוֹ, שֶׁכֵּן צִוָּנוּ: וְכִבַּדְתּוֹ (ישעיה נח, יג). וְכֵיוָן שֶׁכְּבָר הִתְאַמֵּת לָנוּ שֶׁכְּבוֹדוֹ מִצְוָה, הִנֵּה מִינֵי הַכָּבוֹד רַבִּים הֵם, אַךְ הַכְּלָל הוּא שֶׁכָּל מַעֲשֶׂה שֶׁבּוֹ נִרְאֶה חֲשִׁיבוּת לַשַּׁבָּת צְרִיכִים אָנוּ לַעֲשׂוֹתוֹ. עַל כֵּן הָיוּ הַחֲכָמִים הָרִאשׁוֹנִים עוֹסְקִים בַּהֲכָנוֹת הַשַּׁבָּת, אִישׁ אִישׁ לְפִי דַּרְכּוֹ. רָבָא[ט] הֲוָה יָתֵב אַתַּכְתְּקָא דְּשִׁנָּא וּמְנַשֵּׁב נוּרָא, רַב סָפְרָא מְחָרֵךְ רֵישָׁא, רָבָא מָלַח שִׁבּוּטָא, רַב הוּנָא מַדְלִיק שְׁרָגָא, רַב פָּפָּא גָּדֵל פְּתִילָתָא,[י] רַב חִסְדָּא פָּרֵים סִלְקָא, רָבָא[י*] וְרַב יוֹסֵף מְצַלְחוּ צִיבֵי, רַב נַחְמָן מְכַתֵּף וְעָיֵל מְכַתֵּף וְנָפֵק, אָמַר: אִלּוּ מִקַּלְעִין לִי רַב אַמִי וְרַב אַסִּי, לָא מְכַתֵּפְנָא קַמַּיְיהוּ (שבת קיט, א)?

וְתִרְאֶה הַקֹּשִׁי שֶׁל רַב נַחְמָן שֶׁיֵּשׁ לָנוּ מִמֶּנּוּ מָקוֹם לִמּוּד. כִּי הִנֵּה הָיָה מִתְכַּוֵּן מַה הָיָה הוּא עוֹשֶׂה לְפִי דַּרְכּוֹ לְאָדָם שֶׁהוּא חָפֵץ לְכַבְּדוֹ, וְכָזֶה עַצְמוֹ הָיָה עוֹשֶׂה לַשַּׁבָּת. אַף אָנוּ, כָּל מַה שֶּׁהָיִינוּ עוֹשִׂים לְאָדָם נִכְבָּד לְפִי דַּרְכֵּנוּ הוּא מַה שֶּׁיֵּשׁ לָנוּ לַעֲשׂוֹת לַשַּׁבָּת.

וְעַל דָּבָר זֶה נֶאֱמַר: לְעוֹלָם יְהֵא אָדָם עָרוּם בְּיִרְאָה (ברכות יז, א), לָדַעַת לְהִתְבּוֹנֵן דָּבָר מִתּוֹךְ דָּבָר וּלְחַדֵּשׁ הַמְצָאוֹת, לַעֲשׂוֹת נַחַת רוּחַ לְיוֹצְרוֹ בְּכָל הַדְּרָכִים שֶׁאֶפְשָׁר, לְהַרְאוֹת הֱיוֹתֵנוּ מַכִּירִים גֹּדֶל רוֹמְמוּתוֹ עָלֵינוּ. אֲשֶׁר עַל כֵּן כָּל מַה שֶּׁיִּתְיַחֵס לוֹ יִהְיֶה נִכְבָּד עָלֵינוּ כָּבוֹד גָּדוֹל. וְכֵיוָן שֶׁעִם כָּל שִׁפְלוּתֵינוּ רָצָה בְּעַנְוְתוֹ לַחֲלֹק לָנוּ כָּבוֹד וְלִמְסֹר לָנוּ דִּבְרֵי קָדְשָׁתוֹ, לְפָחוֹת בְּכָל כֹּחֵנוּ נְכַבְּדֵם וְנַרְאֶה הַיֹּקֶר אֲשֶׁר לָהֶם אֶצְלֵנוּ.

וְתִרְאֶה שֶׁזֹּאת הִיא הַיִּרְאָה הָאֲמִתִּית, שֶׁהִיא יִרְאַת הָרוֹמְמוּת כְּמוֹ שֶׁזָּכַרְנוּ, שֶׁבָּהּ תָּלוּי הַכָּבוֹד הַמִּתְקָרֵב בָּעִנְיָן אֶל חִבּוּב הָאַהֲבָה, וּכְמוֹ שֶׁאֶזְכֹּר עוֹד בְּסִיַּעְתָּא דִשְׁמַיָּא, מַה שֶּׁאֵין כֵּן יִרְאַת הָעֹנֶשׁ, שֶׁאֵינֶנָּה הָעִקָּרִית וְאֵין מַעֲלוֹת הַמִּדּוֹת הָאֵלֶּה נִמְשָׁכִים מִמֶּנָּה.

[ט] לפנינו הגירסא: 'רבי אבהו'. [י] או: 'פתילְתָא'. [י*] לפנינו: 'רבה'.

This principle [of *hiddur mitzvah*] applies also to honoring the Sabbath and Festivals: whoever honors them liberally certainly pleases his Creator. For He has commanded us, "And you shall honor it" (Yeshayahu 58:13); and once we realize that honoring it is a commandment, then clearly there are many ways for us to show honor. But the general principle [that encompasses all of them] is that we should do anything that will manifest the eminence of the Sabbath. The ancient Sages, each in their own fashion, would therefore occupy themselves with the Sabbath preparations. "Rabbah would sit on an ivory stool and fan the fire; Rav Safra would roast the head of an animal; Rava would salt a mullet; Rav Huna would light a lamp; Rav Pappa would twine a wick; Rav Hisda would cut up beets; Rava and Rav Yosef would chop wood; Rav Nahman would carry things in and out. He would say: 'If Rav Ami and Rav Asi were my guests, would I not carry things for them'" (*Shabbat* 119a)?

Take note of Rav Nahman's analog for we can learn from it. He would consider what he, after his own fashion, would do for someone he wanted to honor, and do the very same for the Sabbath. We too should do for the Sabbath whatever we, after *our* own fashion, would do for a person of distinction.

About this it is said, "A person should always be clever in [his] fear [of God]" (*Berakhot* 17a). He must know how to deduce one thing from another in order to devise new ways of giving pleasure to his Creator in every possible manner, thus demonstrating that we recognize how great is His exaltedness over us. Therefore, everything attributable to Him should be greatly honored by us. Consider that despite all of our lowliness, He in His humility chose to bestow honor upon us and give us His holy words. At the very least, then, we should honor them with all our strength and demonstrate the esteem in which we hold them.

You will observe that this is the true fear [of God], the fear of His majesty that we have mentioned. [It is this type of fear] that gives rise to the respect that approaches the realm of intense love [of God], as I will explain below with the help of Heaven, as opposed to the fear of punishment, which is not the essential [fear], and is not the source of these virtues.

וְנַחֲזוֹר לְעִנְיַן הַשַּׁבָּת. הִנֵּה אָמְרוּ: רַב עָנָן לָבֵשׁ גּוּנְדָּא, דְּהַיְנוּ שֶׁהָיָה לוֹבֵשׁ כְּלִי שָׁחֹר בְּעֶרֶב שַׁבָּת כְּדֵי שֶׁיִּהְיֶה נִכָּר יוֹתֵר כְּבוֹד הַשַּׁבָּת בְּלָבְשׁוֹ בּוֹ בְּגָדִים נָאִים (שבת קיט, א). נִמְצָא שֶׁלֹּא לְבַד הַהֲכָנָה לְשַׁבָּת הוּא מִכְּלַל הַכָּבוֹד, אֶלָּא אֲפִלּוּ הֶעְדֵּר, שֶׁמִּכֹּחוֹ יִבָּחֵן יוֹתֵר מְצִיאוּת הַכָּבוֹד, גַּם הוּא מִכְּלַל הַמִּצְוָה. וְכֵן אָסְרוּ לִקְבֹּעַ סְעוּדָה בְּעֶרֶב שַׁבָּת מִפְּנֵי כְּבוֹד הַשַּׁבָּת (ראה גיטין לח, ב), וְכֵן כָּל כַּיּוֹצֵא בָּזֶה.

וּבִכְלַל הַיִּרְאָה[יא] עוֹד כְּבוֹד הַתּוֹרָה וְלוֹמְדֶיהָ. וּבְהֶדְיָא שָׁנִינוּ: כָּל הַמְכַבֵּד אֶת הַתּוֹרָה גּוּפוֹ מְכֻבָּד עַל הַבְּרִיּוֹת (אבות ד, ו). וְאָמְרוּ זִכְרוֹנָם לִבְרָכָה (סנהדרין קב, ב): אָמַר רַבִּי יוֹחָנָן, מִפְּנֵי מָה זָכָה אַחְאָב לְמַלְכוּת עֶשְׂרִים וּשְׁתַּיִם שָׁנָה? מִפְּנֵי שֶׁכִּבֵּד אֶת הַתּוֹרָה שֶׁנִּתְּנָה בְּעֶשְׂרִים וּשְׁתַּיִם אוֹתִיּוֹת, שֶׁנֶּאֱמַר: וַיִּשְׁלַח מַלְאָכִים אֶל אַחְאָב וְכוּ׳ [וְהָיָה כָּל מַחְמַד עֵינֶיךָ יָשִׂימוּ בְיָדָם וְלָקָחוּ וְכוּ׳ וַיֹּאמֶר לְמַלְאֲכֵי וְכוּ׳ כֹּל אֲשֶׁר שָׁלַחְתָּ אֶל עַבְדְּךָ בָרִאשֹׁנָה אֶעֱשֶׂה] וְהַדָּבָר הַזֶּה לֹא אוּכַל לַעֲשׂוֹת (מלכים א כ, ב–ט). [מַאי מַחְמַד עֵינֶיךָ? לָאו סֵפֶר תּוֹרָה]!

וְאָמְרוּ זִכְרוֹנָם לִבְרָכָה: הָיָה הוֹלֵךְ מִמָּקוֹם לְמָקוֹם,[יב] לֹא יַנִּיחֶנּוּ בַּשַּׂק וְיַנִּיחֶנּוּ עַל גַּבֵּי חֲמוֹר וְיִרְכַּב עָלָיו, אֶלָּא מַנִּיחוֹ בְּחֵיקוֹ וְכוּ׳ (שו״ע יו״ד סימן רפב סעיף ג; ע״פ ברכות יח, א). וְאָסְרוּ עוֹד לֵישֵׁב עַל גַּבֵּי הַמִּטָּה שֶׁסֵּפֶר תּוֹרָה עָלֶיהָ (מועד קטן כה, א). וְכֵן אָמְרוּ: אֵין זוֹרְקִין כִּתְבֵי הַקֹּדֶשׁ וַאֲפִלּוּ הֲלָכוֹת וְאַגָּדוֹת (משנה תורה, הלכות ספר תורה י, ה; ע״פ עירובין צח, א). וְאָסְרוּ לְהַנִּיחַ נְבִיאִים וּכְתוּבִים עַל גַּבֵּי חֻמָּשִׁים (מגילה כז, א). הֵן אֵלֶּה דְּבָרִים שֶׁאָסְרוּ חֲכָמֵינוּ זִכְרוֹנָם לִבְרָכָה לְכָל עֲדַת יִשְׂרָאֵל, וְהֶחָסִיד יֵשׁ לוֹ לִלְמֹד מֵאֵלֶּה וּלְהוֹסִיף עֲלֵיהֶם כָּהֵנָּה וְכָהֵנָּה לִכְבוֹד שֵׁם ה׳ אֱלֹקָיו.

[יא] בכתה״י: ׳האהבה׳. התיקון ע״פ ס״פ, וכן נכון לפי הענין. [יב] המאמר השלם הוא: ׳היה הולך ממקום למקום וספר תורה עמו׳.

Let us return to the subject of [honoring] the Sabbath. [The Sages] said, "Rav Anan would wear domestic overalls" (*Shabbat* 119a). That is, he would wear black clothing on Fridays in order to highlight the honor of the Sabbath when he would don fine garments. It follows that preparing for the Sabbath is not the only way one can honor it: Even an absence [of the festive before the Sabbath] that accentuates the presence of the honor [conferred on the Sabbath], comes under this *mitzvah*, so that, [through the contrast], the presence of the honor is better discerned. In similar fashion, [the Sages] prohibited the eating of a regular meal before the Sabbath, as well as other such activities, because of the honor due to the Sabbath (see *Gittin* 38b).

The fear [of God] also includes honoring the Torah and those who are engaged in its study. We learned explicitly, "Whoever honors the Torah will himself be honored by his fellow men" (*Avot* 4:6). And [our Sages], may their memory be blessed, said, "Rabbi Yohanan said: By what virtue did Ah'av merit to reign for twenty-two years? Because he honored the Torah, which was given with twenty-two letters. As it says: 'And he sent messengers to Ah'av ... [And it shall be that they shall put in their hand all the delight of your eyes and take them ... Wherefore he said to the messengers ... All that you send to your servant at first I will do]; but this thing I will not be able to do' (I Melakhim 20:2-9). [What is 'the delight of your eyes?' Is it not a Torah scroll]" (*Sanhedrin* 102b)!

And [our Sages], may their memory be blessed, said, "If a person was riding from place to place, he should not put [a Torah scroll] into a sack, and place it upon the donkey's back, and ride upon it. Rather he should carry it on his lap" and so on (*Shulhan Arukh, Yoreh De'ah* 282:3, following *Berakhot* 18a). They also prohibited sitting on a bed upon which lies a Torah scroll (*Mo'ed Katan* 25a). And similarly, they said, "One may not throw sacred writings, not even [collections of] laws and homilies" (Rambam, *Mishneh Torah, Hilkhot Sefer Torah* 10:5, following *Eruvin* 98a). They also prohibited resting books of the Prophets and Hagiographa upon the Five Books of Moses (*Megillah* 27a). These are indeed things that our Sages, may their memory be blessed, prohibited to the entire community of Israel. The pious man, however, should learn from them and add much more for the honor of the name of the Lord, his God.

וּבִכְלַל זֶה הַנִּקָּיוֹן וְהַטָּהֳרָה הַצְּרִיכָה לְדִבְרֵי תּוֹרָה, שֶׁלֹּא לַעֲסֹק בָּהּ וַאֲפִלּוּ בְּהִרְהוּר בִּמְקוֹמוֹת הַמְּטֻנָּפִים (ברכות כד, ב), וְלֹא בְּיָדַיִם שֶׁאֵינָם נְקִיּוֹת (יומא ל, א). וּכְבָר הִרְבּוּ הַחֲכָמִים זִכְרוֹנָם לִבְרָכָה לְהַזְהִיר עַל זֶה בִּמְקוֹמוֹת רַבִּים.[יג]

וּבְעִנְיַן לוֹמְדֵי תּוֹרָה הִנֵּה מִקְרָא כָּתוּב: מִפְּנֵי שֵׂיבָה תָּקוּם וְהָדַרְתָּ פְּנֵי זָקֵן (ויקרא יט, לב), מִנַּהּ יָלְפִינָן לְכָל מִינֵי כָּבוֹד שֶׁאֶפְשָׁר לַעֲשׂוֹת לָהֶם, שֶׁרָאוּי לֶחָסִיד שֶׁיַּעֲשֵׂהוּ וַדַּאי. וּכְבָר אָמְרוּ זִכְרוֹנָם לִבְרָכָה: וְאֶת יִרְאֵי ה׳ יְכַבֵּד (תהלים טו, ד), זֶה יְהוֹשָׁפָט מֶלֶךְ יְהוּדָה, שֶׁכֵּיוָן שֶׁהָיָה רוֹאֶה תַּלְמִיד חָכָם הָיָה עוֹמֵד מִכִּסְאוֹ וּמְחַבְּקוֹ וּמְנַשְּׁקוֹ וְאוֹמֵר לוֹ, רַבִּי רַבִּי מוֹרִי מוֹרִי (כתובות קג, ב). וְרַבִּי זֵירָא, כְּשֶׁהָיָה חָלוּשׁ מִלִּמּוּדוֹ, הָיָה מֵשִׂים עַצְמוֹ עַל פֶּתַח בֵּית הַמִּדְרָשׁ לַעֲשׂוֹת מִצְוָה כְּשֶׁיָּקוּם מִלִּפְנֵי הַתַּלְמִידֵי חֲכָמִים (ברכות כח, א; עירובין כח, ב). כָּל אֵלֶּה דְּבָרִים שֶׁכְּבָר רוֹאִים אֲנַחְנוּ הֱיוֹת הַבּוֹרֵא יִתְבָּרַךְ שְׁמוֹ חָפֵץ בָּם וְגִלָּה דַּעַת הָעֶלְיוֹן בָּזֶה, וְכֵיוָן שֶׁכֵּן, מִי הָאִישׁ הֶחָפֵץ לַעֲשׂוֹת נַחַת רוּחַ לְיוֹצְרוֹ, בְּדֶרֶךְ זֶה יֵלֵךְ וְיוֹסִיף לֶקַח בְּתַחְבּוּלוֹתָיו לַעֲשׂוֹת אֶת הַיָּשָׁר בְּעֵינָיו יִתְבָּרַךְ.

וּבִכְלַל זֶה כְּמוֹ כֵן כְּבוֹד הַבָּתֵּי כְּנֵסִיּוֹת וּבָתֵּי מִדְרָשׁוֹת; שֶׁלֹּא דַּי שֶׁלֹּא יִנְהַג בָּהֶם קַלּוּת רֹאשׁ,[יד] אֶלָּא שֶׁיִּנְהַג בָּהֶם כָּל מִינֵי כָּבוֹד וּמוֹרָא בְּכָל מִנְהָגָיו וּבְכָל פְּעֻלּוֹתָיו, וְכָל מַה שֶּׁלֹּא הָיָה עוֹשֶׂה בְּהֵיכַל מֶלֶךְ גָּדוֹל, לֹא יַעֲשֶׂה בָּהֶם.

וּנְדַבֵּר עַתָּה מֵעִנְיַן הָאַהֲבָה, וַעֲנָפֶיהָ הֵם הֵמָּה: הַשִּׂמְחָה, הַדְּבֵקוּת וְהַקִּנְאָה. וְהִנֵּה עִנְיַן הָאַהֲבָה הוּא שֶׁיִּהְיֶה הָאָדָם חוֹשֵׁק וּמִתְאַוֶּה מַמָּשׁ אֶל קִרְבָתוֹ יִתְבָּרַךְ, וְרוֹדֵף אַחַר קְדֻשָּׁתוֹ כַּאֲשֶׁר יִרְדֹּף אִישׁ אַחַר דָּבָר הַנֶּחְמָד לוֹ חֶמְדָּה עַזָּה, עַד שֶׁיִּהְיֶה לוֹ הַזְכָּרַת שְׁמוֹ יִתְבָּרַךְ וְדַבֵּר בִּתְהִלּוֹתָיו וְהָעֵסֶק בְּדִבְרֵי תּוֹרָתוֹ וֶאֱלֹקוּתוֹ יִתְבָּרַךְ שַׁעֲשׁוּעַ וְעֹנֶג מַמָּשׁ, כְּמִי

[יג] ראה סוכה כח, א; תענית כ, ב; מגילה כח, א. [יד] ראה מגילה כח א-ב, ורמב״ם הלכות תפילה פי״א ה״ו.

Included in this is the cleanliness and purity that Torah study requires, that one not engage in its study, even by [speechless] meditation, in filthy places (*Berakhot* 24b) or with unclean hands (*Yoma* 30a). Our Sages, may their memory be blessed, have frequently warned of this in many places (see *Sukkah* 28a, et al.).

Regarding those who study Torah, Scripture states, "You shall rise before the hoary head, and honor the face of the learned" (Vayikra 19:32), from which we learn that it is surely befitting the pious to honor Torah scholars in every possible way. [Our Sages], may their memory be blessed, have already said, "'He honors those that fear the Lord' (Tehillim 15:4) – this refers to Yehoshafat, King of Judea, who, whenever he would see a Torah scholar, would rise up from his throne, embrace him, kiss him, and say to him: 'My teacher, my teacher; my master, my master'" (*Ketubot* 103b). And Rabbi Zera, when he was weary from his study, would place himself at the entrance of the study hall in order to perform the *mitzvah* of rising for a Torah scholar (*Berakhot* 28a; *Eruvin* 28b). We see that all these practices are desired by the Creator, blessed be His name, the judgment of the Most High having been revealed. That being the case, let any man who wishes to please his Creator follow this path, and devise additional strategies along these lines for doing what is upright in the eyes of [God], blessed be He.

Also included in this category is honoring synagogues and study halls. It should not suffice one [merely] to refrain from frivolity in these places; he should rather show them honor and reverence of every kind, in all his ways and deeds: whatever he would not do in the palace of a great king, he should not do in them (see *Megillah* 28a-b).

We shall now direct our discussion to the notion of the love [of God]. Its branches are precisely these: joy, conjoining [with God], and zeal [for His honor]. The love [of God] consists of a person's longing and craving to be near to Him, blessed be He, and in pursuing His holiness the way one pursues something fiercely desired. [This love should extend] to the point that mentioning His blessed name, speaking His praises, and occupying himself with the words of His Torah and His divinity are as real a delight and pleasure as that of

שֶׁאוֹהֵב אֶת אֵשֶׁת נְעוּרָיו אוֹ בְּנוֹ יְחִידוֹ אַהֲבָה חֲזָקָה, אֲשֶׁר אֲפִלּוּ הַדִּבּוּר בָּם יִהְיֶה לוֹ לְנַחַת וְתַעֲנוּג, וּכְעִנְיַן הַכָּתוּב: כִּי מִדֵּי דַבְּרִי בּוֹ זָכֹר אֶזְכְּרֶנּוּ עוֹד (ירמיה לא, יט).

וְהִנֵּה וַדַּאי שֶׁמִּי שֶׁאוֹהֵב אֶת בּוֹרְאוֹ אַהֲבָה אֲמִתִּית לֹא יַנִּיחַ עֲבוֹדָתוֹ לְשׁוּם טַעַם שֶׁבָּעוֹלָם אִם לֹא יִהְיֶה אָנוּס מַמָּשׁ, וְלֹא יִצְטָרֵךְ רִצּוּי וּפִתּוּי לַעֲבוֹדָה, אֶלָּא אַדְּרַבָּא לִבּוֹ יִשָּׂאֵהוּ וִירִיצֵהוּ אֵלֶיהָ אִם לֹא יִהְיֶה עִכּוּב גָּדוֹל שֶׁיִּמְנָעֵהוּ.

הִנֵּה זֹאת הִיא הַמִּדָּה הַנֶּחְמֶדֶת אֲשֶׁר אֵלֶיהָ זָכוּ הַחֲסִידִים הָרִאשׁוֹנִים קְדוֹשֵׁי עֶלְיוֹן, וּכְמַאֲמַר דָּוִד עָלָיו הַשָּׁלוֹם: כְּאַיָּל תַּעֲרֹג עַל אֲפִיקֵי מָיִם כֵּן נַפְשִׁי תַעֲרֹג אֵלֶיךָ אֱלֹקִים (תהלים מב, ב), נִכְסְפָה וְגַם כָּלְתָה נַפְשִׁי לְחַצְרוֹת ה׳ לִבִּי וּבְשָׂרִי יְרַנְּנוּ אֶל אֵל חָי (שם פד, ג), צָמְאָה נַפְשִׁי לֵאלֹקִים לְאֵל חָי, מָתַי אָבוֹא {וְאֵרָאֶה פְּנֵי אֱלֹהִים} (שם מב, ג), צָמְאָה לְךָ נַפְשִׁי כָּמַהּ לְךָ בְשָׂרִי {בְּאֶרֶץ צִיָּה וְעָיֵף בְּלִי מָיִם} (שם סג, ב). כִּי הָיָה מִשְׁתּוֹקֵק אֵלָיו יִתְבָּרַךְ בְּתֹקֶף הַחֶמְדָּה. וּכְעִנְיַן מַה שֶּׁאָמַר הַנָּבִיא: לְשִׁמְךָ וּלְזִכְרְךָ תַּאֲוַת נָפֶשׁ (ישעיה כו, ח). וְאוֹמֵר: נַפְשִׁי אִוִּיתִךָ בַּלַּיְלָה אַף רוּחִי בְקִרְבִּי אֲשַׁחֲרֶךָּ (שם פסוק ט). וְדָוִד עַצְמוֹ אָמַר: אִם זְכַרְתִּיךָ עַל יְצוּעָי בְּאַשְׁמֻרוֹת אֶהְגֶּה בָּךְ (תהלים סג, ז), בֵּאֵר הָעֹנֶג וְהַשַּׁעֲשׁוּעַ שֶׁהָיָה לוֹ בְּדַבְּרוֹ בּוֹ יִתְבָּרַךְ שְׁמוֹ וּבְשִׁבְחָיו. וְאוֹמֵר: וְאֶשְׁתַּעֲשַׁע בְּמִצְוֹתֶיךָ אֲשֶׁר אָהָבְתִּי (שם קיט, מז). וְאָמַר: גַּם עֵדֹתֶיךָ שַׁעֲשֻׁעָי {אַנְשֵׁי עֲצָתִי} (שם פסוק כד).

וְהִנֵּה זֶה וַדַּאי שֶׁאַהֲבָה זֹאת צָרִיךְ שֶׁלֹּא תִהְיֶה אַהֲבָה הַתְּלוּיָה בְדָבָר,[טו] דְּהַיְנוּ שֶׁיֹּאהַב הַבּוֹרֵא יִתְבָּרַךְ עַל שֶׁמֵּיטִיב לוֹ וּמַעֲשִׁירֵהוּ וּמַצְלִיחַ אוֹתוֹ, אֶלָּא כְּאַהֲבַת הַבֵּן לְאָבִיו, שֶׁהִיא אַהֲבָה טִבְעִית מַמָּשׁ, שֶׁטִּבְעוֹ מַכְרִיחוֹ וְכוֹפֵהוּ לָזֶה, כְּמַאֲמַר הַכָּתוּב: הֲלוֹא הוּא אָבִיךָ קָּנֶךָ (דברים לב, ו). וּמִבְחַן

[טו] ע״פ אבות ה, טז.

one who strongly loves the wife of his youth or his only son, so that even speaking of them gives him joy and pleasure. As Scripture states, "For whenever I speak of him, I earnestly remember him still" (Yirmiyahu 31:19).

Now it is certain that one who truly loves his Creator will not neglect His service for any reason in the world, unless he is actually compelled to do so. He needs neither persuasion nor enticement to serve Him; on the contrary, his heart lifts him up and brings him swiftly to [His service], unless there is some great obstacle that stops him.

This is the desired trait which the pious men of old, the holy ones of the Most High, merited to attain. As stated by David, peace be on him, "As the hart yearns for the water brooks, so my soul yearns for You, O God" (Tehillim 42:2); "My soul yearns and pines for the courts of the Lord; my heart and my flesh cry out for joy for the living God" (Tehillim 84:3); "My soul thirsts for God, for the living God when shall I come {and appear before God}" (Tehillim 42:3); "My soul thirsts for You, my flesh longs for You {in a dry and thirsty land where there is no water}" (Tehillim 63:2). For David yearned for [God (blessed be He) with great passion. In this spirit the Prophet said "Your Name and Your memory are the soul's desire" (Yeshayahu 26:8) and "My soul longs for You at night; my spirit within me seeks You out" (Yeshayahu 26:9). And David himself added, "When I remember You upon my bed, I meditate on You all through the night watches" (Tehillim 63:7), thus describing the pleasure and delight he took in speaking of Him (blessed be He) and of His praises. And elsewhere he said, "And I will delight myself in Your commandments, which I love" (Tehillim 119:47); and "Your testimonies also are my delight {they are my counselors}" (Tehillim 119:24).

It is certain that this love should not depend on any [extraneous] factor – that a person loves the Creator, blessed be He, because He bestows welfare upon him and grants him wealth and success. Rather, it should be like the love of a son for his father, a truly natural love, to which he is impelled and driven by his [very] nature. As Scripture states, "Is not He the father who created you" (Devarim

הָאַהֲבָה הוּא בִּזְמַן הַדֹּחַק וְעֵת הַצָּרָה.[טז] וְכֵן אָמְרוּ זִכְרוֹנָם לִבְרָכָה: וְאָהַבְתָּ אֵת ה' אֱלֹקֶיךָ בְּכָל לְבָבְךָ, וּבְכָל נַפְשְׁךָ (דברים ו, ה) – אֲפִלּוּ נוֹטֵל אֶת נַפְשְׁךָ, וּבְכָל מְאֹדֶךָ (שם) – בְּכָל מָמוֹנְךָ (ברכות ט, ה; נד, א).

אַךְ כְּדֵי שֶׁלֹּא תִהְיֶינָה הַצָּרוֹת וְהַדְּחָקִים קֹשִׁי וּמְנִיעָה אֶל הָאַהֲבָה, יֵשׁ לָאָדָם לְהָשִׁיב לְעַצְמוֹ שְׁתֵּי תְּשׁוּבוֹת: אַחַת שָׁוָה לְכָל נֶפֶשׁ, וְאַחַת לַחֲכָמִים בְּנֵי הַדֵּעָה הָעֲמֻקָּה.

הָרִאשׁוֹנָה הִיא, כָּל מַאי דְּעָבְדִין מִן שְׁמַיָּא לְטָב (ראה ברכות ס, ב). וְזֶה כִּי אֲפִלּוּ הַצַּעַר הַהוּא וְהַדֹּחַק הַנִּרְאֶה בְּעֵינָיו רָעָה, הִנֵּה אֵינֶנּוּ בֶּאֱמֶת אֶלָּא טוֹבָה אֲמִתִּית. וּכְמָשָׁל הָרוֹפֵא הַחוֹתֵךְ הַבָּשָׂר אוֹ הָאֵיבָר שֶׁנִּפְסַד כְּדֵי שֶׁיַּבְרִיא שְׁאָר הַגּוּף וְלֹא יָמוּת, שֶׁאַף עַל פִּי שֶׁהַמַּעֲשֶׂה אַכְזָרִי לִכְאוֹרָה, אֵינוֹ אֶלָּא רַחֲמָנוּת בֶּאֱמֶת לְהֵיטִיבוֹ בְּאַחֲרִיתוֹ,[יז] וְלֹא יָסִיר הַחוֹלֶה אַהֲבָתוֹ מֵהָרוֹפֵא בַּעֲבוּר זֶה הַמַּעֲשֶׂה, אֶלָּא אַדְּרַבָּא יוֹסִיף לְאַהֲבָה אוֹתוֹ. כֵּן הַדָּבָר הַזֶּה, בַּחֲשֹׁב הָאָדָם כִּי כָּל מַה שֶּׁהַקָּדוֹשׁ בָּרוּךְ הוּא עוֹשֶׂה עִמּוֹ, לְטוֹבָתוֹ הוּא עוֹשֶׂה, בֵּין שֶׁיִּהְיֶה בְּגוּפוֹ בֵּין שֶׁיִּהְיֶה בְּמָמוֹנוֹ, וְאַף עַל פִּי שֶׁהוּא אֵינוֹ רוֹאֶה וְאֵינוֹ מֵבִין אֵיךְ זֶה הוּא טוֹבָתוֹ, וַדַּאי אֵינוֹ אֶלָּא טוֹבָתוֹ, הִנֵּה לֹא תֶּחֱלַשׁ אַהֲבָתוֹ מִפְּנֵי כָּל דֹּחַק אוֹ כָּל צַעַר, אֶלָּא אַדְּרַבָּא תִּגְבַּר וְנוֹסְפָה בּוֹ תָּמִיד.

אָמְנָם בַּעֲלֵי הַדֵּעָה הָאֲמִתִּית אֵינָם צְרִיכִים אֲפִלּוּ לְטַעַם הַזֶּה, כִּי אֵין לָהֶם לְכַוֵּן לְעַצְמָם כְּלָל, אֶלָּא כָּל תַּכְלִיתָם לְהַגְדִּיל כְּבוֹד שְׁמוֹ יִתְבָּרַךְ וְלַעֲשׂוֹת נַחַת רוּחַ לְפָנָיו, וְכָל מַה שֶּׁיִּתְגַּבְּרוּ עִכּוּבִים נֶגְדָּם, עַד שֶׁיִּצְטָרֵךְ הֵם יוֹתֵר כֹּחַ לְהַעֲבִירָם, הִנֵּה יֶאֱמַץ לִבָּם וְיִשְׂמְחוּ לְהַרְאוֹת תֹּקֶף אֱמוּנָתָם כְּשַׂר צְבָא הָרָשׁוּם בִּגְבוּרָה, אֲשֶׁר יִבְחַר לוֹ תָּמִיד בַּמִּלְחָמָה הַחֲזָקָה יוֹתֵר לְהַרְאוֹת תָּקְפּוֹ בְּנִצְחוֹנָהּ. וּכְבָר מֻרְגָּל זֶה הָעִנְיָן בְּכָל אוֹהֵב בָּשָׂר וָדָם שֶׁיִּשְׂמַח שֶׁיִּזְדַּמֵּן לוֹ מַה שֶּׁיּוּכַל לְהַרְאוֹת בּוֹ עַד הֵיכָן מַגִּיעַ עֹצֶם אַהֲבַת אֶל אֲשֶׁר הוּא אוֹהֵב.

[טז] ראה ספרי דברים פיסקא לב. [יז] ע"פ דברים ח, טז.

32:6)? [Such] love is tested in times of stress and periods of trouble (see *Sifrei Devarim* 32). As [our Sages], may their memory be blessed, said, "'And you shall love the Lord, your God, with all your heart, and with all your soul' (Devarim 6:5) – even if he takes your soul; 'and with all your might' (ibid.) – with all your possessions" (*mBerakhot* 9:5, 54a).

But in order that trouble and distress should not present difficulties and obstructions in the way of love, a person must provide himself with [one of] two explanations; one that is suitable for the average person, and the other for the wise and profound of mind.

The first [explanation] is that whatever Heaven does is for the good (*Berakhot* 60b). This means that even the pain and distress that appear to him as evil are in fact true good. As in the case of a doctor who cuts away flesh or an infected limb so that the rest of the body may regain health and [the patient] live. Though the action seems cruel, it is in fact an act of mercy intended for [the patient's] eventual benefit. The patient will not stop loving the doctor because of what was done; on the contrary, he will love the doctor even more. Likewise, when a person bears in mind that whatever the Holy One, blessed be He, does to him is for his own good, whether it affects his body or his possessions – and that undoubtedly remains the case even if he fails to see or fathom how – then his love will not weaken by reason of any distress or pain. Quite the reverse, it will intensify and continually increase.

But for the truly understanding, even this explanation is superfluous. For they are entirely free of self-interested intent, and aim only at increasing the glory of His blessed Name and doing what He finds pleasing. The more formidable the obstacles they face, and the more strength they thus need to overcome them, the more they take courage and rejoice in demonstrating the power of their faith. [They are] like an army commander, distinguished for his bravery, who always chooses [to fight] the hardest battle in order to demonstrate his strength by prevailing. This is in fact typical of any human lover – he rejoices in the opportunity to demonstrate how powerful his love is for his beloved.

אַךְ עַנְפֵי הָאַהֲבָה הֵם הַדְּבֵקוּת וְהַשִּׂמְחָה וְהַקִּנְאָה, כְּמוֹ שֶׁזָּכַרְתִּי.

הַדְּבֵקוּת הוּא שֶׁיִּהְיֶה לִבּוֹ שֶׁל הָאָדָם מִתְדַּבֵּק כָּל כָּךְ בַּבּוֹרֵא עַד שֶׁכְּבָר יָסוּר מִלְּפַנּוֹת וְהַשְׁגִּיחַ אֶל שׁוּם דָּבָר זוּלָתוֹ. וְהוּא מַה שֶּׁבָּא עָלָיו הַמָּשָׁל בְּדִבְרֵי שְׁלֹמֹה: אַיֶּלֶת אֲהָבִים וְיַעֲלַת חֵן [דַּדֶּיהָ יְרַוֻּךָ בְכָל עֵת], בְּאַהֲבָתָהּ תִּשְׁגֶּה תָמִיד (משלי ה, יט). וּבַגְּמָרָא אָמְרוּ: אָמְרוּ עָלָיו עַל רַבִּי אֶלְעָזָר בֶּן פְּדָת, שֶׁהָיָה יוֹשֵׁב וְעוֹסֵק בַּשּׁוּק הָעֶלְיוֹן בִּצְפּוֹרִי וְעוֹסֵק בַּתּוֹרָה וּסְדִינוֹ מוּטָל בַּשּׁוּק הַתַּחְתּוֹן שֶׁל צִפּוֹרִי (עירובין נד, ב).

וְהִנֵּה תַּכְלִית הַמִּדָּה הַזֹּאת הוּא לִהְיוֹת הָאָדָם כָּךְ מִתְדַּבֵּק בְּבוֹרְאוֹ בְּכָל עֵת וּבְכָל שָׁעָה. אָמְנָם לְפָחוֹת בִּשְׁעַת עֲבוֹדָה, אִם אוֹהֵב הוּא אֶת בּוֹרְאוֹ, וַדַּאי שֶׁיִּהְיֶה לוֹ הַדְּבֵקוּת הַזֶּה. וּבַיְרוּשַׁלְמִי אָמְרוּ: רַבִּי חֲנִינָא בֶּן דּוֹסָא הָיָה עוֹמֵד וּמִתְפַּלֵּל וּבָא חֲבַרְבָּר וְהִכִּישׁוֹ וְלֹא הִפְסִיק תְּפִלָּתוֹ וְכוּ'. אָמְרוּ לוֹ תַּלְמִידָיו, רַבִּי, וְלֹא הִרְגַּשְׁתָּ? וְאָמַר לָהֶם, יָבֹא עָלַי, מִתּוֹךְ שֶׁהָיָה לִבִּי מִתְכַּוֵּן בַּתְּפִלָּה אִם הִרְגַּשְׁתִּי (ירושלמי ברכות ה, א; ט, א).

וְעַל הַדְּבֵקוּת הֻזְהַרְנוּ בַּתּוֹרָה פְּעָמִים רַבּוֹת: לְאַהֲבָה אֶת ה' אֱלֹקֶיךָ לִשְׁמֹעַ בְּקֹלוֹ וּלְדָבְקָה בוֹ (דברים ל, כ), וּבוֹ תִדְבָּק (שם י, כ), וּבוֹ תִדְבָּקוּן (שם יג, ה). וְדָוִד אָמַר: דָּבְקָה נַפְשִׁי אַחֲרֶיךָ [בִּי תָּמְכָה יְמִינֶךָ] (תהלים סג, ט). וְעִנְיַן כֻּלָּם אֶחָד, שֶׁהוּא הַדְּבֵקוּת שֶׁאָדָם מִתְדַּבֵּק בּוֹ יִתְבָּרַךְ שֶׁאֵינוֹ יָכוֹל לְהִפָּרֵד וְלָזוּז מִמֶּנּוּ. וְאָמְרוּ זִכְרוֹנָם לִבְרָכָה: אָמַר רַבִּי שִׁמְעוֹן בֶּן לָקִישׁ, בְּשָׁלֹשׁ לְשׁוֹנוֹת שֶׁל חִבָּה חִבֵּב הַקָּדוֹשׁ בָּרוּךְ הוּא אֶת יִשְׂרָאֵל – וְאָנוּ לְמֵדִים [אוֹתָם] מִפָּרָשָׁתוֹ {שֶׁל אוֹתוֹ רָשָׁע} – בִּדְבִיקָה, בַּחֲשִׁיקָה, בַּחֲפִיצָה (בראשית רבה פ, ז), וְהֵם מַמָּשׁ עַנְפֵי הָאַהֲבָה הָעִקָּרִיִּים, וְהַיְנוּ, הַתְּשׁוּקָה שֶׁזָּכַרְתִּי וְהַדְּבֵקוּת וְהַנַּחַת וְהָעֹנֶג הַנִּמְצָא בְּעֵסֶק עִנְיָנָיו שֶׁל הַנֶּאֱהָב.

The ramifications of love are, as I have mentioned, conjoining [with God], joy, and zeal [for His honor].

Conjoining [with God] mandates that man's heart cleave so closely to the Creator that he ceases to turn or attend to anything else but Him. It is regarding this that Shelomo said by way of allegory, "A loving hind and a graceful doe; [let her breasts satisfy you at all times] and be you infatuated always with her love" (Mishlei 5:19). And [our Sages] said in the Gemara (*Eruvin* 54b) [by way of illustration], "They report about Rabbi Elazar the son of Pedat that he was [once] sitting and occupying himself with Torah in the upper marketplace of Sephorris, [while] his cloak was lying in the lower marketplace of that city."

Now the ultimate goal of this trait is that a person should cleave in this fashion to His Creator at each and every moment. But at the very least, while engaged in Divine service, he who loves his Creator should cleave to Him in this manner. And in the Yerushalmi it is stated, "Rabbi Hanina the son of Dosa was standing in prayer when a big poisonous lizard came and bit him, but he did not interrupt his prayers. His disciples asked him: 'O Master, did you not feel anything?' He answered: 'I take an oath that because my heart was so absorbed in my prayers, I felt nothing'" (*Yerushalmi Berakhot* 5:1, 9a).

Time and again, the Torah exhorts us regarding *devekut*, "To love the Lord your God, and to obey His voice, and to cleave to Him" (Devarim 30:20); "And to Him you shall cleave" (Devarim 10:20); "And to Him shall you cleave" (Devarim 13:5). And David said, "My soul clings to You; [Your right hand upholds me]" (Tehillim 63:9) The theme of all these verses is the same – man's conjunction [with God] (blessed be He) to such an extent that he cannot part or move away from Him. And [our Sages], may their memory be blessed. said, "Rabbi Shimon the son of Lakish said: The Holy One, blessed be He, used three expressions of love in relation to Israel – and we learn them from the Torah account {of that wicked man} – cleaving longing, and desire" (*Bereishit Rabba* 80:7). These are actually the principal branches of love – the longing that I mentioned above (*see p. 265*), conjoining, and the pleasure and delight to be found in dealing with the affairs of the beloved.

הָעָנָף הַשֵּׁנִי הוּא הַשִּׂמְחָה, וְהוּא עִקָּר גָּדוֹל בָּעֲבוֹדָה. וְהוּא מַה שֶּׁדָּוִד הַמֶּלֶךְ מַזְהִיר וְאוֹמֵר: עִבְדוּ אֶת ה' בְּשִׂמְחָה בֹּאוּ לְפָנָיו בִּרְנָנָה (תהלים ק, ב). וְאָמַר: וְצַדִּיקִים יִשְׂמְחוּ יַעַלְצוּ לִפְנֵי אֱלֹקִים וְיָשִׂישׂוּ בְשִׂמְחָה (שם סח, ד). וְאָמְרוּ רַבּוֹתֵינוּ זִכְרוֹנָם לִבְרָכָה: אֵין הַשְּׁכִינָה שׁוֹרָה אֶלָּא מִתּוֹךְ שִׂמְחָה שֶׁל מִצְוָה (שבת ל, ב). וְעַל הַפָּסוּק שֶׁזָּכַרְנוּ: עִבְדוּ אֶת ה' בְּשִׂמְחָה, אָמְרוּ בַּמִּדְרָשׁ: אָמַר רַב,[יז*] כְּשֶׁתִּהְיֶה עוֹמֵד לְהִתְפַּלֵּל יְהֵא לִבְּךָ שָׂמֵחַ עָלֶיךָ שֶׁאַתָּה מִתְפַּלֵּל לֶאֱלֹקִים שֶׁאֵין כַּיּוֹצֵא בּוֹ (ילקוט שמעוני, תהלים רמז תתנד). כִּי זֹאת הִיא הַשִּׂמְחָה הָאֲמִתִּית שֶׁיִּהְיֶה לִבּוֹ שֶׁל הָאָדָם עָלֵז עַל שֶׁהוּא זוֹכֶה לַעֲבֹד לִפְנֵי אָדוֹן יִתְבָּרַךְ שְׁמוֹ שֶׁאֵין כָּמוֹהוּ, וְלַעֲסֹק בְּתוֹרָתוֹ וּמִצְוֹתָיו שֶׁהֵם הַשְּׁלֵמוּת הָאֲמִתִּי וְהַיְקָר הַנִּצְחִי.

וְאָמַר שְׁלֹמֹה בְּמְשַׁל הַחָכְמָה: מָשְׁכֵנִי אַחֲרֶיךָ נָּרוּצָה הֱבִיאַנִי הַמֶּלֶךְ חֲדָרָיו נָגִילָה וְנִשְׂמְחָה בָּךְ (שיר השירים א, ד). כִּי כָּל מַה שֶּׁזּוֹכֶה הָאָדָם לִיכָּנֵס יוֹתֵר לִפְנִים בְּחַדְרֵי יְדִיעַת גְּדֻלָּתוֹ יִתְבָּרַךְ, יוֹתֵר תִּגְדַּל בּוֹ הַשִּׂמְחָה וְיִהְיֶה לִבּוֹ שָׂשׂ בְּקִרְבּוֹ. וְאוֹמֵר: יִשְׂמַח יִשְׂרָאֵל בְּעֹשָׂיו בְּנֵי צִיּוֹן יָגִילוּ בְמַלְכָּם (תהלים קמט, ב). וְדָוִד שֶׁכְּבָר הִגִּיעַ לְמַעֲלָה זֹאת שִׁעוּר גָּדוֹל, אָמַר: יֶעֱרַב עָלָיו שִׂיחִי אָנֹכִי אֶשְׂמַח בַּה' (שם קד, לד). וְאָמַר: וְאָבוֹאָה אֶל מִזְבַּח אֱלֹקִים, אֶל אֵל שִׂמְחַת גִּילִי, וְאוֹדְךָ בְכִנּוֹר אֱלֹקִים אֱלֹקָי (שם מג, ד). וְאָמַר: תְּרַנֵּנָּה שְׂפָתַי כִּי אֲזַמְּרָה לָּךְ וְנַפְשִׁי אֲשֶׁר פָּדִיתָ (שם עא, כג). וְהַיְנוּ, כִּי כָּל כָּךְ הָיְתָה מִתְגַּבֶּרֶת בְּקִרְבּוֹ הַשִּׂמְחָה, שֶׁכְּבָר הַשְּׂפָתַיִם הָיוּ מִתְנוֹעֲעִים מֵאֲלֵיהֶם וּמְרַנְּנִים בִּהְיוֹתוֹ עוֹסֵק בִּתְהִלּוֹתָיו יִתְבָּרַךְ. וְכָל זֶה מִגֹּדֶל הִתְלַהֲטוּת נַפְשׁוֹ שֶׁהָיְתָה מִתְלַהֶטֶת בְּשִׂמְחָתָהּ לְפָנָיו. הוּא מַה שֶּׁסִּיֵּם: וְנַפְשִׁי אֲשֶׁר פָּדִיתָ.

וּמָצִינוּ שֶׁנִּתְרַעֵם הַקָּדוֹשׁ בָּרוּךְ הוּא עַל יִשְׂרָאֵל מִפְּנֵי שֶׁחִסְּרוּ תְּנַאי זֶה בַּעֲבוֹדָתָם. וְהוּא שֶׁנֶּאֱמַר: תַּחַת אֲשֶׁר לֹא עָבַדְתָּ אֶת ה' אֱלֹקֶיךָ בְּשִׂמְחָה

[יז*] בכתה"י: 'א"ר'. ואפשר לקרוא: 'אמר רבי', או: 'אמר רב'. בילקוט: 'ר' איבו'.

The second branch [of love] is joy, which is a vital principle in serving God. It is about this that King David exhorts us, saying, "Serve the Lord with gladness; come before Him with joyous song" (Tehillim 100:2); and "But let the righteous be glad; let them rejoice before God; and let them be jubilant with joy" (Tehillim 68:4). And [our Sages], may their memory be blessed, said, "The *Shekhinah* rests [upon a person] only through his rejoicing in a *mitzvah*" (*Shabbat* 30b). Regarding the aforementioned verse, "Serve the Lord with gladness," it is stated in the midrash, "Rabbi [Aibu] said: When you stand in prayer, let your heart rejoice that you are praying to a God who has no parallel" (*Yalkut Shimoni*, Tehillim 854). For it is a true joy that man's heart should rejoice over the privilege to serve the blessed Master who is incomparable, and to occupy himself with His Torah and His *mitzvot* which typify true perfection and eternal glory.

Shelomo said in his wise parable, "Draw me on, we will run after You; the King has brought me into His chambers; we will be glad and rejoice in You" (Shir haShirim 1:4). For the further into the chambers of knowledge of [God's] greatness one earns entry, the greater his joy and inner delight. And it is further said, "Let Israel rejoice in its Maker; let the children of Zion delight in their King" (Tehillim 149:2). And David who reached this virtue in great measure said, "Let my words be sweet to Him; I will rejoice in the Lord" (Tehillim 104:34); and "Then will I go to the altar of God. to God my exceeding joy; and I will praise You with the lyre, O God my God" (Tehillim 43:4). And he said, "My lips sing when my self and soul which you have redeemed are praising You" (Tehillim 71:23). This means that joy would well up so powerfully within him when he was focused on [God's] glories (blessed be He) that his lips would move of their own accord and break into song – all this out of his soul's great ardor; for it was aflame with joy before Him. As [David] concludes, "And my soul, which You have redeemed."

We also find that the Holy One, blessed be He, reproached Israel because they lacked this aspect in their worship. As it says, "Because you did not serve the Lord your God with joy, {and with gladness

{וּבְטוּב לֵבָב} (דברים כח, מז). וְדָוִד, לְפִי שֶׁרָאָה יִשְׂרָאֵל בְּעֵת הִתְנַדְּבָם עַל בִּנְיַן הַבַּיִת שֶׁכְּבָר הִגִּיעוּ לְמַעֲלָה הַזֹּאת, הִתְפַּלֵּל עֲלֵיהֶם שֶׁתִּתְקַיֵּם הַמִּדָּה הַטּוֹבָה בָּהֶם וְלֹא תָּסוּר, וְהוּא מַה שֶּׁאָמַר: וְעַתָּה עַמְּךָ הַנִּמְצְאוּ פֹה רָאִיתִי בְשִׂמְחָה לְהִתְנַדֶּב לָךְ, ה' אֱלֹקֵי אַבְרָהָם יִצְחָק וְיִשְׂרָאֵל אֲבֹתֵינוּ, שָׁמְרָה זֹּאת לְעוֹלָם לְיֵצֶר מַחְשְׁבוֹת לְבַב עַמֶּךָ וְהָכֵן לְבָבָם אֵלֶיךָ (דברי הימים א כט, יז-יח).

וְהֶעָנָף הַשְּׁלִישִׁי הוּא הַקִּנְאָה, שֶׁיִּהְיֶה הָאָדָם מְקַנֵּא לְשֵׁם קָדְשׁוֹ, שׂוֹנֵא אֶת מְשַׂנְאָיו וּמִשְׁתַּדֵּל לְהַכְנִיעָם בְּמַה שֶּׁיּוּכַל, כְּדֵי שֶׁתִּהְיֶה עֲבוֹדָתוֹ יִתְבָּרַךְ נַעֲשֵׂית וּכְבוֹדוֹ מִתְרַבֶּה. וְהוּא מַה שֶּׁאָמַר דָּוִד עָלָיו הַשָּׁלוֹם: הֲלוֹא מְשַׂנְאֶיךָ ה' אֶשְׂנָא, וּבִתְקוֹמְמֶיךָ אֶתְקוֹטָט, תַּכְלִית שִׂנְאָה שְׂנֵאתִים {לְאוֹיְבִים הָיוּ לִי} (תהלים קלט, כא-כב). וְאֵלִיָּהוּ אָמַר: קַנֹּא קִנֵּאתִי לַה' [אֱלֹהֵי] צְבָאוֹת {כִּי עָזְבוּ בְרִיתְךָ בְּנֵי יִשְׂרָאֵל} (מלכים א יט, י). וּכְבָר רָאִינוּ לְמָה זָכָה בַּעֲבוּר קִנְאָתוֹ לֵאלֹקָיו, כְּמַאֲמַר הַכָּתוּב: תַּחַת אֲשֶׁר קִנֵּא לֵאלֹקָיו וַיְכַפֵּר עַל בְּנֵי יִשְׂרָאֵל (במדבר כה, יג).

וּכְבָר הִפְלִיגוּ חֲכָמֵינוּ זִכְרוֹנָם לִבְרָכָה לְדַבֵּר בְּמִי שֶׁיֵּשׁ בְּיָדָיו לִמְחוֹת וְאֵינוֹ מוֹחֶה, וְגָזְרוּ דִּינוֹ לִהְיוֹת נִתְפָּס בַּעֲוֹן הַחוֹטְאִים עַצְמוֹ (שבת נד, ב). וּבְמִדְרַשׁ אֵיכָה אָמְרוּ: הָיוּ שָׂרֶיהָ כְּאַיָּלִים [לֹא מָצְאוּ מִרְעֶה] (איכה א, ו), מָה אַיָּלִים הַלָּלוּ בִּשְׁעַת שָׁרָב הוֹפְכִים פְּנֵיהֶם אֵלּוּ תַּחַת אֵלּוּ, כָּךְ הָיוּ גְּדוֹלֵי יִשְׂרָאֵל רוֹאִים דְּבַר עֲבֵרָה וְהוֹפְכִים פְּנֵיהֶם מִמֶּנּוּ. אָמַר לָהֶם הַקָּדוֹשׁ בָּרוּךְ הוּא, תָּבוֹא הַשָּׁעָה וַאֲנִי עוֹשֶׂה לָהֶם כֵּן (איכה רבה א, לג).

וְזֶה פָּשׁוּט, כִּי מִי שֶׁאוֹהֵב אֶת חֲבֵרוֹ אִי אֶפְשָׁר לוֹ לִסְבֹּל שֶׁיִּרְאֶה מַכִּים אֶת חֲבֵרוֹ אוֹ מְחָרְפִים אוֹתוֹ, וּבְוַדַּאי שֶׁיֵּצֵא לְעֶזְרָתוֹ. גַּם מִי שֶׁאוֹהֵב שְׁמוֹ יִתְבָּרַךְ לֹא יוּכַל לִסְבֹּל וְלִרְאוֹת שֶׁיְּחַלְּלוּ אוֹתוֹ, חַס וְשָׁלוֹם, וְשֶׁיַּעַבְרוּ עַל מִצְוֹתָיו. וְהוּא מַה שֶּׁאָמַר שְׁלֹמֹה:

of heart}" (Devarim 28:47). So when David saw that the people of Israel already reached this virtue at the time they donated to the construction of the Temple, he prayed that this good trait would remain with them and never depart. And so he said, "And now I have seen Your people, who are present here, making an offering to You with joy. O Lord, God of Avraham, Yitzhak and Yisrael, our fathers, keep this forever in the imagination of the thoughts of the heart of Your people, and direct their hearts to You" (I Divrei haYamim 29:17-18).

The third branch [of love] is jealousy. A person should be jealous for the sake of His holy name, hating those who hate Him and striving to subdue them as much as possible, so that the service of [God] (blessed be He) is accomplished and His honor increased. That is precisely what David, peace be on him, said, "Do I not hate, O Lord, those who hate You? And do I not strive with those who rise up against You? I hate them with the utmost hatred; {I count them my enemies}" (Tehillim 139:21-22). And Eliyahu said, "I have been very jealous for the Lord God of hosts, {for the children of Israel have forsaken Your covenant}" (I Melakhim 19:10). Indeed, we have seen what he attained by virtue of this jealousy for his God, according to the verse, "Because he was jealous for his God, and made atonement for the children of Israel" (Bamidbar 25:13).

Our Sages, may their memory be blessed, spoke in very strong terms of one who has the power to protest [and prevent a sin] but fails to do so, condemning him to be punished for the very offense committed by those who [actually] sinned (Shabbat 54b). And in Midrash Eikhah they said, "'Her princes have become like harts [that find no pasture]' (Eikhah 1:6) – just as harts, during a heat wave, turn their faces one beneath the other, so the great men of Israel would see sin and turn their faces away from it. The Holy One, blessed be He, said of them: 'The time will come when I will do the same to them'" (Eikhah Rabba 1:33).

It is obvious that one who loves his friend cannot tolerate seeing this friend beaten or insulted, and will certainly go to his aid. Similarly, one who loves His blessed Name cannot tolerate seeing it desecrated, God forbid, or His mitzvot violated. As Shelomo said,

עֹזְבֵי תוֹרָה יְהַלְלוּ רָשָׁע וְשֹׁמְרֵי תוֹרָה יִתְגָּרוּ בָם (משלי כח, ד). כִּי אוֹתָם שֶׁמְּהַלְלִים רָשָׁע בְּרִשְׁעָתוֹ וְלֹא יוֹכִיחוּ מוּמוֹ עַל פָּנָיו, הִנֵּה הֵם עוֹזְבֵי הַתּוֹרָה וּמַנִּיחִים אוֹתָהּ שֶׁתִּתְחַלֵּל, חַס וְשָׁלוֹם. אַךְ שׁוֹמְרֶיהָ הַמִּתְחַזְּקִים לְהַחֲזִיקָהּ וַדַּאי שֶׁיִּתְגָּרוּ בָם, כִּי לֹא יוּכְלוּ לְהִתְאַפֵּק וּלְהַחֲרִישׁ. וְאָמַר הַקָּדוֹשׁ בָּרוּךְ הוּא לְאִיּוֹב: הָפֵץ עֶבְרוֹת אַפֶּךָ וּרְאֵה כָל גֵּאֶה וְהַשְׁפִּילֵהוּ, רְאֵה כָל גֵּאֶה הַכְנִיעֵהוּ וַהֲדֹךְ רְשָׁעִים תַּחְתָּם, טָמְנֵם בֶּעָפָר יָחַד, פְּנֵיהֶם חֲבֹשׁ בַּטָּמוּן (איוב מ, יא-יג). כִּי זֶהוּ תֹּקֶף הָאַהֲבָה שֶׁיּוּכַל לְהֵרָאוֹת מִי שֶׁאוֹהֵב אֶת בּוֹרְאוֹ בֶּאֱמֶת. וְאוֹמֵר: אֹהֲבֵי ה׳ שִׂנְאוּ רָע (תהלים צז, י).

וְהִנֵּה בֵּאַרְנוּ עַד הֵנָּה הַחֲסִידוּת מַה שֶּׁתָּלוּי בַּמַּעֲשֶׂה וּבְאֹפֶן הַמַּעֲשֶׂה, נְבָאֵר עַתָּה הַתָּלוּי בַּכַּוָּנָה.

הִנֵּה כְּבָר דִּבַּרְנוּ לְמַעְלָה מֵעִנְיַן לִשְׁמָהּ וְשֶׁלֹּא לִשְׁמָהּ וּמַדְרֵגוֹתֵיהֶם. וְאָמְנָם וַדַּאי שֶׁמִּי שֶׁמִּתְכַּוֵּן בַּעֲבוֹדָתוֹ לְטַהֵר נַפְשׁוֹ לִפְנֵי בּוֹרְאוֹ לְמַעַן תִּזְכֶּה לָשֶׁבֶת אֶת פָּנָיו בִּכְלַל הַיְשָׁרִים וְהַחֲסִידִים, לַחֲזוֹת בְּנֹעַם ה׳ וּלְבַקֵּר בְּהֵיכָלוֹ,[יח] וּלְקַבֵּל הַגְּמוּל אֲשֶׁר בָּעוֹלָם הַבָּא, לֹא נוּכַל לוֹמַר שֶׁתִּהְיֶה כַּוָּנָה זוֹ רָעָה. אָכֵן לֹא נוּכַל לוֹמַר גַּם כֵּן שֶׁתִּהְיֶה הַיּוֹתֵר טוֹבָה, כִּי עַד שֶׁהָאָדָם מִתְכַּוֵּן לְטוֹבַת עַצְמוֹ סוֹף סוֹף עֲבוֹדָתוֹ לְצֹרֶךְ עַצְמוֹ.

אַךְ הַכַּוָּנָה הָאֲמִתִּית הַמְּצוּיָה בַּחֲסִידִים אֲשֶׁר טָרְחוּ וְהִשְׁתַּדְּלוּ לְהַשִּׂיגָהּ, הוּא שֶׁיִּהְיֶה הָאָדָם עוֹבֵד רַק לְמַעַן כְּבוֹדוֹ[יט] שֶׁל הָאָדוֹן בָּרוּךְ הוּא יִגְדַּל וְיִרְבֶּה. וְזֶה יִהְיֶה אַחֲרֵי שֶׁהִתְגַּבֵּר בְּאַהֲבָה אֵלָיו יִתְבָּרַךְ, וְיִהְיֶה חוֹמֵד וּמִתְאַוֶּה אֶל הַגְדָּלַת כְּבוֹדוֹ וּמִצְטַעֵר עַל כָּל מַה שֶּׁיִּמְעַט מִמֶּנּוּ; אָז יַעֲבֹד עֲבוֹדָתוֹ לְתַכְלִית זֶה, שֶׁלְּפָחוֹת מִצִּדּוֹ יִהְיֶה כְּבוֹדוֹ יִתְבָּרַךְ מִתְגַּדֵּל, וְיִתְאַוֶּה שֶׁמִּצַּד כָּל שְׁאָר בְּנֵי הָעוֹלָם יִהְיֶה כְּמוֹ כֵן, וְיִצְטַעֵר וְיִתְאַנַּח עַל מַה שֶּׁמְּמַעֲטִים שְׁאָר בְּנֵי הָאָדָם. וְכָל שֶׁכֵּן עַל מַה

[יח] ע״פ תהלים כז, ד. [יט] בס״פ ד״ר: ׳למען אשר כבודו׳.

"Those who forsake Torah praise the wicked; but those who keep Torah contend with them" (Mishlei 28:4). For those who glorify a wicked man in his wickedness and fail to openly rebuke him for his faults, forsake the Torah [by] allowing its desecration, God forbid. However, those who keep [the Torah], lending their full strength to uphold it, will certainly contend with the wicked, for they cannot restrain themselves and remain silent. The Holy One, blessed be He, said to Iyov, "Scatter your raging anger; look on everyone that is haughty and abase him. Look on everyone that is haughty and humble him, and crush the wicked in their place. Bury them all in the earth; bind their faces in the hidden place" (Iyov 40:11-13). This is the strongest love that one who truly loves his Creator can demonstrate. As Scripture says, "You that love God, hate evil" (Tehillim 97:10).

Thus far we have explained [the trait of] piety as it relates to deeds and manner of performance. We will now explain the aspect that pertains to intention.

We have already discussed earlier the idea of [performing a *mitzvah*] for its own sake and not for its own sake, as well as their [various] levels *(see above, p. 277 onward)*. Now if one intends, through his service, to purify his soul in the eyes of his Creator, so that it is worthy of dwelling in His presence among the righteous and the pious, "to behold the beauty of the Lord, to frequent His temple," and to receive his reward in the world-to-come, we certainly cannot say this is a bad motive. But neither can we say that it is the best [of motives]. For so long as one is motivated by his own benefit, his worship is ultimately self-interested.

True motivation, however, which is found among the pious who have striven and endeavored to acquire it, is that man serve solely [so that] the honor of the Master, blessed be He, be magnified and increase. This will occur after his love for [God] (blessed be He) has grown strong, after he longs and yearns for the magnification of His honor and feels pained by anything that diminishes this honor. Then he will worship God to that end so that at least from his standpoint, the honor of [God], blessed be He, will be enhanced. He will long for everyone else in the world to do the same, and feel pain and grief when they detract [from God's honor]. He will be especially grieved

שֶׁיַּמְעִיט הוּא עַצְמוֹ, בְּשׁוֹגֵג אוֹ בְּאֹנֶס אוֹ בְּחֻלְשַׁת הַטֶּבַע, אֲשֶׁר קָשֶׁה לוֹ לְיִשָּׁמֵר מִן הַחֲטָאִים בְּכָל עֵת, כְּעִנְיַן הַכָּתוּב: אָדָם אֵין צַדִּיק בָּאָרֶץ אֲשֶׁר יַעֲשֶׂה טּוֹב וְלֹא יֶחֱטָא (קהלת ז, כ).

וְדָבָר זֶה בֵּאֲרוּהוּ בְּתָנָא דְּבֵי אֵלִיָּהוּ, אָמַר זָכוּר לַטּוֹב: כָּל חָכָם מִיִּשְׂרָאֵל שֶׁיֵּשׁ בּוֹ דְּבַר תּוֹרָה לַאֲמִתּוֹ, וּמִתְאַנֵּחַ עַל כְּבוֹדוֹ שֶׁל הַקָּדוֹשׁ בָּרוּךְ הוּא וְעַל כְּבוֹדָן שֶׁל יִשְׂרָאֵל כָּל יָמָיו, וּמִתְאַוֶּה וּמֵצֵר לִכְבוֹד יְרוּשָׁלַיִם וְלִכְבוֹד בֵּית הַמִּקְדָּשׁ, וְלִישׁוּעָה שֶׁתִּצְמַח בְּקָרוֹב וּלְכִנּוּס גָּלֻיּוֹת, (זוֹכֶה)[כ] לְרוּחַ הַקֹּדֶשׁ בִּדְבָרָיו {שֶׁנֶּאֱמַר (ישעיה סג, יא) אַיֵּה הַשָּׂם בְּקִרְבּוֹ אֶת רוּחַ קָדְשׁוֹ} (תנא דבי אליהו רבה פרק ד). נִמְצֵאתָ לָמֵד שֶׁזֹּאת הִיא הַכַּוָּנָה הַמְעֻלָּה, שֶׁהִיא רְחוֹקָה מִכָּל הֲנָאַת עַצְמוֹ, וְאֵינָהּ אֶלָּא לִכְבוֹדוֹ שֶׁל מָקוֹם וּלְקִדּוּשׁ שְׁמוֹ יִתְבָּרַךְ הַמִּתְקַדֵּשׁ בִּבְרִיּוֹתָיו בְּשָׁעָה שֶׁעוֹשִׂים רְצוֹנוֹ. וְעַל זֶה אָמְרוּ: אֵיזֶהוּ חָסִיד? הַמִּתְחַסֵּד עִם קוֹנוֹ (זוהר, ח"ג, רפא, א).

וְהִנֵּה הֶחָסִיד הַזֶּה, מִלְּבַד הָעֲבוֹדָה שֶׁהוּא עוֹבֵד בְּמַעֲשֵׂה מִצְווֹתָיו עַל הַכַּוָּנָה הַזֹּאת, הִנֵּה וַדַּאי צָרִיךְ שֶׁיִּצְטַעֵר תָּמִיד צַעַר מַמָּשׁ עַל הַגָּלוּת וְהַחֻרְבָּן, מִצַּד מַה שֶּׁזֶּה גּוֹרֵם מִעוּט כִּבְיָכוֹל לִכְבוֹדוֹ יִתְבָּרַךְ, וְיִתְאַוֶּה לַגְּאֻלָּה, לְפִי שֶׁבָּהּ יִהְיֶה עִלּוּי לִכְבוֹד שְׁמוֹ בָּרוּךְ הוּא. וְהוּא מַה שֶּׁאָמַר בְּתָנָא דְּבֵי אֵלִיָּהוּ: וּמִתְאַוֶּה וּמֵצֵר לִכְבוֹד יְרוּשָׁלַיִם וְכוּ', וְיִתְפַּלֵּל תָּמִיד עַל גְּאֻלָּתָן שֶׁל יִשְׂרָאֵל וַהֲשָׁבַת כְּבוֹד שָׁמַיִם לְעִלּוּיוֹ.

וְאִם יֹאמַר אָדָם: מָה[כא] אֲנִי וּמָה אֲנִי סָפוּן שֶׁאֶתְפַּלֵּל עַל הַגָּלוּת וְעַל יְרוּשָׁלַיִם, הֲמִפְּנֵי תְּפִלָּתִי יִכָּנְסוּ הַגָּלֻיּוֹת וְתִצְמַח הַיְשׁוּעָה? תְּשׁוּבָתוֹ בְּצִדּוֹ, כְּאוֹתָהּ שֶׁשָּׁנִינוּ: לְפִיכָךְ נִבְרָא הָאָדָם יְחִידִי, כְּדֵי שֶׁכָּל אֶחָד יֹאמַר בִּשְׁבִילִי נִבְרָא הָעוֹלָם (ראה סנהדרין ד, ה; לז, א). וּכְבָר נַחַת הוּא לְפָנָיו יִתְבָּרַךְ שֶׁיִּהְיוּ בָּנָיו מְבַקְשִׁים וּמִתְפַּלְּלִים עַל זֹאת, וְאַף שֶׁלֹּא

[כ] הנוסח במקורות משובש ורבינו כנראה תיקנו וסימן המלה בחצאי סוגריים.
[כא] בס"פ ד"ר: 'מי אני'.

if he diminishes [God's honor] unintentionally or under duress, or as a result of natural weakness which makes it difficult for him to forever guard against sin. As the verse says: "For there is no righteous man on earth that does good, and sins not" (Kohelet 7:20).

This was explained in *Tanna deBei Eliyahu* (chapter 4). He (may he be remembered for his good) said, "Every Sage in Israel imbued with the true knowledge of the Torah, who grieves over the honor of the Holy One, blessed be He, and over the honor of Israel all his days, who longs and feels pain for the honor of Jerusalem and the Temple, and for the salvation that will soon sprout, and for the ingathering of the exiles, merits that the Divine spirit will rest upon his words, {as it says 'where is he who had His holy spirit put within him'}" (Yeshayahu 63:11). You thus see that this is the loftiest intention; for it is far removed from any self-interest and concerns only the honor of the Omnipresent and the sanctification of His Name, blessed be He, which is sanctified among His creatures when they do His will. Of this it was said, "Who is pious [*hasid*]? He who practices benevolence [*mithassed*] toward his Maker" (*Zohar* III, 281a).

Behold, this pious man must not only worship God by performing the *mitzvot* with this intent, but, without a doubt, he must constantly feel actual pain over the exile and the destruction [of the Temple], because these serve to diminish, as it were, the honor of [God], blessed be He. He must long for the redemption because the honor of His blessed name will thereby be exalted. This is precisely what is stated in *Tanna deBei Eliyahu*: "And he longs and feels pain for the honor of Jerusalem," and so on. He must constantly pray for the redemption of Israel and the return of Heaven's honor to its exalted state.

If one might say, "Who am I, and what is my importance, that I should pray for [the end of] the exile and [the rebuilding of] Jerusalem? Will the dispersed be gathered and salvation sprout because of my prayer?" His refutation is at hand, as we have learned, "Therefore man was created alone, so that each person should be able to say: 'The world was created for my sake'" (see *Sanhedrin* 37a). It is indeed pleasing to God, blessed be He, that His children should plead and pray for this. And though their request

תֵּעָשֶׂה בַּקָּשָׁתָם, מִפְּנֵי שֶׁלֹּא הִגִּיעַ הַזְּמַן אוֹ מֵאֵיזֶה טַעַם שֶׁיִּהְיֶה, הִנֵּה הֵם עָשׂוּ אֶת שֶׁלָּהֶם וְהַקָּדוֹשׁ בָּרוּךְ הוּא שָׂמֵחַ בָּזֶה (ראה ברכות ג סע"א).

וְעַל הֶעְדֵּר זֶה הַדָּבָר הִתְרַעֵם הַנָּבִיא: וַיַּרְא כִּי אֵין אִישׁ וַיִּשְׁתּוֹמֵם כִּי אֵין מַפְגִּיעַ (ישעיה נט, טז). וְאָמַר: וְאַבִּיט וְאֵין עֹזֵר וְאֶשְׁתּוֹמֵם וְאֵין סוֹמֵךְ (שם סג, ה). וְאָמַר: צִיּוֹן הִיא דֹּרֵשׁ אֵין לָהּ (ירמיה ל, יז), וּפֵרְשׁוּ זִכְרוֹנָם לִבְרָכָה: מִכְּלָל דִּבְעְיָא דְּרִישָׁה (ראה סוכה מא, א). הֲרֵי כָּאן שֶׁחַיָּבִים אֲנַחְנוּ בָּזֶה וְאֵין לָנוּ לְהִפָּטֵר מִפְּנֵי מִעוּט כֹּחֵנוּ, כִּי עַל כַּיּוֹצֵא בָּזֶה שָׁנִינוּ: לֹא עָלֶיךָ הַמְּלָאכָה לִגְמֹר וְאִי אַתָּה בֶּן חוֹרִין לִיבָּטֵל הֵימֶנָּה (אבות ב, טז). וְאָמַר עוֹד הַנָּבִיא: אֵין מְנַהֵל לָהּ מִכָּל בָּנִים יָלָדָה וְאֵין מַחֲזִיק בְּיָדָהּ מִכָּל בָּנִים גִּדֵּלָה (ישעיה נא, יח). וְאָמַר: כָּל הַבָּשָׂר חָצִיר וְכָל חַסְדּוֹ כְּצִיץ הַשָּׂדֶה (שם מ, ו). וּפֵרְשׁוּ זִכְרוֹנָם לִבְרָכָה, שֶׁכָּל חֶסֶד שֶׁעוֹשִׂים לְעַצְמָם הֵם עוֹשִׂים, לְטוֹבַת נַפְשָׁם וְלַהֲנָאָתָה[כב] (תיקוני זוהר, תקונא תלתין, עג, ב), וְאֵינָם מִתְכַּוְּנִים לַכַּוָּנָה הַשְּׁלֵמָה הַזֹּאת, וְלֹא מְבַקְשִׁים עַל עִלּוּי הַכָּבוֹד וּגְאֻלָּתָן שֶׁל יִשְׂרָאֵל, שֶׁאִי אֶפְשָׁר לַכָּבוֹד הָעֶלְיוֹן לְהִתְרַבּוֹת אֶלָּא בִּגְאֻלָּתָן שֶׁל יִשְׂרָאֵל וּבְרִבּוּי כְּבוֹדָם, שֶׁזֶּה תָּלוּי בָּזֶה בֶּאֱמֶת. וּכְמוֹ שֶׁאָמַר בְּתָנָא דְּבֵי אֵלִיָּהוּ שֶׁהִזְכַּרְתִּי: וּמִתְאַנֵּחַ עַל כְּבוֹדוֹ שֶׁל הַקָּדוֹשׁ בָּרוּךְ הוּא וְעַל כְּבוֹדָן שֶׁל יִשְׂרָאֵל.

נִמְצֵאתָ לָמֵד שֶׁשְּׁנֵי דְּבָרִים יֵשׁ בְּעִנְיָן זֶה: אֶחָד, הַכַּוָּנָה בְּכָל מִצְוָה וַעֲבוֹדָה שֶׁתִּהְיֶה לְעִלּוּי כְּבוֹדוֹ שֶׁל מָקוֹם, בְּמַה שֶּׁבְּרִיּוֹתָיו עוֹשִׂים נַחַת רוּחַ לְפָנָיו. וְעוֹד, הַצַּעַר וְהַבַּקָּשָׁה עַל עִלּוּי הַכָּבוֹד הַזֶּה שֶׁיֵּעָשֶׂה בִּשְׁלֵמוּת בְּעִלּוּי כְּבוֹדָן שֶׁל יִשְׂרָאֵל וְשַׁלְוָתָן.

[כב] בס"פ ד"ר: 'ולהנאתם'.

may not be fulfilled, either because the time has not yet arrived or for some other reason, they have done their part and the Holy One, blessed be He, rejoices in this (see *Berakhot* 3a).

It was in regard to the absence of such [prayer] that the Prophet complained, "And He saw that there was no man, and was astonished that there was no intercessor" (Yeshayahu 59:16); and "And I looked and there was none to help; and I gazed in astonishment, but there was none to uphold" (Yeshayahu 63:5); and "This is Zion, no one inquires after it" (Yirmiyahu 30:17). And [our Sages], may their memory be blessed, commented: "This implies that [Zion] requires inquiring after" (see *Sukkah* 41a). We see from these passages that we are obligated in this matter and cannot exempt ourselves due to our negligible power. For of the like we have learned, "It is not your duty to complete the task, but neither are you free to desist from it" (*Avot* 2:16). The Prophet also said, "She has none to guide her of all the sons she bore; none takes her by the hand of all the sons she reared" (Yeshayahu 51:18). And Scripture said, "All flesh is grass, all its kindness like flowers of the field" (Yeshayahu 40:6). And [our Sages], may their memory be blessed, explained that "all kindness that they do, they do for their own sakes," for the good of their soul and its benefit (cf. *Tikkunei haZohar* 30, p. 73b). They neither direct themselves to this perfect intention nor do they seek the elevation of God's honor and Israel's redemption. For heavenly honor can be enhanced only through Israel's redemption and the enhancement of [Israel's] honor, the one being truly dependent upon the other. As was stated in the aforementioned *Tanna deBei Eliyahu*: "And he grieves over the honor of the Holy One, blessed be He, and over the honor of Israel."

You see then that this ideal is twofold. First, that the intention behind every *mitzvah* and act of worship be the increase in God's honor that results when His creatures do what is pleasing to Him. Second, that one be pained [at the diminution of Divine glory] and petition that it be fully elevated through the elevation of Israel's honor and its [enjoyment of] tranquility.

וְאָמְנָם עוֹד עִקָּר שֵׁנִי יֵשׁ בְּכַוָּנַת הַחֲסִידוּת, וְהוּא טוֹבַת הַדּוֹר. שֶׁהִנֵּה רָאוּי לְכָל חָסִיד שֶׁיִּתְכַּוֵּן בְּמַעֲשָׂיו לְטוֹבַת דּוֹרוֹ כֻּלּוֹ לְזַכּוֹת אוֹתָם וּלְהָגֵן עֲלֵיהֶם. וְהוּא עִנְיַן: אִמְרוּ צַדִּיק כִּי טוֹב כִּי פְרִי מַעַלְלֵיהֶם יֹאכֵלוּ (ישעיה ג, י), שֶׁכָּל הַדּוֹר אוֹכֵל מִפֵּרוֹתָיו.[כב*] וְכֵן אָמְרוּ: הֲיֵשׁ בָּהּ עֵץ (במדבר יג, כ), אִם יֵשׁ שֶׁמֵּגֵן עַל דּוֹרוֹ כְּעֵץ (בבא בתרא טו, א). וְתִרְאֶה שֶׁזֶּהוּ רְצוֹנוֹ שֶׁל מָקוֹם, שֶׁיִּהְיוּ חֲסִידֵי יִשְׂרָאֵל מְזַכִּים וּמְכַפְּרִים כָּל שְׁאָר הַמַּדְרֵגוֹת שֶׁבָּהֶם. וְהוּא עִנְיַן מַה שֶּׁאָמְרוּ זִכְרוֹנָם לִבְרָכָה בַּלּוּלָב וּמִינָיו: יָבוֹאוּ אֵלֶּה וִיכַפְּרוּ עַל אֵלֶּה (ראה ויקרא רבה ל, יב), שֶׁאֵין חֵפֶץ לַקָּדוֹשׁ בָּרוּךְ הוּא בְּאָבְדַן הָרְשָׁעִים, אֶלָּא מִצְוָה מֻטֶּלֶת עַל הַחֲסִידִים לְהִשְׁתַּדֵּל לְזַכּוֹתָם וּלְכַפֵּר עֲלֵיהֶם. וְזֶה צָרִיךְ שֶׁיַּעֲשֵׂהוּ בְּכַוָּנַת עֲבוֹדָתוֹ וְגַם בִּתְפִלָּתוֹ מַמָּשׁ, דְּהַיְנוּ שֶׁיִּתְפַּלֵּל עַל דּוֹרוֹ, לְכַפֵּר לְמִי שֶׁצָּרִיךְ כַּפָּרָה וּלְהָשִׁיב בִּתְשׁוּבָה מִי שֶׁצָּרִיךְ לָהּ[כג] וּלְלַמֵּד סָנֵגוֹרְיָא עַל הַדּוֹר כֻּלּוֹ.

וּכְבָר יָדַעְתָּ מַה שֶּׁאָמְרוּ רַבּוֹתֵינוּ זִכְרוֹנָם לִבְרָכָה עַל פָּסוּק וַאֲנִי בָאתִי בִּדְבָרֶיךָ (דניאל י, יב), שֶׁלֹּא חָזַר וְנִכְנַס גַּבְרִיאֵל לִפְנִים מִן הַפַּרְגּוֹד אֶלָּא בְּסָנֵגוֹרְיָא שֶׁלִּמֵּד עַל יִשְׂרָאֵל (יומא עז, א). וְגִדְעוֹן נֶאֱמַר לוֹ: לֵךְ בְּכֹחֲךָ זֶה (שופטים ו, יד), לְפִי שֶׁלִּמֵּד סָנֵגוֹרְיָא עַל יִשְׂרָאֵל (ראה תנחומא שופטים סי׳ ד; זוהר, ח״א, רנד, ב). כִּי אֵין הַקָּדוֹשׁ בָּרוּךְ הוּא אוֹהֵב אֶלָּא לְמִי שֶׁאוֹהֵב אֶת יִשְׂרָאֵל; וְכָל מַה שֶּׁאָדָם מַגְדִּיל אַהֲבָתוֹ לְיִשְׂרָאֵל גַּם הַקָּדוֹשׁ בָּרוּךְ הוּא מַגְדִּיל אַהֲבָתוֹ עָלָיו.

וְאֵלֶּה הֵם הָרוֹעִים הָאֲמִתִּיִּים שֶׁל יִשְׂרָאֵל, שֶׁהַקָּדוֹשׁ בָּרוּךְ הוּא חָפֵץ בָּהֶם עַד מְאֹד, שֶׁמּוֹסְרִים עַצְמָם עַל צֹאנוֹ וְדוֹרְשִׁים וּמִשְׁתַּדְּלִים שְׁלוֹמָם וְטוֹבָתָם בְּכָל הַדְּרָכִים, וְעוֹמְדִים בַּפֶּרֶץ תָּמִיד לְהִתְפַּלֵּל עֲלֵיהֶם לְבַטֵּל

[כב*] ראה מדרש תנחומא אמור סי׳ ה; ויקרא רבה כז, א. [כג] ראה ברכות י, א; סוטה יד, א.

There is yet another principle associated with the intention of piety, and that is concern for the well-being of the generation. Every pious person ought to seek to benefit his whole generation through his deeds, by vindicating and protecting them. This is the meaning of the verse, "Say of the righteous that he is good; for they shall eat the fruits of their doings" (Yeshayahu 3:10). For the entire generation eats of his fruits (see *Vayikra Rabba* 27:1). [Our Sages] similarly commented [about the verse], "Are there trees there?" (Bamidbar 13:20) – is anyone there who can shelter his generation like a tree (*Baba Batra* 15a)? You can see that it is the will of the Omnipresent that Israel's *hasidim* vindicate and atone for all the other ranks of their people. This is the meaning of what [our Sages], may their memory be blessed, said regarding the *lulav* and its species, "Let these come and atone for the others" (*Vayikra Rabba* 30:12). For the Holy One, blessed be He, takes no pleasure in the destruction of the wicked. Rather, the pious are commanded to strive for their vindication and atonement. This they must do by directing their worship to that end, and making it [part of] the substance of their prayers. That is to say, he must pray on behalf of his generation in order to atone for those who require atonement, to direct those who need to repent (see *Berakhot* 10a), and to speak in defense of the entire generation.

You already know what our Rabbis, may their memory be blessed, said of the verse, "And I came in with words spoken in your favor" (Daniel 10:12). [Namely], that Gavriel [after being banished from God's presence] was permitted to enter again within the Heavenly Curtain only by pleading in defense of Israel (*Yoma* 77a). And Gideon was told, "Go with this might of yours" (Shofetim 6:14), for he pleaded the cause of Israel (see *Tanhuma, Shofetim* 4). For the Holy One, blessed be He, loves only him who loves Israel; and the more a person's love for Israel grows, the more the love of the Holy One, blessed be He, grows for him.

These are the true shepherds of Israel, in whom the Holy One, blessed be He, takes great delight. For they devote themselves to His flock, demanding and interceding in every way on behalf of their welfare and good. They always stand in the breach to pray on

הַגְּזֵרוֹת הַקָּשׁוֹת וְלִפְתֹּחַ עֲלֵיהֶם שַׁעֲרֵי הַבְּרָכָה. הָא לְמַה זֶּה דּוֹמֶה? לְאָב שֶׁאֵינוֹ אוֹהֵב שׁוּם אָדָם יוֹתֵר מִמִּי שֶׁהוּא רוֹאֶה שֶׁאוֹהֵב אֶת בָּנָיו אַהֲבָה נֶאֱמֶנֶת; וְהוּא דָּבָר שֶׁהַטֶּבַע יָעִיד עָלָיו.

וְהוּא עִנְיַן כֹּהֵן גָּדוֹל, שֶׁאָמְרוּ עָלָיו שֶׁהָיָה לָהֶם לְבַקֵּשׁ רַחֲמִים עַל דּוֹרָם וְלֹא בִקְּשׁוּ (מכות יא, א). וְכֵן אָמְרוּ: הַהוּא גַּבְרָא דְּאַכְלֵהּ אַרְיָא בְּרִחוּק תְּלָת פַּרְסֵי מִינֵיהּ דְּרַבִּי יְהוֹשֻׁעַ בֶּן לֵוִי וְלֹא אִשְׁתָּעֵי אֵלִיָּהוּ בַּהֲדֵהּ (שם). הֲרֵי לְךָ הַחוֹבָה הַמֻּטֶּלֶת עַל הַחֲסִידִים לְבַקֵּשׁ וּלְהִשְׁתַּדֵּל עַל בְּנֵי דוֹרָם.

וּכְבָר בֵּאַרְתִּי לְךָ חֶלְקֵי הַחֲסִידוּת הָרָאשִׁיִּים, פְּרָטֵיהֶם מְסוּרִים לְכָל שֵׂכֶל וּלְכָל לֵב טָהוֹר לְהִתְנַהֵג בָּם בְּדֶרֶךְ הַיָּשָׁר לְפִי הַשָּׁרָשִׁים הָאֵלֶּה, כָּל דָּבָר בְּעִתּוֹ.

the flock's behalf in order to cancel the harsh decrees and to open the gates of blessing before them. To what may this be likened? To a father who has the greatest love for those who sincerely love his children. Human nature attests to this.

This is the idea [behind the responsibility for unintentional murder ascribed to] the High Priest[s], of which it was said: "They should have sought mercy for their generation, but did not." They also said: "There was a certain man who was devoured by a lion at a distance of three miles from Rabbi Yehoshua ben Levi, and Eliyahu did not converse with him" (*Makkot* 11a). You see then that the pious are duty bound to plead and intercede on behalf of the members of their generation.

I have now explained to you the main divisions of piety. [However], their details are left to every man of reason and everyone pure of heart to be carried out in a just fashion, in accordance with these principles, each in due time.

פֶּרֶק כב:

בְּמִשְׁקַל הַחֲסִידוּת

אָמַר הֶחָכָם:

עֲדַיִן צָרִיךְ אַתָּה לְפָרֵשׁ מִשְׁקַל הַחֲסִידוּת שֶׁזָּכַרְתָּ לִי.

אָמַר הֶחָסִיד:

מִשְׁקָל זֶה דָּבָר עִקָּרִי עַד מְאֹד הוּא. אָמְנָם הוּא הַמְּלָאכָה קָשָׁה שֶׁבַּחֲסִידוּת, דַּקּוּתוֹ רַב וְסַכָּנָתוֹ גְּדוֹלָה, כִּי הַמִּכְשׁוֹל קָרוֹב מְאֹד, וְאֵין מַצְלִיחַ בּוֹ אֶלָּא הַיָּשָׁר שֶׁבַּלְּבָבוֹת אֲשֶׁר אֵינֶנּוּ פּוֹנֶה כְּלָל אֶלָּא אֶל עֲשִׂיַּת הַנַּחַת רוּחַ לְפָנָיו יִתְבָּרַךְ, וּמִשְׁתַּדֵּל לְיַשֵּׁר מַעֲשָׂיו וּלְתַקֵּן עִנְיָנָיו עַל פִּי הַתַּכְלִית הַזֶּה, וּמְעַיֵּן עֲלֵיהֶם עִיּוּן גָּדוֹל, וְאַחַר כָּל זֹאת מַשְׁלִיךְ יְהָבוֹ עַל ה',[א] כִּי אָז יֵאָמֵר בּוֹ: אַשְׁרֵי אָדָם עוֹז לוֹ בָךְ {מְסִלּוֹת בִּלְבָבָם} (תהלים פד, ו), וְאוֹמֵר: לֹא יִמְנַע טוֹב לַהֹלְכִים בְּתָמִים (שם פד, יב).

אַךְ אִם אֶחָד מִן הַתְּנָאִים הָאֵלֶּה שֶׁזָּכַרְתִּי יֶחְסַר, לֹא יַגִּיעַ אֶל הַשְּׁלֵמוּת, וְקָרוֹב הוּא מְאֹד לִיבָּטֵל וְלִיפֹּל. כִּי הִנֵּה אִם כַּוָּנָתוֹ לֹא תִּהְיֶה מֻבְחֶרֶת, אוֹ אִם יִתְרַשֵּׁל מִן הָעִיּוּן בְּמָקוֹם שֶׁיָּכוֹל לְעַיֵּן, אוֹ אִם אַחַר כָּל זֶה לֹא יִתְלֶה בִּטְחוֹנוֹ בְּקוֹנוֹ, קָשֶׁה לוֹ שֶׁלֹּא יִפֹּל. אַךְ אִם אֶת כָּל אֵלֶּה יִשְׁמֹר כָּרָאוּי, דְּהַיְנוּ: תְּמִימוּת הַמַּחֲשָׁבָה, עִיּוּן וּבִטָּחוֹן, אָז יֵלֵךְ בֶּטַח בֶּאֱמֶת וְלֹא יְאֻנֶּה לוֹ כָּל רָע. הוּא הַדָּבָר שֶׁאָמְרָה חַנָּה בִּנְבִיאוּתָהּ: רַגְלֵי חֲסִידָיו יִשְׁמֹר (שמואל א ב, ט). וְדָוִד כְּמוֹ כֵן אָמַר: וְלֹא יַעֲזֹב אֶת חֲסִידָיו לְעוֹלָם נִשְׁמָרוּ (תהלים לז, כח).

וְהִנֵּה מָצָאתִי כִּי אֵין לָדוּן דִּבְרֵי הַחֲסִידוּת עַל מַרְאֵיהֶם הָרִאשׁוֹן, אֶלָּא צָרִיךְ לְעַיֵּן וּלְהִתְבּוֹנֵן עַד הֵיכָן תּוֹלְדוֹת הַמַּעֲשֶׂה מַגִּיעוֹת. כִּי לִפְעָמִים

[א] ע"פ תהלים נה, כג.

Twenty-Two:

The Exercise of Judgment in Piety

The Hakham said:
You must still explain "the exercise of judgment in piety," which you mentioned to me [earlier] *(see above, p. 243)*.

The Hasid said:
This exercise of judgment is an extremely fundamental matter. Indeed, it is the most difficult of the skills comprising piety, one of great subtlety and grave danger, for failure is quite close at hand. None will succeed in this matter except he who possesses a most righteous heart, a heart whose sole inclination is to give pleasure to [God], blessed be He, and who strives to correct his actions and perfect his affairs in accordance with this purpose, submitting them to the closest scrutiny. And after all this, he must cast his burden upon the Lord. For then it will be said of him, "Happy is the man whose strength is in You, {those whose hearts are set on upward paths}" (Tehillim 84:6), and "No good thing does He withhold from those who walk uprightly" (Tehillim 84:12).

If, however, one of these requirements that I have mentioned is lacking, he will not reach perfection and is very likely to withdraw and fall. For if his motive is not the most select, or if he is derelict in deliberating as much as possible [on how to do what is pleasing to God], or if after all this he does not put his trust in his Maker, it will be difficult for him not to fall. But if he observes all these as he should, namely: purity of thought, scrutiny and trust, he will then walk securely in truth and no evil shall befall him. This is what Hannah said in her prophecy, "He will guard the feet of His pious ones" (I Shemuel 2:9). David likewise said, "He will not forsake His pious ones; they are protected forever" (Tehillim 37:28).

Now I have found that matters of piety should not be judged by first appearances. Rather, one must give thought and consideration to what the ultimate consequences of one's act will be. For sometimes

הַמַּעֲשֶׂה בְּעַצְמוֹ יֵרָאֶה טוֹב, וּלְפִי שֶׁהַתּוֹלָדוֹת רָעוֹת יִתְחַיֵּב לְהַנִּיחוֹ, וְלוּ יַעֲשֶׂה אוֹתוֹ יִהְיֶה חוֹטֵא וְלֹא חָסִיד.

הִנֵּה מַעֲשֵׂה גְּדַלְיָה בֶּן אֲחִיקָם גָּלוּי לְעֵינֵינוּ; שֶׁמִּפְּנֵי רֹב חֲסִידוּתוֹ שֶׁלֹּא לָדוּן אֶת יִשְׁמָעֵאל בֶּן נְתַנְיָה לְכַף חוֹבָה אוֹ שֶׁלֹּא לְקַבֵּל לָשׁוֹן הָרָע, אָמַר לְיוֹחָנָן בֶּן קָרֵחַ: שֶׁקֶר אַתָּה דֹבֵר אֶל[ב] יִשְׁמָעֵאל (ירמיה מ, טז), וּמַה גָּרַם? גָּרַם שֶׁמֵּת הוּא, וְנִפְזְרוּ יִשְׂרָאֵל, וְכָבָה גַּחַלְתָּם שֶׁנִּשְׁאֲרָה.[ג] וּכְבָר יִחֵס הַכָּתוּב הֲרִיגַת הָאֲנָשִׁים אֲשֶׁר נֶהֶרְגוּ אֵלָיו כְּאִלּוּ הֲרָגָם, וּכְמַאֲמָרָם זִכְרוֹנָם לִבְרָכָה (ראה נדה סא, א) עַל פָּסוּק: אֵת כָּל פִּגְרֵי הָאֲנָשִׁים אֲשֶׁר הִכָּה בְּיַד גְּדַלְיָהוּ (ירמיה מא, ט).

וְהַבַּיִת הַשֵּׁנִי גַּם הוּא חָרַב עַל יְדֵי חֲסִידוּת כָּזֶה אֲשֶׁר לֹא נִשְׁקַל בְּמִשְׁקַל צֶדֶק. בְּמַעֲשֵׂה דְּבַר קַמְצָא אָמְרוּ: סְבוּר רַבָּנָן לְקָרוּבֵיהּ, אָמַר לְהוּ רַבִּי זְכַרְיָה בֶּן אַנְקִילוֹס,[ד] יֹאמְרוּ בַּעֲלֵי מוּמִין קְרֵבִים לְגַבֵּי מִזְבֵּחַ; סְבוּר רַבָּנָן לְמִקְטְלֵהּ, אָמַר לָהֶם רַבִּי זְכַרְיָה בֶּן אַנְקִילוֹס, יֹאמְרוּ מֵטִיל מוּם בְּקָדָשִׁים יֵהָרֵג (גיטין נו, א); בֵּין כָּךְ וּבֵין כָּךְ הָלַךְ אוֹתוֹ הָרָשָׁע וְהִלְשִׁין אֶת יִשְׂרָאֵל, וּבָא הַקֵּיסָר וְהֶחֱרִיב אֶת יְרוּשָׁלַיִם. וְהוּא מַה שֶּׁאָמַר רַבִּי יוֹחָנָן עַל זֶה: עַנְוְתָנוּתוֹ שֶׁל רַבִּי זְכַרְיָה בֶּן אַנְקִילוֹס הֶחֱרִיבָה אֶת בֵּיתֵנוּ, וְשָׂרְפָה אֶת הֵיכָלֵנוּ, וְהִגְלַתְנוּ לְבֵין הָאֻמּוֹת (שם).

הֲרֵי לְךָ שֶׁאֵין לָדוּן בַּחֲסִידוּת הַמַּעֲשֶׂה בַּאֲשֶׁר הוּא שָׁם לְבַד, אַךְ צָרִיךְ לִפְנוֹת כֹּה וָכֹה לְכָל הַצְּדָדִין שֶׁיָּכוֹל שֵׂכֶל הָאָדָם לִרְאוֹת עַד שֶׁיָּדוּן בֶּאֱמֶת אֵיזֶה יִכְשַׁר יוֹתֵר, הָעֲשִׂיָּה אוֹ הַפְּרִישָׁה.

הִנֵּה הַתּוֹרָה צִוְּתָה: הוֹכֵחַ תּוֹכִיחַ אֶת עֲמִיתֶךָ (ויקרא יט, יז), וְכַמָּה פְּעָמִים יִכָּנֵס אָדָם לְהוֹכִיחַ חוֹטְאִים בְּמָקוֹם אוֹ בִּזְמַן שֶׁאֵין דְּבָרָיו נִשְׁמָעִים,

[ב] בכתה"י: 'על'. [ג] ראה רמב"ם הל' תעניות פ"ה ה"ב. [ד] הנוסח בגמרא לפנינו: 'אבקולס', וכן הנוסח בכל כתבי היד הידועים ובהגדות התלמוד. ובמנורת המאור (נר ה, כלל ג, ח"ב, פ"ו): 'אנקלוס'.

the act itself will appear good, but must be forsaken because of its deleterious consequences. Were a person to do it, he would be a sinner, not pious.

We all know the story of Gedalyah the son of Ahikam. It was on account of his piety in not judging Yishmael the son of Netanyah unfavorably or not accepting an evil report [about him], that he said to Yohanan the son of Kareah, "For you speak falsely about Yishmael" (Yirmiyahu 40:16). What was the result? He died, Israel was scattered, and the last remaining glowing ember was extinguished. And Scripture attributes the deaths of the men who were killed to Gedalyah, as if it were he who had murdered them. As [our Sages], may their memory be blessed, commented on the verse, "All the dead bodies of the men whom he killed by Gedalyah" (Yirmiyahu 41:9; see *Niddah* 61a).

The Second Temple was also destroyed because of this sort of piety, one which is not considered through the exercise of sound judgment. Regarding the incident involving Bar Kamtza, [our Sages] said: "The Rabbis considered offering [the blemished animal] as a sacrifice. Rabbi Zekharyah the son of Ankilus said to them: 'People will say that animals with a physical blemish may be offered on the altar.' The Rabbis then considered killing [Bar Kamtza]. Rabbi Zekharyah the son of Ankilus said to them: 'People will say that one who casts a physical blemish in a consecrated animal should be killed'" (*Gittin* 56a). In the meantime, that wicked man went and informed against Israel, and the Emperor came and destroyed Jerusalem. This is what Rabbi Yohanan meant when he said of this incident, "The humility of Rabbi Zekharyah the son of Ankilus destroyed our Temple, burned our Sanctuary, and sent us into exile among the nations" (ibid.).

So you see that when it comes to *hasidut*, one must not judge an act only in terms of its present significance. Rather, one must try to anticipate every ramification [of that act] that the human intellect can foresee before truly judging which will turn out better, action or forbearance.

The Torah commands [us]: "You shall certainly reprove your neighbor" (Vayikra 19:17). Very often a person will attempt to rebuke sinners in a place or at a time when his words will not be heeded.

וְגוֹרֵם לָהֶם לְהִתְפָּרֵץ יוֹתֵר בְּרִשְׁעָם וּלְחַלֵּל הַשֵּׁם, לְהוֹסִיף עַל חַטָּאתָם פֶּשַׁע,[ה] הִנֵּה בְּכַיּוֹצֵא בָּזֶה אֵין מִן הַחֲסִידוּת לְהוֹכִיחַ אֶלָּא לִשְׁתֹּק. וְכָךְ אָמְרוּ חֲכָמֵינוּ זִכְרוֹנָם לִבְרָכָה: כְּשֵׁם שֶׁמִּצְוָה לוֹמַר דָּבָר הַנִּשְׁמָע, כָּךְ מִצְוָה שֶׁלֹּא לוֹמַר אֶת שֶׁאֵינוֹ נִשְׁמָע (יבמות סה, ב).

הִנֵּה פָּשׁוּט שֶׁרָאוּי לְכָל אָדָם לִהְיוֹת מַקְדִּים[ו] וָרָץ לִדְבַר מִצְוָה[ז] וּלְהִשְׁתַּדֵּל לִהְיוֹת מִן הָעוֹסְקִים בָּהּ. אַךְ הִנֵּה לִפְעָמִים יָכוֹל לָצֵאת מִזֶּה מְרִיבָה, שֶׁיּוֹתֵר תִּתְבַּזֶּה הַמִּצְוָה וְיִתְחַלֵּל שֵׁם שָׁמַיִם בַּמִּצְוָה הַהִיא מִמָּה שֶׁיִּתְכַּבֵּד בָּהּ. בְּכַיּוֹצֵא בָּזֶה וַדַּאי שֶׁחַיָּב הֶחָסִיד לְהַנִּיחַ אֶת הַמִּצְוָה וְלֹא לִרְדֹּף אַחֲרֶיהָ. וְכֵן אָמְרוּ רַבּוֹתֵינוּ זִכְרוֹנָם לִבְרָכָה, מִדְרַשׁ רַבָּה פָּרָשַׁת נָשֹׂא, בְּעִנְיַן הַלְוִיִּם: מִפְּנֵי שֶׁהָיוּ יוֹדְעִין שֶׁכָּל מִי שֶׁטּוֹעֵן בָּאָרוֹן שְׂכָרוֹ מְרֻבֶּה, וְהָיוּ מַנִּיחִין אֶת הַשֻּׁלְחָן וְהַמְּנוֹרָה וְהַמִּזְבְּחוֹת, וְכֻלָּן רָצִין לָאָרוֹן לִיטֹּל שָׂכָר, וּמִתּוֹךְ כָּךְ הָיָה זֶה מֵרִיב וְאוֹמֵר אֲנִי טוֹעֵן כָּאן, וְזֶה מֵרִיב וְאוֹמֵר אֲנִי טוֹעֵן כָּאן, וּמִתּוֹךְ כָּךְ הָיוּ נוֹהֲגִין בְּקַלּוּת רֹאשׁ, וְהָיְתָה הַשְּׁכִינָה פּוֹגַעַת בָּהֶם וְכוּ' (במדבר רבה ה, א).

הִנֵּה חַיָּב הָאָדָם לִשְׁמֹר כָּל מִצְוֹת ה' בְּכָל דִּקְדּוּקֵיהֶם לִפְנֵי מִי שֶׁיִּהְיֶה וְלֹא יִירָא וְלֹא יֵבוֹשׁ, וְכֵן הוּא אוֹמֵר: וַאֲדַבְּרָה בְעֵדֹתֶיךָ נֶגֶד מְלָכִים וְלֹא אֵבוֹשׁ (תהלים קיט, מו), וְכֵן שָׁנִינוּ: הֱוֵי עַז כַּנָּמֵר וְכוּ' {לַעֲשׂוֹת רְצוֹן אָבִיךָ שֶׁבַּשָּׁמַיִם} (אבות ה, כ). אָמְנָם כָּל זֶה נֶאֱמַר עַל גּוּפֵי הַמִּצְוֹת שֶׁחַיָּבִים אָנוּ בָּהֶם, בְּאֵלֶּה יָשִׂים פָּנָיו כַּחַלָּמִישׁ.[ח] אַךְ יֵשׁ תּוֹסֶפֶת[ט] חֲסִידוּת, שֶׁאִם יַעֲשֶׂה אוֹתָם הָאָדָם לִפְנֵי הֲמוֹן הָעָם יִשְׂחֲקוּ עָלָיו וְיִתְלוֹצְצוּ, וְנִמְצְאוּ חוֹטְאִים וְנֶעֱנָשִׁים עַל יָדוֹ,[י] דָּבָר כָּזֶה וַדַּאי שֶׁיּוֹתֵר הָגוּן הוּא לֶחָסִיד שֶׁיַּנִּיחֵהוּ מִשֶּׁיַּעֲשֵׂהוּ. וְהוּא מַה שֶּׁאָמַר הַנָּבִיא: וְהַצְנֵעַ לֶכֶת עִם אֱלֹקֶיךָ (מיכה ו, ח). וְכַמָּה חֲסִידִים גְּדוֹלִים הִנִּיחוּ מִמִּנְהֲגֵי חֲסִידוּתָם בִּהְיוֹתָם בֵּין הֲמוֹן הָעָם מִשּׁוּם דְּמִיחְזֵי כְּיֻהֲרָא.

[ה] ע"פ איוב לד, לז. [ו] ראה בבא קמא לח, ב. [ז] ברכות ו, ב, ע"פ גירסת הרי"ף והרא"ש. [ח] ע"פ ישעיה נ, ז. [ט] בס"פ ד"ר: 'תוספות'. [י] בס"פ נוסף: 'והוא היה יכול להניח מלעשות הדברים ההם כי אינם חובה מוחלטת'.

He thereby causes them to become even more unrestrained in their wickedness, thus desecrating [God's] name and adding iniquity to their sin. In such circumstances, piety demands that one keep silent rather than offer rebuke. And so our Sages, may their memory be blessed, have said, "Just as it is a *mitzvah* to say what will be heeded, so is it a *mitzvah* not to say what will not be heeded" (*Yebamot* 65b).

Consider this: Everyone should clearly perform a *mitzvah* at the earliest possible opportunity (*Baba Kamma* 38b), run to perform it (*Berakhot* 6b) and strive to be among those who occupy themselves with it; but there are times when this can lead to strife, which would disgrace the *mitzvah* and cause the name of Heaven to be desecrated by its performance rather than honored. Under such circumstances, the pious man must certainly forsake the *mitzvah* rather than pursue it. Thus did our Rabbis, may their memory be blessed, say (*Midrash Rabba, Parashat Naso*) of the Levites, "Knowing that the reward of those who carry the ark is great, they would pass over the table, the menorah, and the altars, and all run to the ark to gain reward. As a result they would argue, one saying, 'I will carry this part [of the ark],' and the other saying, '[No], I will carry there.' As a result, they behaved irreverently, and the *Shekhinah* would strike them, etc." (*Bamidbar Rabba* 5:1).

Indeed, a person is obligated to keep all God's commandments, with every minute detail, without fear or shame no matter who is present. As the verse states, "I will also speak of Your testimonies before kings, and will not be ashamed" (Tehillim 119:46). And so we have learned [in the Mishnah], "Be fierce as a leopard {to do the will of your Father who is in heaven}" (*Avot* 5:20). But all this was said regarding the *mitzvot* proper that are binding upon us; for these one must set his face like flint. But there are pious appendages that will cause the common people to ridicule and mock a person, if he does them in their presence. They would then sin and incur punishment on his account. [Under these circumstances], it is certainly more correct for a pious person to forsake such practices rather than perform them. This is what the Prophet meant when he said, "And walk humbly with your God" (Mikhah 6:8). Many men of great piety abandoned their pious practices when they were among the common masses so as not to appear boastful.

כְּלָלוֹ שֶׁל דָּבָר: הַבָּא לְהִתְחַסֵּד חֲסִידוּת אֲמִתִּי צָרִיךְ שֶׁיִּשְׁקֹל כָּל מַעֲשָׂיו לְפִי הַתּוֹלָדוֹת הַנִּמְשָׁכוֹת מֵהֶם וּלְפִי הַתְּנָאִים הַמִּתְלַוִּים לָהֶם, לְפִי הָעֵת, לְפִי הַחֶבְרָה, לְפִי הַנּוֹשֵׂא וּלְפִי הַמָּקוֹם. וְאִם הַפְּרִישָׁה תּוֹלִיד יוֹתֵר קִדּוּשׁ שְׁמוֹ יִתְבָּרַךְ וְנַחַת רוּחַ מִלְּפָנָיו מִן הַמַּעֲשֶׂה, יִפְרֹשׁ וְלֹא יַעֲשֶׂה. אוֹ אִם מַעֲשֶׂה אֶחָד בְּמַרְאִיתוֹ הוּא טוֹב וּבְתוֹלְדוֹתָיו אוֹ בִּתְנָאָיו הוּא רַע, וְהַמַּעֲשֶׂה אַחֵר רַע בְּמַרְאִיתוֹ וְטוֹב בְּתוֹלְדוֹתָיו, הַכֹּל הוֹלֵךְ אַחַר הַחִתּוּם וְהַתּוֹלָדָה שֶׁהִיא פְּרִי הַמַּעֲשִׂים בֶּאֱמֶת. וְאֵין הַדְּבָרִים מְסוּרִים אֶלָּא לְלֵב מֵבִין וְשֵׂכֶל נָכוֹן, כִּי אִי אֶפְשָׁר לְבָאֵר הַפְּרָטִים שֶׁאֵין לָהֶם קֵץ, וַה' יִתֵּן חָכְמָה מִפִּיו דַּעַת וּתְבוּנָה (ע"פ משלי ב, ו).

הִנְּךָ רוֹאֶה עִנְיַן רַבִּי טַרְפוֹן שֶׁהִקְשֵׁיתָ עָלַי מִמֶּנּוּ בְּרֵאשִׁית דְּבָרַי, שֶׁאָמְרוּ לוֹ, כְּדַאי הָיִיתָ לָחוּב בְּעַצְמְךָ שֶׁעָבַרְתָּ עַל דִּבְרֵי בֵּית הִלֵּל (ברכות א, ג; י, ב). כִּי הִנֵּה אַף עַל פִּי שֶׁבֵּית שַׁמַּאי מַחְמִירִים לֹא הָיָה מַעֲשֵׂה חֲסִידוּת לְהַחְמִיר עַל עַצְמוֹ, כְּדֵי שֶׁלֹּא יִהְיֶה כְּמוֹ קוֹבֵעַ הֲלָכָה כְּבֵית שַׁמַּאי. וְזֶה כֵּיוָן שֶׁעִנְיַן בֵּית הִלֵּל וּבֵית שַׁמַּאי הָיָה עִנְיָן כָּבֵד בְּיִשְׂרָאֵל מִפְּנֵי הַמַּחֲלוֹקוֹת גְּדוֹלוֹת שֶׁבֵּינֵיהֶם, וְסוֹף סוֹף נִגְמַר הַדָּבָר וְנִקְבַּע לְדוֹרוֹת שֶׁהֲלָכָה לְעוֹלָם כְּבֵית הִלֵּל; הִנֵּה וַדַּאי קִיּוּמָהּ שֶׁל תּוֹרָה הוּא, שֶׁגְּמַר דִּין זֶה יִשָּׁאֵר בְּתָקְפּוֹ לָעַד וּלְעוֹלְמֵי עוֹלָמִים, וְלֹא יֶחֱלַשׁ בְּשׁוּם פָּנִים, שֶׁלֹּא תֵּעָשֶׂה תּוֹרָה חַס וְשָׁלוֹם כִּשְׁתֵּי תּוֹרוֹת. וְעַל כֵּן יוֹתֵר תֵּחָשֵׁב לִצְדָקָה, לָדַעַת זֹאת הַמִּשְׁנָה, הֱיוֹת מַחֲזִיקִים בְּדִבְרֵי בֵּית הִלֵּל בְּכָל תֹּקֶף, לִכְבוֹדָהּ שֶׁל תּוֹרָה וְלִשְׁלֵמוּתָהּ, מִמַּה שֶּׁתֵּחָשֵׁב הַחֻמְרָא בְּאֵיזֶה פְּרָט אוֹ בְּאֵיזֶה הֲלָכָה שֶׁתִּהְיֶה. וְזֶה לָנוּ לְעֵינַיִם[יא] דַּיֵּנוּ לִרְאוֹת אֵיזֶה דֶּרֶךְ יִשְׁכָּן אוֹר[יב] בֶּאֱמֶת וּבֶאֱמוּנָה לַעֲשׂוֹת הַיָּשָׁר בְּעֵינֵי ה'.[יג]

[יא] ע"פ במדבר י, לא. [יב] ע"פ איוב לח, יט. [יג] ע"פ מלכים א כב, מג.

In summation, one who aspires to true piety must weigh whatever deeds he contemplates doing in relation to the consequences that follow from them and the circumstances that accompany them, considering the time, social environment, occasion, and place. If withdrawing from the deed will engender greater sanctification of His Blessed name and satisfaction before Him than performing it, he should withdraw and not do it. Or if an act is good in appearance, but bad in its consequences or [accompanying] circumstances, and another act is bad in appearance, but good in its consequences, the matter must be decided according to the final outcome, the true fruit of the action. These things are left to an understanding heart and sound reasoning since it is impossible to spell out the unlimited details. And the Lord will give wisdom; out of His mouth will come knowledge and understanding (see Mishlei 2:6).

You will now see the matter involving Rabbi Tarfon, from which you raised an objection against me at the beginning of my discussion [of this trait] where [the Sages] said to him, "You deserved to be answerable for your death, for you violated the view of the school of Hillel" (mBerakhot 1:3, 10b). Although the school of Shammai's ruling was a stringent one, [Rabbi Tarfon's] adoption of their opinion was not an act of piety, since it might have appeared that he decided the law in favor of the view of the school of Shammai. The matter of the schools of Hillel and Shammai was a grave one in Israel due to the great controversy that took place between them. Finally the matter was decided and established for generations to come, that the law would always be in accordance with the school of Hillel. It follows then that the preservation of the Torah requires that this decision remain in force forever and never weaken in any way whatsoever, so that the Torah not become like two Torahs, God forbid. According to this mishnah, therefore, vigorously upholding the position of the school of Hillel for the sake of the Torah's honor and of harmony [in] its [realm], is considered a greater act of righteousness than adopting a stringent view regarding any particular detail or law, whatever it might be. This should serve as a guide to see the path where light dwells in truth and faith, so that we may do what is right in the eyes of the Lord.

אָמַר הֶחָכָם:

בֶּאֱמֶת דְּבָרֶיךָ עֲרֵבִים עָלַי עַד מְאֹד, וַאֲשֶׁר לֹא דִּמִּיתִי כְּלָל מָצָאתִי בָהֶם. בְּצֶדֶק כָּל אִמְרֵי פִיךָ אֵין בָּהֶם נִפְתָּל וְעִקֵּשׁ (משלי ח, ח), טוֹב לִי תוֹרַת פִּיךָ מֵאַלְפֵי זָהָב וָכָסֶף (תהלים קיט, עב).

The Hakham said:
In truth, your words are extremely pleasant to me. I have found in them things that I had never imagined at all. All the words of your mouth are with righteousness; they contain no twisting or crookedness (cf. Mishlei 8:8). The Torah of your mouth is better for me than thousands in gold and silver (cf. Tehillim 119:72).

פֶּרֶק כג:

בְּדֶרֶךְ קְנִיַּת הַחֲסִידוּת וְהַהַרְחָקָה מִמַּפְסִידֶיהָ

אָמַר הֶחָסִיד:

אַחַר שֶׁבֵּאַרְנוּ עִנְיַן הַחֲסִידוּת וַחֲלָקָיו, נְבָאֵר עַתָּה הַדֶּרֶךְ לִקְנוֹת אוֹתוֹ. הִנֵּה מַה שֶּׁמָּצָאתִי מוֹעִיל לְבַדּוֹ לַדָּבָר הַזֶּה הוּא גֹּדֶל הַהִסְתַּכְּלוּת וְרֹב הַהִתְבּוֹנְנוּת. כִּי כַּאֲשֶׁר יַרְבֶּה הָאָדָם לְהִתְבּוֹנֵן עַל גֹּדֶל רוֹמְמוּתוֹ יִתְבָּרַךְ וְתַכְלִית שְׁלֵמוּתוֹ, וְרֹב הַהֶרְחֵק הַבִּלְתִּי מְשֹׁעָר אֲשֶׁר בֵּין גְּדֻלָּתוֹ וּבֵין שִׁפְלוּתֵנוּ, יִגְרֹם לוֹ שֶׁיִּמָּלֵא יִרְאָה וּרְעָדָה מִלְּפָנָיו. וּבְהִתְבּוֹנְנוֹ עַל רֹב חֲסָדָיו עִמָּנוּ וְעַל גֹּדֶל אַהֲבָתוֹ עַל יִשְׂרָאֵל, וְעַל קִרְבַת הַיְשָׁרִים אֵלָיו וּמַעֲלַת הַתּוֹרָה וְהַמִּצְווֹת, וְכַיּוֹצֵא מִן הָעִיּוּנִים וְהַלִּימוּדִים, וַדַּאי שֶׁתִּתְלַהֵט בּוֹ אַהֲבָה עַזָּה וְיִבְחַר וְיִתְאַוֶּה לִידָּבֵק בּוֹ. כִּי בִּרְאוֹתוֹ שֶׁהַבּוֹרֵא יִתְבָּרַךְ שְׁמוֹ הוּא לָנוּ לְאָב מַמָּשׁ וּמְרַחֵם עָלֵינוּ כְּאָב עַל בָּנִים, יִתְעוֹרֵר בְּהֶמְשֵׁךְ הַחֵפֶץ וְהַתְּשׁוּקָה בְּקִרְבּוֹ לִגְמֹל לוֹ כְּבֵן אֶל אָבִיו.

וְלָזֶה צָרִיךְ הָאָדָם שֶׁיִּתְבּוֹדֵד בַּחֲדָרָיו, וִיקַבֵּץ כָּל מַדָּעוֹ וּתְבוּנָתוֹ אֶל הַהִסְתַּכְּלוּת וְאֶל הָעִיּוּן בַּדְּבָרִים הָאֲמִתִּיִּים[א] הָאֵלֶּה. וְהִנֵּה וַדַּאי שֶׁיְּעַזְרֵהוּ לָזֶה רֹב הַהַתְמָדָה וְהָעִיּוּן בְּמִזְמוֹרֵי דָּוִד עָלָיו הַשָּׁלוֹם, וְהַהִתְבּוֹנְנוּת כָּם בְּמַאַמְרֵיהֶם וְעִנְיָנָם. כִּי בִּהְיוֹתָם כֻּלָּם מְלֵאִים אַהֲבָה וְיִרְאָה וְכָל מִינֵי חֲסִידוּת, בְּהִתְבּוֹנְנוֹ בָּם לֹא יִמָּנַע מֵהִתְעוֹרֵר בּוֹ הִתְעוֹרְרוּת גָּדוֹל לָצֵאת בְּעִקְּבוֹתָיו וְלָלֶכֶת בִּדְרָכָיו. וְכֵן תּוֹעִיל הַקְּרִיאָה בְּסִפּוּרֵי מַעֲשֵׂי הַחֲסִידִים בָּאַגָּדוֹת אֲשֶׁר בָּאוּ שָׁם, כִּי כָּל אֵלֶּה מְעוֹרְרִים אֶת הַשֵּׂכֶל לְהִתְיָעֵץ וְלַעֲשׂוֹת כְּמַעֲשֵׂיהֶם הַנֶּחְמָדִים. וְזֶה מְבֹאָר.

אַךְ מַפְסִידֵי הַחֲסִידוּת הֵם הַטְּרָדוֹת וְהַדְּאָגוֹת. כִּי בִּהְיוֹת הַשֵּׂכֶל טָרוּד וְנֶחְפָּז בְּדַאֲגוֹתָיו וּבַעֲסָקָיו, אִי אֶפְשָׁר לוֹ לִפְנוֹת אֶל הַהִתְבּוֹנְנוּת הַזֶּה; וּמִבְּלִי

[א]בכתה"י: 'האמיתים'.

Twenty-Three:

How to Acquire Piety and Avoid What is Detrimental to it

The Hasid said:
Having explained the idea of piety and its divisions, we shall now explain the method of its acquisition. The one and only thing I found to be helpful in this is deep reflection and abundant contemplation. For when a person frequently contemplates the great majesty and ultimate perfection of [God], blessed be He, and the immeasurable distance between His elevation and our insignificance, he will become filled with awe and trembling before Him. When he reflects upon His great lovingkindness to us and His abundant love for Israel, upon the nearness of the upright to Him and the eminence of the Torah and the *mitzvot*, and similar reflections and teachings – a strong love will certainly burn within him, and he will choose and long to conjoin with Him. For when he realizes that the Creator (blessed be His name) is quite literally a father to us, and that He has as much compassion for us as a father has for his children, there will, as a result, awaken within him a desire and a longing to reciprocate, much like a son to his father.

For this to transpire, a person must seclude himself in his chambers, gathering all his knowledge and understanding for the consideration and study of these truths. He will undoubtedly be helped in this by constant preoccupation with and study of the Psalms of David, peace be on him, and by reflection upon their statements and ideas. As [the Tehillim] are all filled with love and fear [of God] and various aspects of piety, when one reflects upon them he cannot but be stirred by a great awakening within to follow in [the Psalmist's] footsteps and walk in his ways. Of equal help is reading the accounts of the deeds of the pious as they appear in the *Aggadot*, for they stir the mind to devise ways to emulate their desirable deeds. This is evident.

The factors that are detrimental to piety are trouble and worry. For when the mind is restless and preoccupied with worries and affairs, it cannot direct itself to this type of contemplation; and

הִתְבּוֹנְנוּת לֹא יַשִּׂיג הַחֲסִידוּת. וַאֲפִלּוּ אִם הִשִּׂיגוֹ, הִנֵּה הַטְּרָדוֹת מַכְרִיחוֹת אֶת הַשֵּׂכֶל וּמְעַרְבְּבוֹת אוֹתוֹ, וְאֵינָם מַנִּיחוֹת אוֹתוֹ לְהִתְחַזֵּק בְּיִרְאָה וּבְאַהֲבָה וּבִשְׁאָר הָעִנְיָנִים הַשַּׁיָּכִים אֶל הַחֲסִידוּת כַּאֲשֶׁר זָכַרְתִּי. עַל כֵּן אָמְרוּ זִכְרוֹנָם לִבְרָכָה: אֵין הַשְּׁכִינָה שׁוֹרָה לֹא מִתּוֹךְ עַצְבוּת {וְלֹא מִתּוֹךְ עַצְלוּת וְלֹא מִתּוֹךְ שְׂחוֹק וְלֹא מִתּוֹךְ קַלּוּת רֹאשׁ וְלֹא מִתּוֹךְ שִׂיחָה וְלֹא מִתּוֹךְ דְּבָרִים בְּטֵלִים, אֶלָּא מִתּוֹךְ דְּבַר שִׂמְחָה שֶׁל מִצְוָה} (שבת ל, ב). כׇּל שֶׁכֵּן הַהֲנָאוֹת וְהַתַּעֲנוּגִים שֶׁהֵם הַפְּכִיִּים מַמָּשׁ אֶל הַחֲסִידוּת, כִּי הִנֵּה הֵם מְפַתִּים אֶת הַלֵּב לִימָּשֵׁךְ אַחֲרֵיהֶם וְסָר מִכׇּל עִנְיְנֵי הַפְּרִישׁוּת וְהַיְדִיעָה הָאֲמִתִּית.

אָמְנָם מַה שֶּׁיָּכוֹל לִשְׁמֹר הָאָדָם וּלְהַצִּילוֹ מִן הַמַּפְסִידִים הָאֵלֶּה הוּא הַבִּטָּחוֹן, וְהוּא שֶׁיַּשְׁלִיךְ הָאָדָם אֶת יְהָבוֹ עַל ה'[ב] לְגַמְרֵי, בַּאֲשֶׁר יֵדַע כִּי וַדַּאי אִי אֶפְשָׁר שֶׁיֶּחְסַר לָאָדָם מַה שֶּׁנִּקְצַב לוֹ. וּכְמוֹ שֶׁאָמְרוּ זִכְרוֹנָם לִבְרָכָה בְּמַאַמְרֵיהֶם: כׇּל מְזוֹנוֹתָיו שֶׁל אָדָם קְצוּבִים מֵרֹאשׁ הַשָּׁנָה [וְעַד יוֹם הַכִּפּוּרִים] (ביצה טז, א). וְכֵן אָמְרוּ: אֵין אָדָם נוֹגֵעַ בַּמּוּכָן לַחֲבֵרוֹ אֲפִלּוּ כִּמְלֹא נִימָא (ראה יומא לח, ב). וּכְבָר הָיָה יָכוֹל הָאָדָם לִהְיוֹת יוֹשֵׁב וּבָטֵל וְהַגְּזֵרָה הָיְתָה מִתְקַיֶּמֶת, אִם לֹא שֶׁקָּדַם הַקְּנָס לְכׇל בְּנֵי אָדָם: בְּזֵעַת אַפֶּיךָ תֹּאכַל לֶחֶם (בראשית ג, יט). אֲשֶׁר עַל כֵּן חַיָּב אָדָם לְהִשְׁתַּדֵּל אֵיזֶה הִשְׁתַּדְּלוּת לְצֹרֶךְ פַּרְנָסָתוֹ, שֶׁכֵּן גָּזַר הַמֶּלֶךְ הָעֶלְיוֹן. וַהֲרֵי זֶה כְּמַס שֶׁפּוֹרֵעַ כׇּל הַמִּין הָאֱנוֹשִׁי אֲשֶׁר אֵין לְהִמָּלֵט מִמֶּנּוּ. עַל כֵּן אָמְרוּ זִכְרוֹנָם לִבְרָכָה (ראה מדרש תהלים קלו, י): יָכוֹל אֲפִלּוּ יוֹשֵׁב וּבָטֵל, תַּלְמוּד לוֹמַר, בְּכׇל מִשְׁלַח יָדְךָ אֲשֶׁר תַּעֲשֶׂה (דברים כח, כ).[ג] אַךְ לֹא שֶׁהַהִשְׁתַּדְּלוּת הוּא הַמּוֹעִיל, אֶלָּא שֶׁהַהִשְׁתַּדְּלוּת מֻכְרַחַת. וְכֵיוָן שֶׁהִשְׁתַּדֵּל הֲרֵי יָצָא יְדֵי חוֹבָתוֹ, וּכְבָר יֵשׁ מָקוֹם לְבִרְכַּת שָׁמַיִם לִשְׁרוֹת עָלָיו וְאֵינוֹ צָרִיךְ לְבַלּוֹת יָמָיו בַּחֲרִיצוּת וְהִשְׁתַּדְּלוּת.

[ב] ע״פ תהלים נה, כג. [ג] במדרש תהלים שם מובא הפסוק בדברים יד, כט: ׳יברכך ה׳ אלהיך בכל מעשה ידך׳. ועליו הוא דורש: ׳יכול יהא יושב ובטל, ת״ל אשר תעשה׳. והוא סוף אותו פסוק. וכן בסדר אליהו רבה, פי״ד, עמ׳ 70. ועיין עוד ספרי דברים קכג: ׳וברכך ה׳ אלהיך (דברים טו, יח), יכול בטל, תלמוד לומר בכל אשר תעשה׳. ולא מצאנו באחד המדרשים שדורשים ׳בכל משלח ידך׳.

without contemplation one cannot attain piety. Even if one has attained it, troubles impose upon the mind and cause confusion, preventing it from growing stronger in fear and love [of God], as well as other aspects of piety that I have mentioned. [Our Sages], may their memory be blessed, therefore said, "The *Shekhinah* rests neither through gloom, {nor through sloth, nor through frivolity, nor through levity, nor through talk, nor through idle chatter, save through joy of a *mitzvah*}" (*Shabbat* 30b). And certainly [not through] pleasure and enjoyment, which are the exact opposite of piety; for pleasure and enjoyment seduce the heart to be drawn after them, shunning all aspects of abstinence and true knowledge.

What can protect a person, however, and save him from these detriments, is trust [in God]. That is, he must cast his burden entirely upon God, certain in the knowledge that a person cannot possibly be deprived of what has been allotted him. As [our Sages], may their memory be blessed, commented in their dictum, "The entire sustenance of man [for the year] is fixed for him from Rosh Hashanah [to Yom Kippur]" (*Betzah* 16a). They also said, "No man can touch what is prepared for his fellow even to the extent of one hair's breadth" (*Yoma* 38b). Man could even sit idle and his allotted portion would still be provided, were it not for the primeval penalty imposed upon all men: "By the sweat of your brow you shall eat bread" (Bereishit 3:19). It is because of this decree that man must put forth some effort for the sake of his sustenance, for thus did the supreme King ordain. This is like a tax that must be paid by every member of the human species; there is no escape. [Our Sages], may their memory be blessed, therefore said, "You might say even if he sits idle, hence the verse states: 'And in all that you set your hand to do'" (Devarim 28:20 ; see *Midrash Tehillim* 136:10). But it is not the exertion that effects results, rather the exertion is indispensable. But once a person has expended effort, he has fulfilled his duty there is then place for Heaven's blessing to rest on him, and he need not consume his days in exertion and toil.

זֶה הוּא מַה שֶּׁאָמַר דָּוִד הַמֶּלֶךְ עָלָיו הַשָּׁלוֹם: כִּי לֹא מִמּוֹצָא וּמִמַּעֲרָב {וְלֹא מִמִּדְבַּר הָרִים}, כִּי אֱלֹקִים שֹׁפֵט {זֶה יַשְׁפִּיל וְזֶה יָרִים} (תהלים עה, ז-ח). וּשְׁלֹמֹה אָמַר: אַל תִּיגַע לְהַעֲשִׁיר, מִבִּינָתְךָ חֲדָל (משלי כג, ד). אֶלָּא הַדֶּרֶךְ הָאֲמִתִּי הוּא דַּרְכָּם שֶׁל הַחֲסִידִים הָרִאשׁוֹנִים, שֶׁהָיוּ עוֹשִׂים תּוֹרָתָן עִקָּר וּמְלַאכְתָּן עֲרַאי, וְזֶה וְזֶה נִתְקַיֵּם בְּיָדָם (ראה ברכות לה, ב). כִּי כֵּיוָן שֶׁעָשָׂה אָדָם קְצָת מְלָאכָה, מִשָּׁם וָהָלְאָה אֵין לוֹ אֶלָּא לִבְטֹחַ בְּקוֹנוֹ וְלֹא לְהִצְטַעֵר עַל שׁוּם דָּבָר עוֹלָמִי. אָז תִּשָּׁאֵר דַּעְתּוֹ פְּנוּיָה וְלִבּוֹ מוּכָן לַחֲסִידוּת הָאֲמִתִּי וְ[לָ]עֲבוֹדָה הַתְּמִימָה.

וַהֲרֵי כְּבָר דִּבַּרְתִּי מַה שֶּׁדַּי בָּהּ בַּמִּדָּה הַזֹּאת, נָבוֹא עַתָּה בְּסִיַּעְתָּא דִשְׁמַיָּא אֶל שֶׁלְּאַחֲרֶיהָ, הִיא הָעֲנָוָה.

This is what King David, peace be on him, said, "For judgment comes neither from the east, nor from the west, {nor from the desert peaks}. But God is the judge; {He puts one down, and sets up another}" (Tehillim 75:7-8). And Shelomo said, "Do not toil to gain wealth; stop applying your mind to this" (Mishlei 23:4). The true path, however, is that of the pious men of old, who made Torah study their primary concern and their work incidental, and they succeeded in both (see *Berakhot* 35b). For once a person engages in a small amount of work, thereafter he need only trust his Maker and not be distressed by any worldly matter. Then his mind will be free and his heart ready for true piety and perfect Divine service.

I have already said enough about this trait. We come now to the next [trait], humility.

פֶּרֶק כד:

בְּבֵאוּר מִדַּת הָעֲנָוָה וַחֲלָקֶיהָ

אָמַר הֶחָכָם:

כְּבָר דִּבַּרְנוּ קְצָת מִזֶּה לְמַעְלָה.

אָמַר הֶחָסִיד:

כֵּן הַדָּבָר. אָמְנָם הָעִקָּר שָׁם הָיָה בִּגְנוּת הַגַּאֲוָה, וּמִכְּלַל זֶה נִשְׁמַע בְּשֶׁבַח הָעֲנָוָה; אַךְ עַתָּה נְדַבֵּר מִמֶּנָּה בְּדֶרֶךְ עִקָּר, וְתִדָּמֶה הַגַּאֲוָה מֵאֵלֶיהָ.

הִנֵּה כְּלַל הָעֲנָוָה הוּא הֱיוֹת הָאָדָם בִּלְתִּי מַחֲשִׁיב עַצְמוֹ מִשּׁוּם טַעַם – הֵפֶךְ הַגַּאֲוָה מַמָּשׁ; וְהַתּוֹלָדוֹת הַנִּמְשָׁכוֹת מִזֶּה תִּהְיֶינָה הַהֲפָכִיּוֹת שֶׁל תּוֹלְדוֹת הַגַּאֲוָה.

וְהִנֵּה נִמְצָא שֶׁתְּלוּיָה הָעֲנָוָה בְּמַחֲשָׁבָה וּבְמַעֲשֶׂה. כִּי בַּתְּחִלָּה צָרִיךְ שֶׁיִּהְיֶה הָאָדָם עָנָו בְּמַחֲשַׁבְתּוֹ וְאַחַר כָּךְ יִתְנַהֵג בְּדַרְכֵי הָעֲנָוִים. כִּי אִם לֹא יִהְיֶה בְּמַחֲשַׁבְתּוֹ עָנָו וְיִרְצֶה לִהְיוֹת עָנָו בְּמַעֲשָׂיו, לֹא יִהְיֶה אֶלָּא מִן הָעֲנָוִים גֵּאִים שֶׁזָּכַרְנוּ לְמַעְלָה, וְהוּא מִכַּת הַצְּבוּעִים אֲשֶׁר אֵין רַע בָּעוֹלָם מֵהֶם.

וּנְבָאֵר עַתָּה הַחֲלָקִים הָאֵלֶּה.

הָעֲנָוָה בְּמַחֲשָׁבָה הִיא שֶׁיִּתְבּוֹנֵן הָאָדָם וְיִתְאַמֵּת אֶצְלוֹ אֲשֶׁר אֵין הַתְּהִלָּה וְהַכָּבוֹד רְאוּיִים לוֹ, כָּל שֶׁכֵּן הַהִתְנַשֵּׂא עַל שְׁאָר בְּנֵי מִינוֹ, מִפְּנֵי מַה שֶּׁחָסֵר מִמֶּנּוּ מִן הַמַּעֲלוֹת בְּהֶכְרֵחַ, וַאֲפִלּוּ מִצַּד מַה שֶּׁכְּבָר יֵשׁ בְּיָדוֹ, מִפְּנֵי מַה שֶּׁחָסֵר מִמֶּנּוּ. פָּשׁוּט הוּא כִּי אִי אֶפְשָׁר לְאָדָם, בְּאֵיזֶה מַדְרֵגָה שֶׁיִּהְיֶה מִן הַשְּׁלֵמוּת, שֶׁלֹּא יִהְיוּ בוֹ חֶסְרוֹנוֹת רַבִּים, אוֹ מִצַּד טִבְעוֹ, אוֹ מִצַּד מִשְׁפַּחְתּוֹ וּקְרוֹבָיו, אוֹ מִצַּד מִקְרִים שֶׁקָּרוּ לוֹ, אוֹ מִצַּד מַעֲשָׂיו. שֶׁאָדָם[א] אֵין צַדִּיק בָּאָרֶץ אֲשֶׁר יַעֲשֶׂה טּוֹב וְלֹא יֶחֱטָא (קהלת ז, כ). הֵן כָּל אֵלֶּה מוּמִים

[א] בכתוב: 'כי אדם'.

Twenty-Four:

The Trait of Humility and its Elements

The Hakham said:
We have already spoken a little about this earlier *(p. 177 onward)*.

The Hasid said:
That is true. But there our primary [concern] was the condemnation of pride and, by inference, we understood the praiseworthiness of humility. Now, however, we shall discuss [humility] as our principal concern and the nature of pride will become apparent by itself.

The principle underlying humility is that one not attach importance to oneself for any reason, this being the very antithesis of pride; and the ramifications [of humility] are the antitheses of those of pride.

We find that humility depends upon both thought and action. For a person must first achieve humility in thought, and [only] then conduct himself in the ways of the humble. But if one is not humble in thought and yet wants to be humble in deed, he will only be one of the "haughty humble" whom we mentioned above *(pp. 179, 181)*. He will fall into the category of hypocrites – the world's very worst sort.

We shall now explain these [two] divisions.

Humility in thought means that a person must comprehend and discern that he is undeserving of praise and glory, and certainly [unworthy] of being exalted over his fellow men. This inescapably follows when he considers the qualities he lacks, and remains so even when considering those that he has, because [they are outweighed by] what he lacks. It is obviously impossible for man, regardless of the level of perfection he has attained, not to have many shortcomings; whether this is due to his nature or because of his family and relatives, or as a result of circumstances or because of his deeds. "For there is no righteous man on earth that does good, and sins not" (Kohelet 7:20). All of these are faults in man that

שֶׁבָּאָדָם שֶׁאֵינָם מַנִּיחִים מְקוֹם הִתְנַשְּׂאוּת כְּלָל, אֲפִלּוּ שֶׁיִּהְיֶה בַּעַל מַעֲלוֹת רַבּוֹת, כִּי כְּבָר עִנְיְנֵי הַחֶסְרוֹנוֹת הָאֵלֶּה יַסְפִּיקוּ לְהַחֲשִׁיכָם.

הַחָכְמָה הִיא הַמְּבִיאָה יוֹתֵר אֶת הָאָדָם לִידֵי הַהִתְנַשְּׂאוּת וְהַגַּאֲוָה. וְאוּלָם אֵין חָכָם שֶׁלֹּא יִטְעֶה, וְשֶׁלֹּא יִצְטָרֵךְ לִלְמֹד מִדִּבְרֵי חֲבֵרָיו, וּפְעָמִים רַבּוֹת אֲפִלּוּ מִדִּבְרֵי תַּלְמִידָיו, אִם כֵּן אֵיךְ יִתְנַשֵּׂא בְּחָכְמָתוֹ? וְאָמְנָם אֲפִלּוּ יִתֵּן לוֹ שֶׁכְּבָר הוּא חָכָם גָּדוֹל וּמַעֲלוֹת רַבּוֹת יֵשׁ בּוֹ, מַה שַּׁיָּךְ בָּזֶה הִתְנַשְּׂאוּת וְגַאֲוָה, אֵין בְּיָדוֹ אֶלָּא מַה שֶּׁבְּחֻקּוֹ לַעֲשׂוֹת וּמַה שֶּׁהוּא מְחֻיָּב בּוֹ. הֲיִתְגָּאֶה הַסּוּס לְפִי שֶׁהוּא מוֹשֵׁךְ הַקָּרוֹן, אוֹ תִּתְגָּאֶה הַיּוֹנָה לְפִי שֶׁהִיא מְעוֹפֶפֶת? כֵּן מִי שֶׁהוּא חָכָם, הוּא חָכָם לְפִי שֶׁטִּבְעוֹ מְבִיאוֹ לָזֶה, וְהוּא מְחֻיָּב לְהִתְחַכֵּם. וּכְשֶׁיֵּשׁ בּוֹ חָכְמָה רַבָּה הוּא חַיָּב לְלַמְּדָהּ לְמִי שֶׁצָּרִיךְ אֵלֶיהָ. הוּא מַה שֶּׁאָמַר רַבָּן יוֹחָנָן בֶּן זַכַּאי: אִם לָמַדְתָּ תּוֹרָה הַרְבֵּה אַל תַּחֲזִיק טוֹבָה לְעַצְמְךָ כִּי לְכָךְ נוֹצַרְתָּ (אבות ב, ח). אִם עָשִׁיר הוּא, יִשְׂמַח בְּחֶלְקוֹ,[ב] וְעָלָיו לַעֲזֹר לְמִי שֶׁאֵין לוֹ; אִם גִּבּוֹר, לַעֲזֹר לַכּוֹשְׁלִים וּלְהַצִּיל הָעֲשׁוּקִים; וּמַה שַּׁיָּכוּת יֵשׁ לַגַּאֲוָה בְּכָל אֵלֶּה?

זֶהוּ הָעִיּוּן וְהַהִתְבּוֹנְנוּת הָרָאוּי לְכָל אִישׁ אֲשֶׁר שִׂכְלוֹ יָשָׁר וְלֹא מִתְעַקֵּשׁ. וּכְשֶׁיִּתְבָּרֵר זֶה אֶצְלוֹ אָז יִקָּרֵא עָנָו אֲמִתִּי, שֶׁבְּלִבּוֹ וּבְקִרְבּוֹ הוּא עָנָו. וְהוּא כְּעִנְיַן דָּוִד הַמֶּלֶךְ שֶׁאָמַר לְמִיכַל: וְהָיִיתִי שָׁפָל בְּעֵינָי (שמואל ב ו, כב). וְאָמְרוּ זִכְרוֹנָם לִבְרָכָה (סוטה ה, ב): כַּמָּה גְּדוֹלִים נְמוּכֵי הָרוּחַ, שֶׁבִּזְמַן שֶׁבֵּית הַמִּקְדָּשׁ קַיָּם אָדָם מַקְרִיב עוֹלָה שְׂכַר עוֹלָה בְּיָדוֹ, מִנְחָה שְׂכַר מִנְחָה בְּיָדוֹ, אֲבָל מִי שֶׁדַּעְתּוֹ שְׁפָלָה עָלָיו מַעֲלֶה עָלָיו הַכָּתוּב כְּאִלּוּ הִקְרִיב כָּל הַקָּרְבָּנוֹת כֻּלָּם, שֶׁנֶּאֱמַר: זִבְחֵי אֱלֹקִים רוּחַ נִשְׁבָּרָה (תהלים נא, יט). הֲרֵי זֶה שֶׁבַח שֶׁל נְמוּכֵי הָרוּחַ שֶׁהֵם עֲנָוִים בְּלִבָּם וּמַחֲשַׁבְתָּם.

[ב] ראה אבות ד, א.

leave no room whatsoever for haughtiness. Even if he possesses many virtues, these deficiencies are enough to obscure them.

Knowledge is what most often brings a person to haughtiness and pride. Yet there is no sage who does not err and does not need to learn from the words of his colleagues, oftentimes even from the words of his disciples. How, then, can he pride himself on his wisdom? Indeed, even granting that he is a great sage and possesses many virtues, what justification does this provide for haughtiness and pride? He is doing no more than following his natural proclivities that compel him to do so. Can a horse boast that it pulls a wagon, or a dove brag that it flies? The same is true of a learned person. He is learned because his nature draws him to this and he is compelled to acquire wisdom. And once he is in possession of great wisdom, he is duty-bound to impart it to anyone who is in need of it. As Rabbi Yohanan ben Zakkai said, "If you have learned much Torah, do not credit yourself, for to this end you were created" (*Avot* 2:8). If he is wealthy, he may rejoice in his portion (cf. ibid. 4:1) and help those who are without. If he is strong, he must use his strength to help the faltering and save the oppressed. What place is there for pride in any of this?

This is the [type of] contemplation and reflection that befits any man of sound reasoning who is open to persuasion. When this becomes clear to him, he will then be called truly humble, for now he is humble at heart and in his very being. This is the sense of what King David said to Michal, "And I will hold myself lowly in my eyes" (II Shemuel 6:22). And [our Sages], may their memory be blessed, said (*Sotah* 5b), "How great are the lowly of spirit. For when the Temple stood, someone who brought a burnt-offering has earned the reward of a burnt-offering; if it was a meal-offering he has earned the reward of a meal-offering. But as for the lowly-minded, Scripture considers it as if he had offered every single one of the sacrifices. As it is said, 'The sacrifices of God are a broken spirit'" (Tehillim 51:19). This is the praise of the lowly of spirit, who are humble at heart and in thought.

וְכֵן אָמְרוּ עוֹד (חולין פט, א): לֹא מֵרֻבְּכֶם מִכָּל הָעַמִּים חָשַׁק ה׳ {בָּכֶם וַיִּבְחַר בָּכֶם} (דברים ז, ז), אָמַר לָהֶם הַקָּדוֹשׁ בָּרוּךְ הוּא: בָּנַי, אֲנִי חוֹשֵׁק בָּכֶם, שֶׁאֲפִלּוּ בְּשָׁעָה שֶׁאֲנִי מַשְׁפִּיעַ לָכֶם גְּדֻלָּה אַתֶּם מְמַעֲטִים עַצְמְכֶם לְפָנַי. נָתַתִּי גְּדֻלָּה לְאַבְרָהָם, אָמַר: וְאָנֹכִי עָפָר וָאֵפֶר (בראשית יח, כז); נָתַתִּי גְּדֻלָּה לְמשֶׁה וְאַהֲרֹן, אָמְרוּ: וְנַחְנוּ מָה (שמות טז, ז); נָתַתִּי גְּדֻלָּה לְדָוִד, אָמַר: וְאָנֹכִי תוֹלַעַת וְלֹא אִישׁ וְכוּ׳ (תהלים כב, ז).

כָּל זֶה מִמַּה שֶּׁאֵין הַלֵּב הַיָּשָׁר מֵנִיחַ עַצְמוֹ לְהִתְפַּתּוֹת מִשּׁוּם מַעֲלָה אֲשֶׁר יְבוֹאֵהוּ, בְּיָדְעוֹ בֶּאֱמֶת שֶׁכְּבָר לֹא מִפְּנֵי זֶה יוֹצֵא הוּא מִידֵי שִׁפְלוּתוֹ מִצַּד הַחֶסְרוֹנוֹת הָאֲחֵרוֹת אֲשֶׁר אִי אֶפְשָׁר שֶׁלֹּא יִהְיוּ בּוֹ. וְעוֹד, שֶׁאֲפִלּוּ בְּאוֹתָם הַמַּעֲלוֹת עַצְמָם לֹא הִגִּיעַ וַדַּאי אֶל הַתַּכְלִית הָאַחֲרוֹן. וְעוֹד, אֲפִלּוּ לֹא יִהְיֶה בּוֹ חִסָּרוֹן אַחֵר אֶלָּא הֱיוֹתוֹ יְלוּד אִשָּׁה בָּשָׂר וָדָם, הִנֵּה דַּי לוֹ זֶה וְהוֹתֵר לִפְחִיתוּת וּגְרִיעוּת עַד שֶׁאֵין יָאֶה לוֹ הַהִתְנַשֵּׂא כְּלָל. כִּי הֲרֵי כָּל מַעֲלָה שֶׁהוּא מַשִּׂיג אֵינוֹ אֶלָּא חֶסֶד אֵל עָלָיו שֶׁרוֹצֶה לָחֹן אוֹתוֹ, עִם הֱיוֹתוֹ מִצַּד טִבְעוֹ וְחָמְרִיּוּתוֹ שָׁפָל וְנִבְזֶה עַד מְאֹד. עַל כֵּן אֵין לוֹ אֶלָּא לְהוֹדוֹת לְמִי שֶׁחֲנָנוֹ וְלִיכָּנַע תָּמִיד יוֹתֵר.

הָא לְמַה זֶה דּוֹמֶה? לְעָנִי וְאֶבְיוֹן שֶׁמְּקַבֵּל מַתָּנָה בְּחֶסֶד שֶׁאִי אֶפְשָׁר לוֹ שֶׁלֹּא יֵבוֹשׁ, כִּי כָּל אֲשֶׁר יִרְבֶּה הַחֶסֶד שֶׁהוּא מְקַבֵּל כָּךְ יִרְבֶּה הַבֹּשֶׁת שֶׁיֵּבוֹשׁ. כֵּן הַדָּבָר הַזֶּה בְּכָל אָדָם שֶׁעֵינָיו פְּקוּחוֹת לִרְאוֹת אֶת עַצְמוֹ בִּהְיוֹתוֹ מַשִּׂיג מַעֲלוֹת וְטוֹבוֹת מֵאֵת הַבּוֹרֵא יִתְבָּרַךְ שְׁמוֹ. וּכְעִנְיָן שֶׁאָמַר דָּוִד הַמֶּלֶךְ עָלָיו הַשָּׁלוֹם: מָה אָשִׁיב לַה׳ כָּל תַּגְמוּלוֹהִי עָלָי (תהלים קטז, יב).

וּכְבָר רָאִינוּ חֲסִידִים גְּדוֹלִים שֶׁנֶּעֶנְשׁוּ עַל שֶׁהֶחֱזִיקוּ טוֹבָה לְעַצְמָם, עִם כָּל חֲסִידוּתָם. נְחֶמְיָה בֶּן חֲכַלְיָה, אָמְרוּ זִכְרוֹנָם לִבְרָכָה: מִפְּנֵי מָה לֹא נִקְרָא סִפְרוֹ עַל שְׁמוֹ? מִפְּנֵי שֶׁהֶחֱזִיק טוֹבָה לְעַצְמוֹ (סנהדרין צג, ב).

Commenting on the verse, "The Lord did not desire you, {or choose you}, because you were more in number than any people" (Devarim 7:7), our Sages said (*Hullin* 89a), "The Holy One, blessed be He, said [to Israel], My sons, I desire you, because even when I bestow greatness upon you, you belittle yourselves before Me. I gave Avraham greatness, [and] he said, 'I am but dust and ashes' (Bereishit 18:27); I gave Moshe and Aharon greatness, [and] they said, 'And what are we' (Shemot 16:7); I gave greatness to David, [and] he said, 'But I am a worm, and no man'" (Tehillim 22:7).

All this because the right-minded man does not allow himself to be enticed [into pride] by some virtue he happens to acquire, knowing full well that it cannot offset the lowliness that results from the other deficiencies he must inevitably possess. Moreover, even with respect to those virtues [that he has attained], he has certainly not realized them to the ultimate end. Furthermore, even if he had no imperfection other than that of being born of a woman, flesh and blood, that is more than enough to render him so base and defective that it would be completely inappropriate for him to be arrogant at all. For any virtue that he attains is due to the lovingkindness of God who desires to be gracious to him, even though from the standpoint of his nature and material state he is extremely despicable and lowly. He must, therefore, thank Him who has been gracious and become ever more humble.

To what may this be compared? To a pauper who receives a gift of kindness and cannot help but be ashamed. The more kindness he receives the more shame he experiences. Any man with open eyes should view himself in the same manner when he attains virtues and benefits from the Creator, blessed be His name. As King David, peace be on him, said, "How can I repay the Lord for all His benefits to me" (Tehillim 116:12).

We have seen men of great piety who, despite all their piety, were punished because they claimed credit [for their accomplishments]. [Regarding] Nehemyah ben Hakhalyah, [our Sages], may their memory be blessed, said, "Why was his book not called by his name? Because he took credit for himself" (*Sanhedrin* 93b).

וְכֵן חִזְקִיָּה אָמַר: הִנֵּה לְשָׁלוֹם מַר לִי מָר (ישעיה לח, יז), לְפִי שֶׁעֲנָהוּ הַקָּדוֹשׁ בָּרוּךְ הוּא: וְגַנּוֹתִי [עַל הָעִיר הַזֹּאת לְהוֹשִׁיעָהּ] לְמַעֲנִי וּלְמַעַן דָּוִד עַבְדִּי (שם לז, לה). וּכְמַאֲמָרָם זִכְרוֹנָם לִבְרָכָה: כָּל הַתּוֹלֶה בִּזְכוּת עַצְמוֹ תּוֹלִין לוֹ בִּזְכוּת אֲחֵרִים (ברכות י, ב). הֲרֵי לְךָ שֶׁאֵין לָאָדָם לְהַחֲזִיק טוֹבָה לְעַצְמוֹ אֲפִלּוּ עַל טוֹבוֹתָיו, כָּל שֶׁכֵּן שֶׁלֹּא יִתְנַשֵּׂא וְלֹא יִגְבַּהּ בָּהֶם.

וְהִנֵּה זֹאת הִיא הַתְּשׁוּבָה שֶׁצָּרִיךְ שֶׁיָּשִׁיבוּ אֶל לִבָּם הַמֻּבְחָרִים שֶׁבְּמִין הָאֱנוֹשִׁי אֲשֶׁר הִשִּׂיגוּ הַמַּעֲלוֹת הַגְּדוֹלוֹת בֶּאֱמֶת. וְהוּא עִנְיַן אַבְרָהָם, מֹשֶׁה וְאַהֲרֹן וְדָוִד שֶׁזְּכַרְנוּ לְמַעְלָה. אָמְנָם אֲנַחְנוּ, יְתוֹמֵי יְתוֹמִים, אֵין אָנוּ צְרִיכִים לְכָל זֶה, כִּי כְּבָר יֵשׁ וְיֵשׁ אִתָּנוּ חֶסְרוֹנוֹת רַבּוֹת שֶׁאֵין צָרִיךְ עִיּוּן גָּדוֹל לִרְאוֹת פְּחִיתוּתֵנוּ, וְכָל חָכְמָתֵנוּ כְּאַיִן נֶחְשֶׁבֶת, כִּי הַיּוֹתֵר חָכָם גָּדוֹל שֶׁבֵּינֵינוּ אֵינוֹ כִּי אִם מִן הַתַּלְמִידִים אֲשֶׁר בַּדּוֹרוֹת הָרִאשׁוֹנִים. וְזֶה מַה שֶּׁרָאוּי שֶׁנָּבִין וְנֵדַע בֶּאֱמֶת, וְלֹא יָזוּחַ לִבֵּנוּ עָלֵינוּ חִנָּם, אֶלָּא נַכִּיר שֶׁדַּעְתֵּנוּ קַלָּה וְשִׂכְלֵנוּ חַלָּשׁ עַד מְאֹד, הַסִּכְלוּת רַב בָּנוּ וְהַטָּעוּת גּוֹבֶרֶת, וַאֲשֶׁר נֵדַע אוֹתוֹ אֵינוֹ אֶלָּא מְעַט מִן הַמְּעַט. אִם כֵּן וַדַּאי שֶׁאֵין רָאוּי לָנוּ הַהִנָּשְׂאוּת כְּלָל, אֶלָּא הַבֹּשֶׁת וְהַשִּׁפְלוּת. וְזֶה פָּשׁוּט.

וְהִנֵּה דִּבַּרְנוּ עַד הֵנָּה מֵעֲנַוַת הַמַּחֲשָׁבָה, נְדַבֵּר עַתָּה מֵעֲנַוַת הַמַּעֲשֶׂה. וְהִיא תִּתְחַלֵּק לְאַרְבָּעָה חֲלָקִים: בְּהִתְנַהֵג עַצְמוֹ בִּשְׁפָלוּת, בְּסֵבֶל הָעֶלְבּוֹנוֹת, בִּשְׂנֹא הָרַבָּנוּת וּבְרֹחַ מִן הַכָּבוֹד, בַּחֲלֹק כָּבוֹד לַכֹּל.

הַחֵלֶק הָרִאשׁוֹן הוּא בְּהִתְנַהֵג בִּשְׁפָלוּת, וְזֶה רָאוּי שֶׁיִּהְיֶה בְּדִבּוּרוֹ, בַּהֲלִיכָתוֹ וּבְשִׁבְתּוֹ, וּבְכָל תְּנוּעוֹתָיו.

בְּדִבּוּרוֹ, אָמְרוּ זִכְרוֹנָם לִבְרָכָה (ברכות יז, א): לְעוֹלָם יְהֵא אָדָם עָרוּם בְּיִרְאָה, מַעֲנֶה רַךְ וּמֵשִׁיב[ג] חֵמָה (משלי טו, א). וְכֵן אָמְרוּ: לְעוֹלָם יְהֵא

[ג] וכ"ה באחד מכתבי היד של מסכת ברכות. בדפוסים: 'משיב', ובמשלי: 'ישיב'.

And Hizkiyah said, "Behold, peace is very bitter for me" (Yeshayahu 38:17), because the Holy One, blessed be He, had answered him, "For I will defend [this city to save it] for My sake, and for the sake of My servant David" (Yeshayahu 37:35). As [our Sages], may their memory be blessed, said, "Whoever makes [his petition] dependent upon his own merit, is made aware that [its acceptance] is dependent on the merit of others" (Berakhot 10b). It is apparent, then, that a person should not even take credit for the good things he does, and certainly not become haughty or arrogant as a result of these deeds.

Now that is the consideration that the select of the human species must bear in mind, [those] who really have attained to great virtues. This was the case with Avraham, Moshe and Aharon, and David, whom we have mentioned above. We, however, orphans of orphans, do not need any of this; for we surely possess so many faults that little examination is needed to see our baseness and how all our wisdom counts for naught. For even the wisest man among us is no better than one of the disciples of former generations. We should truly understand and comprehend this so that our hearts will not grow proud in vain. Rather, we should recognize that our understanding is unsound and our intelligence extremely weak, that our ignorance is great and [our] error prevalent, and what we do know is quite miniscule. That being the case, there is no question that haughtiness does not befit us at all, only shame and lowliness. This is obvious.

Until now, we have spoken of humility in thought. We shall now speak of humility in deed. This divides into four parts: conducting oneself in lowliness, bearing insults, hating [the exercise of] authority and running away from honor, and allocating honor to all men.

The first part is conducting oneself in lowliness. This should be reflected in speaking, walking, sitting, and all one's movements.

As to speaking, [our Sages], may their memory be blessed, said (Berakhot 17a), "A person should always be clever in [his] fear [of God]; 'a gentle response allays wrath'" (Mishlei 15:1). They also said,

דִּבּוּרוֹ שֶׁל אָדָם בְּנַחַת עִם הַבְּרִיּוֹת (ע״פ יומא פו, א), וּמִקְרָא מָלֵא הוּא: דִּבְרֵי חֲכָמִים בְּנַחַת נִשְׁמָעִים (קהלת ט, יז). וְצָרִיךְ שֶׁיִּהְיוּ דְּבָרָיו דִּבְרֵי כָּבוֹד וְלֹא דִּבְרֵי בִּזָּיוֹן. וְכֵן הוּא אוֹמֵר: בָּז לְרֵעֵהוּ חֲסַר לֵב (משלי יא, יב). וְאוֹמֵר: בָּז לְרֵעֵהוּ חוֹטֵא (שם יד, כא). וְאוֹמֵר: בְּבֹא רָשָׁע בָּא גַם בּוּז (שם יח, ג).

בַּהֲלִיכָתוֹ, אָמְרוּ זִכְרוֹנָם לִבְרָכָה: שְׁלַחוּ מִתָּם, אֵיזֶהוּ בֶּן עוֹלָם הַבָּא? עַנְוְתָן וּשְׁפַל בֶּרֶךְ, שָׁיֵף עָיֵל שָׁיֵף נָפֵק (סנהדרין פח, ב). וְלֹא יֵלֵךְ בְּקוֹמָה זְקוּפָה, וְלֹא בִּכְבֵדוּת גָּדוֹל עָקֵב בְּצַד גּוּדָל, אֶלָּא כְּדֶרֶךְ כָּל הוֹלֵךְ לַעֲסָקָיו (רמב״ם, הלכות דעות ה, ח). וְכֵן אָמְרוּ זִכְרוֹנָם לִבְרָכָה: כָּל הַמְהַלֵּךְ בְּקוֹמָה זְקוּפָה כְּאִלּוּ דּוֹחֵק רַגְלֵי הַשְּׁכִינָה (ברכות מג, ב). וְאָמְרוּ: שִׁשָּׁה דְּבָרִים נֶאֶמְרוּ בְּגֵרֵעַ וְכוּ׳.[ד] וּכְתִיב: וְרָמֵי הַקּוֹמָה גְּדֻעִים [וְהַגְּבֹהִים יִשְׁפָּלוּ] (ישעיה י, לג).

בְּשִׁבְתּוֹ, שֶׁיִּבְחַר מְקוֹמוֹ בֵּין הַשְּׁפָלִים וְלֹא בֵּין הָרָמִים. וְהוּא גַּם כֵּן מִקְרָא מָלֵא: אַל תִּתְהַדַּר לִפְנֵי מֶלֶךְ וּבִמְקוֹם גְּדֹלִים אַל תַּעֲמֹד, {כִּי טוֹב אֲמָר לְךָ עֲלֵה הֵנָּה מֵהַשְׁפִּילְךָ לִפְנֵי נָדִיב אֲשֶׁר רָאוּ עֵינֶיךָ} (משלי כה, ו-ז). וְכֵן אָמְרוּ זִכְרוֹנָם לִבְרָכָה בְּוַיִּקְרָא רַבָּה (א, ה): הַרְחֵק מִמְּקוֹמְךָ שְׁנַיִם וּשְׁלֹשָׁה מְקוֹמוֹת וְשֵׁב, עַד שֶׁיֹּאמְרוּ לְךָ עֲלֵה, וְאַל תַּעֲלֶה שֶׁיֹּאמְרוּ לְךָ רֵד. וְהִנֵּה עַל כָּל הַמַּקְטִין עַצְמוֹ אָמְרוּ זִכְרוֹנָם לִבְרָכָה: כָּל מִי שֶׁמַּקְטִין עַצְמוֹ {עַל דִּבְרֵי תּוֹרָה בָּעוֹלָם הַזֶּה, נַעֲשֶׂה גָּדוֹל לָעוֹלָם הַבָּא} (בבא מציעא פה, ב). וּכְנֶגֶד זֶה אָמְרוּ: הָסִיר הַמִּצְנֶפֶת וְהָרִים[ה] הָעֲטָרָה (יחזקאל כא, לא), כָּל מִי שֶׁהוּא גָּדוֹל בָּעוֹלָם הַזֶּה, קָטָן בָּעוֹלָם הַבָּא (ילקוט שמעוני, יחזקאל רמז שסא). וּמִנַּהּ לְהֶפֶךְ, מִי שֶׁהוּא קָטָן בָּעוֹלָם הַזֶּה, זְמַן גְּדֻלָּתוֹ לָעוֹלָם הַבָּא. וְאָמְרוּ: לְעוֹלָם יִלְמַד אָדָם

[ד] בקידושין פב, א: ׳עשרה דברים נאמרו בגרע: מהלך על צידו, ורוחו גסה, ונתלה ויושב, ועינו צרה, ועינו רעה, אוכל הרבה, ומוציא קימעא, וחשוד על העריות ועל הגזל ועל שפיכות דמים׳. [ה] בכתה״י: ׳הסר... והרם׳.

"A person should always speak gently with his fellow men" (see *Yoma* 86a). And it is explicitly stated in Scripture, "The words of wise men, when spoken softly, are heeded" (Kohelet 9:17). A person must speak respectfully and without contempt. As it is stated, "He who speaks contemptuously of his neighbor is devoid of sense" (Mishlei 11:12); and "He that shames his neighbor sins" (Mishlei 14:21); and "When the wicked man comes, comes also derision" (Mishlei 18:3).

As to walking, [our Sages], may their memory be blessed, said, "They sent from there: Who is the true citizen of the world-to-come? A humble man who is low of knee, bending over when he enters and bending over when he leaves" (*Sanhedrin* 88b). One should not walk with lofty bearing, nor with great heaviness, heel to toe, but in the manner of someone who is on his way to work (see MT *De'ot* 5:8). As [our Sages], may their memory be blessed, said, "He that walks with lofty bearing pushes aside, as it were, the feet of the *Shekhinah*" (*Berakhot* 43b). They also said, "Six things were said about a bloodletter: {He walks erect, he is haughty ...}" (*Kiddushin* 82a). And the verse states, "The high of stature shall be hewn down, [and the lofty shall be humbled]" (Yeshayahu 10:33).

As to sitting, a person should choose his place among the lowly and not among the high. This too is stated explicitly in Scripture, "Do not exalt yourself in the king's presence, and stand not in the place of great men. {For it is better to be told, 'Step up here,' than to be degraded in the presence of the great}" (Mishlei 25:6-7). [Our Sages], may their memory be blessed, also said in *Vayikra Rabba*, "Keep away from your [rightful] place and sit two or three rows back until you are told, 'Come forward,' rather than go forward and be told, 'Move back'" (*Vayikra Rabba* 1:5). [Our Sages], may their memory be blessed, said with regard to all those who belittle themselves, "Whoever makes himself small {for the sake of the Torah in this world will be made great in the world-to-come}" (*Baba Metzia* 85b). And in contrast to this, they commented on the verse, "Remove the turban, and take off the crown" (Yehezkel 21:31), "Whoever is great in this world will be small in the world-to-come" (*Yalkut Shimoni*, Yehezkel, 361). And from this we may infer the converse: whoever is small in this world, his time of greatness will be in the world-to-come. They also said, "A person should always learn

מִדַּעַת קוֹנוֹ, שֶׁהֲרֵי הִנִּיחַ הַקָּדוֹשׁ בָּרוּךְ הוּא כָּל הָרִים וּגְבָעוֹת וְהִשְׁרָה שְׁכִינָתוֹ עַל סִינַי (סוטה ה, א), וְזֶה מִפְּנֵי שִׁפְלוּתוֹ. וְכֵן אָמְרוּ: לִשְׁאֵרִית נַחֲלָתוֹ (מיכה ז, יח), לְמִי שֶׁמֵּשִׂים עַצְמוֹ כְּשִׁירַיִם (ראש השנה יז, ב).

הַחֵלֶק הַשֵּׁנִי הוּא סְבִילַת הָעֶלְבּוֹנוֹת. וְהִנֵּה בְּפֵרוּשׁ אָמְרוּ זִכְרוֹנָם לִבְרָכָה: לְמִי נוֹשֵׂא עָוֹן? לְמִי שֶׁעוֹבֵר עַל פֶּשַׁע (שם ע"א). וְאָמְרוּ עוֹד (שבת פח, ב): הַנֶּעֱלָבִים וְאֵינָם עוֹלְבִים, שׁוֹמְעִים חֶרְפָּתָם וְאֵינָם מְשִׁיבִים, עֲלֵיהֶם הַכָּתוּב אוֹמֵר: וְאֹהֲבָיו כְּצֵאת הַשֶּׁמֶשׁ בִּגְבֻרָתוֹ (שופטים ה, לא).

וְסִפְּרוּ מִגֹּדֶל עַנְוָתוֹ שֶׁל בָּבָא בֶּן בּוּטָא, זֶה לְשׁוֹנָם: הַהוּא בַּר בָּבֶל דִּסְלִיק לְאֶרֶץ יִשְׂרָאֵל,[ו] נְסִיב אִתְּתָא. אֲמַר לַהּ, בַּשִּׁילִי לִי וְכוּ', זִילִי תַּבְרֵי יָתְהוֹן עַל רֵישָׁא דְּבָבָא. הֲוָה יָתֵב בָּבָא בַּר בּוּטָא וְקָא דָּאֵין דִּינָא, וַאֲזַלַת וְתַבְרַת יָתְהוֹן עַל רֵישֵׁהּ. אֲמַר לַהּ, מָה הָדֵין דַּעֲבַדְתְּ? אֲמַרָה לֵיהּ, כָּךְ צִוַּנִי בַּעְלִי. אֲמַר, אַתְּ עָשִׂית רְצוֹן בַּעֲלֵיךְ, הַמָּקוֹם יוֹצִיא מִמֵּךְ שְׁנֵי בָּנִים כְּבָבָא בֶּן בּוּטָא (נדרים סו, ב). וְהִלֵּל כְּמוֹ כֵן כְּבָר סִפְּרוּ מֵרֹב עַנְוְתָנוּתוֹ בְּמַסֶּכֶת שַׁבָּת, זֶה לְשׁוֹנָם: {תָּנוּ רַבָּנָן: לְעוֹלָם יְהֵא אָדָם עַנְוְתָן כְּהִלֵּל}[ז] וְכוּ' (שבת ל, ב). וְרַבִּי אַבָּהוּ, אַחֲרֵי רֹב עַנְוָתוֹ, מָצָא שֶׁעֲדַיִן לֹא הָיָה מַגִּיעַ לִהְיוֹת רָאוּי לִיקָּרֵא עָנָו. זֶה לְשׁוֹנָם: אָמַר רַבִּי אַבָּהוּ, מֵרֵישׁ הֲוָה אָמֵינָא עַנְוְתָנָא אֲנָא, כֵּיוָן דַּחֲזֵינָא לֵיהּ לְרַבִּי אַבָּא דְּמִן עַכּוֹ דְּאָמַר אִיהוּ חַד טַעֲמָא וְאָמַר אָמוֹרָאֵהּ חַד טַעֲמָא וְלָא קָפֵד, אָמֵינָא לָאו עַנְוְתָנָא אֲנָא (סוטה מ, א).

שִׂנְאַת הָרַבָּנוּת וּבְרִיחָה מִן הַכָּבוֹד[ח] מִשְׁנָה עֲרוּכָה הִיא: אֱהֹב אֶת הַמְּלָאכָה וּשְׂנָא[ט] אֶת הָרַבָּנוּת (אבות א, י). וְאָמְרוּ עוֹד: הַגַּס לִבּוֹ בְּהוֹרָאָה – שׁוֹטֶה, רָשָׁע וְגַס רוּחַ (שם ד, ז). וְאָמְרוּ: כָּל הָרוֹדֵף

[ו] בכתה"י: 'לא"י'. בגמרא: 'לארעא דישראל'. [ז] הושלם ע"פ ס"פ. [ח] הוא החלק השלישי. [ט] בכתה"י ובס"פ ד"ר: 'ושנוא'.

[to love lowliness] from the sensibility of his Creator, for behold the Holy One, blessed be He, abandoned all the mountains and hills, and rested His *Shekhinah* on Sinai" (*Sotah* 5a), because of its lowness. They also said, "'To the remnant of His heritage' (Mikhah 7:18) – to him who makes himself a mere remnant" (*Rosh Hashanah* 17b).

The second part [of humility] consists in bearing insults. [Our Sages], may their memory be blessed, explicitly stated, "Whose sins does He forgive? The sins of one who overlooks transgressions [committed against him]" (*Rosh Hashanah* 17a). They also said (*Shabbat* 88b), "Those who are insulted and do not return insult, who hear their abuse and do not retort, Scripture states of them: 'Let those who love Him be as the sun rising in might'" (Shofetim 5:31).

The following was told about the great humility of Bava ben Buta: "A certain Babylonian went up to Israel and took a wife. He said to her, 'Cook for me [two feet.' Misunderstanding him, she cooked for him two beans. He fumed at her. ... He said to her: 'Bring me two pumpkins,' and she brought him two candles. He said]: 'Go break them over the door [*baba*].' Baba bar Buta was sitting in judgment. She came and broke [the candles] over his head. He said to her, 'Why have you done this?' She said to him, 'So my husband ordered me.' He said, 'You did the will of your husband, may God bring forth from you two sons like Baba ben Buta'" (*Nedarim* 66b). Similarly, they told about the great humility of Hillel in tractate *Shabbat*: {Our Rabbis taught, "A person should always be humble like Hillel}," and so on (*Shabbat* 30b). And Rabbi Abahu, despite his great humility, found that he was not yet worthy of being called humble. This is what they said, "Rabbi Abahu said: 'Formerly, I thought I was humble. When I observed Rabbi Abba of Akko offer one explanation and his *amora* another, and yet he did not take offense, I said to myself: I am not humble'" (*Sotah* 10a).

As to disdain for [the exercise of] authority and running away from honor, it is explicitly set forth in the mishnah, "Love work and hate acting the superior" (*Avot* 1:10). They also said, "He whose heart is overconfident in handing down halakhic decisions is foolish, wicked and arrogant of spirit" (*Avot* 4:7). And they said, "Whoever pursues

אַחַר הַכָּבוֹד, הַכָּבוֹד בּוֹרֵחַ מִמֶּנּוּ (ראה עירובין יג, ב). וְאָמְרוּ עוֹד: אַל תֵּצֵא לָרִב מַהֵר (משלי כה, ח), לְעוֹלָם אַל תְּהִי רָץ אַחַר הַשְּׂרָרָה, לָמָּה? פֶּן מַה תַּעֲשֶׂה בְּאַחֲרִיתָהּ (משלי שם), לְמָחָר בָּאִים וְשׁוֹאֲלִים לְךָ שְׁאֵלוֹת, מָה אַתָּה מְשִׁיבָם (פסיקתא רבתי כב)? עוֹד שָׁם: רַבִּי מְנַחֲמָא בְּשֵׁם רַבִּי תַּנְחוּם, כָּל הַמְקַבֵּל עָלָיו שְׂרָרָה כְּדֵי לֵהָנוֹת מִמֶּנָּה, אֵינוֹ אֶלָּא כְּנוֹאֵף הַזֶּה שֶׁהוּא נֶהֱנֶה מִגּוּפָהּ שֶׁל אִשָּׁה. עוֹד שָׁם: אָמַר רַבִּי אַבָּהוּ, אֲנִי נִקְרֵאתִי קָדוֹשׁ,[ט*] הָא אִם אֵין בְּךָ כָּל הַמִּדּוֹת הַלָּלוּ שֶׁיֵּשׁ בִּי לֹא תְּקַבֵּל עָלֶיךָ שְׂרָרָה. וְתַלְמִידֵי רַבִּי יְהוֹשֻׁעַ יוֹכִיחוּ, וְאַף עַל פִּי שֶׁהָיוּ מֻצְרָכִים מִפְּנֵי עֲנִיּוּתָם לֹא רָצוּ לְקַבֵּל עֲלֵיהֶם שְׂרָרָה. הוּא מַה שֶּׁאָמְרוּ בְּפֶרֶק [כֹּהֵן מָשׁוּחַ] זֶה לְשׁוֹנָם: [כִּמְדֻמִּין שֶׁשְּׂרָרוּת אֲנִי נוֹתֵן לָכֶם[יא] עַבְדוּת אֲנִי נוֹתֵן לָכֶם] (הוריות י, א). וְאָמְרוּ עוֹד: אוֹי לָהּ לָרַבָּנוּת שֶׁמְּקַבֶּרֶת אֶת בְּעָלֶיהָ (פסחים פז, ב), וּמִנָּלָן? מִיּוֹסֵף, שֶׁמִּפְּנֵי שֶׁהִנְהִיג עַצְמוֹ בְּרַבָּנוּת מֵת קֹדֶם אֶחָיו (ברכות נה, א; סוטה יג, ב).

כְּלָלוֹ שֶׁל דָּבָר: אֵין הָרַבָּנוּת אֶלָּא מַשָּׂא גָּדוֹל אֲשֶׁר עַל שְׁכֶם הַנּוֹשֵׂא אוֹתוֹ. כִּי עַד שֶׁהָאָדָם יָחִיד וְיוֹשֵׁב בְּתוֹךְ עַמּוֹ מֻבְלָע בֵּין הָאֲנָשִׁים, אֵינוֹ נִתְפָּס אֶלָּא עַל עַצְמוֹ, כֵּיוָן שֶׁנִּתְעַלָּה לְרַבָּנוּת וּשְׂרָרָה, כְּבָר הוּא נִתְפָּס עַל כָּל מִי שֶׁתַּחַת יָדוֹ וּמֶמְשַׁלְתּוֹ, כִּי עָלָיו לְהַשְׁקִיף עַל כֻּלָּם וְלִרְעוֹת אוֹתָם דֵּעָה וְהַשְׂכֵּל[יב] וּלְהַיְשִׁיר מַעֲשֵׂיהֶם, וְאִם לָאו, וַאֲשָׂמָם בְּרָאשֵׁיכֶם כְּתִיב (דברים א, יג) אָמְרוּ חֲכָמִים (דברים רבה א, י).

וְהַכָּבוֹד אֵינוֹ אֶלָּא הֶבֶל הֲבָלִים הַמַּעֲבִיר אֶת הָאָדָם עַל דַּעְתּוֹ וְעַל דַּעַת קוֹנוֹ וּמְשַׁכְּחוֹ כָּל חוֹבָתוֹ. וּמִי שֶׁמַּכִּירוֹ וַדַּאי שֶׁיִּמְאַס בּוֹ וְיִשְׂנָאֵהוּ, וְהַתְּהִלּוֹת אֲשֶׁר יְהַלְּלוּהוּ בְּנֵי הָאָדָם יִהְיוּ עָלָיו לְטֹרַח. כִּי כִּרְאוֹתוֹ אוֹתָם מַגְדִּילִים

[ט*] בס"פ נוסף כאן בסוגריים: 'רצה לומר, הקדוש ברוך הוא'. [י] כך בכתה"י, ונראה שצ"ל: 'שאף על פי'. [יא] עד כאן הושלם מס"פ. [יב] ע"פ ירמיה ג, טו.

honor, honor flees from him" (*Eruvin* 13b). And furthermore they commented on the verse: "'Do not be hasty to enter into controversy' (Mishlei 25:8) – never run after rulership. Why not? 'Lest you be without recourse in the face of its end result' (ibid.) – hereafter people will come and put questions to you, and what will you answer them" (*Pesikta Rabbati* 22)? It is also stated there, "Rabbi Menahama said in the name of Rabbi Tanhum: Whoever assumes a position of authority to benefit from it, is no better than the adulterer who derives pleasure from a woman's body" (ibid.). We also read there, "Rabbi Abahu said: I am called 'Holy.' If you do not possess all of My attributes, do not assume a position of authority" (ibid.). [The story involving] the disciples of Rabbi Yehoshua proves [this point]. Although they were needy on account of their poverty, they refused to accept positions of authority. This is the sense of the statement in chapter [*Kohen Mashuah*: "You think that I have bestowed rulership upon you?It is servitude that I am imposing upon you]" (*Horayot* 10a)! [The Sages] also said, "Woe to lordship for it buries its holders" (*Pesahim* 87b). How do we know this? From Yosef. For [it was] because he conducted himself in lordship [that] he died before his brothers (*Berakhot* 55a; *Sotah* 13b).

In summary, lordship is nothing but a great burden upon the shoulders of one who bears it. For so long as a person is taken as an individual, living among his people, one among many, he is held responsible for no one but himself. But once he attains lordship and power, he is held accountable for all those under his jurisdiction and control. For he must watch over them, pasture them with knowledge and understanding, and set their deeds aright. If he fails to do so, "And their guilt [*ve'ashamam*] is on your leaders" (Devarim 1:13) is what the consonantal text says, the Sages noted (*Devarim Rabba* 1:10).

Honor is nothing but vanity of vanities. It causes a man to transgress the dictates of reason and those of his Creator and to forget all his duties. One who recognizes its nature will certainly despise and hate honor. The praise which men bestow upon him will become a burden to him; for when he sees them heaping

הִלּוּלֵיהֶם עַל אֲשֶׁר בּוֹ בֶּאֱמֶת,[יג] אֵינוֹ אֶלָּא מִתְבּוֹשֵׁשׁ וּמִתְאַנֵּחַ, עַל שֶׁלֹּא דַּי לוֹ רָעֲתוֹ שֶׁחֲסֵרִים מִמֶּנּוּ הַמַּעֲלוֹת הָהֵם, אֶלָּא שֶׁיַּעֲמִיסוּ עָלָיו תְּהִלּוֹת שֶׁקֶר לְמַעַן יִכָּלֵם יוֹתֵר.

הַחֵלֶק הָרְבִיעִי הוּא הֱיוֹת מְחַלֵּק כָּבוֹד לְכָל אָדָם. וְכֵן שָׁנִינוּ: אֵיזֶהוּ מְכֻבָּד? הַמְכַבֵּד אֶת הַבְּרִיּוֹת (אבות ד, א). וְאָמְרוּ עוֹד: מִנַּיִן הַיּוֹדֵעַ בַּחֲבֵרוֹ שֶׁהוּא גָּדוֹל מִמֶּנּוּ אֲפִלּוּ דָּבָר אֶחָד שֶׁחַיָּב לִנְהֹג בּוֹ כָּבוֹד, {שֶׁנֶּאֱמַר (דניאל ו, ד) כָּל קֳבֵל דִּי רוּחַ יַתִּירָא בֵּהּ וּמַלְכָּא עֲשִׁית לַהֲקָמוּתֵהּ עַל כָּל מַלְכוּתָא} (פסחים קיג, ב). וְעוֹד שָׁנִינוּ: הֱוֵי מַקְדִּים בִּשְׁלוֹם כָּל אָדָם (אבות ד, טו). וְאָמְרוּ עָלָיו עַל רַבָּן יוֹחָנָן בֶּן זַכַּאי, שֶׁלֹּא הִקְדִּים לוֹ שׁוּם אָדָם שָׁלוֹם מֵעוֹלָם, וַאֲפִלּוּ גּוֹי בַּשּׁוּק (ברכות יז, א). וּבֵין בְּדִבּוּר וּבֵין בְּמַעֲשִׂים חַיָּב לִהְיוֹת נוֹהֵג כָּבוֹד בַּחֲבֵרָיו. וּכְבָר סִפְּרוּ חֲכָמֵינוּ זִכְרוֹנָם לִבְרָכָה מֵעֶשְׂרִים וְאַרְבָּעָה אֶלֶף תַּלְמִידֵי רַבִּי עֲקִיבָא שֶׁמֵּתוּ עַל שֶׁלֹּא הָיוּ נוֹהֲגִים כָּבוֹד זֶה בָּזֶה (יבמות סב, ב).

וּכְמוֹ שֶׁהַבִּזָּיוֹן הוּא דָּבָר מִתְיַחֵס אֶל הָרְשָׁעִים, וְכַפָּסוּק שֶׁהֵבֵאנוּ לְמַעְלָה:[יד] בְּבֹא רָשָׁע בָּא גַם בּוּז (משלי יח, ג), כֵּן הַכָּבוֹד מִתְיַחֵס אֶל הַצַּדִּיקִים, כִּי הַכָּבוֹד שׁוֹכֵן עִמָּהֶם וְאֵינוֹ מִתְפָּרֵשׁ מֵהֶם. וְאוֹמֵר: וְנֶגֶד זְקֵנָיו כָּבוֹד (ישעיה כד, כג).

וַהֲרֵי נִתְבָּאֲרוּ חֶלְקֵי הָעֲנָוָה הָרָאשִׁיִּים, וּפְרָטֵיהֶם כְּכָל פְּרָטֵי הַמִּינִים הַמִּתְרַחֲבִים וְהוֹלְכִים לְפִי הַנּוֹשְׂאִים וּלְפִי הָעִתִּים וְהַמְּקוֹמוֹת. יִשְׁמַע חָכָם וְיוֹסֶף לֶקַח (משלי א, ה).

אָמַר הֶחָכָם:

וַדַּאי הוּא שֶׁאֵין דָּבָר נֶחְמָד וְנָאֶה כָּעֲנָוָה, שֶׁהִיא מְסִירָה מִדֶּרֶךְ הָאָדָם מִכְשׁוֹלוֹת רַבִּים וּמְקָרֶבֶת אוֹתוֹ אֶל טוֹבוֹת רַבּוֹת; כִּי הִנֵּה הֶעָנָו יָחוּשׁ

[יג] כלומר, יותר על אשר יש בו. בס"פ ד"ר: 'על אשר אינו בו באמת'. [יד] לעיל (עמ' 308) קטע המתחיל: 'בדבורו'.

praise on him for [virtues] that he lacks, it will be nothing but cause for shame and lament; as if it were not bad enough that he [already] lacks those virtues, he is now laden with false praises which only increase his shame.

The fourth component [of humility] is allocating honor to all persons. Thus do we read in the mishnah: "Who is honorable? He who honors [all] people" (*Avot* 4:1). [The Sages] further said: "How do we know one must honor his fellow if he knows him to be his superior in even one respect? {For it is stated (Daniel 6:4): 'Because he was of greater spirit, the king thought to set him above the whole kingdom'}" (*Pesahim* 113b). We also learned, "Be first to greet every man" (*Avot* 4:15). And it was said of Rabbi Yohanan ben Zakkai that no man ever preceded him in offering greetings, not even a gentile in the marketplace (*Berakhot* 17a). A person must honor his fellow men both in word and deed. Our Sages, may their memory be blessed, have related the story of the twenty four thousand disciples of Rabbi Akiva who died because they did not treat one another respectfully (*Yebamot* 62b).

Just as contempt is associated with the wicked, as in the verse cited above (*p. 309: "As to speaking..."*), "When the wicked man comes, comes also derision" (*Mishlei* 18:3), so too is honor associated with the righteous, for honor dwells with them and never departs from them. As it says, "And before His elders will be honor" (*Yeshayahu* 24:23).

The primary categories of humility have now been explained. The individual cases that come under [these categories] are like the individual members of all species, which become more varied as one varies the circumstances, times, and places. "The wise man will hear and increase knowledge" (*Mishlei* 1:5).

The Hakham said:
There is certainly nothing as desirable and becoming as humility; for it removes many stumbling blocks from man's path and brings him near to many good things. For the humble person will have

מְעַט עַל דִּבְרֵי הָעוֹלָם וְלֹא יִתְקַנֵּא בַּהֲבָלָיו. וְעוֹד שֶׁחֶבְרַת הֶעָנָו נָאָה עַד מְאֹד וְרוּחַ הַבְּרִיּוֹת נוֹחָה הֵימֶנּוּ,[טו] בְּהֶכְרֵחַ לֹא יָבוֹא לִידֵי כַּעַס וְלֹא לִידֵי מְרִיבָה, אֶלָּא הַכֹּל בְּהַשְׁקֵט, הַכֹּל בִּמְנוּחָה. אַשְׁרֵי מִי שֶׁזּוֹכֶה לְמִדָּה זֹאת. הֵיטִיבוּ מְאֹד אֲשֶׁר דִּבְּרוּ זִכְרוֹנָם לִבְרָכָה: מַה שֶּׁעָשְׂתָה חָכְמָה עֲטָרָה לְרֹאשָׁהּ, עָשְׂתָה עֲנָוָה עָקֵב לְסֻלְיָתָהּ (ירושלמי שבת א, ג; ג ע״ג), כִּי כָּל הַחָכְמָה כֻּלָּהּ לֹא יַעַרְכֶנָּה.[טז] וְזֶה דָּבָר שֶׁהַשֵּׂכֶל וְהַטַּעַם מַכְרִיחוֹ שֶׁאֵין לִבְרֹחַ הֵימֶנּוּ.

[טו] ע״פ אבות ג, י. [טז] ע״פ איוב כח, יז, יט.

little concern for the worldly and will suffer no envy on account of its vanities. Moreover, the company of the humble is very pleasant, and his fellow men find delight in him. He is, perforce, not given to anger or strife; he does everything calmly and peacefully. Happy is he who attains this trait. [Our Sages], may their memory be blessed, spoke very well when they said, "What wisdom places as a crown on its head, humility treats as the heel of its shoe" (*Yerushalmi Shabbat* 1:3, 3c). For all of wisdom cannot compare with [humility]. This is a matter dictated by intelligence and reasoning, a truth from which there is no escape.

פֶּרֶק כה:

בְּדֶרֶךְ קְנִיַּת הָעֲנָוָה וְהַהַרְחָקָה מִמַּפְסִידֶיהָ

אָמַר הֶחָסִיד:

נָבוֹא עַתָּה לְבָאֵר אֹפֶן קְנִיָּנָהּ.[א] הִנֵּה שְׁנַיִם הֵם הַמַּדְרִיכִים אֶת הָאָדָם אֵלֶיהָ: הָרְגִילוּת וְהַהִתְבּוֹנֵן.

הָרְגִילוּת הוּא שֶׁיִּהְיֶה הָאָדָם מַרְגִּיל עַצְמוֹ מְעַט מְעַט בְּהִתְנַהֵג בִּשְׁפָלוּת כְּמוֹ שֶׁזָּכַרְתִּי, לָשֶׁבֶת בִּמְקוֹמוֹת הַפְּחוּתִים וְלָלֶכֶת בְּסוֹף הַחֶבְרָה, לִלְבֹּשׁ בִּגְדֵי צְנוּעִים, דְּהַיְנוּ מְכֻבָּדִים אַךְ לֹא מְפֹאָרִים. כִּי בְּהִתְרַגְּלוֹ בַּדֶּרֶךְ הַזֶּה, תִּכָּנֵס וְתָבוֹא הָעֲנָוָה בְּלִבּוֹ מְעַט מְעַט, עַד שֶׁתִּקָּבַע בּוֹ דִּירָה כָּרָאוּי. כִּי הִנֵּה בִּהְיוֹת טֶבַע לֵב הָאָדָם לָזוּחַ וּלְהִתְנַשֵּׂא, קָשֶׁה עָלָיו לַעֲקֹר מֵעִקָּרָהּ הַנְּטִיָּה הַטִּבְעִית הַזֹּאת, אֶלָּא אִם כֵּן בַּפְּעֻלּוֹת הַחִיצוֹנִיּוֹת הַמְּסוּרוֹת בְּיָדוֹ יַמְשִׁיךְ מְעַט מְעַט הַדָּבָר בִּפְנִימִיּוּתוֹ הַבִּלְתִּי מָסוּר לוֹ כָּל כָּךְ, וּכְעִנְיָן שֶׁבֵּאַרְנוּ בִּזְרִיזוּת; שֶׁכָּל זֶה נִכְלָל בְּמַאֲמָרָם זִכְרוֹנָם לִבְרָכָה: לְעוֹלָם יְהֵא אָדָם עָרוּם בְּיִרְאָה (ברכות יז, א), דְּהַיְנוּ שֶׁיְּבַקֵּשׁ תַּחְבּוּלוֹת נֶגֶד טִבְעוֹ וּנְטִיָּתוֹ עַד שֶׁיְּנַצְּחֵם.

אַךְ הַהִתְבּוֹנֵן הוּא עַל עִנְיָנִים שׁוֹנִים. הָרִאשׁוֹן הוּא הַמֻּזְכָּר בְּדִבְרֵי עֲקַבְיָא בֶּן מַהֲלַלְאֵל: דַּע מֵאַיִן בָּאתָ – מִטִּפָּה סְרוּחָה; וּלְאָן אַתָּה הוֹלֵךְ – לִמְקוֹם עָפָר, רִמָּה וְתוֹלֵעָה; וְלִפְנֵי מִי אַתָּה עָתִיד לִיתֵּן דִּין וְחֶשְׁבּוֹן – לִפְנֵי מֶלֶךְ מַלְכֵי הַמְּלָכִים הַקָּדוֹשׁ בָּרוּךְ הוּא (אבות ג, א). כִּי בֶּאֱמֶת כָּל אֵלֶּה הֵם נֶגְדִּיִּים גְּדוֹלִים לַגַּאֲוָה וְעוֹזְרִים לָעֲנָוָה.

כִּי בִּהְיוֹת הָאָדָם מִסְתַּכֵּל בִּפְחִיתוּת חָמְרוֹ וּגְרִיעוּת הַתְחָלָתוֹ, אֵין לוֹ טַעַם לִינָּשֵׂא כְּלָל, אֶלָּא לֵיבוֹשׁ וְלִיכָּלֵם. הָא לְמָה זֶה דּוֹמֶה?

[א] של הענוה.

Twenty-Five:

How to Acquire Humility and Avoid
What is Detrimental to it

The Hasid said:

We now come to explain the manner of acquiring [the trait of humility]. There are two factors that guide a person to humility; one is training and the other reflection.

As we have already mentioned *(above, p. 311)*, training consists of gradually acclimating oneself to act humbly by sitting in an unpretentious seat, walking at the rear of a group, and wearing modest clothing, that is, dress that is dignified but not ostentatious. By training oneself in this manner, humility will make its way into the heart, little by little, finding suitable and permanent residence there. Since it is man's nature to be proud and haughty, it is difficult to eradicate this natural inclination. Only through external actions that are subject to his control, can he gradually draw [humility] into the inner self, which is less subject to his control – along the lines of our explanation of [the acquisition of] alacrity *(see above, p. 119)*. All this is included in the statement of [our Sages], may their memory be blessed, "One should always be cunning in [his] fear [of God]" *(Berakhot 17a)*. That is, he should seek stratagems to employ against his nature and inclination until he emerges victorious over them.

As to the matter of reflection, there are various considerations. The first is the one mentioned in the dictum of Akavya ben Mahalalel: "Know from where you come – from a putrid drop; and where you are going – to a place of dust, worms, and maggots; and before whom you will in the future have to give account and reckoning – before the supreme King of kings, the Holy One, blessed be He" *(Avot 3:1)*. For in truth, all these [contemplations] strongly counteract pride and foster humility.

When a person considers the baseness of his material element and lowly origin, he will have no reason at all to be haughty, but will merely be ashamed and confounded. This may be compared to

לְרוֹעֵה חֲזִירִים שֶׁהִגִּיעַ לְמֶלֶךְ, כָּל עֵת אֲשֶׁר יִזְכֹּר יָמָיו הָרִאשׁוֹנִים אִי אֶפְשָׁר לוֹ שֶׁיִּתְגָּאֶה.

וּכְשֶׁיַּחְשֹׁב כְּמוֹ כֵן שֶׁבְּסוֹף כָּל גְּדֻלּוֹתָיו יָשׁוּב לְעָפָר, מַאֲכָל לְתוֹלַעַת, כָּל שֶׁכֵּן שֶׁיִּכָּנַע גְּאוֹנוֹ וְיִשְׁכַּח שְׁאוֹן גַּאֲוָתוֹ, כִּי מַה טּוּבוֹ וּמַה גְּדֻלָּתוֹ, וְאַחֲרִיתָהּ בֹּשֶׁת וּכְלִמָּה.

וּכְשֶׁיַּחְשֹׁב עוֹד וִידַמֶּה בְּלִבּוֹ רֶגַע הִכָּנְסוֹ לִפְנֵי הַבֵּית דִּין הַגָּדוֹל שֶׁל צְבָא מַעְלָה, בְּעֵת שֶׁיֵּרָאֶה אֶת עַצְמוֹ לִפְנֵי מֶלֶךְ מַלְכֵי הַמְּלָכִים הַקָּדוֹשׁ בָּרוּךְ הוּא, הַקָּדוֹשׁ וְהַטָּהוֹר בְּתַכְלִית הַקְּדֻשָּׁה וְהַטָּהֳרָה,[ב] בְּסוֹד קְדוֹשִׁים מְשָׁרְתֵי גְּבוּרָה, גִּבּוֹרֵי כֹחַ עוֹשֵׂי דְבָרוֹ,[ג] אֲשֶׁר אֵין בָּהֶם כָּל מוּם; וְהוּא עוֹמֵד לִפְנֵי ה', גָּרוּעַ פָּחוּת וְנִבְזֶה מִצַּד עַצְמוֹ, טָמֵא וּמְגֹאָל מִצַּד מַעֲשָׂיו, הֲיָרִים רֹאשׁ, הֲיִהְיֶה לוֹ פִּתְחוֹן פֶּה? וְכִי יִשְׁאָלוּהוּ, אַיֵּה אֵפוֹא פִּיךָ, אַיֵּה גְּאוֹנְךָ וּכְבוֹדְךָ אֲשֶׁר נָשָׂאתָ בְּעוֹלָמְךָ, מַה יַּעֲנֶה אוֹ מַה יָּשִׁיב עַל תּוֹכַחְתּוֹ? הִנֵּה וַדַּאי, שֶׁאִלּוּ רֶגַע אֶחָד יְצַיֵּר הָאָדָם בְּשִׂכְלוֹ הָאֱמֶת הַזֶּה צִיּוּר חָזָק, הִנֵּה פָּרוֹחַ תִּפְרַח מִמֶּנּוּ כָּל הַגַּאֲוָה וְלֹא תָשׁוּב אֵלָיו עוֹד.

הַשֵּׁנִי הוּא עִנְיַן חִלּוּף תּוֹלְדוֹת הַזְּמַן וְרֹב תְּמוּרוֹתֵיהֶם. כִּי הֶעָשִׁיר קַל לָשׁוּב עָנִי, וְהַמּוֹשֵׁל לְעֶבֶד, וְהַמְכֻבָּד לְנִקְלֶה. וְאִם הוּא יָכוֹל כָּל כָּךְ עַל נְקַלָּה לָשׁוּב אֶל הַמַּצָּב הַנִּבְזֶה בְּעֵינָיו הַיּוֹם, אֵיךְ יִגְבַּהּ לִבּוֹ עַל מַצָּבוֹ אֲשֶׁר אֵינוֹ בָּטוּחַ עָלָיו? כַּמָּה מִינֵי חֳלָאִים יְכוֹלִים, חַס וְשָׁלוֹם, לָבוֹא עַל הָאָדָם, שֶׁיִּצְטָרֵךְ בְּמוֹ פִיו לְהִתְחַנֵּן לְמִי שֶׁיַּעֲזֹר אוֹתוֹ וִיסַיְּעֵהוּ וְיָקֵל לוֹ בְּמִקְצָת! כַּמָּה צָרוֹת, חַס וְשָׁלוֹם, שֶׁיִּצְטָרֵךְ לָלֶכֶת לְשַׁחֵר פְּנֵי רַבִּים אֲשֶׁר מָאַס לִפְעָמִים לָתֵת לָהֶם שָׁלוֹם, לְמַעַן יִהְיוּ לוֹ לְמוֹשִׁיעִים! וּדְבָרִים אֵלֶּה אֲנַחְנוּ רוֹאִים בְּעֵינֵינוּ דְּבַר יוֹם בְּיוֹמוֹ, כְּדַאי הֵם לְהָסִיר מִלֵּב אָדָם גַּאֲוָתוֹ וּלְהַלְבִּישׁוֹ עֲנָוָה וּשְׁפָלוּת.

וּכְשֶׁיִּתְבּוֹנֵן עוֹד הָאָדָם עַל חוֹבָתוֹ לְפָנָיו יִתְבָּרַךְ, וְכַמָּה הִיא נֶעֱזֶבֶת מִמֶּנּוּ וְכַמָּה מִתְרַשֵּׁל בָּהּ, וַדַּאי שֶׁיֵּבוֹשׁ וְלֹא יִתְגָּאֶה, יִכָּלֵם וְלֹא יָרוּם

[ב] בכתה"י: 'והטהורה'. [ג] ע"פ תהלים קג, כ.

a swineherd who rose to be king. As long as he remembers his early days, it will be impossible for him to swell with pride.

When a person also bears in mind that after all his greatness he will return to dust as food for maggots, his conceit will surely diminish and he will forget his tumultuous pride. For what is his good and what is his greatness if the end is shame and dishonor?

Moreover, if he further reflects and imagines the moment of entering the great court of the heavenly host, and sees himself in the presence of the supreme King of kings, the Holy One, blessed be He, who is holy and pure in unlimited holiness and purity, in the midst of the assembly of holy beings, mighty attendants, strong in power, obedient and without blemish; and [sees] himself stand before God, inferior, base, and despicable in nature, impure and polluted in deeds – will he [dare] lift up his head? Will he have anything to say for himself? And if he will be asked, "Where now is your mouth, where is the pride and honor that you assumed in your lifetime," what will he answer and how will he reply to this rebuke? There is no question that if a person, for merely a moment, would vividly picture this truth in his mind, all pride would take flight, never to return again.

The second [consideration] relates to the vicissitudes of time and their many changes. The wealthy man may easily turn poor, the lord a slave, and the distinguished ignoble. Since a person can so easily fall into a state that he now finds despicable, how can his heart swell over his [good] position in which he is not secure? How many kinds of sicknesses may a person contract, God forbid, that could force him to beg others for help, assistance, and some relief! How many afflictions [may befall a person], God forbid, that might compel him to seek out those whom he had at times disdained to greet, in order that they may save him! We witness these things daily with our own eyes. They should suffice to remove pride from a man's heart and clothe him in humility and lowliness.

When a person further reflects on his duty to [God], blessed be He, and on how derelict and remiss he has been in this duty, he will surely feel shame and not grow haughty, disgrace and not think himself

לְבָבוֹ. וְכֵן הוּא אוֹמֵר: שָׁמוֹעַ שָׁמַעְתִּי אֶפְרַיִם מִתְנוֹדֵד יִסַּרְתַּנִי וָאִוָּסֵר {כְּעֵגֶל לֹא לֻמָּד הֲשִׁיבֵנִי וְאָשׁוּבָה כִּי אַתָּה ה׳ אֱלֹקָי}, כִּי אַחֲרֵי שׁוּבִי נִחַמְתִּי וְאַחֲרֵי הִוָּדְעִי סָפַקְתִּי עַל יָרֵךְ {בֹּשְׁתִּי וְגַם נִכְלַמְתִּי כִּי נָשָׂאתִי חֶרְפַּת נְעוּרָי} (ירמיה לא יז-יח).

וְעַל הַכֹּל, יִתְבּוֹנֵן תָּמִיד לְהַכִּיר חֻלְשַׁת הַשֵּׂכֶל הָאֱנוֹשִׁי וְרֹב טָעֻיּוֹתָיו וּכְזָבָיו, שֶׁיּוֹתֵר קָרוֹב לוֹ תָּמִיד הַטָּעוּת מֵהַיְדִיעָה הָאֲמִתִּית. עַל כֵּן יִירָא תָּמִיד מֵהַסַּכָּנָה הַזֹּאת וִיבַקֵּשׁ לִלְמֹד מִכָּל אָדָם וְלִשְׁמֹעַ תָּמִיד לְעֵצָה פֶּן יִכָּשֵׁל. וְהוּא עִנְיַן מַה שֶּׁאָמְרוּ זִכְרוֹנָם לִבְרָכָה: אֵיזֶהוּ חָכָם? הַלּוֹמֵד מִכָּל אָדָם (אבות ד, א). וְכֵן אָמְרוּ: וְשֹׁמֵעַ לְעֵצָה חָכָם (משלי יב, טו).

אָמְנָם מַפְסִידֵי הַמִּדָּה הוּא הָרִבּוּי וְהַשְּׂבִיעָה בְּטוּבוֹת הָעוֹלָם הַזֶּה. כְּעִנְיַן הַכָּתוּב בְּפֵרוּשׁ: פֶּן תֹּאכַל וְשָׂבָעְתָּ {וּבָתִּים טֹבִים תִּבְנֶה וְיָשָׁבְתָּ. וּבְקָרְךָ וְצֹאנְךָ יִרְבְּיֻן וְכֶסֶף וְזָהָב יִרְבֶּה לָּךְ וְכֹל אֲשֶׁר לְךָ יִרְבֶּה}. וְרָם לְבָבֶךָ [וְשָׁכַחְתָּ אֶת ה׳ אֱלֹהֶיךָ] (דברים ח, יב-יד). עַל כֵּן מָצְאוּ לָהֶם הַחֲסִידִים טוֹב לִהְיוֹת הָאָדָם מְעַנֶּה נַפְשׁוֹ לִפְעָמִים, לְמַעַן הַשְׁפִּיל יֵצֶר הַגַּאֲוָה אֲשֶׁר אֵינוֹ נוֹהֵם אֶלָּא מִתּוֹךְ קֻפָּה שֶׁל בָּשָׂר. כְּמַאֲמָרָם זִכְרוֹנָם לִבְרָכָה: אֵין אֲרִי נוֹהֵם מִתּוֹךְ קֻפָּה שֶׁל תֶּבֶן אֶלָּא מִתּוֹךְ קֻפָּה שֶׁל בָּשָׂר (ברכות לב, א).

וְהִנֵּה בְּרֹאשׁ כָּל הַמַּפְסִידִים הוּא הַסִּכְלוּת וּמִעוּט הַיְדִיעָה הָאֲמִתִּית. כִּי תִּרְאֶה שֶׁאֵין הַגַּאֲוָה מְצוּיָה יוֹתֵר אֶלָּא בְּמִי שֶׁהוּא סָכָל יוֹתֵר. וַחֲכָמֵינוּ זִכְרוֹנָם לִבְרָכָה אָמְרוּ: סִימָן לְגַסּוּת הָרוּחַ – עֲנִיּוּת תּוֹרָה (סנהדרין כד, א). וְכֵן אָמְרוּ: סִימָן דְּלָא יָדַע כְּלוּם – שְׁבוּחֵי (זוהר, ח״ג, קצג, ב). וְאָמְרוּ עוֹד: אִסְתְּרָא בְּלָגִינָא קִישׁ קִישׁ קָרְיָא (בבא מציעא פה, ב). עוֹד אָמְרוּ: שָׁאֲלוּ לְאִילָנֵי סְרָק, מִפְּנֵי מָה קוֹלְכֶם נִשְׁמָע? אָמְרוּ, הַלְוַאי יִהְיֶה קוֹלֵנוּ נִשְׁמָע וְנִזְכָּר (ראה בראשית רבה טז, ג). וּכְבָר רָאִינוּ שֶׁמֹּשֶׁה, שֶׁהָיָה הַמֻּבְחָר שֶׁבְּכָל הָאָדָם, הָיָה עָנָו מִכָּל הָאָדָם.

exalted. As Scripture states, "Indeed, I have heard Efrayim bemoaning himself thus: You have chastised me, and I was chastised, {like a calf that has not been broken; receive me back, let me return; for You are the Lord my God}. Now that I have returned, I am regretful; having understood, I strike my thigh; {I am ashamed, and even confounded, because I bear the disgrace of my youth}" (Yirmiyahu 31:17-18).

Above all, one should devote constant reflection to recognize the weakness of the human intellect and its many errors and delusions; how it is always closer to error than to true knowledge. He should therefore be in constant fear of this danger, seeking to learn from all men and always listening to advice lest he stumble. This is the sense of what [our Sages], may their memory be blessed, said, "Who is wise? He who learns from all men" (Avot 4:1). It was also stated, "He that hearkens unto counsel is wise" (Mishlei 12:15).

The factors detrimental to this trait are the repletion and satiation of this-worldly goods. As Scripture states explicitly, "Lest when you have eaten and are replete {and have built fine houses, and dwelt in them; and when your herds and your flocks multiply, and your silver and your gold are multiplied, and all that you have is multiplied}; then your heart will be lifted up, [and you will forget the Lord your God]" (Devarim 8:12-14). The pious have found it advisable, therefore, that a person occasionally fast in order to humble the inclination to pride which only roars over a basket of meat. As [our Sages], may their memory be blessed, said, "A lion roars not over a basket of straw, but over a basket of meat" (Berakhot 32a).

But the chief deterrent [to humility] is ignorance and paucity of true knowledge. You will observe that pride is most prevalent among the most ignorant. Our Sages, may their memory be blessed, said, "A sign of arrogance is poverty of Torah" (Sanhedrin 24a). They also said "A sign of knowing nothing is praising [oneself]" (Zohar III, 193b). They further said, "If there is only one coin in a jug, it cries out 'kish kish'" (Baba Metzia 85b). They also said, "The trees that bear no fruit were asked, 'Why are your voices heard?' [And] they answered, 'O that our voices might be heard and we be remembered'" (Bereishit Rabba 16:3). We have already seen that Moshe, who was the most outstanding of men, was [also] the most humble of men.

עוֹד מִמַּפְסִידֵי הָעֲנָוָה הוּא הַהִתְחַבְּרוּת אוֹ הַהִשְׁתַּמֵּשׁ בִּבְנֵי אָדָם חֲנֵפִים, אֲשֶׁר בְּחָשְׁבָם לִגְנֹב לִבּוֹ בַּחֲנֻפּוֹתָם, לְמַעַן יִיטַב לָהֶם, יְשַׁבְּחוּהוּ וִירוֹמְמוּהוּ, בְּהַגְדִּיל מַה שֶּׁיֵּשׁ בּוֹ מִן הַמַּעֲלוֹת עַד הַתַּכְלִית, וּבְהוֹסִיף עָלָיו מַה שֶּׁאֵין בּוֹ כְּלָל. וְלִפְעָמִים שֶׁמָּה שֶׁיֵּשׁ בּוֹ הוּא הֶהָפֶךְ מִמָּה שֶׁמְּשַׁבְּחִים אוֹתוֹ. וְהִנֵּה סוֹף סוֹף דַּעַת הָאָדָם קַלָּה וְטִבְעוֹ חַלָּשׁ וּמִתְפַּתֶּה בְּנָקֵל, כָּל שֶׁכֵּן שֶׁאֵלָיו[ד] הוּא נוֹטֶה בַּטֶּבַע, עַל כֵּן בְּשָׁמְעוֹ אֶת הַדְּבָרִים הָאֵלֶּה יוֹצְאִים מִפִּי מִי שֶׁמַּאֲמִין לָהֶם, יִכָּנְסוּ בוֹ כְּאֶרֶס בְּכָעוּס,[ה] וְנִמְצָא נוֹפֵל בְּרֶשֶׁת הַגַּאֲוָה וְנִלְכָּד וְנִשְׁבָּר.

הֲרֵי לָנוּ יוֹאָשׁ, אֲשֶׁר הֵיטִיב לַעֲשׂוֹת כָּל יְמֵי אֲשֶׁר הוֹרָהוּ יְהוֹיָדָע רַבּוֹ.[ו] וְאַחֲרֵי מוֹת יְהוֹיָדָע בָּאוּ עֲבָדָיו וְהִתְחִילוּ לְהַחֲנִיף לוֹ וּלְהַגְדִּיל הִלּוּלָיו עַד שֶׁדִּמּוּהוּ לֶאֱלוֹהַּ,[ז] אָז שָׁמַע הַמֶּלֶךְ אֲלֵיהֶם.[ח] וְתִרְאֶה זֶה הַדָּבָר בְּבֵרוּר, כִּי רֹב הַשָּׂרִים וְהַמְּלָכִים אוֹ כָּל בַּעֲלֵי הַיְכֹלֶת, יִהְיוּ בְּאֵיזֶה מַדְרֵגָה שֶׁיִּהְיוּ, נִכְשָׁלִים וְנִשְׁחָתִים בַּעֲבוּר חֲנֻפַּת מְשָׁרְתֵיהֶם.

עַל כֵּן מִי שֶׁעֵינָיו בְּרֹאשׁוֹ, יוֹתֵר יִזָּהֵר וִיעַיֵּן בְּמַעֲשֵׂי מִי שֶׁרוֹצֶה לִקְנוֹתוֹ לוֹ לְחָבֵר וּלְיוֹעֵץ אוֹ לְפָקִיד עַל בֵּיתוֹ, מִמָּה שֶׁיִּזָּהֵר וִיעַיֵּן בְּמַאֲכָלָיו וּבְמַשְׁתָּיו. כִּי הַמַּאֲכָל וְהַמִּשְׁתֶּה יוּכַל לְהַזִּיק לְגוּפוֹ לְבַד, וְהַחֲבֵרִים אוֹ הַפְּקִידִים יוּכְלוּ לְהַשְׁחִית גּוּפוֹ וְנַפְשׁוֹ וּמְאֹדוֹ וְכָל כְּבוֹדוֹ. וְדָוִד הַמֶּלֶךְ עָלָיו הַשָּׁלוֹם אוֹמֵר: לֹא יֵשֵׁב בְּקֶרֶב בֵּיתִי עֹשֵׂה רְמִיָּה (תהלים קא, ז), הֹלֵךְ בְּדֶרֶךְ תָּמִים הוּא יְשָׁרְתֵנִי (שם פסוק ו).

וְאֵין טוֹב לָאָדָם אֶלָּא שֶׁיְּבַקֵּשׁ לוֹ חֲבֵרִים תְּמִימִים שֶׁיָּאִירוּ עֵינָיו בְּמַה שֶּׁהוּא עִוֵּר בּוֹ, וְיוֹכִיחוּהוּ בְּאַהֲבָתָם, וְנִמְצְאוּ מַצִּילִים אוֹתוֹ מִכָּל רַע. כִּי מַה שֶּׁאֵין הָאָדָם יָכוֹל לִרְאוֹת, לְפִי שֶׁאֵינוֹ רוֹאֶה חוֹבָה לְעַצְמוֹ,[ט] הֵם יִרְאוּ וְיָבִינוּ וְיַזְהִירוּהוּ וְנִשְׁמָר. וְעַל זֶה נֶאֱמַר: וּתְשׁוּעָה בְּרֹב יוֹעֵץ (משלי כד, ו).

[ד] היינו: למה שאליו. בס"פ ד"ר: 'בדבר שאליו'. [ה] ע"פ שבת סב, ב: 'ומכניסות בהן יצר הרע כארס בכעוס'. [ו] ראה מלכים ב יב, ג. [ז] בכתה"י: 'לאלוק'. [ח] ראה דברי הימים ב כד, יז, ושמות רבה ח, ב. [ט] ע"פ שבת קיט, א.

Another deterrent to humility is associating with flatterers or making use of their services. Thinking they can steal a person's heart with flattery in order to gain benefit, they praise and exalt him, exaggerating his virtues beyond limit and adding merits that he does not possess at all. Sometimes he even has traits that are the very opposite of those for which he is being praised. After all, man's judgment is flimsy and his nature weak, so that he is easily seduced, especially with respect to that which he is naturally inclined. Therefore, when he hears these things uttered by someone who believes in his own words, they enter into him like the venom of an angry snake. He falls into the net of pride and is caught and destroyed.

We have the example of Yoash, who did that which was right all the days that his teacher, Yehoyadah, instructed him (see II Melakhim 12:3). But after Yehoyadah died, Yoash's courtiers came and began to flatter him, magnifying his praises to the point of likening him to a god; the king then hearkened to them (see *Shemot Rabba* 8:2). One may clearly see that most noblemen, kings, and men of power, regardless of their rank, stumble and become degenerate because of the flattery of their servants.

Therefore, anyone with eyes in his head should scrutinize the deeds of someone he wishes to acquire as a friend, counselor, or household-manager more carefully than he does his food and drink. For food and drink can only cause injury to his body, but friends and overseers can destroy body, soul, property, and all honor. King David, peace be on him, said, "He that works deceit shall not dwell within My house" (Tehillim 101:7); "He who follows the way of the blameless shall be in my service" (Tehillim 101:6).

There is nothing better for man than to seek innocent friends who will enable him to see things that he is blind to and will reprimand him with love, thus rescuing him from evil. For what a person cannot see, because he sees nothing to his own disadvantage, they will see and understand. They will warn him and he will be protected. Regarding this it is stated, "And in the multitude of counselors there is salvation" (Mishlei 24:6).

וְהִנֵּה כְּבָר דִּבַּרְנוּ גַּם בְּמִדָּה זֹאת מַה שֶּׁנִּרְאֶה לָנוּ, נָבוֹא עַתָּה אֶל יִרְאַת הַחֵטְא.

אָמַר הֶחָכָם:

הִנְנִי לְהַקְשִׁיב לְךָ.

We have said about this trait that which in our view needs to be said. We come now to the fear of sin.

The Hakham said:
I am ready to listen to you.

פֶּרֶק כו:

בְּבֵאוּר מִדַּת יִרְאַת הַחֵטְא

אָמַר הֶחָסִיד:

הִנֵּה רְאוּתֵנוּ הַמִּדָּה הַזֹּאת נִמְנֵית אַחַר כָּל הַמִּדּוֹת הַטּוֹבוֹת שֶׁזָּכַרְנוּ עַד הֵנָּה, דַּי וַדַּאי לַהֲעִירֵנוּ עַל עִנְיָנָהּ שֶׁרָאוּי שֶׁיִּהְיֶה עִנְיָן נִכְבָּד וְעִקָּרִי מְאֹד וְקָשֶׁה לְהַשִּׂיג אוֹתוֹ, שֶׁכְּבָר לֹא יוּכַן לְהַגִּיעַ אֵלָיו אֶלָּא מִי שֶׁכְּבָר הִשִּׂיג כָּל הַמִּדּוֹת שֶׁקָּדַם זִכְרָם.

אָמְנָם צָרִיךְ שֶׁנַּקְדִּים כִּי מִינֵי הַיִּרְאָה הֵם שְׁנַיִם שֶׁהֵם שְׁלֹשָׁה. הָאַחַת קַלָּה מְאֹד לְהַשִּׂיגָהּ, אֵין דָּבָר קַל כָּמוֹהוּ, וְהַשְּׁנִיָּה קָשָׁה, וְהַחֵלֶק הַשֵּׁנִי שֶׁל הַשְּׁנִיָּה קָשֶׁה מִן הַכֹּל, וּשְׁלֵמוּתָהּ כְּמוֹ כֵן שְׁלֵמוּת גָּדוֹל מְאֹד. יֵשׁ יִרְאַת הָעֹנֶשׁ וְזֶהוּ הַמִּין הָרִאשׁוֹן, וְיֵשׁ יִרְאַת הָרוֹמְמוּת וְזֶהוּ הַמִּין הַשֵּׁנִי, שֶׁיִּרְאַת הַחֵטְא חֵלֶק שֵׁנִי מִמֶּנּוּ. וּנְבָאֵר עַתָּה עִנְיָנָם וְהֶבְדֵּלֵיהֶם.

יִרְאַת הָעֹנֶשׁ כִּפְשׁוּטָהּ, שֶׁהָאָדָם יִירָא מֵעֲבֹר אֶת פִּי ה' אֱלֹקָיו מִפְּנֵי הָעֳנָשִׁים אֲשֶׁר בָּעֲבֵרוֹת, אִם לַגּוּף וְאִם לַנֶּפֶשׁ. וְהִנֵּה זֹאת קַלָּה מְאֹד וַדַּאי, כִּי כָּל אָדָם אוֹהֵב אֶת עַצְמוֹ וְיָרֵא לְנַפְשׁוֹ, וְאֵין דָּבָר שֶׁיַּרְחִיק אוֹתוֹ מֵעֲשׂוֹת דָּבָר אֶחָד יוֹתֵר מִן הַפַּחַד פֶּן תְּבוֹאֵהוּ בּוֹ אֵיזֶה רָעָה. וְאֵין יִרְאָה זוֹ רְאוּיָה אֶלָּא לְעַמֵּי הָאָרֶץ וּלְנָשִׁים אֲשֶׁר דַּעְתָּן קַלָּה, אַךְ אֵינָהּ יִרְאַת הַחֲכָמִים אַנְשֵׁי הַדַּעַת.

הַמִּין הַשֵּׁנִי הִיא יִרְאַת הָרוֹמְמוּת, וְהִיא שֶׁהָאָדָם יִרְחַק מִן הַחֲטָאִים וְלֹא יַעֲשֵׂם מִפְּנֵי כְּבוֹדוֹ הַגָּדוֹל יִתְבָּרַךְ שְׁמוֹ, כִּי אֵיךְ יָחֵל[א] אוֹ אֵיךְ יֶעֱרַב לִבּוֹ[ב] שֶׁל בָּשָׂר וָדָם שָׁפֵל וְנִמְאָס לַעֲשׂוֹת דָּבָר נֶגֶד רְצוֹנוֹ שֶׁל הַבּוֹרֵא יִתְבָּרַךְ וְיִתְעַלֶּה שְׁמוֹ. וְהִנֵּה זֹאת הַיִּרְאָה אֵינָהּ כָּל כָּךְ קַלָּה לְהַשִּׂיג אוֹתָהּ, כִּי לֹא

[א] ע"פ ישעיה מח, יא. בכתה"י היו"ד מנוקדת בפתח, לפי זה יש לנקד: יַחַל, ימתק, מן השורש חלה, שמשמעו מתק. אך ספק אם הניקוד בכתה"י הוא מרבינו המחבר.
[ב] ע"פ ירמיה ל, כא.

Twenty-Six:

The Fear of Sin

The Hasid said:

Noting that this trait follows all the virtuous traits heretofore mentioned is certainly enough to make us realize its nature, that it is a very important and fundamental trait, one difficult to attain. For only someone who has already acquired all the previously mentioned traits is prepared to attain to it.

We must preface our comments, however, by saying that there are two types of fear, which [in effect] are three. The first is very easy to attain; there is nothing as easy. The second is more difficult. The most difficult of all is its subdivision; and its perfection is, accordingly, a very great form of perfection. The first type is fear of punishment. The second type is fear of God's majesty, the fear of sin being its subdivision. We shall now explain the meaning [of these terms] and the distinction between them.

Fear of punishment, plain and simple, is that one should fear to transgress God's command because of a penalty, either to body or soul, that would follow in sin's wake. This fear is certainly very easy [to acquire], for every man loves himself and fears for his soul. Nothing will keep a person from performing a particular act more than the apprehension that it might bring him harm. Fear of this sort, however, befits only the ignorant and women whose minds are frivolous; it is not the fear of intelligent men of knowledge.

The second type is the fear of God's majesty. It entails a person distancing himself and refraining from sin out of regard for His great honor, blessed be His name; for how can it be profaned, and how can a lowly and despicable heart of flesh and blood presume to do something contrary to the will of the Creator, blessed and exalted be His name? This fear is not so easily acquired

תִּוָּלֵד אֶלָּא מִתּוֹךְ יְדִיעָה וְהַשְׂכָּלָה לְהִתְבּוֹנֵן עַל רוֹמְמוּתוֹ יִתְבָּרַךְ וְעַל פְּחִיתוּתוֹ שֶׁל הָאָדָם, כָּל אֵלֶּה דְּבָרִים מִתּוֹלְדוֹת הַשֵּׂכֶל הַמֵּבִין וּמַשְׂכִּיל. וְהִיא הַיִּרְאָה אֲשֶׁר שַׂמְנוּהָ לְחֵלֶק שֵׁנִי מֵאֶחָד מֵחֶלְקֵי הַחֲסִידוּת אֲשֶׁר זָכַרְנוּ, בָּהּ יֵבוֹשׁ הָאָדָם וְיֶחֱרַד בְּעָמְדוֹ לִפְנֵי קוֹנוֹ לְהִתְפַּלֵּל אוֹ לַעֲבֹד כָּל עֲבוֹדָה. הִיא הַיִּרְאָה הַמְשֻׁבַּחַת אֲשֶׁר נִשְׁתַּבְּחוּ בָּהּ חֲסִידֵי עוֹלָם, וְהוּא מַה שֶּׁמֹּשֶׁה מְבָאֵר וְאוֹמֵר: לְיִרְאָה אֶת הַשֵּׁם הַנִּכְבָּד וְהַנּוֹרָא הַזֶּה אֵת ה׳ אֱלֹקֶיךָ (דברים כח, נח).

אָמְנָם זֹאת הַיִּרְאָה שֶׁאֲנַחְנוּ בְּבֵאוּרָהּ עַתָּה, דְּהַיְנוּ יִרְאַת הַחֵטְא, הִיא כְּמוֹ חֵלֶק מִן יִרְאַת הָרוֹמְמוּת שֶׁזָּכַרְנוּ וּכְמוֹ מִין בִּפְנֵי עַצְמוֹ. וְהַיְנוּ, כִּי הִנֵּה עִנְיָנָהּ הוּא שֶׁיִּהְיֶה הָאָדָם יָרֵא וְדוֹאֵג תָּמִיד עַל מַעֲשָׂיו, פֶּן הִתְעָרֵב בָּם אֵיזֶה שֶׁמֶץ חֵטְא, וּפֶן יִהְיֶה בָּם אֵיזֶה דָּבָר, קָטָן אוֹ גָּדוֹל, שֶׁאֵינוֹ לְפִי גֹּדֶל כְּבוֹדוֹ יִתְבָּרַךְ וְרוֹמְמוּת שְׁמוֹ.

וְהִנְּךָ רוֹאֶה הַיַּחַס הַגָּדוֹל שֶׁבֵּין יִרְאָה זוֹ וְיִרְאַת הָרוֹמְמוּת שֶׁזָּכַרְנוּ, כִּי הַתַּכְלִית בִּשְׁנֵיהֶם שֶׁלֹּא לַעֲשׂוֹת, חַס וְשָׁלוֹם, דָּבָר נֶגֶד רוֹם כְּבוֹדוֹ יִתְבָּרַךְ. אָמְנָם הַהֶבְדֵּל שֶׁבֵּינֵיהֶם, שֶׁבַּעֲבוּרוֹ תֵּחָשֵׁב כְּמִין אַחֵר וּבְשֵׁם אַחֵר תִּקָּרֵא, הוּא כִּי יִרְאַת הָרוֹמְמוּת הִיא בִּשְׁעַת הַמַּעֲשֶׂה, אוֹ בִּשְׁעַת הָעֲבוֹדָה אוֹ בְּפֶרֶק הָעֲבֵרָה. דְּהַיְנוּ, אוֹ בְּשָׁעָה שֶׁהוּא עוֹמֵד וּמִתְפַּלֵּל אוֹ עוֹבֵד, שֶׁאָז יֵבוֹשׁ וְיִכָּלֵם, יִרְעַשׁ וְיִרְעַד מִפְּנֵי רוֹם כְּבוֹדוֹ יִתְבָּרַךְ. אוֹ בְּשָׁעָה שֶׁמִּזְדַּמֶּנֶת עֲבֵרָה לְפָנָיו וְהוּא מַכִּיר בָּהּ שֶׁהִיא עֲבֵרָה, שֶׁיַּעֲזֹב מִלַּעֲשׂוֹתָהּ, לְמַעַן לֹא יַעֲשֶׂה דָּבָר לַמְרוֹת עֵינֵי כְבוֹדוֹ,[ג] חַס וְשָׁלוֹם. אַךְ יִרְאַת הַחֵטְא הִיא בְּכָל עֵת וּבְכָל שָׁעָה, שֶׁהִנֵּה הוּא יָרֵא בְּכָל רֶגַע פֶּן יִכָּשֵׁל וְעָשָׂה דָּבָר אוֹ חֲצִי דָבָר שֶׁיִּהְיֶה נֶגֶד כְּבוֹד שְׁמוֹ בָּרוּךְ הוּא.

וְעַל כֵּן נִקְרֵאת[ד] יִרְאַת חֵטְא וְלֹא יִרְאַת ה׳, כִּי עִקָּרָהּ יִרְאָה מִן הַחֵטְא שֶׁלֹּא יִכָּנֵס וְיִתְעָרֵב בְּמַעֲשָׂיו מֵחֲמַת פְּשִׁיעָה וְהִתְרַשְּׁלוּת אוֹ מֵחֲמַת

[ג] ראה ישעיה ג, ח וראב"ע שם. [ד] כך בס"פ ד"ר. בכתה"י: 'נקרא'.

for it is engendered only out of the knowledge and understanding necessary to contemplate His majesty, blessed be He, and the baseness of man. All this results from a mind both understanding and insightful. This is the very "fear" we classified as a subdivision of one of the divisions of piety previously mentioned (*see above, p. 253*). [When imbued] with this fear, a person will feel shame and tremble whenever he stands before his Maker to pray or perform any service. This is the meritorious [sort of] awe for which the pious men of old were praised. As Moshe clearly stated, "That you may fear this glorious and fearful Name, the Lord your God" (Devarim 28:58).

Now the "fear" we are explaining here, namely fear of sin, is, in one regard, an aspect of the above-mentioned fear of God's majesty; but in another, it is a species unto itself. That is to say: The idea is that man should constantly fear and worry about his actions, lest some measure of sin became intermingled with them, or that they may contain an element, either small or great, not in accord with the great glory of the Blessed One and His exalted Name.

You surely notice the close relationship between this [type of] fear and fear in the face of God's majesty mentioned [above]. For the aim of both is that one not, God forbid, do anything contrary to His exalted glory, blessed be He. But the distinction between them – which accounts for it being considered a separate category with a different name – is that fear in the face of His majesty is experienced at a particular point in time, whether it be a moment of worship or an occasion to sin. That is to say: When standing in prayer or serving [God], one should then feel ashamed and abashed, tremble and quake before His exalted glory, blessed be He; or when an opportunity to commit a sin – which one recognizes as such – presents itself, he should [then] desist, so as not to do anything that might be a provocation in His glorious sight, Heaven forbid. But the fear of sin is experienced at all times; for [one who posseses it] is fearful at every moment lest he stumble and do the slightest thing which might be contrary to the glory of [God's] name, blessed be He.

That is why it is called "fear of sin" rather than "fear of God." For its essence is fear of sin infiltrating and adulterating one's deeds in any way, whether through negligence, slackness

הָעֹלָם, יִהְיֶה בְּאֵיזֶה דֶּרֶךְ שֶׁיִּהְיֶה. וְהִנֵּה עַל זֶה נֶאֱמַר: אַשְׁרֵי אָדָם מְפַחֵד תָּמִיד (משלי כח, יד), וּפֵרְשׁוּ זִכְרוֹנָם לִבְרָכָה: הַהוּא בְּדִבְרֵי תוֹרָה כְּתִיב (ברכות ס, א). כִּי אֲפִלּוּ בְּשָׁעָה שֶׁאֵינוֹ רוֹאֶה הַמִּכְשׁוֹל לְנֶגֶד עֵינָיו, צָרִיךְ שֶׁיִּהְיֶה לִבּוֹ חָרֵד בְּקִרְבּוֹ פֶּן טָמוּן הוּא לְרַגְלָיו וְהוּא לֹא נִשְׁמָר.

וְעַל יִרְאָה זֹאת אָמַר מֹשֶׁה רַבֵּנוּ עָלָיו הַשָּׁלוֹם: וּבַעֲבוּר[ה] תִּהְיֶה יִרְאָתוֹ עַל פְּנֵיכֶם לְבִלְתִּי תֶחֱטָאוּ (שמות כ, יז). כִּי זֹאת עִקַּר הַיִּרְאָה שֶׁיִּהְיֶה הָאָדָם יָרֵא וּמִזְדַּעְזֵעַ תָּמִיד עַד שֶׁלֹּא תָסוּר יִרְאָה זוֹ מִמֶּנּוּ, כִּי עַל יְדֵי זֶה וַדַּאי לֹא יָבוֹא לִידֵי חֵטְא, וְאִם יָבוֹא, כְּאֹנֶס יֵחָשֵׁב. וִישַׁעְיָהוּ אָמַר בִּנְבוּאָתוֹ: וְאֶל זֶה אַבִּיט אֶל עָנִי וּנְכֵה רוּחַ וְחָרֵד עַל דְּבָרִי (ישעיה סו, ב). וְדָוִד הַמֶּלֶךְ הִשְׁתַּבַּח בָּזֶה וְאָמַר: שָׂרִים רְדָפוּנִי חִנָּם וּמִדְּבָרְךָ פָּחַד לִבִּי (תהלים קיט, קסא).

וּכְבָר מָצָאנוּ שֶׁהַמַּלְאָכִים הַגְּדוֹלִים וְהָרָמִים חֲרֵדִים וְרוֹעֲשִׁים תָּמִיד מִפְּנֵי גֵּאוּת ה׳, עַד שֶׁאָמְרוּ זִכְרוֹנָם לִבְרָכָה בְּמָשָׁל חָכְמָתָם: נְהַר דִּינוּר מֵהֵיכָן יוֹצֵא? מִזֵּעָתָן שֶׁל חַיּוֹת (חגיגה יג, ב). וְהוּא מִפְּנֵי הָאֵימָה אֲשֶׁר עֲלֵיהֶם תָּמִיד מֵרוֹמְמוּתוֹ יִתְבָּרֵךְ, פֶּן יְעַדְּרוּ דָּבָר קָטָן מִן הַכָּבוֹד וְהַקְּדֻשָּׁה הָרָאוּי לְפָנָיו. וּבְכָל שָׁעָה שֶׁנִּגְלֵית הַשְּׁכִינָה עַל אֵיזֶה מָקוֹם שֶׁיִּהְיֶה, כְּבָר רָקַד וְרָעַשׁ וְרָגַז.[ו] הוּא מַה שֶּׁאָמַר הַכָּתוּב: אֶרֶץ רָעָשָׁה אַף שָׁמַיִם נָטְפוּ מִפְּנֵי אֱלֹקִים וְכוּ׳ (תהלים סח, ט). וְאוֹמֵר: לוּא קָרַעְתָּ שָׁמַיִם יָרַדְתָּ, מִפָּנֶיךָ הָרִים נָזֹלּוּ (ישעיה סג, יט). כָּל שֶׁכֵּן בְּנֵי הָאָדָם שֶׁרָאוּי שֶׁיִּרְגְּזוּ וְיִרְעֲשׁוּ בְּיָדְעָם שֶׁלִּפְנֵי ה׳ הֵם עוֹמְדִים תָּמִיד, וְנָקֵל לָהֶם לַעֲשׂוֹת אֵיזֶה דָּבָר שֶׁאֵינוֹ לְפִי רוֹמְמוּת כְּבוֹדוֹ יִתְבָּרֵךְ שְׁמוֹ. וְהוּא מַה שֶּׁאָמַר אֱלִיפַז לְאִיּוֹב: מָה אֱנוֹשׁ כִּי יִזְכֶּה וְכִי יִצְדַּק יְלוּד אִשָּׁה. הֵן בִּקְדֹשָׁיו לֹא יַאֲמִין וְשָׁמַיִם לֹא זַכּוּ בְעֵינָיו (איוב טו, יד-טו). וְאוֹמֵר: הֵן בַּעֲבָדָיו לֹא יַאֲמִין וּבְמַלְאָכָיו

[ה] בכתה״י ובד״ר (בטעות): ׳ולבעבור׳. [ו] השווה בראשית רבה פרשה סח, יא.

or oversight. Regarding this it was said, "Happy is the man who is never without fear" (Mishlei 28:14), about which our Sages, may their memory be blessed, commented, "This refers to the words of the Torah" (*Berakhot* 60a). For even when a person does not see a stumbling block before him, his heart must tremble within him lest there be one hidden at his feet and he failed to take precaution.

Regarding such fear, our master, Moshe, peace be on him, said, "And that His fear be on your faces, that you not sin" (Shemot 20:17). This is the essence of fear, that one should always be fearful and apprehensive so that this fear never leaves him. In this way he will surely not come to sin, and if he does, it will be considered as if he did so under compulsion. Yeshayahu said in his prophecy, "But this is the one to whom I will look, to him that is lowly and of a contrite spirit, and trembles at My word" (Yeshayahu 66:2). And King David prided himself on this [trait], saying, "Princes pursued me without cause; but my heart stands in fear of Your word" (Tehillim 119:161).

We find that the great and exalted angels always tremble and quake before God's majesty. [Our Sages], may their memory be blessed, wisely said by way of allegory, "From where does the stream of fire issue forth? From the sweat of the *hayyot*" (*Hagigah* 13b). This is because the fear of the Blessed One's exalted state is always upon them, lest they lack even the slightest amount of honor and holiness befitting His presence. Whenever the *Shekhinah* reveals itself in any place whatsoever, there is movement, quaking and trembling. As Scripture states, "The earth trembled, the heavens also dropped at the presence of God" (Tehillim 68:9); and, "O, that You would rend the heavens, that You would come down, that the mountains would melt away at Your presence" (Yeshayahu 63:19). How much more so should people tremble and shake upon realizing that it is before God that they are always standing, and that they may easily do something not in accord with His exalted honor, blessed be His name. This is what Eliphaz said to Iyov, "What is man that he should be blameless, and one born of a woman that he should be righteous? Behold, He puts no trust in His holy ones; and the heavens are not clean in His eyes" (Iyov 15:14-15); and, "Behold, He puts no trust in His servants; and His angels

יָשִׂים תָּהֳלָה. אַף שֹׁכְנֵי בָתֵּי חֹמֶר {אֲשֶׁר בֶּעָפָר יְסוֹדָם יְדַכְּאוּם לִפְנֵי עָשׁ} (שם ד, יח-יט). כִּי הִנֵּה עַל כֵּן צָרִיךְ וַדַּאי שֶׁיֶּחֱרַד תָּמִיד וְיִרְעַשׁ כָּל הָאָדָם. וּכְמַאֲמַר אֱלִיהוּא: אַף לְזֹאת יֶחֱרַד לִבִּי וְיִתַּר מִמְּקוֹמוֹ. שִׁמְעוּ שָׁמוֹעַ בְּרֹגֶז קֹלוֹ {וְהֶגֶה מִפִּיו יֵצֵא} (שם לז, א-ב).

זֹאת הִיא הַיִּרְאָה הָאֲמִתִּית שֶׁרָאוּי לְאִישׁ הֶחָסִיד שֶׁתִּהְיֶה עַל פָּנָיו תָּמִיד וְלֹא תָסוּר מִמֶּנּוּ. אַךְ חֶלְקֵי הַיִּרְאָה הַזֹּאת שְׁנַיִם: הָרִאשׁוֹן הוּא בַּהֹוֶה או עָתִיד, וְהַשֵּׁנִי בֶּעָבָר.

בַּהֹוֶה,[ז] הוּא שֶׁיִּהְיֶה הָאָדָם יָרֵא וְדוֹאֵג עַל מַה שֶּׁהוּא עוֹשֶׂה אוֹ עַל מַה שֶּׁהוֹלֵךְ לַעֲשׂוֹתוֹ, פֶּן יִהְיֶה בּוֹ אֵיזֶה דָּבָר אוֹ פֶּן יִכָּנֵס בּוֹ אֵיזֶה דָּבָר אֲשֶׁר לֹא לְפִי כְּבוֹדוֹ יִתְבָּרַךְ, וּכְמוֹ שֶׁזָּכַרְתִּי לְמַעְלָה.

בֶּעָבָר, הוּא שֶׁיִּהְיֶה הָאָדָם חוֹשֵׁב תָּמִיד עַל מַה שֶּׁכְּבָר עָשָׂה, וְיִירָא וְיִדְאַג פֶּן יָצָא מִתַּחַת יָדוֹ אֵיזֶה חֵטְא בְּלֹא יָדַע.[ח] וְהוּא כְּעִנְיַן בָּבָא בֶּן בּוּטָא שֶׁהָיָה מַקְרִיב אָשָׁם תָּלוּי בְּכָל יוֹם (ראה כריתות ו, ג). וְאִיּוֹב, אַחַר יְמֵי מִשְׁתֵּה בָנָיו, הָיָה מַשְׁכִּים, וְהֶעֱלָה עֹלוֹת מִסְפַּר כֻּלָּם, כִּי אָמַר אִיּוֹב אוּלַי חָטְאוּ בָנַי {וּבֵרְכוּ אֱלֹהִים בִּלְבָבָם} (איוב א, ה). וְאָמְרוּ זִכְרוֹנָם לִבְרָכָה עַל מֹשֶׁה וְאַהֲרֹן בְּעִנְיַן שֶׁמֶן הַמִּשְׁחָה שֶׁמָּשַׁח מֹשֶׁה לְאַהֲרֹן, שֶׁהֲרֵי נֶאֱמַר בּוֹ: עַל בְּשַׂר אָדָם לֹא יִיסָךְ (שמות ל, לב), וּלְאַהֲרֹן נִצְטַוָּה שֶׁיִּמְשְׁחֵהוּ בּוֹ (שם כט, ז), וְהָיוּ מִתְיָרְאִים שֶׁמָּא מָעֲלוּ בּוֹ בְּאֵיזֶה צַד שֶׁנָּהֲגוּ שֶׁלֹּא כַּמִּצְוָה, זֶה לְשׁוֹנָם: וְעַל דָּבָר זֶה דָּאַג מֹשֶׁה, אָמַר: שֶׁמָּא מָעַלְתִּי בְּשֶׁמֶן הַמִּשְׁחָה. יָצְאתָה בַּת קוֹל וְאָמְרָה: כְּטַל חֶרְמוֹן (תהלים קלג, ג), {מַה טַּל חֶרְמוֹן אֵין בּוֹ מְעִילָה, אַף שֶׁמֶן הַמִּשְׁחָה שֶׁל זְקַן אַהֲרֹן אֵין בּוֹ מְעִילָה}. וַעֲדַיִן הָיָה אַהֲרֹן

[ז] או עתיד. [ח] הביטוי ׳בלא ידע׳ מצוי במדרשים ובראשונים. בס״פ ד״ר: ׳בלא שידע׳.

He charges with folly; how much more those who dwell in houses of clay; {whose foundation is in the dust, who are crushed before the moth}" (Iyov 4:18-19). Without a doubt, then, all mankind must constantly tremble and shake. As Elihu said, "At this also my heart trembles, and leaps from its place. Pay close heed to the blast of His voice, {and the sound that issues from His mouth}" (Iyov 37:1-2).

This is the true fear that should always be upon a man of piety and never depart from him. There are, however, two aspects to this fear, the first concerning the present or the future, and the second, the past.

As for the present, one should fear and worry about what one is doing or is about to do, lest this action contain, or there enter into it, some element not in accord with God's honor, blessed be He, as I mentioned previously (p. 333, par. 2).

Regarding the past, a person should always reflect upon what he has already done, dreading and worrying lest some measure of sin passed through his hands unknowingly. This is similar to what was said of Baba ben Buta who would offer a provisional guilt-offering every day (see mKeritut 6:3). And Iyov, following the feasts of his sons, would rise up early "and offer burnt-offerings according to the number of them all; for Iyov said, Perhaps my sons have sinned, {and blasphemed God in their hearts}" (Iyov 1:5). And [our Sages], may their memory be blessed, commented regarding [the concerns of] Moshe and Aharon in connection with the anointing oil with which Moshe anointed Aharon. About this oil it was said, "Upon man's flesh it shall not be poured" (Shemot 30:32), and Aharon was commanded that [Moshe] anoint him with it (ibid. 29:7). Hence, they feared that they might have committed some sort of trespass, not having acted in accordance with the mitzvah. This is what our Sages said, "Moshe was anxious about this. He said: 'Perhaps I made profane use of the anointing oil.' A heavenly voice issued forth and said: '[It is like the precious oil upon the head, running down upon the beard, the beard of Aharon ...] like the dew of Hermon' (Tehillim 133:2-3). {Just as there is no trespass with the dew of Hermon, so there is no trespass with the anointing oil on Aharon's beard}. Aharon, however, was

דּוֹאֵג: שֶׁמָּא מֹשֶׁה לֹא מָעַל וַאֲנִי מָעַלְתִּי. יָצְאָה בַּת קוֹל {וְאָמְרָה לוֹ: הִנֵּה מַה טּוֹב וּמַה נָּעִים שֶׁבֶת אַחִים גַּם יָחַד (שם פסוק א), מַה מֹּשֶׁה לֹא מָעַל, אַף אַתָּה לֹא מָעַלְתָּ} (הוריות יב, א; כריתות ה, ב).

הֲרֵי לְךָ מִדָּתָם שֶׁל חֲסִידִים, שֶׁאֲפִלּוּ בַּמִּצְווֹת שֶׁעָשׂוּ הָיוּ דּוֹאֲגִים וְאוֹמְרִים שֶׁמָּא נִתְעָרֵב בָּהֶם שֶׁמֶץ פְּסוּל, חַס וְשָׁלוֹם. וְאַבְרָהָם, אַחֲרֵי שֶׁיָּצָא לְעֵזֶר אָחִיו לוֹט שֶׁשָּׁבוּ אוֹתוֹ, הָיָה מִתְפַּחֵד שֶׁמָּא לֹא זַכּוּ מַעֲשָׂיו לְגַמְרֵי. הוּא מַה שֶּׁפֵּרְשׁוּ זִכְרוֹנָם לִבְרָכָה עַל פָּסוּק אַל תִּירָא אַבְרָם (בראשית טו, א): רַבִּי לֵוִי אָמַר, לְפִי שֶׁהָיָה אַבְרָהָם מִתְפַּחֵד וְאוֹמֵר: בֵּין כָּל אֻכְלוּסִין שֶׁהָרַגְתִּי שֶׁמָּא הָיָה בֵּינֵיהֶם צַדִּיק אֶחָד אוֹ יְרֵא שָׁמַיִם אֶחָד, לְפִיכָךְ נֶאֱמַר לוֹ, אַל תִּירָא אַבְרָם (בראשית רבה מד, ד). וְאָמְרוּ בְּתָנָא דְּבֵי אֵלִיָּהוּ: אַל תִּירָא אַבְרָם, אֵין אוֹמְרִים אַל תִּירָא אֶלָּא לְמִי שֶׁהוּא יְרֵא שָׁמַיִם לַאֲמִתּוֹ (תנא דבי אליהו רבה כג).

וְהִיא זֹאת הַיִּרְאָה הָאֲמִתִּית שֶׁאָמְרוּ עָלֶיהָ (ראה שבת לא, ב; ברכות לג, ב): אֵין לוֹ לְהַקָּדוֹשׁ בָּרוּךְ הוּא בְּעוֹלָמוֹ אֶלָּא אוֹצָר שֶׁל יִרְאַת שָׁמַיִם בִּלְבַד, שֶׁרַק לְמֹשֶׁה הָיָה קַל לְהַשִּׂיגָהּ[ט] מִפְּנֵי רֹב דְּבֵקוּתוֹ בּוֹ יִתְבָּרַךְ שְׁמוֹ. אָמְנָם כָּל חָסִיד וְחָסִיד רָאוּי לוֹ לְהִשְׁתַּדֵּל לְהַשִּׂיג מִמֶּנָּה כָּל מַה שֶּׁיּוּכַל. וְנֶאֱמַר: יְראוּ אֶת ה׳ קְדֹשָׁיו (תהלים לד, י).

אָמַר הֶחָכָם:

אֵין סָפֵק שֶׁקָּשֶׁה מְאֹד לִבְנֵי הָאָדָם שֶׁתִּהְיֶה יִרְאָה זֹאת תָּמִיד עַל פְּנֵיהֶם, כִּי הַחֹמֶר הוּא מוֹנֵעַ גָּדוֹל לָהֶם.

[ט] מבואר בברכות שם.

still anxious. [He said]: 'It may be that Moshe did not commit a trespass, but I did.' [Another] heavenly voice issued forth {and said to him: 'Behold, how good and how pleasant it is for brothers to dwell together in unity' (Tehillim 133:1); just as Moshe did not commit a trespass, so are you not guilty of trespass}" (*Horayot* 12a; *Keritut* 5b).

You see then that it is the quality of the pious, that even in regard to *mitzvot* they have performed, they worry and say, "Perhaps some measure of disqualification entered into them, God forbid." Avraham, after having gone forth to assist his nephew Lot who had been taken captive, was apprehensive that his actions may not have been entirely pure. As [our Sages], may their memory be blessed, commented on the verse, "Fear not, Avram" (Bereishit 15:1), "Rabbi Levi said: Since Avraham was afraid and said: 'Among the entire multitude that I have slain, there may perhaps have been one righteous or God-fearing man;' therefore he was told: 'Fear not, Avram'" (*Bereishit Rabba* 44:4). And they said in *Tanna deBei Eliyahu*: "'Fear not, Avram' – 'Fear not' is only said to one who truly fears Heaven" (*Tanna deBei Eliyahu Rabba* 23).

This is the true fear about which it was said, "The Holy One, blessed be He, has naught in His world except a store of the fear of Heaven" (cf. *Berakhot* 33b and *Shabbat* 31b). Moshe was the only one who was able to attain it easily because of his close communion with Him, blessed be His name. Nevertheless, it befits each and every man of piety to strive to attain as much of this fear as he can. As the verse states, "Fear the Lord, you holy ones of His" (Tehillim 34:10).

The Hakham said:
It is undoubtedly very difficult for people to have this fear constantly upon them, for their material element is a great hindrance to them.

פֶּרֶק כז:

בְּדֶרֶךְ קְנִיַּת יִרְאַת הַחֵטְא וְהַהַרְחָקָה מִמַּפְסִידֶיהָ

אָמַר הֶחָסִיד:

אַךְ דֶּרֶךְ קְנִיַּת הַיִּרְאָה הַזֹּאת הוּא הַהִתְבּוֹנֵן עַל שְׁנֵי עִנְיָנִים אֲמִתִּיִּים. הָרִאשׁוֹן הוּא הֱיוֹת שְׁכִינָתוֹ יִתְבָּרַךְ נִמְצֵאת בְּכָל מָקוֹם שֶׁבָּעוֹלָם, וְשֶׁהוּא יִתְבָּרַךְ שְׁמוֹ מַשְׁגִּיחַ עַל כָּל דָּבָר קָטֹן וְגָדוֹל, אֵין נִסְתָּר מִנֶּגֶד עֵינָיו, לֹא מִפְּנֵי גֹּדֶל הַנּוֹשֵׂא וְלֹא מִפְּנֵי פְּחִיתוּתוֹ, אֶלָּא הַדָּבָר הַגָּדוֹל וְהַדָּבָר הַקָּטֹן, הַנִּכְבָּד וְהַנִּקְלֶה, הוּא רוֹאֶה וְהוּא מֵבִין בְּלִי הֶפְרֵשׁ. הוּא מַה שֶּׁאָמַר הַכָּתוּב: מְלֹא כָל הָאָרֶץ כְּבוֹדוֹ (ישעיה ו, ג). וְאוֹמֵר: הֲלוֹא אֶת הַשָּׁמַיִם וְאֶת הָאָרֶץ אֲנִי מָלֵא {נְאֻם ה'} (ירמיה כג, כד). וְאוֹמֵר: מִי כַּה' אֱלֹקֵינוּ הַמַּגְבִּיהִי לָשָׁבֶת, הַמַּשְׁפִּילִי לִרְאוֹת בַּשָּׁמַיִם וּבָאָרֶץ (תהלים קיג, ה-ו). וְאוֹמֵר: כִּי רָם ה' וְשָׁפָל יִרְאֶה וְגָבֹהַּ מִמֶּרְחָק יְיֵדָע (שם קלח, ו).

וְכֵיוָן שֶׁיִּתְבָּרֵר לוֹ, הֱיוֹתוֹ בְּכָל מָקוֹם שֶׁהוּא, עוֹמֵד[א] לִפְנֵי שְׁכִינָתוֹ יִתְבָּרַךְ, אָז מֵאֵלֶיהָ תָּבוֹא בוֹ הַיִּרְאָה וְהַפַּחַד פֶּן יִכָּשֵׁל בְּמַעֲשָׂיו שֶׁלֹּא יִהְיוּ כָּרָאוּי לְפִי רוֹמְמוּת כְּבוֹדוֹ. וְהוּא מַה שֶּׁשָּׁנִינוּ: דַּע מַה לְּמַעְלָה מִמְּךָ, עַיִן רוֹאָה וְאֹזֶן שׁוֹמַעַת, וְכָל מַעֲשֶׂיךָ בְּסֵפֶר נִכְתָּבִים (אבות ב, א). כִּי כֵּיוָן שֶׁהַשְׁגָּחָתוֹ יִתְבָּרַךְ שְׁמוֹ עַל כָּל דָּבָר, וְהוּא רוֹאֶה הַכֹּל וְשׁוֹמֵעַ הַכֹּל, וַדַּאי שֶׁכָּל הַמַּעֲשִׂים יִהְיוּ עוֹשִׂים רֹשֶׁם, וְכֻלָּם נִכְתָּבִים בְּסֵפֶר, אִם לִזְכוּת אוֹ לְחוֹבָה.

וְאָמְנָם הַדָּבָר הַזֶּה אֵינוֹ מִצְטַיֵּר הֵיטֵב בְּשֵׂכֶל הָאָדָם אֶלָּא עַל יְדֵי הַתְמָדַת הַהִתְבּוֹנְנוּת וְהַהִסְתַּכְּלוּת הַגָּדוֹל. כִּי כֵּיוָן שֶׁהַדָּבָר רָחוֹק מֵחוּשֵׁינוּ, לֹא יְצַיְּרֵהוּ הַשֵּׂכֶל אֶלָּא אַחַר רֹב הָעִיּוּן וְהַהַשְׁקָפָה. וְגַם אַחַר שֶׁצִּיְּרוֹ, יָסוּר הַצִּיּוּר מִמֶּנּוּ בְּנָקֵל אִם לֹא יַתְמִיד עָלָיו הַרְבֵּה.

[א] בס"פ ד"ר הנוסח: 'הוא עומד', ונראה שכצ"ל.

Twenty-Seven:

How to Acquire the Fear of Sin and
Avoid What is Detrimental to it

The Hasid said:

The way to acquire this [type of] fear, however, is through reflection upon two truths. Firstly, that the Blessed One's *Shekhinah* is present everywhere in the world. And [secondly], that He (blessed be His name) extends His providence over everything, small or great. Nothing is hidden from His sight, neither because the matter is great nor because it is insignificant. Great and small, noble and ignoble, He beholds and understands without distinction. As Scripture states: "The whole earth is full of His glory" (Yeshayahu 6:3). And: "Do not I fill heaven and earth" (Yirmiyahu 23:24)? And: "Who is like the Lord our God, who is enthroned on high, and yet looks far down on heaven and earth" (Tehillim 113:5-6)! And: "Though the Lord is high, yet He regards the lowly; and the haughty He knows from afar" (Tehillim 138:6).

Once it has become clear to a person that wherever he is, he is standing before the Blessed One's *Shekhinah*, he will naturally be in fear and trepidation lest he stumble in his actions, actions which will fall short of what His exalted glory demands. As we have learned, "Know what is above you: an eye that sees, an ear that hears, and all your deeds written in a book" (*Avot* 2:1). Since God's providence (blessed be His name) applies to everything, as he sees and hears all things, every action will certainly leave a trace. They are all inscribed in a book as merit or demerit.

The only way, however, that the human intellect can grasp this concept is through constant contemplation and great reflection. Since this idea is so remote from our senses, the intellect can only conceive of it after much thought and reflection. Even after the intellect perceives this idea, it can be easily lost if not called frequently to mind.

וְנִמְצָא, שֶׁכְּמוֹ שֶׁרֹב הַהִתְבּוֹנֵן הוּא הַדֶּרֶךְ לִקְנוֹת הַיִּרְאָה הַתְּמִידִית, כֵּן הֶסַּח הַדַּעַת וּבִטּוּל הָעִיּוּן הוּא הַמַּפְסִיד הַגָּדוֹל שֶׁלָּהּ, יִהְיֶה מֵחֲמַת טְרָדוֹת אוֹ בְּרָצוֹן. כָּל הֶסַּח דַּעַת בִּטּוּל הוּא לַיִּרְאָה הַתְּמִידִית.

הוּא מַה שֶּׁצִּוָּה הַקָּדוֹשׁ בָּרוּךְ הוּא אֶל הַמֶּלֶךְ: וְהָיְתָה עִמּוֹ וְקָרָא בוֹ כָּל יְמֵי חַיָּיו לְמַעַן יִלְמַד לְיִרְאָה אֶת ה׳ אֱלֹקָיו (דברים יז, יט). הָא לָמַדְתָּ, שֶׁאֵין הַיִּרְאָה נִלְמֶדֶת אֶלָּא מִן הַקְּרִיאָה הַבִּלְתִּי נִפְסֶקֶת. וְתַדְקְדֵּק שֶׁאָמַר לְמַעַן יִלְמַד לְיִרְאָה, וְלֹא אָמַר לְמַעַן יִירָא, אֶלָּא לְפִי שֶׁאֵין הַיִּרְאָה הַזֹּאת מֻשֶּׂגֶת בַּטֶּבַע, כִּי אַדְּרַבָּא רְחוֹקָה הִיא מִמֶּנּוּ מִפְּנֵי גַּשְׁמִיּוּת הַחוּשִׁים, וְאֵינָהּ נִקְנֵית אֶלָּא עַל יְדֵי לִמּוּד. וְאֵין לִמּוּד לַיִּרְאָה אֶלָּא בְּרֹב הַהַתְמָדָה בַּתּוֹרָה וּדְרָכֶיהָ בְּלִי הֶפְסֵק. וְהוּא שֶׁיִּהְיֶה הָאָדָם מִתְבּוֹנֵן וּמְעַיֵּן בַּדָּבָר הַזֶּה תָּמִיד, בְּשִׁבְתּוֹ, בְּלֶכְתּוֹ, בְּשָׁכְבוֹ וּבְקוּמוֹ,[ב] עַד שֶׁיִּקְבַּע בְּדַעְתּוֹ אֲמִתַּת הַדָּבָר, דְּהַיְנוּ אֲמִתַּת הִמָּצְאָ שְׁכִינָתוֹ יִתְבָּרַךְ בְּכָל מָקוֹם, וֶהֱיוֹתֵנוּ עוֹמְדִים לְפָנָיו מַמָּשׁ בְּכָל עֵת וּבְכָל שָׁעָה, וְאָז יִירָא אוֹתוֹ בֶּאֱמֶת. וְהוּא מַה שֶּׁהָיָה דָּוִד הַמֶּלֶךְ מִתְפַּלֵּל וְאוֹמֵר: הוֹרֵנִי ה׳ דַּרְכֶּךָ אֲהַלֵּךְ בַּאֲמִתֶּךָ יַחֵד לְבָבִי לְיִרְאָה שְׁמֶךָ (תהלים פו, יא).

וְנָבוֹא עַתָּה אֶל הַקְּדֻשָּׁה.

[ב] ככתוב בדברים ו, ז: ׳בשבתך בביתך׳ וגו׳.

Thus, just as ample reflection is the way to acquire permanent fear, so are inattention and abandonment of study its greatest corruptors, whether they result from one's anxieties or are intentional; any loss of focus serves to undo permanent fear.

This is what the Holy One, blessed be He, commands the king, "And [the Torah] shall be with him, and he shall read it all the days of his life, so that he may learn to fear the Lord his God" (Devarim 17:19). You may thus conclude that fear can only be learned by way of uninterrupted study. Note well that Scripture says, "so that he may learn to fear," and not "so that he may fear," because this fear is not acquired naturally. On the contrary, it is foreign to a person's nature due to the corporeality of his senses and therefore can only be acquired through training. There is no training in fear other than through constant, uninterrupted occupation with the Torah and its ways. That is, one must constantly contemplate and reflect upon this matter, when he sits and when he walks, when he lies down and when he rises, until he has established this truth in his mind. Namely, the truth of the omnipresence of His *Shekhinah*, blessed be He, and the fact that we quite literally stand before Him each and every moment. Then he will truly fear Him. This is what King David prayed for, saying, "Teach me Your way, O Lord; I will walk in Your truth; make my heart one to fear Your name" (Tehillim 86:11).

We come now to [the trait of] sanctity.

פֶּרֶק כח.

בְּבֵאוּר מִדַּת הַקְּדֻשָּׁה וְדֶרֶךְ קְנִיָּתָהּ

אָמַר הֶחָכָם:

דָּבָר זֶה צָרִיךְ פֵּרוּשׁ. עִנְיַן הַקְּדֻשָּׁה הַזֹּאת שֶׁאַתָּה מַזְכִּיר, אִם רְצוֹנְךָ לוֹמַר קְדֻשָּׁה שֶׁאָדָם מְקַדֵּשׁ עַצְמוֹ, וְהִיא מִכְּלַל הָעֲבוֹדָה, אוֹ קְדֻשָּׁה שֶׁמְּקַדְּשִׁים אֶת הָאָדָם, וְהִיא מִכְּלַל הַגְּמוּל.

אָמַר הֶחָסִיד:

עִנְיַן הַקְּדֻשָּׁה הַזֹּאת כָּפוּל הוּא, כִּי תְּחִלָּתוֹ מַה שֶּׁהָאָדָם מְקַדֵּשׁ עַצְמוֹ, וְסוֹפוֹ מַה שֶּׁמְּקַדְּשִׁים אוֹתוֹ, וּשְׁנֵיהֶם נִכְלָלִים בַּמַּדְרֵגָה הַזֹּאת שֶׁנַּזְכִּיר עַתָּה. וְהוּא מַה שֶּׁאָמְרוּ זִכְרוֹנָם לִבְרָכָה: אָדָם מְקַדֵּשׁ עַצְמוֹ מְעַט – מְקַדְּשִׁים אוֹתוֹ הַרְבֵּה, לְמַטָּה – מְקַדְּשִׁים אוֹתוֹ מִלְמַעְלָה (יומא לט, א). וְנִמְצָא שֶׁתְּחִלַּת הַקְּדֻשָּׁה הוּא הִשְׁתַּדְּלוּת וְסוֹפָהּ מַתָּנָה.

הַהִשְׁתַּדְּלוּת הוּא שֶׁיִּהְיֶה הָאָדָם נִבְדָּל וְנֶעְתָּק מִן הַחָמְרִיּוּת לְגַמְרֵי, וּמִתְדַּבֵּק תָּמִיד בְּכָל עֵת וּבְכָל שָׁעָה בֶּאֱלֹקוּת. וְעַל דֶּרֶךְ זֶה נִקְרְאוּ הַנְּבִיאִים מַלְאָכִים,[א] כָּעִנְיָן שֶׁנֶּאֱמַר בְּאַהֲרֹן: כִּי שִׂפְתֵי כֹהֵן יִשְׁמְרוּ דַעַת וְתוֹרָה יְבַקְשׁוּ מִפִּיהוּ כִּי מַלְאַךְ ה׳ צְבָאוֹת הוּא (מלאכי ב, ז). וְנֶאֱמַר: וַיִּהְיוּ מַלְעִבִים בְּמַלְאֲכֵי הָאֱלֹקִים[ב] {וּבוֹזִים דְּבָרָיו וּמִתַּעְתְּעִים בִּנְבִאָיו} (דברי הימים ב לו, טז). וַאֲפִלּוּ בִּשְׁעַת הִתְעַסְּקוֹ בְּמַעֲשָׂיו הַגַּשְׁמִיִּים,[ג] הַמֻּכְרָחִים לוֹ מִפְּאַת גּוּפוֹ, הִנֵּה לֹא תָּזוּז נַפְשׁוֹ מִדְּבֵקוּתָהּ הָעֶלְיוֹן. וְכָעִנְיָן שֶׁנֶּאֱמַר: דָּבְקָה נַפְשִׁי אַחֲרֶיךָ בִּי תָּמְכָה יְמִינֶךָ (תהלים סג, ט).

וְאָמְנָם, לְפִי שֶׁאִי אֶפְשָׁר לָאָדָם שֶׁיָּשִׂים הוּא אֶת עַצְמוֹ בְּמַצָּב הַזֶּה, כִּי כָּבֵד הוּא מִמֶּנּוּ, כִּי סוֹף סוֹף חָמְרִי הוּא וּבָשָׂר וָדָם, עַל כֵּן אָמַרְתִּי שֶׁסּוֹף הַקְּדֻשָּׁה מַתָּנָה. כִּי מַה שֶּׁיּוּכַל הָאָדָם לַעֲשׂוֹת הוּא הַהִשְׁתַּדְּלוּת הָרִאשׁוֹן

[א] ראה תנחומא, שלח א, ובמדבר רבה טז, א. [ב] כך במקרא. בכתה״י ובס״פ ד״ר: ׳אלקים׳. [ג] בכתה״י: ׳הגשמים׳. וכן להלן כמה פעמים.

Twenty-Eight:

The Trait of Sanctity and How to Acquire it

The Hakham said:

This matter requires explanation. When you speak of sanctity, are you referring to sanctity which a person achieves by sanctifying himself, this being a form of service, or to sanctity which is granted to a person, that being a form of recompense?

The Hasid said:

This notion of sanctity is two-fold, for it begins by man sanctifying himself and culminates in his being [further] sanctified. Both are part of this rank which we shall now discuss. As [our Sages], may their memory be blessed, said, "When man sanctifies himself a little, he will be sanctified a great deal; [when he sanctifies himself] below, he will be sanctified from above" (*Yoma* 39a). It follows then that sanctity begins as a [human] striving and ends as a [Divine] gift.

The striving referred to consists of completely detaching and removing oneself from what is material, and always clinging to the Divine at each and every moment. It is in this sense that the prophets are called "angels" (see *Bamidbar Rabba* 16:1). As it is said of Aharon, "For the lips of a priest should keep knowledge, and they should seek Torah from his mouth; for he is an angel of the Lord of hosts" (Malakhi 2:7). And it says, "But they mocked the angels of God, {and despised His words and scoffed at His prophets}" (II Divrei haYamim 36:16). Even when a person is engaged in the physical activities made necessary by his bodily existence, his soul should not depart from its supernal communion. As it says, "My soul clings to You; Your right hand upholds me" (Tehillim 63:9).

But since it is impossible for a person to achieve this state of his own accord – the task being too difficult for him as he is, after all, composed of matter, flesh and blood – I have, therefore, stated that sanctity ends as a gift. The best a person can do is make the initial

בִּרְדִיפַת הַיְדִיעָה הָאֲמִתִּי[ד] וְהַתְמָדַת הַהַשְׂכָּלָה בִּקְדֻשַּׁת הַמַּעֲשֶׂה. אַךְ הַסּוֹף הוּא שֶׁהַקָּדוֹשׁ בָּרוּךְ הוּא יַדְרִיכֵהוּ בַּדֶּרֶךְ שֶׁהוּא חָפֵץ לָלֶכֶת בָּהּ, וְיַשְׁרֶה עָלָיו קְדֻשָּׁתוֹ וִיקַדְּשֵׁהוּ. וְאָז יַצְלַח בְּיָדוֹ הַדָּבָר הַזֶּה, שֶׁיּוּכַל לִהְיוֹת בַּדְּבֵקוּת הַזֶּה עִמּוֹ יִתְבָּרֵךְ בִּתְמִידוּת. כִּי מַה שֶּׁהַטֶּבַע מוֹנֵעַ מִמֶּנּוּ, שִׁפְעוֹ יִתְבָּרֵךְ יִתֵּן לוֹ וְיַעַזְרֵהוּ. וּכְעִנְיָן שֶׁנֶּאֱמַר: לֹא יִמְנַע טוֹב לַהֹלְכִים בְּתָמִים (תהלים פד, יב). וְעַל כֵּן אָמְרוּ בַּמַּאֲמָר שֶׁזָּכַרְתִּי: אָדָם מְקַדֵּשׁ עַצְמוֹ מְעַט, שֶׁהוּא מַה שֶּׁיָּכוֹל הָאָדָם לִקְנוֹת בְּהִשְׁתַּדְּלוּתוֹ, מְקַדְּשִׁים אוֹתוֹ הַרְבֵּה, שֶׁהוּא הָעֵזֶר שֶׁעוֹזֵר אוֹתוֹ הַשֶּׁפַע הָעֶלְיוֹן. וְהִנֵּה הָאִישׁ הַמִּתְקַדֵּשׁ בִּקְדֻשַּׁת בּוֹרְאוֹ, אֲפִלּוּ מַעֲשָׂיו הַגַּשְׁמִיִּים חוֹזְרִים לִהְיוֹת עִנְיְנֵי קְדֻשָּׁה מַמָּשׁ. וְסִימָנְךָ: אֲכִילַת קָדָשִׁים שֶׁהִיא עַצְמָהּ מִצְוַת עֲשֵׂה.[ה]

וְתִרְאֶה הַהֶפְרֵשׁ שֶׁבֵּין הַטָּהוֹר לַקָּדוֹשׁ. הַטָּהוֹר, מַעֲשָׂיו הַחָמְרִיִּים[ו] אֵינָם לוֹ אֶלָּא הֶכְרֵחִיִּים, וְהוּא עַצְמוֹ אֵינוֹ מִתְכַּוֵּן בָּהֶם אֶלָּא עַל צַד הַהֶכְרֵחַ, וְנִמְצָא שֶׁעַל יְדֵי זֶה יוֹצְאִים מִסּוּג הָרַע שֶׁבַּחָמְרִיּוּת וְיִשָּׁאֲרוּ טְהוֹרִים, אַךְ לִכְלַל קְדֻשָּׁה לֹא בָּאוּ. כִּי הִנֵּה אִלּוּ הָיָה אֶפְשָׁר בִּלְתָּם, כְּבָר הָיָה יוֹתֵר טוֹב.

אַךְ הַקָּדוֹשׁ, הַדָּבֵק תָּמִיד בֵּאלֹקָיו וְנַפְשׁוֹ מִתְהַלֶּכֶת בֵּין הַמֻּשְׂכָּלוֹת הָאֲמִתִּיּוֹת בְּאַהֲבַת בּוֹרְאוֹ וְיִרְאָתוֹ, הִנֵּה נֶחְשָׁב לוֹ כְּאִלּוּ הוּא מִתְהַלֵּךְ לִפְנֵי ה' בְּאַרְצוֹת הַחַיִּים'[ז] עוֹדֶנּוּ פֹּה בָּעוֹלָם הַזֶּה. וְהוּא כְּעִנְיַן וַיִּתְהַלֵּךְ חֲנוֹךְ אֶת הָאֱלֹקִים, שֶׁהָיוּ תַּהֲלוּכוֹתָיו כֻּלָּם אִתּוֹ יִתְבָּרֵךְ וּמִתְדַּבֵּק בִּקְדֻשָּׁתוֹ עַד מִיתָה, שֶׁמִּתּוֹךְ דְּבֵקוּתוֹ נִסְתַּלֵּק וְנִתְעַלָּה מִכָּל מִיתָה, כָּעִנְיָן שֶׁנֶּאֱמַר: וַיִּתְהַלֵּךְ חֲנוֹךְ אֶת הָאֱלֹקִים וְאֵינֶנּוּ כִּי לָקַח אֹתוֹ אֱלֹקִים (בראשית ה, כד).

וְהִנֵּה אִישׁ כָּזֶה הוּא עַצְמוֹ נֶחְשָׁב כְּמִשְׁכָּן וְכַמִּקְדָּשׁ וְכַמִּזְבֵּחַ, וּכְמַאֲמָרָם זִכְרוֹנָם לִבְרָכָה: וַיַּעַל מֵעָלָיו אֱלֹקִים (בראשית לה, יג), הָאָבוֹת

[ד] בס"פ ד"ר: 'האמיתית'. [ה] השווה פסחים נט, א ורש"י ד"ה בשאר ימות השנה, וספר המצוות להרמב"ם, עשה פח. [ו] בכתה"י ובס"פ ד"ר: 'החמרים'. [ז] ע"פ תהלים קטז, ט.

effort, pursuing true knowledge and giving incessant thought to the sanctification of [his] deeds. In the end, however, it is the Holy One, blessed be He, who will guide him on the path he wishes to follow, and cause His holiness to rest upon him, thus sanctifying him. Then will this goal be realized through him: the ability to experience this *devekut* with [God] (blessed be He) constantly. For what nature denies him, [God's] munificence (blessed be He) will bestow upon him, and assist him [to achieve]. As it says, "No good thing does He withhold from those who walk uprightly" (Tehillim 84:12). [Our Sages] therefore said in the aforementioned dictum, "When man sanctifies himself a little," which is what he can acquire through his own efforts, "he will be sanctified a great deal," which is the assistance given him by Heavenly emanation. When a person receives something of the sanctity of his Creator, even his corporeal actions become, quite literally, sacred. There is an indication of this in the eating of the sacred, which is, in and of itself, a positive precept (see *Pesahim* 59a and Rashi ad loc.).

You can [now] see the difference between the pure person and the holy person. The pure person's material activities are no more than necessary; and his own intent is to discharge them only out of necessity. Thus, they escape the sort of evil that [ordinarily] inheres in the material and remain pure, but they cannot yet be classified as holy. For had [life] been possible without them, it would have been still better.

But a holy man who cleaves constantly to his God, his soul moving freely among the true intelligibles, in love and fear of his Creator, is regarded as if he were walking before the Lord in the land of the living while remaining here on earth. It is similar to what was said with regard to Hanokh that he walked with God: all of his steps were with the Blessed One, conjoining with His holiness until death. Because of his clinging [to God], he departed and transcended all death. As the verse states, "And Hanokh walked with God; and he was not; for God took him" (Bereishit 5:24).

Such a man is regarded as if he himself were a sanctuary, a temple, an altar. As [the Sages], may their memory be blessed, said, "'And God ascended from upon him' (Bereishit 35:13) – the Patriarchs and

הֵן הֵן הַמֶּרְכָּבָה (בראשית רבה פב, ו). וְכֵן אָמְרוּ: הַצַּדִּיקִים הֵן הֵן הַמֶּרְכָּבָה,[ח] כִּי הַשְּׁכִינָה שׁוֹרָה עֲלֵיהֶם כְּמוֹ שֶׁהָיְתָה שׁוֹרָה בַּמִּקְדָּשׁ מַמָּשׁ. וּמֵעַתָּה הַמַּאֲכָל שֶׁהֵם אוֹכְלִים הוּא כְּקָרְבָּן שֶׁעוֹלֶה עַל גַּבֵּי הָאִשִּׁים. כִּי הִנֵּה וַדַּאי הוּא שֶׁהָיָה נֶחְשָׁב לְעִלּוּי גָּדוֹל אֶל אוֹתָם הַדְּבָרִים שֶׁהָיוּ עוֹלִים עַל גַּבֵּי הַמִּזְבֵּחַ כֵּיוָן שֶׁהָיוּ נִקְרָבִים לִפְנֵי הַשְּׁכִינָה. וְכָל כָּךְ יִתְרוֹן הָיָה לָהֶם בָּזֶה עַד שֶׁהָיָה כָּל מִינָם מִתְבָּרֵךְ בְּכָל הָעוֹלָם, וּכְמַאֲמָרָם זִכְרוֹנָם לִבְרָכָה בַּמִּדְרָשׁ כּוּ׳.[ט] כֵּן הַמַּאֲכָל וְהַמִּשְׁתֶּה שֶׁהָאִישׁ הַקָּדוֹשׁ אוֹכֵל, עִלּוּי הוּא לַמַּאֲכָל הַהוּא וְלַמִּשְׁתֶּה כְּאִלּוּ נִקְרַב עַל גַּבֵּי הַמִּזְבֵּחַ מַמָּשׁ.

וְהוּא הָעִנְיָן שֶׁאָמְרוּ עָלָיו זִכְרוֹנָם לִבְרָכָה: כָּל הַמֵּבִיא דּוֹרוֹן לְתַלְמִיד חָכָם כְּאִלּוּ הִקְרִיב בִּכּוּרִים (כתובות קה, ב). וְכֵן אָמְרוּ: יְמַלֵּא גְּרוֹנָם שֶׁל תַּלְמִידֵי חֲכָמִים יַיִן (יומא עא, א). וְאֵין הַדָּבָר הַזֶּה שֶׁיִּהְיוּ הַתַּלְמִידֵי חֲכָמִים לְהוּטִים אַחֲרֵי הָאֲכִילָה וְהַשְּׁתִיָּה, חַס וְשָׁלוֹם, וְשֶׁיִּמַלֵּא גְּרוֹנָם כְּמַלְעִיט אֶת הַגַּרְגֶּרֶן, חַס וְשָׁלוֹם; אֶלָּא הָעִנְיָן הוּא לְפִי הַכַּוָּנָה שֶׁזָּכַרְתִּי. כִּי הַתַּלְמִידֵי חֲכָמִים הַקְּדוֹשִׁים בְּדַרְכֵיהֶם וּבְכָל מַעֲשֵׂיהֶם הִנֵּה הֵם מַמָּשׁ כְּמִקְדָּשׁ וּכְמִזְבֵּחַ, מִפְּנֵי שֶׁהַשְּׁכִינָה שׁוֹרָה עֲלֵיהֶם כְּמוֹ שֶׁהָיְתָה שׁוֹרָה בַּמִּקְדָּשׁ מַמָּשׁ. וְהִנֵּה הַנִּקְרָב לָהֶם כְּנִקְרָב לְגַבֵּי הַמִּזְבֵּחַ, וּכְמוֹ שֶׁזָּכַרְתִּי. וְעַל דֶּרֶךְ זֶה כָּל תַּשְׁמִישׁ שֶׁיִּשְׁתַּמְּשׁוּ מִן דִּבְרֵי הָעוֹלָם, אַחֲרֵי הֱיוֹתָם כְּבָר דְּבֵקִים לִקְדֻשָּׁתוֹ יִתְבָּרַךְ, הִנֵּה עִלּוּי וְיִתְרוֹן הוּא לַדָּבָר הַהוּא שֶׁזָּכָה לִהְיוֹת תַּשְׁמִישׁ לַצַּדִּיק.

וּכְבָר הִזְכִּירוּ זִכְרוֹנָם לִבְרָכָה בְּעִנְיַן אַבְנֵי הַמָּקוֹם שֶׁלָּקַח יַעֲקֹב וְשָׂם מְרַאֲשֹׁתָיו (ראה בראשית כח, י): אָמַר רַבִּי יִצְחָק, מְלַמֵּד שֶׁנִּתְקַבְּצוּ כֻּלָּן וְהָיְתָה כָּל אַחַת אוֹמֶרֶת עָלַי יָנוּחַ צַדִּיק רֹאשׁוֹ (חולין צא, ב).

כְּלָלוֹ שֶׁל דָּבָר: עִנְיַן הַקְּדֻשָּׁה הוּא שֶׁיִּהְיֶה הָאָדָם דָּבֵק כָּל כָּךְ בֵּאלֹקָיו, עַד שֶׁבְּשׁוּם מַעֲשֶׂה אֲשֶׁר יַעֲשֶׂה לֹא יִפָּרֵד וְלֹא יָזוּז מִמֶּנּוּ; עַד שֶׁיּוֹתֵר יִתְעַלּוּ

[ח] ראה רש״י לבראשית יז, כב, ורבינו בחיי לשמות כה, ט. וראה גם ספר האמונה והבטחון פרק טז. [ט] ראה: תנחומא תצוה סימן יג (הוצ׳ בובר שם סימן י); ספר והזהיר שם עמ׳ 200; ילקוט שמעוני, חבקוק, רמז תקסה.

the chariots are one and the same" (*Bereishit Rabba* 82:6). Similarly it was said, "The righteous and the chariots are one and the same." For the *Shekhinah* truly rests on them, as it did in the Temple. As a consequence, the food they eat is like a sacrifice placed upon the fire [of the altar]. For surely those things that ascended the altar were greatly ennobled because they were offered before the *Shekhinah*. So greatly were they enhanced, that everything belonging to their species throughout the world was blessed, as [our Sages], may their memory be blessed, said in the midrash (*Tanhuma, Tetzaveh* 13, et al.). The same applies to the food and drink that a holy man consumes. His food and drink are elevated as if they had actually been offered on the altar.

This is the notion [our Sages], may their memory be blessed, conveyed when they said, "Whoever presents a Torah scholar with a gift is regarded as if he had offered first fruits" (*Ketubot* 105b). They also said, "One [who wishes to offer a libation upon the altar] should fill the throats of Torah scholars with wine" (*Yoma* 71a). This is not to say that Torah scholars are eager for food and drink, God forbid, or that one should fill their throats the way one stuffs a glutton, God forbid. Rather, the notion is as I have explained. That Torah scholars who are holy in their conduct and in all their deeds are quite literally like the Temple and the altar, because the *Shekhinah* rests upon them as it did in the Temple. So whatever is offered to them is offered as if upon the altar, as I have explained. Similarly, whenever they make use of a worldly thing, in that they are conjoined with His holiness, blessed be He, that thing is ennobled and enhanced because it was privileged to be of service to a righteous man.

[Our Sages], may their memory be blessed, have already expressed [this idea] with regard to the "stones of that place" which Yaakov took and placed under his head (Bereishit 28:10): "Rabbi Yitzhak said, This teaches that all [the stones] gathered together and each one said, 'Let the righteous man rest his head upon me'" (*Hullin* 91b).

In sum, the idea of sanctity is that a person be so conjoined to his God that no matter what he is doing, he will not separate or [so much as] budge from Him. As a result, rather than his *devekut*

הַדְּבָרִים הַגַּשְׁמִיִּים אֲשֶׁר יְשַׁמְּשׁוּ לְאֶחָד מִתַּשְׁמִישָׁיו מֵהִשְׁתַּמְּשׁוֹ[י] בָּהֶם, מִמָּה שֶׁיֵּרֵד הוּא מִדְּבֵקוּתוֹ וּמַעֲלָתוֹ בְּהִשְׁתַּמְּשׁוֹ מִדְּבָרִים גַּשְׁמִיִּים. וְאָמְנָם זֶה בִּהְיוֹת שִׂכְלוֹ וְדַעְתּוֹ קְבוּעִים תָּמִיד בִּגְדֻלָּתוֹ יִתְבָּרַךְ וְרוֹמְמוּתוֹ וּקְדֻשָּׁתוֹ, עַד שֶׁיִּמָּצֵא כְּאִלּוּ מִתְחַבֵּר לַמַּלְאָכִים הָעֶלְיוֹנִים מַמָּשׁ וְהוּא עוֹדֶנּוּ בָּעוֹלָם הַזֶּה.

וְאוּלָם כְּבָר אָמַרְתִּי שֶׁאֵין הָאָדָם יָכוֹל לַעֲשׂוֹת בָּזֶה מִצִּדּוֹ אֶלָּא לְהִתְעוֹרֵר בַּדָּבָר וּלְהִשְׁתַּדֵּל עָלָיו. וְזֶה אַחַר שֶׁכְּבָר יִמָּצְאוּ בוֹ כָּל הַמִּדּוֹת הַטּוֹבוֹת שֶׁזָּכַרְנוּ עַד הֵנָּה מִתְּחִלַּת הַזְּהִירוּת וְעַד יִרְאַת הַחֵטְא, בְּזֹאת יָבוֹא אֶל הַקֹּדֶשׁ[יא] וְיַצְלִיחַ. שֶׁהֲרֵי אִם הָרִאשׁוֹנוֹת חֲסֵרוֹת מִמֶּנּוּ הֲרֵי הוּא כְּזָר וּבַעַל מוּם שֶׁנֶּאֱמַר בּוֹ: וְזָר לֹא יִקְרַב (במדבר יח, ד). אַךְ אַחֲרֵי הֲכִינוֹ אֶת עַצְמוֹ בְּכָל הַהֲכָנוֹת הָאֵלֶּה, אִם יַרְבֶּה לְהִדָּבֵק בְּתֹקֶף הָאַהֲבָה וְעֹצֶם הַיִּרְאָה בְּהַשְׂכָּלַת גְּדֻלָּתוֹ יִתְבָּרַךְ וְעֹצֶם רוֹמְמוּתוֹ, יַפְרִיד עַצְמוֹ מֵעִנְיְנֵי הַחֹמֶר מְעַט מְעַט, וִיכַוֵּן בְּכָל פְּעֻלּוֹתָיו וּבְכָל תְּנוּעוֹתָיו אֶל סְתָרִים עֶלְיוֹנִים וְאֶל מַצְפּוּנֵי הַהִתְדַּבְּקוּת הָאֲמִתִּי הַנּוֹדָע לַחֲכָמִים וְלַנְּבִיאִים, עַד שֶׁיֵּעָרֶה עָלָיו רוּחַ מִמָּרוֹם[יב] וְיַשְׁכִּין הַבּוֹרֵא יִתְבָּרַךְ אֶת שְׁמוֹ עָלָיו כְּמוֹ שֶׁעוֹשֶׂה לְכָל קְדוֹשָׁיו – וְאָז יִהְיֶה כְּמַלְאַךְ ה׳ מַמָּשׁ, וְכָל מַעֲשָׂיו אֲפִלּוּ הַשְּׁפָלִים וְהַגַּשְׁמִיִּים כְּקָרְבָּנוֹת וַעֲבוֹדוֹת.

וְהִנְּךָ רוֹאֶה שֶׁדֶּרֶךְ קְנִיַּת הַמִּדָּה הַזֹּאת הוּא עַל יְדֵי רֹב הַפְּרִישָׁה וְהָעִיּוּן הֶעָצוּם בְּסִתְרֵי הַהַשְׁגָּחָה הָעֶלְיוֹנָה וּמַצְפּוּנֵי הַבְּרִיאָה, וִידִיעַת רוֹמְמוּתוֹ יִתְבָּרַךְ וּתְהִלּוֹתָיו, עַד שֶׁיִּדְבַּק בּוֹ דְּבֵקוּת גָּדוֹל, וְיֵדַע לְהִתְכַּוֵּן בְּמִסְתְּרֵי הַקְּדֻשָּׁה בִּהְיוֹתוֹ הוֹלֵךְ וּמִשְׁתַּמֵּשׁ בַּדְּבָרִים הָאַרְצִיִּים, כְּמוֹ שֶׁהָיָה רָאוּי לְכֹהֵן שֶׁיִּתְכַּוֵּן בְּעוֹדוֹ שׁוֹחֵט אוֹ מְקַבֵּל אוֹ זוֹרֵק אֶת דָּמוֹ, עַד שֶׁיַּמְשִׁיךְ בָּזֶה הַבְּרָכָה מִמֶּנּוּ יִתְבָּרַךְ, הַחַיִּים וְהַשָּׁלוֹם. וְזוּלַת זֶה אִי

[י] היינו: מצד מה שהוא משתמש בהם. ואולי צ״ל: בהשתמשו בהם. בס״פ ד״ר: ׳במה שהוא משתמש בהם׳. [יא] ע״פ ויקרא טז, ג. [יב] ע״פ ישעיה לב, טו.

being broken and his rank reduced by using material things, the material things that serve any of his needs shall be elevated by his use of them. But this is the case only if his mind and intellect are constantly focused on the greatness, majesty and holiness of God, blessed be He, so that it is as if he is truly in the company of the angels above while still in this world.

I have already said (*above, p. 345*), however, that a person cannot achieve this of his own accord; he can only be fervent in striving for it. And this is after he has first acquired all the virtuous traits thus far mentioned, from the beginning of vigilance until the fear of sin. In this way, he may enter into the sanctuary and succeed. For if he lacks the preceding traits, he will be like an outsider or one with a physical blemish, about whom it is stated, "And an outsider shall not come near" (Bamidbar 18:4). But if, after preparing himself in all these ways, he devotes himself assiduously, in passionate love and intense fear, to the understanding of His greatness (blessed be He) and His exalted majesty; [if he] detaches himself by degrees from the material, and directs his every deed and movement to accord with supernal secrets and with the hidden paths to true *devekut*, known to the Sages and Prophets, until a spirit is poured upon him from on high, and the Creator (blessed be He) causes His Name to rest upon him (as He does with all His holy ones) – then will he be, quite literally, like an angel of God, and all his deeds, even the lowly and material ones, will be like sacrifices and acts of worship.

Thus you see that the way for a person to acquire this trait is through much separateness, intense study of the hidden workings of Divine providence and the mysteries of creation, and an understanding of His majesty (blessed be He) and His glories, until he is closely conjoined with Him and knows how to focus his mind on the hidden realms of holiness while engaged in worldly pursuits; just as it was befitting for a priest, while slaughtering [a sacrificial animal] or receiving or sprinkling its blood, to focus his mind so that he might draw down from Him, blessed be He, blessing, life and peace. Without such [knowledge and focus] it will be impossible

אֶפְשָׁר לוֹ שֶׁיַּשִּׂיג מַעֲלָה זֹאת וְיִשָּׁאֵר עַל כָּל פָּנִים חָמְרִי וְגַשְׁמִי כְּכָל שְׁאָר בְּנֵי הָאָדָם.

וְהִנֵּה מַה שֶּׁעוֹזֵר לְהַשָּׂגַת הַמִּדָּה הוּא הַהִתְבּוֹדְדוּת וְהַפְּרִישָׁה הַרְבֵּה, כְּדֵי שֶׁבְּהֶעְדֵּר הַמַּטְרִידִים תּוּכַל נַפְשׁוֹ לְהִתְגַּבֵּר יוֹתֵר וּלְהִתְדַּבֵּק בְּבוֹרְאָהּ.

וּמַפְסִידֵי הַמִּדָּה הֵם חֶסְרוֹן הַיְדִיעוֹת הַפְּנִימִיּוֹת וְרֹב הַחֶבְרָה עִם בְּנֵי הָאָדָם, כִּי הַחָמְרִיּוּת מוֹצֵא אֶת מִינוֹ וְנֵעוֹר וּמִתְחַזֵּק, וְנִשְׁאֶרֶת הַנֶּפֶשׁ לְכוּדָה בּוֹ וְלֹא תֵּצֵא מִמַּאֲסָרָהּ. אַךְ בְּהִפָּרְדוֹ מֵהֶם וְהִשָּׁאֲרוֹ לְבַד, וְיָכִין עַצְמוֹ אֶל הַשְׁרָאַת קְדֻשָּׁתוֹ, הִנֵּה בַּדֶּרֶךְ שֶׁרוֹצֶה לֵילֵךְ בָּהּ יוֹלִיכוּהוּ, וּבְעֵזֶר הָאֱלֹקִי אֲשֶׁר יַשְׁפִּיעַ עָלָיו תִּתְגַּבֵּר נַפְשׁוֹ בּוֹ וּתְנַצַּח אֶת הַגּוּפָנִיּוּת, וְתִדְבַּק בִּקְדֻשָּׁתוֹ יִתְבָּרַךְ וְתֻשְׁלַם בּוֹ.

וְהִנֵּה אַחַר שֶׁיַּגִּיעַ הָאָדָם לִהְיוֹת קָדוֹשׁ מִצַּד מַה שֶּׁקְּדֻשָּׁתוֹ יִתְבָּרֵךְ שׁוֹרָה עָלָיו, מִשָּׁם יַעֲלֶה אֶל מַעֲלָה גְּבוֹהָה יוֹתֵר, וְהוּא הָרוּחַ הַקֹּדֶשׁ. כִּי כְּבָר יָכוֹל שֶׁתִּשְׁרֶה הַשְּׁכִינָה עַל הֶחָסִיד וְאַף עַל פִּי [כֵן][יג] לֹא יַגִּיעַ לְשֶׁיַּרְגִּישׁ הוּא בַּהַשְׁרָאָה, וְיִשְׁפַּע הַשְׁפָּעָה נִכֶּרֶת וּמֻגְלָה לְמַעְלָה מֵחֹק הָאֱנוֹשִׁי. וְכָל זְמַן שֶׁתִּהְיֶה רַק בְּזֶה הַגְּבוּל תִּקָּרֵא קְדֻשָּׁה, וּבְשָׁ[עָה] שֶׁיַּרְגִּישׁ הַצַּדִּיק בְּהַשְׁרָאָתוֹ וְיַכִּיר בִּהְיוֹתוֹ נִשְׁפָּע בְּדֶרֶךְ חוּץ מִן הַדֶּרֶךְ הַטִּבְעִי, אָז יִקָּרֵא רוּחַ הַקֹּדֶשׁ. וְהוּא מַה שֶּׁאָמְרוּ: וּקְדֻשָּׁה מְבִיאָה לִידֵי רוּחַ הַקֹּדֶשׁ (עבודה זרה כ, ב).

וְהִנֵּה תִּרְאֶה כִּי רַבִּים הָיוּ הַחֲסִידִים וְהַקְּדוֹשִׁים אֲשֶׁר זָכוּ לְהִתְדַּבְּקוּת הָעֶלְיוֹן, אָמְנָם אֲשֶׁר הֶרְאוּ מוֹפֵת הַדְּבֵקוּת הֶחָזָק הָיוּ אֵלִיָּהוּ וֶאֱלִישָׁע אֲשֶׁר הֶחֱיוּ הַמֵּתִים. כִּי הִנֵּה הָאָדוֹן בָּרוּךְ הוּא לְבַדּוֹ הוּא מְקוֹר הַחַיִּים, וְהוּא הַנּוֹתֵן חַיִּים לְכָל חַי, וְעַל כֵּן אָמְרוּ זִכְרוֹנָם לִבְרָכָה שֶׁמַּפְתֵּחַ שֶׁל תְּחִיַּת הַמֵּתִים לֹא נִמְסַר בְּיַד שָׁלִיחַ (תענית ב, א). אָמְנָם לְהַרְאוֹת עַד הֵיכָן מַגִּיעַ בּוֹ הַדְּבֵקוּת, כְּבָר נִמְסַר לְאֵלִיָּהוּ וְלֶאֱלִישָׁע, לְהוֹדִיעַ שֶׁכָּל כָּךְ נִקְשָׁר הַדָּבֵק

[יג] מלה חסרה. ההשלמה ע"פ המובן.

for him to attain this rank, and he will necessarily remain material and corporeal like the rest of mankind.

What is helpful in the attainment of this trait is seclusion and much abstinence, so that in the absence of distractions one's soul may gather strength and conjoin with its Creator.

The factors detrimental to this trait are ignorance of the inner secrets [of Torah] and excessive socialization with people. For [human] materiality finds its own kind and is reawakened and reinforced, and the soul remains trapped within [the corporeal], unable to escape imprisonment. However, when a person separates himself from others, remaining in solitude and preparing himself to be inspired by holiness, he is thereby led down the path that he has chosen. With the Divine help that will flow to him, his soul will gather strength from within, vanquish corporeality, bond with His sanctity, blessed be He, and thereby be rendered complete.

After a person has attained sanctity by virtue of the Blessed One's holiness resting upon him, he will rise from there to a higher rank, that of the holy spirit. For it is possible that the *Shekinah* inspires the *hasid*, but not to the point that he himself can *feel* that inspiration – though, [objectively speaking], he is quite clearly endowed with a Divine bounty that surpasses what is natural for [ordinary] humans. So long as [his inspiration] goes no further, it is called "sanctity." The moment the *zaddik* can *feel* his inspiration and *perceive* himself endowed with a Divine bounty that surpasses the natural, then it is called "the holy spirit." As they said, "Sanctity leads to the holy spirit" (*Avodah Zarah* 20b).

You can see that the pious and holy men who attained to a supernal attachment were many. But those who manifested the strongest sign of *devekut* were Eliyahu and Elisha, who brought the dead back to life. Now the Lord alone (blessed be He) is the source of life; and it is He who grants life to all the living – which is why [our Sages], may their memory be blessed, have said that the key to resurrection was not given over to a messenger (*Ta'anit* 2a). Nevertheless, to demonstrate just how closely one can conjoin with God, it was given to Eliyahu and Elisha. This served to make it known that one who is conjoined

בֵּאלֹקָיו עַד שֶׁיּוּכַל לִמְשֹׁךְ הֵימֶנּוּ מֶשֶׁךְ הַחַיִּים עַצְמָם, שֶׁהֵם מַה שֶּׁיִּתְיַחֵס לוֹ בִּפְרָט יוֹתֵר מִן הַכֹּל. וְהוּא מַה שֶּׁשַּׂמִים בַּבָּרַיְתָא שֶׁלָּנוּ: וְרוּחַ הַקֹּדֶשׁ מְבִיאָה לִידֵי תְּחִיַּת הַמֵּתִים (עבודה זרה שם).

הִנֵּה כִּלַּלְתִּי לְךָ עַד הֵנָּה בְּקִצּוּר אֶת אֲשֶׁר קִבַּצְתִּי מֵעִיּוּנַי בְּהִתְבּוֹדְדוּתִי וּפְרִישׁוּתִי, אֲשֶׁר שְׁאַלְתַּנִי מִתְּחִלָּה. וְיָדַעְתִּי שֶׁלֹּא תַּחְשֹׁב שֶׁכְּבָר כִּלִּיתִי כָּל מַה שֶּׁיֵּשׁ לִי לֵיאמֵר בָּעִנְיָן הַזֶּה, כִּי אִישׁ חָכָם אַתָּה וְכָמוֹנִי יָדַעְתָּ שֶׁאֵין לַפְּרָטִים קֵץ וְתַכְלִית. וַאֲנִי לֹא אָמַרְתִּי אֶלָּא מִכָּל הַפְּרָטִים הַשְּׁנוּיִים בַּבָּרַיְתָא קְצָת, מַה שֶּׁיָּכוֹל לִהְיוֹת הַתְחָלָה וְרֵאשִׁית לְהַרְחִיב הָעִיּוּן וְהַלִּמּוּד בָּעִנְיָנִים הָהֵם אַחַר שֶׁכְּבָר נִגְלָה דַּרְכָּם וְנִפְתַּח אָרְחָם, לָלֶכֶת בָּם בְּדֶרֶךְ מִישׁוֹר. וְעַל כָּל כַּיּוֹצֵא בָּזֶה נֶאֱמַר: יִשְׁמַע חָכָם וְיוֹסֶף לֶקַח וְנָבוֹן תַּחְבֻּלוֹת יִקְנֶה (משלי א, ה). וְהַבָּא לִיטַּהֵר מְסַיְּעִים אוֹתוֹ (שבת קד, א), כִּי ה׳ יִתֵּן חָכְמָה מִפִּיו דַּעַת וּתְבוּנָה (משלי ב, ו), לְהַיְשִׁיר אִישׁ אִישׁ אֶת דַּרְכּוֹ לִפְנֵי בּוֹרְאוֹ.

וְזֶה פָּשׁוּט, כִּי כָּל אָדָם, לְפִי הָאֻמָּנוּת אֲשֶׁר בְּיָדוֹ וְהָעֵסֶק אֲשֶׁר הוּא עוֹסֵק, כָּךְ יִצְטָרֵךְ לוֹ הַיְשָׁרָה וְהַדְרָכָה. כִּי דֶּרֶךְ הַחֲסִידוּת הָרָאוּי לְמִי שֶׁתּוֹרָתוֹ אֻמָּנוּתוֹ, אֵינוֹ דֶּרֶךְ הַחֲסִידוּת הָרָאוּי לְמִי שֶׁצָּרִיךְ לְהַשְׂכִּיר עַצְמוֹ לִמְלֶאכֶת חֲבֵרוֹ, וְלֹא זֶה וָזֶה דֶּרֶךְ הַחֲסִידוּת הָרָאוּי לְמִי שֶׁעוֹסֵק בִּסְחוֹרָתוֹ. וְכֵן כָּל שְׁאָר הַפְּרָטִים אֲשֶׁר בְּעִסְקֵי הָאָדָם בָּעוֹלָם, כָּל אֶחָד וְאֶחָד לְפִי מַה שֶּׁהוּא, רְאוּיִים לוֹ דַּרְכֵי הַחֲסִידוּת. לֹא לְפִי שֶׁהַחֲסִידוּת מִשְׁתַּנֶּה, כִּי הִנֵּה הוּא שָׁוֶה לְכָל נֶפֶשׁ וַדַּאי, הוֹאִיל וְאֵינֶנּוּ אֶלָּא לַעֲשׂוֹת מַה שֶּׁנַּחַת רוּחַ לְיוֹצְרוֹ בּוֹ. אֲבָל הוֹאִיל וְהַנּוֹשְׂאִים מִשְׁתַּנִּים, אִי אֶפְשָׁר שֶׁלֹּא יִשְׁתַּנּוּ הָאֶמְצָעִים הַמַּגִּיעִים אוֹתָם אֶל הַתַּכְלִית, כָּל אֶחָד לְפִי עִנְיָנוֹ. וּכְבָר יָכוֹל לִהְיוֹת חָסִיד גָּמוּר אִישׁ אֲשֶׁר לֹא יִפְסֹק מִפִּיו הַלִּמּוּד, כְּמוֹ מִי שֶׁמִּפְּנֵי צָרְכּוֹ הוּא בַּעַל מְלָאכָה פְּחוּתָה. וְכָתוּב: כֹּל פָּעַל ה׳ לַמַּעֲנֵהוּ (משלי טז, ד). וְכָתוּב: בְּכָל דְּרָכֶיךָ דָעֵהוּ וְהוּא יְיַשֵּׁר אֹרְחֹתֶיךָ (שם ג, ו).

to his God can be so closely bound up with Him, that he can draw down from Him the flow of life itself, something more properly His than anything else. This is the sense in which our baraita concludes, "And the holy spirit leads to resurrection" (*Avodah Zarah* 20b).

I have thus far sketched out for you in general terms what I have garnered from my reflection in seclusion and separation, as you asked of me at the beginning. I am certain you do not assume that I have already exhausted all that has to be said on this subject. For you are a wise man and know as well as I do that there is no end or limit to the details. On each of the specific qualities mentioned in the baraita, I have only said a little, which can serve as a starting point for more expansive thought and study of these qualities, once the way has been shown and the path cleared to rightly follow them. It is in this regard that it says, "A wise man will hear, and will increase learning; and a man of understanding shall attain to wise counsels" (Mishlei 1:5). And he who wishes to be purified, Heaven helps him (*Shabbat* 104a), "for the Lord gives wisdom; out of His mouth come knowledge and understanding" (Mishlei 2:6), so that every man straighten his path before his Creator.

It is clear that every individual requires direction and guidance that accord with his trade or vocation. For the way of piety, appropriate for one whose occupation is the study of Torah, is not the same as that which is suitable for one who has to hire himself out to work for others. And neither of the two is appropriate for one who engages in business. The same applies to all other details regarding man's worldly affairs. For each and every one, according to his nature, there are appropriate ways of piety. This is not because piety varies [in essence], for it is certainly the same for all people, which is simply to do that which is pleasing to the Creator. But inasmuch as the bearers [of piety] vary, the means that get them to that goal cannot but vary with the individual. Just as it is possible for someone who never interrupts his study to be a perfectly pious man, so is it also possible for someone who, out of need, is a lowly craftsman. As it is written, "The Lord has made every thing for His purpose" (Mishlei 16:4); and "In all your ways know Him, and He will straighten your paths" (Mishlei 3:6).

הוּא יִתְבָּרַךְ שְׁמוֹ בְּרַחֲמָיו יִפְקַח עֵינֵינוּ בְּתוֹרָתוֹ וְיוֹרֵנוּ דְּרָכָיו וְיוֹלִיכֵנוּ בְּאָרְחוֹתָיו, וְנִזְכֶּה לָתֵת כָּבוֹד לִשְׁמוֹ וְלַעֲשׂוֹת נַחַת רוּחַ לְפָנָיו.

יְהִי כְבוֹד ה׳ לְעוֹלָם יִשְׂמַח ה׳ בְּמַעֲשָׂיו (תהלים קד, לא). יִשְׂמַח יִשְׂרָאֵל בְּעֹשָׂיו בְּנֵי צִיּוֹן יָגִילוּ בְמַלְכָּם (שם קמט, ב). אָמֵן.

תַּם וְנִשְׁלַם שֶׁבַח לְאֵל בּוֹרֵא עוֹלָם.

וַתְּהִי הַשְׁלָמָתוֹ יוֹם ד׳ כ״ה לְחֹדֶשׁ אֱלוּל התצ״ח לִבְרִיאַת עוֹלָם.

בָּרוּךְ ה׳ לְעוֹלָם אָמֵן וְאָמֵן (שם פט, נג).

כִּי ה׳ עֶלְיוֹן נוֹרָא מֶלֶךְ גָּדוֹל עַל כָּל הָאָרֶץ. יַדְבֵּר עַמִּים תַּחְתֵּינוּ וּלְאֻמִּים תַּחַת רַגְלֵנוּ. יִבְחַר לָנוּ אֶת נַחֲלָתֵנוּ אֶת גְּאוֹן יַעֲקֹב אֲשֶׁר אָהֵב סֶלָה (שם מז, ג-ה).

Let He, blessed be His name, in His mercy, open our eyes to His Torah and show us His ways and lead us in His paths, so that we may be worthy to give honor to His name and do what is pleasing to Him.

"May the glory of the Lord endure forever; may the Lord rejoice in His works" (Tehillim 104:31). "Let Israel rejoice in its Maker; let the children of Zion delight in their King" (Tehillim 149:2). Amen.

Finished and completed, praised be the Lord, Creator of the universe.

Completed on Wednesday, the twenty-fifth of Elul, in the year 5498 to the creation of the world. "Blessed be the Lord for evermore. Amen, and Amen" (Tehillim 89:53).

"For the Lord most high is awesome; He is a great king over all the earth. He subdues peoples under us, and nations under our feet. He chooses our heritage for us, the pride of Yaakov whom He loves. Sela" (Tehillim 47:3-5).

מְסִלַּת יְשָׁרִים

סֵדֶר פְּרָקִים

MESILLAT YESHARIM

Thematic Version

הַקְדָּמַת הָרַב הַמְחַבֵּר[א]

דִּבְרֵי הַחֲסִידוּת וּשְׁלֵמוּת הָעֲבוֹדָה אֵינָם מֻטְבָּעִים בָּאָדָם כַּתְּנוּעוֹת הַטִּבְעִיּוֹת, אִם כֵּן וַדַּאי שֶׁצָּרִיךְ עִיּוּן לִקְנוֹתָם • כֵּיוָן שֶׁתְּמִימוּת הָעֲבוֹדָה דָּבָר מֻכְרָח לְשֶׁתִּהְיֶה נִרְצֵית, אֵיךְ יִתָּכֵן שֶׁיִּתְרַשֵּׁל הָאָדָם מִמֶּנּוּ • הַיִּרְאָה הִיא חָכְמָה מַמָּשׁ, דָּבָר שֶׁצָּרִיךְ בּוֹ עִיּוּן וְלִמּוּד, וְהִיא לְבַדָּהּ הַחָכְמָה הָעִקָּרִית • חֲמֵשֶׁת חֶלְקֵי שְׁלֵמוּת הָעֲבוֹדָה וּבֵאוּרָם

אָמַר הַמְחַבֵּר:

הַחִבּוּר הַזֶּה לֹא חִבַּרְתִּיו לְלַמֵּד לִבְנֵי הָאָדָם אֶת אֲשֶׁר לֹא יָדְעוּ, אֶלָּא לְהַזְכִּירָם אֶת הַיָּדוּעַ לָהֶם כְּבָר וּמְפֻרְסָם אֶצְלָם פִּרְסוּם גָּדוֹל. כִּי לֹא תִּמְצָא בְּרֹב דְּבָרַי אֶלָּא דְּבָרִים שֶׁרֹב בְּנֵי הָאָדָם יוֹדְעִים אוֹתָם וְלֹא מִסְתַּפְּקִים בָּהֶם כְּלָל, אֶלָּא שֶׁכְּפִי רֹב פִּרְסוּמָם וּכְנֶגֶד מַה שֶּׁאֲמִתָּם גְּלוּיָה לַכֹּל, כָּךְ הַהֶעְלֵם מֵהֶם מָצוּי מְאֹד וְהַשִּׁכְחָה רַבָּה. עַל כֵּן אֵין הַתּוֹעֶלֶת הַנִּלְקָט מִזֶּה הַסֵּפֶר[ב] יוֹצֵא מִן הַקְּרִיאָה בּוֹ פַּעַם אַחַת, כִּי כְּבָר אֶפְשָׁר שֶׁלֹּא יִמְצָא הַקּוֹרֵא בְּשִׂכְלוֹ חִדּוּשִׁים אַחַר קְרִיאָתוֹ[ג] שֶׁלֹּא הָיוּ בּוֹ לִפְנֵי קְרִיאָתוֹ אֶלָּא מְעַט. אֲבָל הַתּוֹעֶלֶת יֵצֵא מִן הַחֲזָרָה עָלָיו וְהַהַתְמָדָה; כִּי יִזָּכְרוּ לוֹ הַדְּבָרִים הָאֵלֶּה הַנִּשְׁכָּחִים מִבְּנֵי הָאָדָם בַּטֶּבַע, וְיָשִׂים אֶל לִבּוֹ חוֹבָתוֹ אֲשֶׁר הוּא מִתְעַלֵּם מִמֶּנָּה.

וְתִרְאֶה, אִם תִּתְבּוֹנֵן בַּהֹוֶה בְּרֹב הָעוֹלָם, כִּי רֹב אַנְשֵׁי הַשֵּׂכֶל הַמָּהִיר וְהַפִּקְחִים הַחֲרִיפִים יָשִׂימוּ רֹב הִתְבּוֹנְנָם וְהִסְתַּכְּלוּתָם בְּדַקּוּת הַחָכְמוֹת וְעֹמֶק הָעִיּוּנִים, אִישׁ אִישׁ כְּפִי נְטִיַּת שִׂכְלוֹ וְחִשְׁקוֹ הַטִּבְעִי. כִּי יֵשׁ שֶׁיִּטְרְחוּ מְאֹד בְּמֶחְקַר הַבְּרִיאָה וְהַטֶּבַע, וַאֲחֵרִים יִתְּנוּ כָּל עִיּוּנָם לִתְכוּנָה וּלְהַנְדָּסָה, אֲחֵרִים לִמְלָאכוֹת. וַאֲחֵרִים יִכָּנְסוּ יוֹתֵר אֶל הַקֹּדֶשׁ, דְּהַיְנוּ לִמּוּד הַתּוֹרָה הַקְּדוֹשָׁה, מֵהֶם בְּפִלְפּוּלֵי הַהֲלָכוֹת, מֵהֶם בְּמִדְרָשִׁים, מֵהֶם

[א] בד"ר נוסף כאן: 'נר"ו'. [ב] בכתה"י: 'מן הספר'. [ג] כי כבר... אחר קריאתו. בכתה"י: 'כי כבר לא ימצא הקורא בעצמו אחר קריאתו חידושים'.

Introduction of the Master, Author of this Work

The practices of piety and the perfection of [Divine] service are not innate to humans as are the natural functions; study, therefore, is certainly required for their acquisition • As Divine service must necessarily be wholehearted to be pleasing, how can one possibly be remiss in this? • Fear [of God] is real wisdom that requires thought and study; it is the only essential wisdom • The five elements that constitute the complete service and their explanation

---

The author states:

I have written this work not to teach people what they do not know, but to remind them of what is already known and quite familiar to them. For you will find in most of what I say, only what most people know, and do not doubt in the least. But as familiar as they are and as universally manifest their truth, so is their disregard common and the tendency to forget them, rife. Thus the benefit to be gleaned from this book will not derive from a single reading. For having read it, the reader may find little new in his mind that was not there before. The benefit [of the book] will rather derive from persistent review; for one will be reminded of the things people, by nature, forget, and take to heart the duty one [now] ignores.

Now if you consider what is current throughout most of the world, you will see that most people of lively intelligence and keen intellect devote most of their thought and reflection to the subtleties of the sciences and the profundities of [various] areas of study, each according to his intellectual inclination and natural desire. For some people toil to investigate [God's] creation and the natural order. Others devote all their study to astronomy and geometry; others [devote their study] to the arts. Yet others enter further into the sacred, namely study of the holy Torah: some focus on halakhic dialectics, others on midrashim, and still others on [practical] legal

בְּפִסְקֵי הַדִּינִים. אַךְ מְעַטִּים יִהְיוּ מִן הַמִּין הַזֶּה אֲשֶׁר יִקְבְּעוּ עִיּוּן וְלִמּוּד עַל עִנְיְנֵי שְׁלֵמוּת הָעֲבוֹדָה, עַל הָאַהֲבָה, עַל הַיִּרְאָה, עַל הַדְּבֵקוּת, וְעַל כָּל שְׁאָר חֶלְקֵי הַחֲסִידוּת. וְלֹא מִפְּנֵי שֶׁאֵין דְּבָרִים אֵלֶּה עִקָּרִים אֶצְלָם; כִּי אִם תִּשְׁאַל לָהֶם כָּל אֶחָד יֹאמַר שֶׁזֶּהוּ הָעִקָּר הַגָּדוֹל, וְשֶׁלֹּא יְדֻמֶּה חָכָם שֶׁיִּהְיֶה חָכָם בֶּאֱמֶת שֶׁלֹּא יִתְבָּרְרוּ אֶצְלוֹ כָּל הַדְּבָרִים הָאֵלֶּה. אַךְ מַה שֶּׁלֹּא יַרְבּוּ לְעַיֵּן עָלָיו הוּא מִפְּנֵי רֹב פִּרְסוּם הַדְּבָרִים וּפְשִׁיטוּתָם אֶצְלָם, שֶׁלֹּא יֵרָאֶה לָהֶם צֹרֶךְ לְהוֹצִיא בְּעִיּוּנָם זְמַן רַב. וְלֹא יִשָּׁאֵר לִמּוּד הַדְּבָרִים הָאֵלֶּה וּקְרִיאַת הַסְּפָרִים מִזֶּה הַמִּין כִּי אִם אֵצֶל אוֹתָם שֶׁאֵין שִׂכְלָם כָּל כָּךְ דַּק וְקָרוֹב לִהְיוֹת גַּס – שֶׁאֵלֶּה תִּרְאֶה אוֹתָם שׁוֹקְדִים עַל כָּל זֶה וְלֹא יָזוּזוּ מִמֶּנּוּ – עַד שֶׁלְּפִי הַמִּנְהָג הַנּוֹהֵג בָּעוֹלָם כְּשֶׁתִּרְאֶה אֶחָד מִתְחַסֵּד לֹא תּוּכַל לִימָּנַע מִלַּחְשֹׁד אוֹתוֹ לְגַס הַשֵּׂכֶל.

וְאוּלָם, תּוֹלְדוֹת הַמִּנְהָג הַזֶּה רָעוֹת מְאֹד לַחֲכָמִים וּלְבִלְתִּי חֲכָמִים, כִּי גּוֹרֵם שֶׁמֵּאֵלֶּה וּמֵאֵלֶּה יֶחְסַר הַחֲסִידוּת הָאֲמִתִּי וְיִהְיֶה יָקָר מְאֹד לִמְצֹא אוֹתוֹ בָּעוֹלָם. כִּי יֶחְסַר מִן הַחֲכָמִים לִמְעוּט עִיּוּנָם בּוֹ, וְיֶחְסַר מִן הַבִּלְתִּי חֲכָמִים לִמְעוּט הַשָּׂגָתָם אוֹתוֹ. עַד שֶׁיְּדַמּוּ רֹב בְּנֵי הָאָדָם שֶׁהַחֲסִידוּת תָּלוּי בַּאֲמִירַת מִזְמוֹרִים הַרְבֵּה וּוִדּוּיִים אֲרֻכִּים מְאֹד, צוֹמוֹת קָשִׁים וּטְבִילוֹת קֶרַח וָשֶׁלֶג – כֻּלָּם דְּבָרִים אֲשֶׁר אֵין הַשֵּׂכֶל נָח בָּהֶם וְאֵין הַדַּעַת שׁוֹקְטָה. וְהַחֲסִידוּת הָאֲמִתִּי, הַנִּרְצֶה וְהַנֶּחְמָד, רָחוֹק מִצִּיּוּר שִׂכְלֵנוּ. כִּי זֶה דָּבָר פָּשׁוּט, מִלְּתָא דְּלָא רְמִיָא עֲלֵיהּ דֶּאֱינִישׁ לָאו אַדַּעְתֵּיהּ (ראה שבועות מא, ב). וְאַף עַל פִּי שֶׁכְּבָר קְבוּעִים בְּלֵב כָּל הָאָדָם הַיָּשָׁר הַתְחָלוֹתָיו וִיסוֹדוֹתָיו, אִם לֹא יַעֲסֹק בָּהֶם, יִרְאֶה פְּרָטָיו וְלֹא יַכִּירֵם, יַעֲבֹר עֲלֵיהֶם וְלֹא יַרְגִּישׁ בָּם.

רְאֵה, אֵין דִּבְרֵי הַחֲסִידוּת וְעִנְיְנֵי הַיִּרְאָה וְהָאַהֲבָה וְטָהֳרַת הַלֵּב דְּבָרִים מֻטְבָּעִים בָּאָדָם, עַד שֶׁלֹּא יִצְטָרְכוּ אֶמְצָעִים לִקְנוֹתָם, אֶלָּא יִמְצְאוּ אוֹתָם בְּנֵי הָאָדָם בְּעַצְמָם, כְּמוֹ שֶׁיִּמְצְאוּ כָּל תְּנוּעוֹתֵיהֶם הַטִּבְעִיּוֹת, כַּשֵּׁנָה וְהַיְקִיצָה, הָרָעָב וְהַשָּׂבָע, וְכָל שְׁאָר הַתְּנוּעוֹת הַחֲקוּקוֹת בְּטִבְעֵנוּ.

rulings. But few belong to the species that devotes regular thought and study to the perfection of [Divine] service, love and fear [of God], communion [with Him], and all other elements of piety. It is not that they fail to recognize these matters as fundamental; for were you to ask them, all would say that this is the most fundamental thing of all and that it is unimaginable that a scholar who is truly wise not know all these matters clearly. The reason they do not give them much thought is that they consider them so familiar and obvious that they see no need to expend much time on their study. So study of these subjects and reading books of this sort are relegated to those whose minds are not terribly keen, and even border on the dense; they are the ones you find laboring endlessly at all this. That being the universal trend, when you see someone acting the pietist, you cannot help suspecting that he is dim-witted.

But the consequences of this state of affairs are most unfortunate, for wise and unwise alike. For it causes both to be bereft of true piety, so that it is rarely found anywhere. The wise lack it because they study it so little, and the ignorant lack it because they understand it so little. It has reached the point that most people imagine piety to be a matter of reciting many psalms and very lengthy confessionals, [enduring] harsh fasts
as well as ablutions in ice and snow – all practices that displease reason and disquiet the mind. Whereas true piety, which *is* pleasing and desirable, is far from what our minds [now] conceive. For clearly, what someone feels no responsibility to do, is far from his mind (see *Shevu'ot* 41b). And though the premises and bases of piety are set in every decent person's mind, if he does not engage in their study, he will see their ramifications without recognizing them pass them by without taking notice.

Note that the practices of piety, and the ideals of fear and love [of God] and of purity of heart, are not innate to humans. [Were that the case], they would not need to bring means to bear to acquire them, but would find them within themselves, as they do all their natural functions, like sleeping and waking, [experiencing] hunger and satiety, and every other function imprinted in our nature

אֶלָּא וַדַּאי שֶׁצְּרִיכִים הֵם לְאֶמְצָעִים וּלְתַחְבּוּלוֹת לִקְנוֹת אוֹתָם, וְלֹא יִבָּצְרוּ גַּם כֵּן מַפְסִידִים לָהֶם שֶׁיַּרְחִיקוּם מִן הָאָדָם, וְלֹא יֶחְסְרוּ דְּרָכִים לְהַרְחִיק מַפְסִידֵיהֶם. אִם כֵּן אֵפוֹא אֵיךְ לֹא יִצְטָרֵךְ לְהוֹצִיא זְמַן עַל הָעִיּוּן הַזֶּה לָדַעַת אֲמִתַּת הַדְּבָרִים וְלָדַעַת הַדֶּרֶךְ לִקְנוֹתָם וּלְקַיְּמָם? מֵאַיִן תָּבוֹא הַחָכְמָה הַזֹּאת בְּלֵב הָאָדָם אִם לֹא יְבַקְשֶׁנָּה?

וְכֵיוָן שֶׁכְּבָר הִתְאַמֵּת אֵצֶל כָּל חָכָם צֹרֶךְ תְּמִימוּת הָעֲבוֹדָה וְחוֹבַת טָהֳרָתָהּ וּנְקִיּוּתָהּ, שֶׁזּוּלַת אֵלֶּה אֵינָהּ נִרְצֵית וַדַּאי כְּלָל, אֶלָּא נִמְאֶסֶת וּמְתֹעֶבֶת, כִּי כָּל לְבָבוֹת דּוֹרֵשׁ ה׳ וְכָל יֵצֶר מַחֲשָׁבוֹת הוּא[ד] מֵבִין (דברי הימים א כח, ט), מַה נַּעֲנֶה בְּיוֹם תּוֹכֵחָה, אִם הִתְרַשַּׁלְנוּ מִן הָעִיּוּן הַזֶּה וְהִנַּחְנוּ דָּבָר שֶׁהוּא כָּל כָּךְ מֻטָּל עָלֵינוּ, שֶׁהוּא עִקַּר מָה ה׳ אֱלֹקֵינוּ שׁוֹאֵל מֵעִמָּנוּ.[ה] הֲיִתָּכֵן שֶׁיִּיגַע וְיַעֲמֹל שִׂכְלֵנוּ בַּחֲקִירוֹת אֲשֶׁר לֹא נִתְחַיַּבְנוּ בָּם, בְּפִלְפּוּלִים אֲשֶׁר לֹא יֵצֵא לָנוּ שׁוּם פְּרִי מֵהֶם, וְדִינִים אֲשֶׁר אֵינָם שַׁיָּכִים לָנוּ, וּמַה שֶּׁחַיָּבִים אָנוּ לְבוֹרְאֵנוּ חוֹבָה רַבָּה נַעַזְבֵהוּ לַהֶרְגֵּל וְנַנִּיחֵהוּ לְמִצְוַת אֲנָשִׁים מְלֻמָּדָה?[ו]

אִם לֹא נִסְתַּכַּלְנוּ וְלֹא עִיַּנּוּ מַה הִיא הַיִּרְאָה הָאֲמִתִּית וּמָה עֲנָפֶיהָ, אֵיךְ נִקְנֶה אוֹתָהּ, וְאֵיךְ נִמָּלֵט מִן הַהֶבֶל הָעוֹלָמִי הַמְשַׁכֵּחַ אוֹתָהּ מִלִּבֵּנוּ? הֲלֹא תִּשָּׁכַח וְתֵלֵךְ אַף עַל פִּי שֶׁיָּדַעְנוּ חוֹבָתָהּ.

הָאַהֲבָה כְּמוֹ כֵן, אִם לֹא נִשְׁתַּדֵּל לִקְבֹּעַ אוֹתָהּ בִּלְבָבֵנוּ בְּכֹחַ כָּל הָאֶמְצָעִים הַמַּגִּיעִים אוֹתָנוּ לָזֶה, אֵיךְ נִמְצָאֶהָ בָּנוּ? מֵאַיִן יָבוֹא הַדְּבֵקוּת וְהַהִתְלַהֲטוּת בְּנַפְשׁוֹתֵינוּ עִמּוֹ יִתְבָּרַךְ[ז] וְעִם תּוֹרָתוֹ, אִם לֹא נִשְׁעֶה אֶל גְּדֻלָּתוֹ וְאֶל רוֹמְמוּתוֹ אֲשֶׁר יוֹלִיד בְּלִבֵּנוּ הַדְּבֵקוּת הַזֶּה? אֵיךְ תִּטְהַר מַחֲשַׁבְתֵּנוּ אִם לֹא נִשְׁתַּדֵּל לְנַקּוֹתָהּ מִן הַמּוּמִין שֶׁמֵּטִיל בָּהּ הַטֶּבַע הַגּוּפָנִי? וְהַמִּדּוֹת כֻּלָּם הַצְּרִיכוֹת כָּל כָּךְ[ח] תִּקּוּן וְהַיְשָׁרָה, מִי יְיַשְּׁרֵם וּמִי יְתַקְּנֵם אִם לֹא נָשִׂים לֵב עֲלֵיהֶם וְלֹא נְדַקְדֵּק בַּדָּבָר דִּקְדּוּק גָּדוֹל? הֲלֹא אִם עִיַּנּוּ

[ד] מלת 'הוא' אינה מן הכתוב. [ה] ע"פ דברים י, יב. [ו] ע"פ ישעיה כט, יג.
[ז] בד"ר (וכן בכתה"י) בכל הספר מקוצר: 'ית" (=יתברך, או: יתעלה). השלמנו תמיד: יתברך. [ח] בד"ר: 'כ"כ'.

They must rather bring means and stratagems to bear to acquire [these qualities]. Nor is there a lack of factors that are detrimental to them, which keep them away from a person, or of ways to hold those detriments at bay. That being the case, how could one possibly dispense with the need to devote time to this subject, so as to understand the true nature of these things and learn how to acquire and fulfill them? Whence will this wisdom enter one's heart if he does not seek it?

Now as the need for wholehearted service [of God] and the duty to maintain it pure and unsullied are recognized by all who are wise – for surely without these qualities it is not at all pleasing but rather despised and detested, "since the Lord searches all hearts, and discerns every purpose of [men's] thoughts" (I Divrei haYamim 28:9) – what will we answer on the day of reproach if we have been remiss in this study and forsaken something so incumbent upon us, which is the very core of what the Lord our God requires of us? Is it right that our minds labor and toil at gratuitous inquiries, fruitless dialectic, and laws not applicable to us, while we relegate the great duty we owe our Creator to habit and surrender it to rote?!

If we give no reflection or thought to what true fear [of God] is and what its ramifications are, how are we to acquire it? And how will we then escape the worldly vanity that erases it from our memories? It will, indeed, be steadily forgotten, though [once] we knew it was obligatory.

So too with love [of God]: If we do not strive to implant it in our hearts by every means that can bring us to it, how will we find it within us? Whence will our souls derive [their] attachment and ardor toward Him (blessed be He) and His Torah, if we do not turn [our minds] to His greatness and majesty, [whose appreciation] can engender this attachment in our hearts? How will our thought be purified, if we do not strive to rid it of the blemishes [our] bodily nature inflicts upon it? And what of all our character traits that require so much rectification and correction? Who will correct and rectify them if we do not attend to them, and do so most exactingly? Surely if we were to study

עַל הַדָּבָר עִיּוּן אֲמִתִּי, הָיִינוּ מוֹצְאִים אוֹתוֹ עַל אֲמִתּוֹ וּמֵיטִיבִים לְעַצְמֵנוּ, וּמְלַמְּדִים אוֹתוֹ לַאֲחֵרִים וּמֵיטִיבִים לָהֶם גַּם כֵּן.

הוּא מַה שֶּׁאָמַר שְׁלֹמֹה: אִם תְּבַקְשֶׁנָּה כַכָּסֶף וְכַמַּטְמוֹנִים תַּחְפְּשֶׂנָּה, אָז תָּבִין יִרְאַת ה׳ (משלי ב, ד-ה); אֵינוֹ אוֹמֵר אָז תָּבִין פִילוֹסוֹפִיאָה, אָז תָּבִין תְּכוּנָה, אָז תָּבִין רְפוּאָה, אָז תָּבִין דִּינִים, אָז תָּבִין הֲלָכוֹת, אֶלָּא אָז תָּבִין יִרְאַת ה׳. הֲרֵי לְךָ שֶׁלְּהָבִין הַיִּרְאָה צָרִיךְ לְבַקֵּשׁ אוֹתָהּ כַּכֶּסֶף וּלְחַפֵּשׂ אוֹתָהּ כַּמַּטְמוֹנִים. הֲדֵי אֵפוֹא בְּמַה שֶּׁמְּלֻמָּד לָנוּ מֵאֲבוֹתֵינוּ וּבְמַה שֶּׁמְּפֻרְסָם אֵצֶל כָּל בֶּן דָּת דֶּרֶךְ כְּלָל? אוֹ הֲנִמְצָא זְמַן לְכָל שְׁאָר חֶלְקֵי הָעִיּוּן וְלָעִיּוּן הַזֶּה לֹא יִהְיֶה זְמַן? לָמָּה לֹא יִקְבַּע אָדָם לְעַצְמוֹ עִתִּים לְפָחוֹת לַהִסְתַּכְּלוּת הַזֶּה אִם מֻכְרָח הוּא בִּשְׁאֵרִית זְמַנּוֹ לִפְנוֹת אֶל עִיּוּנִים אוֹ אֶל עֲסָקִים אֲחֵרִים?

וְהִנֵּה הַכָּתוּב אוֹמֵר: הֵן יִרְאַת ה׳ הִיא חָכְמָה (איוב כח, כח), וְאָמְרוּ רַבּוֹתֵינוּ זִכְרוֹנָם לִבְרָכָה: ׳הֵן׳ – אַחַת (שבת לא, ב), הֲרֵי שֶׁהַיִּרְאָה הִיא חָכְמָה וְהִיא לְבַדָּהּ חָכְמָה. וַדַּאי שֶׁאֵין נִקְרָא חָכְמָה מַה שֶּׁאֵין בּוֹ עִיּוּן. אַךְ הָאֱמֶת הוּא כִּי עִיּוּן גָּדוֹל[ט] צָרִיךְ עַל כָּל הַדְּבָרִים הָאֵלֶּה לָדַעַת אוֹתָם בֶּאֱמֶת וְלֹא עַל צַד הַדִּמְיוֹן וְהַסְּבָרָה הַכּוֹזֶבֶת, כָּל שֶׁכֵּן לִקְנוֹת אוֹתָם וּלְהַשִּׂיגָם. וּמִי שֶׁיִּתְבּוֹנֵן בָּם יִרְאֶה שֶׁאֵין הַחֲסִידוּת תָּלוּי בְּאוֹתָם הַדְּבָרִים שֶׁיַּחְשְׁבוּ הַמִּתְחַסְּדִים הַטִּפְּשִׁים, אֶלָּא בְּדִבְרֵי שְׁלֵמוּת אֲמִתִּי וְחָכְמָה רַבָּה. הוּא מַה שֶּׁמֹּשֶׁה רַבֵּנוּ עָלָיו הַשָּׁלוֹם מְלַמְּדֵנוּ בְּאָמְרוֹ: וְעַתָּה יִשְׂרָאֵל מָה ה׳ אֱלֹהֶיךָ שֹׁאֵל מֵעִמָּךְ {כִּי אִם לְיִרְאָה אֶת ה׳ אֱלֹהֶיךָ לָלֶכֶת בְּכָל דְּרָכָיו וּלְאַהֲבָה אֹתוֹ וְלַעֲבֹד אֶת ה׳ אֱלֹהֶיךָ בְּכָל לְבָבְךָ וּבְכָל נַפְשֶׁךָ, לִשְׁמֹר אֶת מִצְוֹת ה׳ וְאֶת חֻקֹּתָיו אֲשֶׁר אָנֹכִי מְצַוְּךָ הַיּוֹם לְטוֹב לָךְ} (דברים י, יב-יג). כָּאן כָּלַל כָּל חֶלְקֵי שְׁלֵמוּת הָעֲבוֹדָה הַנִּרְצֵית לַשֵּׁם יִתְבָּרַךְ, וְהֵם: הַיִּרְאָה, הַהֲלִיכָה בִּדְרָכָיו, הָאַהֲבָה, שְׁלֵמוּת הַלֵּב, וּשְׁמִירַת כָּל הַמִּצְוֹת.

[ט] בד״ר (בטעות): ׳וגדול׳.

this subject in earnest, we would gain a true understanding of it and benefit ourselves. We would also teach it to others and benefit them as well.

That is what Shelomo [meant when he] said, "If you seek it like silver, and search for it like hidden treasures, then you will understand fear of the Lord" (Mishlei 2:4-5). He does not say, "Then you will understand philosophy," "Then you will understand astronomy," "Then you will understand medicine," "Then you will understand law," "Then you will understand halakhic rules" – but "Then you will understand fear of the Lord." So you see that to understand fear [of God] one needs to seek it like silver and search for it like hidden treasures. Will then what we have picked up from our parents and the generalities familiar to any adherent of a religion suffice? Is there time for all other branches of study, but none for this one? Why shouldn't one fix at least [some] time for such reflection, if he must turn his attention during the rest of his time to other studies or affairs?

Now Scripture says, "Behold [*hen*], the fear of the Lord is wisdom" (Iyov 28:28); and our Rabbis, may their memory be blessed, said, "*Hen* [in Greek] means, 'one' (*Shabbat* 31b). Thus, fear [of God] is wisdom, and is [indeed] the only [true] wisdom. Something that entails no study clearly cannot be called "wisdom." Indeed, one must devote profound study to all of these things [if he is] to gain true knowledge of them, not [the psuedo-knowledge acquired] by way of imagination or false reasoning. And [he must] certainly [do so] if he is to acquire and attain them. Anyone who considers these [qualities] will see that piety entails not what the foolish would-be pietists think, but true perfection and great wisdom. That is what Moshe, our Master, peace be on him, teaches us when he says, "And now, Israel, what does the Lord your God ask of you {but to fear the Lord your God, to walk in all His ways, to love Him, and to serve the Lord your God with all your heart and soul, to keep the commandments of the Lord, and His statutes}" (Devarim 10:12-13). [In this verse Moshe] included all the elements that constitute the complete service that is pleasing to God, blessed be He, namely: fear [of God], walking in His ways, love [of God], perfection of the heart, and observance of all the *mitzvot*.

הַיִּרְאָה הִיא יִרְאַת רוֹמְמוּתוֹ יִתְבָּרַךְ, שֶׁיִּירָא מִלְּפָנָיו כְּמִי שֶׁיָּרֵא מִלִּפְנֵי מֶלֶךְ גָּדוֹל וְנוֹרָא, וְיֵבוֹשׁ מִגְּדֻלָּתוֹ עַל כָּל תְּנוּעָה שֶׁהוּא בָּא לְהִתְנוֹעֵעַ, כָּל שֶׁכֵּן בְּדַבְּרוֹ לְפָנָיו בִּתְפִלָּה אוֹ בְּעָסְקוֹ בְּתוֹרָתוֹ.

הַהֲלִיכָה בִּדְרָכָיו כּוֹלֵל כָּל עִנְיַן יֹשֶׁר הַמִּדּוֹת וְתִקּוּנָם. וְהוּא מַה שֶּׁבֵּאֲרוּ זִכְרוֹנָם לִבְרָכָה: מַה הוּא רַחוּם אַף אַתָּה רַחוּם וְכוּ׳ (ראה שבת קלג, ב; ספרי דברים מט, ועוד). וּכְלַל כָּל זֶה שֶׁיִּנְהַג הָאָדָם כָּל מִדּוֹתָיו לְכָל מִינֵי פְּעֻלּוֹתָיו עַל פִּי הַיֹּשֶׁר וְהַמּוּסָר. וּכְלַל[י] חֲכָמֵינוּ זִכְרוֹנָם לִבְרָכָה: כָּל שֶׁהִיא[יא] תִּפְאֶרֶת לְעוֹשֶׂיהָ וְתִפְאֶרֶת לוֹ מִן הָאָדָם (אבות ב, א), דְּהַיְנוּ, כָּל הַהוֹלֵךְ אֶל תַּכְלִית הַהֲטָבָה הָאֲמִתִּית, דְּהַיְנוּ, שֶׁתּוֹלַדְתָּהּ חִזּוּק הַתּוֹרָה וְתִקּוּן אַחֲוַת הַמְּדִינוֹת.

הָאַהֲבָה, שֶׁיִּהְיֶה נִקְבָּע בְּלֵב הָאָדָם אַהֲבָה אֵלָיו יִתְבָּרַךְ עַד שֶׁתִּתְעוֹרֵר נַפְשׁוֹ לַעֲשׂוֹת נַחַת רוּחַ לְפָנָיו, כְּמוֹ שֶׁלִּבּוֹ מִתְעוֹרֵר לַעֲשׂוֹת נַחַת רוּחַ לְאָבִיו וּלְאִמּוֹ, וְיִצְטַעֵר אִם חָסֵר זֶה מִצִּדּוֹ אוֹ מֵאֲחֵרִים וִיקַנֵּא עַל זֶה, וְיִשְׂמַח שִׂמְחָה רַבָּה בַּעֲשׂוֹתוֹ דָּבָר מִזֶּה.

שְׁלֵמוּת הַלֵּב הוּא שֶׁתִּהְיֶה הָעֲבוֹדָה לְפָנָיו יִתְבָּרַךְ בְּטֹהַר הַכַּוָּנָה, דְּהַיְנוּ, לְתַכְלִית עֲבוֹדָתוֹ בִּלְבַד וְלֹא לְשׁוּם פְּנִיָּה אַחֶרֶת. וְנִכְלָל בָּזֶה שֶׁיִּהְיֶה לִבּוֹ שָׁלֵם בַּעֲבוֹדָה וְלֹא כְּפוֹסֵחַ עַל שְׁתֵּי הַסְּעִפִּים[יב] אוֹ כְּעוֹשֶׂה מִצְוַת אֲנָשִׁים מְלֻמָּדָה,[יג] אֶלָּא שֶׁיִּהְיֶה כָּל לִבּוֹ נָתוּן לָזֶה.

שְׁמִירַת כָּל הַמִּצְווֹת, כְּמַשְׁמָעוֹ, דְּהַיְנוּ, שְׁמִירַת כָּל הַמִּצְווֹת כֻּלָּן בְּכָל דִּקְדּוּקֵיהֶן וּתְנָאֵיהֶן.

וְהִנֵּה כָּל אֵלֶּה כְּלָלִים צְרִיכִים פֵּרוּשׁ גָּדוֹל. וּמָצָאתִי לַחֲכָמֵינוּ זִכְרוֹנָם לִבְרָכָה שֶׁכָּלְלוּ הַחֲלָקִים הָאֵלֶּה בְּסֵדֶר וְחִלּוּק אַחֵר יוֹתֵר פְּרָטִי וּמְסֻדָּר

[י] בס"ו מנוסח כך: 'וכבר כללו חכמים כלל גדול להבחין בו המדות הטובות הן אם רעות, כל שהיא תפארת' וכו'. [יא] בד"ר: 'שהוא'. התיקון ע"פ המקור, וכן בכתה"י. [יב] ע"פ מלכים א יח, כא. והשווה ספרי דברים פיסקא לב: 'דבר אחר בכל לבבך בכל לב בך, שלא יהיה לבך חלוק על המקום'. [יג] ע"פ ישעיה כט, יג. ראה לעיל עמ' 364.

The "fear" [of God which the verse refers to] is awe of His majesty, blessed be He. It consists in being in awe of Him as one would be in the presence of a great, awe-inspiring king; and feeling humbled by His greatness whenever one is about to make the slightest move, and certainly when addressing Him in prayer or engaging in study of His Torah.

"Walking in His ways" embraces the whole subject of rectitude in one's character traits, and how one rectifies them. That is how [our Sages], may their memory be blessed, explained [this phrase], "Just as He is merciful, so you be merciful, etc." (see *Sifrei Devarim* 49; *Shabbat* 133b, et al.). The long and short of it is that a person should guide all his ethical traits, whatever kinds of action [those traits] govern, with rectitude and virtue. The guiding principle of our Sages, may their memory be blessed, is: [One should choose as the straight path] "the one which brings honor to its Creator, and brings him honor from his fellow men" (*Avot* 2:1). That is, whatever [path] leads to the goal of true benefaction, namely, the one that engenders a strengthening of the Torah and an enhancement of civic fraternity.

The "love" [of God to which the verse refers] consists in love for Him (blessed be He) that is so firmly implanted in one's heart, that he is moved to please Him just as he would his father and mother, is pained if he or others diminish [God's "pleasure"], is zealous in this regard, and rejoices greatly when he is able to do something [that is pleasing to Him].

The "wholeheartedness" [to which the verse refers] consists in serving [God] (blessed be He) with pure intent, namely, for the sake of His worship itself and without any ulterior aim. Also subsumed under this [principle] is that one be wholly committed to [God's] service – not like someone who wavers in his commitments or fulfills the commandments by rote, but whose whole heart is committed to this [service].

"Observance of all the *mitzvot*" consists in precisely what this phrase indicates, namely, observing all the commandments according to their detailed rules and stipulations.

Now all these are general principles that require extensive elaboration. I found that our Sages, may their memory be blessed, included these elements within a different order and division, [one] that is more detailed and ordered according to the step-by-step

לְפִי הַהַדְרָגָה הַמִּצְטָרֶכֶת בָּהֶם לִקְנוֹת אוֹתָם עַל נָכוֹן. וְהוּא מַה שֶּׁאָמְרוּ בַּבְּרַיְתָא, הוּבְאָה בִּמְקוֹמוֹת שׁוֹנִים בַּשַּׁ"ס,[יד] וְאֶחָד מֵהֶם בְּפֶרֶק לִפְנֵי אֵידֵיהֶן,[טו] זֶה לְשׁוֹנָם: מִכָּאן אָמַר רַבִּי פִּנְחָס בֶּן יָאִיר: תּוֹרָה מְבִיאָה לִידֵי זְהִירוּת {וּזְהִירוּת[טז] מְבִיאָה לִידֵי זְרִיזוּת, וּזְרִיזוּת מְבִיאָה לִידֵי נְקִיּוּת, נְקִיּוּת מְבִיאָה לִידֵי פְּרִישׁוּת, פְּרִישׁוּת מְבִיאָה לִידֵי טָהֳרָה, טָהֳרָה מְבִיאָה לִידֵי חֲסִידוּת, חֲסִידוּת מְבִיאָה לִידֵי עֲנָוָה, עֲנָוָה מְבִיאָה לִידֵי יִרְאַת חֵטְא, יִרְאַת חֵטְא מְבִיאָה לִידֵי קְדֻשָּׁה, קְדֻשָּׁה מְבִיאָה לִידֵי רוּחַ הַקֹּדֶשׁ, רוּחַ הַקֹּדֶשׁ מְבִיאָה לִידֵי תְּחִיַּת הַמֵּתִים} (עבודה זרה כ, ב).

וְהִנֵּה עַל פִּי הַבְּרַיְתָא הַזֹּאת הִסְכַּמְתִּי לְחַבֵּר חִבּוּרִי זֶה, לְלַמֵּד לְעַצְמִי וּלְהַזְכִּיר לַאֲחֵרִים תְּנָאֵי הָעֲבוֹדָה הַשְּׁלֵמָה לְמַדְרֵגוֹתֵיהֶם, וַאֲבָאֵר בְּכָל אֶחָד מֵהֶם עִנְיָנָיו וַחֲלָקָיו אוֹ פְּרָטָיו, הַדֶּרֶךְ לִקְנוֹת אוֹתוֹ, וּמָה הֵם מַפְסִידָיו וְהַדֶּרֶךְ לִישָּׁמֵר מֵהֶם. כִּי אֶקְרָא בּוֹ אֲנִי וְכָל מִי שֶׁיִּמְצָא בּוֹ נַחַת, לְמַעַן נִלְמַד לְיִרְאָה אֶת ה' אֱלֹקֵינוּ,[יז] וְלֹא תִשְׁכַּח מִמֶּנּוּ חוֹבָתֵנוּ לְפָנָיו. וַאֲשֶׁר חָמְרִיּוּת הַטֶּבַע מִשְׁתַּדֵּל לְהָסִיר מִלִּבֵּנוּ, הַקְּרִיאָה וְהַהִסְתַּכְּלוּת יַעֲלֶה עַל זִכְרוֹנֵנוּ וִיעִירֵנוּ אֶל הַמִּצְוָה עָלֵינוּ.

וַה' יִהְיֶה בְכִסְלֵנוּ וְיִשְׁמֹר רַגְלֵנוּ מִלָּכֶד. וְתִתְקַיֵּם בָּנוּ בַּקָּשַׁת הַמְשׁוֹרֵר הֶאָהוּב לֵאלֹהָיו: הוֹרֵנִי ה' דַּרְכֶּךָ אֲהַלֵּךְ בַּאֲמִתֶּךָ יַחֵד לְבָבִי לְיִרְאָה שְׁמֶךָ (תהלים פו, יא), אָמֵן כֵּן יְהִי רָצוֹן.

[יד] דברי ר' פנחס בן יאיר מובאים בסוף מסכת סוטה, אם כהמשכה של המשנה האחרונה של המסכת – כך בדפו"י, בע"י ובהרבה כתבי יד של משנת סוטה – או כברייתא – עיין מלאכת שלמה ותוספות יו"ט. הברייתא הובאה בכמה כתבי יד של מסכת כתובות בדף מו, א, ראה דקדוקי סופרים השלם לכתובות, עמ' שלז-שלח, ובירושלמי שבת פ"א ה"ג (ג, ג); שקלים פ"ג ה"ג (מז, ג). יש לציין שרבינו כאן כותב שהברייתא הובאה 'במקומות שונים בש"ס ואחד מהם בפ' לפני אידיהן', ואילו בס"ו כתב רק שהובאה 'בש"ס מ' ע"ז'. ועיין 'מאה שערים' (לר"א קפשאלי), כרך שני, עמ' תצו ובהערות שם.
[טו] בד"ר: 'אידהן'. התיקון ע"פ המקור. [טז] רבו נוסחאותיה של הברייתא במקורות השונים בהם הובאה; השלמנו הנוסח לפי הסדר שעל פיו ערך רבינו את ספרו.
[יז] ע"פ דברים יד, כג.

progression that is necessary to rightly acquire them. I refer to the statement in a baraita cited in various places in the Talmud, one of them being the chapter [that begins] *Lifnei Eideihen* (*Avodah Zarah* 20b), "From this Rabbi Pinhas ben Yair derived: Torah leads to vigilance; {vigilance leads to alacrity; alacrity leads to blamelessness; blamelessness leads to separateness [from the worldly]; separateness leads to purity; purity leads to piety; piety leads to humility; humility leads to fear of sin; fear of sin leads to sanctity; sanctity leads to the holy spirit; the holy spirit leads to resurrection}."

I have decided to compose this treatise following [the scheme provided by] this baraita to teach myself and remind others of the [qualities] necessary to achieve complete service [of God], according to their ranks. For each [quality], I will explain its nature, its elements or details, its mode of acquisition, the things that are detrimental to it and how to guard against them. For I, and anyone else who finds this book pleasing, can then read it, so that we may learn to fear the Lord our God and not forget our duty to Him. What the materiality of [our] nature seeks to erase from our mind, [this] reading and reflection will call to memory, wakening us to what we have been commanded.

May the Lord be our support and keep us clear of pitfalls. And may the petition of the poet, beloved of his God, be fulfilled in us, "Teach me Your way, O Lord, that I may walk in Your truth; let me be one in heart to fear Your Name" (Tehillim 86:11). Amen, may such be [His] will.

פֶּרֶק א:

בְּבֵאוּר כְּלַל חוֹבַת הָאָדָם בְּעוֹלָמוֹ

הָאָדָם לֹא נִבְרָא אֶלָּא לְהִתְעַנֵּג עַל ה׳, וְזֶה בָּעוֹלָם הַבָּא. וְהָאֶמְצָעִים לָזֶה הֵם הַמִּצְווֹת, וּמְקוֹם עֲשִׂיָּתָם בָּעוֹלָם הַזֶּה • הָעוֹלָם הַזֶּה דּוֹמֶה לִפְרוֹזְדוֹר וְכוּ׳ • הַיּוֹם לַעֲשׂוֹתָם וּמָחָר לְקַבֵּל שְׂכָרָם • הָאָדָם בָּעוֹלָם הַזֶּה הוּא בְּתוֹךְ מִלְחָמָה חֲזָקָה שֶׁכָּל עִנְיָנָיו נִסְיוֹנוֹת לוֹ • כֵּיוָן שֶׁרָאָה אוֹר שֶׁגְּנָזוֹ לַצַּדִּיקִים שָׂמַח • בְּשָׁעָה שֶׁבָּרָא הַקָּדוֹשׁ בָּרוּךְ הוּא אֶת אָדָם הָרִאשׁוֹן נְטָלוֹ וְהֶחֱזִירוֹ עַל כָּל אִילָנֵי גַּן עֵדֶן וְכוּ׳ • מִי שֶׁטָּרַח בְּעֶרֶב שַׁבָּת יֹאכַל בְּשַׁבָּת • הָעוֹלָם הַזֶּה דּוֹמֶה לַיַּבָּשָׁה וְהָעוֹלָם הַבָּא לַיָּם • וְגַם הַנֶּפֶשׁ לֹא תִמָּלֵא, מָשָׁל לְמַה הַדָּבָר דּוֹמֶה? לְעִירוֹנִי שֶׁנָּשָׂא בַּת מְלָכִים וְכוּ׳ • עַל כָּרְחֲךָ אַתָּה נוֹצָר • עִקַּר בְּרִיאָתוֹ שֶׁל אָדָם לְמַצָּבוֹ בָּעוֹלָם הַבָּא הִיא וְכוּ׳ • כְּפִי כֹּחַ הָאֶמְצָעִים וְשִׁמּוּשָׁם כֵּן יִהְיֶה הַתַּכְלִית הַנּוֹלָד מֵהֶם

יְסוֹד הַחֲסִידוּת וְשֹׁרֶשׁ הָעֲבוֹדָה הַתְּמִימָה הוּא שֶׁיִּתְבָּרֵר וְיִתְאַמֵּת אֵצֶל הָאָדָם מַה חוֹבָתוֹ בְּעוֹלָמוֹ, וּלְמָה צָרִיךְ שֶׁיָּשִׂים מַבָּטוֹ וּמְגַמָּתוֹ בְּכָל אֲשֶׁר הוּא עָמֵל כָּל יְמֵי חַיָּיו.

וְהִנֵּה מַה שֶּׁהוֹרוּנוּ הַחֲכָמִים זִכְרוֹנָם לִבְרָכָה הוּא שֶׁהָאָדָם לֹא נִבְרָא אֶלָּא לְהִתְעַנֵּג עַל ה׳ וְלֵהָנוֹת מִזִּיו שְׁכִינָתוֹ,[א] שֶׁזֶּהוּ הַתַּעֲנוּג הָאֲמִתִּי וְהָעִדּוּן הַגָּדוֹל מִכָּל הָעִדּוּנִים שֶׁיְּכוֹלִים לִימָּצֵא.

וּמְקוֹם הָעִדּוּן הַזֶּה בֶּאֱמֶת הוּא הָעוֹלָם הַבָּא, כִּי הוּא הַנִּבְרָא בַּהֲכָנָה הַמִּצְטָרֶכֶת לַדָּבָר הַזֶּה. אַךְ הַדֶּרֶךְ כְּדֵי לְהַגִּיעַ אֶל מְחוֹז חֶפְצֵנוּ זֶה, הוּא זֶה הָעוֹלָם. וְהוּא מַה שֶּׁאָמְרוּ זִכְרוֹנָם לִבְרָכָה: הָעוֹלָם הַזֶּה דּוֹמֶה

[א] עיין זוהר בראשית, ח״א, מז, א.

One:

Man's Duty in Life

Man was created solely to delight in God in the world-to-come; the means that lead to this [end] are the *mitzvot*, which can [only] be performed in this world • This world is like an antechamber, [before the world-to-come] • "Today to do them" and tomorrow to receive their reward • Man in this world is placed in the midst of a fierce battle, for all [worldly] affairs are trials for him • When the light saw that [the Holy One, blessed be He,] had stored it away for the righteous, it rejoiced • When the Holy One, blessed be He, created Primeval Adam, He took him around to all the trees in the Garden of Eden, and so on • He who toils on the eve of the Sabbath will feast on the Sabbath • This world may be compared to dry land, and the world-to-come to the sea • "But the soul is not fulfilled." To what can this be compared? To a provincial who married a princess, and so on • Perforce you are formed • The fundamental purpose of man's creation was for his stand in the world-to-come, and so on • The end engendered by [specific] means will vary with their potency and the way they are employed

---

The foundation of [all] piety and the root of complete [Divine] service is that a person comprehend the true nature of his duty in life and the aim and objective he must adopt in all his labors, as long as he lives.

Our Sages, may their memory be blessed, have taught us that man was created solely to delight in God and take pleasure in the splendor of the *Shekhinah*. For that is the true delight and the greatest delectation that can possibly be.

The place in which this delectation is truly realized is the world-to-come, for it was created in the state of preparation that this [spiritual delight] requires. But the path that leads to that haven of ours runs through this world. This is what [our Sages], may their memory be blessed, meant when they said: "This world

לִפְרוֹזְדוֹר בִּפְנֵי הָעוֹלָם הַבָּא (אבות ד, טז). וְהָאֶמְצָעִים הַמַּגִּיעִים אֶת הָאָדָם לַתַּכְלִית הַזֶּה הֵם הַמִּצְווֹת אֲשֶׁר צִוָּנוּ עֲלֵיהֶן הָאֵל יִתְבָּרַךְ שְׁמוֹ, וּמְקוֹם עֲשִׂיַּת הַמִּצְווֹת הוּא רַק הָעוֹלָם הַזֶּה. עַל כֵּן הוּשַׂם הָאָדָם בְּזֶה הָעוֹלָם בַּתְּחִלָּה, כְּדֵי שֶׁעַל יְדֵי הָאֶמְצָעִים הָאֵלֶּה הַמְּזֻמָּנִים לוֹ כָּאן יוּכַל לְהַגִּיעַ אֶל הַמָּקוֹם אֲשֶׁר הוּכַן לוֹ שֶׁהוּא הָעוֹלָם הַבָּא, לִרְווֹת שָׁם בַּטּוֹב[ב] אֲשֶׁר קָנָה לוֹ עַל יְדֵי אֶמְצָעִים אֵלֶּה. וְהוּא מַה שֶּׁאָמְרוּ זִכְרוֹנָם לִבְרָכָה: הַיּוֹם לַעֲשׂוֹתָם (דברים ז, יא) וּמָחָר לְקַבֵּל שְׂכָרָם (עירובין כב, א).

וּכְשֶׁתִּסְתַּכֵּל עוֹד בַּדָּבָר תִּרְאֶה כִּי הַשְּׁלֵמוּת הָאֲמִתִּי הוּא רַק הַדְּבֵקוּת בּוֹ יִתְבָּרַךְ. וְהוּא מַה שֶּׁהָיָה דָּוִד הַמֶּלֶךְ אוֹמֵר: וַאֲנִי קִרֲבַת אֱלֹקִים לִי טוֹב (תהלים עג, כח), וְאוֹמֵר: אַחַת שָׁאַלְתִּי מֵאֵת ה׳ אוֹתָהּ אֲבַקֵּשׁ שִׁבְתִּי בְּבֵית ה׳ כָּל יְמֵי חַיַּי {לַחֲזוֹת בְּנֹעַם ה׳ וּלְבַקֵּר בְּהֵיכָלוֹ} (שם כז, ד). כִּי רַק זֶה הוּא הַטּוֹב, וְכָל זוּלַת זֶה שֶׁיַּחְשְׁבוּהוּ בְּנֵי הָאָדָם לְטוֹב, אֵינוֹ אֶלָּא הֶבֶל וְשָׁוְא נִתְעֶה.[ג] אָמְנָם לְשֶׁיִּזְכֶּה הָאָדָם לַטּוֹבָה הַזֹּאת, רָאוּי שֶׁיַּעֲמֹל רִאשׁוֹנָה וְיִשְׁתַּדֵּל בִּיגִיעוֹ לִקְנוֹתָהּ; וְהַיְנוּ, שֶׁיִּשְׁתַּדֵּל לִידָּבֵק בּוֹ יִתְבָּרַךְ בְּכֹחַ מַעֲשִׂים שֶׁתּוֹלַדְתָּם זֶה הָעִנְיָן, וְהֵם הֵם הַמִּצְווֹת.

וְהִנֵּה שָׂמוֹ הַקָּדוֹשׁ בָּרוּךְ הוּא לָאָדָם בְּמָקוֹם שֶׁרַבִּים בּוֹ הַמַּרְחִיקִים אוֹתוֹ מִמֶּנּוּ יִתְבָּרַךְ, וְהֵם הֵם הַתַּאֲווֹת הַחָמְרִיּוֹת, אֲשֶׁר אִם יִמָּשֵׁךְ אַחֲרֵיהֶן הִנֵּה הוּא מִתְרַחֵק וְהוֹלֵךְ מִן הַטּוֹב הָאֲמִתִּי. וְנִמְצָא שֶׁהוּא מוּשָׂם בֶּאֱמֶת בְּתוֹךְ הַמִּלְחָמָה הַחֲזָקָה. כִּי כָּל עִנְיְנֵי הָעוֹלָם, בֵּין לְטוֹב בֵּין לְמוּטָב, הִנֵּה הֵם נִסְיוֹנוֹת לָאָדָם. הָעֹנִי מִצַּד אֶחָד וְהָעֹשֶׁר מִצַּד אֶחָד,[ד] כְּעִנְיַן שֶׁאָמַר שְׁלֹמֹה: פֶּן אֶשְׂבַּע וְכִחַשְׁתִּי וְאָמַרְתִּי מִי ה׳ וּפֶן אִוָּרֵשׁ וְגָנַבְתִּי {וְתָפַשְׂתִּי שֵׁם אֱלֹקָי} (משלי ל, ט). הַשַּׁלְוָה מִצַּד אֶחָד וְהַיִּסּוּרִין מִצַּד אֶחָד עַד שֶׁנִּמְצֵאת הַמִּלְחָמָה אֵלָיו פָּנִים וְאָחוֹר. וְאִם יִהְיֶה לְבֶן חַיִל וְיִנַּצַּח הַמִּלְחָמָה מִכָּל הַצְּדָדִין, הוּא יִהְיֶה הָאָדָם הַשָּׁלֵם אֲשֶׁר יִזְכֶּה לִידָּבֵק בְּבוֹרְאוֹ,

[ב] או: בַּטּוֹב. [ג] ע״פ איוב טו, לא. [ד] או: אַחֵר. בד״ר (ובכתה״י): ׳א׳.

is like an antechamber before the world-to-come" (*Avot* 4:16). The means that lead man to this end are the *mitzvot* that God, blessed be His name, commanded us, and only in this world can those *mitzvot* be performed. Man was, therefore, placed in this world first, so that through the means available to him here, he could reach the place prepared for him, namely the world-to-come, there to feast on the good he has acquired through these means. This is what [the Sages], may their memory be blessed, meant when they said: "'Today to do them' (Devarim 7:11) and tomorrow to receive their reward" (*Eruvin* 22a).

If you examine the matter further, you will see that true perfection lies only in cleaving to Him, blessed be He. And this is what King David says: "As for me, nearness to God is my good" (Tehillim 73:28).And further: "One thing have I desired of the Lord, that will I seek; that I may dwell in the house of the Lord all the days of my life, {to gaze upon the splendor of the Lord to frequent His Temple}" (Tehillim 27:4). For that alone is [true] good, while everything else that people deem to be good is but vanity and a deceptive lie. But for a person to attain to this good, he ought to first work and endeavor to acquire it by his [own] exertion; that is, he must strive to cleave to Him by way of deeds that result in this end, namely, the *mitzvot*.

Now the Holy One, blessed be He, has put man in a place with many things that can draw him away from Him, blessed be He. Those are the material desires. If one allows himself to be drawn after them, he will move ever further from the true good. He is thus truly placed in the midst of a fierce battle. For all worldly affairs, fortunate or unfortunate, are trials for man. There is poverty on the one hand and wealth on the other. As Shelomo put it: "Lest, being full, I deny, saying, Who is the Lord? Or being in want, I steal, {and profane the name of my God}" (Mishlei 30:9). There is tranquility on the one hand and suffering on the other. So he is beset by battle on all fronts. If he is valiant and victorious on all fronts, he will be that complete person who attains to communion with his Creator.

וְיֵצֵא מִן הַפְּרוֹזְדוֹר הַזֶּה וְיִכָּנֵס בַּטְּרַקְלִין לֵיאוֹר בְּאוֹר הַחַיִּים.[ה] וּכְפִי הַשִּׁעוּר אֲשֶׁר כָּבַשׁ אֶת יִצְרוֹ וְתַאֲווֹתָיו, וְנִתְרַחֵק מִן הַמַּרְחִיקִים אוֹתוֹ מֵהַטּוֹב, וְנִשְׁתַּדֵּל לִידָּבֵק בּוֹ, כֵּן יַשִּׂיגֵהוּ וְיִשְׂמַח בּוֹ.

וְאִם תַּעֲמִיק עוֹד בָּעִנְיָן, תִּרְאֶה כִּי הָעוֹלָם נִבְרָא לְשִׁמּוּשׁ הָאָדָם. אָמְנָם הִנֵּה הוּא עוֹמֵד בְּשִׁקּוּל גָּדוֹל. כִּי אִם הָאָדָם נִמְשָׁךְ אַחַר הָעוֹלָם וּמִתְרַחֵק מִבּוֹרְאוֹ, הִנֵּה הוּא מִתְקַלְקֵל וּמְקַלְקֵל הָעוֹלָם עִמּוֹ. וְאִם הוּא שׁוֹלֵט בְּעַצְמוֹ וְנִדְבָּק בְּבוֹרְאוֹ וּמִשְׁתַּמֵּשׁ מִן הָעוֹלָם רַק לִהְיוֹת לוֹ לְסִיּוּעַ לַעֲבֹד בּוֹרְאוֹ, הוּא מִתְעַלֶּה וְהָעוֹלָם עַצְמוֹ מִתְעַלֶּה עִמּוֹ. כִּי הִנֵּה עִלּוּי גָּדוֹל הוּא לַבְּרִיּוֹת כֻּלָּם בִּהְיוֹתָם מְשַׁמְּשֵׁי הָאָדָם הַשָּׁלֵם הַמְקֻדָּשׁ בִּקְדֻשָּׁתוֹ יִתְבָּרַךְ. וְהוּא כְּעִנְיַן מַה שֶּׁאָמְרוּ חֲכָמֵינוּ זִכְרוֹנָם לִבְרָכָה בְּעִנְיַן הָאוֹר שֶׁגְּנָזוֹ הַקָּדוֹשׁ בָּרוּךְ הוּא לַצַּדִּיקִים, זֶה לְשׁוֹנָם (חגיגה יב, א): וְכֵיוָן שֶׁרָאָה אוֹר שֶׁגְּנָזוֹ הַקָּדוֹשׁ בָּרוּךְ הוּא לַצַּדִּיקִים שָׂמַח, שֶׁנֶּאֱמַר: אוֹר צַדִּיקִים יִשְׂמָח (משלי יג, ט). וּבְעִנְיַן אַבְנֵי הַמָּקוֹם שֶׁלָּקַח יַעֲקֹב וְשָׂם מְרַאֲשׁוֹתָיו אָמְרוּ: אָמַר רַבִּי יִצְחָק, מְלַמֵּד שֶׁנִּתְקַבְּצוּ כֻּלָּן לְמָקוֹם אֶחָד, וְהָיְתָה כָּל אַחַת אוֹמֶרֶת, עָלַי יָנוּחַ צַדִּיק רֹאשׁוֹ (חולין צא, ב).

וְהִנֵּה עַל הָעִקָּר הַזֶּה הֶעִירוּנוּ זִכְרוֹנָם לִבְרָכָה בְּמִדְרַשׁ קֹהֶלֶת (ז, יג), שֶׁאָמְרוּ זֶה לְשׁוֹנָם: רְאֵה אֶת כָּל[ו] מַעֲשֵׂה הָאֱלֹקִים {כִּי מִי יוּכַל לְתַקֵּן אֵת אֲשֶׁר עִוְּתוֹ} (קהלת ז, יג). בְּשָׁעָה שֶׁבָּרָא הַקָּדוֹשׁ בָּרוּךְ הוּא אֶת אָדָם הָרִאשׁוֹן, נְטָלוֹ וְהֶחֱזִירוֹ עַל כָּל אִילָנֵי גַּן עֵדֶן, אָמַר לוֹ: רְאֵה מַעֲשַׂי כַּמָּה נָאִים וּמְשֻׁבָּחִים הֵן, וְכָל מַה שֶּׁבָּרָאתִי בִּשְׁבִילְךָ בָּרָאתִי, תֵּן דַּעְתְּךָ שֶׁלֹּא תְּקַלְקֵל וְתַחֲרִיב אֶת עוֹלָמִי.

כְּלָלוֹ שֶׁל דָּבָר: הָאָדָם לֹא נִבְרָא בַּעֲבוּר מַצָּבוֹ בָּעוֹלָם הַזֶּה אֶלָּא בַּעֲבוּר מַצָּבוֹ בָּעוֹלָם הַבָּא, אֶלָּא שֶׁמַּצָּבוֹ בָּעוֹלָם הַזֶּה הוּא אֶמְצָעִי לְמַצָּבוֹ בָּעוֹלָם הַבָּא שֶׁהוּא הַתַּכְלִיתִי. עַל כֵּן

[ה] ע"פ איוב לג, ל. [ו] מלת 'כל' אינה במקרא.

He will leave this vestibule and enter the banquet hall to bask in the light of life. To the degree that he has conquered his inclination and desires, avoided impediments to the good, and has striven to cling to it, he will attain [that good] and rejoice in it.

If you delve more deeply into the matter, you will see that the world was created to serve man. [Man], however, confronts a crucial test. For if he succumbs to the allure of this world and is estranged from his Creator, he will be debased and debase the world along with himself. But if he masters himself, cleaves to his Creator and uses the [material] world only as an aid to serve Him, he will be elevated and the world itself will be elevated along with him. For it confers great nobility on all creatures to serve the complete man, one who has been sanctified with the sanctity of [God], blessed be He. This is similar to what our Sages, may their memory be blessed, said regarding the light that the Holy One, blessed be He, stored away for the righteous: "When the light saw that the Holy One, blessed be He, had stored it away for the righteous, it rejoiced. As the verse states (Mishlei 13:9): 'The light [that is designated for] the righteous rejoices'" (*Hagigah* 12a). And in regard to the "stones of that place" which Yaakov took and placed under his head, they said, "Rabbi Yitzhak said: This teaches that all [the stones] gathered together in one place and each one said, 'Let the righteous man rest his head upon me'" (*Hullin* 91b).

[Our Sages], may their memory be blessed, alerted us to this principle in *Midrash Kohelet*. They said, "'Consider the work of God; {for who can make straight what he has made crooked}' (Kohelet 7:13). When the Holy One, blessed be He, created Primeval Adam, He took him around to all the trees in the Garden of Eden. He said to him, 'See my works, how beautiful and excellent they are. And all that I have created, I have created for your sake. Take heed that you not sin and destroy My world'"(*Kohelet Rabba* 7:13).

In summary, man was created not for his state in this world, but for his state in the world-to-come. His state in this world, however, serves as the means toward [attaining] his state in the world-to-come, which is the ultimate one. You will, therefore,

תִּמְצָא מַאַמְרֵי חֲכָמֵינוּ זִכְרוֹנָם לִבְרָכָה רַבִּים, כֻּלָּם בְּסִגְנוֹן אֶחָד, מְדַמִּים הָעוֹלָם הַזֶּה לְמָקוֹם וּזְמַן הַהֲכָנָה, וְהָעוֹלָם הַבָּא לִמְקוֹם הַמְּנוּחָה וַאֲכִילַת הַמּוּכָן כְּבָר. וְהוּא מַה שֶּׁאָמְרוּ: הָעוֹלָם הַזֶּה דּוֹמֶה לִפְרוֹזְדוֹר [בִּפְנֵי הָעוֹלָם הַבָּא; הַתְקֵן עַצְמְךָ בַּפְּרוֹזְדוֹר כְּדֵי שֶׁתִּכָּנֵס לַטְּרַקְלִין] (אבות ד, טז), כְּמוֹ שֶׁכָּתַבְתִּי לְמַעְלָה;ז הַיּוֹם לַעֲשׂוֹתָם (דברים ז, יא) וּמָחָר {לְקַבֵּל שְׂכָרָם} (עירובין כב, א); מִי שֶׁטָּרַח בְּעֶרֶב שַׁבָּת יֹאכַל בְּשַׁבָּת (עבודה זרה ג, א); הָעוֹלָם הַזֶּה דּוֹמֶה לְיַבָּשָׁה וְהָעוֹלָם הַבָּא לְיָם, {וְאִם אֵין אָדָם מְתַקֵּן לוֹ בַּיַּבָּשָׁה מַה יֹּאכַל בַּיָּם} (קהלת רבה א, טו). וְכָאֵלֶּה רַבִּים עַל זֶה הַדֶּרֶךְ.

וְתִרְאֶה בֶּאֱמֶת שֶׁכְּבָר לֹא יוּכַל שׁוּם בַּעַל שֵׂכֶל לְהַאֲמִין שֶׁתַּכְלִית בְּרִיאַת הָאָדָם הוּא לְמַצָּבוֹ בָּעוֹלָם הַזֶּה, כִּי מָה הֵם חַיֵּי הָאָדָם בָּעוֹלָם הַזֶּה, אוֹ מִי הוּא שֶׁשָּׂמֵחַ וְשָׁלֵו מַמָּשׁ בָּעוֹלָם הַזֶּה. יְמֵי שְׁנוֹתֵינוּ בָהֶם שִׁבְעִים שָׁנָה וְאִם בִּגְבוּרֹת שְׁמוֹנִים שָׁנָה וְרָהְבָּם עָמָל וָאָוֶן (תהלים צ, י), בְּכַמָּה מִינֵי צַעַר וָחֳלָאִים וּמַכְאוֹבִים וּטְרָדוֹת, וְאַחַר כָּל זֹאת הַמָּוֶת. אֶחָד מִנִּי אֶלֶף לֹא יִמָּצֵא שֶׁיַּרְבֶּה הָעוֹלָם לוֹ הֲנָאוֹת וְשַׁלְוָה אֲמִתִּית, וְגַם הוּא אִלּוּ יַגִּיעַ לְמֵאָה שָׁנָה כְּבָר עָבַר וּבָטֵל מִן הָעוֹלָם.

וְלֹא עוֹד אֶלָּא שֶׁאִם תַּכְלִית בְּרִיאַת הָאָדָם הָיָה לְצֹרֶךְ הָעוֹלָם הַזֶּה, לֹא הָיָה צָרִיךְ מִפְּנֵי זֶה שֶׁתִּנָּפַח בּוֹ נְשָׁמָה כָּל כָּךְ חֲשׁוּבָה וְעֶלְיוֹנָה שֶׁתִּהְיֶה גְּדוֹלָה יוֹתֵר מִן הַמַּלְאָכִים עַצְמָם, כָּל שֶׁכֵּן שֶׁהִיא אֵינָהּ מוֹצְאָה שׁוּם נַחַת רוּחַ בְּכָל עִנּוּגֵי זֶה הָעוֹלָם. וְהוּא מַה שֶּׁלִּמְּדוּנוּ זִכְרוֹנָם לִבְרָכָה בְּמִדְרַשׁ קֹהֶלֶת (ו, ו), זֶה לְשׁוֹנָם: [כָּל עֲמַל הָאָדָם לְפִיהוּ] וְגַם הַנֶּפֶשׁ לֹא תִמָּלֵא (קהלת ו, ז), מָשָׁל לְמָה הַדָּבָר דּוֹמֶה? לְעִירוֹנִי שֶׁנָּשָׂא בַּת מְלָכִים, אִם יָבִיא לָהּ כָּל מַה שֶּׁבָּעוֹלָם אֵינָם חֲשׁוּבִים לָהּ כְּלוּם, שֶׁהִיא בַּת מֶלֶךְ. כָּךְ הַנֶּפֶשׁ, אִלּוּ הֵבֵאתָ לָהּ כָּל מַעֲדַנֵּי עוֹלָם אֵינָם כְּלוּם

[ז] בתחילת הפרק. בד"ר: 'כמש"ל'.

find many dicta of our Sages, may their memory be blessed, all employing the same mode of expression. They compare this world to a place and time of preparation, and the world-to-come to a place of tranquility and partaking of the already-prepared. As [our Sages] have said: "This world is like an antechamber [before the world-to-come. Prepare yourself in the antechamber, so you may enter the banquet hall]" (*Avot* 4:16), as I have cited above. "'Today to do them' (Devarim 7:11) and tomorrow {to receive their reward}" (*Eruvin* 22a). [Additionally]: "He who toils on the eve of the Sabbath will feast on the Sabbath" (*Avodah Zarah* 3a). "This world may be compared to dry land, and the world-to-come to the sea. {If a person does not provide for himself on dry land, what will he eat at sea}" (*Kohelet Rabba* 1:15). There are many such statements along these lines.

Indeed, you can see that no person of intelligence could possibly believe that the purpose of man's creation is his existence in this world. For what is man's life in this world? Who is really happy and tranquil in this world? For seventy is the sum of our years, eighty if we are strong, and at their best they are but toil and sorrow with all sorts of distress and sickness, pain and troubles, and after all that, death. Not one out of a thousand is to be found to whom the world offers copious pleasures and true tranquility. And even he, if he reaches the age of a hundred, [is as one who] has already passed away and departed the world.

Moreover, if man was created for the sake of this world, it would not have been necessary for him to be imbued with a soul so noble and exalted as to be greater than the angels themselves. All the more so, since [the soul] finds no satisfaction in any of the delights of this world. This is what [our Sages], may their memory be blessed, taught us in *Midrash Kohelet* (6:6) [regarding the verse], "[All man's toil is for his mouth], but the soul is not fulfilled" (Kohelet 6:7): "To what can this be compared? To a provincial who married a princess. [Even] if he gives her everything in the world, it will mean nothing to her. Why? Because she is a princess. So too the soul, [even] if you give it all the delicacies in the world, they will

לָהּ, לָמָּה? שֶׁהִיא מִן הָעֶלְיוֹנִים. וְכֵן אָמְרוּ זִכְרוֹנָם לִבְרָכָה: עַל כָּרְחֲךָ אַתָּה נוֹצָר וְעַל כָּרְחֲךָ אַתָּה נוֹלָד (אבות ד, כב). כִּי אֵין הַנְּשָׁמָה אוֹהֶבֶת הָעוֹלָם הַזֶּה כְּלָל, אֶלָּא אַדְּרַבָּא מוֹאֶסֶת בּוֹ. אִם כֵּן וַדַּאי לֹא הָיָה בּוֹרֵא הַבּוֹרֵא יִתְבָּרַךְ בְּרִיאָה לְתַכְלִית שֶׁהוּא נֶגֶד חֻקָּהּ וְנִמְאָס מִמֶּנָּה. אֶלָּא בְּרִיאָתוֹ שֶׁל הָאָדָם לְמַצָּבוֹ בָּעוֹלָם הַבָּא הִיא; וְעַל כֵּן נִתְּנָה בּוֹ נְשָׁמָה זֹאת, כִּי לָהּ רָאוּי לַעֲבֹד וּבָהּ יוּכַל הָאָדָם לְקַבֵּל הַשָּׂכָר בִּמְקוֹמוֹ וּזְמַנּוֹ, שֶׁלֹּא יִהְיֶה דָּבָר נִמְאָס אֶל נִשְׁמָתוֹ כָּעוֹלָם הַזֶּה, אֶלָּא אַדְּרַבָּא נֶאֱהָב וְנֶחְמָד מִמֶּנָּה, וְזֶה פָּשׁוּט.

וְהִנֵּה אַחַר שֶׁיָּדַעְנוּ זֶה, נָבִין מִיָּד חֹמֶר הַמִּצְווֹת אֲשֶׁר עָלֵינוּ וְיֹקֶר הָעֲבוֹדָה אֲשֶׁר בְּיָדֵנוּ, כִּי הִנֵּה אֵלֶּה הֵם הָאֶמְצָעִים הַמְּבִיאִים אוֹתָנוּ אֶל הַשְּׁלֵמוּת הָאֲמִתִּי אֲשֶׁר בִּלְעָדָם לֹא יֻשַּׂג כְּלָל.[ח] וְאוּלָם יָדוּעַ כִּי אֵין הַתַּכְלִית מַגִּיעַ אֶלָּא מִכֹּחַ קִבּוּץ כָּל הָאֶמְצָעִים אֲשֶׁר נִמְצְאוּ וַאֲשֶׁר שִׁמְּשׁוּ לְהַגִּיעוֹ, וּכְפִי כֹּחַ הָאֶמְצָעִים וְשִׁמּוּשָׁם כֵּן יִהְיֶה הַתַּכְלִית הַנּוֹלָד מֵהֶם. וְכָל הֶפְרֵשׁ קָטָן שֶׁיִּמָּצֵא בָּאֶמְצָעִים, תִּבָּחֵן תּוֹלַדְתּוֹ בְּבֵרוּר וַדַּאי בְּהַגִּיעַ זְמַן הַתַּכְלִית הַנּוֹלָד מִקִּבּוּץ כֻּלָּם, כְּמוֹ שֶׁכָּתַבְתִּי, וְזֶה בָּרוּר. מֵעַתָּה וַדַּאי הוּא שֶׁהַדִּקְדּוּק שֶׁיְּדֻקְדַּק עַל עִנְיַן הַמִּצְווֹת וְהָעֲבוֹדָה מֻכְרָח שֶׁיִּהְיֶה בְּתַכְלִית הַדִּקְדּוּק, כַּאֲשֶׁר יְדַקְדְּקוּ שׁוֹקְלֵי הַזָּהָב וְהַפְּנִינִים לְרֹב יָקְרָם, כִּי תּוֹלַדְתָּם נוֹלֶדֶת בַּשְּׁלֵמוּת הָאֲמִתִּי וְהַיְקָר הַנִּצְחִי שֶׁאֵין יְקָר לְמַעְלָה מִמֶּנּוּ.

נִמְצֵינוּ לְמֵדִים, כִּי עִקַּר מְצִיאוּת הָאָדָם בָּעוֹלָם הַזֶּה הוּא רַק לְקַיֵּם מִצְוֹת וְלַעֲבֹד וְלַעֲמֹד בַּנִּסָּיוֹן, וַהֲנָאוֹת הָעוֹלָם אֵין רָאוּי שֶׁיִּהְיוּ לוֹ אֶלָּא לְעֵזֶר וּלְסִיּוּעַ בִּלְבַד, לְשֶׁיִּהְיֶה לוֹ נַחַת רוּחַ וְיִשּׁוּב דַּעַת לְמַעַן יוּכַל לְפַנּוֹת לִבּוֹ אֶל הָעֲבוֹדָה הַזֹּאת הַמֻּטֶּלֶת עָלָיו.

[ח] בד"ר: 'כללי'. (טעות הדפוס.)

mean nothing to it. Why? Because it derives from the heavenly realm." Similarly, [the Sages], may their memory be blessed, said: "Perforce you are formed, and perforce you are born" (*Avot* 4:22). For the soul does not love this world whatsoever; to the contrary, it despises it. Surely then, the Creator, blessed be He, would not have created a being for a purpose which is contrary to its nature and which it despises. Rather, man was created for his stand in the world-to-come. Therefore, this soul was placed within him, for it befits the soul to serve [God], and with it man will be able to receive reward in the appropriate place and at the appropriate time, for [the world-to-come] is not something despicable to his soul as is this world, but to the contrary, it is loved and desired by it. This is obvious.

Once we realize this, we will immediately grasp the gravity of the commandments that are incumbent upon us and the seriousness of the [Divine] service that is in our hands. For these are the means which lead us to true perfection and without which it cannot be attained at all. It is well known, however, that an ultimate end results only from the confluence of all the available means that brought it about. And the end engendered by these means will vary with their potency and the way they were employed. The consequence of any slight deviation in the means will be quite clearly discernable when the time comes for the [realization of the] end generated by the confluence of all [these means], as I have explained. This is clear. Certainly then, the care that one devotes to the *mitzvot* and the [Divine] service must be of the highest degree – like the care with which gold and pearls are weighed because of their preciousness. For the consequences that arise from the [*mitzvot* and Divine service] are true perfection and eternal, unsurpassable glory.

We see, then, that the fundamental purpose of man's existence in this world is solely to keep the *mitzvot*, serve [God], and withstand trial. The world's pleasures should serve only to aid and assist him in being tranquil and composed, so that he may turn his heart to this service for which he is responsible.

וְאָמְנָם רָאוּי לוֹ שֶׁתִּהְיֶה כָּל פְּנִיָּתוֹ רַק לַבּוֹרֵא יִתְבָּרַךְ, וְשֶׁלֹּא יִהְיֶה לוֹ שׁוּם תַּכְלִית אַחֵר בְּכָל מַעֲשֶׂה שֶׁיַּעֲשֶׂה, אִם קָטָן וְאִם גָּדוֹל, אֶלָּא לְהִתְקָרֵב אֵלָיו יִתְבָּרַךְ, וְלִשְׁבֹּר כָּל הַמְּחִצּוֹת הַמַּפְסִיקוֹת בֵּינוֹ לְבֵין קוֹנוֹ, הֵן הֵנָּה כָּל עִנְיְנֵי הַחָמְרִיּוּת וְהַתָּלוּי בָּהֶם, עַד שֶׁיִּמָּשֵׁךְ אַחֲרָיו יִתְבָּרַךְ מַמָּשׁ כַּבַּרְזֶל אַחַר אֶבֶן הַשּׁוֹאֶבֶת. וְכָל מַה שֶּׁיּוּכַל לַחְשֹׁב שֶׁהוּא אֶמְצָעִי לַקִּרְבָה הַזֹּאת, יִרְדֹּף אַחֲרָיו וְיֹאחֵז בּוֹ וְלֹא יַרְפֵּהוּ. וּמַה שֶּׁיּוּכַל לַחְשֹׁב שֶׁהוּא מְנִיעָה לָזֶה, יִבְרַח מִמֶּנּוּ כִּבְרֹחַ מִן הָאֵשׁ. וּכְעִנְיָן שֶׁנֶּאֱמַר: דָּבְקָה נַפְשִׁי אַחֲרֶיךָ בִּי תָּמְכָה יְמִינֶךָ (תהלים סג, ט). כֵּיוָן שֶׁבִּיאָתוֹ לָעוֹלָם אֵינָהּ אֶלָּא לְתַכְלִית הַזֶּה, דְּהַיְנוּ לְהַשִּׂיג אֶת הַקִּרְבָה הַזֹּאת בְּמַלְּטוֹ נַפְשׁוֹ מִכָּל מוֹנְעֶיהָ וּמַפְסִידֶיהָ.

וְהִנֵּה אַחַר שֶׁיָּדַעְנוּ וְהִתְבָּרֵר אֶצְלֵנוּ אֲמִתַּת הַכְּלָל הַזֶּה, יֵשׁ לָנוּ לַחֲקֹר עַל פְּרָטָיו לְפִי מַדְרֵגוֹתֵיהֶם מִתְּחִלַּת הַדָּבָר וְעַד סוֹפוֹ, כְּמוֹ שֶׁסִּדְּרָם רַבִּי פִּנְחָס בֶּן יָאִיר בְּמַאֲמָר שֶׁלּוֹ שֶׁהֵבֵאנוּ כְּבָר בַּהַקְדָּמָתֵנוּ, וְהֵם: הַזְּהִירוּת, הַזְּרִיזוּת, הַנְּקִיּוּת, הַפְּרִישׁוּת, הַטָּהֳרָה, הַחֲסִידוּת, הָעֲנָוָה, יִרְאַת הַחֵטְא וְהַקְּדֻשָּׁה. וְעַתָּה נְבָאֲרֵם אֶחָד אֶחָד בְּסִיַּעְתָּא דִּשְׁמַיָּא.

It is indeed befitting that man's every inclination be directed solely toward the Creator, blessed be He, and that everything he does, great or small, should be for but one purpose: to draw near to Him, blessed be He, and break down all the barriers that separate him from His Maker – namely all matters material or attendant upon the material – till he is literally drawn after Him, like iron after a magnet. Whatever might conceivably serve as a means to such nearness, he should pursue, grasp and not let go. And whatever might conceivably impede it, he should flee from as he would from fire. As it is said, "My soul is attached to You, Your right hand upholds me" (Tehillim 63:9). For he has come into being for this purpose alone: to achieve that nearness by saving his soul from whatever might impede it or impair it.

Once we have come to recognize and understand clearly the truth of this principle, we must examine its details in accordance with their gradations, from beginning to end, as they were arranged by Rabbi Pinhas ben Yair in the statement that we have already cited in our introduction. They are: vigilance, alacrity, blamelessness, separateness, purity, piety, humility, fear of sin, and sanctity. And now, with God's help, we will explain them one by one.

פֶּרֶק ב:

בְּבֵאוּר מִדַּת הַזְּהִירוּת

הַמַּעֲלִים עֵינָיו מֵהַצָּלָתוֹ הוּא פָּחוּת מֵהַבְּהֵמוֹת • מִתַּחְבּוּלוֹת הַיֵּצֶר הָרָע הוּא שֶׁלֹּא לְהָנִיחַ לִבְנֵי הָאָדָם שֶׁיָּשִׂימוּ לֵב עַל מַעֲשֵׂיהֶם • אִם אֵין אָדָם רוֹצֶה לְפַקֵּחַ עַל עַצְמוֹ הַקָּדוֹשׁ בָּרוּךְ הוּא לֹא יִרְצֶה לְפַקֵּחַ עָלָיו • כָּל מִי שֶׁאֵין בּוֹ דֵּעָה אָסוּר לְרַחֵם עָלָיו

הִנֵּה עִנְיַן הַזְּהִירוּת הוּא שֶׁיִּהְיֶה הָאָדָם נִזְהָר בְּמַעֲשָׂיו וּבְעִנְיָנָיו, כְּלוֹמַר: מִתְבּוֹנֵן וּמְפַקֵּחַ עַל מַעֲשָׂיו וּדְרָכָיו, הֲטוֹבִים הֵם אִם לֹא, לְבִלְתִּי עֲזֹב נַפְשׁוֹ לְסַכָּנַת הָאֲבַדּוֹן, חַס וְשָׁלוֹם, וְלֹא יֵלֵךְ בְּמַהֲלַךְ הֶרְגֵּלוֹ כְּעִוֵּר בָּאֲפֵלָה. וְהִנֵּה זֶה דָּבָר שֶׁהַשֵּׂכֶל יְחַיְּבֵהוּ וַדַּאי. כִּי אַחֲרֵי שֶׁיֵּשׁ לָאָדָם דֵּעָה וְהַשְׂכֵּל לְהַצִּיל אֶת עַצְמוֹ וְלִבְרֹחַ מֵאֲבַדּוֹן נִשְׁמָתוֹ, אֵיךְ יִתָּכֵן שֶׁיִּרְצֶה לְהַעֲלִים עֵינָיו מֵהַצָּלָתוֹ, אֵין לְךָ פְּחִיתוּת וְהוֹלְלוּת רַע מִזֶּה וַדַּאי.

וְהָעוֹשֶׂה כֵּן הִנֵּה הוּא פָּחוּת מֵהַבְּהֵמוֹת וּמֵהַחַיּוֹת אֲשֶׁר בְּטִבְעָם לִשְׁמֹר אֶת עַצְמָם, וְעַל כֵּן יִבְרְחוּ וְיָנוּסוּ מִכָּל מַה שֶׁיֵּרָאֶה לָהֶם הֱיוֹתוֹ מַזִּיק לָהֶם. וְהַהוֹלֵךְ בְּעוֹלָמוֹ בְּלִי הִתְבּוֹנְנוּת אִם טוֹבָה דַּרְכּוֹ אוֹ רָעָה, הִנֵּה הוּא כְּסוּמָא הַהוֹלֵךְ עַל שְׂפַת הַנָּהָר אֲשֶׁר סַכָּנָתוֹ וַדַּאי עֲצוּמָה וְרָעָתוֹ קְרוֹבָה מֵהַצָּלָתוֹ. כִּי אוּלָם חֶסְרוֹן הַשְּׁמִירָה מִפְּנֵי הָעִוָּרוֹן הַטִּבְעִי אוֹ מִפְּנֵי עִוָּרוֹן הָרְצוֹנִי, דְּהַיְנוּ סְתִימַת הָעֵינַיִם בִּבְחִירָה וְחֵפֶץ, אֶחָד הוּא.

וְהִנֵּה יִרְמְיָה הָיָה מִתְאוֹנֵן עַל רֹעַ בְּנֵי דוֹרוֹ מִפְּנֵי הֱיוֹתָם נְגוּעִים בְּנֶגַע הַמִּדָּה הַזֹּאת, שֶׁהָיוּ מַעְלִימִים עֵינֵיהֶם מִמַּעֲשֵׂיהֶם בְּלִי שֶׁיָּשִׂימוּ לֵב לִרְאוֹת מָה הֵם, הַלְהֵעָשׂוֹת אִם לְהֵעָזֵב. וְאָמַר עֲלֵיהֶם: אֵין אִישׁ נִחָם עַל רָעָתוֹ לֵאמֹר {מֶה עָשִׂיתִי}, כֻּלֹּה שָׁב בִּמְרוּצָתָם

Two:
The Trait of Vigilance

One who disregards [the steps needed] to save himself is lower than the beasts • One of the Evil *Yetzer*'s stratagems is not to allow people to pay attention to their actions • If a person does not want to keep watch over himself, God will certainly not want to watch over him • Anyone who is not mindful, it is forbidden to pity him

The idea of vigilance is that a person should be watchful in his deeds and affairs. That is, he should consider and scrutinize his deeds and ways [to determine] whether they are good or not, so as not to expose his soul to the danger of perdition (Heaven forbid), or follow his habits like a blind man in the dark. Now *that* is surely something reason demands. Since man is possessed of the knowledge and understanding to save himself and to avoid his soul's perdition, how can he possibly want to disregard [the steps needed] to save himself? There is surely no greater baseness and folly.

One who acts in this way would then be lower than the beasts and wild animals that by nature protect themselves, and therefore flee to escape anything that appears harmful to them. One who goes through life without considering whether his path is good or evil is like a blind man walking along a riverbank, who is certainly in enormous danger and for whom disaster is more likely than deliverance. For the lack of caution due to natural blindness or willful blindness, namely, the closing of one's eyes through free choice and volition, are one and the same.

Yirmiyah would bemoan the evil state of the people of his generation because of their affliction with this vice. [That is,] they were oblivious to their deeds, paying no regard to their nature – whether they were worthy of being performed or being abandoned. He said of these people: "No one regrets his wrongdoing, saying, {'What have I done'}; they all return to their course

כְּסוּס שׁוֹטֵף בַּמִּלְחָמָה (ירמיה ח, ו). וְהַיְנוּ, שֶׁהָיוּ רוֹדְפִים וְהוֹלְכִים בִּמְרוּצַת הֶרְגֵּלָם וְדַרְכֵיהֶם מִבְּלִי שֶׁיַּנִּיחוּ זְמַן לְעַצְמָם לְדַקְדֵּק עַל הַמַּעֲשִׂים וְהַדְּרָכִים, וְנִמְצָא שֶׁהֵם נוֹפְלִים בְּרָעָה בְּלִי רְאוֹת אוֹתָהּ.

וְאוּלָם, הִנֵּה זֹאת בֶּאֱמֶת אַחַת מִתַּחְבּוּלוֹת הַיֵּצֶר רָע וְעָרְמָתוֹ, לְהַכְבִּיד עֲבוֹדָתוֹ בִּתְמִידוּת עַל לִבּוֹת בְּנֵי הָאָדָם עַד שֶׁלֹּא יִשָּׁאֵר לָהֶם רֶוַח לְהִתְבּוֹנֵן וּלְהִסְתַּכֵּל בְּאֵיזֶה דֶּרֶךְ הֵם הוֹלְכִים. כִּי יוֹדֵעַ הוּא שֶׁאִלּוּלֵי הָיוּ שָׂמִים לִבָּם כִּמְעַט קָט עַל דַּרְכֵיהֶם, וַדַּאי שֶׁמִּיָּד הָיוּ מַתְחִילִים לִינָּחֵם מִמַּעֲשֵׂיהֶם, וְהָיְתָה הַחֲרָטָה הוֹלֶכֶת וּמִתְגַּבֶּרֶת בָּהֶם עַד שֶׁהָיוּ עוֹזְבִים הַחֵטְא לְגַמְרֵי. וַהֲרֵי זֶה מֵעֵין עֲצַת פַּרְעֹה הָרָשָׁע שֶׁאָמַר: תִּכְבַּד הָעֲבוֹדָה עַל הָאֲנָשִׁים {וְיַעֲשׂוּ בָהּ וְאַל יִשְׁעוּ בְּדִבְרֵי שָׁקֶר} (שמות ה, ט). שֶׁהָיָה מִתְכַּוֵּן שֶׁלֹּא לְהַנִּיחַ לָהֶם רֶוַח כְּלָל לְבִלְתִּי יִתְּנוּ לֵב אוֹ יָשִׂימוּ עֵצָה נֶגְדּוֹ, אֶלָּא הָיָה מִשְׁתַּדֵּל לְהַפְרִיעַ לִבָּם מִכָּל הִתְבּוֹנְנוּת בְּכֹחַ הַתְמָדַת הָעֲבוֹדָה הַבִּלְתִּי מַפְסֶקֶת. כֵּן הִיא עֲצַת הַיֵּצֶר רָע מַמָּשׁ עַל בְּנֵי הָאָדָם, כִּי אִישׁ מִלְחָמָה הוּא וּמְלֻמָּד בְּעַרְמִימוּת וְאִי אֶפְשָׁר לְיַמָּלֵט מִמֶּנּוּ אֶלָּא בְּחָכְמָה רַבָּה וְהַשְׁקָפָה גְּדוֹלָה.

הוּא מַה שֶּׁהַנָּבִיא צוֹוֵחַ וְאוֹמֵר: שִׂימוּ לְבַבְכֶם עַל דַּרְכֵיכֶם (חגי א, ה). וּשְׁלֹמֹה אָמַר בְּחָכְמָתוֹ: אַל תִּתֵּן שֵׁנָה לְעֵינֶיךָ וּתְנוּמָה לְעַפְעַפֶּיךָ,[א] הִנָּצֵל כִּצְבִי מִיָּד {וּכְצִפּוֹר מִיַּד יָקוּשׁ} (משלי ו, ד–ה). וַחֲכָמֵינוּ זִכְרוֹנָם לִבְרָכָה אָמְרוּ: כָּל הַשָּׂם אָרְחוֹתָיו בָּעוֹלָם הַזֶּה זוֹכֶה וְרוֹאֶה בִּישׁוּעָתוֹ שֶׁל הַקָּדוֹשׁ בָּרוּךְ הוּא (מועד קטן ה, א; סוטה ה, ב). וּפָשׁוּט הוּא שֶׁאֲפִלּוּ אִם פִּקֵּחַ הָאָדָם עַל עַצְמוֹ, אֵין בְּכֹחוֹ לִינָּצֵל אִלּוּלֵי הַקָּדוֹשׁ בָּרוּךְ הוּא עוֹזְרוֹ (ראה קידושין ל, ב). כִּי הַיֵּצֶר רָע תַּקִּיף מְאֹד, וּכְמַאֲמַר הַכָּתוּב: צוֹפֶה רָשָׁע לַצַּדִּיק וּמְבַקֵּשׁ לַהֲמִיתוֹ ה׳ לֹא יַעַזְבֶנּוּ {בְיָדוֹ} (תהלים לז, לב–לג). אַךְ אִם הָאָדָם מְפַקֵּחַ עַל עַצְמוֹ אָז הַקָּדוֹשׁ בָּרוּךְ הוּא עוֹזְרוֹ וְנִצּוֹל מִן הַיֵּצֶר רָע,[ב] אֲבָל אִם אֵינוֹ מְפַקֵּחַ הוּא עַל עַצְמוֹ, וַדַּאי שֶׁהַקָּדוֹשׁ בָּרוּךְ הוּא

[א] נוסח ד״ר וכתה״י: ׳לעפעפיך תנומה׳, התיקון ע״פ הכתוב. [ב] בד״ר: ׳היצ״ר׳. בכתה״י: ׳היצר׳.

like a horse plunging headlong into battle" (Yirmiyahu 8:6). That is to say, they pursue their course by force of habit and conduct, without leaving themselves the time to examine their actions and ways. As a result, they fall into evil without seeing it coming.

This is truly one of the stratagems of the Evil *Yetzer* and [an instance of] his cunning: to constantly weigh down the hearts of men so that they have no time left to reflect upon or consider the path they are following. For the *Yetzer* well knows that if people were to pay attention to their behavior for just a brief moment, they would surely begin to regret their deeds at once, and that this regret would gather strength within them until they abandon sin entirely. This is similar to the scheme of the wicked Pharaoh when he proclaimed: "Intensify the men's labor {and see they do it; and let them not pay attention to false words}" (Shemot 5:9). His intent was to give them no respite whatsoever, so they neither deliberate nor take counsel against him. He attempted to distract them from any reflection by means of oppressive and unending labor. This is precisely the ploy used by the *Yetzer* against man, for he is a skillful warrior and a wily tactician. One cannot escape [the *Yetzer*] without employing a good deal of wisdom and great attentiveness.

This is what the Prophet meant when he cried out: "Give heed to your ways" (Haggai 1:5). And Shelomo in his wisdom said: "Give neither sleep to your eyes, nor slumber to your eyelids. Rescue yourself like a gazelle from the hand [of the hunter], {and like a bird from the hand of the fowler}" (Mishlei 6:4-5). And our Sages, may their memory be blessed, said: "Whoever appraises his ways in this world merits seeing the salvation of the Holy One, blessed be He" (*Mo'ed Katan* 5a; *Sotah* 5b). It is evident that, even if man keeps watch over himself, he is incapable of being saved without the help of the Holy One, blessed be He (see *Kiddushin* 30b). For the Evil *Yetzer* is extremely resolute. As Scripture states: "The wicked one watches out for the just, and seeks to slay him, but God will not forsake him {to his hand}" (Tehillim 37:32-33). If a person carefully watches himself, however, God will then assist him and he will be saved from the Evil *Yetzer*. But if he does not keep watch over himself, God will certainly

לֹא יִפַּקֵּחַ עָלָיו. כִּי אִם הוּא אֵינוֹ חָס מִי יָחוּס עָלָיו. וְהוּא כְּעִנְיַן מַה שֶּׁאָמְרוּ זִכְרוֹנָם לִבְרָכָה: כָּל מִי שֶׁאֵין בּוֹ דֵּעָה אָסוּר לְרַחֵם עָלָיו (ברכות לג, א). וְהוּא מַה שֶּׁאָמְרוּ: אִם אֵין אֲנִי לִי מִי לִי (אבות א, יד).

not watch over him. For if he does not have consideration for himself, who will have consideration for him? This is similar to what our Sages, may their memory be blessed, said: "Anyone who is not mindful, it is forbidden to pity him" (*Berakhot* 33a). And this is [the sense of] what they said: "If I am not for myself, who will be for me (*Avot* 1:14)?"

פֶּרֶק ג:

בְּחֶלְקֵי הַזְּהִירוּת

נוֹחַ לוֹ לָאָדָם שֶׁלֹּא נִבְרָא וְכוּ׳ • יְפַשְׁפֵּשׁ וִימַשְׁמֵשׁ, שְׁתֵּיהֶן אַזְהָרוֹת טוֹבוֹת וּמוֹעִילוֹת מְאֹד • צָרִיךְ הָאָדָם לִקְבֹּעַ שָׁעוֹת לִשְׁקֹל מַעֲשָׂיו וּלְפַלְּסָם כְּסוֹחֲרִים בְּעִסְקֵיהֶם • עַל כֵּן יֹאמְרוּ הַמּוֹשְׁלִים, הַמּוֹשְׁלִים בְּיִצְרָם • תָּשֶׁת חֹשֶׁךְ וְכוּ׳ זֶה הָעוֹלָם הַזֶּה • שְׁתֵּי טָעֻיּוֹת נִמְשָׁכִים לָעַיִן מֵחֹשֶׁךְ הַלַּיְלָה, וּכְמוֹהֶם לַשֵּׂכֶל מֵחֹשֶׁךְ הַחָמְרִיּוּת • רַק מִי שֶׁיָּצָא מִמַּאֲסַר יִצְרוֹ רוֹאֶה הָאֱמֶת וְיָכוֹל לְלַמֵּד

הִנֵּה הָרוֹצֶה לְפַקֵּחַ עַל עַצְמוֹ, שְׁתַּיִם הֵנָּה הַהַשְׁקָפוֹת הַצְּרִיכוֹת לוֹ: הָאַחַת שֶׁיִּתְבּוֹנֵן מַהוּ הַטּוֹב הָאֲמִתִּי שֶׁיִּבְחַר בּוֹ הָאָדָם וְהָרַע הָאֲמִתִּי שֶׁיָּנוּס מִמֶּנּוּ, וְהַשְּׁנִיָּה עַל הַמַּעֲשִׂים אֲשֶׁר הוּא עוֹשֶׂה, לִרְאוֹת אִם הֵם מִכְּלַל הַטּוֹב אוֹ מִכְּלַל הָרָע. וְזֶה בִּשְׁעַת מַעֲשֶׂה וְשֶׁלֹּא בִּשְׁעַת מַעֲשֶׂה. בִּשְׁעַת מַעֲשֶׂה, שֶׁלֹּא יַעֲשֶׂה שׁוּם מַעֲשֶׂה מִבְּלִי שֶׁיִּשְׁקֹל אוֹתוֹ בְּמֹאזְנֵי זֹאת הַיְדִיעָה. וְשֶׁלֹּא בִּשְׁעַת מַעֲשֶׂה, שֶׁיַּעֲלֶה לְפָנָיו זִכְרוֹן כְּלַל מַעֲשָׂיו וְיִשְׁקֹל אוֹתָם כְּמוֹ כֵן בְּמֹאזְנֵי הַמִּשְׁקָל הַזֶּה, לִרְאוֹת מַה יֵּשׁ בָּם מֵהָרַע לְמַעַן יִדְחֶה אוֹתוֹ, וּמַה מִּן הַטּוֹב לְהַתְמִיד בּוֹ וּלְהִתְחַזֵּק בּוֹ. וְאִם יִמְצָא בָּהֶם מִן הָרַע, אָז יִתְבּוֹנֵן וְיַחְקֹר בְּשִׂכְלוֹ אֵיזֶה תַּחְבּוּלָה יַעֲשֶׂה לָסוּר מִן הָרַע הַהוּא וְלִיטָּהֵר מִמֶּנּוּ.

וְדָבָר זֶה הוֹדִיעוּנוּ חֲכָמֵינוּ זִכְרוֹנָם לִבְרָכָה בְּאָמְרָם: נוֹחַ לוֹ לָאָדָם שֶׁלֹּא נִבְרָא, וְעַכְשָׁו שֶׁנִּבְרָא יְפַשְׁפֵּשׁ בְּמַעֲשָׂיו, וְאִיכָּא דְּאָמְרִי, יְמַשְׁמֵשׁ בְּמַעֲשָׂיו (עירובין יג, ב). וְתִרְאֶה שֶׁשְּׁנֵי הַלְּשׁוֹנוֹת הֵם שְׁתֵּי אַזְהָרוֹת טוֹבוֹת וּמוֹעִילוֹת מְאֹד. כִּי הִנֵּה הַפִּשְׁפּוּשׁ

Three:

The Elements of Vigilance

It would have been better for man had he not been created, and so on • "Let him examine" and "Let him scrutinize" – both formulations are very sound and beneficial exhortations • A person must fix times to evaluate his actions and assess them as do merchants their affairs • "Therefore the moshelim say" – those who rule their yetzer • "You make darkness, [and it is night]" – this refers to this world • The darkness of night causes the eye two types of errors, and, similarly, the darkness of materiality causes the mind to err in two ways • Only one who has escaped the imprisonment of his Yetzer recognizes the truth and is able to teach [others]

Now if someone wants to oversee himself, there are two things he needs to consider. First: he must reflect upon what the true good is that one should choose, and the true evil one should eschew. Second: [he must consider] the things he is wont to do, to determine whether they belong to the good or the evil. [He should consider them] both when active and when at leisure. When active, he should do nothing without judging it by the standard of the aforementioned knowledge. [The kind of consideration needed] when he is at leisure is to call to mind the totality of his deeds and to judge them by that very standard, in order to determine what evil they include so as to eliminate it, and what good they include so as to persevere and fortify himself in it. Should he find any evil in [his deeds], he must search rationally for the appropriate stratagem by which to abandon that evil and be purified of it.

Our Sages, may their memory be blessed, informed us of this matter when they said: "It would have been better for man had he not been created. Now that he has been created, let him examine [*yefashpesh*] his actions. And some say: Let him scrutinize [*yemashmesh*] his actions" (*Eruvin* 13b). You will observe that both formulations are very sound and beneficial exhortations. For examining

בְּמַעֲשִׂים הוּא לַחֲקֹר עַל כְּלַל הַמַּעֲשִׂים וּלְהִתְבּוֹנֵן בּוֹ, הֲנִמְצָא בָהֶם מַעֲשִׂים אֲשֶׁר לֹא יֵעָשׂוּ, אֲשֶׁר אֵינָם הוֹלְכִים עַל פִּי מִצְוֹות ה׳ וְחֻקָּיו, כִּי כָל אֲשֶׁר יִמָּצֵא מֵאֵלֶּה יְבֹעֲרֵם מִן הָעוֹלָם. אַךְ הַמִּשְׁמוּשׁ הוּא הַחֲקִירָה אֲפִלּוּ בַּמַּעֲשִׂים הַטּוֹבִים עַצְמָם, לַחֲקֹר וְלִרְאוֹת הֲיֵשׁ בְּעִנְיָנָם אֵיזֶה פְּנִיָּה אֲשֶׁר לֹא טוֹבָה אוֹ אֵיזֶה חֵלֶק רַע שֶׁיִּצְטָרֵךְ לַהֲסִירוֹ וּלְבַעֲרוֹ. וַהֲרֵי זֶה כִּמְמַשְׁמֵשׁ בְּבֶגֶד לִבְחֹן הֲטוֹב וְחָזָק הוּא אוֹ חַלָּשׁ וּבָלוּי, כֵּן יְמַשְׁמֵשׁ בְּמַעֲשָׂיו לִבְחֹן תְּכוּנָתָם בְּתַכְלִית הַהַבְחָנָה עַד שֶׁיִּשָּׁאֵר זַךְ וְנָקִי.

כְּלַל הַדָּבָר: יִהְיֶה הָאָדָם מְעַיֵּן עַל מַעֲשָׂיו כֻּלָּם וּמְפַקֵּחַ עַל כָּל דְּרָכָיו שֶׁלֹּא לְהַנִּיחַ לְעַצְמוֹ הֶרְגֵּל רַע וּמִדָּה רָעָה, כָּל שֶׁכֵּן עֲבֵרָה וָפֶשַׁע.

וְהִנְנִי רוֹאֶה צֹרֶךְ לָאָדָם שֶׁיִּהְיֶה מְדַקְדֵּק וְשׁוֹקֵל דְּרָכָיו דְּבַר יוֹם בְּיוֹמוֹ, כַּסּוֹחֲרִים הַגְּדוֹלִים אֲשֶׁר יְפַלְּסוּ תָּמִיד כָּל עֲסָקֵיהֶם לְמַעַן לֹא יִתְקַלְקְלוּ, וְיִקְבַּע עִתִּים וְשָׁעוֹת לָזֶה, שֶׁלֹּא יִהְיֶה מִשְׁקָלוֹ עֲרַאי אֶלָּא בִּקְבִיעוּת גָּדוֹל, כִּי רַב הַתּוֹלֶדֶת הוּא. וַחֲכָמִים זִכְרוֹנָם לִבְרָכָה הוֹרוּנוּ בְּפֵרוּשׁ צֹרֶךְ הַחֶשְׁבּוֹן הַזֶּה, וְהוּא מַה שֶּׁאָמְרוּ, זֶה לְשׁוֹנָם:[א] עַל כֵּן יֹאמְרוּ הַמֹּשְׁלִים בֹּאוּ חֶשְׁבּוֹן (במדבר כא, כז), עַל כֵּן יֹאמְרוּ הַמּוֹשְׁלִים בְּיִצְרָם בּוֹאוּ וּנְחַשֵּׁב חֶשְׁבּוֹנוֹ שֶׁל עוֹלָם, הֶפְסֵד מִצְוָה כְּנֶגֶד שְׂכָרָהּ, וּשְׂכַר עֲבֵרָה כְּנֶגֶד הֶפְסֵדָהּ וְכוּ׳ (בבא בתרא עח, ב). וְזֶה כִּי הָעֵצָה הָאֲמִתִּית הַזֹּאת לֹא יוּכְלוּ לָתֵת אוֹתָהּ וְלֹא לִרְאוֹת אֲמִתָּהּ אֶלָּא אוֹתָם שֶׁכְּבָר יָצְאוּ מִתַּחַת יַד יִצְרָם וּמָשְׁלוּ בּוֹ. כִּי מִי שֶׁהוּא עֲדַיִן חָבוּשׁ בְּמַאֲסַר יִצְרוֹ, אֵין עֵינָיו רוֹאוֹת הָאֱמֶת הַזֹּאת וְאֵינוֹ יָכוֹל לְהַכִּירָהּ, כִּי הַיֵּצֶר מְסַמֵּא אֶת עֵינָיו מַמָּשׁ, וְהִנֵּה הוּא כְּהוֹלֵךְ בַּחֹשֶׁךְ שֶׁיֵּשׁ לְפָנָיו מִכְשׁוֹלוֹת וְאֵין עֵינוֹ רוֹאָה אוֹתָם.

[א] או שיש לפתור (׳ז״ל׳): ׳זכרונם לברכה׳.

one's actions involves investigating the totality of these actions and considering whether they include deeds that should not be done, deeds which are not in accordance with God's commandments and statutes. If any such deeds are found, he must eliminate them completely. Scrutinizing one's actions, however, involves investigating even one's good deeds, examining and determining whether they contain an undesirable motive or bad component that needs to be discarded and eliminated. This is similar to feeling a garment to determine whether it is sound and strong or weak and worn. So shall a person scrutinize his actions as thoroughly as possible to discern their nature until he remains [absolutely] pure and clean.

In summary, a person should monitor all his deeds and watch over all his ways, so as not to retain a bad habit or trait, much less a transgression or sin.

I consider it necessary for a person to carefully evaluate his ways every day, much as great merchants constantly assess all their affairs so [the latter] suffer no damage. One should fix periods and times for this practice so his evaluation is not haphazard, but conducted with great regularity, for this yields significant results. The Sages, may their memory be blessed, taught us explicitly about the need for such a reckoning. They did so by saying the following: 'Therefore the *moshelim* say, come to Heshbon' (Bamidbar 21:27) – [that is], therefore those who rule [*moshelim*] their *Yetzer*, say, come let us make the world's most vital reckoning, [weighing] the loss suffered by performing a *mitzvah* against its reward and the reward of transgression against the loss it brings about" (*Baba Batra* 78b). This is because only those who have already escaped the grip of their *Yetzer*, and have come to dominate it, are able to offer this true advice or even see its truth. For if a person is still imprisoned in the jail of his *Yetzer*, his eyes cannot see this truth and he is unable to recognize it. The *Yetzer*, quite literally, blinds his eyes so that he is like someone walking in the darkness with obstacles in his path that he cannot see.

וְהוּא מַה שֶּׁאָמְרוּ זִכְרוֹנָם לִבְרָכָה: תָּשֶׁת חֹשֶׁךְ וִיהִי לָיְלָה (תהלים קד, כ), זֶה הָעוֹלָם הַזֶּה שֶׁדּוֹמֶה לְלַיְלָה (בבא מציעא פג, ב). וְהָבֵן כַּמָּה נִפְלָא הַמַּאֲמָר הָאֲמִתִּי הַזֶּה לְמִי שֶׁמַּעֲמִיק לְהָבִין בּוֹ. כִּי הִנֵּה חֹשֶׁךְ הַלַּיְלָה שְׁנֵי מִינֵי טָעֻיּוֹת אֶפְשָׁר לוֹ שֶׁיִּגְרֹם לְעֵין הָאָדָם: אוֹ יְכַסֶּה אֶת הָעַיִן עַד שֶׁלֹּא יִרְאֶה מַה שֶּׁלְּפָנָיו כְּלָל, אוֹ שֶׁיַּטְעֶה אוֹתוֹ עַד שֶׁיֵּרָאֶה לוֹ עַמּוּד כְּאִלּוּ הוּא אָדָם וְאָדָם כְּאִלּוּ הוּא עַמּוּד. כֵּן חָמְרִיּוּת וְגַשְׁמִיּוּת הָעוֹלָם הַזֶּה, הִנֵּה הוּא חֹשֶׁךְ הַלַּיְלָה לְעֵין הַשֵּׂכֶל, וְגוֹרֵם לוֹ שְׁתֵּי טָעֻיּוֹת. אֵינוֹ מַנִּיחַ לוֹ שֶׁיִּרְאֶה הַמִּכְשׁוֹלוֹת שֶׁבְּדַרְכֵי הָעוֹלָם, וְנִמְצָאִים הַפְּתָאִים הוֹלְכִים לָבֶטַח וְנוֹפְלִים וְאוֹבְדִים מִבְּלִי שֶׁהִגִּיעָם פַּחַד תְּחִלָּה. וְהוּא מַה שֶּׁאָמַר הַכָּתוּב: דֶּרֶךְ רְשָׁעִים כָּאֲפֵלָה[ב] לֹא יָדְעוּ בַּמֶּה יִכָּשֵׁלוּ (משלי ד, יט). וְאָמַר: עָרוּם רָאָה רָעָה וְנִסְתָּר וּפְתָיִים עָבְרוּ וְנֶעֱנָשׁוּ (שם כב, ג); וְאוֹמֵר: [חָכָם יָרֵא וְסָר מֵרָע] וּכְסִיל מִתְעַבֵּר וּבוֹטֵחַ (שם יד, טז). כִּי לִבָּם בָּרִיא לָהֶם כְּאוּלָם,[ג] וְנוֹפְלִים טֶרֶם יֵדְעוּ מֵהַמִּכְשׁוֹל כְּלָל.

וְהַטָּעוּת הַשֵּׁנִי, וְהוּא קָשֶׁה מִן הָרִאשׁוֹן, הוּא שֶׁמַּטְעָה רְאִיָּתָם עַד שֶׁרוֹאִים הָרַע כְּאִלּוּ הוּא מַמָּשׁ טוֹב וְהַטּוֹב כְּאִלּוּ הוּא רַע, וּמִתּוֹךְ כָּךְ מִתְחַזְּקִים וּמַחֲזִיקִים מַעֲשֵׂיהֶם הָרָעִים, כִּי אֵין דַּי שֶׁחֲסֵרָה מֵהֶם רְאִיַּת הָאֱמֶת לִרְאוֹת הָרָעָה אֲשֶׁר נֶגֶד פְּנֵיהֶם,[ד] אֶלָּא שֶׁנִּרְאֶה לָהֶם לִמְצֹא רְאָיוֹת גְּדוֹלוֹת וְנִסְיוֹנוֹת מוֹכִיחִים לִסְבָרוֹתֵיהֶם הָרָעוֹת וּלְדֵעוֹתֵיהֶם הַכּוֹזְבוֹת. וְזֹאת הִיא הָרָעָה הַגְּדוֹלָה הַמְלַפַּפְתָּם וּמְבִיאָתָם אֶל בְּאֵר שַׁחַת. וְהוּא מַה שֶּׁאָמַר הַכָּתוּב: הַשְׁמֵן לֵב הָעָם הַזֶּה וְאָזְנָיו הַכְבֵּד וְעֵינָיו הָשַׁע פֶּן {יִרְאֶה בְעֵינָיו וּבְאָזְנָיו יִשְׁמָע וּלְבָבוֹ יָבִין וָשָׁב וְרָפָא לוֹ} (ישעיה ו, י). וְכָל זֶה מִפְּנֵי הֱיוֹתָם תַּחַת הַחֹשֶׁךְ וּכְבוּשִׁים תַּחַת מֶמְשֶׁלֶת יִצְרָם. אַךְ אוֹתָם שֶׁכְּבָר יָצְאוּ מִן הַמַּאֲסָר הַזֶּה, הֵם רוֹאִים הָאֱמֶת לַאֲמִתּוֹ וִיכוֹלִים לְיָעֵץ שְׁאָר בְּנֵי הָאָדָם עָלָיו.

[ב] בד"ר: 'באפלה'. בכתוב ובכתה"י: 'כאפלה'. [ג] ע"פ שבת לא, ב. [ד] ע"פ שמות י, י.

This is what [our Sages], may their memory be blessed, meant when they said: "'You make darkness, and it is night' (Tehillim 104:20) – this refers to this world which is similar to night" (*Baba Metzia* 83b). Understand how splendid this true dictum is to one who delves deeply to comprehend it. For the darkness of night can cause a man's eye to make two types of errors. It may either cover his eyes so that he sees nothing before him at all, or it may deceive him so that a pillar appears as a man, and a man as a pillar. Similarly, the materiality and corporeality of this world constitute the darkness of night to the mind's eye, causing a person to err in two ways. It prevents him from seeing the pitfalls in worldly matters. Hence, fools walk securely, then fall and perish without ever being overcome by fear. This is the sense of what Scripture says: "The way of the wicked is like deep darkness; they know not at what they stumble" (Mishlei 4:19); and "The crafty man saw trouble and took cover; the fools pass on and are punished" (Mishlei 22:3); and "[A wise man fears and shuns evil]; the dullard is insolent and confident" (Mishlei 14:16). For their hearts are as sound as the Temple hall, and they fall before they are even aware of any pitfall.

The second error, more severe than the first, is that it distorts their vision, so much so that evil appears to them as good, and good as evil. Subsequently, they fortify themselves in their evil doings, holding fast to them. For not only do they lack the ability to see the truth, to see the evil opposite their faces, but they also imagine that they have found substantial proofs and corroborating evidence in support of their evil opinions and false ideas. This is the great evil that envelops them and leads them to the grave. This is what the verse states: "Make the heart of this people fat, and make their ears heavy, and smear over their eyes; lest {they see with their eyes, and hear with their ears, and understand with their heart, and return and be healed}" (Yeshayahu 6:10). All this is because they dwell in the hold of darkness and are subject to the dominion of their *Yetzer*. But those who have already escaped this imprisonment recognize the absolute truth and are able to counsel others concerning it.

הָא לְמַה זֶה דּוֹמֶה? לְגַן הַמְּבוּכָה, הוּא הַגַּן הַנָּטוּעַ לְצְחוֹק הַיָּדוּעַ אֵצֶל הַשָּׂרִים, שֶׁהַנְּטִיעוֹת עֲשׂוּיוֹת כְּתָלִים כְּתָלִים וּבֵינֵיהֶם שְׁבִילִים רַבִּים נְבוֹכִים וּמְעֹרָבִים, כֻּלָּם דּוֹמִים זֶה לָזֶה, וְהַתַּכְלִית בָּם הוּא לְהַגִּיעַ אֶל אַכְסַדְרָה אַחַת שֶׁבְּאֶמְצָעָם. וְאָמְנָם הַשְּׁבִילִים הָאֵלֶּה מֵהֶם יְשָׁרִים וּמַגִּיעִים בֶּאֱמֶת אֶל הָאַכְסַדְרָה, וּמֵהֶם מַשְׁגִּים אֶת הָאָדָם וּמַרְחִיקִים אוֹתוֹ מִמֶּנָּה. וְאָמְנָם הַהוֹלֵךְ בֵּין הַשְּׁבִילִים הוּא לֹא יוּכַל לִרְאוֹת וְלָדַעַת כְּלָל אִם הוּא בִּשְׁבִיל הָאֲמִתִּי אוֹ בַּכּוֹזֵב, כִּי כֻּלָּם שָׁוִים וְאֵין הֶפְרֵשׁ בֵּינֵיהֶם לָעַיִן הָרוֹאָה[ה] אוֹתָם, אִם לֹא שֶׁיֵּדַע הַדֶּרֶךְ בִּבְקִיאוּת וּטְבִיעוּת עַיִן שֶׁכְּבָר נִכְנַס בָּם וְהִגִּיעַ אֶל הַתַּכְלִית שֶׁהוּא הָאַכְסַדְרָה. וְהִנֵּה הָעוֹמֵד כְּבָר עַל הָאַכְסַדְרָה הוּא רוֹאֶה כָּל הַדְּרָכִים לְפָנָיו וּמַבְחִין בֵּין הָאֲמִתִּיִּים וְהַכּוֹזְבִים, וְהוּא יָכוֹל לְהַזְהִיר אֶת הַהוֹלְכִים בָּם, לוֹמַר: זֶה הַדֶּרֶךְ לְכוּ בוֹ![ו] וְהִנֵּה מִי שֶׁיִּרְצֶה לְהַאֲמִין לוֹ יַגִּיעַ לַמָּקוֹם הַמְיֻעָד, וּמִי שֶׁלֹּא יִרְצֶה לְהַאֲמִין וְיִרְצֶה לָלֶכֶת אַחַר עֵינָיו, וַדַּאי שֶׁיִּשָּׁאֵר אוֹבֵד וְלֹא יַגִּיעַ אֵלָיו.

כֵּן הַדָּבָר הַזֶּה. מִי שֶׁעֲדַיִן לֹא מָשַׁל בְּיִצְרוֹ הוּא בְּתוֹךְ הַשְּׁבִילִים, לֹא יוּכַל לְהַבְחִין בֵּינֵיהֶם. אַךְ הַמּוֹשְׁלִים בְּיִצְרָם שֶׁכְּבָר הִגִּיעוּ אֶל הָאַכְסַדְרָה, שֶׁכְּבָר יָצְאוּ מִן הַשְּׁבִילִים וְרוֹאִים כָּל הַדְּרָכִים לְעֵינֵיהֶם בְּבֵרוּר, הֵם יְכוֹלִים לִיעֵץ לְמִי שֶׁיִּרְצֶה לִשְׁמֹעַ, וַאֲלֵיהֶם צְרִיכִים אָנוּ לְהַאֲמִין. וְאָמְנָם, מַה הִיא הָעֵצָה שֶׁהֵם נוֹתְנִים לָנוּ? בּוֹאוּ חֶשְׁבּוֹן, בּוֹאוּ וּנְחַשֵּׁב חֶשְׁבּוֹנוֹ שֶׁל עוֹלָם. כִּי כְּבָר הֵם נִסּוּ וְרָאוּ וְיָדְעוּ שֶׁזֶּה לְבַדּוֹ הוּא הַדֶּרֶךְ הָאֲמִתִּי לְהַגִּיעַ הָאָדָם אֶל הַטּוֹבָה אֲשֶׁר הוּא מְבַקֵּשׁ וְלֹא זוּלַת זֶה.

כְּלָלוֹ שֶׁל דָּבָר: צָרִיךְ הָאָדָם לִהְיוֹת מִתְבּוֹנֵן בְּשִׂכְלוֹ תָּמִיד, בְּכָל זְמַן וּבִזְמַן קָבוּעַ לוֹ בְּהִתְבּוֹדְדוֹ, מַה הוּא הַדֶּרֶךְ הָאֲמִתִּי לְפִי חֹק הַתּוֹרָה שֶׁהָאָדָם צָרִיךְ לֵילֵךְ בּוֹ. וְאַחַר כָּךְ יָבוֹא לְהִתְבּוֹנֵן עַל מַעֲשָׂיו, אִם הֵם עַל הַדֶּרֶךְ הַזֶּה אִם לֹא. כִּי עַל יְדֵי זֶה וַדַּאי שֶׁיִּהְיֶה לוֹ נָקֵל

[ה] או: לְעַיִן הָרוֹאָה. [ו] ע"פ ישעיה ל, כא.

To what may this be compared? To a labyrinth, a garden planted for amusement, as is commonly known among the nobility. The plants are arranged as hedges. Between them are many confusing and interlacing paths all resembling one another, the goal being to reach a colonnade in the center. Some of these paths are straight and do in fact reach the colonnade, while others mislead a person and take him further away from it. Someone who is walking along one of the paths, however, cannot possibly see or know whether he is on the right path or a misleading one. For they are all alike, indistinguishable to the eye of the observer, unless he knows the way by virtue of the familiarity and recognition that come from having already passed through them and reached the goal of the colonnade. Someone already standing on the colonnade can see all the pathways before him and distinguish between the true ones and those that are false. He is in a position to warn those who walk in them saying, "This is the way, walk in it." Now he who is willing to believe him will reach the designated spot; whereas he who is unwilling to believe him, preferring to follow his own eyes, will surely remain lost and never reach the center.

This is also true regarding our matter. He who has not yet subjugated his *Yetzer* is in the midst of the paths, unable to distinguish between them. But those who rule over their *Yetzer*, who have already reached the colonnade and left the paths and see all of them clearly before their eyes, are able to counsel him who is willing to listen; and it is in them that we must put our trust. And what counsel do they offer us? Come, let us enter into a reckoning, let us reckon the accounts of the world. For they have already tried, they have already seen, and they have come to realize that this alone is the right path by which man may reach the good that he seeks; there is none other.

In summary then, a person should constantly – at all times and during periods set aside for meditation – ponder the true course that man must follow according to the demands of the Torah. Afterwards, he should reflect upon whether or not his actions have followed this course. For by doing so, it will surely become easier

לִיטָּהֵר מִכָּל רַע וּלְיַשֵּׁר כָּל דְּרָכָיו. וּכְמוֹ שֶׁהַכָּתוּב אוֹמֵר: פַּלֵּס מַעְגַּל רַגְלֶךָ וְכָל דְּרָכֶיךָ יִכֹּנוּ (משלי ד, כו). וְאוֹמֵר: נַחְפְּשָׂה דְרָכֵינוּ וְנַחְקֹרָה וְנָשׁוּבָה עַד ה׳ (איכה ג, מ).

to cleanse himself of all evil and straighten all his ways. As the verse states: "Survey the course of your feet, and let all your ways be steadfast" (Mishlei 4:26). And another verse states: "Let us search and examine our ways, and turn back to the Lord" (Eikhah 3:40).

פֶּרֶק ד:

בְּדֶרֶךְ קְנִיַּת הַזְּהִירוּת

הַהֶעָרָה לַשְּׁלֵמִים אֶל הַזְּהִירוּת הוּא פֶּן יַחְסְרוּ מִן הַשְּׁלֵמוּת • מְלַמֵּד שֶׁכָּל אֶחָד נִכְוָה מֵחֻפָּתוֹ וְכוּ׳ • הַהֶעָרָה אֶל הַבִּלְתִּי שְׁלֵמִים כָּל כָּךְ הוּא לְפִי עִנְיַן הַכָּבוֹד שֶׁהֵם מִתְאַוִּים לוֹ • הַיְקָר הַנִּצְחִי לְפִי שֶׁאֵין מַכִּירִים אוֹתוֹ עַכְשָׁו אֵין חוֹשְׁשִׁים לוֹ, אַךְ בִּזְמַנּוֹ יַכִּירוּהוּ, וּמִי שֶׁלֹּא חָשַׁשׁ לוֹ וְיֶחְסַר מִמֶּנּוּ יִצְטַעֵר צַעַר חָזָק • הַהֶעָרָה לֶהָמוֹן הִיא בִּרְאוֹתָם עֹמֶק הַדִּין עַד הֵיכָן מַגִּיעַ • אֲפִלּוּ שִׂיחָה קַלָּה שֶׁבֵּין אִישׁ לְאִשְׁתּוֹ וְכוּ׳ • מְלַמֵּד שֶׁהַקָּדוֹשׁ בָּרוּךְ הוּא מְדַקְדֵּק עִם חֲסִידָיו וְכוּ׳ • הַרְבֵּה צַדִּיקִים שֶׁנֶּעֶנְשׁוּ עַל דְּבָרִים קַלִּים, כְּגוֹן אַבְרָהָם וְיַעֲקֹב וְיוֹסֵף וַאֲחֵרִים כָּאֵלֶּה • עֶבֶד שֶׁשּׁוֹקְלִים עָלָיו קַלּוֹת כַּחֲמוּרוֹת תַּקָּנָה וְכוּ׳ • כְּמוֹ שֶׁאֵין הַקָּדוֹשׁ בָּרוּךְ הוּא מַנִּיחַ מִלְּשַׁכֵּר כָּל מַעֲשֶׂה טוֹב, כֵּן לֹא יַנִּיחַ מִלַּעֲנֹשׁ כָּל מַעֲשֶׂה רָע • כָּל הָאוֹמֵר הַקָּדוֹשׁ בָּרוּךְ הוּא וַתְּרָן וְכוּ׳ • אִם יֹאמַר לְךָ יֵצֶר הָרָע חֲטָא וְכוּ׳ • מִדַּת הָרַחֲמִים לָמָּה הִיא עוֹמֶדֶת, כֵּיוָן שֶׁעַל כָּל פָּנִים הַדִּין מְדַקְדֵּק עַל כָּל דָּבָר • הַמִּתְחָרֵט עַל חֲטָאָיו חֲרָטָה גְּמוּרָה, עֲקִירַת הַדָּבָר מֵרְצוֹנוֹ תֵּחָשֵׁב לוֹ כַּעֲקִירַת הַדָּבָר מֵעִקָּרוֹ • מַאֲרִיךְ אַפֵּהּ וְגָבֵי דִּילֵיהּ

הִנֵּה מַה שֶּׁמֵּבִיא אֶת הָאָדָם [עַל דֶּרֶךְ כְּלָל][א] אֶל הַזְּהִירוּת הוּא לִמּוּד הַתּוֹרָה. וְהוּא מַה שֶּׁאָמַר רַבִּי פִּנְחָס בִּתְחִלַּת הַבָּרַיְתָא: תּוֹרָה מְבִיאָה לִידֵי זְהִירוּת (עבודה זרה כ, ב). אָמְנָם עַל דֶּרֶךְ פְּרָט, הַמֵּבִיא לָזֶה הוּא

[א] הסוגריים בד״ר. בכתה״י: ׳בכלל׳.

Four:

How to Acquire Vigilance

For the perfect [of knowledge] the motivation to vigilance is [the fear] lest they be left lacking in perfection • This teaches that each [denizen of the world-to-come] is singed [by his fellow's canopy] • For those who are not perfect [of knowledge], the motivation [to vigilance] is commensurate with the honor that they crave • Eternal glory is disregarded, because it is currently unrecognized. But in its time it will be recognized. And any who disregarded it and are [therefore] deficient in it, will come to great grief • The commonality will be motivated [to vigilance] when they see how probing Divine judgment is • Even the frivolous conversation between a man and his wife [is recounted to him at the moment of judgment] • This teaches that the Holy One, blessed be He, is exacting with His pious ones [to a hair's breadth] • Many righteous men were punished for light offenses; for example, Avraham, Ya'akov, Yosef, and others like them • Can there be any remedy for a servant whose light offenses are given the same weight as his grave ones? • For just as the Holy One, blessed be He, does not refrain from rewarding every good deed, so He does not refrain from meting out punishment for every bad deed • Whoever says the Holy One, blessed be He, is lax [in the execution of justice], [let his entrails come loose] • If the evil Yetzer says to you, "Sin, [and the Holy One, blessed be He, will forgive you," do not listen to it] • What is the attribute of mercy for, if justice exacts for everything with precision, no matter what? • When a person absolutely regrets having sinned, then uprooting the thing from his will is accounted for him as an uprooting of the thing itself • He is long-suffering, but [ultimately] collects His due

---

The thing that leads a person to vigilance is study of the Torah in general. This is what Rabbi Pinhas said in the beginning of the baraita: "Torah leads to vigilance" (*Avodah Zarah* 20b). In particular, what leads

הַהִתְבּוֹנְנוּת עַל חֹמֶר הָעֲבוֹדָה אֲשֶׁר חַיָּב בָּהּ הָאָדָם וְעֹמֶק הַדִּין עָלֶיהָ, וְיֵצֵא לוֹ זֶה מִן הָעִיּוּן בַּמַּעֲשִׂים הַכְּתוּבִים בְּסִפְרֵי הַקֹּדֶשׁ וּמִן הַלִּמּוּד בְּמַאַמְרֵי הַחֲכָמִים זִכְרוֹנָם לִבְרָכָה הַמְעוֹרְרִים עַל זֶה.

וְהִנֵּה יֵשׁ בְּהִתְבּוֹנְנוּת הַזֶּה הֶעָרוֹת הֶעָרוֹת בְּהַדְרָגָה, לִשְׁלֵמֵי הַדַּעַת וְלַפְּחוּתִים מֵהֶם וּלְכָל הֶהָמוֹן כֻּלּוֹ.

לִשְׁלֵמֵי הַדַּעַת, תִּהְיֶה לָהֶם הַהֶעָרָה בְּמַה שֶּׁיִּתְבָּרֵר לָהֶם כִּי רַק הַשְּׁלֵמוּת הוּא הַדָּבָר הָרָאוּי שֶׁיַּחְמֹד מֵהֶם וְלֹא זוּלַת זֶה, וְשֶׁאֵין רַע גָּדוֹל מֵחֶסְרוֹן הַשְּׁלֵמוּת וְהַהֶרְחֵק מִמֶּנּוּ. כִּי הִנֵּה אַחַר שֶׁיִּתְבָּאֵר זֶה אֶצְלָם, וְיִתְבָּאֵר לָהֶם כְּמוֹ כֵן הֱיוֹת הָאֶמְצָעִים אֵלָיו הַמַּעֲשִׂים הַטּוֹבִים וְהַמִּדּוֹת הַטּוֹבוֹת, וַדַּאי הוּא שֶׁלֹּא יִתְרַצּוּ מֵעוֹלָם לְהַמְעִיט בְּאֵלֶּה הָאֶמְצָעִים אוֹ לְהָקֵל בָּהֶם. כִּי כְּבָר נִתְבָּאֵר אֶצְלָם שֶׁאִם אֶמְצָעִים אֵלֶּה יִמְעֲטוּ לָהֶם, אוֹ אִם הָאֶמְצָעִים יִהְיוּ חַלָּשִׁים וְלֹא בְּכָל הַחֹזֶק הַמִּצְטָרֵךְ בָּהֶם, הִנֵּה לֹא יַשִּׂיגוּ בָּהֶם שְׁלֵמוּת אֲמִתִּי, אֶלָּא יִגָּרַע מֵהֶם כְּפִי מַה שֶּׁגָּרְעוּ הֵם בְּהִשְׁתַּדְּלוּתָם, וְנִמְצָאִים חַסְרֵי הַשְּׁלֵמוּת, מַה שֶּׁהוּא לָהֶם צָרָה גְּדוֹלָה וְרָעָה רַבָּה. עַל כֵּן לֹא יִבְחֲרוּ אֶלָּא לְהַרְבּוֹת בָּהֶם וּלְהַחְמִיר בְּכָל תְּנָאֵיהֶם, וְלֹא יָנוּחוּ וְלֹא יִשְׁקְטוּ מִדְּאָגָה מִדָּבָר פֶּן יֶחְסַר מֵהֶם מַה שֶּׁיַּגִּיעַ אוֹתָם אֶל הַשְּׁלֵמוּת אֲשֶׁר הֵם חֲפֵצִים. וְהוּא מַה שֶּׁאָמַר שְׁלֹמֹה הַמֶּלֶךְ עָלָיו הַשָּׁלוֹם: אַשְׁרֵי אָדָם מְפַחֵד תָּמִיד (משלי כח, יד), וּפֵרְשׁוּ זִכְרוֹנָם לִבְרָכָה: הַהוּא בְּדִבְרֵי תוֹרָה כְּתִיב (ברכות ס, א).

וְהִנֵּה סוֹף זֹאת הַמַּדְרֵגָה הוּא הַנִּקְרָא יִרְאַת חֵטְא, שֶׁהִיא מִן הַמְשֻׁבָּחוֹת שֶׁבַּמַּדְרֵגוֹת, וְהִיא שֶׁיִּהְיֶה הָאָדָם יָרֵא תָּמִיד וְדוֹאֵג פֶּן יִמָּצֵא בְּיָדוֹ אֵיזֶה שֶׁמֶץ חֵטְא שֶׁיְּעַכְּבֵהוּ מִן הַשְּׁלֵמוּת אֲשֶׁר הוּא חַיָּב לְהִשְׁתַּדֵּל בַּעֲבוּרוֹ. וְעַל זֶה אָמְרוּ זִכְרוֹנָם לִבְרָכָה עַל דֶּרֶךְ הַמָּשָׁל: מְלַמֵּד שֶׁכָּל אֶחָד נִכְוֶה מֵחֻפָּתוֹ שֶׁל חֲבֵרוֹ (בבא בתרא עה, א), כִּי אֵין

to this is reflecting on the gravity of the [Divine] service man is obligated to perform and on how probingly it is judged. This [sort of reflection] results from a consideration of the narratives in Sacred Scripture, and from a study of the dicta of the Sages, may their memory be blessed, that call attention to this theme.

Reflection of this sort can produce different kinds of motivation that differ in rank: [one] for those of perfect knowledge, [another] for those below them, and [yet another] for the entire commonality.

The perfect of knowledge will be stirred [to vigilance] by their realization that perfection, and nothing else, should be their only object of desire, and that nothing is worse than its absence or being removed from it. For once they understand this, and understand as well, that the means to [perfection] are good deeds and virtues, they will certainly never consent to curtailing those means or treating them lightly. For it is clear to them that if these means were to be curtailed, or if they were to be weakened so that they are below the necessary strength, they would not attain true perfection through them. They will be deficient in them to the extent that they are deficient in their effort. They would thus be left lacking in perfection, which, in their view, would be a grievous calamity and a great evil. So they will most certainly choose to augment [those means] and be stringent in [satisfying] their every stipulation. They will neither rest nor relax, lest they lack what could lead them to the perfection they so desire. This is the sense of what King Shelomo (peace be on him) said, "Happy is the man who is never without fear" (Mishlei 28:14), of which our Sages, may their memory be blessed, said in explanation: "This refers to the words of the Torah" (Berakhot 60a).

The ultimate form of this level is called fear of sin, which is one of the most laudable of traits. It consists of a person being constantly fearful and concerned lest he have some trace of a sin that will keep him from the perfection for which he is obligated to strive. Of this, [our Sages], may their memory be blessed, said, speaking figuratively: "This teaches that each [denizen of the world-to-come] is singed by his fellow's canopy" (Baba Batra 75a). This results not

זֶה מִטַּעַם הַקִּנְאָה אֲשֶׁר תִּפֹּל רַק בְּחַסְרֵי הַדַּעַת, כְּמוֹ שֶׁאֶכְתֹּב עוֹד בְּסִיַּעְתָּא דִשְׁמַיָּא, אֶלָּא מִפְּנֵי רְאוֹתוֹ עַצְמוֹ חָסֵר מִן הַשְּׁלֵמוּת מַדְרֵגָה שֶׁהָיָה יָכוֹל לְהַשִּׂיגָהּ כְּמוֹ שֶׁהִשִּׂיגָהּ חֲבֵרוֹ. וְהִנֵּה עַל פִּי הַהִתְבּוֹנְנוּת הַזֶּה וַדַּאי שֶׁלֹּא יִמָּנַע הַשָּׁלֵם בְּדַעְתּוֹ לִהְיוֹת זָהִיר בְּמַעֲשָׂיו.

אַךְ לַפְּחוּתִים מֵאֵלֶּה תִּהְיֶה הַהֶעָרָה לְפִי הַבְחָנָתָם, וְהוּא לְפִי עִנְיַן הַכָּבוֹד אֲשֶׁר הֵם מִתְאַוִּים לוֹ. וְזֶה, כִּי זֶה פָּשׁוּט אֵצֶל כָּל בַּעַל דָּת שֶׁאֵין הַמַּדְרֵגוֹת מִתְחַלְּקוֹת בָּעוֹלָם הָאֲמִתִּי שֶׁהוּא הָעוֹלָם הַבָּא אֶלָּא לְפִי הַמַּעֲשִׂים, וְשֶׁלֹּא יִתְרוֹמֵם שָׁם אֶלָּא מִי שֶׁהוּא רַב הַמַּעֲשִׂים מֵחֲבֵרוֹ, וַאֲשֶׁר הוּא מְעַט הַמַּעֲשִׂים הוּא יִהְיֶה הַשָּׁפָל. אִם כֵּן אֵפוֹא, אֵיךְ יוּכַל הָאָדָם לְהַעְלִים עֵינוֹ מִמַּעֲשָׂיו אוֹ לְמַעֵט הִשְׁתַּדְּלוּתוֹ בָּזֶה, אִם אַחַר כָּךְ וַדַּאי יֵצַר לוֹ בִּזְמַן שֶׁלֹּא יוּכַל לְתַקֵּן אֶת אֲשֶׁר עִוְּתוֹ.

וְהִנֵּה יֵשׁ מֵהַפְּתָאִים הַמְבַקְּשִׁים רַק הָקֵל מֵעֲלֵיהֶם, שֶׁיֹּאמְרוּ, לָמָּה נְיַגֵּעַ עַצְמֵנוּ בְּכָל כָּךְ חֲסִידוּת וּפְרִישׁוּת, הֲלֹא דַּי לָנוּ שֶׁלֹּא נִהְיֶה מֵהָרְשָׁעִים הַנִּדּוֹנִים בְּגֵיהִנֹּם. אֲנַחְנוּ לֹא נִדְחֹק עַצְמֵנוּ לִיכָּנֵס בְּגַן עֵדֶן לִפְנֵי וְלִפְנִים. אִם לֹא יִהְיֶה לָנוּ חֵלֶק גָּדוֹל, יִהְיֶה לָנוּ חֵלֶק קָטָן, אָנוּ דַּי לָנוּ בָּזֶה וְלֹא נַכְבִּיד עַל מַשָּׂאֵנוּ בַּעֲבוּר זֹאת.

אָמְנָם שְׁאֵלָה אַחַת[ב] נִשְׁאַל מֵהֶם: הֲיוּכְלוּ כָּל כָּךְ עַל נְקַלָּה לִסְבֹּל בָּעוֹלָם הַזֶּה הַחוֹלֵף לִרְאוֹת אֶחָד מֵחַבְרֵיהֶם מְכֻבָּד וּמְנֻשָּׂא יוֹתֵר מֵהֶם וּמוֹשֵׁל עֲלֵיהֶם, כָּל שֶׁכֵּן אֶחָד מֵעַבְדֵיהֶם אוֹ מִן הָעֲנִיִּים הַנִּבְזִים וּשְׁפָלִים בְּעֵינֵיהֶם, וְלֹא יִצְטַעֲרוּ וְלֹא יִהְיֶה דָּמָם רוֹתֵחַ בְּקִרְבָּם? לֹא, וַדַּאי! כִּי הִנֵּה עֵינֵינוּ הָרוֹאוֹת כָּל עֲמַל הָאָדָם לְהִנָּשֵׂא עַל כָּל מִי שֶׁיּוּכַל וְלָשִׂים מְקוֹמוֹ בֵּין הָרָמִים יוֹתֵר, כִּי הִיא קִנְאַת אִישׁ מֵרֵעֵהוּ,[ג] וְאִם יִרְאֶה חֲבֵרוֹ מִתְרוֹמֵם וְהוּא נִשְׁאַר שָׁפָל, וַדַּאי שֶׁמָּה שֶׁיִּסְבֹּל הוּא מַה שֶּׁיֻּכְרַח לְסָבְלוֹ, כִּי לֹא יוּכַל לִמְנֹעַ, וְלִבּוֹ יִתְעַשֵּׁשׁ בְּקִרְבּוֹ.

[ב] בד"ר (בטעות): 'אחד'. [ג] ע"פ קהלת ד, ד.

from envy, which occurs only in the imperfect of intellect, as I will explain with Heaven's help (*see below, pp. 515, 517*), but from seeing oneself lack the level of perfection he could have attained, as his fellow did. By contemplating this, one who is perfect of knowledge will scarcely fail to be vigilant in deed.

But for those lower in rank, the motivation will be commensurate with what they can appreciate, namely, the honor that they crave. For it is commonly accepted among all men of religion that the various ranks allotted in the *true* world – namely, the world-to-come – accord only with one's [good] deeds; and only someone whose deeds exceed those of his fellow will rank above [him] there, while someone whose deeds are fewer will rank below [him]. How then can a person possibly be heedless of his deeds, or slack in his efforts in this realm, if [by so doing] he will certainly suffer distress later – when he can no longer straighten out what he has made crooked?

There are some fools who seek only to lighten their burden, saying: "Why should we weary ourselves with so much piety and abstinence? Isn't it enough for us not to be among the wicked who suffer in Gehinom? We're not going to push ourselves to enter into the inner recesses of *Gan Eden*. If we don't get a big share, then we'll have a little one. That's enough for us; we're not going to assume a heavier burden for [more]."

But we would put just one question to them: Could they so easily suffer seeing one of their fellows honored and exalted above them and ruling them, [even] in this transient world? Or worse still: one of their servants or the paupers whom they deem lowly and despicable? [Could they see this] without being pained, without their blood boiling? Certainly not! For we see with our own eyes that [the aim of] all man's toil is to raise himself above anyone he can, and to take his place among the more exalted; for all this springs from one person's envy of another. Should he notice that his fellow is rising while he remains low, surely he will tolerate only as much as he is compelled to, because it is beyond his power to prevent; but his heart will be consumed within him.

מֵעַתָּה, אִם כָּךְ קָשֶׁה עֲלֵיהֶם לִהְיוֹת שְׁפָלִים מִזּוּלָתָם בְּמַעֲלוֹת הַמְדֻמּוֹת וְהַכּוֹזְבוֹת, שֶׁאֵין הַשִּׁפְלוּת בָּם אֶלָּא לְפָנִים וְלֹא הַהִנָּשֵׂא אֶלָּא שָׁוְא וָשֶׁקֶר, אֵיךְ יוּכְלוּ לִסְבֹּל שֶׁיִּרְאוּ עַצְמָם שְׁפָלִים יוֹתֵר מֵאוֹתָם הָאֲנָשִׁים עַצְמָם אֲשֶׁר הֵם עַתָּה שְׁפָלִים מֵהֶם? וְזֶה בִּמְקוֹם הַמַּעֲלָה הָאֲמִתִּית וְהַיְּקָר הַנִּצְחִי, שֶׁאַף עַל פִּי שֶׁעַכְשָׁו אֵין מַכִּירִים אוֹתוֹ וְאֶת עֶרְכּוֹ, עַל כֵּן לֹא יָחוּשׁוּ עָלָיו, אָז בִּזְמַנּוֹ וַדַּאי שֶׁיַּכִּירוּהוּ לַאֲמִתּוֹ לְצַעֲרָם וּלְבָשְׁתָּם, וַדַּאי שֶׁלֹּא יִהְיֶה לָהֶם זֶה אֶלָּא צַעַר גָּדוֹל וְנִצְחִי.

הֲרֵי לְךָ שֶׁאֵין הַסַּבְלָנוּת הַזֶּה, אֲשֶׁר הֵם דּוֹרְשִׁים לְעַצְמָם לְהָקֵל מֵהֶם חֹמֶר הָעֲבוֹדָה, אֶלָּא פִּתּוּי כּוֹזֵב שֶׁמְּפַתֶּה יִצְרָם אוֹתָם, וְלֹא דָּבָר אֲמִתִּי כְּלָל. וּכְבָר לֹא הָיָה מָקוֹם לְפִתּוּי זֶה לָהֶם לוּלֵי הָיוּ רוֹאִים אֲמִתַּת הָעִנְיָן. אֲבָל לְפִי שֶׁאֵין מְבַקְּשִׁים אוֹתוֹ וְהוֹלְכִים וְשׁוֹגִים לִרְצוֹנָם, הִנֵּה לֹא יוּסַר מֵהֶם פִּתּוּיָם עַד הַזְּמַן אֲשֶׁר לֹא יוֹעִיל לָהֶם, כִּי לֹא יִהְיֶה עוֹד בְּיָדָם לְתַקֵּן אֶת אֲשֶׁר שִׁחֲתוּ. וְהוּא מַה שֶּׁאָמַר שְׁלֹמֹה הַמֶּלֶךְ עָלָיו הַשָּׁלוֹם: כֹּל אֲשֶׁר תִּמְצָא יָדְךָ לַעֲשׂוֹת בְּכֹחֲךָ עֲשֵׂה, כִּי אֵין מַעֲשֶׂה וְחֶשְׁבּוֹן וְדַעַת {וְחָכְמָה בִּשְׁאוֹל אֲשֶׁר אַתָּה הֹלֵךְ שָׁמָּה} (קהלת ט, י). וְהַיְנוּ, כִּי מַה שֶּׁאֵין הָאָדָם עוֹשֶׂה עַד שֶׁהַכֹּחַ מָסוּר בְּיָדוֹ מִבּוֹרְאוֹ, הוּא הַכֹּחַ הַבְּחִירִי הַמָּסוּר לוֹ כָּל יְמֵי חַיָּיו שֶׁהוּא בָהֶם בְּחִירִי וּמְצֻוֶּה לַעֲשׂוֹת, הִנֵּה לֹא יוּכַל לַעֲשׂוֹתוֹ עוֹד בַּקֶּבֶר וּבַשְּׁאוֹל, שֶׁאֵין הַכֹּחַ הַזֶּה עוֹד בְּיָדוֹ. כִּי מִי שֶׁלֹּא הִרְבָּה מַעֲשִׂים טוֹבִים בְּחַיָּיו, אִי אֶפְשָׁר לוֹ לַעֲשׂוֹתָם אַחֲרֵי כֵן; וּמִי שֶׁלֹּא חִשֵּׁב חֶשְׁבּוֹן מַעֲשָׂיו, לֹא יִהְיֶה לוֹ זְמַן לְחַשְּׁבוֹ אָז; וּמִי שֶׁלֹּא הִתְחַכֵּם בָּעוֹלָם הַזֶּה, לֹא יִתְחַכֵּם בַּקֶּבֶר. וְזֶהוּ שֶׁאָמַר: כִּי אֵין מַעֲשֶׂה וְחֶשְׁבּוֹן וְדַעַת [וְחָכְמָה] בִּשְׁאוֹל אֲשֶׁר אַתָּה הֹלֵךְ שָׁמָּה (שם).

אַךְ הַהֶעָרָה לְכָל הֶהָמוֹן הִנֵּה הִיא בְּעִנְיַן הַשָּׂכָר וְעֹנֶשׁ עַצְמָם,

Now, if they find it so hard to rank below others when those ranks are imaginary and deceptive – in which lowliness is but illusory, and exaltedness but vanity and falsehood – how will they tolerate seeing themselves below the very people who are now their inferiors? And this in the place of true rank and eternal honor, which, though now they show no concern about it, because they fail to recognize it and its value, in its time they will surely recognize it for what it truly is, to their sorrow and shame. This will undoubtedly be a source of great and everlasting grief.

You may thus conclude that the tolerance [of a lower eschatological rank] that they propound, in order to relieve themselves of the burden of [Divine] service, is but a deceptive seduction by which their *Yetzer* entices them, and by no means something valid. This seduction would have no opportunity to prevail if they could see things as they truly are. But because they do not seek [the truth], but go astray after their desires, they will not be disabused of their seductive delusion till [the truth] can no longer help them, for they will no longer be able to repair what they have ruined. This is the sense of King Shelomo's saying (peace be on him): "Whatever you are able to do, do while you still have the power; for there is no action, no reckoning, no knowledge, {no wisdom in She'ol, where you are going}" (Kohelet 9:10). That is to say, whatever a person fails to do while he still has the power granted him by his Creator – which is the power of choice granted him throughout his lifetime, when he can exercise free choice and is commanded to act [well] – he will no longer be able to do in the grave and in She'ol when he no longer has that power. For someone who has failed to amass good deeds during his lifetime cannot do them afterwards; someone who did not make a reckoning of his deeds will not have time to do so then; someone who did not acquire wisdom in this world will not grow wise in the grave. That is what Shelomo meant when he said [in the sequel]: "For there is no action, no reckoning, no knowledge, no wisdom in She'ol, where you are going" (ibid.).

But for the whole commonality, the motivation [to vigilance] will be the rewards and punishments themselves. [For] on seeing

בִּרְאוֹת עֹמֶק הַדִּין עַד הֵיכָן מַגִּיעַ, אֲשֶׁר בֶּאֱמֶת רָאוּי לְהִזְדַּעְזֵעַ וּלְהִתְחָרֵד תָּמִיד. כִּי מִי יַעֲמֹד בְּיוֹם הַדִּין וּמִי יִצְדַּק לִפְנֵי בּוֹרְאוֹ, בַּאֲשֶׁר הַשְׁקָפָתוֹ מְדַקְדֶּקֶת עַל כָּל דָּבָר קָטָן אוֹ גָּדוֹל. וְכֵן אָמְרוּ רַבּוֹתֵינוּ זִכְרוֹנָם לִבְרָכָה: וּמַגִּיד לְאָדָם מַה שֵּׂחוֹ (עמוס ד, יג), אֲפִלּוּ שִׂיחָה קַלָּה שֶׁבֵּין אִישׁ לְאִשְׁתּוֹ מַגִּידִים לוֹ לָאָדָם בִּשְׁעַת הַדִּין (חגיגה ה, ב). עוֹד אָמְרוּ: וּסְבִיבָיו נִשְׂעֲרָה מְאֹד (תהלים נ, ג), מְלַמֵּד שֶׁהַקָּדוֹשׁ בָּרוּךְ הוּא מְדַקְדֵּק עִם חֲסִידָיו כְּחוּט הַשַּׂעֲרָה (יבמות קכא, ב).

אַבְרָהָם, הוּא אַבְרָהָם הָאָהוּב לְקוֹנוֹ עַד שֶׁהִכְתִּיב עָלָיו: אַבְרָהָם אֹהֲבִי (ישעיה מא, ח), לֹא פָּלַט מִן הַדִּין מִפְּנֵי דְּבָרִים קַלִּים שֶׁלֹּא דִּקְדֵּק בָּהֶם. עַל שֶׁאָמַר, בַּמָּה אֵדַע [כִּי אִירָשֶׁנָּה] (בראשית טו, ח), אָמַר לוֹ הַקָּדוֹשׁ בָּרוּךְ הוּא, חַיֶּיךָ, יָדֹעַ תֵּדַע כִּי גֵר יִהְיֶה זַרְעֲךָ [בְּאֶרֶץ לֹא לָהֶם] (שם פסוק יג, פרקי דרבי אליעזר פרק מח). עַל שֶׁכָּרַת בְּרִית עִם אֲבִימֶלֶךְ בְּלֹא צִוּוּיוֹ שֶׁל מָקוֹם, אָמַר לוֹ הַקָּדוֹשׁ בָּרוּךְ הוּא, חַיֶּיךָ, שֶׁאֲנִי מַשְׁהֶא בְּשִׂמְחַת בָּנֶיךָ שִׁבְעָה דוֹרוֹת (בראשית רבה נד, ד).

יַעֲקֹב, עַל שֶׁחָרָה אַפּוֹ בְּרָחֵל שֶׁאָמְרָה לוֹ, הָבָה לִּי בָנִים (בראשית ל, א), אָמְרוּ בַּמִּדְרָשׁ, זֶה לְשׁוֹנָם: אָמַר לוֹ הַקָּדוֹשׁ בָּרוּךְ הוּא, כָּךְ עוֹנִים אֶת הַמְעוּקוֹת? חַיֶּיךָ, שֶׁבָּנֶיךָ עוֹמְדִים לִפְנֵי בְּנָהּ (בראשית רבה עא, ז). וּלְפִי שֶׁנָּתַן אֶת דִּינָה בְּתֵבָה כְּדֵי שֶׁלֹּא יִקָּחֶהָ עֵשָׂו, אַף עַל פִּי שֶׁכַּוָּנָתוֹ הָיְתָה וַדַּאי לְטוֹבָה, אַךְ לְפִי שֶׁמָּנַע חֶסֶד מֵאָחִיו, אָמְרוּ בַּמִּדְרָשׁ: אֲמַר לֵיהּ הַקָּדוֹשׁ בָּרוּךְ הוּא, לַמָּס מֵרֵעֵהוּ חָסֶד (איוב ו, יד), לֹא בִקַּשְׁתָּ לְהַשִּׂיאָהּ לְמָהוּל, הֲרֵי הִיא נִשֵּׂאת לְעָרֵל; לֹא בִקַּשְׁתָּ לְהַשִּׂיאָהּ דֶּרֶךְ הֶתֵּר, הֲרֵי הִיא נִשֵּׂאת דֶּרֶךְ אִסּוּר (בראשית רבה עו, ט).

how probing Divine judgment is, one truly ought to be in constant fear and trembling. For who can stand firm on the day of the Lord and who will be found righteous before his Creator, since He pays precise attention to all things, great and small? Thus did our Sages, may their memory be blessed, say: "'He declares to a person what he whispered' (Amos 4:13)– even the frivolous conversation between a man and his wife is recounted to him at the moment of judgment" (*Hagigah* 5b). They also said: "'And it is very tempestuous [*nis'arah*] around Him' (Tehillim 50:3) – this teaches that the Holy One (blessed be He) is exacting with His pious ones to a hair's breadth [*sa'arah*]" (*Yebamot* 121b).

Avraham, the very Avraham who was so beloved of his Maker that He had [the Prophet] write of him, "Avraham, My beloved" (Yeshayahu 41:8), did not escape judgment for a few words carelessly uttered. Because he asked, "How shall I *know* [that I will inherit it]" (Bereishit 15:8), the Holy One, blessed be He, said to him: "Upon your life,'*know* well that your seed will be a stranger [in a land that is not theirs]'" (Bereishit 15:13; *Pirkei de R. Eliezer* 48).[And] because he entered into a covenant with Avimelekh without God's command, the Holy One, blessed be He, said to him: "Upon your life, I will delay the joy of your descendants for seven generations" (*Bereishit Rabba* 54:4).

Yaakov [was punished] because he became angry with Rachel when she said to him, "Give me children" (Bereishit 30:1). It is said in the midrash: "The Holy One, blessed be He, said to him: 'Is this how one responds to those in distress? Upon your life, your sons will [have to] rise in the presence of her son [yet unborn]'" (*Bereishit Rabba* 71:7). [He was] also [punished] because he hid Dinah in a chest so Esav would not take her in marriage. Although his intent was undoubtedly noble, because he withheld a kindness from his brother, the midrash says: "The Holy One, blessed be He, said to him: 'One who withholds kindness from his neighbor' (Iyov 6:14) – you were unwilling to give her in marriage to someone circumcised, she will be married to someone uncircumcised; you were unwilling to give her in marriage licitly, she will be married illicitly" (*Bereishit Rabba* 76:9).

יוֹסֵף, לְפִי שֶׁאָמַר לְשַׂר הַמַּשְׁקִים: כִּי אִם זְכַרְתַּנִי אִתְּךָ (בראשית מ, יד), נִתּוֹסְפוּ לוֹ שְׁתֵּי שָׁנִים, כְּמַאֲמָרָם זִכְרוֹנָם לִבְרָכָה (בראשית רבה פט, ג). יוֹסֵף עַצְמוֹ, עַל שֶׁחָנַט אֶת אָבִיו בְּלִי רְשׁוּתוֹ שֶׁל מָקוֹם, אוֹ לְפִי שֶׁשָּׁמַע עַבְדְּךָ אָבִינוּ (בראשית מד, לא) וְשָׁתַק, לְמָר כִּדְאִית לֵיהּ וּלְמָר כִּדְאִית לֵיהּ, מֵת לִפְנֵי אֶחָיו (ראה סוטה יג, ב; בראשית רבה ק, ג, ועוד).

דָּוִד, לְפִי שֶׁקָּרָא לְדִבְרֵי תוֹרָה זְמִירוֹת (תהלים קיט, נד), נֶעֱנַשׁ שֶׁנִּכְשַׁל בִּדְבַר עֻזָּה (ראה שמואל ב ו, ו-ח) וְנִתְעַרְבְּבָה שִׂמְחָתוֹ (סוטה לה, א). מִיכַל, לְפִי שֶׁהוֹכִיחָה אֶת דָּוִד בְּמָה שֶׁרָקַד בַּחוּץ לִפְנֵי הָאָרוֹן (ראה שמואל ב ו, כ),[ד] נֶעֶנְשָׁה שֶׁלֹּא הָיָה לָהּ וָלָד אֶלָּא בְּמוֹתָהּ (שם פסוק כג. סנהדרין כא, א).[ה] חִזְקִיָּהוּ, לְפִי שֶׁהֶרְאָה אֶל שָׂרֵי מֶלֶךְ בָּבֶל אֶת בֵּית נְכֹתֹה (ראה מלכים ב כ, יג-יח), נִגְזַר עַל בָּנָיו לִהְיוֹת סָרִיסִים בְּהֵיכַל מֶלֶךְ בָּבֶל.[ו] וְרַבִּים כָּאֵלֶּה מְאֹד.

וּבְפֶרֶק אֵין דּוֹרְשִׁין[ז] אָמְרוּ: רַבָּן [יוֹחָנָן] כַּד הֲוָה מָטֵי לְהַאי קְרָא הֲוָה בָּכֵי: וְקָרַבְתִּי אֲלֵיכֶם לַמִּשְׁפָּט וְהָיִיתִי עֵד מְמַהֵר {בַּמְכַשְּׁפִים וּבַמְנָאֲפִים וּבַנִּשְׁבָּעִים לַשָּׁקֶר וּבְעֹשְׁקֵי שְׂכַר שָׂכִיר אַלְמָנָה וְיָתוֹם וּמַטֵּי גֵר} (מלאכי ג, ה), עֶבֶד שֶׁשּׁוֹקְלִים עָלָיו קַלּוֹת כַּחֲמוּרוֹת תַּקָּנָה יֵשׁ לוֹ? וּבְוַדַּאי שֶׁאֵין כַּוָּנַת הַמַּאֲמָר שֶׁיִּהְיֶה הָעֹנֶשׁ עַל שְׁתֵּיהֶן אֶחָד, כִּי הַקָּדוֹשׁ בָּרוּךְ הוּא אֵינוֹ מְשַׁלֵּם אֶלָּא מִדָּה כְּנֶגֶד מִדָּה (סנהדרין צ, א). אָמְנָם הָעִנְיָן הוּא, שֶׁלְּעִנְיַן מִשְׁקַל הַמַּעֲשִׂים כָּךְ עוֹלוֹת בְּכַף הַקַּלּוֹת כְּמוֹ הַחֲמוּרוֹת. כִּי לֹא יַשְׁכִּיחוּ הַחֲמוּרוֹת אֶת הַקַּלּוֹת, וְלֹא יַעְלִים הַדַּיָּן עֵינוֹ מֵהֶם כְּלָל כַּאֲשֶׁר לֹא יַעְלִים מֵהַחֲמוּרוֹת. אֶלָּא עַל כֻּלָּם יַשְׁגִּיחַ וְיִפְקַח בְּהַשְׁוָאָה אַחַת, לָדוּן כָּל אֶחָד

[ד] ודוד נהג כראוי כפי שענה למיכל. [ה] כדברי רב חסדא בסנהדרין כא, א. מסקנת הגמרא אינה כן, אבל בבמדבר רבה ד, כא מסתיים המדרש בדברי רב חסדא. [ו] ראה רד"ק שם שנענש על שנתגאה בהצלחתו, וכן אומר בדברי הימים ב לב, כה: 'כי גבה לבו'. וראה גם רלב"ג שם. [ז] צ"ל: 'ובפרק הכל חייבין'. חגיגה ה, א. עיין שם הנוסח.

Because Yosef said to Pharaoh's chief butler: "But be sure to remember me [when things go well with you]" (Bereishit 40:14), two years were added to his imprisonment, according to the dictum of our Sages, may their memory be blessed (*Bereishit Rabba* 89:3). And because Yosef embalmed his father without God's permission, according to one view, or because he heard his brothers say, "Your servant, our father" (Bereishit 44:31), and remained silent, according to another view, he died before his brothers (see *Sotah* 13b, *Bereishit Rabba* 100:3, et al.).

Because David called the words of the Torah "songs" (Tehillim 119:54), he was punished in that he stumbled in the matter of Uzza (see II Shemuel 6:6-8), and his joy [at retrieving the ark] was mixed [with sadness] (*Sotah* 35a). Because Michal rebuked David for dancing outdoors before the ark (see II Shemuel 6:20), she was punished by having a child only as she died (see II Shemuel 6:23, *Sanhedrin* 21a). Because Hizkiyahu showed his treasure house to the officers of the Babylonian king, it was decreed that his sons be eunuchs in the king's palace (see II Melakhim 20:13-18). And there are very many similar examples.

It is said in chapter *Hakol Hayavim* (*Hagigah* 5a): "Whenever Rabbi [Yohanan] came to this verse: 'And I will come near to you to judgment, and I will be a swift witness {against the sorcerers, and against the adulterers, and against those who swear falsely, and against those who oppress the hired worker in his wages, and those who subvert the cause of the widow, orphan, and stranger}' (Malakhi 3:5) – he wept [and said]: 'Can there be any remedy for a servant whose light offenses are given the same weight as his grave ones?'" The dictum clearly doesn't mean that the punishment for both [light and severe offenses] is the same, for the Holy One, blessed be He, always recompenses measure for measure (*Sanhedrin* 90a). The idea is rather that when one's deeds are weighed, his light offenses go onto the scales just as his weighty ones do. For the weighty sins do not eclipse the light ones; the Judge will by no means ignore them, just as He will not ignore the weighty ones. Rather, he will pay equal attention and regard to all of them, judging each, and then punish-

מֵהֶם וּלְהַעֲנִישׁ אַחַר כָּךְ עַל כָּל אֶחָד כְּפִי מַה שֶּׁהוּא. וְהוּא מַה שֶּׁשְּׁלֹמֹה הַמֶּלֶךְ עָלָיו הַשָּׁלוֹם אוֹמֵר: כִּי אֶת כָּל מַעֲשֶׂה הָאֱלֹקִים יָבִא בְמִשְׁפָּט {עַל כָּל נֶעְלָם אִם טוֹב וְאִם רָע} (קהלת יב, יד). כִּי כַּאֲשֶׁר אֵין הַקָּדוֹשׁ בָּרוּךְ הוּא מַנִּיחַ מִלְּשַׂכֵּר כָּל מַעֲשֶׂה טוֹב, קָטָן כְּמוֹת שֶׁהוּא, כֵּן לֹא יַנִּיחַ מִלִּשְׁפֹּט וּלְהוֹכִיחַ כָּל מַעֲשֶׂה רָע, קָטָן כְּמוֹת שֶׁהוּא. וּלְהוֹצִיא מִלֵּב הָרוֹצִים לְהִתְפַּתּוֹת וְלַחְשֹׁב שֶׁלֹּא יַעֲלֶה הָאָדוֹן בָּרוּךְ הוּא בְּדִינָיו הַדְּבָרִים הַקַּלִּים וְלֹא יִקַּח חֶשְׁבּוֹן עֲלֵיהֶם. אֶלָּא כְּלָלָא הוּא: כָּל הָאוֹמֵר הַקָּדוֹשׁ בָּרוּךְ הוּא וַתְּרָן הוּא, יְוָּתְרוּ מֵיעוֹהִי (בראשית רבה סז, ד; ילקוט שמעוני אסתר תתרנו). וְכֵן אָמְרוּ: אִם אוֹמֵר לְךָ יֵצֶר רַע חֲטָא וְהַקָּדוֹשׁ בָּרוּךְ הוּא מוֹחֵל לְךָ, אַל תִּשְׁמַע לוֹ (חגיגה טז, א).

וְזֶה דָּבָר פָּשׁוּט וּמְבֹרָר. כִּי הִנֵּה אֵל אֱמֶת ה',[ח] וְהוּא מַה שֶּׁאָמַר מֹשֶׁה רַבֵּינוּ עָלָיו הַשָּׁלוֹם: הַצּוּר תָּמִים פָּעֳלוֹ כִּי כָל דְּרָכָיו מִשְׁפָּט אֵל אֱמוּנָה וְאֵין עָוֶל {צַדִּיק וְיָשָׁר הוּא} (דברים לב, ד), כִּי כֵּיוָן שֶׁהַקָּדוֹשׁ בָּרוּךְ הוּא רוֹצֶה בְּמִשְׁפָּט, הִנֵּה כָּךְ הוּא עֹבֵר עַל הַמִּשְׁפָּט הַעְלֵם אֶת הָעַיִן מִן הַזְּכוּת כְּמוֹ מִן הַחוֹבָה. עַל כֵּן אִם מִשְׁפָּט הוּא רוֹצֶה, צָרִיךְ שֶׁיִּתֵּן לְכָל אִישׁ כִּדְרָכָיו וְכִפְרִי מַעֲלָלָיו[ט] בְּתַכְלִית הַדִּקְדּוּק, בֵּין לְטוֹב בֵּין לְמוּטָב. וְהַיְנוּ: אֵל אֱמוּנָה וְאֵין עָוֶל צַדִּיק וְיָשָׁר הוּא (דברים שם), שֶׁפֵּרְשׁוּ זִכְרוֹנָם לִבְרָכָה: לַצַּדִּיקִים וְלָרְשָׁעִים (תענית יא, א). כִּי כָּךְ הִיא הַמִּדָּה, וְעַל הַכֹּל הוּא דָּן, וְעַל כָּל חֵטְא הוּא מַעֲנִישׁ, וְאֵין לְהִמָּלֵט.

וְאִם תֹּאמַר, אִם כֵּן מִדַּת הָרַחֲמִים לָמָּה'[י] הִיא עוֹמֶדֶת, כֵּיוָן שֶׁעַל כָּל פָּנִים צָרִיךְ לְדַקְדֵּק בַּדִּין עַל כָּל דָּבָר? הַתְּשׁוּבָה, וַדַּאי מִדַּת הָרַחֲמִים הִיא קִיּוּמוֹ שֶׁל עוֹלָם, שֶׁלֹּא הָיָה עוֹמֵד זוּלָתוֹ כְּלָל, וְאַף עַל פִּי כֵן אֵין מִדַּת הַדִּין לוֹקָה. וְזֶה, כִּי לְפִי שׁוּרַת הַדִּין מַמָּשׁ הָיָה רָאוּי שֶׁהַחוֹטֵא יֵעָנֵשׁ מִיָּד תֵּכֶף לְחֶטְאוֹ בְּלִי הַמְתָּנָה כְּלָל, וְגַם שֶׁהָעֹנֶשׁ עַצְמוֹ יִהְיֶה בַּחֲרוֹן אַף כָּרָאוּי

[ח] ע"פ תהלים לא, ו. [ט] ע"פ ירמיה יז, י; שם לב, יט. [י] אפשר לנקד גם: לְמַה.

ing each according to its nature. This is what King Shelomo (peace be on him) means by saying: "Because God will bring *every* deed into judgment, {including every hidden thing, whether it is good or evil}" (Kohelet 12:14). For just as the Holy One (blessed be He) does not refrain from rewarding every good deed, no matter how small, so He does not refrain from judging and meting out punishment for every bad deed, no matter how small. [The aim of the verse is] to disabuse those who would like to be seduced into thinking that the Master (blessed be He) does not reckon the lighter offenses in His judgments, or keep account of them. Rather, the principle is: "Whoever says the Holy One, blessed be He, is lax [in the execution of justice], let his entrails come loose" (*Bereishit Rabba* 67:4). Our Sages also said: "If the Evil *Yetzer* says to you, 'Sin, and the Holy One, blessed be He, will forgive you,' do not listen to it" (*Hagigah* 16a).

This is straightforward and clear; for the Lord is a God of truth, which is the sense of what Moshe, our Master (peace be on him), said: "The Rock! His work is perfect, for all His ways are justice; a God of truth and without iniquity, just and right is He" (Devarim 32:4). Since the Holy One, blessed be He, desires justice, overlooking merit is as much a trangression of justice as is overlooking liability. Therefore, if it is justice that He desires, He must repay every man according to his ways and the fruit of his deeds with the utmost exactitude, whether for good or for bad. This is the sense of, "A God of truth without iniquity, just and right is He" (ibid.). Our Sages (may their memory be blessed) took this [doubling] to mean: "To the righteous as well as to the wicked" (*Ta'anit* 11a). For such is the right measure. He judges all things, punishes every sin; there is no escape.

You might ask: What then is the attribute of mercy for, if justice must be exacted for everything with precision, no matter what? The answer is that the attribute of mercy is certainly what preserves the world; for by no means could it endure without it. Still, the attribute of justice is not compromised. For according to the strict application of the law, a sinner should be immediately punished, as soon as he sins, without any delay whatever and also with the wrath

לְמִי שֶׁמָּרָה פִּי הַבּוֹרֵא יִתְבָּרַךְ שְׁמוֹ, וְשֶׁלֹּא יִהְיֶה תִקּוּן לַחֵטְא כְּלָל. כִּי הִנֵּה בֶּאֱמֶת אֵיךְ יְתַקֵּן הָאָדָם אֶת אֲשֶׁר עִוֵּת וְהַחֵטְא כְּבָר נַעֲשָׂה? הֲרֵי שֶׁרָצַח הָאָדָם אֶת חֲבֵרוֹ, הֲרֵי שֶׁנָּאַף, אֵיךְ יוּכַל לְתַקֵּן הַדָּבָר הַזֶּה? הֲיוּכַל לְהָסִיר הַמַּעֲשֶׂה הֶעָשׂוּי מִן הַמְּצִיאוּת?

אָמְנָם מִדַּת הָרַחֲמִים הִיא הַנּוֹתֶנֶת הֵפֶךְ הַשְּׁלֹשָׁה דְּבָרִים שֶׁזָּכַרְנוּ, דְּהַיְנוּ: שֶׁיִּתֵּן זְמַן לַחוֹטֵא וְלֹא יִכָּחֵד מִן הָאָרֶץ מִיָּד כְּשֶׁחָטָא, וְשֶׁהָעֹנֶשׁ עַצְמוֹ לֹא יִהְיֶה עַד לְכַלְיָה,[יא] וְשֶׁהַתְּשׁוּבָה תִּנָּתֵן לַחוֹטְאִים בְּחֶסֶד גָּמוּר, שֶׁתֵּחָשֵׁב עֲקִירַת הָרָצוֹן כַּעֲקִירַת הַמַּעֲשֶׂה. דְּהַיְנוּ, שֶׁבִּהְיוֹת הַשָּׁב מַכִּיר אֶת חֶטְאוֹ וּמוֹדֶה בּוֹ וּמִתְבּוֹנֵן עַל רָעָתוֹ, וְשָׁב וּמִתְחָרֵט עָלָיו חֲרָטָה גְּמוּרָה דְּמֵעִקָּרָא, כַּחֲרָטַת הַנֵּדֶר מַמָּשׁ, שֶׁהוּא מִתְנַחֵם לְגַמְרֵי, וְהָיָה חָפֵץ וּמִשְׁתּוֹקֵק שֶׁמֵּעוֹלָם לֹא נַעֲשָׂה הַדָּבָר הַהוּא, וּמִצְטַעֵר בְּלִבּוֹ צַעַר חָזָק עַל שֶׁכְּבָר נַעֲשָׂה הַדָּבָר, וְעוֹזֵב אוֹתוֹ לְהַבָּא וּבוֹרֵחַ מִמֶּנּוּ, הִנֵּה עֲקִירַת הַדָּבָר מֵרְצוֹנוֹ יֵחָשֵׁב לוֹ כַּעֲקִירַת [הַפֹּעַל, שֶׁיֵּעָקֵר הַחֵטְא מֵעִקָּרוֹ כַּעֲקִירַת][יב] הַנֵּדֶר וּמִתְכַּפֵּר לוֹ. וְהוּא מַה שֶּׁאָמַר הַכָּתוּב: וְסָר עֲוֹנֶךָ וְחַטָּאתְךָ תְּכֻפָּר (ישעיה ו, ז), שֶׁהֶעָוֹן סָר מַמָּשׁ מֵהַמְּצִיאוּת וְנֶעֱקָר בְּמַה שֶּׁעַכְשָׁו מִצְטַעֵר וּמִתְנַחֵם עַל מַה שֶּׁהָיָה לְמַפְרֵעַ.

וְזֶה חֶסֶד וַדַּאי שֶׁאֵינָהּ מִשּׁוּרַת הַדִּין, אַךְ עַל כָּל פָּנִים הִנֵּה הוּא חֶסֶד שֶׁאֵינוֹ מַכְחִישׁ הַדִּין לְגַמְרֵי, שֶׁהֲרֵי יֵשׁ צַד לִיתָּלוֹת בּוֹ, שֶׁתַּחַת הָרָצוֹן שֶׁנִּתְרַצָּה בַּחֵטְא וְהַהֲנָאָה שֶׁנֶּהֱנָה מִמֶּנּוּ, בָּא עַתָּה הַנֶּחָמָה וְהַצַּעַר. וְכֵן אֲרִיכוּת הַזְּמַן אֵינֶנּוּ וִתּוּר עַל הַחֵטְא, אֶלָּא סַבְלָנוּת קְצָת לִפְתֹּחַ לוֹ פֶּתַח תִּקּוּן. וְכֵן כָּל שְׁאָר דַּרְכֵי חֶסֶד, כְּעִנְיַן בְּרָא מְזַכֶּה אַבָּא

[יא] בד"ר: 'לכלה' (לְכַלָּה). בכתה"י: 'לכליה'. [יב] כן הוא בכתה"י. ונראה ברור שבד"ר נשמט בטעות הדומות: כעקירת – כעקירת.

that befits one who rebels against the word of the Creator (blessed be His name). Moreover, the sin should be utterly irreparable: for, in truth, how can a person rectify what he has made crooked once the sin has already been committed? Suppose someone murders his fellow or commits adultery, how can he possibly rectify this? Can he undo a deed once done?

But what the attribute of mercy does is to argue for the opposite of the three, aforementioned conclusions. That is to say, it allows for time to be given to the sinner and that he not be wiped off the earth immediately upon sinning; and that the punishment itself not be annihilation; and that [the opportunity for] repentance be extended with pure [Divine] grace to the sinners, whereby the uprooting of the will [which prompted his sin] be considered tantamount to the uprooting of the [sinful] act. That is to say, when the penitent recognizes his sin, confesses it, reflects on the wrong, and absolutely regrets having committed the offense in the first place, just as one who regrets taking a vow regrets it completely; when he wishes fervently that the thing had never been done and is heartsick that it *has* been done; when he forsakes it in the future and flees from it, then uprooting the thing from his will is accounted for him as an uprooting of the deed, so that the sin is uprooted retroactively like a vow and he finds atonement. This is the sense of that which Scripture says, "Your iniquity is gone, and your sin is atoned for" (Yeshayahu 6:7). The iniquity literally goes out of existence, and is uprooted by the pain and regret one feels in the present for what happened in the past.

Now this is surely a kindness that is not commensurate with the strict application of the law. But it is, nonetheless, a kindness that does not entirely contravene justice. For there *is* a case to be made that his will to sin and the pleasure he derived from it have been offset by regret and suffering. Moreover, to grant temporary reprieve is not to let the sin pass, but to show a bit of patience, in order to make for him an opening for restoration. Likewise with all [God's] other merciful ways mentioned in the dicta of the Sages, such as, "A son helps acquit his father" (*Sanhedrin*

(סנהדרין קד, א) אוֹ מִקְצַת נֶפֶשׁ כְּכָל הַנֶּפֶשׁ (קהלת רבה ז, כז), הַמֻּזְכָּרִים בְּדִבְרֵי הַחֲכָמִים, דַּרְכֵי חֶסֶד הֵם לְקַבֵּל אֶת הַמּוּעָט כִּמְרֻבֶּה, אַךְ לֹא מִתְנַגְּדִים וּמַכְחִישִׁים מַמָּשׁ מִדַּת הַדִּין, כִּי כְּבָר יֵשׁ בָּהֶם טַעַם הָגוּן לְהַחֲשִׁיב אוֹתָם.

אַךְ שֶׁיְּוַתְּרוּ עֲבֵרוֹת בְּלֹא כְלוּם אוֹ שֶׁלֹּא יַשְׁגִּיחַ עֲלֵיהֶם, זֶה הָיָה נֶגֶד הַדִּין לְגַמְרֵי, כִּי כְּבָר לֹא הָיָה מִשְׁפָּט וְדִין אֲמִתִּי בַּדְּבָרִים, עַל כֵּן זֶה אִי אֶפְשָׁר לִימָּצֵא כְּלָל. וְאִם אֶחָד מִן הַדְּרָכִים שֶׁזָּכַרְנוּ לֹא יִמָּצֵא לַחוֹטֵא לְהִמָּלֵט, וַדַּאי שֶׁמִּדַּת הַדִּין לֹא תָשׁוּב רֵיקָם. וְכֵן אָמְרוּ זִכְרוֹנָם לִבְרָכָה: מַאֲרִיךְ אַפֵּיהּ וְגָבֵי דִּילֵיהּ (בראשית רבה סז, ד; ירושלמי תענית ב, א).

נִמְצָא שֶׁאֵין לָאָדָם הָרוֹצֶה לִפְקֹחַ עֵינָיו פִּתּוּי שֶׁיּוּכַל לְהִתְפַּתּוֹת בּוֹ לְבִלְתִּי הִזָּהֵר בְּמַעֲשָׂיו תַּכְלִית הַזְּהִירוּת וְדַקְדֵּק בָּם תַּכְלִית הַדִּקְדּוּק. הֵן כָּל אֵלֶּה הַשְׁקָפוֹת שֶׁיַּשְׁקִיף עֲלֵיהֶן הָאָדָם וְיִקְנֶה בָּם מִדַּת הַזְּהִירוּת וַדַּאי, אִם בַּעַל נֶפֶשׁ הוּא.

104a), or "Part of a life is like a whole life" (*Kohelet Rabba* 7:27). These practices are gracious in accounting the small as large. But they do not directly negate or contravene the attribute of justice; for there is a legitimate argument to be made for accounting them [as such].

But to simply let sins pass without liability or to ignore them, would be to negate justice completely. For then [the whole order of] things would lack true justice and judgment, and this can by no means be. And if none of the previously mentioned paths [of grace] are found to save the sinner, the attribute of justice will by no means be cheated. Thus did [our Sages], may their memory be blessed, say: "He is long-suffering, but [ultimately] collects His due" (*Bereishit Rabba* 67:4; *Yerushalmi Ta'anit* 2:1, 65b).

Thus anyone who wants to be open-eyed can have no rationalization capable of enticing him to be anything but supremely vigilant and exacting in his deeds. These are all things upon which one should reflect, and by which he will acquire the trait of vigilance if he has a wise soul.

פֶּרֶק ה:

בְּבֵאוּר מַפְסִידֵי הַזְּהִירוּת וְהַהַרְחָקָה מֵהֶם

הֱוֵי מְמַעֵט בְּעֵסֶק וַעֲסֹק בַּתּוֹרָה • רְפוּאָה לַיֵּצֶר הָרָע הִיא הַתּוֹרָה וְזוּלָתָהּ אִי אֶפְשָׁר לִינָּצֵל מִמֶּנּוּ • הֲלְוַאי אוֹתִי עָזְבוּ וְתוֹרָתִי שָׁמָרוּ • הַשְּׂחוֹק מְאַבֵּד אֶת לֵב הָאָדָם עַד שֶׁאֵין הַדַּעַת שׁוֹלֶטֶת בּוֹ • שְׂחוֹק וְקַלּוּת רֹאשׁ מַרְגִּילִין אֶת הָאָדָם לְעֶרְוָה • הַלָּצוֹן הוֹרֵס כָּל בִּנְיְנֵי הַמּוּסָר וְהַיִּרְאָה • הַלֵּצִים שֶׁאֵינָם מִתְפַּעֲלִים מִן הַתּוֹכָחוֹת אֵין לָהֶם תִּקּוּן אֶלָּא בִּשְׁפָטִים • לְעוֹלָם תְּהֵא דַּעְתּוֹ שֶׁל אָדָם מְעֹרֶבֶת וְכוּ׳ • הֱוֵי עַז כַּנָּמֵר וְכוּ׳

הִנֵּה מַפְסִידֵי הַמִּדָּה הַזֹּאת וּמַרְחִיקֶיהָ הֵם שְׁלֹשָׁה: הָאֶחָד הוּא הַטִּפּוּל וְהַטִּרְדָּה הָעוֹלָמִית, הַשֵּׁנִי הַשְּׂחוֹק וְהַלָּצוֹן, הַשְּׁלִישִׁי הַחֶבְרָה הָרָעָה. וּנְדַבֵּר בָּהֶם אֶחָד לְאֶחָד.

הִנֵּה הַטִּפּוּל וְהַטִּרְדָּה כְּבָר דִּבַּרְנוּ בָּהֶם לְמַעְלָה, כִּי בִּהְיוֹת הָאָדָם טָרוּד בְּעִנְיְנֵי עוֹלָמוֹ הִנֵּה מַחְשְׁבוֹתָיו אֲסוּרוֹת בְּזִקֵּי הַמַּשָּׂא אֲשֶׁר עֲלֵיהֶם, וְאִי אֶפְשָׁר לָהֶם לָתֵת לֵב אֶל הַמַּעֲשֶׂה. וְהַחֲכָמִים עֲלֵיהֶם הַשָּׁלוֹם בִּרְאוֹתָם זֶה אָמְרוּ: הֱוֵי מְמַעֵט בְּעֵסֶק וַעֲסֹק בַּתּוֹרָה (אבות ד, י). כִּי הִנֵּה הָעֵסֶק מֻכְרָח הוּא לָאָדָם לְצֹרֶךְ פַּרְנָסָתוֹ, אַךְ רִבּוּי הָעֵסֶק אֵינוֹ מֻכְרָח שֶׁיִּהְיֶה כָּל כָּךְ גָּדוֹל עַד שֶׁלֹּא יַנִּיחַ לוֹ מָקוֹם אֶל עֲבוֹדָתוֹ,[א] עַל כֵּן נִצְטַוִּינוּ לִקְבֹּעַ עִתִּים לַתּוֹרָה.[ב] וּכְבָר זָכַרְנוּ שֶׁהִיא הַמִּצְטָרֶכֶת יוֹתֵר לָאָדָם לְשֶׁיַּגִּיעַ אֶל הַזְּהִירוּת, וּכְמַאֲמַר רַבִּי פִּנְחָס: תּוֹרָה מְבִיאָה לִידֵי זְהִירוּת (עבודה זרה כ, ב), וְזוּלָתָהּ לֹא יַגִּיעַ אֵלָיו כְּלָל. וְהוּא מַה שֶּׁאָמְרוּ זִכְרוֹנָם לִבְרָכָה: וְלֹא עַם הָאָרֶץ חָסִיד (אבות ב, ה).

[א] בכתה״י: ׳לפנות אל עבודתו׳. [ב] ראה שבת לא, א, ורמב״ם הל׳ תלמוד תורה פ״א ה״ה.

Five:

The Factors Detrimental to Vigilance and How to Avoid Them

Minimize your worldly occupation and engage in Torah study • The Torah is the Evil Yetzer's [only] remedy; it is impossible to escape it by any other means • Would that they should forsake Me, but preserve My Torah • Jesting destroys a man's heart to the extent that understanding no longer sways him • Jesting and frivolity accustom a person to lewdness • Mockery destroys all edifices of ethics and fear of God • The scoffers, upon whom admonitions have no effect, have no other remedy but punitive judgment • A person's disposition [towards people] should always be congenial • Be fierce as a leopard [to do the will of your Father who is in heaven]

Three factors are detrimental to this trait and impede it. The first is worldly preoccupation and cares; the second is jesting and mockery; and the third is evil company. We will discuss them one by one.

As to preoccupation and cares, we have already remarked above (p. 387) that when a person is troubled by his worldly concerns, his thoughts are fettered by the chains of this burden weighing upon them and he cannot focus on his deeds. Considering this, the Sages, peace be on them, said, "Minimize your worldly occupation and engage in Torah study" (Avot 4:10). For although economic activity is necessary for a person to support himself, excessive economic activity – so extensive that it leaves no room for one to turn to service [of God] – is not necessary. We were, therefore, commanded to designate times for Torah study (see Shabbat 31a). We have already mentioned (above, p. 401) that this, more [than anything else], is what man needs to attain to vigilance. As Rabbi Pinhas said, "Torah leads to vigilance" (Avodah Zarah 20b). Without it, he will not attain vigilance at all. This is what [our Sages], may their memory be blessed, said, "The ignorant cannot be saintly" (Avot 2:5).

וְזֶה, כִּי הַבּוֹרֵא יִתְבָּרַךְ שְׁמוֹ שֶׁבָּרָא הַיֵּצֶר רַע בָּאָדָם הוּא שֶׁבָּרָא הַתּוֹרָה תַּבְלִין לוֹ, וּכְמוֹ שֶׁאָמְרוּ זִכְרוֹנָם לִבְרָכָה: בָּרָאתִי יֵצֶר הָרָע בָּרָאתִי לוֹ תּוֹרָה תַּבְלִין (קידושין ל, ב; בבא בתרא טז, א). וְהִנֵּה פָּשׁוּט הוּא, שֶׁאִם הַבּוֹרֵא לֹא בָּרָא לְמַכָּה זוֹ אֶלָּא רְפוּאָה זוֹ, אִי אֶפְשָׁר בְּשׁוּם פָּנִים שֶׁיִּרָפֵא הָאָדָם מִזֹּאת הַמַּכָּה בִּלְתִּי זֹאת הָרְפוּאָה, וּמִי שֶׁיַּחְשֹׁב לְהִנָּצֵל זוּלָתָהּ אֵינוֹ אֶלָּא טוֹעֶה, וְיִרְאֶה טָעוּתוֹ לְבַסּוֹף כְּשֶׁיָּמוּת בְּחֶטְאוֹ. כִּי הִנֵּה הַיֵּצֶר רַע בֶּאֱמֶת חָזָק הוּא בָּאָדָם מְאֹד, וּמִבְּלִי יְדִיעָתוֹ שֶׁל הָאָדָם הוֹלֵךְ הוּא וּמִתְגַּבֵּר בּוֹ וְשׁוֹלֵט עָלָיו, וְאִם יַעֲשֶׂה כָּל הַתַּחְבּוּלוֹת שֶׁבָּעוֹלָם וְלֹא יִקַּח הָרְפוּאָה שֶׁנִּבְרֵאת לוֹ, שֶׁהִיא הַתּוֹרָה כְּמוֹ שֶׁכָּתַבְתִּי, לֹא יֵדַע וְלֹא יַרְגִּישׁ בְּתִגְבֹּרֶת חָלְיוֹ אֶלָּא כְּשֶׁיָּמוּת בְּחֶטְאוֹ וְתֹאבַד נִשְׁמָתוֹ.

הָא לְמָה זֶה דּוֹמֶה? לְחוֹלֶה שֶׁדָּרַשׁ בָּרוֹפְאִים וְהִכִּירוּ חָלְיוֹ, וְאָמְרוּ לוֹ שֶׁיִּקַּח סַם מָה. וְהוּא, מִבְּלִתִּי שֶׁתִּקְדַּם לוֹ יְדִיעָה בִּמְלֶאכֶת הָרְפוּאָה, יַנִּיחַ הַסַּם הַהוּא וְיִקַּח מַה שֶּׁיַּעֲלֶה בְּמַחֲשַׁבְתּוֹ מִן הַסַּמִּים, הֲלֹא יָמוּת הַחוֹלֶה הַהוּא וַדַּאי.

כֵּן הַדָּבָר הַזֶּה. כִּי אֵין מִי שֶׁמַּכִּיר בָּחֳלִי הַיֵּצֶר רַע וּבְכֹחוֹ הַמְּטֻבָּע בּוֹ אֶלָּא בּוֹרְאוֹ שֶׁבְּרָאוֹ, וְהוּא הִזְהִירָנוּ שֶׁהָרְפוּאָה לוֹ הִיא הַתּוֹרָה. מִי אֵפוֹא יַנִּיחֶהָ, וְיִקַּח מַה שֶּׁיִּקַּח זוּלָתָהּ וְיִחְיֶה? וַדַּאי שֶׁחֹשֶׁךְ הַחָמְרִיּוּת יֵלֵךְ וְיִגְבַּר עָלָיו מַדְרֵגָה אַחַר מַדְרֵגָה, וְהוּא לֹא יָבִין, עַד שֶׁיִּמָּצֵא שָׁקוּעַ בָּרָעָה וְרָחוֹק מִן הָאֱמֶת הֶרְחֵק גָּדוֹל, שֶׁאֲפִלּוּ הִרְהוּרֵי דְּבָרִים לֹא יַעֲלוּ עַל לִבּוֹ לְבַקֵּשׁ הָאֱמֶת.

אַךְ אִם הוּא עוֹסֵק בַּתּוֹרָה, בִּרְאוֹתוֹ דְּרָכֶיהָ, צִוּוּיֶיהָ וְאַזְהָרוֹתֶיהָ, הִנֵּה סוֹף סוֹף מֵאֵלָיו יִתְחַדֵּשׁ בּוֹ הִתְעוֹרְרוּת שֶׁיְּבִיאֵהוּ אֶל הַדֶּרֶךְ הַטּוֹב. וְהוּא מַה שֶּׁאָמְרוּ זִכְרוֹנָם לִבְרָכָה: הַלְוַאי אוֹתִי עָזָבוּ וְתוֹרָתִי שָׁמָרוּ, שֶׁהַמָּאוֹר שֶׁבָּהּ מַחֲזִירָן לְמוּטָב (ראה איכה רבה פתיחתא ב).

This is the case because the Creator (blessed be His Name) who created the Evil *Yetzer* in man, is Himself the one who created the Torah to temper it. As [our Sages], may their memory be blessed, said, "[God told Israel, 'My sons], I have created the Evil *Yetzer*, [and] I have created the Torah with which to temper it'" (*Kiddushin* 30b; *Baba Batra* 16a). Now it is clear that if this is the only remedy fashioned by the Creator for that affliction, then it is impossible for a person to be cured of that affliction without it. Whoever thinks he will escape it by any other means, is mistaken, and will see his error when he ultimately dies by reason of his sin. For the Evil *Yetzer* in man is truly mighty; it strengthens within him unnoticed and then takes control of him. He can deploy all stratagems in the world, but if he fails to take the remedy created for it, namely the Torah, as I have mentioned (*beginning of chap. 4*), he will neither know nor feel his illness is worsening, till he dies by reason of his sin, and his soul perishes.

This may be likened to a sick person who consults physicians, who diagnose his illness and prescribe a certain drug for him. But he, without the prerequisite medical knowledge, disregards that drug and takes whatever drugs occur to him. Surely that patient will die.

The same is true of the matter under discussion. For no one knows the affliction that is the Evil *Yetzer* and the power imprinted in its nature but its Creator. And He has cautioned us that the Torah is its [only] remedy. Who then can abandon it, take whatever else he takes, and [still] live? Surely, the darkness of materiality will overcome him by degrees while he is unaware, till he is so immersed in evil and so far removed from the truth that it does not even occur to him to seek it.

If he studies Torah, however, seeing its ways, commandments and prohibitions, an awakening will emerge within him spontaneously, and lead him to the good path. This is what is implied in the statement of [our Sages], may their memory be blessed, "Would that they should forsake Me, but preserve My Torah, for its inner light will restore them to the good" (See *Eikhah Rabba, Petihta* 2).

וְהִנֵּה בִּכְלַל זֶה גַּם כֵּן קְבִיעוּת הָעִתִּים אֶל חֶשְׁבּוֹן הַמַּעֲשֶׂה וְתִקּוּנוֹ, כְּמוֹ שֶׁכָּתַבְתִּי לְמַעְלָה. וּמִלְּבַד כָּל זֶה, כָּל מַה שֶּׁיִּשָּׁאֵר לוֹ פְּנַאי מֵעֲסָקָיו, אִם חָכָם הוּא וַדַּאי שֶׁלֹּא יְאַבְּדֵהוּ, אֶלָּא יֹאחֵז בּוֹ מִיָּד וְלֹא יַרְפֵּהוּ, לַעֲסֹק בּוֹ בְּעֵסֶק נַפְשׁוֹ וְתִקּוּן עֲבוֹדָתוֹ.

וְזֶה הַמַּפְסִיד, אַף עַל פִּי שֶׁהוּא הַיּוֹתֵר כְּלָלִי, הִנֵּה הוּא הַיּוֹתֵר קַל לְמִי שֶׁרוֹצֶה לְהִמָּלֵט שֶׁיִּמָּלֵט מִמֶּנּוּ. אַךְ הַשֵּׁנִי הִנֵּה הוּא קָשֶׁה מְאֹד, וְהוּא הַשְּׂחוֹק וְהַלָּצוֹן, כִּי מִי שֶׁטּוֹבֵעַ בָּם הוּא כְּמִי שֶׁטּוֹבֵעַ בַּיָּם הַגָּדוֹל שֶׁקָּשֶׁה מְאֹד לְהִמָּלֵט מִמֶּנּוּ. כִּי הִנֵּה הַשְּׂחוֹק הוּא מְאַבֵּד אֶת לֵב הָאָדָם, עַד שֶׁכְּבָר אֵין הַטַּעַם וְהַדֵּעָה מוֹשֶׁלֶת[ג] בּוֹ, וַהֲרֵי הוּא כְּשִׁכּוֹר אוֹ שׁוֹטֶה אֲשֶׁר אִי אֶפְשָׁר לָתֵת לָהֶם עָרְמָה אוֹ לְהַנְהִיגָם כִּי אֵינָם מְקַבְּלִים הַנְהָגָה.

וְהוּא מַה שֶּׁאָמַר שְׁלֹמֹה הַמֶּלֶךְ עָלָיו הַשָּׁלוֹם: לִשְׂחוֹק אָמַרְתִּי מְהוֹלָל וּלְשִׂמְחָה מַה זֹּה[ד] עֹשָׂה (קהלת ב, ב). וַחֲכָמִים זִכְרוֹנָם לִבְרָכָה אָמְרוּ: שְׂחוֹק וְקַלּוּת רֹאשׁ מַרְגִּילִים אֶת הָאָדָם לְעֶרְוָה (אבות ג, יג). כִּי אַף עַל פִּי שֶׁחֲמוּרָה הִיא הָעֶרְוָה אֵצֶל כָּל בֶּן דָּת וְלִבּוֹ יָרֵא מִקְּרֹב אֵלֶיהָ, מִכֹּחַ הַצִּיּוּר שֶׁכְּבָר נִצְטַיֵּר בְּשִׂכְלוֹ מֵאֲמִתַּת גֹּדֶל פִּשְׁעָהּ וְרֹב עָנְשָׁהּ, הִנֵּה הַשְּׂחוֹק וְקַלּוּת רֹאשׁ מַמְשִׁיכִים אוֹתוֹ מְעַט מְעַט וּמַקְרִיבִים אוֹתוֹ הָלוֹךְ וְקָרֵב, שֶׁתִּהְיֶה הַיִּרְאָה סָרָה מֵעָלָיו מְעַט מְעַט מַדְרֵגָה אַחַר מַדְרֵגָה, עַד שֶׁיַּגִּיעַ אֶל הֶעָוֹן עַצְמוֹ וְיַעֲשֵׂהוּ. וְכָל כָּךְ לָמָּה? לְפִי שֶׁכְּמוֹ שֶׁכָּל מְצִיאוּת הַזְּהִירוּת תָּלוּי בְּשִׂימַת הַלֵּב עַל הַדָּבָר, כֵּן כָּל עַצְמוֹ שֶׁל הַשְּׂחוֹק אֵינוֹ אֶלָּא מֵסִיר הַלֵּב מִן הַמַּחֲשָׁבוֹת הַיְשָׁרוֹת וְהָעִיּוּנִיּוֹת, וְנִמְצָא שֶׁלֹּא יָבוֹאוּ הִרְהוּרֵי הַיִּרְאָה בְּלִבּוֹ כְּלָל.

וְתִרְאֶה קֹשִׁי הַלָּצוֹן וְהַשְׁחָתָתוֹ הָרַבָּה, כִּי כְּמוֹ הַמָּגֵן הַמָּשׁוּחַ בְּשֶׁמֶן אֲשֶׁר יַשְׁמִיט וְיַפִּיל מֵעָלָיו הַחִצִּים וּמַשְׁלִיכָם לָאָרֶץ וְלֹא יַנִּיחַ אוֹתָם

[ג] בכתה"י: 'מושלות'. [ד] בד"ר: 'זו'.

As we have mentioned, [setting aside times for Torah study] also includes designating times for reflecting upon and correcting one's deeds. In addition, if a person is wise, he will certainly not waste any spare time that remains after completing his affairs. Rather, he will immediately seize [the moment] and not let go, utilizing it to engage in the affairs of his soul and the improvement of his service to God.

This detriment, although the most inclusive, is the easiest to escape from for one who wishes to do so. The second factor, however, namely jesting and mockery, is very difficult to abandon. Someone deeply involved in them is like a person drowning in a great ocean from which it is exceedingly difficult to escape. For jesting destroys a man's heart to the extent that reason and understanding no longer sway him. He becomes like a drunkard or a fool, to whom it is impossible to impart sound judgment or guidance because they do not accept direction.

This is what King Shelomo, peace be on him, meant when he said, "Of laughter I said, It is mad; and of merriment, What does it achieve" (Kohelet 2:2). And our Sages, may their memory be blessed, said, "Jesting and frivolity accustom a person to lewdness" (Avot 3:13). For though every man of religion regards lewdness as a grave sin, and his heart fears coming near it – because the true image of the enormity of the offense and the severity of its punishment are vividly painted in his mind – nevertheless, jesting and frivolity draw him on little by little bringing him closer and closer to a state where fear departs from him bit by bit, step by step, until he reaches the sin itself and commits it. Why [does jest do] so much? Because vigilance can be present only if one puts one's mind to the object of his vigilance, while jest, by its very nature, diverts the mind from straight, rational thinking. Hence, thoughts of fearing God fail to enter his heart at all.

Consider the severity of mockery and its great corruptive power. Scoffing in the face of rebuke and chastisement can be likened to a shield smeared with oil that wards off arrows and causes them to fall to the ground, thus preventing them from

שֶׁיַּגִּיעוּ אֶל גּוּף הָאָדָם, כֵּן הַלָּצוֹן בִּפְנֵי הַתּוֹכָחָה וְהַמַּרְדּוּת. כִּי בְּלֵיצָנוּת אַחַת וּבִשְׂחוֹק קָטָן יַפִּיל הָאָדָם מֵעָלָיו רִבּוּי גָּדוֹל מִן הַהִתְעוֹרְרוּת וְהַהִתְפַּעֲלוּת, מַה שֶּׁהַלֵּב מִתְעוֹרֵר וּמִתְפַּעֵל בְּעַצְמוֹ מִדֵּי רְאוֹתוֹ אוֹ שָׁמְעוֹ עִנְיָנִים שֶׁיְּעִירוּהוּ אֶל הַחֶשְׁבּוֹן וְהַפִּשְׁפּוּשׁ בְּמַעֲשִׂים, וּבְכֹחַ הַלֵּיצָנוּת יַפִּיל הַכֹּל לָאָרֶץ וְלֹא יַעֲשֶׂה בּוֹ רֹשֶׁם כְּלָל, וְלֹא מִפְּנֵי חֻלְשַׁת הָעִנְיָנִים וְלֹא מִפְּנֵי חֶסְרוֹן הֲבָנַת הַלֵּב, אֶלָּא מִפְּנֵי כֹּחַ הַלָּצוֹן הַהוֹרֵס כָּל בִּנְיְנֵי[ה] הַמּוּסָר וְהַיִּרְאָה.

וְהִנֵּה הַנָּבִיא יְשַׁעְיָה הָיָה צוֹוֵחַ עַל זֶה כִּכְרוּכְיָא, כִּי הָיָה רוֹאֶה שֶׁזֶּה הָיָה מַה שֶּׁלֹּא הָיָה מַנִּיחַ מָקוֹם לְתוֹכְחוֹתָיו שֶׁיַּעֲשׂוּ רֹשֶׁם, וְהָיָה מְאַבֵּד תִּקְוָתָם שֶׁל הַחוֹטְאִים, וְהוּא מַה שֶּׁאָמַר: וְעַתָּה אַל תִּתְלוֹצָצוּ פֶּן יֶחְזְקוּ מוֹסְרֵיכֶם (ישעיה כח, כב).

וּכְבָר גָּזְרוּ אֹמֶר חֲכָמִים זִכְרוֹנָם לִבְרָכָה, שֶׁהַלֵּץ מֵבִיא הַיִּסּוּרִין עָלָיו (עבודה זרה יח, ב), וְהוּא מַה שֶּׁהַכָּתוּב עַצְמוֹ מְבָאֵר בְּפֵרוּשׁ: נָכוֹנוּ לַלֵּצִים שְׁפָטִים (משלי יט, כט). כִּי זֶה הוּא דָּבָר שֶׁהַדִּין נוֹתֵן אוֹתוֹ. כִּי מִי שֶׁמִּתְפַּעֵל מִן הַהִתְבּוֹנְנוּת וּמִן הַלִּמּוּדִים אֵינוֹ צָרִיךְ שֶׁיִּתְיַסֵּר בְּגוּפוֹ, כִּי כְּבָר יָשׁוּב מֵחַטֹּאתָיו בְּלִי זֶה מִכֹּחַ הִרְהוּרֵי תְּשׁוּבָה שֶׁיִּוָּלְדוּ בִּלְבָבוֹ עַל יְדֵי מַה שֶּׁיִּקְרָא אוֹ שֶׁיִּשְׁמַע מִן הַמּוּסָרִים וְהַתּוֹכָחוֹת. אַךְ הַלֵּצִים, שֶׁאֵינָם מִתְפַּעֲלִים מִן הַתּוֹכָחוֹת מִפְּנֵי כֹּחַ לֵיצָנוּתָם, אֵין לָהֶם תִּקּוּן אֶלָּא הַשְּׁפָטִים, שֶׁאֵלֶּה לֹא יִהְיֶה כֹּחַ בְּלֵיצָנוּתָם לִדְחוֹתָם מֵעֲלֵיהֶם כַּאֲשֶׁר יִדְחוּ הַמּוּסָרִים.

וְהִנֵּה כְּפִי חֹמֶר הַחֵטְא וְתוֹלְדוֹתָיו הֶחְמִיר הַשּׁוֹפֵט הָאֲמִתִּי בְּעָנְשׁוֹ, וְהוּא מַה שֶּׁלִּמְּדוּנוּ זִכְרוֹנָם לִבְרָכָה: קָשָׁה הַלֵּיצָנוּת שֶׁתְּחִלָּתוֹ יִסּוּרִין וְסוֹפוֹ כְּלָיָה (עבודה זרה שם), שֶׁנֶּאֱמַר: [וְעַתָּה אַל תִּתְלוֹצָצוּ] פֶּן יֶחְזְקוּ מוֹסְרֵיכֶם כִּי כָלָה וְנֶחֱרָצָה שָׁמַעְתִּי {מֵאֵת ה' אֱלֹהִים צְבָאוֹת עַל כָּל הָאָרֶץ} (ישעיה כח, כב).

[ה] כך בכתה"י: 'בניני', בד"ר: 'עניני', אך גם שם במפתח: 'בניני'.

reaching the bearer's body. For with a single act of mockery and a small jest, a person casts off a great deal of the motivation and enthusiasm to which his mind awakens and stirs of its own accord when he sees or hears things that move him to a reckoning and scrutiny of his deeds. By virtue of mockery, he casts it all to the ground; thus it makes no impression on him whatever. This is due neither to the ineffectiveness of these matters, nor to any deficiency on the part of the heart's understanding, but to the power of mockery that destroys all edifices of ethics and fear of God.

And so, the Prophet Yeshayah shouted about mockery at the top of his voice. For he saw it left no room for his chastisements to have an effect, thus destroying all hope for the sinners. This is the sense of what he said, "Therefore, refrain from mockery, lest your afflictions be strengthened" (Yeshayahu 28:22).

And so our Sages, may their memory be blessed, proclaimed that a scoffer brings affliction upon himself (Avodah Zarah 18b). This is what the biblical verse itself explicitly states, "Judgments are prepared for scoffers" (Mishlei 19:29). This is a matter dictated by reason. For one who is stirred to action by reflection and study does not require physical punishment. He will abandon his sins without punishment by means of thoughts of repentance that engender in his heart as a result of reading or hearing reproof and admonition. But the scoffers, upon whom admonitions have no effect due to the force of their mockery, have no other remedy but punitive judgment. This they will not be able to dismiss with their mockery as easily as they ward off reproof.

The gravity of the punishment meted out by the true Judge is in accordance with the severity of the sin and its consequences. This is what our Sages, may their memory be blessed, taught us (Avodah Zarah 18b), "The punishment for mockery is severe, for it begins with suffering and ends with perdition. As the verse states, '[Therefore, refrain from mockery], lest your afflictions be strengthened; for I have heard {from the Lord God of hosts} that destruction is decreed {upon the whole land}'" (Yeshayahu 28:22).

וְהַמַּפְסִיד הַשְּׁלִישִׁי הוּא הַחֶבְרָה, דְּהַיְנוּ חֶבְרַת הַטִּפְּשִׁים וְהַחוֹטְאִים, וְהוּא מַה שֶּׁהַכָּתוּב אוֹמֵר: וְרֹעֶה כְסִילִים יֵרוֹעַ (משלי יג, כ). כִּי הִנֵּה אֲנַחְנוּ רוֹאִים פְּעָמִים רַבּוֹת, אֲפִלּוּ אַחַר שֶׁנִּתְאַמֵּת אֵצֶל הָאָדָם חוֹבַת הָעֲבוֹדָה וְהַזְּהִירוּת בָּהּ, יִתְרַפֶּה מִמֶּנָּה אוֹ יַעֲבֹר עַל אֵיזֶה דְּבָרִים מִמֶּנָּה, כְּדֵי שֶׁלֹּא יִלְעֲגוּ עָלָיו חֲבֵרָיו אוֹ כְּדֵי לְהִתְעָרֵב עִמָּהֶם. וְהוּא מַה שֶּׁשְּׁלֹמֹה מַזְהִיר וְאוֹמֵר: עִם שׁוֹנִים אַל תִּתְעָרָב (משלי כד, כא). כִּי אִם יֹאמַר לְךָ אָדָם, לְעוֹלָם תְּהֵא דַּעְתּוֹ שֶׁל אָדָם מְעֹרֶבֶת עִם הַבְּרִיּוֹת (כתובות יז, א), אַף אַתָּה אֱמֹר לוֹ, בַּמֶּה דְּבָרִים אֲמוּרִים, בִּבְנֵי אָדָם שֶׁעוֹשִׂים מַעֲשֵׂי אָדָם, אַךְ לֹא בִּבְנֵי אָדָם שֶׁעוֹשִׂים מַעֲשֵׂי בְּהֵמָה. וּשְׁלֹמֹה מַזְהִיר עוֹד: לֵךְ מִנֶּגֶד לְאִישׁ כְּסִיל (משלי יד, ז). וְדָוִד הַמֶּלֶךְ אָמַר: אַשְׁרֵי הָאִישׁ אֲשֶׁר לֹא הָלַךְ {בַּעֲצַת רְשָׁעִים וּבְדֶרֶךְ חַטָּאִים לֹא עָמָד וּבְמוֹשַׁב לֵצִים לֹא יָשָׁב} (תהלים א, א), וּכְבָר פֵּרְשׁוּ זִכְרוֹנָם לִבְרָכָה: אִם הָלַךְ סוֹפוֹ לַעֲמֹד, וְאִם עָמַד סוֹפוֹ לֵישֵׁב (עבודה זרה יח, ב). וְאוֹמֵר: לֹא יָשַׁבְתִּי עִם מְתֵי שָׁוְא [וְעִם נַעֲלָמִים לֹא אָבוֹא], שָׂנֵאתִי קְהַל מְרֵעִים {וְעִם רְשָׁעִים לֹא אֵשֵׁב} (תהלים כו, ד-ה). אֵין לוֹ לָאָדָם אֶלָּא לִטַּהֵר וְלִינָּקוֹת בְּעַצְמוֹ, וְלִמְנֹעַ רַגְלָיו מִדַּרְכֵי הֶהָמוֹן הַשְּׁקוּעִים בְּהַבְלֵי הַזְּמַן, וְיָשִׁיב רַגְלָיו אֶל חַצְרוֹת ה' וְאֶל מִשְׁכְּנוֹתָיו. הוּא שֶׁדָּוִד עַצְמוֹ מְסַיֵּם וְאוֹמֵר: אֶרְחַץ בְּנִקָּיוֹן כַּפָּי וַאֲסֹבְבָה אֶת מִזְבַּחֲךָ ה' (שם פסוק ו).

וְאִם יֶאֱרַע לוֹ שֶׁיִּמָּצֵא בְּחֶבְרַת מִי שֶׁיַּלְעִיג עָלָיו, לֹא יָשִׁית לִבּוֹ אֶל הַלַּעַג הַהוּא, אַדְּרַבָּא, יִלְעַג עַל מַלְעִיגָיו וִיבַזֵּם, וְיַחְשֹׁב בְּדַעְתּוֹ כִּי לוּלֵי הָיָה לוֹ לְהַרְוִיחַ מָמוֹן הַרְבֵּה, הֶהָיָה מַנִּיחַ מַה שֶּׁהָיָה צָרִיךְ לָזֶה מִפְּנֵי חֲבֵרָיו שֶׁלֹּא יִלְעֲגוּ, כָּל שֶׁכֵּן שֶׁלֹּא יִרְצֶה לְאַבֵּד[ז] נִשְׁמָתוֹ מִפְּנֵי לַעַג. וְעַל דֶּרֶךְ זֶה[ח] הִזְהִירוּ זִכְרוֹנָם לִבְרָכָה: הֱוֵי עַז כַּנָּמֵר וְכוּ'

[ו] בד"ר ובכתה"י: 'ועם'. [ז] ניקוד אחר: לְאַבֵּד. אך בכתה"י: 'לאבוד'.
[ח] בכתה"י: 'ועל דבר זה'.

The third factor detrimental [to vigilance] is [evil] company, that is, the company of fools and sinners. As the verse states, "But he who consorts with dullards comes to grief" (Mishlei 13:20). Now we often see that even after a person has truly understood his obligation to Divine service and the need for vigilance, he may become lax or violate some aspect of it in order to avoid being mocked by his companions, or so that he may associate freely with them. This is what Shelomo warned about when he said, "Do not mingle with them who are different" (Mishlei 24:21). For if someone says to you, "A person's disposition towards people should always be congenial" (*Ketubot* 17a), you can reply that this applies to people who act like people, but not to those who act like animals. Shelomo further warned, "Go from the presence of a foolish man" (Mishlei 14:7). And King David said, "Happy is the man who did not walk {in the counsel of the wicked, or stand in the way of sinners, or sit in the seat of scorners}" (Tehillim 1:1). And our Sages, may their memory be blessed, commented on this, "If he walked, he will eventually stand, and if he stood, he will eventually sit" (*Avodah Zarah* 18b). And Scripture states, "I have not sat with vain persons, [neither do I enter the company of dissemblers]. I detest the company of evil men, {and I do not sit with the wicked}" (Tehillim 26:4-5). A man has but to purify and cleanse himself and keep his feet from the paths of the multitude who are immersed in temporal vanities, turning to God's courts and dwellings. This is the the sense of what David himself says in conclusion, "I wash my hands in innocence; and I compass Your altar, O Lord" (Tehillim 26:6).

If a person happens to find himself in the company of those who mock him, he should not pay attention to the ridicule. On the contrary, he should ridicule his mockers and put them to shame. He should consider the following: If he had the opportunity to make a large monetary profit [in an enterprise his fellows mocked], would he forgo the means necessary to accomplish this [merely] to avoid their mockery? How much more should he be unwilling to lose his soul to avoid their misguided mockery! Our Sages, may their memory be blessed, exhorted [us] about this, "Be fierce as a leopard

לַעֲשׂוֹת רְצוֹן אָבִיךָ שֶׁבַּשָּׁמַיִם (אבות ה, כ). וְדָוִד אָמַר: וַאֲדַבְּרָה בְעֵדֹתֶיךָ נֶגֶד מְלָכִים וְלֹא אֵבוֹשׁ (תהלים קיט, מו). שֶׁאַף עַל פִּי שֶׁרֹב הַמְּלָכִים עִסְקָם וְדִבּוּרָם בְּדִבְרֵי גְּדֻלּוֹת וַהֲנָאוֹת, וְדָוִד שֶׁהָיָה גַּם כֵּן מֶלֶךְ, לִכְאוֹרָה תִּהְיֶה לוֹ לְחֶרְפָּה אִם בִּהְיוֹתוֹ בְּחֶבְרָתָם יִהְיֶה הוּא מְדַבֵּר בְּדִבְרֵי מוּסָר וְתוֹרָה תַּחַת סַפְּרוֹ מִן הַגְּדֻלּוֹת וּמִתַּעֲנוּגוֹת בְּנֵי אָדָם כְּמוֹהֶם, הִנֵּה לֹא הָיָה חָשׁ לָזֶה כְּלָל, וְלֹא הָיָה לִבּוֹ נִפְתֶּה בַּהֲבָלִים הָאֵלֶּה אַחֲרֵי שֶׁכְּבָר הִשִּׂיג הָאֱמֶת, אֶלָּא מְפָרֵשׁ וְאוֹמֵר: וַאֲדַבְּרָה בְעֵדֹתֶיךָ נֶגֶד מְלָכִים וְלֹא אֵבוֹשׁ. וִישַׁעְיָה כְּמוֹ כֵן אָמַר: עַל כֵּן שַׂמְתִּי פָנַי כַּחַלָּמִישׁ וָאֵדַע כִּי לֹא אֵבוֹשׁ (ישעיה נ, ז).

to do the will of your Father who is in heaven" (*Avot* 5:20). And David said, "I will speak of Your testimonies before kings, and will not be ashamed" (Tehillim 119:46). Most kings are preoccupied with and speak of their grand exploits and delights; and it might, at first glance, have seemed an embarrassment for David, a fellow king, to speak in their company of ethics and Torah instead of telling of great feats and human pleasures as they did. But David was not in the least concerned about that. Having already arrived at the truth, his heart was not seduced by such vanities. Rather, he stated explicitly, "I will speak of Your testimonies before kings, and will not be ashamed." And Yeshayah also said, "Therefore I have set my face like a flint, and I knew I shall not be ashamed" (Yeshayahu 50:7).

פֶּרֶק ו:

בְּבֵאוּר מִדַּת הַזְּרִיזוּת

זְרִיזִים מַקְדִּימִין לַמִּצְוֹת • כְּמוֹ שֶׁמִּשְׁתַּדֵּל הַיֵּצֶר הָרַע לְהַחֲטִיא אֶת הָאָדָם בַּעֲבֵרוֹת, כָּךְ מִשְׁתַּדֵּל לִמְנֹעַ מִמֶּנּוּ הַמִּצְווֹת, וְצָרִיךְ הָאָדָם לְהִתְחַזֵּק נֶגְדּוֹ לָזֶה וְלָזֶה • וְהִנֵּה עָלָה כֻלּוֹ קִמְּשׂנִים, שֶׁמְּבַקֵּשׁ פֵּרוּשׁ שֶׁל פָּרָשָׁה • רָעַת הֶעָצֵל בָּאָה לוֹ מְעַט מְעַט, בְּלִי שֶׁיַּרְגִּישׁ בָּהּ • כָּל קֻלָּא צְרִיכָה בְּדִיקָה • הַמַּלְאָכִים נִשְׁתַּבְּחוּ בְּמִדַּת הַזְּרִיזוּת

אַחַר הַזְּהִירוּת יָבוֹא הַזְּרִיזוּת, כִּי הַזְּהִירוּת סוֹבֵב עַל הַלֹּא תַעֲשֶׂה וְהַזְּרִיזוּת עַל הָעֲשֵׂה, וְהַיְנוּ: סוּר מֵרָע וַעֲשֵׂה טוֹב (תהלים לד, טו).

וְעִנְיָנוֹ שֶׁל הַזְּרִיזוּת מְבֹאָר, שֶׁהוּא הַהַקְדָּמָה לַמִּצְווֹת וּלְהַשְׁלָמַת עִנְיָנָם. וְכַלָּשׁוֹן הַזֶּה אָמְרוּ זִכְרוֹנָם לִבְרָכָה: זְרִיזִים מַקְדִּימִים לַמִּצְווֹת (פסחים ד, א). וְזֶה, כִּי כְּמוֹ שֶׁצָּרִיךְ פִּקְחוּת גָּדוֹל וְהַשְׁקָפָה רַבָּה לִינָּצֵל מִמּוֹקְשֵׁי הַיֵּצֶר וְלִימָּלֵט מִן הָרַע שֶׁלֹּא יִשְׁלֹט בָּנוּ לְהִתְעָרֵב בְּמַעֲשֵׂינוּ, כֵּן צָרִיךְ פִּקְחוּת גָּדוֹל וְהַשְׁקָפָה לֶאֱחֹז בַּמִּצְווֹת וְלִזְכּוֹת בָּהֶם וְלֹא תֹאבַדְנָה מִמֶּנּוּ. כִּי כְּמוֹ שֶׁמְּסַבֵּב וּמִשְׁתַּדֵּל הַיֵּצֶר רַע בְּתַחְבּוּלוֹתָיו לְהַפִּיל אֶת הָאָדָם בְּמִכְמוֹרוֹת הַחֵטְא, כֵּן מִשְׁתַּדֵּל לִמְנֹעַ מִמֶּנּוּ עֲשִׂיַּת הַמִּצְווֹת וּלְאַבְּדָם מִמֶּנּוּ. וְאִם יִתְרַפֶּה וְיִתְעַצֵּל וְלֹא יִתְחַזֵּק לִרְדֹּף אַחֲרֵיהֶם וְלִתְמֹךְ בָּם, יִשָּׁאֵר נָעוּר וָרֵיק מֵהֶם בְּוַדַּאי.

וְתִרְאֶה, כִּי טֶבַע הָאָדָם כָּבֵד מְאֹד, כִּי עַפְרִיּוּת הַחָמְרִיּוּת גַּס, עַל כֵּן לֹא יַחְפֹּץ הָאָדָם בְּטֹרַח וּמְלָאכָה. וּמִי שֶׁרוֹצֶה

Six:

The Trait of Alacrity

The zealous perform mitzvot at the earliest possible opportunity • Just as the Yetzer tries to beguile a person to commit sins, so does it attempt to prevent him from [performing] mitzvot; a person must strengthen himself against the Yetzer with regard to both • "It was all overgrown with thistles" refers to one who seeks the interpretation of a portion of the Torah [and is unable to find it] • The evil of the lazy man arrives gradually without his notice • Every leniency calls for examination • The angels were praised for possessing the trait of alacrity

After vigilance comes alacrity. This is because vigilance pertains to the negative commandments, whereas alacrity pertains to the positive precepts, as implied by "Depart from evil and do good" (Tehillim 34:15).

The significance of alacrity is clear. It refers to promptness in the performance of the *mitzvot* as well as seeing them through to completion. [The Sages], may their memory be blessed, said as follows: "The zealous perform *mitzvot* at the earliest possible opportunity" (*Pesahim* 4a). That is, just as it requires great astuteness and attentiveness to avoid the snares of the *Yetzer* and escape evil in order that it has no hold over us to intrude upon our deeds, so does it require great astuteness and attentiveness to take hold of the *mitzvot* and make them ours so they are not lost to us. For just as the *Yetzer* contrives and strives with stratagem to cast man into the net of sin, so does it attempt to prevent him from performing *mitzvot*, thus leaving him devoid of them. If one is lazy and listless and does not muster the strength to pursue and hold on to the *mitzvot*, he will certainly remain shaken out and empty of them.

You will observe that man's nature weighs heavily upon him; for the element earth [that predominates in his] matter is dense. Therefore, he seeks to avoid exertion and labor. One who wishes

לִזְכּוֹת לַעֲבוֹדַת הַבּוֹרֵא יִתְבָּרֵךְ צָרִיךְ שֶׁיִּתְגַּבֵּר נֶגֶד טִבְעוֹ עַצְמוֹ, וְיִתְגַּבֵּר וְיִזְדָּרֵז, שֶׁאִם הוּא מַנִּיחַ עַצְמוֹ בְּיַד כְּבֵדוּתוֹ וַדַּאי הוּא שֶׁלֹּא יַצְלִיחַ. וְהוּא מַה שֶּׁאָמַר הַתַּנָּא: הֱוֵי עַז כַּנָּמֵר וְקַל כַּנֶּשֶׁר וְרָץ כַּצְּבִי וְגִבּוֹר כָּאֲרִי לַעֲשׂוֹת רְצוֹן אָבִיךָ שֶׁבַּשָּׁמַיִם (אבות ה, כ). וְכֵן מָנוּ חֲכָמִים זִכְרוֹנָם לִבְרָכָה בַּדְּבָרִים הַצְּרִיכִים חִזּוּק, תּוֹרָה וּמַעֲשִׂים טוֹבִים (ברכות לב, ב). וּמִקְרָא מָלֵא הוּא: חֲזַק וֶאֱמַץ {מְאֹד לִשְׁמֹר לַעֲשׂוֹת כְּכָל הַתּוֹרָה} (יהושע א, ז). כִּי חִזּוּק גָּדוֹל צָרִיךְ לְמִי שֶׁרוֹצֶה לִכְפּוֹת הַטֶּבַע אֶל הֶפְכּוֹ.

וְהִנֵּה שְׁלֹמֹה שָׁנָה מְאֹד בְּאַזְהָרָתוֹ עַל זֶה, בְּהַרְאוֹתוֹ אֶת רֹעַ הָעַצְלָה וְהַהֶפְסֵד הַגָּדוֹל הַנִּמְשָׁךְ מִמֶּנָּה, וְאָמַר: מְעַט שֵׁנוֹת מְעַט תְּנוּמוֹת {מְעַט חִבֻּק יָדַיִם לִשְׁכָּב}, וּבָא כִמְהַלֵּךְ רֵאשֶׁךָ[א] {וּמַחְסֹרְךָ כְּאִישׁ מָגֵן} (משלי ו, י–יא). כִּי הִנֵּה הֶעָצֵל, אַף עַל פִּי שֶׁאֵינוֹ עוֹשֶׂה רַע בְּקוּם עֲשֵׂה, הִנֵּה הוּא מֵבִיא אֶת הָרָעָה עָלָיו בְּשֵׁב וְאַל תַּעֲשֶׂה שֶׁלּוֹ. וְאָמַר: גַּם מִתְרַפֶּה בִמְלַאכְתּוֹ אָח הוּא לְבַעַל מַשְׁחִית (שם יח, ט), כִּי אַף עַל פִּי שֶׁאֵינֶנּוּ הַמַּשְׁחִית הָעוֹשֶׂה אֶת הָרָעָה בְּיָדָיו, לֹא תַחְשֹׁב שֶׁהוּא רָחוֹק מִמֶּנּוּ אֶלָּא אָחִיו הוּא וּבֶן גִּילוֹ הוּא.

וְאָמַר עוֹד לְבָאֵר רָעַת הֶעָצֵל בֵּאוּר צִיּוּרִי, מַה שֶּׁיִּקְרֶה וְיִוָּלֵד לְעֵינֵינוּ יוֹם יוֹם: עַל שְׂדֵה אִישׁ עָצֵל עָבַרְתִּי וְעַל כֶּרֶם אָדָם חֲסַר לֵב, וְהִנֵּה עָלָה כֻלּוֹ קִמְּשֹׂנִים כָּסּוּ פָנָיו חֲרֻלִּים {וְגֶדֶר אֲבָנָיו נֶהֱרָסָה}. וָאֶחֱזֶה אָנֹכִי, אָשִׁית לִבִּי, רָאִיתִי לָקַחְתִּי מוּסָר: מְעַט שֵׁנוֹת מְעַט תְּנוּמוֹת {מְעַט חִבֻּק יָדַיִם לִשְׁכָּב}, וּבָא מִתְהַלֵּךְ רֵישֶׁךָ {וּמַחְסֹרֶיךָ כְּאִישׁ מָגֵן} (משלי כד, ל–לד).

וְהִנֵּה מִלְּבַד פְּשׁוּטוֹ אֲשֶׁר הוּא אֲמִתִּי כְּמַשְׁמָעוֹ,[ב] שֶׁהוּא מַה שֶּׁקּוֹרֶה אֶל שְׂדֵה הֶעָצֵל מַמָּשׁ, הִנֵּה דָּרְשׁוּ בּוֹ חֲכָמִים זִכְרוֹנָם לִבְרָכָה מִדְרָשׁ נָאֶה (ילקוט שמעוני, משלי תתקסא, ע"פ ספרי דברים מח), זֶה לְשׁוֹנָם: וְהִנֵּה עָלָה כֻלּוֹ קִמְּשֹׂנִים, שֶׁמְּבַקֵּשׁ פֵּרוּשׁ שֶׁל פָּרָשָׁה וְאֵינוֹ מוֹצֵא, כָּסּוּ פָנָיו {חֲרֻלִּים},

---

[א] בכתה"י: 'רישך'. בד"ר: 'רישיך'. [ב] כך בכתה"י. בד"ר: 'במשמעו'.

to attain to the service of the Creator, may He be blessed, must prevail against his very nature, summoning strength and acting with alacrity. For if he remains in the grip of his inertia, he will surely not succeed. Thus the Tanna says: "Be fierce as a leopard, light as an eagle, swift as a deer and strong as a lion to do the will of your Father in heaven" (*Avot* 5:20). And so our Sages, may their memory be blessed, counted Torah and good deeds among those things that require reinforcement (*Berakhot* 32b). In fact, it is explicitly stated in Scripture: "Be very strong and resolute {to observe, to act according to the entire Torah that Moshe My servant commanded you}" (Yehoshua 1:7). For one who wishes to reverse nature needs great strength to do so.

Shelomo warned us repeatedly about the harmfulness of laziness and its ruinous effects. He said, "A little sleep, a little slumber, {a little folding of the arms to lie down}, then your poverty shall come as a runner {and your want as an armed man}" (Mishlei 6:10-11). For though the lazy person is not actively engaged in doing evil, he certainly brings evil upon himself through his very inactivity. Shelomo states further, "He who is slack in his work is also a brother to the destroyer" (Mishlei 18:9). For though this man is not a destroyer who commits evil directly, do not think that he is far removed from being one. On the contrary, he is the destroyer's brother and kindred spirit.

Drawing upon everyday occurrences, Shelomo gives a further explanation by way of illustration of the evil that befalls the lazy man: "I passed by the field of a lazy man and by the vineyard of a man with no sense; and behold it was all overgrown with thistles, its surface covered with nettles {and its stone wall broken down}. I gazed, I pondered, I saw and learned a lesson: A little sleep, a little slumber, {a little folding of the arms to lie down}, then your poverty shall come as a runner {and your want as an armed man}" (Mishlei 24:30-34).

Over and above the plain meaning of the text, which is true in the literal sense since this is precisely what happens to a lazy man's field, our Sages have given it a fine, midrashic interpretation (*Yalkut Mishlei* 961): "'It was all overgrown with thistles' refers to one who seeks the interpretation of a portion of the Torah and is unable to find it. 'Its surface covered [with nettles]' tells us that since he has

מִתּוֹךְ שֶׁלֹּא עָמַל בָּהֶם הוּא יוֹשֵׁב וּמְטַמֵּא אֶת הַטָּהוֹר וּמְטַהֵר אֶת הַטָּמֵא, וּפוֹרֵץ גְּדֵרָן שֶׁל תַּלְמִידֵי חֲכָמִים. מָה עָנְשׁוֹ שֶׁל זֶה? שְׁלֹמֹה פֵּרַשׁ: וּפֹרֵץ גָּדֵר יִשְּׁכֶנּוּ נָחָשׁ (קהלת י, ח).

וְהַיְנוּ, כִּי רָעַת הֶעָצֵל אֵינָהּ בָּאָה בְּבַת אַחַת[ג] אֶלָּא מְעַט מְעַט בְּלֹא שֶׁיֵּדַע וְיַרְגִּישׁ בָּהּ, כִּי הִנֵּה הוּא נִמְשָׁךְ מֵרָעָה אֶל רָעָה עַד שֶׁיִּמָּצֵא טָבוּעַ בְּתַכְלִית הָרָעָה. הִנֵּה בַּתְּחִלָּה אֵינוֹ אֶלָּא מְחַסֵּר הַטֹּרַח אֲשֶׁר הָיָה רָאוּי לוֹ, וּמִזֶּה נִמְשָׁךְ שֶׁלֹּא יִלְמַד בַּתּוֹרָה כְּכָל הַצֹּרֶךְ. וּמִפְּנֵי חֶסְרוֹן הַלִּמּוּד, כְּשֶׁיָּבוֹא אַחַר כָּךְ לִלְמֹד תֶּחְסַר לוֹ הַהֲבָנָה. וְהִנֵּה אִלּוּלֵי הָיְתָה גּוֹמֶרֶת רָעָתוֹ בָּזֶה כְּבָר הָיְתָה רַבָּה, אַךְ עוֹד מִתְרַבָּה וְהוֹלֶכֶת בְּמַה שֶּׁבִּרְצוֹתוֹ עַל כָּל פָּנִים לְיַשֵּׁב הַפָּרָשָׁה וְהַפֶּרֶק הַהוּא, הִנֵּה יְגַלֶּה בָּהּ פָּנִים שֶׁלֹּא כַּהֲלָכָה, וְיַשְׁחִית הָאֱמֶת וְיַהְפְּכָהּ, וְיַעֲבֹר עַל הַתַּקָּנוֹת וְיִפְרֹץ אֶת הַגְּדֵרִים, וְסוֹפוֹ כְּלָיָה כְּמִשְׁפַּט כָּל פּוֹרֵץ גָּדֵר. אָמַר שְׁלֹמֹה: וָאֶחֱזֶה אָנֹכִי, אָשִׁית לִבִּי, הִתְבּוֹנַנְתִּי עַל הַדָּבָר הַזֶּה וְרָאִיתִי גֹּדֶל הָרַע שֶׁבּוֹ, שֶׁהוּא כְּאֶרֶס הַהוֹלֵךְ וּמִתְפַּשֵּׁט מְעַט מְעַט וְאֵין פְּעֻלָּתוֹ נִכֶּרֶת עַד הַמִּיתָה. וְזֶהוּ: מְעַט שֵׁנוֹת {מְעַט תְּנוּמוֹת מְעַט חִבֻּק יָדַיִם לִשְׁכָּב}, וּבָא מִתְהַלֵּךְ רֵישֶׁךָ {וּמַחְסֹרְךָ כְּאִישׁ מָגֵן} (משלי כד, לג-לד).

וְהִנֵּה אֲנַחְנוּ רוֹאִים בְּעֵינֵינוּ כַּמָּה וְכַמָּה פְּעָמִים, שֶׁכְּבָר לִבּוֹ שֶׁל הָאָדָם יוֹדֵעַ חוֹבָתוֹ, וְנִתְאַמֵּת אֶצְלוֹ מַה שֶּׁרָאוּי לוֹ לְהַצָּלַת נַפְשׁוֹ וּמַה שֶּׁחוֹבָה עָלָיו מִצַּד בּוֹרְאוֹ, וְאַף עַל פִּי כֵן יַנִּיחֵהוּ, לֹא מֵחֶסְרוֹן הַכָּרַת הַחוֹבָה הַהִיא וְלֹא לְשׁוּם טַעַם אַחֵר, אֶלָּא מִפְּנֵי שֶׁכְּבֵדוּת הָעַצְלָה מִתְגַּבֶּרֶת עָלָיו. וַהֲרֵי הוּא אוֹמֵר, אֹכַל קִמְעָא אוֹ אִישַׁן קִמְעָא אוֹ קָשֶׁה עָלַי צֵאת מִבֵּיתִי, פָּשַׁטְתִּי אֶת כֻּתָּנְתִּי אֵיכָכָה אֶלְבָּשֶׁנָּה,[ד] חַמָּה עַזָּה בָּעוֹלָם, הַקָּרָה רַבָּה אוֹ הַגְּשָׁמִים, וְכָל שְׁאָר הָאֲמַתְלָאוֹת וְהַתּוֹאֲנוֹת אֲשֶׁר פִּי הָעֲצֵלִים מָלֵא מֵהֶם. וּבֵין כָּךְ וּבֵין כָּךְ הַתּוֹרָה מֻנַּחַת וְהָעֲבוֹדָה מְבֻטֶּלֶת וְהָאָדָם עוֹזֵב אֶת בּוֹרְאוֹ. הוּא מַה שֶּׁשְּׁלֹמֹה אוֹמֵר: בַּעֲצַלְתַּיִם יִמַּךְ הַמְּקָרֶה וּבְשִׁפְלוּת יָדַיִם יִדְלֹף הַבָּיִת (קהלת י, יח).

[ג] בד"ר: 'בבת אחד'. בכתה"י: 'בבת א''. [ד] ע"פ שיר השירים ה, ג.

not labored sufficiently to understand the laws of the Torah, he will declare unclean that which is clean and clean that which is unclean, thus breaching the 'fence' set up by the Sages. What is this man's punishment? Shelomo explained it: 'One who breaches a fence will be bitten by a snake'" (Kohelet 10:8).

That is, the evil of the lazy man does not come all at once. It arrives gradually without his knowledge or notice. He is drawn from evil to evil until he finds himself immersed in the ultimate evil. He begins merely by not exerting himself sufficiently. This causes him to study the Torah inadequately. Due to lack of study, he lacks the requisite understanding when he later does come to study. Now if the evil consequences were to end at this point, his calamity would be great indeed. But it grows even worse when, in his desire to nevertheless explain that portion or chapter, he distorts the meaning, corrupts and perverts the truth, violates ordinances, and breaches fences. His end is destruction, the punishment of all who breach fences. Shelomo said, "I gazed, I pondered," [meaning] I reflected on this matter and realized the great evil in it; for it is like a poison that spreads little by little, its effect unnoticed until [it brings about] death. This is the meaning of "A little sleep, {a little slumber, a little folding of the arms to lie down}, then your poverty shall come as a runner {and your want as an armed man}."

Many times, we see with our own eyes that a person has already come to know in his heart his obligation; he has ascertained what he should do to save his soul and what his obligation is in regard to his Creator. Nevertheless, he ignores this knowledge, not because he is unaware of his obligation, not for any other reason other than the weight of laziness that overcomes him. He says, "I will eat a little," or "I will sleep a little," or "It is difficult for me to leave my house," "I have taken off my shirt, how can I don it again," "The sun is scorching outside," "There is too much cold or rain." And all the rest of the rationalizations and excuses that fill the mouths of the indolent. In the meantime, Torah is pushed aside, Divine service is neglected, and man abandons his Creator. This is the sense of what Shelomo said, "Through sloth the ceiling sinks in and through indolence the house leaks" (Kohelet 10:18).

וְאוּלָם אִם תִּשְׁאַל אֶת פִּי הֶעָצֵל יָבוֹא לְךָ בְּמַאֲמָרִים רַבִּים מִמַּאַמְרֵי הַחֲכָמִים וְהַמִּקְרָאוֹת מִן הַכְּתוּבִים וְהַטְּעָנוֹת מִן הַשֵּׂכֶל, אֲשֶׁר כֻּלָּם יוֹרוּ לוֹ, לְפִי דַּעְתּוֹ הַמְשֻׁבֶּשֶׁת, לְהָקֵל עָלָיו וּלְהַנִּיחוֹ בִּמְנוּחַת עַצְלָתוֹ. וְהוּא אֵינֶנּוּ רוֹאֶה שֶׁאֵין הַטְּעָנוֹת הָהֵם וְהַטְּעָמִים הָהֵם נוֹלָדִים לוֹ מִפְּנֵי שִׁקּוּל דַּעְתּוֹ, אֶלָּא מִמְּקוֹר עַצְלָתוֹ הֵם נוֹבְעִים; אֲשֶׁר בִּהְיוֹתָהּ הִיא גוֹבֶרֶת בּוֹ, מַטָּה דַּעְתּוֹ וְשִׂכְלוֹ אֶל הַטְּעָנוֹת הָאֵלֶּה, אֲשֶׁר לֹא יִשְׁמַע לְקוֹל הַחֲכָמִים וְאַנְשֵׁי הַדֵּעָה הַנְּכוֹנָה. הוּא מַה שֶּׁשְּׁלֹמֹה צוֹוֵחַ וְאוֹמֵר: חָכָם עָצֵל בְּעֵינָיו מִשִּׁבְעָה מְשִׁיבֵי[ה] טָעַם (משלי כו, טז). כִּי הָעַצְלָה אֵינֶנָּה מַנַּחַת לוֹ שֶׁיִּהְיֶה אֲפִלּוּ חָשׁ לְדִבְרֵי הַמּוֹכִיחִים אוֹתוֹ, אֶלָּא יַחְשֹׁב הַכֹּל לְתוֹעִים וְשׁוֹטִים וְהוּא לְבַדּוֹ חָכָם.

וְהִנֵּה תֵּדַע כִּי זֶה כְּלָל גָּדוֹל מְנֻסֶּה בִּמְלֶאכֶת הַפְּרִישׁוּת, שֶׁכָּל קַלָּא צְרִיכָה בְּדִיקָה. כִּי אַף עַל פִּי שֶׁיְּכוֹלָה לִהְיוֹת יְשָׁרָה וּנְכוֹחָה, אָמְנָם קָרוֹב הַדָּבָר שֶׁתִּהְיֶה מֵעֲצוֹת הַיֵּצֶר וּמִרְמוֹתָיו. עַל כֵּן צָרִיךְ לִבְדֹּק אַחֲרֶיהָ בַּחֲקִירוֹת וּדְרִישׁוֹת רַבּוֹת, וְאִם אַחַר כָּל אֵלֶּה תִּצְדַּק, וַדַּאי שֶׁהִיא טוֹבָה.

כְּלָלוֹ שֶׁל דָּבָר: חִזּוּק גָּדוֹל צָרִיךְ הָאָדָם לְהִתְחַזֵּק וּלְהִתְגַּבֵּר בִּזְרִיזוּת לַעֲשׂוֹת הַמִּצְווֹת, בְּהַשְׁלִיכוֹ מֵעָלָיו כֹּבֶד הָעַצְלָה הַמְעַכֶּבֶת עַל יָדוֹ. וְתִרְאֶה שֶׁהַמַּלְאָכִים נִשְׁתַּבְּחוּ בַּמִּדָּה הַטּוֹבָה הַזֹּאת, שֶׁנֶּאֱמַר בָּהֶם: גִּבֹּרֵי כֹחַ עֹשֵׂי דְבָרוֹ לִשְׁמֹעַ בְּקוֹל דְּבָרוֹ (תהלים קג, כ). וְאוֹמֵר: וְהַחַיּוֹת רָצוֹא וָשׁוֹב כְּמַרְאֵה הַבָּזָק (יחזקאל א, יד). וְהִנֵּה הָאָדָם הוּא אָדָם וְלֹא מַלְאָךְ, עַל כֵּן אִי אֶפְשָׁר לוֹ שֶׁיַּגִּיעַ לִגְבוּרָתוֹ שֶׁל הַמַּלְאָךְ, אַךְ וַדַּאי שֶׁכָּל מַה שֶּׁיּוּכַל לְהִתְקָרֵב בְּמַדְרֵגָתוֹ אֵלָיו רָאוּי הוּא שֶׁיִּתְקָרֵב. וְדָוִד הַמֶּלֶךְ הָיָה מְשַׁבֵּחַ עַל חֶלְקוֹ וְאוֹמֵר: חַשְׁתִּי וְלֹא הִתְמַהְמָהְתִּי לִשְׁמֹר מִצְוֹתֶיךָ (תהלים קיט, ס).

[ה] בד"ר בטעות: 'מטיבי'.

Yet if you ask the lazy man to explain his behavior, he will confront you with numerous dicta of the Sages, verses from Scripture and rational arguments, all of which instruct him, according to his distorted understanding, to be lenient with himself and maintain his indolent repose. He fails to see that all these arguments and reasons do not stem from balanced reasoning. Rather, they spring from the source of his laziness which, as it overpowers him, bends his mind and intellect toward those arguments. Hence, he fails to listen to the voice of the wise and those possessing sound judgment. This is the meaning of Shelomo's rebuke: "The lazy man thinks himself wiser than seven men that answer sensibly" (Mishlei 26:16). Indolence does not permit him to hearken in the slightest to the words of those who reprove him. Rather, he believes them all to be fools who have gone astray and that he alone is wise.

Now you must know that the following is a fundamental, time-tested rule in the art of abstinence: Every leniency calls for examination. For although leniency may [at times] be just and correct, it is most likely one of the deceitful counsels of the *Yetzer*. Therefore, [every leniency] should be subjected to thorough and meticulous examination. If it still seems justified after such scrutiny, then surely it is valid.

In summation, man must summon a great deal of strength and fortify himself with alacrity in the performance of the *mitzvot* by casting off the weight of indolence that impedes him. You will notice that the angels were praised for possessing this good trait [of alacrity]. As it is said of them: "Mighty in strength who do His bidding, hearkening to the voice of His word" (Tehillim 103:20). And further: "And the *hayyot* dashed to and fro as the appearance of a flash of lightning" (Yehezkel 1:14). Now man is [simply] human and not an angel. It is, therefore, impossible for him to achieve the strength of an angel. However, he should certainly strive, as much as possible, to approach the rank of angels. And King David would praise [God] for his portion, saying, "I hurry without delay to keep Your commandments" (Tehillim 119:60).

פֶּרֶק ז:

בְּבֵאוּר חֶלְקֵי הַזְּרִיזוּת

אֵין סַכָּנָה כְּסַכָּנַת הַזְּמַן • רַבִּי פִּנְחָס בְּשֵׁם רַבִּי חָנָן דְּצִפּוֹרִי, וַהֲלֹא כְּבָר נֶאֱמַר הִנֵּה בֵן נוֹלָד לָךְ וְכוּ׳ • מִצְוָה הַבָּאָה לְיָדְךָ אַל תַּחְמִיצֶנָּה • לְעוֹלָם יַקְדִּים אָדָם לִדְבַר מִצְוָה • לְעוֹלָם יָרוּץ אָדָם לִדְבַר מִצְוָה • הוּא יַנְהֲגֵנוּ עַלְמוּת כְּאִלֵּין עוּלֵימַיָּא • כָּל הַמַּתְחִיל בְּמִצְוָה וְאֵינוֹ גּוֹמְרָהּ וְכוּ׳ • אֵין הַמִּצְוָה נִקְרֵאת אֶלָּא עַל שֵׁם גּוֹמְרָהּ • כָּל מַעֲשֵׂיהֶם שֶׁל צַדִּיקִים בִּמְהִירוּת • כְּמוֹ שֶׁהַזְּרִיזוּת הוּא תּוֹלֶדֶת הַהִתְלַהֲטוּת, כֵּן מִן הַזְּרִיזוּת יִוָּלֵד הַהִתְלַהֲטוּת

חֶלְקֵי הַזְּרִיזוּת שְׁנַיִם: אֶחָד קֹדֶם הַתְחָלַת הַמַּעֲשֶׂה, וְאֶחָד אַחֲרֵי כֵן.

קֹדֶם הַתְחָלַת הַמַּעֲשֶׂה הוּא שֶׁלֹּא יַחְמִיץ הָאָדָם אֶת הַמִּצְוָה, אֶלָּא בְּהַגִּיעַ זְמַנָּהּ אוֹ בְּהִזְדַּמְּנָהּ לְפָנָיו אוֹ בַּעֲלוֹתָהּ בְּמַחֲשַׁבְתּוֹ, יְמַהֵר יָחִישׁ מַעֲשֵׂהוּ[א] לֶאֱחֹז בָּהּ וְלַעֲשׂוֹת אוֹתָהּ, וְלֹא יַנִּיחַ זְמַן לִזְמַן שֶׁיִּתְרַבֶּה בֵּינְתַיִם. כִּי אֵין סַכָּנָה כְּסַכָּנָתוֹ, אֲשֶׁר הִנֵּה כָּל רֶגַע שֶׁמִּתְחַדֵּשׁ יוּכַל לְהִתְחַדֵּשׁ אֵיזֶה עִכּוּב לַמַּעֲשֶׂה הַטּוֹב.

וְעַל אֲמִתַּת זֶה הַדָּבָר הֶעִירוּנוּ זִכְרוֹנָם לִבְרָכָה בְּעִנְיַן הַמְלָכַת שְׁלֹמֹה, שֶׁאָמַר דָּוִד לִבְנָיָהוּ: וְהוֹרַדְתֶּם אֹתוֹ אֶל גִּחוֹן (מלכים א א, לג), וְעָנָה בְנָיָהוּ: אָמֵן כֵּן יֹאמַר ה׳ (שם פסוק לו). אָמְרוּ זִכְרוֹנָם לִבְרָכָה: רַבִּי פִּנְחָס בְּשֵׁם רַבִּי חָנָן[ב] דְּצִפּוֹרִי, וַהֲלֹא כְּבָר נֶאֱמַר, הִנֵּה בֵן נוֹלָד לָךְ הוּא יִהְיֶה אִישׁ מְנוּחָה (דברי הימים א כב, ט), אֶלָּא הַרְבֵּה קַטֵּגוֹרִין יַעַמְדוּ מִכָּאן וְעַד גִּיחוֹן (בראשית רבה עו, ב).

[א] ע״פ ישעיה ה, יט. [ב] תוקן ע״פ כתה״י, וכ״ה במדרש, בד״ר: ׳ר״י (ר׳ יוחנן) דצפורי׳.

Seven:

The Elements of Alacrity

There is no greater danger than [the passing of] time • Rabbi Pin-
has in the name of Rabbi Hanan of Sepphoris: Was it not already
stated: "Behold, a son shall be born to you, [who shall be a man
of tranquility]" • When a mitzvah comes your way, do not allow
it to turn sour through delay • A person should always do a mitz-
vah as early as possible • A person should always run to perform
a mitzvah • "He will lead us back to our youthful vigor" – [so
that we be filled with zeal], as young maidens • Whoever begins a
mitzvah, but fails to complete it, [buries his wife and children] •
A mitzvah is attributed only to the one who completes it • What-
ever the righteous do, they execute with haste • Just as alacrity is
born of an [inner] ardor, so too does it engender ardor

Alacrity has two parts. One applies before the performance [of a
mitzvah]; the other, after its performance has begun.

Regarding the former, alacrity means that a person should not delay
performing a *mitzvah*. Rather, when its time arrives, or it chances
before him, or the thought of performing it enters his mind, he
should speedily hasten his activity to seize the *mitzvah* and perform
it. He should not allow any time to accumulate in the interim. There
would be no greater danger than this, for with every passing moment
some new impediment to his good deed may emerge.

[Our Sages], may their memory be blessed, alerted us to the truth
of this matter in reference to the coronation of Shelomo, when David
said to Benayahu, "And bring him down to Gihon" (I Melakhim
1:33), and Benayahu answered, "Amen, may the Lord say so" (ibid.
v. 36). Our Sages, may their memory be blessed, said: "Rabbi Pinhas
in the name of Rabbi Hanan of Sepphoris: Was it not already stated,
'Behold, a son shall be born to you, who shall be a man of tranquility'
(I Divrei haYamim 22:9)? Only because many accusers may present
themselves from here to the Gihon" (*Bereishit Rabba* 76:2).

עַל כֵּן הִזְהִירוּ זִכְרוֹנָם לִבְרָכָה: וּשְׁמַרְתֶּם אֶת הַמַּצּוֹת (שמות יב, יז), מִצְוָה הַבָּאָה לְיָדְךָ אַל תַּחְמִיצֶנָּה (מכילתא מסכתא דפסחא ט). וְאָמְרוּ: לְעוֹלָם יַקְדִּים אָדָם לִדְבַר מִצְוָה, שֶׁלְּפִי שֶׁהִקְדִּימָה בְּכִירָה לִצְעִירָה {לַיְלָה אֶחָד קָדְמָתָה אַרְבַּע דּוֹרוֹת לְיִשְׂרָאֵל} (ראה בבא קמא לח, ב; נזיר כג, ב). וְאָמְרוּ: זְרִיזִים מַקְדִּימִים לַמִּצְווֹת (פסחים ד, א). וְכֵן אָמְרוּ: לְעוֹלָם יָרוּץ אָדָם לִדְבַר מִצְוָה וַאֲפִלּוּ בְּשַׁבָּת (ברכות ו, ב).[ג]

וּבַמִּדְרָשׁ אָמְרוּ: הוּא יְנַהֲגֵנוּ עַלְמוּת (תהלים מח, טו),[ד] בִּזְרִיזוּת, כְּאִלֵּין עוּלֵמָתָא, כְּמָה דְּאַתְּ אָמַר (שם סח, כו), בְּתוֹךְ עֲלָמוֹת תּוֹפֵפוֹת (ויקרא רבה יא, ט). כִּי הַזְּרִיזוּת הִיא מִדַּת שְׁלֵמוּת גָּדוֹל אֲשֶׁר טִבְעוֹ שֶׁל הָאָדָם מוֹנְעָהּ מִמֶּנּוּ עַתָּה. וּמִי שֶׁמִּתְגַּבֵּר וְתוֹפֵשׂ בָּהּ כָּל מַה שֶּׁיּוּכַל, הִנֵּה לֶעָתִיד לָבוֹא יִזְכֶּה לָהּ בֶּאֱמֶת, אֲשֶׁר הַבּוֹרֵא יִתְבָּרַךְ יִתְּנֶהָ לוֹ שְׂכָרוֹ חֵלֶף מַה שֶּׁהִשְׁתַּדֵּל אַחֲרֶיהָ בִּזְמַן עֲבוֹדָתוֹ.

אַךְ הַזְּרִיזוּת אַחַר הַתְחָלַת הַמַּעֲשֶׂה הוּא, שֶׁכֵּיוָן שֶׁאָחַז בַּמִּצְוָה יְמַהֵר לְהַשְׁלִים אוֹתָהּ, וְלֹא לְהָקֵל מֵעָלָיו כְּמִי שֶׁמִּתְאַוֶּה לְהַשְׁלִיךְ מֵעָלָיו מַשָּׂאוֹ, אֶלָּא מִיִּרְאָתוֹ פֶּן לֹא יִזְכֶּה לִגְמֹר אוֹתָהּ.

וְעַל זֶה הִרְבּוּ לְהַזְהִיר זִכְרוֹנָם לִבְרָכָה, וְאָמְרוּ: כָּל הַמַּתְחִיל בְּמִצְוָה וְאֵינוֹ גּוֹמֵר אוֹתָהּ קוֹבֵר אִשְׁתּוֹ וּבָנָיו (בראשית רבה פה, ג). וְאָמְרוּ: אֵין הַמִּצְוָה נִקְרֵאת אֶלָּא עַל שֵׁם גּוֹמְרָהּ (רש״י לדברים ח, א).[ה] וְאָמַר שְׁלֹמֹה הַמֶּלֶךְ עָלָיו הַשָּׁלוֹם: חָזִיתָ אִישׁ מָהִיר בִּמְלַאכְתּוֹ לִפְנֵי מְלָכִים יִתְיַצָּב, בַּל יִתְיַצֵּב לִפְנֵי חֲשֻׁכִּים (משלי כב, כט). וַחֲכָמִים זִכְרוֹנָם לִבְרָכָה יִחֲסוּ לוֹ הַשֶּׁבַח הַזֶּה עַל שֶׁמִּהֵר בִּמְלֶאכֶת בִּנְיַן הַבַּיִת וְלֹא נִתְעַצֵּל בָּהּ לְאַחֵר אוֹתָהּ (שיר השירים רבה א, ה; סנהדרין קד, ב). וְכֵן דְּרָשׁוּהוּ עַל מֹשֶׁה עָלָיו הַשָּׁלוֹם עַל שֶׁמִּהֵר בִּמְלֶאכֶת הַמִּשְׁכָּן (שיר השירים רבה א, ב).

[ג] שאסור לרוץ בשבת, אבל לדבר מצוה מותר. ראה רמב״ם הלכות שבת פרק כד הל׳ ד-ה. [ד] בספר תהלים נכתב כך: ׳על־מות׳. [ה] ע״פ תנחומא עקב סי׳ ו, וראה עוד בראשית רבה שם.

Our Sages, may their memory be blessed, therefore warned us: "'Watch over the *matzot* [unleavened bread]' (Shemot 12:17) – when a *mitzvah* comes your way, do not allow it to turn sour through delay" (*Mekhilta Pisha* 9). And they said, "A person should always do a *mitzvah* as early as possible, for because Lot's older daughter preceded his younger daughter {by one night, she preceded her by four generations in joining the nation of Israel}" (see *Baba Kamma* 38b; *Nazir* 23b). The Sages also said, "The zealous perform *mitzvot* at the earliest possible opportunity" (*Pesahim* 4a). They further said, "A person should always run to perform a *mitzvah*, even on the Sabbath" (*Berakhot* 6b).

And the midrash states (*Vayikra Rabba* 11:9): "'He will lead us back to our youthful vigor [*almut*]' (Tehillim 48:15) – so that we be filled with zeal, as young maidens, as it says: 'Among them are maidens [*alamot*] beating tambourines'" (Tehillim 68:26). For alacrity is a trait of great perfection which man's nature prevents him from attaining at the present time. One who musters his strength and holds fast to it as best he can, will truly attain it in the future world, when the Creator (blessed be He) bestows it upon him as a reward for having striven for it during the days of his service.

Alacrity, after the performance [of a *mitzvah*] has begun, means that once a person has taken hold of a *mitzvah*, he should hasten to complete it. Not as if seeking relief like someone who wishes to be rid of a burden, but for fear lest he not merit to complete it.

Our Sages, may their memory be blessed, exhorted us about this many times. They said, "Whoever begins a *mitzvah*, but fails to complete it, buries his wife and children" (*Bereishit Rabba* 85:3). They also said: "A *mitzvah* is attributed only to the one who completes it" (Rashi to Devarim 8:1). And King Shelomo, peace be on him, said: "See a man diligent in his business – he will stand before kings; he will not stand before obscure men" (Mishlei 22:29). Our Sages, may their memory be blessed, attributed this praise to Shelomo himself, for making haste in the building of the Temple, and not idling or delaying it (*Shir haShirim Rabba* 1:5). In similar fashion, they interpreted the verse in reference to Moshe, peace be on him, for hastening the construction of the Tabernacle (ibid.

וְכֵן תִּמְצָא כָּל מַעֲשֵׂיהֶם שֶׁל צַדִּיקִים תָּמִיד בִּמְהִירוּת (במדבר רבה י, ה).[ו] אַבְרָהָם כָּתוּב בּוֹ: וַיְמַהֵר אַבְרָהָם הָאֹהֱלָה אֶל שָׂרָה וַיֹּאמֶר מַהֲרִי [שְׁלֹשׁ סְאִים קֶמַח סֹלֶת וְכוּ'], וַיִּתֵּן אֶל הַנַּעַר וַיְמַהֵר [לַעֲשׂוֹת אֹתוֹ] (בראשית יח, ו-ז). רִבְקָה, וַתְּמַהֵר וַתְּעַר כַּדָּהּ {אֶל הַשֹּׁקֶת וַתָּרָץ עוֹד אֶל הַבְּאֵר לִשְׁאֹב וַתִּשְׁאַב לְכָל גְּמַלָּיו} (שם כד, כ). וְכֵן אָמְרוּ בְּמִדְרָשׁ: וַתְּמַהֵר הָאִשָּׁה {וַתָּרָץ וַתַּגֵּד לְאִישָׁהּ} (שופטים יג, י), מְלַמֵּד שֶׁכָּל מַעֲשֵׂיהֶם שֶׁל צַדִּיקִים בִּמְהִירוּת, אֲשֶׁר לֹא יִתְּנוּ הֶפְסֵק זְמַן, לֹא אֶל הַתְחָלַת הַמִּצְוָה וְלֹא אֶל הַשְׁלָמָתָהּ.

וְתִרְאֶה שֶׁהָאָדָם אֲשֶׁר תִּלָּהֵט נַפְשׁוֹ בַּעֲבוֹדַת בּוֹרְאוֹ, וַדַּאי שֶׁלֹּא יִתְעַצֵּל בַּעֲשִׂיַּת מִצְוֹתָיו, אֶלָּא תִּהְיֶה תְּנוּעָתוֹ כִּתְנוּעַת הָאֵשׁ הַמְּהִירָה, כִּי לֹא יָנוּחַ וְלֹא יִשְׁקֹט עַד אִם כִּלָּה הַדָּבָר לְהַשְׁלִימוֹ.[ז] וְאָמְנָם הִתְבּוֹנֵן עוֹד, שֶׁכְּמוֹ שֶׁהַזְּרִיזוּת הוּא תּוֹלֶדֶת הַהִתְלַהֲטוּת הַפְּנִימִי, כֵּן מִן הַזְּרִיזוּת יִוָּלֵד הַהִתְלַהֲטוּת. וְהַיְנוּ, כִּי מִי שֶׁמַּרְגִּישׁ[ח] עַצְמוֹ בְּמַעֲשֵׂה הַמִּצְוָה, כְּמוֹ שֶׁהוּא מְמַהֵר תְּנוּעָתוֹ הַחִיצוֹנָה, כֵּן הִנֵּה הוּא גּוֹרֵם שֶׁתִּבְעַר בּוֹ תְּנוּעָתוֹ הַפְּנִימִית כְּמוֹ כֵן, וְהַחֵשֶׁק וְהַחֵפֶץ יִתְגַּבֵּר בּוֹ וְיֵלֵךְ. אַךְ אִם יִתְנַהֵג בִּכְבֵדוּת בִּתְנוּעַת אֵיבָרָיו, גַּם תְּנוּעַת רוּחוֹ תִּשְׁקַע וְתִכְבֶּה. וְזֶה דָּבָר שֶׁהַנִּסָּיוֹן יְעִידֵהוּ.

וְאָמְנָם כְּבָר יָדַעְתָּ שֶׁהַנִּרְצֶה יוֹתֵר בַּעֲבוֹדַת הַבּוֹרֵא יִתְבָּרַךְ שְׁמוֹ הוּא חֵפֶץ הַלֵּב וּתְשׁוּקַת הַנְּשָׁמָה. וְהוּא מַה שֶּׁדָּוִד הַמֶּלֶךְ מִתְהַלֵּל בְּחֶלְקוֹ הַטּוֹב וְאוֹמֵר: כְּאַיָּל תַּעֲרֹג עַל אֲפִיקֵי מָיִם כֵּן נַפְשִׁי תַעֲרֹג אֵלֶיךָ אֱלֹקִים, צָמְאָה נַפְשִׁי לֵאלֹקִים {לְאֵל חָי מָתַי אָבוֹא וְאֵרָאֶה פְּנֵי אֱלֹהִים} (תהלים מב, ב-ג), נִכְסְפָה וְגַם כָּלְתָה נַפְשִׁי לְחַצְרוֹת ה' [לִבִּי וּבְשָׂרִי יְרַנְּנוּ אֶל אֵל חָי] (שם פד, ג), צָמְאָה לְךָ נַפְשִׁי כָּמַהּ לְךָ בְשָׂרִי [בְּאֶרֶץ צִיָּה וְעָיֵף בְּלִי מָיִם] (שם סג, ב).

[ו] ראה עוד מדרש אגדה (בובר) בראשית יח, ו. שם מביא הראיה מאברהם. [ז] ע"פ רות ג, יח. [ח] כלומר שֶׁמַּרְגִּשׁ, היינו מביא עצמו להתרגש במעשה המצוה.

1:2). So you will find that whatever the righteous do, they always execute with haste (*Bamidbar Rabba* 10:5). It is written regarding Avraham: "And Avraham hastened into the tent to Sarah and said, 'Hurry, knead [three *seahs* of choice flour]!' ... And he gave [the calf] to the lad, and he hurried [to prepare it]" (Bereishit 18:6-7). Regarding Rivka: "And she hastened, and emptied her jug {into the trough, and ran again to the well to draw water, and she drew water for all his camels}" (Bereishit 24:20). And similarly they said in the midrash (*Bamidbar Rabba* 10:5): "'And the woman hastened; {she ran and told her husband}' (Shofetim 13:10) – this teaches that whatever the righteous do, they execute with haste." They allow no time to elapse before undertaking a *mitzvah* or in seeing it through to completion.

You will observe that a person whose soul burns in the service of his Creator will surely not be lazy in the performance of His *mitzvot*. Rather, his movement will be like that of a quick-spreading fire, for he will neither rest nor pause till he brings his deed to full completion. Consider also that just as alacrity is born of an inner ardor, so too does it engender ardor. That is, just as a person who rouses himself to the performance of *mitzvot* quickens his outer motion, so too does he fire his inner emotion, causing his passion and purpose to continually gain strength. But if he is lethargic in the movement of his limbs, the movement of his spirit will also die down and be extinguished. To this, experience will attest.

Indeed, you already know that the aspect of the service of the Creator (blessed be His name) that is most desired is the heart's desire and the soul's longing [for Him]. This is what King David meant when he gloried in his good portion, saying: "As the hart yearns for the water brooks, so my soul yearns for You, O God. My soul thirsts for God, {for the living God; when shall I come and appear before God}" (Tehillim 42:2-3); "My soul longs and pines for the courts of the Lord; [my heart and my flesh cry out for the living God]" (Tehillim 84:3); "My soul thirsts for You, my flesh longs for You [in a dry and thirsty land where there is no water]" (Tehillim 63:2).

וְאוּלָם הָאָדָם אֲשֶׁר אֵין הַחֶמְדָּה הַזֹּאת לוֹהֶטֶת בּוֹ כָּרָאוּי, עֵצָה טוֹבָה הִיא לוֹ שֶׁיִּזְדָּרֵז בִּרְצוֹנוֹ, כְּדֵי שֶׁיִּמָּשֵׁךְ מִזֶּה שֶׁתִּוָּלֵד בּוֹ הַחֶמְדָּה בַּטֶּבַע; כִּי הַתְּנוּעָה הַחִיצוֹנָה מְעוֹרֶרֶת הַפְּנִימִית, וּבְוַדַּאי שֶׁיּוֹתֵר מְסוּרָה בְּיָדוֹ הִיא הַחִיצוֹנָה מֵהַפְּנִימִית. אַךְ אִם יִשְׁתַּמֵּשׁ מִמַּה שֶּׁבְּיָדוֹ, יִקְנֶה גַּם מַה שֶּׁאֵינוֹ בְּיָדוֹ בְּהֶמְשֵׁךְ,[ט] כִּי תִּוָּלֵד בּוֹ הַשִּׂמְחָה הַפְּנִימִית וְהַחֵפֶץ וְהַחֶמְדָּה מִכֹּחַ מַה שֶּׁהוּא מִתְלַהֵט בִּתְנוּעָתוֹ בְּרָצוֹן. וְהוּא מַה שֶּׁהָיָה הַנָּבִיא אוֹמֵר: וְנֵדְעָה נִרְדְּפָה לָדַעַת אֶת ה׳ (הושע ו, ג). וְכָתוּב: אַחֲרֵי ה׳ יֵלְכוּ כְּאַרְיֵה יִשְׁאָג (שם יא, י).

[ט] המונח ׳בהמשך׳ נתבאר ב׳חוקר ומקובל׳ במשמעות תולדה והשתלשלות דבר מתוך דבר.

Therefore, the man in whom this longing does not burn as it should would be well-advised to bestir himself by force of will, so that as a result, such longing will become part of his nature. For outward movements arouse inner emotions, and surely the former is more given to his control than the latter. But if he utilizes that which is within his control, he will, as a result, acquire even that which is beyond his control. For inner joy, desire, and longing will be engendered in him by the fervor that his freely-willed movement has produced. This is what the Prophet meant when he said: "Let us know, let us run to know the Lord" (Hoshea 6:3). And it is written: "They shall go after the Lord, who shall roar like a lion" (Hoshea 11:10).

פֶּרֶק ח:

בְּדֶרֶךְ קְנִיַּת הַזְּרִיזוּת

מַה שֶּׁיַּגְבִּיר הַזְּרִיזוּת הוּא הַהִסְתַּכְּלוּת בְּטוֹבוֹת הַבּוֹרֵא יִתְבָּרֵךְ • אֵין לְךָ אָדָם בְּאֵיזֶה מַצָּב שֶׁיִּהְיֶה שֶׁלֹּא יִרְאֶה נִפְלְאוֹת ה' עִמּוֹ

הִנֵּה הָאֶמְצָעִים אֲשֶׁר נִקְנָה בָּם הַזְּרִיזוּת הֵם הֵם אוֹתָם אֲשֶׁר נִקְנֶה בָּם הַזְּהִירוּת, וּמַדְרֵגוֹתֵיהֶם כְּמַדְרֵגוֹתֵיהֶם, וּכְמוֹ שֶׁכָּתַבְתִּי לְמַעְלָה, כִּי עִנְיָנָם קָרוֹב זֶה לָזֶה מְאֹד, וְאֵין הֶפְרֵשׁ בֵּינֵיהֶם אֶלָּא שֶׁזֶּה בַּעֲשִׂיָּן וְזֶה בִּלְאוִין. וְכַאֲשֶׁר יִתְאַמֵּת אֵצֶל הָאָדָם גֹּדֶל עֵרֶךְ הַמִּצְווֹת וְרֹב חוֹבָתוֹ בָּהֶם, וַדַּאי שֶׁיִּתְעוֹרֵר לִבּוֹ אֶל הָעֲבוֹדָה וְלֹא יִתְרַפֶּה מִמֶּנָּה.

וְאָמְנָם מַה שֶּׁיּוּכַל לְהַגְבִּיר הַהִתְעוֹרְרוּת הַזֶּה הוּא הַהִסְתַּכְּלוּת בְּרֹב הַטּוֹבוֹת שֶׁהַקָּדוֹשׁ בָּרוּךְ הוּא עוֹשֶׂה עִם הָאָדָם בְּכָל עֵת וּבְכָל שָׁעָה, וְהַנִּפְלָאוֹת הַגְּדוֹלוֹת שֶׁעוֹשֶׂה עִמּוֹ מֵעֵת הַלֵּדָה עַד הַיּוֹם הָאַחֲרוֹן. כִּי כָּל מַה שֶּׁיַּרְבֶּה לְהִסְתַּכֵּל וּלְהִתְבּוֹנֵן בִּדְבָרִים אֵלֶּה, הִנֵּה יַרְבֶּה לְהַכִּיר לְעַצְמוֹ חוֹבָה רַבָּה אֶל הָאֵל הַמֵּטִיב לוֹ, וְיִהְיוּ אֵלֶּה אֶמְצָעִים לְשֶׁלֹּא יִתְעַצֵּל וְיִתְרַפֶּה מֵעֲבוֹדָתוֹ. כִּי הֲרֵי הוֹאִיל וְאֵינוֹ יָכוֹל וַדַּאי לִגְמֹל לוֹ טוֹבָתוֹ יִתְבָּרַךְ, לְפָחוֹת יוֹדֶה לִשְׁמוֹ וִיקַיֵּם מִצְוֹתָיו.

וְהִנֵּה אֵין לְךָ אָדָם בְּאֵיזֶה מַצָּב שֶׁיִּמָּצֵא, אִם עָנִי וְאִם עָשִׁיר, אִם בָּרִיא וְאִם חוֹלֶה, שֶׁלֹּא יִרְאֶה נִפְלָאוֹת וְטוֹבוֹת רַבּוֹת בְּמַצָּבוֹ. כִּי הֶעָשִׁיר וְהַבָּרִיא כְּבָר הוּא חַיָּב לוֹ יִתְבָּרַךְ עַל עָשְׁרוֹ וְעַל בְּרִיאוּתוֹ. הֶעָנִי חַיָּב לוֹ שֶׁאֲפִלּוּ בְּעָנְיוֹ מַמְצִיא לוֹ פַּרְנָסָתוֹ

Eight:

How to Acquire Alacrity

Alacrity can be intensified by contemplating the benefits [grant-
ed] by the Creator, blessed be He • No man, whatever his condi-
tion, can fail to see the wonders that God performs for him

The means by which we acquire alacrity are precisely those by
which we acquire vigilance. And the [various] ranks of the means
to the one are like the ranks [of the means to the] other that I
have mentioned above (*p. 401 onward*). The idea behind the one is
very close to the idea behind the other, the only difference between
them being that one pertains to the positive commandments, while
the other pertains to the negative commandments. When a person
is convinced of the great value of the *mitzvot* and the magnitude of
his obligation to fulfill them, his heart will surely awaken to God's
service and not slacken in it.

But something that can intensify this focus is contemplation
upon the many benefits that the Holy One (blessed be He) grants
man each and every moment, and the great marvels that He
performs for him from time of birth until his final day. For the more
a person contemplates and considers these things, the more he will
recognize his great debt to God who bestows this goodness upon
him. Contemplation of these things will then serve as a means to
ensure that he does not grow lazy or lax in the service of God. For
since he certainly cannot repay the Blessed One for His goodness, he
should at least acknowledge Him and fulfill His commandments.

For no man, whatever his condition – rich or poor, healthy or
infirm – can fail to see the many wondrous benefits [he receives from
God] under these conditions. The rich and the healthy are indebted
to Him (blessed be He) for their wealth and their health. The poor
are indebted to Him, for even in their poverty He wondrously and

דֶּרֶךְ נֵס וּפֶלֶא וְאֵינוֹ מַנִּיחוֹ לָמוּת בָּרָעָב. הַחוֹלֶה עַל שֶׁמַּחֲזִיקוֹ בְּכֹבֶד חֳלָיו וּמַכּוֹתָיו וְאֵינוֹ מַנִּיחוֹ לָרֶדֶת שַׁחַת. וְכֵן כָּל כַּיּוֹצֵא בָּזֶה, עַד שֶׁאֵין לְךָ אָדָם שֶׁלֹּא יַכִּיר עַצְמוֹ חַיָּב לְבוֹרְאוֹ.

וּבְהִסְתַּכְּלוֹ בְּטוֹבוֹת אֵלֶּה שֶׁהוּא מְקַבֵּל מִמֶּנּוּ, וַדַּאי שֶׁיִּתְעוֹרֵר לְהִזָּהֵר לַעֲבוֹדָתוֹ, כְּמוֹ שֶׁכָּתַבְתִּי לְמַעְלָה. כָּל שֶׁכֵּן אִם יִתְבּוֹנֵן הֱיוֹת כָּל טוּבוֹ תָּלוּי בְּיָדוֹ יִתְבָּרֵךְ, וּמַה שֶּׁמִּצְטָרֵךְ לוֹ וּמַה שֶּׁמֻּכְרָח אֵלָיו מִמֶּנּוּ יִתְבָּרֵךְ הוּא וְלֹא מֵאַחֵר, אֲשֶׁר עַל כֵּן וַדַּאי שֶׁלֹּא יִתְעַצֵּל מֵעֲבֹד עֲבוֹדָתוֹ יִתְבָּרֵךְ וְלֹא יֶחְסַר לוֹ מַה שֶּׁהוּא מֻכְרָח אֵלָיו.

וְהִנְּךָ רוֹאֶה שֶׁכָּלַלְתִּי פֹּה בִּדְבָרַי שְׁלֹשֶׁת הַמַּדְרֵגוֹת אֲשֶׁר חִלַּקְתִּים בַּזְּהִירוּת, כִּי כְּבָר עִנְיָנָם אֶחָד, וְהַדָּבָר לָמֵד מֵעִנְיָנוֹ. שֶׁלִּשְׁלֵמֵי הַדַּעַת תִּהְיֶה הַהֶעָרָה מִצַּד הַחוֹבָה וּמִצַּד עֵרֶךְ הַמַּעֲשִׂים וַחֲשִׁיבוּתָם. לַפְּחוּתִים מֵהֶם מִצַּד הָעוֹלָם הַבָּא וּכְבוֹדוֹ, שֶׁלֹּא תַּשִּׂיגֵהוּ בּוּשָׁה לְיוֹם הַגְּמוּל בִּרְאוֹתוֹ הַטּוֹבָה שֶׁהָיָה יָכוֹל לְהַשִּׂיג וְאִבְּדָהּ. וְלֶהָמוֹן מִצַּד הָעוֹלָם הַזֶּה וּצְרָכָיו, כָּעִנְיָן שֶׁפֵּרַשְׁתִּי שָׁם לְמַעְלָה.

miraculously provides for them, and does not allow them to die of hunger. The sick are indebted to Him for sustaining them while under the weight of their sickness and afflictions, not allowing them to descend to the pit. The same is true of all similar situations, so that there is no man who cannot recognize that he is indebted to his Creator.

Upon reflecting on these benefits which man receives from God, he will certainly be stirred to act with alacrity in His service, as I said above. All the more so, if he considers that any good he receives is dependent upon [God] (blessed be He) and that all his essential needs are provided by Him (blessed be He) and none other. Then he will certainly not be slack in serving God (blessed by He) or remiss in anything he needs to do [to perform that service].

You will note that my discussion here comprises the three levels that I distinguished in relation to vigilance. For alacrity and vigilance are in essence the same, and this matter is to be deduced from its context. Thus, those of perfect knowledge will be roused by their sense of obligation and understanding of the value and importance of the good deeds themselves. Those of lesser understanding will be motivated by the world-to-come and its honors – to avoid shame on the day of recompense, on seeing the good that was within their grip, and then lost. And the commonality will be motivated by this world and its needs, as I have explained there.

פֶּרֶק ט:

בְּבֵאוּר מַפְסִידֵי הַזְּרִיזוּת וְהַהַרְחָקָה מֵהֶם

הַגָּדוֹל שֶׁבְּמַפְסִידֵי הַזְּרִיזוּת הוּא בַּקָּשַׁת הַמְּנוּחָה הַגּוּפִית • צָרִיךְ הָאָדָם לִנְהֹג אֶת עַצְמוֹ כִּשְׂכִירֵי הַיּוֹם • מִמַּפְסִידֵי הַזְּרִיזוּת רֹב הַפַּחַד מִתּוֹלְדוֹת הַזְּמַן • יֵשׁ יִרְאָה רְאוּיָה וְיִרְאָה שׁוֹטָה, וְהַהֶפְרֵשׁ שֶׁבֵּינֵיהֶם • מִי שֶׁמַּפְקִיר עַצְמוֹ לְסַכָּנוֹת אֵין זֶה בִּטָּחוֹן אֶלָּא הוֹלְלוּת וְחוֹטֵא • מָקוֹם שֶׁהַהֶזֵּק מָצוּי יֵשׁ לִישָּׁמֵר, אַךְ מָקוֹם שֶׁאֵין הַהֶזֵּק מָצוּי אֵין לִירֹא • שִׁבְעָה דְּבָרִים אָמַר שְׁלֹמֹה בֶּעָצֵל, כֵּיצַד אָמְרוּ וְכוּ׳ • אֵין הַיִּרְאָה גּוֹרֶמֶת לֶעָצֵל שֶׁיִּתְעַצֵּל, אֶלָּא הָעַצְלָה גּוֹרֶמֶת לוֹ שֶׁיִּתְיָרֵא

הִנֵּה מַפְסִידֵי הַזְּרִיזוּת הֵם הֵם מַגְדִּילֵי הָעַצְלָה, וְהַגָּדוֹל שֶׁבְּכֻלָּם הוּא בַּקָּשַׁת הַמְּנוּחָה הַגּוּפִית וְשִׂנְאַת הַטֹּרַח וְאַהֲבַת הָעִדּוּנִים בְּתַשְׁלוּם כָּל תְּנָאֵיהֶם. כִּי הִנֵּה אָדָם כָּזֶה וַדַּאי שֶׁתִּכְבַּד עָלָיו הָעֲבוֹדָה לִפְנֵי בּוֹרְאוֹ כֹּבֶד גָּדוֹל. כִּי מִי שֶׁיִּרְצֶה לֶאֱכֹל אֲכִילוֹתָיו בְּכָל הַיִּשּׁוּב וְהַמְּנוּחָה, וְלִישֹׁן שְׁנָתוֹ בְּלֹא טוֹרַח, וִימָאֵן לָלֶכֶת אִם לֹא לְאִטּוֹ, וְכַיּוֹצֵא בִּדְבָרִים אֵלֶּה, הִנֵּה יִקְשֶׁה עָלָיו לְהַשְׁכִּים לְבָתֵּי כְּנֵסִיּוֹת בַּבֹּקֶר, אוֹ לְקַצֵּר בִּסְעֻדָּתוֹ מִפְּנֵי תְּפִלַּת הַמִּנְחָה בֵּין הָעַרְבַּיִם, אוֹ לָצֵאת לִדְבַר מִצְוָה אִם לֹא יִהְיֶה הָעֵת בָּרוּר,[א] כָּל שֶׁכֵּן לְמַהֵר עַצְמוֹ לְדִבְרֵי מִצְוָה אוֹ לְתַלְמוּד תּוֹרָה. וּמִי שֶׁמַּרְגִּיל עַצְמוֹ לַמִּנְהָגוֹת הָאֵלֶּה, אֵינֶנּוּ אָדוֹן בְּעַצְמוֹ לַעֲשׂוֹת הֵפֶךְ זֶה כְּשֶׁיִּרְצֶה, כִּי כְּבָר נֶאֱסַר רְצוֹנוֹ בְּמַאֲסַר הַהֶרְגֵּל הַנַּעֲשֶׂה טֶבַע שֵׁנִי.

וְאָמְנָם צָרִיךְ שֶׁיֵּדַע הָאָדָם כִּי לֹא לִמְנוּחָה הוּא בָּעוֹלָם הַזֶּה אֶלָּא לְעָמָל וְטֹרַח, וְלֹא יִנְהַג בְּעַצְמוֹ אֶלָּא מִנְהַג הַפּוֹעֲלִים הָעוֹשִׂים מְלָאכָה אֵצֶל

[א] היינו, אין מזג האויר בהיר.

Nine:

The Factors Detrimental to Alacrity and How to Avoid Them

The factor most detrimental to the trait of alacrity is the desire
for bodily ease • A person must conduct himself in the manner of
day-laborers • One of the factors detrimental to the trait of Alacri-
ty is excessive fear regarding what the future may bring • There is
fear that is justified and fear that is foolish, and the difference be-
tween them • He who exposes himself to danger exhibits not faith
but folly, and sins • Where injury is likely, one should be cautious,
but where danger is unlikely, one should not be afraid • Shelomo
said seven things about a lazy man. How can this be illustrated?
People say [to a lazy man], and so on • It is not fear that causes
one to be lazy, but rather laziness that causes one to fear

The factors detrimental to the trait of alacrity are those that promote
indolence. The most significant are the desire for bodily ease, an
aversion to exertion, and the love of pleasure to its fullest. Someone
[who suffers from these weaknesses] will undoubtedly find service
of his Creator exceedingly onerous. For one who wishes to eat his
meals in total tranquility and ease, to sleep without worry, to walk
only at a gentle pace and the like, will find it extremely difficult
to rise early in the morning for synagogue, or cut his meal short
towards evening for the afternoon service, or go out to perform a
mitzvah if the weather is inclement. How much more difficult will
it be to rush to perform a *mitzvah* or study Torah. A person who
accustoms himself to such practices is not his own master to do the
opposite when he so desires; for his will is already locked in the
prison of habit which has become second nature to him.

A person must understand, however, that he was not placed
in this world for ease, but rather for toil and exertion. He
must conduct himself in the manner of laborers who work for

מַשְׂכִּירֵיהֶם, וּכְעִנְיַן מַה שֶּׁהָיָה אוֹמֵר: אֲגִירֵי דְיוֹמָא אֲנַן (עירובין סה, א), וּכְדֶרֶךְ יוֹצְאֵי הַצָּבָא בְּמַעַרְכוֹתֵיהֶם אֲשֶׁר אֲכִילָתָם בְּחִפָּזוֹן וּשְׁנָתָם עֲרַאי וְעוֹמְדִים תָּמִיד מוּכָנִים לְעֵת קְרָב. וְעַל זֶה נֶאֱמַר: כִּי אָדָם לְעָמָל יוּלָּד (איוב ה, ז). וּכְשֶׁיַּרְגִּיל עַצְמוֹ עַל זֶה הַדֶּרֶךְ, יִמְצָא הָעֲבוֹדָה קַלָּה עָלָיו וַדַּאי, כֵּיוָן שֶׁלֹּא יֶחְסַר בְּעַצְמוֹ הַהַזְמָנָה וְהַהֲכָנָה אֵלֶיהָ. וְעַל זֶה הַדֶּרֶךְ אָמְרוּ זִכְרוֹנָם לִבְרָכָה: כָּךְ הִיא דַּרְכָּהּ שֶׁל תּוֹרָה, פַּת בַּמֶּלַח תֹּאכַל וּמַיִם בַּמְּשׂוּרָה תִּשְׁתֶּה וְעַל הָאָרֶץ תִּישַׁן (אבות ו, ד), שֶׁהוּא כְּלַל הַהַרְחָקָה בְּתַכְלִית מִן הַמְּנוּחוֹת וְהָעִדּוּנִים.

עוֹד מִמַּפְסִידֵי הַזְּרִיזוּת הוּא רֹב הַפַּחַד וְגֹדֶל הַמּוֹרָא מִן הַזְּמַן וְתוֹלְדוֹתָיו. כִּי פַּעַם יִירָא מֵהַקֹּר אוֹ מֵהַחֹם, וּפַעַם מֵהַפְּגָעִים, וּפַעַם מִן הֶחֳלָאִים, וּפַעַם מִן הָרוּחַ, וְכֵן כָּל כַּיּוֹצֵא בָּזֶה. הוּא הָעִנְיָן שֶׁאָמַר שְׁלֹמֹה עָלָיו הַשָּׁלוֹם: אָמַר עָצֵל שַׁחַל בַּדָּרֶךְ אֲרִי בֵּין הָרְחֹבוֹת (משלי כו, יג). וּכְבָר גִּנּוּ חֲכָמֵינוּ זִכְרוֹנָם לִבְרָכָה הַמִּדָּה הַזֹּאת וְיִחֲסוּהָ אֶל הַחַטָּאִים, וּמִקְרָא מְסַיְּעָם, דִּכְתִיב: פָּחֲדוּ בְצִיּוֹן חַטָּאִים אָחֲזָה רְעָדָה חֲנֵפִים (ישעיה לג, יד). עַד שֶׁאָמַר אֶחָד מִן הַגְּדוֹלִים אֶל תַּלְמִידוֹ בִּרְאוֹתוֹ אוֹתוֹ מִתְפַּחֵד, חַטָּאָה אַתְּ (ברכות ס, א). אֶלָּא עַל זֶה נֶאֱמַר: בְּטַח בַּה' וַעֲשֵׂה טוֹב שְׁכָן אֶרֶץ וּרְעֵה אֱמוּנָה (תהלים לז, ג).

כְּלָלוֹ שֶׁל דָּבָר: צָרִיךְ שֶׁיָּשִׂים הָאָדָם אֶת עַצְמוֹ עֲרַאי בָּעוֹלָם וְקָבוּעַ בָּעֲבוֹדָה, יִתְרַצֶּה וְיִסְתַּפֵּק בְּכָל עִנְיְנֵי הָעוֹלָם בְּמַה שֶּׁמִּזְדַּמֵּן לוֹ, וְיִקַּח מִן הַבָּא בְּיָדוֹ, וְיִהְיֶה רָחוֹק מִן הַמְּנוּחָה וְקָרוֹב לַמְּלָאכָה וְלֶעָמָל, וְיִהְיֶה נָכוֹן לִבּוֹ בָּטוּחַ בַּה'[ב] וְלֹא יִירָא מִתּוֹלְדוֹת הַזְּמַן וּפְגָעָיו.

שֶׁמָּא תֹאמַר, הֲרֵי מָצִינוּ שֶׁחִיְּבוּ חֲכָמִים בְּכָל מָקוֹם שֶׁיִּשְׁמֹר הָאָדָם אֶת עַצְמוֹ שְׁמִירָה מְעֻלָּה וְלֹא יָשִׂים עַצְמוֹ בְּסַכָּנָה, אֲפִלּוּ הוּא צַדִּיק וּבַעַל מַעֲשִׂים. וְאָמְרוּ: הַכֹּל בִּידֵי שָׁמַיִם חוּץ מִצִּנִּים

[ב] ע"פ תהלים קיב, ז; כפי שנתבאר בברכות ו, ב.

their employers, as has been said, "We are day laborers" (see *Eruvin* 65a); and in the manner of soldiers in a military campaign, who eat in haste, sleep irregularly, and are always ready for the moment of battle. Scripture said in this regard: "For man is born to toil" (Iyov 5:7). When one accustoms himself to behave in this way, he will certainly experience God's service easily, for he will not be lacking in preparation or readiness. Our Sages, may their memory be blessed, said along these lines: "This is the way of Torah: you should eat bread with salt, drink water in small measure, and sleep upon the ground" (*Avot* 6:4), which represents the ultimate shunning of comfort and pleasure as a general ideal.

Another factor detrimental to alacrity is excessive fear and trepidation regarding what the future may bring. At one time a person may fear the cold or the heat, at another time mishaps, at another illness, and at yet another [even] the wind, and so forth. It is about this that Shelomo, peace be on him, said, "The lazy man says, There is a lion in the way; a lion is in the streets" (Mishlei 26:13). The Sages, may their memory be blessed, already condemned this trait, attributing it to sinners. And Scripture supports them, for the verse states, "The sinners in Zion are frightened; trembling has taken hold of the sinners" (Yeshayahu 33:14). To the point that one of the great men said to his disciple upon seeing him surrender to fright, "You must be a sinner" (*Berakhot* 60a). Regarding this the verse states, "Trust in the Lord and do good; dwell in the land and pursue faith" (Tehillim 37:3).

In summary, a person should regard himself as incidental in this world, but firmly established in Divine service. In all things worldly, he should be content and satisfied with what comes his way, and make do with what he happens to have. He should steer clear of repose and draw close to labor and toil. His heart should be steadfast in trust of God, free of fear of the vicissitudes and mishaps of time.

Perhaps you will object: Don't we find that the Sages everywhere obligated a person to protect himself fully and not place himself in danger, even if he is righteous and possessed of good deeds? As they have said: "Everything is in the hands of Heaven except for colds

פַּחִים (כתובות ל, א). וּמִקְרָא כָּתוּב: וְנִשְׁמַרְתֶּם מְאֹד לְנַפְשֹׁתֵיכֶם (דברים ד, טו). הֲרֵי שֶׁאֵין לְהַחְלִיט הַבִּטָּחוֹן הַזֶּה עַל כָּל פָּנִים. וְהָתָם אָמְרוּ: וַאֲפִלּוּ לִדְבַר מִצְוָה (ראה פסחים ח, ב).

דַּע, כִּי יֵשׁ יִרְאָה וְיֵשׁ יִרְאָה. יֵשׁ יִרְאָה רְאוּיָה וְיֵשׁ יִרְאָה שׁוֹטָה, יֵשׁ בִּטָּחוֹן וְיֵשׁ הוֹלֵלוּת. כִּי הִנֵּה הָאָדוֹן בָּרוּךְ הוּא עָשָׂה אֶת הָאָדָם בַּעַל שֵׂכֶל נָכוֹן וּסְבָרָא נְכוֹחָה לְשֶׁיִּנְהַג עַצְמוֹ עַל דֶּרֶךְ טוֹב וְיִשָּׁמֵר מִן הַדְּבָרִים הַמַּזִּיקִים אֲשֶׁר נִבְרְאוּ לַעֲנֹשׁ אֶת הָרְשָׁעִים. וּמִי שֶׁיִּרְצֶה שֶׁלֹּא יִנְהַג עַצְמוֹ בְּדֶרֶךְ הַחָכְמָה וְיַפְקִיר עַצְמוֹ לַסַּכָּנוֹת, הִנֵּה אֵין זֶה בִּטָּחוֹן אֶלָּא הוֹלֵלוּת. וְהִנֵּה הוּא חוֹטֵא בְּמַה שֶּׁהוּא עוֹשֶׂה נֶגֶד רְצוֹן הַבּוֹרֵא יִתְבָּרַךְ שְׁמוֹ שֶׁרוֹצֶה שֶׁיִּשְׁמֹר הָאָדָם אֶת עַצְמוֹ. וְנִמְצָא שֶׁמִּלְּבַד הַסַּכָּנָה הַמְּטֻבַּעַת בַּדָּבָר, אֲשֶׁר הוּא עָלוּל אֵלֶיהָ מִפְּנֵי חֶסְרוֹן שְׁמִירָתוֹ, הִנֵּה עוֹד הוּא מִתְחַיֵּב בְּנַפְשׁוֹ בְּקוּם עֲשֵׂה, בַּחֵטְא אֲשֶׁר הוּא חוֹטֵא, וְנִמְצָא הַחֵטְא עַצְמוֹ מְבִיאוֹ לֵיעָנֵשׁ.

וְאוּלָם הַשְּׁמִירָה הַזֹּאת, וְזֹאת הַיִּרְאָה הַמְּיֻסֶּדֶת עַל הַנְהָגַת הַחָכְמָה וְהַשֵּׂכֶל, הִיא הָרְאוּיָה, שֶׁעָלֶיהָ נֶאֱמַר: עָרוּם רָאָה רָעָה וְנִסְתָּר וּפְתָיִים עָבְרוּ וְנֶעֱנָשׁוּ (משלי כב, ג). אַךְ הַיִּרְאָה הַשּׁוֹטָה הוּא[ג] שֶׁיִּהְיֶה הָאָדָם רוֹצֶה לְהוֹסִיף שְׁמִירוֹת עַל שְׁמִירוֹת וְיִרְאָה עַל יִרְאָה, וְעוֹשֶׂה מִשְׁמֶרֶת לְמִשְׁמַרְתּוֹ בְּאֹפֶן שֶׁיַּגִּיעַ מִזֶּה בִּטּוּל לַתּוֹרָה וְלָעֲבוֹדָה.

וְהַכְּלָל לְהַבְחִין בֵּין שְׁתֵּי הַיִּרְאוֹת הוּא מַה שֶּׁחִלְּקוּ חֲכָמֵינוּ זִכְרוֹנָם לִבְרָכָה בְּאָמְרָם: הֵיכָא דִּשְׁכִיחַ הֶזֵּקָא שָׁאנִי (פסחים ח, ב). כִּי מָקוֹם שֶׁהַהֶזֵּק מָצוּי וְנוֹדָע יֵשׁ לִישָּׁמֵר, אַךְ מָקוֹם שֶׁאֵין הַהֶזֵּק נוֹדָע אֵין לִירֹא.[ד] וְעַל כַּיּוֹצֵא בָּזֶה נֶאֱמַר: רֵיעוּתָא דְּלָא חֲזִינַן לָא מַחְזְקִינַן (ע"פ חולין מח, ב ורש"י ד"ה סמפונא), וְאֵין לוֹ לֶחָכָם אֶלָּא מַה שֶּׁעֵינָיו רוֹאוֹת.[ה] הוּא עַצְמוֹ עִנְיַן הַפָּסוּק שֶׁהֵבֵאנוּ לְמַעְלָה: עָרוּם רָאָה רָעָה וְנִסְתָּר, הָא אֵינוֹ מְדַבֵּר אֶלָּא בְּנִסְתָּר מִן הָרָעָה אֲשֶׁר רוֹאֶה, לֹא מִמַּה שֶּׁיּוּכַל לִהְיוֹת שֶׁיִּהְיֶה אֶפְשָׁרִי שֶׁיָּבוֹא.

[ג] בכתה"י: 'היא'. [ד] ראה זוהר, ח"א, רל, ב. [ה] ע"פ בבא בתרא קלא, א, סנהדרין ו, ב, נדה כ, ב: 'אין לו לדיין אלא מה שעיניו רואות'.

and fevers" (*Ketubot* 30a). And Scripture states: "Be very vigilant of yourselves" (Devarim 4:15). So you see that this sort of trust should not be an absolute rule, followed under all circumstances. And [the Sages] said there: "Even when performing a *mitzvah*" (see *Pesahim* 8b).

Know [therefore] that there is fear and there is fear. There is fear that is justified and fear that is foolish. There is faith and there is folly. For the Master, blessed be He, created man with sound intelligence and judgment in order that he might conduct himself in the right way, and protect himself from those harmful things that were created to punish the wicked. But if someone chooses not to conduct himself prudently, and exposes himself to danger, he exhibits not faith but folly. Such a person sins then, by contravening the will of the Creator (blessed be His name); for it is His will that a person protect himself. So besides the danger naturally inherent in a situation to which he is exposed by his lack of protection, he "forfeits his life" by an act of commission, by the sin he commits. So the sin itself can bring about his punishment.

Now precaution of this sort, namely "fear" based on the guidance of wisdom and reason, is appropriate. For concerning it Scripture said, "The prudent man sees danger and takes refuge; but the imprudent keep going and are punished" (Mishlei 22:3). Foolish fear, however, is man's wish to add protection to protection and fear to fear, creating a safeguard to his safeguard in a manner that results in the neglect of Torah study and worship.

The criterion for distinguishing between the two [types of] fear is the distinction made by our Sages of blessed memory when they said: "[A place] where injury is likely is different" (*Pesahim* 8b). For where injury is likely and predictable one should be cautious, but where there is no known danger one should not be afraid (see *Zohar* I, 230b). With regard to this it was said that "we do not presume that something is unsound unless we see it to be so;" and a sage considers only what his eyes see. That is precisely the point of the verse cited above, "The prudent man sees danger and takes refuge." It thus speaks only of someone who hides from the danger he sees, and not what might possibly occur.

וְהוּא מַמָּשׁ עִנְיַן הַפָּסוּק שֶׁהִזְכַּרְתִּי לְמַעְלָה: אָמַר עָצֵל שַׁחַל בַּדָּרֶךְ {אֲרִי בֵּין הָרְחֹבוֹת} (משלי כו, יג).

וַחֲכָמִים זִכְרוֹנָם לִבְרָכָה פֵּרְשׁוּ הָעִנְיָן כְּמִין חֹמֶר לְהַרְאוֹת עַד הֵיכָן מַגַּעַת יִרְאַת הַהֶבֶל לְהַפְרִישׁ הָאָדָם מִן הַמַּעֲשֶׂה הַטּוֹב. אָמְרוּ: שִׁבְעָה דְּבָרִים אָמַר שְׁלֹמֹה בְּעָצֵל. כֵּיצַד? אָמְרוּ לְעָצֵל, הֲרֵי רַבְּךָ בָּעִיר לֵךְ וּלְמַד תּוֹרָה מִמֶּנּוּ, וְהוּא מֵשִׁיב אוֹתָם, מִתְיָרֵא אֲנִי מִן הָאֲרִי שֶׁבַּדֶּרֶךְ. רַבְּךָ בְּתוֹךְ הַמְּדִינָה, אוֹמֵר לָהֶם, מִתְיָרֵא אֲנִי שֶׁלֹּא יִהְיֶה אֲרִי בֵּין הָרְחוֹבוֹת. אוֹמְרִים לוֹ, הֲרֵי הוּא בְּתוֹךְ בֵּיתְךָ, אוֹמֵר לָהֶם, אִם אֲנִי הוֹלֵךְ אֶצְלוֹ אֲנִי מוֹצֵא הַפֶּתַח נְעוּלָה וְכוּ׳, עַיֵּן שָׁם (ילקוט שמעוני משלי תתקסא, ע״פ דברים רבה ח, ו). הָא לָמַדְתָּ, שֶׁאֵין הַיִּרְאָה שֶׁגּוֹרֶמֶת שֶׁיִּתְעַצֵּל, אֶלָּא עַצְלָה גּוֹרֶמֶת לוֹ שֶׁיִּתְיָרֵא.

וְכָל הַדְּבָרִים הָאֵלֶּה הַנִּסָּיוֹן הַיּוֹמִי יָעִיד עֲלֵיהֶם מִמָּה שֶׁכְּבָר פָּשׁוּט הוּא וְרָגִיל בְּרֹב הֲמוֹן בְּנֵי הָאָדָם, אֲשֶׁר זֶה דַרְכָּם כֵּסֶל לָמוֹ.[ו] וּמַשְׂכִּיל עַל דָּבָר יִמְצָא אֱמֶת לַאֲמִתּוֹ, וְדַעַת לְנָבוֹן נָקָל.[ז]

וּכְבָר נִתְבָּאֵר עִנְיַן הַזְּרִיזוּת בֵּאוּר שֶׁאֶחְשֹׁב הֱיוֹתוֹ מַסְפִּיק לְהֶעָרַת הַלֵּב, וְהֶחָכָם יֶחְכַּם עוֹד וְיוֹסִיף לֶקַח.

וְהִנְּךָ רוֹאֶה כִּי רָאוּ[י] לַזְּרִיזוּת לִהְיוֹת בְּהַדְרָגָה אַחַר הַזְּהִירוּת, כִּי עַל הָרֹב לֹא יִהְיֶה הָאָדָם זָרִיז אִם לֹא יִהְיֶה זָהִיר בַּתְּחִלָּה. כִּי מִי שֶׁלֹּא יָשִׂים לִבּוֹ לִיזָּהֵר בְּמַעֲשָׂיו וּלְהִתְבּוֹנֵן בָּעֲבוֹדָה וּמִשְׁפָּטֶיהָ, שֶׁזּוֹ הִיא מִדַּת הַזְּהִירוּת, כְּמוֹ שֶׁכָּתַבְתִּי, קָשֶׁה שֶׁיִּלְבַּשׁ אַהֲבָה וְחֶמְדָּה אֵלֶיהָ וְיִזְדָּרֵז בִּתְשׁוּקָה לִפְנֵי בּוֹרְאוֹ, כִּי הִנֵּה הוּא עוֹדֶנּוּ טוֹבֵעַ בְּתַאֲווֹת הַגּוּפָנִיּוֹת וְרָץ מְרוּצַת הֶרְגֵּלוֹ הַמַּרְחִיקוֹ מִכָּל זֶה. אָמְנָם אַחַר שֶׁכְּבָר פָּקַח עֵינָיו לִרְאוֹת מַעֲשָׂיו וְלִיזָּהֵר בָּם, וְחִשֵּׁב חֶשְׁבּוֹן הַמִּצְווֹת וְהָעֲבֵרוֹת, כַּאֲשֶׁר זָכַרְנוּ, נָקֵל הוּא לוֹ שֶׁיָּסוּר מִן הָרָע וְיִשְׁתּוֹקֵק אֶל הַטּוֹב וְיִזְדָּרֵז בּוֹ, וְזֶה פָּשׁוּט.

[ו] ע״פ תהלים מט, יד. [ז] ע״פ משלי יד, ו.

This is precisely what was meant by the verse cited earlier, "The lazy man says: There is a lion in the way; {a lion is in the streets}" (Mishlei 26:13).

The Sages, may their memory be blessed, interpreted this passage by way of a conceit, showing to what extent groundless fear can keep a man from a good deed. They said, "Shelomo said seven things about a lazy man. How can this be illustrated? People say to a lazy man, 'Your teacher is in the city, go and learn Torah from him,' and he answers them, 'I am afraid of the lion on the road' and so on. [They say to him], 'Your teacher is in the province;' he says to them, 'I am afraid there might be a lion in the streets.' They say to him, 'He is in your house;' he says to them, 'If I go to him, I might find the door locked'" (*Yalkut Shimoni, Mishlei* 961, following *Devarim Rabba* 8:6), and so on. See [the entire passage] there. Thus you see that it is not fear that causes one to be lazy, but rather laziness that causes one to fear.

All these things are attested to by daily experience, as such behavior is routine and common among most of the commonality of people whose way is folly. He who considers the matter, however, will discover the absolute truth, for knowledge comes easily to him who understands.

The idea of alacrity has now been clarified in a manner that I deem sufficient to rouse the heart. [Building on this], the wise will become wiser still and increase his understanding.

You can see that alacrity ought to be the step that comes after vigilance; for one generally cannot be alacritous without first being vigilant. For someone who does not set his mind to be vigilant in what he does, nor reflects on the Divine service and its rules (which is precisely what vigilance is, as noted above), will find it difficult to be clothed in love and desire for [that service] and to rouse himself with passion before his Creator. For he is still drowning in bodily desire, racing along by force of habit, which keeps him from all of this. But once he has opened his eyes so that he sees what he is doing and is vigilant about it, making the reckoning of *mitzvot* and transgressions mentioned above (*p. 393*), it is easy for him to abandon evil, yearn for the good, and be alacritous in its pursuit. This is clear.

פֶּרֶק י':

בְּבֵאוּר מִדַּת הַנְּקִיּוּת

הַהֶפְרֵשׁ שֶׁבֵּין הַנָּקִי לַזָּהִיר • רַק מִי שֶׁנִּקָּה לְגַמְרֵי הוּא הָרָאוּי לֵירָאוֹת אֶת פְּנֵי הַמֶּלֶךְ • עֲבֵירוֹת שֶׁאָדָם דָּשׁ בַּעֲקֵבָיו סוֹבְבוֹת אוֹתוֹ וְכוּ' • רֻבָּם בְּגָזֵל וְכוּ'

מִדַּת הַנְּקִיּוּת הִיא הֱיוֹת הָאָדָם נָקִי לְגַמְרֵי מִכָּל מִדָּה רָעָה וּמִכָּל חֵטְא. לֹא דַּי מִמַּה שֶׁהַחֵטְא בּוֹ מְפֻרְסָם וְגָלוּי, אֶלָּא גַּם כֵּן מִמַּה שֶׁהַלֵּב נִפְתֶּה בּוֹ לְהוֹרוֹת הֶתֵּר בַּדָּבָר, שֶׁכַּאֲשֶׁר נַחֲקֹר עָלָיו בֶּאֱמֶת נִמְצָא שֶׁלֹּא הָיָה הַהֶתֵּר הַהוּא נִרְאֶה לוֹ אֶלָּא מִפְּנֵי הֱיוֹת הַלֵּב עֲדַיִן נָגוּעַ קְצָת מִן הַתַּאֲוָה, כִּי לֹא טָהַר מִמֶּנָּה מִכֹּל וָכֹל, עַל כֵּן תְּמַשְׁכֵהוּ לְהָקֵל לוֹ. אַךְ הָאָדָם אֲשֶׁר טָהֹר מִזֶּה הַנֶּגַע לְגַמְרֵי וְנִקָּה מִכָּל רֹשֶׁם רַע שֶׁמַּשְׁאֶרֶת הַתַּאֲוָה אַחֲרֶיהָ, הִנֵּה רְאִיָּתוֹ תִּהְיֶה בְּרוּרָה לְגַמְרֵי וְהַבְחָנָתוֹ זַכָּה, וְלֹא תַּטֵּהוּ הַחֶמְדָּה לְשׁוּם דָּבָר, אֶלָּא כָּל מַה שֶּׁהוּא חֵטְא, אֲפִלּוּ שֶׁיִּהְיֶה קַל שֶׁבְּקַלֵּי הַחֲטָאִים, תַּכִּירֵהוּ שֶׁהוּא רַע וְתַרְחִיקֵהוּ מִמֶּנּוּ. וְכַלָּשׁוֹן הַזֶּה אָמְרוּ חֲכָמִים עַל הַשְּׁלֵמִים הַמְּטַהֲרִים מַעֲשֵׂיהֶם טָהֳרָה רַבָּה שֶׁלֹּא יִהְיֶה בָּהֶם אֲפִלּוּ נִדְנוּד דְּבַר רָע: נְקִיֵּי הַדַּעַת שֶׁבִּירוּשָׁלַיִם (סנהדרין כג, א).

וְהִנְּךָ רוֹאֶה עַתָּה הַהֶפְרֵשׁ שֶׁבֵּין הַזָּהִיר וְהַנָּקִי, אַף עַל פִּי שֶׁקְּרוֹבִים הֵם זֶה לָזֶה בְּעִנְיָנָם. הַזָּהִיר הוּא הַנִּזְהָר בְּמַעֲשָׂיו וְרוֹאֶה שֶׁלֹּא יֶחֱטָא בְּמַה שֶּׁכְּבָר נוֹדַע לוֹ וּמְפֻרְסָם אֵצֶל הַכֹּל הֱיוֹתוֹ חֵטְא. אָמְנָם עֲדַיִן אֵינֶנּוּ אֲדוֹן בְּעַצְמוֹ, שֶׁלֹּא יִמָּשֵׁךְ לִבּוֹ מִן הַתַּאֲוָה הַטִּבְעִית, שֶׁלֹּא תַּטֵּהוּ לְהַרְאוֹת לוֹ הֶתֵּרִים בְּאֵיזֶה דְּבָרִים שֶׁאֵין רָעָתָם מְפֻרְסֶמֶת. וְזֶה, כִּי אַף עַל פִּי שֶׁהוּא

Ten:

The Trait of Blamelessness

The difference between someone who is blameless and someone who is vigilant • Only one who is entirely clean is fit to behold the king • The sins that a person treads underfoot will surround him [at the time of judgment] • Most [people fall into the sin of] theft, [a minority falls into unchaste relationships, and all fall into the "trace of the evil tongue"]

The quality of blamelessness consists in one's being completely free of any evil trait or sin. [This relates] not only to what is clearly and manifestly sinful. [It relates] also to what the heart is enticed into rationalizing as permissible. [In such cases] if we undertake an honest examination we will find that the leniency seemed reasonable only because our hearts are still partially plagued by [earthly] desire, not having been wholly purified of it. [That desire] therefore induces him to be lenient. But when someone has been wholly purified of that plague, and freed of all the evil traces that desire leaves in it wake, his vision is completely clear, his discrimination [of right from wrong] is unclouded, and covetousness cannot dispose him to anything. He will recognize anything that is a sin be it ever so small, as evil and rid himself of it. [Hence] the Sages used the following phrase for perfect persons who would so purify their deeds that they were without even a tinge of evil: "the men of immaculate mind, in Jerusalem" (*Sanhedrin* 23a).

You can now see the difference between someone who is vigilant and someone who is blameless, even though they are similar in nature. A vigilant person is watchful of his deeds and sees to it that he does not sin with regard to what he knows and what everyone acknowledges to be sinful. But he does not yet have the self-mastery to keep his mind from being influenced by natural desire, so that [desire] does not bias [his mind] toward rationalizing certain things whose wrongness is not manifest. This is so because although he

מִשְׁתַּדֵּל לִכְבֹּשׁ אֶת יִצְרוֹ וְלִכְפּוֹת אֶת תַּאֲווֹתָיו, לֹא מִפְּנֵי זֶה יְשַׁנֶּה אֶת טִבְעוֹ וְלֹא יוּכַל לַהֲסִיר מִלִּבּוֹ הַתַּאֲוָה הַגּוּפָנִית, אֶלָּא שֶׁיִּכְבֹּשׁ אוֹתָהּ וְיֵלֵךְ אַחַר הַחָכְמָה וְלֹא אַחֲרֶיהָ, אַךְ עַל כָּל פָּנִים חֹשֶׁךְ הַחָמְרִיּוּת עוֹשֶׂה אֶת שֶׁלּוֹ לַהֲסִיתוֹ וּלְפַתּוֹתוֹ.

אָמְנָם אַחַר שֶׁיִּתְרַגֵּל הָאָדָם הֶרְגֵּל גָּדוֹל בִּזְהִירוּת הַזֶּה עַד שֶׁיִּנָּקֶה נִקָּיוֹן רִאשׁוֹן מִן הַחֲטָאִים הַמְפֻרְסָמִים, וְיַרְגִּיל עַצְמוֹ בָּעֲבוֹדָה וּבִזְרִיזוּתָהּ וְתִגְבַּר בּוֹ הָאַהֲבָה אֶל בּוֹרְאוֹ וְהַחֶמְדָּה אֵלָיו, הִנֵּה כֹּחַ הַהֶרְגֵּל הַזֶּה יַרְחִיק אוֹתוֹ מֵעִנְיְנֵי הַחֹמֶר וְיַדְבִּיק דַּעְתּוֹ אֶל הַשְּׁלֵמוּת הַנַּפְשִׁי, עַד שֶׁסּוֹף סוֹף יוּכַל לְהַגִּיעַ אֶל הַנִּקָּיוֹן הַשָּׁלֵם; שֶׁכְּבָר יִכְבֶּה אֵשׁ הַתַּאֲוָה הַגּוּפִית מִלִּבּוֹ בְּהִתְגַּבֵּר בּוֹ הַחֶמְדָּה הָאֱלֹקִית, וְאָז תִּשָּׁאֵר רְאִיָּתוֹ זַכָּה וּבָרָה, כְּמוֹ שֶׁכָּתַבְתִּי לְמַעְלָה, שֶׁלֹּא יִפָּתֶה וְלֹא יַשִּׂגֵהוּ חֹשֶׁךְ חָמְרִיּוּתוֹ, וְיִנָּקֶה בְּמַעֲשָׂיו מִכֹּל וָכֹל.

וְהִנֵּה עַל מִדָּה זוֹ הָיָה דָּוִד שָׂמֵחַ בְּעַצְמוֹ וְאוֹמֵר: אֶרְחַץ בְּנִקָּיוֹן כַּפָּי וַאֲסֹבְבָה אֶת מִזְבַּחֲךָ ה׳ (תהלים כו, ו). כִּי בֶּאֱמֶת רַק מִי שֶׁיִּנָּקֶה לִגְמָרֵי מִכָּל נִדְנוּד חֵטְא וְעָווֹן הוּא הָרָאוּי לֵירָאוֹת אֶת פְּנֵי הַמֶּלֶךְ ה׳, כִּי זוּלַת זֶה אֵין לוֹ אֶלָּא לֵיבוֹשׁ וְלִיכָּלֵם מִלְּפָנָיו, וּכְמַאֲמַר עֶזְרָא הַסּוֹפֵר: אֱלֹקַי בֹּשְׁתִּי וְנִכְלַמְתִּי לְהָרִים אֱלֹקַי פָּנַי אֵלֶיךָ (עזרא ט, ו).

וְהִנֵּה וַדַּאי כִּי מְלָאכָה רַבָּה הִיא לָאָדָם לְהַגִּיעַ אֶל שְׁלֵמוּת הַמִּדָּה הַזֹּאת. כִּי הָעֲבֵרוֹת הַנִּכָּרוֹת וִידוּעוֹת קַלּוֹת הֵם לִישָּׁמֵר מֵהֶם, כֵּיוָן שֶׁרָעָתָם גְּלוּיָה. אַךְ הַדִּקְדּוּק הַזֶּה הַמִּצְטָרֵךְ לַנְּקִיּוּת הוּא הַקָּשֶׁה יוֹתֵר, כִּי הוֹרָאַת הַהֶתֵּר מְכַסָּה עַל הַחֵטְא, וּכְמוֹ שֶׁכָּתַבְתִּי. וְהוּא כְּעִנְיַן מַה שֶּׁאָמְרוּ זִכְרוֹנָם לִבְרָכָה: עֲבֵרוֹת שֶׁאָדָם דָּשׁ בַּעֲקֵבָיו סוֹבְבוֹת אוֹתוֹ בִּשְׁעַת הַדִּין (ראה עבודה זרה יח, א).[א] וְעַל דֶּרֶךְ זֶה אָמְרוּ זִכְרוֹנָם לִבְרָכָה: רֻבָּם בְּגָזֵל וּמִעוּטָם בַּעֲרָיוֹת וְכֻלָּם בַּאֲבַק

[א] בכתה״י (ס״ו) הנוסח: 'עברות שאדם דש בעקביו המה סובבים לו ביום הדין'. והוא קרוב לנוסח הגמרא. ולא נדע למה שונה בדפוס (ס״פ ד״ר), ועל סמך מה.

may strive to conquer his *Yetzer* and subdue his desires, he does not, by that [effort alone], transform his nature, and cannot [therefore] banish bodily desire from his mind. He can at best subdue it and follow wisdom rather than [desire]. But the darkness of materiality will inevitably work its ways, enticing and seducing him.

But once a person has completely trained himself in [the trait of] vigilance to the point that he achieves the first stage of blamelessness from sins that are generally acknowledged, and has habituated himself to the Divine service with alacrity, and the love and longing for his Creator have grown strong in him, the force of this training will then remove him from the material realm and attach his intellect to spiritual perfection until he can ultimately achieve complete blamelessness. For the fire of bodily lust will be extinguished from his heart as the Divine passion grows stronger within him. Then his vision will remain pure and clear, as I have noted above, so that he is not seduced and the darkness of his materiality does not lead him astray and he becomes wholly blameless in his deeds.

In [attaining to] this quality, David took personal joy, "I will wash my hands in cleanliness, and then I will compass Your altar, O Lord" (Tehillim 26:6). For in truth, only one who is entirely clean of any tinge of sin or iniquity is fit to behold God the king. Otherwise he can only be ashamed and confounded before Him. As Ezra the Scribe said, "O my God, I am ashamed and confounded to lift up my face to You, O God" (Ezra 9:6).

To be sure, it is an arduous task for a person to attain perfection in this quality. For sins that are evident and well known are easy to avoid, their evil being apparent. But this scrutiny, necessary for blamelessness, is the most difficult, because the tendency to leniency obstructs sin, as I have written above. Along these lines, [the Sages], may their memory be blessed, said, "The sins that a person treads underfoot will surround him at the time of judgment" (*Avodah Zarah* 18a). And along the same lines, they (may their memory be blessed) said, "Most [people fall into the sin of] theft, a minority [falls into] unchaste relationships, and all [fall into] the 'trace

לָשׁוֹן הָרָע (בבא בתרא קסה, א), כִּי מִפְּנֵי רֹב דַּקּוּתוֹ כָּל בְּנֵי אָדָם נִכְשָׁלִים בּוֹ בְּמָה שֶׁאֵין מַכִּירִים אוֹתוֹ.

וְאָמְרוּ זִכְרוֹנָם לִבְרָכָה (זוהר ח״א, קצח, ב), שֶׁדָּוִד הָיָה נִזְהָר וּמְנַקֶּה עַצְמוֹ נִקָּיוֹן גָּמוּר מִכָּל אֵלֶּה, וְעַל כֵּן הָיָה הוֹלֵךְ לַמִּלְחָמָה בְּבִטָּחוֹן חָזָק וְהָיָה שׁוֹאֵל: אֶרְדּוֹף אוֹיְבַי וְאַשִּׂיגֵם וְלֹא אָשׁוּב עַד כַּלּוֹתָם (תהלים יח, לח), מַה שֶּׁלֹּא שָׁאֲלוּ יְהוֹשָׁפָט וְאָסָא וְחִזְקִיָּה, לְפִי שֶׁלֹּא הָיוּ מְנֻקִּים כָּל כָּךְ (ראה איכה רבה, פתיחתא ל). וְהוּא מַה שֶּׁאָמַר הוּא עַצְמוֹ בְּתוֹךְ דְּבָרָיו: יִגְמְלֵנִי ה׳ כְּצִדְקִי כְּבֹר יָדַי יָשִׁיב לִי (שם פסוק כא), וְאָמַר עוֹד: וַיָּשֶׁב ה׳ לִי כְצִדְקִי כְּבֹר יָדַי לְנֶגֶד עֵינָיו (שם פסוק כה), וְהוּא הַבֹּר וְהַנִּקָּיוֹן הַזֶּה שֶׁזָּכַרְנוּ. וְאָז חָזַר וְאָמַר: כִּי בְךָ אָרֻץ גְּדוּד {וּבֵאלֹהַי אֲדַלֶּג שׁוּר} (שם פסוק ל), אֶרְדּוֹף אוֹיְבַי וְאַשִּׂיגֵם [וְלֹא אָשׁוּב עַד כַּלּוֹתָם] (שם פסוק לח). וְהוּא עַצְמוֹ אָמַר עוֹד: מִי יַעֲלֶה בְהַר ה׳ וּמִי יָקוּם בִּמְקוֹם קָדְשׁוֹ, נְקִי כַפַּיִם וּבַר לֵבָב (שם כד, ג-ד).

וְאָמְנָם וַדַּאי שֶׁהַמִּדָּה הַזֹּאת קָשָׁה, כִּי טֶבַע הָאָדָם חַלָּשׁ וְלִבּוֹ נִפְתֶּה עַל נְקַלָּה, וּמַתִּיר לְעַצְמוֹ הַדְּבָרִים שֶׁיּוּכַל לִמְצֹא בָּהֶם כְּדֵי הַטְעָאָה. וּבְוַדַּאי שֶׁמִּי שֶׁהִגִּיעַ לְזֹאת הַמִּדָּה כְּבָר הִגִּיעַ לְמַדְרֵגָה גְּדוֹלָה, כִּי בִּפְנֵי מִלְחָמָה חֲזָקָה עָמַד וְנִצַּח.

וְנָבוֹא עַתָּה לְבָאֵר פְּרָטֵי הַמִּדָּה הַזֹּאת.

of the evil tongue'" (*Baba Batra* 165a). For on account of its great subtlety, everyone stumbles with regard to [the latter], in that they fail to recognize it.

[Our Sages], may their memory be blessed, said (*Zohar* I, 198b) that David was vigilant and completely cleansed of all these. He would, therefore, go out to battle with unwavering confidence, asking, "I will pursue my enemies and overtake them, and not turn back until they are consumed" (Tehillim 18:38). Yehoshafat, Assa, and Hizkiyah would not make such requests, as they never attained such blamelessness (*Eikhah Rabba, petihta* 30). This is the sense of what he himself said in the same passage, "The Lord will reward me according to my righteousness, according to the cleanness of my hands He will recompense me" (Tehillim 18:21), and likewise, "The Lord recompensed me according to my righteousness, according to the cleanness of my hands in His sight" (ibid. 25). This is precisely the same purity and blamelessness we have mentioned. And then he said again, "For by You will I crush a troop, {and by my God will I leap over a wall}" (ibid. 30); "I will pursue my enemies and overtake them, [and not turn back until they are consumed]" (ibid. 38). And he himself stated [elsewhere], "Who shall ascend the mountain of the Lord, and who will stand in the place of His holiness? He that has clean hands and a pure heart" (ibid. 24:3-4).

This trait is undoubtedly difficult [to attain], for man's nature is weak and his heart easily seduced. He permits himself those things that allow for self-deception. One who attains this trait has certainly reached a high level [of perfection], for he stood up in the face of a great battle and emerged victorious.

We come now to explain the particulars of this trait.

פֶּרֶק יא:

בִּפְרָטֵי מִדַּת הַנְּקִיּוּת

גָּזֵל וַעֲרָיוֹת נַפְשׁוֹ שֶׁל אָדָם מְחַמַּדְתָּן וְכוּ׳ • רֹב בְּנֵי אָדָם טוֹעֲמִים טַעַם גְּנֵבָה • וְאֶת אֵשֶׁת רֵעֵהוּ לֹא טִמֵּא שֶׁלֹּא יָרַד וְכוּ׳ • קָשֶׁה גֶּזֶל הֶדְיוֹט וְכוּ׳ • הַשָּׂכוּר אֵצֶל חֲבֵרוֹ כָּל שְׁעוֹתָיו מְכוּרוֹת הֵן לוֹ • עֲבֵירוֹת שֶׁבֵּין אָדָם לַחֲבֵרוֹ אֵין יוֹם הַכִּפּוּרִים מְכַפֵּר וְכוּ׳ • הֲרֵי שֶׁגָּזַל חִטִּים וּטְחָנָהּ וְכוּ׳ • הַגֶּזֶל הַבִּלְתִּי נִגְלֶה הוּא כְּדָבָר הַמִּתְדַּבֵּק בְּיַד הָאָדָם מֵאֵלָיו • אֵין מְפַרְכְּסִין הַכֵּלִים הַיְשָׁנִים שֶׁיֵּרָאוּ כַּחֲדָשִׁים וְכוּ׳ • כָּל הַגּוֹזֵל חֲבֵרוֹ אֲפִלּוּ שָׁוֶה פְּרוּטָה כְּאִלּוּ נוֹטֵל נַפְשׁוֹ • קֻפָּה מְלֵאָה עֲווֹנוֹת מִי מְקַטְרֵג בְּרֹאשׁ כֻּלָּם וְכוּ׳ • הֶפְרֵשׁ שֶׁבֵּין הַהִשְׁתַּדְּלוּת הַטּוֹב לְהוֹנָאָה • קָשֶׁה עָנְשָׁן שֶׁל מִדּוֹת וְכוּ׳ • אָמַר הַקָּדוֹשׁ בָּרוּךְ הוּא אַל תֹּאמַר הוֹאִיל וְאָסוּר לִי לְהִשְׁתַּמֵּשׁ בְּאִשָּׁה הֲרֵינִי תּוֹפְשָׂהּ וְכוּ׳ • עָשְׂתָה הַתּוֹרָה בְּמִצְוַת הַנָּזִיר מַה שֶּׁמָּסְרָה לַעֲשׂוֹת לַחֲכָמִים בְּכָל שְׁאָר הַמִּצְוֹת • כָּל הַמַּרְצֶה מָעוֹת מִיָּדוֹ לְיָדָהּ וְכוּ׳ • מִפְּנֵי מָה הֻצְרְכוּ יִשְׂרָאֵל שֶׁבְּאוֹתוֹ הַדּוֹר כַּפָּרָה • לֹא יִסְתַּכֵּל אָדָם בְּאִשָּׁה נָאָה וְכוּ׳ • בַּעֲוֹן נַבְלוּת פֶּה וְכוּ׳ • אֲפִלּוּ שִׂיחָה קַלָּה שֶׁבֵּין אִישׁ לְאִשְׁתּוֹ וְכוּ׳ • כָּל הַחוֹשִׁים צְרִיכִים לִהְיוֹת נְקִיִּים מִן הַזְּנוּת וְעִנְיָנוֹ • הִרְהוּרֵי עֲבֵרָה קָשִׁים מֵעֲבֵרָה • הַמַּאֲכָלוֹת הָאֲסוּרוֹת מַכְנִיסִים טֻמְאָה מַמָּשׁ בְּלִבּוֹ שֶׁל אָדָם • לְהַבְדִּיל בֵּין הַטָּמֵא לַטָּהוֹר, אֵין צָרִיךְ לוֹמַר בֵּין חֲמוֹר לְפָרָה וְכוּ׳ • תַּעֲרֹבֶת הָאִסּוּר יֵחָשֵׁב כְּעֵרוּב דָּבָר אַרְסִי בְּמַאֲכָל • אִם הָיָה בַּעַל תְּשׁוּבָה לֹא יֹאמַר לוֹ זְכֹר מַעֲשֶׂיךָ הָרִאשׁוֹנִים • הַמַּלְבִּין פְּנֵי חֲבֵרוֹ בָּרַבִּים וְכוּ׳ • כָּל הַשְּׁעָרִים נִנְעֲלוּ חוּץ מִשַּׁעֲרֵי אוֹנָאָה וְכוּ׳ • לִפְנֵי עִוֵּר לִפְנֵי סוּמָא בְּדָבָר וְכוּ׳ •

Eleven:

The Elements of Blamelessness

Man has an inner desire [and lust] for theft and forbidden relations • Most people experience a taste of theft • "And he did not defile his neighbor's wife" – he did not encroach [upon another person's trade] • Stealing from an ordinary person is more grave [than stealing from God's estate] • If someone is hired by another person, all his hours are sold to his employer [for the day] • For transgressions between man and his fellow, the Day of Atonement does not atone, [unless he has pacified his fellow] • If one steals [a se'ah] of wheat, grinds it, [bakes it, and recites a blessing, it is not a blessing, but a blasphemy] • Unseen theft is like something that sticks to a person's hand • One may not embellish old utensils to make them look new • If one steals even the worth of a perutah from another person, it is as if he takes his life [from him] • In a basketful of sins, which provokes the most accusations? [Theft] • The distinction between good [business] efforts and fraud • The punishment for [false] measures is more severe than [for forbidden relations] • The Holy One, blessed be He, said: Do not say, "Since I am forbidden to have intercourse with a woman, I will hold her, [and be guiltless] • The Torah did with respect to the mitzvah of the Nazirite what it authorized the Sages to do with respect to all other mitzvot • Whoever counts out money from his hand to the hand of a woman [in order to gaze at her will not be untouched by the punishment of Gehinom] • Why did the Israelites of that generation need atonement? • A person should not gaze at a beautiful woman [even if she is unmarried] • Because of the sin of obscene speech, [new troubles arise and the young men of the enemies of Israel die] • Even the frivolous conversation between a man and his wife [is related to him at the time of judgment] • All one's faculties must be innocent of unchastity and anything related to it • Sinful thoughts are more injurious than the sin itself • Forbidden foods actually bring real defilement into a person's heart • "To distinguish between the unclean and the clean." It is not necessary to say [that one should understand the distinction] between an ass and a cow, and so on • A mixture containing forbidden food should be regarded as food that has poison mixed in it • If a man was a penitent, one may not say to him: "Remember your former deeds" • One who puts another person to shame in public [has no share in the world-to-come] •

הֵיכִי דָּמֵי אֲבַק לָשׁוֹן הָרָע וְכוּ׳ • כָּל דִּבּוּר שֶׁיּוּכַל לְיוֹלֵד מִמֶּנּוּ נֶזֶק אוֹ בִּזָּיוֹן לַחֲבֵרוֹ הֲרֵי זֶה מִכְּלַל לָשׁוֹן הָרָע • כָּל הַמְסַפֵּר לָשׁוֹן הָרָע כְּאִלּוּ כּוֹפֵר בָּעִקָּר • אָמַר רַבִּי אֶלְעָזָר לֹא שְׁבוּעָה • בִּדְבַר שֶׁקֶר יֵשׁ מַדְרֵגוֹת מַדְרֵגוֹת, אַחַת קָשָׁה מֵחֲבֶרְתָּהּ • כָּךְ הוּא עָנְשׁוֹ שֶׁל בַּדַּאי וְכוּ׳ • חוֹתָמוֹ שֶׁל הַקָּדוֹשׁ בָּרוּךְ הוּא אֱמֶת • אֶחָד שׁוֹגֵג וְאֶחָד מֵזִיד בְּחִלּוּל הַשֵּׁם • כָּל אָדָם כְּפִי רֹבֶת חֲשִׁיבוּתוֹ וְחָכְמָתוֹ צָרִיךְ שֶׁיַּרְבֶּה זְהִירוּתוֹ בָּעֲבוֹדָה וְדִקְדּוּקוֹ בָּהּ • לְעוֹלָם אַל תְּהִי שְׁבוּת קַלָּה בְּעֵינֶיךָ וְכוּ׳ • שִׁנַּיִךְ כְּעֵדֶר הָרְחֵלִים, מָה רָחֵל זוֹ צְנוּעָה וְכוּ׳ • יוֹתֵר קָשָׁה הַנְּקִיּוּת בַּמִּדּוֹת מִן הַנְּקִיּוּת בְּמַעֲשִׂים • הַגַּאֲוָה תְּוַלֵּד מִסְבָּרוֹת מִתְחַלְּפוֹת וְתוֹלִיד תּוֹלָדוֹת מִתְחַלְּפוֹת • לְבַיִת מָלֵא תֶּבֶן וְהָיָה כְּבַיִת חוֹרִין וְכוּ׳ • כָּל הַכּוֹעֵס כְּאִלּוּ עוֹבֵד עֲבוֹדָה זָרָה • יֵשׁ בַּכַּעַס מַדְרֵגוֹת רַבּוֹת וְכֻלָּם רָעוֹת • תּוֹלֶה אֶרֶץ עַל בְּלִימָה עַל מִי שֶׁבּוֹלֵם פִּיו וְכוּ׳ • אֲפִלּוּ לִדְבַר מִצְוָה אֵין לִכְעֹס • בִּשְׁלֹשָׁה דְּבָרִים הָאָדָם נִכָּר, בְּכִיסוֹ בְּכוֹסוֹ בְּכַעֲסוֹ • הַקִּנְאָה סִכְלוּת גָּדוֹל שֶׁאֵינוֹ מַרְוִיחַ לְעַצְמוֹ וְלֹא מַפְסִיד לַחֲבֵרוֹ אֶלָּא מַפְסִיד לְעַצְמוֹ • אֵין אָדָם נוֹגֵעַ בַּמּוּכָן לַחֲבֵרוֹ אֲפִלּוּ וְכוּ׳ • אֵין אָדָם מֵת וַחֲצִי תַּאֲוָתוֹ וְכוּ׳ • הַתַּאֲוָה מִתְחַלֶּקֶת לִשְׁתַּיִם, תַּאֲוַת הַמָּמוֹן וְתַאֲוַת הַכָּבוֹד, וְהַשְּׁנִיָּה קָשָׁה מֵהָרִאשׁוֹנָה • לֹא כָּל הַמַּרְבֶּה בִּסְחוֹרָה מַחְכִּים • תְּפָסוֹ הַקָּדוֹשׁ בָּרוּךְ הוּא לְיָרָבְעָם בְּבִגְדוֹ • הַקִּנְאָה וְהַתַּאֲוָה וְכוּ׳ • אַל תְּבַקֵּשׁ גְּדֻלָּה וְכוּ׳ • אֱהֹב אֶת הַמְּלָאכָה וְכוּ׳ • פְּשֹׁט נְבֵלְתָּא בְּשׁוּקָא וְכוּ׳ • לְעוֹלָם יַעֲבֹד אָדָם עֲבוֹדָה וכו׳ • הַכָּבוֹד הוּא מֵהַמִּכְשׁוֹלִים הַיּוֹתֵר קָשִׁים שֶׁל אָדָם

All the [heavenly] gates are locked except for the gates [through which pass the cries of victims] of verbal oppression • "Before the blind" – before one who cannot see in a particular context • How so a shade of slander, and so on • Any statement that might cause another person injury or shame comes under the "evil tongue" • Whoever relates slander is considered as if he denies the very principle [of God's existence] • Rabbi Elazar said: "No" constitutes an oath • There are various gradations of lying, one more severe than the other • It is the penalty of a liar, [that even when he tells the truth, he is not listened to] • The seal of the Holy One, blessed be He, is truth • Regarding the profanation of the Name, it is one and the same whether it is willful or unintentional • Every man, to the extent of his importance and wisdom, must increase his vigilance and exactitude in matters pertaining to Divine service • Do not take shevut restrictions lightly • "Your teeth are like a flock of sheep." Just as a sheep is modest, [so were the Israelites modest and proper in the war with Midian] • Blamelessness in character traits is more difficult than blamelessness in deeds • Pride may result from diversified suppositions and will result in varied consequences • A house full of straw that has crevices [into which the straw entered] • Anyone who becomes angry should be regarded like someone who worships idolatry • There are many gradations of anger, all of which are evil • "He hangs the earth on nothingness" – on one who keeps silent [during a quarrel] • A person should not become angry, even for the sake of a mitzvah • A man is recognized through three things – his cup, his purse, and his anger • Envy is great folly, for one who envies gains nothing for himself and causes the object of his envy no loss; he alone loses • No one can touch so much [as a hairsbreadth] of what was designated for his fellow • No man dies with half of his desire [fulfilled] • Desire divides into two, desire for wealth and desire for honor, the latter being more severe than the former • Whoever engages much in commerce, will not attain to wisdom • The Holy One, blessed be He, seized Yerov'am by his garment • Envy, lust, [and honor drive a man out of the world] • Seek not greatness [and crave not honor] • Love work, [and hate high position] • Flay an animal in the marketplace, [and say not, "I am an important person"] • A person should rather do work [that is strange to him than be dependent upon other people] • [The desire for] honor is one of man's most difficult stumbling blocks

פְּרָטֵי מִדַּת הַנְּקִיּוּת רַבִּים הֵם מְאֹד, וְהִנָּם כִּכְלַל[א] הַפְּרָטִים שֶׁבִּכְלָל הַשַּׁסָ"ה מִצְווֹת לֹא תַעֲשֶׂה, כִּי אָמְנָם עִנְיַן הַמִּדָּה כְּבָר אָמַרְתִּי, שֶׁהוּא לִהְיוֹת נָקִי מִכָּל עַנְפֵי הָעֲבֵרוֹת. וְאוּלָם אַף עַל פִּי שֶׁבְּכָל הָעֲבֵרוֹת מִשְׁתַּדֵּל הַיֵּצֶר הָרָע לְהַחֲטִיא אֶת הָאָדָם, כְּבָר יֵשׁ מֵהֶם שֶׁהַטֶּבַע מְחַמְּדָן יוֹתֵר וּבָהֶן מַרְאֶה לוֹ יוֹתֵר הֶתֵּרִים, אֲשֶׁר עַל כֵּן יִצְטָרֵךְ בָּהֶן יוֹתֵר חִזּוּק לְנַצֵּחַ אֶת יִצְרוֹ וּלְהִנָּקוֹת מִן הַחֵטְא. וְכֵן אָמְרוּ זִכְרוֹנָם לִבְרָכָה: גָּזֵל וַעֲרָיוֹת נַפְשׁוֹ שֶׁל אָדָם מְחַמַּדְתָּן וּמִתְאַוָּה לָהֶן (חגיגה יא, ב; מכות כג, ב).

וְהִנֵּה אֲנַחְנוּ רוֹאִים, שֶׁאַף עַל פִּי שֶׁלֹּא רֹב בְּנֵי הָאָדָם גַּנָּבִים בְּגָלוּי הֵם, דְּהַיְנוּ שֶׁיִּשְׁלְחוּ יָד מַמָּשׁ בְּמָמוֹן חַבְרֵיהֶם לָקַחַת וְלָשׂוּם בִּכְלֵיהֶם, אַף עַל פִּי כֵן רֻבָּם טוֹעֲמִים טַעַם גְּנֵבָה בְּמַשָּׂאָם וּמַתָּנָם, בְּמָה שֶׁיּוֹרוּ הֶתֵּר לְעַצְמָם לְהִשְׂתַּכֵּר אִישׁ בְּהֶפְסֵדוֹ שֶׁל חֲבֵרוֹ וְיֹאמְרוּ לְהַרְוִיחַ שָׁאנֵי. וְאוּלָם לָאוִין הַרְבֵּה נֶאֶמְרוּ בְּגָזֵל: לֹא תִגְנֹב (שמות כ, יג), לֹא תִגְזֹל (ויקרא יט, יג), לֹא תַעֲשֹׁק (שם), לֹא תְכַחֲשׁוּ וְלֹא תְשַׁקְּרוּ אִישׁ בַּעֲמִיתוֹ (שם פסוק יא), לֹא[ב] תוֹנוּ אִישׁ אֶת אָחִיו (שם כה, יד), לֹא תַסִּיג גְּבוּל רֵעֲךָ (דברים יט, יד). הֵן כָּל אֵלֶּה חִלּוּקֵי דִּינִים שֶׁבְּגָזֵל כּוֹלְלִים מַעֲשִׂים רַבִּים מִן הַמַּעֲשִׂים הַנַּעֲשִׂים בִּכְלַל הַמַּשָּׂא וְהַמַּתָּן הַמְּדִינִי, וּבְכֻלָּם אִסּוּרִים רַבִּים. כִּי לֹא הַמַּעֲשֶׂה הַנִּכָּר וּמְפֻרְסָם בְּעֹשֶׁק וּבְגָזֵל הוּא לְבַדּוֹ הָאָסוּר, אֶלָּא כָּל שֶׁסּוֹף סוֹף יַגִּיעַ אֵלָיו וְיִגְרֹם אוֹתוֹ כְּבָר הוּא בִּכְלַל הָאִסּוּר.

וְעַל עִנְיָן זֶה אָמְרוּ זִכְרוֹנָם לִבְרָכָה: וְאֶת אֵשֶׁת רֵעֵהוּ לֹא טִמֵּא (יחזקאל יח, ו), שֶׁלֹּא יָרַד לְאֻמָּנוּת חֲבֵרוֹ (סנהדרין פא, א). וּכְבָר הָיָה רַבִּי יְהוּדָה אוֹסֵר לְחֶנְוָנִי שֶׁלֹּא יְחַלֵּק קְלָיוֹת וֶאֱגוֹזִים לְתִינוֹקוֹת כְּדֵי לְהַרְגִּילָן שֶׁיָּבוֹאוּ אֶצְלוֹ, וְלֹא הִתִּירוּ חֲכָמִים אֶלָּא מִפְּנֵי שֶׁגַּם חֲבֵרָיו

[א] בד"ר: 'בכל'. [ב] כך בכתה"י ובד"ר. ובמקרא כתוב: 'אל'. ושם פסוק יז כתוב: 'ולא תונו איש את עמיתו'.

The particulars of the trait of blamelessness are very numerous, corresponding to all the particulars included under each of the three hundred and sixty five negative commandments; for as I have already said (*above, p. 459*), the idea of this trait is to be free of all the ramifications of the various sins. However, though the Evil *Yetzer* tries to beguile a person to commit all sins, there are some that his nature desires especially, and for which, above all others, [the Evil *Yetzer*] provides him with rationalizations. For that reason, he requires further fortification when confronting them in order to vanquish his *Yetzer* and remain free of sin. As [our Rabbis], may their memory be blessed, said: "Man has an inner desire and lust for theft and forbidden relations" (*Hagigah* 11b; *Makkot* 23b).

We see that the majority of people are not outright thieves – actually stealing from their neighbors, taking their money and putting it in their own purses. Most people, nonetheless, experience a taste of theft in their business dealings by allowing themselves to profit through their neighbor's loss, claiming "profitting is different." Many prohibitions, however, were stated regarding theft: "You shall not steal" (Shemot 20:13), "You shall not rob" (Vayikra 19:13), "You shall not oppress [your neighbor]" (ibid.), "You shall not deal falsely, nor lie one to another" (ibid. 19:11), "You shall not defraud one another" (ibid. 25:14), "You shall not push back your neighbor's boundary" (Devarim 19:14). Note that all these various laws directed against theft cover [i.e., prohibit] much of what goes on in the course of commercial transactions. Each of them is comprised of many prohibitions. For it is not only the well known act of oppression or theft that is forbidden, but anything that might eventually lead to or bring about such an act is also included in the prohibition.

[Our Sages], may their memory be blessed, commented on this matter as follows: "'And he did not defile his neighbor's wife' (Yehezkel 18:6) – he did not encroach upon another person's trade" (*Sanhedrin* 81a). We thus find that Rabbi Yehudah prohibited a shopkeeper from distributing parched grain and nuts to children to accustom them to come to him. The Sages permitted it only because his competitors

יְכוֹלִים לַעֲשׂוֹת כֵּן (בבא מציעא ס, א). וְאָמְרוּ זִכְרוֹנָם לִבְרָכָה: קָשֶׁה גֶּזֶל הֶדְיוֹט מִגֶּזֶל גָּבוֹהַּ, שֶׁזֶּה הִקְדִּים חֵטְא לִמְעִילָה[ג] {וְזֶה הִקְדִּים מְעִילָה לְחֵטְא}[ד] (בבא בתרא פח, ב).

וּכְבָר פָּטְרוּ אֶת הַפּוֹעֲלִים הָעוֹשִׂים אֵצֶל בַּעַל הַבַּיִת מִבִּרְכַּת הַמּוֹצִיא וּמִבְּרָכוֹת אַחֲרוֹנוֹת דְּבִרְכַּת הַמָּזוֹן, וַאֲפִלּוּ בִּקְרִיאַת שְׁמַע לֹא חִיְּבוּם לִיבַּטֵּל מִמְּלַאכְתָּן אֶלָּא בְּפָרָשָׁה רִאשׁוֹנָה בִּלְבַד (ראה ברכות טז, א), קַל וָחֹמֶר בֶּן בְּנוֹ שֶׁל קַל וָחֹמֶר לְדִבְרֵי הָרְשׁוּת, שֶׁכָּל שְׂכִיר יוֹם אָסוּר בָּהֶן שֶׁלֹּא לְבַטֵּל מְלַאכְתּוֹ שֶׁל בַּעַל הַבַּיִת, וְאִם עָבַר הֲרֵי זֶה גַּזְלָן. הִנֵּה אַבָּא חִלְקִיָּה אֲפִלּוּ שָׁלוֹם לֹא הֵשִׁיב לְתַלְמִידֵי חֲכָמִים שֶׁנָּתְנוּ לוֹ שָׁלוֹם, שֶׁלֹּא לִיבַּטֵּל מִמְּלֶאכֶת רֵעֵהוּ (תענית כג, ב). וְיַעֲקֹב אָבִינוּ עָלָיו הַשָּׁלוֹם מְבָאֵר בְּפִיו וְאוֹמֵר: הָיִיתִי בַיּוֹם אֲכָלַנִי חֹרֶב וְקֶרַח בַּלָּיְלָה וַתִּדַּד שְׁנָתִי מֵעֵינָי (בראשית לא, מ). מַה יַּעֲנוּ אֵפוֹא הָעוֹסְקִים בַּהֲנָאוֹתֵיהֶם בִּשְׁעַת מְלָאכָה וּבְטֵלִים מִמֶּנָּה, אוֹ כִּי יַעַסְקוּ בְּחֶפְצֵיהֶם אִישׁ לְבִצְעוֹ.

כְּלָלוֹ שֶׁל דָּבָר: הַשָּׂכוּר אֵצֶל חֲבֵרוֹ לְאֵיזֶה מְלָאכָה שֶׁתִּהְיֶה, הִנֵּה כָּל שְׁעוֹתָיו מְכוּרוֹת הֵן לוֹ לְיוֹמוֹ, כְּעִנְיָן שֶׁאָמְרוּ זִכְרוֹנָם לִבְרָכָה: שְׂכִירוּת מְכִירָה לְיוֹמֵיהּ (בבא מציעא נו, ב). וְכָל מַה שֶּׁיִּקַּח מֵהֶן לַהֲנָאַת עַצְמוֹ בְּאֵיזֶה אֹפֶן שֶׁיִּהְיֶה אֵינוֹ אֶלָּא גֶּזֶל גָּמוּר. וְאִם לֹא מְחָלוֹ אֵינוֹ מָחוּל, שֶׁכְּבָר אָמְרוּ רַבּוֹתֵינוּ זִכְרוֹנָם לִבְרָכָה: עֲבֵרוֹת שֶׁבֵּין אָדָם לַחֲבֵרוֹ אֵין יוֹם הַכִּפּוּרִים מְכַפֵּר עַד שֶׁיְּרַצֶּה אֶת חֲבֵרוֹ (יומא ח, ט; פה, ב).

וְלֹא עוֹד אֶלָּא שֶׁאֲפִלּוּ אִם עָשָׂה מִצְוָה בִּזְמַן מְלַאכְתּוֹ, לֹא לִצְדָקָה תֵּחָשֵׁב לוֹ אֶלָּא עֲבֵרָה הִיא בְּיָדוֹ, שֶׁאֵין עֲבֵרָה מִצְוָה (ירושלמי חלה א, ה), וְקָרָא כְּתִיב: שֹׂנֵא גָזֵל בְּעוֹלָה (ישעיה סא, ח). וּכְעִנְיָן זֶה אָמְרוּ זִכְרוֹנָם לִבְרָכָה (בבא קמא צד, א): הֲרֵי שֶׁגָּזַל סְאָה חִטִּים וּטְחָנָהּ וַאֲפָאָהּ וּמְבָרֵךְ, אֵין זֶה מְבָרֵךְ אֶלָּא מְנָאֵץ, דִּכְתִיב:

[ג] ראה ויקרא ה, כא. [ד] ראה שם פסוק טו.

can do the same (*Baba Metzia* 60a). [The Sages], may their memory be blessed, also said: "Stealing from an ordinary person is more grave than stealing from God's estate, for regarding the former, Scripture mentioned 'sin' before 'trespass,' {whereas regarding the latter, it mentioned 'trespass' before 'sin'}" (*Baba Batra* 88b).

[The Sages] also exempted hired workers from the *hamotzi* blessing, as well as the last benedictions of the blessing after the meal. Even regarding the *Shema*, they only required them to interrupt their work [to recite] the first section (*Berakhot* 16a). How very much the more so then is a day laborer forbidden to interrupt the work he owes his employer to engage in optional activity; and if he does so, he is considered a thief. Abba Hilkiyah did not even return the greetings of Torah scholars so as not to interrupt the work he was doing for another person (*Ta'anit* 23b). Yaakov, our father, peace be on him, spelled it out: "Thus I was; in the day the scorching heat ravaged me, and the frost by night; and my sleep departed from my eyes" (Bereishit 31:40). What can they say, then, those who interrupt their work to engage in their own pleasure while in someone's employ, or engage in their own affairs for personal advantage.

To sum up, if someone is hired by another person for any kind of work, all his hours are sold to his employer for the day. As [our Sages], may their memory be blessed, said: "Hiring out is [like] selling for the day" (*Baba Metzia* 56b). Whatever [time] he uses for his own benefit, in any manner, is absolute robbery. If [his employer] does not forgive him [for it], he is not forgiven. As our Rabbis, may their memory be blessed, have said: "For transgressions between man and his fellow the Day of Atonement does not procure any atonement, until he has pacified his fellow" (*mYoma* 8:9; 85b).

Moreover, even if a person performs a *mitzvah* while in someone's employ, it will not be credited to him as an act of righteousness, but regarded as a transgression. For a transgression cannot be a *mitzvah* (*Yerushalmi Hallah* 1:5). As the verse states: "I hate robbery [even] in a burnt-offering" (Yeshayahu 61:8). The Sages said in a similar vein (*Baba Kamma* 94a): "If one steals a *seah* of wheat, grinds it, bakes it, and recites a blessing, it is not a blessing but a blasphemy, as it is

וּבֹצֵעַ בֵּרֵךְ נִאֵץ ה׳ (תהלים י, ג). וְעַל כַּיּוֹצֵא בָּזֶה נֶאֱמַר: אוֹי לוֹ לָזֶה שֶׁנַּעֲשָׂה סָנֵגוֹרוֹ קָטֵגוֹרוֹ, וּכְמַאֲמָרָם זִכְרוֹנָם לִבְרָכָה בְּעִנְיַן לוּלָב הַגָּזוּל (ירושלמי סוכה ג, א; נג, ג). וְהַדִּין נוֹתֵן כִּי הֲרֵי גָּזֵל חֵפֶץ גָּזֵל, וְגָזֵל זְמַן גָּזֵל, מָה גּוֹזֵל אֶת הַחֵפֶץ וְעוֹשֶׂה בּוֹ מִצְוָה נַעֲשָׂה סָנֵגוֹרוֹ קָטֵגוֹרוֹ, אַף גּוֹזֵל אֶת הַזְּמַן וְעוֹשֶׂה בּוֹ מִצְוָה נַעֲשָׂה סָנֵגוֹרוֹ קָטֵגוֹרוֹ.

וְאֵין הַקָּדוֹשׁ בָּרוּךְ הוּא חָפֵץ אֶלָּא בֶּאֱמוּנָה, וְכֵן הוּא אוֹמֵר: אֱמוּנִים נֹצֵר ה׳ (תהלים לא, כד). וְאוֹמֵר: פִּתְחוּ שְׁעָרִים וְיָבֹא גוֹי צַדִּיק שֹׁמֵר אֱמֻנִים (ישעיה כו, ב). וְאוֹמֵר: עֵינַי בְּנֶאֶמְנֵי אֶרֶץ לָשֶׁבֶת עִמָּדִי (תהלים קא, ו). וְאוֹמֵר: עֵינֶיךָ הֲלוֹא לֶאֱמוּנָה (ירמיה ה, ג).

וְאַף אִיּוֹב הֵעִיד עַל עַצְמוֹ וְאָמַר: אִם תִּטֶּה אַשֻּׁרִי מִנִּי הַדֶּרֶךְ וְאַחַר עֵינַי הָלַךְ לִבִּי וּבְכַפַּי דָּבַק מאוּם [אֶזְרְעָה וְאַחֵר יֹאכֵל וכו׳] (איוב לא, ז-ח). וְהַבֵּט יֹפִי הַמָּשָׁל הַזֶּה, כִּי דִּמָּה הַגָּזֵל הַבִּלְתִּי נִגְלֶה כְּדָבָר הַמִּתְדַּבֵּק בְּיַד הָאָדָם, שֶׁאַף עַל פִּי שֶׁאֵין הָאָדָם הוֹלֵךְ לְכַתְּחִלָּה לִיטֹּל אוֹתוֹ וְנִשְׁאָר[ה] דָּבֵק מֵאֵלָיו, סוֹף סוֹף בְּיָדוֹ הוּא. כֵּן הַדָּבָר הַזֶּה, שֶׁאַף שֶׁלֹּא יִהְיֶה הָאָדָם הוֹלֵךְ וְגוֹזֵל מַמָּשׁ, קָשֶׁה הוּא שֶׁיִּהְיוּ יָדָיו רֵיקָנִיּוֹת מִמֶּנּוּ לְגַמְרֵי. אָמְנָם בֶּאֱמֶת כָּל זֶה נִמְשָׁךְ מִמַּה שֶּׁתַּחַת הֱיוֹת הַלֵּב מוֹשֵׁל בָּעֵינַיִם שֶׁלֹּא יַנִּיחַ לִהְיוֹת נָעִים לָהֶם אֶת שֶׁל אֲחֵרִים, הָעֵינַיִם מוֹשְׁכִים אֶת הַלֵּב לְבַקֵּשׁ הֶתֵּרִים עַל מַה שֶּׁנִּרְאֶה לָהֶם יָפֶה וְנֶחְמָד. עַל כֵּן אָמַר אִיּוֹב שֶׁהוּא לֹא כֵן עָשָׂה, וְלֹא הָלַךְ לִבּוֹ אַחַר עֵינָיו, עַל כֵּן לֹא דָבַק בְּכַפָּיו מאוּם.

רְאֵה נָא בְּעִנְיַן הַהוֹנָאָה, כַּמָּה נָקֵל הוּא לָאָדָם לְהִתְפַּתּוֹת וְלִיכָּשֵׁל כַּאֲשֶׁר לִכְאוֹרָה יֵרָאֶה לוֹ שֶׁרָאוּי הוּא לְהִשְׁתַּדֵּל לְיַפּוֹת סְחוֹרָתוֹ בְּעֵינֵי הָאֲנָשִׁים וּלְהִשְׂתַּכֵּר בִּיגִיעַ כַּפָּיו, לְדַבֵּר עַל לֵב הַקּוֹנֶה לְמַעַן יִתְרַצֶּה לוֹ, וְיֹאמְרוּ עַל כָּל זֶה: יֵשׁ זָרִיז וְנִשְׂכָּר (תוספתא יבמות ד ז; פסחים נ, ב), וְיַד חָרוּצִים תַּעֲשִׁיר (משלי י, ד). אָמְנָם אִם לֹא יְדַקְדֵּק

[ה] בכתה״י הנוסח: ׳כמי שנוטל בכונה ונשאר׳.

written: 'He who steals [and] recites a blessing blasphemes God'" (Tehillim 10:3). Regarding such cases, it is stated: "Woe to him whose advocate becomes his accuser" (*Yerushalmi Sukkah* 3:1, 53c), as [our Sages] said regarding a stolen *lulav*. This is dictated by reason, for stealing an object is theft and stealing time is theft. Just as when one steals an object and performs a *mitzvah* with it, his advocate becomes his accuser, so when one steals time and uses it for a *mitzvah*, his advocate also becomes his accuser.

The Holy One, blessed be He, only desires honesty. As it says: "The Lord protects the honest ones" (Tehillim 31:24), and "Open the gates, that the righteous nation that keeps trusts may enter in" (Yeshayahu 26:2), and "My eyes are upon the trustworthy of the land, that they may dwell with Me" (Tehillim 101:6), and "[O Lord], are Your eyes not set upon honesty" (Yirmiyahu 5:3)?

Iyov too testified: "If my steps have wandered from the [right] path, if my mind has gone [astray] after my eyes, if any stain has stuck to my hands, [then may another eat what I sow etc.]" (Iyov 31:7-8). Notice how apt this figure is. For it likens unseen theft to something that sticks to a person's hand. For though he didn't set out to take [that thing] and it simply remained stuck to him, it is, in the end, in his hand. So too in our case: though one doesn't actually steal, it is hard for his hands to be wholly free of [theft]. All this does indeed result from the fact that instead of a person's mind ruling his eyes – so it doesn't let them find what belongs to others alluring – his eyes lead his mind to seek justifications for what seems pleasing and desirable to them. Hence [Iyov] said that he did not do so; his mind had not gone [astray] after his eyes, and therefore no stain had stuck to his hands.

In the matter of fraud, see how easy it is for man to be seduced and stumble, when he is apparently convinced that it is right to try and make his merchandise attractive to others in order to profit by the toil of his hands or to cajole a prospective customer into agreeing [to make a purchase]. People will say about all this: "There is an industrious man who is rewarded" (*Pesahim* 50b); "the hand of the diligent man prospers" (Mishlei 10:4). But if he does not examine

וְיִשְׁקֹל מַעֲשָׂיו הַרְבֵּה, הִנֵּה תַּחַת חִטָּה יֵצֵא חוֹחַ,[ו] כִּי יַעֲבֹר וְנִכְשָׁל בַּעֲוֹן הַהוֹנָאָה אֲשֶׁר הֻזְהַרְנוּ עָלֶיהָ: לֹא תוֹנוּ אִישׁ אֶת עֲמִיתוֹ (ויקרא כה, יז). וְאָמְרוּ זִכְרוֹנָם לִבְרָכָה: אֲפִלּוּ לְרַמּוֹת אֶת הַגּוֹי אָסוּר (ראה חולין צד, א). וּקְרָא כְּתִיב: שְׁאֵרִית יִשְׂרָאֵל לֹא יַעֲשׂוּ עַוְלָה וְלֹא יְדַבְּרוּ כָזָב וְלֹא יִמָּצֵא בְּפִיהֶם לְשׁוֹן תַּרְמִית (צפניה ג, יג). וְכֵן אָמְרוּ: אֵין מְפַרְכְּסִין הַכֵּלִים הַיְשָׁנִים שֶׁיֵּרָאוּ כַּחֲדָשִׁים (רמב"ם הלכות מכירה יח ב, ע"פ בבא מציעא ס, ב). אֵין[ז] מְעָרְבִים פֵּרוֹת בְּפֵרוֹת אֲפִלּוּ חֲדָשִׁים בַּחֲדָשִׁים, אֲפִלּוּ סְאָה בְּדִינָר, וַאֲפִלּוּ יָפֶה דִּינָר וְטַרְסִית לֹא יְעָרֵב וְיִמְכְּרֵם סְאָה בְּדִינָר (ספרי דברים רצה). כָּל עֹשֵׂה אֵלֶּה כֹּל עֹשֵׂה עָוֶל (דברים כה, טז), קָרוּי חֲמִשָּׁה שֵׁמוֹת: עָוֶל, שָׂנוּאוּי, מְשֻׁקָּץ, מְתֹעָב,[ח] חֵרֶם, תּוֹעֵבָה (ספרי דברים שם).

עוֹד אָמְרוּ זִכְרוֹנָם לִבְרָכָה: כָּל הַגּוֹזֵל אֶת חֲבֵרוֹ אֲפִלּוּ שָׁוֶה פְּרוּטָה כְּאִלּוּ נוֹטֵל נַפְשׁוֹ מִמֶּנּוּ (בבא קמא קיט, א). הֲרֵי לְךָ חֹמֶר הֶעָוֹן הַזֶּה אֲפִלּוּ כְּשִׁעוּר מוּעָט. וְאָמְרוּ עוֹד: אֵין הַגְּשָׁמִים נֶעֱצָרִים אֶלָּא בַּעֲוֹן גָּזֵל (תענית ז, ב). וְעוֹד אָמְרוּ: קֻפָּה מְלֵאָה עֲווֹנוֹת, מִי מְקַטְרֵג בְּרֹאשׁ כֻּלָּם? גָּזֵל (ויקרא רבה לג, ג). וְדוֹר הַמַּבּוּל לֹא נֶחְתַּם גְּזַר דִּינָם אֶלָּא עַל הַגָּזֵל (ראה סנהדרין קח, א).

וְאִם תֹּאמַר בִּלְבָבְךָ, וְאֵיךְ אֶפְשָׁר לָנוּ שֶׁלֹּא לְהִשְׁתַּדֵּל בְּמַשָּׂאֵנוּ וּמַתָּנֵנוּ לְרַצּוֹת אֶת חֲבֵרֵינוּ עַל הַמִּקָּח וְעַל שׁוֹוְיוֹ? חִלּוּק גָּדוֹל יֵשׁ בַּדָּבָר, כִּי כָּל מַה שֶּׁהוּא לְהַרְאוֹת אֶת הַקּוֹנִים אֲמִתַּת טוּב הַחֵפֶץ וְיָפְיוֹ, הִנֵּה הַהִשְׁתַּדְּלוּת הַהוּא טוֹב וְיָשָׁר. אַךְ מַה שֶּׁהוּא לְכַסּוֹת מוּמֵי חֶפְצוֹ, אֵינוֹ אֶלָּא הוֹנָאָה וְאָסוּר. וְזֶה כְּלָל גָּדוֹל בֶּאֱמוּנַת הַמַּשָּׂא וְהַמַּתָּן.

לֹא אֹמַר מֵעִנְיַן הַמִּדּוֹת, שֶׁהֲרֵי בְּפֵרוּשׁ כָּתוּב בָּהֶם: תּוֹעֲבַת ה' אֱלֹקֶיךָ כָּל עֹשֵׂה אֵלֶּה [כֹּל עֹשֵׂה עָוֶל] (דברים כה, טז). וְאָמְרוּ זִכְרוֹנָם לִבְרָכָה:

[ו] הביטוי ע"פ איוב לא, מ. [ז] בכתה"י: 'אין מערבין פרות בפרות (בבא מציעא ד, יא; ס, א). ובספרי (דברים רצה, נוסח דפוס וניציה) אמרו: מכאן אמרו אין מערבין פרות בפרות אפילו' וכו'. ונראה שבד"ר נשמט מן 'ובספרי' עד 'בפרות' בטעות הדומות: פרות בפרות – פרות בפרות. [ח] 'מתעב' יתר על חמשה וליתא באחד המקורות.

and weigh his actions carefully, thistles will grow instead of wheat, for he will transgress and fall prey to the sin of fraud, about which we have been warned: "You shall not defraud one another" (Vayikra 25:17). And [our Sages], may their memory be blessed, said that one is forbidden to deceive even a non-Jew (see *Hullin* 94a). And Scripture states: "The remnant of Israel shall not do iniquity, nor speak lies, neither shall a deceitful tongue be found in their mouth" (Zefanyah 3:13). [Our Sages] also said: "One may not embellish old utensils to make them look new" (*Baba Metzia* 60b). "One may not mix produce with produce, even fresh produce with fresh produce, even [if they both sell for] a *dinar* per *seah*. Even [if they are] worth a *dinar* and a *tresit* per *seah*, he may not mix [the two] and sell for a *dinar* per *seah*. 'Anyone who does all these things, who commits any fraud' (Devarim 25:16). Such a person is given five designations: unjust, hated, an abomination, of no use, abhorrent" (*Sifrei Devarim* 295).

[Our Sages], may their memory be blessed, also said: "If one steals even the worth of a *perutah* from another person, it is as if he takes his life from him" (*Baba Kamma* 119a). You thus see how grave this sin is, even when the amount involved is minute. They said further: "The rains are withheld only because of the sin of stealing" (*Ta'anit* 7b). And they also said: "In a basketful of sins, which provokes the most accusations? Theft" (*Vayikra Rabba* 33:3). And the decree against the generation of the flood was sealed only because of theft (see *Sanhedrin* 108a).

Should you ask yourself: How can we possibly not strive to persuade our fellows of the [quality] and worth of [our] merchandise when doing business? An important distinction must be made in this regard: Any effort made to show the prospective customer the true quality and beauty of the object is good and right. But anything designed to conceal its defects is fraud and is forbidden. This is a great principle of honesty in commerce.

I need not discuss the matter of [dishonesty regarding] measures, for it is explicitly said of them: "For the abhorrence of the Lord your God is anyone who does all these things, [who commits any fraud]" (Devarim 25:16). And [our Sages], may their memory be blessed, have said:

קָשֶׁה עָנְשָׁם שֶׁל מִדּוֹת מֵעָנְשָׁן שֶׁל עֲרָיוֹת וְכוּ' (בבא בתרא פח, ב). וְאָמְרוּ: הַסִּיטוֹן מְקַנֵּחַ מִדּוֹתָיו {אַחַת לִשְׁלֹשִׁים יוֹם} (בבא בתרא ה, י; פח, א). וְכָל כָּךְ לָמָּה? כְּדֵי שֶׁלֹּא יַחְסְרוּ בְּלֹא דַּעַת, וְלֹא יֵעָנֵשׁ.

כָּל שֶׁכֵּן עֲוֹן הָרִבִּית שֶׁגָּדוֹל הוּא כְּכוֹפֵר בֵּאלֹקֵי יִשְׂרָאֵל (ראה בבא מציעא עא, א), חַס וְשָׁלוֹם. וְאָמְרוּ זִכְרוֹנָם לִבְרָכָה עַל פָּסוּק: בַּנֶּשֶׁךְ נָתַן וְתַרְבִּית לָקַח וָחָי[ט] לֹא יִחְיֶה (יחזקאל יח, יג), שֶׁאֵינוֹ חַי לִתְחִיַּת הַמֵּתִים (שמות רבה לא, ו),[י] כִּי הוּא וְאָבָק שֶׁלּוֹ מְשֻׁקָּץ וּמְתֹעָב בְּעֵינֵי ה'. וְאֵינִי רוֹאֶה צֹרֶךְ לְהַאֲרִיךְ בָּזֶה, שֶׁכְּבָר אֵימָתוֹ מֻטֶּלֶת עַל כָּל אִישׁ יִשְׂרָאֵל.

אָמְנָם כְּלָלוֹ שֶׁל דָּבָר: כְּמוֹ שֶׁחֶמְדַּת הַמָּמוֹן רַבָּה, כֵּן מִכְשׁוֹלוֹתָיו רַבִּים. וּכְדֵי שֶׁיִּהְיֶה הָאָדָם נָקִי מֵהֶם בֶּאֱמֶת, עִיּוּן גָּדוֹל וְדִקְדּוּק רַב צָרִיךְ לוֹ. וְאִם נִקָּה מִמֶּנּוּ יֵדַע שֶׁהִגִּיעַ כְּבָר לְמַדְרֵגָה גְּדוֹלָה. כִּי רַבִּים יִתְחַסְּדוּ בַּעֲנָפִים רַבִּים מֵעַנְפֵי הַחֲסִידוּת, וּבְעִנְיַן[יא] שִׂנְאַת הַבֶּצַע לֹא יָכְלוּ לְהַגִּיעַ אֶל מְחוֹז הַשְּׁלֵמוּת. הוּא מַה שֶּׁאָמַר צֹפַר הַנַּעֲמָתִי לְאִיּוֹב: אִם אָוֶן בְּיָדְךָ הַרְחִיקֵהוּ וְאַל תַּשְׁכֵּן בְּאֹהָלֶיךָ עַוְלָה, כִּי אָז תִּשָּׂא פָנֶיךָ מִמּוּם וְהָיִיתָ מֻצָק וְלֹא תִירָא (איוב יא, יד–טו).

וְהִנֵּה דִּבַּרְתִּי עַד הֵנָּה מִפְּרָטֵי מִצְוָה אַחַת מִן הַמִּצְווֹת, וְכִפְרָטֵי חִלּוּקִים אֵלֶּה וַדַּאי שֶׁנִּמְצָאִים בְּכָל מִצְוָה וּמִצְוָה. אָמְנָם אֵינֶנִּי מַזְכִּיר אֶלָּא אוֹתָם שֶׁרְגִילִים רֹב בְּנֵי הָאָדָם לִיכָּשֵׁל בָּהֶם.

וּנְדַבֵּר עַתָּה מִן הָעֲרָיוֹת שֶׁגַּם הֵם מִן הַחֲמוּדִים, וְהֵם שְׁנִיִּים בְּמַדְרֵגָה אֶל הַגָּזֵל, כְּמַאֲמָרָם זִכְרוֹנָם לִבְרָכָה שֶׁזָּכַרְתִּי לְמַעְלָה: רֻבָּם בְּגָזֵל וּמִעוּטָם בַּעֲרָיוֹת (בבא בתרא קסה, א).

וְהִנֵּה מִי שֶׁיִּרְצֶה לְהִנָּקוֹת לִגְמָרֵי מִזֶּה הַחֵטְא, גַּם לוֹ תִּצְטָרֵךְ מְלָאכָה לֹא מוּעֶטֶת. כִּי אֵין בִּכְלַל הָאִסּוּר גּוּפוֹ שֶׁל

[ט] כך בכתוב. בד"ר ובכתה"י: 'חיה'. [י] בשמות רבה שם הנוסח: 'מי שחיה (דורש 'וחי' מלשון מחיה ומזון) ברבית בעולם הזה לא יחיה לעולם הבא'. [יא] בד"ר: 'וכענין'. (טעות הדפוס.)

"The punishment for [false] measures is more severe than for forbidden relations" etc. (*Baba Batra* 88b). They also said: "A wholesaler must wipe his measures clean {every thirty days}" (*mBaba Batra* 5:10; 88a). What need is there for all this? So they are not, unbeknown to him, diminished [by an accretion of residue], and he is not punished on that account.

Even less [need be said] of the sin of lending at interest, which is as great as that of repudiating the God of Israel (*Baba Metzia* 71a), God forbid. And [our Sages], may their memory be blessed, have commented on the verse: "He has loaned at interest and collected with increase; shall he then live? He shall not live" (Yehezkel 18:13) – that he will not come back to life at the time of the resurrection (*Shemot Rabba* 31:6). For taking interest or even a shade of interest is abhorrent and detestable in the eyes of God. I see no need to expand on this [sin], as it already casts its dread on every man of Israel.

In summation, just as the desire for wealth is great, so are its pitfalls many. To be truly clear of them demands one's careful attention and scrutiny. If a person has cleared himself of [this desire], he may be sure that he has already reached a high rank [of perfection]. For many are able to act piously in numerous areas of piety, but are unable to reach the goal of perfection in despising ill-gained profit. This is what Zophar the Naamathite meant when he said to Iyov: "If iniquity be in your hand, put it far away, and let not injustice dwell in your tents. Surely then you shall lift up your face without blemish, and you shall be steadfast, and shall not fear" (Iyov 11:14-15).

I have spoken thus far of the particulars of one of the *mitzvot*. Particulars of the same sort exist for each and every *mitzvah*. But I confine myself to those in which most people are wont to stumble.

We shall now discuss the sin of forbidden relations. This is also among the sins which people crave the most and ranks second to theft, as we find in the dictum of our Sages mentioned above (*p. 461*): "Most [people fall into the sin of] theft, a minority [falls into] forbidden relations" (*Baba Batra* 165a).

Now one who wishes to be totally untarnished by this sin will also have to exert no small effort. For the prohibition includes not only

מַעֲשֶׂה בִּלְבַד, אֶלָּא כָּל הַקָּרֵב אֵלָיו. וּמִקְרָא מָלֵא הוּא: לֹא תִקְרְבוּ לְגַלּוֹת עֶרְוָה (ויקרא יח, ו). וְאָמְרוּ זִכְרוֹנָם לִבְרָכָה: אָמַר הַקָּדוֹשׁ בָּרוּךְ הוּא, אַל תֹּאמַר הוֹאִיל וְאָסוּר לִי לְהִשְׁתַּמֵּשׁ בְּאִשָּׁה הֲרֵינִי תּוֹפְשָׂהּ וְאֵין לִי עָוֹן, הֲרֵינִי מְגַפְּפָהּ וְאֵין לִי עָוֹן, אוֹ שֶׁאֲנִי נוֹשְׁקָהּ וְאֵין לִי עָוֹן. אָמַר הַקָּדוֹשׁ בָּרוּךְ הוּא, כְּשֵׁם שֶׁאִם נָדַר נָזִיר שֶׁלֹּא לִשְׁתּוֹת יַיִן, אָסוּר לֶאֱכֹל עֲנָבִים לַחִים וִיבֵשִׁים וּמִשְׁרַת עֲנָבִים וְכָל הַיּוֹצֵא מִגֶּפֶן הַיַּיִן (ראה במדבר ו, ג), אַף אִשָּׁה שֶׁאֵינָהּ שֶׁלְּךָ אָסוּר לִיגַּע בָּהּ כָּל עִקָּר, וְכָל מִי שֶׁנּוֹגֵעַ בְּאִשָּׁה שֶׁאֵינָהּ שֶׁלּוֹ מֵבִיא מִיתָה לְעַצְמוֹ וְכוּ' (שמות רבה טז, ב).

וְהַבֵּט מַה נִּפְלְאוּ דִּבְרֵי הַמַּאֲמָר הַזֶּה, כִּי הִמְשִׁיל אֶת הָאִסּוּר הַזֶּה לְנָזִיר, אֲשֶׁר אַף עַל פִּי שֶׁעִקַּר הָאִסּוּר אֵינוֹ אֶלָּא שְׁתִיַּת יַיִן, הִנֵּה אָסְרָה לוֹ תּוֹרָה כָּל מַה שֶּׁיֵּשׁ לוֹ שַׁיָּכוּת עִם הַיַּיִן. וְהָיָה זֶה לִמּוּד שֶׁלִּמְּדָה תּוֹרָה לַחֲכָמִים אֵיךְ יַעֲשׂוּ הֵם הַסְּיָג לַתּוֹרָה בְּמִשְׁמֶרֶת שֶׁנִּמְסַר בְּיָדָם לַעֲשׂוֹת לְמִשְׁמַרְתָּהּ (ראה מועד קטן ה, א), כִּי יִלְמְדוּ מִן הַנָּזִיר לֶאֱסֹר בַּעֲבוּר הָעִקָּר גַּם כָּל דְּדָמֵי לֵיהּ. וְנִמְצָא שֶׁעָשְׂתָה הַתּוֹרָה בְּמִצְוָה זֹאת שֶׁל נָזִיר מַה שֶּׁמָּסְרָה לַחֲכָמִים שֶׁיַּעֲשׂוּ בִּשְׁאָר כָּל הַמִּצְוֹת, לְמַעַן דַּעַת שֶׁזֶּה רְצוֹנוֹ שֶׁל מָקוֹם, וּכְשֶׁאוֹסֵר לָנוּ אֶחָד מִן הָאִסּוּרִין יִלָּמֵד סָתוּם מִן הַמְפֹרָשׁ לֶאֱסֹר כָּל הַקָּרוֹב לוֹ.

וְעַל זֶה הַדֶּרֶךְ אָסְרוּ בְּעִנְיָן זֶה שֶׁל הָעֲרָיוֹת כָּל מַה שֶּׁהוּא מִמִּינוֹ שֶׁל הַזְּנוּת אוֹ הַקָּרוֹב אֵלָיו, יִהְיֶה בְּאֵיזֶה חוּשׁ שֶׁיִּהְיֶה, דְּהַיְנוּ, בֵּין בְּמַעֲשֶׂה, בֵּין בִּרְאִיָּה, בֵּין בְּדִבּוּר, בֵּין בִּשְׁמִיעָה, וַאֲפִלּוּ בְּמַחֲשָׁבָה.

וְעַתָּה אָבִיא לְךָ רְאָיוֹת עַל כָּל אֵלֶּה מִדִּבְרֵיהֶם זִכְרוֹנָם לִבְרָכָה.

the [forbidden] act itself, but whatever approaches it [in character] as well. Indeed, it is explicitly stated in Scripture: "You shall not practice intimacy that can lead to forbidden relations" (Vayikra 18:6). And [our Rabbis], may their memory be blessed, said: "The Holy One, blessed be He, said: Do not say, 'Since I am forbidden to have intercourse with a woman, I will hold her, and be guiltless; I will embrace her, and be guiltless; or I will kiss her, and be guiltless.' The Holy One, blessed be He, said: Just as a Nazirite who vows not to drink wine is forbidden to eat moist or dried grapes, or any grape liquor, or anything derived from the grapevine (see Bamidbar 6:3), so too are you forbidden to touch in any manner a woman who is not your wife. Anyone who touches a woman other than his wife brings death upon himself," and so on (*Shemot Rabba* 16:2).

Notice how wondrous are the words of this dictum, for it likens this prohibition to the case of a Nazirite, where even though the primary prohibition is limited to the drinking of wine, the Torah forbids him anything bearing any connection to wine. This was a lesson by which the Torah taught the Sages how they should erect a "fence" around the Torah regarding the authority granted them to add protective measures to its prohibitions (cf. *Mo'ed Katan* 5a). For they would learn from [the laws of] the Nazirite to forbid, because of a basic prohibition, anything that is similar in nature. Thus the Torah did with respect to the *mitzvah* of the Nazirite what it authorized the Sages to do with respect to all other *mitzvot*. [By this the Torah intended] to teach that this is God's will, and that when He issues a prohibition, we should deduce what was left unstated from what was stated and forbid anything resembling it.

Applying this principle in the area of forbidden relations, [the Sages] prohibited anything akin to unchastity and similar to it, whatever bodily sense is involved. That is, whether it entails an act, looking, speech, hearing, or even thought.

I will now bring you proofs regarding all of these from the words of [the Sages], may their memory be blessed.

בְּמַעֲשֶׂה, דְּהַיְנוּ הַנְּגִיעָה אוֹ הַחִבּוּק וְכַיּוֹצֵא, כְּבָר נִתְבָּאֵר לְמַעְלָה בַּמַּאֲמָר שֶׁזְּכַרְנוּ וְאֵין צָרִיךְ לְהַאֲרִיךְ.

בִּרְאִיָּה, אָמְרוּ זִכְרוֹנָם לִבְרָכָה: יָד לְיָד לֹא יִנָּקֶה רָע (משלי יא, כא), כָּל הַמַּרְצֶה מָעוֹת מִיָּדוֹ לְיָדָהּ כְּדֵי לְהִסְתַּכֵּל בָּהּ לֹא יִנָּקֶה מִדִּינָהּ שֶׁל גֵּיהִנֹּם (ברכות סא, א). וְאָמְרוּ עוֹד: מִפְּנֵי מָה הֻצְרְכוּ יִשְׂרָאֵל שֶׁבְּאוֹתוֹ הַדּוֹר כַּפָּרָה? מִפְּנֵי שֶׁזָּנוּ עֵינֵיהֶם מִן הָעֶרְוָה[יב] וְכוּ' (שבת סד, א). אָמַר רַב, מִפְּנֵי מָה מָנָה הַכָּתוּב (ראה במדבר לא, נ) תַּכְשִׁיטִין שֶׁבַּחוּץ עִם תַּכְשִׁיטִין שֶׁבִּפְנִים? לוֹמַר לְךָ שֶׁכָּל הַמִּסְתַּכֵּל בְּאֶצְבַּע קְטַנָּה שֶׁל אִשָּׁה כְּאִלּוּ מִסְתַּכֵּל בִּמְקוֹם הַתֹּרֶף (ברכות כד, א; שבת סד, ב). וְאָמְרוּ עוֹד: וְנִשְׁמַרְתָּ מִכֹּל דָּבָר רָע (דברים כג, י), שֶׁלֹּא יִסְתַּכֵּל אָדָם בְּאִשָּׁה נָאָה וַאֲפִלּוּ הִיא פְּנוּיָה, בְּאֵשֶׁת אִישׁ וַאֲפִלּוּ הִיא מְכֹעֶרֶת (עבודה זרה כ, א).

בְּעִנְיַן הַדִּבּוּר עִם הָאִשָּׁה, בְּהֶדְיָא שָׁנִינוּ: כָּל הַמַּרְבֶּה שִׂיחָה עִם הָאִשָּׁה גּוֹרֵם רָעָה לְעַצְמוֹ (אבות א, ה).

וּבִשְׁמִיעָה אָמְרוּ: קוֹל בְּאִשָּׁה עֶרְוָה (ברכות כד, א; קידושין ע, א).

עוֹד בְּעִנְיַן זְנוּת הַפֶּה וְהָאֹזֶן, דְּהַיְנוּ הַדִּבּוּר בְּדִבְרֵי הַזְּנוּת אוֹ הַשְּׁמִיעָה לַדְּבָרִים הָאֵלֶּה, כְּבָר צָוְחוּ כִּכְרוּכְיָא וְאָמְרוּ: וְלֹא יִרְאֶה בְךָ עֶרְוַת דָּבָר (דברים כג, טו), עֶרְוַת דִּבּוּר, זֶה נִבּוּל פֶּה (ויקרא רבה כד, ז). וְאָמְרוּ: בַּעֲוֹן נַבְלוּת פֶּה צָרוֹת מִתְחַדְּשׁוֹת, וּבַחוּרֵי שׂוֹנְאֵיהֶם שֶׁל יִשְׂרָאֵל מֵתִים (שבת לג, א). וְאָמְרוּ עוֹד: כָּל הַמְנַבֵּל פִּיו מַעֲמִיקִים לוֹ גֵּיהִנֹּם (שבת שם). וְאָמְרוּ עוֹד: הַכֹּל יוֹדְעִים כַּלָּה לָמָּה נִכְנֶסֶת לַחֻפָּה, אֶלָּא כָּל הַמְנַבֵּל פִּיו וְאוֹמְרוֹ, אֲפִלּוּ גְּזַר דִּין שֶׁל שִׁבְעִים שָׁנָה לְטוֹבָה הוֹפְכִים לוֹ לְרָעָה (שבת שם). וְאָמְרוּ עוֹד: אֲפִלּוּ שִׂיחָה קַלָּה שֶׁבֵּין אִישׁ לְאִשְׁתּוֹ מַגִּידִים לוֹ לְאָדָם בִּשְׁעַת הַדִּין (חגיגה ה, ב).

[יב] בד"ר: 'מזה הערוה'. (טעות הדפוס.)

Regarding acts, such as touching and embracing or the like, this has already been explained earlier in the aforementioned statement (*p. 479*), and there is no need to [further] expand upon it.

Regarding looking, [the Sages], may their memory be blessed, said, "'Hand to hand, evil will not be cleansed' (Mishlei 11:21) – whoever counts out money from his hand to the hand of a woman in order to gaze at her will not be untouched by the punishment of Gehinom" (*Berakhot* 61a). They also said, "Why did the Israelites of that generation need atonement? Because their eyes fed on lewdness" (*Shabbat* 64a). "Rav said, Why did Scripture enumerate ornaments that are worn internally together with those that are worn externally (see Bamidbar 31:50)? To teach you that [even] if one gazes [only] at a woman's little finger, it is as if he looked at her indecent part" (see *Berakhot* 24a and *Shabbat* 64b). They also said, "'You shall keep yourself from every evil thing' (Devarim 23:10) – a person should not gaze at a beautiful woman even if she is unmarried, or at a married woman even if she is ugly" (*Avodah Zarah* 20a).

As for talking to a woman, it was explicitly taught: "Whoever engages in extended conversation with a woman brings evil upon himself" (*Avot* 1:5).

Regarding hearing, they said: "[Hearing] a woman's voice is an indecency" (*Berakhot* 24a; *Kiddushin* 70a).

Furthermore, regarding verbal and aural licentiousness, namely, indecent speech or listening to such talk, [our Sages] already shouted passionately, saying, "'And let Him see no unclean thing [*davar*] in you' (Devarim 23:15) – unclean speech [*dibbur*], namely, obscenities" (*Vayikra Rabba* 24:7). And they said, "Because of the sin of obscene speech, new troubles arise and the young men of the enemies of Israel die" (*Shabbat* 33a). They also said, "If one utters obscenitics, Gehinom is deepened for him" (ibid.). Moreover they said, "Everyone knows to what end a bride enters the bridal chamber, but if anyone sullies his mouth and speaks of it explicitly, even a decree of seventy good years is turned to calamity" (ibid.). They also said, "Even the frivolous conversation between a man and his wife is related to him at the time of judgment" (*Hagigah* 5b).

וּבְעִנְיַן הַשְּׁמִיעָה הָרָעָה הַזֹּאת גַּם כֵּן אָמְרוּ (שבת לג, א): אַף שׁוֹמֵעַ וְשׁוֹתֵק, שֶׁנֶּאֱמַר: [שׁוּחָה עֲמֻקָּה פִּי זָרוֹת] זְעוּם ה' יִפָּל שָׁם (משלי כב, יד). הֲרֵי לְךָ שֶׁכָּל הַחוּשִׁים צְרִיכִים לִהְיוֹת נְקִיִּים מִן הַזְּנוּת וּמֵעִנְיָנוֹ.

וְאִם לַחְשֹׁךְ אָדָם לוֹמַר, שֶׁמָּה שֶׁאָמְרוּ עַל נִבּוּל פֶּה אֵינוֹ אֶלָּא כְּדֵי לְאַיֵּם וּלְהַרְחִיק אָדָם מִן הָעֲבֵרָה, וּבְמִי שֶׁדָּמוּ רוּתַח הַדְּבָרִים אֲמוּרִים, שֶׁמִּדֵּי דַבְּרוֹ בָּא לִידֵי תַאֲוָה, אֲבָל מִי שֶׁאוֹמְרוֹ דֶּרֶךְ שְׂחוֹק בְּעָלְמָא, לָאו מִלְּתָא הוּא וְאֵין לָחוּשׁ עָלָיו. אַף אַתָּה אֱמֹר לוֹ: עַד כָּאן דִּבְרֵי יֵצֶר רָע. כִּי מִקְרָא מָלֵא שֶׁהֱבִיאוּהוּ זִכְרוֹנָם לִבְרָכָה (שבת שם) לִרְאָיָתָם: עַל כֵּן עַל בַּחוּרָיו לֹא יִשְׂמַח ה' {וְאֶת יְתֹמָיו וְאֶת אַלְמְנֹתָיו לֹא יְרַחֵם} כִּי כֻלּוֹ חָנֵף וּמֵרַע וְכָל פֶּה דֹּבֵר נְבָלָה (ישעיה ט, טז). הִנֵּה לֹא הִזְכִּיר הַכָּתוּב הַזֶּה לֹא עֲבוֹדַת אֱלִילִים וְלֹא גִּלּוּי עֲרָיוֹת וְלֹא שְׁפִיכוּת דָּמִים, אֶלָּא חֲנֻפָּה וּלְשׁוֹן הָרָע וְנִבּוּל פֶּה, כֻּלָּם מֵחַטֹּאת[יג] הַפֶּה בְּדִבּוּרוֹ, וַעֲלֵיהֶם יָצְאָה הַגְּזֵרָה: עַל כֵּן עַל בַּחוּרָיו לֹא יִשְׂמַח ה' וְאֶת יְתוֹמָיו וְאֶת אַלְמְנוֹתָיו {לֹא יְרַחֵם כִּי כֻלּוֹ חָנֵף וּמֵרַע וְכָל פֶּה דֹּבֵר נְבָלָה בְּכָל זֹאת לֹא שָׁב אַפּוֹ וְעוֹד יָדוֹ נְטוּיָה} (שם). אֶלָּא הָאֱמֶת הוּא כְּדִבְרֵי רַבּוֹתֵינוּ זִכְרוֹנָם לִבְרָכָה, שֶׁנִּבּוּל פֶּה הוּא עֶרְוָתוֹ שֶׁל הַדִּבּוּר מַמָּשׁ, וּמִשּׁוּם זְנוּת הוּא שֶׁנֶּאֱסַר כְּכָל שְׁאָר עִנְיְנֵי הַזְּנוּת, חוּץ מִגּוּפוֹ שֶׁל מַעֲשֶׂה, שֶׁאַף עַל פִּי שֶׁאֵין בָּהֶם כָּרֵת אוֹ מִיתַת בֵּית דִּין, אֲסוּרִים הֵם אִסּוּר עַצְמָם. מִלְּבַד הֱיוֹתָם גַּם כֵּן גּוֹרְמִים וּמְבִיאִים אֶל הָאִסּוּר הָרָאשִׁי עַצְמוֹ, וּכְעִנְיַן הַנָּזִיר שֶׁזָּכְרוּ בַּמִּדְרָשׁ שֶׁהֵבֵאנוּ לְמַעְלָה.

בְּעִנְיַן הַמַּחְשָׁבָה, כְּבָר אָמְרוּ בִּתְחִלַּת הַבָּרַיְתָא שֶׁלָּנוּ: וְנִשְׁמַרְתָּ מִכֹּל דָּבָר רָע (דברים כג, י), שֶׁלֹּא יְהַרְהֵר אָדָם בַּיּוֹם {וְיָבֹא לִידֵי טוּמְאָה בַּלַּיְלָה} (עבודה זרה כ, ב).

[יג] או: מֵחַטָּאת.

With regard to listening to obscenities, they also said (*Shabbat* 33a), "Even one who listens and remains silent [is liable], as it says, '[The wayward mouth is a deep pit]; he who incurs the Lord's wrath falls into it'" (Mishlei 22:14). It is apparent that all one's faculties must be innocent of unchastity and anything related to it.

Someone may whisper to you that what [the Sages] said of lewd talk was merely a threat to keep one far from sin, and applies [only] to the hot-blooded who are aroused to lust whenever they speak of it; but for someone who speaks of it in jest, it is insignificant and of no concern. Your retort should be: "The Evil *Yetzer* has just spoken." For [the Sages], may their memory be blessed, brought this explicit verse as their proof (*Shabbat* ibid.), "Therefore the Lord shall have no joy in their young men, {neither shall He have mercy on their orphans and widows}; for everyone is a hypocrite and slanderer, and every mouth speaks obscenity" (Yeshayahu 9:16). Note that this verse does not mention idolatry, unchaste relationships or murder, but rather hypocrisy, slander, and obscenity, all of which are sins of the mouth by way of speech; and because of them it was decreed: "Therefore the Lord shall have no joy in their young men, {neither shall He have mercy} on their orphans and widows; {for everyone is a hypocrite and slanderer, and every mouth speaks obscenity, for all this His anger is not turned away, but His hand is still outstretched}" (ibid.). Rather, the truth is as our Rabbis, may their memory be blessed, have said, that lascivious talk is in fact lewdness of speech. [Such talk] comes under the same rubric as harlotry, forbidden like all other forms of unchastity other than the act of illicit relations itself; that although these forms are not subject to the punishment of excision or judicial execution, they are, nonetheless, forbidden in themselves. This is aside from the fact that they also lead to and bring about the principally proscribed act itself, as in the case of the Nazirite mentioned in the midrash referred to above (*p. 479*).

As for thought, our Sages have already said at the beginning of our baraita: "'You shall keep yourself from every evil thing' (Devarim 23:10) – one should not entertain impure thoughts during the day, [so as not to come to impurity at night]" (*Avodah Zarah* 20b).

וְאָמְרוּ עוֹד: הִרְהוּרֵי עֲבֵרָה קָשִׁים מֵעֲבֵרָה (יומא כט, א). וּמִקְרָא מָלֵא הוּא: תּוֹעֲבַת ה' מַחְשְׁבוֹת[יד] רָע (משלי טו, כו).

וְהִנֵּה דִּבַּרְנוּ מִשְּׁנֵי גּוּפֵי עֲבֵרוֹת חֲמוּרוֹת שֶׁבְּנֵי אָדָם קְרוֹבִים לִיכָּשֵׁל בַּעֲנָפֵיהֶם, מִפְּנֵי רִבָּם שֶׁל הָעֲנָפִים וְרֹב נְטִיַּת לִבּוֹ שֶׁל אָדָם בְּתַאֲוָתוֹ אֲלֵיהֶם.

וְהַמַּדְרֵגָה הַשְּׁלִישִׁית אַחַר הַגָּזֵל וְהָעֲרָיוֹת לְעִנְיַן הַחֶמְדָּה, הִנֵּה הוּא אִסּוּר הַמַּאֲכָלוֹת, בֵּין בְּעִנְיַן הַטְּרֵפוֹת עַצְמָם, בֵּין בְּעִנְיַן תַּעֲרוֹבוֹתֵיהֶן, בֵּין בְּעִנְיַן בָּשָׂר בְּחָלָב אוֹ חֵלֶב וָדָם, וְעִנְיַן בִּשּׁוּלֵי גּוֹיִם וְעִנְיַן גִּעוּלֵי[טו] גּוֹיִם, יֵין נְסִיכָם וּסְתָם יֵינָם. כָּל אֵלֶּה הַנְּקִיּוּת בָּהֶם צָרִיךְ דִּקְדּוּק גָּדוֹל וְצָרִיךְ חִזּוּק, כִּי יֵשׁ[טז] תַּאֲוַת הַלֵּב הַמִּתְאַוֶּה בַּמַּאֲכָלִים הַטּוֹבִים, וְחֶסְרוֹן הַכִּיס בְּאִסּוּרֵי הַתַּעֲרוֹבוֹת, וְכַיּוֹצֵא בָּזֶה. וּפְרָטֵיהֶם רַבִּים כְּכָל דִּינֵיהֶם הַיְדוּעִים וְהַמְבֹאָרִים בְּסִפְרֵי הַפּוֹסְקִים, וְהַמֵּקֵל בָּהֶם בְּמָקוֹם שֶׁאָמְרוּ לְהַחְמִיר אֵינוֹ אֶלָּא מַשְׁחִית לְנַפְשׁוֹ.

וְכָךְ אָמְרוּ בְּסִפְרֵי: וְלֹא[יז] תִטַּמְּאוּ בָּהֶם וְנִטְמֵתֶם בָּם (ויקרא יא, מג), אִם מְטַמְּאִים אַתֶּם בָּם סוֹפְכֶם לִיטַּמֵּא בָּם (ספרא שמיני פרק יב הלכה ג). וְהַיְנוּ, כִּי הַמַּאֲכָלוֹת הָאֲסוּרוֹת מַכְנִיסִים טֻמְאָה מַמָּשׁ בְּלִבּוֹ וּבְנַפְשׁוֹ שֶׁל אָדָם, עַד שֶׁקְּדֻשָּׁתוֹ שֶׁל הַמָּקוֹם בָּרוּךְ הוּא מִסְתַּלֶּקֶת וּמִתְרַחֶקֶת מִמֶּנּוּ. וְהוּא מַה שֶּׁאָמְרוּ בַּשַּׁ"ס גַּם כֵּן: וְנִטְמֵאתֶם בָּם (ויקרא יא, מג), אַל תִּקְרֵי וְנִטְמֵאתֶם אֶלָּא וְנִטַּמְתֶּם, שֶׁהָעֲבֵרָה מְטַמְטֶמֶת לִבּוֹ שֶׁל אָדָם (יומא לט, א). כִּי מְסַלֶּקֶת מִמֶּנּוּ הַדֵּעָה הָאֲמִתִּית וְרוּחַ הַשֵּׂכֶל שֶׁהַקָּדוֹשׁ בָּרוּךְ הוּא נוֹתֵן לַחֲסִידִים, כְּמוֹ שֶׁאָמַר הַכָּתוּב: כִּי ה' יִתֵּן חָכְמָה (משלי ב, ו), וְהִנֵּה הוּא נִשְׁאָר בַּהֲמִי וְחָמְרִי, מְשֻׁקָּע בְּגַסּוּת הָעוֹלָם הַזֶּה. וְהַמַּאֲכָלוֹת הָאֲסוּרוֹת יְתֵרוֹת בָּזֶה עַל כָּל הָאִסּוּרִין, כֵּיוָן שֶׁהֵם נִכְנָסִים בְּגוּפוֹ שֶׁל הָאָדָם מַמָּשׁ וְנַעֲשִׂים בָּשָׂר מִבְּשָׂרוֹ.[יח]

[יד] בד"ר: 'כל מחשבות'. התיקון ע"פ הכתוב וכתה"י. [טו] כ"ה בכתה"י. בד"ר: 'גיעול גויים'. [טז] בכתה"י: 'כי יש שם'. [יז] בד"ר: 'לא... ונטמאתם בם'. תיקנו ע"פ הכתוב וכתה"י. [יח] ע"פ בראשית ב, כג.

They also said, "Sinful thoughts are more injurious than the sin itself" (*Yoma* 29a). And Scripture explicitly states, "Evil thoughts are an abhorrence of the Lord" (Mishlei 15:26).

We have discussed two grave root-sins, over whose branches people are prone to stumble because of their abundance and the mind's great inclination to [rationalize] them in one's desire to commit them.

The sin that ranks third in its appeal, after theft and unchaste relationships, is that of food prohibitions. This applies equally to *terefot* themselves, mixtures that contain them, meat mixed with milk, forbidden fat or blood, food cooked by gentiles or in gentile utensils, wine used in their libations, or their indeterminate wine. Blamelessness in these various areas requires great scrutiny and effort because the heart lusts after delicious foods, and because the prohibitions regarding forbidden mixtures and the like may lead to monetary loss. The particulars [of these prohibitions] are many, all being well known laws that are explained in the works of the decisors. One who adopts a lenient position in these matters, when [the decisors] have told [us] to be stringent, only corrupts his soul.

This is what they said in *Sifrei*: "'You shall not make yourselves unclean with them, that you should be defiled by them' (Vayikra 11:43) – if you make yourselves unclean with them, you will, in the end, become defiled by them" (*Sifra, Shemini, perek* 12:3). This is because forbidden foods actually bring real defilement into a person's heart and soul, to the point that the holiness of God, blessed be He, departs and withdraws from him. The same thing was also stated in the Talmud: "'You will be defiled [*venitmetem*] by them' (Vayikra 11:43) – read not *venitmetem*, 'you will be defiled,' but *venitamtem*, 'you will become dull-hearted,' for sin dulls a man's heart" (*Yoma* 39a). For it removes from him the true knowledge and the spirit of reason that the Holy One, blessed be He, gives to the pious. As it is stated, "For the Lord gives wisdom" (Mishlei 2:6). Hence, he remains beastly and coarse, immersed in the grossness of this world. The forbidden foods are worse in this regard than all the other prohibitions because they quite literally enter a person's body and become part of his very flesh.

וּכְדֵי לְהוֹדִיעֵנוּ שֶׁלֹּא הַבְּהֵמוֹת הַטְּמֵאוֹת אוֹ הַשְּׁקָצִים בִּלְבַד הֵם הַטְּמֵאִים, אֶלָּא גַּם הַטְּרֵפוֹת שֶׁבְּמִין הַכָּשֵׁר עַצְמוֹ הֵם בִּכְלַל טֻמְאָה, אָמַר הַכָּתוּב: לְהַבְדִּיל בֵּין הַטָּמֵא וּבֵין הַטָּהֹר (ויקרא יא, מז), וּבָא הַפֵּרוּשׁ לְרַבּוֹתֵינוּ זִכְרוֹנָם לִבְרָכָה: אֵין צָרִיךְ לוֹמַר בֵּין חֲמוֹר לְפָרָה, לָמָּה נֶאֱמַר בֵּין הַטָּמֵא וּבֵין הַטָּהוֹר? בֵּין טְמֵאָה לְךָ וּבֵין טְהוֹרָה לְךָ, בֵּין נִשְׁחַט רֻבּוֹ שֶׁל קָנֶה לְנִשְׁחַט חֶצְיוֹ, וְכַמָּה בֵּין רֻבּוֹ לְחֶצְיוֹ? מְלֹא הַשַּׂעֲרָה, עַד כָּאן לְשׁוֹנָם (ספרא שמיני פרק יב הלכה ז). וְאָמְרוּ לָשׁוֹן זֶה בְּסִיּוּם מַאֲמָרָם: וְכַמָּה בֵּין רֻבּוֹ {לְחֶצְיוֹ? מְלֹא הַשַּׂעֲרָה}, לְהַרְאוֹת כַּמָּה נִפְלָא כֹּחַ הַמִּצְוָה, שֶׁחוּט הַשַּׂעֲרָה מַבְדִּיל בֵּין טֻמְאָה לְטָהֳרָה מַמָּשׁ.

וְהִנֵּה מִי שֶׁיֵּשׁ לוֹ מֹחַ בְּקָדְקֳדוֹ יַחְשֹׁב אִסּוּרֵי הַמַּאֲכָל כְּמַאֲכָלִים הָאַרְסִיִּים אוֹ כְּמַאֲכָל שֶׁנִּתְעָרֵב בּוֹ אֵיזֶה דָּבָר אַרְסִי. כִּי הִנֵּה לוּ דָּבָר זֶה יֶאֱרַע, הֲיָקֵל אָדָם עַל עַצְמוֹ לֶאֱכֹל מִמֶּנּוּ אִם יִשָּׁאֵר לוֹ בּוֹ אֵיזֶה בֵּית מֵחוּשׁ וַאֲפִלּוּ חֲשָׁשָׁא קְטַנָּה? וַדַּאי שֶׁלֹּא יָקֵל, וְאִם יָקֵל לֹא יִהְיֶה נֶחְשָׁב אֶלָּא לְשׁוֹטֶה גָּמוּר. אַךְ[יט] אִסּוּר הַמַּאֲכָל כְּבָר בֵּאַרְנוּ שֶׁהוּא אֶרֶס מַמָּשׁ לַלֵּב וְלַנֶּפֶשׁ, אִם כֵּן מִי אֵפוֹא יִהְיֶה הַמֵּקֵל בִּמְקוֹם חֲשָׁשָׁא שֶׁל אִסּוּר אִם בַּעַל שֵׂכֶל הוּא. וְעַל דָּבָר זֶה נֶאֱמַר: וְשַׂמְתָּ שַׂכִּין בְּלֹעֶךָ אִם בַּעַל נֶפֶשׁ אָתָּה (משלי כג, ב).[יט*]

וּנְדַבֵּר עַתָּה עַל הַחֲטָאִים הַמְּדִינִיִּים[כ] הַנּוֹלָדִים מֵחֶבְרַת בְּנֵי הָאָדָם וְקִבּוּצָם, כְּגוֹן: הוֹנָאַת דְּבָרִים, הַלְבָּנַת הַפָּנִים, הַכְשָׁלַת הָעִוֵּר בְּעֵצָה, רְכִילוּת, שִׂנְאָה וּנְקִימָה, שְׁבוּעוֹת, דְּבַר שֶׁקֶר וְחִלּוּל הַשֵּׁם. כִּי מִי יֹאמַר נִקֵּיתִי מֵהֶם, טָהַרְתִּי מֵאַשְׁמָה בָּם, כִּי עַנְפֵיהֶם רַבִּים וְדַקִּים עַד מְאֹד, אֲשֶׁר הַהִזָּהֵר בָּם טֹרַח גָּדוֹל.

[יט] 'אך' במובן 'אכן'. או שמא צ"ל: 'כך'. [יט*] ראה חולין ו, א. [כ] בד"ר: 'המניעיים'. ואין לו מובן. התיקון ע"פ כתה"י.

In order to teach us that the "unclean" category embraces not only unclean beasts and reptiles, but also animals of a kosher species that are *terefot*, the verse states, "To distinguish between the unclean and the clean" (Vayikra 11:47). Our Rabbis, may their memory be blessed, explained this as follows: "It is not necessary to say [that one should understand the distinction] between an ass and a cow. Then what is the meaning of: 'Between the unclean and the clean?' Between what is unclean to you and what is clean to you; between an animal, the greater part of whose windpipe has been severed, and one where only half of its windpipe has been severed. And what is the difference between 'the greater part' and 'half?' A hair's breadth" (*Sifra, Shemini, perek* 12:7). They concluded the passage with the words, "And what is the difference between 'the greater part' {and 'half?' A hair's breadth}," in order to show how marvelous the power of the *mitzvah* is, that a mere hair's breadth differentiates between the unclean and the clean.

Anyone with sense will regard forbidden food as if it were poisonous or had some poison mixed in it. Were that actually the case, would a person be lax and allow himself to eat of [such food] if there were any room for concern or even the least apprehension? Surely he would not. And if he did, he would be regarded as an absolute fool. Regarding forbidden food, we have already explained that it is quite literally poison for the heart and soul. If so, what intelligent person would be lenient when there is a suspicion of a prohibition? It is said with regard to this: "Put a knife to your throat, if you are the master of your soul (Mishlei 23:2).

We shall now discuss the societal sins, born of human association and community, such as: verbal oppression, shaming, offering misleading advice, talebearing, hating and taking revenge, taking oaths, lying and desecrating God's name. For who can say, "I am innocent of them; I am clear of incurring guilt in respect to them?" For their ramifications are extremely numerous and subtle, so that being vigilant regarding them requires great effort.

הוֹנָאַת הַדְּבָרִים, בִּכְלָלָהּ הוּא לְדַבֵּר בִּפְנֵי חֲבֵרוֹ דָּבָר[כא] שֶׁיֵּבוֹשׁ מִמֶּנּוּ, כָּל שֶׁכֵּן הָאֲמִירָה בְּפֵרוּשׁ דָּבָר שֶׁיֵּבוֹשׁ בּוֹ אוֹ לַעֲשׂוֹת לוֹ מַעֲשֶׂה שֶׁיִּגְרֹם לוֹ שֶׁיֵּבוֹשׁ (ראה רמב״ם הלכות דעות ו, ח). וְהוּא מַה שֶּׁאָמְרוּ בְּפֶרֶק הַזָּהָב (בבא מציעא ד, י; נח, ב): אִם הָיָה בַּעַל תְּשׁוּבָה, לֹא יֹאמַר לוֹ זְכֹר מַעֲשֶׂיךָ הָרִאשׁוֹנִים וְכוּ׳; אִם הָיוּ חֳלָאִים בָּאִים עָלָיו, לֹא יֹאמַר לוֹ כְּדֶרֶךְ שֶׁאָמְרוּ חֲבֵרָיו לְאִיּוֹב: זְכָר נָא מִי הוּא נָקִי אָבָד {וְאֵיפֹה יְשָׁרִים נִכְחָדוּ} (איוב ד, ז); אִם הָיוּ חַמָּרִים מְבַקְשִׁים הֵימֶנּוּ תְּבוּאָה, לֹא יֹאמַר לָהֶם לְכוּ אֵצֶל פְּלוֹנִי שֶׁהוּא מוֹכֵר תְּבוּאָה, וְיוֹדֵעַ בּוֹ שֶׁלֹּא מָכַר תְּבוּאָה מִיָּמָיו (בבא מציעא נח, ב).

וּכְבָר אָמְרוּ זִכְרוֹנָם לִבְרָכָה (בבא מציעא שם): גָּדוֹל הוֹנָאַת דְּבָרִים מֵהוֹנָאַת מָמוֹן {שֶׁזֶּה נֶאֱמַר בּוֹ (ויקרא כה, יז): וְיָרֵאתָ מֵאֱלֹהֶיךָ וְזֶה לֹא נֶאֱמַר בּוֹ: וְיָרֵאתָ מֵאֱלֹהֶיךָ}. וְכָל שֶׁכֵּן אִם הוּא בָּרַבִּים, שֶׁבְּהֶדְיָא שָׁנִינוּ: הַמַּלְבִּין פְּנֵי חֲבֵרוֹ בָּרַבִּים אֵין לוֹ חֵלֶק לָעוֹלָם הַבָּא (אבות ג, יא). וְאָמַר רַב חִסְדָּא: כָּל הַשְּׁעָרִים נִנְעָלוּ חוּץ מִשַּׁעֲרֵי הוֹנָאָה (בבא מציעא נט, א). וְאָמַר רַבִּי אֶלְעָזָר: הַכֹּל הַקָּדוֹשׁ בָּרוּךְ הוּא נִפְרָע עַל יְדֵי שָׁלִיחַ חוּץ מֵהוֹנָאָה (שם). וְאָמְרוּ: שְׁלֹשָׁה אֵין הַפַּרְגּוֹד נִנְעָל בִּפְנֵיהֶם וְאֶחָד מֵהֶם הוֹנָאָה (שם). וַאֲפִלּוּ לְדַבַּר מִצְוָה אָמַר הַכָּתוּב: הוֹכֵחַ תּוֹכִיחַ אֶת עֲמִיתֶךָ [וְלֹא תִשָּׂא עָלָיו חֵטְא][כב] (ויקרא יט, יז), וְאָמְרוּ זִכְרוֹנָם לִבְרָכָה: יָכוֹל אֲפִלּוּ פָּנָיו מִשְׁתַּנּוֹת? תַּלְמוּד לוֹמַר, וְלֹא תִשָּׂא עָלָיו חֵטְא (ערכין טז, ב).[כג] מִכָּל אֵלֶּה הַמַּאֲמָרִים תִּרְאֶה עַד הֵיכָן מִתְפַּשְּׁטִים עַנְפֵי הָאַזְהָרָה הַזֹּאת, וְכַמָּה עָנְשָׁהּ קָשֶׁה.

[כא] כך בכתה״י. בד״ר: ׳לבד׳ (ושיבוש הוא). [כב] נוסף ע״פ כתה״י. [כג] ראה גם ספרא קדושים פרק ד הלכה ח.

The sin of verbal oppression includes saying something in the presence of another person that might cause him shame. All the more so is one forbidden to say something directly or do anything to a person that may cause him shame (MT *De'ot* 6:8). This is what is stated in chapter *Hazahav*: "If a man was a penitent, one must not say to him: 'Remember your former deeds,'" and so on (*mBaba Metzia* 4:10; 58a). "If ailments afflicted someone, one should not say to him in the way that Iyov's friends said to him, 'Remember, I pray you, what innocent man ever perished? {Or where were the upright cut off}' (Iyov 4:7)? If ass-drivers were seeking grain from someone, he may not say to them, 'Go to so-and-so who is selling grain,' when he knows that he has never sold grain" (*Baba Metzia* 58b).

[Our Sages], may their memory be blessed, also said (ibid.): "Verbal oppression is a greater [sin] than monetary oppression {for concerning the one it was said (Vayikra 25:17): 'And you shall fear your God,' but concerning the other it was not said: 'And you shall fear your God'}." This is especially true with regard to shaming a person in public. As we have learned explicitly: "One who puts another person to shame in public has no share in the world-to-come" (*Avot* 3:11). And Rav Hisda said, "All the [heavenly] gates are locked except for the gates [through which pass the cries of victims] of verbal oppression" (*Baba Metzia* 59a). And Rabbi Elazar said, "All sins are punished by the Holy One, blessed be He, through a messenger, with the exception of verbal oppression" (ibid.). They also said, "There are three sins before which the [heavenly] curtain is never closed," and one of them is verbal oppression (ibid.). Even for the sake of observing *mitzvot*, regarding which Scripture states, "You shall surely reprove your fellow [and not bear sin on account of him]" (Vayikra 19:17), [our Sages], may their memory be blessed, said, "Might one suppose that that is the case even if his countenance changes color? Scripture states, '[And be sure] not to bear sin on account of him [in the process]'" (*Arakhin* 16b). From all these dicta you can see how extensively ramified is this prohibition, and how severe is the punishment for violating it.

בְּעִנְיַן נְתִינַת הָעֵצָה, שָׁנִינוּ בְּתוֹרַת כֹּהֲנִים (קדושים פרשה ב הלכה יד): וְלִפְנֵי עִוֵּר לֹא תִתֵּן מִכְשֹׁל (ויקרא יט, יד), לִפְנֵי סוּמָא בַּדָּבָר. אָמַר לְךָ, בַּת פְּלוֹנִי מַהוּ[כד] לִכְהֻנָּה, אַל תֹּאמַר לוֹ כְּשֵׁרָה, וְהִיא אֵינָהּ אֶלָּא פְּסוּלָה. הָיָה נוֹטֵל בְּךָ עֵצָה, אַל תִּתֵּן לוֹ עֵצָה שֶׁאֵינָהּ הוֹגֶנֶת לוֹ וְכוּ', וְאַל תֹּאמַר לוֹ מְכֹר שָׂדְךָ וְקַח לְךָ חֲמוֹר, וְאַתָּה עוֹקֵף עָלָיו וְנוֹטְלָהּ מִמֶּנּוּ. שֶׁמָּא תֹּאמַר, עֵצָה יָפָה אֲנִי נוֹתֵן לוֹ, שֶׁהֲרֵי הַדָּבָר מָסוּר לַלֵּב, שֶׁנֶּאֱמַר: וְיָרֵאתָ מֵאֱלֹקֶיךָ [אֲנִי ה'] (ויקרא שם). נִמְצֵינוּ לְמֵדִים, שֶׁבֵּין בְּדָבָר שֶׁיָּכוֹל לִהְיוֹת נוֹגֵעַ בּוֹ בֵּין בְּדָבָר שֶׁאֵינוֹ נוֹגֵעַ בּוֹ כְּלָל, חַיָּב אָדָם לְהַעֲמִיד אֶת הַבָּא לְהִתְיָעֵץ בּוֹ עַל הָאֱמֶת הַזַּךְ וְהַבֵּרוּר.

וְתִרְאֶה שֶׁעָמְדָה תּוֹרָה עַל סוֹף דַּעְתָּם שֶׁל רַמָּאִים, דְּלָאו בְּשׁוֹפְטָנֵי עֲסִיקִינַן שֶׁיִּיעֲצוּ עֵצָה שֶׁרָעָתָהּ מְפֻרְסֶמֶת וְנִגְלֵית, אֶלָּא בַּחֲכָמִים לְהָרַע אֲשֶׁר יִתְּנוּ עֵצָה לְחַבְרֵיהֶם שֶׁלְּפִי הַנִּגְלֶה בָּהּ יֵשׁ בָּהּ מִן הָרֶוַח אֶל חֲבֵרוֹ בֶּאֱמֶת, אַךְ סוֹף הָעִנְיָן אֵינוֹ לְטוֹבָתוֹ שֶׁל חֲבֵרוֹ כִּי אִם לְרָעָתוֹ וְלַהֲנָאָתוֹ שֶׁל הַמְיָעֵץ. עַל כֵּן אָמְרוּ: שֶׁמָּא [תֹּאמַר], עֵצָה יָפָה {אֲנִי נוֹתֵן לוֹ}, וַהֲרֵי הַדָּבָר מָסוּר לַלֵּב וְכוּ'. וְכַמָּה נִכְשָׁלִים[כה] בְּנֵי הָאָדָם בְּאֵלֶּה הַחֲטָאִים יוֹם יוֹם, בִּהְיוֹתָם קְרוּאִים וְהוֹלְכִים לְתֹקֶף חֶמְדַּת הַבֶּצַע. וּכְבָר הִתְבָּאֵר גֹּדֶל עָנְשָׁם בַּכָּתוּב: אָרוּר מַשְׁגֶּה עִוֵּר בַּדָּרֶךְ (דברים כז, יח).

אַךְ זֹאת הִיא חוֹבַת הָאָדָם הַיָּשָׁר, כַּאֲשֶׁר יָבוֹא אִישׁ לְהִתְיָעֵץ בּוֹ, יְיָעֲצֵהוּ הָעֵצָה שֶׁהָיָה הוּא נוֹטֵל לְעַצְמוֹ מַמָּשׁ, מִבְּלִי שֶׁיַּשְׁקִיף בָּהּ אֶלָּא לְטוֹבָתוֹ שֶׁל הַמִּתְיָעֵץ, לֹא לְשׁוּם תַּכְלִית אַחֵר קָרוֹב אוֹ רָחוֹק שֶׁיִּהְיֶה. וְאִם יֶאֱרַע שֶׁיִּרְאֶה הוּא הֶזֵּק לְעַצְמוֹ בָּעֵצָה הַהִיא, אִם יָכוֹל לְהוֹכִיחַ אוֹתוֹ[כו] עַל פָּנָיו שֶׁל הַמִּתְיָעֵץ יוֹכִיחֵהוּ,

[כד] היינו: מהו דינה לכהונה. בתו"כ: 'מהי לכהונה'. [כה] כך בכתה"י. בד"ר: 'נפלאים'. [כו] ברור שהנוסח 'אותה' בד"ר הוא תוצאה של קריאה לא נכונה של כתה"י. הקריאה 'אותו' היא ודאית.

As for giving misleading advice, we learned in *Torat Kohanim* (*Kedoshim, parashah* 2:14): "'You shall not put a stumbling block before the blind' (Vayikra 19:14) – before one who cannot see in a particular context. If someone asks you: 'As to the daughter of so-and-so, what is her status [as to marrying] into the priesthood,' do not tell him that she is suitable, if she is unsuitable. If someone comes to you for advice, do not give him inappropriate counsel. {Do not say to him, 'Go early in the morning,' so that robbers will assault him; 'Go at noon,' so that he will faint from the heat.} And do not say to him, 'Sell your field and buy an ass,' when you yourself are trying to circumvent him and take [the field] from him. You might say, 'I am giving him good advice,' while surely the matter is given over to the heart. As it says, 'And you shall fear your God; [I am the Lord]'" (Vayikra 19:14). We thus learn that whether one is perhaps an interested party or completely disinterested, he must help whoever seeks his counsel to see the pure and unvarnished truth.

You will observe that the Torah had a complete grasp of the thinking of the deceitful. For we are not dealing with idiots who offer counsel where evil intent is patently obvious, but with those who are cleverly evil. They offer advice, which on the surface appears to be truly in their friend's interest, but the outcome is not for his good; rather, it is detrimental to him, benefitting only those who offered it. It is for this reason that [the Sages] stated: "You might say, '{I am giving him} good advice,'" while surely the matter is given over to the heart." O, to what degree do men stumble daily in these sins, following the powerful call of greed! Scripture clearly spells out the severity of their punishment: "Cursed be he that makes the blind go astray on his way" (Devarim 27:18).

This is the duty of an honest man. When someone approaches him for advice, he should offer the very counsel that he would adopt for himself, mindful only of the good of the person being advised. He should have no ulterior end, immediate or remote. Suppose he sees that by giving such advice he may cause himself damage. If he then can openly admonish his advisee about this, he should;

וְאִם לָאו יִסְתַּלֵּק מִן הַדָּבָר וְלֹא יִיעָצֵהוּ. אַךְ עַל כָּל פָּנִים, אַל יִיעָצֵהוּ עֵצָה שֶׁתַּכְלִיתָהּ דָּבָר זוּלַת טוֹבָתוֹ שֶׁל הַמִּתְיָעֵץ, אִם לֹא שֶׁכַּוָּנַת הַמִּתְיָעֵץ לְרָעָה, שֶׁאָז וַדַּאי מִצְוָה לְרַמּוֹתוֹ, וּכְבָר נֶאֱמַר: וְעִם עִקֵּשׁ תִּתְפַּתָּל (תהלים יח, כז), וְחוּשַׁי הָאַרְכִּי יוֹכִיחַ (ראה שמואל ב יז, ז–טז).

הָרְכִילוּת וְלָשׁוֹן הָרָע, כְּבָר חָמְרוֹ נוֹדָע וְגָדֵל עֲנָפָיו כִּי רַבּוּ מְאֹד, עַד שֶׁכְּבָר גָּזְרוּ אֹמֶר חֲכָמֵינוּ זִכְרוֹנָם לִבְרָכָה בְּמַאֲמָר שֶׁכְּבָר הִזְכַּרְתִּי: וְכֻלָּם בַּאֲבַק לָשׁוֹן הָרָע (בבא בתרא קסה, א). וְאָמְרוּ: הֵיכִי דָּמֵי אֲבַק לָשׁוֹן הָרָע?[כז] כְּגוֹן דְּאָמַר: הֵיכָא מִשְׁתְּכַח נוּרָא? אֶלָּא בֵּי פְלָנְיָא (ערכין טו, ב), אוֹ שֶׁיְּסַפֵּר טוֹבָתוֹ לִפְנֵי שׂוֹנְאָיו (ראה שם טז, א), וְכָל כַּיּוֹצֵא בָּזֶה, אַף עַל פִּי שֶׁנִּרְאִים דְּבָרִים קַלִּים וּרְחוֹקִים מִן הָרְכִילוּת, הִנֵּה בֶּאֱמֶת מֵאָבָק שֶׁלּוֹ הֵם.

כְּלָלוֹ שֶׁל דָּבָר: הַרְבֵּה דְּרָכִים לַיֵּצֶר, אֲבָל כָּל דִּבּוּר[כח] שֶׁיּוּכַל לְהִוָּלֵד מִמֶּנּוּ נֶזֶק אוֹ בִּזָּיוֹן לַחֲבֵרוֹ, בֵּין בְּפָנָיו בֵּין שֶׁלֹּא בְּפָנָיו, הֲרֵי זֶה בִּכְלַל לָשׁוֹן הָרָע הַשָּׂנוּאוּי וּמְתֹעָב לִפְנֵי הַמָּקוֹם, שֶׁאָמְרוּ עָלָיו: כָּל הַמְסַפֵּר לָשׁוֹן הָרָע כְּאִלּוּ כּוֹפֵר בָּעִקָּר (ערכין טו, ב). וּקְרָא כְּתִיב: מְלָשְׁנִי בַסֵּתֶר רֵעֵהוּ אוֹתוֹ אַצְמִית (תהלים קא, ה).

גַּם הַשִּׂנְאָה וְהַנְּקִימָה קָשֶׁה מְאֹד לְשֶׁיִּמָּלֵט מִמֶּנָּה לֵב הוֹתָל[כט] אֲשֶׁר לִבְנֵי הָאָדָם, כִּי הָאָדָם מַרְגִּישׁ מְאֹד בְּעֶלְבּוֹנוֹתָיו וּמִצְטַעֵר צַעַר גָּדוֹל, וְהַנְּקָמָה לוֹ מְתוּקָה מִדְּבַשׁ, כִּי הִיא מְנוּחָתוֹ לְבַדָּהּ. עַל כֵּן לְשֶׁיִּהְיֶה בְּכֹחוֹ לַעֲזֹב מַה שֶּׁטִּבְעוֹ מַכְרִיחַ אוֹתוֹ וְיַעֲבֹר עַל מִדּוֹתָיו, וְלֹא יִשְׂנָא מִי שֶׁהֵעִיר בּוֹ הַשִּׂנְאָה, וְלֹא יִקֹּם מִמֶּנּוּ בְּהִזְדַּמֵּן לוֹ שֶׁיּוּכַל לְהִנָּקֵם, וְלֹא יִטֹּר לוֹ, אֶלָּא אֶת הַכֹּל יִשְׁכַּח[ל] וְיָסִיר מִלִּבּוֹ כְּאִלּוּ לֹא הָיָה – חָזָק וְאַמִּיץ[לא] הוּא. וְהוּא קַל רַק לְמַלְאֲכֵי הַשָּׁרֵת שֶׁאֵין בֵּינֵיהֶם הַמִּדּוֹת הַלָּלוּ,

---

[כז] בס"ו הנוסח: 'היכי דמי לשון הרע' וכו'. שתי הנוסחאות תלויות במחלוקת ראשונים אם אמירת 'נורא בי פלניא' הוא לשון הרע גמור או רק אבק לשון הרע. עיין חפץ חיים, כלל ט סעיף ג, בהגה. [כח] כך בכתה"י. בד"ר: 'דבר'. אך במפתח: 'דִּבּוּר'. לדברים כאן השווה לשון הרמב"ם בהלכות דעות פ"ז ה"ה. [כט] ע"פ ישעיה מד, כ. [ל] או: יִשְׁכַּח. [לא] כך בכתה"י. בד"ר: 'ואמץ'.

if not, he should withdraw and give no advice. But under no circumstance should he give advice where the aim is anything other than the good of the advisee, unless the latter intends evil. In that case, it is certainly a *mitzvah* to deceive him, as it is stated, "With the perverse be devious" (Tehillim 18:27). And the incident involving Hushai the Arkhite proves this point (see II Shemuel 17:7-16).

The severity of talebearing and slander is well known, as well as the great number of their ramifications. They are so numerous that our Sages, may their memory be blessed, have asserted in a dictum I previously cited: "But all [fall into] the 'trace of the evil tongue'" (*Baba Batra* 165a). They also said, "How so a shade of slander? For example, where he says: 'Where is there a fire? Only at the house of so-and-so'" (*Arakhin* 15b). Or where he speaks in praise of another person in the presence of the latter's enemies (ibid. 16a), or the like. Although such things seem trivial and far from slander, they do, in fact, represent a trace of it.

The long and short of it is that the [Evil] *Yetzer* works in many ways. Any statement that might cause another person injury or shame, whether spoken in his presence or absence, comes under the hateful, repugnant "evil tongue," of which [our Sages] said, "Whoever relates slander is considered as if he denies the very principle [of God's existence]" (*Arakhin* 15b). And Scripture states: "One who secretly slanders another, him will I destroy" (Tehillim 101:5).

It is also very difficult for the mocked heart of man to escape [the sins of] hating and taking revenge. For a person is extremely sensitive to insult and suffers great pain [as a result]. Revenge is sweeter to him than honey; it is the only thing that will allow him rest. If, therefore, he has the power to free himself from what his nature imposes upon him and act with forbearance; if he will not hate the person who aroused his hatred, or take revenge upon him when the opportunity arises, or bear a grudge against him; if he can forget the entire matter, removing it from his heart as if it had never happened, then he is [indeed] strong and courageous. This is only easy for ministering angels who are devoid of such traits,

לֹא אֶל שֹׁכְנֵי בָתֵּי חֹמֶר אֲשֶׁר בֶּעָפָר יְסוֹדָם.[לב] אָמְנָם גְּזֵרַת מֶלֶךְ הִיא, וְהַמִּקְרָאוֹת גְּלוּיִים בָּאֵר הֵיטֵב, אֵינָם צְרִיכִים פֵּרוּשׁ: לֹא תִשְׂנָא אֶת אָחִיךָ בִּלְבָבֶךָ, לֹא תִקֹּם וְלֹא תִטֹּר אֶת בְּנֵי עַמֶּךָ (ויקרא יט, יז–יח).

וְעִנְיַן הַנְּקִימָה וְהַנְּטִירָה יָדוּעַ, דְּהַיְנוּ: נְקִימָה, לְמָנַע מֵהֵיטִיב לְמִי שֶׁלֹּא רָצָה לְהֵיטִיב לוֹ אוֹ שֶׁהֵרַע לוֹ כְּבָר; וּנְטִירָה, לְהַזְכִּיר[לג] בְּעֵת שֶׁהוּא מֵיטִיב לְמִי שֶׁהֵרַע לוֹ אֵיזֶה זִכָּרוֹן מִן הָרָעָה שֶׁעָשָׂה לוֹ.[לד] וּלְפִי שֶׁהַיֵּצֶר הוֹלֵךְ וּמַרְתִּיחַ אֶת הַלֵּב, וּמְבַקֵּשׁ תָּמִיד לְהַנִּיחַ לְפָחוֹת אֵיזֶה רֹשֶׁם אוֹ אֵיזֶה זִכָּרוֹן מִן הַדָּבָר, וְאִם לֹא יוּכַל לְהַשְׁאִיר זִכָּרוֹן גָּדוֹל יִשְׁתַּדֵּל[לה] לְהַשְׁאִיר זִכָּרוֹן מוּעָט. יֹאמַר דֶּרֶךְ מָשָׁל לָאָדָם, אִם תִּרְצֶה לִיתֵּן לָאִישׁ הַזֶּה אֶת אֲשֶׁר לֹא רָצָה הוּא לָתֵת לְךָ כְּשֶׁנִּצְרַכְתָּ, לְפָחוֹת לֹא תִתְּנֵהוּ בְּסֵבֶר פָּנִים יָפוֹת; אוֹ אִם אֵינְךָ רוֹצֶה לְהָרַע לוֹ, לְפָחוֹת לֹא תֵּיטִיב לוֹ טוֹבָה גְּדוֹלָה וְלֹא תְּסַיְּעֵהוּ סִיּוּעַ גָּדוֹל; אוֹ אִם תִּרְצֶה גַּם לְסַיְּעוֹ הַרְבֵּה, לְפָחוֹת לֹא תַעֲשֵׂהוּ בְּפָנָיו, אוֹ לֹא תָשׁוּב לְהִתְחַבֵּר עִמּוֹ וְלִהְיוֹת לוֹ לְרֵעַ; אִם מָחַלְתָּ לוֹ שֶׁלֹּא תֵּרָאֶה לוֹ לְאוֹיֵב, דַּי בָּזֶה; וְאִם גַּם לְהִתְחַבֵּר עִמּוֹ תִּרְצֶה, אַךְ לֹא תַּרְאֶה לוֹ כָּל כָּךְ חִבָּה גְּדוֹלָה כְּבָרִאשׁוֹנָה. וְכֵן כָּל כַּיּוֹצֵא בָּזֶה מִמִּינֵי הַחֲרִיצוּת שֶׁבַּיֵּצֶר, מַה שֶּׁהוּא מִשְׁתַּדֵּל לְפַתּוֹת אֶת לִבּוֹת בְּנֵי הָאָדָם. עַל כֵּן בָּאָה הַתּוֹרָה וְכָלְלָה כְּלָל שֶׁהַכֹּל נִכְלָל בּוֹ: וְאָהַבְתָּ לְרֵעֲךָ כָּמוֹךָ (ויקרא יט, יח), כָּמוֹךָ בְּלִי שׁוּם הֶפְרֵשׁ, כָּמוֹךָ בְּלִי חִלּוּקִים, בְּלִי תַּחְבּוּלוֹת וּמְזִמּוֹת, כָּמוֹךָ מַמָּשׁ.

אוּלָם הַשְּׁבוּעוֹת, אַף עַל פִּי שֶׁמִּן הַסְּתָם כָּל שֶׁאֵינוֹ מִן הַהֶדְיוֹטוֹת נִשְׁמָר מֵהוֹצִיא שֵׁם שָׁמַיִם מִפִּיו לְבַטָּלָה, כָּל שֶׁכֵּן בִּשְׁבוּעָה, יֵשׁ עוֹד אֵיזֶה עֲנָפִים קְטַנִּים, שֶׁאַף עַל פִּי שֶׁאֵינָם מִן הַחֲמוּרִים יוֹתֵר, עַל כָּל פָּנִים רָאוּי לְמִי שֶׁרוֹצֶה לִהְיוֹת נָקִי לְיִשָּׁמֵר מֵהֶם. וְהוּא מַה שֶּׁאָמְרוּ בַּגְּמָרָא: אָמַר רַבִּי אֶלְעָזָר, לָאו[לו] שְׁבוּעָה וְהֵן שְׁבוּעָה.

[לב] ע"פ איוב ד, יט. [לג] כך בכתה"י. בד"ר: 'להכיר'. (כנראה טעות הדפוס.)
[לד] ראה יומא כג, א. [לה] כך בכתה"י. בד"ר: 'שישתדל'. [לו] כך בכתה"י ובגמרא. בד"ר: 'לא'.

not for [human beings] "who dwell in houses of clay, founded in dust." But it is the King's decree; and the Scriptural passages are clear and manifest, requiring no explanation: "You shall not hate your brother in your heart," "You shall not avenge, nor bear a grudge against the members of your people" (Vayikra 19:17-18).

The meaning of [the terms] "taking revenge" and "bearing a grudge" is well known. Taking revenge involves a person's withholding good from someone who kept good from him or caused him harm; bearing a grudge means that while a person acts kindly to someone who had wronged him, he makes some mention of that wrongdoing (see *Yoma* 23a). Because the *Yetzer* is always agitating one's heart, constantly seeking to leave in place at least some impression or memory of the [offense], if it cannot preserve a powerful memory [of it], it will strive to preserve a weaker one. For example, it will tell a person: "If you wish to give this man what he did not want to give you when you were in need, at least do it ungraciously." Or, "If you wish to spare him injury, at least avoid doing him a great favor or offering him abundant assistance." Or, "If you wish even to be of great help to him, at least do not assist him in his presence or resume your association and friendship with him." [Or,] "If you've forgiven him by not showing him enmity, that's enough; and even if you're bent on befriending him, still, don't show him quite as much affection as you used to." All such arguments reflect the industriousness of the *Yetzer*, the way it strives to entice the hearts of men. The Torah, therefore, came and formulated an all-embracing principle: "And you shall love your neighbor as yourself" (Vayikra 19:18) – "as yourself," with no difference whatsoever; "as yourself," with no distinctions, no devices or schemes; literally, "as yourself."

As for oaths, while it may be presumed that anyone but the vulgar avoids uttering God's name in vain, especially by way of an oath, there are, however, certain additional minor offshoots [of the sin], which, though not terribly grave, should be avoided by anyone who wishes to be blameless. As it is stated in the Gemara: "Rabbi Elazar said, 'No' constitutes an oath, and 'yes' constitutes an oath.

אָמַר רָבָא,[לז] וְהוּא דְּאָמַר לָאו לָאו תְּרֵי זִמְנֵי, וְהוּא דְּאָמַר הֵן הֵן תְּרֵי זִמְנֵי (שבועות לו, א). וְכֵן אָמְרוּ: וְהִין צֶדֶק (ויקרא יט, לו), שֶׁיְּהֵא לָאו שֶׁלְּךָ צֶדֶק וְהֵן שֶׁלְּךָ צֶדֶק (בבא מציעא מט, א).[לח]

וְהִנֵּה דְּבַר הַשֶּׁקֶר גַּם הוּא חֳלִי רַע, נִתְפַּשֵּׁט מְאֹד בִּבְנֵי הָאָדָם, וְאוּלָם מַדְרֵגוֹת מַדְרֵגוֹת יֵשׁ בּוֹ. יֵשׁ בְּנֵי אָדָם שֶׁאֻמָּנוּתָם מַמָּשׁ הוּא הַשַּׁקְרָנוּת, הֵם הַהוֹלְכִים וּבוֹדִים מִלִּבָּם כְּזָבִים גְּמוּרִים לְמַעַן הַרְבּוֹת שִׂיחָה בֵּין הַבְּרִיּוֹת אוֹ לְהֵחָשֵׁב מִן הַחֲכָמִים וְיוֹדְעֵי דְּבָרִים הַרְבֵּה, וַעֲלֵיהֶם נֶאֱמַר: תּוֹעֲבַת ה' שִׂפְתֵי שָׁקֶר (משלי יב, כב). וְאוֹמֵר: שִׂפְתוֹתֵיכֶם[לט] דִּבְּרוּ שֶׁקֶר לְשׁוֹנְכֶם עַוְלָה תֶהְגֶּה (ישעיה נט, ג). וּכְבָר גָּזְרוּ דִּינָם חֲכָמֵינוּ זִכְרוֹנָם לִבְרָכָה: אַרְבַּע כִּתּוֹת אֵינָם מְקַבְּלוֹת פְּנֵי הַשְּׁכִינָה, וְאַחַת מֵהֶם כַּת שַׁקְרָנִים (סוטה מב, א).

וְיֵשׁ אֲחֵרִים קְרוֹבִים לָהֶם בְּמַדְרֵגָה, אַף עַל פִּי שֶׁאֵינָם כְּמוֹ הֵם מַמָּשׁ; וְהֵם הַמְכַזְּבִים בְּסִפּוּרֵיהֶם וּדְבָרֵיהֶם. וְהַיְנוּ, שֶׁאֵין אֻמָּנוּתָם בְּכָךְ לָלֶכֶת וְלִבְדּוֹת סִפּוּרִים וּמַעֲשִׂים אֲשֶׁר לֹא נִבְרְאוּ וְלֹא נִהְיוּ,[מ] אֲבָל בְּבוֹאָם לְסַפֵּר דְּבַר מָה יְעָרְבוּ בָּהֶם מִן הַשְּׁקָרִים כְּמוֹ שֶׁיַּעֲלֶה עַל רוּחָם, וְיִתְרַגְּלוּ בָּזֶה עַד שֶׁשָּׁב לָהֶם כְּמוֹ טֶבַע. וְהֵם הֵם הַבַּדָּאִים אֲשֶׁר אִי אֶפְשָׁר לְהַאֲמִין לְדִבְרֵיהֶם. וּכְמַאֲמָרָם זִכְרוֹנָם לִבְרָכָה: כָּךְ הוּא עָנְשׁוֹ שֶׁל בַּדַּאי, שֶׁאֲפִלּוּ אוֹמֵר אֱמֶת אֵין שׁוֹמְעִין לוֹ (סנהדרין פט, ב), שֶׁכְּבָר הִטְבִּיעוּ בָּהֶם הָרָעָה הַזֹּאת שֶׁלֹּא יוּכְלוּ לָצֵאת דִּבְרֵיהֶם נְקִיִּים מִן הַכָּזָב מִתּוֹךְ פִּיהֶם. הוּא מַה שֶּׁהַנָּבִיא מִצְטַעֵר וְאוֹמֵר: לִמְּדוּ לְשׁוֹנָם דַּבֶּר שֶׁקֶר הַעֲוֵה נִלְאוּ (ירמיה ט, ד).

וְיֵשׁ עוֹד אֲחֵרִים שֶׁחָלְיָם קַל מֵחֳלִי הָרִאשׁוֹנִים. וְהֵם אוֹתָם שֶׁאֵינָם קְבוּעִים כָּל כָּךְ בַּשֶּׁקֶר, אֶלָּא שֶׁלֹּא יָחוּשׁוּ לְהִתְרַחֵק מִמֶּנּוּ, וְאִם יִזְדַּמֵּן לָהֶם יֹאמְרוּהוּ, וּפְעָמִים רַבּוֹת יֹאמְרוּהוּ דֶּרֶךְ שְׂחוֹק אוֹ כַּיּוֹצֵא בָּזֶה בְּלֹא כַּוָּנָה רָעָה.

[לז] כך בכתה"י ובגמרא. בד"ר: 'אר"א'. (כנראה טעות הדפוס.) [לח] 'הן שלך צדק' נידון שם לגבי החוזר בו מהבטחתו, ורבינו נתנו ענין גם לעסקי שבועה. [לט] כ"ה במקרא ובכתה"י. בד"ר: 'שפתותיהם... ולשונם'. (טעות הדפוס.) [מ] כך בכתה"י. ובד"ר: 'ולא יהיו'.

Rava said, This only applies where he said 'no' twice, or where he said 'yes' twice" (*Shevu'ot* 36a). And they also said, "'A just *hin*' (Vayikra 19:36) – your 'no' should be just, and your 'yes' (*hen*) should be just" (*Baba Metzia* 49a).

Lying is another terrible sickness that is very prevalent. There are, however, various gradations of this sin. There are people whose actual occupation is lying. They go about inventing gross falsehoods in order to have more material for conversation or to be considered one of the wise and highly knowledgeable. About them it says, "Lying lips are an abomination to the Lord" (Mishlei 12:22). And it says, "Your lips have spoken lies, your tongue mutters wickedness" (Yeshayahu 59:3). Our Sages, may their memory be blessed, have already pronounced their judgment: "Four classes of men do not receive the *Shekhinah*," one of them being the class of liars (*Sotah* 42a).

There are other liars, closer to the first kind in degree, but not exactly like them. I refer to those who introduce untruths into what they report and say. That is, they are not wont to go and invent reports and incidents out of whole cloth, but when they come to recount something [real], they embellish it with lies. They habituate themselves to this practice until it becomes part of their nature. These are the liars whose words cannot be believed. As in the dictum of [our Sages], may their memory be blessed: "It is the penalty of a liar, that even when he tells the truth, he is not listened to" (*Sanhedrin* 89b). For they have already stamped this vice on their nature [to such a degree] that their words cannot be uttered free of falsehood. It is about this that the Prophet grieved, "They have taught their tongue to speak lies, and weary themselves to commit iniquity" (Yirmiyahu 9:4).

There are yet other liars whose sickness is less severe than that of the first two types, namely those who are not so settled in [the practice of] lying, but do not rush to distance themselves from it. They tell lies when the opportunity presents itself, very often in jest or the like, without evil intent.

וְאָמְנָם הֶחָכָם הוֹדִיעָנוּ, שֶׁכָּל זֶה הוּא הֶפֶךְ רְצוֹן הַבּוֹרֵא בָּרוּךְ הוּא וּמִדַּת חֲסִידָיו, הוּא מַה שֶּׁאָמַר: דְּבַר שֶׁקֶר יִשְׂנָא צַדִּיק (משלי יג, ה), וְהוּא מַה שֶּׁבָּאָה עָלָיו הָאַזְהָרָה: מִדְּבַר שֶׁקֶר תִּרְחָק (שמות כג, ז). וְתִרְאֶה שֶׁלֹּא אָמַר מִשֶּׁקֶר תִּשָּׁמֵר, אֶלָּא מִדְּבַר שֶׁקֶר תִּרְחָק, לְהָעִיר אוֹתָנוּ עַל הַהֶרְחֵק הַגָּדוֹל וְהַבְּרִיחָה הַרְבֵּה שֶׁצָּרִיךְ לִבְרֹחַ מִזֶּה. וּכְבָר נֶאֱמַר: שְׁאֵרִית יִשְׂרָאֵל לֹא יַעֲשׂוּ עַוְלָה וְלֹא יְדַבְּרוּ כָזָב, וְלֹא יִמָּצֵא בְּפִיהֶם לְשׁוֹן תַּרְמִית (צפניה ג, יג). וַחֲכָמֵינוּ זִכְרוֹנָם לִבְרָכָה אָמְרוּ: חוֹתָמוֹ שֶׁל הַקָּדוֹשׁ בָּרוּךְ הוּא אֱמֶת (שבת נה, א). וּבְוַדַּאי שֶׁאִם הָאֱמֶת הוּא מַה שֶּׁבָּחַר בּוֹ הַקָּדוֹשׁ בָּרוּךְ הוּא לְקַחְתּוֹ לְחוֹתָם לוֹ, כַּמָּה יִהְיֶה הֶפְכּוֹ מְתֹעָב לְפָנָיו. וְהִזְהִיר הַקָּדוֹשׁ בָּרוּךְ הוּא עַל הָאֱמֶת אַזְהָרָה רַבָּה וְאָמַר: דַּבְּרוּ אֱמֶת אִישׁ אֶת רֵעֵהוּ (זכריה ח, טז). וְאָמַר: וְהוּכַן בַּחֶסֶד כִּסֵּא וְיָשַׁב עָלָיו בֶּאֱמֶת (ישעיה טז, ה). וְאָמַר: וַיֹּאמֶר אַךְ עַמִּי הֵמָּה בָּנִים לֹא יְשַׁקֵּרוּ (שם סג, ח), הָא לָמַדְתָּ שֶׁזֶּה תָּלוּי בָּזֶה. וְאָמַר: וְנִקְרְאָה יְרוּשָׁלַיִם עִיר הָאֱמֶת (זכריה ח, ג), לְהַגְדִּיל חֲשִׁיבוּתָהּ.

וּכְבָר אָמְרוּ זִכְרוֹנָם לִבְרָכָה: וְדֹבֵר אֱמֶת בִּלְבָבוֹ (תהלים טו, ב), כְּגוֹן רַב סַפְרָא וְכוּ' (מכות כד, א),[מא] לְהוֹדִיעֲךָ עַד הֵיכָן חוֹבַת הָאֱמֶת מַגַּעַת. וּכְבָר אָסְרוּ לְתַלְמִיד חָכָם לְשַׁנּוֹת בְּדִבּוּרוֹ חוּץ מִשְּׁלֹשָׁה דְּבָרִים (ראה בבא מציעא כג, ב). וְאֶחָד מִן הָעַמּוּדִים שֶׁהָעוֹלָם עוֹמֵד עָלָיו הוּא הָאֱמֶת (אבות א, יח). אִם כֵּן מִי שֶׁדּוֹבֵר שֶׁקֶר כְּאִלּוּ נוֹטֵל יְסוֹדוֹ שֶׁל עוֹלָם, וְהַהֵפֶךְ מִזֶּה מִי שֶׁזָּהִיר בֶּאֱמֶת כְּאִלּוּ מְקַיֵּם יְסוֹדוֹ שֶׁל עוֹלָם. וּכְבָר סִפְּרוּ אָמַר זִכְרוֹנָם לִבְרָכָה (סנהדרין צז, א) מֵאוֹתוֹ הַמָּקוֹם שֶׁהָיוּ זְהִירִים בֶּאֱמֶת, שֶׁלֹּא הָיָה מַלְאַךְ הַמָּוֶת

[מא] הסיפור מובא לפנינו (ואינו לא בדפוס ראשון של התלמוד ולא בדפוס ראשון של עין יעקב) בפירוש המיוחס לרש"י למכות שם בשם השאילתות, וז"ל: 'וְהָכֵי הֲוָה עֻבְדָּא, דְּרַב סַפְרָא הָיָה לוֹ חֵפֶץ אֶחָד לִמְכֹּר, וּבָא אָדָם אֶחָד לְפָנָיו בְּשָׁעָה שֶׁהָיָה קוֹרֵא קְרִיאַת שְׁמַע, וְאָמַר לוֹ, תֵּן לִי הַחֵפֶץ בְּכָךְ וְכָךְ דָּמִים, וְלֹא עֲנָהוּ מִפְּנֵי שֶׁהָיָה קוֹרֵא קְרִיאַת שְׁמַע. כִּסְבוּר זֶה שֶׁלֹּא הָיָה רוֹצֶה לִיתְּנוֹ בְּדָמִים הַלָּלוּ, וְהוֹסִיף. אָמַר, תְּנֵהוּ לִי בְּכָךְ יוֹתֵר. לְאַחַר שֶׁסִּיֵּם קְרִיאַת שְׁמַע אָמַר לוֹ, טֹל הַחֵפֶץ בַּדָּמִים שֶׁאָמַרְתָּ בָּרִאשׁוֹנָה, שֶׁבְּאוֹתָן דָּמִים הָיָה דַּעְתִּי לִיתְּנָם לְךָ'.

The wisest [of men], however, has taught us that all of this is contrary to the will of the Creator, blessed be He, and the character of His pious ones. As it says, "The righteous hate lying" (Mishlei 13:5). And this is what comes under the prohibition: "Keep far from a false matter" (Shemot 23:7). You will note that it does not say "guard against falsehood," but rather "keep far from a false matter." [This formulation is designed] to alert us to how far one must keep from falsehood and how forcefully one must flee from it. As it has been said, "The remnant of Israel will not do wrong and will not speak lies, and a deceitful tongue will not be found in their mouth" (Zefanyah 3:13). And our Sages, may their memory be blessed, said, "The seal of the Holy One, blessed be He, is truth" (*Shabbat* 55a). If truth is what the Master, blessed be He, chose as His seal, how abominable must its opposite be to Him! The Holy One, blessed be He, has admonished us strongly concerning speaking the truth, saying, "Speak every man the truth to his neighbor" (Zekharyah 8:16); and [the Prophet speaking in the name of God] said, "And a throne will be established in lovingkindness, and he will sit upon it in truthfulness" (Yeshayahu 16:5). He also said, "For He said, Surely, they are My people, children that will not lie" (Yeshayahu 63:8), from which you learn that the one depends upon the other; and "And Jerusalem will be called 'the city of truth'" (Zekharyah 8:3), [this said] to extol its importance.

Our Rabbis, may their memory be blessed, also said, "'And he speaks the truth in his heart' (Tehillim 15:2) – like Rav Safra" (*Makkot* 24a). [His example] teaches you how far-reaching is the obligation to speak the truth. They have forbidden a Torah scholar to depart from the truth except in three matters (*Baba Metzia* 23b). Truth is one of the pillars on which the world stands (*Avot* 1:18). Therefore, if someone speaks falsely, it is as though he removes a foundation of the world. If, conversely, he is scrupulous with the truth, it is as though he upholds a foundation of the world. [Our Sages], may their memory be blessed, tell a story of a certain place whose inhabitants were so mindful about speaking the truth that the Angel of Death

שׁוֹלֵט שָׁם. וּלְפִי שֶׁאִשְׁתּוֹ שֶׁל רַבִּי פְּלוֹנִי שָׁנְתָה בִּדְבָרֶיהָ,[מב] אַף עַל פִּי שֶׁהָיָה לְכַוָּנָה טוֹבָה, גָּרַת בָּהֶם מַלְאַךְ הַמָּוֶת עַד שֶׁגֵּרְשׁוּהָ מִשָּׁם בַּעֲבוּר זֶה וְחָזְרוּ לְשַׁלְוָתָם. וְאֵין צָרִיךְ לְהַאֲרִיךְ בַּדָּבָר הַזֶּה, שֶׁהַשֵּׂכֶל מְחַיְּבוֹ וְהַדַּעַת מַכְרִיחוֹ.

עַנְפֵי חִלּוּל הַשֵּׁם גַּם כֵּן הֵם רַבִּים וּגְדוֹלִים. כִּי הַרְבֵּה צָרִיךְ הָאָדָם לִהְיוֹת חָס עַל כְּבוֹד קוֹנוֹ,[מג] וּבְכָל מַה שֶּׁיַּעֲשֶׂה צָרִיךְ שֶׁיִּסְתַּכֵּל וְיִתְבּוֹנֵן מְאֹד שֶׁלֹּא יֵצֵא מִשָּׁם מַה שֶּׁיּוּכַל לִהְיוֹת חִלּוּל לִכְבוֹד שָׁמַיִם, חַס וְשָׁלוֹם. וּכְבָר שָׁנִינוּ: אֶחָד שׁוֹגֵג וְאֶחָד מֵזִיד בְּחִלּוּל ה׳ (אבות ד, ד). וְאָמְרוּ זִכְרוֹנָם לִבְרָכָה (יומא פו, א): הֵיכִי דָּמֵי חִלּוּל הַשֵּׁם? אָמַר רַב: כְּגוֹן אֲנָא דְּשָׁקֵילְנָא בִּשְׂרָא וְלָא יָהֵיבְנָא דְּמֵי לְאַלְתַּר. וְרַבִּי יוֹחָנָן אָמַר: כְּגוֹן אֲנָא דִּמְסַגֵּינָא בְּלָא תּוֹרָה וּבְלָא תְּפִלִּין.

וְהָעִנְיָן, שֶׁכָּל אָדָם לְפִי מַדְרֵגָתוֹ וּלְפִי מַה שֶּׁהוּא נֶחְשָׁב בְּעֵינֵי הַדּוֹר, צָרִיךְ שֶׁיִּתְבּוֹנֵן לְבִלְתִּי עֲשׂוֹת דָּבָר בִּלְתִּי הָגוּן לְאִישׁ כְּמוֹתוֹ. כִּי כְּפִי רְבוֹת חֲשִׁיבוּתוֹ וְחָכְמָתוֹ, כֵּן רָאוּי שֶׁיַּרְבֶּה זְהִירוּתוֹ בְּדִבְרֵי הָעֲבוֹדָה וְדִקְדּוּקוֹ בָּהּ, וְאִם אֵינֶנּוּ עוֹשֶׂה כֵּן הֲרֵי שֵׁם שָׁמַיִם מִתְחַלֵּל בּוֹ, חַס וְשָׁלוֹם. כִּי כְּבוֹד הַתּוֹרָה הוּא שֶׁמִּי שֶׁמַּרְבֶּה הַלִּמּוּד בָּהּ יַרְבֶּה כְּמוֹ כֵן בְּיֹשֶׁר וּבְתִקּוּן הַמִּדּוֹת, וְכָל מַה שֶּׁיֶּחְסַר מִזֶּה לְמִי שֶׁמַּרְבֶּה בְּלִמּוּד, גּוֹרֵם בִּזָּיוֹן לַלִּמּוּד עַצְמוֹ, וְזֶה חַס וְשָׁלוֹם חִלּוּל לִשְׁמוֹ יִתְבָּרַךְ שֶׁנָּתַן לָנוּ אֶת תּוֹרָתוֹ הַקְּדוֹשָׁה וְצִוָּנוּ לַעֲסֹק בָּהּ לְהַשִּׂיג עַל יָדָהּ שְׁלֵמוּתֵנוּ.

וְהִנֵּה גַּם שְׁמִירַת הַשַּׁבָּתוֹת וְיָמִים טוֹבִים רַבָּה הִיא, כִּי הַמִּשְׁפָּטִים רַבִּים, וְכֵן אָמְרוּ: הִלְכְתָא רַבָּתִי לְשַׁבָּת (שבת יב, א). וַאֲפִלּוּ דִּבְרֵי הַשְּׁבוּת, אַף עַל פִּי שֶׁמִּדִּבְרֵי חֲכָמִים הֵם, עִקָּרִים הֵם.

[מב] בגמרא האיש שינה ולא האשה, האיש הוא שגירה בהם מלאך המות והוציאוהו משם. [מג] ע״פ קידושין מ, א.

had no dominion there (*Sanhedrin* 97a). But because the wife of a certain Rabbi departed from the truth, even though her intentions were good, the Angel of Death was incited against them. Because of this, the inhabitants expelled her and they were restored to their happy state. There is no further need to expand upon this because one's intellect dictates it and reason necessitates it.

The ramifications of the sin of "the profanation of the Name" are also numerous and intricate. For a person must be extremely mindful of his Maker's honor and subject everything he does to careful examination and consideration so that it should not lead to what might possibly be a profanation of Heaven's honor, God forbid. We have learned: "Regarding the profanation of the Name, it is one and the same whether it is willful or unintentional" (*Avot* 4:4). Our Sages, may their memory be blessed, also said (*Yoma* 86a), "What constitutes the profanation of the Name? Rav said: For example, if I were to take meat without paying for it on the spot. Rabbi Yohanan said: For example, if I were to go about without Torah and *tefillin*."

The underlying idea is that each person, according to his rank and reputation, must be mindful not to do anything unbefitting someone of his status. The greater his importance and wisdom, the more he should increase his vigilance and exactitude in matters pertaining to Divine service. If he fails to do so, the name of Heaven is profaned on his account, God forbid. For it is an honor to the Torah that one who is greatly involved in its study should also be greatly involved in [the practice of] righteousness and refinement of his character traits. Any deficiency in this regard on the part of one who studies much, dishonors the study itself. This is, God forbid, a profanation of the Name of the blessed One, who gave us His holy Torah and commanded us to occupy ourselves with it and thereby achieve our perfection.

Sabbath and Festival observance is also a great [sphere], because [its] rules are many. Thus did our Sages say, "There are numerous laws pertaining to the Sabbath" (*Shabbat* 12a). Even the *shevut* restrictions, though instituted by the Sages, are fundamental.

וְכֵן אָמְרוּ: לְעוֹלָם אַל תְּהִי שְׁבוּת קַלָּה בְּעֵינֶיךָ, שֶׁהֲרֵי סְמִיכָה שְׁבוּת הִיא וְנֶחְלְקוּ בָּהּ גְּדוֹלֵי הַדּוֹר (חגיגה טז, ב). וְאוּלָם פְּרָטֵי הַדִּינִים לְמַחְלְקוֹתָם מְבֹאָרִים הֵם אֵצֶל הַפּוֹסְקִים בִּסְפָרֵיהֶם, וְכֻלָּם שָׁוִים לְחוֹבָתֵנוּ בָּם וְלַזְּהִירוּת הַמִּצְטָרֵךְ. וּמַה שֶּׁקָּשֶׁה עַל הֶהָמוֹן שְׁמִירָתוֹ הוּא הַשְׁבִּיתָה מִן הָעֵסֶק וּמִדִּבּוּר בְּמַשָּׂא וּבְמַתָּן, וְאוּלָם הָאִסּוּר הַזֶּה מְבֹאָר בְּדִבְרֵי הַנָּבִיא: וְכִבַּדְתּוֹ[מד] מֵעֲשׂוֹת דְּרָכֶיךָ מִמְּצוֹא חֶפְצְךָ וְדַבֵּר דָּבָר (ישעיה נח, יג). וְהַכְּלָל הוּא, שֶׁכָּל מַה שֶּׁאָסוּר בְּשַׁבָּת לַעֲשׂוֹתוֹ אָסוּר לְהִשְׁתַּדֵּל בַּעֲבוּרוֹ אוֹ לְהַזְכִּירוֹ בְּפִיו. וְלָכֵן אָסְרוּ לְעַיֵּן בִּנְכָסָיו לִרְאוֹת מַה צָּרִיךְ לְמָחָר, אוֹ לֵילֵךְ לְפֶתַח הַמְּדִינָה לָצֵאת בַּלַּיְלָה מְהֵרָה לַמֶּרְחָץ (טור או"ח סי' שו).[מה] וְאָסְרוּ לוֹמַר דָּבָר פְּלוֹנִי אֶעֱשֶׂה לְמָחָר אוֹ סְחוֹרָה פְּלוֹנִית אֶקְנֶה לְמָחָר (שם סי' שז),[מו] וְכֵן כָּל כַּיּוֹצֵא בָּזֶה.

וְהִנֵּה עַד הֵנָּה דִּבַּרְתִּי מִן קְצָת הַמִּצְוֹת, מַה שֶּׁאָנוּ רוֹאִים שֶׁבְּנֵי הָאָדָם נִכְשָׁלִים בָּהֶם עַל הָרֹב, וּמֵאֵלֶּה נִלְמַד לְכָל שְׁאָר הַלָּאוִין. שֶׁאֵין לְךָ אִסּוּר שֶׁאֵין לוֹ עֲנָפִים וּפְרָטִים, מֵהֶם חֲמוּרִים וּמֵהֶם קַלִּים, וּמִי שֶׁרוֹצֶה לִהְיוֹת נָקִי צָרִיךְ שֶׁיִּהְיֶה נָקִי מִכֻּלָּם וְטָהוֹר מִכֻּלָּם. וּכְבָר אָמְרוּ זִכְרוֹנָם לִבְרָכָה: שִׁנַּיִךְ כְּעֵדֶר הָרְחֵלִים (שיר השירים ו, ו), מָה רָחֵל זוֹ צְנוּעָה, {כָּךְ הָיוּ יִשְׂרָאֵל צְנוּעִים וּכְשֵׁרִים} בְּמִלְחֶמֶת מִדְיָן. רַב הוּנָא בְּשֵׁם רַב אַחָא אָמַר, שֶׁלֹּא הִקְדִּים אֶחָד מֵהֶם תְּפִלִּין שֶׁל רֹאשׁ לִתְפִלִּין שֶׁל יָד, שֶׁאִלּוּ הִקְדִּים לֹא הָיָה מֹשֶׁה מְשַׁבְּחָן וְלֹא הָיוּ יוֹצְאִים מִשָּׁם בְּשָׁלוֹם (שיר השירים רבה ו, ו). וְכֵן אָמְרוּ יְרוּשַׁלְמִי:[מז] הַמְסַפֵּר בֵּין יִשְׁתַּבַּח לְיוֹצֵר, עֲבֵרָה הִיא בְּיָדוֹ וְחוֹזֵר עָלֶיהָ מֵעוֹרְכֵי הַמִּלְחָמָה (הגהות מיימוניות הלכות תפלה פ"ז הי"ב בשם ירושלמי). הֲרֵי לְךָ עַד הֵיכָן צָרִיךְ לְהַגִּיעַ הַדִּקְדּוּק וְהַנְּקִיּוּת הָאֲמִתִּי בְּמַעֲשִׂים.

[מד] כך בכתוב. בכתה"י ובד"ר: 'וקדשתו'. [מה] ראה עירובין לח, ב. [מו] ראה שבת קיג, א-ב; שם קנ, ב. [מז] לא נמצא בנוסח הירושלמי שבידינו. ואכן בכתה"י חסרה מלת 'ירושלמי'. ושיעור הלשון כאן: וכן אמרו (והכוונה להגהות מיימוניות שם) בשם ירושלמי.

Thus it has been said: "Do not take *shevut* restrictions lightly. For [though not] laying hands on a sacrifice is such a restriction, it occasioned dispute among the greatest authorities of the generation" (*Hagigah* 16b). But the details of the various categories of [Sabbath and Festival] laws are explained in the works of the codifiers. All are equal with regard to their binding character and the vigilance they require. What the commonality find the most difficult about [Sabbath] observance is desisting from commercial transaction and talk of business. Its prohibition, however, is spelled out in the words of the Prophet: "[If] you honor it by not walking about in your worldly ways, pursuing your [commercial] interests or speaking a word about them. [Then you shall delight in the Lord, etc.]" (Yeshayahu 58:13). The rule is that anything that a person may not do on the Sabbath, he may not strive after or mention. [Our Sages], therefore, forbade a person to inspect his property to see what it may require the next day, or go to the city gates in order to leave quickly at nightfall for the bathhouse (*Eruvin* 38b). Similarly, they forbade a person to say, "I will do such-and-such tomorrow," or "I will buy such-and-such merchandise tomorrow," and the like.

I have thus far spoken about some of the *mitzvot* that I see people are most likely to fail at. What has been said about these may be applied to all other negative precepts. For there is no prohibition without ramifications and particulars, some more stringent, some less. One who aspires to blamelessness must be clear and pure with regard to all of them. Our Sages, may their memory be blessed, said: "'Your teeth are like a flock of sheep' (Shir haShirim 6:6). Just as a sheep is modest, [so were the Israelites modest and proper] in the war with Midian. Rav Huna said in the name of Rav Aha: Not one of them put on the head *tefillah* before the hand *tefillah*, for had one of them done so, Moshe would not have praised them, and they would not have come out of there in peace" (*Shir haShirim Rabba* 6:6). They also said in *Talmud Yerushalmi*, "One who speaks between *Yishtabah* and *Yotzer* bears a sin and must return home from the battlefield on that account." So you see just how meticulous and blameless one must be in his deeds.

וְהִנֵּה כְּמוֹ שֶׁצָּרִיךְ בְּמַעֲשִׂים, כָּךְ צָרִיךְ נְקִיּוּת בְּמִדּוֹת. וְכִמְעַט שֶׁיּוֹתֵר קָשֶׁה הוּא הַנְּקִיּוּת בְּמִדּוֹת מִמַּה שֶּׁהוּא בְּמַעֲשִׂים. כִּי הַטֶּבַע פּוֹעֵל בְּמִדּוֹת יוֹתֵר מִמַּה שֶּׁהוּא פּוֹעֵל בְּמַעֲשִׂים, יַעַן הַמֶּזֶג וְהַתְּכוּנָה הֵם אוֹ מְסַיְּעִים אוֹ מִתְנַגְּדִים גְּדוֹלִים לָהֶם, וְכָל מִלְחָמָה שֶׁהִיא נֶגֶד נְטִיַּת הַטֶּבַע מִלְחָמָה חֲזָקָה הִיא. וְהוּא מַה שֶּׁפֵּרְשׁוּ בְּמַאֲמָרָם זִכְרוֹנָם לִבְרָכָה: אֵיזֶהוּ גִּבּוֹר? הַכּוֹבֵשׁ אֶת יִצְרוֹ (אבות ד, א).

וְהִנֵּה הַמִּדּוֹת הֵן רַבּוֹת, כִּי כְּפִי כָּל הַפְּעֻלּוֹת שֶׁשַּׁיָּכִים לָאָדָם בָּעוֹלָם, כְּמוֹ כֵן מִדּוֹת הֵן שֶׁאַחֲרֵיהֶן הוּא נִמְשָׁךְ בִּפְעֻלּוֹתָיו. אָמְנָם כְּמוֹ שֶׁדִּבַּרְנוּ[מח] בְּמִצְווֹת שֶׁהָיָה הַצֹּרֶךְ בָּם יוֹתֵר, דְּהַיְנוּ מִמַּה שֶּׁרְגִילוּת בְּנֵי הָאָדָם לִיכָּשֵׁל, כֵּן נְדַבֵּר בְּמִדּוֹת בָּרָאשִׁיּוֹת הַצְּרִיכוֹת[מט] עִיּוּן יוֹתֵר מִפְּנֵי רְגִילוּתֵנוּ בָּם, וְהֵם הַגַּאֲוָה, הַכַּעַס, הַקִּנְאָה וְהַתַּאֲוָה. הֵן כָּל אֵלֶּה מִדּוֹת רָעוֹת אֲשֶׁר רָעָתָם נִכֶּרֶת וּמְפֻרְסֶמֶת, אֵין צָרִיךְ לָהּ רְאָיוֹת. כִּי הִנֵּה הִנָּם[נ] רָעוֹת בְּעַצְמָן וְרָעוֹת בְּתוֹלְדוֹתֵיהֶן, כִּי כֻּלָּן חוּץ מִשּׁוּרַת הַשֵּׂכֶל וְהַחָכְמָה, וְכָל אַחַת כְּדַאי לְעַצְמָהּ לְהָבִיא אֶת הָאָדָם אֶל עֲבֵרוֹת חֲמוּרוֹת.

עַל הַגַּאֲוָה מִקְרָא מָלֵא מַזְהִיר וְאוֹמֵר: וְרָם לְבָבֶךָ וְשָׁכַחְתָּ אֶת ה׳ אֱלֹקֶיךָ (דברים ח, יד). עַל הַכַּעַס אָמְרוּ זִכְרוֹנָם לִבְרָכָה: כָּל הַכּוֹעֵס יִהְיֶה בְּעֵינֶיךָ כְּאִלּוּ עוֹבֵד עֲבוֹדָה זָרָה (רמב״ם הלכות דעות ב, ג; זוהר, ח״א, כז, ב). עַל הַקִּנְאָה וְהַתַּאֲוָה שָׁנִינוּ בְּהֶדְיָא: הַקִּנְאָה וְהַתַּאֲוָה וְהַכָּבוֹד מוֹצִיאִים אֶת הָאָדָם מִן הָעוֹלָם (אבות ד, כא). אָמְנָם הָעִיּוּן הַמִּצְטָרֵךְ בָּם הוּא לְהִמָּלֵט מֵהֶם וּמִכָּל עֲנָפֵיהֶם, כִּי כֻּלָּם כְּאָמוּר:[נא] סוּרֵי הַגֶּפֶן נָכְרִיָּה (ירמיה ב, כא). וְנַתְחִיל לְדַבֵּר בָּם רִאשׁוֹן רִאשׁוֹן.

הִנֵּה כְּלַל עִנְיַן הַגַּאֲוָה הוּא מַה[נב] שֶּׁהָאָדָם מַחְשִׁיב עַצְמוֹ בְּעַצְמוֹ, וּבִלְבָבוֹ יְדַמֶּה כִּי לוֹ נָאוָה תְּהִלָּה. וְאָמְנָם זֶה יָכוֹל לִימָּשֵׁךְ מִסְּבָרוֹת רַבּוֹת מִתְחַלְּפוֹת. כִּי יֵשׁ מִי שֶׁיַּחְשִׁיב עַצְמוֹ

[מח] כך בכתה״י. בד״ר: ׳כִּדְבַרְנוּ׳, או: ׳כְּדִבַּרְנוּ׳. [מט] בד״ר: ׳באריכות׳. [נ] בד״ר: ׳כי הנה הנה׳. [נא] בד״ר: ׳כא״, ורגיל לפתור ׳כאחד׳ ואינו מתקבל. לפי כתה״י הכותב כאן: ׳כמ״ש׳ = כמו שכתוב, נראה שנכון גם כאן להשלים: ׳כאמור׳. [נב] בד״ר: ׳וזה׳. התיקון ע״פ כתה״י.

Now just as [blamelessness] is necessary in one's deeds, so too is it necessary in one's characters traits. One might even say that blamelessness in character traits is more difficult than blamelessness in deeds. This is because nature exerts a greater influence upon character traits than upon deeds, in that one's temperament and disposition can either greatly assist or profoundly obstruct [the development of] one's traits. Any battle waged against one's natural inclination is a fierce one. This is what [our Sages], may their memory be blessed, meant when they said, "Who is mighty? He who subdues his inclinations" (*Avot* 4:1).

Character traits are very numerous. For inasmuch as there are varied human actions in the world, so are there [varied] traits from which man's actions stem. But just as we discussed [only] those *mitzvot* which require the most [precaution], namely, those that people habitually fail at, so too shall we discuss the principal traits that require greater scrutiny because we have become habituated to them. They are pride, anger, envy, and lust. These are all evil traits whose evil is evident and generally acknowledged; hence, there is no need for proof. They are evil both in themselves and in their consequences. For they are outside the realm of intelligence and wisdom, and each one by itself suffices to lead a person to severe transgressions.

Regarding pride, Scripture issued an explicit warning, saying, "And your heart will become haughty, and you will forget the Lord, your God" (Devarim 8:14). Regarding anger, [our Sages], may their memory be blessed, said, "Anyone who becomes angry should be regarded as if engaged in alien worship" (MT *De'ot* 2:3)." As for envy and desire, we explicitly learned: "Envy, lust, and honor drive a man out of the world" (*Avot* 4:21). Indeed, scrutiny is required to escape these evils and all their ramifications, for they are all, as it says in the verse, "deviant seedlings of a strange vine" (Yirmiyahu 2:21). We shall begin to discuss them one by one.

Pride as a whole consists of a person attaching importance to himself and imagining that he is fit to be praised. This may result from many diverse suppositions. One person may deem himself

בַּעַל שֵׂכֶל, וְיֵשׁ מִי שֶׁיַּחְשִׁיב עַצְמוֹ נָאֶה, וְיֵשׁ שֶׁיַּחְשִׁיב עַצְמוֹ נִכְבָּד, וְיֵשׁ שֶׁיַּחְשִׁיב עַצְמוֹ גָּדוֹל,[נג] וְיֵשׁ שֶׁיַּחְשִׁיב עַצְמוֹ חָכָם. כְּלָלוֹ שֶׁל דָּבָר: כָּל אֶחָד מִן הַדְּבָרִים הַטּוֹבִים שֶׁבָּעוֹלָם אִם יַחְשֹׁב הָאָדָם שֶׁיֶּשְׁנָם[נד] בּוֹ, הֲרֵי הוּא מְסֻכָּן מִיָּד לִיפֹּל בְּשַׁחַת זֶה שֶׁל גַּאֲוָה. אַךְ אַחֲרֵי שֶׁקָּבַע הָאָדָם בְּלִבּוֹ הֱיוֹתוֹ חָשׁוּב וְרָאוּי לִתְהִלָּה, לֹא תִּהְיֶה הַתּוֹלָדָה הַיּוֹצֵאת מִן הַמַּחֲשָׁבָה הַזֹּאת אַחַת בִּלְבַד, אֶלָּא תּוֹלָדוֹת רַבּוֹת וּמְשֻׁנּוֹת תֵּצֶאנָה מִמֶּנָּה, וַאֲפִלּוּ הַפְּכִיּוֹת נִמְצָא בָּהֶן, וְנוֹלָדוֹת מִסִּבָּה אַחַת, וּשְׁתֵּיהֶן לְדָבָר אֶחָד מִתְכַּוְּנוֹת.

הִנֵּה יִמָּצֵא גֵּאֶה אֶחָד שֶׁיַּחְשֹׁב בְּלִבּוֹ שֶׁכֵּיוָן שֶׁהוּא רָאוּי לִתְהִלָּה וְהוּא מְיֻחָד וְרָשׁוּם בְּמַעֲלָתוֹ כְּפִי מַחֲשַׁבְתּוֹ, רָאוּי לוֹ גַּם כֵּן שֶׁיִּתְנַהֵג בְּדֶרֶךְ מְיֻחָד וְרָשׁוּם בְּכֹבֶד רַב, בֵּין בְּלֶכְתּוֹ, בֵּין בְּשִׁבְתּוֹ, בֵּין בְּקוּמוֹ, בְּדִבּוּרוֹ וּבְכָל מַעֲשָׂיו. לֹא יֵלֵךְ אֶלָּא בְּנַחַת גָּדוֹל, עָקֵבוֹ בְּצַד גּוּדָלוֹ, לֹא יֵשֵׁב אֶלָּא אַפַּרְקְדָן, לֹא יָקוּם אֶלָּא מְעַט מְעַט כְּנָחָשׁ, לֹא יְדַבֵּר עִם הַכֹּל אֶלָּא עִם נִכְבְּדֵי הָעָם, וְגַם בֵּינֵיהֶם לֹא יְדַבֵּר אֶלָּא מַאֲמָרִים קְצָרִים כְּמַאַמְרֵי הַתְּרָפִים; וְכָל שְׁאָר מַעֲשָׂיו, בִּתְנוּעוֹתָיו, בִּפְעֻלּוֹתָיו, בְּמַאֲכָלוֹ וּבְמִשְׁתָּיו, בִּלְבוּשָׁיו וּבְכָל דְּרָכָיו, יִתְנַהֵג בִּכְבֵדוּת גָּדוֹל כְּאִלּוּ כָּל בְּשָׂרוֹ עוֹפֶרֶת וְכָל עֲצָמָיו אֶבֶן אוֹ חוֹל.

וְיִמָּצֵא גֵּאֶה אַחֵר שֶׁיַּחְשֹׁב שֶׁלְּפִי שֶׁהוּא רָאוּי לִתְהִלָּה וְרַב הַמַּעֲלוֹת צָרִיךְ שֶׁיִּהְיֶה מַרְגִּיז הָאָרֶץ וְשֶׁהַכֹּל יִרְעֲשׁוּ מִפָּנָיו, כִּי לֹא יָאוּת שֶׁיֶּהֶרְסוּ[נה] בְּנֵי הָאָדָם לְדַבֵּר עִמּוֹ וּלְבַקֵּשׁ מִמֶּנּוּ דָּבָר, וְאִם יַעְפִּילוּ לַעֲלוֹת אֵלָיו,[נו] יְבַהֲלֵם בְּקוֹלוֹ וּבְרוּחַ שְׂפָתָיו יְהֻמֵּם,[נז] בַּעֲנוֹת לָהֶם עַזּוֹת,[נח] וּפָנָיו זוֹעֲפוֹת בְּכָל עֵת וּבְכָל שָׁעָה.

וְיֵשׁ גֵּאֶה אַחֵר שֶׁיַּחְשֹׁב בְּלִבּוֹ שֶׁכְּבָר הוּא כָּל כָּךְ גָּדוֹל וּמְכֻבָּד עַד שֶׁאִי אֶפְשָׁר לַכָּבוֹד שֶׁיִּתְפָּרֵשׁ מִמֶּנּוּ וְאֵינוֹ צָרִיךְ לוֹ כְּלָל. וּלְהַרְאוֹת הַדָּבָר הַזֶּה

[נג] בכתה"י: 'גבור'. [נד] בד"ר: 'שישנה'. [נה] ע"פ שמות יט, כא. [נו] ע"פ במדבר יד, מד. [נז] ע"פ ישעיה יא, ד. [נח] ע"פ משלי יח, כג. [נט] כך בכתה"י. בד"ר: 'ויכריז'.

intelligent, another handsome, another distinguished, another grand, and yet another wise. In sum, if a person thinks he possesses a good quality, whatever it may be, he is in immediate danger of falling into the pit of pride. Once a person convinces himself that he is distinguished and deserving of praise, not only one but many and varied consequences will ensue from this belief, some of them even contradictory, but [both] stemming from a single cause, the two directed at the same end.

There is one sort of haughty person who thinks that because he is admirable and of uniquely distinguished rank (or so he thinks), he should also conduct himself in a uniquely distinguished manner, with great gravity, whether in his walking, sitting, rising, speaking, or anything [else] he does. He walks at a gentle gait, heel touching toe; he sits with his back to the chair; he rises slowly like a snake; he does not speak with everyone, but only with men of distinction, and even in their midst he utters only short statements like an oracle. And in all his other actions, such as movements, activities, eating, drinking, dressing, and all his ways, he conducts himself with great gravity, as though all his flesh were lead and all his bones, stone or sand.

Another proud man thinks that since he is praiseworthy and in possession of many virtues, he has to make the earth shake and have all quake before him. Mere mortals should neither break through to speak with him nor ask anything of him. And should they presume to "ascend the heights" to [approach] him, he confounds them with his voice and terrifies them with the breath of his lips by answering them harshly. His mien, without fail, is cross.

There is another proud man who thinks that he is already so great and distinguished that honor is inextricable from him, and that he has no need for it whatsoever. To demonstrate the matter, he models his deeds after those of the humble. He exceeds the measure [of modesty] that befits him, by showing profound lowliness

יַעֲשֶׂה מַעֲשִׂים כְּמַעֲשֵׂה הֶעָנָו, וְיַפְרִיז[נט] עַל מִדּוֹתָיו לְהַרְאוֹת שִׁפְלוּת גָּדוֹל וַעֲנָוָה עַד אֵין חֵקֶר, וְלִבּוֹ מִתְנַשֵּׂא בְּקִרְבּוֹ לֵאמֹר, אֲנִי כָּל כָּךְ רָם וְכָל כָּךְ נִכְבָּד שֶׁכְּבָר אֵינִי צָרִיךְ לְכָבוֹד, וְאֵין לִי אֶלָּא לְוַתֵּר עָלָיו, שֶׁכְּבָר רַב הוּא אֶצְלִי.

וְיִמָּצֵא גֵּאֶה אַחֵר שֶׁרוֹצֶה לִהְיוֹת נִרְשָׁם הַרְבֵּה בְּמַעֲלוֹתָיו וּלְהִתְיַחֵד בִּדְרָכָיו, עַד שֶׁלֹּא דַי לוֹ שֶׁיְּהַלְלוּהוּ כָּל הָעוֹלָם עַל הַמַּעֲלוֹת אֲשֶׁר הוּא חוֹשֵׁב שֶׁיֵּשׁ בּוֹ, אֶלָּא שֶׁרוֹצֶה שֶׁעוֹד יִרְבּוּ לְהוֹסִיף בִּתְהִלָּתוֹ שֶׁהוּא הֶעָנָו שֶׁבָּעֲנָוִים. וְנִמְצָא זֶה מִתְגָּאֶה בְּעַנְוָתוֹ, וְרוֹצֶה בְּכָבוֹד עַל מַה שֶּׁמַּרְאֶה עַצְמוֹ בּוֹרֵחַ מִמֶּנּוּ. וְהִנֵּה גֵּאֶה כָּזֶה יָשִׂים עַצְמוֹ תַּחַת קְטַנִּים מִמֶּנּוּ הַרְבֵּה אוֹ תַּחַת נִבְזִים שֶׁבָּעָם, שֶׁיַּחְשֹׁב לְהַרְאוֹת בָּזֶה תַּכְלִית הָעֲנָוָה, וּכְבָר לֹא יִרְצֶה בְּשׁוּם תֹּאַר מִתָּאֳרֵי הַגְּדֻלָּה, וִימָאֵן בְּכָל הָעִלּוּיִים, וְלִבּוֹ אוֹמֵר בְּקִרְבּוֹ אֵין חָכָם וְעָנָו כָּמוֹנִי בְּכָל הָאָרֶץ.

וְאָמְנָם גֵּאִים כָּאֵלֶּה, אַף עַל פִּי שֶׁלִּכְאוֹרָה מַרְאִים עַצְמָם עֲנָוִים, לֹא יִבָּצְרוּ מִכְשׁוֹלוֹת לָהֶם, שֶׁבְּלִי יְדִיעָתָם תִּהְיֶה מִתְגַּלֵּית גַּאֲוָתָם כְּלֶהָבָה הַיּוֹצֵא מִבֵּין הַחֲרָסִים.[ס] וּכְבָר מָשְׁלוּ חֲכָמֵינוּ זִכְרוֹנָם לִבְרָכָה: מָשָׁל לְבַיִת מָלֵא תֶּבֶן, וְהָיָה בַּבַּיִת חוֹרִין וְהָיָה הַתֶּבֶן נִכְנָס בָּהֶם, לְאַחַר יָמִים הִתְחִיל אוֹתוֹ הַתֶּבֶן שֶׁהָיָה בְּתוֹךְ אוֹתָם הַחוֹרִין יוֹצֵא, יָדְעוּ הַכֹּל כִּי הָיָה אוֹתוֹ הַבַּיִת שֶׁל תֶּבֶן (במדבר רבה יח, יז).[סא] כֵּן הַדָּבָר הַזֶּה, שֶׁלֹּא יוּכְלוּ תָּמִיד לְהַסְתִּיר אֶת עַצְמָם, וּמַחְשַׁבְתָּם הָרָעָה תִּהְיֶה נִכֶּרֶת מִתּוֹךְ מַעֲשֵׂיהֶם, אַךְ[סב] דַּרְכֵיהֶם הֵם בַּעֲנָוָה פְּסוּלָה וְשִׁפְלוּת מִרְמָה.

וְיִמָּצְאוּ גֵּאִים אֲחֵרִים שֶׁתִּשָּׁאֵר גַּאֲוָתָם קְבוּרָה בְּלִבָּם, לֹא יוֹצִיאוּהָ אֶל הַמַּעֲשֶׂה, אֲבָל יַחְשְׁבוּ בִּלְבָבָם שֶׁכְּבָר הֵם חֲכָמִים גְּדוֹלִים יוֹדְעֵי הַדְּבָרִים לַאֲמִתָּם וְשֶׁלֹּא רַבִּים יֶחְכְּמוּ כְּמוֹהֶם. עַל כֵּן לֹא יָשִׁיתוּ לֵב אֶל דִּבְרֵי זוּלָתָם בְּחָשְׁבָם כִּי מַה שֶּׁקָּשֶׁה עֲלֵיהֶם לֹא יִהְיֶה נָקֵל לַאֲחֵרִים,

[ס] למקור המליצה ראה חגיגה יג, ב ורש״י שם. כנראה צ״ל: ׳כְּלֶהָבָה הַיּוֹצְאָה׳, או: ׳כְּלַהַב הַיּוֹצֵא׳. [סא] המשל בבמדבר רבה שם ובמקבילות הידועות (ירושלמי סנהדרין פרק חלק ועוד) מדבר במינות, ואילו המשל במדרש תהלים קיט, נ שונה בנוסחו והוא מדבר בהוללות. [סב] יש מתקנים: ׳היאך׳.

and unfathomable humility. And all the while his heart swells up within him, saying: "I am so exalted and eminent that I no longer need [to be shown] honor. I should but renounce it; for I already have so much of my own."

There is another haughty type who wants to be considered so distinguished in virtue and matchless in his ways, that it is not enough if the whole world praises him for the virtues he imagines he has; he wants them to praise him still more for being the humblest of the humble. So he is haughty about his "humilty" and wants honor for his pretense of fleeing it. A haughty person of this sort will put himself beneath those who are far below him or [even] the most contemptible of people, thinking to demonstrate thereby the ultimate humility. He will want no honorifics and decline all dignities, while saying to himself, "There's not a wise or humble man like me anywhere on earth."

But haughty men of this sort, though they make an outward show of being humble, will inevitably encounter occasion to stumble, so that their haughtiness is unwittingly revealed like a [hidden] flame darting forth from between shards. Our Sages, may their memory be blessed, coined a parable: This may be compared to a house full of straw; the house had crevices into which the straw entered. Eventually, the straw in those crevices began to protrude; and everyone realized that that house was [full] of straw (*Bamidbar Rabba* 18:17). The same is true in our case. People with this sort of pride will not be able to hide their [true] selves forever, and their evil intention will become evident through their actions. Their behavior consists of false humility and deceitful lowliness.

There are others whose pride remains buried in their hearts; they will not express it in deed. But they consider themselves to be great sages who know the truth of things, few people being as wise as they. Therefore, they pay no attention to what others have to say, thinking that whatever is difficult for them will not be easy for others.

וּמַה שֶּׁשִּׂכְלָם מַרְאֶה לָהֶם כָּל כָּךְ בָּרוּר הוּא וְכָל כָּךְ פָּשׁוּט עַד שֶׁלֹּא יָחוּשׁוּ לְדִבְרֵי הַחוֹלְקִים עֲלֵיהֶם, אִם רִאשׁוֹנִים וְאִם אַחֲרוֹנִים, וְסָפֵק אֵין אֶצְלָם עַל סְבָרָתָם.

כָּל אֵלֶּה תּוֹלְדוֹת הַגַּאֲוָה הַמְשִׁיבָה הַחֲכָמִים אָחוֹר וְדַעְתָּם מְסַכֶּלֶת,[סג] מְסִירָה לֵב רָאשֵׁי הַחָכְמָה,[סג*] וְאַף כִּי תַּלְמִידִים שֶׁלֹּא שִׁמְּשׁוּ כָּל צָרְכָּם שֶׁכִּמְעַט שֶׁנִּפְקְחוּ עֵינֵיהֶם כְּבָר חַכְמֵי הַחֲכָמִים שָׁוִים לָהֶם בְּלִבָּם. וְעַל כֻּלָּם נֶאֱמַר: תּוֹעֲבַת ה' כָּל גְּבַהּ לֵב (משלי טז, ה). וּמִכֻּלָּם צָרִיךְ שֶׁיִּנָּקֶה הָרוֹצֶה בְּמִדַּת הַנְּקִיּוּת, וְיֵדַע וְיָבִין כִּי אֵין הַגַּאֲוָה אֶלָּא עִוָּרוֹן מַמָּשׁ, אֲשֶׁר אֵין שֵׂכֶל הָאָדָם רוֹאֶה חֶסְרוֹנוֹתָיו[סד] וּמַכִּיר פְּחִיתוּתוֹ; שֶׁאִלּוּ הָיָה יָכוֹל לִרְאוֹת וְהָיָה מַכִּיר הָאֱמֶת, הָיָה סָר וּמִתְרַחֵק מִכָּל הַדְּרָכִים הָרָעִים וְהַמְקֻלְקָלִים הָאֵלֶּה הֶרְחֵק גָּדוֹל. וְעוֹד נְדַבֵּר מִזֶּה בְּסִיַּעְתָּא דִשְׁמַיָּא בְּבוֹאֵנוּ אֶל מִדַּת הָעֲנָוָה, אֲשֶׁר מִפְּנֵי הַקֹּשִׁי הַגָּדוֹל שֶׁיֵּשׁ בְּהַשָּׂגָתָהּ, הוּשְׂמָה בְּדִבְרֵי רַבִּי פִּנְחָס מִן הָאַחֲרוֹנוֹת.

וּנְדַבֵּר עַתָּה מִן הַכַּעַס.

הִנֵּה יֵשׁ הָרַגְזָן שֶׁאָמְרוּ עָלָיו: כָּל הַכּוֹעֵס כְּאִלּוּ עוֹבֵד עֲבוֹדַת אֱלִילִים (רמב"ם הלכות דעות ב ג; זוהר, ח"א, כז, ב). וְהוּא הַנִּכְעָס עַל כָּל דָּבָר שֶׁיַּעֲשׂוּ נֶגֶד רְצוֹנוֹ, וּמִתְמַלֵּא חֵמָה עַד שֶׁכְּבָר לִבּוֹ בַּל עִמּוֹ וַעֲצָתוֹ נִבְעָרָה.[סה] וְהִנֵּה אִישׁ כָּזֶה כְּדַאי לְהַחֲרִיב עוֹלָם מָלֵא אִם יִהְיֶה יְכֹלֶת בְּיָדוֹ, כִּי אֵין הַשֵּׂכֶל שׁוֹלֵט בּוֹ כְּלָל, וְהוּא סַר טַעַם מַמָּשׁ כְּכָל הַחַיּוֹת הַטּוֹרְפוֹת, וְעָלָיו נֶאֱמַר: טֹרֵף נַפְשׁוֹ בְּאַפּוֹ הַלְמַעַנְךָ תֵּעָזַב אָרֶץ (איוב יח, ד). וְהוּא קַל וַדַּאי לַעֲבֹר כָּל מִינֵי עֲבֵרוֹת שֶׁבָּעוֹלָם אִם חֲמָתוֹ תְּבִיאֵהוּ לָהֶם, כִּי כְּבָר אֵין לוֹ מֵנִיעַ אַחֵר אֶלָּא כַּעְסוֹ, וְאֶל אֲשֶׁר יְבִיאֵהוּ יֵלֵךְ.

[סג] ע"פ ישעיה מד, כה. [סג*] ע"פ איוב יב, כד. [סד] בד"ר: 'חסרונותו'. תוקן ע"פ כתה"י. [סה] ע"פ ישעיה יט, יא.

Whatever their minds show them seems so clear and plain to them that they do not [even] consider the views of those who disagree, be they ancient or recent. They entertain no doubt whatsoever about their reasoning.

All these are consequences of haughtiness, which confounds the wise and makes their knowledge foolish. It strips leading scholars of their judgment; how much the more so students who are insufficiently trained, who have barely opened their eyes and already imagine themselves the equal of the wisest of the wise. Concerning all [aspects of pride] it is said, "Everyone that is proud of heart is an abomination to the Lord" (Mishlei 16:5). One who aspires to blamelessness must clear himself of all forms of pride. He must know and understand that pride is blindness itself, preventing man's reason from seeing his own deficiencies and recognizing his own baseness. Were he able to see and recognize the truth, he would turn away and greatly distance himself from all these evil and corrupt ways. With the help of Heaven, we shall speak further of this when we come to the trait of humility (see below, p. 631 onward), which, because of the great difficulty involved in attaining it, was placed among the last [in the scale of virtues formulated] by Rabbi Pinhas.

We shall now discuss anger.

There is the bad-tempered person about whom it was said, "Anyone who becomes angry should be regarded like someone who worships idolatry" (MT De'ot 2:3). He is the sort who is provoked to anger by anything done against his wishes, and is so filled with rage as to be senseless and dim-witted. One such person would suffice to destroy the entire world, were he capable of doing so. For reason has no hold over him whatsoever and, like a beast of prey, he is absolutely bereft of sense. About him it was said, "You who tear yourself in your anger, shall the earth be forsaken because of you" (Iyov 18:4)? He is certainly prone to commit any conceivable transgression if his rage leads him to it; for nothing else moves him except his anger, and he goes wherever it takes him.

וְיֵשׁ כַּעְסָן רָחוֹק מִזֶּה, וְהוּא שֶׁלֹּא עַל כָּל דָּבָר אֲשֶׁר יְבוֹאֵהוּ שֶׁלֹּא כִּרְצוֹנוֹ, אִם קָטָן וְאִם גָּדוֹל, יִבְעַר אַפּוֹ, אַךְ בְּהַגִּיעוֹ לְהַרְגִּישׁ יִרְגַּז וְיִכְעַס כַּעַס גָּדוֹל, וְהוּא שֶׁקְּרָאוּהוּ חֲכָמֵינוּ זִכְרוֹנָם לִבְרָכָה: קָשֶׁה לִכְעֹס וְקָשֶׁה לִרְצוֹת (אבות ה, יא). וְגַם זֶה רַע וַדַּאי, כִּי כְּבָר יְכוֹלָה לָצֵאת תַּקָּלָה רַבָּה מִתַּחַת יָדוֹ בִּזְמַן הַכַּעַס, וְאַחֲרֵי כֵן לֹא יוּכַל לְתַקֵּן אֶת אֲשֶׁר עִוְּתוֹ.[סו]

וְיֵשׁ כַּעְסָן פָּחוּת מִזֶּה שֶׁלֹּא יִכְעַס עַל נְקַלָּה, וַאֲפִלּוּ כְּשֶׁיַּגִּיעַ לִכְעֹס יִהְיֶה כַּעְסוֹ כַּעַס קָטָן וְלֹא יָסוּר מִדַּרְכֵי הַשֵּׂכֶל, אַךְ עוֹדֶנּוּ יִשְׁמֹר עֶבְרָתוֹ. וְהִנֵּה זֶה רָחוֹק מִן הַהֶפְסֵד יוֹתֵר מֵהָרִאשׁוֹנִים שֶׁזָּכַרְנוּ, וְאַף גַּם זֹאת וַדַּאי שֶׁלֹּא הִגִּיעַ לִהְיוֹת נָקִי, כִּי אֲפִלּוּ זָהִיר אֵינֶנּוּ עֲדַיִן, כִּי עַד שֶׁהַכַּעַס עוֹשֶׂה בּוֹ רֹשֶׁם לֹא יָצָא מִכְּלַל כַּעְסָן.

וְיֵשׁ עוֹד פָּחוּת מִזֶּה, וְהוּא שֶׁקָּשֶׁה לִכְעֹס וְכַעְסוֹ לֹא לְהַשְׁחִית וְלֹא לְכַלֵּה אֶלָּא כַּעַס מוּעָט; וְכַמָּה זַעְמוֹ? רֶגַע[סז] וְלֹא יוֹתֵר, דְּהַיְנוּ מִשָּׁעָה שֶׁהַכַּעַס מִתְעוֹרֵר בּוֹ בַּטֶּבַע עַד שֶׁגַּם הַתְּבוּנָה תִּתְעוֹרֵר כְּנֶגְדּוֹ. וְהוּא מַה שֶּׁאָמְרוּ[סח] חֲכָמֵינוּ זִכְרוֹנָם לִבְרָכָה: קָשֶׁה לִכְעֹס וְנוֹחַ לִרְצוֹת (אבות שם). הִנֵּה זֶה חֵלֶק טוֹב וַדַּאי, כִּי טֶבַע הָאָדָם מִתְעוֹרֵר לִכְעֹס, וְאִם הוּא מִתְגַּבֵּר עָלָיו, שֶׁאֲפִלּוּ בִּשְׁעַת הַכַּעַס עַצְמוֹ לֹא יִבְעַר הַרְבֵּה וּמִתְגַּבֵּר עָלָיו, שֶׁאֲפִלּוּ אוֹתוֹ הַכַּעַס הַקַּל לֹא יַעֲמֹד בּוֹ זְמַן גָּדוֹל אֶלָּא יַעֲבֹר וְיֵלֵךְ, וַדַּאי שֶׁרָאוּי לְשֶׁבַח הוּא. וְאָמְרוּ זִכְרוֹנָם לִבְרָכָה: תֹּלֶה אֶרֶץ עַל בְּלִימָה (איוב כו, ז), עַל מִי שֶׁבּוֹלֵם פִּיו בִּשְׁעַת מְרִיבָה (חולין פט, א). וְהַיְנוּ, שֶׁכְּבָר נִתְעוֹרֵר טִבְעוֹ בְּכַעַס וְהוּא בְּהִתְגַּבְּרוּתוֹ בּוֹלֵם פִּיו.

אָמְנָם מִדָּתוֹ שֶׁל הִלֵּל הַזָּקֵן עוֹלָה עַל כָּל אֵלֶּה, שֶׁכְּבָר לֹא הָיָה מַקְפִּיד עַל שׁוּם דָּבָר, וַאֲפִלּוּ הִתְעוֹרְרוּת שֶׁל כַּעַס לֹא נַעֲשָׂה בּוֹ (ראה שבת ל, ב – לא, א), זֶה הוּא וַדַּאי הַנָּקִי מִן הַכַּעַס מִכֹּל וָכֹל.

[סו] ע"פ קהלת א, טו. [סז] ע"פ ברכות ז, א. [סח] בכתה"י: 'שקראוהו'. ונכון.

There is another irascible type that is far removed from the first. He does not become enraged at anything that happens contrary to his wishes, whether small or great. But when he reaches his point of anger, he explodes in great fury. It is he whom [our Sages], may their memory be blessed, described as "hard to provoke and hard to mollify" (*Avot* 5:11). This too is certainly bad, because he may cause great damage while angry, and then be unable to rectify what he has ruined.

There is another bad-tempered person, even less severe than the previous one. He is not easily angered, and even when he does become angry his anger is controlled. He does not veer from the ways of reason, but he still nurses his wrath. This type is less likely to do harm than the others we have mentioned, but he has, nevertheless, certainly not reached blamelessness. He has not yet even attained [the trait of] vigilance, for as long as anger influences him, he has not yet left the category of the irascible.

There is yet another type, even less severe than this one. He is hard to provoke, his anger does not destroy or devastate; it is mild. And how long does his anger last? A moment, no more: the time lag between his anger's natural stirring and reason's rousing up against it. It is he whom our Sages, may their memory be blessed, described as "hard to provoke and easy to mollify" (*Avot* 5:11). This is certainly a good disposition. For it is human nature to be provoked to anger; and if one can overcome it, so that even when angry he does not become infuriated and he overcomes it, so that even that small amount of anger does not remain with him for a long time, but rather passes quickly, he is certainly worthy of praise. [Our Rabbis], may their memory be blessed, said, "'He hangs the earth on nothingness [*belimah*]' (Iyov 26:7) – on one who keeps silent [*bolem*] during a quarrel" (*Hullin* 89a). That is, his temper has already been stirred to anger, but by summoning his strength he holds his tongue.

The trait of Hillel the Elder, however, transcends all of these, for nothing at all annoyed him and he did not even feel a stirring of anger (see *Shabbat* 30b-31a). Now that sort of man is surely the one who is wholly free of anger.

וְהִנֵּה אֲפִלּוּ לִדְבַר מִצְוָה הִזְהִירוּנוּ זִכְרוֹנָם לִבְרָכָה (ראה שבת קה, ב) שֶׁלֹּא לִכְעֹס, וַאֲפִלּוּ הָרַב עִם תַּלְמִידוֹ וְהָאָב עִם בְּנוֹ. וְלֹא שֶׁלֹּא יְיַסְּרֵם, אֶלָּא יְיַסְּרֵם וְיִיסְּרֵם אַךְ מִבְּלִי כַּעַס, כִּי אִם לְהַדְרִיךְ אוֹתָם בַּדֶּרֶךְ הַיְשָׁרָה, וְהַכַּעַס שֶׁיֵּרָאֶה לָהֶם יִהְיֶה כַּעַס הַפָּנִים לֹא כַּעַס הַלֵּב.[סט] וְאָמַר שְׁלֹמֹה: אַל תְּבַהֵל בְּרוּחֲךָ לִכְעוֹס {כִּי כַעַס בְּחֵיק כְּסִילִים יָנוּחַ} (קהלת ז, ט). וְאוֹמֵר: כִּי לֶאֱוִיל יַהֲרָג כָּעַשׂ[ע] [וּפֹתֶה תָּמִית קִנְאָה] (איוב ה, ב). וְאָמְרוּ זִכְרוֹנָם לִבְרָכָה: בִּשְׁלֹשָׁה דְבָרִים הָאָדָם נִכָּר: בְּכוֹסוֹ, בְּכִיסוֹ, בְּכַעֲסוֹ (עירובין סה, ב).

הַקִּנְאָה גַּם הִיא אֵינָהּ אֶלָּא חֶסְרוֹן יְדִיעָה וְסִכְלוּת, כִּי אֵין הַמְקַנֵּא מַרְוִיחַ כְּלוּם לְעַצְמוֹ וְגַם לֹא מַפְסִיד לְמִי שֶׁהוּא מִתְקַנֵּא בּוֹ, אֵינוֹ אֶלָּא מַפְסִיד לְעַצְמוֹ, וּכְמַאֲמַר הַכָּתוּב שֶׁזָּכַרְתִּי: וּפֹתֶה תָּמִית קִנְאָה (איוב שם).

וְאָמְנָם יֵשׁ מִי שֶׁסִּכְלוּתוֹ רַבָּה כָּל כָּךְ, עַד שֶׁאִם יִרְאֶה לַחֲבֵרוֹ אֵיזֶה טוֹבָה יִתְעַשֵּׁשׁ בְּעַצְמוֹ וְיִדְאַג וְיִצְטַעֵר, עַד שֶׁאֲפִלּוּ הַטּוֹבוֹת שֶׁבְּיָדוֹ לֹא יְהַנּוּהוּ מִצַּעַר מַה שֶּׁהוּא רוֹאֶה בְּיַד חֲבֵרוֹ. וְהוּא מַה שֶּׁאָמַר עָלָיו הֶחָכָם: וּרְקַב עֲצָמוֹת קִנְאָה (משלי יד, ל).

אָמְנָם יֵשׁ אֲחֵרִים שֶׁאֵינָם מִצְטַעֲרִים וְכוֹאֲבִים כָּל כָּךְ, אַף עַל פִּי כֵן יַרְגִּישׁוּ בְּעַצְמָם אֵיזֶה צַעַר, וּלְפָחוֹת יִתְקָרֵר רוּחָם בִּרְאוֹתָם אֶחָד עוֹלֶה אֵיזֶה מַעֲלָה יְתֵרָה, אִם לֹא יִהְיֶה מֵאוֹהֲבָיו הַיּוֹתֵר דְּבֵקִים לוֹ, כָּל שֶׁכֵּן אִם מֵאוֹתָם אֲשֶׁר אֵין לוֹ אַהֲבָה רַבָּה עִמּוֹ הוּא, כָּל שֶׁכֵּן אִם יִהְיֶה גֵּר מֵאֶרֶץ אַחֶרֶת. וְתִרְאֶה שֶׁבְּפִיהֶם אֶפְשָׁר שֶׁיֹּאמְרוּ דְּבָרִים כִּשְׂמֵחִים אוֹ מוֹדִים עַל טוֹבָתוֹ, אַךְ לִבָּם רָפֶה בְּקִרְבָּם. וְהוּא דָּבָר יֶאֱרַע עַל הָרַב בְּרֹב בְּנֵי הָאָדָם, כִּי אַף עַל פִּי שֶׁלֹּא יִהְיוּ בַּעֲלֵי קִנְאָה מַמָּשׁ, אָמְנָם לֹא נִקּוּ מִמֶּנָּה לְגַמְרֵי. כָּל שֶׁכֵּן אִם בַּעַל אֻמָּנוּתוֹ מַצְלִיחַ בָּהּ, שֶׁכְּבָר כָּל אֻמָּן סָנֵי לְחַבְרֵיהּ (מדרש תהלים יא, ו),[עא] וְכָל שֶׁכֵּן אִם מַצְלִיחַ בָּהּ יוֹתֵר מִמֶּנּוּ.

[סט] השווה רמב"ם הלכות דעות פ"ב ה"ג. [ע] בד"ר: 'כעס'. [עא] ראה עוד בראשית רבה לב, ב: 'אין אדם אוהב בן אומנתו', ושם יט, ד: 'דכל אינש ואינש סני בר אומנתיה'.

[Our Sages] (*Shabbat* 105b), may their memory be blessed, have already admonished us that even for the sake of a *mitzvah* a person should not become angry, not even a teacher with his student or a father with his son. This is not to say that one should not chastise them; they should be chastised, only not out of anger, but to guide them along the path of righteousness, and the anger simulated in their presence should be anger of the face and not of the heart. Shelomo said, "Be not hasty in your spirit to be angry, {for anger rests in the bosom of fools}" (Kohelet 7:9). And it says, "For anger kills the fool, [and envy slays the simpleton]" (Iyov 5:2). And [our Rabbis], may their memory be blessed, said, "A man is recognized through three things – his cup, his purse, and his anger" (*Eruvin* 65b).

Envy too is nothing but ignorance and folly. For one who envies gains nothing for himself and causes the object of his envy no loss. He alone loses, as is stated in the verse I already mentioned, "Envy slays the simpleton" (Iyov 5:2).

There is the [envious] person whose folly is so great that when he sees his neighbor enjoying good fortune, he will be consumed. He worries and suffers so much that even his own good fortune brings him no pleasure because of the distress he experiences over what the other possesses. The wisest [of men] said about him, "Envy is the rottenness of the bones" (Mishlei 14:30).

There are others who do not suffer so much sorrow and pain [from envy], but nevertheless experience a certain distress, or at least experience some dampening of spirit, when they see someone who is not one of their closest friends rising to a higher rank; especially if he is an individual for whom they have no great fondness, and even more so if he is a stranger from a foreign land. You may see them mouthing words of joy or gratitude over his good fortune, but their hearts are distraught within them. This is something that occurs very often in most people, for though they are not actually overcome by envy, they are not entirely innocent of it. This is especially true when someone in their own trade prospers, for every craftsman hates his fellow (*Midrash Tehillim* 11:6); all the more so when that person is more successful than they are.

וְאָמְנָם לוּ יָדְעוּ וְלוּ יָבִינוּ כִּי אֵין אָדָם נוֹגֵעַ בַּמּוּכָן לַחֲבֵרוֹ אֲפִלּוּ כִּמְלֹא נִימָא (ראה יומא לח, ב), וְהַכֹּל כַּאֲשֶׁר לַכֹּל מֵה' הוּא, כְּפִי עֲצָתוֹ הַנִּפְלָאָה וְחָכְמָתוֹ הַבִּלְתִּי נוֹדַעַת, הִנֵּה לֹא הָיָה לָהֶם טַעַם לְהִצְטַעֵר בְּטוֹבַת רֵעֵיהֶם כְּלָל. וְהוּא מַה שֶּׁיִּעֵד לָנוּ הַנָּבִיא עַל הַזְּמַן הֶעָתִיד, שֶׁלְּמַעַן תִּהְיֶה טוֹבַת יִשְׂרָאֵל שְׁלֵמָה, יַקְדִּים הַקָּדוֹשׁ בָּרוּךְ הוּא לְהָסִיר מִלְּבָבֵנוּ הַמִּדָּה הַמְגֻנָּה הַזֹּאת, וְאָז לֹא יִהְיֶה צַעַר לְאֶחָד בְּטוֹבַת הָאַחֵר, וְגַם לֹא יִצְטָרֵךְ הַמַּצְלִיחַ לְהַסְתִּיר עַצְמוֹ וּדְבָרָיו מִפְּנֵי הַקִּנְאָה. וְהוּא מַה שֶּׁכָּתוּב: וְסָרָה קִנְאַת אֶפְרַיִם וְצֹרְרֵי יְהוּדָה יִכָּרֵתוּ, אֶפְרַיִם לֹא יְקַנֵּא אֶת יְהוּדָה {וִיהוּדָה לֹא יָצֹר אֶת אֶפְרָיִם} (ישעיה יא, יג). הוּא הַשָּׁלוֹם וְהַשַּׁלְוָה אֲשֶׁר לְמַלְאֲכֵי הַשָּׁרֵת, אֲשֶׁר כֻּלָּם שְׂמֵחִים בַּעֲבוֹדָתָם, אִישׁ אִישׁ עַל מְקוֹמוֹ, וְאֵין אֶחָד מִתְקַנֵּא בַּחֲבֵרוֹ כְּלָל, כִּי כֻּלָּם יוֹדְעִים הָאֱמֶת לַאֲמִתּוֹ וַעֲלֵזִים עַל הַטּוֹב אֲשֶׁר בְּיָדָם וּשְׂמֵחִים בְּחֶלְקָם.

וְתִרְאֶה כִּי אֲחוֹת הַקִּנְאָה הִיא הַחֶמְדָּה וְהַתַּאֲוָה. הֲלֹא הִיא הַמְיַגַּעַת לֵב הָאָדָם עַד יוֹם מוֹתוֹ, וּכְמַאֲמָרָם זִכְרוֹנָם לִבְרָכָה: אֵין אָדָם מֵת וַחֲצִי תַּאֲוָתוֹ בְּיָדוֹ (קהלת רבה א, יג). וְאָמְנָם עִקַּר הַתַּאֲוָה פּוֹנֶה לִשְׁנֵי רָאשִׁים: הָאֶחָד הוּא הַמָּמוֹן, וְהַשֵּׁנִי הוּא הַכָּבוֹד, שְׁנֵיהֶם כְּאֶחָד רָעִים מְאֹד וְגוֹרְמִים לָאָדָם רָעוֹת רַבּוֹת.

הִנֵּה חֶמְדַּת הַמָּמוֹן הִיא הָאוֹסֶרֶת אוֹתוֹ בְּמַאֲסַר הָעוֹלָם וְנוֹתֶנֶת עֲבוֹתוֹת הֶעָמָל וְהָעֵסֶק עַל זְרוֹעוֹתָיו, כְּעִנְיַן הַכָּתוּב: אֹהֵב כֶּסֶף לֹא יִשְׂבַּע כֶּסֶף (קהלת ה, ט). הִיא הַמְּסִירָה אוֹתוֹ מִן הָעֲבוֹדָה. כִּי הִנֵּה כַּמָּה תְּפִלּוֹת נֶאֱבָדוֹת וְכַמָּה מִצְוֹת נִשְׁכָּחוֹת מִפְּנֵי רֹב הָעֵסֶק וִיגִיעַת הֲמוֹן הַסְּחוֹרָה, כָּל שֶׁכֵּן תַּלְמוּד תּוֹרָה. וּכְבָר אָמְרוּ זִכְרוֹנָם לִבְרָכָה: לֹא מֵעֵבֶר לַיָּם הִיא (דברים ל, יג), בְּאוֹתָם שֶׁהוֹלְכִים מֵעֵבֶר לַיָּם בִּסְחוֹרָה (ראה עירובין נה, א). וְכֵן שָׁנִינוּ: לֹא כָּל הַמַּרְבֶּה בִסְחוֹרָה מַחְכִּים (אבות ב, ה).

If they but knew and understood that no man can touch what is prepared for his fellow even to the extent of one hair's breadth (see *Yoma* 38b), and that all things alike come from God, according to His covert counsel and unfathomable wisdom, they would have no reason whatever to feel pained by their fellow's good fortune. This is what the Prophet promised us in the future epoch. In order that Israel's good fortune be perfect, the Holy One, blessed be He, will first remove this odious trait from our hearts. Then no one will suffer pain because of another's good fortune. Nor would the successful person have to conceal his true state and his affairs on account of envy. Thus the Prophet said: "The envy of Efrayim shall depart, and the adversaries of Yehudah shall be cut off. Efrayim shall not envy Yehudah, {and Yehudah shall not harrass Efrayim}" (Yeshayahu 11:13). This is the peace and tranquility enjoyed by the ministering angels, because they are glad in their tasks, each one in his place, no one envying the other at all. For they all understand the absolute truth, rejoice over their good fortune, and are happy with their lot.

You will observe that the sisters of envy are desire and lust. For surely they tire a man's heart until his dying day. As [our Sages], may their memory be blessed, said, "No man dies with half of his desire fulfilled" (*Kohelet Rabba* 1:13). Desire has two main objects, the first being wealth and the second honor. Both are exceedingly evil and bring about many evil consequences.

The desire for wealth binds a person with worldly bonds, placing cuffs of labor and preoccupation upon his arms. As the verse says, "He who loves silver never has his fill of silver" (Kohelet 5:9). It is what takes a person away from Divine service. For many prayers are lost and many *mitzvot* forgotten because a person engages in a great deal of business activity and toils at a massive amount of commerce. How much the more so does study of the Torah [suffer on their account]. [Our Sages], may their memory be blessed, have said (*Eruvin* 55a): "[It is written of the Torah], 'And it is not across the sea' (Devarim 30:13) – [that is, it is not found among] those who cross the sea in commerce." We have likewise learned: "Whoever engages much in commerce, will not attain to wisdom" (*Avot* 2:5).

הִיא הַמּוֹסֶרֶת אוֹתוֹ לְסַכָּנוֹת רַבּוֹת, וּמַתֶּשֶׁת אֶת כֹּחוֹ בְּרֹב הַדְּאָגָה אֲפִלּוּ אַחֲרֵי הַשִּׂיגוֹ הַרְבֵּה. וְכֵן שָׁנִינוּ: מַרְבֶּה נְכָסִים מַרְבֶּה דְּאָגָה (שם ב, ז). הִיא הַמַּעֲבֶרֶת פְּעָמִים רַבּוֹת עַל מִצְווֹת הַתּוֹרָה, וַאֲפִלּוּ עַל חֻקּוֹת הַשֵּׂכֶל הַטִּבְעִיִּים.

יְתֵרָה עָלֶיהָ חֶמְדַּת הַכָּבוֹד. כִּי כְּבָר הָיָה אֶפְשָׁר שֶׁיִּכְבֹּשׁ הָאָדָם אֶת יִצְרוֹ עַל הַמָּמוֹן וְעַל שְׁאָר הַהֲנָאוֹת, אַךְ הַכָּבוֹד הוּא הַדּוֹחֵק, כִּי אִי אֶפְשָׁר לוֹ לִסְבֹּל וְלִרְאוֹת אֶת עַצְמוֹ פָּחוּת מֵחֲבֵרָיו. וְעַל דָּבָר זֶה נִכְשְׁלוּ רַבִּים וְנֶאֱבְדוּ.

הִנֵּה יָרָבְעָם בֶּן נְבָט לֹא נִטְרַד מֵהָעוֹלָם הַבָּא אֶלָּא בַּעֲבוּר הַכָּבוֹד, הוּא מַה שֶּׁאָמְרוּ זִכְרוֹנָם לִבְרָכָה: תְּפָסוֹ הַקָּדוֹשׁ בָּרוּךְ הוּא בְּבִגְדוֹ, אָמַר לוֹ, חֲזֹר בְּךָ וַאֲנִי וְאַתָּה וּבֶן יִשַׁי נְטַיֵּל בְּגַן עֵדֶן. אָמַר לוֹ, מִי בָּרֹאשׁ? אָמַר לוֹ, בֶּן יִשַׁי בָּרֹאשׁ. אָמַר לוֹ, אִי הָכֵי לָא בָּעֵינָא (סנהדרין קב, א).

מִי גָּרַם לְקֹרַח שֶׁיֹּאבַד הוּא וְכָל עֲדָתוֹ עִמּוֹ אֶלָּא מִפְּנֵי הַכָּבוֹד? וּמִקְרָא מָלֵא הוּא: וּבִקַּשְׁתֶּם גַּם כְּהֻנָּה (במדבר טז, י). וַחֲכָמֵינוּ זִכְרוֹנָם לִבְרָכָה הִגִּידוּ לָנוּ כִּי כָּל זֶה נִמְשַׁךְ מִפְּנֵי שֶׁרָאָה אֱלִיצָפָן בֶּן עֻזִּיאֵל נָשִׂיא וְהָיָה רוֹצֶה לִהְיוֹת הוּא נָשִׂיא בִּמְקוֹמוֹ (במדבר רבה יח, ב).

הוּא שֶׁגָּרַם לְפִי דַּעַת חֲכָמֵינוּ זִכְרוֹנָם לִבְרָכָה אֶל הַמְרַגְּלִים שֶׁיּוֹצִיאוּ דִּבָּה עַל הָאָרֶץ וְגָרְמוּ מִיתָה לָהֶם וּלְכָל דּוֹרָם, מִיִּרְאָתָם פֶּן יִמְעַט כְּבוֹדָם בִּכְנִיסַת הָאָרֶץ, שֶׁלֹּא יִהְיוּ הֵם נְשִׂיאִים לְיִשְׂרָאֵל וְיַעַמְדוּ אֲחֵרִים בִּמְקוֹמָם (ראה זוהר, ח"ג, קנח, א).

עַל מָה הִתְחִיל שָׁאוּל לֶאֱרֹב אֶל דָּוִד אֶלָּא מִפְּנֵי הַכָּבוֹד? שֶׁנֶּאֱמַר: וַתַּעֲנֶינָה הַנָּשִׁים הַמְשַׂחֲקוֹת וַתֹּאמַרְןָ[עב] הִכָּה שָׁאוּל {בַּאֲלָפָיו וְדָוִד בְּרִבְבֹתָיו, וַיִּחַר לְשָׁאוּל מְאֹד וַיֵּרַע בְּעֵינָיו הַדָּבָר הַזֶּה, וַיֹּאמֶר נָתְנוּ לְדָוִד רְבָבוֹת

[עב] בכתה"י ובד"ר: 'ותאמרנה'. התיקון ע"פ הכתוב.

It is [greed] that exposes a man to many dangers, and enfeebles him with a host of worries, even after he has accrued much. As we have learned: "The more property, the more anxiety" (*Avot* 2:7). It oftentimes will cause him to violate the Torah's commandments and even the natural laws of reason.

Greater than this is the desire for honor. For a man might succeed to suppress his *Yetzer* regarding wealth and other pleasures, but [his craving for] honor will always pressure him because he cannot tolerate seeing himself inferior to his fellows. Many have stumbled and perished on account of this desire.

Yerov'am ben Nevat was banished from the world-to-come only because of [his desire for] honor. This is the sense of what [our Sages], may their memory be blessed, said: "The Holy One, blessed be He, seized [Yerov'am] by his garment and urged him. 'Repent, and then you and I and [David] the son of Yishai will stroll together in the Garden of Eden.' [Yerov'am] inquired. 'Who will be at the head?' And God answered. 'The son of Yishai will lead.' [Yerov'am] declared, 'If so, I am not willing'" (*Sanhedrin* 102a).

What caused Korah, along with his entire assembly, to be destroyed if not [the desire] for honor? Scripture explicitly states, "Do you seek also the priesthood" (*Bamidbar* 16:10)? And our Sages, may their memory be blessed, tell us that all this transpired because [Korah] saw Elitzafan ben Uziel appointed prince, and he had wanted to be prince instead (*Bamidbar Rabba* 18:2).

According to our Sages, may their memory be blessed, it is this [desire for honor] that caused the spies to speak ill of the land, bringing about their death and the death of an entire generation. They feared that their honor would diminish after entering the land, since they would no longer serve as chiefs over Israel and others would replace them (*Zohar* III, 158a).

Why did Shaul begin to hunt down David if not for his honor? As it says: "And the women answered one another as they danced, and said: Shaul has slain {his thousands, and David his tens of thousands. And Shaul was very angry and greatly vexed about the matter, and he said: They have given David tens of thousands,

וְלִי נָתְנוּ הָאֲלָפִים וְעוֹד לוֹ אַךְ הַמְּלוּכָה}, וַיְהִי שָׁאוּל עוֹיֵן אֶת דָּוִד מֵהַיּוֹם הַהוּא וָהָלְאָה (שמואל א יח, ז–ט).

מִי גָּרַם לוֹ לְיוֹאָב שֶׁיָּמִית אֶת עֲמָשָׂא (ראה שמואל ב כ, י) אֶלָּא הַכָּבוֹד? שֶׁאָמַר לוֹ דָּוִד: אִם לֹא שַׂר צָבָא תִּהְיֶה לְפָנַי כָּל הַיָּמִים [תַּחַת יוֹאָב] (שם יט, יד).

כְּלָלוֹ שֶׁל דָּבָר: הַכָּבוֹד הוּא הַדּוֹחֵק אֶת לֵב הָאָדָם יוֹתֵר מִכָּל הַתְּשׁוּקוֹת וְהַחֲמָדוֹת שֶׁבָּעוֹלָם. וְאִלּוּלֵי[עג] זֶה, כְּבָר הָיָה הָאָדָם מִתְרַצֶּה לֶאֱכֹל מַה שֶּׁיּוּכַל, לִלְבֹּשׁ מַה שֶּׁיְּכַסֶּה עֶרְוָתוֹ, וְלִשְׁכֹּן בְּבַיִת שֶׁתַּסְתִּירֵהוּ מִן הַפְּגָעִים, וְהָיְתָה פַּרְנָסָתוֹ קַלָּה עָלָיו וְלֹא הָיָה צָרִיךְ לְהִתְיַגֵּעַ לְהַעֲשִׁיר כְּלָל, אֶלָּא שֶׁלְּבִלְתִּי רְאוֹת עַצְמוֹ שָׁפָל וּפָחוּת מֵרֵעָיו מַכְנִיס עַצְמוֹ בְּעָבִי הַקּוֹרָה הַזֹּאת, וְאֵין קֵץ לְכָל עֲמָלוֹ.

עַל כֵּן אָמְרוּ רַבּוֹתֵינוּ זִכְרוֹנָם לִבְרָכָה: הַקִּנְאָה וְהַתַּאֲוָה וְהַכָּבוֹד מוֹצִיאִין אֶת הָאָדָם מִן הָעוֹלָם (אבות ד, כא). וְהִזְהִירוּנוּ: אַל תְּבַקֵּשׁ גְּדֻלָּה וְאַל תַּחְמֹד כָּבוֹד (שם ו, ד).

כַּמָּה הֵם שֶׁמִּתְעַנִּים בָּרָעָב, וְיַשְׁפִּילוּ אֶת עַצְמָם לְהִתְפַּרְנֵס מִן הַצְּדָקָה וְלֹא יִתְעַסְּקוּ בִּמְלָאכָה שֶׁלֹּא תִּהְיֶה מְכֻבֶּדֶת בְּעֵינֵיהֶם, מִיִּרְאָתָם פֶּן יִמְעַט כְּבוֹדָם! הֲיֵשׁ לְךָ הוֹלֵלוּת גָּדוֹל מִזֶּה? וְיוֹתֵר יִרְצוּ בְּבַטָּלָה הַמְּבִיאָה לִידֵי שִׁעֲמוּם וְלִידֵי זִמָּה (כתובות ה, ה; נט, ב) וְלִידֵי גָּזֵל וְלִידֵי כָּל גּוּפֵי עֲבֵרוֹת, שֶׁלֹּא לְהַשְׁפִּיל מַעֲלָתָם וּלְהַבְזוֹת כְּבוֹדָם הַמְדֻמֶּה.

וְאָמְנָם חֲכָמֵינוּ זִכְרוֹנָם לִבְרָכָה, אֲשֶׁר הוֹרוּנוּ וְהִדְרִיכוּנוּ תָּמִיד בְּדַרְכֵי הָאֱמֶת, אָמְרוּ: אֱהֹב אֶת הַמְּלָאכָה וּשְׂנָא אֶת הָרַבָּנוּת (אבות א, י). וְאָמְרוּ עוֹד: פְּשֹׁט נְבֵילְתָּא בְּשׁוּקָא וְלָא תֵּימַר, גַּבְרָא רַבָּא אֲנָא, כָּהֲנָא אֲנָא (פסחים קיג, א).[עד] וְאָמְרוּ עוֹד: לְעוֹלָם יַעֲבֹד אָדָם עֲבוֹדָה שֶׁהִיא זָרָה לוֹ וְאַל יִצְטָרֵךְ לַבְּרִיּוֹת (בבא בתרא קי, א).

[עג] בד"ר: 'ואולי'. בכתה"י: 'הנה אלולי'. [עד] בס"ו: 'ולא תימר גברא רבא אנא', כנוסח שבבבא בתרא קי, א. ועיין תוס' פסחים מט, ב ד"ה אמר רב כהנא. וראה עוד רמב"ם הלכות מתנות עניים פ"י הי"ח.

and to me they have given the thousands; all he lacks is the kingdom}. And Shaul eyed David with jealousy from that day and on" (I Shemuel 18:7-9).

What caused Yoav to put Amasa to death (II *Shemuel* 20:10) if not [his desire for] honor? For David had said to [Amasa], "You shall be my army commander permanently [in place of Yoav]" (ibid. 19:14).

In summary, [the desire] for honor presses against a man's heart more than every other lust and desire in the world. Were this not so, man would be satisfied to eat what he can, wear whatever covers his nakedness, and dwell in a house that protects him from mishaps. It would be easy for him to secure a livelihood, and he would feel no need whatsoever to exert himself in seeking wealth. But in order not to see himself as lower than or beneath his friends, he takes on this heavy burden and there is no end to all his toil.

Our Rabbis, may their memory be blessed, have therefore said: "Envy, lust, and honor drive a man out of the world" (*Avot* 4:21). And they warned us: "Seek not greatness and crave not honor" (*Avot* 6:4).

How many are there who would rather go hungry or demean themselves by living off charity than engage in work that is not respectable in their eyes, fearing that [otherwise] their honor would be diminished! Is there any greater folly? They prefer idleness, which leads to stupefaction, lasciviousness (*mKetubot* 5:5, 59b), theft, and all the principal transgressions, so as not to lower their stature or shame their imaginary honor.

But our Sages, may their memory be blessed, who have always instructed and guided us on the paths of truth, said, "Love work, and hate high position" (*Avot* 1:10). They also said, "Flay an animal in the marketplace, and say not, 'I am an important person' [or] I am a priest" (*Pesahim* 113a). They further said, "A person should rather do work that is strange to him than be dependent upon other people" (*Baba Batra* 110a).

כְּלַל הַדְּבָרִים: הַכָּבוֹד הוּא מִן הַמִּכְשׁוֹלוֹת הַיּוֹתֵר גְּדוֹלִים אֲשֶׁר לָאָדָם. וְאִי אֶפְשָׁר לוֹ לִהְיוֹת עֶבֶד נֶאֱמָן לְקוֹנוֹ כָּל זְמַן שֶׁהוּא חָס עַל כְּבוֹד עַצְמוֹ, כִּי עַל כָּל פָּנִים יִצְטָרֵךְ לְמַעֵט בִּכְבוֹד שָׁמַיִם מִפְּנֵי סִכְלוּתוֹ. זֶה הוּא מַה שֶּׁאָמַר דָּוִד עָלָיו הַשָּׁלוֹם: וּנְקַלֹּתִי עוֹד מִזֹּאת וְהָיִיתִי שָׁפָל בְּעֵינָי (שמואל ב ו, כב). וְהַכָּבוֹד הָאֲמִתִּי אֵינוֹ אֶלָּא יְדִיעַת הַתּוֹרָה בֶּאֱמֶת, וְכֵן אָמְרוּ זִכְרוֹנָם לִבְרָכָה: אֵין כָּבוֹד אֶלָּא תּוֹרָה, שֶׁנֶּאֱמַר (משלי ג, לה): כָּבוֹד חֲכָמִים יִנְחָלוּ (אבות ו, ג), וְזוּלָתָהּ אֵינוֹ אֶלָּא כָּבוֹד מְדֻמֶּה וְכוֹזֵב, הֶבֶל וְאֵין בּוֹ מוֹעִיל.[עה] וְרָאוּי הַנָּקִי לְהִנָּקוֹת וּלְהִטָּהֵר מִמֶּנּוּ טָהֳרָה גְּמוּרָה, אָז יַצְלִיחַ.

וְהִנֵּה כָּלַלְתִּי עַד הֵנָּה רַבִּים מִפְּרָטֵי הַנְּקִיּוּת, וְזֶה בִּנְיַן אָב לְכָל שְׁאָר הַמִּצְוֹת וְהַמִּדּוֹת כֻּלָּם. יִשְׁמַע חָכָם וְיוֹסֶף לֶקַח וְנָבוֹן תַּחְבֻּלוֹת יִקְנֶה (משלי א, ה).

וְהִנֵּה אֵינֶנִּי יָכוֹל לְהַכְחִישׁ שֶׁיֵּשׁ קְצָת טֹרַח לָאָדָם לְהַגִּיעַ אֶל הַנְּקִיּוּת הַזֶּה, אַף עַל פִּי כֵן אוֹמֵר אֲנִי שֶׁאֵין צָרִיךְ כָּל כָּךְ כְּמוֹ שֶׁנִּרְאֶה לִכְאוֹרָה, וְהַמַּחֲשָׁבָה בַּדָּבָר הַזֶּה קָשָׁה מִן הַמַּעֲשֶׂה. כִּי כַּאֲשֶׁר יָשִׂים הָאָדָם בְּלִבּוֹ וְיִקְבַּע בִּרְצוֹנוֹ בִּקְבִיעוּת לִהְיוֹת מִבַּעֲלֵי הַמִּדָּה הַטּוֹבָה הַזֹּאת, הִנֵּה בִּמְעַט הֶרְגֵּל שֶׁיַּרְגִּיל עַצְמוֹ בָּזֶה, תָּשׁוּב לוֹ קַלָּה הַרְבֵּה יוֹתֵר מִמַּה שֶּׁהָיָה יָכוֹל לַחְשֹׁב. זֶה הַדָּבָר שֶׁהַנִּסָּיוֹן יוֹכִיחַ אֲמִתּוֹ.

[עה] ע"פ ירמיה טז, יט.

In summary, [the desire for] honor is one of man's greatest stumbling blocks. It is impossible for him to be a faithful servant to his Maker as long as he cares for his own honor, for he will have to detract from Heaven's honor in some way on account of his folly. This is what David, peace be on him, meant when he said, "And I will yet be more lightly esteemed than this, holding myself lowly" (II Shemuel 6:22). True honor is nothing but true knowledge of the Torah, as [our Sages], may their memory be blessed, said: "There is no honor but Torah, as it says (Mishlei 3:35): 'The wise shall inherit honor'" (*Avot* 6:3); all else is only imaginary and false, vanity of no avail. One aspiring to blamelessness should clear himself of [the desire for honor], totally purifying himself of it, and then he will succeed.

Until now I have discussed many of the particulars of blamelessness. These provide a paradigm that is applicable to all the other *mitzvot* and traits. "A wise man will hear and will increase learning; and a man of understanding shall attain to wise counsels" (Mishlei 1:5).

I cannot deny that it is somewhat burdensome for man to arrive at this blamelessness. Nevertheless, I say that it does not require as much [effort] as it would seem superficially. It is more difficult in thought than in the actual doing. For when someone regularly sets his mind and fixes his will on attaining to this virtuous trait, then, with a little practice, it will come to him much more easily than he ever could have imagined. The truth of this assertion is borne out by experience.

פֶּרֶק יב:

בְּדֶרֶךְ קְנִיַּת הַנְּקִיּוּת וְהַהַרְחָקָה מִמַּפְסִידֶיהָ

לֹא עַם הָאָרֶץ חָסִיד • תַּלְמוּד גָּדוֹל שֶׁמֵּבִיא לִידֵי מַעֲשֶׂה

הִנֵּה הָאֶמְצָעִי הָאֲמִתִּי לִקְנוֹת הַנְּקִיּוּת הוּא הַתְמָדַת הַקְּרִיאָה בְּדִבְרֵי הַחֲכָמִים זִכְרוֹנָם לִבְרָכָה, אִם בְּעִנְיְנֵי הַהֲלָכוֹת וְאִם בְּעִנְיְנֵי הַמּוּסָרִים. כִּי הִנֵּה אַחַר שֶׁכְּבָר הִתְאַמֵּת אֵצֶל הָאָדָם חוֹבַת הַנְּקִיּוּת וְהַצֹּרֶךְ בּוֹ, אַחַר שֶׁכְּבָר הִשִּׂיג הַזְּהִירוּת וְהַזְּרִיזוּת בְּמַה שֶּׁנִּתְעַסֵּק בְּדַרְכֵי קְנִיָּתָם וְהִתְרַחֵק מִמַּפְסִידֵיהֶם, הִנֵּה לֹא יִשָּׁאֲרוּ לוֹ עַתָּה עִכּוּבִים לִקְנוֹת הַנְּקִיּוּת אֶלָּא יְדִיעַת הַדִּקְדּוּקִים אֲשֶׁר בַּמִּצְוֹת, כְּדֵי שֶׁיּוּכַל לִיזָּהֵר בְּכֻלָּם. וְעַל כֵּן הִנֵּה צָרִיךְ לוֹ בְּהֶכְרֵחַ יְדִיעַת הַהֲלָכוֹת עַל בֻּרְיָם לָדַעַת עַנְפֵי הַמִּצְוֹת עַד הֵיכָן הֵם מַגִּיעִים. וְגַם לְפִי שֶׁהַשִּׁכְחָה מְצוּיָה בַּדְּבָרִים הַדַּקִּים הָאֵלֶּה, הִנֵּה תִּצְטָרֵךְ לוֹ הַתְמָדַת הַקְּרִיאָה בַּסְּפָרִים הַמְבָאֲרִים אֵלֶּה הַדִּקְדּוּקִים לְמַעַן חַדֵּשׁ בְּשִׂכְלוֹ זְכִירָתָם, וְאָז וַדַּאי שֶׁיִּתְעוֹרֵר לְקַיְּמָם.[א]

וְכֵן בְּעִנְיַן הַמִּדּוֹת מֻכְרַחַת לוֹ קְרִיאַת מַאַמְרֵי הַמּוּסָר לְקַדְמוֹנִים אוֹ לָאַחֲרוֹנִים. כִּי פְּעָמִים רַבּוֹת אֲפִלּוּ אַחַר שֶׁיִּקְבַּע הָאָדָם בְּעַצְמוֹ לִהְיוֹת מִן הַמְדַקְדְּקִים הַנְּקִיִּים, אֶפְשָׁר לוֹ שֶׁיֶּאְשַׁם בִּפְרָטִים מִפְּנֵי שֶׁלֹּא הִגִּיעָה יְדִיעָתוֹ בָּהֶם, כִּי אֵין אָדָם נוֹלָד חָכָם וְאִי אֶפְשָׁר לוֹ לָדַעַת אֶת הַכֹּל. אַךְ בִּקְרִיאַת הַדְּבָרִים יִתְעוֹרֵר בְּמַה שֶּׁלֹּא יָדַע, וְיִתְבּוֹנֵן בְּמַה שֶּׁלֹּא הִשְׂכִּיל מִתְּחִלָּה, וַאֲפִלּוּ בְּמַה שֶּׁלֹּא יִמְצָא בַּסְּפָרִים עַצְמָם, כִּי בִּהְיוֹת שִׂכְלוֹ נֵעוֹר עַל הַדָּבָר, הוֹלֵךְ וּמַשְׁגִּיחַ הוּא עַל כָּל הַצְּדָדִין וּמַמְצִיא עִנְיָנִים חֲדָשִׁים מִמְּקוֹר הָאֱמֶת.

[א] ראה ספרי דברים קסא.

Twelve:

How to Acquire Blamelessness and Avoid What is Detrimental to it

An ignorant person cannot be pious • Study is great, for it leads to action

The real means to the acquisition of blamelessness is perseverance in reading the words of the Sages (may their memory be blessed), both on the subject of law and that of ethics. For once a person has truly understood his obligation to blamelessness and the need for it, having already attained [the traits of] vigilance and alacrity by occupying himself with the means of acquiring them and keeping away from what is detrimental to them, he will be left with no hindrances to acquiring blamelessiness except learning the particulars of the *mitzvot* in order to be careful in all of them. Of necessity, therefore, he must acquire a comprehensive knowledge of the laws in order to know how far the branches of the *mitzvot* extend. And because it is common to forget these small points, he must also continuously read the books that explain these details in order to keep them fresh in his memory. In doing so, he will certainly be inspired to observe them.

Similarly, regarding character traits, a person must read the ethical teachings of the ancient or more recent authorities. For often, even after resolving to be one of the exacting who are blameless, he can incur guilt as a result of details he never came to know; for man is not born wise and cannot know everything [of his own accord]. When reading these treatises, however, he will awaken to that which he has not known and will understand that which he has not yet comprehended, even matters not found in the books themselves. For once his mind is awakened to this matter, he will constantly examine all its aspects and conceive of new ideas from the source of truth.

וְאָמְנָם מַפְסִידֵי הַמִּדָּה הַזֹּאת הִנֵּה הֵם כָּל מַפְסִידֵי הַזְּהִירוּת, וְנוֹסָף עֲלֵיהֶם חֶסְרוֹן הַבְקִיאוּת בִּידִיעַת הַדִּינִים אוֹ הַמּוּסָרִים, כְּמוֹ שֶׁכָּתַבְתִּי. וּכְבָר אָמְרוּ זִכְרוֹנָם לִבְרָכָה: וְלֹא עַם הָאָרֶץ חָסִיד (אבות ב, ה), כִּי מִי שֶׁלֹּא יָדַע אִי אֶפְשָׁר לוֹ לַעֲשׂוֹת. וְכֵן אָמְרוּ: תַּלְמוּד גָּדוֹל שֶׁמֵּבִיא[ב] לִידֵי מַעֲשֶׂה (קידושין מ, ב).

[ב] כך בכתה"י. בד"ר: 'שמביאה'.

The factors that are detrimental to the trait [of blamelessness] are the same as those that are detrimental to [the trait of] vigilance, and, in addition, the lack of thorough knowledge of the laws or ethical teachings, as I have written. As [our Sages], may their memory be blessed, have said: "An ignorant person cannot be pious" (*Avot* 2:5), for whoever does not know, cannot perform. They also said: "Study is great, for it leads to action" (*Kiddushin* 40b).

פֶּרֶק יג:

בְּבֵאוּר מִדַּת הַפְּרִישׁוּת

כָּל דָּבָר שֶׁיָּכוֹל לְהוֹלִד מִמֶּנּוּ גְּרָמַת רַע צָרִיךְ הַפָּרוּשׁ שֶׁיִּפְרֹשׁ מִמֶּנּוּ • לֹא דַיֶּךָ מַה שֶּׁאָסְרָה תּוֹרָה וְכוּ׳ • כָּל הַיּוֹשֵׁב בְּתַעֲנִית נִקְרָא קָדוֹשׁ • צַדִּיק אֹכֵל לְשֹׂבַע נַפְשׁוֹ זֶה חִזְקִיָּה וְכוּ׳ • עַד שֶׁאָדָם מִתְפַּלֵּל עַל דִּבְרֵי תוֹרָה שֶׁיִּכָּנְסוּ בְּתוֹךְ מֵעָיו וְכוּ׳ • יֵשׁ פְּרִישׁוּת שֶׁנִּצְטַוִּינוּ בּוֹ וְיֵשׁ פְּרִישׁוּת שֶׁהֻזְהַרְנוּ עָלָיו • אֵין לְךָ תַּעֲנוּג עוֹלָמִי שֶׁלֹּא יִמְשֹׁךְ אַחֲרָיו אֵיזֶה חֵטְא בְּעָקֵב • אֵיבָר קָטָן יֵשׁ בָּאָדָם, מַשְׂבִּיעוֹ רָעֵב וְכוּ׳ • כֵּיוָן שֶׁרוֹאֶה יֵצֶר הָרָע אָדָם תּוֹלֶה בַּעֲקֵבוֹ וְכוּ׳ • כֵּיוָן שֶׁכָּל עִנְיְנֵי הָעוֹלָם הֵם סַכָּנוֹת, וַדַּאי שֶׁיִּשְׁבַּח מִי שֶׁיַּרְבֶּה לְהַרְחִיק עַצְמוֹ מֵהֶם • שְׁנֵי גוֹיִם בְּבִטְנֵךְ, זֶה רַבִּי וְאַנְטוֹנִינוּס • יֵשׁ בָּעָם מַדְרֵגוֹת מַדְרֵגוֹת, אִישׁ לְפִי שִׂכְלוֹ • יָבוֹאוּ אֵלֶּה וִיכַפְּרוּ עַל אֵלֶּה • אָסוּר לְאָדָם שֶׁיְּסַגֵּף עַצְמוֹ • כָּל מִי שֶׁצָּרִיךְ לִיטֹּל וְאֵינוֹ נוֹטֵל וְכוּ׳ • כָּל הַיּוֹשֵׁב בְּתַעֲנִית נִקְרָא חוֹטֵא

הַפְּרִישׁוּת הִיא תְּחִלַּת הַחֲסִידוּת. וְתִרְאֶה שֶׁכָּל מַה שֶּׁבֵּאַרְנוּ עַד עַתָּה הוּא מַה שֶּׁמִּצְטָרֵךְ אֶל הָאָדָם לְשֶׁיִּהְיֶה צַדִּיק, וּמִכָּאן וּלְהַלְאָה הוּא לְשֶׁיִּהְיֶה חָסִיד. וְנִמְצָא הַפְּרִישׁוּת עִם הַחֲסִידוּת הוּא כְּמוֹ הַזְּהִירוּת עִם הַזְּרִיזוּת, שֶׁזֶּה בְּסוּר מֵרָע וְזֶה בַּעֲשֵׂה טוֹב.

וְהִנֵּה כְּלַל הַפְּרִישׁוּת הוּא מַה שֶּׁאָמְרוּ זִכְרוֹנָם לִבְרָכָה: קַדֵּשׁ עַצְמְךָ בַּמֻּתָּר לָךְ (יבמות כ, א). וְזֹאת הִיא הוֹרָאָתָהּ שֶׁל הַמִּלָּה

Thirteen:

The Trait of Separateness [From the Worldly]

A person striving for separateness must separate himself from anything that could give rise to something that will eventually cause evil • Are not the Torah's prohibitions enough for you [that you come to add other prohibitions?] • Whoever engages in fasting is called holy • "The righteous eats [no more than] what satisfies his soul" – this refers to Hizkiyahu, [king of Yehudah] • Before a person prays that words of Torah should enter his entrails, [he should pray that food and drink not enter them] • There is a form of separateness that we are commanded [to practice], and a form we were warned against • There is no worldly pleasure that does not bring some sin in its wake • There is a small organ in man; when he satisfies it, it is hungry, [and when he starves it, it is satisfied] • When the Evil Yetzer sees a person raising his heels, [smoothing his clothing, and curling his locks, he says: "This one is mine"] • Since all things worldly are dangers, one who keeps well away from them is certainly to be praised • "Two nations are in your womb." This refers to Rabbi [Yehudah HaNasi] and Antoninus • Individuals differ in rank according to their differing degrees of understanding • Let these come and atone for the others • A person is forbidden to undergo privations • Anyone who needs to take [charity], but refuses to do so, [it is as though he shed blood] • He that fasts is called a sinner

[Achieving] separateness (*perishut*) is the beginning of *hasidut* (supererogation or piety). You will observe that all that we have explained thus far is what is required of a person in order to be *zaddik* (righteous). From this point on [we shall discuss what is required of him] in order to be *hasid* (supererogatory or pious). Separateness, then, is to piety as vigilance is to alacrity, in that the one pertains to departing from evil, whereas the other relates to doing good.

The long and short of separateness is what [our Sages], may their memory be blessed, said: "Sanctify yourself [by abstaining] from what is permitted to you" (*Yebamot* 20a). This is what the

עַצְמָהּ, פְּרִישׁוּת, רוֹצֶה לוֹמַר: לִהְיוֹת פּוֹרֵשׁ וּמַרְחִיק עַצְמוֹ מִן הַדָּבָר, וְהַיְנוּ שֶׁאוֹסֵר עַל עַצְמוֹ דְּבַר הֶתֵּר, וְהַכַּוָּנָה בָּזֶה לְשֶׁלֹּא יִפְגַּע בָּאִסּוּר עַצְמוֹ. וְהָעִנְיָן, שֶׁכָּל דָּבָר שֶׁיּוּכַל לְהִוָּלֵד מִמֶּנּוּ גְּרָמַת רַע, אַף עַל פִּי שֶׁעַכְשָׁו אֵינוֹ גּוֹרֵם לוֹ, וְכָל שֶׁכֵּן שֶׁאֵינֶנּוּ רַע מַמָּשׁ, יִרְחַק וְיִפְרֹשׁ מִמֶּנּוּ.

וְהִתְבּוֹנֵן וְתִרְאֶה שֶׁיֵּשׁ כָּאן שָׁלֹשׁ מַדְרֵגוֹת: יֵשׁ הָאִסּוּרִים עַצְמָם, וְיֵשׁ סְיָגוֹתֵיהֶם, וְהֵם הַגְּזֵרוֹת וְהַמִּשְׁמָרוֹת שֶׁגָּזְרוּ חֲכָמֵינוּ זִכְרוֹנָם לִבְרָכָה עַל כָּל יִשְׂרָאֵל, וְיֵשׁ הַהַרְחֵקִים שֶׁמֻּטָּל עַל כָּל פָּרוּשׁ וּפָרוּשׁ לַעֲשׂוֹת, לִהְיוֹת כּוֹנֵס בְּתוֹךְ שֶׁלּוֹ וּבוֹנֶה גְּדֵרִים לְעַצְמוֹ, דְּהַיְנוּ לְהַנִּיחַ מִן הַהֶתֵּרִים עַצְמָם שֶׁלֹּא נֶאֶסְרוּ לְכָל יִשְׂרָאֵל וְלִפְרֹשׁ מֵהֶם, כְּדֵי שֶׁיִּהְיֶה מְרֻחָק מִן הָרַע הַרְחֵק גָּדוֹל.

וְאִם תֹּאמַר, מִנַּיִן לָנוּ לִהְיוֹת מוֹסִיפִים וְהוֹלְכִים בְּאִסּוּרִים? וַהֲרֵי חֲכָמֵינוּ זִכְרוֹנָם לִבְרָכָה אָמְרוּ: לֹא דַּיֶּיךָ מַה שֶּׁאָסְרָה תּוֹרָה שֶׁאַתָּה בָּא לֶאֱסֹר עָלֶיךָ דְּבָרִים אֲחֵרִים (ירושלמי נדרים ט, א; מא, ב)? וַהֲרֵי מַה שֶּׁרָאוּ הַחֲכָמִים זִכְרוֹנָם לִבְרָכָה בְּחָכְמָתָם שֶׁצָּרִיךְ לֶאֱסֹר וְלַעֲשׂוֹת מִשְׁמֶרֶת כְּבָר עֲשָׂאוּהוּ, וּמַה שֶּׁהִנִּיחוּ לְהֶתֵּר הוּא מִפְּנֵי שֶׁרָאוּ הֱיוֹתוֹ רָאוּי לְהֶתֵּר וְלֹא לֶאֱסוֹר, וְלָמָּה נְחַדֵּשׁ עַתָּה גְּזֵרוֹת אֲשֶׁר לֹא רָאוּ הֵם לִגְזֹר אוֹתָם? וְעוֹד שֶׁאֵין גְּבוּל לַדָּבָר הַזֶּה, וְנִמְצָא אִם כֵּן הָאָדָם שׁוֹמֵם וּמְעֻנֶּה וְלֹא נֶהֱנֶה מִן הָעוֹלָם כְּלָל, וַחֲכָמֵינוּ זִכְרוֹנָם לִבְרָכָה אָמְרוּ (ירושלמי קידושין ד, יב; סו, ב), שֶׁעָתִיד אָדָם לִיתֵּן דִּין לִפְנֵי הַמָּקוֹם עַל כָּל מַה שֶּׁרָאוּ עֵינָיו וְלֹא רָצָה לֶאֱכֹל מִמֶּנּוּ, אַף עַל פִּי שֶׁהָיָה מֻתָּר לוֹ וְהָיָה יָכוֹל, וְאַסְמְכוּהָ אַקְּרָא: וְכֹל אֲשֶׁר שָׁאֲלוּ עֵינַי לֹא אָצַלְתִּי מֵהֶם (קהלת ב, י).

word *perishut* itself means: to withdraw and keep one's distance from something. This consists in forbidding oneself [some] permitted things, the intention being to avoid encroaching upon the forbidden. The intent is that a person should move away and separate himself from anything that could give rise to something that will eventually cause evil, even though it does not presently cause evil and is certainly not evil.

Consider the matter and you will see that there are three levels. There are the prohibitions proper and there are the fences around them, namely, the decrees and safeguards that our Sages, may their memory be blessed, enacted for all of Israel. Then there are the precautionary measures that fall upon anyone committed to separateness to adopt in that he must withdraw to his own ground and erect fences for himself. That is, he must abstain and separate himself from those very allowances permitted to all of Israel in order to remain very distant from evil.

You might ask: On what grounds should we continue adding one prohibition after another? Haven't our Sages, may their memory be blessed, already said: "Are not the Torah's prohibitions enough for you that you come to add other prohibitions" (*Yerushalmi Nedarim* 9:1, 41b)? Surely whatever the Sages, may their memory be blessed, in their wisdom judged necessary to forbid as a safeguard, they have already forbidden. And whatever they left permitted [was left that way] because, in their judgment, it ought to be permitted and not forbidden. Why, then, should we now adopt new decrees that they did not see fit to enact? Moreover, there is no end [to what may be done] in this regard. A person would soon find himself desolate and afflicted, deriving no pleasure whatsoever from this world. Yet our Sages, may their memory be blessed, have said that in the future a person will have to give God an accounting for everything that his eyes beheld and he did not want to eat, even though he was permitted and able to do so (*Yerushalmi Kiddushin* 4:12, 66b). And they adduced support for this from the verse: "And whatever my eyes asked for I did not withhold from them" (Kohelet 2:10).

הַתְּשׁוּבָה הִיא, כִּי הַפְּרִישׁוּת וַדַּאי צָרִיךְ וּמֻכְרָח, וְהִזְהִירוּ עָלָיו הַחֲכָמִים זִכְרוֹנָם לִבְרָכָה, הוּא מַה שֶּׁאָמְרוּ: קְדֹשִׁים תִּהְיוּ (ויקרא יט, ב), פְּרוּשִׁים תִּהְיוּ (ספרא קדושים פרשה א ה"א). עוֹד אָמְרוּ: כָּל הַיּוֹשֵׁב בְּתַעֲנִית נִקְרָא קָדוֹשׁ, קַל וָחֹמֶר מִנָּזִיר (תענית יא, א). עוֹד אָמְרוּ: צַדִּיק אֹכֵל לְשֹׂבַע נַפְשׁוֹ (משלי יג, כה), זֶה חִזְקִיָּהוּ מֶלֶךְ יְהוּדָה, שֶׁהָיוּ מַעֲלִים לוֹ עַל שֻׁלְחָנוֹ שְׁנֵי לִטְרִין שֶׁל יָרָק וְכוּ'.[א] עוֹד אָמְרוּ בְּרַבֵּנוּ הַקָּדוֹשׁ, שֶׁבִּשְׁעַת מִיתָתוֹ זָקַף עֶשֶׂר אֶצְבְּעוֹתָיו וְאָמַר, גָּלוּי וְיָדוּעַ לְפָנֶיךָ שֶׁלֹּא נֶהֱנֵיתִי מִן הָעוֹלָם הַזֶּה אֲפִלּוּ בְּאֶצְבַּע קְטַנָּה שֶׁלִּי (כתובות קד, א). עוֹד אָמְרוּ: עַד שֶׁאָדָם מִתְפַּלֵּל עַל דִּבְרֵי תוֹרָה שֶׁיִּכָּנְסוּ בְּתוֹךְ מֵעָיו, יִתְפַּלֵּל עַל אֲכִילָה וּשְׁתִיָּה שֶׁלֹּא יִכָּנְסוּ בְּתוֹךְ מֵעָיו (ראה תנא דבי אליהו רבא כד).[ב] הֵן כָּל אֵלֶּה מַאֲמָרִים מוֹרִים בְּפֵרוּשׁ צֹרֶךְ הַפְּרִישׁוּת וְהַחוֹבָה בּוֹ. אָמְנָם עַל כָּל פָּנִים צְרִיכִים אָנוּ לְתָרֵץ הַמַּאֲמָרִים הַמּוֹרִים הֵפֶךְ זֶה.

אַךְ הָעִנְיָן הוּא כִּי וַדַּאי חִלּוּקִים רַבִּים וְעִקָּרִים[ג] יֵשׁ בַּדָּבָר. יֵשׁ פְּרִישׁוּת שֶׁנִּצְטַוִּינוּ בּוֹ, וְיֵשׁ פְּרִישׁוּת שֶׁהֻזְהַרְנוּ עָלָיו לְבִלְתִּי הִכָּשֵׁל בּוֹ, וְהוּא מַה שֶּׁאָמַר שְׁלֹמֹה הַמֶּלֶךְ עָלָיו הַשָּׁלוֹם: אַל תְּהִי צַדִּיק הַרְבֵּה (קהלת ז, טז).

וּנְבָאֵר עַתָּה הַפְּרִישׁוּת הַטּוֹב, וְנֹאמַר כִּי הִנֵּה אַחַר שֶׁהִתְבָּאֵר לָנוּ הֱיוֹת כָּל עִנְיְנֵי הָעוֹלָם נִסְיוֹנוֹת לָאָדָם, וּכְמוֹ שֶׁכָּתַבְנוּ כְּבָר לְמַעְלָה וְהוֹכַחְנוּהוּ בִּרְאָיוֹת, וְהִתְאַמֵּת לָנוּ גַּם כֵּן רֹב חֻלְשַׁת הָאָדָם וְקִרְבַת דַּעְתּוֹ אֶל כָּל הָרָעוֹת, יִתְבָּרֵר בְּהֶכְרֵחַ שֶׁכָּל מַה שֶּׁיּוּכַל הָאָדָם לְהִמָּלֵט מִן הָעִנְיָנִים הָאֵלֶּה רָאוּי שֶׁיַּעֲשֵׂהוּ, כְּדֵי שֶׁיִּהְיֶה נִשְׁמָר יוֹתֵר מִן הָרָעָה אֲשֶׁר בְּרַגְלֵיהֶם. כִּי הִנֵּה אֵין לְךָ תַּעֲנוּג עוֹלָמִי אֲשֶׁר לֹא יִמָּשֵׁךְ אַחֲרָיו אֵיזֶה חֵטְא בְּעָקֵב.

דֶּרֶךְ מָשָׁל: הַמַּאֲכָל וְהַמִּשְׁתֶּה, כְּשֶׁנִּקּוּ מִכָּל אִסּוּרֵי הָאֲכִילָה הִנֵּה מֻתָּרִים הֵם. אָמְנָם מִלּוּי הַכֶּרֶס מוֹשֵׁךְ אַחֲרָיו פְּרִיקַת הָעֹל,[ד] וּמִשְׁתֵּה הַיַּיִן

[א] ראה פסיקתא דרב כהנא, פסקא ו, נט, ב ופסיקתא רבתי טז, ו. ושם הנוסח: 'שתי אגודות של ירק'. ולפיהם יש להשלים: 'וליטרא אחת של בשר כל יום, והיו ישראל מליזים אחריו ואומרים זה מלך?' [ב] נוסח רבינו הוא זה של תוספות כתובות קד, א ד"ה לא נהניתי. [ג] היינו: ועיקריים. [ד] ראה ברכות לב, א: 'היינו דאמרי אינשי מלי כריסיה זני בישי'.

The answer is that separateness is undoubtedly necessary and essential. Our Sages, may their memory be blessed, admonished us about this by saying: "'You shall be holy' (Vayikra 19:2) – you shall separate yourselves" (Sifra, Kedoshim, parashah 1:1). They also said, "Whoever engages in fasting is called holy, as may be deduced from the case of a Nazirite" (Ta'anit 11a). They also said, "'The righteous man eats [no more than] what satisfies his soul' (Mishlei 13:25) – this refers to Hizkiyahu, King of Judea, on whose table would be served two litras of vegetables," and so on. They also said about our holy Rabbi [Yehudah HaNasi]: "On his deathbed he held up his ten fingers and said: 'It is revealed and known to You that I derived no [material] pleasure from this world, even with my little finger'"(Ketubot 104a). They also said, "Before a person prays that words of Torah should enter his entrails, he should pray that food and drink not enter them" (Tanna deBei Eliyahu Rabba 24). All these dicta clearly show the need for separateness and its obligatory nature. In any case, we must reconcile the statements that indicate the opposite.

The resolution is that the matter certainly involves many fundamental distinctions. There is a form of separateness that we are commanded [to practice], and a form we were warned against so that it not cause us to stumble. This is what King Shelomo, peace be on him, meant when he said, "Be not overly righteous" (Kohelet 7:16).

We shall now explain the good sort of separateness, as follows: Once we have understood that all worldly matters are trials for man, as I earlier stated and proved, and have also apprehended how frail man is, and how disposed he is to everything that is evil, it will perforce be clear that one should do whatever he can to avoid these matters to better protect himself from the evil that comes on their account. For there is no worldly pleasure that does not bring some sin in its wake.

For example, food and drink are permitted when they are free of all dietary prohibitions. Filling one's belly, however, results in the casting off of [Heaven's] yoke, and drinking wine

מוֹשֵׁךְ אַחֲרָיו הַזְּנוּת וּשְׁאָר מִינִים רָעִים. כָּל שֶׁכֵּן שֶׁבִּהְיוֹת הָאָדָם מַרְגִּיל עַצְמוֹ לְשֹׂבַע מַאֲכִילָה וּשְׁתִיָּה, הִנֵּה אִם פַּעַם אַחַת יֶחְסַר לוֹ רְגִילוּתוֹ יִכְאַב לוֹ וְיַרְגִּישׁ מְאֹד. וּמִפְּנֵי זֶה נִמְצָא הוּא מַכְנִיס עַצְמוֹ בְּתֹקֶף עֲמַל הַסְּחוֹרָה וִיגִיעַת הַקִּנְיָן לְשֶׁתִּהְיֶה שֻׁלְחָנוֹ עֲרוּכָה כִּרְצוֹנוֹ. וּמִשָּׁם נִמְשָׁךְ אֶל הָעָוֶל וְהַגָּזֵל, וּמִשָּׁם אֶל הַשְּׁבוּעוֹת (ראה ספרא קדושים פרשה ב ה״ה) וְכָל שְׁאָר הַחֲטָאִים הַבָּאִים אַחַר זֶה, וּמֵסִיר עַצְמוֹ מִן הָעֲבוֹדָה וּמִן הַתּוֹרָה וּמִן הַתְּפִלָּה, מַה שֶּׁהָיָה נִפְטָר מִכָּל זֶה לוּ מִתְּחִלָּתוֹ לֹא מָשַׁךְ עַצְמוֹ בַּהֲנָאוֹת אֵלֶּה. וּכְעִנְיָן זֶה אָמְרוּ בְּעִנְיַן בֵּן סוֹרֵר וּמוֹרֶה: עָמְדָה תּוֹרָה עַל סוֹף דַּעְתּוֹ {שֶׁל בֵּן סוֹרֵר וּמוֹרֶה שֶׁסּוֹף מְגַמֵּר נִכְסֵי אָבִיו וּמְבַקֵּשׁ לְמוּדוֹ וְאֵינוֹ מוֹצֵא וְיוֹצֵא לְפָרָשַׁת דְּרָכִים וּמְלַסְטֵם אֶת הַבְּרִיּוֹת} (סנהדרין עב, א). וְכֵן עַל עִנְיַן הַזְּנוּת אָמְרוּ: כָּל הָרוֹאֶה סוֹטָה בְּקִלְקוּלָהּ יַזִּיר עַצְמוֹ מִן הַיַּיִן (סוטה ב, א).

וְתִרְאֶה כִּי זֹאת הִיא תַּחְבּוּלָה גְּדוֹלָה לָאָדָם לְמַעַן הִנָּצֵל מִיִּצְרוֹ. כִּי כֵּיוָן שֶׁבִּהְיוֹתוֹ בְּפֶרֶק הָעֲבֵרָה קָשֶׁה עָלָיו לְנַצְּחוֹ[ה] וְלִכְבֹּשׁ אוֹתוֹ, עַל כֵּן צָרִיךְ שֶׁעוֹדֶנּוּ רָחוֹק מִמֶּנָּה יַשְׁאִיר עַצְמוֹ רָחוֹק, כִּי אָז יִהְיֶה קָשֶׁה לַיֵּצֶר לְקָרְבוֹ אֵלֶיהָ.

הִנֵּה הַבְּעִילָה עִם אִשְׁתּוֹ מֻתֶּרֶת הִיא הֶתֵּר גָּמוּר. אָמְנָם כְּבָר תִּקְּנוּ טְבִילָה לְבַעֲלֵי קְרָיִין (בבא קמא פב, א), שֶׁלֹּא יִהְיוּ תַּלְמִידֵי חֲכָמִים מְצוּיִים אֵצֶל נְשׁוֹתֵיהֶם כְּתַרְנְגוֹלִים,[ו] לְפִי שֶׁאַף עַל פִּי שֶׁהַמַּעֲשֶׂה עַצְמוֹ מֻתָּר, אָמְנָם כְּבָר הוּא מַטְבִּיעַ בְּעַצְמוֹ שֶׁל אָדָם הַתַּאֲוָה הַזֹּאת, וּמִשָּׁם יָכוֹל לִימָּשֵׁךְ אֶל הָאִסּוּר. וּכְמַאֲמַר רַבּוֹתֵינוּ זִכְרוֹנָם לִבְרָכָה: אֵבֶר קָטָן יֵשׁ בָּאָדָם, מַשְׂבִּיעוֹ רָעֵב, מַרְעִיבוֹ שָׂבֵעַ (סנהדרין קז, א). וְלֹא עוֹד אֶלָּא שֶׁאֲפִלּוּ בַּשָּׁעָה הָרְאוּיָה וְהָעֵת הֶהָגוּן, אָמְרוּ עַל רַבִּי אֱלִיעֶזֶר שֶׁהָיָה מְגַלֶּה טֶפַח וּמְכַסֶּה טְפָחַיִם, וְדוֹמֶה לְמִי שֶׁכְּפָאוֹ שֵׁד (נדרים כ, ב), כְּדֵי שֶׁלֹּא לֵהָנוֹת[*] אֲפִלּוּ בִּשְׁעַת הֲנָאָתוֹ.

[ה] ראה נדרים לב, ב: ׳ואדם לא זכר את האיש המסכן ההוא, דבשעת יצר הרע לית דמדכר ליה ליצר טוב׳. [ו] ראה רמב״ם הל׳ תפילה פ״ד הל׳ ד-ה, ושו״ע או״ח סי׳ פח ס״א, ע״פ בבלי ברכות כב, א-ב וירושלמי שם פ״ג ה״ד (דפוס ונציה ו ע״ג).

[ו*] בס״ו נוסף: ׳מן המעשה. הרי זה פרישות גדול עד התכלית שלא להנות׳. ונראה ברור שהשמטה יש כאן בטעות הדומות: להנות - להנות.

leads to licentiousness and other evils. All the more so, once a person accustoms himself to eating and drinking to satiety, should he but once lack his wont, he will be greatly distressed and disturbed. He will then vigorously throw himself into the toil of commerce and the travail of acquisition so that his table will be set as he wishes. From there he will be led to wrongdoing and theft, then to [false] oaths (*Sifra, Kedoshim, parashah* 2:5) and all other sins that follow. He will remove himself from Divine service, from Torah study and from prayer. He would have been free of all this from the very outset, had he not made it his practice to indulge in these pleasures. As [our Sages] said regarding a rebellious son: "The Torah fully understood the ultimate intention {of the rebellious son, that he will eventually squander his father's assets, yet still seek [the enjoyments] he is used to, fail to find them and then go out to the crossroads and rob people}" (*Sanhedrin* 72a). Similarly, [our Sages] said regarding licentiousness: "Whoever sees an adulterous woman in her disgrace should abandon wine" (*Sotah* 2a).

You will observe that this is a potent stratagem by which man may save himself from his *Yetzer*. Since it is difficult for a person to defeat and subdue his *Yetzer* at the time of sin, he must, therefore, remain at a distance while still far [from sin]. For then it will be difficult for his *Yetzer* to draw him close to it.

Coupling with one's wife is absolutely permitted. [The Sages], however, required that one who experiences seminal emission must undergo ritual immersion (*Baba Kamma* 82a) in order that Torah scholars should not frequent their wives like roosters. For even though the conjugal act itself is permitted, it imbues a person with lust, a desire that may draw him to the forbidden. As our Rabbis, may their memory be blessed, said, "There is a small organ in man; when he satisfies it, it is hungry, and when he starves it, it is satisfied" (*Sanhedrin* 107a). Furthermore, they said about Rabbi Eliezer, that even at the fitting hour and the proper time, he would expose one handbreadth and conceal two, and he acted as though possessed by a demon (*Nedarim* 20b) so as not to derive pleasure [from the conjugal act] even at the moment of pleasure.

הַמַּלְבּוּשִׁים וְהַקִּשּׁוּטִים, לֹא הִזְהִירָה הַתּוֹרָה עַל יָפְיָם אוֹ עַל תַּבְנִיתָם, אֶלָּא שֶׁלֹּא יִהְיֶה בָּהֶם כִּלְאַיִם וְיִהְיֶה בָּהֶם צִיצִית, וְאָז כֻּלָּם מֻתָּרִים. אָמְנָם מִי לֹא יֵדַע שֶׁמַּלְבִּישַׁת הַפְּאֵר וְהָרִקְמָה תִּמָּשֵׁךְ הַגַּאֲוָה, וְגַם הַזְּנוּת יְגֻבַּל בָּהּ, מִלְּבַד הַקִּנְאָה וְהַתַּאֲוָה וְהָעֹשֶׁק הַנִּמְשָׁכִים מִכָּל מַה שֶּׁהוּא יָקָר עַל הָאָדָם לְהַשִּׂיגוֹ. וּכְבָר אָמְרוּ זִכְרוֹנָם לִבְרָכָה: כֵּיוָן שֶׁרוֹאֶה הַיֵּצֶר אָדָם שֶׁתּוֹלֶה בַּעֲקֵבוֹ, מְמַשְׁמֵשׁ בִּגְדָיו וּמְסַלְסֵל בִּשְׂעָרוֹ, אָמַר זֶה שֶׁלִּי (ראה בראשית רבה כב, ו).

הַטִּיּוּל וְהַדִּבּוּר, אִם אֵינוֹ בִּדְבַר אִסּוּר, וַדַּאי דִּין תּוֹרָה מֻתָּר הוּא. אָמְנָם כַּמָּה בִּטּוּל תּוֹרָה נִמְשָׁךְ מִמֶּנּוּ, כַּמָּה מִן הַלָּשׁוֹן הָרָע, כַּמָּה מִן הַשְּׁקָרִים, כַּמָּה מִן הַלֵּיצָנוּת. וְאוֹמֵר: בְּרֹב דְּבָרִים לֹא יֶחְדַּל פָּשַׁע (משלי י, יט).

כְּלַל הַדָּבָר: כֵּיוָן שֶׁכָּל עִנְיְנֵי הָעוֹלָם אֵינָם אֶלָּא סַכָּנוֹת עֲצוּמוֹת, אֵיךְ לֹא יְשֻׁבַּח מִי שֶׁיִּרְצֶה לְהִמָּלֵט מֵהֶם וּמִי שֶׁיַּרְבֶּה לְהַרְחִיק מֵהֶם? זֶהוּ עִנְיַן הַפְּרִישׁוּת הַטּוֹב, שֶׁלֹּא יִקַּח מִן הָעוֹלָם בְּשׁוּם שִׁמּוּשׁ שֶׁהוּא מִשְׁתַּמֵּשׁ מִמֶּנּוּ אֶלָּא מַה שֶּׁהוּא מֻכְרָח בּוֹ מִפְּנֵי הַצֹּרֶךְ אֲשֶׁר לוֹ בְּטִבְעוֹ אֵלָיו.

הוּא מַה שֶּׁהִשְׁתַּבַּח רַבִּי בַּמַּאֲמָר שֶׁזָּכַרְתִּי, שֶׁלֹּא נֶהֱנָה מִן הָעוֹלָם הַזֶּה אֲפִלּוּ בְּאֶצְבַּע קְטַנָּה, עִם הֱיוֹתוֹ נְשִׂיא יִשְׂרָאֵל וְשֻׁלְחָנוֹ שֻׁלְחַן מְלָכִים בְּהֶכְרֵחַ לִיקַר נְשִׂיאוּתוֹ, וּכְמַאֲמָרָם זִכְרוֹנָם לִבְרָכָה: שְׁנֵי גוֹיִם בְּבִטְנֵךְ (בראשית כה, כג), זֶה רַבִּי וְאַנְטוֹנִינוּס שֶׁלֹּא פָּסַק מֵעַל שֻׁלְחָנָם [לֹא צְנוֹן וְלֹא חֲזֶרֶת וְלֹא קִשּׁוּאִין לֹא בִּימוֹת הַחַמָּה וְלֹא בִּימוֹת הַגְּשָׁמִים] (ברכות נז, ב). וְחִזְקִיָּהוּ מֶלֶךְ יְהוּדָה כְּמוֹ כֵן, וּשְׁאָר הַמַּאֲמָרִים שֶׁזָּכַרְתִּי, כֻּלָּם מְקַיְּמִים וּמוֹרִים שֶׁיֵּשׁ לָאָדָם לִפְרֹשׁ מִכָּל מַה שֶּׁהוּא תַּעֲנוּג עוֹלָמִי לְמַעַן לֹא יִפֹּל בְּסַכָּנָתוֹ.

As for clothing and ornamentation, the Torah did not issue any warnings regarding their beauty or style, only that they should not be made of a mixture of wool and linen and that they should be fitted with ritual fringes. Thereafter, everything is permitted. But who does not know that wearing luxurious and embroidered apparel will lead a person to pride. It also borders on licentiousness, aside from [giving rise to] envy, desire, and fraud generated by anything precious for man to attain. [Our Sages], may their memory be blessed, already said: "When the Evil *Yetzer* sees a person raising his heels, smoothing his clothing, and curling his locks, he says: 'This one is mine'" (see *Bereishit Rabba* 22:6).

Promenading and talking, which do not involve the forbidden, are certainly permitted by Torah law. But how much neglect of Torah results from them! How much slanderous speech, how many lies, how much mockery! As the verse says: "When there is much talking, there is no lack of transgressing" (Mishlei 10:19).

In summary, since all things worldly are but grave dangers, how can someone who wants to escape them, and keeps well away from them, not be praised? This is the meaning of separateness of the right sort – to take from the [material] world, however one uses it, only what he must because it is necessary for him due to his nature.

This is what Rabbi Yehudah HaNasi took pride in, as in the statement earlier cited, that he derived no pleasure from this world, not even with his little finger. This he said even though he was prince of Israel and, of necessity, his table was a table of kings in keeping with the dignity of his princedom. As [our Sages], may their memory be blessed, said: "'Two nations are in your womb' (Bereishit 25:23), this refers to Rabbi [Yehudah HaNasi] and Antoninus whose tables were never missing {radishes, lettuce or cucumbers, neither in the summer nor in the winter}" (*Berakhot* 57b). Similarly, [the statement regarding] Hizkiyahu, King of Judea, as well as other dicta mentioned, all confirm and demonstrate [the principle] that a person should separate himself from all worldly pleasures in order to avoid the danger they represent.

וְאִם תִּשְׁאַל וְתֹאמַר, אִם כֵּן אֵפוֹא שֶׁזֶּה דָּבָר מִצְטָרֵךְ וּמֻכְרָח, לָמָּה לֹא גָּזְרוּ עָלָיו הַחֲכָמִים, כְּמוֹ שֶׁגָּזְרוּ עַל הַסְּיָגוֹת וְתַקָּנוֹת שֶׁגָּזְרוּ? הִנֵּה הַתְּשׁוּבָה מְבֹאֶרֶת וּפְשׁוּטָה, כִּי לֹא גָּזְרוּ חֲכָמִים גְּזֵרָה אֶלָּא אִם כֵּן רֹב הַצִּבּוּר יְכוֹלִים לַעֲמֹד בָּהּ (עבודה זרה לו, א); וְאֵין רֹב הַצִּבּוּר יְכוֹלִים לִהְיוֹת חֲסִידִים, אֲבָל דַּי לָהֶם שֶׁיִּהְיוּ צַדִּיקִים. אַךְ הַשְּׂרִידִים אֲשֶׁר בָּעָם, הַחֲפֵצִים לִזְכּוֹת לְקִרְבָתוֹ יִתְבָּרַךְ וּלְזַכּוֹת בִּזְכוּתָם לְכָל שְׁאָר הֶהָמוֹן הַנִּתְלֶה בָּם, לָהֶם מַגִּיעַ לְקַיֵּם מִשְׁנַת חֲסִידִים אֲשֶׁר לֹא יָכְלוּ לְקַיֵּם הָאֲחֵרִים. הֵם הֵם סִדְרֵי הַפְּרִישׁוּת הָאֵלֶּה. כִּי בָּזֶה בָּחַר ה׳, שֶׁכֵּיוָן שֶׁאִי אֶפְשָׁר לָאֻמָּה שֶׁתִּהְיֶה כֻּלָּהּ שָׁוָה בְּמַעֲלָה אַחַת - כִּי יֵשׁ בָּעָם מַדְרֵגוֹת מַדְרֵגוֹת, אִישׁ לְפִי שִׂכְלוֹ - הִנֵּה לְפָחוֹת יְחִידֵי סְגֻלָּה יִמָּצְאוּ אֲשֶׁר יָכִינוּ אֶת עַצְמָם הֲכָנָה גְּמוּרָה, וְעַל יְדֵי הַמּוּכָנִים יִזְכּוּ גַּם הַבִּלְתִּי מוּכָנִים אֶל אַהֲבָתוֹ יִתְבָּרַךְ וְהַשְׁרָאַת שְׁכִינָתוֹ. וּכְעִנְיַן שֶׁדָּרְשׁוּ זִכְרוֹנָם לִבְרָכָה בְּאַרְבָּעָה מִינִים שֶׁבַּלּוּלָב: יָבוֹאוּ אֵלֶּה וִיכַפְּרוּ עַל אֵלֶּה (ויקרא רבה ל, יב).

וּכְבָר מָצָאנוּ לְאֵלִיָּהוּ זָכוּר לַטּוֹב שֶׁאָמַר לְרַבִּי יְהוֹשֻׁעַ בֶּן לֵוִי בְּמַעֲשֵׂה דְּעוּלָּא בַּר קוֹשֵׁב, כְּשֶׁהֱשִׁיבוֹ: וְלֹא מִשְׁנָה הִיא? אַף הוּא אָמַר לוֹ: וְכִי מִשְׁנַת חֲסִידִים הִיא (ראה ירושלמי תרומות ח, י)?

אַךְ הַפְּרִישׁוּת הָרַע הוּא כְּדֶרֶךְ הַגּוֹיִים הַסְּכָלִים, אֲשֶׁר לֹא דַּי שֶׁאֵינָם לוֹקְחִים מִן הָעוֹלָם מַה שֶּׁאֵין לָהֶם הֶכְרֵחַ בּוֹ, אֶלָּא שֶׁכְּבָר יִמְנְעוּ מֵעַצְמָם גַּם אֶת הַמֻּכְרָח, וְיַיסְּרוּ גּוּפָם בְּיִסּוּרִין וּדְבָרִים זָרִים אֲשֶׁר לֹא חָפֵץ בָּהֶם ה׳ כְּלָל, אֶלָּא אַדְּרַבָּא חֲכָמִים אָמְרוּ: אָסוּר לְאָדָם שֶׁיְּסַגֵּף עַצְמוֹ [שֶׁמָּא יִצְטָרֵךְ לַבְּרִיּוֹת וְאֵין הַבְּרִיּוֹת מְרַחֲמִין עָלָיו] (ראה תענית כב, ב). וּבְעִנְיַן הַצְּדָקָה אָמְרוּ: כָּל מִי שֶׁצָּרִיךְ לִיטֹּל וְאֵינוֹ נוֹטֵל, הֲרֵי זֶה שׁוֹפֵךְ דָּמִים (ירושלמי פאה ח, ט; כא, ב). וְכֵן אָמְרוּ: לְנֶפֶשׁ חַיָּה (בראשית ב, ז), נְשָׁמָה שֶׁנָּתַתִּי בְּךָ הַחֲיֵה אוֹתָהּ (תענית כב, ב). וְאָמְרוּ:

You may object by asking: If separateness is necessary and essential, why did our Sages not legislate it as they did with their precautionary decrees and ordinances? For the answer is clear and simple. The Sages do not legislate a decree unless the majority of the community can abide by it (*Avodah Zarah* 36a); whereas the majority of the community cannot be pious, it will suffice for them to be righteous. It is rather for the spiritually elite – who aspire to be near to God (blessed be He) and, by their merit, benefit the commonality who are dependent upon them – to fulfill "the code of the pious" that the others cannot, [a code] which consists of the very rules of separateness under discussion. God's wish is this: Since it is impossible for the entire nation to be of the same standing – because individuals differ in rank according to their differing degrees of understanding – there should at least be exceptional individuals who complete their [spiritual] preparation; and through them, even the unprepared can receive His love (blessed be He), and the indwelling of His *Shekhinah*. As [our Sages], may their memory be blessed, said regarding the four species of the *lulav*: "Let these come and atone for the others" (*Vayikra Rabba* 30:12).

We find that Eliyahu (remembered for his good) said [this] to Rabbi Yehoshua ben Levi. When the latter, in the incident involving Ulla bar Kushav, argued in his own defense: "Am I not in conformity with the mishnah?" Eliyahu then reproached him: "But is it a mishnah for the pious" (*Yerushalmi Terumot* 8:10)?

The wrong type of separateness, however, is that of foolish gentiles who abstain not only from the unessential, but also from that which is essential to them. They punish their bodies with afflictions and strange practices that God does not desire at all. On the contrary, the Sages have said, "A person is forbidden to undergo privations [lest he come to need other people, but they will have no compassion for him]" (see *Ta'anit* 22b). And they said regarding charity, "Anyone who needs to take [charity], but refuses to do so, it is as though he shed blood" (*Yerushalmi Pe'ah* 8:9, 21b). They also interpreted the verse: "'A living soul' (*Bereishit* 2:7) – [the Torah means to say]: 'Sustain the soul I gave you'" (*Ta'anit* 22b). And they said,

כָּל הַיּוֹשֵׁב בְּתַעֲנִית נִקְרָא חוֹטֵא, וְהֶעֱמִידוּהָ בִּדְלָא מָצֵי מְצַעֵר נַפְשֵׁיהּ (שם יא, א–ב). וְהִלֵּל הָיָה אוֹמֵר: גֹּמֵל נַפְשׁוֹ אִישׁ חָסֶד (משלי יא, יז), עַל אֲכִילַת הַבֹּקֶר, וְהָיָה רוֹחֵץ פָּנָיו וְיָדָיו לִכְבוֹד קוֹנוֹ, קַל וָחֹמֶר מִדְּיוֹקְנָאוֹת הַמְּלָכִים (ראה ויקרא רבה לד, ג).

הֲרֵי לְךָ הַכְּלָל הָאֲמִתִּי: כָּל מַה שֶּׁאֵינוֹ מֻכְרָח לָאָדָם בְּעִנְיְנֵי הָעוֹלָם הַזֶּה רָאוּי לוֹ שֶׁיִּפְרֹשׁ מֵהֶם. וְכָל מַה שֶּׁהוּא מֻכְרָח לוֹ, מֵאֵיזֶה טַעַם שֶׁיִּהְיֶה, כֵּיוָן שֶׁהוּא מֻכְרָח לוֹ, אִם הוּא פּוֹרֵשׁ מִמֶּנּוּ הֲרֵי זֶה חוֹטֵא. הִנֵּה זֶה כְּלָל נֶאֱמָן, אַךְ מִשְׁפַּט הַפְּרָטִים עַל פִּי הַכְּלָל הַזֶּה אֵינוֹ מָסוּר אֶלָּא אֶל שִׁקּוּל הַדַּעַת; וּלְפִי שִׂכְלוֹ יְהֻלַּל אִישׁ (ע"פ משלי יב, ח), כִּי אִי אֶפְשָׁר לְקַבֵּץ כָּל הַפְּרָטִים כִּי רַבִּים הֵם, וְאֵין שֵׂכֶל הָאָדָם יָכוֹל לְהַקִּיף עַל כֻּלָּם, אֶלָּא דָּבָר דָּבָר בְּעִתּוֹ.

"He that fasts is called a sinner" (*Ta'anit* 11a), applying this statement to one who is unable to withstand such distress (ibid. 11b). And Hillel would apply the verse, "A kindly man benefits himself" (Mishlei 11:17), to the eating of breakfast. He would also wash his hands and face in honor of his Maker, [justifying his behavior] by logical extension from [the practice of washing] the statues of kings (cf. *Vayikra Rabba* 34:3).

Here then is the true criterion: One ought to abstain from all worldly things that are not essential for him. But should he abstain from anything that, for any reason, is essential for him, he is a sinner – because that thing is necessary for him [by God's will]. The principle is consistent, though applying it to a particular situation is left to one's discretion; each man shall be commended according to his own intelligence. For it is impossible to assemble all the particulars, as they are too numerous for the human mind to contain. Rather, each matter must be dealt with in its proper time.

פֶּרֶק יד:

בְּחֶלְקֵי הַפְּרִישׁוּת

אֲנָא בְּהַאי מִלְּתָא חַלָּא בַּר חַמְרָא וְכוּ׳ • לְעוֹלָם תְּהֵא דַּעְתּוֹ שֶׁל אָדָם מְעֹרֶבֶת וְכוּ׳

חֶלְקֵי הַפְּרִישׁוּת הָרָאשִׁיִּים שְׁלֹשָׁה: כִּי הִנֵּה יֵשׁ פְּרִישׁוּת בַּהֲנָאוֹת, פְּרִישׁוּת בְּדִינִים, פְּרִישׁוּת בְּמִנְהָגִים.

הַפְּרִישׁוּת בַּהֲנָאוֹת הוּא מַה שֶּׁהִזְכַּרְנוּ בְּפֶרֶק הַקּוֹדֵם, דְּהַיְנוּ שֶׁלֹּא לָקַחַת מִדִּבְרֵי הָעוֹלָם אֶלָּא מַה שֶּׁהַצֹּרֶךְ יַכְרִיחַ. וְדָבָר זֶה יַקִּיף עַל כָּל מַה שֶּׁהוּא תַּעֲנוּג לְאֶחָד מִן הַחוּשִׁים, וְהַיְנוּ: בְּמַאֲכָלוֹת, בִּבְעִילוֹת, בְּמַלְבּוּשִׁים, בְּטִיּוּלִים, בִּשְׁמוּעוֹת, וְכָל כַּיּוֹצֵא בָּזֶה, רַק בַּיָּמִים שֶׁהָעֹנֶג בָּהֶם מִצְוָה [יִתְעַנֵּג וְיִשְׁתַּעֲשַׁע, שֶׁהֲרֵי עִנּוּגוֹ מִצְוָה].[א]

הַפְּרִישׁוּת בְּדִינִים הוּא לְהַחְמִיר בָּהֶם תָּמִיד, לָחוּשׁ אֲפִלּוּ לְדִבְרֵי יָחִיד בְּמַחֲלוֹקוֹת, אִם טַעְמוֹ נִרְאֶה, אֲפִלּוּ שֶׁאֵין הֲלָכָה כְּמוֹתוֹ, וּבִתְנַאי שֶׁלֹּא יִהְיֶה חֻמְרוֹ קֻלּוֹ. וּלְהַחְמִיר בִּסְפֵקוֹת אֲפִלּוּ בְּמָקוֹם שֶׁאֶפְשָׁר לְהָקֵל בָּהֶם. וּכְבָר בֵּאֲרוּ לָנוּ הַחֲכָמִים זִכְרוֹנָם לִבְרָכָה מַאֲמַר יְחֶזְקֵאל: הִנֵּה נַפְשִׁי לֹא מְטֻמָּאָה [וּנְבֵלָה וּטְרֵפָה לֹא אָכַלְתִּי מִנְּעוּרַי וְעַד עַתָּה וְלֹא בָא בְּפִי בְּשַׂר פִּגּוּל] (יחזקאל ד, יד), שֶׁלֹּא אָכַלְתִּי מִבְּהֵמָה שֶׁהוֹרָה בָּהּ חָכָם, וְלֹא אָכַלְתִּי מִבְּשַׂר כֹּס כֹּס (חולין לז, ב). וְהִנֵּה כָּל זֶה מֻתָּר הוּא מִן הַדִּין וַדַּאי, אֶלָּא אִיהוּ דְּאַחְמִיר אַנַּפְשֵׁיהּ.

וּכְבָר זָכַרְתִּי לְמַעְלָה שֶׁאֵין לִלְמֹד מִמַּה שֶּׁהֻתַּר עַל כָּל יִשְׂרָאֵל לַפְּרוּשִׁים, שֶׁיֵּשׁ לָהֶם לְהַרְחִיק מִן הַכִּעוּר וּמִן הַדּוֹמֶה לוֹ וּמִן הַדּוֹמֶה לַדּוֹמֶה.

[א] הושלם ע״פ כתה״י. וברור שיש כאן השמטה בטעות הדומות: מצוה – מצוה.

Fourteen:
The Elements of Separateness

In this matter I am to my father as vinegar derived from wine • A person's disposition [towards people] should always be congenial

There are three principal components to the trait of separateness. There is separateness relating to pleasure, separateness relating to ritual law, and separateness relating to [social] conduct.

Separateness relating to pleasure is what we have mentioned in the previous chapter (*see above, p. 541*), namely, taking from the world no more than what necessity requires. This encompasses anything that affords pleasure to one of the senses through food, coupling, clothing, strolling, conversation, and the like. Only on days in which deriving pleasure is a *mitzvah* [may one indulge in and enjoy pleasure, because such pleasure is a *mitzvah*].

Separateness in the realm of the laws consists of being unfailingly stringent in their observance, taking into consideration even a lone dissenting view if its rationale is reasonable, even though it has not been accepted as authoritative, provided that its stringency not bring about [undue] leniency; and being stringent in case of doubt even where it is possible to be lenient. Our Sages, may their memory be blessed, explained the words of Yehezkel, "Behold my soul has never been defiled; [I have never eaten that which dies of itself or is torn by beasts from my youth until now; nor did loathsome meat ever come into my mouth]" (Yehezkel 4:14), as follows, "I never ate of an animal about which a Sage had to render a ruling, nor did I eat meat [from an animal about which one says], 'Slaughter it, slaughter it'"(see *Hullin* 37b)! All this is certainly permitted by law, but he was stricter with himself.

I have already mentioned earlier (*p. 539*) that what is permitted to all of Israel may not be applied to those committed to separateness.

וְכֵן אָמַר מַר עוּקְבָא: אֲנָא בְּהַאי מִלְּתָא חַלָּא בַּר חַמְרָא לְגַבֵּי אַבָּא, דְּאִלּוּ אַבָּא כַּד אָכַל בִּשְׂרָא הָאִידָּנָא לָא הֲוָה אָכֵל גְּבִינָא עַד לְמָחָר כִּי הַשְׁתָּא, וַאֲנָא בְּהַאי סְעוּדְתָא לָא אָכֵלְנָא, בִּסְעוּדְתָא אַחֲרִיתִי אָכֵלְנָא (שם קה, א). וּבְוַדַּאי שֶׁאֵין פְּסַק הַהֲלָכָה כְּמוֹ שֶׁהָיָה אָבִיו עוֹשֶׂה, שֶׁאִם לֹא כֵן לֹא הָיָה מַר עוּקְבָא עוֹשֶׂה נֶגֶד זֶה, אֶלָּא שֶׁאָבִיו מַחְמִיר הָיָה בִּפְרִישׁוּתוֹ, וּלְכָךְ הָיָה מַר עוּקְבָא קוֹרֵא עַצְמוֹ 'חַלָּא בַּר חַמְרָא', לְפִי שֶׁלֹּא הָיָה פּוֹרֵשׁ כָּל כָּךְ כְּמוֹהוּ.

וְהַפְּרִישׁוּת בְּמִנְהָגִים הוּא הַתְבּוֹדְדוּת[ב] וְהַהִבָּדֵל מִן הַחֶבְרָה הַמְּדִינִית, לְפַנּוֹת לִבּוֹ אֶל הָעֲבוֹדָה וְהַהִתְבּוֹנְנוּת בָּהּ כָּרָאוּי, וּבִתְנַאי שֶׁלֹּא יִטֶּה גַּם בָּזֶה אֶל הַקָּצֶה הָאַחֵר, שֶׁכְּבָר אָמְרוּ זִכְרוֹנָם לִבְרָכָה: לְעוֹלָם תְּהֵא דַּעְתּוֹ שֶׁל אָדָם מְעֹרֶבֶת עִם הַבְּרִיּוֹת (כתובות יז, א). וְכֵן אָמְרוּ: חֶרֶב אֶל[ג] הַבַּדִּים וְנֹאָלוּ (ירמיה נ, לו), חֶרֶב אֶל[ד] שׂוֹנְאֵיהֶם שֶׁל תַּלְמִידֵי חֲכָמִים שֶׁיּוֹשְׁבִים בַּד בְּבַד וְעוֹסְקִים בַּתּוֹרָה (ברכות סג, ב). אֶלָּא יִתְחַבֵּר הָאָדָם עִם הַטּוֹבִים זְמַן מַה שֶּׁמִּצְטָרֵךְ לוֹ לְלִמּוּדוֹ אוֹ לְפַרְנָסָתוֹ, וְיִתְבּוֹדֵד אַחַר כָּךְ לְהִדָּבֵק בֵּאלֹקָיו וּלְהַשִּׂיג דַּרְכֵי הַיֹּשֶׁר וְהָעֲבוֹדָה הָאֲמִתִּית.

וּבִכְלַל זֶה, לְמַעֵט בְּדִבּוּרוֹ וְלִיזָּהֵר מִן הַשִּׂיחָה בְּטֵלָה, וְשֶׁלֹּא לְהִסְתַּכֵּל חוּץ מֵאַרְבַּע אַמּוֹתָיו,[ה] וְכָל כַּיּוֹצֵא בָּזֶה מִן הָעִנְיָנִים שֶׁהָאָדָם מַרְגִּיל אֶת עַצְמוֹ בָּהֶם עַד שֶׁנִּשְׁאָרִים לוֹ בְּטֶבַע אֶל תְּנוּעוֹתָיו.

וְהִנֵּה שְׁלֹשֶׁת הַחֲלָקִים, אַף עַל פִּי שֶׁאֲמַרְתִּים לְךָ בִּכְלָלִים קְצָרִים, הִנְּךָ רוֹאֶה שֶׁהֵם כּוֹלְלִים פְּעֻלּוֹת רַבּוֹת מִפְּעֻלּוֹת הָאָדָם, וּכְבָר אָמַרְתִּי לְךָ, שֶׁהַפְּרָטִים אִי אֶפְשָׁר לִימָּסֵר כִּי אִם לְשִׁקּוּל הַדַּעַת לְהַיְשִׁיר אוֹתָם עַל יֹשֶׁר הַכְּלָל וַאֲמִתּוֹ.

[ב] בכתה"י: 'ההתבודדות'. ונראה שכך צ"ל. [ג] בד"ר: 'על'. התיקון ע"פ הכתוב.
[ד] בד"ר: 'על'. התיקון ע"פ כתה"י. [ה] ראה תשובות הגאונים, שערי תשובה, סי' קעח.

For such people must distance themselves from what is repulsive, from what resembles it, and from what is similar to what resembles it. As Mar Ukva said: "In this matter I am to my father as vinegar derived from wine. For were my father to eat meat today, he would not eat cheese until the same time tomorrow. I, on the other hand, would not eat cheese at the same meal, but at the next meal I would" (*Hullin* 105a). There is no question that the normative law is not in accordance with the practice of Mar Ukva's father; for were it so, Mar Ukva would not have acted to the contrary. Rather, his father was stringent in his separateness. And therefore, Mar Ukva referred to himself as "vinegar derived from wine," as he did not practice as much separateness as did his father.

Separateness in [social] conduct consists in withdrawal and separation from civil society in order to direct one's heart to Divine service and the proper understanding of same; provided that one does not carry this matter to the utmost extreme. For as [our Rabbis], may their memory be blessed, said, "A person's disposition towards people should always be congenial" (*Ketubot* 17a). They also said, "'A sword upon the liars [*baddim*], and they shall become fools' (Yirmiyahu 50:36) – a sword upon the enemies of Torah scholars who sit separately [*bad bevad*] and study Torah" (*Berakhot* 63b). Rather, one should associate with the worthy for whatever time is necessary for his studies or livelihood. Afterwards, he should seclude himself in order to conjoin with God and attain the ways of righteousness and true service.

Included under this rubric are: being sparing in one's speech, avoiding idle talk, not gazing outside one's "four cubits," and any similar practices to which one can habituate himself so that they become second nature to him.

You will observe that even though I have formulated these three divisions in brief, general statements, they embrace many human activities. As I have already told you (*see above, p. 541*), the particular applications must be left to one's discretion, so that they may be brought into conformity with the righteousness and truth of the general principles.

פֶּרֶק טו:

בְּדֶרֶךְ קְנִיַּת הַפְּרִישׁוּת

פִּתּוּי הָעָרֵב לִכְאוֹרָה הוּא מַה שֶּׁגָּרַם לַחֵטְא הָרִאשׁוֹן • חֶלְשַׁת הַתַּעֲנוּגִים וְשִׁקְרָם • הַהִתְמַדָּה בֵּין הַשָּׂרִים מַפְסִיד הַפְּרִישׁוּת • צָרִיךְ לִיזָּהֵר בִּקְנִיַּת הַפְּרִישׁוּת, שֶׁלֹּא לְדַלֵּג אֶל הַקָּצֶה הָאַחֲרוֹן בְּפַעַם אַחַת

הִנֵּה הַדֶּרֶךְ הַמֻּבְחָר לִקְנוֹת אֶת הַפְּרִישׁוּת הוּא שֶׁיִּסְתַּכֵּל הָאָדָם בִּגְרִיעוּת תַּעֲנוּגוֹת הָעוֹלָם הַזֶּה וּפְחִיתוּתָם מִצַּד עַצְמָם, וְהָרָעוֹת הַגְּדוֹלוֹת שֶׁקְּרוֹבוֹת לִיוָּלֵד מֵהֶם.

כִּי הִנֵּה מַה שֶּׁמַּטֶּה הַטֶּבַע אֶל הַתַּעֲנוּגוֹת הָאֵלֶּה, עַד שֶׁיִּצְטָרֵךְ כָּל כָּךְ כֹּחַ וְתַחְבּוּלוֹת לְהַפְרִישׁוֹ מֵהֶם, הוּא פִּתּוּי הָעֵינַיִם הַנִּפְתִּים בְּמַרְאֵה הַדְּבָרִים אֲשֶׁר הוּא טוֹב וְעָרֵב לִכְאוֹרָה. הוּא הַפִּתּוּי שֶׁגָּרַם לַחֵטְא הָרִאשׁוֹן שֶׁיֵּעָשֶׂה, כְּעֵדוּת הַכָּתוּב: וַתֵּרֶא הָאִשָּׁה כִּי טוֹב הָעֵץ לְמַאֲכָל וְכִי תַאֲוָה הוּא לָעֵינַיִם {וְנֶחְמָד הָעֵץ לְהַשְׂכִּיל} וַתִּקַּח מִפִּרְיוֹ וַתֹּאכַל (בראשית ג, ו). אֲבָל כְּשֶׁיִּתְבָּרֵר אֶל הָאָדָם הֱיוֹת הַטּוֹב הַהוּא כּוֹזֵב לְגַמְרֵי, מְדֻמֶּה וּבְלִי שׁוּם (הַתְמָדָה) [הָעֲמָדָה][א] נְכוֹנָה, וְהָרַע בּוֹ אֲמִתִּי אוֹ קָרוֹב לְהִוָּלֵד מִמֶּנּוּ בֶּאֱמֶת, וַדַּאי שֶׁיִּמְאַס בּוֹ וְלֹא יַחְפְּצֵהוּ[א*] כְּלָל. עַל כֵּן זֶהוּ כָּל הַלִּמּוּד שֶׁצָּרִיךְ שֶׁיְּלַמֵּד הָאָדָם אֶת שִׂכְלוֹ, לְהַכִּיר בְּחֻלְשַׁת הַתַּעֲנוּגִים הָאֵלֶּה וְשִׁקְרָם, עַד שֶׁמֵּאֵלָיו יִמְאַס בָּם וְלֹא יִקְשֶׁה בְּעֵינָיו לְשַׁלְּחָם מֵאִתּוֹ.

הִנֵּה תַּעֲנוּג הַמַּאֲכָל הוּא הַיּוֹתֵר מוּחָשׁ וּמֻרְגָּשׁ, הֲיֵשׁ דָּבָר אָבֵד וְנִפְסָד יוֹתֵר מִמֶּנּוּ? שֶׁהֲרֵי אֵין שִׁעוּרוֹ אֶלָּא כְּשִׁעוּר בֵּית הַבְּלִיעָה, כֵּיוָן שֶׁיָּצָא מִמֶּנָּה וְיָרַד בִּבְנֵי הַמֵּעַיִם אָבַד זִכְרוֹ וְנִשְׁכַּח כְּאִלּוּ לֹא הָיָה. וְכָךְ יִהְיֶה שָׂבֵעַ

[א] תוקן ע״פ כתה״י, וכן נכון. [א*] כך בכתה״י. בד״ר: ׳ימצאו׳.

Fifteen:

How to Acquire Separateness

Seduction by the superficial appearance of pleasing things is what led
to the commission of the first sin • The insignificance and falsity of
pleasures • Permanent association with aristocrats impedes separate-
ness • While in the process of acquiring [the trait of] separateness, a
person must be heedful not to leap to the far extreme all at once

The best way to acquire [the trait of] separateness is by contemplating
the baseness and insignificance of the pleasures of this world, in and
of themselves, and the great evils that are likely to be engendered
by them.

What inclines [man's] nature to these pleasures, so that much
strength and scheming are needed to separate from them, is the
propensity of the eyes to suffer seduction by the superficial
appearance of these good and pleasing things. It is this seduction
that led to the commission of the first sin. As Scripture testifies,
"And when the woman saw that the tree was good for food, and
that it was a delight to the eyes, {and a tree to be desired to make
one wise}, she took of its fruit, and ate" (Bereishit 3:6). But when it
becomes clear to a person that this [apparent] good is entirely false,
illusory, and lacking any firm basis, that it contains real evil or will
likely engender it, he will surely come to despise this good and have
no desire for it whatsoever. Therefore, the main lesson that a person
must impress upon his mind is to recognize the insignificance and
falsity of these delights, so that he may come to despise them of his
own accord and have no difficulty casting them away.

The pleasure derived from food is the most coarsely sensual. Yet
is there anything more perishable and corrupt? For its enjoyment
lasts only as long as it takes to pass through the throat; once it passes
[the throat] and descends to the intestines, its memory is lost and
forgotten, as if it had never existed. A person will be equally satiated

אִם אָכַל בַּרְבּוּרִים אֲבוּסִים כְּמוֹ אִם אָכַל לֶחֶם קִבֵּר לוֹ אָכַל מִמֶּנּוּ כְּדֵי שְׂבִיעָה. כָּל שֶׁכֵּן אִם יָשִׂים אֶל לִבּוֹ הֶחֳלָאִים הָרַבִּים שֶׁיְּכוֹלִים לָבוֹא עָלָיו מֵחֲמַת אֲכִילָתוֹ, וּלְפָחוֹת הַכֹּבֶד שֶׁמַּגִּיעֵהוּ אַחַר הָאֲכִילָה וְהֶעָשָׁנִים הַמְבַהֲלִים[ב] אֶת שִׂכְלוֹ. הִנֵּה עַל כָּל אֵלֶּה וַדַּאי שֶׁלֹּא יַחְפֹּץ אָדָם בַּדָּבָר הַזֶּה, כֵּיוָן שֶׁטּוֹבָתוֹ אֵינָהּ טוֹבָה וְרָעָתוֹ רָעָה.

וּשְׁאָר כָּל הַהֲנָאוֹת שֶׁבָּעוֹלָם כְּמוֹ כֵן, אִלּוּ יִתְבּוֹנֵן בָּהֶם יִרְאֶה שֶׁאֲפִלּוּ הַטּוֹב הַמְדֻמֶּה שֶׁבָּהֶם אֵינֶנּוּ אֶלָּא לִזְמַן מוּעָט, וְהָרַע שֶׁיָּכוֹל לְהִוָּלֵד מֵהֶם קָשֶׁה וְאָרֹךְ, עַד שֶׁלֹּא יָאוּת לְשׁוּם בַּעַל שֵׂכֶל לָשִׂים עַצְמוֹ בְּסַכָּנוֹת הָרָעוֹת עַל רֶוַח הַטּוֹב הַמּוּעָט הַהוּא. וְזֶה פָּשׁוּט.

וּכְשֶׁיַּרְגִּיל אֶת עַצְמוֹ וְיַתְמִיד בְּעִיּוּנוֹ עַל הָאֱמֶת הַזֹּאת, הִנֵּה מְעַט מְעַט יֵצֵא חָפְשִׁי מִמַּאֲסַר הַסִּכְלוּת אֲשֶׁר חֹשֶׁךְ הַחֹמֶר אוֹסֵר אוֹתוֹ בּוֹ, וְלֹא יִתְפַּתֶּה מִפִּתּוּיֵי הַהֲנָאוֹת הַכּוֹזְבוֹת כְּלָל. אָז יִמְאַס בָּהֶן וְיֵדַע שֶׁאֵין לוֹ לָקַחַת מִן הָעוֹלָם אֶלָּא הַהֶכְרֵחִי, וּכְמוֹ שֶׁכָּתַבְתִּי.[ג]

וְהִנֵּה כְּמוֹ שֶׁהַהִתְבּוֹנֵן עַל זֶה הַדָּבָר גּוֹרֵם קְנִיַּת הַפְּרִישׁוּת, כָּךְ סִכְלוּתוֹ מַפְסִיד אוֹתוֹ. וְהַהִתְמַדָּה בֵּין הַשָּׂרִים וְאַנְשֵׁי הַגְּדֻלּוֹת הָרוֹדְפִים אַחַר הַכָּבוֹד מַרְבִּים[ד] הַהֶבֶל. כִּי בִּרְאוֹתוֹ אֶת הַיְקָר הַהוּא וְהַגְּדֻלָּה הַהִיא, אִי אֶפְשָׁר שֶׁלֹּא תִּתְעוֹרֵר תַּאֲוָתוֹ בּוֹ לַחְמֹד אוֹתָם. וַאֲפִלּוּ לֹא יַנִּיחַ אֶת יִצְרוֹ שֶׁיְּנַצֵּחַ אוֹתוֹ, עַל כָּל פָּנִים מִידֵי מִלְחָמָה לֹא יִמָּלֵט, וְהִנֵּה הוּא בְּסַכָּנָה. וּכְעִנְיָן זֶה אָמַר שְׁלֹמֹה: טוֹב לָלֶכֶת[ה] אֶל בֵּית אֵבֶל מִלֶּכֶת אֶל בֵּית מִשְׁתֶּה (קהלת ז, ב).

וְיָקָר מִן הַכֹּל הוּא הַהִתְבּוֹדְדוּת, כִּי כְּמוֹ שֶׁמֵּסִיר מֵעֵינָיו עִנְיְנֵי הָעוֹלָם, כֵּן מַעֲבִיר חֶמְדָּתָם מִלִּבּוֹ. וּכְבָר הִזְכִּיר דָּוִד הַמֶּלֶךְ עָלָיו הַשָּׁלוֹם בְּשֶׁבַח הַהִתְבּוֹדְדוּת וְאָמַר: מִי יִתֶּן לִּי אֵבֶר כַּיּוֹנָה {אָעוּפָה וְאֶשְׁכֹּנָה}, הִנֵּה אַרְחִיק נְדֹד אָלִין בַּמִּדְבָּר סֶלָה (תהלים נה, ז-ח). וְהַנְּבִיאִים אֵלִיָּהוּ וֶאֱלִישָׁע מָצָאנוּ

[ב] בכתה"י: 'המכהים', וכן נכון. [ג] סוף פרק יג וראש פרק יד. [ד] בד"ר: 'ומרבים'. התיקון ע"פ כתה"י (שם: 'מרבים את ההבל'). [ה] בד"ר: 'לכת'. התיקון ע"פ הכתוב וכתה"י.

whether he eats fattened swans or a piece of black bread, as long as he eats a quantity that satisfies him. All the more so if he considers the many illnesses that may be contracted through eating, not the least of which are the heaviness that overcomes him after a meal and the vapors that confound his mind. There is no question that for all these [reasons] a person should have no desire for this [pleasure], as its good is not [true] good and its evil is [true] evil.

Similarly, when a person reflects upon all other worldly pleasures, he will see that even the illusory good [offered] is short-lived, while the evil they may engender is severe and protracted. It is not seemly for a man of intellect to expose himself to these evil dangers for the sake of a small amount of good that may be gained. This is readily apparent. As a person habituates himself to constant reflection upon this truth, he will gradually free himself from the bonds of folly with which the darkness of his material state binds him. Hence, he will never be deceived by these false pleasures. He will then come to despise them, understanding that he must only take from the world what is essential, as I have explained (*end of chap. 13 and beginning of chap. 14*).

Just as reflecting upon this matter leads to the acquisition of [the trait of] separateness, so does ignoring it impede its [acquisition]. Permanent association with aristocrats and men of great wealth who pursue honor [also] multiplies vanity. For when one sees their splendor and wealth, it will be impossible for lust not to rise within him to covet these things. And even if he does not allow his *Yetzer* to defeat him, he will, nevertheless, not escape the battle; he is therefore in danger. In a similar vein, Shelomo advised, "It is better to go to a house of mourning than to go to a house of feasting" (Kohelet 7:2).

Dearer than all else is seclusion. For when a person removes worldly matters from before his eyes, he also removes the desire for them from his heart. King David, peace be on him, had already spoken in praise of seclusion when he said, "O that I had the wings of a dove! {I would fly away, and find rest.} Surely, I would wander far off, and lodge in the wilderness" (Tehillim 55:7-8). And we find that the Prophets

הֱיוֹתָם מְיַחֲדִים מְקוֹמָם עַל הֶהָרִים מִפְּנֵי הִתְבּוֹדְדוּתָם. וְהַחֲכָמִים הַחֲסִידִים הָרִאשׁוֹנִים זִכְרוֹנָם לִבְרָכָה הָלְכוּ בְּעִקְּבוֹתֵיהֶם, כִּי מָצְאוּ לָהֶם זֶה הָאֶמְצָעִי הַיּוֹתֵר מוּכָן לִקְנוֹת שְׁלֵמוּת הַפְּרִישׁוּת, לְמַעַן אֲשֶׁר לֹא יְבִיאוּם הַבְלֵי חַבְרֵיהֶם לְהַהְבִּיל גַּם הֵם כְּמוֹתָם.

וּמִמַּה שֶּׁצָּרִיךְ לִיזָּהֵר בִּקְנִיַּת הַפְּרִישׁוּת הוּא, שֶׁלֹּא יִרְצֶה הָאָדָם לְדַלֵּג וְלִקְפֹּץ אֶל הַקָּצֶה הָאַחֲרוֹן שֶׁבּוֹ רֶגַע אֶחָד, כִּי זֶה וַדַּאי לֹא יַעֲלֶה בְּיָדוֹ; אֶלָּא יִהְיֶה פּוֹרֵשׁ וְהוֹלֵךְ מְעַט מְעַט, הַיּוֹם יִקְנֶה קְצָת מִמֶּנּוּ וּמָחָר יוֹסִיף עָלָיו מְעַט יוֹתֵר, עַד שֶׁיִּתְרַגֵּל בּוֹ לְגַמְרֵי, כִּי יָשׁוּב לוֹ כְּמוֹ טֶבַע מַמָּשׁ.

Eliyahu and Elisha designated a place for themselves in the mountains because of their [practice of] seclusion. And the ancient, pious Sages, may their memory be blessed, followed in their footsteps. For they found seclusion to be the most effective means of acquiring the perfect form of separateness, so that the vanities of their fellow men would not lure them into the same vain pursuits.

While in the process of acquiring [the trait of] separateness, a person must be heedful not to leap and jump to the far extreme all at once, for he will certainly not succeed. Rather, he should gradually proceed in separateness, acquiring a small amount today and adding a bit more tomorrow, until he is so completely accustomed to it that it becomes second nature to him.

פֶּרֶק יז:

בְּבֵאוּר מִדַּת הַטָּהֳרָה

כְּמוֹ שֶׁשַּׁיָּךְ טָהֳרָה בְּמַעֲשִׂים הַגּוּפָנִיִּים שֶׁלֹּא יְהֵא מִצַּד הַיֵּצֶר הָרָע, כָּךְ צָרִיךְ בְּמַעֲשִׂים טוֹבִים שֶׁלֹּא יַעֲשׂוּ מִשֶּׁל הַיֵּצֶר הָרָע • לְעוֹלָם יַעֲסֹק אָדָם בַּתּוֹרָה וְכוּ׳ • מַה שֶּׁצָּרִיךְ עִיּוּן גָּדוֹל לָאָדָם הוּא לְינָּצֵל מִתַּעֲרֹבֶת שֶׁל שֶׁלֹּא לִשְׁמָהּ • כְּשֵׁם שֶׁאֵינוֹ עוֹלֶה עַל הַמִּזְבֵּחַ אֶלָּא סֹלֶת מְנֻפָּה בִּשְׁלֹשׁ עֶשְׂרֵה נָפָה, כָּךְ אֵין הָעֲבוֹדָה מֻבְחֶרֶת אֶלָּא כְּשֶׁנִּטְהֲרָה בְּתַכְלִית טָהֳרַת הַמַּחֲשָׁבָה • כָּל הָעוֹשֶׂה מִצְוָה כְּמַאֲמָרָהּ אֵין מְבַשְּׂרִין וְכוּ׳ • מִי שֶׁלֹּא הִגִּיעַ לָאַהֲבָה הָאֲמִתִּית עִם בּוֹרְאוֹ יִהְיֶה לוֹ זִקּוּק הָעֲבוֹדָה לְטֹרַח, אַךְ מִי שֶׁאוֹהֲבוֹ בֶּאֱמֶת יִהְיֶה לוֹ לְשִׂמְחָה • הַלֵּב הוּא הַמֶּלֶךְ לְכָל הָאֵיבָרִים, אִם הוּא אֵינוֹ לַעֲבוֹדָתוֹ יִתְבָּרַךְ אֵין עֲבוֹדַת שְׁאָר הָאֵיבָרִים כְּלוּם

הַטָּהֳרָה הִיא תִּקּוּן הַלֵּב וְהַמַּחֲשָׁבוֹת. וְזֶה הַלָּשׁוֹן מְצָאנוּהוּ אֵצֶל דָּוִד שֶׁאָמַר: לֵב טָהוֹר בְּרָא לִי אֱלֹקִים (תהלים נא, יב).

וְעִנְיָנָהּ, שֶׁלֹּא יַנִּיחַ הָאָדָם מָקוֹם לַיֵּצֶר בְּמַעֲשָׂיו, אֶלָּא יִהְיוּ כָּל מַעֲשָׂיו עַל צַד הַחָכְמָה וְהַיִּרְאָה וְלֹא עַל צַד הַחֵטְא וְהַתַּאֲוָה. וְזֶה אֲפִלּוּ בַּמַּעֲשִׂים הַגּוּפָנִיִּים וְהַחָמְרִיִּים, שֶׁאֲפִלּוּ אַחֲרֵי הִתְנַהֲגוֹ בִּפְרִישׁוּת, דְּהַיְנוּ שֶׁלֹּא יִקַּח מִן הָעוֹלָם אֶלָּא הַהֶכְרֵחִי, עֲדַיִן יִצְטָרֵךְ לְטַהֵר לְבָבוֹ וּמַחֲשַׁבְתּוֹ, שֶׁגַּם בְּאוֹתוֹ הַמְּעַט אֲשֶׁר הוּא לוֹקֵחַ לֹא יְכַוֵּן אֶל הַהֲנָאָה וְהַתַּאֲוָה כְּלָל, אֶלָּא תִּהְיֶה כַּוָּנָתוֹ אֶל הַטּוֹב הַיּוֹצֵא מִן הַמַּעֲשֶׂה הַהוּא עַל צַד הַחָכְמָה וְהָעֲבוֹדָה. וּכְעִנְיָן שֶׁאָמְרוּ בְּרַבִּי אֱלִיעֶזֶר שֶׁהָיָה מְגַלֶּה טֶפַח וּמְכַסֶּה טְפָחַיִם וְדוֹמֶה לְמִי שֶׁכְּפָאוֹ שֵׁד (נדרים כ, ב), שֶׁלֹּא הָיָה נֶהֱנֶה כְּלָל, וְלֹא הָיָה עוֹשֶׂה הַמַּעֲשֶׂה הַהוּא אֶלָּא מִפְּנֵי הַמִּצְוָה וְהָעֲבוֹדָה.

Sixteen:

The Trait of Purity

Just as purity of thought pertains to bodily deeds to ensure that they do not belong to the Evil Yetzer, so too does purity of thought pertain to good deeds to ensure that they do not belong to the Evil Yetzer • A person should always occupy himself with Torah [and mitzvot, even if not for their own sake] • Deep examination is required for a person to be saved from a commingling of "not for the sake [of the mitzvah]" • Just as it is not permitted to offer up on the altar anything but flour that was sifted through thirteen sieves, so too the select service of God is only that which is absolutely pure in thought • Anyone who performs a mitzvah as it is stated will receive no evil tidings • He who has not attained true love of the Creator will find refinement of service tedious; but he who truly loves Him, will find it a joy • The heart is the king of all parts of the body; if the heart does not dedicate itself to God's service, then the service of the other organs is worthless

---

Purity involves the perfection of the heart and thought. We find the same term used by David, who said: "Create in me a pure heart, O God" (Tehillim 51:12).

The meaning [of this purity] is that a person leave no place for the *Yetzer* in his deeds. Rather, all his actions should be [motivated] by wisdom and fear [of God], and not by sin or lust. This applies even to bodily and material deeds. For even after conducting oneself in separateness, that is, taking from this world only the essential, a person must still purify his heart and thought, so that even with regard to the small amount he takes, he is motivated not at all by pleasure or lust, but by the good that will issue from actions [motivated] by wisdom and Divine service. As they said of Rabbi Eliezer, who would expose one handbreadth and conceal two, and act as though compelled by a demon (*Nedarim* 20b). He derived no pleasure whatsoever and performed the act only because of the *mitzvah* and Divine service.

וְעַל דָּבָר זֶה[א] אָמַר שְׁלֹמֹה: בְּכָל דְּרָכֶיךָ דָעֵהוּ וְהוּא יְיַשֵּׁר אֹרְחֹתֶיךָ (משלי ג, ו).

וְאָמְנָם צָרִיךְ שֶׁתֵּדַע, שֶׁכְּמוֹ שֶׁשַּׁיָּךְ טָהֳרַת הַמַּחֲשָׁבָה בְּמַעֲשִׂים הַגּוּפָנִיִּים אֲשֶׁר הֵם מִצַּד עַצְמָם קְרוֹבִים לַיֵּצֶר, לְשֶׁיִּתְרַחֲקוּ מִמֶּנּוּ וְלֹא יִהְיוּ מִשֶּׁלּוֹ, כֵּן שַׁיָּךְ טָהֳרַת הַמַּחֲשָׁבָה בְּמַעֲשִׂים הַטּוֹבִים הַקְּרוֹבִים לַבּוֹרֵא יִתְבָּרַךְ שְׁמוֹ, לְשֶׁלֹּא יִתְרַחֲקוּ מִמֶּנּוּ וְלֹא יִהְיוּ מִשֶּׁל הַיֵּצֶר. וְהוּא עִנְיַן שֶׁלֹּא לִשְׁמָהּ הַמֻּזְכָּר בְּדִבְרֵי רַבּוֹתֵינוּ זִכְרוֹנָם לִבְרָכָה פְּעָמִים רַבּוֹת (פסחים נ, ב; סוכה מט, ב, ועוד).

וְאוּלָם כְּבָר נִתְבָּאֲרוּ דִּבְרֵי הַחֲכָמִים זִכְרוֹנָם לִבְרָכָה שֶׁיֵּשׁ מִינִים שׁוֹנִים שֶׁל שֶׁלֹּא לִשְׁמָהּ. הָרַע מִכֻּלָּם הוּא שֶׁאֵינֶנּוּ עוֹבֵד לְשֵׁם עֲבוֹדָה כְּלָל, אֶלָּא לְרַמּוֹת בְּנֵי הָאָדָם וּלְהַרְוִיחַ הוּא כָּבוֹד אוֹ מָמוֹן. וְזֶהוּ שֶׁאָמְרוּ בּוֹ: נוֹחַ לוֹ שֶׁנֶּהֶפְכָה שִׁלְיָתוֹ עַל פָּנָיו (ירושלמי ברכות א, ב; ג, ב). וְעָלָיו אָמַר הַנָּבִיא: וַנְּהִי כַטָּמֵא כֻּלָּנוּ וּכְבֶגֶד עִדִּים כָּל צִדְקֹתֵינוּ (ישעיה סד, ה).

וְיֵשׁ מִין אַחֵר שֶׁל שֶׁלֹּא לִשְׁמָהּ, שֶׁהוּא הָעֲבוֹדָה עַל מְנַת לְקַבֵּל פְּרָס, וְעָלָיו אָמְרוּ: לְעוֹלָם יַעֲסֹק אָדָם בַּתּוֹרָה וּבַמִּצְווֹת וַאֲפִלּוּ שֶׁלֹּא לִשְׁמָהּ, שֶׁמִּתּוֹךְ שֶׁלֹּא לִשְׁמָהּ בָּא לִשְׁמָהּ (פסחים נ, ב). אַךְ עַל כָּל פָּנִים מִי שֶׁלֹּא הִגִּיעַ עֲדַיִן מִתּוֹךְ שֶׁלֹּא לִשְׁמָהּ אֶל לִשְׁמָהּ, הֲרֵי רָחוֹק הוּא מִשְּׁלֵמוּתוֹ.

אָמְנָם מַה שֶּׁצָּרִיךְ לָאָדָם יוֹתֵר עִיּוּן וּמְלָאכָה רַבָּה הוּא תַּעֲרֹבֶת הָאִסּוּר. דְּהַיְנוּ, שֶׁלִּפְעָמִים הָאָדָם הוֹלֵךְ וְעוֹשֶׂה מִצְוָה לִשְׁמָהּ מַמָּשׁ, שֶׁכָּךְ גָּזַר אָבִינוּ שֶׁבַּשָּׁמַיִם, אָמְנָם לֹא יֶחְדַּל מִלְּשַׁתֵּף עִמָּהּ אֵיזֶה פְּנִיָּה אַחֶרֶת, אוֹ שֶׁיְּשַׁבְּחוּהוּ[ב] בְּנֵי הָאָדָם אוֹ שֶׁיְּקַבֵּל שָׂכָר בְּמַעֲשֵׂהוּ. וְלִפְעָמִים אֲפִלּוּ אִם לֹא יִהְיֶה מִתְכַּוֵּן מַמָּשׁ

[א] כך בכתה"י. בד"ר: 'ועד"ז'. ובדפוסים מאוחרים פתרו: 'ועל דרך זה'. [ב] כך בכתה"י. בד"ר: 'שישבחהו'.

Shelomo said about this: "In all your ways know Him, and He will straighten your paths" (Mishlei 3:6).

But you must understand that just as purity of thought pertains to bodily deeds (which are [by nature] close to the *Yetzer*) to ensure that they are removed from the *Yetzer* and do not belong to it – so too does purity of thought pertain to good deeds (which are [by nature] close to the Creator, blessed be He) to ensure that they are *not* removed from Him and do *not* belong to the *Yetzer*. This is the meaning of "not for the sake of the *mitzvah* itself," often mentioned in the statements of our Rabbis, may their memory be blessed (*Pesahim* 50b, et al.).

However, the words of the Sages, may their memory be blessed, have already been explained to the effect that there are various types of "not for the sake of the *mitzvah* itself." The worst one is the type where one serves not for the sake of Divine service at all, but in order to deceive people so as to gain honor or money. About such a person it is stated: "It would have been better for him had the afterbirth [in which he lay] been turned over his face" (*Yerushalmi Berakhot* 1:2, 3b). And about him the Prophet said: "And we are all as one that is unclean, and all our righteous acts as filthy rags" (Yeshayahu 64:5).

There is also another type of "not for the sake of the *mitzvah* itself," namely, serving for the sake of receiving a reward. With regard to this it is said: "A person should always occupy himself with Torah and *mitzvot,* even if not for their own sake; for through [service that is] not for its own sake, one comes to [service that is] for its own sake" (*Pesahim* 50b). Yet he who has not yet achieved "[service that is] for its own sake" through "[service that is] not for its own sake," is still far from perfection.

However, that which requires deeper examination and greater effort [to discern] is the commingling of the "forbidden" [in one's motivations]. That is, oftentimes a person performs a *mitzvah* entirely for its own sake, our Father in heaven having decreed it. Yet, he incorporates some other motive into his action, such as the hope of winning the praise of his fellow man or of receiving a reward for his deed. And oftentimes, though he may not actually intend to

לְשֶׁיְּשַׁבְּחוּהוּ, בִּשְׂמֹחַ לִבּוֹ עַל הַשֶּׁבַח יַרְבֶּה לְדַקְדֵּק יוֹתֵר. כְּעֵין מַעֲשֶׂה שֶׁל בִּתּוֹ שֶׁל רַבִּי חֲנִינָא בֶּן תְּרַדְיוֹן שֶׁהָיְתָה פּוֹסַעַת פְּסִיעוֹת יָפוֹת, וְכֵיוָן שֶׁשָּׁמְעָה שֶׁאוֹמְרִים כַּמָּה נָאוֹת פְּסִיעוֹתֶיהָ שֶׁל רִיבָה זוֹ, מִיָּד דִּקְדְּקָה יוֹתֵר (עבודה זרה יח, א), הֲרֵי הַתּוֹסֶפֶת הַזֶּה נוֹלַד מִכֹּחַ הַשֶּׁבַח שֶׁשִּׁבְּחוּהוּ.[ג]

וְאָמְנָם אַף עַל פִּי שֶׁאִסּוּר כָּזֶה בָּטֵל בְּמִעוּטוֹ, עַל כָּל פָּנִים הַמַּעֲשֶׂה שֶׁתַּעֲרֹבֶת כָּזֶה בְּתוֹכוֹ טָהוֹר לְגַמְרֵי אֵינֶנּוּ. כִּי הִנֵּה כְּשֵׁם שֶׁאֵין עוֹלָה עַל גַּבֵּי הַמִּזְבֵּחַ שֶׁלְּמַטָּה אֶלָּא סֹלֶת נְקִיָּה מְנֻפָּה בִּשְׁלֹשׁ עֶשְׂרֵה נָפָה (ראה מנחות עו, ב), שֶׁכְּבָר טָהַר לְגַמְרֵי מִכָּל סִיג, כָּךְ אִי אֶפְשָׁר לַעֲלוֹת עַל רְצוֹן מִזְבְּחוֹ הָעֶלְיוֹן לִהְיוֹת מֵעֲבוֹדַת הָאֵל הַשְּׁלֵמָה וְהַמֻּבְחֶרֶת, אֶלָּא הַמֻּבְחָר שֶׁבַּמַּעֲשִׂים, הַטָּהוֹר מִכָּל מִינֵי סִיג.

וְאֵינֶנִּי אוֹמֵר שֶׁמָּה שֶׁהוּא זוּלַת זֶה יִהְיֶה נִדְחֶה לְגַמְרֵי, כִּי הֲרֵי הַקָּדוֹשׁ בָּרוּךְ הוּא אֵינוֹ מְקַפֵּחַ שְׂכַר כָּל בְּרִיָּה[ד] וּמְשַׁלֵּם שְׂכַר הַמַּעֲשִׂים לְפִי מַה שֶּׁהֵם.

אָמְנָם עַל הָעֲבוֹדָה הַתְּמִימָה אֲנִי מְדַבֵּר, הָרְאוּיָה לְכָל אוֹהֲבֵי ה׳ בֶּאֱמֶת, שֶׁלֹּא יִקָּרֵא בְּזֶה הַשֵּׁם אֶלָּא הָעֲבוֹדָה הַטְּהוֹרָה לְגַמְרֵי, שֶׁלֹּא תִּהְיֶה הַפְּנִיָּה בָּהּ אֶלָּא לַשֵּׁם יִתְבָּרַךְ וְלֹא לְזוּלָתוֹ. וְכָל מַה שֶּׁיִּתְרַחֵק מִן הַמַּדְרֵגָה הַזֹּאת, כְּפִי הַרְבּוֹת רִחוּקוֹ כֵּן יִרְבֶּה הַחִסָּרוֹן בָּהּ.

הוּא מַה שֶּׁדָּוִד הַמֶּלֶךְ עָלָיו הַשָּׁלוֹם אוֹמֵר: מִי לִי בַשָּׁמָיִם וְעִמְּךָ לֹא חָפַצְתִּי בָאָרֶץ (תהלים עג, כה). וְאָמַר כְּמוֹ כֵן: צְרוּפָה אִמְרָתְךָ מְאֹד וְעַבְדְּךָ אֲהֵבָהּ (שם קיט, קמ). כִּי בֶּאֱמֶת הָעֲבוֹדָה הָאֲמִתִּית צְרִיכָה לִהְיוֹת צְרוּפָה הַרְבֵּה יוֹתֵר מִן הַזָּהָב וּמִן הַכֶּסֶף. וְהוּא מַה שֶּׁנֶּאֱמַר עַל הַתּוֹרָה: אִמְרוֹת ה׳ אֲמָרוֹת טְהֹרוֹת כֶּסֶף צָרוּף בַּעֲלִיל לָאָרֶץ מְזֻקָּק שִׁבְעָתָיִם (שם יב, ז). וּמִי שֶׁהוּא עוֹבֵד ה׳ בֶּאֱמֶת לֹא יִסְתַּפֵּק בָּזֶה בְּמוּעָט, וְלֹא יִתְרַצֶּה לָקַחַת כֶּסֶף מְעֹרָב בְּסִיגִים וּבְדִילִים, דְּהַיְנוּ עֲבוֹדָה מְעֹרֶבֶת בִּפְנִיּוֹת לֹא טוֹבוֹת, אֶלָּא

[ג] כלומר, ששבחו את המעשה. [ד] ראה בבא קמא לח, ב, ועוד.

win praise, yet inasmuch as his heart rejoices in the praise received, he is moved to even greater care [in how he acts]. This is similar to the incident regarding the daughter of Rabbi Hanina ben Teradyon who was once walking with graceful strides. When she overheard people remarking, "How beautifully that maiden walks," she immediately became even more meticulous [in her graceful manner] (*Avodah Zarah* 18a). So you see that this additional [care] was motivated by the praise she received.

Even if the forbidden element in one's motivation is of minute proportions, the deed containing such an intermingling of motives is not yet entirely pure. For just as it is not permitted to offer up on the earthly altar anything but the finest flour, sifted through thirteen sieves (see *Menahot* 76b) and absolutely clean of all impurity, so too is it impossible to offer up on His heavenly altar anything but the choicest of deeds, clean of any type of impurity, in order that it be accepted as part of God's perfect and select service.

Yet I am not saying that anything other than that would be completely rejected. For surely the Holy One, blessed be He, does not "shortchange" the reward of any creature (*Baba Kamma* 38b, et al.), but rewards actions for what they are. However, I speak here of the perfect service that befits all those who truly love God. This designation can only be applied to service which is absolutely pure, that which is directed to the blessed One alone and nothing else. And should any [act of worship] fall short of this level, the more it falls short, the more deficient it is.

This is what King David, peace be on him, meant when he said: "Whom have I in heaven but You? And having You, I need no one on earth" (Tehillim 73:25). Similarly he said: "Your word is very pure; therefore Your servant loves it" (Tehillim 119:140). For in fact the true service of God must be much more refined than gold and silver. As it is stated regarding the Torah: "The words of the Lord are pure words; as purified silver, clear to the world, refined seven times" (Tehillim 12:7). One who truly serves God will not content himself with imperfect [worship]. He will not agree to accept silver mixed with dross and lead – that is, Divine service mixed with impure motivations –

הַזַּךְ וְהַטָּהוֹר כָּרָאוּי. וְאָז יִקָּרֵא עוֹשֶׂה מִצְוָה כְּמַאֲמָרָהּ, שֶׁעָלָיו אָמְרוּ זִכְרוֹנָם לִבְרָכָה: כָּל הָעוֹשֶׂה מִצְוָה כְּמַאֲמָרָהּ אֵין מְבַשְּׂרִין אוֹתוֹ בְּשׂוּרוֹת רָעוֹת (שבת סג, א). וְכֵן אָמְרוּ זִכְרוֹנָם לִבְרָכָה: עֲשֵׂה דְבָרִים לְשֵׁם פּוֹעֲלָן וְדַבֵּר בָּהֶם לִשְׁמָן (נדרים סב, א).

וְהוּא מַה שֶׁבּוֹחֲרִים אוֹתָם שֶׁהֵם עוֹבְדֵי ה׳ בְּלֵב שָׁלֵם. כִּי מִי שֶׁלֹּא נִתְדַּבֵּק עִמּוֹ יִתְבָּרַךְ בְּאַהֲבָה אֲמִתִּית, צֵרוּף הָעֲבוֹדָה הַזֹּאת תִּהְיֶה לוֹ לְטֹרַח וּלְמַשָּׂא גָּדוֹל. כִּי יֹאמַר: מִי יוּכַל לַעֲמֹד בָּזֶה, וַאֲנַחְנוּ בְּנֵי חֹמֶר יְלוּדֵי אִשָּׁה, אִי אֶפְשָׁר לְהַגִּיעַ אֶל הַזִּקּוּק[ה] וְהַצֵּרוּף הַזֶּה. אָמְנָם אוֹהֲבֵי ה׳ וַחֲפֵצֵי עֲבוֹדָתוֹ, הִנֵּה שָׂמֵחַ לִבָּם לְהַרְאוֹת אֲמִתַּת[ו] אַהֲבָתָם לְפָנָיו יִתְבָּרַךְ וּלְהִתְעַצֵּם בִּצְרוּפָהּ וְטָהֳרָתָהּ. הוּא מַה שֶּׁסִּיֵּם דָּוִד עַצְמוֹ מַאֲמָרוֹ: וְעַבְדְּךָ אֲהֵבָהּ (תהלים קיט, קמ).

וְהִנֵּה בֶּאֱמֶת זֶהוּ הַמִּבְחָן שֶׁבּוֹ נִבְחָנִים וְנִבְדָּלִים עוֹבְדֵי ה׳ עַצְמָם בְּמַדְרֵגָתָם. כִּי מִי שֶׁיּוֹדֵעַ לְטַהֵר לִבּוֹ יוֹתֵר הוּא הַמִּתְקָרֵב יוֹתֵר וְהָאָהוּב יוֹתֵר אֶצְלוֹ יִתְבָּרַךְ. הֵם הֵמָּה הָרִאשׁוֹנִים אֲשֶׁר בָּאָרֶץ הֵמָּה,[ז] אֲשֶׁר גָּבְרוּ וְנִצְּחוּ בַּדָּבָר הַזֶּה, הָאָבוֹת וּשְׁאָר הָרוֹעִים אֲשֶׁר טִהֲרוּ לִבָּם לְפָנָיו. הוּא מַה שֶּׁדָּוִד מַזְהִיר אֶל שְׁלֹמֹה בְּנוֹ: כִּי כָל לְבָבוֹת דּוֹרֵשׁ ה׳ וְכָל יֵצֶר מַחֲשָׁבוֹת הוּא[ח] מֵבִין (דברי הימים א כח, ט). וְכֵן אָמְרוּ זִכְרוֹנָם לִבְרָכָה: רַחֲמָנָא לִבָּא בָּעֵי (סנהדרין קו, ב). כִּי אֵין דַּי לָאָדוֹן בָּרוּךְ הוּא בְּמַעֲשִׂים לְבַדָּם שֶׁיִּהְיוּ מַעֲשֵׂי מִצְוָה, אֶלָּא הָעִקָּר לְפָנָיו שֶׁהַלֵּב יִהְיֶה טָהוֹר לְכַוֵּן בָּהּ לַעֲבוֹדָה אֲמִתִּית.

וְהִנֵּה הַלֵּב הוּא הַמֶּלֶךְ לְכָל חֶלְקֵי הַגּוּף וְנוֹהֵג בָּם, וְאִם הוּא אֵינוֹ מֵבִיא עַצְמוֹ אֶל עֲבוֹדָתוֹ יִתְבָּרַךְ אֵין עֲבוֹדַת שְׁאָר הָאֵיבָרִים כְּלוּם, כִּי אֶל אֲשֶׁר יִהְיֶה שָׁמָּה רוּחַ הַלֵּב לָלֶכֶת יֵלֵכוּ.[ט] וּמִקְרָא כָּתוּב בְּפֵרוּשׁ: תְּנָה בְנִי לִבְּךָ לִי (משלי כג, כו).

[ה] בד״ר: ׳הזיקוף׳ (טעות הדפוס). [ו] כך בכתה״י. בד״ר: ׳אמונת׳ (ניכר שמקורו בפענוח לא נכון של כתב ידו של רבינו). [ז] בכתה״י: ׳קדושים אשר בארץ המה׳. תהלים טז, ג. [ח] תיבת ׳הוא׳ אינה מן המקרא. [ט] ע״פ יחזקאל א, יב.

but only that which is clean and pure as it should be. Then he will be called "one who performs a *mitzvah* as it is stated;" about whom our Sages, may their memory be blessed, said: "Anyone who performs a *mitzvah* as it is stated will receive no evil tidings" (*Shabbat* 63a). Our Sages, may their memory be blessed, also said: "Do things for the sake of their Maker, and speak of them for their own sake" (*Nedarim* 62a).

This is what those who serve God with a perfect heart choose [to do]. For he who does not conjoin with the Blessed One in true love will find this refinement of service tedious and extremely burdensome. He will say: "Who can withstand this? We are creatures of clay, born of woman. It is impossible to attain to [this level of] refinement and purification." But those who love God and delight in His service are happy to demonstrate their sincere love for Him (blessed be He), and intensify their efforts to refine and purify it. This is what David himself meant in his concluding words: "Therefore Your servant loves it" (Tehillim 119:140).

In truth, this is the criterion by which those who serve God are tested and distinguished according to their rank. For one who knows best how to purify his heart is closer to God and more beloved by Him, blessed be He. Such were the ancients on the earth, those who grew in strength and emerged victorious in this matter, the Patriarchs and the other shepherds who purified their hearts before Him. This is what David forewarned his son Shelomo: "For the Lord searches all hearts, and understands all plans and thoughts"(I Divrei haYamim 28:9). And [our Sages], may their memory be blessed, said: "The Merciful one desires the heart" (*Sanhedrin* 106b). For the Master (blessed be He) is not satisfied with actions alone in that they are merely deeds of *mitzvah*. Rather, the most important thing to Him is that one's heart be pure so that it is directed to true [Divine] service.

The heart is king over all parts of the body and leads them. If the heart does not dedicate itself to God's service (blessed be He), then the service of the other organs is worthless. For wherever the spirit of the heart will go, the organs will follow. As it is explicitly stated in Scripture: "My son, give me your heart" (Mishlei 23:26).

פֶּרֶק יז:

בְּדֶרֶךְ קְנִיַּת הַטָּהֳרָה וְהַהַרְחָקָה מִמַּפְסִידֶיהָ

כָּל מַה שֶּׁיַּעֲמִיק הָאָדָם לְהִתְבּוֹנֵן עַל פְּחִיתוּת הַחָמְרִיּוּת יוֹתֵר קַל יִהְיֶה לוֹ לְטַהֵר מַחְשְׁבוֹתָיו • הַהַזְמָנָה לְמִצְוֹת הוּא אֶמְצָעִי לְטָהֳרָה

הִנֵּה הַדֶּרֶךְ לְהַשִּׂיג הַמִּדָּה הַזֹּאת קַל הוּא לְמִי שֶׁכְּבָר הִשְׁתַּדֵּל וְהִשִּׂיג הַמִּדּוֹת הַשְּׁנוּיוֹת עַד הֵנָּה. כִּי הִנֵּה כְּשֶׁיַּחְשֹׁב וְיִתְבּוֹנֵן עַל פְּחִיתוּת תַּעֲנוּגֵי הָעוֹלָם וְטוּבוֹתָיו, כְּמוֹ שֶׁכָּתַבְתִּי לְמַעְלָה, יִמְאַס בָּהֶם וְלֹא יַחְשְׁבֵם אֶלָּא לְרָעוֹת וּלְחֶסְרוֹנוֹת הַטֶּבַע הַחָמְרִי הֶחָשׁוּךְ וְהַגַּס. וּבְהִתְאַמֵּת אֶצְלוֹ הֱיוֹתָם מַמָּשׁ חֶסְרוֹנוֹת וְרָעוֹת, וַדַּאי שֶׁיֵּקַל לוֹ לְהִבָּדֵל מֵהֶם וּלְהַסִּירָם מִלִּבּוֹ. עַל כֵּן כָּל מַה שֶּׁיַּעֲמִיק וְיַתְמִיד לְהַכִּיר פְּחִיתוּת הַחָמְרִיּוּת וְתַעֲנוּגָיו, יוֹתֵר יִהְיֶה נָקֵל לוֹ לְטַהֵר מַחְשְׁבוֹתָיו וְלִבּוֹ שֶׁלֹּא לִפְנוֹת אֶל הַיֵּצֶר כְּלָל בְּשׁוּם מַעֲשֶׂה מִן הַמַּעֲשִׂים, אֶלָּא יִהְיֶה בַּמַּעֲשִׂים הַחָמְרִיִּים כְּאָנוּס, לֹא זוּלַת.

וְאָמְנָם כְּמוֹ שֶׁטָּהֳרַת הַמַּחֲשָׁבָה חִלַּקְנוּהָ לִשְׁנֵי חֲלָקִים, הָאֶחָד בַּמַּעֲשִׂים הַגּוּפָנִיִּים וְהָאֶחָד בְּמַעֲשֵׂי הָעֲבוֹדָה, כֵּן הָעִיּוּן הַמִּצְטָרֵךְ כְּדֵי לִקְנוֹתָהּ יִתְחַלֵּק לִשְׁנַיִם. כִּי הִנֵּה לְטַהֵר מַחֲשַׁבְתּוֹ בְּמַעֲשֵׂי גּוּפָנִיּוּתוֹ,[א] הַדֶּרֶךְ הוּא לְהַתְמִיד הִסְתַּכְּלוּתוֹ עַל פְּחִיתוּת הָעוֹלָם וְתַעֲנוּגָיו, כְּמוֹ שֶׁכָּתַבְתִּי. וּלְטַהֵר מַחֲשַׁבְתּוֹ בְּמַעֲשֵׂי עֲבוֹדָתוֹ, יַרְבֶּה הִתְבּוֹנְנוּתוֹ עַל תַּרְמִית הַכָּבוֹד וּכְזָבָיו, וְיַרְגִּיל עַצְמוֹ לִבְרֹחַ מִמֶּנּוּ, אָז יִנָּקֶה בְּעֵת עֲבוֹדָתוֹ מִפְּנוֹת אֶל הַשֶּׁבַח וְאֶל הַתְּהִלָּה אֲשֶׁר יְהַלְלוּהוּ בְּנֵי הָאָדָם, וְתִהְיֶה מַחֲשַׁבְתּוֹ פּוֹנָה בְּיִחוּד אֶל אֲדוֹנֶיהָ,

[א] בד"ר: 'גופניותו'.

Seventeen:

How to Acquire Purity and Avoid What is Detrimental to it

The more deeply a person contemplates the baseness of materiality, the easier it will be to purify his thoughts • Readying oneself [before engaging] in mitzvot is a measure that leads to [the acquisition of] purity

The way to attain the trait [of purity] is indeed easy for a person who has already exerted himself and acquired the traits thus far taught. For when he considers and contemplates the baseness of worldly pleasures and goods, as I have stated earlier *(see above, p. 547)*, he will spurn them and regard them solely as evils and defects of the nature of [his] matter that is dark and dense. And once he is convinced that they are real defects and evils, he will surely find it easier to separate himself from them and remove them from his heart. Therefore, the more deeply and constantly he delves into the matter, in order to recognize the baseness of materiality and its pleasures, the easier it will be to purify his thoughts and heart so that he never turn to the *Yetzer* in anything he does. Rather, he will engage in material deeds as if compelled, not otherwise.

But just as we have divided purity of thought into two parts – the first relating to bodily functions and the second to acts of Divine service – so too the reflection necessary to acquire purity is divided into two. For the way a person purifies his thought with respect to his bodily functions is, as I have stated, by constantly contemplating the base nature of the world and its pleasures. In order to purify his thought regarding the deeds he performs in the service of God, he must greatly ponder the false and illusory nature of glory, habituating himself to flee from it. He will then be free from turning to the praise and approbation of men while serving God. His thought will be directed exclusively to the Master [of praise],

אֲשֶׁר הוּא תְּהִלָּתֵנוּ וְהוּא כָּל טוּבֵנוּ וּשְׁלֵמוּתֵנוּ וְאֶפֶס זוּלָתוֹ. וְכֵן הוּא אוֹמֵר: הוּא תְהִלָּתְךָ וְהוּא אֱלֹקֶיךָ (דברים י, כא).

וּמִן הַמַּעֲשִׂים הַמַּדְרִיכִים אֶת הָאָדָם לָבוֹא לִידֵי מִדָּה זוֹ הוּא הַהַזְמָנָה לְדִבְרֵי הָעֲבוֹדָה וְהַמִּצְוֹת. וְהַיְנוּ, שֶׁלֹּא יִכָּנֵס בְּקִיּוּם הַמִּצְוָה בְּפֶתַע פִּתְאֹם, שֶׁאֵין דַּעְתּוֹ עֲדַיִן מְיֻשֶּׁבֶת עָלָיו וִיכוֹלָה לְהִתְבּוֹנֵן בְּמַה שֶּׁהוּא עוֹשֶׂה, אֶלָּא יַזְמִין עַצְמוֹ לַדָּבָר וְיָכִין לִבּוֹ בְּמָתוּן עַד שֶׁיִּכָּנֵס בְּהִתְבּוֹנְנוּת, וְאָז יִתְבּוֹנֵן מַה הוּא הוֹלֵךְ לַעֲשׂוֹת וְלִפְנֵי מִי הוּא הוֹלֵךְ לַעֲשׂוֹת. שֶׁהֲרֵי בְּהִכָּנְסוֹ בָּעִיּוּן הַזֶּה קַל הוּא שֶׁיַּשְׁלִיךְ מֵעָלָיו הַפְּנִיּוֹת הַחִיצוֹנוֹת, וְיִקְבַּע בְּלִבּוֹ הַכַּוָּנָה הָאֲמִתִּית הָרְצוּיָה.

וְתִרְאֶה שֶׁהַחֲסִידִים הָרִאשׁוֹנִים הָיוּ שׁוֹהִים שָׁעָה אַחַת קֹדֶם תְּפִלָּתָם וְאַחַר כָּךְ מִתְפַּלְּלִים, כְּדֵי שֶׁיְּכַוְּנוּ לִבָּם לַמָּקוֹם (ברכות ה, א; ל, א). וּבְוַדַּאי שֶׁלֹּא הָיוּ פּוֹנִים שָׁעָה אַחַת לְבַטָּלָה, אֶלָּא מִתְכַּוְּנִים וּמְכִינִים לִבָּם לַתְּפִלָּה שֶׁהָיְתָה לָהֶם לְהִתְפַּלֵּל, וְדוֹחִים מֵעֲלֵיהֶם הַמַּחֲשָׁבוֹת הַזָּרוֹת, וּמִתְמַלְּאִים הַיִּרְאָה וְהָאַהֲבָה הַצְּרִיכָה. וְאוֹמֵר: אִם אַתָּה הֲכִינוֹתָ לִבֶּךָ וּפָרַשְׂתָּ אֵלָיו כַּפֶּיךָ (איוב יא, יג).

וְהִנֵּה מַפְסִידֵי הַמִּדָּה הֵם חֶסְרוֹן הַהִתְבּוֹנְנוּת עַל הָעִנְיָנִים שֶׁזָּכַרְנוּ, דְּהַיְנוּ: סִכְלוּת פְּחִיתוּת הַתַּעֲנוּגִים, רְדִיפַת הַכָּבוֹד, וּמִעוּט הַהֲכָנָה לָעֲבוֹדָה. כִּי הַשְּׁנַיִם הָרִאשׁוֹנִים הֵם מְפַתִּים אֶת הַמַּחֲשָׁבָה וּמַמְשִׁיכִים אוֹתָהּ אֶל הַפְּנִיּוֹת, כָּאִשָּׁה הַמְנָאֶפֶת אֲשֶׁר תַּחַת אִישָׁהּ תִּקַּח אֶת זָרִים (ע"פ יחזקאל טז, לב). וּכְבָר נִקְרְאוּ הַמַּחֲשָׁבוֹת הַחִיצוֹנוֹת זְנוּת הַלֵּב, דִּכְתִיב: וְלֹא תָתוּרוּ אַחֲרֵי לְבַבְכֶם וְאַחֲרֵי עֵינֵיכֶם אֲשֶׁר אַתֶּם זֹנִים אַחֲרֵיהֶם (במדבר טו, לט). כִּי נִמְצָא הַלֵּב פּוֹנֶה מִן הַמַּבָּט הַשָּׁלֵם, אֲשֶׁר הָיָה לוֹ לְיַקֵּשֵׁר בּוֹ, אֶל הֲבָלִים וְדִמְיוֹנוֹת כּוֹזְבִים. וּמִעוּט הַהֲכָנָה גּוֹרֵם לַסִּכְלוּת הַטִּבְעִי הַבָּא מִצַּד הַחֹמֶר שֶׁלֹּא יְגֹרַשׁ מִתּוֹכוֹ, וַהֲרֵי הוּא מַבְאִישׁ אֶת הָעֲבוֹדָה בְּסִרְחוֹנוֹ.

וּנְבָאֵר עַתָּה מִדַּת הַחֲסִידוּת.

who is our praise as well as all our good and perfection, and aside from whom there is nothing. And so it is said: "He is your praise and He is your God" (Devarim 10:21).

Among the measures that lead one to acquire this trait is to ready oneself [before engaging in] Divine service and *mitzvot*. That is, one should not begin to perform a *mitzvah* abruptly, since his mind is not yet composed and able to consider what he is doing. Rather, he should prepare himself for [such service] and slowly ready his heart until he enters into a state of contemplation. He should then reflect upon what he is going to do and before whom he is going to do it. For when he enters this state of reflection, it will be easy to cast away external motives and implant in his heart a true and desirable intention.

You may observe that the pious men of early times would wait an hour prior to their prayer, and thereafter they would pray, the better to direct their hearts towards the Omnipresent (*mBerakhot* 5:1, 30a). Certainly they did not remain idle for an hour. Rather, they would direct and prepare their hearts for the prayers about to be offered, pushing away alien thoughts and imbuing themselves with the requisite fear and love [of God]. And Scripture says: "If you have prepared your heart, then stretch out your hands to Him" (Iyov 11:13).

The factors detrimental to this trait involve a lack of reflection upon the aforementioned matters. That is, ignorance regarding the baseness of pleasure, pursuit of honor, and insufficient preparedness for God's service. The first two seduce the mind, drawing it to [impure] motives like an adulterous wife who takes in strangers while still married to her husband. Indeed, such extrinsic thoughts have been referred to as strayings of the heart. As it is written: "And that you seek not after your own heart and your own eyes, after which you follow promiscuously" (Bamidbar 15:39). For the heart turns from a perfect outlook, with which it should have bonded, towards vanities and deceitful illusions. And insufficient preparedness [for God's service] contributes to the natural ignorance that stems from man's material element that cannot be expunged; thus it makes Divine service odious with its stench.

We shall now explain the trait of piety.

פֶּרֶק יח:

בְּבֵאוּר מִדַּת הַחֲסִידוּת

אַשְׁרֵי אָדָם שֶׁעֲמָלוֹ בַּתּוֹרָה וְעוֹשֶׂה נַחַת וְכוּ׳ • כָּל מִי שֶׁאוֹהֵב חֲבֵרוֹ מִמַּה שֶּׁיְּצַוֶּה יָדוּן דַּעְתּוֹ וְיִשְׁתַּדֵּל לַעֲשׂוֹת לוֹ מַה שֶּׁיָּדוּן שֶׁיִּהְיֶה לוֹ לְנַחַת • כְּלַל הַחֲסִידוּת הוּא הַרְחָבַת קִיּוּם הַמִּצְוֹת בְּכָל הַצְּדָדִין וְהַתְּנָאִים שֶׁרָאוּי וְאֶפְשָׁר

מִדַּת הַחֲסִידוּת צְרִיכָה הִיא בֶּאֱמֶת לְבֵאוּר גָּדוֹל, כִּי מִנְהָגִים רַבִּים וּדְרָכִים רַבִּים עוֹבְרִים בֵּין רַבִּים מִבְּנֵי הָאָדָם בְּשֵׁם חֲסִידוּת, וְאֵינָם אֶלָּא גָּלְמֵי חֲסִידוּת, בְּלִי תֹּאַר וּבְלִי צוּרָה וּבְלִי תִּקּוּן. וְנִמְשַׁךְ זֶה מֵחֶסְרוֹן הָעִיּוּן וְהַהַשְׂכָּלָה הָאֲמִתִּית אֲשֶׁר לְבַעֲלֵי הַמִּדּוֹת הָהֵם, כִּי לֹא טָרְחוּ וְלֹא נִתְיַגְּעוּ לָדַעַת אֶת דֶּרֶךְ ה׳ בִּידִיעָה בְּרוּרָה וִישָׁרָה, אֶלָּא הִתְחַסְּדוּ וְהָלְכוּ בְּמַה שֶּׁנִּזְדַּמֵּן לָהֶם לְפִי הַסְּבָרָא הָרִאשׁוֹנָה, וְלֹא הֶעֱמִיקוּ בַּדְּבָרִים וְלֹא שָׁקְלוּ אוֹתָם בְּמֹאזְנֵי הַחָכְמָה.

וְהִנֵּה אֵלֶּה הִבְאִישׁוּ אֶת רֵיחַ הַחֲסִידוּת בְּעֵינֵי הֲמוֹן הָאֲנָשִׁים וּמִן הַמַּשְׂכִּילִים עִמָּהֶם, בַּאֲשֶׁר כְּבָר יַחְשְׁבוּ שֶׁהַחֲסִידוּת תָּלוּי בְּדִבְרֵי הֶבֶל אוֹ דְּבָרִים נֶגֶד הַשֵּׂכֶל וְהַדֵּעָה הַנְּכוֹנָה, וְיַאֲמִינוּ הֱיוֹת כָּל הַחֲסִידוּת תָּלוּי רַק בַּאֲמִירַת בַּקָּשׁוֹת רַבּוֹת וּוִדּוּיִים גְּדוֹלִים וּבִבְכִיּוֹת וְהִשְׁתַּחֲוָיוֹת גְּדוֹלוֹת, וּבְסִגּוּפִים הַזָּרִים שֶׁמְּמִית בָּהֶם הָאָדָם אֶת עַצְמוֹ, כִּטְבִילוֹת הַקֶּרַח וְהַשֶּׁלֶג, וְכַיּוֹצֵא בַּדְּבָרִים הָאֵלֶּה. וְהִנֵּה לֹא יָדְעוּ כִּי אַף עַל פִּי שֶׁקְּצָת דְּבָרִים אֵלֶּה צְרִיכִים לְבַעֲלֵי תְּשׁוּבָה וּקְצָתָם רְאוּיִים לַפְּרוּשִׁים, הִנֵּה לֹא עַל אֵלֶּה נוֹסַד הַחֲסִידוּת כְּלָל, כִּי אִם הַטּוֹב שֶׁבַּמִּנְהָגִים הָאֵלֶּה הוּא רָאוּי לְהִתְלַוּוֹת אֶל הַחֲסִידוּת.

Eighteen:

The Trait of Piety

Happy is the man who toils in the Torah and gives pleasure [to his Creator] • Whoever loves his fellow will infer the [true] will of the other from his [explicit] requests, and strive to do whatever he can infer will cause the other pleasure • The long and short of piety is to expand the way one fulfills the mitzvot however and whenever it is fitting and possible to do so

The trait of piety truly requires thorough explanation, for there are many practices and techniques that circulate widely under the name of piety, but, in reality, they are nothing more than inchoate piety with neither shape nor form, without any refinement. This results from a lack of reflection and true rational thought on the part of those who use those methods; for they did not strive or exert themselves to attain a clear and correct knowledge of the way of God. Rather, they had pretensions to piety, following the first notion that occurs to them. They did not delve deeply into these matters or weigh them on the scales of wisdom.

Indeed, they have brought piety into bad odor among the masses and some intelligent people as well. For they think that piety depends upon things that are foolish or run counter to reason and sound intelligence. They believe that all of piety is based exclusively on reciting abundant supplications and lengthy confessionals, on excessive wailings and bowings, and on strange afflictions by which a person mortifies himself, such as ablutions in ice and snow, and other such practices. They do not understand that while some of these things are necessary for a repentant sinner and some are appropriate for those aspiring to separateness, piety is not based upon them at all, though the best of these practices are fit to accompany piety.

אַךְ מְצִיאוּת הַחֲסִידוּת עַצְמוֹ הוּא דָּבָר עָמֹק מְאֹד לַהֲבִינוֹ עַל נָכוֹן, וְהוּא מְיֻסָּד עַל יְסוֹדוֹת חָכְמָה רַבָּה וְתִקּוּן הַמַּעֲשֶׂה בְּתַכְלִית, אֲשֶׁר רָאוּי לְכָל חֲכַם לֵב לִרְדֹּף אַחֲרָיו, כִּי רַק לַחֲכָמִים לְהַשִּׂיגוֹ בֶּאֱמֶת. וְכֵן אָמְרוּ זִכְרוֹנָם לִבְרָכָה: לֹא עַם הָאָרֶץ חָסִיד (אבות ב, ה).

וּנְבָאֵר עַתָּה עִנְיָן זֶה עַל הַסֵּדֶר.

הִנֵּה שֹׁרֶשׁ הַחֲסִידוּת הוּא מַה שֶּׁאָמְרוּ זִכְרוֹנָם לִבְרָכָה: אַשְׁרֵי אָדָם שֶׁעֲמָלוֹ בַּתּוֹרָה וְעוֹשֶׂה נַחַת רוּחַ לְיוֹצְרוֹ (ברכות יז, א). וְהָעִנְיָן הוּא, כִּי הִנֵּה הַמִּצְווֹת הַמֻּטָּלוֹת עַל כָּל יִשְׂרָאֵל כְּבָר יְדוּעוֹת הֵן וְחוֹבָתָן יְדוּעָה עַד הֵיכָן הִיא מַגַּעַת. אָמְנָם מִי שֶׁאוֹהֵב אֶת הַבּוֹרֵא יִתְבָּרַךְ שְׁמוֹ אַהֲבָה אֲמִתִּית, לֹא יִשְׁתַּדֵּל וִיכַוֵּן לִפְטֹר עַצְמוֹ בְּמַה שֶּׁכְּבָר מְפֻרְסָם מִן הַחוֹבָה אֲשֶׁר עַל כָּל יִשְׂרָאֵל בִּכְלָל; אֶלָּא יִקְרֶה לוֹ כְּמוֹ שֶׁיִּקְרֶה אֶל בֵּן אוֹהֵב אָבִיו, שֶׁאִלּוּ יְגַלֶּה אָבִיו אֶת דַּעְתּוֹ גִּלּוּי מְעַט שֶׁהוּא חָפֵץ בְּדָבָר מִן הַדְּבָרִים, כְּבָר יַרְבֶּה הַבֵּן בַּדָּבָר הַהוּא וּבַמַּעֲשֶׂה הַהוּא כָּל מַה שֶּׁיּוּכַל. וְאַף עַל פִּי שֶׁלֹּא אֲמָרוֹ אָבִיו אֶלָּא פַּעַם אַחַת וּבַחֲצִי דִּבּוּר, הִנֵּה דַּי לְאוֹתוֹ הַבֵּן לְהָבִין הֵיכָן דַּעְתּוֹ שֶׁל אָבִיו נוֹטָה, לַעֲשׂוֹת לוֹ גַּם אֶת אֲשֶׁר לֹא אָמַר לוֹ בְּפֵרוּשׁ, כֵּיוָן שֶׁיּוּכַל לָדוּן בְּעַצְמוֹ שֶׁיִּהְיֶה הַדָּבָר הַהוּא נַחַת רוּחַ לְפָנָיו, וְלֹא יַמְתִּין שֶׁיְּצַוֵּהוּ יוֹתֵר בְּפֵרוּשׁ אוֹ שֶׁיֹּאמַר לוֹ פַּעַם אַחֶרֶת. וְהִנֵּה דָּבָר זֶה אֲנַחְנוּ רוֹאִים אוֹתוֹ בְּעֵינֵינוּ שֶׁיּוּלַד בְּכָל עֵת וּבְכָל שָׁעָה בֵּין כָּל אוֹהֵב וָרֵעַ, בֵּין אִישׁ לְאִשְׁתּוֹ, בֵּין אָב וּבְנוֹ; כְּלָלוֹ שֶׁל דָּבָר: בֵּין כָּל מִי שֶׁהָאַהֲבָה בֵּינֵיהֶם עַזָּה בֶּאֱמֶת, שֶׁלֹּא יֹאמַר לֹא נִצְטַוֵּיתִי יוֹתֵר, דַּי לִי בְּמַה שֶּׁנִּצְטַוֵּיתִי בְּפֵרוּשׁ, אֶלָּא מִמַּה שֶּׁנִּצְטַוָּה יָדוּן עַל דַּעַת הַמְצַוֶּה, וְיִשְׁתַּדֵּל לַעֲשׂוֹת לוֹ מַה שֶּׁיּוּכַל לָדוּן שֶׁיִּהְיֶה לוֹ לְנַחַת.

וְהִנֵּה כַּמִּקְרֶה הַזֶּה יִקְרֶה לְמִי שֶׁאוֹהֵב אֶת בּוֹרְאוֹ גַּם כֵּן אַהֲבָה נֶאֱמֶנֶת, כִּי גַּם הוּא מִסּוּג הָאוֹהֲבִים, וְתִהְיֶינָה לוֹ

The essence of piety itself, however, is a very profound matter to understand properly. It is based on the foundations of great wisdom and the utmost perfection of action, which befits every man wise of heart to pursue, for only the wise can truly attain it. As [our Sages], may their memory be blessed, said: "An ignorant person cannot be pious" (*Avot* 2:5).

We shall now explain this matter in an orderly manner.

The fundamental principle of piety was typified by [our Sages], may their memory be blessed, in the dictum, "Happy is the man who toils in the Torah and gives pleasure to his Creator" (*Berakhot* 17a). The meaning is this. The *mitzvot* that are binding upon all of Israel and the extent to which their obligation reaches are well known. However, one who truly loves the Creator (blessed be His name) will not strive and aim to discharge his obligations merely with what is acknowledged as binding upon all of Israel as a whole. Rather, the same thing will happen to him that happens to a son who loves his father. Even if the father gives only a slight indication that he desires a certain thing, the son will provide him with that object or that service in as generous a manner as he can. Although the father may mention the matter only once, and then only by intimation, that is enough for the son to understand the direction of his father's thinking in order to do even that which his father did not explicitly tell him. For the son can conclude on his own that the matter will bring his father pleasure, and he will not wait for his father to give him more explicit instructions or tell him a second time. We see with our own eyes that this happens quite regularly between all loving friends, between man and wife, between father and son. The long and short of it is, that so long as the love between them is truly powerful, [neither] says, "No more has been requested of me, it's enough that I do what has been requested of me explicitly." One rather infers the [true] will of the other from his [explicit] requests, and strives to do whatever he can infer will cause the other pleasure.

Indeed, the same thing occurs to a person who faithfully loves his Creator, as he too is in this class of those who love. To him,

הַמִּצְווֹת אֲשֶׁר צוּוִּים גָּלוּי וּמְפֻרְסָם לְגִלּוּי דַּעַת לְבַד לָדַעַת שֶׁאֶל הָעִנְיָן הַהוּא נוֹטֶה רְצוֹנוֹ וְחֶפְצוֹ יִתְבָּרַךְ שְׁמוֹ. וְאָז לֹא יֹאמַר דַּי לִי בְּמַה שֶּׁאָמוּר בְּפֵרוּשׁ, אוֹ אֶפְטֹר עַצְמִי בְּמַה שֶּׁמֻּטָּל עָלַי עַל כָּל פָּנִים, אֶלָּא אַדְּרַבָּא יֹאמַר, כֵּיוָן שֶׁכְּבָר מָצָאתִי רָאִיתִי שֶׁחֶפְצוֹ יִתְבָּרַךְ שְׁמוֹ נוֹטֶה לָזֶה, יִהְיֶה לִי לְעֵינַיִם לְהַרְבּוֹת בְּזֶה הָעִנְיָן וּלְהַרְחִיב אוֹתוֹ בְּכָל הַצְּדָדִין שֶׁאוּכַל לָדוּן שֶׁרְצוֹנוֹ יִתְבָּרַךְ חָפֵץ בּוֹ. וְזֶהוּ הַנִּקְרָא עוֹשֶׂה נַחַת רוּחַ לְיוֹצְרוֹ.

נִמְצָא כְּלַל הַחֲסִידוּת הַרְחָבַת קִיּוּם כָּל הַמִּצְווֹת בְּכָל הַצְּדָדִין וְהַתְּנָאִים שֶׁרָאוּי וְשֶׁאֶפְשָׁר.

וְהִנְּךָ רוֹאֶה שֶׁהַחֲסִידוּת מִמִּין הַפְּרִישׁוּת, אֶלָּא שֶׁהַפְּרִישׁוּת בְּלָאוִין וְהַחֲסִידוּת בַּעֲשִׂין. וּשְׁנֵיהֶם עִנְיָן אֶחָד, שֶׁהוּא לְהוֹסִיף עַל הַמְפֹרָשׁ מַה שֶּׁנּוּכַל לָדוּן לְפִי הַמִּצְוָה הַמְפֹרֶשֶׁת שֶׁיִּהְיֶה נַחַת רוּחַ לְפָנָיו יִתְבָּרַךְ. זֶהוּ גֶּדֶר הַחֲסִידוּת הָאֲמִתִּי.

וְעַתָּה נְבָאֵר חֲלָקָיו הָרָאשִׁיִּים.

the *mitzvot*, which were expressly commanded and made known, will be but an indication that [God's] will and desire (blessed be His name) incline toward the principle [underlying that commandment]. He will not say then, "What is stated explicitly is enough for me," or "I will discharge my duty with what I must unavoidably do." On the contrary, he will say, "Since I have discovered and seen that the will of God (blessed be His name) inclines towards this, that will be my guide in doing more of it and extending it in every direction that I can infer God (blessed be He) wills." Such a person is called "one who gives pleasure to his Creator."

So the long and short of piety is to expand the way one fulfills all of the *mitzvot* however and whenever it is fitting and possible to do so.

You will observe that piety is of the same species as separateness, except that separateness pertains to the negative precepts, whereas piety pertains to the positive commandments. But both embody the same principle, namely, to add to that which has been made explicit, whatever [else] the explicit command allows us to infer will be pleasing to [God] (blessed be He). This is the definition of true piety.

Now we shall explain its main divisions.

פֶּרֶק יט:

בְּחֶלְקֵי הַחֲסִידוּת

שְׁיָרֵי מִצְוָה מְעַכְּבִים אֶת הַפֻּרְעָנוּת • הֶחָסִיד צָרִיךְ שֶׁיְּהֵא מֵיטִיב לַבְּרִיּוֹת וְלֹא מֵרַע לָהֶם • שָׁאֲלוּ תַּלְמִידָיו אֶת רַבִּי זַכַּאי, בַּמֶּה הֶאֱרַכְתָּ יָמִים • שָׁאֲלוּ תַּלְמִידָיו אֶת רַבִּי אֶלְעָזָר בֶּן שַׁמּוּעַ • שָׁאֲלוּ תַּלְמִידָיו אֶת רַבִּי פְּרִידָא • אָמַר רַבִּי זֵירָא מִיָּמַי לֹא הִקְפַּדְתִּי בְּתוֹךְ בֵּיתִי • אָמַר רַב יְהוּדָה מַאן דְּבָעֵי לְמֶהֱוֵי חֲסִידָא • דָּרַשׁ רַבִּי שִׂמְלַאי תּוֹרָה תְּחִלָּתָהּ גְּמִילוּת חֲסָדִים וְכוּ׳ • בִּשְׁלֹשָׁה דְּבָרִים גְּדוֹלָה גְּמִילוּת חֲסָדִים וְכוּ׳ • כָּל הַמְרַחֵם עַל הַבְּרִיּוֹת וְכוּ׳ • עִקַּר הַיִּרְאָה יִרְאַת הָרוֹמְמוּת • הַיִּרְאָה צָרִיךְ שֶׁתִּכָּנֵס בְּלֵב הָאָדָם, אַחַר כָּךְ תֵּרָאֶה פְּעֻלּוֹתֶיהָ בְּאֵיבָרִים • זֶה אֵלִי וְאַנְוֵהוּ אֶתְנָאֶה וְכוּ׳ • כָּל הָאוֹחֵז סֵפֶר תּוֹרָה עָרֹם נִקְבָּר עָרֹם • הַשּׁוֹר הוֹלֵךְ לִפְנֵיהֶם וְקַרְנָיו מְצֻפּוֹת • רָבָא רָמֵי פּוּזְמְקֵי • מֵעִנְיַן כְּבוֹד שַׁבָּת וְיוֹם טוֹב • רָבָא הֲוָה יָתֵב אַתַּכְתְּכָא דְּשִׁנָּא וְכוּ׳ • צָרִיךְ הֶחָסִיד לְחַדֵּשׁ הַמְצָאוֹת שֶׁיַּעֲשֶׂה נַחַת רוּחַ לְיוֹצְרוֹ • כָּל הַמְכַבֵּד הַתּוֹרָה וְכוּ׳ • אָמַר רַבִּי יוֹחָנָן: מִפְּנֵי מָה זָכָה אַחְאָב לְמַלְכוּת • אֵין זוֹרְקִין כִּתְבֵי הַקֹּדֶשׁ • וְאֶת יִרְאֵי ה׳ יְכַבֵּד, זֶה יְהוֹשָׁפָט וְכוּ׳ • מִי שֶׁאוֹהֵב אֶת בּוֹרְאוֹ לֹא יִצְטָרֵךְ רִצּוּי לַעֲבוֹדָה, אֶלָּא לִבּוֹ יְרִיצֵהוּ אֵלֶיהָ • אָמְרוּ עָלָיו, עַל רַבִּי אֶלְעָזָר בֶּן פְּדָת, שֶׁהָיָה יוֹשֵׁב וְעוֹסֵק וְכוּ׳ • רַבִּי חֲנִינָא בֶּן דּוֹסָא הָיָה עוֹמֵד וּמִתְפַּלֵּל וּבָא וְכוּ׳ • אָמַר רַבִּי אַיְבוּ: כְּשֶׁתִּהְיֶה עוֹמֵד לְהִתְפַּלֵּל יְהֵא לִבְּךָ וְכוּ׳ • כָּל חָכָם מִיִּשְׂרָאֵל שֶׁיֵּשׁ בּוֹ דְּבַר תּוֹרָה לַאֲמִתּוֹ • הֶחָסִיד צָרִיךְ שֶׁיִּשְׁתַּדֵּל עַל טוֹבַת דּוֹרוֹ

Nineteen:
The Elements of Piety

The nonessential components of a mitzvah prevent Divine punishment • A pious man should always be good to others and never harm them • Rabbi Zakkai was asked by his disciples: "By what virtue have you merited longevity?" • Rabbi Elazar ben Shamu'a was asked by his disciples • Rabbi Perida was asked by his disciples • Rabbi Zera said: "Never in my life have I lost my temper in my home" • Rav Yehudah said: One who wishes to be a pious man [should fulfill matters involving blessings] • Rav Simla'i expounded: The Torah begins [and ends] with acts of lovingkindness • Acts of lovingkindness are greater than charity in three ways • Anyone who is merciful to his fellow man [will be shown mercy by Heaven] • The chief aspect of the fear [of God] is fear of His majesty • Fear [of God] must [first] enter a man's heart and [only] then will its effects be manifest in his [bodily] limbs • "This is my God, and I will beautify Him" – I will adorn myself [before Him with mitzvot] • One who takes hold of a Torah scroll naked will be buried naked • The ox walks before them, his horns overlaid [with gold] • Rava would put on fine stockings [and pray] • Honoring the Sabbath and Festivals • Rabbah would sit on an ivory stool [and fan the fire] • A pious man must devise new ways of giving pleasure to his Creator • Whoever honors the Torah [will himself be honored by his fellow men] • Rabbi Yohanan said: By what virtue did Ah'av merit to reign [for twenty-two years] • One may not throw sacred writings • "He honors those that fear the Lord" – this refers to Yehoshafat, [king of Yehudah] • One who loves his Creator needs no persuasion to serve Him; on the contrary, his heart brings him swiftly to [His service] • They report about Rabbi Elazar the son of Pedat that he was [once] sitting and occupying himself [with Torah], and so on • Rabbi Hanina ben Dosa was standing in prayer when [a big poisonous lizard] came [and bit him] • Rabbi Aibu said: When you stand in prayer, let your heart rejoice that you are praying to a God who has no parallel • Every Sage in Israel imbued with true knowledge of the Torah • A pious person must strive for the benefit of his generation

חֶלְקֵי הַחֲסִידוּת הָרִאשׁוֹנִים שְׁלֹשָׁה: הָרִאשׁוֹן בַּמַּעֲשֶׂה, הַשֵּׁנִי בְּאֹפֶן הָעֲשִׂיָּה, הַשְּׁלִישִׁי בַּכַּוָּנָה.

הַחֵלֶק הָרִאשׁוֹן בַּמַּעֲשֶׂה, אַף הוּא יִתְחַלֵּק לִשְׁנֵי חֲלָקִים: הָרִאשׁוֹן בְּמַה שֶּׁבֵּין אָדָם לַמָּקוֹם, וְהַשֵּׁנִי בְּמַה שֶּׁבֵּין אָדָם לַחֲבֵרוֹ.

הַחֵלֶק הָרִאשׁוֹן שֶׁבָּרִאשׁוֹן הוּא בַּמַּעֲשֶׂה שֶׁבֵּין אָדָם לַמָּקוֹם, וְעִנְיָנוֹ קִיּוּם כָּל הַמִּצְווֹת בְּכָל הַדִּקְדּוּקִים שֶׁבָּהֶם עַד מָקוֹם שֶׁיַּד הָאָדָם מַגַּעַת.

וְאֵלֶּה הֵם שֶׁקְּרָאוּם חֲכָמֵינוּ זִכְרוֹנָם לִבְרָכָה שְׁיָרֵי מִצְוָה, וְאָמְרוּ: שְׁיָרֵי מִצְוָה מְעַכְּבִים אֶת הַפֻּרְעָנוּת (סוכה לח, א). כִּי אַף עַל פִּי שֶׁגּוּף הַמִּצְוָה נִשְׁלָם זוּלָתָם וּכְבָר יָצָא בָּזֶה יְדֵי חוֹבָתוֹ, הִנֵּה זֶה לְכָל הֲמוֹן יִשְׂרָאֵל, אַךְ הַחֲסִידִים אֵין לָהֶם אֶלָּא לְהַרְבּוֹת בְּהַשְׁלָמָתָם וְלֹא לְמַעֵט בָּהֶם כְּלָל.

הַחֵלֶק הַשֵּׁנִי שֶׁבָּרִאשׁוֹן הוּא בְּמַה שֶּׁבֵּין אָדָם לַחֲבֵרוֹ, וְעִנְיָנוֹ גֹּדֶל הַהֲטָבָה, שֶׁיִּהְיֶה הָאָדָם לְעוֹלָם מֵטִיב לַבְּרִיּוֹת וְלֹא מֵרֵעַ לָהֶם, וְזֶה: בְּגוּף, בְּמָמוֹן וּבְנֶפֶשׁ. בְּגוּף, שֶׁיִּהְיֶה מִשְׁתַּדֵּל לַעֲזֹר כָּל אָדָם בְּמַה שֶּׁיּוּכַל וְיָקֵל מַשָּׂאָם מֵעֲלֵיהֶם, וְהוּא מַה שֶּׁשָּׁנִינוּ: וְנוֹשֵׂא בְעֹל עִם חֲבֵרוֹ (אבות ו, ו). וְאִם מַגִּיעַ לַחֲבֵרוֹ אֵיזֶה נֶזֶק בְּגוּפוֹ וְהוּא יוּכַל לִמְנֹעַ אוֹתוֹ אוֹ לַהֲסִירוֹ, יִטְרַח כְּדֵי לַעֲשׂוֹתוֹ.

בְּמָמוֹן, לְסַיְּעוֹ בַּאֲשֶׁר תַּשִּׂיג יָדוֹ וְלִמְנֹעַ מִמֶּנּוּ הַנְּזָקִין בְּכָל מַה שֶּׁיּוּכַל, כָּל שֶׁכֵּן שֶׁיַּרְחִיק הוּא כָּל מִינֵי נְזָקִין שֶׁיְּכוֹלִים לָבוֹא מֵחֲמָתוֹ בֵּין לְיָחִיד בֵּין לָרַבִּים, וַאֲפִלּוּ שֶׁעַתָּה מִיָּד אֵין הַהֶזֵּק מָצוּי, כֵּיוָן שֶׁיָּכוֹל לָבוֹא לִידֵי כָּךְ, יְסִירֵם וְיַעֲבִירֵם. וְאָמְרוּ זִכְרוֹנָם לִבְרָכָה: יְהִי מָמוֹן חֲבֵרְךָ חָבִיב עָלֶיךָ כְּשֶׁלָּךְ (אבות ב, יב).

There are three principal divisions of piety. The first relates to action, the second to manner of performance, and the third to motive.

The first division, which relates to action, further divides into two subdivisions, the first pertains to the relationship between man and God, and the second to the relationship between man and his fellow.

The first subdivision of the first division pertains to acts that are between man and God, and consists of the fulfillment of all the *mitzvot* in accordance with all their niceties, to the limit of one's capability. These are what our Sages, may their memory be blessed, called "the nonessential components of a *mitzvah*," in their statement, "The nonessential components of a *mitzvah* prevent Divine punishment" (*Sukkah* 38a). Even though the *mitzvah* proper can be completed without these components and a person can discharge his obligation without them, this applies to the commonality of Israel; but the pious must perform the *mitzvot* with all their particulars, leaving out nothing whatsoever.

The second subdivision of the first division, pertains to the relationship between man and his fellow, and consists of bountiful benevolence: that one should always be good to others and never harm them. This applies to [his fellow's] body, property, and spirit. As for his fellow's body, a person should strive to help all men in any way he can, thus lightening the burden that weighs upon them. As we have learned, "Bearing the yoke with one's fellow" (*Avot* 6:6). If another person is liable to suffer bodily injury and he can prevent or remove it, he should spare no effort to do so.

As for property, a person should help his neighbor with whatever his means allow and save him from damages however he can. Needless to say, he must eliminate any possibility of causing damage himself, whether to other individuals or to the community. Even when the damage is not immediately apparent, since such a threat may arise in time, he must remove or eliminate it at once. [Our Sages], may their memory be blessed, said, "Let your neighbor's property be as dear to you as your own" (*Avot* 2:12).

בְּנֶפֶשׁ, שֶׁיִּשְׁתַּדֵּל לַעֲשׂוֹת לַחֲבֵרוֹ כָּל קֹרַת רוּחַ שֶׁיֵּשׁ בְּיָדוֹ, בֵּין בְּעִנְיְנֵי הַכָּבוֹד בֵּין בְּכָל שְׁאָר הָעִנְיָנִים. כָּל מַה שֶּׁהוּא יוֹדֵעַ שֶׁאִם יַעֲשֵׂהוּ לַחֲבֵרוֹ הוּא מְקַבֵּל נַחַת רוּחַ מִמֶּנּוּ, מִצְוַת חֲסִידוּת הוּא לַעֲשׂוֹתוֹ, כָּל שֶׁכֵּן שֶׁלֹּא יְצַעֲרֶנּוּ בְּשׁוּם מִינֵי צַעַר כְּלָל, יִהְיֶה בְּאֵיזֶה אֹפֶן שֶׁיִּהְיֶה. וּכְלַל כָּל זֶה הוּא גְּמִילוּת חֲסָדִים, אֲשֶׁר הִפְלִיגוּ חֲכָמֵינוּ זִכְרוֹנָם לִבְרָכָה בְּשִׁבְחָהּ וּבְחוֹבָתֵנוּ בָּהּ. וּבִכְלַל זֶה רְדִיפַת הַשָּׁלוֹם, שֶׁהוּא הַהֲטָבָה הַכְּלָלִית בֵּין כָּל אָדָם לַחֲבֵרוֹ.

וְעַתָּה אָבִיא לְךָ רְאָיוֹת עַל כָּל הַדְּבָרִים הָאֵלֶּה מִן הַחֲכָמִים זִכְרוֹנָם לִבְרָכָה, אַף עַל פִּי שֶׁהַדְּבָרִים פְּשׁוּטִים וְאֵין צְרִיכִים לְחִזּוּק רְאָיָה.

בְּפֶרֶק בְּנֵי הָעִיר אָמְרוּ: שָׁאֲלוּ תַּלְמִידָיו אֶת רַבִּי זַכַּאי, בַּמֶּה הֶאֱרַכְתָּ יָמִים? אָמַר לָהֶם, מִיָּמַי לֹא הִשְׁתַּנְתִּי בְּתוֹךְ אַרְבַּע אַמּוֹת שֶׁל תְּפִלָּה, וְלֹא כִּנִּיתִי שֵׁם לַחֲבֵרִי, וְלֹא בִּטַּלְתִּי קִדּוּשׁ הַיּוֹם. אִמָּא זְקֵנָה הָיְתָה לִי, פַּעַם אַחַת מָכְרָה כִּפָּה שֶׁבְּרֹאשָׁהּ וְהֵבִיאָה לִי קִדּוּשׁ הַיּוֹם (מגילה כז, ב).

הֲרֵי לְךָ פֹּה מִן הַחֲסִידוּת בְּמַה שֶּׁנּוֹגֵעַ אֶל דִּקְדּוּקֵי הַמִּצְווֹת. כִּי כְּבָר פָּטוּר הָיָה מִן הַדִּין מֵהֲבָאַת יַיִן לְקִדּוּשׁ כֵּיוָן שֶׁלֹּא הָיָה לוֹ, עַד שֶׁהָיְתָה צְרִיכָה אִמּוֹ לִמְכֹּר כִּפָּה שֶׁבְּרֹאשָׁהּ, אָמְנָם מִמִּדַּת חֲסִידוּת הָיָה עוֹשֶׂה כֵּן. וּבְמַה שֶּׁנּוֹגֵעַ לִכְבוֹד חֲבֵרוֹ, שֶׁלֹּא כִּנָּהוּ אֲפִלּוּ כִּנּוּי שֶׁאֵינוֹ שֶׁל גְּנַאי, וְכִדְפֵרְשׁוּ הַתּוֹסָפוֹת שָׁם (ד"ה ולא כניתי שם). וְרַב הוּנָא גַּם כֵּן קָשַׁר גְּמִי עַל לְבוּשׁוֹ, לְפִי שֶׁמָּכַר הֶמְיָנוֹ[א] לִקְנוֹת יַיִן לְקִדּוּשׁ הַיּוֹם (מגילה שם).

עוֹד שָׁם: שָׁאֲלוּ תַּלְמִידָיו אֶת רַבִּי אֶלְעָזָר בֶּן שַׁמּוּעַ, בַּמֶּה הֶאֱרַכְתָּ יָמִים? אָמַר לָהֶם, מִיָּמַי לֹא עָשִׂיתִי קַפֶּנְדַּרְיָא לְבֵית הַכְּנֶסֶת, וְלֹא פָּסַעְתִּי עַל רָאשֵׁי עַם קֹדֶשׁ. הִנֵּה זֶה הַחֲסִידוּת בְּעִנְיַן כְּבוֹד בֵּית הַכְּנֶסֶת וּבְעִנְיַן כְּבוֹד הַבְּרִיּוֹת, שֶׁלֹּא לִפְסֹעַ עַל גַּבֵּי[ב] מְסִבָּתָן שֶׁלֹּא לֵירָאוֹת כִּמְבַזֶּה אוֹתָן.

[א] בד"ר: 'הימנו'. [ב] בד"ר: 'על גב'. בכתה"י: 'ע"ג'.

As for the spirit, one should strive to bring his fellow whatever satisfaction he can, whether in the area of [enhancing his] honor or any other area; if he knows he can do something for his fellow that will give him pleasure, the precept of piety calls him to do it. He must certainly not cause him pain of any kind, in any manner whatsoever. The aggregate of all this comprises the precept of lovingkindness; our Sages, may their memory be blessed, praised this precept exceedingly and enlarged upon its obligatory quality. Included under this rubric is the pursuit of peace, which is benevolence, on a societal level, between every man and his fellow.

Now I will bring you proofs to all these matters from [the words of] the Sages, may their memory be blessed, even though they are self-evident and need not be reinforced with proofs.

[The Sages] said in chapter *Benei Ha'ir*: "Rabbi Zakkai was asked by his disciples: 'By what virtue have you merited longevity?' He said to them: 'All my life I never passed water within four cubits of [a place that had been used for] prayer, nor have I called another person by a nickname, and I never omitted the Sabbath *kiddush*. I had an aged mother who once sold her head covering and brought me [wine for] *kiddush*'" (*Megillah* 27b). Here you have a case of piety that relates to the niceties of the commandments. For he was legally exempt from acquiring wine for *kiddush* – since he was destitute [and could only acquire it] because his mother sold her head covering – but did so [because he possessed] the quality of piety. As for [piety] relating to his neighbor's honor, he did not call another person by a nickname even if it did not carry any disgrace, as Tosafot explain therein. Similarly, Rav Huna tied reed rope around his clothing because he had sold his belt in order to buy wine for *kiddush* (ibid.).

It is further stated therein: "Rabbi Elazar ben Shamu'a was asked by his disciples: 'By what virtue have you merited longevity?' He said to them: 'Never in my life have I used a synagogue as a short cut, nor did I ever stride over the heads of the holy people'" (ibid.). This is piety as it relates to showing respect for a synagogue and showing respect for other people, not stepping over seated [students] so as not to appear scornful of them.

עוֹד שָׁם (מגילה כז, ב – כח, א): שָׁאֲלוּ תַּלְמִידָיו אֶת רַבִּי פְּרִידָא, בַּמֶּה הֶאֱרַכְתָּ יָמִים? אָמַר לָהֶם, מִיָּמַי לֹא קְדָמַנִי אָדָם לְבֵית הַמִּדְרָשׁ, וְלֹא בֵּרַכְתִּי לִפְנֵי כֹּהֵן, וְלֹא אָכַלְתִּי מִבְּהֵמָה שֶׁלֹּא הוּרְמוּ[ג] מַתְּנוֹתֶיהָ.

וְאָמְרוּ עוֹד: שָׁאֲלוּ תַּלְמִידָיו אֶת רַבִּי נְחוּנְיָא, בַּמֶּה הֶאֱרַכְתָּ יָמִים? אָמַר לָהֶם, מִיָּמַי לֹא נִתְכַּבַּדְתִּי בִּקְלוֹן חֲבֵרִי, וְלֹא עָלְתָה עַל מִטָּתִי קִלְלַת חֲבֵרִי (מגילה כח, א). וּמְפָרֵשׁ הָתָם: כִּי הָא דְּרַב הוּנָא דָּרֵי מָרָא אַכַּתְפֵיהּ, אֲתָא רַב חָנָא בַּר חֲנִילַאי וְקָא דָּרֵי מִנֵּיהּ. אֲמַר לֵיהּ: אִי רְגִילַת דְּדָרֵית בְּמָאתָיךְ – דְּרֵי, וְאִי לָא – אִתְיַקּוּרֵי אֲנָא בְּזִילוּתָא דִידָךְ לָא נִיחָא לִי. הֲרֵי לָנוּ, שֶׁאַף עַל פִּי שֶׁמַּשְׁמָעוּת בִּקְלוֹן חֲבֵרוֹ הוּא הַמִּשְׁתַּדֵּל לְבַזּוֹת חֲבֵרוֹ כְּדֵי שֶׁעַל יְדֵי זֶה יִרְבֶּה כְּבוֹדוֹ, הִנֵּה לַחֲסִידִים לֹא יָאוּת לְקַבֵּל כָּבוֹד, אֲפִלּוּ אִם חֲבֵרוֹ הוּא הַבָּא וּמִתְרַצֶּה בָּזֶה, אִם יִהְיֶה זֶה בִּזָּיוֹן לַחֲבֵרוֹ.

וּכְעִנְיָן זֶה אָמַר רַבִּי זֵירָא (מגילה שם): מִיָּמַי לֹא הִקְפַּדְתִּי בְּתוֹךְ בֵּיתִי, וְלֹא צָעַדְתִּי בִּפְנֵי מִי שֶׁגָּדוֹל מִמֶּנִּי, וְלֹא הִרְהַרְתִּי בַּמְּבוֹאוֹת הַמְטֻנָּפוֹת, וְלֹא הָלַכְתִּי אַרְבַּע אַמּוֹת בְּלֹא תּוֹרָה וּבְלֹא תְּפִלִּין, וְלֹא יָשַׁנְתִּי בְּבֵית הַמִּדְרָשׁ לֹא שֵׁינַת קֶבַע וְלֹא שֵׁינַת עֲרַאי, וְלֹא שַׂשְׂתִּי בְּתַקָּלַת חֲבֵרִי, וְלֹא קָרָאתִי לַחֲבֵרִי בַּחֲכִינָתוֹ.[ד] הֲרֵי לְךָ מַעֲשֵׂי חֲסִידוּת מִכָּל הַדְּרָכִים שֶׁזָּכַרְנוּ לְמַעְלָה.

וְאָמְרוּ עוֹד זִכְרוֹנָם לִבְרָכָה:[ה] אָמַר רַב יְהוּדָה, מַאן דְּבָעֵי לְמֶהֱוֵי חֲסִידָא לִיקַיֵּם מִילֵּי דִּבְרָכוֹת. וְזֶה לְמַה שֶּׁבֵּינוֹ לְבֵין קוֹנוֹ. וְאָמְרֵי לַהּ, לִיקַיֵּם מִילֵּי דִּנְזִיקִין, וְזֶה לְמַה שֶּׁבֵּינוֹ לְבֵין חֲבֵרוֹ. וְאָמְרֵי לַהּ, לִיקַיֵּם מִילֵּי דְּאָבוֹת, שֶׁשָּׁם נִכְלָלִים עִנְיָנִים מִכָּל הַחֲלָקִים.

[ג] כך בכתה״י. בד״ר: ׳הורמה׳. [ד] וכ״ה (׳בחכינתו׳) בכתה״י, כנוסח שבהגדות התלמוד ובעין יעקב: ׳ולא קראתי לחברי בחכינתו, ואמרי לה בחניכתו׳. וכן הגיה הגרי״ב במגילה שם. ועיין בדקדוקי סופרים שם הערה ש. [ה] ראה בבא קמא ל, א; ברם הנוסח שם שונה.

It is also stated there: "Rabbi Perida was asked by his disciples: 'By what virtue have you merited longevity?' He said to them: 'Never in my life has any person preceded me in the house of study, I never said grace in the presence of a *kohen*, nor did I ever eat of an animal whose [priestly] portions had not been set aside'" (*Megillah* 27b-28a).

[The Sages] also said: "Rabbi Nehunya was asked by his disciples: 'By what virtue have you merited longevity?' He said to them: 'Never in my life have I attained veneration at the expense of another person's degradation, nor did another person's curse ever go up with me upon my bed'" (*Megillah* 28a). It is explained there: "As in the case of Rav Huna who was carrying a hoe over his shoulders, [and] Rav Hana bar Hanilai came to take it from him to carry. [Rav Huna] said to him: 'If you are accustomed to carry [such objects] in your city, carry it. But if not, I do not want to be paid respect at the expense of your degradation.'" We may thus conclude that although in its [strict] sense, "[seeking honor] at another's expense" means trying to dishonor one's fellow so that one's own honor is enhanced, it is not fitting for the pious to accept honor that would dishonor his fellow, even if the latter willingly offers it.

In similar fashion, "Rabbi Zera said: 'Never in my life have I lost my temper in my home, I never walked ahead of my superior, I never meditated [upon Torah] in filthy alleyways, I never walked four cubits without Torah or *tefillin*, I never slept in the study hall, neither a nap nor regular sleep, I never rejoiced when a colleague stumbled, and I never called another person by his nickname" (ibid.). You thus have [examples of] acts of piety of all the above-mentioned types.

[Our Sages], may their memory be blessed, also said (cf. *Baba Kamma* 30a): "Rav Yehudah said: One who wishes to be a pious man should fulfill matters involving blessings." This refers to the relationship between man and his Maker. "And some say: He should fulfill matters relating to damages." This refers to the relationship between man and his fellow. "Yet others say: He should fulfill the teachings of [tractate] *Avot*," which comprise matters of every type.

וְהִנֵּה גְּמִילוּת חֲסָדִים הוּא עִקָּר גָּדוֹל לֶחָסִיד, כִּי חֲסִידוּת עַצְמוֹ נִגְזַר מֵחֶסֶד. וְאָמְרוּ זִכְרוֹנָם לִבְרָכָה (אבות א, ב): עַל שְׁלֹשָׁה דְּבָרִים הָעוֹלָם עוֹמֵד, וְאֶחָד מֵהֶם גְּמִילוּת חֲסָדִים. וְכֵן מְנוּהוּ זִכְרוֹנָם לִבְרָכָה עִם הַדְּבָרִים שֶׁאוֹכֵל פֵּרוֹתֵיהֶן בָּעוֹלָם הַזֶּה וְהַקֶּרֶן קַיֶּמֶת לוֹ לָעוֹלָם הַבָּא (פאה א, א). וְאָמְרוּ עוֹד: דָּרַשׁ רַבִּי שִׂמְלַאי, תּוֹרָה תְּחִלָּתָהּ גְּמִילוּת חֲסָדִים וְסוֹפָהּ גְּמִילוּת חֲסָדִים (סוטה יד, א). וְאָמְרוּ עוֹד: דָּרַשׁ רָבָא, כָּל מִי שֶׁיֵּשׁ בּוֹ שָׁלֹשׁ מִדּוֹת הַלָּלוּ בְּיָדוּעַ שֶׁהוּא מִזַּרְעוֹ שֶׁל אַבְרָהָם אָבִינוּ, רַחְמָן וּבַיְשָׁן וְגוֹמֵל חֲסָדִים (כלה רבתי י). וְאָמְרוּ (סוכה מט, ב): אָמַר רַבִּי אֶלְעָזָר, גְּדוֹלָה גְּמִילוּת חֲסָדִים יוֹתֵר מִן הַצְּדָקָה, שֶׁנֶּאֱמַר, זִרְעוּ לָכֶם לִצְדָקָה קִצְרוּ[ו] לְפִי חֶסֶד (הושע י, יב). וְאָמְרוּ עוֹד: בִּשְׁלֹשָׁה דְּבָרִים גְּדוֹלָה גְּמִילוּת חֲסָדִים מִן הַצְּדָקָה, שֶׁהַצְּדָקָה בְּמָמוֹנוֹ, וּגְמִילוּת חֲסָדִים בְּגוּפוֹ; צְדָקָה לָעֲנִיִּים, גְּמִילוּת חֲסָדִים לָעֲנִיִּים וְלָעֲשִׁירִים; צְדָקָה לַחַיִּים, גְּמִילוּת חֲסָדִים בֵּין לַחַיִּים בֵּין לַמֵּתִים (סוכה שם).

וְאָמְרוּ עוֹד: וְנָתַן לְךָ רַחֲמִים וְרִחַמְךָ (דברים יג, יח), כָּל הַמְרַחֵם עַל הַבְּרִיּוֹת מְרַחֲמִים עָלָיו מִן הַשָּׁמַיִם (שבת קנא, ב). וְזֶה פָּשׁוּט, כִּי הַקָּדוֹשׁ בָּרוּךְ הוּא מוֹדֵד מִדָּה כְּנֶגֶד מִדָּה (ראה סנהדרין צ, א), וּמִי שֶׁמְּרַחֵם וְעוֹשֶׂה חֶסֶד עִם הַבְּרִיּוֹת, גַּם הוּא בְּדִינוֹ יְרַחֲמוּהוּ וְיִמְחֲלוּ לוֹ עֲוֹנוֹתָיו בְּחֶסֶד, שֶׁהֲרֵי מְחִילָה זוֹ דִּין הוּא, כֵּיוָן שֶׁהִיא מִדָּה כְּנֶגֶד מִדָּתוֹ. וְהוּא מַה שֶּׁאָמְרוּ זִכְרוֹנָם לִבְרָכָה: לְמִי נוֹשֵׂא עָוֹן? לְמִי שֶׁעוֹבֵר עַל פֶּשַׁע (ראש השנה יז, א).

וּמִי שֶׁאֵינוֹ רוֹצֶה לְהַעֲבִיר עַל מִדּוֹתָיו אוֹ אֵינוֹ רוֹצֶה לִגְמֹל חֶסֶד, הִנֵּה הַדִּין נוֹתֵן שֶׁגַּם עִמּוֹ לֹא יַעֲשׂוּ אֶלָּא שׁוּרַת הַדִּין. רְאֵה עַתָּה, מִי הוּא זֶה וְאֵיזֶה הוּא שֶׁיּוּכַל לַעֲמֹד אִם הַקָּדוֹשׁ בָּרוּךְ הוּא עוֹשֶׂה עִמּוֹ

[ו] כך כתוב. בד"ר ובגמרא: 'וקצרו'.

The practice of lovingkindness is a vital principle for the *hasid*. For the term *hasidut* [piety] itself is derived from the term *hesed* [lovingkindness]. [Our Sages], may their memory be blessed, said, "The world is based upon three things" (*Avot* 1:2), one of which is the practice of lovingkindness. They also included it among the precepts whose fruits one enjoys in this world, while the principal remains intact for him for the world-to-come (*mPe'ah* 1:1). [The Sages] also said, "Rabbi Simlai expounded: The Torah begins and ends with acts of lovingkindness" (*Sotah* 14a). They also said, "Rava expounded: Whoever possesses these three traits is surely a descendant of the Patriarch Avraham: compassion, sense of shame, and the practice of lovingkindness" (*Kallah Rabbati* 10). They further said (*Sukkah* 49b), "Rabbi Elazar said: Acts of lovingkindness are greater than charity, as it says, 'Sow for yourselves by charity, reap by the scale of lovingkindness'" (Hoshea 10:12). They also said, "Acts of lovingkindness are greater than charity in three ways: Charity is [performed] with one's money, whereas acts of lovingkindness are [performed] with one's body; charity is for the poor, whereas acts of lovingkindness are for the poor and the wealthy; charity is for the living, whereas acts of lovingkindness are for both the living and the dead" (*Sukkah* ibid.).

[The Sages] also said, "'He will give you mercy and He will have mercy upon you' (Devarim 13:18) – anyone who is merciful to his fellow man will be shown mercy by Heaven" (*Shabbat* 151b). This is obvious, for the Holy One, blessed be He, repays measure for measure (*Sanhedrin* 90a). One who is merciful and acts with lovingkindness towards others will also be shown mercy when he is judged, and his transgressions will be pardoned with lovingkindness. Such pardon is justice, a measure commensurate with his behavior. As [our Sages], may their memory be blessed, said, "Whose sins does He forgive? The sins of one who overlooks transgressions [committed against him]" (*Rosh Hashanah* 17a).

He who is unwilling to forebear retaliation or act with lovingkindness by right should also be dealt with in accordance with strict justice. Take heed, "who is he and where is he" who shall endure if the Holy One, blessed be He, deals with him in accordance

שׁוּרַת הַדִּין? וְדָוִד הַמֶּלֶךְ מִתְפַּלֵּל וְאוֹמֵר: וְאַל תָּבוֹא בְמִשְׁפָּט אֶת עַבְדֶּךָ כִּי לֹא יִצְדַּק לְפָנֶיךָ כָל חָי (תהלים קמג, ב).

אָמְנָם הָעוֹשֶׂה חֶסֶד יְקַבֵּל חֶסֶד, וּכְכָל מַה שֶּׁיַּרְבֶּה לַעֲשׂוֹת כָּךְ יַרְבֶּה לְקַבֵּל. וְדָוִד הָיָה מִתְהַלֵּל בְּמִדָּתוֹ זֹאת הַטּוֹבָה, שֶׁאֲפִלּוּ לְשׂוֹנְאָיו הָיָה מִשְׁתַּדֵּל לְהֵיטִיב. זֶהוּ מַה שֶּׁאָמַר: וַאֲנִי בַּחֲלוֹתָם לְבוּשִׁי שָׂק עִנֵּיתִי בַצּוֹם נַפְשִׁי וְכוּ' (שם לה, יג). וְאוֹמֵר: אִם גָּמַלְתִּי שׁוֹלְמִי רָע {וָאֲחַלְּצָה צוֹרְרִי רֵיקָם} (שם ז, ה).

וּבִכְלַל הָעִנְיָן הַזֶּה שֶׁלֹּא לְצַעֵר לְשׁוּם בְּרִיָּה, אֲפִלּוּ בַּעֲלֵי חַיִּים, וּלְרַחֵם וְלָחוּס עֲלֵיהֶם.[ו*] וְכֵן הוּא אוֹמֵר: יוֹדֵעַ צַדִּיק נֶפֶשׁ בְּהֶמְתּוֹ (משלי יב, י). וּכְבָר יֵשׁ שֶׁסּוֹבְרִים צַעַר בַּעֲלֵי חַיִּים דְּאוֹרַיְתָא,[ז] וְעַל כָּל פָּנִים דְּרַבָּנָן.[ח]

כְּלָלוֹ שֶׁל דָּבָר: הָרַחֲמָנוּת וְהַהֲטָבָה צָרִיךְ שֶׁתִּהְיֶה תְּקוּעָה בְּלֵב הֶחָסִיד לְעוֹלָם, וְתִהְיֶה מְגַמָּתוֹ תָּמִיד לַעֲשׂוֹת קֹרַת רוּחַ לַבְּרִיּוֹת וְלֹא לִגְרֹם לָהֶם שׁוּם צַעַר וְכוּ'.[ט]

הַחֵלֶק הַשֵּׁנִי מִן הַחֲסִידוּת הוּא בְּאֹפֶן הָעֲשִׂיָּה. וְהִנֵּה גַּם זֶה נִכְלָל בִּשְׁנֵי עִנְיָנִים, אָמְנָם תַּחְתֵּיהֶם נִכְלָלִים פְּרָטִים רַבִּים. וּשְׁנֵי הָרָאשִׁיִּים הֵם הַיִּרְאָה וְהָאַהֲבָה, שְׁנֵי עַמּוּדֵי הָעֲבוֹדָה הָאֲמִתִּית שֶׁזּוּלָתָם לֹא תִכּוֹן כְּלָל.

בִּכְלַל הַיִּרְאָה יֵשׁ הַהַכְנָעָה מִלְּפָנָיו יִתְבָּרַךְ, הַבֹּשֶׁת בְּקָרְבוֹ אֶל עֲבוֹדָתוֹ, וְהַכָּבוֹד הַנַּעֲשֶׂה אֶל מִצְווֹתָיו, אֶל שְׁמוֹ יִתְבָּרַךְ וְאֶל תּוֹרָתוֹ. וּבִכְלַל הָאַהֲבָה: הַשִּׂמְחָה, הַדְּבֵקוּת וְהַקִּנְאָה. וְעַתָּה נְבָאֲרֵם אֶחָד אֶחָד.

הִנֵּה עִקַּר הַיִּרְאָה הִיא יִרְאַת הָרוֹמְמוּת, שֶׁצָּרִיךְ הָאָדָם לַחְשֹׁב בְּעוֹדוֹ מִתְפַּלֵּל אוֹ עוֹשֶׂה מִצְוָה, כִּי לִפְנֵי מֶלֶךְ מַלְכֵי הַמְּלָכִים הוּא מִתְפַּלֵּל אוֹ עוֹשֶׂה הַמַּעֲשֶׂה הַהוּא. וְהוּא מַה שֶּׁהִזְהִיר הַתַּנָּא: וּכְשֶׁאַתָּה מִתְפַּלֵּל, דַּע לִפְנֵי מִי אַתָּה מִתְפַּלֵּל (ראה ברכות כח, ב).

[ו*] ראה בבבא מציעא פה, א. [ז] ראה שבת קכח, ב; בבא מציעא לג, א. [ח] ראה שבת קנד, ב. [ט] תיבת 'וכו'' אינה בכתה"י.

with strict justice? And King David offered a prayer, saying, "And enter not into judgment with Your servant, for no man living shall be justified in your sight" (Tehillim 143:2).

One who engages in lovingkindness, however, will receive lovingkindness, and the more lovingkindness he engages in, the more he will receive. David would glory in this good trait of his, striving to be good even to those who hated him. As he said, "But as for me, when they were sick, my clothing was sackcloth; I afflicted my soul with fasting" (Tehillim 35:13); and "If I have paid back him that did evil to me; {indeed, I have rescued him who hated me without cause}" (Tehillim 7:5).

Included in this concept is not causing pain to any creature, even animals, and showing mercy and compassion towards them (see *Baba Metzia* 85a). As it is said, "A righteous man regards the life of his beast" (Mishlei 12:10). There are those who maintain that Torah law forbids causing pain to animals (see *Shabbat* 128b); but in any event, it is forbidden by rabbinic decree (ibid. 154b).

In summary, mercy and benevolence must be fixed forever in the heart of the pious. He must constantly aim to bring contentment to all creatures and avoid causing them any pain, etc.

The second division of piety relates to the manner of performance. This too is comprised of two general categories which, however, include many particulars. The two principal categories are fear and love [of God], the two pillars of true Divine service; without them such service cannot be established at all.

Fear [of God] includes submission to Him (blessed be He), the [feeling of] shame when approaching His service, and the honor given to His *mitzvot*, to His blessed name, and to His Torah. Love [of God] includes joy, conjoining [with God], and zeal [for His honor]. We shall now explain them one by one.

The chief aspect of the fear [of God] is fear of His majesty, in that while a person is engaged in prayer or the performance of a *mitzvah*, he must keep in mind that he is praying or performing that deed before the supreme King of kings. This is what the Tanna means when he admonishes, "When you pray, know before Whom you are praying" (see *Berakhot* 28b).

וְהִנֵּה שְׁלֹשָׁה דְבָרִים צָרִיךְ שֶׁיִּסְתַּכֵּל הָאָדָם וְיִתְבּוֹנֵן הֵיטֵב כְּדֵי שֶׁיַּגִּיעַ אֶל זֹאת הַיִּרְאָה. הָאֶחָד, שֶׁהוּא עוֹמֵד מַמָּשׁ לִפְנֵי הַבּוֹרֵא יִתְבָּרַךְ שְׁמוֹ וְנוֹשֵׂא וְנוֹתֵן עִמּוֹ,[י] אַף עַל פִּי שֶׁאֵין עֵינוֹ שֶׁל אָדָם רוֹאֵהוּ. וְתִרְאֶה כִּי זֶה הוּא הַיּוֹתֵר קָשֶׁה שֶׁיִּצְטַיֵּר בְּלֵב הָאָדָם צִיּוּר אֲמִתִּי, יַעַן אֵין הַחוּשׁ עוֹזֵר לָזֶה כְּלָל. אָמְנָם מִי שֶׁהוּא בַּעַל שֵׂכֶל נָכוֹן, בִּמְעַט הִתְבּוֹנְנוּת וְשִׂימַת לֵב יוּכַל לִקְבֹּעַ בְּלִבּוֹ אֲמִתַּת הַדָּבָר; אֵיךְ הוּא בָּא וְנוֹשֵׂא וְנוֹתֵן מַמָּשׁ עִמּוֹ יִתְבָּרַךְ, וּלְפָנָיו הוּא מִתְחַנֵּן וּמֵאִתּוֹ הוּא מְבַקֵּשׁ; וְהוּא יִתְבָּרַךְ שְׁמוֹ מַאֲזִין לוֹ וּמַקְשִׁיב[יא] לִדְבָרָיו, כַּאֲשֶׁר יְדַבֵּר אִישׁ אֶל רֵעֵהוּ וְרֵעֵהוּ מַקְשִׁיב וְשׁוֹמֵעַ[יב] אֵלָיו.

וְאַחַר שֶׁיִּקְבַּע זֶה בְּדַעְתּוֹ, צָרִיךְ שֶׁיִּתְבּוֹנֵן עַל רוֹמְמוּתוֹ יִתְבָּרַךְ, אֲשֶׁר הוּא מְרוֹמָם וְנִשְׂגָּב עַל כָּל בְּרָכָה וּתְהִלָּה,[יג] עַל כָּל מִינֵי שְׁלֵמוּת שֶׁתּוּכַל מַחֲשַׁבְתֵּנוּ לְדַמּוֹת וּלְהָבִין.

וְעוֹד צָרִיךְ שֶׁיִּתְבּוֹנֵן עַל שִׁפְלוּת הָאָדָם וּפְחִיתוּתוֹ לְפִי חֻמְרִיּוּתוֹ וְגַסּוּתוֹ, כָּל שֶׁכֵּן לְפִי הַחֲטָאִים שֶׁחָטָא מֵעוֹדוֹ, כִּי עַל כָּל אֵלֶּה אִי אֶפְשָׁר שֶׁלֹּא יֶחֱרַד לִבּוֹ וְלֹא יִרְעַשׁ בְּעוֹדוֹ מְדַבֵּר דְּבָרָיו לְפָנָיו יִתְבָּרַךְ וּמַזְכִּיר בִּשְׁמוֹ וּמִשְׁתַּדֵּל לְהִרָּצוֹת לוֹ. הוּא מַה שֶּׁאָמַר הַכָּתוּב: עִבְדוּ אֶת ה' בְּיִרְאָה וְגִילוּ בִּרְעָדָה (תהלים ב, יא). וּכְתִיב: אֵל נַעֲרָץ בְּסוֹד קְדֹשִׁים רַבָּה וְנוֹרָא עַל כָּל סְבִיבָיו (שם פט, ח). כִּי הַמַּלְאָכִים, לִהְיוֹתָם יוֹתֵר קְרוֹבִים אֵלָיו יִתְבָּרַךְ מִבְּנֵי[יד] הַגּוּף הַחָמְרִי, קַל לָהֶם יוֹתֵר לְדַמּוֹת שֶׁבַח גְּדֻלָּתוֹ, עַל כֵּן מוֹרָאוֹ עֲלֵיהֶם יוֹתֵר מִמַּה שֶּׁהוּא עַל בְּנֵי הָאָדָם. וְאָמְנָם דָּוִד הַמֶּלֶךְ עָלָיו הַשָּׁלוֹם הָיָה מְשַׁבֵּחַ וְאוֹמֵר: אֶשְׁתַּחֲוֶה אֶל הֵיכַל קָדְשְׁךָ בְּיִרְאָתֶךָ (שם ה, ח). וּכְתִיב: מִפְּנֵי שְׁמִי נִחַת הוּא (מלאכי ב, ה). וְאוֹמֵר: אֱלֹקַי בֹּשְׁתִּי וְנִכְלַמְתִּי לְהָרִים אֱלֹקַי פָּנַי אֵלֶיךָ (עזרא ט, ו).

[י] ראה סנהדרין כב, א. [יא] כך בכתה"י. בד"ר: 'מקשיב'. [יב] כך בכתה"י. ד"ר: 'שומע'. [יג] ע"פ נחמיה ט, ה. [יד] כך בכתה"י. ד"ר: 'מפני'.

There are three things that a person must reflect upon and contemplate well in order to reach this level of fear. First, that he is quite literally standing before the Creator (see *Sanhedrin* 22a) (blessed be His name) and communicating with Him, even though no human eye sees Him. You will observe that it is most difficult for a person to form a true conception of this in his mind, for the senses cannot provide any help at all in this respect. However, a man of sound intelligence, with a small amount of reflection and attention, can establish the truth of the matter in his mind; how he comes to actually communicate with Him (blessed be His name), supplicating before Him and beseeching Him; and how He (blessed be His name) heeds him and listens to what he has to say as one man speaks to another, and the other listens and hears him.

After a person establishes this in his mind, he must contemplate His exaltedness (blessed be He), that He is exalted and elevated above all blessing and praise, above all manner of perfection that our minds may imagine and comprehend.

He must also contemplate man's lowliness and insignificance due to his materiality and density, and especially by reason of the sins he has committed all his life. For all such things, it will be impossible for his heart not to tremble and quake while he utters his words before Him (blessed be He), mentioning His name and trying to win His favor. As it is said, "Serve the Lord with fear, and rejoice with trembling" (Tehillim 2:11); and "A God, awesome in the great council of the holy ones, and revered by all who surround Him" (Tehillim 89:8). For the angels, because they are closer to [God] (blessed be He) than those with material bodies, can more easily conceive the glory of His greatness; His fear, therefore, weighs more heavily upon them than upon human beings. Indeed, King David, peace be on him, said in his praises, "I will bow down towards Your holy temple in fear of You" (Tehillim 5:8). And Scripture states, "And he was afraid of My name" (Malakhi 2:5), and, "O my God, I am ashamed and mortified to lift up my face to You, my God" (Ezra 9:6).

וְאוּלָם, הַיִּרְאָה הַזֹּאת צָרִיךְ שֶׁתִּגָּבֵר בַּלֵּב בַּתְּחִלָּה, וְאַחַר כָּךְ תֵּרָאֶה פְּעֻלּוֹתֶיהָ גַּם בְּאֵיבְרֵי הַגּוּף, הֲלֹא הֵמָּה כֹּבֶד הָרֹאשׁ וְהַהִשְׁתַּחֲוָאָה, שִׁפְלוּת הָעֵינַיִם וּכְפִיפַת הַיָּדַיִם כְּעֶבֶד קָטָן לִפְנֵי מֶלֶךְ רַב. וְכֵן אָמְרוּ בַּגְּמָרָא: רָבָא פָּכַר יְדֵיהּ וּמְצַלֵּי, אָמַר, כְּעַבְדָּא קַמֵּי מָרֵיהּ (שבת י, א).

וְהִנֵּה דִּבַּרְנוּ עַד עַתָּה מִן הַהַכְנָעָה וּמִן הַבֹּשֶׁת, וּנְדַבֵּר עַתָּה מֵעִנְיַן הַכָּבוֹד. הִנֵּה כְּבוֹד הַמִּצְוָה וִיקָרָהּ כְּבָר הִזְהִירוּנוּ עָלָיו חֲכָמֵינוּ זִכְרוֹנָם לִבְרָכָה וְאָמְרוּ: זֶה אֵלִי וְאַנְוֵהוּ (שמות טו ב), אֶתְנָאֶה לְפָנָיו בְּמִצְווֹת: צִיצִית נָאָה, תְּפִלִּין נָאִין, סֵפֶר תּוֹרָה נָאֶה, לוּלָב נָאֶה וְכוּ'.[טו] וְכֵן אָמְרוּ: הִדּוּר מִצְוָה עַד שְׁלִישׁ, עַד כָּאן מִשֶּׁלּוֹ, מִכָּאן וְאֵילָךְ מִשֶּׁל הַקָּדוֹשׁ בָּרוּךְ הוּא (ראה בבא קמא ט, ב). הֲרֵי דַּעַת שִׂפְתוֹתֵיהֶם זִכְרוֹנָם לִבְרָכָה בָּרוּר מִלֵּלוּ, שֶׁאֵין דַּי בַּעֲשׂוֹת הַמִּצְוָה לְבַד, אֶלָּא שֶׁצָּרִיךְ לְכַבְּדָהּ וּלְהַדְּרָהּ.

וּלְהוֹצִיא מִמִּי שֶׁלְּהָקֵל עַל עַצְמוֹ יֹאמַר, אֵין הַכָּבוֹד אֶלָּא לִבְנֵי הָאָדָם הַמִּתְפַּתִּים בַּהֲבָלִים אֵלֶּה, אַךְ הַקָּדוֹשׁ בָּרוּךְ הוּא אֵינוֹ חוֹשֵׁשׁ לָזֶה כִּי הוּא מְרוֹמָם מִדְּבָרִים הָאֵלֶּה וְנִשְׂגָּב מֵהֶם, וְכֵיוָן שֶׁהַמִּצְוָה נַעֲשֵׂית לַאֲמִתָּהּ דַּי בָּזֶה.

אָמְנָם הָאֱמֶת הוּא שֶׁהָאָדוֹן בָּרוּךְ הוּא נִקְרָא אֵל הַכָּבוֹד (תהלים כט, ג), וְאָנוּ חַיָּבִים לְכַבְּדוֹ אַף עַל פִּי שֶׁאֵינוֹ צָרִיךְ לִכְבוֹדֵנוּ וְלֹא כְּבוֹדֵנוּ חָשׁוּב וְסָפוּן לְפָנָיו. וּמִי[טו*] שֶׁמְּמַעֵט בָּזֶה בְּמָקוֹם שֶׁהָיָה יָכוֹל לְהַרְבּוֹת אֵינוֹ אֶלָּא חוֹטֵא. הוּא מַה שֶּׁהַנָּבִיא מַלְאָכִי מִתְרַעֵם עַל יִשְׂרָאֵל בִּדְבַר ה': [וְ]כִי תַגִּשׁוּן עִוֵּר לִזְבֹּחַ אֵין רָע, [וְכִי תַגִּישׁוּ פִּסֵּחַ וְחֹלֶה, אֵין רָע], הַקְרִיבֵהוּ נָא לְפֶחָתֶךָ הֲיִרְצְךָ אוֹ הֲיִשָּׂא פָנֶיךָ (מלאכי א, ח).

[טו] ראה שבת קלג, ב; נזיר ב, ב; ירושלמי פאה א, א (טו, ב); מכילתא, בשלח מסכתא דשירה ג. בד"ר הנוסח: 'תפילין נאה'. התיקון ע"פ כתה"י והירושלמי שם.

[טו*] בכתה"י נוסף כאן: 'אמנם ממבחר מה שיש לנו צריכים אנו לתת לפניו ית'', ונראה שהשמטה יש כאן מחמת הדומות: לפניו – לפניו ית'.

However, this fear must first grow strong in the heart and [only] then will its effects be manifest in one's bodily limbs, in the form of bowed head, prostration, lowered eyes, and folded hands, much like a lowly servant before a great king. As it is stated in the Gemara, "Rava would clasp his hands and pray, saying, 'I am like a servant before his master'" (*Shabbat* 10a).

Thus far we have spoken of submission and feeling shame. We shall now speak of giving honor. Regarding the dignity and reverence of a *mitzvah*, our Sages, may their memory be blessed, admonished us, saying: "'This is my God, and I will beautify Him' (Shemot 15:2) – I will adorn myself before Him with *mitzvot* – with handsome *tzitzit*, handsome *tefillin*, a handsome Torah scroll, a handsome *lulav*," and so on (see *Shabbat* 133b). They also said, "[For the sake of] enhancing a *mitzvah*, one must spend up to a third [above its ordinary cost]. That much is his own [duty]. Anything beyond that [is supererogation that] will be requited by the Holy One, blessed be He" (see *Baba Kamma* 9b). Thus the lips of [our Sages], may their memory be blessed, clearly uttered the notion that the performance of a *mitzvah* by itself is not enough. Rather, the *mitzvah* must be honored and dignified.

This rules out the contention of someone who, seeking to lighten his burden, argues that honor pertains only to humans who are seduced by such vanities, but is irrelevant to the Holy One, blessed be He, who transcends such things; and as long as the *mitzvah* itself is adequately performed, that should suffice.

The truth, however, is that the Lord, blessed be He, is called "the God of glory (Tehillim 29:3)." And we are thus obligated to honor Him even though He does not need our honor, our honor being neither important nor significant to Him. He who is sparing instead of being lavish in this regard is a sinner. With regard to this, the Prophet Malakhi reproached Israel with the word of God, "And if you offer the blind for sacrifice, is it not evil? [And if you offer a lame or sick animal, is that not evil?] Just offer it to your governor; will he be pleased with you, or will he show you favor" (Malakhi 1:8)?

וְאוּלָם חֲכָמֵינוּ זִכְרוֹנָם לִבְרָכָה הִזְהִירוּנוּ לְהִתְנַהֵג הֶפֶךְ זֶה בָּעֲבוֹדָה, וְאָמְרוּ בְּעִנְיַן מַיִם שֶׁנִּתְגַּלּוּ שֶׁלֹּא יְסַנְּנֵם בְּמְסַנֶּנֶת, מִטַּעַם אֱמוֹר דְּאָמְרִי לְהֶדְיוֹט, לְגָבוֹהַּ מִי קָאָמְרִינַן,[טז] לֵית לֵהּ הַקְרִיבֵהוּ נָא לְפֶחָתֶךָ [הֲיִרְצְךָ אוֹ הֲיִשָּׂא פָנֶיךָ] (סוכה נ, א)? רְאֵה נָא, מַה חִסָּרוֹן יֵשׁ בְּמַיִם שֶׁנִּסְתַּנְּנוּ וּכְבָר מֻתָּרִים הֵם לְהֶדְיוֹט, וַאֲפִלּוּ הָכִי אֲסוּרִים הֵם לְגָבוֹהַּ מִשּׁוּם שֶׁאֵינוֹ דֶּרֶךְ כָּבוֹד. וְאָמְרוּ עוֹד בְּסִפְרֵי: וְכֹל מִבְחַר נִדְרֵיכֶם (דברים יב, יא), [מִבְחַר נִדְרֵיכֶם],[טז*] דְּהַיְנוּ שֶׁלֹּא יָבִיא אֶלָּא מִן הַמֻּבְחָר (ראה ספרי דברים סח). וּכְבָר מָצָאנוּ קַיִן וְהֶבֶל, הֶבֶל הֵבִיא מִבְּכוֹרוֹת צֹאנוֹ וּמֵחֶלְבֵיהֶן (ראה בראשית ד, ד), וְקַיִן מִן הַפְּסֹלֶת מִפְּרִי הָאֲדָמָה, כִּפֵרוּשָׁם זִכְרוֹנָם לִבְרָכָה (בראשית רבה כב, ה), וּמֶה עָלָה בָּהֶם? וַיִּשַׁע ה' אֶל הֶבֶל וְאֶל מִנְחָתוֹ, וְאֶל קַיִן וְאֶל מִנְחָתוֹ לֹא שָׁעָה (בראשית ד, ד-ה). וְאוֹמֵר: וְאָרוּר נוֹכֵל[יז] וְיֵשׁ בְּעֶדְרוֹ זָכָר וְנֹדֵר וְזֹבֵחַ מָשְׁחָת לַה' כִּי מֶלֶךְ גָּדוֹל אָנִי (מלאכי א, יד).

וְכַמָּה דְּבָרִים הִזְהִירוּנוּ זִכְרוֹנָם לִבְרָכָה שֶׁלֹּא יִהְיוּ מִצְוֹת בְּזוּיוֹת עָלֵינוּ (שבת כב, א). וּכְבָר אָמְרוּ: כָּל הָאוֹחֵז סֵפֶר תּוֹרָה עָרֹם נִקְבָּר עָרֹם (שם יד, א) מִפְּנֵי בִּזּוּי הַמִּצְוָה.

וְסֵדֶר הַעֲלָאַת בִּכּוּרִים יִהְיֶה לָנוּ לְעֵינַיִם לִרְאוֹת מַה הוּא הִדּוּרָן שֶׁל מִצְוֹת. שֶׁכָּךְ שָׁנִינוּ: הַשּׁוֹר הוֹלֵךְ לִפְנֵיהֶם וְקַרְנָיו מְצֻפּוֹת זָהָב וַעֲטֶרֶת שֶׁל זַיִת בְּרֹאשׁוֹ וְכוּ' (בכורים ג, ג). עוֹד שָׁם: הָעֲשִׁירִים מְבִיאִים בִּכּוּרֵיהֶם בִּקְלָתוֹת שֶׁל זָהָב וְהָעֲנִיִּים בְּסַלֵּי[יח] נְצָרִים וְכוּ' (שם משנה ח). עוֹד שָׁם: שָׁלֹשׁ מִדּוֹת בְּבִכּוּרִים: בִּכּוּרִים, תּוֹסֶפֶת בִּכּוּרִים וְעִטּוּר בִּכּוּרִים וְכוּ' (שם משנה י).

[טז] בד"ר: 'קאמר'. בכתה"י: 'קא", והשלמנו 'קאמרינן'. וכן נראה נכון, כי מאחר שפתח בלשון 'דאמרי' (מדבר בעדו), צריך להשלים: 'קאמרינן'. לפנינו בגמרא: 'אימר דאמר ר' נחמיה להדיוט, אבל לגבוה מי אמר'. [טז*] השלם ע"פ כתה"י. [יז] כך בכתה"י ובכתוב. בד"ר: 'נופל' (טעות הדפוס). [יח] כך בכתה"י ובמשנה. בד"ר: 'בשלי' (טעות הדפוס).

Indeed, our Sages, may their memory be blessed, admonished us to conduct ourselves in the opposite manner when serving God. They ruled regarding water that had become uncovered, that it cannot be strained through a filter [in order to be used as a libation on the altar], the reason being: "Even if such water is permitted for secular use, would the same be said regarding ritual uses? Do we not say: 'Offer it now to your governor, [will he be pleased with you, or will he show you favor]'" (*Sukkah* 50a)? Now consider: What defect can there possibly be in strained water, seeing that it is permitted for secular use? Yet it is nevertheless forbidden for use in the Divine service because it does not demonstrate respect. They also said in *Sifrei* (*Devarim* 68): "'And all your choice vows' (Devarim 12:11), [the very best of your vows] – meaning, one should only bring of the very best." We find in the case of Cayin and Hevel, that Hevel brought of the first-born of his flock and of their fats (Bereishit 4:4), while Cayin brought of the worst of the fruit of the land, as our Sages, may their memory be blessed, have explained (*Bereishit Rabba* 22:5). What happened to them? "And the Lord paid heed to Hevel and to his offering; but to Cayin and to his offering He paid no heed" (Bereishit 4:4-5). And it says, "A curse on the cheat who has an [unblemished] male in his flock, but for his vow sacrifices a blemished animal to the Lord! For I am a great king" (Malakhi 1:14).

There are many things which [our Sages], may their memory be blessed, prohibited to us so that we not regard *mitzvot* irreverently (see *Shabbat* 22a). They said: "One who takes hold of a Torah scroll nakedwill be buried naked" (*Shabbat* 14a), because of the degradation of the *mitzvah*.

The procedure of carrying up the first fruits [to Jerusalem] may guide us to perceive what is meant by the enhancement of the *mitzvot*. For we have learned, "The ox walks before them, his horns overlaid with gold, and an olive wreath upon his head," and so on (*mBikkurim* 3:3). We also read there, "The wealthy bring their first fruits in baskets of gold, while the poor bring them in baskets of wicker," and so on (*mBikkurim* 3:8). We also read there, "There are three aspects [of the *mitzvah*] of first fruits: the first fruits [proper], the additions to first fruits, and the decorations of first fruits" and so on (*mBikkurim*

הֲרֵי לָנוּ בְּהֶדְיָא כַּמָּה רָאוּי לָנוּ לְהוֹסִיף עַל גּוּפָהּ שֶׁל מִצְוָה כְּדֵי לְהַדְּרָהּ, וּמִכָּאן נִלְמַד לְכָל שְׁאָר מִצְוֹות שֶׁבַּתּוֹרָה.

וְאָמְרוּ (שבת י, א): רָבָא רָמֵי פְּזָמְקֵי וּמְצַלֵּי, אָמַר: הִכּוֹן לִקְרַאת אֱלֹהֶיךָ יִשְׂרָאֵל (עמוס ד, יב). עוֹד אָמְרוּ רַבּוֹתֵינוּ זִכְרוֹנָם לִבְרָכָה עַל פָּסוּק בִּגְדֵי עֵשָׂו [הַגָּדֹל] בְּנָהּ הַחֲמֻדֹת (בראשית כז, טו): אָמַר רַבָּן שִׁמְעוֹן בֶּן גַּמְלִיאֵל, אֲנִי שִׁמַּשְׁתִּי אֶת אַבָּא {בִּבְגָדִים מְלֻכְלָכִין}, אֲבָל עֵשָׂו כְּשֶׁהָיָה מְשַׁמֵּשׁ אֶת אָבִיו לֹא הָיָה מְשַׁמֵּשׁ אֶלָּא בְּבִגְדֵי מַלְכוּת (בראשית רבה סה, טז). וְהִנֵּה אִם כָּךְ לְבָשָׂר וָדָם, קַל וָחֹמֶר לְמֶלֶךְ מַלְכֵי הַמְּלָכִים הַקָּדוֹשׁ בָּרוּךְ הוּא, שֶׁהָעוֹמֵד לְפָנָיו לְהִתְפַּלֵּל רָאוּי הוּא שֶׁיִּלְבַּשׁ בִּגְדֵי כָבוֹד,[יט] וְיֵשֵׁב לְפָנָיו כְּמִי שֶׁיּוֹשֵׁב לִפְנֵי מֶלֶךְ גָּדוֹל.

וְהִנֵּה בִּכְלַל זֶה יֵשׁ כְּבוֹד הַשַּׁבָּתוֹת וְיָמִים טוֹבִים, שֶׁכָּל הַמַּרְבֶּה לְכַבְּדָם וַדַּאי עוֹשֶׂה נַחַת רוּחַ לְיוֹצְרוֹ, שֶׁכֵּן צִוָּנוּ: וְכִבַּדְתּוֹ (ישעיה נח, יג). וְכֵיוָן שֶׁכְּבָר הִתְאַמֵּת לָנוּ שֶׁכְּבוֹדוֹ מִצְוָה, הִנֵּה מִינֵי הַכָּבוֹד רַבִּים הֵם, אַךְ הַכְּלָל הוּא שֶׁכָּל מַעֲשֶׂה שֶׁבּוֹ נִרְאֶה חֲשִׁיבוּת לַשַּׁבָּת צְרִיכִים אָנוּ לַעֲשׂוֹתוֹ. עַל כֵּן הָיוּ הַחֲכָמִים הָרִאשׁוֹנִים עוֹסְקִים בַּהֲכָנוֹת הַשַּׁבָּת, אִישׁ אִישׁ לְפִי דַרְכּוֹ. רָבָא[כ] הֲוָה יָתֵב אַתַּכְתְּקָא דְשִׁנָּא וּמְנַשֵּׁב נוּרָא, רַב סָפְרָא מְחָרֵךְ רֵישָׁא, רָבָא מָלַח שִׁבּוּטָא, רַב הוּנָא מַדְלִיק שְׁרָגָא, רַב פָּפָּא גָּדֵל פְּתִילְתָא,[כא] רַב חִסְדָּא פָּרֵים[כב] סִלְקָא, רָבָא[כב*] וְרַב יוֹסֵף מְצַלְּחוּ צִיבֵי, רַב נַחְמָן מְכַתֵּף וְעָיֵל מְכַתֵּף וְנָפֵק, אָמַר: אִלּוּ מִקַּלְעִין לִי רַב אַמִּי וְרַב אַסִּי, לָא מְכַתֵּפְנָא קַמַּיְיהוּ (שבת קיט, א)?

וְתִרְאֶה הֶקֵּשׁוֹ שֶׁל רַב נַחְמָן שֶׁיֵּשׁ לָנוּ מִמֶּנּוּ מָקוֹם לִמּוּד. כִּי הִנֵּה הָיָה מִתְבּוֹנֵן מֶה הָיָה הוּא עוֹשֶׂה לְפִי דַרְכּוֹ לְאָדָם שֶׁהוּא חָפֵץ לְכַבְּדוֹ,[כג] וְכָזֶה עַצְמוֹ הָיָה עוֹשֶׂה לְשַׁבָּת.[כד]

[יט] ראה ברכות ל, ב. [כ] כ"ה בד"ר. בכתה"י: 'רבה'. לפנינו הגירסא בגמרא: 'רבי אבהו'. [כא] או: פתילָתָא. [כב] כך בכתה"י. בד"ר: 'פרים'. [כב*] לפנינו: 'רבה'. [כג] כך בכתה"י. בד"ר: 'לכבודו'. (אולי צ"ל: 'בכבודו'. מליצה ע"פ אסתר ו, ו, ועוד.) [כד] בד"ר: 'בשבת'. בכתה"י נוסף: 'אף אנו, כל מה שהיינו עושים לאדם נכבד לפי דרכנו הוא מה שיש לנו לעשות לשבת'. ואולי כאן נשמט מחמת הדומות: לשבת – לשבת.

3:10). We clearly see how important it is to add to the *mitzvah* itself in order to enhance it. What is stated here should be applied to all the other *mitzvot* of the Torah.

[The Sages] also said (*Shabbat* 10a): "Rava would put on fine stockings and pray, saying: 'Prepare yourself to meet your God, O Israel'" (Amos 4:12). Our Rabbis, may their memory be blessed, also commented on the verse, "The finest clothes of her [older] son Esav" (Bereishit 27:15): "Rabban Shimon ben Gamliel said: I served my father {wearing soiled clothing}, but when Esav served his father he wore only clothes fit for a king" (*Bereishit Rabba* 65:16). If this is done for a man of flesh and blood, how much more so should a person don respectable clothing (see *Berakhot* 30b) when he is about to pray to the supreme King of kings and sit before Him as one sits before a great king.

This principle [of *hiddur mitzvah*] applies also to honoring the Sabbath and Festivals: whoever honors them liberally certainly pleases his Creator. For He has commanded us, "And you shall honor it" (Yeshayahu 58:13); and once we realize that honoring it is a commandment, then clearly there are many ways for us to show honor. But the general principle [that encompasses all of them] is that we should do anything that will manifest the eminence of the Sabbath. The ancient Sages, each in their own fashion, would therefore occupy themselves with the Sabbath preparations. "Rabbah would sit on an ivory stool and fan the fire; Rav Safra would roast the head of an animal; Rava would salt a mullet; Rav Huna would light a lamp; Rav Pappa would twine a wick; Rav Hisda would cut up beets; Rava and Rav Yosef would chop wood; Rav Nahman would carry things in and out. He would say: 'If Rav Ami and Rav Asi were my guests, would I not carry things for them'" (*Shabbat* 119a)?

Take note of Rav Nahman's analog for we can learn from it. He would ponder what he, after his own fashion, would do for someone he wanted to honor, and do the very same for the Sabbath.

וְעַל דָּבָר זֶה נֶאֱמַר: לְעוֹלָם יְהֵא אָדָם עָרוּם בְּיִרְאָה (ברכות יז, א), לָדַעַת וּלְהִתְבּוֹנֵן דָּבָר מִתּוֹךְ דָּבָר וּלְחַדֵּשׁ הַמְּצָאוֹת,[כה] לַעֲשׂוֹת נַחַת רוּחַ לְיוֹצְרוֹ בְּכָל הַדְּרָכִים שֶׁאֶפְשָׁר, לְהַרְאוֹת הֱיוֹתֵנוּ[כו] מַכִּירִים גֹּדֶל רוֹמְמוּתוֹ עָלֵינוּ. אֲשֶׁר עַל כֵּן כָּל מַה שֶּׁיִּתְיַחֵס לוֹ יִהְיֶה נִכְבָּד עָלֵינוּ כָּבוֹד גָּדוֹל. וְכֵיוָן שֶׁהוּא יִתְבָּרֵךְ בְּטוּבוֹ הַגָּדוֹל, עִם כָּל שִׁפְלוּתֵנוּ, רָצָה בְּעַנְוָתוֹ לַחֲלֹק לָנוּ כָּבוֹד וְלִמְסֹר לָנוּ דִּבְרֵי קָדְשׁוֹ, לְפָחוֹת בְּכָל כֹּחֵנוּ נְכַבְּדֵם וְנַרְאֶה הַיְקָר אֲשֶׁר לָהֶם אֶצְלֵנוּ.

וְתִרְאֶה שֶׁזֹּאת הִיא הַיִּרְאָה הָאֲמִתִּית, שֶׁהִיא יִרְאַת הָרוֹמְמוּת שֶׁזָּכַרְנוּ, שֶׁבָּהּ תָּלוּי הַכָּבוֹד הַמִּתְקָרֵב אֶל חִבּוּב הָאַהֲבָה, וּכְמוֹ שֶׁאֶכְתֹּב עוֹד בְּסִיַּעְתָּא דִשְׁמַיָּא. מַה שֶּׁאֵין כֵּן יִרְאַת הָעֹנֶשׁ, שֶׁאֵינָהּ הָעִקָּרִית וְאֵין מַעֲלוֹת הַמִּדּוֹת הָאֵלֶּה נִמְשָׁכוֹת הֵימֶנָּה.

וְנַחֲזֹר לְעִנְיַן הַשַּׁבָּת. הִנֵּה אָמְרוּ: רַב עָנָן לָבֵשׁ גּוּנְדָא, דְּהַיְנוּ שֶׁהָיָה לוֹבֵשׁ בֶּגֶד שָׁחֹר בְּעֶרֶב שַׁבָּת כְּדֵי שֶׁיִּהְיֶה נִכָּר יוֹתֵר כְּבוֹד הַשַּׁבָּת בְּלָבְשׁוֹ בּוֹ בְּגָדִים נָאִים (שבת קיט, א). נִמְצָא שֶׁלֹּא לְבַד הַהֲכָנָה לְשַׁבָּת הוּא מִכְּלַל הַכָּבוֹד, אֶלָּא אֲפִלּוּ הַהֶעְדֵּר, שֶׁמִּכֹּחוֹ יִבָּחֵן יוֹתֵר מְצִיאוּת הַכָּבוֹד, גַּם הוּא מִכְּלַל הַמִּצְוָה. וְכֵן אָסְרוּ לִקְבֹּעַ סְעֻדָּה בְּעֶרֶב שַׁבָּת מִפְּנֵי כְּבוֹד הַשַּׁבָּת (ראה גיטין לח, ב), וְכֵן כָּל כַּיּוֹצֵא בָּזֶה.

וּבִכְלַל הַיִּרְאָה עוֹד כְּבוֹד הַתּוֹרָה וְלוֹמְדֶיהָ. וּבְהֶדְיָא שָׁנִינוּ: כָּל הַמְכַבֵּד אֶת הַתּוֹרָה גּוּפוֹ מְכֻבָּד עַל הַבְּרִיּוֹת (אבות ד, ו). וְאָמְרוּ זִכְרוֹנָם לִבְרָכָה (סנהדרין קב, ב): אָמַר רַבִּי יוֹחָנָן, מִפְּנֵי מָה זָכָה אַחְאָב לְמַלְכוּת עֶשְׂרִים וּשְׁתַּיִם שָׁנָה? לְפִי שֶׁכִּבֵּד אֶת הַתּוֹרָה שֶׁנִּתְּנָה בְּעֶשְׂרִים וּשְׁתַּיִם אוֹתִיּוֹת, שֶׁנֶּאֱמַר: וַיִּשְׁלַח מַלְאָכִים אֶל אַחְאָב וְכוּ',

---

[כה] בד"ר: 'המציאות'. תוקן ע"פ כתה"י. [כו] כך בכתה"י. בד"ר: 'היות'.

About this it is said, "A person should always be clever in [his] fear [of God]" (*Berakhot* 17a). He must know how to deduce one thing from another in order to devise new ways of giving pleasure to his Creator in every possible manner, thus demonstrating that we recognize how great is His exaltedness over us. Therefore, everything attributable to Him should be greatly honored by us. Consider that despite all of our lowliness, [God], blessed be He, in His great goodness and humility, chose to bestow honor upon us and give us His holy words. At the very least, then, we should honor them with all our strength and demonstrate the esteem in which we hold them.

You will observe that this is the true fear [of God], the fear of His majesty that we have mentioned. [It is this type of fear] that gives rise to the respect that approaches the realm of intense love [of God], as I will explain below with the help of Heaven, as opposed to the fear of punishment, which is not the essential [fear], and is not the source of these virtues.

Let us return to the subject of [honoring] the Sabbath. [The Sages] said, "Rav Anan would wear domestic overalls" (*Shabbat* 119a). That is, he would wear black clothing on Fridays in order to highlight the honor of the Sabbath when he would don fine garments. It follows that preparing for the Sabbath is not the only way one can honor it: Even an absence [of the festive before the Sabbath] that accentuates the presence of the honor [conferred on the Sabbath], comes under this *mitzvah*, so that, [through the contrast], the presence of the honor is better discerned. In similar fashion, [the Sages] prohibited the eating of a regular meal before the Sabbath, as well as other such activities, because of the honor due to the Sabbath (see *Gittin* 38b).

The fear [of God] also includes honoring the Torah and those who are engaged in its study. We learned explicitly, "Whoever honors the Torah will himself be honored by his fellow men" (*Avot* 4:6). And [our Sages], may their memory be blessed, said, "Rabbi Yohanan said: By what virtue did Ah'av merit to reign for twenty-two years? Because he honored the Torah, which was given with twenty-two letters. As it says: 'And he sent messengers to Ah'av ...

[וְהָיָה כָּל מַחְמַד עֵינֶיךָ יָשִׂימוּ בְיָדָם וְלָקָחוּ וְכוּ׳ וַיֹּאמֶר לְמַלְאָכָיו וְכוּ׳ כֹּל אֲשֶׁר שָׁלַחְתָּ אֶל עַבְדְּךָ בָרִאשֹׁנָה אֶעֱשֶׂה] וְהַדָּבָר הַזֶּה לֹא אוּכַל לַעֲשׂוֹת (מלכים א כ, ב-ט). [מַאי מַחְמַד עֵינֶיךָ? לָאו סֵפֶר תּוֹרָה]!

וְאָמְרוּ זִכְרוֹנָם לִבְרָכָה: הָיָה הוֹלֵךְ מִמָּקוֹם לְמָקוֹם,[כז] לֹא יַנִּיחֶנּוּ בְּשַׂק וְיַנִּיחֶנּוּ עַל הַחֲמוֹר וְיִרְכַּב עָלָיו, אֶלָּא מַנִּיחוֹ בְּחֵיקוֹ וְכוּ׳ (שו״ע יו״ד סי׳ רפב סעיף ג; ע״פ ברכות יח, א). וְאָסְרוּ עוֹד לֵישֵׁב עַל הַמִּטָּה שֶׁסֵּפֶר תּוֹרָה עָלֶיהָ (מועד קטן כה, א). וְכֵן אָמְרוּ: אֵין זוֹרְקִין כִּתְבֵי הַקֹּדֶשׁ וַאֲפִלּוּ הֲלָכוֹת וְאַגָּדוֹת (רמב״ם הלכות ספר תורה י, ה; ע״פ עירובין צח, א). וְאָסְרוּ לְהָנִיחַ נְבִיאִים וּכְתוּבִים עַל גַּבֵּי חֻמָּשִׁים (מגילה כז, א). הֵן אֵלֶּה דְּבָרִים שֶׁאָסְרוּ חֲכָמֵינוּ זִכְרוֹנָם לִבְרָכָה לְכָל עֲדַת יִשְׂרָאֵל, וְהֶחָסִיד יֵשׁ לוֹ לִלְמֹד מֵאֵלֶּה וּלְהוֹסִיף עֲלֵיהֶם כָּהֵנָּה וְכָהֵנָּה לִכְבוֹד שֵׁם ה׳ אֱלֹקָיו.

וּבִכְלַל זֶה הַנִּקָּיוֹן וְהַטָּהֳרָה הַצְּרִיכָה לְדִבְרֵי תוֹרָה, שֶׁלֹּא לַעֲסֹק בָּהּ אֲפִלּוּ בְּהִרְהוּר בִּמְקוֹמוֹת הַמְטֻנָּפִים (ברכות כד, ב), וְלֹא בְּיָדַיִם שֶׁאֵינָם נְקִיּוֹת (יומא ל, א). וּכְבָר הִרְבּוּ חֲכָמֵינוּ זִכְרוֹנָם לִבְרָכָה לְהַזְהִיר עַל זֶה בִּמְקוֹמוֹת רַבִּים.[כח]

וּבְעִנְיַן לוֹמְדֵי תוֹרָה הִנֵּה מִקְרָא כָּתוּב: מִפְּנֵי שֵׂיבָה תָּקוּם וְהָדַרְתָּ פְּנֵי זָקֵן (ויקרא יט, לב), וּמִנַּהּ יָלְפִינַן לְכָל מִינֵי כָּבוֹד שֶׁאֶפְשָׁר לַעֲשׂוֹת לָהֶם, שֶׁרָאוּי וַדַּאי לְחָסִיד שֶׁיַּעֲשֵׂהוּ. וּכְבָר אָמְרוּ זִכְרוֹנָם לִבְרָכָה: וְאֶת יִרְאֵי ה׳ יְכַבֵּד (תהלים טו, ד), זֶה יְהוֹשָׁפָט מֶלֶךְ יְהוּדָה, שֶׁכֵּיוָן שֶׁהָיָה רוֹאֶה תַּלְמִיד חָכָם הָיָה עוֹמֵד מִכִּסְאוֹ וּמְחַבְּקוֹ וּמְנַשְּׁקוֹ וְאוֹמֵר לוֹ, רַבִּי רַבִּי מוֹרִי מוֹרִי (כתובות קג, ב). וְרַבִּי זֵירָא, כְּשֶׁהָיָה חָלוּשׁ מִלִּמּוּדוֹ, הָיָה מֵשִׂים עַצְמוֹ עַל פֶּתַח בֵּית הַמִּדְרָשׁ לַעֲשׂוֹת מִצְוָה כְּשֶׁיָּקוּם מִלִּפְנֵי הַתַּלְמִידֵי חֲכָמִים (ברכות כח, א; עירובין כח, ב).

[כז] המאמר השלם הוא: ׳היה הולך ממקום למקום וספר תורה עמו׳. [כח] ראה סוכה כח, א; תענית כ, ב; מגילה כח, א.

[And it shall be that they shall put in their hand all the delight of your eyes and take them ... Wherefore he said to the messengers ... All that you send to your servant at first I will do]; but this thing I will not be able to do' (I Melakhim 20:2-9). [What is 'the delight of your eyes?' Is it not a Torah scroll]" (*Sanhedrin* 102b)!

And [our Sages], may their memory be blessed, said, "If a person was riding from place to place, he should not put [a Torah scroll] into a sack, and place it upon a donkey, and ride upon it. Rather he should carry it on his lap" and so on (*Shulhan Arukh, Yoreh De'ah* 282:3, following *Berakhot* 18a). They also prohibited sitting on a bed upon which lies a Torah scroll (*Mo'ed Katan* 25a). And, similarly, they said, "One may not throw sacred writings, not even [collections of] laws and homilies" (Rambam, *Mishneh Torah, Hilkhot Sefer Torah* 10:5, following *Eruvin* 98a). They also prohibited resting books of the Prophets and Hagiographa upon the Five Books of Moses (*Megillah* 27a). These are indeed things that our Sages, may their memory be blessed, prohibited to the entire community of Israel. The pious man, however, should learn from them and add much more for the honor of the name of the Lord, his God.

Included in this is the cleanliness and purity that Torah study requires, that one not engage in its study, even by [speechless] meditation, in filthy places (*Berakhot* 24b) or with unclean hands (*Yoma* 30a). Our Sages, may their memory be blessed, have frequently warned of this in many places (see *Sukkah* 28a, et al.).

Regarding those who study Torah, Scripture states, "You shall rise before the hoary head, and honor the face of the learned" (Vayikra 19:32), from which we learn that it is surely befitting the pious to honor Torah scholars in every possible way. [Our Sages], may their memory be blessed, have already said, "'He honors those that fear the Lord' (Tehillim 15:4) – this refers to Yehoshafat, King of Judea, who, whenever he would see a Torah scholar, would rise up from his throne, embrace him, kiss him, and say to him: 'My teacher, my teacher; my master, my master'" (*Ketubot* 103b). And Rabbi Zera, when he was weary from his study, would place himself at the entrance of the study hall in order to perform the *mitzvah* of rising for a Torah scholar (*Berakhot* 28a; *Eruvin* 28b).

כָּל אֵלֶּה דְּבָרִים שֶׁכְּבָר רוֹאִים אֲנַחְנוּ הֱיוֹת הַבּוֹרֵא יִתְבָּרַךְ שְׁמוֹ חָפֵץ בָּם וְגִלָּה דַּעְתּוֹ הָעֶלְיוֹן בָּזֶה, וְכֵיוָן שֶׁכֵּן, מִי הָאִישׁ הֶחָפֵץ לַעֲשׂוֹת נַחַת רוּחַ לְיוֹצְרוֹ, הִנֵּה בְּדֶרֶךְ זֶה יֵלֵךְ וְיוֹסִיף לֶקַח בְּתַחְבּוּלוֹתָיו וְלַעֲשׂוֹת הַיָּשָׁר לְפָנָיו יִתְבָּרַךְ.

וּבִכְלַל זֶה כְּמוֹ כֵן כְּבוֹד הַבָּתֵּי כְּנֵסִיּוֹת וּבָתֵּי מִדְרָשׁוֹת; שֶׁאֵין דַּי שֶׁלֹּא יִנְהַג בָּהֶם קַלּוּת רֹאשׁ,[כט] אֶלָּא שֶׁיִּנְהַג בָּהֶם כָּל מִינֵי כָּבוֹד וּמוֹרָא בְּכָל מִנְהָגָיו וּבְכָל פְּעֻלּוֹתָיו, וְכָל מַה שֶּׁלֹּא הָיָה עוֹשֶׂה בְּהֵיכַל מֶלֶךְ גָּדוֹל, לֹא יַעֲשֶׂה בָּהֶם.

וּנְדַבֵּר עַתָּה מֵעִנְיַן הָאַהֲבָה, וַעֲנָפֶיהָ הֵם שְׁלֹשָׁה: הַשִּׂמְחָה, הַדְּבֵקוּת וְהַקִּנְאָה. וְהִנֵּה עִנְיַן הָאַהֲבָה הוּא שֶׁיִּהְיֶה הָאָדָם חוֹשֵׁק וּמִתְאַוֶּה מַמָּשׁ אֶל קִרְבָתוֹ יִתְבָּרַךְ, וְרוֹדֵף אַחַר קְדֻשָּׁתוֹ כַּאֲשֶׁר יִרְדֹּף אִישׁ אַחַר דָּבָר הַנֶּחְמָד מִמֶּנּוּ חֶמְדָּה עַזָּה, עַד שֶׁיִּהְיֶה לוֹ הַזְכָּרַת שְׁמוֹ יִתְבָּרַךְ וְדַבֵּר בִּתְהִלּוֹתָיו וְהָעֵסֶק בְּדִבְרֵי תּוֹרָתוֹ וֵאלֹקוּתוֹ יִתְבָּרַךְ שַׁעֲשׁוּעַ וְעֹנֶג מַמָּשׁ, כְּמִי שֶׁאוֹהֵב אֶת אֵשֶׁת נְעוּרָיו אוֹ בְּנוֹ יְחִידוֹ אַהֲבָה חֲזָקָה, אֲשֶׁר אֲפִלּוּ הַדִּבּוּר בָּם יִהְיֶה לוֹ לְנַחַת וְתַעֲנוּג, וּכְעִנְיַן הַכָּתוּב: כִּי מִדֵּי דַבְּרִי בּוֹ זָכֹר אֶזְכְּרֶנּוּ עוֹד (ירמיה לא, יט).

וְהִנֵּה וַדַּאי שֶׁמִּי שֶׁאוֹהֵב אֶת בּוֹרְאוֹ אַהֲבָה אֲמִתִּית לֹא יַנִּיחַ עֲבוֹדָתוֹ לְשׁוּם טַעַם שֶׁבָּעוֹלָם, אִם לֹא יִהְיֶה אָנוּס מַמָּשׁ. וְלֹא יִצְטָרֵךְ רִצּוּי וּפִתּוּי לַעֲבוֹדָה, אֶלָּא אַדְּרַבָּא לִבּוֹ יִשָּׂאֵהוּ וִירִיצֵהוּ אֵלֶיהָ, אִם לֹא יִהְיֶה עִכּוּב גָּדוֹל שֶׁיִּמְנָעֵהוּ.

הִנֵּה זֹאת הִיא הַמִּדָּה הַנֶּחְמֶדֶת אֲשֶׁר אֵלֶיהָ זָכוּ הַחֲסִידִים הָרִאשׁוֹנִים קְדוֹשֵׁי עֶלְיוֹן, וּכְמַאֲמַר דָּוִד הַמֶּלֶךְ עָלָיו הַשָּׁלוֹם: כְּאַיָּל תַּעֲרֹג עַל אֲפִיקֵי מָיִם כֵּן נַפְשִׁי תַעֲרֹג אֵלֶיךָ אֱלֹקִים, צָמְאָה נַפְשִׁי לֵאלֹקִים לְאֵל חָי, מָתַי אָבוֹא [וְאֵרָאֶה פְּנֵי אֱלֹהִים] (תהלים מב, ב-ג), וְאוֹמֵר: נִכְסְפָה וְגַם כָּלְתָה נַפְשִׁי לְחַצְרוֹת ה' {לִבִּי וּבְשָׂרִי יְרַנְּנוּ אֶל אֵל חָי} (שם פד, ג),

[כט] ראה מגילה כח, א.

We see that all these practices are desired by the Creator (blessed be His name), the judgment of the Most High having been revealed. That being the case, let any man who wishes to please his Creator follow this path, and devise additional strategies along these lines for doing what is upright in the eyes of [God], blessed be He.

Also included in this category is honoring synagogues and the study halls. It should not suffice one [merely] to refrain from frivolity in these places; he should rather show them honor and reverence of every kind, in all his ways and deeds: whatever he would not do in the palace of a great king, he should not do in them (see *Megillah* 28a-b).

We shall now direct our discussion to the notion of the love [of God]. Its branches are precisely these: joy, conjoining [with God], and zeal [for His honor]. The love [of God] consists of a person's longing and craving to be near to Him, blessed be He, and in pursuing His holiness the way one pursues something fiercely desired. [This love should extend] to the point that mentioning His blessed name, speaking His praises, and occupying himself with the words of His Torah and His divinity are as real a delight and pleasure as that of one who strongly loves the wife of his youth or his only son, so that even speaking of them gives him joy and pleasure. As Scripture states, "For whenever I speak of him, I earnestly remember him still" (Yirmiyahu 31:19).

Now it is certain that one who truly loves his Creator will not neglect His service for any reason in the world, unless he is actually compelled to do so. He needs neither persuasion nor enticement to serve Him; on the contrary, his heart lifts him up and brings him swiftly to [His service], unless there is some great obstacle that stops him.

This is the desired trait which the pious men of old, the holy ones of the Most High, merited to attain. As stated by King David, peace be on him, "As the hart yearns for the water brooks, so my soul yearns for You, O God. My soul thirsts for God, for the living God; when shall I come [and appear before God]" (Tehillim 42:2-3); and "My soul yearns and pines for the courts of the Lord; {my heart and my flesh cry out for joy for the living God}" (Tehillim 84:3);

צָמְאָה לְךָ נַפְשִׁי כָּמַהּ לְךָ בְשָׂרִי {בְּאֶרֶץ צִיָּה וְעָיֵף בְּלִי מָיִם} (שם סג, ב). כָּל זֶה מֵתֹקֶף הַתְּשׁוּקָה שֶׁהָיָה מִשְׁתּוֹקֵק לוֹ יִתְבָּרֵךְ. וּכְעִנְיַן מַה שֶּׁאָמַר הַנָּבִיא: לְשִׁמְךָ וּלְזִכְרְךָ תַּאֲוַת נָפֶשׁ (ישעיה כו, ח). וְאוֹמֵר: נַפְשִׁי אִוִּיתִךָ בַּלַּיְלָה אַף רוּחִי בְקִרְבִּי אֲשַׁחֲרֶךָּ (שם פסוק ט). וְדָוִד עַצְמוֹ אָמַר: אִם זְכַרְתִּיךָ עַל יְצוּעָי בְּאַשְׁמֻרוֹת אֶהְגֶּה בָּךְ (תהלים סג, ז), בֵּאֵר הָעֹנֶג וְהַשַּׁעֲשׁוּעַ שֶׁהָיָה לוֹ בְּדַבְּרוֹ בּוֹ וּבְשִׁבְחָיו יִתְבָּרַךְ שְׁמוֹ. וְאָמַר: וְאֶשְׁתַּעֲשַׁע בְּמִצְוֹתֶיךָ אֲשֶׁר אָהָבְתִּי (שם קיט, מז). וְאָמַר: גַּם עֵדֹתֶיךָ[ל] שַׁעֲשֻׁעָי {אַנְשֵׁי עֲצָתִי} (שם פסוק כד).

וְהִנֵּה זֹאת וַדַּאי שֶׁאַהֲבָה זֹאת צָרִיךְ שֶׁלֹּא תִּהְיֶה אַהֲבָה הַתְּלוּיָה בְדָבָר,[לא] דְּהַיְנוּ שֶׁיֹּאהַב אֶת הַבּוֹרֵא יִתְבָּרַךְ עַל שֶׁמֵּטִיב אֵלָיו וּמַעֲשִׁירוֹ וּמַצְלִיחַ אוֹתוֹ, אֶלָּא כְּאַהֲבַת הַבֵּן לְאָבִיו, שֶׁהִיא אַהֲבָה טִבְעִית מַמָּשׁ, שֶׁטִּבְעוֹ מַכְרִיחוֹ וְכוֹפֵהוּ לָזֶה, כְּמַאֲמַר הַכָּתוּב: הֲלוֹא הוּא אָבִיךָ קָּנֶךָ (דברים לב, ו). וּמִבְחַן הָאַהֲבָה הַזֹּאת הוּא בִּזְמַן הַדֹּחַק וְהַצָּרָה.[לב] וְכֵן אָמְרוּ זִכְרוֹנָם לִבְרָכָה: וְאָהַבְתָּ אֵת ה' אֱלֹקֶיךָ בְּכָל לְבָבְךָ, וּבְכָל נַפְשְׁךָ (שם ו, ה) – אֲפִלּוּ נוֹטֵל אֶת נַפְשְׁךָ, וּבְכָל מְאֹדֶךָ (שם) – וּבְכָל מָמוֹנְךָ (ברכות ט, ה; נד, א).

אָמְנָם כְּדֵי שֶׁלֹּא תִּהְיֶינָה הַצָּרוֹת וְהַדּוֹחֲקִים קֹשִׁי וּמְנִיעָה אֶל הָאַהֲבָה, יֵשׁ לָאָדָם לְהָשִׁיב אֶל עַצְמוֹ שְׁתֵּי תְּשׁוּבוֹת: הָאַחַת מֵהֶן שָׁוָה לְכָל נֶפֶשׁ, וְהַשְּׁנִיָּה לַחֲכָמִים בַּעֲלֵי הַדֵּעָה הָעֲמֻקָּה.

הָאַחַת הִיא, כָּל מַאי דְּעָבְדִין מִן שְׁמַיָּא לְטָב (ראה ברכות ס, ב). וְזֶה כִּי אֲפִלּוּ הַצַּעַר הַהוּא וְהַדֹּחַק הַנִּרְאֶה בְּעֵינָיו רָעָה, אֵינֶנּוּ בֶּאֱמֶת אֶלָּא טוֹבָה אֲמִתִּית. וּכְמָשָׁל הָרוֹפֵא הַחוֹתֵךְ אֶת הַבָּשָׂר אוֹ אֶת הָאֵיבָר שֶׁנִּפְסַד כְּדֵי שֶׁיִּבְרִיא שְׁאָר הַגּוּף וְלֹא יָמוּת, שֶׁאַף עַל פִּי שֶׁהַמַּעֲשֶׂה אַכְזָרִי לִכְאוֹרָה, אֵינוֹ אֶלָּא רַחֲמָנוּת בֶּאֱמֶת לְהֵיטִיבוֹ בְּאַחֲרִיתוֹ,[לג] וְלֹא יָסִיר הַחוֹלֶה אַהֲבָתוֹ מֵהָרוֹפֵא בַּעֲבוּר זֶה הַמַּעֲשֶׂה,

[ל] כך בכתה"י ובמקרא. בד"ר: 'גם מצותיך שעשועי ובו' ('ובו" במקום 'וכו").
[לא] ע"פ אבות ה, טז. [לב] ראה ספרי דברים לב. [לג] ע"פ דברים ח, טז.

"My soul thirsts for You, my flesh longs for You {in a dry and thirsty land where there is no water}" (Tehillim 63:2). All this [he said] out of the intensity of his yearning for [God] (blessed be He). In this spirit the Prophet said, "Your Name and Your memory are the soul's desire" (Yeshayahu 26:8); and "My soul longs for You at night; my spirit within me seeks You out" (Yeshayahu 26:9). And David himself added, "When I remember You upon my bed, I meditate on You all through the night watches" (Tehillim 63:7), thus describing the pleasure and delight he took in speaking of Him (blessed be He) and of His praises. And elsewhere he said, "And I will delight myself in Your commandments, which I love" (Tehillim 119:47); and "Your testimonies also are my delight; {they are my counselors}" (Tehillim 119:24).

It is certain that this love should not depend on any [extraneous] factor – that a person loves the Creator (blessed be He) because He bestows welfare upon him and grants him wealth and success. Rather, it should be like the love of a son for his father, a truly natural love, to which he is impelled and driven by his [very] nature (see *Sifrei Devarim* 32). As Scripture states, "Is not He the father who created you"(Devarim 32:6)? [Such] love is tested in times of stress and trouble (see *Sifrei Devarim* 32). As [our Sages], may their memory be blessed, said, "'And you shall love the Lord, your God, with all your heart, and with all your soul' (Devarim 6:5) – even if he takes your soul; 'and with all your might' (ibid.) – with all your possessions" (*mBerakhot* 9:5; 54a).

But in order that trouble and distress should not present difficulties and obstructions in the way of love, a person must provide himself with [one of] two explanations; one that is suitable for the average person, and the other for the wise and profound of mind.

The first [explanation] is that whatever Heaven does is for the good (*Berakhot* 60b). This means that even the pain and distress that appear to him as evil are in fact true good. As in the case of a doctor who cuts away flesh or an infected limb so that the rest of the body may regain health and [the patient] live. Though the action seems cruel, it is in fact an act of mercy intended for [the patient's] eventual benefit. The patient will not stop loving the doctor because of what was done;

אֶלָּא אַדְּרַבָּא יוֹסִיף לְאַהֲבָה אוֹתוֹ. כֵּן הַדָּבָר הַזֶּה, כְּשֶׁיַּחְשֹׁב הָאָדָם שֶׁכָּל מַה שֶּׁהַקָּדוֹשׁ בָּרוּךְ הוּא עוֹשֶׂה עִמּוֹ, לְטוֹבָתוֹ הוּא עוֹשֶׂה, בֵּין שֶׁיִּהְיֶה בְּגוּפוֹ בֵּין שֶׁיִּהְיֶה בְּמָמוֹנוֹ, וְאַף עַל פִּי שֶׁהוּא אֵינוֹ רוֹאֶה וְאֵינוֹ מֵבִין אֵיךְ זֶה הוּא טוֹבָתוֹ, וַדַּאי טוֹבָתוֹ הוּא, הִנֵּה לֹא תֶּחֱלַשׁ אַהֲבָתוֹ מִפְּנֵי כָּל דֹּחַק אוֹ כָּל צַעַר, אֶלָּא אַדְּרַבָּא תִּגְבַּר וְנוֹסֶפֶת בּוֹ תָּמִיד.

אַךְ בַּעֲלֵי הַדֵּעָה הָאֲמִתִּית אֵינָם צְרִיכִים אֲפִלּוּ לַטַּעַם הַזֶּה, כִּי הֲרֵי אֵין לָהֶם לְכַוֵּן לְעַצְמָם[לד] כְּלָל, אֶלָּא כָּל תַּכְלִיתָם[לה] לְהַגְדִּיל כְּבוֹד שְׁמוֹ יִתְבָּרַךְ וְלַעֲשׂוֹת נַחַת רוּחַ לְפָנָיו, וְכָל מַה שֶּׁיִּתְגַּבְּרוּ עִכּוּבִים נֶגְדָּם, עַד שֶׁיִּצְטָרְכוּ הֵם יוֹתֵר כֹּחַ לְהַעֲבִירָם, הִנֵּה יֶאֱמַץ לִבָּם[לו] וְיִשְׂמְחוּ לְהַרְאוֹת תֹּקֶף אֱמוּנָתָם; כְּשַׂר צְבָא הָרָשׁוּם בִּגְבוּרָה, אֲשֶׁר יִבְחַר לוֹ תָּמִיד בַּמִּלְחָמָה הַחֲזָקָה יוֹתֵר לְהַרְאוֹת תָּקְפּוֹ בְּנִצְחוֹנָהּ. וּכְבָר מֻרְגָּל זֶה הָעִנְיָן בְּכָל אוֹהֵב בָּשָׂר וָדָם, שֶׁיִּשְׂמַח כְּשֶׁיִּזְדַּמֵּן לוֹ מַה שֶּׁיּוּכַל לְהַרְאוֹת בּוֹ אֶל אֲשֶׁר הוּא אוֹהֵב עַד הֵיכָן מַגִּיעַ עֹצֶם אַהֲבָתוֹ.

וּנְבָאֵר עַתָּה עַנְפֵי הָאַהֲבָה, הֵם הַשְּׁלֹשָׁה שֶׁזָּכַרְתִּי: הַדְּבֵקוּת, הַשִּׂמְחָה וְהַקִּנְאָה.

הַדְּבֵקוּת הוּא שֶׁיִּהְיֶה לִבּוֹ שֶׁל הָאָדָם מִתְדַּבֵּק כָּל כָּךְ בַּשֵּׁם יִתְבָּרַךְ עַד שֶׁכְּבָר יָסוּר מִלְּפַנּוֹת וְהַשְׁגִּיחַ אֶל שׁוּם דָּבָר זוּלָתוֹ. וְהוּא מַה שֶּׁבָּא עָלָיו הַמָּשָׁל בְּדִבְרֵי שְׁלֹמֹה: אַיֶּלֶת אֲהָבִים וְיַעֲלַת חֵן, דַּדֶּיהָ יְרַוֻּךָ בְכָל עֵת, בְּאַהֲבָתָהּ תִּשְׁגֶּה תָמִיד (משלי ה, יט). וּבַגְּמָרָא אָמְרוּ זִכְרוֹנָם לִבְרָכָה: אָמְרוּ עָלָיו עַל רַבִּי אֶלְעָזָר בֶּן פְּדָת, שֶׁהָיָה יוֹשֵׁב וְעוֹסֵק בַּשּׁוּק הָעֶלְיוֹן בְּצִפּוֹרִי וְעוֹסֵק בַּתּוֹרָה וּסְדִינוֹ מוּטָל בַּשּׁוּק הַתַּחְתּוֹן שֶׁל צִפּוֹרִי (עירובין נד, ב).

וְהִנֵּה תַּכְלִית הַמִּדָּה הַזֹּאת הוּא לִהְיוֹת הָאָדָם מִתְדַּבֵּק כָּךְ אֶל בּוֹרְאוֹ בְּכָל עֵת וּבְכָל שָׁעָה. אָמְנָם לְפָחוֹת בִּשְׁעַת עֲבוֹדָה, אִם אוֹהֵב הוּא אֶת בּוֹרְאוֹ, וַדַּאי שֶׁיִּהְיֶה לוֹ הַדְּבֵקוּת הַזֶּה. וּבִירוּשַׁלְמִי

[לד] כך בכתה"י. בד"ר: 'עצמם'. [לה] כך בכתה"י (ללא ספק). בד"ר: 'תפילתם'. [לו] כך בכתה"י. בד"ר (בטעות): 'לבו'.

on the contrary, he will love the doctor even more. Likewise, when a person bears in mind that whatever the Holy One, blessed be He, does to him is for his own good, whether it affects his body or his possessions – and that undoubtedly remains the case even if he fails to see or fathom how – then his love will not weaken by reason of any distress or pain. Quite the reverse, it will intensify and continually increase.

But for the truly understanding, even this explanation is superfluous. For they are entirely free of self-interested intent, and aim only at increasing the glory of His blessed name and doing what He finds pleasing. The more formidable the obstacles they face, and the more strength they thus need to overcome them, the more they take courage and rejoice in demonstrating the power of their faith. [They are] like an army commander, distinguished for his bravery, who always chooses [to fight] the hardest battle, to demonstrate his strength by prevailing. This is in fact typical of any human lover – he rejoices in the opportunity to demonstrate how powerful his love is for his beloved.

We shall now explain the three branches of love that I have mentioned above: conjoining [with God], joy, and zeal [for His honor].

Conjoining [with God] mandates that man's heart cleave so closely to God, blessed be He, that he ceases to turn or attend to anything else but Him. It is regarding this that Shelomo said by way of allegory, "A loving hind and a graceful doe; let her breasts satisfy you at all times and be you infatuated always with her love" (Mishlei 5:19). And [our Sages], may their memory be blessed, said in the Gemara (*Eruvin* 54b) [by way of illustration], "They report about Rabbi Elazar the son of Pedat that he was [once] sitting and occupying himself with Torah in the upper marketplace of Sephorris, [while] his cloak was lying in the lower marketplace of that city."

Now the ultimate goal of this trait is that a person should cleave in this fashion to His Creator at each and every moment. But at the very least, while engaged in Divine service, he who loves his Creator should cleave to Him in this manner. And in the *Yerushalmi*

אָמְרוּ: רַבִּי חֲנִינָא בֶּן דּוֹסָא הָיָה עוֹמֵד וּמִתְפַּלֵּל וּבָא חֲבַרְבָּר וְהִכִּישׁוֹ וְלֹא הִפְסִיק תְּפִלָּתוֹ כו׳. אָמְרוּ לוֹ תַּלְמִידָיו, רַבִּי, וְלֹא הִרְגַּשְׁתָּ? וְאָמַר לָהֶם, יָבוֹא עָלַי, מִתּוֹךְ שֶׁהָיָה לִבִּי מְכֻוָּן בַּתְּפִלָּה לֹא הִרְגַּשְׁתִּי (ירושלמי ברכות ה, א; יט, א).

וְעַל הַדְּבֵקוּת הֻזְהַרְנוּ בַּתּוֹרָה פְּעָמִים רַבּוֹת: לְאַהֲבָה אֶת ה׳ אֱלֹקֶיךָ {לִשְׁמֹעַ בְּקֹלוֹ} וּלְדָבְקָה בוֹ (דברים ל, כ), וּבוֹ תִדְבָּק (שם י, כ), וּבוֹ תִדְבָּקוּן (שם יג, ה). וְדָוִד אָמַר: דָּבְקָה נַפְשִׁי אַחֲרֶיךָ [בִּי תָּמְכָה יְמִינֶךָ] (תהלים סג, ט). וְעִנְיַן כָּל אֵלֶּה הַפְּסוּקִים אֶחָד, שֶׁהוּא הַדְּבֵקוּת שֶׁהָאָדָם מִתְדַּבֵּק בּוֹ יִתְבָּרַךְ שֶׁאֵינוֹ יָכוֹל לִיפָּרֵד וְלָזוּז מִמֶּנּוּ. וְאָמְרוּ זִכְרוֹנָם לִבְרָכָה: אָמַר רַבִּי שִׁמְעוֹן בֶּן לָקִישׁ, בְּשָׁלֹשׁ לְשׁוֹנוֹת שֶׁל חִבָּה חִבֵּב הַקָּדוֹשׁ בָּרוּךְ הוּא אֶת יִשְׂרָאֵל – וְאָנוּ לְמֵדִים {אוֹתָם מִפָּרָשָׁתוֹ שֶׁל אוֹתוֹ רָשָׁע} – בִּדְבִיקָה, בַּחֲשִׁיקָה וּבַחֲפִיצָה (בראשית רבה פ, ז), וְהֵם מַמָּשׁ עַנְפֵי הָאַהֲבָה הָעִקָּרִיִּים, וְהַיְנוּ, הַתְּשׁוּקָה שֶׁזָּכַרְתִּי וְהַדְּבֵקוּת וְהַנַּחַת וְהָעֹנֶג הַנִּמְצָא בְּעֵסֶק עִנְיָנָיו שֶׁל הַנֶּאֱהָב.

הַשֵּׁנִי הוּא הַשִּׂמְחָה, וְהוּא עִקָּר גָּדוֹל בָּעֲבוֹדָה. וְהוּא מַה שֶּׁדָּוִד מַזְהִיר וְאוֹמֵר: עִבְדוּ אֶת ה׳ בְּשִׂמְחָה בֹּאוּ לְפָנָיו בִּרְנָנָה (תהלים ק, ב). וְאוֹמֵר: וְצַדִּיקִים יִשְׂמְחוּ יַעַלְצוּ לִפְנֵי אֱלֹקִים וְיָשִׂישׂוּ בְשִׂמְחָה (שם סח, ד). וְאָמְרוּ רַבּוֹתֵינוּ זִכְרוֹנָם לִבְרָכָה: אֵין הַשְּׁכִינָה שׁוֹרָה אֶלָּא מִתּוֹךְ שִׂמְחָה שֶׁל מִצְוָה (שבת ל, ב). וְעַל הַפָּסוּק שֶׁזָּכַרְנוּ לְמַעְלָה: עִבְדוּ אֶת ה׳ בְּשִׂמְחָה, אָמְרוּ בַּמִּדְרָשׁ: אָמַר רַב, כְּשֶׁתְּהֵא עוֹמֵד לְהִתְפַּלֵּל יְהֵא לִבְּךָ שָׂמֵחַ עָלֶיךָ שֶׁאַתָּה מִתְפַּלֵּל לֵאלֹקִים שֶׁאֵין כְּיוֹצֵא בּוֹ (ילקוט שמעוני תהלים רמז תתנד). כִּי זֹאת הִיא הַשִּׂמְחָה הָאֲמִתִּית שֶׁיִּהְיֶה לִבּוֹ שֶׁל הָאָדָם עָלֵז עַל שֶׁהוּא זוֹכֶה לַעֲבֹד לִפְנֵי אָדוֹן יִתְבָּרַךְ שֶׁאֵין כָּמוֹהוּ, וְלַעֲסֹק בְּתוֹרָתוֹ וּמִצְוֹתָיו שֶׁהֵם הַשְּׁלֵמוּת הָאֲמִתִּי וְהַיְקָר הַנִּצְחִי.

it is stated, "Rabbi Hanina the son of Dosa was standing in prayer when a big poisonous lizard came and bit him, but he did not interrupt his prayers. His disciples asked him: 'O Master, did you not feel anything?' He answered: 'I take an oath that because my heart was so absorbed in my prayers, I felt nothing'" (*Yerushalmi Berakhot* 5:1, 9a).

Time and again, the Torah exhorts us regarding *devekut*, "To love the Lord your God, [and to obey His voice], and to cleave to Him" (Devarim 30:20); "And to Him you shall cleave" (Devarim 10:20); "And to Him shall you cleave" (Devarim 13:5). And David said, "My soul clings to You; [Your right hand upholds me]" (Tehillim 63:9). The theme of all these verses is the same – man's conjunction [with God] (blessed be He) to such an extent that he cannot part or move away from Him. And [our Sages], may their memory be blessed, said, "Rabbi Shimon the son of Lakish said: The Holy One, blessed be He, used three expressions of love in relation to Israel – and we learn them [from the Torah account of that wicked man] – cleaving, longing, and desire" (*Bereishit Rabba* 80:7). These are actually the principal branches of love – the longing that I mentioned above (*see p. 597*), conjoining, and the pleasure and delight to be found in dealing with the affairs of the beloved.

The second branch [of love] is joy, which is a vital principle in serving God. It is about this that David exhorts us, saying, "Serve the Lord with gladness; come before Him with joyous song" (Tehillim 100:2); and "But let the righteous be glad; let them rejoice before God; and let them be jubilant with joy" (Tehillim 68:4). And our Rabbis, may their memory be blessed, said, "The *Shekhinah* rests [upon a person] only through his rejoicing in a *mitzvah*" (*Shabbat* 30b). Regarding the aforementioned verse, "Serve the Lord with gladness," it is stated in the midrash, "Rabbi [Aibu] said: When you stand in prayer, let your heart rejoice that you are praying to a God who has no parallel" (*Yalkut Shimoni*, Tehillim 854). For it is a true joy that man's heart should rejoice over the privilege to serve the blessed Master who is incomparable, and to occupy himself with His Torah and His *mitzvot* which typify true perfection and eternal glory.

וְאָמַר שְׁלֹמֹה בְּמְשַׁל הַחָכְמָה: מָשְׁכֵנִי אַחֲרֶיךָ נָּרוּצָה הֱבִיאַנִי הַמֶּלֶךְ חֲדָרָיו נָגִילָה וְנִשְׂמְחָה בָּךְ (שיר השירים א, ד). כִּי כָּל מַה שֶׁזּוֹכֶה הָאָדָם לִיכָּנֵס יוֹתֵר לִפְנִים בְּחַדְרֵי יְדִיעַת גְּדֻלָּתוֹ יִתְבָּרֵךְ, יוֹתֵר תִּגְדַּל בּוֹ הַשִּׂמְחָה וִיהִיֶה לִבּוֹ שָׂשׂ בְּקִרְבּוֹ. וְאוֹמֵר: יִשְׂמַח יִשְׂרָאֵל בְּעֹשָׂיו בְּנֵי צִיּוֹן יָגִילוּ בְמַלְכָּם (תהלים קמט, ב). וְדָוִד שֶׁכְּבָר הִגִּיעַ אֶל הַמַּעֲלָה הַזֹּאת שִׁעוּר גָּדוֹל, אָמַר: יֶעֱרַב עָלָיו שִׂיחִי אָנֹכִי אֶשְׂמַח בַּה' (שם קד, לד). וְאָמַר: וְאָבוֹאָה אֶל מִזְבַּח אֱלֹקִים, אֶל אֵל שִׂמְחַת גִּילִי, וְאוֹדְךָ בְכִנּוֹר אֱלֹקִים אֱלֹקָי (שם מג, ד). וְאָמַר: תְּרַנֵּנָּה שְׂפָתַי כִּי אֲזַמְּרָה לָּךְ וְנַפְשִׁי אֲשֶׁר פָּדִיתָ (שם עא, כג). וְהַיְנוּ, כִּי כָּל כָּךְ הָיְתָה מִתְגַּבֶּרֶת בְּקִרְבּוֹ הַשִּׂמְחָה, שֶׁכְּבָר הַשְּׂפָתַיִם הָיוּ מִתְנַעַנְעוֹת מֵאֲלֵיהֶם וּמְרַנְּנוֹת בִּהְיוֹתוֹ עוֹסֵק בִּתְהִלּוֹתָיו יִתְבָּרֵךְ. וְכָל זֶה מִגֹּדֶל הִתְלַהֲטוּת נַפְשׁוֹ שֶׁהָיְתָה מִתְלַהֶטֶת בְּשִׂמְחָתָהּ לְפָנָיו. הוּא מַה שֶּׁסִּיֵּם: וְנַפְשִׁי אֲשֶׁר פָּדִיתָ.

וּמָצִינוּ שֶׁנִּתְרַעֵם הַקָּדוֹשׁ בָּרוּךְ הוּא עַל יִשְׂרָאֵל מִפְּנֵי שֶׁחִסְּרוּ תְּנַאי זֶה בַּעֲבוֹדָתָם. הוּא שֶׁנֶּאֱמַר: תַּחַת אֲשֶׁר לֹא עָבַדְתָּ אֶת ה' אֱלֹקֶיךָ בְּשִׂמְחָה וּבְטוּב לֵבָב (דברים כח, מז). וְדָוִד, לְפִי שֶׁרָאָה אֶת יִשְׂרָאֵל בְּעֵת הִתְנַדְּבָם עַל בִּנְיַן הַבַּיִת שֶׁכְּבָר הִגִּיעוּ לַמַּעֲלָה הַזֹּאת, הִתְפַּלֵּל עֲלֵיהֶם שֶׁתִּתְקַיֵּם הַמִּדָּה הַטּוֹבָה בָּהֶם וְלֹא תָּסוּר, הוּא מַה שֶׁאָמַר: וְעַתָּה עַמְּךָ הַנִּמְצְאוּ פֹה רָאִיתִי בְשִׂמְחָה לְהִתְנַדֶּב לָךְ, ה' אֱלֹקֵי אַבְרָהָם יִצְחָק וְיִשְׂרָאֵל אֲבֹתֵינוּ, שָׁמְרָה זֹּאת לְעוֹלָם לְיֵצֶר מַחְשְׁבוֹת לְבַב עַמֶּךָ, וְהָכֵן לְבָבָם אֵלֶיךָ (דברי הימים א כט, יז–יח).

הָעֲנָף הַשְּׁלִישִׁי הוּא הַקִּנְאָה, שֶׁיִּהְיֶה הָאָדָם מְקַנֵּא לְשֵׁם קָדְשׁוֹ, שׂוֹנֵא אֶת מְשַׂנְאָיו וּמִשְׁתַּדֵּל לְהַכְנִיעָם בְּמַה שֶׁיּוּכַל, כְּדֵי שֶׁתִּהְיֶה עֲבוֹדָתוֹ יִתְבָּרֵךְ נַעֲשֵׂית וּכְבוֹדוֹ מִתְרַבֶּה. וְהוּא מַה שֶּׁאָמַר דָּוִד עָלָיו הַשָּׁלוֹם: הֲלוֹא מְשַׂנְאֶיךָ ה' אֶשְׂנָא, וּבִתְקוֹמְמֶיךָ[לז] אֶתְקוֹטָט, תַּכְלִית שִׂנְאָה שְׂנֵאתִים

[לז] כך בכתה"י ובמקרא. בד"ר: 'ומתקוממיך' (טעות הדפוס).

Shelomo said in his wise parable, "Draw me on, we will run after You; the King has brought me into His chambers; we will be glad and rejoice in You" (Shir haShirim 1:4). For the further into the chambers of knowledge of [God's] greatness one earns entry, the greater his joy and inner delight. And it is further said, "Let Israel rejoice in its Maker; let the children of Zion delight in their King" (Tehillim 149:2). And David who reached this virtue in great measure said, "Let my words be sweet to Him; I will rejoice in the Lord" (Tehillim 104:34); and "Then will I go to the altar of God, to God my exceeding joy; and I will praise You with the lyre, O God my God" (Tehillim 43:4). And he said, "My lips sing when my self and soul which you have redeemed are praising You" (Tehillim 71:23). This means that joy would well up so powerfully within him when he was focused on [God's] glories (blessed be He) that his lips would move of their own accord and break into song – all this out of his soul's great ardor; for it was aflame with joy before Him. As [David] concludes, "And my soul, which You have redeemed."

We also find that the Holy One, blessed be He, reproached Israel because they lacked this aspect in their worship. As it says, "Because you did not serve the Lord your God with joy, and with gladness of heart" (Devarim 28:47). So when David saw that the people of Israel already reached this virtue at the time they donated to the construction of the Temple, he prayed that this good trait would remain with them and never depart. And so he said, "And now I have seen Your people, who are present here, making an offering to You with joy. O Lord, God of Avraham, Yitzhak and Yisrael, our fathers, keep this forever in the imagination of the thoughts of the heart of Your people, and direct their hearts to You" (I Divrei haYamim 29:17-18).

The third branch [of love] is jealousy. A person should be jealous for the sake of His holy name, hating those who hate Him and striving to subdue them as much as possible, so that the service of [God] (blessed be He) is accomplished and His honor increased. That is precisely what David, peace be on him, said, "Do I not hate, O Lord, those who hate You? And do I not strive with those who rise up against You? I hate them with the utmost hatred;

{לְאוֹיְבִים הָיוּ לִי} (תהלים קלט, כא-כב). וְאֵלִיָּהוּ אָמַר: קַנֹּא קִנֵּאתִי לַה' [אֱלֹהֵי] צְבָאוֹת {כִּי עָזְבוּ בְרִיתְךָ בְּנֵי יִשְׂרָאֵל} (מלכים א יט, י). וּכְבָר רָאִינוּ לְמַה זָּכָה בַּעֲבוּר קִנְאָתוֹ לֵאלֹקָיו, כְּמַאֲמַר[לח] הַכָּתוּב: תַּחַת אֲשֶׁר קִנֵּא לֵאלֹקָיו וַיְכַפֵּר עַל בְּנֵי יִשְׂרָאֵל (במדבר כה, יג).

וּכְבָר הִפְלִיגוּ חֲכָמֵינוּ זִכְרוֹנָם לִבְרָכָה לְדַבֵּר בְּמִי שֶׁיֵּשׁ בְּיָדוֹ לִמְחוֹת וְאֵינוֹ מוֹחֶה, וְגָזְרוּ דִּינוֹ לִיתָּפֵס בַּעֲוֹן הַחוֹטְאִים עַצְמוֹ (שבת נד, ב). וּבְמִדְרַשׁ אֵיכָה אָמְרוּ: הָיוּ שָׂרֶיהָ כְּאַיָּלִים [לֹא מָצְאוּ מִרְעֶה] (איכה א, ו), מָה אַיָּלִים הַלָּלוּ בִּשְׁעַת שָׁרָב הוֹפְכִים פְּנֵיהֶם אֵלּוּ תַּחַת אֵלּוּ, כָּךְ הָיוּ גְּדוֹלֵי יִשְׂרָאֵל רוֹאִים דְּבַר עֲבֵרָה וְהוֹפְכִים פְּנֵיהֶם מִמֶּנּוּ. אָמַר לָהֶם הַקָּדוֹשׁ בָּרוּךְ הוּא, תָּבוֹא הַשָּׁעָה וַאֲנִי אֶעֱשֶׂה לָהֶם כֵּן (איכה רבה א, לג).

וְזֶה פָּשׁוּט, כִּי מִי שֶׁאוֹהֵב אֶת חֲבֵרוֹ אִי אֶפְשָׁר לוֹ לִסְבֹּל שֶׁיִּרְאֶה מַכִּים אֶת חֲבֵרוֹ אוֹ מְחָרְפִים אוֹתוֹ, וּבְוַדַּאי שֶׁיֵּצֵא לְעֶזְרָתוֹ. גַּם מִי שֶׁאוֹהֵב שְׁמוֹ יִתְבָּרַךְ לֹא יוּכַל לִסְבֹּל וְלִרְאוֹת שֶׁיְּחַלְּלוּ אוֹתוֹ, חַס וְשָׁלוֹם, וְשֶׁיַּעַבְרוּ עַל מִצְווֹתָיו. וְהוּא מַה שֶּׁאָמַר שְׁלֹמֹה: עֹזְבֵי תוֹרָה יְהַלְלוּ רָשָׁע וְשֹׁמְרֵי תוֹרָה יִתְגָּרוּ בָם (משלי כח, ד). כִּי אוֹתָם שֶׁמְּהַלְּלִים רָשָׁע בְּרִשְׁעָתוֹ וְלֹא יוֹכִיחוּ עַל פָּנָיו מוּמוֹ, הִנֵּה הֵם עוֹזְבֵי הַתּוֹרָה וּמַנִּיחִים אוֹתָהּ[לט] שֶׁתִּתְחַלֵּל, חַס וְשָׁלוֹם. אַךְ שׁוֹמְרֶיהָ הַמִּתְחַזְּקִים לְהַחֲזִיקָהּ וַדַּאי שֶׁיִּתְגָּרוּ בָּם – [כִּי] לֹא[מ] יוּכְלוּ לְהִתְאַפֵּק וּלְהַחֲרִישׁ. וְאָמַר הַקָּדוֹשׁ בָּרוּךְ הוּא אֶל אִיּוֹב: הָפֵץ עֶבְרוֹת אַפֶּךָ וּרְאֵה כָל גֵּאֶה וְהַשְׁפִּילֵהוּ, רְאֵה כָל גֵּאֶה הַכְנִיעֵהוּ[מא] וַהֲדֹךְ רְשָׁעִים תַּחְתָּם, טָמְנֵם בֶּעָפָר יָחַד, פְּנֵיהֶם חֲבֹשׁ בַּטָּמוּן (איוב מ, יא-יג). כִּי זֶהוּ תֹּקֶף הָאַהֲבָה שֶׁיּוּכַל לְהַרְאוֹת מִי שֶׁאוֹהֵב אֶת בּוֹרְאוֹ בֶּאֱמֶת. וְאוֹמֵר: אֹהֲבֵי ה' שִׂנְאוּ רָע (תהלים צז, י).

[לח] כך בכתה"י. בד"ר (בטעות): 'במאמר'. [לט] כך בכתה"י. בד"ר: 'אותם'. [מ] בכתה"י: 'כי לא'. וכן נראה שצ"ל. [מא] ראה... הכניעהו. כך בכתה"י ובמקרא. בד"ר: 'וראה... והכניעהו'.

{I count them my enemies}" (Tehillim 139:21-22). And Eliyahu said, "I have been very jealous for the Lord God of hosts, {for the children of Israel have forsaken Your covenant}" (I Melakhim 19:10). Indeed, we have seen what he attained by virtue of this jealousy for his God, according to the verse, "Because he was jealous for his God, and made atonement for the children of Israel" (Bamidbar 25:13).

Our Sages, may their memory be blessed, spoke in very strong terms of one who has the power to protest [and prevent a sin] but fails to do so, condemning him to be punished for the very offense committed by those who [actually] sinned (*Shabbat* 54b). And in *Midrash Eikhah* they said, "'Her princes have become like harts [that find no pasture]' (Eikhah 1:6) – just as harts, during a heat wave, turn their faces one beneath the other, so the great men of Israel would see sin and turn their faces away from it. The Holy One, blessed be He, said of them: 'The time will come when I will do the same to them'" (*Eikhah Rabba* 1:33).

It is obvious that one who loves his friend cannot tolerate seeing this friend beaten or insulted, and will certainly go to his aid. Similarly, one who loves His blessed Name cannot tolerate seeing it desecrated, God forbid, or His *mitzvot* violated. As Shelomo said, "Those who forsake Torah praise the wicked; but those who keep Torah contend with them" (Mishlei 28:4). For those who glorify a wicked man in his wickedness and fail to openly rebuke him for his faults, forsake the Torah [by] allowing its desecration, God forbid. However, those who keep [the Torah], lending their full strength to uphold it, will certainly contend with the wicked; they cannot restrain themselves and remain silent. The Holy One, blessed be He, said to Iyov, "Scatter your raging anger; look on everyone that is haughty and abase him. Look on everyone that is haughty and humble him, and crush the wicked in their place. Bury them all in the earth; bind their faces in the hidden place" (Iyov 40:11-13). This is the strongest love that one who truly loves his Creator can demonstrate. As Scripture says, "You that love God, hate evil" (Tehillim 97:10).

וְהִנֵּה בֵּאַרְנוּ עַד הֵנָּה הַחֲסִידוּת מַה שֶּׁתָּלוּי בַּמַּעֲשֶׂה וּבְאֹפֶן הָעֲשִׂיָּה, נְבָאֵר עַתָּה הַתָּלוּי בַּכַּוָּנָה.

וּכְבָר דִּבַּרְנוּ גַּם כֵּן לְמַעְלָה מֵעִנְיַן לִשְׁמָהּ וְשֶׁלֹּא לִשְׁמָהּ לְמַדְרֵגוֹתֵיהֶם. אָמְנָם וַדַּאי שֶׁמִּי שֶׁמִּתְכַּוֵּן בַּעֲבוֹדָתוֹ לְטַהֵר נַפְשׁוֹ לִפְנֵי בּוֹרְאוֹ לְמַעַן תִּזְכֶּה לָשֶׁבֶת אֶת פָּנָיו בִּכְלַל הַיְשָׁרִים וְהַחֲסִידִים, לַחֲזוֹת בְּנֹעַם ה׳ וּלְבַקֵּר[מב] בְּהֵיכָלוֹ, וּלְקַבֵּל הַגְּמוּל אֲשֶׁר בָּעוֹלָם הַבָּא, לֹא נוּכַל לוֹמַר שֶׁתִּהְיֶה כַּוָּנָה זוֹ רָעָה. אָכֵן לֹא נוּכַל לוֹמַר גַּם כֵּן שֶׁתִּהְיֶה הַיּוֹתֵר טוֹבָה, כִּי עַד שֶׁהָאָדָם מִתְכַּוֵּן לְטוֹבַת עַצְמוֹ סוֹף סוֹף עֲבוֹדָתוֹ לְצֹרֶךְ עַצְמוֹ.

אַךְ הַכַּוָּנָה הָאֲמִתִּית הַמְּצוּיָה בַּחֲסִידִים אֲשֶׁר טָרְחוּ וְהִשְׁתַּדְּלוּ לְהַשִּׂיגָהּ, הוּא שֶׁיִּהְיֶה הָאָדָם עוֹבֵד רַק לְמַעַן אֲשֶׁר כְּבוֹדוֹ שֶׁל הָאָדוֹן בָּרוּךְ הוּא יִגְדַּל וְיִרְבֶּה. וְזֶה יִהְיֶה אַחַר שֶׁהִתְגַּבֵּר בְּאַהֲבָה אֵלָיו יִתְבָּרַךְ, וְיִהְיֶה חוֹמֵד וּמִתְאַוֶּה אֶל הַגְדָּלַת כְּבוֹדוֹ וּמִצְטַעֵר עַל כָּל שֶׁיִּמְעַט מִמֶּנּוּ; כִּי אָז יַעֲבֹד עֲבוֹדָתוֹ לְתַכְלִית זֶה, שֶׁלְּפָחוֹת מִצִּדּוֹ יִהְיֶה כְּבוֹדוֹ יִתְבָּרַךְ מִתְגַּדֵּל, וְיִתְאַוֶּה [שֶׁמִּצַּד] כָּל שְׁאָר בְּנֵי הָאָדָם יִהְיֶה כְּמוֹ כֵן, וְיִצְטַעֵר וְיִתְאַנַּח עַל מַה שֶּׁמְּמַעֲטִים שְׁאָר בְּנֵי הָאָדָם. וְכָל שֶׁכֵּן עַל מַה שֶּׁמְּמַעֵט הוּא עַצְמוֹ, בְּשׁוֹגֵג אוֹ בְּאֹנֶס אוֹ בְּחֻלְשַׁת הַטֶּבַע, אֲשֶׁר קָשֶׁה לוֹ לִישָּׁמֵר מִן הַחֲטָאִים בְּכָל עֵת, כְּעִנְיַן הַכָּתוּב: אָדָם אֵין צַדִּיק בָּאָרֶץ אֲשֶׁר יַעֲשֶׂה טּוֹב וְלֹא יֶחֱטָא (קהלת ז, כ).

וְדָבָר זֶה בֵּאֲרוּהוּ בְּתָנָא דְּבֵי אֵלִיָּהוּ זָכוּר לַטּוֹב, אָמְרוּ: כָּל חָכָם מִיִּשְׂרָאֵל שֶׁיֵּשׁ בּוֹ דְּבַר תּוֹרָה לַאֲמִתּוֹ, וּמִתְאַנֵּחַ עַל כְּבוֹדוֹ שֶׁל הַקָּדוֹשׁ בָּרוּךְ הוּא וְעַל כְּבוֹדָן שֶׁל יִשְׂרָאֵל כָּל יָמָיו, וּמִתְאַוֶּה וּמֵצֵר לִכְבוֹד יְרוּשָׁלַיִם וְלִכְבוֹד בֵּית הַמִּקְדָּשׁ, וְלַיְשׁוּעָה שֶׁתִּצְמַח בְּקָרוֹב וּלְכִנּוּס גָּלֻיּוֹת, (זוֹכֶה)[מג] לְרוּחַ הַקֹּדֶשׁ בִּדְבָרָיו

[מב] כך בכתה״י. בד״ר: ׳לבקר׳. ע״פ תהלים כז, ד. [מג] כן תוקן ע״י רמח״ל בכתה״י.

Thus far we have explained [the trait of] piety as it relates to deeds and manner of performance. We will now explain the aspect that pertains to intention.

We have already discussed earlier (*p. 555 onward*) the idea of [performing a *mitzvah*] for its own sake and not for its own sake, as well as their [various] levels. Now if one intends, through his service, to purify his soul in the eyes of his Creator, so that it is worthy of dwelling in His presence among the righteous and the pious, "to behold the beauty of the Lord, to frequent His temple," and to receive his reward in the world-to-come, we certainly cannot say this is a bad motive. But neither can we say that it is the best [of motives]. For so long as one is motivated by his own benefit, his worship is ultimately self-interested.

True motivation, however, which is found among the pious who have striven and endeavored to acquire it, is that man serve solely so that the honor of the Master, blessed be He, be magnified and increase. This will occur after his love for [God] (blessed be He) has grown strong, after he longs and yearns for the magnification of His honor and feels pained by anything that diminishes this honor. Then he will worship God to that end so that at least from his standpoint, the honor of [God], blessed be He, will be enhanced. He will long for everyone else to do the same, and feel pain and grief when they detract [from God's honor]. He will be especially grieved if he diminishes [God's honor] unintentionally or under duress, or as a result of natural weakness which makes it difficult for him to forever guard against sin. As the verse says: "For there is no righteous man on earth that does good, and sins not" (Kohelet 7:20).

This was explained in *Tanna deBei Eliyahu*, may he be remembered for his good, (chapter 4). They said, "Every Sage in Israel imbued with the true knowledge of the Torah, who grieves over the honor of the Holy One, blessed be He, and over the honor of Israel all his days, who longs and feels pain for the honor of Jerusalem and the Temple, and for the salvation that will soon sprout, and for the ingathering of the exiles, merits that the Divine spirit will rest upon his words,

{שֶׁנֶּאֱמַר (ישעיה סג, יא) אַיֵּה הַשָּׂם בְּקִרְבּוֹ אֶת רוּחַ קָדְשׁוֹ} (תנא דבי אליהו רבה פרק ד). נִמְצֵאתָ לָמֵד שֶׁזֹּאת הִיא הַכַּוָּנָה הַמְעֻלָּה, שֶׁהִיא רְחוֹקָה לְגַמְרֵי מִכָּל הֲנָאַת עַצְמוֹ, וְאֵינָהּ אֶלָּא לִכְבוֹדוֹ שֶׁל מָקוֹם וּלְקִדּוּשׁ שְׁמוֹ יִתְבָּרַךְ הַמִּתְקַדֵּשׁ בִּבְרִיּוֹתָיו בְּשָׁעָה שֶׁעוֹשִׂים רְצוֹנוֹ. וְעַל זֶה אָמְרוּ: אֵיזֶהוּ חָסִיד? הַמִּתְחַסֵּד עִם קוֹנוֹ (זוהר, ח"ג, רפא, א).

וְהִנֵּה הֶחָסִיד הַזֶּה,[מד] מִלְּבַד הָעֲבוֹדָה שֶׁהוּא עוֹבֵד בְּמַעֲשֵׂה מִצְוֹתָיו עַל הַכַּוָּנָה הַזֹּאת, הִנֵּה וַדַּאי צָרִיךְ שֶׁיִּצְטַעֵר תָּמִיד צַעַר מַמָּשׁ עַל הַגָּלוּת וְעַל הַחֻרְבָּן, מִצַּד מַה שֶּׁזֶּה גּוֹרֵם מִעוּט כִּבְיָכוֹל לִכְבוֹדוֹ יִתְבָּרַךְ, וְיִתְאַוֶּה לַגְּאֻלָּה, לְפִי שֶׁבָּהּ יִהְיֶה עִלּוּי לִכְבוֹד שְׁמוֹ יִתְבָּרַךְ. וְהוּא מַה שֶּׁאָמַר הַתָּנָא דְּבֵי אֵלִיָּהוּ שֶׁהֵבֵאנוּ לְמַעְלָה: וּמִתְאַוֶּה וּמֵצֵר לִכְבוֹד יְרוּשָׁלַיִם וְכוּ', וְיִתְפַּלֵּל תָּמִיד עַל גְּאֻלָּתָן שֶׁל יִשְׂרָאֵל וַהֲשָׁבַת כְּבוֹד שָׁמַיִם לְעִלּוּי.

וְאִם יֹאמַר אָדָם: מִי אֲנִי וּמָה אֲנִי סָפוּן שֶׁאֶתְפַּלֵּל עַל הַגָּלוּת וְעַל יְרוּשָׁלַיִם, הֲמִפְּנֵי תְפִלָּתִי יִכָּנְסוּ הַגָּלֻיּוֹת וְתִצְמַח הַיְשׁוּעָה? תְּשׁוּבָתוֹ בְּצִדּוֹ, כְּאוֹתָהּ שֶׁשָּׁנִינוּ: לְפִיכָךְ נִבְרָא אָדָם יְחִידִי, כְּדֵי שֶׁכָּל אֶחָד יֹאמַר בִּשְׁבִילִי נִבְרָא הָעוֹלָם (ראה סנהדרין ד, ה; לז, א). וּכְבָר נַחַת רוּחַ הוּא לְפָנָיו יִתְבָּרַךְ שֶׁיִּהְיוּ בָּנָיו מְבַקְשִׁים וּמִתְפַּלְּלִים עַל זֹאת, וְאַף שֶׁלֹּא תֵעָשֶׂה בַּקָּשָׁתָם, מִפְּנֵי שֶׁלֹּא הִגִּיעַ הַזְּמַן אוֹ מֵאֵיזֶה טַעַם שֶׁיִּהְיֶה, הִנֵּה הֵם עָשׂוּ אֶת שֶׁלָּהֶם וְהַקָּדוֹשׁ בָּרוּךְ הוּא שָׂמֵחַ בָּזֶה (ראה ברכות ג סע"א).

וְעַל הֶעְדֵּר זֶה הַדָּבָר הִתְרַעֵם הַנָּבִיא: וַיַּרְא כִּי אֵין אִישׁ וַיִּשְׁתּוֹמֵם כִּי אֵין מַפְגִּיעַ (ישעיה נט, טז). וְאָמַר: וְאַבִּיט וְאֵין עֹזֵר וְאֶשְׁתּוֹמֵם וְאֵין סוֹמֵךְ (שם סג, ה). וְאָמַר: צִיּוֹן הִיא דֹּרֵשׁ אֵין לָהּ (ירמיה ל, יז), וּפֵרְשׁוּ זִכְרוֹנָם לִבְרָכָה: מִכְּלַל דִּבְעֲיָא דְּרִישָׁה (ראה סוכה מא, א). הֲרֵי כָּאן

[מד] כך בכתה"י. בד"ר: 'כזה'.

{as it says 'where is he who had His holy spirit put within him'}" (Yeshayahu 63:11). You thus see that this is the loftiest intention; for it is far removed from any self-interest and concerns only the honor of the Omnipresent and the sanctification of His Name (blessed be He), which is sanctified among His creatures when they do His will. Of this it was said, "Who is pious [*hasid*]? He who practices benevolence [*mithassed*] toward his Maker" (*Zohar* III, 281a).

Behold, this pious man must not only worship God by performing the *mitzvot* with this intent, but, without a doubt, he must constantly feel actual pain over the exile and the destruction [of the Temple], because these serve to diminish, as it were, the honor of [God], blessed be He. He must long for the redemption, because the honor of His blessed name will thereby be exalted. This is precisely what is stated in the aforementioned *Tanna deBei Eliyahu*: "And he longs and feels pain for the honor of Jerusalem," and so on. He must constantly pray for the redemption of Israel and the return of Heaven's honor to its exalted state.

If one might say, "Who am I, and what is my importance, that I should pray for [the end of] the exile and [the rebuilding of] Jerusalem? Will the dispersed be gathered and salvation sprout because of my prayer?" His refutation is at hand, as we have learned, "Therefore man was created alone, so that each person should be able to say: 'The world was created for my sake'" (see *Sanhedrin* 37a). It is indeed pleasing to God, blessed be He, that His children should plead and pray for this. And though their request may not be fulfilled, either because the time has not yet arrived or for some other reason, they have done their part and the Holy One, blessed be He, rejoices in this (see *Berakhot* 3a).

It was in regard to the absence of such [prayer] that the Prophet complained, "And He saw that there was no man, and was astonished that there was no intercessor" (Yeshayahu 59:16); and "And I looked and there was none to help; and I gazed in astonishment, but there was none to uphold" (Yeshayahu 63:5); and "This is Zion, no one inquires after it" (Yirmiyahu 30:17). And [our Sages], may their memory be blessed, commented: "This implies that [Zion] requires inquiring after" (see *Sukkah* 41a). We see from these passages that

שֶׁחַיָּבִים אֲנַחְנוּ בָּזֶה וְאֵין לָנוּ לִיפָּטֵר מִפְּנֵי מִעוּט כֹּחֵנוּ, כִּי עַל כַּיּוֹצֵא בָזֶה שָׁנִינוּ: לֹא עָלֶיךָ הַמְּלָאכָה לִגְמֹר וְאִי אַתָּה בֶן חוֹרִין לִיבָּטֵל הֵימֶנָּה (אבות ב, טז). וְאָמַר עוֹד הַנָּבִיא: אֵין מְנַהֵל לָהּ מִכָּל בָּנִים יָלָדָה וְאֵין מַחֲזִיק בְּיָדָהּ מִכָּל בָּנִים גִּדֵּלָה (ישעיה נא, יח). וְאָמַר: כָּל הַבָּשָׂר חָצִיר וְכָל חַסְדּוֹ כְּצִיץ הַשָּׂדֶה (שם מ, ו). וּפֵרְשׁוּ זִכְרוֹנָם לִבְרָכָה, שֶׁכָּל חֶסֶד שֶׁעוֹשִׂים לְעַצְמָם הֵם עוֹשִׂים, לְטוֹבַת נַפְשָׁם וְלַהֲנָאָתָם (תיקוני זוהר, תקונא תלתין, עג, ב), וְאֵינָם מִתְכַּוְּנִים לַכַּוָּנָה הַשְּׁלֵמָה הַזֹּאת, וְלֹא מְבַקְשִׁים עַל עִלּוּי הַכָּבוֹד וּגְאֻלָּתָן שֶׁל יִשְׂרָאֵל, שֶׁהֲרֵי אִי אֶפְשָׁר לַכָּבוֹד הָעֶלְיוֹן לְהִתְרַבּוֹת אֶלָּא בִּגְאֻלָּתָן שֶׁל יִשְׂרָאֵל וּבְרִבּוּי כְּבוֹדָם, שֶׁזֶּה תָּלוּי בָּזֶה בֶּאֱמֶת. וּכְמוֹ שֶׁאָמַר בְּתַנָּא דְבֵי אֵלִיָּהוּ שֶׁהִזְכַּרְתִּי: וּמִתְאַנֵּחַ עַל כְּבוֹדוֹ שֶׁל הַקָּדוֹשׁ בָּרוּךְ הוּא וְעַל כְּבוֹדָן שֶׁל יִשְׂרָאֵל.

נִמְצֵאתָ לָמֵד שֶׁשְּׁנֵי דְבָרִים יֵשׁ בְּעִנְיָן זֶה: אֶחָד, הַכַּוָּנָה בְּכָל מִצְוָה וַעֲבוֹדָה שֶׁתִּהְיֶה לְעִלּוּי כְּבוֹדוֹ שֶׁל מָקוֹם, בְּמַה שֶּׁבְּרִיּוֹתָיו עוֹשִׂים נַחַת רוּחַ לְפָנָיו. וְעוֹד, הַצַּעַר וְהַבַּקָּשָׁה עַל עִלּוּי הַכָּבוֹד הַזֶּה שֶׁיֵּעָשֶׂה בִּשְׁלֵמוּת בְּעִלּוּי כְּבוֹדָן שֶׁל יִשְׂרָאֵל וְשַׁלְוָתָן.

וְאָמְנָם עוֹד עִקָּר שֵׁנִי יֵשׁ בְּכַוָּנַת הַחֲסִידוּת, וְהוּא טוֹבַת הַדּוֹר. שֶׁהִנֵּה רָאוּי לְכָל חָסִיד שֶׁיִּתְכַּוֵּן בְּמַעֲשָׂיו לְטוֹבַת דּוֹרוֹ כֻּלּוֹ לְזַכּוֹת אוֹתָם וּלְהָגֵן עֲלֵיהֶם. וְהוּא עִנְיַן הַכָּתוּב: אִמְרוּ צַדִּיק כִּי טוֹב כִּי פְרִי מַעַלְלֵיהֶם יֹאכֵלוּ (ישעיה ג, י), שֶׁכָּל הַדּוֹר אוֹכֵל מִפֵּרוֹתָיו.[מד*] וְכֵן אָמְרוּ זִכְרוֹנָם לִבְרָכָה: הֲיֵשׁ בָּהּ עֵץ (במדבר יג, כ), אִם יֵשׁ מִי שֶׁמֵּגֵן עַל דּוֹרוֹ כְּעֵץ (בבא בתרא טו, א). וְתִרְאֶה שֶׁזֶּהוּ רְצוֹנוֹ שֶׁל מָקוֹם, שֶׁיִּהְיוּ חֲסִידֵי יִשְׂרָאֵל מְזַכִּים וּמְכַפְּרִים עַל כָּל שְׁאָר הַמַּדְרֵגוֹת שֶׁבָּהֶם. וְהוּא מַה שֶּׁאָמְרוּ זִכְרוֹנָם לִבְרָכָה בַּלּוּלָב וּמִינָיו: יָבוֹאוּ אֵלֶּה וִיכַפְּרוּ עַל אֵלֶּה (ראה ויקרא רבה ל, יב),

[מד*] ראה מדרש תנחומא אמור סי׳ ה; ויקרא רבה כז, א.

we are obligated in this matter and cannot exempt ourselves due to our negligible power. For of the like we have learned, "It is not your duty to complete the task, but neither are you free to desist from it" (*Avot* 2:16). The Prophet also said, "She has none to guide her of all the sons she bore; none takes her by the hand of all the sons she reared" (Yeshayahu 51:18). And Scripture said, "All flesh is grass, all its kindness like flowers of the field" (Yeshayahu 40:6). And [our Sages], may their memory be blessed, explained that "all kindness that they do, they do for their own sakes," for the good of their soul and its benefit (cf. *Tikkunei haZohar* 30, p. 73b). They neither direct themselves to this perfect intention nor do they seek the elevation of God's honor and Israel's redemption. For heavenly honor can be enhanced only through Israel's redemption and the enhancement of [Israel's] honor, the one being truly dependent upon the other. As was stated in the aforementioned *Tanna deBei Eliyahu*: "And he grieves over the honor of the Holy One, blessed be He, and over the honor of Israel."

You see then that this ideal is twofold. First, that the intention behind every *mitzvah* and act of worship be the increase in God's honor that results when His creatures do what is pleasing to Him. Second, that one be pained [at the diminution of Divine glory] and petition that it be fully elevated, through the elevation of Israel's honor and its [enjoyment of] tranquility.

There is yet another principle associated with the intention of piety, and that is concern for the well-being of the generation. Every pious person ought to seek to benefit his whole generation through his deeds, by vindicating and protecting them. This is the meaning of the verse, "Say of the righteous that he is good; for they shall eat the fruits of their doings" (Yeshayahu 3:10). For the entire generation eats of his fruits (see *Vayikra Rabba* 27:1). [Our Sages], may their memory be blessed, similarly commented [about the verse], "Are there trees there?" (Bamidbar 13:20) – is anyone there who can shelter his generation like a tree (*Baba Batra* 15a)? You can see that it is the will of the Omnipresent that Israel's *hasidim* vindicate and atone for all the other ranks of their people. This is the meaning of what [our Sages], may their memory be blessed, said regarding the *lulav* and its species, "Let these come and atone for the others"

שֶׁאֵין הַקָּדוֹשׁ בָּרוּךְ הוּא חָפֵץ בְּאָבְדַן הָרְשָׁעִים, אֶלָּא מִצְוָה מֻטֶּלֶת עַל הַחֲסִידִים לְהִשְׁתַּדֵּל לְזַכּוֹתָם וּלְכַפֵּר עֲלֵיהֶם. וְזֶה צָרִיךְ שֶׁיַּעֲשֶׂה בְּכַוָּנַת עֲבוֹדָתוֹ וְגַם בִּתְפִלָּתוֹ בְּפֹעַל, דְּהַיְנוּ שֶׁיִּתְפַּלֵּל עַל דּוֹרוֹ, לְכַפֵּר עַל מִי שֶׁצָּרִיךְ כַּפָּרָה וּלְהָשִׁיב בִּתְשׁוּבָה מִי שֶׁצָּרִיךְ לָהּ[מה] וּלְלַמֵּד סָנֵגוֹרְיָא עַל הַדּוֹר כֻּלּוֹ.

וּכְבָר אָמְרוּ זִכְרוֹנָם לִבְרָכָה עַל פָּסוּק[מו] וַאֲנִי בָאתִי בִּדְבָרֶיךָ (דניאל י, יב), שֶׁלֹּא חָזַר גַּבְרִיאֵל וְנִכְנַס לִפְנִים מִן הַפַּרְגּוֹד אֶלָּא כְּשֶׁלִּמֵּד סָנֵגוֹרְיָא עַל יִשְׂרָאֵל (יומא עז, א). וְגִדְעוֹן נֶאֱמַר לוֹ: לֵךְ בְּכֹחֲךָ זֶה (שופטים ו, יד), לְפִי שֶׁלִּמֵּד סָנֵגוֹרְיָא עַל יִשְׂרָאֵל (ראה תנחומא שופטים סי׳ ד; זוהר, ח״א, רנד, ב). כִּי אֵין הַקָּדוֹשׁ בָּרוּךְ הוּא אוֹהֵב אֶלָּא לְמִי שֶׁאוֹהֵב אֶת יִשְׂרָאֵל; וְכָל מַה שֶּׁאָדָם מַגְדִּיל אַהֲבָתוֹ לְיִשְׂרָאֵל גַּם הַקָּדוֹשׁ בָּרוּךְ הוּא מַגְדִּיל עָלָיו.

וְאֵלֶּה הֵם הָרוֹעִים הָאֲמִתִּיִּים שֶׁל יִשְׂרָאֵל, שֶׁהַקָּדוֹשׁ בָּרוּךְ הוּא חָפֵץ בָּהֶם הַרְבֵּה, שֶׁמּוֹסְרִים עַצְמָם עַל צֹאנוֹ וְדוֹרְשִׁים וּמִשְׁתַּדְּלִים עַל שְׁלוֹמָם וְטוֹבָתָם בְּכָל הַדְּרָכִים, וְעוֹמְדִים תָּמִיד בַּפֶּרֶץ לְהִתְפַּלֵּל עֲלֵיהֶם לְבַטֵּל הַגְּזֵרוֹת הַקָּשׁוֹת וְלִפְתֹּחַ עֲלֵיהֶם שַׁעֲרֵי הַבְּרָכָה. הָא לְמָה זֶה דּוֹמֶה? לְאָב שֶׁאֵינוֹ אוֹהֵב שׁוּם אָדָם יוֹתֵר מִמִּי שֶׁהוּא רוֹאֶה שֶׁאוֹהֵב אֶת בָּנָיו אַהֲבָה נֶאֱמֶנֶת; וְהוּא דָּבָר שֶׁהַטֶּבַע יָעִיד עָלָיו.

וְהוּא עִנְיַן כֹּהֵן גָּדוֹל, שֶׁאָמְרוּ עָלָיו שֶׁהָיָה לָהֶם לְבַקֵּשׁ רַחֲמִים עַל דּוֹרָם וְלֹא בִּקְּשׁוּ (מכות יא, א). וְכֵן אָמְרוּ: הַהוּא גַּבְרָא דְּאַכְלֵהּ אַרְיָא בְּרָחוֹק תְּלָת פַּרְסֵי דְּרַבִּי יְהוֹשֻׁעַ בֶּן לֵוִי וְלָא אִשְׁתָּעֵי אֵלִיָּהוּ בַּהֲדֵהּ (שם). הֲרֵי לְךָ הַחוֹבָה הַמֻּטֶּלֶת עַל הַחֲסִידִים לְבַקֵּשׁ וּלְהִשְׁתַּדֵּל עַל בְּנֵי דּוֹרָם.

וְהִנֵּה כְּבָר בֵּאַרְנוּ חֶלְקֵי הַחֲסִידוּת הָרָאשִׁיִּים, פְּרָטֵיהֶם מְסוּרִים לְכָל שֵׂכֶל וּלְכָל לֵב טָהוֹר לְהִתְנַהֵג בָּם בְּדֶרֶךְ הַיָּשָׁר לְפִי הַשָּׁרָשִׁים הָאֵלֶּה, כָּל דָּבָר בְּעִתּוֹ.

[מה] ראה ברכות י, א; סוטה יד, א. [מו] בד״ר (בטעות): ׳פי׳.

(*Vayikra Rabba* 30:12). For the Holy One, blessed be He, takes no pleasure in the destruction of the wicked. Rather, the pious are commanded to strive for their vindication and atonement. This they must do by directing their worship to that end, and making it [part of] the substance of their prayers. That is to say, he must pray on behalf of his generation in order to atone for those who require atonement, to direct those who need to repent (see *Berakhot* 10a), and to speak in defense of the entire generation.

[Our Rabbis], may their memory be blessed, said of the verse, "And I came in with words spoken in your favor" (Daniel 10:12). [Namely], that Gavriel [after being banished from God's presence] was permitted to enter again within the Heavenly Curtain only by pleading in defense of Israel (*Yoma* 77a). And Gideon was told, "Go with this might of yours" (Shofetim 6:14), for he pleaded the cause of Israel (see *Tanhuma Shofetim* 4). For the Holy One, blessed be He, loves only him who loves Israel; and the more a person's love for Israel grows, the more the love of the Holy One, blessed be He, grows for him.

These are the true shepherds of Israel, in whom the Holy One, blessed be He, takes great delight. For they devote themselves to His flock, demanding and interceding in every way on behalf of their welfare and good. They always stand in the breach to pray on the flock's behalf in order to cancel the harsh decrees, and to open the gates of blessing before them. To what may this be likened? To a father who has the greatest love for those who sincerely love his children. Human nature attests to this.

This is the idea [behind the responsibility for unintentional murder ascribed to] the High Priest[s], of which it was said: "They should have sought mercy for their generation, but did not." They also said: "There was a certain man who was devoured by a lion at a distance of three miles from Rabbi Yehoshua ben Levi, and Eliyahu did not converse with him" (*Makkot* 11a). You see then that the pious are duty bound to plead and intercede on behalf of the members of their generation.

We have now explained the main divisions of piety. [However], their details are left to every man of reason and everyone pure of heart to be carried out in a just fashion, in accordance with these principles, each in due time.

פֶּרֶק כ:

בְּמִשְׁקַל הַחֲסִידוּת

כְּדֵי שֶׁיַּצְלִיחַ הָאָדָם בַּחֲסִידוּת שְׁלֹשָׁה דְּבָרִים צְרִיכִים לוֹ, שֶׁיִּהְיֶה לִבּוֹ יָשָׁר, שֶׁיִּהְיֶה מְעַיֵּן עַל מַעֲשָׂיו הַרְבֵּה, וְשֶׁיִּשָּׁעֵן בֵּאלֹקָיו • אֵין לָדוּן דִּבְרֵי הַחֲסִידוּת עַל מַרְאֵיהֶן אֶלָּא עַל הַתּוֹלָדוֹת הַיּוֹצְאוֹת מֵהֶן • עַנְוְתָנוּתוֹ שֶׁל רַבִּי זְכַרְיָה בֶּן אַבְקִילוּס וְכוּ׳ • כְּשֵׁם שֶׁמִּצְוָה לוֹמַר אֶת הַנִּשְׁמָע כָּךְ מִצְוָה וְכוּ׳ • מִפְּנֵי שֶׁהָיוּ יוֹדְעִים שֶׁכָּל מִי שֶׁטּוֹעֵן בָּאָרוֹן שְׂכָרוֹ מְרֻבֶּה וְכוּ׳ • כָּל מַה שֶּׁהוּא עִקָּרִי בְּמִצְוָה לֹא יַנִּיחֵהוּ מִפְּנֵי כָּל מַלְעִיג, וּמַה שֶּׁאֵינוֹ עִקָּרִי אִם יִגְרֹם לְלֵצִים שֶׁיָּלִיצוּ אַל יַעֲשֵׂהוּ בִּפְנֵיהֶם • כְּדַאי הָיִיתָ לָחוּב בְּעַצְמְךָ וְכוּ׳

מַה שֶּׁצָּרִיךְ לְבָאֵר עַתָּה הוּא מִשְׁקַל הַחֲסִידוּת הַזֶּה, וְהוּא עִנְיָן עִקָּרִי מְאֹד מְאֹד. וְתֵדַע בֶּאֱמֶת שֶׁזּוֹהִי הַמְּלָאכָה הַקָּשָׁה שֶׁבַּחֲסִידוּת, כִּי דִּקּוּתוֹ רַב, וְיֵשׁ לַיֵּצֶר בַּדָּבָר הַזֶּה כְּנִיסָה גְּדוֹלָה, עַל כֵּן נִמְצֵאת סַכָּנָתוֹ עֲצוּמָה, כִּי הַרְבֵּה דְּבָרִים טוֹבִים יוּכַל הַיֵּצֶר לְרַחֵק כְּאִלּוּ הֵם רָעִים, וְהַרְבֵּה חֲטָאִים לְקָרֵב כְּאִלּוּ הֵם מִצְווֹת גְּדוֹלוֹת. וּבֶאֱמֶת שֶׁלֹּא יוּכַל אִישׁ לְהַצְלִיחַ בְּמִשְׁקָל הַזֶּה אֶלָּא בִּשְׁלֹשָׁה דְּבָרִים: שֶׁיִּהְיֶה לִבּוֹ יָשָׁר שֶׁבַּלְּבָבוֹת – שֶׁלֹּא תִּהְיֶה פְּנִיָּתוֹ אֶלָּא לַעֲשׂוֹת הַנַּחַת רוּחַ לְפָנָיו יִתְבָּרַךְ, וְלֹא זוּלַת זֶה כְּלָל. וְשֶׁיִּהְיֶה מְעַיֵּן עַל מַעֲשָׂיו עִיּוּן גָּדוֹל וְיִשְׁתַּדֵּל לְתַקְּנָם עַל פִּי הַתַּכְלִית הַזֶּה. וְאַחַר כָּל זֹאת יִהְיֶה מַשְׁלִיךְ יְהָבוֹ עַל ה׳,[א] שֶׁאָז יֵאָמֵר בּוֹ: אַשְׁרֵי אָדָם עוֹז לוֹ בָךְ {מְסִלּוֹת בִּלְבָבָם} וְכוּ׳, לֹא יִמְנַע טוֹב לַהֹלְכִים בְּתָמִים (תהלים פד, ו–יב).

[א] ע״פ תהלים נה, כג.

Twenty:

The Exercise of Judgment in Piety

In order to succeed in piety, a person must fulfill three require-
ments: he must possess a righteous heart, he must submit his ac-
tions to the closest scrutiny, and he must lean on God • Matters
of piety should not be judged upon their [first] appearance, but
rather according to their consequences • The humility of Rabbi
Zekhariah ben Avkilus [destroyed our Temple] • Just as it is a
mitzvah to say what will be heeded, so is it a mitzvah [not to say
what will not be heeded] • Knowing that the reward of those
who carry the ark is great, [they would pass over the table, the
menorah, and the altars] • Whatever is intrinsic to a mitzvah,
one should not forsake because of any mocker; whatever is not
intrinsic, one should not do in the presence of scoffers, if it will
cause them to mock [him] • You deserved to be answerable for
your death, [for you violated the view of the school of Hillel]

What now requires explanation is how one exercises judgment in
the practice of this piety, a matter that is very, very fundamental.
You must full well understand that this is the most difficult of the
skills comprising piety; for it is of great subtlety and offers the *Yetzer*
ample opportunity to infiltrate. Its danger, therefore, is enormous,
for the *Yetzer* can oppose many a good thing as evil and promote
many a sin as great *mitzvot*. Indeed, one cannot succeed in this
exercise of judgment unless he fulfills three requirements. He must
possess a most righteous heart, a heart whose sole inclination is to
give pleasure to [God], blessed be He, and nothing else whatsoever.
He must submit his actions to the closest scrutiny, striving to perfect
them in accordance with this purpose. And after all this, he must
cast his burden upon the Lord. For then it will be said of him,
"Happy is the man whose strength is in You, {those whose hearts
are set on upward paths}" (Tehillim 84:6), [and] "No good thing
does He withhold from those who walk uprightly" (Tehillim 84:12).

אָמְנָם אִם אֶחָד מִן הַתְּנָאִים הָאֵלֶּה יֶחְסַר לוֹ, לֹא יַגִּיעַ אֶל הַשְּׁלֵמוּת, וְקָרוֹב הוּא לִיכָּשֵׁל וְלִיפֹּל. דְּהַיְנוּ, אוֹ אִם הַכַּוָּנָה לֹא תִּהְיֶה מֻבְחֶרֶת וְזַכָּה, אוֹ אִם יִתְרַשֵּׁל מִן הָעִיּוּן בְּמַה שֶּׁיּוּכַל לְעַיֵּן, אוֹ אִם אַחַר כָּל זֶה לֹא יִתְלֶה בִּטְחוֹנוֹ בְּקוֹנוֹ, קָשֶׁה לוֹ שֶׁלֹּא יִפֹּל. אַךְ אִם שְׁלָשְׁתָּם יִשְׁמֹר כָּרָאוּי: תְּמִימוּת הַמַּחֲשָׁבָה, עִיּוּן וּבִטָּחוֹן, אָז יֵלֵךְ בֶּטַח בֶּאֱמֶת וְלֹא יְאֻנֶּה לוֹ כָּל רָע. הוּא הַדָּבָר שֶׁאָמְרָה חַנָּה בִּנְבִיאוּתָהּ: רַגְלֵי חֲסִידָיו יִשְׁמֹר (שמואל א ב, ט). וְדָוִד כְּמוֹ כֵן אָמַר: וְלֹא יַעֲזֹב אֶת חֲסִידָיו לְעוֹלָם נִשְׁמָרוּ (תהלים לז, כח).

וְהִנֵּה מַה שֶּׁצָּרִיךְ לְהָבִין הוּא, כִּי אֵין לָדוּן דִּבְרֵי הַחֲסִידוּת עַל מַרְאֵיהֶן הָרִאשׁוֹן, אֶלָּא צָרִיךְ לְעַיֵּן וּלְהִתְבּוֹנֵן עַד הֵיכָן תּוֹלְדוֹת הַמַּעֲשֶׂה מַגִּיעוֹת. כִּי לִפְעָמִים הַמַּעֲשֶׂה בְּעַצְמוֹ יֵרָאֶה טוֹב, וּלְפִי שֶׁהַתּוֹלָדוֹת רָעוֹת יִתְחַיֵּב לְהַנִּיחוֹ, וְלוּ יַעֲשֶׂה אוֹתוֹ יִהְיֶה חוֹטֵא וְלֹא חָסִיד.

הִנֵּה מַעֲשֵׂה גְּדַלְיָה בֶּן אֲחִיקָם גָּלוּי לְעֵינֵינוּ; שֶׁמִּפְּנֵי רֹב חֲסִידוּתוֹ שֶׁלֹּא לָדוּן אֶת יִשְׁמָעֵאל לְכַף חוֹבָה אוֹ שֶׁלֹּא לְקַבֵּל לְשׁוֹן הָרָע, אָמַר לְיוֹחָנָן בֶּן קָרֵחַ: שֶׁקֶר אַתָּה דֹבֵר אֶל[ב] יִשְׁמָעֵאל (ירמיה מ, טז), וּמַה גָּרַם? גָּרַם שֶׁמֵּת הוּא, וְנִפְזְרוּ יִשְׂרָאֵל, וְכָבָה גַּחַלְתָּם הַנִּשְׁאָרָה.[ג] וּכְבָר יִחֵס הַכָּתוּב הֲרִיגַת הָאֲנָשִׁים אֲשֶׁר נֶהֶרְגוּ אֵלָיו כְּאִלּוּ הֲרָגָם הוּא, וּכְמַאֲמָרָם זִכְרוֹנָם לִבְרָכָה (ראה נדה סא, א) עַל פָּסוּק: אֵת כָּל פִּגְרֵי הָאֲנָשִׁים אֲשֶׁר הִכָּה בְּיַד גְּדַלְיָהוּ (ירמיה מא, ט).

וְהַבַּיִת הַשֵּׁנִי גַּם הוּא חָרַב עַל יְדֵי חֲסִידוּת כָּזֶה אֲשֶׁר לֹא נִשְׁקַל בְּמִשְׁקַל צֶדֶק. בְּמַעֲשֵׂה דְּבַר קַמְצָא אָמְרוּ: סָבוּר רַבָּנָן לְקָרוֹבֵיהּ, אָמַר לְהֶם רַבִּי זְכַרְיָה בֶּן אַנְקִילוּס,[ד] יֹאמְרוּ בַּעֲלֵי מוּמִין קְרֵבִין לְגַבֵּי מִזְבֵּחַ; סָבוּר לְמִקְטְלֵהּ, אָמַר לְהֶם רַבִּי זְכַרְיָה בֶּן אַנְקִילוּס, יֹאמְרוּ

[ב] בכתה"י ובד"ר: 'על'. [ג] ראה רמב"ם הל' תעניות פ"ה ה"ב. [ד] כך בכתה"י. בד"ר: 'אנקלים'.

If, however, one of these requirements is lacking, he will not reach perfection and is very likely to stumble and fall. That is, if his motive is not the most select and pure, or if he is derelict in deliberating as much as possible [on how to do what is pleasing to God], or if after all this he does not put his trust in his Maker, it will be difficult for him not to fall. But if he observes all three things as he should, [namely]: purity of thought, scrutiny and trust, he will then walk securely in truth and no evil shall befall him. This is what Hannah said in her prophecy, "He will guard the feet of His pious ones" (I Shemuel 2:9). David likewise said, "He will not forsake His pious ones; they are protected forever" (Tehillim 37:28).

What must be understood is that matters of piety should not be judged by their appearances. Rather, one must give thought and consideration to what the ultimate consequences of one's act will be. For sometimes the act itself will appear good, but must be forsaken because of its deleterious consequences. Were a person to do it, he would be a sinner, not pious.

We all know the story of Gedalyah the son of Ahikam. It was on account of his piety in not judging Yishmael unfavorably or not accepting an evil report [about him], that he said to Yohanan the son of Kareah, "For you speak falsely about Yishmael" (Yirmiyahu 40:16). What was the result? He died, Israel was scattered, and the last remaining glowing ember was extinguished. And Scripture attributes the deaths of the men who were killed to Gedalyah, as if it were he who had murdered them. As [our Sages], may their memory be blessed, commented on the verse, "All the dead bodies of the men whom he killed by Gedalyah" (Yirmiyahu 41:9 ; see Niddah 61a).

The Second Temple was also destroyed because of this sort of piety, one which is not considered through the exercise of sound judgment. Regarding the incident involving Bar Kamtza, [our Sages] said: "The Rabbis considered offering [the blemished animal] as a sacrifice. Rabbi Zekharyah the son of Ankilus said to them: 'People will say that animals with a physical blemish may be offered on the altar.' [The Rabbis] then considered killing [Bar Kamtza]. Rabbi Zekharyah the son of Ankilus said to them: 'People will say that

מֵטִיל מוּם בְּקָדָשִׁים יֵהָרֵג (גיטין נו, א); בֵּין כָּךְ וּבֵין כָּךְ הָלַךְ אוֹתוֹ הָרָשָׁע וְהִלְשִׁין אֶת יִשְׂרָאֵל, בָּא הַקֵּיסָר וְהֶחֱרִיב יְרוּשָׁלַיִם. וְהוּא מַה שֶּׁאָמַר רַבִּי יוֹחָנָן עַל זֶה: עַנְוְתָנוּתוֹ שֶׁל רַבִּי זְכַרְיָה הֶחֱרִיבָה אֶת בֵּיתֵנוּ, וְשָׂרְפָה אֶת הֵיכָלֵנוּ, וְהִגְלַתְנוּ לְבֵין הָאֻמּוֹת (שם).

הֲרֵי לְךָ שֶׁאֵין לָדוּן בַּחֲסִידוּת הַמַּעֲשֶׂה כַּאֲשֶׁר הוּא שָׁם לְבַד, אַךְ צָרִיךְ לִפְנוֹת כֹּה וָכֹה לְכָל הַצְּדָדִין שֶׁיָּכוֹל שֵׂכֶל הָאָדָם לִרְאוֹת עַד שֶׁיָּדוּן בֶּאֱמֶת אֵיזֶה יִכְשַׁר יוֹתֵר, הָעֲשִׂיָּה אוֹ הַפְּרִישָׁה.

הִנֵּה הַתּוֹרָה צִוְּתָה: הוֹכֵחַ תּוֹכִיחַ אֶת עֲמִיתֶךָ (ויקרא יט, יז), וְכַמָּה פְּעָמִים יִכָּנֵס אָדָם לְהוֹכִיחַ חַטָּאִים בְּמָקוֹם אוֹ בִּזְמַן שֶׁאֵין דְּבָרָיו נִשְׁמָעִים, וְגוֹרֵם לָהֶם לְהִתְפָּרֵץ יוֹתֵר בְּרִשְׁעָם וּלְחַלֵּל ה', לְהוֹסִיף עַל חַטָּאתָם פֶּשַׁע,[ה] הִנֵּה בְּכַיּוֹצֵא בָּזֶה אֵינוֹ מִן הַחֲסִידוּת אֶלָּא לִשְׁתֹּק. וְכָךְ אָמְרוּ זִכְרוֹנָם לִבְרָכָה: כְּשֵׁם שֶׁמִּצְוָה לוֹמַר דָּבָר הַנִּשְׁמָע, כָּךְ מִצְוָה שֶׁלֹּא לוֹמַר אֶת שֶׁאֵינוֹ נִשְׁמָע (יבמות סה, ב).

רְאֵה, פָּשׁוּט הוּא שֶׁרָאוּי לְכָל אָדָם לִהְיוֹת מַקְדִּים[ו] וָרָץ לִדְבַר מִצְוָה[ז] וּלְהִשְׁתַּדֵּל לִהְיוֹת מִן הָעוֹסְקִים בָּהּ. אַךְ הִנֵּה לִפְעָמִים יָכוֹל לְהִוָּלֵד מִזֶּה מְרִיבָה, שֶׁיּוֹתֵר תִּתְבַּזֶּה הַמִּצְוָה וְיִתְחַלֵּל בָּהּ שֵׁם שָׁמַיִם מִמַּה שֶּׁיִּתְכַּבֵּד. בְּכַיּוֹצֵא בָּזֶה וַדַּאי שֶׁחַיָּב הֶחָסִיד לְהַנִּיחַ אֶת הַמִּצְוָה וְלֹא לִרְדֹּף אַחֲרֶיהָ. וְכֵן אָמְרוּ זִכְרוֹנָם לִבְרָכָה בְּעִנְיַן הַלְוִיִּים, זֶה לְשׁוֹנָם: מִפְּנֵי שֶׁהָיוּ יוֹדְעִים שֶׁכָּל מִי שֶׁטּוֹעֵן בָּאָרוֹן שְׂכָרוֹ מְרֻבֶּה, וְהָיוּ מַנִּיחִין אֶת הַשֻּׁלְחָן וְהַמְּנוֹרָה וְהַמִּזְבְּחוֹת, וְכֻלָּן רָצִין לָאָרוֹן לִיטֹּל שָׂכָר, וּמִתּוֹךְ כָּךְ הָיָה זֶה מֵרִיב וְאוֹמֵר אֲנִי טוֹעֵן כָּאן, וְזֶה מֵרִיב וְאוֹמֵר אֲנִי טוֹעֵן כָּאן, וּמִתּוֹךְ כָּךְ הָיוּ נוֹהֲגִין קַלּוּת רֹאשׁ, וְהָיְתָה הַשְּׁכִינָה פּוֹגַעַת בָּהֶם וְכוּ' (במדבר רבה ה, א).

[ה] ע"פ איוב לד, לז. [ו] ראה בבא קמא לח, ב. [ז] ברכות ו, ב, ע"פ גירסת הרי"ף והרא"ש.

one who casts a physical blemish in a consecrated animal should be killed'" (*Gittin* 56a). In the meantime, that wicked man went and informed against Israel, and the Emperor came and destroyed Jerusalem. This is what Rabbi Yohanan meant when he said of this incident, "The humility of Rabbi Zekharyah destroyed our Temple, burned our Sanctuary, and sent us into exile among the nations" (ibid.).

So you see that when it comes to *hasidut*, one must not judge an act only in terms of its present significance. Rather, one must try to anticipate every ramification [of that act] that the human intellect can foresee, before truly judging which will turn out better, action or forbearance.

The Torah commands [us]: "You shall certainly reprove your neighbor" (Vayikra 19:17). Very often a person will attempt to rebuke sinners in a place or at a time when his words will not be heeded. He thereby causes them to become even more unrestrained in their wickedness, thus desecrating [God's] name and adding iniquity to their sin. In such circumstances, piety demands that one keep silent. And so [our Sages], may their memory be blessed, have said, "Just as it is a *mitzvah* to say what will be heeded, so is it a *mitzvah* not to say what will not be heeded" (*Yebamot* 65b).

Consider this: Everyone should clearly perform a *mitzvah* at the earliest possible opportunity, run to perform it and strive to be among those who occupy themselves with it; but there are times when this can give rise to strife, which would disgrace the *mitzvah* and cause the name of Heaven to be desecrated by its performance rather than honored. Under such circumstances, the pious man must certainly forsake the *mitzvah* rather than pursue it. Thus did our Rabbis, may their memory be blessed, say (*Midrash Rabba, Parashat Naso*) of the Levites, "Knowing that the reward of those who carry the ark is great, they would pass over the table, the menorah, and the altars, and all run to the ark to gain reward. As a result they would argue, one saying, 'I will carry this part [of the ark],' and the other saying, '[No], I will carry there.' As a result, they behaved irreverently, and the *Shekhinah* would strike them, etc." (*Bamidbar Rabba* 5:1).

הִנֵּה חַיָּב הָאָדָם לִשְׁמֹר כָּל הַמִּצְווֹת בְּכָל דִּקְדּוּקֵיהֶם לִפְנֵי מִי שֶׁיִּהְיֶה וְלֹא יִירָא וְלֹא יֵבוֹשׁ, וְכֵן הוּא אוֹמֵר: וַאֲדַבְּרָה בְעֵדֹתֶיךָ נֶגֶד מְלָכִים וְלֹא אֵבוֹשׁ (תהלים קיט, מו), וְכֵן שָׁנִינוּ: הֱוֵי עַז כַּנָּמֵר וְכוּ׳ {לַעֲשׂוֹת רְצוֹן אָבִיךָ שֶׁבַּשָּׁמַיִם} (אבות ה, כ). אָמְנָם גַּם בָּזֶה צָרִיךְ חִלּוּק וְהַבְחָנָה, כִּי כָּל זֶה נֶאֱמַר עַל גּוּפֵי הַמִּצְווֹת שֶׁחַיָּבִים אֲנַחְנוּ בָּהֶם חוֹבָה גְּמוּרָה, שֶׁבָּהֶם יָשִׂים פָּנָיו כַּחַלָּמִישׁ.[ח] אַךְ יֵשׁ אֵיזֶה תּוֹסֶפֶת חֲסִידוּת, שֶׁאִם יַעֲשֶׂה אוֹתָם הָאָדָם לִפְנֵי הֲמוֹן הָעָם יִשְׂחֲקוּ עָלָיו וְיִתְלוֹצְצוּ, וְנִמְצְאוּ חוֹטְאִים וְנֶעֱנָשִׁים עַל יָדוֹ, וְהוּא הָיָה יָכוֹל לְהַנִּיחַ מִלַּעֲשׂוֹת הַדְּבָרִים הָהֵם כִּי אֵינָם חוֹבָה מֻחְלֶטֶת. הִנֵּה דָּבָר כָּזֶה וַדַּאי שֶׁיּוֹתֵר הָגוּן הוּא לֶחָסִיד שֶׁיַּנִּיחֵהוּ מִשֶּׁיַּעֲשֵׂהוּ. וְהוּא מַה שֶּׁאָמַר הַנָּבִיא: וְהַצְנֵעַ לֶכֶת עִם אֱלֹקֶיךָ (מיכה ו, ח). וְכַמָּה חֲסִידִים גְּדוֹלִים הִנִּיחוּ מִמִּנְהֲגֵי חֲסִידוּתָם בִּהְיוֹתָם בֵּין הֲמוֹן הָעָם מִשּׁוּם דְּמִיחְזֵי כְּיֻהֲרָא.

כְּלָלוֹ שֶׁל דָּבָר: כָּל מַה שֶּׁהוּא עִקָּרִי בַּמִּצְוָה, יַעֲשֵׂהוּ לִפְנֵי כָּל מַלְעִיג, וּמַה שֶּׁאֵינוֹ עִקָּרִי וְהוּא גּוֹרֵם שְׂחוֹק וְהִתּוּל, לֹא יַעֲשֵׂהוּ.

נִמְצֵאתָ לָמֵד, שֶׁהַבָּא לְהִתְחַסֵּד חֲסִידוּת אֲמִתִּי צָרִיךְ שֶׁיִּשְׁקֹל כָּל מַעֲשָׂיו לְפִי הַתּוֹלָדוֹת הַנִּמְשָׁכוֹת מֵהֶם וּלְפִי הַתְּנָאִים הַמִּתְלַוִּים לָהֶם, לְפִי הָעֵת, לְפִי הַחֶבְרָה, לְפִי הַנּוֹשֵׂא וּלְפִי הַמָּקוֹם. וְאִם הַפְּרִישָׁה תּוֹלִיד יוֹתֵר קִדּוּשׁ שֵׁם שָׁמַיִם וְנַחַת רוּחַ לְפָנָיו מִן הַמַּעֲשֶׂה, יִפְרֹשׁ וְלֹא יַעֲשֶׂה. אוֹ אִם מַעֲשֶׂה אֶחָד בְּמַרְאִיתוֹ הוּא טוֹב וּבְתוֹלְדוֹתָיו אוֹ בִּתְנָאָיו הוּא רַע, וּמַעֲשֶׂה אַחֵר רַע בְּמַרְאִיתוֹ וְטוֹב בְּתוֹלְדוֹתָיו, הַכֹּל הוֹלֵךְ אַחַר הַחִתּוּם וְהַתּוֹלָדָה שֶׁהִיא פְּרִי הַמַּעֲשִׂים בֶּאֱמֶת. וְאֵין הַדְּבָרִים מְסוּרִים אֶלָּא לְלֵב מֵבִין וְשֵׂכֶל נָכוֹן, כִּי אִי אֶפְשָׁר לְבָאֵר הַפְּרָטִים שֶׁאֵין לָהֶם קֵץ, וַה׳ יִתֵּן חָכְמָה מִפִּיו דַּעַת וּתְבוּנָה (ע״פ משלי ב, ו).

[ח] ע״פ ישעיה נ, ז.

Indeed, a person is obligated to keep all the commandments, with every minute detail, without fear or shame no matter who is present. As the verse states, "I will also speak of Your testimonies before kings, and will not be ashamed" (Tehillim 119:46). And so we have learned [in the mishnah], "Be fierce as a leopard {to do the will of your Father who is in heaven}" (*Avot* 5:20). But this too requires distinction and discrimination, for all this was said regarding the *mitzvot* proper that are absolutely binding upon us; for these one must set his face like flint. But there are pious appendages that will cause the common people to ridicule and mock a person, if he does them in their presence. They would then sin and incur punishment on his account; whereas he could have refrained from doing those things since they are not absolutely obligatory. [Under these circumstances], it is certainly more correct for a pious person to forsake such practices rather than perform them. This is what the Prophet meant when he said, "And walk humbly with your God" (Mikhah 6:8). Many men of great piety abandoned their pious practices when they were among the common masses so as not to appear boastful.

In summation, whatever is intrinsic to a *mitzvah*, one should do in the face of all mockers; whatever is not intrinsic and provokes laughter and ridicule, one should not.

You may derive from this that one who aspires to true piety must weigh whatever deeds he contemplates doing in relation to the consequences that follow from them and the circumstances that accompany them, considering the time, social environment, occasion, and place. If withdrawing from the deed will engender greater sanctification of the name of Heaven and satisfaction before Him than performing it, he should withdraw and not do it. Or if an act is good in appearance, but bad in its consequences or [accompanying] circumstances, and another act is bad in appearance, but good in its consequences, the matter must be decided according to the final outcome, the true fruit of the action. These things are left to an understanding heart and sound reasoning since it is impossible to spell out the unlimited details. And the Lord will give wisdom; out of His mouth will come knowledge and understanding (see Mishlei 2:6).

וּמַעֲשֶׂה דְּרַבִּי טַרְפוֹן יוֹכִיחַ, שֶׁהֶחְמִיר לְהַטּוֹת כְּבֵית שַׁמַּאי, וְאָמְרוּ לוֹ, כְּדַאי הָיִיתָ לָחוּב בְּעַצְמְךָ שֶׁעָבַרְתָּ עַל דִּבְרֵי בֵּית הִלֵּל (ברכות א, ג; י, ב), אַף עַל פִּי שֶׁמַּחְמִיר הָיָה. וְזֶה שֶׁעִנְיַן מַחֲלֹקֶת בֵּית שַׁמַּאי וּבֵית הִלֵּל הָיָה עִנְיָן כָּבֵד לְיִשְׂרָאֵל מִפְּנֵי הַמַּחֲלֹקֶת הַגְּדוֹלָה שֶׁרָבְתָה בֵּינֵיהֶם, וְסוֹף סוֹף נִגְמַר שֶׁהֲלָכָה כְּבֵית הִלֵּל לְעוֹלָם; הִנֵּה קִיּוּמָהּ שֶׁל תּוֹרָה שֶׁנִּגְמַר דִּין זֶה יִשָּׁאֵר בְּכָל תֹּקֶף לָעַד וּלְעוֹלְמֵי עוֹלָמִים, וְלֹא יֶחֱלַשׁ בְּשׁוּם פָּנִים, שֶׁלֹּא תֵּעָשֶׂה תּוֹרָה חַס וְשָׁלוֹם כִּשְׁתֵּי תוֹרוֹת. וְעַל כֵּן לְדַעַת הַמִּשְׁנָה הַזֹּאת יוֹתֵר חֲסִידוּת הוּא הַחֲזִיק כְּבֵית הִלֵּל אֲפִלּוּ לְקֻלָּא מִלְּהַחְמִיר כְּבֵית שַׁמַּאי. וְזֶה לָנוּ לְעֵינַיִם[ט] לִרְאוֹת אֵי זֶה דֶּרֶךְ יִשְׁכֹּן אוֹר[י] בֶּאֱמֶת וּבֶאֱמוּנָה לַעֲשׂוֹת הַיָּשָׁר בְּעֵינֵי ה'.[יא]

[ט] ע"פ במדבר י, לא. [י] ע"פ איוב לח, יט. [יא] ע"פ מלכים א כב, מג.

The incident involving Rabbi Tarfon proves [this point]. For [Rabbi Tarfon] acted stringently and reclined in accordance with [the position of] the school of Shammai. And [the Sages] said to him, "You deserved to be answerable for your death, for you violated the view of the school of Hillel" (*mBerakhot* 1:3, 10b) even though he had acted stringently. The matter of the schools of Shammai and Hillel was a grave one in Israel due to the great controversy that took place between them. Finally it was decided that the law would always be in accordance with the school of Hillel. It follows then that the preservation of the Torah requires that this decision remain in full force forever and never weaken in any way whatsoever, so that the Torah not become like two Torahs, God forbid. According to this mishnah, therefore, upholding [the position] of the school of Hillel, even when more lenient, is considered a greater act of piety than adopting the more stringent view of the school of Shammai. This should serve as a guide to see the path where light dwells in truth and faith, so that we may do what is right in the eyes of the Lord.

פֶּרֶק כא:

בְּדֶרֶךְ קְנִיַּת הַחֲסִידוּת וְהַהַרְחָקָה מִמַּפְסִידֶיהָ

אֵין הַשְּׁכִינָה שׁוֹרָה מִתּוֹךְ עַצְבוּת וְכוּ׳ • כָּל מְזוֹנוֹתָיו שֶׁל אָדָם קְצוּבִים לוֹ וְכוּ׳ • יָכוֹל אֲפִלּוּ יוֹשֵׁב וּבָטֵל וְכוּ׳

הִנֵּה מִמַּה שֶּׁיּוֹעִיל הַרְבֵּה לִקְנוֹת הַחֲסִידוּת הוּא גֹּדֶל הַהִסְתַּכְּלוּת וְרֹב הַהִתְבּוֹנְנוּת. כִּי כַּאֲשֶׁר יַרְבֶּה הָאָדָם לְהִתְבּוֹנֵן עַל גֹּדֶל רוֹמְמוּתוֹ יִתְבָּרַךְ וְתַכְלִית שְׁלֵמוּתוֹ, וְרֹב הַהֶרְחֵק הַבִּלְתִּי מְשֹׁעָר שֶׁבֵּין גְּדֻלָּתוֹ וּבֵין שִׁפְלוּתֵנוּ, יִגְרֹם לוֹ שֶׁיִּמָּלֵא יִרְאָה וּרְעָדָה מִלְּפָנָיו. וּבְהִתְבּוֹנְנוֹ עַל רֹב חֲסָדָיו עִמָּנוּ וְעַל גֹּדֶל אַהֲבָתוֹ יִתְבָּרַךְ לְיִשְׂרָאֵל, וְעַל קִרְבַת הַיְשָׁרִים אֵלָיו וּמַעֲלַת הַתּוֹרָה וְהַמִּצְוֹת, וְכַיּוֹצֵא מִן הָעִיּוּנִים וְהַלִּמּוּדִים, וַדַּאי שֶׁתִּתְלַהֵט בּוֹ אַהֲבָה עַזָּה וְיִכְסֹף וְיִתְאַוֶּה לִידָּבֵק בּוֹ. כִּי בִּרְאוֹתוֹ שֶׁהַבּוֹרֵא יִתְבָּרַךְ הוּא לָנוּ לְאָב מַמָּשׁ וּמְרַחֵם עָלֵינוּ כְּאָב עַל בָּנִים, יִתְעוֹרֵר בּוֹ בְּהֶמְשֵׁךְ[א] הַחֵפֶץ וְהַתְּשׁוּקָה לִגְמֹל לוֹ כְּבֵן אֶל אָבִיו.

וְהִנֵּה לָזֶה צָרִיךְ הָאָדָם שֶׁיִּתְבּוֹדֵד בַּחֲדָרָיו, וְיִקְבֹּץ כָּל מַדָּעוֹ וּתְבוּנָתוֹ אֶל הַהִסְתַּכְּלוּת וְאֶל הָעִיּוּן בַּדְּבָרִים הָאֲמִתִּיִּים הָאֵלֶּה. וְהִנֵּה וַדַּאי שֶׁיַּעַזְרֵהוּ לָזֶה רֹב הַהַתְמָדָה וְהָעִיּוּן בְּמִזְמוֹרֵי דָּוִד עָלָיו הַשָּׁלוֹם, וְהַהִתְבּוֹנְנוּת בָּם בְּמַאַמְרֵיהֶם וְעִנְיָנָם. כִּי בִּהְיוֹתָם כֻּלָּם מְלֵאִים אַהֲבָה וְיִרְאָה וְכָל מִינֵי חֲסִידוּת, הִנֵּה בְּהִתְבּוֹנְנוֹ בָּם לֹא יִמָּנַע מֵהִתְעוֹרֵר בּוֹ הִתְעוֹרְרוּת גָּדוֹל לָצֵאת בְּעִקְּבוֹתָיו וְלָלֶכֶת בִּדְרָכָיו. וְכֵן תּוֹעִיל

[א] המונח ׳בהמשך׳ נתבאר ב׳חוקר ומקובל׳ במשמעות תולדה והשתלשלות דבר מתוך דבר. וראה עוד לעיל עמ׳ 64 והערה א שם.

Twenty-One:

How to Acquire Piety and Avoid What is Detrimental to it

The Shekhinah rests neither through gloom … [save through joy of a mitzvah] • The entire sustenance of man is fixed for him [from Rosh Hashanah to Yom Kippur] • You might say even if he sits idle, [hence the verse states: "And in all that you set your hand to do"]

Now among the things that are very effective in the acquisition of piety are deep reflection and abundant contemplation. For when a person frequently contemplates the great majesty and ultimate perfection of [God], blessed be He, and the immeasurable distance between His elevation and our insignificance, he will become filled with awe and trembling before Him. When he reflects upon His great lovingkindness to us and His abundant love for Israel, upon the nearness of the upright to Him and the eminence of the Torah and the *mitzvot*, and similar reflections and teachings – a strong love will certainly burn within him, and he will choose and long to conjoin with Him. For when he realizes that the Creator (blessed be He) is quite literally a father to us, and that He has as much compassion for us as a father has for his children, there will, as a result, awaken within him a desire and a longing to reciprocate, much like a son to his father.

For this to transpire, a person must seclude himself in his chambers, gathering all his knowledge and understanding for the consideration and study of these truths. He will undoubtedly be helped in this by constant preoccupation with and study of the Psalms of David, peace be on him, and by reflection upon their statements and ideas. As [the Tehillim] are all filled with love and fear [of God] and various aspects of piety, when one reflects upon them he cannot but be stirred by a great awakening within to follow in [the Psalmist's] footsteps and walk in his ways. Of equal help is

הַקְּרִיאָה בְּסִפּוּרֵי[ב] מַעֲשֵׂה הַחֲסִידִים בָּאֲגָדוֹת אֲשֶׁר בָּאוּ שָׁם, כִּי כָּל אֵלֶּה מְעוֹרְרִים אֶת הַשֵּׂכֶל לְהִתְיָעֵץ וְלַעֲשׂוֹת כְּמַעֲשֵׂיהֶם הַנֶּחְמָדִים. וְזֶה מְבֹאָר.

אַךְ מַפְסִידֵי הַחֲסִידוּת הֵם הַטְּרָדוֹת וְהַדְּאָגוֹת. כִּי בִּהְיוֹת הַשֵּׂכֶל טָרוּד וְנֶחְפָּז בְּדַאֲגוֹתָיו וּבַעֲסָקָיו, אִי אֶפְשָׁר לוֹ לִפְנוֹת אֶל הַהִתְבּוֹנְנוּת הַזֶּה; וּמִבְּלִי הִתְבּוֹנְנוּת לֹא יַשִּׂיג הַחֲסִידוּת. וַאֲפִלּוּ אִם הִשִּׂיגוֹ כְּבָר, הִנֵּה הַטְּרָדוֹת מַכְרִיחוֹת אֶת הַשֵּׂכֶל וּמְעַרְבְּבוֹת אוֹתוֹ, וְאֵינָם מַנִּיחוֹת אוֹתוֹ לְהִתְחַזֵּק בַּיִּרְאָה וּבָאַהֲבָה וּבִשְׁאָר הָעִנְיָנִים הַשַּׁיָּכִים אֶל הַחֲסִידוּת כַּאֲשֶׁר זָכַרְתִּי. עַל כֵּן אָמְרוּ זִכְרוֹנָם לִבְרָכָה: אֵין הַשְּׁכִינָה שׁוֹרָה לֹא מִתּוֹךְ עַצְבוּת {וְלֹא מִתּוֹךְ עַצְלוּת וְלֹא מִתּוֹךְ שְׂחוֹק וְלֹא מִתּוֹךְ קַלּוּת רֹאשׁ וְלֹא מִתּוֹךְ שִׂיחָה וְלֹא מִתּוֹךְ דְּבָרִים בְּטֵלִים, אֶלָּא מִתּוֹךְ דְּבַר שִׂמְחָה שֶׁל מִצְוָה} (שבת ל, ב). כָּל שֶׁכֵּן הַהֲנָאוֹת וְהַתַּעֲנוּגִים שֶׁהֵם הַפְּכִּיִּים מַמָּשׁ אֶל הַחֲסִידוּת, כִּי הִנֵּה הֵם מְפַתִּים הַלֵּב לִימָּשֵׁךְ אַחֲרֵיהֶם וְסָר מִכָּל עִנְיְנֵי הַפְּרִישׁוּת וְהַיְדִיעָה הָאֲמִתִּית.

אָמְנָם מַה שֶּׁיּוּכַל לִשְׁמֹר אֶת הָאָדָם וּלְהַצִּילוֹ מִן הַמַּפְסִידִים הָאֵלֶּה הוּא הַבִּטָּחוֹן, וְהוּא שֶׁיַּשְׁלִיךְ יְהָבוֹ עַל ה'[ג] לְגַמְרֵי, בַּאֲשֶׁר יֵדַע כִּי וַדַּאי אִי אֶפְשָׁר שֶׁיֶּחְסַר לָאָדָם מַה שֶּׁנִּקְצַב לוֹ. וּכְמוֹ שֶׁאָמְרוּ זִכְרוֹנָם לִבְרָכָה בְּמַאַמְרֵיהֶם: כָּל מְזוֹנוֹתָיו שֶׁל אָדָם קְצוּבִים לוֹ מֵרֹאשׁ הַשָּׁנָה {וְעַד יוֹם הַכִּפּוּרִים} (ביצה טז, א). וְכֵן אָמְרוּ: אֵין אָדָם נוֹגֵעַ בַּמּוּכָן לַחֲבֵרוֹ אֲפִלּוּ כִּמְלֹא נִימָא (ראה יומא לח, ב). וּכְבָר הָיָה הָאָדָם יָכוֹל לִהְיוֹת יוֹשֵׁב וּבָטֵל וְהַגְּזֵרָה הָיְתָה מִתְקַיֶּמֶת, אִם לֹא שֶׁקָּדַם הַקְּנָס לְכָל בְּנֵי אָדָם: בְּזֵעַת אַפֶּיךָ תֹּאכַל לֶחֶם (בראשית ג, יט). אֲשֶׁר עַל כֵּן חַיָּב אָדָם לְהִשְׁתַּדֵּל אֵיזֶה הִשְׁתַּדְּלוּת לְצֹרֶךְ פַּרְנָסָתוֹ, שֶׁכֵּן גָּזַר הַמֶּלֶךְ הָעֶלְיוֹן. וַהֲרֵי זֶה כְּמַס שֶׁפּוֹרֵעַ כָּל הַמִּין הָאֱנוֹשִׁי אֲשֶׁר אֵין לְהִמָּלֵט מִמֶּנּוּ. עַל כֵּן אָמְרוּ (ראה מדרש תהלים קלו, י): יָכוֹל אֲפִלּוּ יוֹשֵׁב וּבָטֵל, תַּלְמוּד לוֹמַר,

[ב] כך בכתה"י. בד"ר: 'בספור'. [ג] ע"פ תהלים נה, כג.

reading the accounts of the deeds of the pious as they appear in the *Aggadot*, for they stir the mind to devise ways to emulate their desirable deeds. This is evident.

The factors that are detrimental to piety are trouble and worry. For when the mind is restless and preoccupied with worries and affairs, it cannot direct itself to this type of contemplation; and without contemplation one cannot attain piety. Even if one has already attained it, troubles impose upon the mind and cause confusion, preventing it from growing stronger in fear and love [of God], as well as other aspects of piety that I have mentioned. [Our Sages], may their memory be blessed, therefore said, "The *Shekhinah* rests neither through gloom, {nor through sloth, nor through frivolity, nor through levity, nor through talk, nor through idle chatter, save through joy of a *mitzvah*}" (*Shabbat* 30b). And certainly [not through] pleasure and enjoyment, which are the exact opposite of piety; for pleasure and enjoyment seduce the heart to be drawn after them, shunning all aspects of abstinence and true knowledge.

What can protect a person, however, and save him from these detriments, is trust [in God]. That is, he must cast his burden entirely upon God, certain in the knowledge that a person cannot possibly be deprived of what has been allotted him. As [our Sages], may their memory be blessed, commented in their dictum, "The entire sustenance of man [for the year] is fixed for him from Rosh Hashanah {to Yom Kippur}" (*Betzah* 16a). They also said, "No man can touch what is prepared for his fellow even to the extent of one hair's breadth" (*Yoma* 38b). Man could even sit idle and his allotted portion would still be provided, were it not for the primeval penalty imposed upon all men: "By the sweat of your brow you shall eat bread" (Bereishit 3:19). It is because of this decree that man must put forth some effort for the sake of his sustenance, for thus did the supreme King ordain. This is like a tax that must be paid by every member of the human species; there is no escape. [Our Sages] therefore said, "You might say even if he sits idle, hence the verse states:

בְּכָל מִשְׁלַח יָדֶךָ אֲשֶׁר תַּעֲשֶׂה (דברים כח, כ).[ד] אַךְ לֹא שֶׁהַהִשְׁתַּדְּלוּת הוּא הַמּוֹעִיל, אֶלָּא שֶׁהַהִשְׁתַּדְּלוּת מֻכְרַחַת. וְכֵיוָן שֶׁהִשְׁתַּדֵּל הֲרֵי יָצָא יְדֵי חוֹבָתוֹ, וּכְבָר יֵשׁ מָקוֹם לְבִרְכַּת שָׁמַיִם שֶׁתִּשְׁרֶה עָלָיו וְאֵינוֹ צָרִיךְ לְבַלּוֹת יָמָיו בַּחֲרִיצוּת וְהִשְׁתַּדְּלוּת.

הוּא מַה שֶּׁאָמַר דָּוִד הַמֶּלֶךְ עָלָיו הַשָּׁלוֹם: כִּי לֹא מִמּוֹצָא וּמִמַּעֲרָב וְלֹא {מִמִּדְבַּר הָרִים}, כִּי אֱלֹקִים שֹׁפֵט {זֶה יַשְׁפִּיל וְזֶה יָרִים} (תהלים עה, ז-ח). וּשְׁלֹמֹה הַמֶּלֶךְ עָלָיו הַשָּׁלוֹם אָמַר: אַל תִּיגַע לְהַעֲשִׁיר, מִבִּינָתְךָ חֲדָל (משלי כג, ד). אֶלָּא הַדֶּרֶךְ הָאֲמִתִּי הוּא דַּרְכָּם שֶׁל הַחֲסִידִים הָרִאשׁוֹנִים, עוֹשִׂים תּוֹרָתָן עִקָּר וּמְלַאכְתָּן טְפֵלָה, וְזֶה וָזֶה נִתְקַיֵּם בְּיָדָם (ראה ברכות לה, ב). כִּי כֵּיוָן שֶׁעָשָׂה אָדָם קְצָת מְלָאכָה מִשָּׁם וָהָלְאָה אֵין לוֹ אֶלָּא לִבְטֹחַ בְּקוֹנוֹ וְלֹא לְהִצְטַעֵר עַל שׁוּם דָּבָר עוֹלָמִי. אָז תִּשָּׁאֵר דַּעְתּוֹ פְּנוּיָה וְלִבּוֹ מוּכָן לַחֲסִידוּת הָאֲמִתִּי וְלָעֲבוֹדָה הַתְּמִימָה.

[ד] במדרש תהלים שם מובא הפסוק בדברים יד, כט: 'יברך ה' אלקיך בכל מעשה ידיך'. ועליו הוא דורש: 'יכול יהא יושב ובטל, ת"ל אשר תעשה'. והוא סוף אותו פסוק. וכן בסדר אליהו רבה, פי"ד, עמ' 70. ועיין עוד ספרי דברים קכג: 'וברכך ה' אלקיך, יכול בטל, תלמוד לומר בכל אשר תעשה'. ולא מצאנו באחד המדרשים שדורשים 'בכל משלח ידיך'.

'And in all that you set your hand to do'" (Devarim 28:20 ; see *Midrash Tehillim* 136:10). But it is not the exertion that effects results, rather the exertion is indispensable. But once a person has expended effort, he has fulfilled his duty; there is then place for Heaven's blessing to rest on him, and he need not consume his days in exertion and toil.

This is what King David, peace be on him, said, "For judgment comes neither from the east, nor from the west, nor {from the desert peaks}. But God is the judge; {He puts one down, and sets up another}" (Tehillim 75:7-8). And King Shelomo, peace be on him, said, "Do not toil to gain wealth; stop applying your mind to this" (Mishlei 23:4). The true path, however, is that of the pious men of old, who made their Torah study their primary concern and their work incidental, and they succeeded in both (see *Berakhot* 35b). For once a person engages in a small amount of work, thereafter he need only trust his Maker and not be distressed by any worldly matter. Then his mind will be free and his heart ready for true piety and perfect Divine service.

פֶּרֶק כב:

בְּבֵאוּר מִדַּת הָעֲנָוָה וַחֲלָקֶיהָ

בַּתְּחִלָּה צָרִיךְ שֶׁיִּהְיֶה הָאָדָם עָנָו בְּמַחֲשַׁבְתּוֹ, וְאַחַר כָּךְ יִתְנַהֵג בְּדַרְכֵי הָעֲנָוִים • אִם לָמַדְתָּ תּוֹרָה הַרְבֵּה אַל תַּחֲזִיק וְכוּ׳ • כַּמָּה גְּדוֹלִים נְמוּכֵי הָרוּחַ וְכוּ׳ • אָמַר הַקָּדוֹשׁ בָּרוּךְ הוּא, בָּנַי אֲנִי חוֹשֵׁק בָּכֶם שֶׁאֲפִלּוּ בְּשָׁעָה שֶׁאֲנִי מַשְׁפִּיעַ לָכֶם גְּדֻלָּה וְכוּ׳ • מִפְּנֵי מָה לֹא נִקְרָא סִפְרוֹ שֶׁל נְחֶמְיָה עַל שְׁמוֹ וְכוּ׳ • לְעוֹלָם יְהֵא דִּבּוּרוֹ שֶׁל אָדָם בְּנַחַת וְכוּ׳ • שְׁלַחוּ מִתָּם, אֵיזֶהוּ בֶּן הָעוֹלָם הַבָּא? עַנְוְתָן • כָּל הַמְהַלֵּךְ בְּקוֹמָה זְקוּפָה כְּאִלּוּ וְכוּ׳ • הַרְחֵק מִמְּקוֹמְךָ שְׁנַיִם שְׁלֹשָׁה מְקוֹמוֹת וְכוּ׳ • לְעוֹלָם יִלְמַד אָדָם מִדַּעַת קוֹנוֹ וְכוּ׳ • הַנֶּעֱלָבִים וְאֵינָם עוֹלְבִים וְכוּ׳ • הַהוּא בַּר בָּבֶל דִּסְלִיק לְאֶרֶץ יִשְׂרָאֵל וְכוּ׳ • אָמַר רַבִּי אַבָּהוּ מֵרֵישׁ הֲוָה אָמֵינָא עַנְוְתָן וְכוּ׳ • אֱהֹב אֶת הַמְּלָאכָה וְכוּ׳ • לְעוֹלָם אַל תְּהִי רָץ אַחַר הַשְּׂרָרָה • אֵין הָרַבָּנוּת אֶלָּא מַשָּׂא גָּדוֹל עַל שֶׁכֶם הַנּוֹשֵׂא אוֹתָהּ • אֵיזֶהוּ מְכֻבָּד וְכוּ׳ • הֱוֵי מַקְדִּים בִּשְׁלוֹם וְכוּ׳ • הָעֲנָוָה מְסִירָה מִדֶּרֶךְ הָאָדָם מִכְשׁוֹלוֹת רַבִּים

הִנֵּה כְּבָר דִּבַּרְנוּ לְמַעְלָה מִגְּנוּת הַגַּאֲוָה, וּמִכְּלָלָהּ נִשְׁמַע שֶׁבַח הָעֲנָוָה; אַךְ עַתָּה נְבָאֵר יוֹתֵר בְּדֶרֶךְ עִקַּר הָעֲנָוָה, וְתִבָּאֵר הַגַּאֲוָה מֵאֵלֶיהָ.

הִנֵּה כְּלַל הָעֲנָוָה הוּא הֱיוֹת הָאָדָם בִּלְתִּי מַחֲשִׁיב עַצְמוֹ מִשּׁוּם טַעַם שֶׁיִּהְיֶה, וְזֶה הֵפֶךְ הַגַּאֲוָה מַמָּשׁ; וְהַתּוֹלָדוֹת הַנִּמְשָׁכוֹת מִזֶּה תִּהְיֶינָה הַהֲפָכִיּוֹת שֶׁל תּוֹלְדוֹת הַגַּאֲוָה.

וּכְשֶׁנְּדַקְדֵּק נִמְצָא שֶׁתְּלוּיָה בְּמַחֲשָׁבָה וּבְמַעֲשֶׂה. כִּי בַּתְּחִלָּה צָרִיךְ שֶׁיִּהְיֶה הָאָדָם עָנָו בְּמַחֲשַׁבְתּוֹ וְאַחַר כָּךְ יִתְנַהֵג

Twenty-Two:

The Trait of Humility and its Elements

One must first achieve humility in thought, and [only] then conduct himself in the ways of the humble • If you have learned much Torah, do not credit [yourself, for to this end you were created] • How great are the lowly of spirit • The Holy One, blessed be He, said [to Israel]: My sons, I desire you, because even when I bestow greatness upon you, [you belittle yourselves before Me] • Why was Nehemiah's book not called by his name? [Because he took credit for himself] • A person should always speak gently [with his fellow men] • They sent from there: Who is the true citizen of the world-to come? A humble man • He that walks with lofty bearing pushes aside, as it were, [the feet of the Shekhinah] • Keep away from your [rightful] place [and sit] two or three rows back [until you are told, "Come forward"] • A person should always learn [to love lowliness] from the sensibility of his Creator • Those who are insulted and do not return insult, and so on • A certain Babylonian went up to Israel [and took a wife], and so on • Rabbi Abahu said: "Formerly, I thought I was humble" • Love work [and hate acting the superior] • Never run after rulership • Lordship is nothing but a great burden upon the shoulders of one who bears it • Who is honorable? He who honors [all] people • Be first to greet [every man] • Humility removes many stumbling blocks from man's path

We have already spoken earlier (*p. 505 onward*) in condemnation of pride and, by inference, we understood the praiseworthiness of humility. Now, however, we shall discuss humility as our principal concern and the nature of pride will become clarified by itself.

The principle underlying humility is that one not attach importance to oneself for any reason whatsoever, this being the very antithesis of pride; and the ramifications [of humility] are the antitheses of those of pride.

When we carefully study the matter, we find that [humility] depends upon both thought and action. For a person must first achieve humility in thought, and [only] then conduct himself in

בְּדַרְכֵי הָעֲנָוִים. כִּי אִם לֹא יִהְיֶה עָנָו בְּדַעְתּוֹ וְיִרְצֶה לִהְיוֹת עָנָו בְּמַעֲשֶׂה, לֹא יִהְיֶה אֶלָּא מִן הָעֲנָוִים הַמְדֻמִּים וְהָרָעִים שֶׁזָּכַרְנוּ לְמַעְלָה, שֶׁהֵם מִכְּלַל הַצְּבוּעִים אֲשֶׁר אֵין בָּעוֹלָם רַע מֵהֶם.

וּנְבָאֵר עַתָּה הַחֲלָקִים הָאֵלֶּה.

הָעֲנָוָה בְּמַחֲשָׁבָה הִיא שֶׁיִּתְבּוֹנֵן הָאָדָם וְיִתְאַמֵּת אֶצְלוֹ אֲשֶׁר אֵין הַתְּהִלָּה וְהַכָּבוֹד רְאוּיִים לוֹ, כָּל שֶׁכֵּן הַהִתְנַשֵּׂא עַל שְׁאָר בְּנֵי מִינוֹ, וְזֶה מִפְּנֵי מַה שֶּׁחָסֵר מִמֶּנּוּ בְּהֶכְרֵחַ, וְגַם מִפְּנֵי מַה שֶּׁכְּבָר יֵשׁ בְּיָדוֹ, מִפְּנֵי מַה שֶּׁחָסֵר מִמֶּנּוּ. פָּשׁוּט הוּא כִּי אִי אֶפְשָׁר לָאָדָם, בְּאֵיזֶה מַדְרֵגָה שֶׁיִּהְיֶה מִן הַשְּׁלֵמוּת, שֶׁלֹּא יִהְיוּ בוֹ חֶסְרוֹנוֹת רַבִּים, אוֹ מִצַּד טִבְעוֹ, אוֹ מִצַּד מִשְׁפַּחְתּוֹ וּקְרוֹבָיו, אוֹ מִצַּד מִקְרִים שֶׁקָּרוּ לוֹ, אוֹ מִצַּד מַעֲשָׂיו. שֶׁאָדָם[א] אֵין צַדִּיק בָּאָרֶץ אֲשֶׁר יַעֲשֶׂה טּוֹב וְלֹא יֶחֱטָא (קהלת ז, כ). הֵן כָּל אֵלֶּה מוּמִים בָּאָדָם שֶׁאֵינָם מַנִּיחִים לוֹ מְקוֹם הִתְנַשְּׂאוּת כְּלָל, אֲפִלּוּ יִהְיֶה בַּעַל מַעֲלוֹת רַבּוֹת, כִּי כְּבָר עִנְיְנֵי הַחֶסְרוֹנוֹת הָאֵלֶּה יַסְפִּיקוּ לְהַחֲשִׁיכָם.

הִנֵּה הַחָכְמָה הִיא הַמְּבִיאָה יוֹתֵר אֶת הָאָדָם לִידֵי הִתְנַשְּׂאוּת וְגַאֲוָה. לְפִי שֶׁכְּבָר הִיא מַעֲלָה שֶׁבָּאָדָם עַצְמוֹ בַּחֵלֶק הַנִּכְבָּד שֶׁלּוֹ, דְּהַיְנוּ הַשֵּׂכֶל. וְהִנֵּה אֵין לְךָ חָכָם שֶׁלֹּא יִטְעֶה, וְשֶׁלֹּא יִצְטָרֵךְ לִלְמֹד מִדִּבְרֵי חֲבֵרָיו, וּפְעָמִים רַבּוֹת אֲפִלּוּ מִדִּבְרֵי תַּלְמִידָיו, אִם כֵּן אֵפוֹא אֵיךְ יִתְנַשֵּׂא בְּחָכְמָתוֹ? וְאָמְנָם מִי שֶׁהוּא בַּעַל שֵׂכֶל יָשָׁר אֲפִלּוּ אִם זָכָה לִהְיוֹת חָכָם גָּדוֹל וּמֻפְלָג בֶּאֱמֶת, כְּשֶׁיִּסְתַּכֵּל וְיִתְבּוֹנֵן יִרְאֶה[ב] שֶׁאֵין מָקוֹם לְגַאֲוָה וְהִתְנַשְּׂאוּת. כִּי הִנֵּה מִי שֶׁהוּא בַּעַל שֵׂכֶל שֶׁיֵּדַע יוֹתֵר מֵהָאֲחֵרִים, אֵינוֹ עוֹשֶׂה אֶלָּא[ג] מַה שֶּׁבְּחֹק טִבְעוֹ לַעֲשׂוֹת, כָּעוֹף שֶׁמַּגְבִּיהַּ עוּף[ד] לְפִי שֶׁטִּבְעוֹ בְּכָךְ, וְהַשּׁוֹר מוֹשֵׁךְ בְּכֹחוֹ לְפִי שֶׁחֻקּוֹ הוּא. כֵּן מִי שֶׁהוּא חָכָם, הוּא לְפִי שֶׁטִּבְעוֹ מְבִיאוֹ לָזֶה, וְאִלּוּ אוֹתוֹ שֶׁעַכְשָׁו אֵינוֹ חָכָם כָּמוֹהוּ הָיָה לוֹ שֵׂכֶל

[א] בכתוב: ׳כי אדם׳. [ב] בד״ר: ׳שיראה׳. [ג] כך בכתה״י: ׳אלא מה׳ (׳מה׳ נוספה בין השורות). בד״ר: ׳אלה׳. [ד] הביטוי ע״פ איוב ה, ז. בד״ר: ׳העוף׳.

the ways of the humble. But if one is not humble in thought and yet wants to be humble in deed, he will only be one of the "humble" who are specious and evil, whom we mentioned above *(see pp. 509, 511)*, He will fall into the category of hypocrites – the world's very worst sort.

We shall now explain these [two] divisions.

Humility in thought means that a person must comprehend and discern that he is undeserving of praise and glory, and certainly [unworthy] of being exalted over his fellow men. This inescapably follows when he considers [the qualities] he lacks, and remains so even when considering those that he has, because [they are outweighed by] what he lacks. It is obviously impossible for man, regardless of the level of perfection he has attained, not to have many shortcomings; whether this is due to his nature or because of his family and relatives, or as a result of circumstances or because of his deeds. "For there is no righteous man on earth that does good, and sins not" (Kohelet 7:20). All of these are faults in man that leave no room whatsoever for haughtiness. Even if he possesses many virtues, these deficiencies are enough to obscure them.

Knowledge is what most often brings a person to haughtiness and pride. This is because knowledge is a superior quality in the person himself, in his most noble faculty, namely, his intellect. Yet there is no sage who does not err and does not need to learn from the words of his colleagues, oftentimes even from the words of his disciples. How, then, can he pride himself on his wisdom? Indeed, a person who possesses sound intelligence, even if he really has attained the status of a great and extraordinary sage, upon reflection and contemplation, will see that there is no room for pride and haughtiness. For a man of intelligence who knows more than others does nothing but follows his natural proclivities. He is like a bird that flies upwards because this is its nature, or an ox that pulls with all its might because this is its true character. The same is true of a learned person. He is learned because his nature draws him to this. If the other fellow, who is not presently as wise as he, had the same natural intelligence, that fellow

טִבְעִי כָּמוֹהוּ הָיָה מִתְחַכֵּם כְּמוֹ שֶׁנִּתְחַכֵּם. אִם כֵּן אֵין כָּאן לְהִתְנַשֵּׂא וּלְהִתְגָּאוּת. אֶלָּא אִם יֵשׁ בּוֹ חָכְמָה רַבָּה הִנֵּה הוּא מְחֻיָּב לְלַמְּדָהּ לְמִי שֶׁצָּרִיךְ אֵלֶיהָ. וּכְמַאֲמַר רַבָּן יוֹחָנָן בֶּן זַכַּאי: אִם לָמַדְתָּ תּוֹרָה הַרְבֵּה אַל תַּחֲזִיק טוֹבָה לְעַצְמְךָ כִּי לְכָךְ נוֹצָרְתָּ (אבות ב, ח). אִם עָשִׁיר הוּא, יִשְׂמַח בְּחֶלְקוֹ,[ה] וְעָלָיו הוּא לַעֲזֹר לְמִי שֶׁאֵין לוֹ; אִם גִּבּוֹר הוּא, לַעֲזֹר לַכּוֹשְׁלִים וּלְהַצִּיל לָעֲשׁוּקִים. הָא לְמָה זֶה דּוֹמֶה? לִמְשָׁרְתֵי הַבַּיִת שֶׁכָּל אֶחָד מְמֻנֶּה עַל דְּבַר מָה, וְרָאוּי לוֹ לַעֲמֹד בְּמִשְׁמַרְתּוֹ לְפִי פְּקֻדָּתוֹ לְהַשְׁלִים מְלֶאכֶת הַבַּיִת וּצְרָכֶיהָ, וְאֵין בְּכָאן מָקוֹם לְגַאֲוָה לְפִי הָאֱמֶת.

וְהִנֵּה זֶה הָעִיּוּן וְהַהִתְבּוֹנְנוּת הָרָאוּי לְכָל אִישׁ אֲשֶׁר שִׂכְלוֹ יָשָׁר וְלֹא מִתְעַקֵּשׁ. וּכְשֶׁיִּתְבָּרֵר זֶה אֶצְלוֹ אָז יִקָּרֵא עָנָו אֲמִתִּי, שֶׁבְּלִבּוֹ וּבְקִרְבּוֹ הוּא עָנָו. וְהוּא כְּעִנְיַן דָּוִד שֶׁאָמַר לְמִיכַל: וְהָיִיתִי שָׁפָל בְּעֵינָי (שמואל ב ו, כב). וְאָמְרוּ זִכְרוֹנָם לִבְרָכָה (סוטה ה, ב): כַּמָּה גְּדוֹלִים נְמוּכֵי הָרוּחַ, שֶׁבִּזְמַן שֶׁבֵּית הַמִּקְדָּשׁ קַיָּם אָדָם מַקְרִיב עוֹלָה שְׂכַר עוֹלָה בְּיָדוֹ, מִנְחָה שְׂכַר מִנְחָה בְּיָדוֹ, אֲבָל מִי שֶׁדַּעְתּוֹ שְׁפָלָה עָלָיו מַעֲלֶה עָלָיו הַכָּתוּב כְּאִלּוּ הִקְרִיב כָּל הַקָּרְבָּנוֹת כֻּלָּם, שֶׁנֶּאֱמַר: זִבְחֵי אֱלֹקִים רוּחַ נִשְׁבָּרָה (תהלים נא, יט). הֲרֵי זֶה שֶׁבַח שֶׁל נְמוּכֵי הָרוּחַ שֶׁהֵם עֲנָוִים בְּלִבָּם וּמַחְשְׁבֹתָם.

וְכֵן אָמְרוּ עוֹד (חולין פט, א): לֹא מֵרֻבְּכֶם מִכָּל הָעַמִּים [חָשַׁק ה' בָּכֶם וַיִּבְחַר בָּכֶם] (דברים ז, ז), אָמַר לָהֶם הַקָּדוֹשׁ בָּרוּךְ הוּא, בָּנַי, אֲנִי חוֹשֵׁק בָּכֶם, שֶׁאֲפִלּוּ שֶׁאֲנִי[ה*] מַשְׁפִּיעַ לָכֶם גְּדֻלָּה אַתֶּם מְמַעֲטִין עַצְמְכֶם לְפָנַי. נָתַתִּי גְּדֻלָּה לְאַבְרָהָם, אָמַר: וְאָנֹכִי עָפָר וָאֵפֶר (בראשית יח, כז); נָתַתִּי גְּדֻלָּה לְמֹשֶׁה וְאַהֲרֹן, אָמְרוּ: וְנַחְנוּ מָה (שמות טז, ז); נָתַתִּי גְּדֻלָּה לְדָוִד, אָמַר: וְאָנֹכִי תוֹלַעַת וְלֹא אִישׁ (תהלים כב, ז).

[ה] ראה אבות ד, א. [ה*] בכתה"י ובחולין שם הנוסח: 'שאפילו בשעה שאני משפיע'.

would have become as wise as he did. Therefore, there is no reason to be proud and arrogant. Rather, if he possesses great wisdom, he is duty-bound to impart it to anyone who is in need of it. As Rabbi Yohanan ben Zakkai said, "If you have learned much Torah, do not credit yourself, for to this end you were created" (*Avot* 2:8). If he is wealthy, he may rejoice in his portion (cf. ibid. 4:1) and help those who are without. If he is strong, he must use his strength to help the faltering and save the oppressed. [People with individual strengths] may be compared to household servants, each of whom has been assigned a particular responsibility and ought to remain at his post as instructed, in order to complete the work of the household and fulfill its needs. In truth, pride would be out of place here.

This is the [type of] contemplation and reflection that befits any man of sound reasoning who is open to persuasion. When this becomes clear to him, he will then be called truly humble, for now he is humble at heart and in his very being. This is the sense of what David said to Michal, "And I will hold myself lowly in my eyes" (II Shemuel 6:22). And [our Sages], may their memory be blessed, said (*Sotah* 5b), "How great are the lowly of spirit. For when the Temple stood, someone who brought a burnt-offering has earned the reward of a burnt-offering; if it was a meal-offering he has earned the reward of a meal-offering. But as for the lowly-minded, Scripture considers it as if he had offered every single one of the sacrifices. As it is said: 'The sacrifices of God are a broken spirit'" (Tehillim 51:19). This is the praise of the lowly of spirit, who are humble at heart and in thought.

Commenting on the verse, "[The Lord did] not [desire you, or choose you], because you were more in number than any people" (Devarim 7:7), our Sages said (*Hullin* 89a), "The Holy One, blessed be He, said [to Israel]: My sons, I desire you, because even when I bestow greatness upon you, you belittle yourselves before Me. I gave Avraham greatness, [and] he said: 'I am but dust and ashes' (Bereishit 18:27); I gave Moshe and Aharon greatness, [and] they said: 'And what are we' (Shemot 16:7); I gave greatness to David, [and] he said: 'But I am a worm, and no man'" (Tehillim 22:7).

כָּל זֶה מִמָּה שֶׁאֵין הַלֵּב הַיָּשָׁר מַנִּיחַ עַצְמוֹ לְהִתְפַּתּוֹת מִשּׁוּם מַעֲלָה אֲשֶׁר יְבוֹאֵהוּ,ו בְּיָדְעוֹ בֶּאֱמֶת שֶׁכְּבָר לֹא מִפְּנֵי זֶה יוֹצֵא מִידֵי שִׁפְלוּתוֹ מִצַּד הַחֶסְרוֹנוֹת הָאֲחֵרוֹת שֶׁאִי אֶפְשָׁר שֶׁלֹּא יִהְיוּ בוֹ. וְעוֹד, שֶׁאֲפִלּוּ בְּאוֹתָם (הַמִּצְוֹת) [הַמַּעֲלוֹת]ו* עַצְמָם שֶׁהִשִּׂיג לֹא הִגִּיעַ וַדַּאי לַתַּכְלִית הָאַחֲרוֹן. וְעוֹד, אֲפִלּוּ לֹא יִהְיֶה בּוֹ חִסָּרוֹן אַחֵר אֶלָּא הֱיוֹתוֹ בָּשָׂר וָדָם יְלוּד אִשָּׁה, דַּי לוֹ זֶה וְהוֹתֵר לִפְחִיתוּת וּגְרִיעוּת עַד שֶׁלֹּא יָאוּת לוֹ הַהִנַּשֵּׂא כְּלָל. כִּי הֲרֵי כָּל מַעֲלָה שֶׁהוּא מַשִּׂיג אֵינוֹ אֶלָּא חֶסֶד אֵל עָלָיו שֶׁרוֹצֶה לָחֹן אוֹתוֹ, עִם הֱיוֹתוֹ מִצַּד טִבְעוֹ וְחָמְרִיּוּתוֹ שָׁפָל וְנִבְזֶה עַד מְאֹד. עַל כֵּן אֵין לוֹ אֶלָּא לְהוֹדוֹת לְמִי שֶׁחֲנָנוֹ וְלִיכָּנַע תָּמִיד יוֹתֵר.

הָא לְמָה זֶה דּוֹמֶה? לְעָנִי וְאֶבְיוֹן שֶׁמְּקַבֵּל מַתָּנָה בְּחֶסֶד שֶׁאִי אֶפְשָׁר לוֹ שֶׁלֹּא יֵבוֹשׁ, כִּי כָּל מַה שֶּׁיִּרְבֶּה הַחֶסֶד שֶׁיְּקַבֵּל כָּךְ יִרְבֶּה הַבֹּשֶׁת שֶׁיֵּבוֹשׁ. כֵּן הַדָּבָר הַזֶּה בְּכָל אָדָם שֶׁעֵינָיו פְּקוּחוֹת לִרְאוֹת אֶת עַצְמוֹ בִּהְיוֹתוֹ מַשִּׂיג מַעֲלוֹת טוֹבוֹת מֵאֵת הַשֵּׁם יִתְבָּרַךְ. וּכְעִנְיָן שֶׁאָמַר דָּוִד הַמֶּלֶךְ: מָה אָשִׁיב לַה' כָּל תַּגְמוּלוֹהִי עָלָי (תהלים קטז, יב).

וּכְבָר רָאִינוּ חֲסִידִים גְּדוֹלִים שֶׁנֶּעֶנְשׁוּ עַל שֶׁהֶחֱזִיקוּ טוֹבָה לְעַצְמָם, עִם כָּל חֲסִידוּתָם. נְחֶמְיָה בֶּן חֲכַלְיָה, אָמְרוּ זִכְרוֹנָם לִבְרָכָה: מִפְּנֵי מָה לֹא נִקְרָא סִפְרוֹ עַל שְׁמוֹ? מִפְּנֵי שֶׁהֶחֱזִיק טוֹבָה לְעַצְמוֹ (סנהדרין צג, ב). וְכֵן חִזְקִיָּה אָמַר: הִנֵּה לְשָׁלוֹם מַר לִי מָר (ישעיה לח, יז), לְפִי שֶׁעֲנָהוּ הַקָּדוֹשׁ בָּרוּךְ הוּא: וְגַנּוֹתִי עַל הָעִיר הַזֹּאת לְהוֹשִׁיעָהּ לְמַעֲנִי וּלְמַעַן דָּוִד עַבְדִּי (שם לז, לה). וּכְמַאֲמָרָם זִכְרוֹנָם לִבְרָכָה: כָּל הַתּוֹלֶה בִּזְכוּת עַצְמוֹ תּוֹלִין לוֹ בִּזְכוּת אֲחֵרִים (ברכות י, ב). הֲרֵי לְךָ שֶׁאֵין לָאָדָם אֲפִלּוּ לְהַחֲזִיק טוֹבָה לְעַצְמוֹ עַל טוֹבוֹתָיו, וְכָל שֶׁכֵּן שֶׁלֹּא יִתְנַשֵּׂא וְיִגְבַּהּ בָּהֶם.

[ו] כך בכתה"י. בד"ר: 'יבאוהו' (טעות הדפוס). [ו*] תוקן ע"פ כתה"י.

All this because the right-minded man does not allow himself to be enticed [into pride] by some virtue he happens to acquire, knowing full well that it cannot offset the lowliness that results from the other deficiencies he must inevitably possess. Moreover, even with respect to those virtues that he has attained, he has certainly not realized them to the ultimate end. Furthermore, even if he had no imperfection other than that of being flesh and blood, born of a woman, that is more than enough to render him so base and defective that it would be completely inappropriate for him to be arrogant at all. For any virtue that he attains is due to the lovingkindness of God who desires to be gracious to him, even though from the standpoint of his nature and material state he is extremely despicable and lowly. He must, therefore, thank Him who has been gracious and become ever more humble.

To what may this be compared? To a pauper who receives a gift of kindness and cannot help but be ashamed. The more kindness he receives the more shame he experiences. Any man with open eyes should view himself in the same manner when he attains virtues and benefits from *Hashem*, blessed be His name. As King David said, "How can I repay the Lord for all His benefits to me" (Tehillim 116:12).

We have seen men of great piety who, despite all their piety, were punished because they claimed credit [for their accomplishments]. [Regarding] Nehemyah ben Hakhalyah, [our Sages], may their memory be blessed, said, "Why was his book not called by his name? Because he took credit for himself" (*Sanhedrin* 93b). And Hizkiyah said, "Behold, peace is very bitter for me" (Yeshayahu 38:17), because the Holy One, blessed be He, had answered him, "For I will defend this city to save it for My sake, and for the sake of My servant David" (Yeshayahu 37:35). As [our Sages], may their memory be blessed, said, "Whoever makes [his petition] dependent upon his own merit, is made aware that [its acceptance] is dependent on the merit of others" (*Berakhot* 10b). It is apparent, then, that a person should not even take credit for the good things he does, and certainly not become haughty or arrogant as a result of his deeds.

וְאָמְנָם כָּל זֶה הוּא מִמַּה שֶּׁרָאוּי לְהָשִׁיב אֶל לִבּוֹ מִי שֶׁיִּהְיֶה כְּאַבְרָהָם, כְּמֹשֶׁה, כְּאַהֲרֹן, כְּדָוִד וּשְׁאָר הַחֲסִידִים שֶׁזָּכַרְנוּ. אֲבָל אֲנַחְנוּ יְתוֹמֵי יְתוֹמִים, אֵין אָנוּ צְרִיכִים לְכָל זֶה, כִּי כְּבָר יֵשׁ וְיֵשׁ אִתָּנוּ חֶסְרוֹנוֹת רַבּוֹת שֶׁאֵין צָרִיךְ עִיּוּן גָּדוֹל לִרְאוֹת פְּחִיתוּתֵנוּ, וְכָל חָכְמָתֵנוּ כְּאַיִן נֶחְשֶׁבֶת, כִּי הַיּוֹתֵר חָכָם גָּדוֹל שֶׁבֵּינֵינוּ אֵינוֹ כִּי אִם מִן תַּלְמִידֵי הַתַּלְמִידִים אֲשֶׁר בַּדּוֹרוֹת הָרִאשׁוֹנִים. וְזֶה מַה שֶּׁרָאוּי שֶׁנָּבִין וְנֵדַע בֶּאֱמֶת, וְלֹא יָזוּחַ עָלֵינוּ לִבֵּנוּ חִנָּם, אֶלָּא נַכִּיר שֶׁדַּעְתֵּנוּ קַלָּה וְשִׂכְלֵנוּ חַלָּשׁ עַד מְאֹד, הַסִּכְלוּת רַב בָּנוּ וְהַטָּעוּת גּוֹבֶרֶת, וַאֲשֶׁר נֵדַע אוֹתוֹ אֵינוֹ אֶלָּא מְעַט מִן הַמְּעַט. אִם כֵּן וַדַּאי שֶׁאֵין רָאוּי לָנוּ הַהִתְנַשֵּׂא כְּלָל, אֶלָּא הַבֹּשֶׁת וְהַשִּׁפְלוּת. וְזֶה פָּשׁוּט.

וְהִנֵּה דִּבַּרְנוּ עַד הֵנָּה מֵעֲנְוַת הַמַּחֲשָׁבָה, נְדַבֵּר עַתָּה מֵעַנְוַת הַמַּעֲשֶׂה. וְהִיא תִּתְחַלֵּק לְאַרְבָּעָה חֲלָקִים: בְּהִתְנַהֵג עַצְמוֹ בְּשִׁפְלוּת, בְּסֵבֶל הָעֶלְבּוֹנוֹת, בִּשְׂנֹא הָרַבָּנוּת וּבְרֹחַ׳ מִן הַכָּבוֹד, בַּחֲלֹק כָּבוֹד לַכֹּל.

הָאֶחָד הוּא בְּהִתְנַהֵג בְּשִׁפְלוּת, וְזֶה רָאוּי שֶׁיִּהְיֶה בְּדִבּוּרוֹ, בַּהֲלִיכָתוֹ, בְּשִׁבְתּוֹ וּבְכָל תְּנוּעוֹתָיו.

בְּדִבּוּרוֹ, אָמְרוּ זִכְרוֹנָם לִבְרָכָה (ברכות יז, א): לְעוֹלָם [יְהֵא אָדָם עָרוּם בְּיִרְאָה, מַעֲנֶה רַךְ וּמֵשִׁיב חֵמָה (משלי טו, א). וְכֵן אָמְרוּ: לְעוֹלָם][ח] יְהִיֶה דִּבּוּרוֹ שֶׁל אָדָם בְּנַחַת עִם הַבְּרִיּוֹת (ע״פ יומא פו, א), וּמִקְרָא מָלֵא הוּא: דִּבְרֵי חֲכָמִים בְּנַחַת נִשְׁמָעִים (קהלת ט, יז). צָרִיךְ שֶׁיִּהְיוּ דְּבָרָיו דִּבְרֵי כָבוֹד וְלֹא דִּבְרֵי בִזָּיוֹן. וְכֵן הוּא אוֹמֵר: בָּז לְרֵעֵהוּ חֲסַר לֵב (משלי יא, יב). וְאוֹמֵר: בְּבוֹא רָשָׁע בָּא גַם בּוּז (שם יח, ג).

בַּהֲלִיכָתוֹ, אָמְרוּ זִכְרוֹנָם לִבְרָכָה: שְׁלַחוּ מִתָּם, אֵיזֶהוּ בֶּן הָעוֹלָם הַבָּא? עַנְוְתָן וּשְׁפַל בֶּרֶךְ, שָׁיֵף עָיֵל שָׁיֵף נָפֵק (סנהדרין פח, ב). וְלֹא

[ז] כך בכתה״י. בד״ר: ׳וּבוֹרֵחַ׳. [ח] כל הנתון בסוגריים חסר בד״ר. הושלם ע״פ כתה״י. (ונראה שנשמט כאן מחמת הדומות: לעולם – לעולם.)

But all this is [only] what someone who happens to be like Avraham, Moshe, Aharon, David, or the other saintly figures we have mentioned, ought to bear in mind. We, however, orphans of orphans, do not need any of this; for we surely possess so many faults that little examination is needed to see our baseness and how all our wisdom counts for naught. For even the wisest man among us is no better than one of the disciples of the disciples of former generations. We should truly understand and comprehend this so that our hearts will not grow proud in vain. Rather, we should recognize that our understanding is unsound and our intelligence extremely weak, that our ignorance is great and [our] error prevalent, and what we do know is quite miniscule. That being the case, there is no question that haughtiness does not befit us at all, only shame and lowliness. This is obvious.

Until now, we have spoken of humility in thought. We shall now speak of humility in deed. This divides into four parts: conducting oneself in lowliness, bearing insults, hating [the exercise of] authority and running away from honor, and allocating honor to all men.

The first [part] is conducting oneself in lowliness. This should be reflected in speaking, walking, sitting, and all one's movements.

As to speaking, [our Sages], may their memory be blessed, said: (*Berakhot* 17a), "[A person should always be clever in his fear of God; 'a gentle response allays wrath'" (Mishlei 15:1). They also said, "A person should always] speak gently with his fellow men" (see *Yoma* 86a). And it is explicitly stated in Scripture, "The words of wise men, when spoken softly, are heeded" (Kohelet 9:17). A person must speak respectfully and without contempt. As it is stated, "He who speaks contemptuously of his neighbor is devoid of sense" (Mishlei 11:12); and "When the wicked man comes, comes also derision" (Mishlei 18:3).

As to walking, [our Sages], may their memory be blessed, said, "They sent from there: Who is the true citizen of the world-to-come? A humble man who is low of knee, bending over when he enters and bending over when he leaves" (*Sanhedrin* 88b). One should not

יֵלֵךְ בְּקוֹמָה זְקוּפָה, וְלֹא בִּכְבֵדוּת גָּדוֹל, עָקֵב בְּצַד גוֹדָל, אֶלָּא כְּדֶרֶךְ כָּל הַהוֹלֵךְ לַעֲסָקָיו (רמב"ם הלכות דעות ה, ח). וְכֵן אָמְרוּ זִכְרוֹנָם לִבְרָכָה: כָּל הַהוֹלֵךְ בְּקוֹמָה זְקוּפָה כְּאִלּוּ דּוֹחֵק רַגְלֵי הַשְּׁכִינָה (ברכות מג, ב). וּכְתִיב: וְרָמֵי הַקּוֹמָה גְּדֻעִים [וְהַגְּבֹהִים יִשְׁפָּלוּ] (ישעיה י, לג).

בְּשִׁבְתּוֹ, שֶׁיְּהֵא מְקוֹמוֹ בֵּין הַשְּׁפָלִים וְלֹא בֵּין הָרָמִים. וְהוּא גַּם כֵּן מִקְרָא מָלֵא: אַל תִּתְהַדַּר לִפְנֵי מֶלֶךְ וּבִמְקוֹם גְּדֹלִים אַל תַּעֲמֹד, {כִּי טוֹב אֲמָר לְךָ עֲלֵה הֵנָּה מֵהַשְׁפִּילְךָ לִפְנֵי נָדִיב אֲשֶׁר רָאוּ עֵינֶיךָ} (משלי כה, ו-ז). וְכֵן אָמְרוּ זִכְרוֹנָם לִבְרָכָה בְּוַיִּקְרָא רַבָּה (א, ה): הַרְחֵק מִמְּקוֹמְךָ שְׁנַיִם וּשְׁלֹשָׁה מְקוֹמוֹת וְשֵׁב, עַד שֶׁיֹּאמְרוּ לְךָ עֲלֵה, וְאַל תַּעֲלֶה שֶׁיֹּאמְרוּ לְךָ רֵד. וְעַל כָּל הַמַּקְטִין עַצְמוֹ אָמְרוּ זִכְרוֹנָם לִבְרָכָה: כָּל מִי שֶׁמַּקְטִין עַצְמוֹ {עַל דִּבְרֵי תוֹרָה בָּעוֹלָם הַזֶּה, נַעֲשֶׂה גָּדוֹל לָעוֹלָם הַבָּא} (בבא מציעא פה, ב). וּכְנֶגֶד זֶה אָמְרוּ: הָסִיר הַמִּצְנֶפֶת וְהָרִים[ט] הָעֲטָרָה (יחזקאל כא, לא), כָּל מִי שֶׁהוּא גָּדוֹל בָּעוֹלָם הַזֶּה, קָטָן בָּעוֹלָם הַבָּא (ילקוט שמעוני, יחזקאל, רמז שסא). וּמִנַּהּ לְהֶפֶךְ, מִי שֶׁהוּא קָטָן בָּעוֹלָם הַזֶּה, זְמַן גְּדֻלָּתוֹ לָעוֹלָם הַבָּא. וְאָמְרוּ: לְעוֹלָם יִלְמַד אָדָם מִדַּעַת קוֹנוֹ, שֶׁהֲרֵי הִנִּיחַ הַקָּדוֹשׁ בָּרוּךְ הוּא כָּל הָרִים וּגְבָעוֹת וְהִשְׁרָה שְׁכִינָתוֹ עַל הַר סִינַי (סוטה ה, א), וְזֶה מִפְּנֵי שִׁפְלוּתוֹ. וְכֵן אָמְרוּ: לִשְׁאֵרִית נַחֲלָתוֹ (מיכה ז, יח), לְמִי שֶׁמֵּשִׂים עַצְמוֹ כִּשְׁיָרַיִם (ראש השנה יז, ב).

הַחֵלֶק הַשֵּׁנִי הוּא סְבִילַת הָעֶלְבּוֹנוֹת. וְהִנֵּה בְּפֵרוּשׁ אָמְרוּ זִכְרוֹנָם לִבְרָכָה: לְמִי נוֹשֵׂא עָוֹן? לְמִי שֶׁעוֹבֵר עַל פֶּשַׁע (שם ע"א). וְאָמְרוּ עוֹד (שבת פח, ב): הַנֶּעֱלָבִים וְאֵינָם עוֹלְבִים,

[ט] בכתה"י ובד"ר: 'הסר... והרם'.

walk with lofty bearing, nor with great heaviness, heel to toe, but in the manner of someone who is on his way to work (see MT *De'ot* 5:8). As [our Sages], may their memory be blessed, said, "He that walks with lofty bearing pushes aside, as it were, the feet of the *Shekhinah*" (*Berakhot* 43b). And the verse states, "The high of stature shall be hewn down, [and the lofty shall be humbled]" (Yeshayahu 10:33).

As to sitting, a person's place should be among the lowly and not among the high. This too is stated explicitly in Scripture, "Do not exalt yourself in the king's presence, and stand not in the place of great men. {For it is better to be told, 'Step up here,' than to be degraded in the presence of the great}" (Mishlei 25:6-7). [Our Sages], may their memory be blessed, also said in *Vayikra Rabba*, "Keep away from your [rightful] place and sit two or three rows back until you are told, 'Come forward,' rather than go forward and be told, 'Move back'" (*Vayikra Rabba* 1:5). [Our Sages], may their memory be blessed, said with regard to all those who belittle themselves, "Whoever makes himself small {for the sake of the Torah in this world will be made great in the world-to-come}" (*Baba Metzia* 85b). And in contrast to this, they commented on the verse, "Remove the turban, and take off the crown" (Yehezkel 21:31), "Whoever is great in this world will be small in the world-to-come" (*Yalkut Shimoni*, Yehezkel 361). And from this we may infer the converse: whoever is small in this world, his time of greatness will be in the world-to-come. They also said, "A person should always learn [to love lowliness] from the sensibility of his Creator, for behold the Holy One, blessed be He, abandoned all the mountains and hills, and rested His *Shekhinah* on Mount Sinai" (*Sotah* 5a), because of its lowness. They also said, "'To the remnant of His heritage' (Mikhah 7:18) – to him who makes himself a mere remnant" (*Rosh Hashanah* 17b).

The second part [of humility] consists in bearing insults. [Our Sages], may their memory be blessed, explicitly stated, "Whose sins does He forgive? The sins of one who overlooks transgressions [committed against him]" (*Rosh Hashanah* 17a). They also said (*Shabbat* 88b), "Those who are insulted and do not return insult,

שׁוֹמְעִים חֶרְפָּתָם וְאֵינָם מְשִׁיבִים, עֲלֵיהֶם הַכָּתוּב אוֹמֵר: וְאֹהֲבָיו כְּצֵאת הַשֶּׁמֶשׁ בִּגְבֻרָתוֹ (שופטים ה, לא).

וְסִפְּרוּ מִגֹּדֶל עַנְוָתוֹ שֶׁל בָּבָא בֶּן בּוּטָא, זֶה לְשׁוֹנָם: הַהוּא בַּר בָּבֶל דִּסְלִיק לְאֶרֶץ יִשְׂרָאֵל,[י] נְסִיב אִתְּתָא, אֲמַר לַהּ, בַּשִּׁילִי לִי וְכוּ׳, עַד זִילִי[יא] תַּבְרִי יָתְהוֹן עַל רֵישָׁא דְּבָבָא. הֲוָה יָתֵב בָּבָא בֶּן בּוּטָא וְדָאִין דִּינָא, אֲזַלַת וּתְבַרַת יָתְהוֹן עַל רֵישֵׁהּ. אֲמַר לַהּ, מָה הָדֵין דַּעֲבַדְתְּ? אֲמָרָה לֵיהּ, כָּךְ צִוַּנִי בַּעְלִי. אֲמַר, עָשִׂית רְצוֹן בַּעְלֵיךְ, הַמָּקוֹם יוֹצִיא מִמֵּךְ שְׁנֵי בָנִים כְּבָבָא בֶּן בּוּטָא (נדרים סו, ב). וְהִלֵּל כְּמוֹ כֵן סִפְּרוּ מֵרֹב עַנְוְתָנוּתוֹ בְּמַסֶּכֶת שַׁבָּת, זֶה לְשׁוֹנָם: תָּנוּ רַבָּנָן: לְעוֹלָם יְהֵא אָדָם עַנְוְתָן כְּהִלֵּל וְכוּ׳ (שבת ל, ב). וְרַבִּי אַבָּהוּ, אַחֲרֵי רֹב עַנְוָתוֹ, מָצָא שֶׁעֲדַיִן לֹא הִגִּיעַ לִהְיוֹת רָאוּי לִיקָּרֵא עָנָו. זֶה לְשׁוֹנָם: אָמַר רַבִּי אַבָּהוּ, מֵרֵישׁ הֲוָה אָמֵינָא עַנְוְתָנָא אֲנָא, כֵּיוָן דַּחֲזֵינָא לְרַבִּי אַבָּא דְּעַכּוֹ דְּאָמַר אִיהוּ חַד טַעְמָא וְאָמַר אָמוֹרֵהּ חַד טַעְמָא וְלָא קָפֵד, אָמֵינָא לָאו עַנְוְתָנָא אֲנָא (סוטה מ, א).

שִׂנְאַת הָרַבָּנוּת וּבְרִיחַת הַכָּבוֹד[יב] מִשְׁנָה עֲרוּכָה הִיא: אֱהֹב אֶת הַמְּלָאכָה וּשְׂנָא[יג] אֶת הָרַבָּנוּת (אבות א, י). וְאָמְרוּ עוֹד: הַגַּס לִבּוֹ בְּהוֹרָאָה – שׁוֹטֶה, רָשָׁע וְגַס רוּחַ (שם ד, ז). וְאָמְרוּ: כָּל הָרוֹדֵף אַחַר הַכָּבוֹד, הַכָּבוֹד בּוֹרֵחַ מִמֶּנּוּ (ראה עירובין יג, ב). וְאָמְרוּ עוֹד: אַל תֵּצֵא לָרִב מַהֵר (משלי כה, ח), לְעוֹלָם אַל תְּהִי רָץ אַחַר הַשְּׂרָרָה, לָמָּה? פֶּן מַה תַּעֲשֶׂה בְּאַחֲרִיתָהּ (משלי שם), לְמָחָר בָּאִים וְשׁוֹאֲלִים לְךָ שְׁאֵלוֹת, מָה אַתָּה מְשִׁיבָם (פסיקתא רבתי כב)? עוֹד שָׁם: רַבִּי מְנַחֲמָא בְּשֵׁם רַבִּי תַּנְחוּם, כָּל הַמְקַבֵּל עָלָיו שְׂרָרָה כְּדֵי לֵהָנוֹת מִמֶּנָּה אֵינוֹ אֶלָּא כַּנּוֹאֵף הַזֶּה שֶׁהוּא נֶהֱנֶה מִגּוּפָהּ שֶׁל אִשָּׁה. עוֹד שָׁם: אָמַר רַבִּי אַבָּהוּ, אֲנִי נִקְרֵאתִי קָדוֹשׁ (רָצָה לוֹמַר: הַקָּדוֹשׁ בָּרוּךְ הוּא), הָא אִם אֵין בְּךָ כָּל

[י] בכתה"י ובד"ר: 'לא"י'. בגמרא: 'לארעא דישראל'. [יא] כך בכתה"י ובגמרא. בד"ר: 'זיל'. [יב] הוא החלק השלישי. [יג] בכתה"י ובד"ר: 'ושנוא'.

who hear their abuse and do not retort, Scripture states of them: 'Let those who love Him be as the sun rising in might'" (Shofetim 5:31).

The following was told about the great humility of Bava ben Buta: "A certain Babylonian went up to Israel and took a wife. He said to her, 'Cook for me [two feet.' Misunderstanding him, she cooked for him two beans. He fumed at her. ... He said to her, 'Bring me two pumpkins,' and she brought him two candles. He said], 'Go break them over the door [baba].' Baba bar Buta was sitting in judgment. She came and broke [the candles] over his head. He said to her, 'Why have you done this?' She said to him, 'So my husband ordered me.' He said, 'You did the will of your husband, may God bring forth from you two sons like Baba ben Buta'" (Nedarim 66b). Similarly, they told about the great humility of Hillel in tractate Shabbat: Our Rabbis taught, "A person should always be humble like Hillel," and so on (Shabbat 30b). And Rabbi Abahu, despite his great humility, found that he was not yet worthy of being called humble. This is what they said, "Rabbi Abahu said: 'Formerly, I thought I was humble. When I observed Rabbi Abba of Akko offer one explanation and his amora another, and yet he did not take offense, I said to myself: I am not humble'" (Sotah 40a).

As to disdain for [the exercise of] authority and running away from honor, it is explicitly set forth in the mishnah, "Love work and hate acting the superior" (Avot 1:10). They also said, "He whose heart is overconfident in handing down halakhic decisions is foolish, wicked and arrogant of spirit" (Avot 4:7). And they said, "Whoever pursues honor, honor flees from him" (Eruvin 13b). And furthermore they commented on the verse: "'Do not be hasty to enter into controversy' (Mishlei 25:8) – never run after rulership. Why not? 'Lest you be without recourse in the face of its end result' (ibid.) – hereafter people will come and put questions to you, and what will you answer them" (Pesikta Rabbati 22)? It is also stated there, "Rabbi Menahama said in the name of Rabbi Tanhum: Whoever assumes a position of authority to benefit from it, is no better than the adulterer who derives pleasure from a woman's body" (ibid.). We also read there, "Rabbi Abahu said: I am called 'Holy (the reference being to the Holy One, blessed be He).' If you do not possess all of

המִּדּוֹת הַלָּלוּ שֶׁיֵּשׁ בִּי לֹא תְּקַבֵּל עָלֶיךָ שְׂרָרָה. וְתַלְמִידֵי רַבִּי יְהוֹשֻׁעַ יוֹכִיחוּ, שֶׁהָיוּ מְצֻרָכִים מִפְּנֵי עֲנִיּוּתָם וְלֹא רָצוּ לְקַבֵּל עֲלֵיהֶם שְׂרָרָה. הוּא מַה שֶּׁאָמְרוּ בְּפֶרֶק כֹּהֵן מָשׁוּחַ, זֶה לְשׁוֹנָם: כִּמְדֻמִּין שֶׁשְּׂרָרוּת אֲנִי נוֹתֵן לָכֶם[יד] {עַבְדוּת אֲנִי נוֹתֵן לָכֶם} (הוריות י, א). וְאָמְרוּ עוֹד: אוֹי לָהּ לָרַבָּנוּת שֶׁמְּקַבֶּרֶת אֶת בְּעָלֶיהָ (פסחים פז, ב), וּמִנַּלָּן? מִיּוֹסֵף, שֶׁמִּפְּנֵי שֶׁהִנְהִיג עַצְמוֹ בְּרַבָּנוּת מֵת קֹדֶם אֶחָיו (ברכות נה, א; סוטה יג, ב).

כְּלָלוֹ שֶׁל דָּבָר: אֵין הָרַבָּנוּת אֶלָּא מַשָּׂא גָּדוֹל אֲשֶׁר עַל שֶׁכֶם הַנּוֹשֵׂא אוֹתוֹ. כִּי עַד שֶׁהָאָדָם יָחִיד וְיוֹשֵׁב בְּתוֹךְ עַמּוֹ מְבֻלָּע בֵּין הָאֲנָשִׁים אֵינוֹ נִתְפָּס אֶלָּא עַל עַצְמוֹ, כֵּיוָן שֶׁנִּתְעַלָּה לְרַבָּנוּת וּשְׂרָרָה כְּבָר הוּא נִתְפָּס עַל כָּל מִי שֶׁתַּחַת יָדוֹ וּמֶמְשַׁלְתּוֹ, כִּי עָלָיו לְהַשְׁקִיף עַל כֻּלָּם וְלִרְעוֹת אוֹתָם דֵּעָה וְהַשְׂכֵּל[טו] וּלְהַיְשִׁיר מַעֲשֵׂיהֶם, וְאִם לָאו, וַאֲשָׁמָם בְּרָאשֵׁיכֶם כְּתִיב (דברים א, יג) אָמְרוּ חֲכָמִים (דברים רבה א, י).

וְהַכָּבוֹד אֵינוֹ אֶלָּא הֶבֶל הֲבָלִים הַמַּעֲבִיר אֶת הָאָדָם עַל דַּעְתּוֹ וְעַל דַּעַת קוֹנוֹ וּמְשַׁכְּחוֹ כָּל חוֹבָתוֹ. וּמִי שֶׁמַּכִּירוֹ וַדַּאי שֶׁיִּמְאַס בּוֹ וְיִשְׂנָאוֹ, וְהַתְּהִלּוֹת אֲשֶׁר יְהַלְּלוּהוּ בְּנֵי הָאָדָם יִהְיוּ עָלָיו לְטֹרַח. כִּי כִּרְאוֹתוֹ אוֹתָם מַגְדִּילִים הִלּוּלֵיהֶם עַל אֲשֶׁר אֵינוֹ בּוֹ בֶּאֱמֶת, אֵינוֹ אֶלָּא מִתְבּוֹשֵׁשׁ וּמִתְאַנֵּחַ, עַל שֶׁלֹּא דַּי לוֹ רָעָתוֹ שֶׁחֲסֵרוֹת מִמֶּנּוּ הַמַּעֲלוֹת הָהֵם, אֶלָּא שֶׁיַּעֲמִיסוּ עָלָיו תְּהִלּוֹת שֶׁקֶר לְמַעַן יְכַלֵּם יוֹתֵר.

וְהַחֵלֶק הָרְבִיעִי הוּא חִלּוּק הַכָּבוֹד לְכָל אָדָם. וְכֵן שָׁנִינוּ: אֵיזֶהוּ מְכֻבָּד? הַמְכַבֵּד אֶת הַבְּרִיּוֹת (אבות ד, א). וְאָמְרוּ עוֹד: מִנַּיִן הַיּוֹדֵעַ בַּחֲבֵרוֹ שֶׁהוּא גָּדוֹל מִמֶּנּוּ אֲפִלּוּ דָּבָר אֶחָד שֶׁחַיָּב לִנְהֹג בּוֹ כָּבוֹד, {שֶׁנֶּאֱמַר (דניאל ו, ד) כָּל קֳבֵל דִּי רוּחַ יַתִּירָא בֵּהּ וּמַלְכָּא עֲשִׁית לַהֲקָמוּתֵהּ עַל כָּל מַלְכוּתָא} (פסחים קיג, ב). וְעוֹד שָׁנִינוּ: הֱוֵי מַקְדִּים

[יד] בד"ר: 'להם'. התיקון ע"פ הגמרא. [טו] ע"פ ירמיה ג, טו.

My attributes, do not assume a position of authority" (ibid.). [The story involving] the disciples of Rabbi Yehoshua proves [this point]. They were needy on account of their poverty, yet they refused to accept positions of authority. This is the sense of the statement in chapter *Kohen Mashuah*: "You think that I have bestowed rulership upon you? [It is servitude that I am imposing upon you]" (*Horayot* 10a)! [The Sages] also said, "Woe to lordship for it buries its holders" (*Pesahim* 87b). How do we know this? From Yosef. For [it was] because he conducted himself in lordship [that] he died before his brothers. (*Berakhot* 55a; *Sotah* 13b).

In summary, lordship is nothing but a great burden upon the shoulders of one who bears it. For so long as a person is taken as an individual, living among his people, one among many, he is held responsible for no one but himself. But once he attains lordship and power, he is held accountable for all those under his jurisdiction and control. For he must watch over them, pasture them with knowledge and understanding, and set their deeds aright. If he fails to do so, "And their guilt [*ve'ashamam*] is on your leaders" (*Devarim* 1:13) is what the consonantal text says, the Sages noted (*Devarim Rabba* 1:10).

Honor is nothing but vanity of vanities. It causes a man to transgress the dictates of reason and those of his Creator and to forget all his duties. One who recognizes its nature will certainly despise and hate honor. The praise which men bestow upon him will become a burden to him; for when he sees them heaping praise on him for [virtues] that he lacks, it will be nothing but cause for shame and lament; as if it were not bad enough that he [already] lacks those virtues, he is now laden with false praises which only increase his shame.

The fourth component [of humility] is allocating honor to all persons. Thus do we read in the mishnah: "Who is honorable? He who honors [all] people" (*Avot* 4:1). [The Sages] further said: "How do we know one must honor his fellow if he knows him to be his superior in even one respect? For it is stated (*Daniel* 6:4): 'Because he was of greater spirit, the king thought to set him above the whole kingdom'" (*Pesahim* 113b). We also learned, "Be first to

בִּשְׁלוֹם כָּל אָדָם (אבות ד, טו). וְאָמְרוּ עָלָיו עַל רַבָּן יוֹחָנָן בֶּן זַכַּאי, שֶׁלֹּא הִקְדִּים לוֹ אָדָם שָׁלוֹם בָּעוֹלָם, וַאֲפִלּוּ גּוֹי בַּשּׁוּק (ברכות יז, א). וּבֵין בְּדִבּוּר וּבֵין בְּמַעֲשִׂים חַיָּב לִנְהֹג כָּבוֹד בַּחֲבֵרָיו. וּכְבָר סִפְּרוּ זִכְרוֹנָם לִבְרָכָה מֵעֶשְׂרִים וְאַרְבָּעָה אֶלֶף תַּלְמִידֵי רַבִּי עֲקִיבָא שֶׁמֵּתוּ עַל שֶׁלֹּא הָיוּ נוֹהֲגִין כָּבוֹד זֶה לָזֶה (יבמות סב, ב).

וּכְמוֹ שֶׁהַבִּזָּיוֹן הוּא דָּבָר מִתְיַחֵס אֶל הָרְשָׁעִים, כִּדְבַר הַכָּתוּב שֶׁזָּכַרְנוּ:[טז] בְּבוֹא רָשָׁע בָּא גַם בּוּז (משלי יח, ג), כֵּן הַכָּבוֹד מִתְיַחֵס אֶל הַצַּדִּיקִים, כִּי הַכָּבוֹד שׁוֹכֵן עִמָּהֶם וְאֵינוֹ מִתְפָּרֵשׁ מֵהֶם. וְאוֹמֵר: וְנֶגֶד זְקֵנָיו כָּבוֹד (ישעיה כד, כג).

וַהֲרֵי נִתְבָּאֲרוּ חֶלְקֵי הָעֲנָוָה הָרָאשִׁיִּים, וּפְרָטֵיהֶם כְּכָל פְּרָטֵי הַמִּינִים הַמִּתְרַחֲבִים וְהוֹלְכִים לְפִי הַנּוֹשְׂאִים וּלְפִי הָעִתִּים וְהַמְּקוֹמוֹת. יִשְׁמַע חָכָם וְיוֹסֶף לֶקַח (משלי א, ה).

וְהִנֵּה זֶה וַדַּאי שֶׁהָעֲנָוָה מְסִירָה מִדֶּרֶךְ הָאָדָם מִכְשׁוֹלוֹת רַבִּים וּמְקָרֶבֶת אוֹתוֹ אֶל טוֹבוֹת רַבּוֹת; כִּי הֶעָנָו יָחוּשׁ מְעַט עַל דִּבְרֵי הָעוֹלָם וְלֹא יְקַנֵּא בַּהֲבָלָיו. וְעוֹד שֶׁחֶבְרַת הֶעָנָו נָאָה עַד מְאֹד וְרוּחַ הַבְּרִיּוֹת נוֹחָה הֵימֶנּוּ,[יז] בְּהֶכְרֵחַ לֹא יָבוֹא לִידֵי כַּעַס וְלֹא לִידֵי מְרִיבָה, אֶלָּא הַכֹּל בְּהַשְׁקֵט, הַכֹּל בִּמְנוּחָה. אַשְׁרֵי מִי שֶׁזּוֹכֶה לְמִדָּה זוֹ. וּכְבָר אָמְרוּ זִכְרוֹנָם לִבְרָכָה: מַה שֶּׁעָשְׂתָה חָכְמָה עֲטָרָה לְרֹאשָׁהּ, עָשְׂתָה עֲנָוָה עָקֵב לְסֻלְיָתָהּ (ירושלמי שבת א, ג; ג, ג), כִּי כָּל הַחָכְמָה כֻּלָּהּ לֹא יַעַרְכֶנָּה.[יח] וְזֶה בָּרוּר.

[טז] לעיל *(עמ' 490)* קטע המתחיל: 'בדבורו'. [יז] ע"פ אבות ג, י. [יח] ע"פ איוב כח, יז, יט.

greet every man" (*Avot* 4:15). And it was said of Rabbi Yohanan ben Zakkai that no man ever preceded him in offering greetings, not even a gentile in the marketplace (*Berakhot* 17a). A person must honor his fellow men both in word and deed. [Our Sages], may their memory be blessed, have related the story of the twenty four thousand disciples of Rabbi Akiva who died because they did not treat one another respectfully (*Yebamot* 62b).

Just as contempt is associated with the wicked, as in the verse cited above (*see p. 639: "As to speaking..."*), "When the wicked man comes, comes also derision" (Mishlei 18:3), so too is honor associated with the righteous, for honor dwells with them and never departs from them. As it says, "And before His elders will be honor" (Yeshayahu 24:23).

The primary categories of humility have now been explained. The individual cases that come under [these categories] are like the individual members of all species, which become more varied as one varies the circumstances, times, and places. "The wise man will hear and increase knowledge" (Mishlei 1:5).

There is no question that humility removes many stumbling blocks from man's path and brings him near to many good things. For the humble person will have little concern for the worldly and will suffer no envy on account of its vanities. Moreover, the company of the humble is very pleasant, and his fellow men find delight in him. He is, perforce, not given to anger or strife; he does everything calmly and peacefully. Happy is he who attains this trait. [Our Sages], may their memory be blessed, already said, "What wisdom places as a crown on its head, humility treats as the heel of its shoe" (*Yerushalmi Shabbat* 1:3, 3c). For all of wisdom cannot compare with [humility]. This is clear.

פֶּרֶק כג:

בְּדֶרֶךְ קְנִיַּת הָעֲנָוָה וְהַהַרְחָקָה מִמַּפְסִידֶיהָ

דַּע מֵאַיִן בָּאתָ וְכוּ׳ • אֵין אֲרִי נוֹהֵם מִתּוֹךְ קֻפָּה שֶׁל תֶּבֶן וְכוּ׳ • אֵין הַגַּאֲוָה יוֹתֵר אֶלָּא בְּמִי שֶׁסָּכָל יוֹתֵר • שָׁאֲלוּ לְאִילָנֵי סָרָק מִפְּנֵי מָה קוֹלְכֶם נִשְׁמָע וְכוּ׳ • אֵין טוֹב לָאָדָם אֶלָּא שֶׁיְּבַקֵּשׁ לוֹ חֲבֵרִים תְּמִימִים

שְׁנַיִם הֵם הַמַּרְגִּילִים אֶת הָאָדָם אֶל הָעֲנָוָה: הָרְגִילוּת וְהַהִתְבּוֹנֵן.

הָרְגִילוּת הוּא שֶׁיִּהְיֶה הָאָדָם מַרְגִּיל עַצְמוֹ מְעַט מְעַט בְּהִתְנַהֵג בִּשְׁפָלוּת עַל הַדֶּרֶךְ שֶׁזָּכַרְנוּ, בִּישִׁיבַת הַמְּקוֹמוֹת הַפְּחוּתִים וְלָלֶכֶת בְּסוֹף הַחֲבוּרָה, לִלְבֹּשׁ בִּגְדֵי[א] צְנוּעִים, דְּהַיְנוּ מְכֻבָּדִים אַךְ לֹא מְפֹאָרִים. כִּי בְּהִתְרַגְּלוֹ בַּדֶּרֶךְ הַזֶּה, תִּכָּנֵס וְתָבוֹא הָעֲנָוָה בְּלִבּוֹ מְעַט מְעַט, עַד שֶׁתִּקָּבַע בּוֹ כָּרָאוּי. כִּי הִנֵּה בִּהְיוֹת טֶבַע לֵב הָאָדָם לָזוּחַ וּלְהִתְנַשֵּׂא, קָשֶׁה עָלָיו לַעֲקֹר מֵעִקָּרָהּ הַנְּטִיָּה הַטִּבְעִית הַזֹּאת, אֶלָּא אִם כֵּן בִּפְעֻלּוֹת הַחִיצוֹנוֹת הַמְּסוּרוֹת בְּיָדוֹ יַמְשִׁיךְ מְעַט מְעַט הַדָּבָר בִּפְנִימִיּוּתוֹ הַבִּלְתִּי מָסוּר לוֹ כָּל כָּךְ, וְכָעִנְיָן שֶׁבֵּאַרְנוּ בַּזְּרִיזוּת; שֶׁכָּל זֶה נִכְלָל בְּמַאֲמָרָם זִכְרוֹנָם לִבְרָכָה: לְעוֹלָם יְהֵא אָדָם עָרוּם בְּיִרְאָה (ברכות יז, א), דְּהַיְנוּ שֶׁיְּבַקֵּשׁ תַּחְבּוּלוֹת נֶגֶד הַטֶּבַע וּנְטִיָּתוֹ עַד שֶׁיְּנַצְּחֵם.

אַךְ הַהִתְבּוֹנֵן הוּא עַל עִנְיָנִים שׁוֹנִים. הָאֶחָד הוּא הַמֻּזְכָּר בְּדִבְרֵי עֲקַבְיָא בֶּן מַהֲלַלְאֵל: דַּע מֵאַיִן בָּאתָ – מִטִּפָּה סְרוּחָה; וּלְאָן אַתָּה הוֹלֵךְ – לִמְקוֹם עָפָר, רִמָּה וְתוֹלֵעָה; וְלִפְנֵי מִי אַתָּה עָתִיד לִיתֵּן דִּין

[א] כך בכתה״י. בד״ר: ׳בגד׳.

Twenty-Three:

How to Acquire Humility and Avoid
What is Detrimental to it

Know from where you come – [from a putrid drop] • A lion roars
not over a basket of straw, [but over a basket of meat] • Pride is
most [prevalent] among the most ignorant • The trees that bear
no fruit were asked: "Why are your voices heard?" and so on •
There is nothing better for man than to seek innocent friends

---

There are two factors that habituate a person to humility; one is
training and the other reflection.

Training consists of gradually acclimating oneself to act humbly
in the manner we have mentioned (*see above, pp. 639, 641*), by sitting
in an unpretentious seat, walking at the rear of a group, and wearing
modest clothing, that is, dress that is dignified but not ostentatious.
By training oneself in this manner, humility will make its way into
the heart, little by little, until it is firmly established. Since it is
man's nature to be proud and haughty, it is difficult to eradicate
this natural inclination. Only through external actions that are
subject to his control, can he gradually draw [humility] into the
inner self, which is less subject to his control – along the lines of
our explanation of [the acquisition of] alacrity. All this is included
in the statement of [our Sages], may their memory be blessed, "One
should always be cunning in [his] fear [of God]" (*Berakhot* 17a).
That is, he should seek stratagems to employ against his nature and
inclination until he emerges victorious over them.

As to the matter of reflection, there are various considerations.
The first is the one mentioned in the dictum of Akavya ben
Mahalalel: "Know from where you come – from a putrid drop; and
where you are going – to a place of dust, worms, and maggots;
and before whom you will in the future have to give account and

וְחֶשְׁבּוֹן – לִפְנֵי מֶלֶךְ מַלְכֵי הַמְּלָכִים הַקָּדוֹשׁ בָּרוּךְ הוּא (אבות ג, א). כִּי בֶּאֱמֶת כָּל אֵלֶּה הֵם נֶגְדִּיִּים לַגַּאֲוָה וְעוֹזְרִים אֶל הָעֲנָוָה.

כִּי בִּהְיוֹת הָאָדָם מִסְתַּכֵּל בִּפְחִיתוּת חָמְרוֹ וּגְרִיעוּת הַתְחָלָתוֹ, אֵין לוֹ טַעַם לִינָּשֵׂא כְּלָל, אֶלָּא לֵיבוֹשׁ וְלִיכָּלֵם. הָא לְמָה זֶה דּוֹמֶה? לְרוֹעֵה חֲזִירִים שֶׁהִגִּיעַ לִמְלֹךְ, כָּל עֵת אֲשֶׁר יִזְכֹּר יָמָיו הָרִאשׁוֹנִים אִי אֶפְשָׁר לוֹ שֶׁיִּתְגָּאֶה.

וּכְשֶׁיַּחְשֹׁב כְּמוֹ כֵן שֶׁבְּסוֹף כָּל גְּדֻלּוֹתָיו יָשׁוּב לֶעָפָר, מַאֲכָל לְתוֹלַעַת, כָּל שֶׁכֵּן שֶׁיִּכָּנַע גְּאוֹנוֹ וְיִשְׁכַּח שְׁאוֹן גַּאֲוָתוֹ, כִּי מַה טּוּבוֹ וּמַה גְּדֻלָּתוֹ, וְאַחֲרִיתָהּ בֹּשֶׁת וּכְלִמָּה.

וּכְשֶׁיַּחְשֹׁב עוֹד וִידַמֶּה בְּלִבּוֹ רֶגַע הִכָּנְסוֹ לִפְנֵי הַבֵּית דִּין הַגָּדוֹל שֶׁל צְבָא מַעְלָה, בְּעֵת שֶׁיֵּרָאֶה עַצְמוֹ לִפְנֵי מֶלֶךְ מַלְכֵי הַמְּלָכִים הַקָּדוֹשׁ בָּרוּךְ הוּא, הַקָּדוֹשׁ וְהַטָּהוֹר בְּתַכְלִית הַקְּדֻשָּׁה וְהַטָּהֳרָה, בְּסוֹד קְדוֹשִׁים מְשָׁרְתֵי גְבוּרָה, גִּבּוֹרֵי כֹחַ עוֹשֵׂי דְבָרוֹ,[ב] אֲשֶׁר אֵין בָּהֶם כָּל מוּם; וְהוּא עוֹמֵד לִפְנֵיהֶם,[ג] גָּרוּעַ פָּחוּת וְנִבְזֶה מִצַּד עַצְמוֹ, טָמֵא וּמְגֹאָל מִצַּד מַעֲשָׂיו, הֲיָרִים רֹאשׁ, הֲיִהְיֶה לוֹ פִּתְחוֹן פֶּה? וְכִי יִשְׁאָלוּהוּ אַיֵּה אֵפוֹא פִיךָ, אַיֵּה גְּאוֹנְךָ וּכְבוֹדְךָ אֲשֶׁר נָשָׂאתָ בְּעוֹלָמְךָ, מַה יַּעֲנֶה אוֹ מַה יָּשִׁיב עַל תּוֹכַחְתּוֹ? הִנֵּה וַדַּאי, שֶׁלּוּ רֶגַע אֶחָד יְצַיֵּר הָאָדָם בְּשִׂכְלוֹ הָאֱמֶת הַזֶּה צִיּוּר אֲמִתִּי וְחָזָק, פָּרוֹחַ תִּפְרַח מִמֶּנּוּ כָּל הַגַּאֲוָה וְלֹא תָשׁוּב אֵלָיו עוֹד.

הַשֵּׁנִי הוּא עִנְיַן חִלּוּף תּוֹלְדוֹת הַזְּמַן וְרֹב תְּמוּרוֹתֵיהֶם. כִּי הֶעָשִׁיר קַל לִהְיוֹת עָנִי, וְהַמּוֹשֵׁל לְעֶבֶד, וְהַמְּכֻבָּד לְנִקְלֶה. וְאִם הוּא יָכוֹל כָּל כָּךְ עַל נְקַלָּה לָשׁוּב אֶל הַמַּצָּב הַנִּבְזֶה בְּעֵינָיו הַיּוֹם, אֵיךְ יִגְבַּהּ לִבּוֹ עַל מַצָּבוֹ אֲשֶׁר אֵינוֹ בָּטוּחַ עָלָיו? כַּמָּה מִינֵי חֳלָאִים יְכוֹלִים, חַס וְשָׁלוֹם, לָבוֹא עַל הָאָדָם, שֶׁיִּצְטָרֵךְ בְּמוֹ פִיו לְהִתְחַנֵּן לְמִי שֶׁיַּעֲזֹר אוֹתוֹ וִיסַיְּעֵהוּ וְיָקֵל לוֹ בְּמִקְצָת! כַּמָּה צָרוֹת, חַס וְשָׁלוֹם, יְכוֹלִים לָבוֹא עָלָיו, שֶׁיִּצְטָרֵךְ לָלֶכֶת לְשַׁחֵר פְּנֵי

[ב] ע"פ תהלים קג, כ. [ג] בכתה"י: 'לפני ה''.

reckoning – before the supreme King of kings, the Holy One, blessed be He" (*Avot* 3:1). For in truth, all these [contemplations] counteract pride and foster humility.

When a person considers the baseness of his material element and lowly origin, he will have no reason at all to be haughty, but will merely be ashamed and confounded. This may be compared to a swineherd who rose to be king. As long as he remembers his early days, it will be impossible for him to swell with pride.

When a person also bears in mind that after all his greatness he will return to dust as food for maggots, his conceit will surely diminish and he will forget his tumultuous pride. For what is his good and what is his greatness if the end is shame and dishonor?

Moreover, if he further reflects and imagines the moment of entering the great court of the heavenly host, and sees himself in the presence of the supreme King of kings, the Holy One, blessed be He, who is holy and pure in unlimited holiness and purity, in the midst of the assembly of holy beings, mighty attendants, strong in power, obedient and without blemish; and [sees] himself stand before them, inferior, base, and despicable in nature, impure and polluted in deeds – will he [dare] lift up his head? Will he have anything to say for himself? And if he will be asked, "Where now is your mouth, where is the pride and honor that you assumed in your lifetime," what will he answer and how will he reply to this rebuke? There is no question that if a person, for merely a moment, would veritably and vividly picture this truth in his mind, all pride would take flight, never to return again.

The second [consideration] relates to the vicissitudes of time and their many changes. The wealthy man may easily turn poor, the lord a slave, and the distinguished ignoble. Since a person can so easily fall into a state that he now finds despicable, how can his heart swell over his [good] position in which he is not secure? How many kinds of sicknesses may a person contract, God forbid, that could force him to beg others for help, assistance, and some relief! How many afflictions may befall a person, God forbid, that might

רַבִּים אֲשֶׁר מֵאֵם לִפְעָמִים לָתֵת לָהֶם שָׁלוֹם, לְמַעַן יִהְיוּ לוֹ לְמוֹשִׁיעִים! וּדְבָרִים אֵלֶּה אֲנַחְנוּ רוֹאִים בְּעֵינֵינוּ דְּבַר יוֹם בְּיוֹמוֹ, כְּדַאי הֵם לְהָסִיר מִלֵּב הָאָדָם גַּאֲוָתוֹ וּלְהַלְבִּישׁוֹ עֲנָוָה וּשְׁפָלוּת.

וּכְשֶׁיִּתְבּוֹנֵן עוֹד הָאָדָם עַל חוֹבָתוֹ לְפָנָיו יִתְבָּרַךְ וְכַמָּה הִיא נֶעֱזֶבֶת מִמֶּנּוּ וְכַמָּה הוּא מִתְרַשֵּׁל בָּהּ, וַדַּאי שֶׁיֵּבוֹשׁ וְלֹא יִתְגָּאֶה, יִכָּלֵם וְלֹא יָרוּם לְבָבוֹ. וְכֵן הוּא אוֹמֵר: שָׁמוֹעַ שָׁמַעְתִּי אֶפְרַיִם מִתְנוֹדֵד {יִסַּרְתַּנִי וָאִוָּסֵר כְּעֵגֶל לֹא לֻמָּד הֲשִׁבֵנִי וְאָשׁוּבָה כִּי אַתָּה ה׳ אֱלֹהָי}, כִּי אַחֲרֵי שׁוּבִי נִחַמְתִּי וְאַחֲרֵי הִוָּדְעִי סָפַקְתִּי עַל יָרֵךְ בֹּשְׁתִּי וְגַם נִכְלַמְתִּי {כִּי נָשָׂאתִי חֶרְפַּת נְעוּרָי} (ירמיה לא, יז-יח).

וְעַל הַכֹּל, יִתְבּוֹנֵן תָּמִיד לְהַכִּיר חֻלְשַׁת הַשֵּׂכֶל הָאֱנוֹשִׁי וְרֹב טָעֻיּוֹתָיו[ד] וּכְזָבָיו, שֶׁיּוֹתֵר קָרוֹב לוֹ תָּמִיד הַטָּעוּת מֵהַיְדִיעָה הָאֲמִתִּית. עַל כֵּן יִירָא תָּמִיד מֵהַסַּכָּנָה הַזֹּאת וִיבַקֵּשׁ לִלְמֹד תָּמִיד מִכָּל אָדָם וְלִשְׁמֹעַ תָּמִיד לְעֵצָה פֶּן יִכָּשֵׁל. וְהוּא מַה שֶּׁאָמְרוּ זִכְרוֹנָם לִבְרָכָה: אֵיזֶהוּ חָכָם? הַלּוֹמֵד מִכָּל אָדָם (אבות ד, א). וְכֵן הוּא אוֹמֵר: וְשֹׁמֵעַ[ה] לְעֵצָה חָכָם (משלי יב, טו).

אַךְ מַפְסִידֵי הַמִּדָּה הַזֹּאת הוּא הָרִבּוּי וְהַשְּׂבִיעָה בְּטוּבוֹת הָעוֹלָם הַזֶּה, וּכְעִנְיַן הַכָּתוּב שֶׁבְּפֵרוּשׁ אוֹמֵר: פֶּן תֹּאכַל וְשָׂבָעְתָּ {וּבָתִּים טֹבִים תִּבְנֶה וְיָשָׁבְתָּ. וּבְקָרְךָ וְצֹאנְךָ יִרְבְּיֻן וְכֶסֶף וְזָהָב יִרְבֶּה לָּךְ וְכֹל אֲשֶׁר לְךָ יִרְבֶּה}. וְרָם לְבָבֶךָ {וְשָׁכַחְתָּ אֶת ה׳ אֱלֹהֶיךָ} (דברים ח, יב-יד). עַל כֵּן מָצְאוּ לָהֶם הַחֲסִידִים טוֹב לִהְיוֹת הָאָדָם מְעַנֶּה נַפְשׁוֹ לִפְעָמִים, לְמַעַן הַשְׁפִּיל יֵצֶר הַגַּאֲוָה אֲשֶׁר אֵינֶנּוּ מִתְגַּבֵּר אֶלָּא מִתּוֹךְ הָרִבּוּי. וּכְעִנְיָן שֶׁאָמְרוּ זִכְרוֹנָם לִבְרָכָה: אֵין אֲרִי נוֹהֵם מִתּוֹךְ קֻפָּה שֶׁל תֶּבֶן אֶלָּא מִתּוֹךְ קֻפָּה שֶׁל בָּשָׂר (ברכות לב, א).

[ד] כך בכתה"י. בד"ר: 'טעותיו'. [ה] כך במקרא ובכתה"י. בד"ר: 'שומע'.

compel him to seek out those whom he had at times disdained to greet, in order that they may save him! We witness these things daily with our own eyes. They should suffice to remove pride from a man's heart and clothe him in humility and lowliness.

When a person further reflects on his duty to [God], blessed be He, and on how derelict and remiss he has been in this duty, he will surely feel shame and not grow haughty, disgrace and not think himself exalted. As Scripture states, "Indeed, I have heard Efrayim bemoaning himself thus: {You have chastised me, and I was chastised, like a calf that has not been broken; receive me back, let me return; for You are the Lord my God}. Now that I have returned, I am regretful; having understood, I strike my thigh; I am ashamed, and even confounded, {because I bear the disgrace of my youth}" (Yirmiyahu 31:17-18).

Above all, one should devote constant reflection to recognize the weakness of the human intellect and its many errors and delusions; how it is always closer to error than to true knowledge. He should therefore be in constant fear of this danger, at all times seeking to learn from all men and always listening to advice lest he stumble. This is the sense of what [our Sages], may their memory be blessed, said, "Who is wise? He who learns from all men" (Avot 4:1). It was also stated, "He that hearkens unto counsel is wise" (Mishlei 12:15).

The factors detrimental to this trait are the repletion and satiation of this-worldly goods. As Scripture states explicitly, "Lest when you have eaten and are replete {and have built fine houses, and dwelt in them; and when your herds and your flocks multiply, and your silver and your gold are multiplied, and all that you have is multiplied}; then your heart will be lifted up, {and you will forget the Lord your God}" (Devarim 8:12-14). The pious have found it advisable, therefore, that a person occasionally fast in order to humble the inclination to pride which grows strong only through abundance. As [our Sages], may their memory be blessed, said, "A lion roars not over a basket of straw, but over a basket of meat" (Berakhot 32a).

וְהִנֵּה בְּרֹאשׁ כָּל הַמַּפְסִידִים הוּא הַסִּכְלוּת וּמִעוּט הַיְדִיעָה הָאֲמִתִּית. כִּי תִּרְאֶה שֶׁאֵין הַגַּאֲוָה מְצוּיָה יוֹתֵר אֶלָּא בְּמִי שֶׁסָּכָל יוֹתֵר. וְרַבּוֹתֵינוּ זִכְרוֹנָם לִבְרָכָה אָמְרוּ: סִימָן לְגַסּוּת הָרוּחַ – עֲנִיּוּת הַתּוֹרָה (סנהדרין כד, א). וְכֵן אָמְרוּ: סִימָן דְּלָא יָדַע כְּלוּם – שַׁבּוּחֵי (זוהר, ח״ג, קצג, ב). וְאָמְרוּ עוֹד: אִסְתְּרָא בִּלְגִינָא קִישׁ קִישׁ קָרְיָא (בבא מציעא פה, ב). עוֹד אָמְרוּ: שָׁאֲלוּ לְאִילָנֵי סְרָק, מִפְּנֵי מָה קוֹלְכֶם נִשְׁמָע? אָמְרוּ, הַלְוַאי יִהְיֶה קוֹלֵנוּ נִשְׁמָע וְנִזְכָּר (ראה בראשית רבה טז, ג). וּכְבָר רָאִינוּ שֶׁמֹּשֶׁה, שֶׁהוּא מֻבְחָר שֶׁבְּכָל הָאָדָם, הָיָה עָנָו מִכָּל הָאָדָם.

עוֹד מִמַּפְסִידֵי הָעֲנָוָה הוּא הַהִתְחַבְּרוּת אוֹ הַהִשְׁתַּמֵּשׁ בִּבְנֵי אָדָם חֲנֵפִים, אֲשֶׁר בְּחָשְׁבָם[ו] לִגְנֹב לִבּוֹ בַּחֲנֵפוּתָם, לְמַעַן יִיטַב לָהֶם, יְשַׁבְּחוּהוּ וִירוֹמְמוּהוּ, בְּהַגְדִּיל מַה שֶּׁיֵּשׁ בּוֹ[ז] מִן הַמַּעֲלוֹת עַד הַתַּכְלִית, וּבְהוֹסִיף עָלָיו מַה שֶּׁאֵין בּוֹ כְּלָל. וְלִפְעָמִים שֶׁמַּה שֶּׁיֵּשׁ בּוֹ הוּא הֵפֶךְ מִמַּה שֶּׁמְּשַׁבְּחִין אוֹתוֹ. וְהִנֵּה סוֹף סוֹף דַּעַת הָאָדָם קַלָּה וְטִבְעוֹ חַלָּשׁ וּמִתְפַּתֶּה בְּנָקֵל, כָּל שֶׁכֵּן בְּדָבָר שֶׁאֵלָיו הוּא נוֹטֶה בְּטֶבַע, עַל כֵּן בְּשָׁמְעוֹ אֶת הַדְּבָרִים הָאֵלֶּה יוֹצְאִים מִפִּי שֶׁהוּא מַאֲמִין לוֹ,[ח] יִכָּנְסוּ בוֹ כְּאֶרֶס בְּכָעוֹס,[ט] וְנִמְצָא נוֹפֵל בְּרֶשֶׁת הַגַּאֲוָה וְנִשְׁבָּר.

הֲרֵי לָנוּ יוֹאָשׁ, אֲשֶׁר הֵיטִיב לַעֲשׂוֹת כָּל יְמֵי הוֹרָהוּ יְהוֹיָדָע הַכֹּהֵן רַבּוֹ.[י] וְאַחֲרֵי מוֹת יְהוֹיָדָע בָּאוּ עֲבָדָיו וְהִתְחִילוּ לְהַחֲנִיף לוֹ וּלְהַגְדִּיל הִלּוּלָיו עַד שֶׁדִּמּוּהוּ לֶאֱלוֹהַּ,[יא] אָז שָׁמַע הַמֶּלֶךְ אֲלֵיהֶם.[יב] וְתִרְאֶה זֶה הַדָּבָר בְּבֵרוּר, כִּי רֹב הַשָּׂרִים וְהַמְּלָכִים אוֹ כָּל בַּעֲלֵי הַיְכֹלֶת, יִהְיוּ בְּאֵיזֶה מַדְרֵגָה שֶׁיִּהְיוּ, נִכְשָׁלִים הֵם וְנִשְׁחָתִים בַּעֲבוּר חֲנֻפַּת מְשָׁרְתֵיהֶם.

עַל כֵּן מִי שֶׁעֵינָיו בְּרֹאשׁוֹ, יוֹתֵר יִזָּהֵר וְיָעִין בְּמַעֲשֵׂי מִי שֶׁרוֹצֶה לִקְנוֹתוֹ לוֹ לְחָבֵר אוֹ לְיוֹעֵץ אוֹ לְפָקִיד עַל בֵּיתוֹ, מִמַּה שֶּׁיִּזָּהֵר וְיָעִין בְּמַאֲכָלוֹ

[ו] נוסף ע״פ כתה״י. [ז] כך בכתה״י. בד״ר: ׳בה׳. [ח] בכתה״י: ׳מפי מי שמאמין להם׳. [ט] ע״פ שבת סב, ב: ׳ומכניסות בהן יצר הרע כארס בכעוס׳. [י] ראה מלכים ב יב, ג. [יא] בד״ר: ׳לאלוה׳. [יב] ראה דברי הימים ב כד, יז, ושמות רבה ח, ב.

But the chief deterrent [to humility] is ignorance and paucity of true knowledge. You will observe that pride is most prevalent among the most ignorant. Our Rabbis, may their memory be blessed, said, "A sign of arrogance is poverty of Torah" (*Sanhedrin* 24a). They also said, "A sign of knowing nothing is praising [oneself]" (*Zohar* III, 193b). They further said, "If there is only one coin in a jug, it cries out '*kish kish*'" (*Baba Metzia* 85b). They also said, "The trees that bear no fruit were asked, 'Why are your voices heard?' [And] they answered, 'O, that our voices might be heard and we be remembered'" (*Bereishit Rabba* 16:3). We have already seen that Moshe, who was the most outstanding of men, was [also] the most humble of men.

Another deterrent to humility is associating with flatterers or making use of their services. Thinking they can steal a person's heart with flattery in order to gain benefit, they praise and exalt him, exaggerating his virtues beyond limit and adding merits that he does not possess at all. Sometimes he even has traits that are the very opposite of those for which he is being praised. After all, man's judgment is flimsy and his nature weak, so that he is easily seduced, especially with respect to that which he is naturally inclined. Therefore, when he hears these things uttered by someone whom he trusts, they enter into him like the venom of an angry snake. He falls into the net of pride and is destroyed.

We have the example of Yoash, who did that which was right all the days that his teacher, Yehoyadah the priest, instructed him (see II Melakhim 12:3). But after Yehoyadah died, Yoash's courtiers came and began to flatter him, magnifying his praises to the point of likening him to a god; the king then hearkened to them (see *Shemot Rabba* 8:2). One may clearly see that most noblemen, kings, and men of power, regardless of their rank, stumble and become degenerate because of the flattery of their servants.

Therefore, anyone with eyes in his head should scrutinize the deeds of someone he wishes to acquire as a friend, counselor, or household-manager more carefully than he does his food

וּבְמִשְׁתָּיו. כִּי הַמַּאֲכָל וְהַמִּשְׁתֶּה יוּכַל לְהַזִּיק לְגוּפוֹ בִּלְבַד, וְהַחֲבֵרִים אוֹ הַפְּקִידִים יוּכְלוּ לְהַשְׁחִית נַפְשׁוֹ[יג] וּמְאֹדוֹ וְכָל כְּבוֹדוֹ. וְדָוִד הַמֶּלֶךְ עָלָיו הַשָּׁלוֹם אוֹמֵר: לֹא יֵשֵׁב בְּקֶרֶב בֵּיתִי עֹשֵׂה רְמִיָּה (תהלים קא, ז), הֹלֵךְ בְּדֶרֶךְ תָּמִים הוּא יְשָׁרְתֵנִי (שם פסוק ו).

וְאֵין טוֹב לָאָדָם אֶלָּא שֶׁיְּבַקֵּשׁ לוֹ חֲבֵרִים תְּמִימִים שֶׁיָּאִירוּ עֵינָיו בְּמַה שֶּׁהוּא עִוֵּר בּוֹ, וְיוֹכִיחוּהוּ בְּאַהֲבָתָם וְנִמְצְאוּ מַצִּילִים אוֹתוֹ מִכָּל רָע. כִּי מַה שֶּׁאֵין הָאָדָם יָכוֹל לִרְאוֹת, לְפִי שֶׁאֵינוֹ רוֹאֶה חוֹבָה לְעַצְמוֹ,[יד] הֵם יִרְאוּ וְיָבִינוּ וְיַזְהִירוּהוּ וְנִשְׁמָר. וְעַל זֶה נֶאֱמַר: וּתְשׁוּעָה בְּרֹב יוֹעֵץ (משלי כד, ו).

[יג] בכתה"י: 'גופו ונפשו ומאדו וכל כבודו'. וכן הכוונה כאן: גם נפשו ומאדו וכו'.

[יד] ע"פ שבת קיט, א.

and drink. For food and drink can only cause injury to his body, but friends and overseers can destroy soul, property, and all honor. King David, peace be on him, said, "He that works deceit shall not dwell within My house" (Tehillim 101:7); "He who follows the way of the blameless shall be in my service" (Tehillim 101:6).

There is nothing better for man than to seek innocent friends who will enable him to see things that he is blind to and will reprimand him with love, thus rescuing him from evil. For what a person cannot see, because he sees nothing to his own disadvantage, they will see and understand. They will warn him and he will be protected. Regarding this it is stated, "And in the multitude of counselors there is salvation" (Mishlei 24:6).

פֶּרֶק כד:

בְּבֵאוּר מִדַּת יִרְאַת הַחֵטְא

יִרְאַת הָרוֹמְמוּת אֵינָהּ מַגַּעַת אֶלָּא מִתּוֹךְ הַשְׂכָּלָה וְהִתְבּוֹנְנוּת • נְהַר דִּינוּר מֵהֵיכָן יוֹצֵא, מִזֵּעָתָן שֶׁל חַיּוֹת • דָּאַג מֹשֶׁה וְאָמַר, שֶׁמָּא מָעַלְתִּי בְּשֶׁמֶן הַמִּשְׁחָה וְכוּ' • הָיָה אַבְרָהָם מִתְפַּחֵד וְאוֹמֵר וְכוּ' • אֵין לוֹ לַקָּדוֹשׁ בָּרוּךְ הוּא בְּעוֹלָמוֹ וְכוּ'

הִנֵּה רְאוּתֵנוּ הַמִּדָּה הַזֹּאת נִמְנֵית אַחַר כָּל הַמִּדּוֹת הַטּוֹבוֹת אֲשֶׁר זָכַרְנוּ עַד הֵנָּה, דַּי לָנוּ לַהֲעִירֵנוּ עַל עִנְיָנָהּ שֶׁרָאוּי שֶׁיִּהְיֶה וַדַּאי עִנְיָן נִכְבָּד וְעִקָּרִי מְאֹד וְקָשֶׁה לְהַשִּׂיג אוֹתוֹ, שֶׁכְּבָר לֹא יוּכַן לְהַגִּיעַ אֵלָיו אֶלָּא מִי שֶׁכְּבָר הִשִּׂיג כָּל הַמִּדּוֹת שֶׁקָּדַם זִכְרָם.

אָמְנָם צָרִיךְ שֶׁנַּקְדִּים כִּי מִינֵי הַיִּרְאָה הֵם שְׁנַיִם שֶׁהֵם שְׁלֹשָׁה. הָאַחַת קַלָּה מְאֹד לְהַשִּׂיגָהּ, אֵין דָּבָר קַל כָּמוֹהוּ, וְהַשְּׁנִיָּה קָשָׁה, [וְהַחֵלֶק הַשֵּׁנִי שֶׁל הַשְּׁנִיָּה קָשֶׁה][א] מִן הַכֹּל, וּשְׁלֵמוּתָהּ כְּמוֹ כֵן שְׁלֵמוּת גָּדוֹל מְאֹד. יֵשׁ יִרְאַת הָעֹנֶשׁ וְזֶהוּ הַמִּין הָרִאשׁוֹן, וְיֵשׁ יִרְאַת הָרוֹמְמוּת וְזֶהוּ הַמִּין הַשֵּׁנִי, שֶׁיִּרְאַת הַחֵטְא חֵלֶק שֵׁנִי מִמֶּנּוּ. וּנְבָאֵר עַתָּה עִנְיָנָם וְהֶבְדֵּלֵיהֶם.

יִרְאַת הָעֹנֶשׁ כִּפְשׁוּטָהּ, שֶׁאָדָם יִירָא מֵעֲבֹר אֶת פִּי ה' אֱלֹקָיו מִפְּנֵי הָעֳנָשִׁים אֲשֶׁר לָעֲבֵרוֹת, אִם לַגּוּף וְאִם לַנֶּפֶשׁ. וְהִנֵּה זֹאת קַלָּה וַדַּאי, כִּי כָּל אָדָם אוֹהֵב אֶת עַצְמוֹ וְיָרֵא לְנַפְשׁוֹ, וְאֵין דָּבָר שֶׁיַּרְחִיק אוֹתוֹ מֵעֲשׂוֹת דָּבָר אֶחָד יוֹתֵר מִן הַיִּרְאָה שֶׁלֹּא תְּבוֹאֵהוּ בּוֹ אֵיזֶה רָעָה. וְאֵין יִרְאָה זוֹ רְאוּיָה אֶלָּא לְעַמֵּי הָאָרֶץ וּלְנָשִׁים אֲשֶׁר דַּעְתָּן קַלָּה, אַךְ אֵינָהּ יִרְאַת הַחֲכָמִים וְאַנְשֵׁי הַדֵּעַת.

[א] הושלם ע"פ כתה"י. בד"ר חסר, כנראה בטעות הדומות: קשה – קשה.

Twenty-Four:

The Fear of Sin

The fear of God's majesty is only acquired through understanding and contemplation • From where does the stream of fire issue forth? From the sweat of the Hayyot • Moshe was anxious about this. He said: "Perhaps I made profane use of the anointing oil," and so on • Avraham was apprehensive, saying [that his actions may not have been entirely pure] • The Holy One, blessed be He, has naught in His world [except a store of the fear of Heaven]

Noting that this trait follows all the virtuous traits heretofore mentioned is enough to make us realize its nature, that it is certainly a very important and fundamental trait, one difficult to attain. For only someone who has already acquired all the previously mentioned traits is prepared to attain to it.

We must preface our comments, however, by saying that there are two types of fear, which [in effect] are three. The first is very easy to attain; there is nothing as easy. The second is more difficult. The most [difficult of all is its subdivision]; and its perfection is, accordingly, a very great form of perfection. The first type is fear of punishment. The second type is fear of God's majesty, the fear of sin being its subdivision. We shall now explain the meaning [of these terms] and the distinction between them.

Fear of punishment, plain and simple, is that one should fear to transgress God's command because of a penalty, either to body or soul, that would follow in sin's wake. This fear is certainly easy [to acquire], for every man loves himself and fears for his soul. Nothing will keep a person from performing a particular act more than the apprehension that it might bring him harm. Fear of this sort, however, befits only the ignorant and women whose minds are frivolous; it is not the fear of intelligent men of knowledge.

הַמִּין הַשֵּׁנִי הוּא יִרְאַת הָרוֹמְמוּת, וְהוּא שֶׁהָאָדָם יִרְחַק מִן הַחֲטָאִים וְלֹא יַעֲשֶׂה מִפְּנֵי כְּבוֹדוֹ הַגָּדוֹל יִתְבָּרַךְ שְׁמוֹ, כִּי אֵיךְ יָחֵל[ב] אוֹ אֵיךְ יֶעֱרַב[ג] לִבּוֹ[ד] שֶׁל בָּשָׂר וָדָם שָׁפֵל וְנִמְאָס לַעֲשׂוֹת דָּבָר נֶגֶד רְצוֹנוֹ שֶׁל הַבּוֹרֵא יִתְבָּרַךְ וְיִתְעַלֶּה שְׁמוֹ. וְהִנֵּה זֹאת הַיִּרְאָה אֵינָהּ כָּל כָּךְ קַלָּה לְהַשִּׂיג אוֹתָהּ, כִּי לֹא תִּוָּלֵד אֶלָּא מִתּוֹךְ יְדִיעָה וְהַשְׂכָּלָה לְהִתְבּוֹנֵן עַל רוֹמְמוּתוֹ יִתְבָּרַךְ וְעַל פְּחִיתוּתוֹ שֶׁל הָאָדָם, כָּל אֵלֶּה דְּבָרִים מִתּוֹלְדוֹת הַשֵּׂכֶל הַמֵּבִין וּמַשְׂכִּיל. וְהִיא הַיִּרְאָה אֲשֶׁר שַׂמְנוּהָ לְחֵלֶק שֵׁנִי מֵאֶחָד מֵחֶלְקֵי הַחֲסִידוּת אֲשֶׁר זָכַרְנוּ, בָּהּ יֵבוֹשׁ הָאָדָם וְיֶחֱרַד בְּעָמְדוֹ לִפְנֵי קוֹנוֹ לְהִתְפַּלֵּל אוֹ לַעֲבֹד כָּל עֲבוֹדָה. הִיא הַיִּרְאָה הַמְשֻׁבַּחַת שֶׁנִּשְׁתַּבְּחוּ בָּהּ חֲסִידֵי עוֹלָם, וְהִיא מַה שֶּׁמֹּשֶׁה מְדַבֵּר[ה] וְאוֹמֵר: לְיִרְאָה אֶת הַשֵּׁם[ו] הַנִּכְבָּד וְהַנּוֹרָא הַזֶּה אֵת ה׳ אֱלֹקֶיךָ (דברים כח, נח).

זֹאת הַיִּרְאָה שֶׁאֲנַחְנוּ בְּבֵאוּרָהּ עַתָּה, דְּהַיְנוּ יִרְאַת הַחֵטְא, הִיא כְּמוֹ חֵלֶק מִיִּרְאַת הָרוֹמְמוּת שֶׁזָּכַרְנוּ וּכְמוֹ מִין בִּפְנֵי עַצְמוֹ. וְהַיְנוּ, כִּי הִנֵּה עִנְיָנָהּ הוּא שֶׁיִּהְיֶה הָאָדָם יָרֵא וְדוֹאֵג תָּמִיד עַל מַעֲשָׂיו, פֶּן נִתְעָרֵב בָּם אֵיזֶה שֶׁמֶץ חֵטְא, אוֹ פֶּן יִהְיֶה בָּם אֵיזֶה דָּבָר, קָטָן אוֹ גָּדוֹל, שֶׁאֵינוֹ לְפִי גֹּדֶל כְּבוֹדוֹ יִתְבָּרַךְ וְרוֹמְמוּת שְׁמוֹ.

וְהִנְּךָ רוֹאֶה הַיַּחַס הַגָּדוֹל שֶׁבֵּין יִרְאָה זוֹ וְיִרְאַת הָרוֹמְמוּת שֶׁזָּכַרְנוּ, כִּי הַתַּכְלִית בִּשְׁנֵיהֶם שֶׁלֹּא לַעֲשׂוֹת דָּבָר נֶגֶד רוּם כְּבוֹדוֹ יִתְבָּרַךְ. אָמְנָם הַהֶבְדֵּל שֶׁבֵּינֵיהֶם, שֶׁבַּעֲבוּרוֹ תֵּחָשֵׁב כְּמִין אַחֵר וּבְשֵׁם אַחֵר תִּקָּרֵא, הוּא כִּי יִרְאַת הָרוֹמְמוּת הִיא[ז] בִּשְׁעַת הַמַּעֲשֶׂה אוֹ בִּשְׁעַת הָעֲבוֹדָה אוֹ בְּפֶרֶק הָעֲבֵרָה. דְּהַיְנוּ, אוֹ בְּשָׁעָה שֶׁהוּא עוֹמֵד וּמִתְפַּלֵּל אוֹ עוֹבֵד, שֶׁאָז יֵבוֹשׁ וְיִכָּלֵם, יִרְעַשׁ וְיִרְעַד מִפְּנֵי רוּם כְּבוֹדוֹ יִתְבָּרַךְ. אוֹ בְּשָׁעָה

[ב] ע״פ ישעיה מח, יא. בכתה״י היו״ד מנוקדת בפתח, לפי זה יש לנקד: יַחֵל, ימתק, מן השורש חלה, שמשמעו מתק. אך ספק אם הניקוד בכתה״י הוא מרבינו המחבר.
[ג] בד״ר: ׳יערה׳ (טעות הדפוס). [ד] ע״פ ירמיה ל, כא. [ה] בכתה״י: ׳מבאר׳.
[ו] כך במקרא ובכתה״י. בד״ר: ׳ה׳׳. [ז] כך בכתה״י. בד״ר: ׳הוא׳.

The second type is the fear of God's majesty. It entails a person distancing himself and refraining from sin out of regard for His great honor (blessed be His name); for how can it be profaned, and how can a lowly and despicable heart of flesh and blood presume to do something contrary to the will of the Creator, blessed and exalted be His name? This fear is not so easily acquired, for it is engendered only out of the knowledge and understanding necessary to contemplate His majesty (blessed be He) and the baseness of man. All this results from a mind both understanding and insightful. This is the very "fear" we classified as a subdivision of one of the divisions of piety previously mentioned. [When imbued] with this fear a person will feel shame and tremble whenever he stands before his Maker to pray or perform any service. This is the meritorious [sort of] awe for which the pious men of old were praised. As Moshe clearly stated, "That you may fear this glorious and fearful Name, the Lord your God" (Devarim 28:58).

Now the "fear" we are explaining here, namely fear of sin, is, in one regard, an aspect of the above-mentioned fear of God's majesty; but in another, it is a species unto itself. That is to say: The idea is that man should constantly fear and worry about his actions, lest some measure of sin became intermingled with them, or that they may contain an element, either small or great, not in accord with the great glory of the Blessed One and His exalted Name.

You surely notice the close relationship between this [type of] fear and fear in the face of God's majesty mentioned [above]. For the aim of both is that one not do anything contrary to His exalted glory (blessed be He). But the distinction between them – which accounts for it being considered a separate category with a different name – is that fear in the face of His majesty is experienced at a particular point in time, whether it be a moment of worship or an occasion to sin. That is to say: When standing in prayer or serving [God], one should then feel ashamed and abashed, tremble and quake before His exalted glory (blessed be He); or when an opportunity to commit

שֶׁמִּזְדַּמֶּנֶת עֲבֵרָה לְפָנָיו וְהוּא מַכִּיר בָּהּ שֶׁהִיא עֲבֵרָה, שֶׁיַּעֲזֹב מִלַּעֲשׂוֹתָהּ, לְמַעַן אֲשֶׁר לֹא יַעֲשֶׂה דָּבָר לַמְרוֹת עֵינֵי כְּבוֹדוֹ,[ח] חַס וְשָׁלוֹם. אַךְ יִרְאַת הַחֵטְא הִיא בְּכָל עֵת וּבְכָל שָׁעָה, שֶׁהִנֵּה בְּכָל רֶגַע הוּא יָרֵא פֶּן יִכָּשֵׁל וְעָשָׂה דָּבָר אוֹ חֲצִי דָּבָר שֶׁיִּהְיֶה נֶגֶד כְּבוֹד שְׁמוֹ יִתְבָּרַךְ.

וְעַל כֵּן נִקְרֵאת יִרְאַת חֵטְא,[ט] כִּי עִקָּרָהּ יִרְאָה מִן הַחֵטְא שֶׁלֹּא יִכָּנֵס וְיִתְעָרֵב בְּמַעֲשָׂיו מֵחֲמַת פְּשִׁיעָה וְהִתְרַשְּׁלוּת אוֹ מֵחֲמַת הֶעְלֵם, יִהְיֶה בְּאֵיזֶה דֶּרֶךְ שֶׁיִּהְיֶה. וְהִנֵּה עַל זֶה נֶאֱמַר: אַשְׁרֵי אָדָם מְפַחֵד תָּמִיד (משלי כח, יד), וּפֵרְשׁוּ זִכְרוֹנָם לִבְרָכָה: הַהוּא בְּדִבְרֵי תּוֹרָה כְּתִיב (ברכות ס, א). כִּי אֲפִלּוּ בְּשָׁעָה שֶׁאֵינוֹ רוֹאֶה הַמִּכְשׁוֹל לְנֶגֶד עֵינָיו, צָרִיךְ שֶׁיִּהְיֶה לִבּוֹ חָרֵד בְּקִרְבּוֹ פֶּן טָמוּן הוּא לְרַגְלָיו וְהוּא לֹא נִשְׁמָר.

וְעַל יִרְאָה זֹאת אָמַר מֹשֶׁה רַבֵּינוּ עָלָיו הַשָּׁלוֹם: וּבַעֲבוּר[י] תִּהְיֶה יִרְאָתוֹ עַל פְּנֵיכֶם לְבִלְתִּי תֶחֱטָאוּ (שמות כ, יז). כִּי זֶה עִקַּר הַיִּרְאָה שֶׁיִּהְיֶה הָאָדָם יָרֵא וּמִזְדַּעְזֵעַ תָּמִיד עַד שֶׁלֹּא תָסוּר יִרְאָה זוֹ מִמֶּנּוּ, כִּי עַל יְדֵי זֶה[יא] וַדַּאי לֹא יָבוֹא לִידֵי חֵטְא, וְאִם יָבוֹא, כְּאֹנֶס יֵחָשֵׁב. וִישַׁעְיָהוּ אָמַר בִּנְבוּאָתוֹ: וְאֶל זֶה אַבִּיט אֶל עָנִי וּנְכֵה רוּחַ וְחָרֵד עַל דְּבָרִי (ישעיה סו, ב). וְדָוִד הַמֶּלֶךְ הִשְׁתַּבֵּחַ בָּזֶה וְאָמַר: שָׂרִים רְדָפוּנִי חִנָּם וּמִדְּבָרְךָ פָּחַד לִבִּי (תהלים קיט, קסא).

וּכְבָר מָצָאנוּ שֶׁהַמַּלְאָכִים הַגְּדוֹלִים וְהָרָמִים חֲרֵדִים וְרוֹעֲשִׁים תָּמִיד מִפְּנֵי גֵּאוּת ה׳, עַד שֶׁאָמְרוּ זִכְרוֹנָם לִבְרָכָה בְּמָשָׁל חָכְמָתָם: נְהַר דִּינוּר מֵהֵיכָן יוֹצֵא? מִזֵּעָתָן שֶׁל חַיּוֹת (חגיגה יג, ב). וְהוּא מִפְּנֵי הָאֵימָה אֲשֶׁר עֲלֵיהֶם תָּמִיד מֵרוֹמְמוּתוֹ יִתְבָּרַךְ, פֶּן יַעְדְּרוּ דָּבָר קָטָן מִן הַכָּבוֹד וְהַקְּדֻשָּׁה הָרָאוּי לְפָנָיו. וּבְכָל שָׁעָה שֶׁנִּגְלֵית הַשְּׁכִינָה עַל אֵיזֶה מָקוֹם שֶׁיִּהְיֶה, כְּבָר רָקַד וְרָעַשׁ[יב] וְרָגַז.[יג] הוּא מַה שֶּׁאָמַר הַכָּתוּב: אֶרֶץ רָעָשָׁה אַף שָׁמַיִם נָטְפוּ

[ח] ראה ישעיה ג, ח וראב"ע שם. [ט] בכתה"י נוסף: 'ולא יראת ה''. [י] בכתה"י ובד"ר (בטעות): 'ולבעבור'. [יא] בד"ר: 'כי ע"ז'. התיקון ע"פ כתה"י: 'כי ע"י ז'. [יב] השווה בראשית רבה פרשה סח, יא. [יג] כך בכתה"י. בד"ר: 'ורוגז'. או שיש לנקד את כולם: רֹקֵד וְרֹעֵשׁ וְרֹגֵז.

a sin – which one recognizes as such – presents itself, he should [then] desist, so as not to do anything that might be a provocation in His glorious sight, Heaven forbid. But the fear of sin is experienced at all times; for [one who posseses it] is fearful at every moment lest he stumble and do the slightest thing which might be contrary to the glory of [God's] name (blessed be He).

That is why it is called "fear of sin" rather than "fear of God." For its essence is fear of sin infiltrating and adulterating one's deeds in any way, whether through negligence, slackness, or oversight. Regarding this it was said, "Happy is the man who is never without fear" (Mishlei 28:14), about which our Sages, may their memory be blessed, commented, "This refers to the words of the Torah" (*Berakhot* 60a). For even when a person does not see a stumbling block before him, his heart must tremble within him lest there be one hidden at his feet and he failed to take precaution.

Regarding such fear, our master, Moshe, peace be on him, said, "And that His fear be on your faces, that you not sin" (Shemot 20:17). This is the essence of fear, that one should always be fearful and apprehensive so that this fear never leaves him. In this way he will surely not come to sin, and if he does, it will be considered as if he did so under compulsion. Yeshayahu said in his prophecy, "But this is the one to whom I will look, to him that is lowly and of a contrite spirit, and trembles at My word" (Yeshayahu 66:2). And King David prided himself on this [trait], saying, "Princes pursued me without cause; but my heart stands in fear of Your word" (Tehillim 119:161).

We find that the great and exalted angels always tremble and quake before God's majesty. [Our Sages], may their memory be blessed, wisely said by way of allegory, "From where does the stream of fire issue forth? From the sweat of the *hayyot*" (Hagigah 13b). This is because the fear of the Blessed One's exalted state is always upon them, lest they lack even the slightest amount of honor and holiness befitting His presence. Whenever the *Shekhinah* reveals itself in any place whatsoever, there is movement, quaking and trembling. As Scripture states, "The earth trembled, the heavens also dropped at

מִפְּנֵי אֱלֹקִים (תהלים סח, ט). וְאוֹמֵר: לוּא קָרַעְתָּ שָׁמַיִם יָרַדְתָּ, מִפָּנֶיךָ הָרִים נָזֹלּוּ (ישעיה סג, יט). כָּל שֶׁכֵּן בְּנֵי הָאָדָם שֶׁרָאוּי שֶׁיִּרְגְּזוּ וְיִרְעֲשׁוּ בְּיָדְעָם שֶׁלִּפְנֵי ה' הֵם עוֹמְדִים תָּמִיד, וְנָקֵל לָהֶם לַעֲשׂוֹת אֵיזֶה דָּבָר שֶׁאֵינוֹ לְפִי רוֹמְמוּת כְּבוֹדוֹ יִתְבָּרַךְ שְׁמוֹ. וְהוּא מַה שֶּׁאָמַר אֱלִיפָז לְאִיּוֹב: מָה אֱנוֹשׁ כִּי יִזְכֶּה וְכִי יִצְדַּק יְלוּד אִשָּׁה. הֵן בִּקְדֹשָׁיו לֹא יַאֲמִין וְשָׁמַיִם לֹא זַכּוּ בְעֵינָיו (איוב טו, יד-טו). וְאוֹמֵר: הֵן בַּעֲבָדָיו לֹא יַאֲמִין וּבְמַלְאָכָיו יָשִׂים תָּהֳלָה. אַף שֹׁכְנֵי בָתֵּי חֹמֶר {אֲשֶׁר בֶּעָפָר יְסוֹדָם יְדַכְּאוּם לִפְנֵי עָשׁ} (שם ד, יח-יט). כִּי הִנֵּה עַל כֵּן צָרִיךְ וַדַּאי שֶׁיֶּחֱרַד תָּמִיד וְיִרְעַשׁ כָּל הָאָדָם. וּכְמַאֲמַר אֱלִיהוּ:[יד] אַף לְזֹאת יֶחֱרַד לִבִּי וְיִתַּר מִמְּקוֹמוֹ. שִׁמְעוּ שָׁמוֹעַ בְּרֹגֶז קֹלוֹ {וְהֶגֶה מִפִּיו יֵצֵא} (שם לז, א-ב).

זֹאת הִיא הַיִּרְאָה הָאֲמִתִּית שֶׁרָאוּי לְאִישׁ הֶחָסִיד שֶׁתִּהְיֶה עַל פָּנָיו תָּמִיד וְלֹא תָסוּר מִמֶּנּוּ. אַךְ חֶלְקֵי הַיִּרְאָה הַזֹּאת שְׁנַיִם: הָאֶחָד הוּא בַּהֹוֶה אוֹ עָתִיד, וְהַשֵּׁנִי בֶּעָבָר.

בַּהֹוֶה,[טו] הוּא שֶׁיִּהְיֶה הָאָדָם יָרֵא וְדוֹאֵג עַל מַה שֶּׁהוּא עוֹשֶׂה אוֹ עַל מַה שֶּׁהוֹלֵךְ לַעֲשׂוֹתוֹ, פֶּן יִהְיֶה בּוֹ דָּבָר אוֹ פֶּן יִכָּנֵס בּוֹ אֵיזֶה דָּבָר אֲשֶׁר לֹא לְפִי כְּבוֹדוֹ יִתְבָּרַךְ, וּכְמוֹ שֶׁזָּכַרְתִּי לְמַעְלָה.

בֶּעָבָר, הוּא שֶׁיִּהְיֶה הָאָדָם חוֹשֵׁב תָּמִיד עַל מַה שֶּׁכְּבָר עָשָׂה וְיִירָא וְיִדְאַג[טז] פֶּן יָצָא מִתַּחַת יָדָיו אֵיזֶה חֵטְא בְּלֹא שֶׁיָּדַע. וְהוּא כְּעִנְיַן בָּבָא בֶּן בּוּטָא שֶׁהָיָה מַקְרִיב אָשָׁם תָּלוּי בְּכָל יוֹם (ראה כריתות ו, ג). וְאִיּוֹב, אַחַר מִשְׁתֵּה בָנָיו, הָיָה מַשְׁכִּים, וְהֶעֱלָה עֹלוֹת מִסְפַּר כֻּלָּם, כִּי אָמַר אִיּוֹב אוּלַי חָטְאוּ בָנַי {וּבֵרֲכוּ אֱלֹהִים בִּלְבָבָם} (איוב א, ה). וְאָמְרוּ זִכְרוֹנָם לִבְרָכָה עַל מֹשֶׁה וְאַהֲרֹן בְּעִנְיַן שֶׁמֶן הַמִּשְׁחָה שֶׁמָּשַׁח מֹשֶׁה לְאַהֲרֹן,

[יד] בכתה"י: 'אליהוא'. ראה איוב לו, א. ו'אליהו' שם לב, ד, ועוד. [טו] או עתיד.
[טז] כך בכתה"י. בד"ר: 'ודאג'.

the presence of God" (Tehillim 68:9); and, "O, that You would rend the heavens, that You would come down, that the mountains would melt away at Your presence" (Yeshayahu 63:19). How much more so should people tremble and shake upon realizing that it is before God that they are always standing, and that they may easily do something not in accord with His exalted honor, blessed be His name. This is what Eliphaz said to Iyov, "What is man that he should be blameless, and one born of a woman that he should be righteous? Behold, He puts no trust in His holy ones; and the heavens are not clean in His eyes" (Iyov 15:14-15); and, "Behold, He puts no trust in His servants; and His angels He charges with folly; how much more those who dwell in houses of clay; {whose foundation is in the dust, who are crushed before the moth}" (Iyov 4:18-19). Without a doubt, then, all mankind must constantly tremble and shake. As Elihu said, "At this also my heart trembles, and leaps from its place. Pay close heed to the blast of His voice, {and the sound that issues from His mouth}" (Iyov 37:1-2).

This is the true fear that should always be upon a man of piety and never depart from him. There are, however, two aspects to this fear, the first concerning the present or the future, and the second, the past.

As for the present, one should fear and worry about what one is doing or is about to do, lest this action contain, or there enter into it, some element not in accord with God's honor (blessed be He), as I mentioned previously (p. 661).

Regarding the past, a person should always reflect upon what he has already done, dreading and worrying lest some measure of sin passed through his hands unknowingly. This is similar to what was said of Baba ben Buta who would offer a provisional guilt-offering every day (see mKeritut 6:3). And Iyov, following the feasts of his sons, would rise up early "and offer burnt-offerings according to the number of them all; for Iyov said, Perhaps my sons have sinned, {and blasphemed God in their hearts}" (Iyov 1:5). And [our Sages], may their memory be blessed, commented regarding [the concerns of] Moshe and Aharon in connection with the anointing oil with which Moshe anointed Aharon.

שֶׁהֲרֵי נֶאֱמַר בּוֹ: עַל בְּשַׂר אָדָם לֹא יִיסָךְ (שמות ל, לב), וּלְאַהֲרֹן נִצְטַוָּה שֶׁיִּמְשְׁחֵהוּ בּוֹ (שם כט, ז), וְהָיוּ מִתְיָרְאִים שֶׁמָּא מָעֲלוּ בּוֹ בְּאֵיזֶה צַד שֶׁנָּהֲגוּ שֶׁלֹּא כַּמִּצְוָה, זֶה לְשׁוֹנָם: וְעַל דָּבָר זֶה דָּאַג מֹשֶׁה וְאָמַר: שֶׁמָּא מָעַלְתִּי בְּשֶׁמֶן הַמִּשְׁחָה. יָצְתָה בַּת קוֹל וְאָמְרָה: כְּטַל חֶרְמוֹן (תהלים קלג, ג), {מַה טַּל חֶרְמוֹן אֵין בּוֹ מְעִילָה, אַף שֶׁמֶן הַמִּשְׁחָה שֶׁל זְקַן אַהֲרֹן אֵין בּוֹ מְעִילָה}. וַעֲדַיִן הָיָה אַהֲרֹן דּוֹאֵג: שֶׁמָּא מֹשֶׁה לֹא מָעַל וַאֲנִי מָעַלְתִּי. יָצְאָה בַּת קוֹל וְאָמְרָה {לוֹ: הִנֵּה מַה טּוֹב וּמַה נָּעִים שֶׁבֶת אַחִים גַּם יָחַד (שם פסוק א), מַה מֹּשֶׁה לֹא מָעַל, אַף אַתָּה לֹא מָעַלְתָּ} (הוריות יב, א; כריתות ה, ב).

הֲרֵי לְךָ מִדָּתָם שֶׁל חֲסִידִים, שֶׁאֲפִלּוּ בְּמִצְוָה שֶׁעָשׂוּ הָיוּ דוֹאֲגִים וְאוֹמְרִים שֶׁמָּא נִתְעָרֵב בָּהֶם שֶׁמֶץ פְּסוּל, חַס וְשָׁלוֹם. וְאַבְרָהָם, אַחֲרֵי שֶׁיָּצָא לַעֲזוֹר לְבֶן אָחִיו לוֹט שֶׁשָּׁבוּ אוֹתוֹ, הָיָה מִתְפַּחֵד וְאוֹמֵר, שֶׁמָּא לֹא זָכוּ מַעֲשָׂיו לִגְמָרֵי. הוּא מַה שֶּׁפֵּרְשׁוּ זִכְרוֹנָם לִבְרָכָה עַל פָּסוּק אַל תִּירָא אַבְרָם (בראשית טו, א): רַבִּי לֵוִי אָמַר, לְפִי שֶׁהָיָה אַבְרָהָם מִתְפַּחֵד וְאוֹמֵר: בֵּין כָּל אֻכְלוּסִין שֶׁהָרַגְתִּי שֶׁמָּא הָיָה בֵּינֵיהֶם צַדִּיק אֶחָד אוֹ יְרֵא שָׁמַיִם אֶחָד, לְפִיכָךְ נֶאֱמַר לוֹ, אַל תִּירָא אַבְרָם (בראשית רבה מד, ד). וְאָמְרוּ בְּתָנָא דְּבֵי אֵלִיָּהוּ: אַל תִּירָא אַבְרָם, אֵין אוֹמְרִים אַל תִּירָא אֶלָּא לְמִי שֶׁהוּא יְרֵא שָׁמַיִם לַאֲמִתּוֹ (תנא דבי אליהו רבה כג).

וְהִיא זֹאת הַיִּרְאָה הָאֲמִתִּית שֶׁאָמְרוּ עָלֶיהָ[יז] (ראה שבת לא, ב; ברכות לג, ב): אֵין לוֹ לְהַקָּדוֹשׁ בָּרוּךְ הוּא בְּעוֹלָמוֹ אֶלָּא אוֹצָר שֶׁל יִרְאַת שָׁמַיִם בִּלְבַד, שֶׁרַק לְמֹשֶׁה הָיָה קַל לְהַשִּׂיגָהּ[יח] מִפְּנֵי רֹב דְּבֵקוּתוֹ בּוֹ יִתְבָּרַךְ שְׁמוֹ, כִּי הָאֲחֵרִים וַדַּאי שֶׁהַחֹמֶר מוֹנֵעַ גָּדוֹל הוּא לָהֶם. אָמְנָם כָּל חָסִיד וְחָסִיד רָאוּי לוֹ לְהִשְׁתַּדֵּל לְהַשִּׂיג מִמֶּנָּה כָּל מַה שֶּׁיּוּכַל. וְנֶאֱמַר: יְראוּ אֶת ה' קְדֹשָׁיו (תהלים לד, י).

[יז] כך בכתה"י. בד"ר: 'עליו'. [יח] מבואר בברכות שם.

About this oil it was said, "Upon man's flesh it shall not be poured" (Shemot 30:32), and Aharon was commanded that [Moshe] anoint him with it (ibid. 29:7). Hence, they feared that they might have committed some sort of trespass, not having acted in accordance with the *mitzvah*. This is what our Sages said, "Moshe was anxious about this. He said: 'Perhaps I made profane use of the anointing oil.' A heavenly voice issued forth and said: '[It is like the precious oil upon the head, running down upon the beard, the beard of Aharon …] like the dew of Hermon' (Tehillim 133:2-3). {Just as there is no trespass with the dew of Hermon, so there is no trespass with the anointing oil on Aharon's beard}. Aharon, however, was still anxious. [He said]: 'It may be that Moshe did not commit a trespass, but I did.' Another heavenly voice issued forth and said {to him: 'Behold, how good and how pleasant it is for brothers to dwell together in unity' (Tehillim 133:1); just as Moshe did not commit a trespass, so are you not guilty of trespass}" (*Horayot* 12a; *Keritut* 5b).

You see then that it is the quality of the pious, that even in regard to *mitzvot* they have performed, they worry and say, "Perhaps some measure of disqualification entered into them, God forbid." Avraham, after having gone forth to assist his nephew Lot who had been taken captive, was apprehensive, saying that his actions may not have been entirely pure. As [our Sages], may their memory be blessed, commented on the verse, "Fear not, Avram" (Bereishit 15:1), "Rabbi Levi said: Since Avraham was afraid and said: 'Among the entire multitude that I have slain, there may perhaps have been one righteous or God-fearing man;' therefore he was told: 'Fear not, Avram'" (*Bereishit Rabba* 44:4). And they said in *Tanna deBei Eliyahu*: "'Fear not, Avram' – 'Fear not' is only said to one who truly fears Heaven" (*Tanna deBei Eliyahu Rabba* 23).

This is the true fear about which it was said, "The Holy One, blessed be He, has naught in His world except a store of the fear of Heaven" (cf. *Berakhot* 33b and *Shabbat* 31b). For Moshe alone found it easy to attain by reason of his intimate communion with Him (blessed be His name); whereas others unquestionably face a formidable barrier in their material state. Nevertheless, it befits each and every man of piety to strive to attain as much of this fear as he can. As the verse states, "Fear the Lord, you holy ones of His" (Tehillim 34:10).

פֶּרֶק כה:

בְּדֶרֶךְ קְנִיַּת יִרְאַת הַחֵטְא וְהַהַרְחָקָה מִמַּפְסִידֶיהָ

דַּע מַה לְּמַעְלָה מִמְּךָ וְכוּ׳ • אֵין הַיִּרְאָה נִקְנֵית אֶלָּא עַל יְדֵי לִמּוּד

אַךְ דֶּרֶךְ קְנִיַּת הַיִּרְאָה הַזֹּאת הוּא הַהִתְבּוֹנֵן עַל שְׁנֵי עִנְיָנִים אֲמִתִּיִּים. הָאֶחָד הוּא הֱיוֹת שְׁכִינָתוֹ יִתְבָּרַךְ נִמְצֵאת בְּכָל מָקוֹם שֶׁבָּעוֹלָם, וְשֶׁהוּא יִתְבָּרַךְ מַשְׁגִּיחַ עַל כָּל דָּבָר קָטָן וְגָדוֹל, אֵין נִסְתָּר מִנֶּגֶד עֵינָיו, לֹא מִפְּנֵי גֹּדֶל הַנּוֹשֵׂא וְלֹא מִפְּנֵי פְּחִיתוּתוֹ, אֶלָּא הַדָּבָר הַגָּדוֹל וְהַדָּבָר הַקָּטָן, הַנִּקְלֶה וְהַנִּכְבָּד, הוּא רוֹאֶה וְהוּא מֵבִין בְּלִי הֶפְרֵשׁ. הוּא מַה שֶּׁאָמַר הַכָּתוּב: מְלֹא כָל הָאָרֶץ כְּבוֹדוֹ (ישעיה ו, ג). וְאוֹמֵר: הֲלוֹא אֶת הַשָּׁמַיִם וְאֶת הָאָרֶץ אֲנִי מָלֵא (ירמיה כג, כד). וְאוֹמֵר: מִי כַּה׳ אֱלֹקֵינוּ הַמַּגְבִּיהִי לָשָׁבֶת, הַמַּשְׁפִּילִי לִרְאוֹת בַּשָּׁמַיִם וּבָאָרֶץ (תהלים קיג, ה-ו). וְאוֹמֵר: כִּי רָם ה׳ וְשָׁפָל יִרְאֶה וְגָבֹהַּ מִמֶּרְחָק יְיֵדָע (שם קלח, ו).

וְכֵיוָן שֶׁיִּתְבָּרֵר לוֹ, שֶׁבְּכָל מָקוֹם שֶׁהוּא, הוּא עוֹמֵד לִפְנֵי שְׁכִינָתוֹ יִתְבָּרַךְ, אָז מֵאֵלֶיהָ תָּבוֹא בוֹ הַיִּרְאָה וְהַפַּחַד פֶּן יִכָּשֵׁל בְּמַעֲשָׂיו שֶׁלֹּא יִהְיוּ כָּרָאוּי לְפִי רוֹמְמוּת כְּבוֹדוֹ. וְהוּא מַה שֶּׁשָּׁנִינוּ:[א] דַּע מַה לְּמַעְלָה מִמְּךָ, עַיִן רוֹאָה וְאֹזֶן שׁוֹמַעַת, וְכָל מַעֲשֶׂיךָ בַּסֵּפֶר נִכְתָּבִים (אבות ב, א). כִּי כֵּיוָן שֶׁהַשְׁגָּחַת הַקָּדוֹשׁ בָּרוּךְ הוּא עַל כָּל דָּבָר, וְהוּא רוֹאֶה הַכֹּל וְשׁוֹמֵעַ הַכֹּל, וַדַּאי שֶׁכָּל הַמַּעֲשִׂים יִהְיוּ עוֹשִׂים רֹשֶׁם, וְכֻלָּם נִכְתָּבִים בַּסֵּפֶר, אִם לִזְכוּת אוֹ לְחוֹבָה.

וְאָמְנָם הַדָּבָר הַזֶּה אֵינוֹ מִצְטַיֵּר הֵיטֵב בְּשֵׂכֶל הָאָדָם אֶלָּא עַל יְדֵי הַתְמָדַת הַהִתְבּוֹנְנוּת וְהַהִסְתַּכְּלוּת הַגָּדוֹל. כִּי כֵּיוָן שֶׁהַדָּבָר רָחוֹק מֵחוּשֵׁינוּ,

[א] כך בכתה״י. בד״ר: ׳שאמרו׳.

Twenty-Five:

How to Acquire the Fear of Sin and Avoid What is Detrimental to it

Know what is above you: [an eye that sees, an ear that hears, and all your deeds written in a book] • Fear can only be acquired through training

The way to acquire this [type of] fear, however, is through reflection upon two truths. Firstly, that the Blessed One's *Shekhinah* is present everywhere in the world. And, [secondly], that He (blessed be He) extends His providence over everything, small or great. Nothing is hidden from His sight, neither because the matter is great nor because it is insignificant. Great and small, noble and ignoble, He beholds and understands without distinction. As Scripture states, "The whole earth is full of His glory" (Yeshayahu 6:3). And: "Do not I fill heaven and earth" (Yirmiyahu 23:24)? And: "Who is like the Lord our God, who is enthroned on high, and yet looks far down on heaven and earth" (Tehillim 113:5-6)! And: "Though the Lord is high, yet He regards the lowly; and the haughty He knows from afar" (Tehillim 138:6).

Once it has become clear to a person that wherever he is, he is standing before the Blessed One's *Shekhinah*, he will naturally be in fear and trepidation lest he stumble in his actions, actions which will fall short of what His exalted glory demands. As we have learned, "Know what is above you: an eye that sees, an ear that hears, and all your deeds written in a book" (*Avot* 2:1). Since the providence of the Holy One, blessed be He, applies to everything, as he sees and hears all things, every action will certainly leave a trace. They are all inscribed in a book as merit or demerit.

The only way, however, that the human intellect can grasp this concept is through constant contemplation and great reflection. Since this idea is so remote from our senses,

לֹא יְצַיְּרֵהוּ הַשֵּׂכֶל אֶלָּא אַחַר רֹב הָעִיּוּן וְהַהַשְׁקָפָה. וְגַם אַחַר שֶׁיְּצַיְּרֵהוּ, יָסוּר הַצִּיּוּר מִמֶּנּוּ בְּנָקֵל אִם לֹא יַתְמִיד עָלָיו הַרְבֵּה.

וְנִמְצָא, שֶׁכְּמוֹ שֶׁרֹב הַהִתְבּוֹנֵן הוּא הַדֶּרֶךְ לִקְנוֹת הַיִּרְאָה הַתְּמִידִית, כֵּן הֶסַּח הַדַּעַת וּבִטּוּל הָעִיּוּן הוּא הַמַּפְסִיד הַגָּדוֹל שֶׁלָּהּ. יִהְיֶה מֵחֲמַת טְרָדוֹת אוֹ בִּרְצוֹן. כָּל הֶסַּח דַּעַת בִּטּוּל הוּא לַיִּרְאָה הַתְּמִידִית.

הוּא מַה שֶּׁצִּוָּה הַקָּדוֹשׁ בָּרוּךְ הוּא אֶל הַמֶּלֶךְ: וְהָיְתָה עִמּוֹ וְקָרָא בוֹ כָּל יְמֵי חַיָּיו לְמַעַן יִלְמַד לְיִרְאָה אֶת ה׳ אֱלֹקָיו (דברים יז, יט). הָא לָמַדְתָּ, שֶׁאֵין הַיִּרְאָה נִלְמֶדֶת אֶלָּא מִן הַקְּרִיאָה הַבִּלְתִּי נִפְסֶקֶת. וְתַדְקְדֵּק שֶׁאָמַר לְמַעַן יִלְמַד לְיִרְאָה, וְלֹא אָמַר לְמַעַן יִירָא, אֶלָּא לְפִי שֶׁאֵין הַיִּרְאָה הַזֹּאת מֻשֶּׂגֶת בַּטֶּבַע, כִּי אַדְּרַבָּא רְחוֹקָה הִיא מִמֶּנּוּ מִפְּנֵי גַּשְׁמִיּוּת הַחוּשִׁים, וְאֵינָהּ נִקְנֵית אֶלָּא עַל יְדֵי לִמּוּד. וְאֵין לִמּוּד לַיִּרְאָה אֶלָּא בְּרֹב הַהַתְמָדָה בַּתּוֹרָה וּדְרָכֶיהָ בְּלִי הֶפְסֵק. וְהוּא שֶׁיִּהְיֶה הָאָדָם מִתְבּוֹנֵן וּמְעַיֵּן בְּדָבָר הַזֶּה תָּמִיד, בְּשִׁבְתּוֹ, בְּלֶכְתּוֹ, בְּשָׁכְבּוֹ וּבְקוּמוֹ,[ב] עַד שֶׁיִּקְבַּע בְּדַעְתּוֹ אֲמִתַּת הַדָּבָר, דְּהַיְנוּ אֲמִתַּת הִמָּצֵא שְׁכִינָתוֹ יִתְבָּרַךְ בְּכָל מָקוֹם, וֶהֱיוֹתֵנוּ עוֹמְדִים לְפָנָיו מַמָּשׁ בְּכָל עֵת וּבְכָל שָׁעָה, וְאָז יִירָא אוֹתוֹ בֶּאֱמֶת. וְהוּא מַה שֶּׁהָיָה דָּוִד הַמֶּלֶךְ מִתְפַּלֵּל וְאוֹמֵר: הוֹרֵנִי ה׳ דַּרְכֶּךָ אֲהַלֵּךְ בַּאֲמִתֶּךָ יַחֵד לְבָבִי לְיִרְאָה שְׁמֶךָ (תהלים פו, יא).

[ב] ככתוב בדברים ו, ז: ׳בשבתך בביתך׳ וגו׳.

the intellect can only conceive of it after much thought and reflection. Even after the intellect perceives this idea, it can be easily lost if not called frequently to mind.

Thus, just as ample reflection is the way to acquire permanent fear, so are inattention and abandonment of study its greatest corruptors, whether they result from one's anxieties or are intentional; any loss of focus serves to undo permanent fear.

This is what the Holy One, blessed be He, commands the king, "And [the Torah] shall be with him, and he shall read it all the days of his life, so that he may learn to fear the Lord his God" (Devarim 17:19). You may thus conclude that fear can only be learned by way of uninterrupted study. Note well that Scripture says, "so that he may learn to fear," and not "so that he may fear," because this fear is not acquired naturally. On the contrary, it is foreign to a person's nature due to the corporeality of his senses and therefore can only be acquired through training. There is no training in fear other than through constant, uninterrupted occupation with the Torah and its ways. That is, one must constantly contemplate and reflect upon this matter, when he sits and when he walks, when he lies down and when he rises, until he has established this truth in his mind. Namely, the truth of the omnipresence of His *Shekhinah* (blessed be He), and the fact that we quite literally stand before Him each and every moment. Then he will truly fear Him. This is what King David prayed for, saying, "Teach me Your way, O Lord; I will walk in Your truth; make my heart one to fear Your name" (Tehillim 86:11).

פֶּרֶק כו:

בְּבֵאוּר מִדַּת הַקְּדֻשָּׁה וְדֶרֶךְ קְנִיָּתָהּ

אָדָם מְקַדֵּשׁ עַצְמוֹ מְעַט וְכוּ׳ • הָאִישׁ הַמִּתְקַדֵּשׁ בִּקְדֻשַּׁת בּוֹרְאוֹ אֲפִלּוּ מַעֲשָׂיו הַחָמְרִיִּים חוֹזְרִים לִהְיוֹת עִנְיְנֵי קְדֻשָּׁה • כָּל הַמֵּבִיא דּוֹרוֹן לְתַלְמִיד חָכָם כְּאִלּוּ הִקְרִיב בִּכּוּרִים וְכוּ׳ • אָמַר רַבִּי יִצְחָק: מְלַמֵּד שֶׁנִּתְקַבְּצוּ כֻּלָּן וְהָיְתָה כָּל אַחַת אוֹמֶרֶת וְכוּ׳ • שְׁלֹשָׁה מַפְתְּחוֹת לֹא נִמְסְרוּ בְּיַד שָׁלִיחַ • כָּל אָדָם, לְפִי הָאֻמָּנוּת שֶׁבְּיָדוֹ, צָרִיךְ לוֹ הַיְשָׁרָה וְהַדְרָכָה לָעֲבוֹדָה וְלַחֲסִידוּת

עִנְיַן הַקְּדֻשָּׁה כָּפוּל הוּא, דְּהַיְנוּ, תְּחִלָּתוֹ עֲבוֹדָה וְסוֹפוֹ גְּמוּל, תְּחִלָּתוֹ הִשְׁתַּדְּלוּת וְסוֹפוֹ מַתָּנָה. וְהַיְנוּ, שֶׁתְּחִלָּתוֹ הוּא מַה שֶּׁאָדָם מְקַדֵּשׁ עַצְמוֹ, וְסוֹפוֹ מַה שֶּׁמְּקַדְּשִׁים אוֹתוֹ. וְהוּא מַה שֶּׁאָמְרוּ זִכְרוֹנָם לִבְרָכָה: אָדָם מְקַדֵּשׁ עַצְמוֹ מְעַט – מְקַדְּשִׁים אוֹתוֹ הַרְבֵּה, מִלְּמַטָּה – מְקַדְּשִׁים אוֹתוֹ מִלְמַעְלָה (יומא לט, א).

הַהִשְׁתַּדְּלוּת הוּא שֶׁיִּהְיֶה הָאָדָם נִבְדָּל וְנֶעְתָּק מִן הַחָמְרִיּוּת לְגַמְרֵי, וּמִתְדַּבֵּק תָּמִיד בְּכָל עֵת וּבְכָל שָׁעָה בֶּאֱלֹקִיּוּת. וְעַל דֶּרֶךְ זֶה נִקְרְאוּ הַנְּבִיאִים מַלְאָכִים,[א] כְּעִנְיָן שֶׁנֶּאֱמַר בְּאַהֲרֹן: כִּי שִׂפְתֵי כֹהֵן יִשְׁמְרוּ דַעַת וְתוֹרָה יְבַקְשׁוּ מִפִּיהוּ כִּי מַלְאַךְ ה׳ צְבָאוֹת הוּא (מלאכי ב, ז). וְאוֹמֵר: וַיִּהְיוּ מַלְעִבִים בְּמַלְאֲכֵי הָאֱלֹהִים[ב] {וּבוֹזִים דְּבָרָיו וּמִתַּעְתְּעִים בִּנְבִאָיו} (דברי הימים ב לו, טז). וַאֲפִלּוּ בִּשְׁעַת הִתְעַסְּקוֹ בְּמַעֲשִׂים הַגַּשְׁמִיִּים, הַמֻּכְרָחִים לוֹ מִפְּאַת גּוּפוֹ, הִנֵּה לֹא תָּזוּז נַפְשׁוֹ מִדְּבֵקוּתָהּ הָעֶלְיוֹן. וּכְעִנְיָן שֶׁנֶּאֱמַר: דָּבְקָה נַפְשִׁי אַחֲרֶיךָ בִּי תָּמְכָה יְמִינֶךָ (תהלים סג, ט).

[א] ראה תנחומא שלח א, ובמדבר רבה טז, א. [ב] כך במקרא. בד״ר ובכתה״י: ׳אלקים׳.

Twenty-Six:

The Trait of Sanctity and How to Acquire it

When a man sanctifies himself a little, [he will be sanctified a great deal] • When a person receives something of the sanctity of his Creator, even his corporeal actions become sacred • Whoever presents a Torah scholar with a gift is regarded as if he had offered first fruits • Rabbi Yitzhak said: This teaches that all [the stones] gathered together and each one said: ["Let the righteous man rest his head upon me"] • Three keys were not entrusted to an agent • Every individual, in accord with his trade, requires direction and guidance in Divine service and piety.

The notion of sanctity is two-fold: it begins as an effort to serve [God] and culminates as a form of recompense; it begins as a [human] striving and ends as a [Divine] gift. That is, it begins by man sanctifying himself and culminates in his being [further] sanctified. As [our Sages], may their memory be blessed, said, "When man sanctifies himself a little, he will be sanctified a great deal; [when he sanctifies himself] below, he will be sanctified from above" (*Yoma* 39a).

The striving referred to consists of completely detaching and removing oneself from what is material, and always clinging to the Divine at each and every moment. It is in this sense that the prophets are called "angels" (see *Bamidbar Rabba* 16:1) As it is said of Aharon, "For the lips of a priest should keep knowledge, and they should seek Torah from his mouth; for he is an angel of the Lord of hosts" (Malakhi 2:7). And it says, "But they mocked the angels of God, {and despised His words and scoffed at His prophets}" (II Divrei haYamim 36:16). Even when a person is engaged in the physical activities made necessary by his bodily existence, his soul should not depart from its supernal communion. As it says, "My soul clings to You; Your right hand upholds me" (Tehillim 63:9).

וְאָמְנָם, לְפִי שֶׁאִי אֶפְשָׁר לָאָדָם שֶׁיָּשִׂים הוּא אֶת עַצְמוֹ בְּמַצָּב הַזֶּה, כִּי כָּבֵד הוּא מִמֶּנּוּ, כִּי סוֹף סוֹף חָמְרִי הוּא וּבָשָׂר וָדָם, עַל כֵּן אָמַרְתִּי שֶׁסּוֹף הַקְּדֻשָּׁה מַתָּנָה. כִּי מַה שֶּׁיּוּכַל הָאָדָם לַעֲשׂוֹת הוּא הַהִשְׁתַּדְּלוּת הָרִאשׁוֹן[ג] בִּרְדִיפַת הַיְדִיעָה הָאֲמִתִּית וְהַתְמָדַת הַהַשְׂכָּלָה בִּקְדֻשַּׁת הַמַּעֲשֶׂה. אַךְ הַסּוֹף הוּא שֶׁהַקָּדוֹשׁ בָּרוּךְ הוּא יַדְרִיכֵהוּ בַּדֶּרֶךְ הַזֶּה שֶׁהוּא חָפֵץ לָלֶכֶת בָּהּ, וְיַשְׁרֶה עָלָיו קְדֻשָּׁתוֹ וִיקַדְּשֵׁהוּ. וְאָז יַצְלִיחַ בְּיָדוֹ זֶה הַדָּבָר, שֶׁיּוּכַל לִהְיוֹת בַּדְּבֵקוּת הַזֶּה עִמּוֹ יִתְבָּרַךְ בִּתְמִידוּת. כִּי מַה שֶּׁהַטֶּבַע מוֹנֵעַ מִמֶּנּוּ, יַעַזְרוֹ יִתְבָּרַךְ וְסִיּוּעוֹ יִתֵּן לוֹ. וּכְעִנְיָן שֶׁנֶּאֱמַר: לֹא יִמְנַע טוֹב לַהֹלְכִים בְּתָמִים (תהלים פד, יב). וְעַל כֵּן אָמְרוּ בַּמַּאֲמָר שֶׁזָּכַרְתִּי: אָדָם מְקַדֵּשׁ עַצְמוֹ מְעַט, שֶׁהוּא מַה שֶּׁיּוּכַל הָאָדָם לִקְנוֹת בְּהִשְׁתַּדְּלוּתוֹ, מְקַדְּשִׁים אוֹתוֹ הַרְבֵּה, שֶׁהוּא הָעֵזֶר שֶׁעוֹזֵר אוֹתוֹ הַבּוֹרֵא יִתְבָּרַךְ, וּכְמוֹ שֶׁזָּכַרְתִּי. וְהִנֵּה הָאִישׁ הַמִּתְקַדֵּשׁ בִּקְדֻשַּׁת בּוֹרְאוֹ, אֲפִלּוּ מַעֲשָׂיו הַגַּשְׁמִיִּים[ד] חוֹזְרִים לִהְיוֹת עִנְיְנֵי קְדֻשָּׁה מַמָּשׁ. וְסִימָנְךָ: אֲכִילַת קָדָשִׁים שֶׁהִיא עַצְמָהּ מִצְוַת עֲשֵׂה.[ה] וְאָמְרוּ זִכְרוֹנָם לִבְרָכָה: כֹּהֲנִים אוֹכְלִים וּבְעָלִים מִתְכַּפְּרִים (פסחים נט, ב).

וְתִרְאֶה עַתָּה הַהֶפְרֵשׁ שֶׁבֵּין הַטָּהוֹר לַקָּדוֹשׁ. הַטָּהוֹר, מַעֲשָׂיו הַחָמְרִיִּים[ו] אֵינָם לוֹ אֶלָּא הֶכְרֵחִיִּים,[ז] וְהוּא עַצְמוֹ אֵינוֹ מִתְכַּוֵּן בָּהֶם אֶלָּא עַל צַד הַהֶכְרֵחַ, וְנִמְצָא שֶׁעַל יְדֵי זֶה יוֹצְאִים מִסּוּג הָרַע שֶׁבַּחָמְרִיּוּת וְנִשְׁאָרִים טְהוֹרִים, אַךְ לִכְלַל קְדֻשָּׁה לֹא בָּאוּ. כִּי אִלּוּ הָיָה אֶפְשָׁר בִּלְתָּם, כְּבָר הָיָה יוֹתֵר טוֹב.

אַךְ הַקָּדוֹשׁ, הַדָּבֵק תָּמִיד לֵאלֹקָיו וְנַפְשׁוֹ מִתְהַלֶּכֶת בֵּין הַמֻּשְׂכָּלוֹת הָאֲמִתִּיּוֹת בְּאַהֲבַת בּוֹרְאוֹ וְיִרְאָתוֹ, הִנֵּה נֶחְשָׁב לוֹ כְּאִלּוּ הוּא מִתְהַלֵּךְ לִפְנֵי ה׳ בְּאַרְצוֹת הַחַיִּים[ח] עוֹדֶנּוּ פֹּה בָּעוֹלָם הַזֶּה.

[ג] כך בכתה"י. בד"ר: 'הא". [ד] בד"ר ובכתה"י: 'הגשמים'. [ה] השווה פסחים נט, א ורש"י ד"ה בשאר ימות השנה, וספר המצוות להרמב"ם, עשה פח. [ו] בד"ר ובכתה"י: 'החמרים'. [ז] בד"ר: 'הכרחים'. [ח] ע"פ תהלים קטז, ט.

But since it is impossible for a person to achieve this state of his own accord – the task being too difficult for him as he is, after all, composed of matter, flesh and blood – I have, therefore, stated that sanctity ends as a gift. The best a person can do is make the initial effort, pursuing true knowledge and giving incessant thought to the sanctification of [his] deeds. In the end, however, it is the Holy One, blessed be He, who will guide him on the path he wishes to follow, and cause His holiness to rest upon him, thus sanctifying him. Then will this goal be realized through him: the ability to experience this *devekut* with [God] (blessed be He) constantly. For what nature denies him, the Blessed One will help and assist him [to achieve]. As it says, "No good thing does He withhold from those who walk uprightly" (Tehillim 84:12). [Our Sages] therefore said in the aforementioned dictum, "When man sanctifies himself a little," which is what he can acquire through his own efforts, "he will be sanctified a great deal," which is the assistance given him by the Creator (blessed be He), as I have mentioned. When a person receives something of the sanctity of his Creator, even his corporeal actions become, quite literally, sacred. There is an indication of this in the eating of the sacred, which is, in and of itself, a positive precept (see *Pesahim* 59a and Rashi ad loc.). And [our Sages], may their memory be blessed, said, "The priests eat [sacred offerings] and their owners achieve atonement" (*Pesahim* 59b).

You can now see the difference between the pure person and the holy person. The pure person's material activities are no more than necessary; and his own intent is to discharge them only out of necessity. Thus, they escape the sort of evil that [ordinarily] inheres in the material and remain pure, but they cannot yet be classified as holy. For had [life] been possible without them, it would have been still better.

But a holy man who cleaves constantly to his God, his soul moving freely among the true intelligibles, in love and fear of his Creator, is regarded as if he were walking before the Lord in the land of the living while remaining here on earth.

וְהִנֵּה אִישׁ כָּזֶה הוּא עַצְמוֹ נֶחְשָׁב כְּמִשְׁכָּן, כְּמִקְדָּשׁ וְהַמִּזְבֵּחַ,[ט] וּכְמַאֲמָרָם זִכְרוֹנָם לִבְרָכָה: וַיַּעַל מֵעָלָיו אֱלֹקִים (בראשית לה, יג), הָאָבוֹת הֵן הֵן הַמֶּרְכָּבָה (בראשית רבה פב, ו). וְכֵן אָמְרוּ: הַצַּדִּיקִים הֵן הֵן הַמֶּרְכָּבָה,[י] כִּי הַשְּׁכִינָה שׁוֹרָה עֲלֵיהֶם כְּמוֹ שֶׁהָיְתָה שׁוֹרָה בַּמִּקְדָּשׁ. וּמֵעַתָּה הַמַּאֲכָל שֶׁהֵם אוֹכְלִים הוּא כְּקָרְבָּן שֶׁעוֹלֶה עַל גַּבֵּי הָאִשִּׁים. כִּי וַדַּאי הוּא שֶׁהָיָה נֶחְשָׁב לְעִלּוּי גָּדוֹל אֶל אוֹתָם הַדְּבָרִים שֶׁהָיוּ עוֹלִים עַל גַּבֵּי הַמִּזְבֵּחַ כֵּיוָן שֶׁהָיוּ נִקְרָבִים לִפְנֵי הַשְּׁכִינָה. וְכָל כָּךְ יִתְרוֹן הָיָה לָהֶם בָּזֶה עַד שֶׁהָיָה כָּל מִינָם מִתְבָּרֵךְ בְּכָל הָעוֹלָם, וּכְמַאֲמָרָם זִכְרוֹנָם לִבְרָכָה בְּמִדְרָשׁ.[יא] כֵּן הַמַּאֲכָל וְהַמִּשְׁתֶּה שֶׁהָאִישׁ הַקָּדוֹשׁ אוֹכֵל, עִלּוּי הוּא לַמַּאֲכָל הַהוּא וְלַמִּשְׁתֶּה הַהוּא כְּאִלּוּ נִקְרַב עַל גַּבֵּי הַמִּזְבֵּחַ מַמָּשׁ.

וְהוּא הָעִנְיָן שֶׁאָמְרוּ עָלָיו זִכְרוֹנָם לִבְרָכָה: כָּל הַמֵּבִיא דּוֹרוֹן לְתַלְמִיד חָכָם כְּאִלּוּ הִקְרִיב בִּכּוּרִים (כתובות קה, ב). וְכֵן אָמְרוּ: יְמַלֵּא גְּרוֹנָם שֶׁל תַּלְמִידֵי חֲכָמִים יַיִן בִּמְקוֹם נְסָכִים (יומא עא, א). וְאֵין הַדָּבָר הַזֶּה שֶׁיִּהְיוּ הַתַּלְמִידֵי חֲכָמִים לְהוּטִים אַחֲרֵי הָאֲכִילָה וְהַשְּׁתִיָּה, חַס וְשָׁלוֹם, שֶׁיְּמַלֵּא גְּרוֹנָם כְּמַלְעִיט אֶת הַגַּרְגְּרָן;[יב] אֶלָּא הָעִנְיָן הוּא לְפִי הַכַּוָּנָה שֶׁזָּכַרְתִּי, כִּי הַתַּלְמִידֵי חֲכָמִים הַקְּדוֹשִׁים בְּדַרְכֵיהֶם וּבְכָל מַעֲשֵׂיהֶם הִנֵּה הֵם מַמָּשׁ כְּמִקְדָּשׁ וּכְמִזְבֵּחַ, מִפְּנֵי שֶׁהַשְּׁכִינָה שׁוֹרָה עֲלֵיהֶם כְּמוֹ שֶׁהָיְתָה שׁוֹרָה בַּמִּקְדָּשׁ מַמָּשׁ. וְהִנֵּה הַנִּקְרָב לָהֶם כְּנִקְרָב עַל גַּבֵּי הַמִּזְבֵּחַ, וּמִלּוּי גְּרוֹנָם תַּחַת מִלּוּי הַסְּפָלִים. וְעַל דֶּרֶךְ זֶה כָּל תַּשְׁמִישׁ שֶׁיִּשְׁתַּמְּשׁוּ מִדִּבְרֵי הָעוֹלָם, אַחֲרֵי הֱיוֹתָם כְּבָר דְּבוּקִים לִקְדֻשָּׁתוֹ יִתְבָּרֵךְ, הִנֵּה עִלּוּי וְיִתְרוֹן הוּא לַדָּבָר הַהוּא שֶׁזָּכָה לִהְיוֹת תַּשְׁמִישׁ לַצַּדִּיק.

[ט] בכתה"י: 'וכמקדש וכמזבח'. [י] ראה רש"י לבראשית יז, כב, ורבינו בחיי לשמות כה, ט. וראה גם ספר האמונה והבטחון פרק טז. [יא] ראה: תנחומא תצוה סימן יג (הוצ' בובר שם סימן י); ספר והזהיר שם עמ' 200; ילקוט שמעוני, חבקוק, רמז תקסה. [יב] בכתה"י: 'ושימלא גרונם כמלעיט את הגרגרן חס ושלום'. והוא כלפי המאמר ביומא, והראשון כלפי המאמר בכתובות. וכן נראה נכון.

Such a man is regarded as if he himself were a sanctuary, a temple, an altar. As [the Sages], may their memory be blessed, said, "'And God ascended from upon him' (Bereishit 35:13) – the Patriarchs and the chariots are one and the same" (*Bereishit Rabba* 82:6). Similarly, it was said, "The righteous and the chariots are one and the same." For the *Shekhinah* truly rests on them, as it did in the Temple. As a consequence, the food they eat is like a sacrifice placed upon the fire [of the altar]. For surely those things that ascended the altar were greatly ennobled because they were offered before the *Shekhinah*. So greatly were they enhanced, that everything belonging to their species throughout the world was blessed, as [our Sages], may their memory be blessed, said in the midrash (*Tanhuma Tetzaveh* 13, et al.). The same applies to the food and drink that a holy man consumes. His food and drink are elevated as if they had actually been offered on the altar.

This is the notion [our Sages], may their memory be blessed, conveyed when they said, "Whoever presents a Torah scholar with a gift is regarded as if he had offered first fruits" (*Ketubot* 105b). They also said, "One [who wishes to offer a libation upon the altar] should fill the throats of Torah scholars with wine" in place of libation (*Yoma* 71a). This is not to say that Torah scholars are eager for food and drink, God forbid, that one should fill their throats the way one stuffs a glutton. Rather, the notion is as I have explained. That Torah scholars who are holy in their conduct and in all their deeds are quite literally like the Temple and the altar, because the *Shekhinah* rests upon them as it did in the Temple. So whatever is offered to them is offered as if upon the altar, and filling their throats [with wine] is in place of filling the [sacrificial] basins. Similarly, whenever they make use of a worldly thing, in that they are conjoined with His holiness (blessed be He), that thing is ennobled and enhanced because it was privileged to be of service to a righteous man.

וּכְבָר הִזְכִּירוּ זִכְרוֹנָם לִבְרָכָה בְּעִנְיַן אַבְנֵי הַמָּקוֹם שֶׁלָּקַח יַעֲקֹב וְשָׂם מְרַאֲשֹׁתָיו (ראה בראשית כח, י): אָמַר רַבִּי יִצְחָק, מְלַמֵּד שֶׁנִּתְקַבְּצוּ כֻּלָּן וְהָיְתָה כָּל אַחַת אוֹמֶרֶת, עָלַי יָנוּחַ צַדִּיק רֹאשׁוֹ (חולין צא, ב).

כְּלָלוֹ שֶׁל דָּבָר: עִנְיַן הַקְּדֻשָּׁה הוּא שֶׁיִּהְיֶה הָאָדָם דָּבֵק כָּל כָּךְ בֵּאלֹקָיו, עַד שֶׁבְּשׁוּם מַעֲשֶׂה אֲשֶׁר יַעֲשֶׂה לֹא יִפָּרֵד וְלֹא יָזוּז מִמֶּנּוּ יִתְבָּרַךְ; עַד שֶׁיּוֹתֵר יִתְעַלּוּ הַדְּבָרִים הַגַּשְׁמִיִּים אֲשֶׁר יְשַׁמְּשׁוּ לְאֶחָד מִתַּשְׁמִישָׁיו בְּמַה שֶּׁהוּא מִשְׁתַּמֵּשׁ בָּהֶם, מִמַּה שֶּׁיֵּרֵד הוּא מִדְּבֵקוּתוֹ וּמַעֲלָתוֹ בְּהִשְׁתַּמְּשׁוֹ מִדְּבָרִים גַּשְׁמִיִּים. וְאָמְנָם זֶה בִּהְיוֹת שִׂכְלוֹ וְדַעְתּוֹ קְבוּעִים תָּמִיד בִּגְדֻלָּתוֹ יִתְבָּרַךְ וְרוֹמְמוּתוֹ וּקְדֻשָּׁתוֹ, עַד שֶׁיִּמָּצֵא כְּאִלּוּ הוּא מִתְחַבֵּר לַמַּלְאָכִים הָעֶלְיוֹנִים מַמָּשׁ עוֹדֵהוּ בָּעוֹלָם הַזֶּה.

וּכְבָר אָמַרְתִּי שֶׁאֵין הָאָדָם יָכוֹל לַעֲשׂוֹת בָּזֶה מִצִּדּוֹ אֶלָּא לְהִתְעוֹרֵר בַּדָּבָר וּלְהִשְׁתַּדֵּל עָלָיו. וְזֶה אַחַר שֶׁכְּבָר יִמָּצְאוּ בוֹ כָּל הַמִּדּוֹת הַטּוֹבוֹת שֶׁזָּכַרְנוּ עַד הֵנָּה מִתְּחִלַּת הַזְּהִירוּת וְעַד יִרְאַת הַחֵטְא, בְּזֹאת יָבוֹא אֶל הַקֹּדֶשׁ[יג] וְיַצְלִיחַ. שֶׁהֲרֵי אִם הָרִאשׁוֹנוֹת חֲסֵרוֹת מִמֶּנּוּ הֲרֵי הוּא כְּזָר וּבַעַל מוּם שֶׁנֶּאֱמַר בּוֹ: וְזָר לֹא יִקְרַב (במדבר יח, ד). אַךְ אַחֲרֵי הֲכִינוֹ אֶת עַצְמוֹ בְּכָל הַהֲכָנוֹת אֵלֶּה, אִם יַרְבֶּה לִידָּבֵק בְּתֹקֶף הָאַהֲבָה וְעֹצֶם הַיִּרְאָה בְּהַשְׂכָּלַת גְּדֻלָּתוֹ יִתְבָּרַךְ וְעֹצֶם רוֹמְמוּתוֹ, יַפְרִיד עַצְמוֹ מֵעִנְיְנֵי הַחֹמֶר מְעַט מְעַט, וּבְכָל פְּעֻלּוֹתָיו וּבְכָל תְּנוּעוֹתָיו יְכַוֵּן לִבּוֹ אֶל מַצְפּוּנֵי הַהִתְדַּבְּקוּת הָאֲמִתִּי, עַד שֶׁיֵּעָרֶה עָלָיו רוּחַ מִמָּרוֹם[יד] וְיַשְׁכִּין הַבּוֹרֵא יִתְבָּרַךְ שְׁמוֹ אֶת שְׁמוֹ עָלָיו כְּמוֹ שֶׁעוֹשֶׂה לְכָל קְדוֹשָׁיו – וְאָז יִהְיֶה כְּמַלְאַךְ ה׳ מַמָּשׁ, וְכָל מַעֲשָׂיו אֲפִלּוּ הַשְּׁפָלִים וְהַגַּשְׁמִיִּים כְּקָרְבָּנוֹת וַעֲבוֹדוֹת.

וְהִנְּךָ רוֹאֶה שֶׁדֶּרֶךְ קְנִיַּת זֹאת הַמִּדָּה הוּא עַל יְדֵי רֹב הַפְּרִישָׁה וְהָעִיּוּן הֶעָצוּם בְּסִתְרֵי הַהַשְׁגָּחָה הָעֶלְיוֹנָה וּמַצְפּוּנֵי הַבְּרִיאָה, וִידִיעַת

[יג] ע״פ ויקרא טז, ג. [יד] ע״פ ישעיה לב, טו.

[Our Sages], may their memory be blessed, have already expressed [this idea] with regard to the "stones of that place" which Yaakov took and placed under his head (Bereishit 28:10): "Rabbi Yitzhak said, This teaches that all [the stones] gathered together and each one said, 'Let the righteous man rest his head upon me'" (*Hullin* 91b).

In sum, the idea of sanctity is that a person be so conjoined to his God that no matter what he is doing, he will not separate or [so much as] budge from Him (blessed be He). As a result, rather than his *devekut* being broken and his rank reduced by using material things, the material things that serve any of his needs shall be elevated by his use of them. But this is the case only if his mind and intellect are constantly focused on the greatness, majesty and holiness of God (blessed be He), so that it is as if he is truly in the company of the angels above while still in this world.

I have already said (see p. 675) that a person cannot achieve this of his own accord; he can only be fervent in striving for it. And this is after he has first acquired all the virtuous traits thus far mentioned, from the beginning of vigilance until the fear of sin. In this way, he may enter into the sanctuary and succeed. For if he lacks the preceding traits, he will be like an outsider or one with a physical blemish, about whom it is stated, "And an outsider shall not come near" (Bamidbar 18:4). But if, after preparing himself in all these ways, he devotes himself assiduously, in passionate love and intense fear, to the understanding of His greatness (blessed be He) and His exalted majesty; [if he] detaches himself by degrees from the material, and directs his heart in his every deed and movement to accord with the hidden paths to true *devekut* until a spirit is poured upon him from on high, and the Creator (blessed be His name) causes His name to rest upon him (as He does with all His holy ones) – then will he be, quite literally, like an angel of God, and all his deeds, even the lowly and material ones, will be like sacrifices and acts of worship.

Thus you see that the way for a person to acquire this trait is through much abstinence, intense study of the hidden workings of Divine providence and the mysteries of creation, and an understanding

רוֹמְמוּתוֹ יִתְבָּרַךְ וּתְהִלּוֹתָיו, עַד שֶׁיִּתְדַּבֵּק בּוֹ דְּבֵקוּת גָּדוֹל, וְיֵדַע לְכַוֵּן מַחֲשַׁבְתּוֹ בִּהְיוֹתוֹ הוֹלֵךְ וּמִשְׁתַּמֵּשׁ בִּדְרָכִים הָאַרְצִיִּים, כְּמוֹ שֶׁהָיָה רָאוּי לְכֹהֵן שֶׁיִּתְכַּוֵּן בְּעוֹדוֹ שׁוֹחֵט הַזֶּבַח אוֹ מְקַבֵּל דָּמוֹ אוֹ זוֹרְקוֹ, עַד שֶׁיַּמְשִׁיךְ בָּזֶה הַבְּרָכָה מִמֶּנּוּ יִתְבָּרַךְ, הַחַיִּים וְהַשָּׁלוֹם. וְזוּלַת זֶה אִי אֶפְשָׁר שֶׁיַּשִּׂיג מַעֲלָה זוֹ וְיִשָּׁאֵר עַל כָּל פָּנִים חָמְרִי וְגַשְׁמִי כְּכָל שְׁאָר בְּנֵי אָדָם.

וְהִנֵּה מַה שֶּׁעוֹזֵר לְהַשָּׂגַת הַמִּדָּה הַזֹּאת הוּא הַהִתְבּוֹדְדוּת וְהַפְּרִישָׁה הַרְבֵּה, כְּדֵי שֶׁבְּהֶעְדֵּר הַמַּטְרִידִים תּוּכַל נַפְשׁוֹ לְהִתְגַּבֵּר יוֹתֵר וּלְהִדָּבֵק בְּבוֹרְאָהּ.

מַפְסִידֵי הַמִּדָּה הֵם חֶסְרוֹן הַיְדִיעוֹת הָאֲמִתִּיּוֹת וְרֹב הַחֶבְרָה עִם בְּנֵי הָאָדָם, כִּי הַחָמְרִיּוּת מוֹצֵא אֶת מִינוֹ וְנֵעוֹר וּמִתְחַזֵּק, וְנִשְׁאֶרֶת הַנֶּפֶשׁ לְכוּדָה בּוֹ וְלֹא תֵּצֵא מִמַּאֲסָרָהּ. אַךְ בְּהִפָּרְדוֹ מֵהֶם וְהִשָּׁאֲרוֹ לְבַד, וְיָכִין עַצְמוֹ אֶל הַשְׁרָאַת קְדֻשָּׁתוֹ, הִנֵּה בַּדֶּרֶךְ שֶׁרוֹצֶה לֵילֵךְ בָּהּ יוֹלִיכוּהוּ, וּבְעֵזֶר הָאֱלֹקִי אֲשֶׁר יִתֵּן לוֹ תִּתְגַּבֵּר נַפְשׁוֹ בּוֹ וּתְנַצַּח אֶת הַגּוּפָנִיּוּת, וְתִדְבַּק בִּקְדֻשָּׁתוֹ יִתְבָּרַךְ וְתִשְׁלַם בּוֹ.

וּמִשָּׁם יַעֲלֶה אֶל מַעֲלָה גְּבוֹהָה יוֹתֵר, וְהוּא רוּחַ הַקֹּדֶשׁ, שֶׁכְּבָר תַּגִּיעַ הַשְׂכָּלָתוֹ לִהְיוֹת לְמַעְלָה מֵחֹק הָאֱנוֹשִׁי. וְיָכוֹל לְהַגִּיעַ דְּבֵקוּתוֹ אֶל מַעֲלָה כָּל כָּךְ גְּדוֹלָה, שֶׁכְּבָר יִמָּסֵר בְּיָדוֹ מַפְתֵּחַ שֶׁל תְּחִיַּת הַמֵּתִים, כְּמוֹ שֶׁנִּמְסַר לְאֵלִיָּהוּ וְלֶאֱלִישָׁע, שֶׁהוּא מַה שֶּׁמּוֹרֶה אֶל עֶצֶם הַהִתְדַּבְּקוּת בּוֹ יִתְבָּרַךְ. שֶׁבִּהְיוֹת הוּא יִתְבָּרַךְ שְׁמוֹ מְקוֹר הַחַיִּים הַנּוֹתֵן חַיִּים לְכָל חַי, וּכְמַאֲמָרָם זִכְרוֹנָם לִבְרָכָה: שְׁלֹשָׁה מַפְתְּחוֹת לֹא נִמְסְרוּ בְּיַד שָׁלִיחַ, מַפְתֵּחַ תְּחִיַּת הַמֵּתִים וְכוּ' (תענית ב, א), הִנֵּה הַדָּבֵק בּוֹ יִתְבָּרַךְ דְּבֵקוּת גָּמוּר יוּכַל לִמְשֹׁךְ מִמֶּנּוּ יִתְבָּרַךְ אֲפִלּוּ מֶשֶׁךְ הַחַיִּים עַצְמָם, שֶׁהוּא מַה שֶּׁמְּתַיַּחֵס לוֹ בִּפְרָט יוֹתֵר מִן הַכֹּל, וּכְמוֹ שֶׁכָּתַבְתִּי. וְהוּא מַה שֶּׁסִּיֵּם הַבָּרַיְתָא: וּקְדֻשָּׁה מְבִיאָה לִידֵי רוּחַ הַקֹּדֶשׁ, וְרוּחַ הַקֹּדֶשׁ מֵבִיא לִידֵי תְּחִיַּת הַמֵּתִים (עבודה זרה כ, ב).

of His majesty (blessed be He) and His glories, until he is closely conjoined with Him and knows how to focus his mind while engaged in worldly pursuits; just as it was befitting for a priest, while slaughtering a sacrificial animal or receiving or sprinkling its blood, to focus his mind so that he might draw down from Him (blessed be He), blessing, life and peace. Without such [knowledge and focus] it will be impossible for him to attain this rank, and he will necessarily remain material and corporeal like the rest of mankind.

What is helpful in the attainment of this trait is seclusion and much abstinence, so that in the absence of distractions one's soul may gather strength and conjoin with its Creator.

The factors detrimental to this trait are ignorance of the true secrets [of Torah] and excessive socialization with people. For [human] materiality finds its own kind and is reawakened and reinforced, and the soul remains trapped within [the corporeal], unable to escape imprisonment. However, when a person separates himself from others, remaining in solitude and preparing himself to be inspired by holiness, he is thereby led down the path that he has chosen. With the Divine help that will be given to him, his soul will gather strength from within, vanquish corporeality, bond with His sanctity (blessed be He), and thereby be rendered complete.

From there he may rise to a higher rank, that of the holy spirit, his apprehension then transcending the bounds of the [merely] human. His *devekut* may reach so high a rank that, like Eliyahu and Elisha, he is handed the key to resurrection, this being an indicator of how closely conjoined he is to [God] (blessed be He). For He (blessed be His name) is the life-source who gives life to all who live, as [our Sages], may their memory be blessed, said, "Three keys were not entrusted to an agent, [one of them being] the key to the resurrection of the dead" (*Ta'anit* 2a). So someone wholly conjoined to Him (blessed be He) can even draw down from Him the very flow of life, which is, as I have indicated, something more properly His than anything else. This is the sense in which the baraita concludes, "And the holy spirit leads to resurrection" (*Avodah Zarah* 20b).

וְאַתָּה קוֹרֵא נְעִים, יָדַעְתִּי שֶׁכָּמוֹנִי תֵּדַע אֲשֶׁר לֹא כִּלִּיתִי בְּסִפְרִי זֶה אֶת כָּל חֻקֵּי הַחֲסִידוּת, וְלֹא אָמַרְתִּי כָּל מַה שֶּׁיֵּשׁ לוֹמַר בְּעִנְיָן זֶה, כִּי אֵין לַדָּבָר סוֹף וְאֵין לְהִתְבּוֹנֵן תַּכְלִית. אֲבָל אָמַרְתִּי קְצָת מִכָּל פְּרָט שֶׁבִּפְרָטֵי הַבָּרַיְתָא אֲשֶׁר עָלֶיהָ יָסַדְתִּי חִבּוּרִי זֶה, וְהוּא מַה שֶּׁיָּכוֹל לִהְיוֹת הַתְחָלָה וְרֵאשִׁית לְהַרְחִיב הָעִיּוּן בָּעִנְיָנִים הָהֵם, כֵּיוָן שֶׁנִּגְלָה דַּרְכָּם וְנִפְתַּח אָרְחָם לְעֵינֵינוּ לָלֶכֶת בָּם בְּדֶרֶךְ מִישׁוֹר. וְעַל כָּל כַּיּוֹצֵא בָּזֶה נֶאֱמַר: יִשְׁמַע חָכָם וְיוֹסֶף לֶקַח וְנָבוֹן תַּחְבֻּלוֹת יִקְנֶה (משלי א, ה). וְהַבָּא לִיטָּהֵר מְסַיְּעִים אוֹתוֹ (שבת קד, א), כִּי ה׳ יִתֵּן חָכְמָה מִפִּיו דַּעַת וּתְבוּנָה (משלי ב, ו), לְהַיְשִׁיר אִישׁ אִישׁ אֶת דַּרְכּוֹ לִפְנֵי בּוֹרְאוֹ.

וְזֶה פָּשׁוּט, כִּי כָּל אָדָם, לְפִי הָאֻמָּנוּת אֲשֶׁר בְּיָדוֹ וְהָעֵסֶק אֲשֶׁר הוּא עוֹסֵק, כָּךְ צָרִיךְ לוֹ הַיְשָׁרָה וְהַדְרָכָה. כִּי דֶּרֶךְ הַחֲסִידוּת הָרָאוּי לְמִי שֶׁתּוֹרָתוֹ אֻמָּנוּתוֹ אֵינוֹ דֶּרֶךְ הַחֲסִידוּת הָרָאוּי לְמִי שֶׁצָּרִיךְ לְהַשְׂכִּיר עַצְמוֹ לִמְלֶאכֶת חֲבֵרוֹ, וְלֹא זֶה וְזֶה דֶּרֶךְ הַחֲסִידוּת הָרָאוּי לְמִי שֶׁעוֹסֵק בִּסְחוֹרָתוֹ. וְכֵן כָּל שְׁאָר הַפְּרָטִים אֲשֶׁר בְּעִסְקֵי הָאָדָם בָּעוֹלָם, כָּל אֶחָד וְאֶחָד לְפִי מַה שֶּׁהוּא, רְאוּיִים לוֹ דַּרְכֵי הַחֲסִידוּת. לֹא לְפִי שֶׁהַחֲסִידוּת מִשְׁתַּנֶּה, כִּי הִנֵּה הוּא שָׁוֶה לְכָל נֶפֶשׁ וַדַּאי, הוֹאִיל וְאֵינֶנּוּ אֶלָּא לַעֲשׂוֹת מַה שֶּׁיֵּשׁ נַחַת רוּחַ לְיוֹצְרוֹ בּוֹ. אֲבָל הוֹאִיל וְהַנּוֹשְׂאִים מִשְׁתַּנִּים, אִי אֶפְשָׁר שֶׁלֹּא יִשְׁתַּנּוּ הָאֶמְצָעִים הַמַּגִּיעִים אוֹתָם אֶל הַתַּכְלִית, כָּל אֶחָד לְפִי עִנְיָנוֹ. וּכְבָר יָכוֹל לִהְיוֹת חָסִיד גָּמוּר אִישׁ אֲשֶׁר לֹא יִפְסֹק מִפִּיו הַלִּמּוּד, כְּמוֹ מִי שֶׁמִּפְּנֵי צָרְכּוֹ הוּא בַּעַל מְלָאכָה פְּחוּתָה. וְכָתוּב: כֹּל פָּעַל ה׳ לַמַּעֲנֵהוּ (משלי טז, ד). וְאוֹמֵר: בְּכָל דְּרָכֶיךָ דָעֵהוּ וְהוּא יְיַשֵּׁר אֹרְחֹתֶיךָ (שם ג, ו).

הוּא יִתְבָּרַךְ שְׁמוֹ בְּרַחֲמָיו יִפְקַח עֵינֵינוּ בְּתוֹרָתוֹ וְיוֹרֵנוּ דְּרָכָיו וְיוֹלִיכֵנוּ בְּאָרְחוֹתָיו, וְנִזְכֶּה לָתֵת כָּבוֹד לִשְׁמוֹ וְלַעֲשׂוֹת נַחַת רוּחַ לְפָנָיו.

And you, dear reader, I know that you understand as I do, that I have not exhausted the canons of piety in this book of mine, nor have I said all there is to say on the subject. For it has no end and its study has no limit. But I have said a little on each of the specific qualities [mentioned] in the baraita, which I have used as the framework for this work of mine. It can serve as a starting point for more expansive thought on these qualities, once the way has been shown and the path cleared before our eyes to rightly follow them. It is in this regard that it says, "A wise man will hear, and will increase learning; and a man of understanding shall attain to wise counsels" (Mishlei 1:5). And he who wishes to be purified, Heaven helps him (Shabbat 104a), "for the Lord gives wisdom; out of His mouth come knowledge and understanding" (Mishlei 2:6), so that every man straighten his path before his Creator.

It is clear that every individual requires direction and guidance that accord with his trade or vocation. For the way of piety, appropriate for one whose occupation is the study of Torah, is not the same as that which is suitable for one who has to hire himself out to work for others. And neither of the two is appropriate for one who engages in business. The same applies to all other details regarding man's worldly affairs. For each and every one, according to his nature, there are appropriate ways of piety. This is not because piety varies [in essence], for it is certainly the same for all people, which is simply to do that which is pleasing to the Creator. But inasmuch as the bearers [of piety] vary, the means that get them to that goal cannot but vary with the individual. Just as is it possible for someone who never interrupts his study to be a perfectly pious man, so it is also possible for someone who, out of need, is a lowly craftsman. As it is written, "The Lord has made every thing for His purpose" (Mishlei 16:4); and "In all your ways know Him, and He will straighten your paths" (Mishlei 3:6).

Let He, blessed be His name, in His mercy, open our eyes to His Torah and show us His ways and lead us in His paths, so that we may be worthy to give honor to His name and do what is pleasing to Him.

יְהִי כְבוֹד ה׳ לְעוֹלָם יִשְׂמַח ה׳ בְּמַעֲשָׂיו (תהלים קד, לא). יִשְׂמַח יִשְׂרָאֵל בְּעֹשָׂיו בְּנֵי צִיּוֹן יָגִילוּ בְמַלְכָּם (שם קמט, ב). אָמֵן אָמֵן אָמֵן.

תַּם וְנִשְׁלַם שֶׁבַח לָאֵל בּוֹרֵא עוֹלָם.

"May the glory of the Lord endure forever; may the Lord rejoice in His works" (Tehillim 104:31). "Let Israel rejoice in its Maker; let the children of Zion delight in their King" (Tehillim 149:2). Amen. Amen. Amen.

Finished and completed, praised be the Lord, Creator of the universe.

חֲתִימָה

אָמַר הַמְחַבֵּר:

הַפַּעַם אוֹדֶה אֶת ה',[א] אָשִׁירָה וַאֲזַמֵּרָה,[ב] אֲשֶׁר עַד הֵנָּה עֲזָרוּנִי רַחֲמָיו[ג] לְהוֹצִיא לָאוֹר סִפְרִי זֶה מְסִלַּת יְשָׁרִים, אֲשֶׁר לְהִתְלַמֵּד בּוֹ חִבַּרְתִּיו, וּלְהוֹעִיל לְשֶׁכְּמוֹתִי לָרַבִּים נְתַתִּיו, אוּלַי אֶזְכֶּה שֶׁיִּזְכּוּ אֲחֵרִים עַל יָדִי וְיִיטַב לָהֶם בַּעֲבוּרִי,[ד] וְאֶעֱשֶׂה נַחַת רוּחַ לְיוֹצְרִי. וּתְהִי זֹאת נֶחָמָתִי בְּאֶרֶץ תַּלְאוּבוֹת,[ה] וְאֶקְרָא שְׁמָהּ רְחוֹבוֹת.[ו] כֵּן יֹאמַר ה' לָתֵת חֶלְקִי בְּתוֹרָתוֹ, לִלְמֹד וּלְלַמֵּד לִשְׁמֹר וְלַעֲשׂוֹת, וְחֶפְצוֹ בְּיָדִי יִצְלַח. אָמֵן כֵּן יְהִי רָצוֹן.

וּתְשׁוּאוֹת חֵן חֵן[ז] מִמֶּנִּי יִשָּׂא אִישׁ אֲשֶׁר כִּלְבָבִי, מְדֻשָׁתִי וּבֶן גָּרְנִי,[ח] עֲטָרָה לְרֹאשִׁי וְחוֹתָם עַל יַד יְמִינִי, זֶה דוֹדִי וְזֶה רֵעִי, רַבִּי אַלּוּפִי וּמְיֻדָּעִי, הֲלֹא הוּא הֶחָכָם הַנַּעֲלֶה כמוהר"ר יַעֲקֹב בֶּן כְּבוֹד רַבִּי אַבְרָהָם בָּשָׁן נַטְרֵיהּ רַחֲמָנָא וּפָרְקֵיהּ, אֲשֶׁר נִכְנַס בְּעָבְיָהּ שֶׁל קוֹרָה לְזַכּוֹתֵנִי בַּדָּבָר הַזֶּה מִתְּחִלָּה וְעַד סוֹף, לְהַדְפִּיס וּלְהַגִּיהַּ וּלְהַשְׁלִים כָּל הַמְּלָאכָה בְּשָׁלֵם שֶׁבִּפְנִים.[ט] וּמִשְׁנֵהוּ נוֹדָע בַּשְּׁעָרִים שְׁמוֹ,[י] מְהֻלָּל בְּתִשְׁבְּחוֹתָיו וְנִמּוּקוֹ עִמּוֹ,[יא] זָרִיז וְנִזְכָּר לְטוֹבָה עַל כָּל מַגִּיהֵי סְפָרִים, אִישׁ מָהִיר בִּמְלַאכְתּוֹ, בֵּין הַחֲכָמִים מְרוֹם שִׁבְתּוֹ, הֲלוֹא הוּא הֶחָכָם הַנַּעֲלֶה כמוהר"ר רַבִּי דָּוִד בֶּן לְהָרַב הַגָּדוֹל הַמֻּפְלָא וְהַמֻּבְהָק כמוהר"ר רַבִּי רְפָאֵל מִילְדוֹלָה נַטְרֵיהּ רַחֲמָנָא וּפָרְקֵיהּ. יְבָרֵךְ ה' חֵילָם וּפֹעַל יְדֵיהֶם, בְּכָל אֲשֶׁר יִפְנוּ יַשְׂכִּילוּ, שִׂמְחַת עוֹלָם תִּהְיֶה לָהֶם,[יב] יִשְׂבְּעוּ בָנִים וְהִנִּיחוּ יִתְרָם לְעוֹלְלֵיהֶם.[יג]

כֹּה דִּבְרֵי הַצָּעִיר מֹשֶׁה בֶּן כְּבוֹד רַבִּי יַעֲקֹב חַי לוּצָּאטוֹ סֵיפֵיהּ טַב.

[א] בראשית כט, לה. [ב] תהלים כז, ו. [ג] ע"פ שמואל א ז, יב. [ד] ע"פ בראשית יב, יג. [ה] ע"פ הושע יג, ה. [ו] ע"פ בראשית כו, כב. [ז] זכריה ד, ז. [ח] ע"פ ישעיה כא, י. היינו תבואת קודש שלי, ראה רש"י שם. [ט] הביטוי 'השלם שבפנים' היה נפוץ בזמן המחבר, ונמצא כבר אצל רלב"ג במקומות רבים בספריו, ומובנו: באופן השלם ביותר. [י] ע"פ משלי לא, כג. [יא] ראה רש"י עירובין יד, ב ד"ה נימוקו עמו. [יב] ע"פ ישעיה סא, ז. [יג] ע"פ תהלים יז, יד.

Concluding Remarks

The author declares:

I now give thanks to God (Bereishit 29:35) and sing His praises (Tehillim 27:6), whose mercies have helped me thus far to publish this work, *Mesillat Yesharim*, which I composed to teach myself and offer to the public for the benefit of others like me, in the hope that I will merit having others attain merit and good on my account, and [so] please my Creator. That would be my comfort in [this] land of desolation (cf. Hoshea 13:5), so that I might call it "[a land of] relief" (cf. Bereishit 26:22). May God further will that His Torah be my portion – its study, teaching, observance and fulfillment – and may His will be fulfilled through me. Amen. May this be [His] will.

I applaud the grace (Zekharyah 4:7) of a man after my heart, my sacred charge (cf. Yeshayahu 21:10), my diadem and the seal on my right hand, my beloved and my friend, my master, companion and dear comrade, the distinguished sage, our honorable teacher, Rabbi Yaakov, son of the honorable rabbi Avraham Bassan, may the Merciful preserve and redeem him, who assumed the bulk of the burden, privileging me in all stages of this project by printing, proofreading, and completing all the work in the most perfect way. [I] likewise [applaud] his second, a man of renown (cf. Mishlei 31:23), widely acclaimed, a man of reason, industrious, praised above all proofreaders, skillful at his craft, of high repute among scholars, the distinguished sage, our esteemed teacher, Rabbi David, son of the great, unique and expert master, our honorable teacher, Rabbi Refael Meldolah, may the Merciful preserve and redeem him. God bless their substance and works; may they prosper at every turn; may they have everlasting joy (cf. Yeshayahu 61:7); may [their] children be sated and their little ones inherit their wealth (cf. Tehillim 17:14).

Thus says the least significant, Moshe, son of the esteemed Rabbi Yaakov Hai Luzzatto, may his end be good.

SOURCES INDEX

Mishlei

MIDRASHIM

Halakhic Midrashim

Sifra
Shemini